Abkürzungen in Afrika:
ÄGu. = Äquatorial Guinea
Be. = Benin
Bu. = Burundi
Ru. = Ruanda
To. = Togo
ZAR. = Zentralafrikanische Republik

Abkürzungen in Asien:
Ar. = Armenien
As. = Aserbaidschan
Ba. = Bahrain
Isr. = Israel
Jd. = Jordanien
Kt. = Katar
Ku. = Kuwait
Lib. = Libanon
Syr. = Syrien
VAE. = Vereinigte Arabische Emirate

Oberstufe

Kursbuch Geschichte

Berlin, Brandenburg, Mecklenburg-Vorpommern

Herausgegeben von Robert Rauh

Die Webcodes zum Lehrwerk geben Sie auf **go.cornelsen.de/webcodes** ein.

Cornelsen

Kursbuch Geschichte – Oberstufe
Berlin, Brandenburg, Mecklenburg-Vorpommern

Herausgegeben von Robert Rauh.

Das Lehrwerk wurde erarbeitet von Robin Gliffe (Berlin) und Robert Rauh (Berlin).

Mit Beiträgen von Rudolf Berg, M. A., Joachim Biermann, Daniela Brüsse-Haustein, Klaus Eilert, Prof. Dr. Andreas Gestrich, Dr. Hans-Georg Hofacker, Miriam Hoffmeyer, Dr. Wolfgang Jäger, Bernd Körte-Braun, Prof. Dr. Jochen Martin, Dr. Christoph Prignitz, Dr. Beate Sommersberg, Ursula Vogel, Dr. Wolfgang Will, Andreas Zodel

Redaktion: Juliane Günther, Dr. Christine Keitz
Karten: Carlos Borrell Eiköter, Berlin
Grafik: Uwe Rogal, Berlin
Bildassistenz: Anne Dombrowsky
Umschlaggestaltung: Ungermeyer, grafische Angelegenheiten, Berlin
Layout und technische Umsetzung: tiff.any GmbH, Berlin/Uwe Rogal

Umschlagbild: akg-images/Electa/© Authorized by Tamara Art Heritage/VG Bild-Kunst, Bonn 2021; Tamara de Lempicka: Mein Porträt, 1929

www.cornelsen.de

1. Auflage, 4. Druck 2024

Alle Drucke dieser Auflage sind inhaltlich unverändert
und können im Unterricht nebeneinander verwendet werden.

Dieses Werk berücksichtigt die Regeln der reformierten Rechtschreibung und Zeichensetzung. Ausnahmen bilden Originaltexte, bei denen lizenzrechtliche Gründe einer Änderung entgegenstehen.

Das Lehrwerk enthält Fremdtexte, die aus didaktischen Gründen gekürzt wurden; sie sind in den Literaturangaben mit einem * gekennzeichnet. Fremdtexte, die gekürzt und bearbeitet wurden, sind mit ** gekennzeichnet.

Druck und Bindung: Livonia Print, Riga

ISBN: 978-3-06-065825-1 (Schülerbuch)
ISBN: 978-3-06-065843-5 (E-Book)

PEFC
PEFC/12-31-006

PEFC zertifiziert
Dieses Produkt stammt aus nachhaltig bewirtschafteten Wäldern und kontrollierten Quellen.

www.pefc.de

Inhaltsverzeichnis

4 Die Frühe Neuzeit: Herrschaft und Gesellschaft im Wandel

5 Streben nach Freiheit und Partizipation: Die großen Revolutionen (17. bis 19. Jahrhundert)

6 Ökonomie und Gesellschaft: Industrialisierung und „soziale Frage" im 19. Jahrhundert

7 Nationen und Nationalismus in Europa

8 Ideologien und Herrschaft zwischen den Weltkriegen

9 Demokratie und Diktatur: Weimarer Republik und Nationalsozialismus

10 Internationale Transformationsprozesse nach 1945: Die bipolare Welt

11 Demokratie und Diktatur nach 1945: Bundesrepublik und DDR

12 Internationale Transformationsprozesse im 20./21. Jahrhundert

Abiturvorbereitung und Anhang

Zur Arbeit mit dem *Kursbuch Geschichte*

Vorwissen und Alltagswissen aktivieren

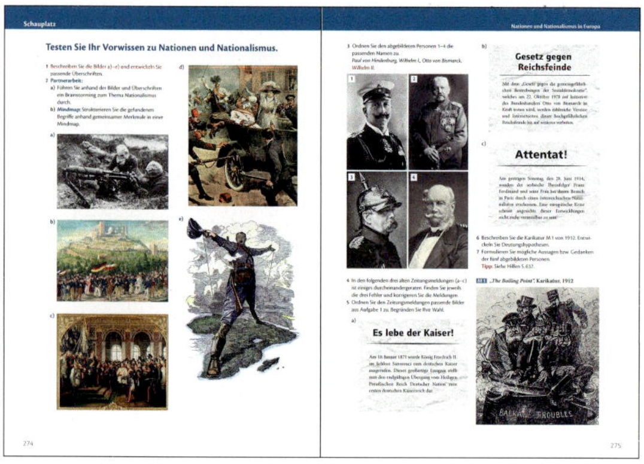

Auf den **Schauplatz**-Seiten finden Sie spielerische Aufgaben und Quizformate zum nachfolgenden Kapitel.

Orientieren und eigene Fragen stellen

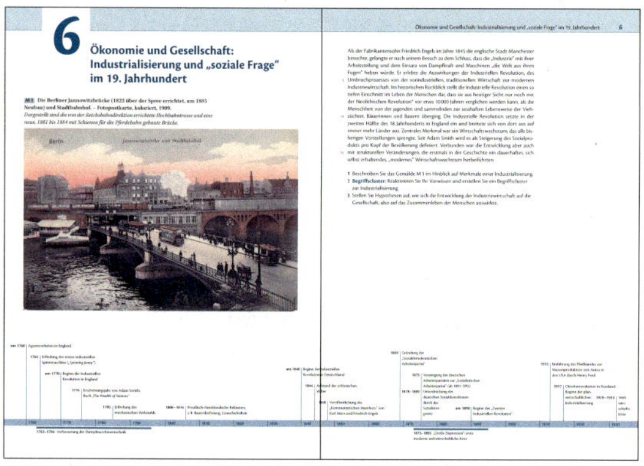

Auf der **Auftaktseite** eines Kapitels bieten Ihnen großformatige Bilder und ein Text erste Gesprächsanlässe. Der Zeitstrahl gibt eine zeitliche Orientierung. Arbeitsaufträge regen zu Hypothesen und Fragen an.

Themen untersuchen

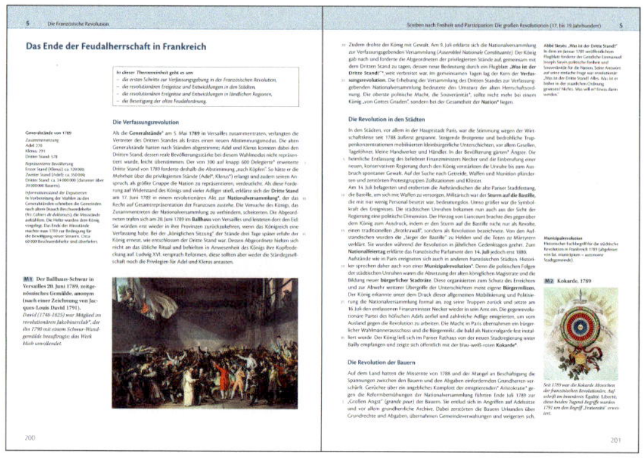

Die Kapitelinhalte sind in **Themeneinheiten** gebündelt. Am Beginn orientiert ein Kasten über die Inhalte. Die Darstellung bereitet die Fachinhalte mit texterschließenden Aufgaben auf. In der Randspalte finden Sie: Personenporträts, Erläuterungen, Verweise auf den Materialteil und Webcodes.

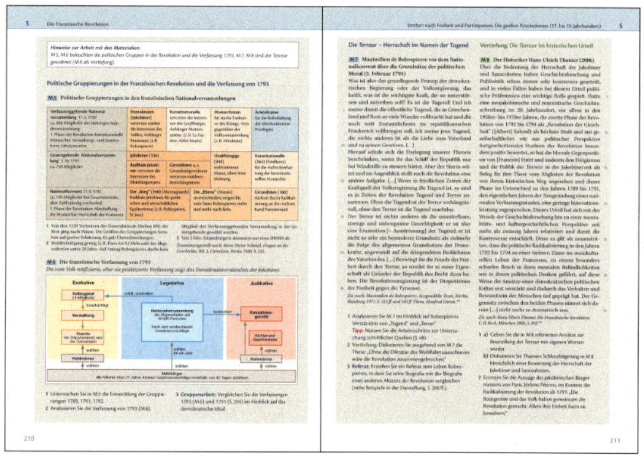

Der folgende **Materialteil** bietet Ihnen Text- und Bildquellen, Sekundärtexte, Karten, Grafiken, Statistiken, Webcodes. Ein Hinweiskasten und die Aufgaben ermöglichen eigenständiges und vielfältiges Arbeiten:

- Kreative Lern- und Ergebnisvorschläge,
- Partner- und Gruppenarbeiten,
- Geschichte kontrovers,
- Wahlaufgaben, Stationenlernen,
- **Tipps**, die bei der Aufgabenbearbeitung helfen,
- **Vertiefungen:** Materialien und Aufgaben, die das Kernangebot zu AFB II und III erweitern,
- **Zusatzaufgaben** für Interessierte.

Im **Anhang** finden Sie Erklärungen zu Operatoren und **Arbeitstechniken**, Lexikon und Register.

Methodisch arbeiten

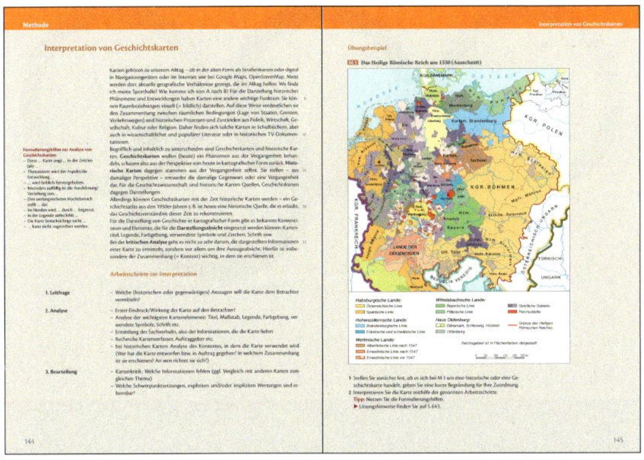

Auf den **Methodenseiten** können Sie an Beispielen passend zum Kapitel Ihre fachmethodischen Kompetenzen trainieren. Drei Elemente helfen dabei:

- Systematische Arbeitsschritte
- Übungsbeispiel mit Aufgabe
- Formulierungshilfen
- Lösungshilfen im Anhang für die Selbstkontrolle

Anwenden und Wiederholen

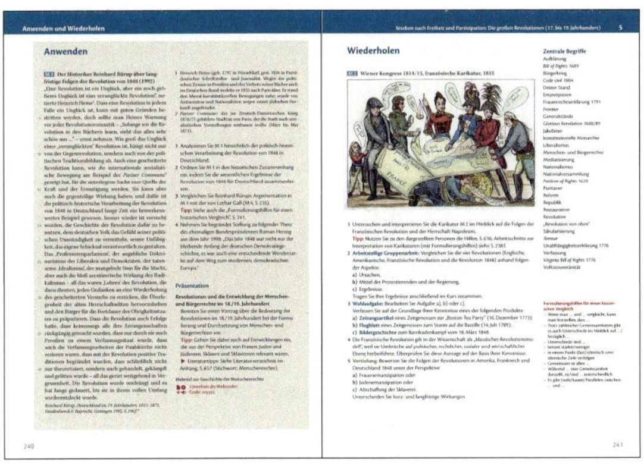

Jedes Kapitel endet mit einer Doppelseite.
Für das **Anwenden** finden Sie links:

- eine Beispielklausur zum Üben,
- Vorschläge für Präsentationen.

Für das **Wiederholen** finden Sie rechts Aufgaben:

- Bildanalysen,
- Wahlaufgaben,
- Beurteilungsaufgaben,
- Aufgaben zur Vertiefung (insb. AFB III),
- Formulierungshilfen.

Geschichtskultur

Angebote zu geschichts- und erinnerungskulturellen Themen finden Sie auf den Sonderseiten **Geschichtskultur**.

Fenster zur Welt

Die Sonderseiten „Fenster zur Welt" behandeln Einzelthemen aus globalgeschichtlicher Perspektive.

Auf das Abitur vorbereiten

Hierbei helfen Ihnen im Anhang:

- Tipps und Tricks zur **Vorbereitung auf Themen**
- Die Checkliste zum **Abfassen einer Abiturklausur**
- Mehrere **Klausurbeispiele** mit Lösungen

Sprache verstehen – Sprache anwenden

- **Sprachsensibles Lexikon** im Anhang: Das Lexikon berücksichtigt neben Fachbegriffen auch Fremdwörter (Substantive, Verben, Adjektive). Bei einem Substantiv finden Sie immer den bestimmten Artikel im Singular sowie ggf. ungewöhnliche Pluralbildungen. Vereinzelt sind auch gegensätzliche Wörter oder, z. B. bei Substantiven, die Adjektivformen verzeichnet.
- **Formulierungshilfen:** Auf Methoden-, Wiederholungs- und Materialseiten finden Sie Wortschätze: zur Interpretation von Plakaten, zum historischen Urteilen usw.
- **Worterklärungen** unter Materialien helfen Ihnen, insb. die Textmaterialien zu erschließen.
- **Tipps** bei den Aufgaben bieten auch Sprachhilfen.

Testen Sie Ihr Vorwissen zur Antike.

1 Beschreiben Sie die Bilder und erläutern Sie jeweils den Bezug zur Antike.

a)

b)

c)

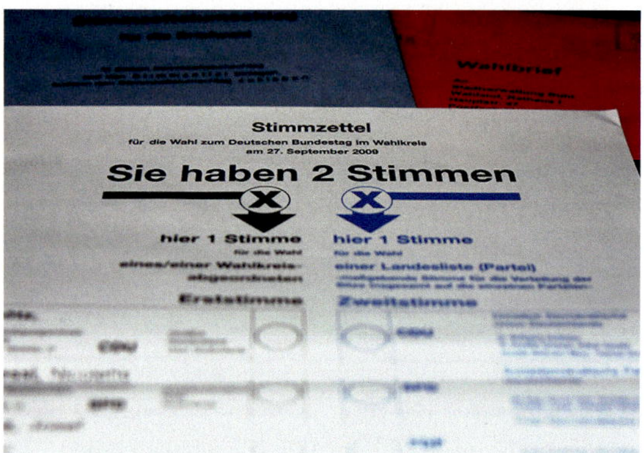

d)

e)

f)

g)

h)

2 Ordnen Sie die folgenden Begriffe in die Tabelle ein. Überlegen Sie, welcher der Gegenstände seinen Ursprung in der Antike hat, früher oder später entwickelt wurde.

früher	Antike	später

a)
- Beton
- Plastik
- Ziegel

b)
- Wasserkraftmaschine
- Dampfmaschine
- Losmaschine

c)
- Tennis
- Marathonlauf
- Boxen

3 Jetzt wird es konkreter – Überlegen Sie, welcher der folgenden Gegenstände griechischen oder römischen Ursprungs ist.

a) Kolosseum
b) Demokratie
c) Jupiter
d) Olympische Spiele
e) Ursprung von ca. 60 % des englischen Wortschatzes
f) Geometrie

4 Was passt nicht in die Reihe? Begründen Sie Ihre Entscheidung.

a) Kolosseum, Akropolis, Zirkus Maximus, Pantheon
b) Poseidon, Hermes, Artemis, Venus
c) Augustus, Cicero, Nero, Konstantin
d) Athen, Sparta, Karthago, Delphi
e) Plebejer, Prätor, Konsul, Ädil

5 Die folgenden Redensarten stammen entweder aus der Antike oder aus der Moderne – ordnen Sie zu.

a) Schönheit liegt im Auge des Betrachters.
b) Gut sein, heißt glücklich sein.
c) Man muss nicht alles glauben, was man hört.
d) Einem Lügner glaubt man nicht, wenn er auch die Wahrheit spricht.
e) Der abscheulichste Einbruch ist der in die heiligen Gefühle eines Menschen.
f) Der Ruhm der kleinen Leute heißt Erfolg.
g) Freundschaft verdoppelt unsere Freude und halbiert unseren Schmerz.
h) Fragt nicht, was euer Land für euch tun kann, sondern fragt, was ihr für euer Land tun könnt.
i) Nutze den Tag!
j) Der beste Hellseher ist der, der gut raten kann.
k) Die Liebe ist von allen Krankheiten noch die gesündeste.
l) Intelligenz ist die Fähigkeit, sich dem Wandel anzupassen.
m) Nenne dich nicht arm, wenn deine Träume nicht in Erfüllung gegangen sind; wirklich arm ist nur, der nie geträumt hat.
n) Wer klug ist, treibt keine Politik.
o) Wenn ein Mensch behauptet, mit Geld lasse sich alles erreichen, darf man sicher sein, dass er nie welches gehabt hat.
p) Es kann manchmal sehr unrecht sein, ein Recht auszuüben.
q) Das Ganze ist mehr als die Summe seiner Teile.

6 Ordnen Sie den Begriffen aus den Aufgaben 2–5 dazu passende Bilder oder Bildelemente aus Aufgabe 1 zu. Begründen Sie Ihre Zuordnung.

▶ Lösungshinweise finden Sie auf S. 638.

1 Die antike Welt und Europa

M 1 „Der Raub der Europa“, Wandgemälde aus Pompeji, 1. Jh. n. Chr.

594 v. Chr.	Reformen Solons
ca. 510–27 v. Chr.	Zeitalter der Römischen Republik
508/507 v. Chr.	Reformen des Kleisthenes
500–479 v. Chr.	Perserkriege
ca. 460–429 v. Chr.	Zeitalter des Perikles
431–404 v. Chr.	Peloponnesischer Krieg
287 v. Chr.	Ende der Ständekämpfe in der Römischen Republik
264–146 v. Chr.	Punische Kriege
133–27 v. Chr.	Krise der Römischen Republik
27 v. Chr.–14 n. Chr.	Prinzipat des Augustu
44 v. Chr.	Ermordung Caesars

600 v. Chr. | 500 v. Chr. | 400 v. Chr. | 300 v. Chr. | 200 v. Chr. | 100 v. Chr.

Nach Herodot, einem der berühmtesten Geschichtsschreiber der griechischen Antike, verwendete man den geografischen Begriff *„Eurōpē“* auf Karten zur Kennzeichnung der Gebiete nördlich des Mittelmeeres, die auch heute im Wesentlichen Europa begrenzen. Laut der griechischen Mythologie war „Europa“ der Name einer phönizischen Königstochter, die der Göttervater Zeus – getarnt als zahmer Stier – von Phönizien (auf dem heutigen Gebiet von Libanon, Syrien und Israel) über das Meer nach Kreta entführte. Die Nachkommen der Europa sollen dem neuen Erdteil schließlich ihren Namen gegeben haben.

Die antiken Wurzeln unserer europäischen Kultur finden sich heute bereits in ganz alltäglichen Dingen. Auf dem 10-Euro-Schein entdecken wir beispielsweise die Abbildung der Europa als Wasserzeichen. Zahlreiche Bezüge zwischen Gegenwart und Antike zeigen sich in Sprache, Kunst und Kultur, aber auch im Bereich der Macht und Herrschaft.

Von der griechischen Bezeichnung *polis* für die antiken griechischen Stadtstaaten stammt unser Begriff Politik. Gemeint waren damit ursprünglich alle Betätigungen für das Staatswesen in Athen. Auch das Wort *Demokratie** stammt aus dem antiken Griechenland und bedeutet Volksherrschaft *(dēmos* = „Staatsvolk“ *und krátos* = „Macht“, „Herrschaft“, ca. 5. Jh. v. Chr.). Ähnlich verhält es sich mit dem lateinischen Begriff *res publica*, was im alten Rom die „Angelegenheit des Volkes“ bedeutete. Republiken und Demokratien in der ganzen Welt berufen sich heute ganz bewusst auf diese antiken Vorbilder.

M 2 Das Wasserzeichen einer 10-Euro-Banknote zeigt den Kopf der Europa, Fotografie, 2014

1 Recherchieren Sie ausgehend von M 1 eine ausführlichere Fassung des Europa-Mythos und ordnen Sie die Darstellung auf dem Gemälde in diese Erzählung ein.
2 Erläutern Sie anhand von M 1 und M 2 exemplarisch, inwiefern die Antike für unser heutiges Leben noch bedeutsam ist. Finden Sie weitere Beispiele für Bezüge oder direkte Ursprünge in der griechischen oder römischen Antike.
3 Entwickeln Sie Fragen oder Hypothesen zur Bedeutung der Antike für das moderne Europa.

1.1 Demokratie in Athen

Vorgeschichte und Grundlagen

In dieser Themeneinheit geht es um
- *die Herausbildung der Demokratie in Athen,*
- *die Krise im 7. Jahrhundert und die Reformbestrebungen,*
- *die Folgen der Perserkriege.*

Polis
Das Wort Polis bezeichnete ursprünglich eine Burg; später die Hauptform antiker griechischer Staaten. Sie bestand aus einem städtischen Kern, umgeben von Agrarflächen. Die Bewohner waren in soziale Gruppen unterteilt (s. M 7, S. 20). Mitspracherecht besaßen nur Vollbürger (erwachsene freie Männer). Kennzeichnend war die Selbstverwaltung der Bürger in den Institutionen. Nicht alle Poleis waren Demokratien.

Die Polis – Wurzel der athenischen Demokratie

Griechenland bildete im Altertum keinen einheitlichen Flächenstaat. Im Gegensatz zu den frühen Hochkulturen Ägyptens und Mesopotamiens fehlten im antiken Griechenland eine zentrale politische Regierungsinstanz sowie zusammenhängende Verwaltungs- und Wirtschaftsstrukturen. Die Entstehung autonomer Kleinstaaten wurde vor allem durch topografische Gegebenheiten begünstigt. Die Griechen nannten dieses Staatswesen **Polis*** (griech.; Pl. *Poleis*), was mit dem Begriff „Stadtstaat" übersetzt werden kann. Das Nebeneinander der ca. 250 Poleis, die um 500 v. Chr. in Griechenland existierten, war durch Machtkämpfe und Zweckbündnisse gekennzeichnet. Zudem bestand jede Polis auf staatlicher Unabhängigkeit (Autonomie*), entwickelte eigene Verwaltungsstrukturen und strebte nach wirtschaftlicher Unabhängigkeit (Autarkie*).

Die Herausbildung der griechischen Poleis und deren Existenz über fast 500 Jahre bis zum Aufstieg Makedoniens im 4. Jh. v. Chr. ist auch auf äußere Faktoren zurückzuführen. Einerseits ging vom östlichen Mittelmeer nach dem Niedergang der frühen Hochkulturen keine Bedrohung mehr aus, andererseits gelang den Griechen die Abwehr der persischen Expansion im 5. Jh. v. Chr. (s. S. 17 f.) auch ohne staatlichen Zusammenschluss. Ungeachtet territorialer Zersplitterung und gesellschaftlicher Unabhängigkeit gab es unter den Griechen ein Gefühl überregionaler Gemeinsamkeit.

Verbindend waren dabei die gemeinsame Sprache und Schrift, die gleiche Götter- und Sagenwelt sowie gesamtgriechische Wettkämpfe wie die alle vier Jahre zu Ehren des Zeus abgehaltenen Olympischen Spiele oder das Fest des Dionysos (s. S. 28). Dieses **Gemeinschaftsgefühl** wurde nach außen durch die Bezeichnung „Hellenen" bekundet – in bewusster Abgrenzung zu allen Völkern, die ihre Sprache nicht beherrschten und von den Griechen „Barbaren" (= Plapperer) genannt wurden.

M 1 **Naturraum und Stadtstaaten in Griechenland vom 12. bis zum 5. Jh. v. Chr.**

Herausbildung der Demokratie in der Polis Athen

Athen war nicht nur der mächtigste, sondern nach Sparta auch der territorial größte Stadtstaat mit einer Fläche von ca. 2 600 km² – so groß wie das Saarland. Die Stadt liegt auf der Halbinsel Attika in einer Ebene, die zum Meer hin offen und von Gebirgszügen umgeben ist. Die Lage bot eine ideale Voraussetzung für die Errichtung eines Machtzentrums: Von einem befestigten Palast auf der Akropolis* aus kontrollierten die Herrscher die Stadt und das Umland. Die fruchtbaren Ebenen Attikas waren Hauptanbaugebiete für die wichtigsten landwirtschaftlichen Produkte wie Getreide, Wein und Oliven. Die langen zerklüfteten Küstenregionen boten mit zahlreichen Buchten und Stränden günstige Voraussetzungen für die lokale Schifffahrt.
Etwa um 800 v. Chr. wurde in Athen die Königsherrschaft **(Monarchie)** durch die Adelsherrschaft **(Aristokratie)** verdrängt. Die führenden Geschlechter verteilten die Funktionen des Königs auf mehrere adlige Beamte (Archonten). Diese waren für die Verwaltung, die Kriegsführung, religiöse Angelegenheiten und die Rechtsprechung verantwortlich. Kontrolliert und gewählt wurden die Archonten, deren Amtszeit auf ein Jahr begrenzt war, vom Adelsrat **(Areopag)**, in dem sich die führenden Adligen versammelten. Historiker vermuten auch die Existenz einer Volksversammlung, die zunächst jedoch wenige oder keine Befugnisse gehabt haben dürfte.

Akropolis
Die Burg (wörtlich „Oberstadt") auf dem höchsten Punkt eines Stadtgebietes. Sie ist befestigt (im Gegensatz zur umliegenden Unterstadt) und enthält die wichtigsten Gebäude. Die Akropolis von Athen war als Wahrzeichen der Stadt zugleich religiöses Zentrum (u. a. mit dem Tempel der Stadtgöttin Athene) und Kultstätte (Theater des Dionysos), zeitweise auch Festung. Sie war im 5. Jh., seit der athenischen Vorherrschaft im Delisch-Attischen Seebund (s. S. 23), der Aufbewahrungsort der öffentlichen Gelder.

Die Krise im 7. Jahrhundert

Im 7. Jahrhundert kam es zu einer **wirtschaftlichen und sozialen Krise** in Athen. Sie hat mehrere Ursachen. Ein Grund war die Verarmung der Bauern infolge des enormen Bevölkerungsanstieges. Die Athener versuchten, den Mangel an fruchtbarem Boden durch die Erschließung von Neuland in Attika zu beheben. Ständige Erbteilungen und Missernten zwangen die Bauern jedoch zur Aufnahme von Schulden sowie zur Verpfändung oder zum Verkauf ihres Landes. Wer seine Schulden, für die er mit Leib und Familie haftete, nicht begleichen konnte, drohte in die **Schuldknechtschaft*** und damit in den Stand von Hörigen, also persönlich Unfreien, abzusinken. Die Kleinbauern mussten dabei ihre Arbeitskraft den zumeist adligen Gläubigern zur Verfügung stellen oder wurden als Sklaven verkauft. Zugleich mehrte sich der Reichtum der adligen Grundherren, was zu sozialen Konflikten führte. Eine weitere Ursache ist auf die wirtschaftliche Entwicklung zurückzuführen: Die Ausweitung der Siedlungsgebiete und das Aufkommen der Geldwirtschaft förderten das Aufblühen von Handel und Handwerk. Die so zu Wohlstand gelangten Kaufleute und Handwerker verlangten nach **politischer Mitsprache**. Ein dritter Grund für die Krise waren die innerhalb der Adelsschicht zunehmenden Rivalitäten um Macht und Einfluss.
Um die Lage zu entschärfen, beauftragte der Areopag Politiker, neue Regeln für das Zusammenleben in Athen zu entwickeln. Zunächst ließ **Drakon** um 621/20 v. Chr. die geltenden, bisher nur mündlich überlieferten Gesetze schriftlich fixieren und auf Tafeln öffentlich aufstellen. Dies sollte Rechtssicherheit und politische Stabilität in Athen bewirken. Drakon entzog dem Adel das Recht auf Blutrache, indem er alle Tötungsdelikte einem Gerichtszwang unterwarf. Zudem verschärfte er die Strafmaße. So wurden selbst geringfügige Diebstähle mit dem Tod bestraft („drakonische Maßnahmen").

M2 **Solon, Statue des französischen Bildhauers Claude Ramey (1757–1838)**

Solon – der Begründer der attischen Demokratie?

Die sozialen Gegensätze verringerten sich durch Drakons Gesetzgebung allerdings nicht, da weder die Schuldknechtschaft aufgehoben noch Land neu verteilt wurde. 594 v. Chr. berief der Areopag den Adligen **Solon** (ca. 640–560 v. Chr.) zum „Versöhnler" (griech. *diallaktes*). Seine einschneidenden Maßnahmen sollten sowohl die sozialen Spannungen dauerhaft abbauen als auch die politische Ordnung in Athen grundlegend

▶ **M 5: Die Reformen des Solon**

M3 **Die Tyrannentöter auf einer athenischen Vase, um 470 v. Chr.**

reformieren. Er hob die Schuldknechtschaft auf, indem er den Bauern die Schulden erließ, ihnen das verpfändete Land zurückgab und den staatlichen Rückkauf der ins Ausland verkauften Schuldsklaven anordnete. Verfassungsrechtlich reformierte er die politischen Mitspracherechte des Volkes. Obwohl der Aeropag weiterhin die Politik bestimmte, musste er sich die Macht nun mit anderen Institutionen teilen. So übernahm der **Rat der 400** die Verwaltung der Polis. Die **Volksversammlung** erhielt das Recht, die Beamten zu wählen. Zudem gab es ein **Volksgericht**, das sich aus Geschworenen unabhängig von Vermögen und Herkunft zusammensetzte. Allerdings blieben die führenden Positionen in der Hand der oberen Schichten. So teilte Solon die Athener nach ihrem Einkommen in vier „Klassen" ein. Und nur die Angehörigen der beiden oberen Klassen hatten Zugang zu den höchsten Ämtern. Daher nennt man Solons Ordnung auch **Timokratie*** (von griech. Einschätzung). In Anlehnung an antike Autoren sehen einige Historiker in Solons Reformen bereits die Begründung der Demokratie. Allerdings konnten sie die gesellschaftlichen Probleme in Athen nicht lösen. Die Adligen kritisierten den Schuldenerlass. Und den Kleinbauern gingen die Reformen nicht weit genug, da es zu keiner Neuaufteilung des Bodens kam. Zudem setzten die Adligen ihre Machtkämpfe unvermindert fort.

Die Tyrannis der Peisistratiden

Tyrannis
(griech. *tyrannos* = Alleinherrscher) Gewaltherrschaft, die sich nicht an Gesetze hält; Folgen sind in der Regel Zwang und Unterdrückung.

Im Verlauf erneuter Unruhen gelang es dem Adligen Peisistratos (ca. 600–528/27 v. Chr.), mit einem Söldnerheer im Jahr 546 die Akropolis zu besetzen und eine **Tyrannis*** zu errichten. Seine Herrschaft war nicht unpopulär: Er verbesserte die Existenzgrundlage der Kleinbauern, indem er das Land verbannter Adliger unter ihnen verteilte. Zudem führte er eine effiziente Rechtsprechung ein, förderte Handel und Gewerbe durch staatliche Aufträge für den Bau von Tempeln, Hafenanlagen, Straßen, Wasserleitungen und Brunnenhäusern und bewirkte damit einen wirtschaftlichen Aufschwung. Peisistratos ließ die solonische Verfassung bestehen, besetzte die wichtigsten Ämter jedoch mit seinen Anhängern. Unter der Herrschaft seiner Söhne Hipparchos und Hippias, die nach dem Tod ihres Vaters dessen Tyrannis fortführen wollten, kam es zu blutigen Aufständen, in deren Verlauf Hipparchos ermordet (514 v. Chr.) und Hippias verbannt (510 v. Chr.) wurde.

Die Reformen des Kleisthenes

▶ M 6, M 7: Die Reformen des Kleisthenes

Während der Machtkämpfe zwischen Adligen, die nach dem Sturz der Peisistratiden wieder aufflammten, setzte sich **Kleisthenes** 508/07 mit einem Reformpaket durch. Der Rat der 400 wurde zum **Rat der 500** erweitert. Zu ihm hatten nun jährlich neu ausgeloste Männer aus dem gesamten Volk Zugang. Kernstück war eine neue **Phylenordnung**: Durch die vollständige Neugliederung Attikas wurden die Abhängigkeitsverhältnisse zwischen Adligen und Bauern aufgelöst. Darüber hinaus wird Kleisthenes die Einführung des **Ostrakismos** (= „Scherbengericht") zugeschrieben. Er sollte eine neue Tyrannis verhindern. Hatte der Rat der 500, später die Volksversammlung, den Ostrakismos beschlossen, konnte jeder Polisbürger den Namen eines unerwünschten Politikers auf eine Tonscherbe ritzen.

Bei einem Quorum von 6 000 Stimmen musste dieser die Polis für zehn Jahre verlassen, ohne jedoch sein Bürgerrecht und sein Vermögen zu verlieren. Mit seinen Reformen gilt Kleisthenes als maßgebender Wegbereiter der athenischen Demokratie. Sein System wird als **Isonomie** (*iso* = gleich; *nómos* = Recht, Gesetz) bezeichnet und bedeutet den von Kleisthenes eingeführten Grundsatz der politischen Gleichheit aller Staatsbürger Athens. Wie nahe er damit dem heutigen Grundsatz, dass alle Bürger vor dem Gesetz gleich sind, kommt, ist nicht nur unter Historikern umstritten.

M4 Ostraka (Tonscherben, Singular: Ostrakon) mit dem Namen des Aristeides, der daraufhin 482 v. Chr. verbannt wurde

Die Folgen der Perserkriege

Für die Weiterentwicklung der attischen Demokratie entscheidend wurde die **Abwehr der persischen Expansion**. Bis zum Ende des 6. Jh. v. Chr. hatten die Perser ein Großreich errichtet, das von Indien bis zum Mittelmeer reichte. Dabei unterwarfen sie auch die Griechenstädte an der kleinasiatischen Küste. Nachdem die Perser 494 v. Chr. einen langjährigen Aufstand der griechischen Städte in Kleinasien niedergeschlagen hatten, versuchten sie auch Griechenland zu erobern, da die Athener die Aufständischen mit Schiffen unterstützt hatten.

Im Verlauf der **Perserkriege*** gelang es den Griechen unter der Führung Athens, die persischen Streitkräfte zu schlagen, die griechischen Städte in Kleinasien zurückzuerobern und damit ihre Freiheit zu behaupten. Das gestärkte Selbstbewusstsein der Athener und das Flottenprogramm des **Themistokles** (um 525–460 v. Chr.), das den militärischen Erfolg ermöglicht hatte, förderten die Entwicklung der Demokratie. Durch den Ausbau der Schlachtflotte wurde die unterste Gesellschaftsschicht, die die Schiffsbesatzung stellenden *Theten*, entscheidend für die militärische Stärke. Diese Aufwertung bereitete auch ihre politische Gleichstellung mit den übrigen Bürgern in Athen vor.

Perserkriege

490 v. Chr.: Sieg des athenischen Heeres über die Perser in der Ebene von Marathon

480 v. Chr.: Sieg der Athener über die persische Flotte in der Bucht von Salamis

478 v. Chr.: Gründung des Delisch-Attischen Seebundes, in dem sich Küstenstädte und Stadtstaaten der Ägäis-Inseln zusammenschlossen und Athen die Führungsrolle übernahm

449 v. Chr.: Friedensvertrag zwischen dem Delisch-Attischen Seebund und dem Perserkönig (Kalliasfriede)

Die Reformen des Themistokles

Im Jahre 487/86 v. Chr. setzte Themistokles Verfassungsänderungen durch, die zunächst die Macht der Archonten verringerten, indem für die Besetzung der höchsten Beamtenposten anstelle der direkten Wahl nun die Auslosung aus einer Gruppe vorher bestimmter Personen eingeführt wurde. Das Losverfahren stärkte indirekt die Position der weiterhin von der Volksversammlung gewählten Beamten, z. B. der für die militärische Führung verantwortlichen **Strategen**.
Darüber hinaus ging der Ostrakismos vom Rat der 500 auf das gesamte Volk über. Auf die praktische Politik hatten diese Verfassungsänderungen markante Auswirkungen. Da der Griff nach dem höchsten Amt dem Zufall überlassen blieb, kam es für ambitionierte Politiker noch mehr darauf an, sich auch ohne die Autorität einer öffentlichen Funktion in den Gremien, besonders der Volksversammlung, durchzusetzen. Wem dies regelmäßig gelang, der wurde fortan ***demagogós*** (= „Volksführer") genannt. Der **Ostrakismos,** ursprünglich ein Instrument zur Verbannung von Tyrannen, ermöglichte nun die zeitweilige Ausschaltung politischer Gegner und war somit ein Mittel zur Durchsetzung von politischen Grundsatzentscheidungen.

Perikles – der Vollender Demokratie in Athen?

▶ M 8, M 9: Der Staatsmann Perikles

Einer der führenden Staatsmänner Athens war der Adlige **Perikles** (um 490–429 v. Chr.), dessen Name mit dem Ausbau des attischen Seereiches, mit dem endgültigen Durchbruch zur Demokratie in Athen sowie mit der Gestaltung der Bauten auf der Akropolis verbunden ist. Von 443 bis 430 v. Chr. wählten ihn die Athener jedes Jahr zum Strategen, einem der zehn Beamten, die Landheer und Flotte Athens führten. Das erreichte kein zweiter Politiker in Athen. Zu verdanken hatte er den Erfolg neben seinen militärischen Erfolgen gegen die Perser und Sparta vor allem seiner Redebegabung, mit der er die Volksversammlung dominierte. In Athen setzte Perikles den Demokratisierungsprozess fort. Zusammen mit dem Adligen **Ephialtes** entzog er 462 v. Chr. dem Areopag die Aufsicht über die Beamten und das Vetorecht gegen Beschlüsse der Volksversammlung. Künftig war er nur noch für die Blutgerichtsbarkeit verantwortlich. Zudem erleichterte Perikles durch die Einführung von Diäten (Aufwandsentschädigungen für Ratsherren, Richter und vermutlich Beamte) ärmeren Athenern den Zugang zu politischen Ämtern. In Athen sprach man jetzt explizit von „Demokratie", die in der erreichten Variante die „klassische" Staatsform Athens blieb (s. S. 21 ff.).

1 Erläutern Sie anhand von M 1, inwiefern die topografischen Gegebenheiten Griechenlands Ursache für die Herausbildung der Poleis waren.
Tipp: Nutzen Sie auch die Darstellung.
2 **Schaubild:** Stellen Sie den Begriff „Polis" in einem Schaubild dar.
3 Erklären Sie anhand der Darstellung, warum es in Athen im 7. Jahrhundert zu einer Krise kam.
4 **Gruppenarbeit:** Erarbeiten Sie ausgehend von den Reformern arbeitsteilig den Demokratisierungsprozess. Erstellen Sie einen Zeitstrahl auf Grundlage Ihrer Arbeitsergebnisse.
Tipp: Nutzen Sie die Darstellung und wählen Sie geeignete Kriterien wie Inhalte, Ziele und Folgen der Reformmaßnahmen.

Hinweise zur Arbeit mit den Materialien:
M 5–M 7 widmen sich vertiefend zum Darstellungstext den Reformen von Solon und Kleisthenes. M 8 und M 9 behandeln den Politiker Perikles und die Bedeutung von Charisma in der politischen Debatte.

Die Reformen des Solon

M 5 Aristoteles (384–322 v. Chr.) im „Staat der Athener" über Solons Reformen

Eine Verfassung führte er ein und erließ auch andere Gesetze, man hörte auf, die Satzungen des Drakon[1] zu verwenden, außer den Blutgesetzen. Sie schrieben die Gesetze auf die Pfeiler, stellten sie in der Königshalle auf und schworen alle, sie anzuwenden. Die neun Archonten gelobten beim Schwur vor dem Stein, ein goldenes Standbild zu weihen, wenn sie eines der Gesetze überschritten. Seitdem schwören sie auch jetzt noch so. (2) Er legte die Gesetze für hundert Jahre fest und ordnete auf diese Weise das Staatswesen.

(3) Nach Schätzung teilte er vier Steuerklassen ein: Großgrundbesitzer, Ritter, Jochbauern und Arbeiter. Und die übrigen Ämter ließ er von den Großgrundbesitzern, Rittern und Jochbauern verwalten – die neun Archonten, die Finanzverwalter, die Staatsmakler, die elf Justizaufseher und die Kassenverwalter –, wobei er jedem die Amtsgewalt entsprechend der Größe seines Steuerkapitals verlieh. Denen aber, die zur Steuerklasse der Arbeiter gehörten, gab er nur einen Anteil an der Volksversammlung und an den Gerichten.

(4) Zur Steuerklasse der Großgrundbesitzer gehörte, wer insgesamt 500 Maß trockenes und flüssiges Erntegut von seinem Eigentum zusammenbrachte, zur Ritterklasse die, die 300 Maß aufbrachten – bzw. Pferde zu halten in der Lage waren, [...] Jochbauernsteuer zahlten die, die insgesamt 200 Maß einbrachten. Die Übrigen gehörten zum Arbeiterstand, ohne Zugang zu irgendeinem Amt. Deshalb dürfte wohl auch heute noch kein Einziger, der sich an der Auslosung eines Amtes beteiligen will, wenn er gefragt wird, zu welcher Steuerklasse er gehört, sagen, zum Arbeiterstand.

8. Die Ämter ließ er unter Vorgewählten auslosen, die jede der Phylen[2] vorzuwählen hatte. Für die neun Archonten wählte jede zehn und aus diesen losten sie. [...] In alter Zeit ernannte der Rat auf dem Areopag – in Eigenverantwortung die Stellen ausschreibend und entscheidend – den Geeigneten zu jedem der Ämter und setzte ihn für ein Jahr ein. [...]

(4) Einen Rat bildete er aus vierhundert Bürgern, hundert aus jeder Phyle, den der Areopagiten jedoch beorderte er zur Überwachung der Gesetze, wie er ja auch vorher als Aufseher über das Staatswesen fungierte und im Übrigen die meisten und bedeutendsten politischen Angelegenheiten überwachte.

Zit. nach: Aristoteles, Der Staat der Athener, übers. u. hg. v. Peter Dams, Reclam, Stuttgart 1970, S. 12–15.*

1 _Drakon:_ athenischer Gesetzgeber (7. Jh. v. Chr.); fasste ab 621 v. Chr. geltendes Recht in einem Gesetzbuch zusammen; es beendete die Blutrache; die Strafmaße galten in der klassischen Zeit als ausgesprochen hart („drakonische Strafen").
2 _Phyle:_ Einteilung der Bürgerschaft, Kriterium: Abstammung

1 Gliedern Sie die Reformen Solons nach sozialen, wirtschaftlichen und politischen Maßnahmen (M 5).
2 Erörtern Sie: Solon – der erste Demokrat Athens? Berücksichtigen Sie auch Solons Aussage: „Dem Volke nämlich gab ich so viel Anteil wie genug ist, nahm seiner Würde nichts weg, fügte auch keine hinzu".
Tipp: Nutzen Sie auch die Darstellung.

Die Reformen des Kleisthenes

M 6 Aristoteles (384–322 v. Chr.) im „Staat der Athener" über Kleisthenes

Aus diesen Gründen also vertraute das Volk dem Kleisthenes. Als Anführer der Menge teilte dieser dann, im vierten Jahr nach der Entmachtung der Tyrannen, unter dem Archonten Isagoras (508/507), (2) in einer ersten Maßnahme alle Bürger in zehn statt der bisherigen vier Phylen ein, denn er wollte sie untereinander vermischen, damit mehr von ihnen an der Ausübung der politischen Macht Anteil nehmen könnten. [...]

(3) Als Nächstes richtete er den Rat der Fünfhundert [boulé] statt der Vierhundert ein, fünfzig aus jeder Phyle; bis dahin waren es hundert pro Phyle. [...]

(4) Ferner teilte er das Land nach Demen in dreißig auf, von denen zehn [Demen] dem Stadtgebiet, zehn [Demen] der Küste und zehn [Demen] dem Binnenland zugehörten; diese nannte er Trittyen und loste jeder Phyle drei davon zu, damit jede Phyle an allen Gegenden Anteil habe. Auch verband er die in jedem Demos Wohnhaften miteinander zu Demenmitgliedern, damit sie nicht mehr durch Verwendung der Vatersnamen die Neubürger bloßstellten, sondern sich nach ihren Demen nannten; deshalb benennen sich die Athener nach den Demen.

Zit. nach: Aristoteles, Der Staat der Athener, hg. und übers. von Martin Dreher, Reclam, Stuttgart 1993, S. 51 f.**

M7 Skizze der athenischen Phylenordnung

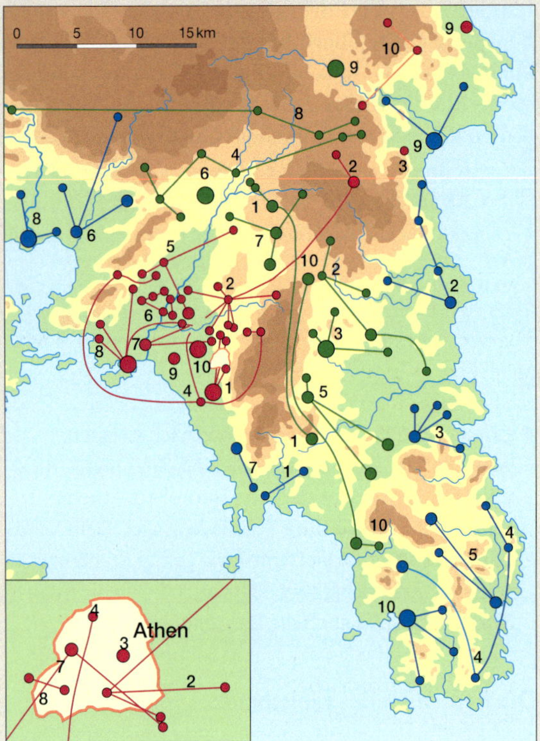

Die Verbindungslinien geben die Zugehörigkeit zu derselben Trittye an, deren Phylennummer (1 bis 10) jeweils hinzugesetzt ist.

Stadttrittyen
Binnenlandtrittyen
Küstentrittyen
Zahl der entsandten Ratsmitglieder: <5 <10 10 u. mehr

1 **Wahlaufgabe:** Bearbeiten Sie Aufgabe a) oder b). Erklären Sie anhand von
   a) M 6 oder
   b) M 7 die Neuordnung Attikas durch Kleisthenes.
2 **Wahlaufgabe:** Bearbeiten Sie Aufgabe a) oder b).
   a) Beurteilen Sie die Reformen des Kleisthenes. **Tipp:** Nutzen Sie die Darstellung.
   b) Vergleichen Sie die Reformen von Solon und Kleisthenes (M 5 und M 6). **Tipp:** Achten Sie auf geeignete Vergleichsaspekte.

Der Staatsmann Perikles

M8 Der Althistoriker Alfred Heuß über das Perikleische Charisma (1962)

Perikles' Macht beruhte auf einem ganz ungewöhnlichen Charisma, ungewöhnlich schon darin, dass es immer „rein“ blieb, sich ständig regenerierte und niemals sich in eine institutionalisierte Herrschaft umsetzte. Die Autorität, die Perikles besaß, hörte nie auf, […] und musste sich immer wieder von neuem an der Wirklichkeit erproben. Noch ungewöhnlicher war die Beziehung, die sein Charisma sich zur Geltung brachte. Es war kein Sturm, der eine ruhende Masse in Bewegung setzte und ihre äußere Energie entlockte. Jede Art von Dynamik, die sonst für einen charismatischen „Führer“ geradezu konstitutiv ist, war ihm fremd. Er bedurfte ihrer nicht, denn er traf sie bereits an. Wenn je eine Gesellschaft, dann befand sich die Athens im „Aufbruch“, und nichts wäre leichter gewesen, als mit der Geißel den Elan zum ungestümen Sturm anzutreiben. Demgegenüber war Perikleisches Charisma Bändigung. Perikles fing die mannigfachen vorwärtsdrängenden Kräfte auf, indem er sie durch das Suggestivvermögen seiner Person konzentrierte und in seiner außerordentlichen Menschlichkeit ausbalancierte.

*Zit. nach: Alfred Heuß, Hellas, in: Propyläen Weltgeschichte. Hg. von Golo Mann und Alfred Heuß, 3. Band, Berlin-Frankfurt-Wien (Propyläen) 1962, S. 262.**

1 Klären Sie unbekannte Begriffe aus M 8.
2 **Wahlaufgabe:** Bearbeiten Sie Aufgabe a) oder b).
   a) Erläutern Sie den Begriff „Perikleisches Charisma“.
   b) Charakterisieren Sie das Verhältnis zwischen Perikles und den Athenern.
3 **Vertiefung:** Erläutern Sie an Beispielen aus Geschichte und Gegenwart die Wirkung von Charisma.

M9 Büste des Perikles, römische Kopie aus dem 3. Jahrhundert v. Chr.

Die radikale Demokratie in Athen im 5. Jh. v. Chr.

In dieser Themeneinheit geht es um
- *die Institutionen der attischen Demokratie,*
- *die Herrschaft der Demokratie nach außen,*
- *die Frage, ob Athen als Vorbild für die moderne Demokratie geeignet ist.*

Volksversammlung und Rat der 500

▶ M 5: Sozialstruktur in Athen

Die direkte Demokratie in Athen stößt seit Jahrhunderten auf Bewunderung und Kritik. Nicht wenigen gilt sie als Vorbild für die moderne Demokratie. Zurückzuführen ist das vor allem auf den hohen Grad an politischer Mitsprache der Bürger in Athen. Im 5. Jahrhundert übten sie die ungeteilte Gesetzgebungs- und Regierungs-, Kontroll- und Gerichtsgewalt aus. Allerdings stand dieses Recht nur männlichen Vollbürgern offen. Frauen, Sklaven und **Metöken**, d. h. Ausländer mit ständigem Wohnsitz in Athen, blieben von der politischen Mitbestimmung ausgeschlossen. In der **Volksversammlung** (*ekklesia*), dem Kern der athenischen Demokratie, beschlossen die Polisbürger Gesetze, kontrollierten die gewählten und erlosten Amtsträger, prüften die Amtsführung, bestimmten die Richter und führten den **Ostrakismos** (s. S. 17) durch. Jeder erwachsene männliche Bürger konnte an der Volksversammlung teilnehmen und besaß Rede-, Antrags- und Abstimmungsrecht (**Gleichheitsprinzip**). Von den ca. 40 000 männlichen Vollbürgern, die für Athen in der zweiten Hälfte des 5. Jahrhunderts geschätzt werden, nahmen durchschnittlich nur etwa 6 000 Personen an den insgesamt 40 über das ganze

M 1 **Die Demokratie in Athen Mitte des 5. Jahrhunderts v. Chr., modernes Verfassungsschaubild**

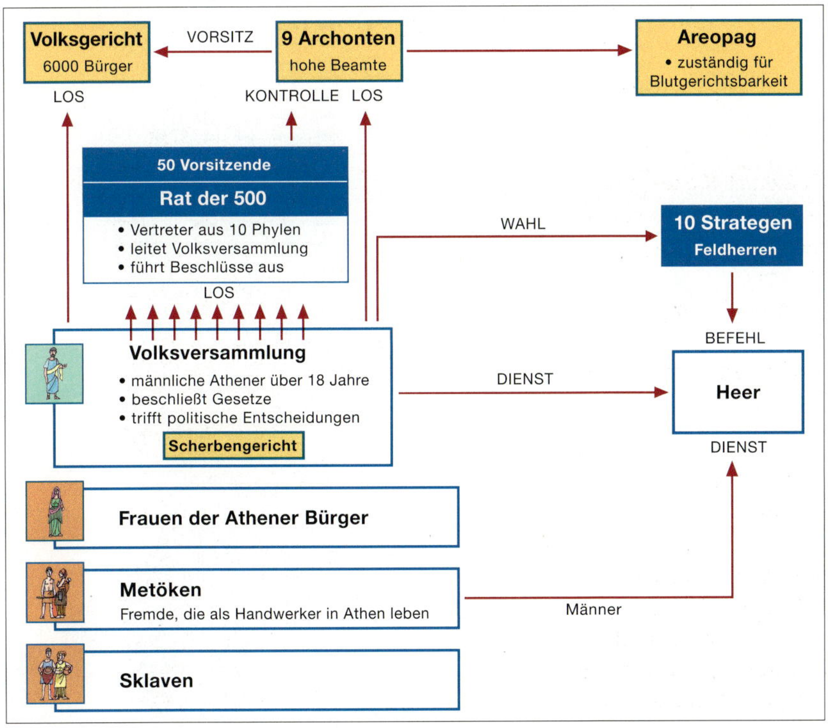

Jahr verteilten Pflichtversammlungen teil. Jede Versammlung, deren Verhandlungsinhalte vier Tage zuvor öffentlich angekündigt worden waren, fand auf der *Pnyx*, einem Hügel am Westrand Athens, statt und dauerte nicht länger als einen Tag. Bei der Abstimmung, die in der Regel durch Erheben der Hand erfolgte, galt die Entscheidung der Mehrheit. Die Beschlüsse betrafen alle Lebensbereiche und reichten von der Getreideversorgung der Stadt bis zur Entscheidung über Krieg und Frieden.

▶ **M 7: Merkmale attischer und moderner Demokratie**

Geleitet wurden die Volksversammlungen vom **Rat der 500** (*boulé*), dessen Mitglieder jeweils für ein Jahr **erlost und besoldet** wurden. Der Rat beriet im Vorfeld die Diskussions- bzw. Abstimmungsgegenstände und bestimmte die Tagesordnung. Für die Umsetzung der Volksbeschlüsse, für die Verwaltung und Rechtsprechung waren zahlreiche besoldete **Beamte** zuständig. Sie besaßen nur einen geringen Handlungsspielraum, da sie an die Gesetze und Beschlüsse gebunden waren und vom Rat und der Volksversammlung kontrolliert wurden. Ihre Amtszeit war auf ein Jahr begrenzt. Mit Ausnahme der **Strategen**, die für die Militärführung verantwortlich waren, und der Finanzverwalter wurden alle Beamten gelost – auch die Archonten, die für die ordnungsgemäße Durchführung der Gerichtsprozesse zuständig waren.

Weder die Beamten noch der Rat konnten ein Gegengewicht zur Volksversammlung bilden, unterlagen sie ihr gegenüber doch einer strikten Rechenschaftspflicht. Die letzte Entscheidungsgewalt – auch im Konfliktfall – hatte so immer die Volksversammlung.

M 2 Fragment einer antiken Losmaschine (*Kleroterion*) und der zugehörigen Losmarken (*pinakia*).

Auf den Losmarken (unten rechts) standen die Namen der Kandidaten. Sie wurden in zufälliger Reihenfolge in die schlitzförmigen Vertiefungen der meist steinernen Maschine gesteckt. Vermutlich wurden dann über einen Trichter Kugeln entsprechend der Anzahl der Kandidaten durch ein inneres Röhrensystem des Kleroterion gelassen, die jeweils unten wieder herausfielen. Kandidaten, bei deren Namen eine weiße Kugel erschien, galten als gewählt.

Gerichts- und Prozesswesen

Ein weiteres Kennzeichen der direkten Demokratie in Athen ist das Gerichts- und Prozesswesen. Die Gerichtsbarkeit hatten die **Volksgerichte** inne. Mordfälle wurden allerdings vom **Areopag**, der sich aus ehemaligen Archonten zusammensetzte und durch die Reformen des Ephialtes entmachtet worden war (s. S. 18), verhandelt. Im Prozess musste jeder Geschädigte persönlich als Kläger auftreten. Es gab keinen Staatsanwalt, keine Ermittlungsbehörde und keine Berufsrichter. Alle Richter waren Laien, die zu Beginn jedes Jahres nach einem ausgeklügelten Verfahren aus einer Gesamtliste von 6000 männlichen Bürgern über 30 Jahre ausgelost und von der Stadt bezahlt wurden. Der Ausgang der Gerichtsverfahren war oft ungewiss, da eine juristische Belehrung der Laienrichter praktisch nur durch die Plädoyers der Konfliktparteien erfolgte.

Formal unterschied sich das Urteil des Volksgerichtes kaum von den politischen Entscheidungen in den Volksversammlungen. Nach damaliger Vorstellung repräsentierten die Richter-Geschworenen das Volk in Idealform, sie waren also in gewisser Weise in jedem einzelnen Prozess der *demos* selbst. Die Volksgerichte hatten für die Demokratie in Athen große Bedeutung, da in dieser konfliktfreudigen Gesellschaft die Zahl der Rechtsstreitigkeiten sehr hoch war. Die Prozesse ermöglichten die regulierte Beilegung von Konflikten und förderten so die Stabilität der sozialen Ordnung.

M3 **Attische Silbermünze aus dem 5. Jh. v. Chr.**

Seit dem 7. Jh. v. Chr. gab es in Griechenland Münzen. Das abgebildete Geldstück zeigt das Wappentier Athens. Die Eule galt als Vogel der Klugheit. In seiner Komödie „Die Vögel" (414 v. Chr.) lässt der griechische Dichter Aristophanes eine herbeifliegende Eule mit den Worten kommentieren: „Wer hat die Eule nach Athen gebracht?" Möglicherweise soll damit die Zwecklosigkeit verdeutlicht werden, Klugheit in diese Stadt zu bringen. Wahrscheinlicher ist jedoch der Bezug auf die Münzen, auf denen das Tier prangte. So erschien es absurd, weitere Eulen (die ebenso genannten Münzen) in das reiche Athen zu tragen. Die Redensart „Eulen nach Athen tragen" steht seither sprichwörtlich dafür, etwas Unsinniges, Überflüssiges zu tun.

Die Herrschaft der Demokratie nach außen

Als ein Kampfbund entstand in der ersten Hälfte des 5. Jahrhunderts v. Chr. der **Delisch-Attische Seebund*** (478–431 v. Chr.). Nach dem erfolgreichen Kampf gegen die Perser (s. S. 17) kam es unter den Griechen zu Konflikten über die künftige Strategie. Während Sparta sich mit dem Erreichten zufriedengab, wollte Athen den Kampf zur vollständigen Befreiung von der Herrschaft der Perser in Kleinasien fortsetzen. Es gründete 478 v. Chr. zusammen mit den Küstenstädten und Stadtstaaten der Ägäis-Inseln eine Allianz, die von Historikern als Delisch-Attischer Seebund bezeichnet wird, weil sich die Organe des Bundes auf der Insel Delos, der heiligen Insel des Apollon, befanden. Die Allianz beruhte nicht auf einer gemeinsamen Bundesakte. Vielmehr schloss Athen mit den Mitgliedern zeitlich unbefristete Einzelverträge. Die Bündnispartner hatten Schiffe zu stellen oder jährliche Zahlungen zu leisten. Verträge untereinander waren den Partnern verboten. Obwohl sich der Seebund zunächst primär gegen die Perser richtete, war er für Athen von Anfang an ein Instrument zur Sicherung der eigenen Hegemonie in der Allianz, z. B. wenn Städte oder Inseln erobert und dort attische Kolonien gegründet wurden oder wenn Städte, die aus dem Seebund austreten wollten, mit Gewalt wieder in ihn hineingezwungen wurden.

Nach dem Friedensschluss mit den Persern (449 v. Chr.) wurde der Bund nicht aufgelöst, sondern für die Athener zu einem Instrument für die Sicherung ihrer Vorherrschaft (Hegemonie): Keine Stadt durfte aus dem Seebund austreten, politisch unzuverlässige Gebiete wurden kolonisiert, und für das gesamte Herrschaftsgebiet Athens galt das attische Münz- und Maßsystem. Die Städte hatten Tribute zu zahlen, die auch für innere Angelegenheiten Athens, z. B. den Ausbau der Akropolis, verwendet wurden. Besiegte

M4 **Athenische Triere, Relief aus dem 4. Jh. v. Chr.**

Für den Krieg gegen die Perser wurden in Athen vor allem Trieren gebaut. Die Besatzung eines solchen Kriegsschiffes bestand aus ca. 170 Ruderern und 10–30 Mann Deckpersonal.

wurden nicht integriert, z. B. durch die Verleihung des Bürgerrechts. Die Athener sahen darin eine Gefahr für die innere Struktur ihrer Bürgerschaft.
Freiheit im Innern und Macht nach außen bedingten sich gegenseitig. Der demokratische Gedanke konnte nicht universalisiert werden, denn Athen unterstützte zwar in Erwartung einer besseren Kooperation demokratische Bewegungen in anderen Städten, aktive Hilfe bei der Durchsetzung des demokratischen Prinzips hätte jedoch Verzicht auf den eigenen Machtanspruch bedeutet. Die Hegemonie Athens und die zahlreichen Kriege, die der Delisch-Attische Seebund unter dem militärischen Kommando Athens führte, sind als eine Ursache für das Ausbleiben von Bürgerkriegen zu sehen. Insofern stärkte die Außenwirkung der Macht die attische Demokratie im Innern.

Athen – Vorbild für moderne Demokratien?

Die griechische Demokratie war kurzlebig: Sie entstand um 500 v. Chr. und existierte bereits im 2. Jahrhundert v. Chr. nicht mehr. Als Idee und Vorbild wirkte sie allerdings weiter. Erstmals stellten die Griechen die Frage, wer herrschen soll – Monarch, Adel oder Volk? –, und wiesen damit den Weg, über Art und Ziele politischer Ordnungen und Verfassungen nachzudenken. Dass diese Entwicklung bis heute nicht abgeschlossen ist, zeigen z. B. die politischen Veränderungen in Mittel- und Osteuropa am Ende des 20. Jahrhunderts. Die Grundbegriffe der modernen Demokratie gehen auf die attische Demokratie zurück, aber ist diese auch als Vorbild geeignet?
Schon die **zeitgenössische Bewertung** der attischen Demokratie war widersprüchlich. Die Kritik entzündete sich meist an den unkalkulierbaren Folgen, die aus der Beteiligung breiter Volksschichten an politischen Entscheidungen und aus den zahlreichen Möglichkeiten, Prozesse zu führen, resultierten. Häufiges Abweichen von Gesetz und Gerechtigkeit zugunsten der Ärmeren wurde zudem als eine Art Klassenjustiz kritisiert. Der Philosoph Aristoteles sah darin sogar den Kern der radikalen Demokratie: Für ihn war sie eine Herrschaft der Armen über die Reichen ohne Achtung der Gesetze. Die meisten Athener empfanden ihr Rechtssystem jedoch als Schutz vor der Willkürherrschaft Einzelner oder Weniger, als Schutz vor Tyrannis* und Oligarchie*. Die Demokratie war für sie ein System direkter, unmittelbarer Herrschaft des Volkes, das auf umfassender Beteiligung aller Polisbürger beruhte.

▶ **M 6: Die attische Demokratie im Urteil der Zeitgenossen**

Auch in der **heutigen Diskussion** gilt vielen die attische Demokratie als Inbegriff des demokratischen Systems, an dem auch moderne Demokratien gemessen werden sollten. Im Zentrum der Kritik steht dagegen eine Tatsache, die von den Bürgern der attischen Demokratie nicht debattiert wurde: Mit Frauen, Metöken* und Sklaven war die Mehrheit der Bevölkerung Athens von der politischen Partizipation ausgeschlossen. Andere sehen in der uneingeschränkten Herrschaft des Volkes die Gefahr, die Demokratie könne – demagogischen Einflüssen ausgesetzt – leicht in eine Tyrannei umschlagen. Für sie ist eine stabile Demokratie nur als gemäßigte, repräsentative Regierungsform vorstellbar. Es stellt sich daher die berechtigte Frage, ob und inwiefern die Demokratie in Athen als Vorbild für moderne Demokratien gelten kann.

▶ **M 8, M 9: Geschichte kontrovers: Ist Athen ein Vorbild für moderne Demokratien?**

1 **Wahlaufgabe:** Bearbeiten Sie Aufgabe a) oder b).
   a) Erarbeiten Sie die Funktionsweise der attischen Demokratie mithilfe der Darstellung, indem Sie die wichtigsten Institutionen, deren Zusammensetzung und Aufgaben notieren.
   b) Untersuchen Sie das Verfassungsschaubild (M 1).
   Tipp: Nutzen Sie die Methodenseite (S. 294).
2 Beschreiben Sie anhand der Darstellung die Funktionsweise des attischen Gerichtswesens. Diskutieren Sie Vor- und Nachteile.
3 Erläutern Sie am Beispiel der attischen Demokratie den Zusammenhang zwischen Freiheit im Innern und Machtausübung nach außen.

Hinweise zur Arbeit mit den Materialien:
Die ausgewählten Materialien bilden die Grundlage für eine Diskussion, ob und inwiefern die attische Demokratie als Vorbild für die heutige Demokratie dienen kann. M 5 untersucht die Sozialstruktur Athens. M 6 und M 7 ermöglichen die Auseinandersetzung mit der attischen Demokratie sowohl aus zeitgenössischer Perspektive als auch aus heutiger Sicht. M 8 und M 9 stehen dabei stellvertretend für zwei gegensätzliche Positionen gegenüber der Leitfrage (Geschichte kontrovers).

Sozialstruktur in Athen

M 5 Einwohnerzahlen Attikas (geschätzt) zur Zeit des Perikles

Vollberechtigte Bürger	ca. 30 000–50 000
Familienmitglieder der Bürger (Frauen, Kinder)	ca. 70 000–100 000
Metöken (mit Frauen und Kindern)	ca. 25 000–35 000
Sklaven	ca. 80 000–120 000

Zusammengestellt nach: Jochen Bleicken, Die athenische Demokratie, 4. Auflage, UTB, Paderborn 1995, S. 99f.

1 **Diagramm:** Erstellen Sie aus M 5 ein Diagramm, das die Bevölkerungsstruktur prozentual veranschaulicht.
2 Diskutieren Sie unter Bezugnahme auf M 1, ob man aufgrund dieser Sozialstruktur von einer Demokratie in Athen sprechen kann.

Die attische Demokratie im Urteil der Zeitgenossen

M 6 Rede des Perikles nach Ausbruch des Peloponnesischen Krieges (431–404 v. Chr.) zwischen Sparta und Athen

Wiedergegeben von dem griechischen Geschichtsschreiber Thukydides (460–396 v. Chr.)

Wir leben in einer Staatsform, die die Einrichtungen anderer nicht nachahmt; eher sind wir für etliche ein Vorbild, als dass wir andere uns zum Muster nähmen. Mit Namen wird sie, weil wir uns nicht auf eine Minderheit, sondern auf die Mehrheit im Volke stützen, Volksherrschaft [Demokratie] genannt. Und es genießen auch alle für ihre eigenen Angelegenheiten vor den Gesetzen gleiches Recht; in der öffentlichen Bewertung jedoch fragt man allein nach dem Ansehen, das sich jemand auf irgendeinem Felde erworben hat; nicht die Zugehörigkeit zu einem bestimmten Volksteil, sondern allein die persönliche Tüchtigkeit verleiht im öffentlichen Leben einen Vorzug. Auch wird bei Armut keiner, der doch dem Volke Gutes zu leisten vermöchte, um der Geringheit seines Standes willen ausgeschlossen. Ein freier Geist herrscht in unserem Staatsleben und wirkt auch im täglichen Leben und Treiben aller gegenseitigen Beargwöhnung entgegen. So nehmen wir es unserem Mitmenschen auch nicht übel, wenn er sich einiges zu seinem Vergnügen leistet, und legen uns keine engherzigen Beschränkungen auf. [...] Und wie wir im persönlichen Umgang unbeschwert miteinander verkehren, so meiden wir im öffentlichen Leben schon aus Pflichtgefühl Verstöße gegen Recht und Sitte [...].
Wir lieben das Schöne in Schlichtheit, lieben Wissen und Bildung, aber frei von Weichlichkeit. Reichtum ist bei uns zum Gebrauch in der rechten Weise, aber nicht zum Geprahl mit Worten da. Armut einzugestehen bringt keinem Schande, sondern nicht tätig aus ihr fortzustreben ist schlimme Schande. In derselben Männer Hand ruht die Sorge für ihre häuslichen wie auch für die öffentlichen Angelegenheiten, und selbst wer völlig in seiner Arbeit lebt, dem fehlt es doch nicht an Blick für die politischen Dinge. Bei uns allein nämlich heißt einer, der dem [politischen Leben] gänzlich fernsteht, nicht „ungeschäftig", sondern „unnütz", und selber hat das Volk in den Fragen der Staatsführung mindestens ein Urteil, wo nicht gar fruchtbare eigene Gedanken. Denn wir sehen nicht in einer bedächtigen Vorbesprechung eine Gefahr für die Tat, sondern vielmehr darin, sich nicht vorher in Beratungen zu belehren, ehe man das, was not tut, mit der Tat in Angriff nimmt. [...] Mit einem Wort: Unsere Stadt ist im Ganzen die hohe Schule Griechenlands. Im Einzelnen aber will mir scheinen, dass jeder bei uns sich gleichzeitig auf den verschiedensten Gebieten anmutig und mit vollendeter Sicherheit als ganze, auf sich selbst gestellte Persönlichkeit erweist.

*Zit. nach: Thukydides, Peloponnesischer Krieg, in: Geschichte in Quellen. Altertum, hg. v. Wolfgang Lautemann und Manfred Schlenke, bsv, München 1989, S. 221f., übers. v. Wolfgang Schadewaldt (1929).**

1 Erarbeiten Sie die Vorteile, die Perikles in der Staatsform Demokratie sieht (M 6).
2 Interpretieren Sie die Intention des Autors, indem Sie den historischen Kontext und die Adressaten berücksichtigen.
Tipp: Nutzen Sie die Darstellung.

Merkmale attischer und moderner Demokratie

M 7 Der Historiker Fritz Gschnitzer (1995)

a) Zu den räumlichen und sozialen Strukturen:
Was bedeutet diese – für uns fast unvorstellbare – Kleinheit der griechischen Staaten, die Fremdartigkeit griechischer Demokratie? Zunächst einmal, dass alle Verhältnisse klein, bescheiden und überschaubar waren; den griechischen Staaten fehlt z. B. die Bürokratie. Dann, dass alle Bürger gesellschaftlich, vielfach geradezu persönlich aufs Engste miteinander verbunden waren; mit einiger Übertreibung kann man sagen, dass in einem griechischen Staat jeder jeden kennt, wie bei uns im Dorf oder in der Kleinstadt. Daraus ergibt sich ein in unseren heutigen Demokratien undenkbares Maß an Solidarität aller Bürger (im günstigen Fall), aber auch an ganz persönlicher Zerstrittenheit und Verfilzung (im weniger günstigen Fall); das Phänomen der fast ständigen *staseis* (inneren Unruhen) gerade in den kleineren griechischen Staaten ist nur von hier aus zu verstehen. Die Kleinheit der griechischen Staaten bedeutet schließlich auch, dass es Politik in unserem Sinn eigentlich nicht gibt. Für uns Heutige ist Politik etwas ziemlich Abstraktes und Lebensfernes, wofür wir uns zwar gelegentlich ereifern und begeistern können – meistens stehen wir eher gleichgültig oder wie neugierige, aber innerlich unbeteiligte Zuschauer beiseite –, das aber unser tägliches Leben direkt kaum berührt (der schwerwiegenden indirekten Wirkungen sind wir uns nur selten bewusst). Ganz anders sieht Politik aus, wo sie sich im Rahmen einer einzigen (im Durchschnitt kleinen) Stadt oder weniger Nachbarstädte abspielt: Politik und tägliches Leben sind hier nicht mehr leicht zu trennen; die Politik wird Teil des täglichen Lebens, sie greift tief ins Privatleben ein. [...] Die moderne Demokratie entfaltet sich vor allem im Frieden: Krieg wird auch heute, was die Befehls- und Führungsstrukturen betrifft, nicht viel anders geführt als in den Zeiten der absoluten Monarchie, und auch die zivile Regierungsgewalt wird im Krieg gestrafft und konzentriert, sie nimmt mehr oder weniger autoritäre Formen an. Und der einzelne Bürger hört, wenn er die Uniform anlegt, weitgehend auf, ein freier Bürger zu sein, er wird zum willenlosen Befehlsempfänger (nicht erst im Krieg!). Im Gegensatz dazu ist die altgriechische Demokratie die Lebensordnung einer Kriegergesellschaft. Die grundsätzliche wie die praktische Bedeutung dieses kriegerischen Grundcharakters kann nicht leicht überschätzt werden. [...]

b) Zum Willensbildungsprozess:
Nun erst kommen wir auf Fragen der eigentlichen Verfassung zu sprechen. Auch hier gibt es einige ganz erhebliche Unterschiede zwischen der griechischen Demokratie und der unseren. Man pflegt die antike Demokratie als „unmittelbare" Demokratie der heutigen „repräsentativen" gegenüberzustellen und meint damit, dass in jener die Bürgerschaft (als Volksversammlung) tatsächlich regiert, in dieser das Volk nur alle paar Jahre einmal das Parlament oder auch etwa den Präsidenten wählt und dadurch indirekt die großen Linien der Politik (nicht deren Einzelheiten) bestimmt. Ganz so groß ist der Unterschied in Wahrheit wohl nicht. Man kann nämlich die Dinge auch so sehen, dass der antiken Dreiheit Magistrate–Rat–Volksversammlung die moderne Dreiheit Regierung–Parlament–Wählervolk entspricht. Insoweit besteht also doch eine grundsätzliche Übereinstimmung; die Gewichte sind allerdings nicht gleich verteilt, und insbesondere hat das moderne Wählervolk eben doch viel weniger zu sagen als die antike Volksversammlung. Es kommt dazu, dass heute im Allgemeinen nur alle vier bis fünf Jahre gewählt wird, im Altertum wechselten die Magistrate alle Jahre, vielfach amtierten sie sogar nur ½ oder ein ¼ Jahr. – Für uns sehr merkwürdig, wirklich fremdartig ist die große Bedeutung des Loses bei der Besetzung der Ämter und anderer öffentlicher Funktionen; dadurch wird zwar der Wählerwille ausgeschaltet, zugleich erhöhen sich die Chancen des kleinen Mannes, zu Amt und Würden zu kommen, beträchtlich, und es wird ferner zum Ausdruck gebracht, dass der Inhaber eines Losamtes nur ein beliebiges, zufälliges, gewissermaßen unpersönliches Ausführungs- und Repräsentationsorgan der Bürgerschaft ist [...]. Im Ganzen darf man wohl sagen, dass im antiken System der Schwerpunkt der Willensbildung weiter unten liegt als bei uns: Die Bürgerschaft ist viel stärker, der Rat etwa ebenso stark wie unser Parlament, aber viel schwächer gegenüber der Bürgerschaft und dafür viel stärker gegenüber den Amtsträgern (der Regierung); die antiken Magistrate sind viel schwächer als die moderne Regierung.

*Zit. nach: Fritz Gschnitzer. Von der Fremdartigkeit griechischer Demokratie, in: Demokratia. Der Weg zur Demokratie bei den Griechen, hg. von K. H. Kinzl, Wiss. Buchgesellschaft Darmstadt 1995, S. 412–431.**

1 Erarbeiten Sie arbeitsteilig (M 7 a, b) die Unterschiede zwischen attischer und moderner Demokratie.
2 **Vertiefung:** Bewerten Sie die Unterschiede.

Geschichte kontrovers: Ist Athen ein Vorbild für moderne Demokratien?

M 8 Der Historiker Wolfgang Schuller (2002)

[...V]ergegenwärtigt man sich, dass auch in der voll entwickelten Demokratie die Normalzahl von gut 6 000 Teilnehmern an der Volksversammlung in Relation zu der Gesamtbevölkerung in der Größenordnung von 30 000 gesehen werden muss, dass überhaupt die politischen Entscheidungen nicht nur in einem „rationalen Diskurs"[1] in der Volksversammlung fielen, sondern dass es Absprachen und Führungspersönlichkeiten gab [...] – dann liegt das Verdikt[2] nahe, es habe sich gar nicht um eine Demokratie gehandelt. Aber diese Einwände übersehen, dass es bei der Entstehung der Demokratie außer eigene Ziele verfolgende Adlige auch einen Demos[3] gegeben hat, dessen Unterstützung damit gewonnen wurde, dass man ihn zunehmend an der Herrschaft beteiligte, ein Ziel also, das jedenfalls von einem aktiven Teil der Bevölkerung angestrebt worden sein muss. Er übersieht weiter, dass die Beteiligten selber [...] von Demokratia, also von Demosherrschaft sprachen und die Demokratie damit zutreffend von den vorherigen Regierungsformen [...] unterschieden. Dass Frauen keine politischen Rechte haben, ist weiter ein Faktum, das vor dem 20. Jahrhundert n. Chr. überall eine politische Selbstverständlichkeit war, und dass Personen, die das Bürgerrecht einer staatlichen Gemeinschaft nicht besitzen, demgemäß von der politischen Mitwirkung ausgeschlossen sind, ist ja kein ganz abwegiger Gedanke.

Das Messen der athenischen Demokratie an einem Ideal der uneingeschränkten und gleichen real ausgeübten Mitwirkung aller Bewohner eines Territoriums ist also unhistorisch. Schließlich wird übersehen, dass, selbst wenn man das doch tun will, der Grad der Partizipation[4], wie er in Athen innerhalb der gegebenen Gesellschaftsstruktur [...] erreicht war und jahrhundertelang erfolgreich angedauert hat, in der bisherigen Menschheitsgeschichte nie wieder verwirklicht worden ist.

*Zit. nach: Wolfgang Schuller, Griechische Geschichte, Oldenbourg Grundriss der Geschichte. München 2002, S. 38 f.***

1 Erörterung, Diskussion
2 Urteil, Beurteilung
3 *(gr. δῆμος)* „Staatsvolk"
4 Teilhabe

M 9 Der Politologe Urs Marti (2006)

Gemäß der Auffassung, die sich in Athen im fünften vorchristlichen Jahrhundert durchgesetzt hat, ist Demokratie eine Verfassung, in der das Volk die beratende und gesetzgebende Gewalt, die entscheidende und verordnende Gewalt sowie die Gerichtsgewalt ausübt. [...] Tatsächlich ist Athen während knapp zwei Jahrhunderten, von den Reformen des Kleisthenes (509–507) bis zur endgültigen Unterwerfung der griechischen Stadtstaaten durch Makedonien (322), über längere Zeitspannen hinweg [...] eine Demokratie gewesen. [...] Vieles jedoch ist an dieser Ordnung, an modernen Maßstäben gemessen, nicht demokratisch. Der Bürgerstatus steht nur freien Männern zu, die waffenfähig sind, Steuern zahlen und deren Eltern beide aus Attika stammen. Nach Schätzungen hatte Attika im fünften und vierten Jahrhundert mindestens zweihunderttausend Einwohner, die Anzahl der Bürger betrug hingegen lediglich zwanzig- bis vierzigtausend. Frauen, Sklaven und Zugewanderte bleiben ausgeschlossen. Die Bürger sind nicht vollständig gleich, sondern in Zensusklassen – also nach Maßgabe ihres Vermögens – aufgeteilt, denen unterschiedliche politische Rechte zukommen. Überdies werden die Entscheidungen von einer kleinen Minderheit getroffen, genau besehen kann das Volk in seiner Mehrheit einer Politik zwar zustimmen, aber es kann nicht wirklich mitbestimmen, es lässt sich, wie zeitgenössische Kritiker eingewendet haben, von Demagogen[1] leicht beeinflussen und wird von skrupellosen Führern für deren eigene Interessen instrumentalisiert. [...]. Frei und tendenziell gleich sind die Bürger Athens; herrschaftsunterworfen sind in unterschiedlichem Grad Frauen, Sklaven, Metöken, das heißt ortsansässige Fremde ohne politische Rechte, sowie Bewohner der eroberten Gebiete.

*Zit. nach: Urs Marti, Demokratie. Das uneingelöste Versprechen, Rotpunktverlag, Zürich 2006, S. 83 ff.**

1 *urspr.:* „Volksführer", heute negativ: Verführer, Aufhetzer

1 Analysieren Sie arbeitsteilig die Positionen und Argumente der Autoren im Hinblick auf die Leitfrage, ob Athen ein Vorbild für moderne Demokratien ist.
2 Vergleichen Sie die Darstellungen (M 8 und M 9) mithilfe geeigneter Aspekte.
Tipp: Nutzen Sie die Methodenseite (S. 316).
3 Nehmen Sie selbst Stellung zur Leitfrage.
4 **Vertiefung:** Vergleichen Sie die politischen Rechte des Bürgers in Athen und in der Bundesrepublik.
Tipp: Nutzen Sie neben M 1 auch das Verfassungsschaubild für die Bundesrepublik (S. 515).

Szenische Antikenrezeption am Beispiel der Perserkriege

M1 **Dionysos-Theater in Athen, errichtet im 5./4. Jh. v. Chr.**

Dionysien
Dramenaufführungen waren in Athen Teil des religiösen Festes zu Ehren von Dionysos, dem Gott des Weines und der Lebensfreude. Die Dionysien wurden seit 450 v. Chr. jährlich als Wettbewerbe in Amphitheatern veranstaltet. Bis zu 14 000 Zuschauer fasste das Athener Dionysostheater. Die Schauspieler – ausschließlich Männer – redeten oder sangen in Versen und trugen Masken, die ihre Seelenzustände ausdrückten. Nach einem Aufführungsmarathon in nur wenigen Tagen wählte eine ausgeloste Bürgerjury das beste Drama. Die bedeutendsten antiken Dichter waren Aischylos, Sophokles, Euripides und Aristophanes. Ihre wenigen erhaltenen Stücke dienten späteren Autoren als Grundlage für eigene literarische Werke.

Vom Amphitheater zum Film

Der griechische Tragödiendichter Aischylos ließ 472 v. Chr. in Athen sein Stück *Die Perser* uraufführen und gewann damit bei den **Dionysien*** den ersten Preis. Es gilt als das älteste erhaltene Drama der Welt und wurde bis heute immer wieder neu interpretiert. Das Stück behandelt keinen **Mythos***, sondern thematisiert die Niederlage der Perser unter ihrem Großkönig Xerxes I. gegen die Griechen, also ein politisch brisantes Thema. Die innere Dramaturgie des Dramas stellte eine bemerkenswerte Provokation dar, denn der Krieg wird aus der Perspektive des Gegners geschildert. *Die Perser* gelten damit als herausragendes Beispiel dafür, dass der im Triumph geschlagene Feind – ungeachtet des Siegerstolzes der Griechen – nicht herabgesetzt werden muss. Moderne Inszenierungen der *Perser* sehen sich von dieser politischen Betrachtungsweise zu eigenen Interpretationen herausgefordert.
Antike Dramen haben im modernen Theater keine lange Aufführungstradition. Erst seit etwa 1800 wurden sie wieder inszeniert, zuerst an Goethes Hoftheater in Weimar. Die Zuschauer sahen dabei keine Umsetzungen von Originaltexten, sondern an die Bühnenkonventionen ihrer Zeit angepasste Bearbeitungen. Spätere werkgetreue Inszenierungen versuchten, ursprüngliche Aufführungsbedingungen des antiken Dionysos-Theaters zu simulieren. Beide Ansätze, Gegenwartsbezug und Werktreue, fanden in der modernen Aufführungsgeschichte Nachahmer.
Mit Mitteln des Gegenwartstheaters inszeniert, werfen die antiken Stoffe Fragen auf, die Gesellschaften bis heute beschäftigen. Themen wie Liebe, Gewalt oder der Gemeinschaftsgedanke rücken dabei in den Vordergrund der Auseinandersetzung. Mit dem Aufkommen des Films ergaben sich neue Möglichkeiten. Der 1962 veröffentlichte Film *Der Löwe von Sparta* wird nach wie vor für seine Kampfszenen und die Illustration antiker Kriegskunst gelobt. Aufgrund der filmtechnischen Fortschritte rücken Handlung, Bezüge zu antiken Vorbildern und historische Korrektheit indes immer stärker in den Hintergrund zugunsten von Bildeffekten und 3D-Animationen. Diese Entwicklung wurde z. B. 2006 in dem Comic-Film *300* deutlich, der sich an den *Persern* orientiert.

M2 **Aufführung von Aischylos' „Die Perser" bei den Salzburger Festspielen von 2018, Fotografie**

M3 Der Theaterwissenschaftler Matthias Dreyer über „Die Perser" und ihre modernen Inszenierungen (2007)

Während des Ersten und Zweiten Weltkrieges erschienen *Die Perser* immer wieder als ein geeignetes Propagandainstrument. So identifizierten [...] [einige] Zuschauer [...] die Perser mit den Feinden des Deutschen Reiches und feierten ihren Niedergang als Bestätigung der deutschen Kriegs-Politik. [...] Diese Aufführungen dienten dazu, die jeweilige nationale Identität zu bestätigen, indem sie ihr Bild des Feindes in den Untergang der antiken Perser hineinspiegelten.

Bald nach dem Zweiten Weltkrieg verlagert sich diese Thematik des Fremden und des Eigenen deutlich. Das Stück tauchte nun zunehmend im Kontext deutscher Vergangenheitsbewältigung auf. [...] Jetzt sahen sich die Deutschen als Perser und machten sich damit selber fremd. Das Drama klebte künftig an der deutschen Geschichte. [...] Auf ganz andere Weise nehmen internationale Theater-Produktionen seit den 1990er-Jahren Bezug auf Geschichte, diesmal jüngste Geschichte. Diese Inszenierungen der Perser erneuern im Horizont der Globalisierung die Spannung zwischen dem Eigenen und dem Fremden in Hinblick auf aktuelle kriegerische Auseinandersetzungen. Ein Beispiel ist die Inszenierung von Peter Sellars 1993 [...]. Das Stück integriert die Situation in Bagdad 1991, nach den amerikanischen Bombardements im ersten Golfkrieg, in die Rede der Perser des antiken Dramas und vergegenwärtigt dadurch die Leiden der irakischen Zivilbevölkerung. [...]

Eine ähnliche kulturelle Grenzdimension inszenierte auch der griechische Regisseur Terzopoulos, der *Die Perser* als ein spezifisches Erinnerungsprojekt entwickelte. Seine Inszenierung wurde 2006 als griechisch-türkische Koproduktion [...] gezeigt. Unter dem Dach jenes antiken Theaterstücks, das eigentlich vom Krieg der griechischen und persischen Kulturen zeugt, platzierte er erstmals beide am Krieg beteiligte Parteien, repräsentiert durch die Schauspieler der jeweiligen Nationen, gemeinsam auf der Bühne. Damit rief er die politischen Spannungen zwischen diesen Ländern, die auch heute noch beispielsweise in der Zypern-Frage akut sind, im Rahmen der antiken Tragödie wieder auf.

*Zit. nach: Erika Fischer-Lichte/Matthias Dreyer (Hg.), Antike Tragödie heute. Vorträge und Materialien zum Antiken-Projekt des Deutschen Theaters, Henschel, Berlin 2007, S. 155ff.**

M4 Filmkritik zu „300", von Lorenz Mutschlechner (2007)

Der Film von Zack Snyder basiert auf dem gleichnamigen Comic [...] von Frank Miller. [...] Die Story an und für sich ist recht simpel und schnell erzählt: [...] Das persische Großreich unter dem Gott-König Xerxes [...] will sich auch noch Griechenland unter den Nagel reißen. Eine Handvoll Spartiaten stellt sich da allerdings quer. [...] Erst durch [...] Verrat [...] gelingt es den Persern, die Phalanx der Spartaner zu umgehen [...]. Der spartanische Grundsatz verbietet es allerdings, die somit verlorene Schlacht aufzugeben, weshalb sie bis zum letzten Mann weiterkämpfen. [...]

Der Film begeistert vor allem durch die gewaltige Bilderflut und die wunderbaren Kostüme. Die Musik von Tyler Bates ist dabei meistens sehr passend und unterstreicht das Leinwandepos. Laut einigen Kritikern verpackt der Film faschistoide Inhalte und richtet sich als politische Propaganda gegen Persien, den heutigen Iran, Afghanistan, Pakistan. [...]

*Zit. nach: https://www.film-rezensionen.de/2007/04/300/ (Zugriff: 03.07.2019)**

1 **Gruppenarbeit:**
   a) Erarbeiten Sie arbeitsteilig Merkmale des antiken Amphitheaters und des zeitgenössischen Theaters.
   b) Stellen Sie Theater- und Filminszenierungen zum Thema Perserkriege gegenüber. Erläutern Sie die wesentlichen Unterschiede sowie Vor- und Nachteile der beiden Darstellungsmöglichkeiten (M 2–M 4).
   c) Diskutieren Sie, welche der beiden Darstellungsformen Sie bevorzugen. Beziehen Sie sich ggf. auf weitere Beispiele.
2 Erläutern Sie anhand des Darstellungstextes sowie mithilfe von M 2 die Charakteristika und Inszenierungsphasen des antiken Dramas *Die Perser*.
3 Beurteilen Sie Möglichkeiten und Grenzen bei der werkgetreuen Inszenierung antiker Theaterstücke.
4 Begründen Sie anhand von M 4 den Erfolg von „300".
5 **Vertiefung:** Diskutieren Sie die gesellschaftspolitischen Dimensionen historischer Inszenierungen, indem Sie aus dem Beispiel der Perserkriege allgemeingültige Prinzipien ableiten.

1.2 Das Imperium Romanum

Die Römische Republik – eine Demokratie?

In dieser Themeneinheit geht es um
- *den Übergang vom Königtum zur Römischen Republik im 5. Jahrhundert v. Chr.,*
- *Struktur, Besonderheiten und Krisen der Republik bis zu ihrem Ende um 27 v. Chr.*

Vom Königtum zur Republik*

Die Legende datiert die **Gründung Roms*** auf das Jahr 753 v. Chr. Archäologische Zeugnisse beweisen jedoch, dass auf dem Gebiet des späteren Roms schon im 10. Jahrhundert v. Chr. mehrere Siedlungen bestanden. Zunächst ließen sich auf den Hügeln am Unterlauf des Flusses Tiber die indoeuropäischen Hirten- und Bauernvölker der Sabiner und Latiner nieder. Im Rahmen ihrer Expansion unterwarfen die Etrusker seit spätestens 600 v. Chr. die verschiedenen Siedlungen und fassten sie zu einer Stadt zusammen. Man geht inzwischen davon aus, dass die neue Stadt am Tiber nach dem etruskischen Adelsgeschlecht Rumilier den Namen *Ruma* erhielt.
Auch das Ende der etruskischen Königsherrschaft wird von römischer Überlieferung und moderner Forschung unterschiedlich dargestellt: Nicht der Sturz des letzten etruskischen Königs 509 v. Chr. war das Ende der Monarchie, vielmehr nutzte der römische Geburtsadel, das **Patriziat***, die Schwächung der etruskischen Königsfamilie und übernahm schrittweise die Regierungsgewalt. Der Herrschaftswechsel in Rom hatte neben der Befreiung von der Fremdherrschaft auch den Wandel der Staatsform zur Folge.

Gründungsmythos der Stadt Rom
Der Mythos beruhte auf zwei älteren Sagen: Eine Sage erzählt vom Helden Äneas, der nach dem Untergang Trojas auf göttlichen Befehl nach Latium segelte, um dort ein neues Reich zu gründen. Die zweite Sage berichtet von den Zwillingen Romulus und Remus, die auf Befehl des Königs auf dem Tiber ausgesetzt und von einer Wölfin aufgezogen wurden. Angeblich am 21. April 753 v. Chr. gründeten sie die Stadt Rom, deren erster König (und Namensgeber) Romulus war.

M1 Die römische Wölfin, Bronzeplastik, zwischen 800–1300 n. Chr.
Lange Zeit glaubte man, die Statue sei in der Antike entstanden und in Rom als Schutzfigur verehrt worden. Durch moderne Untersuchungsverfahren stellten Wissenschaftler jedoch 2006 fest, dass die Figur der Wölfin im Mittelalter gefertigt wurde. Die Zwillinge Romulus und Remus wurden um 1500 n. Chr. hinzugefügt.

Ursachen der Ständekämpfe

In der jungen Römischen Republik standen sich im 5. Jahrhundert v. Chr. zwei Stände gegenüber: die als **Patrizier** bezeichneten reichen Großgrundbesitzer und die **Plebejer** (lat. *plebs* = die Masse). Die Plebejer, die die zahlenmäßig größere Gruppe bildeten, waren persönlich frei, politisch allerdings rechtlos. Die Politik in Rom wurde von den männlichen Patriziern kontrolliert. Aus ihren Reihen stammten sowohl die Mitglieder des **Senats**, der politische Angelegenheiten beriet und Beschlüsse fasste, als auch die Regierungsbeamten, die **Magistrate**, die die Senatsbeschlüsse auszuführen hatten. Zu den Plebejern gehörten wohlhabende und arme Bauern, Kaufleute, Handwerker sowie Tagelöhner. Die fehlenden Rechte zur politischen Mitbestimmung, die mangelnden Aufstiegschancen sowie eine starke Verschuldung durch hohe Kriegskosten standen im Widerspruch zu den militärischen Leistungen der Plebejer bei der römischen Expansion (s. S. 32) und waren Ursachen jahrhundertelanger Auseinandersetzungen zwischen den beiden Ständen.

Die Ständekämpfe

Bereits unmittelbar nach der Beseitigung des etruskischen Königtums kam es zu ersten Konflikten zwischen Plebejern und Patriziern, die in den **Ständekämpfen** (500–287 v. Chr.) um zentrale politische und wirtschaftlich-soziale Rechte ihren Ausdruck fanden. In den zum Teil heftigen Auseinandersetzungen gelang es den Plebejern mit Wehrdienstverweigerungen und Streiks, eine Reihe von Rechten durchzusetzen. Um 490 durften sie zwei **Volkstribune** wählen, die die Plebejer vor ungerechten Zugriffen der Patrizier schützen sollten. Die Volkstribune besaßen zudem das Interzessionsrecht, mit dem sie gegen Beschlüsse des Senats und der Beamten Einspruch (Veto*) erheben konnten. Die Zahl der Volkstribune wurde 471 auf vier und 457 auf zehn erhöht. Um 494 erhielten sie das Recht zur Konstituierung einer eigenen **Volksversammlung** *(concilium plebis)*. Mit dem **Zwölftafelgesetz** von 450 wurde ein für alle Bürger Roms geltendes Straf- und Zivilrecht schriftlich fixiert und öffentlich aufgestellt. Damit sollte die Rechtswillkür gegen Plebejer durch patrizische Richter beseitigt werden. Fünf Jahre später wurde das **Eheverbot** zwischen Plebejern und Patriziern aufgehoben. Nach der Eroberung der etruskischen Stadt Veji im Jahre 387 v. Chr. setzten die Plebejer erstmals eine **Beteiligung an der Landaufteilung** durch. Darüber hinaus erlangten sie schrittweise Zugang zu allen **Staatsämtern**: 421 zum Amt des Quästors, 367 zum Amt des **Konsul**, 300 zu den Priesterämtern. Schließlich erhielten die Beschlüsse der plebejischen Volksversammlung 287 mit der *lex Hortensia* Gesetzeskraft.

Zweifellos waren die Plebejer am Ende der Ständekämpfe nicht mehr rechtlos, aber ob man von einer annähernden Gleichstellung zwischen Patriziern und Plebejern sprechen kann, ist strittig. Ungeachtet der geringen Zahl einflussreicher und vermögender Plebejer, denen es gelang, ein politisches Amt zu besetzen, etablierte sich ein plebejischer Amtsadel, der mit dem alten Geburtsadel der Patrizier eine neue Führungsschicht, die **Nobilität**, bildete.

M 2 Kanaldeckel in Rom mit der Abkürzung „SPQR“, Fotografie, 2006.

Nach dem Ende der Ständekämpfe wurde neben der res publica *die Formel SPQR (lat. Senatus Populusque Romanus = Senat und Volk von Rom) zur offiziellen Bezeichnung des römischen Staates. Sie sollte das Symbol für die Eintracht von Volk und Senat sein. Auch heute noch dient die Formel zur Kennzeichnung öffentlichen Eigentums.*

Die Verfassung der Römischen Republik

In der Römischen Republik existierte keine fixierte Verfassung. Vielmehr wurde die politische Ordnung entsprechend den aktuellen Bedingungen modifiziert. Nach den Ständekämpfen war die politische Macht zwischen drei Institutionen aufgeteilt: der **Volksversammlung**, dem **Senat** und dem **Magistrat**. Einflussreichstes Organ war der Senat. Die Regierungsgewalt lag bei den Magistraten, deren Amtsbereiche genau definiert waren. Jeder römische Bürger besaß das Recht zur Bewerbung um ein politisches Amt, wenn er folgende Bedingungen erfüllte: Geburt als freier Bürger, Unbescholtenheit und ehrenvolle Erfüllung des Militärdienstes. Da die Ämter unbesoldet waren, blieb ihre Besetzung der Nobilität vorbehalten. Um die Machtkonzentration bei einem Einzelnen zu verhindern, enthielt die Verfassung für die Magistrate Beschränkungen: Ein Amt wurde nur für ein Jahr vergeben **(Annuitätsprinzip)** und mit mindestens zwei Personen besetzt **(Kollegialitätsprinzip)**, von denen jeder die Entscheidung eines Kollegen durch sein Veto aufheben konnte **(Interzessionsrecht)**. Das römische Volk trat in drei verschiedenen Volksversammlungen, basierend auf unterschiedlichen Zuordnungskriterien, zusammen: in den Zenturiatkomitien, den Tributskomitien und im **concilium plebis**. Im Gegensatz zur attischen Demokratie waren in den Volksversammlungen Diskussionen über eigene Gesetzesvorschläge (Initiativrecht) nicht vorgesehen. Vorlagen des Magistrats konnten nur angenommen oder abgelehnt werden. Bei den Abstimmungen zählte nicht die Stimme des einzelnen Bürgers, sondern die Stimmeneinheit, die nach Vermögen oder Wohnbezirk zusammengestellt wurde. Ob die Römische Republik als **Demokratie** bezeichnet werden kann, wird bis heute diskutiert.

▶ **M 5 a–c: Die Institutionen der Römischen Republik**

▶ **M 6, M 7: Geschichte kontrovers: Die Römische Republik – eine Demokratie?**

Expansion der Römischen Republik

Die Expansion Roms vollzog sich schrittweise in einem Zeitraum von etwa drei Jahrhunderten. In einer **ersten Phase** (um 500–250 v.Chr.) eroberte Rom zunächst nach zehnjährigem Kampf 396 v.Chr. die etruskische Metropole Veji und verdoppelte sein Staatsgebiet. Nach der erfolgreichen Abwehr der Kelten (387/86) durch eine Allianz zwischen Rom und seinen latinischen Nachbarn entbrannte zwischen den Bündnispartnern ein neuer Konflikt (388–340), an dessen Ende Rom die meisten latinischen Gemeinden beherrschte und sein Territorium verdreifacht hatte. Anschließend eroberte Rom innerhalb eines halben Jahrhunderts (326–282) das Gebiet von der Po-Ebene bis zur sizilischen Meerenge: In Mittelitalien besiegte es die Samniten (bis 272), in Norditalien die Kelten (285–282) und in Süditalien die Tarentiner und ihre Nachbarn (282–272/70).

M3 **Kriegselefant mit Kampfturm, Teller aus Mittelitalien, 3.Jh. v.Chr.**

Unmittelbar nachdem die Römer die sizilische Meerenge erreicht hatten, begannen sie, ihren Herrschaftsbereich über Italien hinaus auszudehnen; die **zweite Phase** der Expansion (264–133 v.Chr.). In drei Kriegen gegen den nordafrikanischen Handelskonkurrenten **Karthago** schuf Rom die Basis für ein Weltreich. Nach dem Ersten Punischen Krieg (264–241) besetzte Rom Sizilien, Sardinien und Korsika. Im Zweiten Punischen Krieg (218–201), in dem der Karthager Hannibal nach seinem Alpenübergang und dem Sieg bei Cannae (216) Rom an den Rand einer Katastrophe gebracht hatte, griff es auf Spanien und Nordafrika, Makedonien und Griechenland zu. Als Karthago im Dritten Punischen Krieg (149–146) zerstört und 133 das nordspanische Numantia gefallen war, besaß Rom im Mittelmeerraum keinen ernst zu nehmenden Feind mehr. Auch nach dem Scheitern der Römischen Republik setzte Rom seine Expansion fort. 106–117 n.Chr. erreichte es seine größte Ausdehnung.

Krise der Römischen Republik

▶ M 8–M 11: Geschichte kontrovers: Tiberius Gracchus – verantwortlich für die Krise der Republik?

Der Sieg Roms über Karthago (146 v.Chr.) markierte den Höhepunkt einer beispiellosen Expansion, in deren Verlauf sich Rom von einer kleinen Bauern- und Hirtensiedlung zu einem Weltreich entwickelte. Doch nur wenig später begann eine Zeit der inneren Unruhen. Die Kriege hatten den Ruin vieler Kleinbauern verursacht, die als Soldaten ihre Höfe nicht mehr versorgen konnten.

Die Brüder **Tiberius** (163–133 v.Chr.) und **Gaius Gracchus** (154–121 v.Chr.) versuchten als Volkstribunen, zwischen 133 und 123 v.Chr. mithilfe von Acker-, Getreide- und Militärgesetzen die Lage der Bauern zu verbessern: Eine Bodenreform sollte die Begrenzung des Staatslandes und eine Neuverteilung an Besitzlose durchsetzen, Getreide für Staatsbürger verbilligt, die Militärzeit begrenzt und der Einfluss des Senats zurückdrängt werden. Die Reformen scheiterten am Widerstand einer Senatsmehrheit, die die Interessen der Großgrundbesitzer vertrat. Tiberius wurde 133 v.Chr., zusammen mit 300 Anhängern, auf dem Kapitol erschlagen, und sein Bruder ließ sich 121 v.Chr. von einem Sklaven töten.

Die Auseinandersetzungen um die Gracchischen Reformen ließen zwei unversöhnliche politische Lager entstehen: die **Optimaten** (von lat. *optimus* = der Beste), die an der traditionellen Führungsrolle des Senats festhielten und sich gegen Veränderungen der Besitzverhältnisse stemmten, und die **Popularen** (von lat. *populus* = das Volk), die Gesetze ohne Zustimmung des Senats über die Volksversammlung und die Volkstribunen durchsetzen wollten. Zeitgleich mit den inneren Problemen geriet Rom durch die Angriffe germanischer Stämme auch in eine außenpolitische und militärische Krise. Durch die verringerte Anzahl der freien Bauern und damit der Wehrpflichtigen war Rom nicht mehr in der Lage, sich ausreichend zu verteidigen.

M4 Die Brüder Gracchus, Bronzeskulptur in der Form eines antiken Kenotaphs von Eugéne Guillaume, 1853.

Von den antiken Monumenten, die nach dem Tod des Jüngeren auf öffentlichen Plätzen errichtet wurden, sind keine Überreste erhalten geblieben.

Mit einer Heeresreform wollte der erfolgreiche Feldherr und Konsul **Gaius Marius** (156–86 v. Chr.), ein Populare, die Wehrkraft Roms erhöhen. Er nahm landlose Freiwillige und Bundesgenossen in seine Legionen auf, rüstete sie auf Staatskosten aus, versprach ihnen nach der Dienstzeit Land und strukturierte so das einstige Bürgerheer zum Berufsheer um. Die Krise der *res publica* war damit jedoch nicht zu überwinden. Rom erhielt zwar wieder eine schlagkräftige Streitmacht und den Soldaten war vom Feldherrn eine gesicherte Versorgung garantiert. Gleichzeitig bestand jedoch die Gefahr, dass das Heer zu einem persönlichen Machtinstrument der Militärbefehlshaber wurde. Diese Möglichkeit nutzte der Feldherr **Lucius Cornelius Sulla** (138–78 v. Chr.), ein überzeugter Optimat, der sich in einem blutigen Bürgerkrieg gegen seinen politischen Rivalen Marius behauptete: Mit seinen Truppen besetzte er Rom und ließ politische Gegner verfolgen, enteignen und ermorden. Sullas Ernennung zum Diktator* im Jahr 82 v. Chr. und sein restauratives* Gesetzeswerk, das u. a. die Entmachtung der Volkstribunen vorsah, besiegelten das Ende der Republik. In den Konflikten zwischen weiteren Militärpotentaten, die fortan die Politik des Reiches bestimmten, ging die *res publica* unter. Aus den Machtkämpfen, den Bürgerkriegen zwischen **Pompeius** und **Caesar** (49/48 v. Chr.) und – nach der Errichtung der Diktatur auf Lebenszeit durch Caesar und seiner Ermordung (44 v. Chr.) – zwischen **Marcus Antonius** und **Octavian** (32/31 v. Chr.), ging schließlich Octavian, der spätere Augustus als Sieger hervor

1 Nennen Sie die Ursachen und die Ergebnisse der Ständekämpfe.

2 **Partnerarbeit:** Erarbeiten Sie arbeitsteilig mithilfe der Darstellung die jeweiligen politischen Rechte und Teilhabemöglichkeiten von Patriziern und Plebejern. Stellen Sie diese einander gegenüber und gewichten Sie begründet.

3 **Tabelle:** Stellen Sie die Reformversuche nach 133 v. Chr. in einer Tabelle zusammen (Reformer, Maßnahmen, Ergebnis).

Hinweise zur Arbeit mit den Materialien:
M 5 ermöglicht die Auseinandersetzung mit der Verfassung anhand von drei Institutionen. Zwei Historikertexte (M 6, M 7) bilden die Grundlage für die Diskussion, ob die Römische Republik eine Demokratie war. M 8–M 10 diskutieren die Reformen des Tiberius Gracchus. M 11 beschäftigt sich mit den Reformen Sullas.

Die Institutionen der Römischen Republik

M 5 Die Historiker Wolfgang Kunkel und Roland Wittmann über die Institutionen der Römischen Republik (1995)

a) Über die Volksversammlungen

Die Volkswahl verlieh den Magistraten ihre Gewalt über die Bürger und ihre Legitimation, für die Gesamtheit der Bürger, d.h. für den Staat zu handeln. Die politische Doktrin der Römer sah in ihr ein spezifisch demokratisches Verfassungselement.
In Wahrheit war sie dies jedoch nur in einem sehr beschränkten, mehr formalen als substanziellen Sinne. Die eigentümliche, recht undemokratische Struktur der Volksversammlungen, besonders der für die Wahl der Obermagistrate zuständigen Zenturiatkomitien, der Einfluss, den die führenden Familien des Senatsadels durch ihr Ansehen und ihre weit verzweigten Klientelen ausübten, und schließlich auch die Manipulierbarkeit des komplizierten Wahlverfahrens: diese drei Faktoren schlossen eine wahrhaft demokratische Entscheidung weithin aus. Sie machten die Volkswahl geradezu zu einem Instrument der Senatsoligarchie oder der Faktionen, die innerhalb dieser Oligarchie um Einfluss und Macht kämpften. Für Außenseiter ohne Ahnen und ohne Helfer aus dem Kreise der mächtigen Politiker war darum die Volkswahl keineswegs ein bequemer Zugang, vielmehr im Gegenteil eine fast unüberwindliche Hürde auf der Bahn zur Magistratur, vor allem zu den höheren Ämtern.

b) Über den Senat und die Ämterlaufbahn

Insgesamt wird man wohl behaupten können, dass dem Senat infolge einer traditionalistischen Handhabung der lectio[1] durch die Zensoren bis in die Krisenzeit der Republik[2] seine aristokratische Grundstruktur erhalten geblieben ist.
Es gelangten zwar immer wieder neue Elemente in ihn, zumeist wohl durch die Bekleidung der unteren Magistraturen, die eine Anwartschaft und später ein Anrecht auf den Senatssitz begründeten, zu einem kleineren Teil vielleicht aber auch durch freie Auswahl seitens der Zensoren. Einfluss konnten aber solche *homines novi* dank der eigentümlichen Geschäftsordnung des Senats im Allgemeinen nur dann gewinnen, wenn sie in der Ämterlaufbahn bis zu den Obermagistraturen, zur Praetur oder gar zum Konsulat aufstiegen und dies gelang stets nur wenigen. Wer ein Amt nicht bekleidet hatte und auch später nicht erreichte, verblieb in den Reihen der *pedarii senatores,* die nie um ihre Meinung befragt wurden, sondern nur über die Beschlussvorschläge anderer abstimmen durften.

c) Über das Volkstribunat

Da der Senat sich den Obermagistraten gegenüber trotz seines Weisungsrechts häufig auf die bloße Weichenstellung oder Koordinierung beschränkte, machte ihm der Umgang mit den weisungsunabhängigen Volkstribunen keine Schwierigkeit. Die kollegiale Interzession[3] verhinderte einen unangemessenen, den gesamtstaatlichen Rahmen sprengenden Gebrauch der tribunizischen Gewaltbefugnisse und des Rogationsrechts[4]. Senat und Volkstribunat waren somit zwar als Verfassungsorgane rechtlich voneinander unabhängig, in der politischen Praxis aber aufeinander angewiesen. Die *lex Atinia*[5] zog hieraus auch für die Mitgliedschaft im Senat die notwendige Konsequenz, indem sie die Aufnahme der ehemaligen Volkstribune in den Senat anordnete.

*M 5 a bis c zit. nach: Wolfgang Kunkel/Roland Wittmann, Staatsordnung und Staatspraxis in der Römischen Republik, C.H. Beck, München 1995, S. 11, 443 und 638.**

1 *lectio:* Ernennung der Senatoren, Erstellen der Senatslisten
2 ca. 133–27 v. Chr.
3 Kollegiale Interzession: Vetorecht eines Amtsträgers gegenüber seinem Kollegen; Magistrate waren in Rom immer zweifach (kollegial) besetzt.
4 *Rogationsrecht:* Recht der Volkstribune, gegen Gesetzesanträge und Senatsbeschlüsse Einspruch zu erheben
5 *lex Atinia:* 149 v. Chr.

1 **Partnerarbeit:** Untersuchen Sie arbeitsteilig anhand von M 5 a–c, welche Elemente der Demokratie, der Oligarchie und der Aristokratie in der römischen Verfassung enthalten sind.
2 Diskutieren Sie auf der Grundlage Ihrer Ergebnisse, ob die Römische Republik eher eine Demokratie, Oligarchie oder Aristokratie war.

Geschichte kontrovers: Die Römische Republik – eine Demokratie?

M6 Der Historiker Fergus Millar (1998)

Jeder erwachsene Bürger hatte [...] eine Stimme, und die Armen waren formal nicht ausgeschlossen. Auch freigelassene Sklaven konnten wählen. [...] Das System, nach dem sie wählten, war dadurch charakterisiert, dass die Wahlen ohne Ausnahme in bestimmten Untergruppen stattfanden (*tribus* oder *centuriae*). Innerhalb jeder Untergruppe herrschte das Prinzip der Mehrheitsstimme [...]. In den *comitia tributa* gab es keine soziale Differenzierung, die Stimme eines jeden Bürgers zählte gleich.

Schließlich sollte hervorgehoben werden, dass die *res publica* eine direkte Demokratie war und nicht eine repräsentative. Sicherlich war die Mitgliedschaft im Senat das indirekte Ergebnis einer Wahl zu einem öffentlichen Amt. Aber während der Senat wichtige vorbereitende und administrative Funktionen hatte und innerhalb eines Entscheidungsprozesses eine maßgebende Rolle spielte, so war er dennoch kein Repräsentativorgan, kein Parlament und konnte keine Gesetze erlassen. Die weit verbreitete Meinung, dass der Senat die Regierung der Römischen Republik war, ist nicht nur irreführend, sondern regelrecht falsch.

Die formale Macht der Wähler war in drei Kategorien geteilt. Zunächst gab es die, freilich in Ciceros Zeit eingeschränkte Rolle der Komitien als Gerichtshof. Dann gab es die Wahlen. [...] Über 50 öffentliche Posten wurden jährlich durch Wahlen gefüllt [...].

Das fundamentalste aller Rechte des Volkes war jedoch die Tatsache, dass das Volk, und das Volk allein, Gesetze verabschieden konnte. [...] Keiner dieser Gesetzesvorschläge musste, außer in den zehn Jahren nach Sullas Reformen, von dem Senat gebilligt werden. [...] Das exklusive Recht der Volksversammlungen, Gesetze zu verabschieden, ist bei weitem das stärkste Argument dafür, dass man, unter rein formalem Aspekt, die römische *res publica* als Demokratie bezeichnen muss.

*Zit. nach: Schulz R. Rezension: Fergus Millar, The Crowd in Rome in the Late Republic, University of Michigan Press 1998. Klio. 2001; 83(1): 257–258. (Übersetzung Raimund Schulz).**

M7 Der Historiker Egon Flaig (1996)

Für Fergus Millar [...] äußert sich in der Möglichkeit, Anträge [in die Comitien] anzunehmen oder abzulehnen, der Volkswille. Doch trifft diese Voraussetzung zu? [...]

Insgesamt sind meines Wissens nur 8 abgelehnte Anträge überliefert, 7 wurden von Volkstribunen eingebracht, ein einziger von einem Magistrat. Von diesen 8 abgelehnten Anträgen fallen 4 ins 4. Jahrhundert [v. Chr.] und sind daher überlieferungsgeschichtlich unsicher. Somit bleiben für die mittlere und späte Republik nur vier abgelehnte Anträge übrig, drei tribunizische und ein consularischer. [...]

Aus diesen Fällen ist zu schließen, dass niemand davon ausging, die Volksversammlung könnte anders abstimmen, als der Antragsteller selbst wollte. Da die Abstimmung fast stets dazu führte, dass das Volk zustimmte, war die Zustimmung gänzlich erwartbar. [...]

Wenn die Comitien so gut wie immer zustimmten, dann waren sie kein Entscheidungsorgan. Unbestritten bleibt, dass den Beschlüssen der Comitien [...] Verbindlichkeit für die gesamte *res publica* zuerkannt wurde. Aber wenn innerhalb des aristokratischen Systems den Comitien die Funktion zufiel, in „letzter Instanz" verbindliche Regelungen für die gesamte politische Gemeinschaft zu treffen, dann bedeutete das weder, dass sie „souverän" waren, noch dass sie im präzisen Sinn des Wortes „entschieden". [...]

Der Charakter dieser Veranstaltung, ihre Funktion als Konsensorgan, verdeutlicht sich, wenn man ihren rituellen Aspekt in die politische Analyse der Institutionen einbezieht. [...] Die versammelten Bürger standen, die Magistrate saßen. Die Zeremonien visualisierten damit die Differenz zwischen denen, die Befehl gaben, und denen, die gehorchten, zwischen denen, die sprachen, und denen, die zuhörten. [...] Stundenlang zu warten und magistratischen Befehlen zu folgen, brachte die Überordnung der Aristokratie und die Unterordnung des Volkes unter die Amtsträger in eine szenographische[1] Form, die wiederholbar war und den politischen Gehorsam sowohl manifestierte wie verstärkte.

*Zit. nach: Egon Flaig, Entscheidung und Konsens. Zu den Feldern der politischen Kommunikation zwischen Aristokratie und Plebs, in: Martin Jehne (Hg.), Demokratie in Rom? Die Rolle des Volkes in der Politik der römischen Republik, Franz Steiner Verlag, Stuttgart 1996, S. 80ff.***

1 *Szenographie:* künstliche Inszenierung

1 **Partnerarbeit**: Analysieren und vergleichen Sie die Stellungnahmen der Historiker (M 6, M 7).
Tipp: Nutzen Sie die Methodenseite S. 257.
2 Diskutieren Sie auf der Grundlage Ihrer Ergebnisse die Leitfrage.

Geschichte kontrovers: Tiberius Gracchus – verantwortlich für die Krise der Republik?

M8 Der römische Historiker Velleius Paterculus (um 20 v. Chr.–30 n. Chr.)

Als aber [der Rebellenführer] Viriathus [...] aus dem Weg geräumt war, brach in Numantia ein noch schlimmerer Krieg aus. [...] Zu einem schmachvollen und fluchwürdigen Abkommen zwang sie den Konsul Hostilius Mancinus. [...] Mancinus wies [nach der Ablehnung des Vertrages durch den Senat] die Verantwortung nicht zurück. Sein Ehrgefühl brachte ihn schließlich so weit, dass er nackt, mit auf den Rücken gefesselten Händen von den Fetialen [römische Priester mit außenpolitischen Aufgaben] den Feinden ausgeliefert wurde. [...] Die Auslieferung des Mancinus wurde zum Anlass für eine tief greifende Spaltung im Staat.
Tiberius Gracchus [...] hatte nämlich als Quästor des Mancinus jenen Vertragsabschluss zustande gebracht. Er empfand es einerseits als Kränkung, dass ein von ihm geschlossenes Vertragswerk für ungültig erklärt worden war, zum anderen befürchtete er, seinerseits in ähnlicher Weise verurteilt und bestraft zu werden. So ließ er sich zum Volkstribunen wählen – ein Mann von sonst untadeliger Lebensführung, höchsten Geistesgaben, den lautersten Absichten, kurz, mit allen Vorzügen geschmückt, wie sie ein Mensch durch Begabung und rege Entfaltung überhaupt nur besitzen kann. Er nun ließ die Sache der staatstreu Gesinnten im Stich – es war unter den Konsuln P. Mucius Scaevola und L. Calpurnius [Piso], vor nun 162 Jahren [133 v. Chr.] – und versprach ganz Italien das Bürgerrecht und beantragte Gesetze zur Landverteilung.
Und während sich alle gesicherte Verhältnisse wünschten, kehrte er das Unterste zuoberst und brachte den Staat in eine äußerst bedenkliche und gefahrvolle Lage. Seinem Kollegen Octavius, der das Gemeinwohl verteidigte, erkannte er sein Amt ab und ernannte ein Dreimännerkollegium zur Verteilung der Ländereien und zur Gründung von Kolonien. Dieses bestand aus ihm selbst, seinem Schwiegervater, dem ehemaligen Konsul Appius, und seinem Bruder Gaius, der damals noch ein ganz junger Mann war.
Da trat Publius Scipio Nasica auf. [...] Obwohl er ein Vetter des Tiberius Gracchus war, gab er [...] seinem Vaterland den Vorrang vor seiner Familie, und was dem Gemeinwohl nicht heilsam war, das sah er auch privat als nachteilig an. Er stellte sich nun [...] oben auf dem Kapitol auf die höchsten Stufen und forderte alle, denen das Wohl des Staates am Herzen liege, auf, ihm zu folgen. Die Optimaten, der Senat, der bessere und größere Teil der Ritter und das Volk, soweit es noch nicht angesteckt war von diesen verhängnisvollen Bestrebungen – sie alle stürzten daraufhin auf Gracchus los, der im Kreis seiner Anhänger auf dem Kapitolsplatz stand und eine fast aus ganz Italien zusammengeströmte Menge mit Reden anfeuerte.
Gracchus floh eilends den Kapitolinischen Hügel hinunter und wurde von dem Holzstück einer zertrümmerten Bank getroffen. Sein Tod war das unzeitige Ende eines Lebens, in dem er zu höchstem Ruhm hätte aufsteigen können.

*Zit. nach: Velleius Paterculus, Römische Geschichte 2, 1–3, übers. v. Marion Giebel, Reclam, Stuttgart 1989, S. 41–45.***

M9 Ermordung des Tiberius Gracchus 133 v. Chr., Gemälde, 19. Jh.

M 10 Der griechische Schriftsteller Plutarch (46–120 n. Chr.)

Sein Bruder Gaius aber schreibt in einer Schrift: „Als Tiberius auf seiner Reise nach Numantia durch Etrurien kam und die Öde des Landes sah, als er beobachtete, dass alle Feldarbeiter und Hirten fremde, kriegsgefangene Sklaven waren, da tauchte zuerst der Plan in ihm auf." [...] Am meisten aber stachelte das Volk seinen Ehrgeiz und seinen Unternehmungsgeist an. Durch Inschriften an öffentlichen Gebäuden, an Hausnummern und Denkmälern forderte es ihn auf, der armen Bevölkerung den Staatsgrund zurückzugeben.

Freilich entwarf Tiberius den Gesetzesvorschlag nicht allein, sondern zog würdigere angesehene Männer Roms zurate. [...] Und in der Tat ist wohl niemals ein milderes und gemäßigteres Gesetz gegen ein solches Übermaß von Unrecht und Habgier ergangen.

Es verlangte von denen, die von Rechts wegen für ihren Ungehorsam hätten bestraft werden und nur gegen eine Geldbuße die so lange widerrechtlich bebauten Felder hätten herausgeben müssen, nichts weiter, als dass sie ihren unrechtmäßigen Besitz an die hilfsbedürftigen Bürger abtreten und dafür noch eine Entschädigung bekommen sollten. [...] Die Reichen und Besitzenden aber hassten das Gesetz aus Habgier, den Urheber aus Zorn und Ehrgeiz. So versuchten sie das Volk von seiner früheren Zustimmung abzubringen unter dem Vorgeben, die Neuaufteilung des Landes sei für Tiberius nur ein Vorwand, die alte Verfassung umzustürzen und eine allgemeine Revolution herbeizuführen. Doch erreichten sie damit nichts. Denn Tiberius verfocht seine gute und gerechte Sache mit einer Beredsamkeit, die auch eine geringere Sache hätte adeln können. Er war als Gegner gefährlich, ja, unüberwindlich, wenn er, umlagert vom Volk, auf seiner Rednerbühne stand. [...]

Die Gefolgsleute der Senatoren hatten schon Keulen und Knüppel von zu Hause mitgebracht, die Senatoren aber nahmen sich Beine und andere Teile der Bänke, die zerbrochen waren, als das Volk die Flucht ergriff. Damit gingen sie gerade auf Tiberius los. [...] Tiberius selbst wollte fliehen, aber jemand bekam seine Toga zu fassen. Tiberius entledigte sich seiner Toga und floh im Unterkleid weiter, stolperte aber über die vor ihm liegenden Toten und empfing den ersten Schlag, als er wieder aufstehen wollte. [...] Es scheint auch, als wenn mehr Zorn und Hass der Optimaten die Ursache der Verschwörung gegen ihn gewesen wäre als die Gründe, die man vorschützte. Davon zeugt die unmenschlich rohe Behandlung des Leichnams deutlich genug; denn als sein Bruder bat, ihn mitnehmen und heimlich bei Nacht bestatten zu dürfen, schlug man es ihm ab und warf den Toten mit den anderen Leichen in den Tiber.

*Zit. nach: Plutarch, Tiberius Gracchus 8–9, 12, übers. v. W. Ax, Geschichte in Quellen 1, bsv, München 1965, S. 471–474 (ergänzt vom Verfasser).**

1 **Partnerarbeit:** Untersuchen Sie arbeitsteilig M 8 und M 10 hinsichtlich folgender Aspekte: Motive Tiberius' für seine Reformen, Einstellung des Senats zu den Reformen, Bewertung der Reformen durch den Autor.
2 Vergleichen Sie Ihre Ergebnisse und diskutieren Sie die Leitfrage.

M 11 Der Historiker Klaus Bringmann über Sullas Reformen (2003)

So durchdacht seine [Sullas] politischen Maßnahmen zugunsten einer Stabilisierung der Senatsherrschaft erscheinen, so destruktiv wirkten sein Vorbild und die Brutalität seines Vorgehens. Er hinterließ in Italien eine in Kriegsgewinnler und Entrechtete tief gespaltene Gesellschaft, und die Oligarchie, der er die institutionell gesicherte Macht im Staat hinterlassen hatte, war weit entfernt von dem Maß an Standessolidarität und innerer Geschlossenheit, ohne die das politische System nicht funktionsfähig sein konnte. Sullas Methoden hinterließen Not und Erbitterung bei den Unterlegenen und ein schlechtes Gewissen bei vielen optimatisch [senatsfreundlich] Gesinnten, die fanden, dass Sulla die bessere Sache zur schlechten gemacht hatte. [...] Hinzu kamen die äußeren Herausforderungen. Die Popularen [Volksfreunde] [...] bildeten eine Gegenregierung in Spanien, König Mithridates VI. und die Seeräuber [...] erforderten große militärische Kraftanstrengungen. Dies alles schuf die Voraussetzungen für den Aufstieg des Pompeius und die schnelle Liquidierung der sullanischen Ordnung.

*Zit. nach: Klaus Bringmann, Krise und Ende der römischen Republik, Akademie, Berlin 2003, S. 69.***

1 Analysieren Sie die Position und drei wesentliche Argumente Bringmanns (M 11) gegenüber Sullas Reformen.
2 Nehmen Sie auf der Grundlage Ihrer Kenntnisse selbst Stellung.

Herrschaft und Gesellschaft in der Kaiserzeit

In dieser Themeneinheit geht es um
- *den Übergang von der Römischen Republik zum Prinzipat,*
- *den Verlauf und die Charakteristika der Kaiserzeit,*
- *die Gesellschaft im Prinzipat mit besonderem Blick auf die Sklaverei.*

M1 Augustus-Statue, Marmorkopie nach dem Bronzeoriginal, nach 20 v. Chr.

Augustus förderte die Kunst und Literatur. Diese sollten den römischen Staat repräsentieren und dienten auch der Darstellung seiner Macht und der Verherrlichung seiner Person. Zum gleichen Zweck wurden im Römischen Reich Kaiserstatuen aufgestellt. M 1 zeigt Augustus als Feldherrn, es existieren außerdem Darstellungen als oberster Priester oder als Jupiter (oberster römischer Gott). Die Statue ist 2,03 m hoch und stammt aus Primaporta bei Rom. Der Brustpanzer zeigt die besiegten Parther, die den Römern erbeutete Feldzeichen zurückgeben. Die kleine Figur am Fuß könnte den Gott Amor darstellen. Barfüßigkeit war in der antiken Bildsprache ein Zeichen für eine gottähnliche Stellung. Schon zu Lebzeiten förderte Augustus die Vergöttlichung seiner Person, die sich auf seine Nachfolger übertrug.

Von der Republik zum Prinzipat

Aus den Machtkämpfen der späten Republik ging **Octavian**, der Adoptivsohn Caesars, als Sieger hervor. Er stand vor der Aufgabe, den Bürgerkrieg zu beenden, die politische Ordnung zu stabilisieren und die Grenzen des Reiches zu sichern. Da diese Ziele für den Großteil der Bevölkerung wichtiger waren als die **traditionelle Ablehnung von Alleinherrschern**, konnte Octavian die turbulente Situation nutzen, um seine Macht auszubauen. Indem er vorgab, die **Republik zu erneuern**, gewann er den Senat für sich. Dass ein Konflikt mit dieser republikanischen Institution gefährlich war, hatte er aus der Ermordung Caesars gelernt: Caesar hatte sich über den Senat hinweggesetzt und zum Diktator auf Lebenszeit ernannt. Octavian behielt die republikanische Verfassung offiziell bei und bezeichnete sich selbst nur als **„Ersten unter Gleichen"**. Als „*princeps senatus*" (erster Mann im Senat) erhielt er aber faktisch die Führung über den Staat, indem er sukzessive die wichtigsten Ämter auf sich übertragen ließ, während die alten republikanischen Institutionen zunehmend an Einfluss verloren. Der aus dem Titel *princeps* abgeleitete Begriff **Prinzipat** bezeichnet also die **Herrschaft des Ersten Bürgers**; der von *Caesar* abgeleitete Kaisertitel wurde nach dem Vorbild Octavians schließlich zum festen Namensbestandteil der nachfolgenden *principes*.

Herrschaft und politische Entwicklung in der Kaiserzeit

Octavian, der vom Senat den Ehrentitel **„Augustus"** (der Erhabene) erhalten hatte, konnte in seiner knapp 40-jährigen Regentschaft politisch große Erfolge erzielen. Der allgemeine Wohlstand wuchs, viele bedeutende Werke der Kunst, Literatur und Architektur entstanden in dieser Zeit. Während seiner Herrschaft wurde eine über 200 Jahre andauernde Phase des inneren Friedens (*Pax Augusta*) eingeleitet. Die Sicherung der Grenzen, die Reorganisierung des Heeres, die Neuordnung der Provinzverwaltung, aber auch die **Verschärfung der Sittenpolitik** und politische Propaganda waren die Voraussetzungen dieser Entwicklung. Allerdings bedeutete innerer Friede keinen Verzicht auf Krieg, da es zur Herrschaftslegitimation römischer Kaiser gehörte, sich auch als Feldherren zu beweisen. Durch **militärische Expansionen** gelangte das Römische Reich unter Kaiser Trajan (98–117 n. Chr.) zu seiner größten Ausdehnung. Der Kaiser in Rom regierte das Reich mit einem vergleichsweise geringen Verwaltungsaufwand durch **Statthalter in den Provinzen***. Für die Sicherung der Ordnung in den Provinzen hatte der *princeps* die Hoheit an die Statthalter delegiert. Diese waren auch für Gerichtsfälle zuständig, mit Ausnahme besonderer Fälle, die die Zentrale in Rom entschied. Beamte zogen die Steuern ein, und die Heereskommandanten gewährleisteten den Grenzschutz. In den Städten lag die Verwaltung bei den Magistraten und dem städtischen Rat. Die Städte regelten ihre Angelegenheiten wie Gerichtsbarkeit, Versorgung, Straßen und Bauten selbstständig. Starken Rückhalt erfuhr die römische Herrschaft – auch in den Provinzen – durch das Prinzip, die Bürger an den zivilisatorischen **Errungenschaften der römischen Kultur** teilhaben zu lassen, z. B. öffentlichen Bauten, Amphitheatern, Gärten, Thermen oder Wasserleitungen. Ein entscheidender Schwachpunkt des

Prinzipats lag in der ungeklärten Nachfolgeregelung der *principes*. Im Ringen um die Herrschaft wurde zwischen Ernennungs- und Erbrecht gestritten. Im Zeitraum von Augustus' Regentschaft bis zum letzten weströmischen *princeps* im Jahr 476 gab es neben den 81 offiziellen auch 34 Gegenkaiser. Von den 81 offiziellen Kaisern wurden 46 ermordet, von den 34 Gegenkaisern sogar 29. Daher gab es im Verlauf der Kaiserzeit nur selten eine kontinuierliche Führung oder nennenswerte Herrscherdynastien.

Die Gesellschaft in der Kaiserzeit

Mit der Ausbildung des Prinzipats war die Macht der Senatoren auf einen Einzelnen übergegangen. Diese Entwicklung bedeutete jedoch keine vollständige Entmachtung des Senats, da der **Senatorenstand** (*ordo senatorius*) gegenüber dem **Ritterstand** (*ordo equester*), zuständig für Militär und Verwaltung, und dem **Ratsherrenstand** (*ordo decurionum*) weiterhin eine Vorrangstellung einnahm und hohe Ämter in Verwaltung, Heer und Justiz bekleidete. Der *ordo decurionum* bildete die Führungsschicht in den Städten. Zugangsvoraussetzungen waren ein bestimmtes Mindestvermögen sowie eine bereits ausgeübte Tätigkeit als städtischer Magistrat.

▶ M 2: Die augusteische Ära im Urteil ihrer Zeit

Neben diesen privilegierten Ständen (*honestiores*) machten die **unteren Schichten** (*humiliores*) über 90 Prozent der Bevölkerung aus. Der größte Teil der Menschen lebte verhältnismäßig einfach. Unter den *humiliores*, die sich wiederum in das städtische (*plebs urbana*) und ländliche Volk (*plebs rustica*) unterteilten, gab es große wirtschaftliche und rechtliche Unterschiede. Auf der untersten Stufe stand jedoch der **Sklave**.

Sklaverei* im Römischen Reich

Sklaven waren Frauen und Männer, die entweder als Unfreie geboren wurden oder durch Schuldknechtschaft, Kriegsgefangenschaft oder Piraterie in **Abhängigkeit** gekommen waren. Sklaven gehörten zur Hausgemeinschaft und ihr Herr durfte sie wie einen **Gegenstand** behandeln, sogar misshandeln, töten, aber auch freilassen. Die persönliche Lage der Sklaven war sehr unterschiedlich und abhängig vom Charakter ihres Besitzers, von ihrer Ausbildung und ihren Fähigkeiten oder vom aktuellen „Marktwert". Grundsätzlich waren die Lebensbedingungen der Sklaven in der Stadt besser als auf dem Land. In einem städtischen Haushalt konnten sie durchaus ein engeres Verhältnis zu ihrem Herrn bzw. ihrer Herrin entwickeln. Neben Arbeiten im Haushalt verrichteten Sklaven, je nach ihren Fähigkeiten, auch andere Dienste, z. B. als Erzieher, Lehrer, Buchhalter oder Ärzte. Auf dem Land gehörten die Arbeiten auf dem Feld und in den Bergwerken zu den härtesten Aufgaben. Gefährlich war auch der Dienst als Gladiator in den städtischen Arenen, er konnte Sklaven bei Erfolg aber auch zu Ruhm und Wohlstand verhelfen. Die Möglichkeiten der Freilassung oder des Freikaufs waren sehr begrenzt. Die **schlechten Lebensbedingungen** der Sklaven waren zwischen 140 und 70 v. Chr. die Ursache mehrerer, letztlich erfolgloser Sklavenaufstände. In der frühen Kaiserzeit nahm die Zahl an Freilassungen stark zu, was zu einem erheblichen Zuwachs an Bürgern und in der Spätantike zum Bedeutungsverlust der Sklaverei führte. Abgeschafft wurde die Sklaverei im Römischen Reich jedoch nie.

1 Erklären Sie den Begriff Prinzipat.
2 Beschreiben Sie M 1 und erläutern Sie, inwiefern die Statue das Selbstverständnis von Augustus und seiner Herrschaft verdeutlicht.
3 **Tabelle:** Stellen Sie die wesentlichen Merkmale und gesellschaftspolitischen Entwicklungen der Kaiserzeit tabellarisch zusammen.
4 **Schaubild:** Erarbeiten Sie ein Schaubild zur Gesellschaftsstruktur im Prinzipat.
5 **Gruppenarbeit:** Erläutern Sie arbeitsteilig die rechtliche, politische und soziale Situation der Sklaven im Römischen Reich.

Hinweise zur Arbeit mit den Materialien:
M 2 zeigt unterschiedliche Sichtweisen auf den Prinzipat unter Augustus.

Die augusteische Ära im Urteil ihrer Zeit

M 2 Der römische Geschichtsschreiber Tacitus (ca. 58–120 n. Chr.) resümiert die Herrschaft des Augustus nach dessen Tod

Man pries auch die große Zahl seiner Konsulate[1], [...] die 37-jährige tribunizische[2] Gewalt, die er innehatte, seinen 21-fachen Imperator-Titel[3] und viele andere oder gar neue Ehrenämter, die er wiederholt bekleidet hatte. [...] Manche sagten, die Verantwortung gegenüber seinem Vater[4] und die Notlage des damals rechtsfreien Staates haben ihn in den Bürgerkrieg getrieben, der mit anständigen Methoden weder vorbereitet noch durchgeführt werden kann. [...] Es habe kein anderes Heilmittel für das von Zwietracht geplagte Vaterland gegeben als die Alleinherrschaft. [...] Dennoch habe Augustus nicht unter einer Königsherrschaft oder Diktatur, sondern unter dem Titel *princeps* die Ordnung im Staat wiederhergestellt. [...] Die Legionen, die Provinzen, die Flotten seien miteinander verflochten worden. Die Bürger seien gerecht, die Bundesgenossen maßvoll behandelt worden. Rom sei großartig verschönert worden. Nur selten sei Gewalt zur Anwendung gekommen, um den Frieden der übrigen nicht zu stören.

Andere aber sagten, das Pflichtgefühl gegenüber seinem Vater und die Situation im Staat habe er bloß zum Vorwand genommen. Es sei übrigens auch reine Herrschsucht gewesen, Veteranen durch freigebige Spenden an sich zu binden, sich als junger Mann ein eigenes Heer zu beschaffen, die Legionen des Konsuls zu bestechen [...]. Dann habe er sich durch einen Senatsbeschluss [...] in Besitz der *fasces*[5] [...] gebracht, [...] sich der Heere [...] bemächtigt, gegen den Willen des Senats das Konsulat erzwungen [...] und die Waffen gegen das Vaterland gerichtet. Seine Proskriptionen[6] der Bürger und die Verteilung der Ländereien hätten nicht einmal diejenigen gutgeheißen, die sie vollstreckt haben.

Die Tötung des Cassius und der beiden Brutus[7] lässt sich zwar auf deren Feindseligkeit gegen seinen Vater zurückführen, aber trotzdem ist es ein unumstößliches göttliches Gebot, den persönlichen Hass hinter das Allgemeinwohl zu stellen [...]. Zweifellos wurde letztendlich Frieden geschaffen, aber ein blutiger; [...] [durch diverse äußere Kriege] oder Hinrichtungen [politischer Gegner] in Rom. [...] Für die Ehrung der Götter ließ er keinen Raum mehr, da er selbst Tempel haben und [...] als Gott verehrt werden wollte. Er hat auch Tiberius[8] keineswegs aus Fürsorge oder im Interesse des Staates zu seinem Nachfolger ernannt, sondern weil er dessen Anmaßung und Grausamkeit genau durchschaut hatte und im direkten Vergleich zu diesem größtmöglichen Übel die Steigerung seines eigenen Ruhmes zu erlangen suchte.

*Zit. nach: Tacitus, Annales I, 9f., übers. u. gekürzt v. Verf.**

1 höchstes Staatsamt in der Republik
2 Amt des Volkstribuns
3 höchste militärische Gewalt
4 gemeint ist Caesar
5 Die *fasces* (Rutenbündel) kennzeichnen den Inhaber der höchsten Befehls- und Strafgewalt.
6 öffentliche Ächtung von Personen, die fortan jeder töten durfte, während deren Besitz an den Staat fiel
7 die Namen der Caesar-Mörder
8 Adoptivsohn und Nachfolger von Augustus als Kaiser

1 **Partnerarbeit:** Analysieren Sie die Quelle M 2 im Hinblick auf die positiven bzw. negativen Aspekte an der Herrschaft des Augustus.
   a) Überprüfen Sie auf der Grundlage Ihrer Ergebnisse die Nachvollziehbarkeit des Begriffes „*Pax Augusta*“.
   b) Recherchieren Sie weitere positive bzw. negative Aspekte von Augustus' Herrschaft und beurteilen Sie diese.

2 Diskutieren Sie ausgehend von dem – Augustus zugeschriebenen – Ausspruch, der „Erste unter Gleichen“ zu sein, das Selbstverständnis des Augustus.
   Tipp: Nutzen Sie auch M 1.

3 **Vertiefung:**
   a) Vergleichen Sie die Herrschaft des Augustus mit dem Prinzipat eines selbstgewählten anderen römischen Kaisers.
   Tipp: Folgende Vergleichsaspekte können helfen: Innenpolitik, Außenpolitik, Wirtschaft, Kultur, Gesellschaft, Rezeption usw.
   b) Präsentieren Sie Ihre Ergebnisse im Plenum.

Römischer Staat und Christentum

In dieser Themeneinheit geht es um
- *die Verbreitung des Christentums im Römischen Reich und die entstehenden Konflikte,*
- *die Entwicklung vom Urchristentum zur römischen Staatsreligion 391.*

Das Christentum: Ausbreitung und Konflikte

Die Frage, wie das Christentum von einer kleinen Sekte zur römischen Staatsreligion werden konnte, beschäftigte schon die Zeitgenossen. Die christliche Überlieferung stellt die ersten drei Jahrhunderte seiner Ausbreitung als eine Zeit des Martyriums dar. Trotz der realen Repressalien war das Christentum jedoch nie durch Willkürmaßnahmen römischer Behörden existenziell bedroht. Bedingt durch die Einheit des römischen Imperiums konnte es sich rasch ausbreiten, denn hier dominierte eine Weltsprache, es gab ein Verkehrsnetz, das die Kommunikation erleichterte, und eine funktionierende Verwaltung. An den Grenzen des Reiches endete auch die Tätigkeit der Missionare, z. B. die Reisen des **Apostels Paulus***. Wesentlich zur Verbreitung des christlichen Glaubens trug auch die **religiöse Toleranz** des römischen Staates bei. Zwar besaß das Christentum nicht wie das Judentum, dessen Anhänger vom **Staatskult*** freigestellt waren, den Status einer „zugelassenen Religion", dennoch profitierte es von diesen Privilegien, solange es von den Behörden als jüdische Sekte betrachtet wurde. Die Toleranz des römischen Staates endete, als die Christen sich von staatlichen Festen und Opfern fernhielten bzw. mit dem monotheistischen Absolutheitsanspruch ihres Glaubens Staatskult und -götter ablehnten. Im römischen Denken war **keine Trennung von Staat und Religion** vorgesehen und die Verehrung der Götter sollte dem Staatswohl dienen. So wurden die Christen zu Staatsfeinden und zu Schuldigen an Epidemien, Naturkatastrophen oder militärischen Niederlagen. Viele Christen nahmen aus religiösen Gründen kaum am öffentlichen Leben teil, mieden staatliche Feste, Theater- und Zirkusspiele und wurden bald diverser Untaten bezichtigt. Zusammenkünfte ohne Geschlechtertrennung, kultische Mahlzeiten, die Verehrung eines zur Strafe der Kreuzigung Verurteilten führten zu Schmähungen wie die der Eselsanbetung und Verleumdungen, mit denen Zauberei-, Kannibalismus- oder Inzestvorwürfe einhergingen.

Von der Verfolgung zur Staatsreligion

Die erste **Christenverfolgung** ist für das Jahr 64 n. Chr. belegt. Die nach einem großen Brand Roms ausgebrochenen Unruhen wollte Kaiser Nero (Reg. 54–68) durch die Präsentation von Schuldigen beschwichtigen. Er ließ Christen zum Tode verurteilen, obwohl der Vorwurf der Brandstiftung offensichtlich unberechtigt war. Dennoch fand dieses Vorgehen breite Akzeptanz in der Bevölkerung, da sich die Christen durch ihr andersartiges Verhalten gesellschaftlich isoliert hatten. Die Verfolgungen durch Nero oder später durch Domitian (Reg. 81–96) blieben aber Einzelfälle. Rom sah im Christentum noch keine große Gefahr. Erst in einer schweren inneren Krise des Reiches, das an seinen Grenzen von Invasoren bedroht und gleichzeitig innen geschwächt war, begann eine reichsweite Verfolgung religiös Andersdenkender. Die letzte Verfolgung von Christen ordnete 303 Kaiser Diokletian (Reg. 284–305) an, der durch die Wiederbelebung alter Sitten und Kulte das Reich konsolidieren wollte. Die Verfolgung der Christen durch die Römer endete im Jahre 311 n. Chr. mit dem Toleranzedikt des Kaisers Galerius. Unter Konstantin (Reg. 306–337) erfolgte 313 die Gleichstellung des Christentums mit

Apostel Paulus
Apostel (altgr. *apóstolos* = Gesandter) ist in der christlichen Tradition jemand, der von Christus selbst den Auftrag zur Verbreitung des Glaubens erhalten hat. Paulus von Tarsus (ca. 10–65 n. Chr.) gilt als wichtigster Apostel, der das Christentum im Römischen Reich verbreitet hat.

Staatskult im Römischen Reich
Die Religion gehörte im Römischen Reich zur politischen Ordnung. Die fehlende Trennung zwischen Staat und Religion ermöglichte es Priestern, auch Beamte zu sein. Die Religion zielte nicht auf Erlösung des Einzelnen, sondern auf das Staatswohl. Nur der exakte Vollzug der Riten garantierte die Gunst der Götter und damit politische Erfolge. Die römische Religion war polytheistisch* und der Staat relativ tolerant in seiner Religionspolitik: Solange Religionen den Staatskult nicht infrage stellten, wurden sie toleriert.

▶ **M 3: Das frühe Christentum**

Urchristentum
Das monotheistische* Christentum ist eine „Schriftreligion", die anders als die griechische und die römische Religion eine „Heilige Schrift" kannte. Die christlichen Gemeinden bildeten Gemeinschaften, in denen sie ihr Zusammenleben gemeinsam gestalteten; jedem Einzelnen war die Erlösung durch die christliche Botschaft verheißen. Bis zum 3. Jh. n. Chr. hatte sich in den zunächst eigenständigen Gemeinden eine Trennung zwischen Klerus* und einfachen Gläubigen (Laien) vollzogen. Zugang zum Klerus hatten nur Männer. Frauen konnten allerdings Funktionen im Gemeindeleben übernehmen.

▶ **M 4: Die „Wende" im Umgang mit den Christen**

M 1 **Die Verbreitung des Christentums bis ca. 300 n. Chr.**

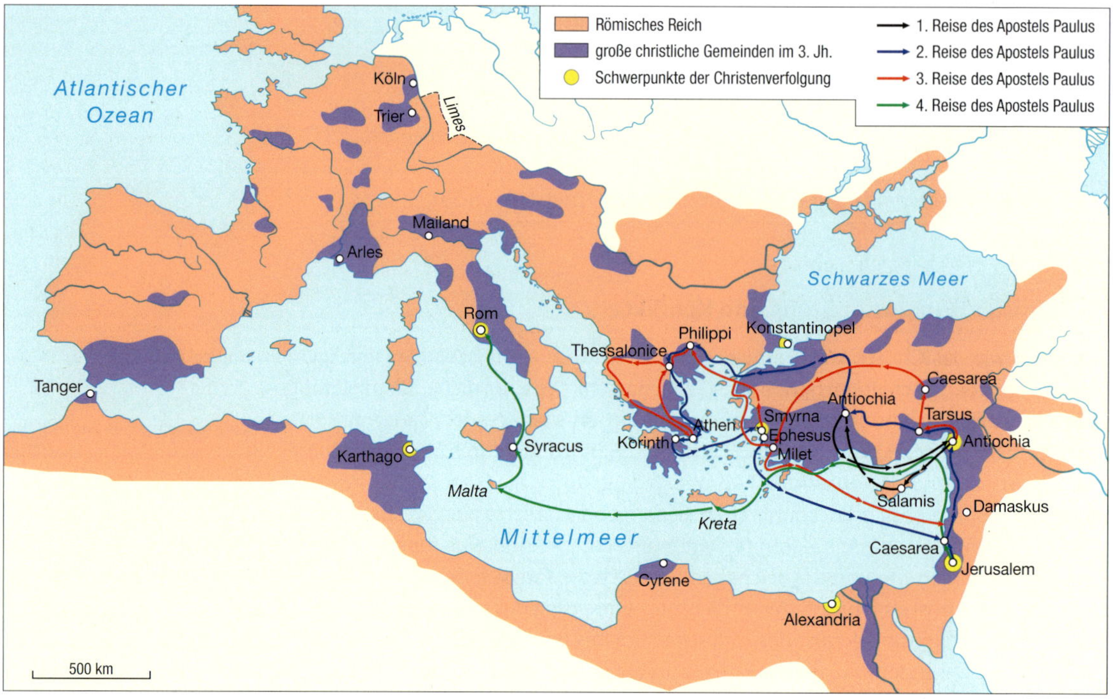

anderen Religionen. Er selbst ließ sich kurz vor seinem Tod 337 taufen. Schließlich verbot Kaiser Theodosius alle „heidnischen Kulte" und erhob 391 das Christentum zur **Staatsreligion**.

Staat und Kirche

Mit der seit Kaiser Konstantin gewandelten Stellung des Christentums im Staat trat für die christlichen Gemeinden ein neues Problem auf: Der Kaiser verstand sich als ein von Gott erwählter Herrscher und beanspruchte auch in der Kirche die Funktionen, die er in den heidnischen Kulten ausgeübt hatte. Als Oberpriester (*Pontifex maximus*) hatte er die Aufsicht über den gesamten Kult; ferner fielen alle religiösen Angelegenheiten unter seine Rechtssetzungskompetenz, die auch die Religion betreffende Gesetze einschloss. Die christliche Kirche war nun mit einer neuen intervenierenden Instanz von außen konfrontiert. Im Oströmischen Reich (Teilung in Ost- und Weströmisches Reich 395 n. Chr.), in dem eine lange Tradition des **Herrscherkultes** bestand, wurden die Kaiser zunehmend vergöttlicht, Staat und Kirche gingen eine enge Verbindung ein. Dagegen führten im Weströmischen Reich die Entstehung des Papsttums und der Untergang des Kaisertums zu einem Spannungsverhältnis zwischen Kirche und Staat (s. S. 41.).

M 2 **Silbermedaillon Kaiser Konstantins aus dem Jahr 315 n. Chr., geprägt in Erinnerung an den Sieg über Gegenkaiser Maxentius im Jahr 312**

Am Helm zeigt eine Scheibe das sogenannte Christogramm mit den griechischen Buchstaben X (CH) und P (R).

1 Erläutern Sie mithilfe der Darstellung die Gründe für die Christenverfolgung.
2 **Diagramm:** Skizzieren Sie unter Zuhilfenahme der Karte M 1 die Ausbreitung des Christentums anhand einer Fieberkurve.
Tipp: Verdeutlichen Sie Erfolge und Rückschläge durch den Verlauf des Graphen.
3 **Partnerarbeit:** Untersuchen Sie anhand von M 2 und der Darstellung, inwieweit Kaiser Konstantin eine neue Epoche im Verhältnis von Christentum und römischem Staat einleitete. Fassen Sie dazu arbeitsteilig den Wandel in der Haltung des römischen Staates gegenüber dem Christentum und umgekehrt zusammen. Vergleichen Sie die Ergebnisse im Anschluss mit dem Partner.

Hinweise zur Arbeit mit den Materialien:
M 3 zeigt eine frühe Abbildung von Jesus am Kreuz.
M 4 bezeugt die Maßnahmen Kaiser Konstantins gegenüber den Christen.

Das frühe Christentum

M 3 In fehlerhaftem Griechisch eingeritzte Inschrift aus einer Sklaven- oder Soldatenkatakombe in Rom, ca. 2. Jh. n. Chr.

Textumschrift: ALEXAMENOS SEBETE TEON (Übersetzung: „Alexamenos verehrt [seinen] Gott"). Im Zentrum erkennt man den gekreuzigten Jesus mit Eselskopf. Am linken Rand ist eine Person abgebildet, die ihn grüßt oder „verehrt" – vermutlich der genannte Alexamenos.

1 Interpretieren Sie die in M 3 abgebildete Darstellung. **Tipp:** Berücksichtigen Sie den historischen Kontext und den Fundort.
2 **Zusatzaufgabe:** Siehe Seite 614

Die „Wende" im Umgang mit den Christen

M 4 Toleranzedikt Kaiser Konstantins (313)

Wir [meinten], sowohl den Christen als auch allen anderen die Freiheit geben zu müssen, die religiöse Macht zu verehren, die sie wollen. So kann sich jede Gottheit auf dem Thron des Himmels uns und allen, die unserer Herrschaft unterworfen sind, gnädig und gewogen erzeigen. [...] Wir wollen keinem verbieten, sich der Religion der Christen oder der Religion, die jeder für sich selbst als die angemessenste betrachtet, zuzuwenden. So kann uns die höchste Gottheit, deren Religion wir [so] mit freiem Sinn folgen, in allem ihre gewohnte Güte und Gnade erweisen. [...] Nun soll jeder von denen, die sich der Religionsausübung der Christen anschließen wollen, sich frei und einfach, ohne eine Beunruhigung oder Belästigung fürchten zu müssen, dazu entscheiden können, diese Religion auszuüben. [...] So soll jeder die uneingeschränkte Möglichkeit haben, zu verehren, was er sich dazu erwählt hat. Das wurde von uns [so] eingerichtet, damit keine Gottesverehrung und keine Religion von uns benachteiligt erscheint. Und wir glauben, dass im Blick auf die Stellung der Christen Folgendes festgesetzt werden muss: Wenn jemand die Stätten, wo die Christen früher zusammenzukommen pflegten [...], in früherer Zeit von unserem Staatsbesitz oder sonst jemandem gekauft hat, der muss sie den Christen ohne Geldabgabe oder Entschädigung und ohne irgendwelche Verzögerungen [...] zurückgeben. [...] Damit aber der Wortlaut dieser Vorschrift unserer Güte allen bekannt werden kann, soll dieses Schreiben [...] veröffentlicht und überall ausgehangen und zur Kenntnis aller gebracht werden, damit diese Vorschrift unserer Güte nicht verborgen bleiben kann.

*Zit. nach: Volkmar Keil (Hg.), Quellensammlung zur Religionspolitik Konstantins des Großen, Wiss. Buchgesellschaft, Darmstadt 1995, S. 59–63.**

1 Analysieren Sie die wesentlichen Aussagen von M 4.
2 **Partnerarbeit:** Stellen Sie arbeitsteilig die aus dem Edikt resultierenden Vorteile für die Christen und den Kaiser bzw. römischen Staat gegenüber.
3 **Vertiefung:** Ordnen Sie die Quelle in den historischen Kontext ein und erörtern Sie unter Einbeziehung des Darstellungstextes, inwiefern von einer „konstantinischen Wende" gesprochen werden kann.

Die Spätantike: der Zerfall des Imperium Romanum

In dieser Themeneinheit geht es um
- *die Krise und den Zerfall des Römischen Reiches in der Spätantike,*
- *staatliche Gegenmaßnahmen,*
- *das Ende Westroms und des Byzantinischen Reiches.*

Die Krise des Römischen Reiches

Das „geheimnisvolle Sterben" des Imperium Romanum (Peter Heather) gilt als großes Rätsel der Weltgeschichte. Seit Jahrhunderten beschäftigten sich Gelehrte mit der Frage, warum ein **Weltreich**, das länger als ein halbes Jahrtausend bestanden hatte, zerfallen konnte – auch heute wird diese Frage unter Historikern kontrovers diskutiert. Eine wesentliche Ursache wird in der zunehmenden Bedrohung an den Grenzen gesehen, durch die das Reich im 3. Jahrhundert in eine umfassende Krise geriet. Rom hatte immer größere Schwierigkeiten, seine über 15 000 km lange Reichsgrenze gegen die Invasionen der Perser, der Germanen und zuletzt der Araber zu verteidigen. Der Druck von außen verstärkte sich kontinuierlich, da im 4. Jahrhundert das Vordringen der Hunnen in Europa eine **Völkerwanderung*** auslöste, die das Eindringen germanischer Stämme in das Römische Reich zur Folge hatte. Das Reich befand sich nun im permanenten Kriegszustand. Eine Verlagerung in der Politik war die Folge: Entscheidungen fielen nicht mehr in Rom, sondern auf Kriegsschauplätzen an den Grenzen, wo sich die Kaiser aufhielten, und militärische Faktoren hatten nun stets Priorität*.
Der Vorrang des Militärischen hatte wiederum wirtschaftliche und politische Auswirkungen. Um die steigenden Kosten für das Heer aufzubringen, wurden der Bevölkerung, die ohnehin unter den unsicheren Verhältnissen zu leiden hatte, verstärkt Leistungen für die Armee, wie Einquartierung von Soldaten, Verpflegung und Transport, abverlangt. Gleichzeitig wurde die Selbstverwaltung der Städte und Provinzen durch kaiserliche Kommissare stark eingeschränkt. Steuererhöhungen und die Verschlechterung der Münzen sollten dem wachsenden Geldbedarf des Staates begegnen und führten schließlich zu steigenden Preisen und einer Inflation*, die eine Handelskrise zur Folge hatte. Die Schlüsselstellung der Armee zeigte sich auch bei der Einsetzung der Kaiser. Da im Römischen Reich kein System der Nachfolgeregelung existierte, riefen häufig einzelne Legionen Heerführer aus ihren Reihen zu Kaisern aus. In den Jahren 235–284 n. Chr. erhoben allein 40 Offiziere Anspruch auf die Reichsführung. Keiner dieser **„Soldatenkaiser"** hatte eine längere Regierungszeit, da sich auch die Truppenkommandeure untereinander Machtkämpfe lieferten. Neben der Bedrohung von außen wurde das Reich dadurch auch von innen destabilisiert*.

Völkerwanderung
Bezeichnet eine Epoche der Wanderungen und Reichsbildungen germanischer Völker auf dem Gebiet des Weströmischen Reiches zwischen dem 4. und 6. Jh. Ursachen der Völkerwanderung waren Klimaschwankungen, Landnot und Ernährungsprobleme, Verdrängung durch kriegerische Nachbarvölker sowie Nachrichten über günstige Lebensbedingungen im Römischen Reich. Sie begann mit dem Vordringen der mongolischen Hunnen aus Zentralasien (375), das eine Fluchtbewegung germanischer Stämme in ganz Europa auslöste, und endete 568 mit der Reichsgründung der Langobarden. Die Völkerwanderung führte zu einer Verschmelzung der antiken römischen Kultur und des Christentums mit der Lebensweise germanischer Völker.

Reaktionen auf die Krise

Mit Kaiser Diokletian endete die Herrschaft der Soldatenkaiser. Ihm gelang es, durch eine Verteilung der Kaiserwürde auf drei weitere Mitregenten (Tetrarchie = Viererherrschaft) die Thronstreitigkeiten beizulegen. Die vier Kaiser, die jeweils einen Reichsteil mit einer eigenen Hauptstadt verwalteten, verstanden sich als unumschränkte Herrscher, die einer Bestätigung durch den Senat nicht bedurften. Umfangreiche **Reformen*** Diokletians – darunter die Verfolgung der Christen – sollten zur inneren Stabilisierung des Reiches führen, zwangen den Bürgern jedoch viele Einschränkungen auf. Nach der Abdankung Diokletians (305) kam es erneut zu Machtkämpfen, aus denen Konstantin

Reformen des Diokletian
- Militär: Vergrößerung der Grenztruppen, Ausbau der Befestigungsanlagen
- Verwaltung: neue Provinzgliederung
- Erbzwang: erbliche Bindung der Einwohner an Stand, Beruf und Wohnort
- Steuerwesen: Festlegung der Steuersumme für Gemeinden und Einwohner
- Währung: Prägung neuer Münzen mit höherem Silbergehalt
- Preisregulierung: Festlegung von Höchstpreisen für Waren und Leistungen
- Landwirtschaft: Erhöhung der landwirtschaftlichen Produktion durch Verbot für die Bauern, ihr Land zu verlassen

als Sieger hervorging. Kaiser Konstantin (Reg. 306–361), Alleinherrscher ab 324, stützte seine Regentschaft auf militärische Macht, aber auch auf das Christentum, das sich im Römischen Reich weit verbreitet hatte und unter Konstantin anderen Religionen gleichgestellt wurde (s. S. 42). Er setzte die Reformen des Diokletian fort und machte das nach ihm benannte **Konstantinopel** zur neuen Hauptstadt des Reiches. Rom verlor seine Stellung als Zentrum des Imperium Romanum, dessen Schwerpunkt sich zunehmend nach Osten verlagerte.

Untergang des Römischen Reiches

Ab der Mitte des 4. Jahrhunderts gelang es Rom infolge der **Völkerwanderung** immer weniger, seine Reichsgrenzen im Nordosten gegen das Vordringen der germanischen Stämme zu verteidigen. Die Schwächung des Reiches wird deutlich an seiner Politik gegenüber den **Goten**, die 376 die Donau überschritten und zwei Jahre später das römische Heer bei Adrianopel besiegten. Kaiser Theodosius I. (Reg. 379–395), in dessen Regierungszeit das Imperium Romanum letztmalig unter einer Regierungsgewalt vereint war, schloss 382 mit den Goten einen Friedensvertrag: Sie durften südlich der Donau siedeln und gingen die Verpflichtung ein, den Kaiser im Bedarfsfall mit Truppenkontingenten zu unterstützen. So konnte Theodosius zwar eine weitere Ausbreitung der Goten kurzzeitig verhindern, erstmals hatte sich ein römischer Kaiser jedoch gezwungen gesehen, die Ansiedlung eines fremden Volkes im Römischen Reich zu dulden. Weitere Beispiele folgten: Andere Völker konnten auf römischem Gebiet unter Beibehaltung ihrer Gesetze und Sitten ansässig werden und bildeten so Staaten im Staate. Da die germanischen Heerführer eigene militärische und politische Ziele verfolgten, waren die Germanen gleichermaßen Verbündete und Feinde des römischen Staates, der seine Untertanen immer weniger gegen das Vordringen der neuen Reichsbewohner zu schützen wusste. Nach Theodosius' Tod 395 wurde das Reich unter seinen Söhnen aufgeteilt. Dies leitete die endgültige Spaltung in ein Oströmisches, später Byzantinisches, und ein Weströmisches Reich ein. Während das Weströmische Reich nur noch einige Jahrzehnte bis zur Absetzung des letzten Kaisers durch den germanischen Heerführer Odoaker (476) existierte, hatte das **Oströmische Reich** noch beinahe 1000 Jahre Bestand und ging erst 1453 nach der Eroberung durch die Türken unter (s. S. 118).

1 Fassen Sie die Krisensymptome des Römischen Reiches zusammen.

2 **Gruppenarbeit:**
  a) Ordnen Sie die Krisensymptome arbeitsteilig geeigneten Kategorien bzw. Betrachtungsebenen zu.
  b) Nehmen Sie eine begründete Gewichtung der Krisensymptome vor.
  c) Charakterisieren Sie die Maßnahmen zur Behebung der Krise des Römischen Reiches.

  Tipp: Nutzen Sie auch M 1 und die Karte M 3.

3 **Wahlaufgabe/Partnerarbeit:** Bearbeiten Sie Aufgabe a) oder b).
  Erklären Sie die Auswirkungen der Völkerwanderung, indem Sie
  a) einen Beschwerdebrief eines weströmischen Bürgers über den Friedensvertrag mit den Goten oder
  b) eine fiktive Ansprache des Kaisers Theodosius verfassen, die den Friedensvertrag mit den Goten verteidigt.

4 Vergleichen Sie anschließend die unterschiedlichen Perspektiven mit dem Partner.

M 1 Rekonstruierter römischer Wachturm des obergermanisch-raetischen Limes bei Rheinbrohl, Fotografie, 2019

Mit dem zunehmenden Druck auf die Reichsgrenzen begannen die Römer, ihre Grenzbefestigungen massiv zu verstärken. Ein solcher Limes (lat. „Grenzweg", später „Grenze") bildete auch die Militärgrenze zum Siedlungsgebiet germanischer Stämme.

▶ **M 2–M 4: Geschichte kontrovers: Gründe für den Zerfall des Römischen Reiches**

Hinweise zur Arbeit mit den Materialien:
M 1 und M 2 verdeutlichen die äußeren Gegebenheiten zur Zeit des Untergangs des Römischen Reiches. Anhand von M 3 und M 4 lässt sich erarbeiten, wie umstritten die Frage nach den Ursachen für den Untergang des Reiches selbst heute noch ist.

Geschichte kontrovers: Gründe für den Zerfall des Römischen Reiches

M 2 Der Historiker Alexander Demandt (1997)

Der Zerfall des Imperium Romanum resultiert nicht zwangsläufig aus dem Vielvölkerstaat, und dieser erwuchs nicht aus einem hybriden Programm gottgewollter Weltherrschaft. Rom scheiterte nicht an vermeidbaren Fehlern unfähiger Männer, nicht am Luxus aus verweichlichten Sitten. [...]

Die Weltreiche der Neuzeit zerfielen, weil die beherrschten Völker Selbstbestimmung verlangten. Innere Gründe waren entscheidend. Demokratische und nationale Tendenzen dieser Art sind im Römerreich kaum erkennbar. Das äußere Kräfteverhältnis hatte sich zu Roms Ungunsten verschoben. Roms wirtschaftliche Überlegenheit wurde durch einen steigenden militärischen und demografischen Außendruck infrage gestellt, der durch Zahlungen an die Barbaren und durch Ansiedlung nicht mehr abzufangen war. Man hat es versucht. Aber es war ein Quantitätsproblem. Der Fall Roms ist das Ergebnis einer misslungenen Integration. Vielleicht hat jedes System seine Kapazitätsgrenzen, aber Rom hat gezeigt, dass diese beträchtlich erweitert werden können, sofern der Politik, wenn auch nicht immer in der Praxis, so aber doch in der Idee, die Prinzipien eines auf dem Gedanken der Humanität aufgebauten Rechts zugrunde liegen. So ist das Imperium Romanum für uns eine Warnung und eine Hoffnung zugleich. Frieden und Wohlstand sind nur dann gesichert, wenn die Spannungen zwischen oben und unten, innen und außen nicht zu groß werden. Für den Ausgleich bedarf es der höchsten unter den Kardinaltugenden, der Gerechtigkeit! Das wussten auch die Römer.

*Zit. nach: Alexander Demandt (Hg.), Das Ende der Weltreiche. Von den Persern bis zur Sowjetunion, C. H. Beck, München 1997, S. 45 f.**

M 3 Europa vom 4. bis zum 6. Jh. n. Chr.

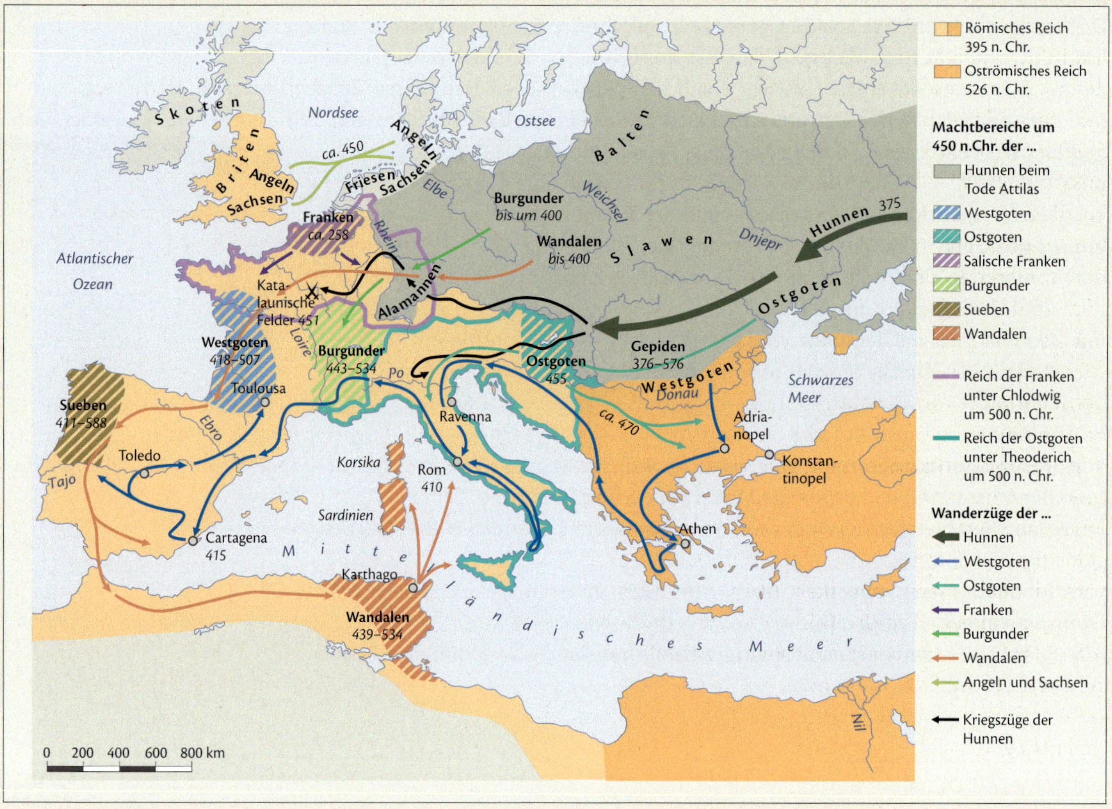

M4 Der Historiker Peter Heather (2007)

Es gibt im Prozess der Desintegration des Reiches im Westen einen logischen Zusammenhang zwischen dem endgültigen Zusammenbruch und früheren Gebietsverlusten. Dieser Zusammenhang ergibt sich aus der Überschneidung von drei Argumentationssträngen. Erstens waren die Angriffe von 376 und 405 bis 408 keine Zufallsereignisse, sondern zwei Krisenmomente, die aus ein und derselben strategischen Revolution hervorgingen: dem Aufstieg der Hunnenmacht in Zentral- und Osteuropa. [...] Das Anwachsen der Hunnenmacht liefert daher eine Erklärung für 35 Jahre regelmäßig wiederkehrende Invasionen entlang der europäischen Grenzen Roms. Zweitens trennen zwar etwa 65 Jahre die Entthronung des Romulus Augustulus von der letzten dieser Invasionen, beide Phänomene hängen jedoch miteinander zusammen.

Die verschiedenen Krisen, mit denen sich das Westreich in den Jahren dazwischen konfrontiert sah, waren nichts anderes als die langsame Herausarbeitung der politischen Konsequenzen der vorangegangenen Invasionen. Die Schäden, die die weströmischen Provinzen durch lange sich hinziehende Kriegführung mit den Invasoren erlitten, führten gemeinsam mit den ständigen Gebietsverlusten zu massiven Rückgängen der Steuereinnahmen für den Zentralstaat. Die Westgoten richteten zum Beispiel in der Gegend um Rom in den Jahren 408 und 410 so schwere Schäden an, dass diese Provinzen noch zehn Jahre später nur noch ein Siebtel ihrer normalen Steuern an die Staatskasse ablieferten. [...] Der dritte Argumentationsstrang betrifft die paradoxe Rolle, die die Hunnen bei diesen revolutionären Ereignissen nach 440 spielten, zu der Zeit, da Attilas Hunnenheere vom Eisernen Tor an der Donau in Richtung Konstantinopel, Paris und Rom durch Europa fegten. Diese Heldentaten verschafften Attila unsterblichen Ruhm, aber sein glanzvolles Jahrzehnt war nicht mehr als ein Nebenschauplatz des dramatischen Zusammenbruchs im Westen.

Von weit größerer Bedeutung war der indirekte Einfluss der Hunnen auf das Römische Reich in den vorangegangenen Generationen, als die von ihnen ausgelöste Unsicherheit in Mittel- und Osteuropa verschiedene Barbarenvölker über die römische Grenze zwang. [...] In der Generation vor Attila hatten die Hunnen das Westreich sogar gestützt, indem sie nach 410 weitere Einwanderung in weströmische Gebiete einschränkten und [...] halfen, die größten Expansionsexzesse der germanischen Gruppen, die die Grenze bereits überschritten hatten, einzudämmen.

Der zweitgrößte Beitrag der Hunnen zum Zusammenbruch des Imperiums bestand in ihrem plötzlichen Verschwinden nach Attilas Tod 453. Das brach dem Westreich endgültig das Rückgrat. Der militärischen Unterstützung durch die Hunnen beraubt, blieb ihm nichts anderes übrig, als Regierungen zu bilden, die zumindest einige der zugewanderten Mächte integrierten. Damit begann ein Kampf, der die letzten verfügbaren Vermögenswerte des Westens bei den vergeblichen Bemühungen verzehrte, genügend mächtige Unterstützer für eine Stabilisierung zu mobilisieren. In den späten 460er-Jahren konnten die Ehrgeizigeren unter den Führern dieser außenstehenden Gruppen [...] erkennen, dass die vorgebliche Zentralmacht im Westen nun zu wenig Kontrolle ausübte, um [sie] daran zu hindern, ein unabhängiges Königreich zu errichten. Diese Erkenntnis führte zur schnellen Auflösung der letzten Reste des Reichs zwischen 468 und 476.

*Zit. nach: Peter Heather, Der Untergang des Römischen Weltreiches, übers. v. Klaus Kochmann, Klett-Cotta, Stuttgart 2007, S. 496ff.**

1 Untersuchen Sie M 3 hinsichtlich des Verlaufs der Völkerwanderung.
Tipp: Nutzen Sie auch M 2 und M 4.

2 **Partnerarbeit:**
a) Analysieren Sie arbeitsteilig M 2 und M 4.
b) Vergleichen Sie die Argumentationen, indem Sie Gemeinsamkeiten und Unterschiede gegenüberstellen.
Tipp: Nutzen Sie z. B. farbige Hervorhebungen, eine Tabelle oder ein Cluster.
c) Beurteilen Sie die Positionen.

3 **Vertiefung:** Der belgische Althistoriker David Engels zeichnet in seinem 2014 erschienenen Buch „Auf dem Weg ins Imperium" historische Parallelen zwischen der Krise der Europäischen Union und dem Untergang der Römischen Republik. Diskutieren Sie Parallelen zwischen der aktuellen Situation in der EU und dem Untergang Westroms.

4 **Zusatzaufgabe:** Siehe S. 614.

Schriftliche Quellen untersuchen

Formulierungshilfen
„Schriftlich Quellen analysieren"
Siehe Innenumschlagseiten hinten.

Heute zeigt sich die Geschichte in Form von Quellen. Sie bilden die Grundlage unserer historischen Kenntnisse. Doch nicht die Quellen selbst stellen das Wissen dar, vielmehr ermöglicht erst ihre Interpretation eine Rekonstruktion und Deutung von Geschichte. Zu den Quellen zählen konkrete **Sachzeugnisse** wie Bauwerke, Münzen, Malereien oder Gebrauchsgegenstände und abstrakte wie Sprache oder historische Landschaften. **Schriftliche Zeugnisse** werden von der Geschichtswissenschaft seit dem 19. Jahrhundert unterteilt in erzählende Quellen, die zum Zweck der Überlieferung verfasst wurden, z. B. Chroniken, Mono- und Biografien, sowie in dokumentarische Quellen, z. B. Urkunden, Gesetzestexte und Zeitungen, die gesellschaftliche und private Ereignisse und Prozesse unmittelbar und meist unkommentiert wiedergeben. **Antike Schriftquellen** zur europäischen Geschichte wurden in griechischer bzw. lateinischer Sprache verfasst, deren korrekte Übertragung wesentlich von der Fachkompetenz und Zielsetzung des Übersetzers abhängt. Bei der Untersuchung schriftlicher Quellen kommt es darauf an, zusätzlich zur Analyse der formalen und inhaltlichen Merkmale deren präzise Einordnung in den historischen Kontext vorzunehmen und ihren Aussagegehalt kritisch zu überprüfen.

Arbeitsschritte

1. Leitfrage

- Welche Fragestellung bestimmt die Untersuchung der Quelle?

2. Analyse

Formale Aspekte
- Um welche Quellengattung handelt es sich (z. B. Brief, Rede)?
- Wer ist der Autor (ggf. Stellung, Amt, soziale Stellung)?
- Mit welchem Thema setzt sich der Autor auseinander?
- Wann und wo ist der Text veröffentlicht worden?
- An wen ist der Text gerichtet (Person, Institution, Öffentlichkeit, Nachwelt)?

Inhaltliche Aspekte
- Was sind die wesentlichen Textaussagen bzw. Argumente (ggf. anhand von Textabschnitten bzw. der Argumentationsstruktur)?
- Welche Aussagen sollten erläutert werden (Begriffe, Personen, Ereignisse)?
- Wie ist die Textsprache (z. B. sachlich, emotional, manipulierend, informativ, argumentativ, ggf. rhetorische Mittel)?

3. Historischer Kontext

- In welchen historischen Zusammenhang lässt sich die Quelle einordnen (Ereignisse, Strukturen und Prozesse)?

4. a) Urteilen: (Sachurteil)

Bezug zur Leitfrage
- Welche Position vertritt der Autor zur Leitfrage?

Argumentationsstruktur
- Ist die Position des Autors überzeugend?
- Ist die Argumentation einseitig oder differenziert?
- Ist der Text logisch aufgebaut oder gibt es Widersprüche?

Bezug zum historischen Kontext
- Inwiefern werden historische Fakten und Prozesse berücksichtigt?

Intention
- Welche Interessen verfolgt der Autor?
- ggf. Handlungsspielräume
- Welche Handlungsalternativen gab es für den historischen Akteur?

4. b) Urteilen: (Werturteil)

Bezug zu gesellschaftlichen Normen
- Welche gesellschaftlichen Normen dienen als Grundlage für das Werturteil?

Bezug zum Sachurteil
- Welche Ergebnisse lassen sich aus dem Sachurteil übernehmen?

Differenzierung, Gewichtung und Fazit
- Welche Pro- und Kontra-Argumente gibt es in Bezug auf die Leitfrage?
- Welche Argumente sind besonders überzeugend?
- Wie beantworten Sie die Leitfrage?

Übungsbeispiel

M1 Der Historiker Polybios (um 200–120 v. Chr.) über die Verfassung der Römischen Republik

Im Vorstehenden habe ich dargelegt, wie die staatlichen Kompetenzen auf die drei Faktoren der Verfassung [Konsuln, Senat, Volk] verteilt sind. Nun will ich zeigen, in welcher Weise sie wiederum, wenn sie wollen, einander entgegenwirken oder sich gegenseitig unterstützen können. Wenn der Konsul im Besitz der geschilderten Machtvollkommenheit an der Spitze des Heeres ins Feld zieht, scheint er unumschränkte Gewalt zur Durchführung seiner Pläne zu haben, in Wirklichkeit aber bleibt er auf Volk und Senat angewiesen [...]. Denn selbstverständlich bedarf das Heer dauernder Versorgung, ohne den Willen des Senats aber kann ihm weder Brotgetreide noch Kleidung noch Sold geliefert werden, sodass die Operationspläne der Feldherren undurchführbar werden, wenn der Senat sie vereiteln oder sabotieren will. Und auch das hängt vom Senat ab, ob der Befehlshaber seine Pläne und Unternehmungen vollenden kann. Denn in der Macht des Senats liegt es, wenn das Amtsjahr abgelaufen ist, ihm einen Nachfolger zu schicken oder ihm das Kommando zu verlängern. Ebenso steht es bei ihm, die Erfolge der Heerführer zu verherrlichen und zu feiern oder umgekehrt sie herabzusetzen und zu verdunkeln. [...] Vollends ist es für sie notwendig, die Gunst des Volkes zu gewinnen, auch wenn sie noch so weit von der Heimat entfernt sind. Denn das Volk hat wie gesagt alle Abkommen und Friedensverträge zu bestätigen oder abzulehnen. [...] Der Senat wiederum, der doch so große Macht hat, ist erstens in allen politischen Angelegenheiten gezwungen, auf die Stimmung des Volks zu achten und seine Wünsche zu berücksichtigen. Er kann die Untersuchung und Ahndung der schwersten Verbrechen gegen den Staat, auf die Todesstrafe steht, nicht durchführen, wenn das Volk nicht die Vorentscheidung des Senats bestätigt. Ebenso liegen die Dinge auch hinsichtlich seiner ureigensten Befugnisse. Wenn nämlich jemand ein Gesetz einbringt, das dem Senat irgendein ihm nach dem Herkommen zustehendes Recht entziehen [...] oder sogar Vermögen und Privatbesitz angreifen will, so hat das Volk auch in diesem Fall die Entscheidung, solche Anträge anzunehmen oder abzulehnen. Vor allem aber, wenn nur ein einziger Volkstribun sein Veto einlegt, kann der Senat weder eine Beratung zu Ende führen noch auch nur zusammenkommen und eine Sitzung abhalten. [...] Ebenso ist wiederum das Volk vom Senat abhängig und muss sich nach ihm richten, im staatlichen wie im privaten Leben. Für alle öffentlichen Arbeiten, die in ganz Italien von den Zensoren vergeben werden zur Wiederherstellung oder Neuerrichtung von Bauten, [...] für alle Pachtungen von Zöllen an Flüssen und Häfen, von Gärten, Bergwerken, Ländereien, kurz, allem, was der römischen Herrschaft untersteht, für all dies kommen die Unternehmer aus der breiten Masse des Volkes, und sozusagen fast jeder Bürger ist an diesen Submissionen und Pachtungen beteiligt. [...] Die Entscheidung aber über all diese Dinge liegt beim Senat. Er kann Zahlungsaufschub bewilligen, bei einem Unglück Nachlass gewähren oder, wenn ein Hindernis die Ausführung der Arbeit gänzlich unmöglich macht, von den Verpflichtungen aus dem Werkvertrag ganz entbinden. [...] Was aber die Hauptsache ist – aus den Reihen der Senatoren werden die Richter gewählt für fast alle öffentlichen und privaten Prozesse, soweit es sich um schwerwiegendere Fälle handelt. Obwohl jeder der drei Teile solche Macht hat, einander zu schaden oder zu helfen, so wirken sie doch in allen kritischen Situationen so einträchtig zusammen, dass man unmöglich ein besseres Verfassungssystem finden kann.

*Zit. nach: Polybios, Geschichte VI 15–18, übers. von Hans Drexler, Artemis, Zürich 1963, S. 543–546.***

1 Analysieren Sie M 1.
▶ Lösungshinweise finden Sie auf S. 642.

1.3 Frauenrechte – Männerrechte in der Antike

In dieser Themeneinheit geht es um
die Rechte und Zuständigkeitsbereiche von Männern und Frauen in der griechischen und römischen Antike bezüglich Politik, Gesellschaft und Familie.

M 1 Frauen im „Bikini" spielen Ball, ca. 4. Jh. n. Chr.

Dieses Mosaik aus der Villa Romana del Casale auf Sizilien zeigt zwei Ball spielende Frauen.
Während man den Frauen im antiken Athen sportliche Betätigungen – mit wenigen Ausnahmen, z. B. in Sparta – allgemein untersagte, durften Frauen im alten Rom im Sinne der Gesundheitsförderung und zum Vergnügen leichte sportliche Übungen absolvieren.
Die großen sportlichen Wettkämpfe waren jedoch auch dort den Männern vorbehalten.

Geschlecht und politische Herrschaft

Im antiken Griechenland wie im Imperium Romanum besaßen nur Männer das Recht, sich politisch zu betätigen und hatten Zutritt zu Staatsämtern. Während Frauen in den griechischen Poleis vollständig vom öffentlichen Leben ausgeschlossen waren, war es für Römerinnen immerhin möglich, Politik indirekt zu beeinflussen, so konnten sie z. B. bei einem Gastmahl ihre Meinung äußern. Indes vermochten Einzelne, die traditionelle Rollenverteilung zu sprengen. So trat Fulvia, Ehefrau dreier bedeutender Männer der Republik, auch öffentlich auf und spielte eine wichtige Rolle im Bürgerkrieg.

Familie

Das antike Verständnis der Familie war geprägt durch das griechische Wort *„Oikonomikos"*, d. h. einen *Oikos*, von dem unser Begriff „Ökonomie" stammt und der das gesamte Leben in einem Haushalt betraf und regelte. Beim **Hausvate**r lag die gesamte Autorität. Er hatte das uneingeschränkte Recht, die zu seinem Haushalt zählenden Menschen in allen Belangen zu führen und zu kontrollieren: Kinder, Ehefrau und Schwiegertöchter, Enkel und Sklaven. Das galt besonders für Athen, wo Frauen als **Rechtsobjekte** galten, denen es untersagt war, Geschäfte abzuschließen, Testamente zu machen oder in Prozessen aufzutreten. Die Frauen durften kein Vermögen besitzen, erbten nicht und hatten keinen Anspruch auf eine Mitgift*.
Auch die römische Gesellschaft war geprägt durch eine patriarchalische Ordnung. Die Frau stand unter der **Vormundschaft** ihres Vaters oder Ehemannes. Im Vergleich zur athenischen Gesellschaft besaß die Römerin neben einer geachteteren und freieren Stellung in der Öffentlichkeit aber mehr Rechte. Im Erbrecht war sie den Männern gleichgestellt: Söhne und Töchter erbten zu gleichen Teilen, wenn der Hausvater kein Testament verfasst hatte. In der späten Republik und im Prinzipat entwickelte sich die Vormundschaft zu einer reinen Formsache. Es gab zwei Formen der Eheschließung: In der traditionellen *manus*-Ehe gingen die Frau und ihr elterlicher Erbteil in die Hausgewalt des Mannes über (*manus* = Hand, Gewalt). Die Ehe konnte nur vom Mann und nur unter besonderen Umständen wie Kinderlosigkeit oder Ehebruch aufgehoben werden. In der *manus*-freien Ehe, die in der späten Republik aufkam, wurde die Frau rechtlich eigenständiger. Seitdem durften Frauen selbstständig wichtige Rechtsgeschäfte oder Verträge eingehen. Eine Scheidung erfolgte durch Erklärung von Mann oder Frau, die in diesem Fall ihre Mitgift zurückerhielt. Dennoch erwartete man von einer anständigen Ehefrau, dass sie sich um die Hausarbeit und die Kindererziehung kümmert.

1 Partnerarbeit:
a) Erarbeiten Sie zunächst arbeitsteilig die Stellung der Frau in der griechischen bzw. römischen Antike.
b) Vergleichen Sie unter Einbezug von M 1 das griechische mit dem römischen Frauenbild. Heben Sie Gemeinsamkeiten und Unterschiede hervor.
Tipp: Nutzen Sie folgende Vergleichskriterien: Politik, Gesellschaft, Familie.

> ***Hinweise zur Arbeit mit den Materialien:***
> *M 2 ist ein Beispiel für das griechische Verständnis der Geschlechterrollen. In M 3 wird ein Negativbeispiel einer römischen Frau geschildert.*

Geschlechterrollen bei Griechen und Römern

M 2 Geschlechterrollen im antiken Athen

Der Geschichtsschreiber Xenophon (ca. 426–ca. 355 v. Chr.) lässt in seiner Schrift „Oikonomikos" den Ischomachos zu seiner 15 Jahre alten Frau sagen:

Es scheint mir, dass die Götter [...] dieses Gespann, das man das Weibliche und das Männliche nennt, in bester Voraussicht zusammengeführt haben, damit sie in Gemeinschaft einander nützlich sind. Zuerst einmal heiratet das Paar, um Kinder zu zeugen, damit das menschliche Geschlecht nicht ausstirbt. Dann wird durch die Vereinigung erreicht, dass sie im Alter eine Stütze für sich selbst besitzen. Weiterhin [...] benötigen [...] [sie ein] Obdach. Wenn die Menschen Vorräte unter dem Dach anlegen wollen, brauchen sie allerdings jemanden, der die Arbeit unter freiem Himmel verrichtet. Denn Pflügen, Säen, Pflanzen und auch Weiden sind Beschäftigungen im Freien. Aus diesen wird der Lebensunterhalt gewonnen. Sobald das nun unter Dach ist, ist wiederum jemand erforderlich, der es verwahrt und der solche Arbeiten verrichtet, die innerhalb des Hauses anfallen. Der Schutz des Daches ist notwendig bei der Versorgung der neugeborenen Kinder; unter einem Dach muss die Aufbereitung der Feldfrüchte stattfinden, ebenso die Herstellung der Kleidung aus Wolle. Da nun jede der beiden Tätigkeiten, diejenigen innerhalb als auch diejenigen im Freien, der Ausführung und der Aufsicht bedürfen, hat Gott [...] von vornherein die körperliche Beschaffenheit entsprechend ausgestattet, und zwar [...] die der Frau für die Arbeiten und Besorgungen im Innern, die des Mannes hingegen für die Tätigkeiten [...] außerhalb.

*Zit. nach: Xenophon, Oikonomikos 7, 18–22, zit. nach: Beate Wagner-Hasel, Das antike Griechenland, Diesterweg, Frankfurt/M. 1988, S. 114 f.**

1 **Partnerarbeit:** Analysieren Sie arbeitsteilig die in M 2 dargestellte Rolle des Mannes und der Frau.
2 Gestalten Sie auf Grundlage Ihrer Arbeitsergebnisse einen Dialog.
3 Nehmen Sie Stellung zu Xenophons Rollenverständnis.

M 3 Der römische Historiker Sallust (86–35 v. Chr.) über die Aristokratin Sempronia

Sallust beschreibt in seinem Werk „Über die Verschwörung des Catilina" gegen Ende der Römischen Republik einen Gesellschaftswandel. Als Beispiel für den Sittenverfall auch bei Frauen nennt und beschreibt er die Aristokratin Sempronia. Ob sie möglicherweise an der Verschwörung des Catalina (ein Putschversuch um 63 v. Chr.) beteiligt war, ist historisch unsicher.

[Unter ihnen][1] war Sempronia, die oft viele Untaten mit der Kühnheit eines Mannes vollbracht hatte. Diese Frau war durch Geburt und Schönheit, außerdem durch Gatten und Kinder in einer ganz glücklichen Lage. Sie war in griechischer und lateinischer Literatur wohlunterrichtet, musizierte und tanzte mit größerer Meisterschaft, als es für eine anständige Frau nötig ist, und verstand sich auf viele andere dem Wohlleben dienliche Dinge. Aber von jeher war ihr alles lieber als Ehrbarkeit und Keuschheit. Ob sie Geld oder Ruf weniger schonte, hätte man nicht leicht unterscheiden können. [...] Übrigens hatte sie früher schon oft ihr Wort gebrochen, Darlehen abgeschworen, von Mord gewusst und war durch Luxus und Mittellosigkeit tief gesunken. Dabei war sie kein schlechter Kopf. Sie verstand Verse zu machen, Kurzweil zu treiben, je nachdem eine ehrbare oder empfindsame oder freche Sprache zu führen. Kurz, sie besaß viel Witz und Anmut.

*Zit. nach: Sallust, De coniuratione Catilinae 25, zit. nach: Geschichte in Quellen, Altertum, Hg. v. Wolfgang Lautermann und Manfred Schlenke. Übersetzer: H. Weinstock, BSV, 1978, S. 510.***

1 den Anhängern des Catilina

1 Analysieren und beurteilen Sie die Darstellung der Sempronia nach Sallust (M 3).
2 Arbeiten Sie anhand Ihrer Analyseergebnisse den Idealtypus einer Römerin heraus.
3 Vergleichen Sie das Frauenbild Xenophons mit dem Idealtypus einer Frau nach Sallust (M 2, M 3).
4 **Gruppenarbeit/Plakat:** Stellen Sie zusammenfassend die Rolle des Mannes und der Frau in der Antike auf einem Plakat gegenüber.
Tipp: Arbeiten Sie mit grafischen Elementen, Symbolen und unterschiedlichen Farben.
5 **Vertiefung:** Charakterisieren Sie das moderne, westliche Frauenbild aus Ihrer Sicht und diskutieren Sie, in welchem Verhältnis es zu den Idealen von Xenophon und dem Negativbeispiel von Sallust steht.

China und Rom im Vergleich

> ***In dieser Themeneinheit geht es um***
> *den Vergleich zweier antiker Weltreiche und die Frage, warum sie nie in direktem Kontakt miteinander standen.*

Daten zur chinesischen Kaiserzeit (221 v. Chr. bis 1911)

221–206 Qin-Dynastie: Reichseinigung, Kaisertitel
206 v. Chr.–220 n. Chr. Han-Dynastie
133–119 Feldzüge gegen die Hunnen
113 Han-Heere erobern Nordvietnam
1./2. Jh. Verfahren zur Papierherstellung entwickelt
166 Gesandtschaft von Kaufleuten aus den Ostgebieten des Römischen Reiches
220–589 Aufspaltung des Reiches
668 Mandschurei und Korea unter chinesischer Kontrolle

▶ **M 1–M 3: Politische und gesellschaftliche Strukturen im Vergleich**

▶ **M 4, M 5: Seidenstraße**

▶ **M 6: Kontakt China–Rom**

Die Geschichtswissenschaft versteht unter einem Weltreich einen Staat, der große Territorien umfasst, die Entwicklung der Menschheitsgeschichte entscheidend beeinflusst und dessen Selbstverständnis häufig den Anspruch auf Weltherrschaft einschließt. Als das älteste Weltreich der Geschichte gilt das **Perserreich** (s. S. 17), dessen Ausdehnung nur vom **Weltreich Alexanders des Großen** übertroffen wurde. Alexanders Weltreich war zwar kurzlebig (333–323 v. Chr.), bewirkte jedoch die Entstehung eines einheitlichen hellenistischen* Kulturraums im östlichen Mittelmeer. Das klassische Beispiel eines Weltreiches ist das **Römische Reich.** Lange Zeit konzentrierten sich (west-)europäische Historiker auf ein eurozentrisches* Geschichtsbild und übersahen so, dass die meisten Weltreiche bis zum Beginn der Frühen Neuzeit* außerhalb des europäischen Kontinents existierten, so z. B. das **Mongolenreich Dschingis Khans** (ca. 1200–1335), das bisher größte Weltreich der Menschheitsgeschichte, oder das **frühe chinesische Kaiserreich** (ca. 200 v. Chr.–ca. 900 n. Chr.). Insbesondere China verstand sich als Universalmonarchie und entwickelte sich im asiatischen Raum dauerhaft zur bestimmenden Größe. Beim Vergleich von Römischem Reich im Westen und frühem chinesischen Kaiserreich im Osten fällt auf, dass die beiden antiken Großmächte zwar seit dem Ende des zweiten Jahrtausends v. Chr. einen kontinuierlichen Warenaustausch betrieben, es jedoch keine offiziellen Kontakte auf politischer, kultureller oder militärischer Ebene gab. Allerdings zeigten sich, so die Historikerin Maria H. Dettenhofer, „frappierende Parallelen in der gesellschaftlichen und politischen Entwicklung". Eine vergleichende Untersuchung dieser beiden antiken Weltreiche könne daher nicht nur zum Verständnis der unterschiedlichen Kulturen beitragen, sondern biete darüber hinaus einen wertvollen Erfahrungsschatz für das Leben in unserer globalisierten Gegenwart.

1 Definieren Sie den Begriff Weltreich und nennen Sie Beispiele. Ergänzen Sie diese aus eigener Kenntnis.

M 1 **Epochen, Reiche und Dynastien zwischen 2000 v. Chr. und 600 n. Chr.**

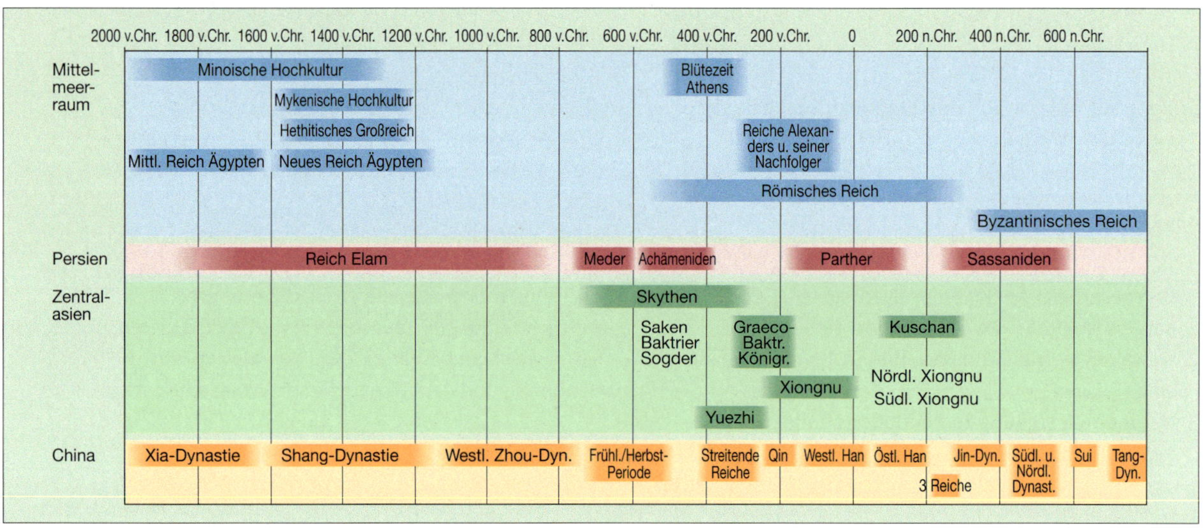

> ***Hinweise zur Arbeit mit Materialien:***
> *M 1–M 3 beschäftigen sich mit den parallelen Entwicklungen und Strukturen im alten China und Rom. M 4 und M 5 thematisieren die Geschichte der Seidenstraße. M 6 behandelt die Frage nach der Begegnung beider Reiche.*

Politik und Gesellschaft im Römischen Reich und im China der Han-Dynastie

M2 Die Historikerin Maria H. Dettenhofer (2008)

a) Aufstieg und Fall beider Reiche:
Für Rom begann mit dem Ersten Punischen Krieg (264–241 v. Chr.) die Expansion über Europa hinaus nach Nordafrika. Mit dem Sieg über Karthago im Zweiten Punischen Krieg im Jahr 201 v. Chr. war der Weg endgültig frei für die Bildung eines Mittelmeerreichs und, damit verbunden, den politischen und wirtschaftlichen Aufstieg Roms zum antiken Großreich. Dieses Reich [...] brach erst mehr als 400 Jahre später in den Bürgerkriegswirren des dritten nachchristlichen Jahrhunderts zusammen. Die sogenannten Soldatenkaiser [...] kämpften ca. 70 Jahre lang um die Macht, was letztlich zu einer grundlegenden Verwandlung des römischen Staatswesens führte. Am anderen Ende des eurasischen Kontinents überwältigte König Cheng von Qin zwischen 230 und 221 v. Chr. die rivalisierenden Staaten. 221 v. Chr. erlangte er als Qin Shi Huangdi („Erster erhabener Kaiser der Qin") die Herrschaft über ein Reich, das den gesamten chinesischen Kulturraum zusammenfasste. Mit dieser Einigung gingen tiefgreifende Reformen einher, welche die staatlichen, wirtschaftlichen und gesellschaftlichen Grundlagen für das chinesische Reich schufen, das sich 206 v. Chr. unter Führung der Han-Dynastie als Großreich etablierte – bis es dann im Jahre 220 n. Chr. von einer langen Periode der Teilung und des Zerfalls abgelöst wurde. [...] Der weitgehend parallele Gang der historischen Entwicklung endet in der Mitte des dritten nachchristlichen Jahrhunderts: Beide antike Reiche brachen unter dem Ansturm von Barbaren aus dem Norden zusammen. Beide übernahmen in Zeiten des Zerfalls eine Erlösungsreligion: die Römer das Christentum, die Chinesen den Buddhismus. In Rom wie in China löste ein religiöses Zeitalter das humanistische Heidentum bzw. den konfuzianischen Humanismus ab.

*Zit. nach: Maria H. Dettenhofer: www.km.bayern.de/blz/eup/02_07_themenheft/5.asp (Download vom 2. Juli 2008).**

M3 Weltreiche und Handelswege in Europa und Asien vom 1. bis 3./4. Jh. n. Chr.

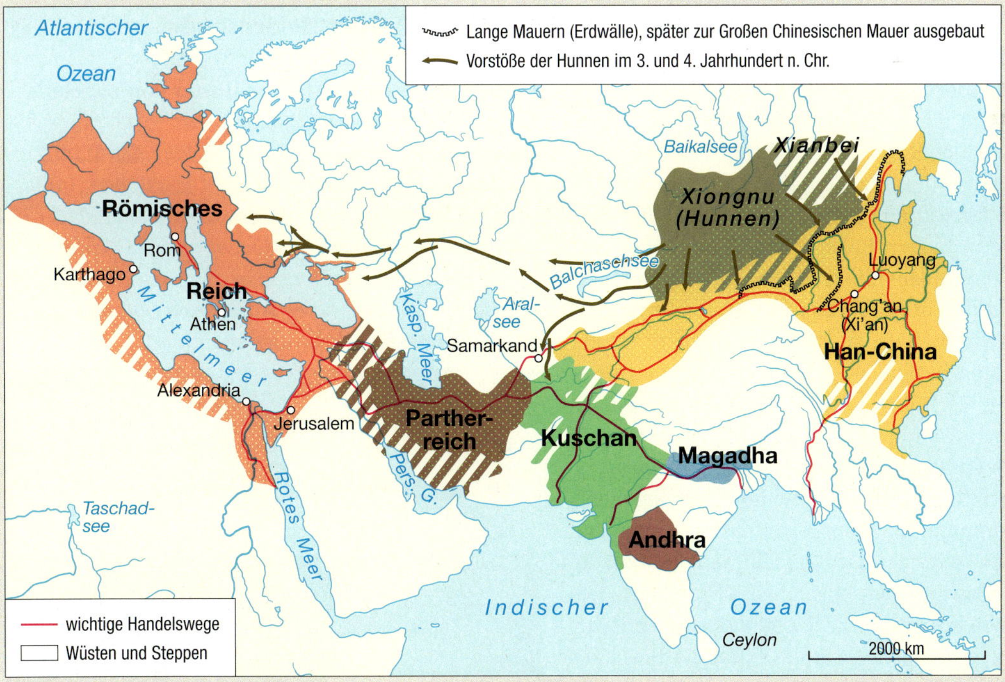

b) Geografische Voraussetzungen

[Es gibt] eine Reihe auffallend ähnlicher Strukturen und struktureller Ansätze in zentralen Bereichen des politischen, gesellschaftlichen und intellektuellen Lebens. Das ist umso erstaunlicher, da gerade die politischen Formen in Rom und China ebenso gegensätzlich zu sein scheinen wie die geografischen Voraussetzungen. Das eine ist eine geschlossene Landmasse [...], das andere ein Reich, das sich um das Mittelmeer herum gebildet hatte [...]. Um sich jedoch vor unbezwingbaren äußeren Feinden zu schützen, griffen beide Reiche zur gleichen Strategie: Die Chinesen errichteten eine Mauer monumentalen* Ausmaßes, die zu einem Charakteristikum des Reiches der Mitte werden sollte und bis heute die Sicht der Ausländer auf China prägt; die Römer bauten den Limes, der sich in seinen Überresten noch heute quer durch Deutschland und Großbritannien zieht. Beide sicherten diese Grenzen mit der Errichtung von Militärkolonien. Ebenso waren beide, die Qin-Leute und die Römer, diszipliniert und militärisch ausgerichtet.

*Zit. nach: Maria H. Dettenhofer, siehe M 2 a.***

c) Politische Strukturen im Vergleich

Beide Großreiche wurden nach ihrer gewaltsamen Einigung zentralistisch regiert. Beide hatten den Herrschaftsanspruch des Erbadels durch die Einführung eines Amtsadels ersetzt und dementsprechend eine Laufbahn für den Staatsdienst entwickelt. In beiden Reichen bildete das Mittel zur sittlichen Erziehung und moralischen Formung der staatstragenden Schichten die jeweiligen philosophischen Lehren. [...] In beiden Systemen beruhte die Stellung des Kaisers letztlich auf Akzeptanz und war an den Erfolg seiner Verwaltung geknüpft. Fürsorge für das Volk wurde in beiden Reichen vom Monarchen erwartet. Während allerdings China mit Beginn der Reichseinigung ein bürokratisches System errichtete, entwickelte Rom vergleichbar ausgeprägte Strukturen erst spät in der Zeit des Dominats. Die Bürokratisierung war im Römischen Reich in der Phase des Prinzipats nämlich auch durch den massiven Einsatz von Freigelassenen in herausgehobenen Verwaltungsfunktionen über bescheidene Anfänge nicht hinausgekommen. In Rom spielte das politische Selbstbewusstsein der Oberschicht eine prägende Rolle, ein Bewusstsein, das einst Grundlage des Schrittes vom Königtum zur *Res publica* gewesen war und gewiss später auch als ein Resultat der Beschäftigung mit der griechischen Philosophie und deren lateinischen Interpretationen zu verstehen ist. Denn, anders als der Konfuzianismus, setzte sich die griechische Philosophie diskursiv mit verschiedenen politischen Systemen auseinander. Prinzipiell ist festzustellen, dass die Staatsform der Monarchie in den erfolgreichsten und als maßgeblich angesehenen Staatsgebilden der europäischen Antike als rückständig angesehen wurde. Der Westen hatte andere politische Formen entwickelt und mit Erfolg erprobt. Sparta, Athen, Karthago und Rom stützten sich auf zwei- oder mehrköpfige Führungskollegien. Allerdings waren sie alle aus Stadtstaaten hervorgegangen, wogegen es sich beim chinesischen Reich von Beginn an um einen Territorialstaat gehandelt hatte. Letztlich scheinen es also zwei Faktoren zu sein, die zu dem politischen Sonderweg der europäischen Antike führten: ein struktureller, die ursprünglich stadtstaatliche Verfasstheit der maßgeblichen politischen Mächte, sowie ein intellektueller, der Einfluss der pluralistischen, analytisch ausgerichteten politischen Philosophie auf die Oberschicht.

*Zit. nach: Maria H. Dettenhofer, siehe M 2 a.**

1 Analysieren Sie die Karte M 3 mithilfe der Methodenseite (s. S. 144).
2 Vergleichen Sie die beiden antiken Weltreiche anhand ausgewählter Bereiche, z. B. geografische Lage, politische Strukturen (M 1–M 3).
Tipp: Stellen Sie diese in einer Tabelle gegenüber.

Die Geschichte der „Seidenstraße"

M4 Buddhistische Höhlenklöster von Bezeklik, 6.–14. Jh., Fotografie, 1983.

Am Fuß des Tian-Gebirges in der Nähe der Stadt Turfan (heute Regierungsbezirk des Uigurischen Autonomen Gebiets Xinjiang im Westen der Volksrepublik China) gruben buddhistische Mönche oberhalb einer Oase an der Seidenstraße Tempel in die Felswände. Oasensiedlungen wie diese boten Wasser und Übernachtungsmöglichkeiten für die Karawanen.

M5 Der Historiker Peter Hombach (2004)

Der Terminus „Seidenstraße" bezeichnet ein riesiges Routengeflecht von Nordchina durch Zentral- und Westasien bis ans Mittelmeer, wobei die Wüste Gobi auf einer nördlichen und einer südlichen Route umgangen wurde. Vor der klassischen Antike war der Fernhandel eine gefährliche Angelegenheit. [...] Dieses Risiko wurde in der Antike durch zwei Entwicklungen reduziert, was einen stimulierenden Effekt auf den Fernhandel hatte. Zum einen investierten Herrscher – allerdings primär aus administrativen und militärischen Gründen – durch den Bau von Straßen und Brücken stark in den Ausbau der Infrastruktur. Andererseits entstanden Großreiche, die gelegentlich eine Ausdehnung erreichten, die sie zu direkten Nachbarn machte. Am westlichen Ende der Seidenstraße erhöhte sich das Tempo des Fernhandels in der hellenistischen Zeit spürbar. [...] Eine entscheidende politische Voraussetzung für die vollständige Öffnung des östlichen Endes der Seidenstraße war die chinesische Expansion nach Westen. Unter dem Kaiser Wudi (141–87 v. Chr.) verdoppelte sich die Größe des Han-Reiches fast. [...] Wudis Truppen nahmen Pamir und Ferghana in Besitz, und so konnten die Handelswege zwischen China und dem Westen geöffnet werden. Der Handel entlang der Seidenstraße florierte und überschwemmte die Hauptstadt des Han-Reiches mit westlichen Reisenden und Luxusgütern. Während der Ostteil nun relativ sicher war, drohte der Westen sich in ein Schlachtfeld zu verwandeln. Lange Auseinandersetzungen der Römer mit den Parthern konnten erst durch das diplomatische Geschick des Augustus beendet werden und es gelang, für einige Zeit Frieden mit den Parthern zu schließen. Und dieser machte auch das westliche Ende der Seidenstraße sicher und führte zu einer Belebung des Handels mit Fernost. Einen ersten Höhepunkt erlangte der Fernhandel zwischen Ost und West also zur Zeit des Römischen und des Han-Reiches, genauer in den ersten beiden nachchristlichen Jahrhunderten. Eine weitere Blütezeit erlebte die Seidenstraße dann während der Tang-Dynastie, die die Perser als dominierende Macht über die Seidenstraße ablöste. [...] Nach der Tang-Zeit nahm der Handelsverkehr entlang der Seidenstraße ab. Zur Zeit der „fünf Dynastien" konnte die innere Stabilität der Tang-Dynastie nicht gehalten werden und benachbarte Völker konnten erneut die Karawanen überfallen.

*Zit. nach: www.weltgeschichte-im-unterricht.de/Hombach/staatsarbeit_hombach.pdf (Download vom 2. Juli 2008).**

1 Erläutern Sie am Beispiel der Seidenstraße den Zusammenhang zwischen dem Fernhandelsverkehr und der Existenz/Entstehung von Großreichen (M 5).

2 **Zusatzaufgabe:** siehe S. 614

Warum kam es nicht zur Begegnung beider Großreiche?

M6 Die Historikerin Maria H. Dettenhofer (2008)

Letztendlich spielten außenpolitische Konstellationen und auch simple Zufälle die entscheidende Rolle für das Phänomen, dass sich beide Großreiche auf offizieller Ebene nicht begegneten und konkreter intellektueller Austausch erst in der Spätantike, etwa ab dem 5. nachchristlichen Jahrhundert, nachweisbar ist. Zwischen ihnen befand sich etwa seit der Mitte des zweiten Jahrhunderts v. Chr. eine weitere Großmacht, das Partherreich. Kulturell sowohl Rom als auch China weit unterlegen, stellten die Parther dennoch einen jahrhundertelang nicht zu überwindenden militärischen Gegner dar. Erst 224 n. Chr., also bereits nach dem Untergang des Han-Reiches, konnten die Römer den Parthern die entscheidende militärische Niederlage zufügen; 227 endet das Partherreich. [...] Der römische Kaiser Marc Aurel hatte 166 n. Chr. eine Gesandtschaft auf dem Seeweg nach China geschickt; allerdings sank das Schiff auf der Rückfahrt. Auch weitere Versuche der Kontaktaufnahme scheiterten, und so blieben Handelsbeziehungen über die Seidenstraße die einzige Verbindung. Da der Handel vor allem in Form des Zwischenhandels abgewickelt wurde, kam es kaum zu kulturellem Austausch. Die politische Ebene wurde auf diesem Weg nie berührt – ein Zufall, der vermutlich den Gang der Weltgeschichte entscheidend beeinflusst hat.

*Zit. nach: Maria H. Dettenhofer, siehe M 2 a.**

1 Erklären Sie anhand von M 6, warum es zwischen Rom und China – bis auf den Handelsverkehr – zu keiner Begegnung kam.

2 **Gruppenarbeit:** Diskutieren Sie die These Dettenhofers (siehe Darstellungstext, Z. 19–23), die vergleichende Untersuchung der beiden antiken Weltreiche biete im Zeitalter der Globalisierung einen unverzichtbaren Erfahrungsschatz.
Tipp: Formulieren Sie ein gemeinsames Fazit.

Anwenden

M 1 Der griechische Historiker Polybios (ca. 200 bis ca. 120 v. Chr.) klassifiziert die Verfassungstypen

Die meisten, die uns über Staatsverfassungen (*politeiai*) belehren wollen, markieren diesbezüglich drei Arten, die sie Königsherrschaft (*basileia*), Aristokratie und Demokratie nennen. Meiner Meinung nach muss man ihnen füglich die weiterführende Frage stellen, ob sie diese als die einzigen oder gar die besten Verfassungen einführen. In beider Hinsicht scheinen sie mir Unkenntnis zu verraten. Es ist nämlich offensichtlich, dass man als beste Verfassung die aus den erwähnten Typen zusammengesetzte anzusehen hat. Außerdem darf man nicht annehmen, dass diese die einzigen sind. Denn wir haben schon einige monarchische und tyrannische Verfassungen gesehen, die sich erheblich von der Königsherrschaft unterscheiden, und doch dieser ähnlich zu sein scheinen. Damit gebrauchen die meisten Monarchen, so gut sie können, fälschlich den Namen der Königsherrschaft. Und entsprechend gab es auch mehrere oligarchische Ordnungen, die den aristokratischen ganz ähnlich erscheinen, von denen sie sich doch [...] massiv unterscheiden. Dasselbe gilt auch für die Demokratie. Dass diese Aussagen wahr sind, ist hieraus offensichtlich. Denn man darf ja wohl nicht jede Monarchie leichthin Königsherrschaft nennen, sondern allein die, welche freiwillig eingeräumt ist und mehr mit Zustimmung als durch Furcht und Gewalt gelenkt wird. Und ebenso ist nicht jede Oligarchie für eine Aristokratie zu halten, sondern nur die, welche nach entsprechender Auswahl von den gerechtesten und vernünftigsten Männern regiert wird. Ähnlich sollen wir nicht von Demokratie sprechen, wenn in einer Verfassung die gesamte Masse Herr ist zu tun, was sie selbst will und vorhat. Solche Ordnungen dagegen, in denen es traditioneller Brauch ist, die Götter zu verehren, die Eltern zu achten, die Älteren zu respektieren sowie den Gesetzen zu gehorchen, und in denen der Wille der Mehrheit entscheidet, wollen wir Demokratie nennen. Deswegen darf man von sechs Arten von Verfassungen sprechen, von den dreien, die alle im Munde führen und die oben erwähnt sind, und von drei anderen, die mit diesen verwandt sind, ich meine Monarchie, Oligarchie und Ochlokratie (= Pöbelherrschaft).

*Zit. nach: Polybios, Historien 6,3,5–4,6, übers. von Hans-Joachim Gehrke.**

1 Analysieren Sie M 1 im Hinblick auf die Klassifizierung der Verfassungstypen durch Polybios.

2 Ordnen Sie die Quelle in den historischen Zusammenhang ein, indem Sie wesentliche Aspekte der athenischen Demokratie im 5. Jahrhundert charakterisieren.

3 Diskutieren Sie auf der Grundlage Ihrer Arbeitsergebnisse die Aussage des Polybios, dass man „als beste Verfassung die aus den drei zu Anfang erwähnten Typen zusammengesetzte“ anzusehen habe (Z. 9 f.).

Präsentationsvorschläge

Thema 1:
Sklaverei in der Antike

Bereiten Sie einen Vortrag über die Sklaverei in Griechenland und im Römischen Reich vor. Vergleichen Sie die Sklaverei in der Antike mit der neuzeitlichen Sklaverei, z. B. im Amerika des 16.–19. Jahrhunderts.

Thema 2 (fächerverbindend):
Demokratie in Athen – Vorbild für moderne Demokratien?
Oder:
Das Römische Reich in der Kaiserzeit – Modell einer europäischen Ordnung?

Erarbeiten Sie eine Präsentation.

Beispiele für historische Spielfilme zum Römischen Reich
- Quo vadis, Regie: Mervyn LeRoy, 1951
- Ben Hur, Regie: William Wyler, 1959
- Spartacus, Regie: Stanley Kubrick, 1960
- Gladiator, Regie: Ridley Scott, 2000
- Julius Caesar, Regie: Uli Edel, 2002
- Rom (britisch-italienische Serie in zwei Staffeln), 2005–2006
- Agora – Die Säulen des Himmels, Regie: Alejandro Amenábar; 2009

Wiederholen

M2 Karte der antiken Siedlung Colonia Claudia Ara Agrippinensium, aus der die heutige Stadt Köln entstand

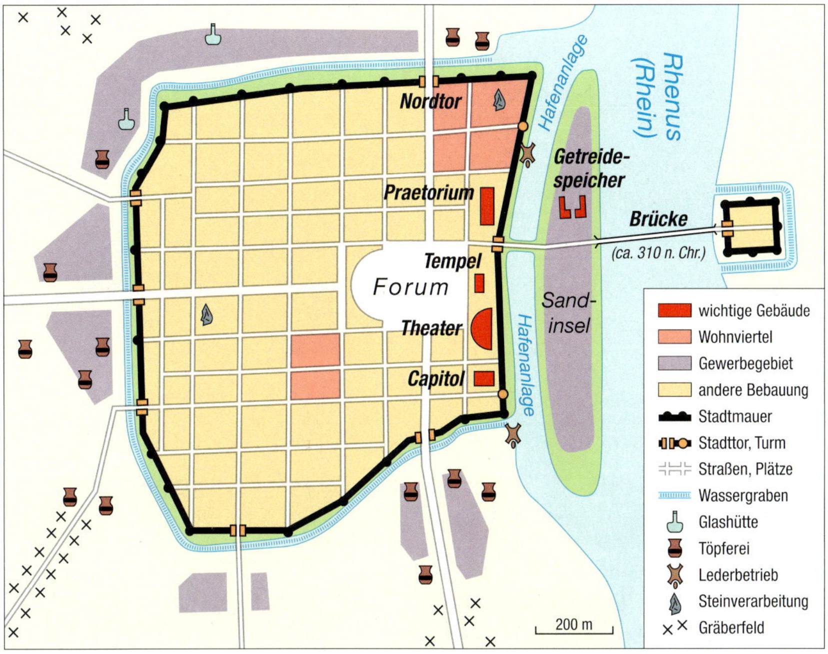

Griechische Antike

1 Erläutern Sie die in der Marginalspalte aufgeführten Begriffe zur griechischen Antike.
2 Skizzieren Sie die Reformen Solons, Kleisthenes' und Perikles'.
3 **Schaubild:** Erarbeiten Sie ein Schaubild zur Struktur der Demokratie in Athen.
4 **Vertiefung:** Erörtern Sie die Frage, ob unsere moderne demokratische Verfassung eine Demokratie im Sinne des antiken Athen darstellen würde.

Römische Antike

1 Erläutern Sie die in der Marginalspalte aufgeführten Begriffe zur römischen Antike.
2 **Partnerarbeit/Zeitstrahl:**
a) Charakterisieren Sie zentrale Stationen im Wandel der Römischen Republik. Beachten Sie Hintergründe und Ursachen wesentlicher Entwicklungen.
b) Erarbeiten Sie auf Grundlage Ihrer Ergebnisse einen Zeitstrahl.
3 Beschreiben Sie M2 und erläutern Sie die Funktion der Städte im Römischen Reich. **Tipp:** Gehen Sie besonders auf Bauwerke, öffentliche Anlagen und Infrastruktur ein.
4 Ordnen Sie die Karte M2 in den historischen Zusammenhang ein, indem Sie wesentliche Merkmale der römischen Kaiserzeit zusammenfassen.
5 **Vertiefung:** Diskutieren Sie die Bedeutung der Antike für unsere heutige Zeit. Legen Sie den Schwerpunkt Ihrer Argumentation auf a) Politik, b) Kultur, c) Wirtschaft, d) Gesellschaft, e) Kunst oder f) Architektur.
6 Überprüfen Sie Ihre Hypothesen und Fragen vom Auftakt des Kapitels.

Griechische Antike

Akropolis
Archonten
Areopag
Aristokratie
Delisch-Attischer Seebund
Demagoge
Demokratie
Metöken
Ostrakismos
Perserkriege
Phylenordnung
Polis
Stratege
Tyrannis
Volksversammlung

Römische Antike

Annuität
Christentum
Kollegialität
Konsul
Magistrat
Nobilität
Optimaten
Patrizier
Plebs/Plebejer
Popularen
Prinzipat
Provinz
Republik
Senat
Sklaverei
Ständekämpfe
Völkerwanderung
Volkstribune

Testen Sie Ihr Vorwissen zum europäischen Mittelalter.

1 Beschreiben Sie die Bilder und finden Sie passende Kurztitel.
2 Benennen Sie die Bilder, die nicht zum Thema Mittelalter passen. Begründen Sie Ihre Wahl.
3 **Mindmap:** Führen Sie anhand der Bilder ein Brainstorming zum Thema Mittelalter durch und strukturieren Sie das Ergebnis in einer Mindmap.

a)

b)

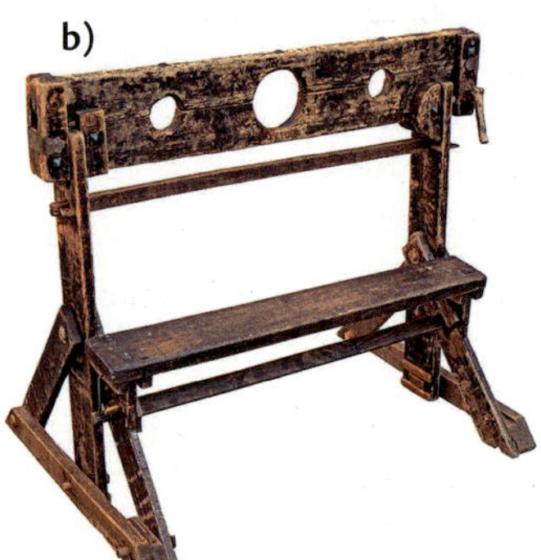

c)

d)

e)

f)

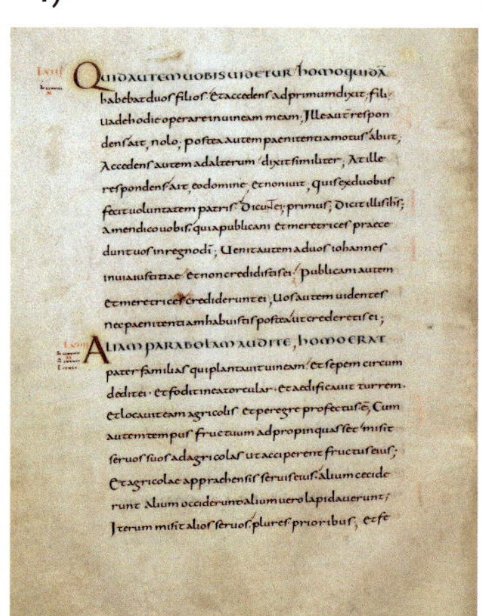

g)

h)

i)

4 In unserem alltäglichen Sprachgebrauch verwenden wir oft unbewusst Redensarten, die ihren Ursprung schon im Mittelalter haben; so auch im folgenden „Mitschnitt" aus einer (fiktiven) Geschichtsstunde. Ergänzen Sie die Lücken mit passenden Begriffen aus dem Kasten, um die mittelalterlichen Redewendungen zu vervollständigen.
Tipp: Im Anhang (S. 638) finden Sie kurze Erklärungen der Redewendungen als Hilfestellung.

Latein	prangert	Holzweg
Eselsbrücke	Kopf	Wasser
Brett	tot	Nagel
Stegreif	Schuh	Zahn
Adam Riese		

In einer Geschichtsstunde...
Elias soll sein Wissen zum Frankenreich präsentieren. Unsicher kritzelt er etwas an die Tafel, ist aber völlig auf dem |???|.
Herr Meier: „Jetzt leg einen |???| zu, aber schreib bitte ordentlich!"
Elias: „Ich hatte doch eine |???|, wie war das noch gleich?!"
„Das solltest du aus dem |???| wissen", |???| Herr Meier ihn an.
Aber Elias ist mit seinem |???| am Ende. „War das im Spätmittelalter?", fragt er.
Herr Meier: „Umgekehrt wird ein |???| draus."
Elias: „Ah, ich hab's. Das dürfte dann nach |???| 768 bis 814 gewesen sein."
Herr Meier: „Jetzt hast du den |???| auf den |???| getroffen."
Elias: „Tja. In Geschichte kann mir keiner das |???| reichen."
Da brüllt Nora: „Ich lach' mich |???|. Du hast doch ein |???| vorm Kopf."
Herr Meier weist sie sofort zurecht:
„Das war **unter aller Kanone**, Nora!" Und auch dem Rest der Klasse **bleibt das Lachen im Halse stecken**, als Herr Meier **predigt**: „So, mir wird's zu **bunt**. Hefte raus – Test! **Hals- und Beinbruch!**"

5 Überprüfen Sie die folgenden Aussagen zu den hervorgehobenen Redewendungen im Text.

Die Redewendung **„unter aller Kanone"** kommt...

a) von Pulverresten, die sich nach einem Schuss unter der Kanone ansammelten.
b) vom Lateinischen *„sub omni canone"* (unterhalb aller Wertung) als Lehrerkommentar unter Tests.
c) vom Abweichen eines einzelnen Sängers vom Kanon in einem Chor.

Die Redewendung **„im Halse stecken bleiben"** kommt...

a) von dem Gottesurteil, trockenes Brot ohne Wasser vollständig herunterzuschlucken zu müssen.
b) von einem tödlichen Unfall eines Schwertschluckers am Hofe von Kaiser Friedrich Barbarossa.
c) von dem damals als Speisefisch beliebten, aber sehr grätenreichen Hecht.

Die Redewendung **„etwas predigen"** kommt...

a) von früheren Lehrer-Kritiken zu mangelnden Grammatikkenntnissen (Prädikat) einiger Schüler.
b) von den Ge- und Verboten, die den Menschen in der Kirche in „Predigten" verlesen wurden.
c) von einem bekannten italienischen Herold (mittelalterlicher Bote) namens Predigi.

Die Redewendung **„es zu bunt treiben"** kommt...

a) von einem Maler, dessen allzu farbenfrohes Porträt eines Fürsten zu seiner Hinrichtung führte.
b) von unsittlichen Berührungen unterhalb des Hosenbundes.
c) von einem mittelalterlichen Verbot, bunte Kleidung tragen zu dürfen.

Die Redewendung **„Hals- und Beinbruch"** kommt...

a) von der wenig zuversichtlichen Eingangsformel mittelalterlicher Ärzte vor einer Behandlung.
b) von böswilligen Wünschen gegnerischer Turnierteilnehmer beim Tjosten (Lanzenstechen).
c) vom jiddischen Wunsch *„hatslokhe u brokhe"* (Erfolg und Segen), der für viele so ähnlich klang.

▶ Lösungshinweise finden Sie auf S. 638.

2 Das europäische Mittelalter: Beharrung und Aufbruch

M1 Französisches Fresko aus dem 13. Jahrhundert.
Abgebildet ist ein ritterlicher Zweikampf zu Pferde (Tjost) zwischen einem französischen Ritter und dem sizilianischen König Manfred (1232–1266).

428–751 Herrschaft der Merowinger im Frankenreich

476 Absetzung des letzten Kaisers im Weströmischen Reich

800 Kaiserkrönung Karls des Großen

400 | 500 | 600 | 700 | 800

751–911 Herrschaft der Karolinger

Das europäische Mittelalter, also die Zeit zwischen dem Ende des Römischen Reiches und den Entdeckungen des 15./16. Jahrhunderts (ca. 500–1500), gilt manchen als „finstere" und rückständige Epoche. Oft wird sie mit Primitivität*, Aberglauben und kirchlicher Bevormundung gleichgesetzt. Doch es gab auch immer eine Tendenz zur romantischen Verklärung. Auch heute finden sich z. B. in vielen Filmen und Serien Anklänge an das Mittelalter, das als Kulisse für dramatische Handlungen dient.

Was bei alldem indes unbeachtet bleibt: Das Mittelalter ist keine einheitliche Epoche. Ein Germanenkönig aus dem Frühmittelalter lässt sich nicht ohne Weiteres mit einem Kaiser des Spätmittelalters vergleichen. Das rund eintausend Jahre währende europäische Mittelalter war eine Zeit voller Bewegungen. Aus dem Zusammentreffen germanischer Stämme mit der antiken Kultur im Frühmittelalter ergab sich eine Mischung mit hohem Potenzial* für den gesellschaftlichen, wirtschaftlichen und kulturellen Aufbruch und für regionale Unterschiede, insbesondere zwischen Stadt und Land.

Das Mittelalter gehört zu unserer Geschichte und seine Errungenschaften wirken auch in unser modernes Leben hinein: Nicht nur Burgen und Klöster haben ihre Wurzeln in jener Zeit. Auch viele weitere Entwicklungen dieser Epoche, so etwa Formen der politischen Teilhabe (Partizipation*), Konzepte der politischen Repräsentation*, Territorialstaaten mit festen Grenzen, allgemeingültige Rechtsnormen, rationales Wirtschaften oder universitäre Bildung reichen bis in unsere Gegenwart.

1 Beschreiben Sie M 1. Vergleichen Sie das Fresko anschließend mit M 2. Benennen Sie Gemeinsamkeiten und Unterschiede.
2 Erklären Sie, weshalb das Mittelalter vielfach eine so große Faszination ausübt.
3 Erläutern Sie welche Wurzeln der heutigen „modernen"* Gesellschaft sich im Mittelalter finden lassen. Beziehen Sie auch konkrete Beispiele aus Ihrem Umfeld ein.

M2 Turnierteilnehmer eines Ritterfests im Kostüm, Fotografie, 2015

962 | Kaiserkrönung Ottos I.

11. Jh. | verstärkte Stadtgründungen in Westeuropa

1075–1122 | Investiturstreit; durch Wormser Konkordat beigelegt

1152–1190 | Herrschaft des Staufer-Kaisers Friedrich I. („Barbarossa")

1212–1250 | Herrschaft des Staufer-Kaisers Friedrich II.

1356 | Goldene Bulle Karls IV.

1000 | 1100 | 1200 | 1300 | 1400

1096–1291 Kreuzzüge

ca. 11.–Mitte des 13. Jh. Hochmittelalter

Mitte 13. Jh.–15. Jh. Spätmittelalter

12.–14. Jh. Ostkolonisation

2.1 Reichsidee und Kaisertum im Frühmittelalter

In dieser Themeneinheit geht es um
- *den Übergang von der Antike zum europäischen Mittelalter,*
- *die Entstehung des „Heiligen Römischen Reiches (Deutscher Nation)“ und*
- *die Expansion des Reiches im Osten und die Rolle des Deutschen Ordens.*

M1 Das Frankenreich unter Karl dem Großen und die Aufenthaltsorte des Herrschers. *Die Aufenthaltsorte wurden nach den Itineraren, also Aufzeichnungen der Reisewege Karls zusammengestellt.*

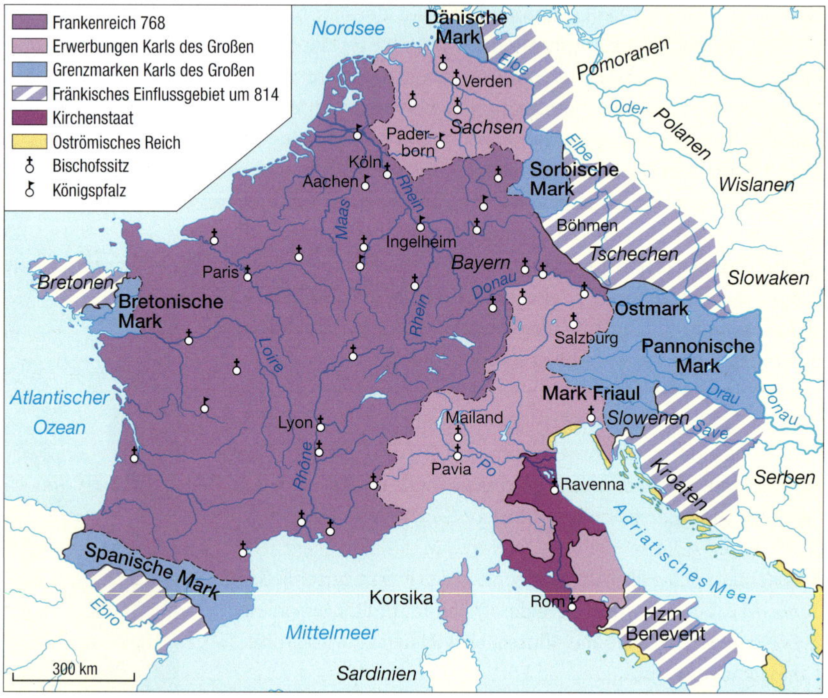

Von der Antike zum Mittelalter

Wie das Ende der Antike lässt sich auch der Beginn des Mittelalters nicht genau datieren. Mehrere Ereignisse leiten die allmähliche Auflösung der antiken Welt und die Herausbildung neuer Strukturen in Europa zwischen dem 4. und 6. Jahrhundert ein:
- Teilung des Römischen Reiches 395 und Ende des Weströmischen Reiches 476 (s. S. 45),
- der Beginn der Völkerwanderung 375 (s. S. 45 ff.) und der Sieg des Frankenkönigs Chlodwig über den letzten römischen Statthalter 486,
- die Gleichstellung des Christentums gegenüber den übrigen Religionen im Römischen Reich durch Kaiser Konstantin 313 und die Erhebung des Christentums zur Staatsreligion durch Kaiser Theodosius 380/81 (s. S. 41 ff.) sowie
- das Vordringen der Araber von der Iberischen Halbinsel ins Frankenreich seit 711. Die damit einhergehende Ausbreitung des Islam löste die griechisch- römische Einheit der Mittelmeerwelt auf. Stattdessen bildeten sich ab dem 7. Jahrhundert drei große Macht- und Kulturräume in Europa heraus: die griechisch-orthodoxe Kultur mit dem **Byzantinischen Kaiserreich** im Osten, der **lateinisch-römische Katholizismus** im Westen, der mit Karl dem Großen im Jahr 800 einen eigenen Kaiser erhielt und für den sich seit 1700 der Begriff des Abendlandes (Okzident) durchsetzte, sowie der **islamische Kulturraum** im Südwesten und Südosten des Kontinents (s. S. 104 ff.).

Die Entstehung des Frankenreiches

Die Anfänge des Frankenreiches sind mit der Auflösung des Römischen Reiches und der Verlagerung der politischen Aktionsschwerpunkte vom Mittelmeerraum nach Westeuropa verknüpft. Ausgelöst durch den Hunnensturm (375) wanderten zahlreiche germanische Völker nach Westen. Im Rahmen dieser **Völkerwanderung*** (s. S. 45 ff.) zerfiel das Weströmische Reich in mehrere Germanenreiche, von denen sich nur das der Franken behaupten konnte. Die Franken drangen seit dem Ende des 3. Jahrhunderts über den Rhein nach Westen und bildeten im nordgallischen Raum mehrere Teilherrschaften. Bereits 358 erhielten die niederrheinischen Franken vom weströmischen Kaiser Julius das Recht, sich zwischen Maas und Schelde anzusiedeln. Sie übernahmen die Zivilisation* der Römer und kämpften zunächst als römische Bundesgenossen gegen andere Germanenstämme. So waren fränkische Teilkönige oft auch Befehlshaber in römischen Diensten. Der fränkische König **Chlodwig** (Reg. 481–511) aus dem Geschlecht der **Merowinger** erneuerte den Bündnisvertrag mit den Römern nicht, sondern besiegte in der Schlacht von Soissons (486) den letzten römischen Statthalter in Gallien und legte damit den Grundstein für den Aufstieg des Frankenreiches. Er beseitigte zudem die fränkischen Teilkönige und dehnte sein Reich nach Osten und Süden aus. Wichtig für Chlodwigs Herrschaftssicherung war sein Übertritt zum Christentum*. Es ermöglichte die Annäherung zwischen der gallo-römischen und fränkischen Oberschicht. Sein Glaubenswechsel und die Förderung des Christentums bildeten den Ausgangspunkt für die Schaffung eines römisch-christlichen Europas.

Der Aufstieg der Karolinger zur Königsmacht

Nach Chlodwigs Tod schwächten die Reichsteilungen unter den Herrschersöhnen sowie Machtkämpfe zwischen König und Adel* die merowingische Königsmacht. Insbesondere die Adligen, die wie der König über Grundbesitz sowie eine Vielzahl von Abhängigen und Gefolgsleuten verfügten, wurden in den Teilreichen immer selbstständiger. Aus den Konflikten gingen die dem fränkischen Reichsadel entstammenden **Karolinger** als Gewinner hervor. Als einflussreiche „Hausmeier" (lat. *maior domus*), Verwalter des Königsgutes, übernahmen sie Ende des 7. Jahrhunderts die Führung im Frankenreich. Ihren Aufstieg verdankten die Karolinger einer neuen Strategie der Machtsicherung: Die im germanischen Gefolgschaftsdenken verwurzelten Merowinger hatten ihre Königsherrschaft auf einen Waffeneid der Adligen gestützt; die karolingischen Hausmeier hingegen verknüpften das Prinzip der Treue mit dem der persönlichen Bindung durch die Verleihung von Grundbesitz und öffentlichen Ämtern. Dieser auf der rechtlichen Beziehung zwischen Personen beruhende Grundsatz wurde zum gesellschaftlichen Ordnungselement im Frankenreich **(Personenverbandsstaat*).**
Die Karolinger sicherten den Aufstieg des Frankenreiches mit ihrem Sieg über die von der **Iberischen Halbinsel*** vordringenden Araber 732 bei **Tours und Poitiers** unter Karl Martell (fränkischer Hausmeier 714–741). Mit einer verstärkten **Missionierung*** schufen sie eine enge Bindung zum Papsttum. Karls Sohn, Pippin dem Jüngeren (Reg. 741–768), gelang mit Zustimmung des Papstes schließlich dreierlei: Er setzte 751 den letzten Merowinger ab, ließ sich durch den fränkischen Reichsadel krönen und später vom Papst salben. Die **Salbung*** als Zeichen gottgewollter Würde löste damit in Europa die **Abstammung** als Legitimation* der Königsherrschaft ab. Als Gegenleistung für die Königsweihe überließ Pippin, nun erster „König von Gottes Gnaden", nach seinem Sieg über die Langobarden in Oberitalien dem Papst Rom und das Gebiet um Ravenna. Mit dieser „Pippinischen Schenkung" sicherte er den **Kirchenstaat***. 751 verpflichtete er sich im Vertrag von Ponthion, die Kirche zu schützen. Der Bund zwischen Karolingern und Papsttum, zwischen weltlicher und geistlicher Macht, wurde zur Voraussetzung für das abendländische Kaisertum durch Pippins Sohn, Karl den Großen.

M2 Bildnis Karls des Großen im Krönungsornat, Gemälde von Albrecht Dürer, 1512

Das Frankenreich unter Karl dem Großen

Unter der Herrschaft **Karls des Großen** (Reg. 768–814) expandierte das Frankenreich durch zahlreiche Eroberungen. Im Norden unterwarf Karl zwischen 772–804 die zwischen Rhein und Elbe ansässigen Sachsen mithilfe von Zwangsmission sowie mit Tribut- und Zehnt*-Forderungen. Nach einem Hilferuf des Papstes bekämpfte er 774 erfolgreich die Langobarden* und sicherte nicht nur die langobardische Königskrone für die Karolinger, sondern erhöhte auch seinen Einfluss in Nord- und Mittelitalien. Schließlich gliederte er 788 das Herzogtum Bayern in das Frankenreich ein und brachte im Osten slawische Stämme in seine Abhängigkeit. Am Ende des 8. Jahrhunderts hatte Karl ein Imperium geschaffen, das fast die gesamte westliche Christenheit umfasste und aus dem sich später die europäische Staatenwelt entwickelte. Ebenso konsequent verfolgte er die Festigung der politischen Strukturen im Innern seines Reiches. Er zentralisierte die Verwaltung des Frankenreiches, festigte die Position der Kirche, förderte Kultur, Bildung und Wissenschaft und trug zur Entstehung der für das Mittelalter typischen, persönlichen Abhängigkeitsverhältnisse bei (S. 73 ff.).

Den Höhepunkt der Regentschaft Karls des Großen stellte im Jahr 800 seine Krönung zum Kaiser durch den Papst in Rom dar. Die Kaiserkrönung manifestierte die hegemoniale* Geltung des Frankenreiches gegenüber anderen westlichen Herrschern. Und sie erneuerte das westliche Kaisertum, das dem Ostreich in **Konstantinopel*** in dem Anspruch gleichgestellt sein sollte, die Kaisertradition des *Imperium Romanum* fortzusetzen. Bereits Zeitgenossen von Karl setzten dessen Imperium mit „Europa" gleich, und auch Karl selbst betitelte sich als „König und Vater Europas". Deshalb diskutieren Historiker und Politiker bis heute, ob Karl der Große als „Vater Europas" gilt.

M3 **Blatt aus dem Evangeliar aus Prüm in karolingischer Minuskel (Ausschnitt), Tours, Pergament, um 850**

Die karolingische Minuskel entstand vermutlich Mitte des 8. Jh. im Kloster Corbie (Frankreich). Anders als die vielen verschiedenen kursiven Schriftarten jener Zeit zeichnete sie sich durch ein klares Schriftbild aus. Obwohl ihre Entstehung, wie lange angenommen, nicht auf Karl den Großen zurückgeht, trugen dessen Schriftreform sowie die Einführung dieser neuen Schrift in Karls Hofschule und seiner Verwaltung zu ihrer Verbreitung im frühmittelalterlichen Europa bei.

▶ M 8, M 9: Karl der Große – „Vater Europas"?

Vom Frankenreich zum Regnum Teutonicum

Unter den Nachfolgern Karls des Großen kam es immer wieder zu Kriegen und zu **Reichsteilungen**, weil eine Reform der fränkischen Erbschaftsregelung nicht gelang. Der Vertrag von Verdun (843) bildete den Auftakt für weitere Teilungsverträge und leitete langfristig die Auflösung des Frankenreiches ein. Befördert wurde dieser Zerfall im 9. Jahrhundert durch Angriffe der Normannen, Wikinger, Dänen, Ungarn und Sarazenen (Araber), die die innere Schwächung des Frankenreiches für zahlreiche Raubzüge nutzten. Am Ende des Auflösungsprozesses zeigten sich um 900 zwei Tendenzen: Einerseits hatte sich das Frankenreich in mehrere Nachfolgestaaten aufgespalten, woraus die späteren **Nationalstaaten** Frankreich, Deutschland und Italien entstanden. Andererseits begünstigte der Zerfall der karolingischen Zentralgewalt den Aufstieg neuer Adelsgeschlechter, die in den Teilreichen selbstständige **Stammesherzogtümer*** schufen. Im Ostfränkischen Reich gehörten dazu Bayern, Sachsen, Franken und Schwaben. Nach dem Tod des letzten ostfränkischen Karolingers übertrugen diese Herzogtümer die Königsherrschaft nicht den westfränkischen Karolingern, sondern wählten den Frankenherzog Konrad (Reg. 911–918) zum neuen König und begründeten damit im Ostfrankenreich ein neues Königtum, das auf der Grundlage der Stammesherzogtümer basierte. Weil Konrad die Herzogtümer jedoch nicht als „Teilmächte" im Reich anerkannte, war seine Regierungszeit von permanenten Machtkämpfen geprägt. Erst seinem Nachfolger, dem Sachsenherzog **Heinrich I.** (Reg. 919–936), gelang es, sich gegen seine Standesgenossen durchzusetzen. Heinrichs Königsherrschaft markiert für viele Historiker den Beginn einer eigenständigen deutschen Geschichte. Heinrichs Politik, die auf Kooperation mit den Herzögen setzte, gab ihm den Spielraum, das Reich nach außen, vor allem gegen die Angriffe der Ungarn, zu sichern. Entscheidend für die Entwicklung des ostfränkisch-deutschen Reiches war aber, dass Heinrich noch zu Lebzeiten seinen Sohn Otto mit Zustimmung der Herzöge zum künftigen König bestimmte. Damit band er die Königswürde an seine Familie und begründete die neue **Dynastie** der Sachsen.

M4 **Das Frankenreich nach der letzten Reichsteilung um 880**

Das Kaisertum der Ottonen

Mit einer prunkvollen Zeremonie bestieg im Jahr 936 **Otto I.** (Reg. 936–973) den Thron. Seine **Königskrönung** in Aachen wurde zum Vorbild für das gesamte Mittelalter. Obwohl er bereits während der Regentschaft seines Vaters zum König gewählt worden war und ihm die offizielle Thronerhebung einen höheren Rang als den Stammesherzögen und seinen Brüdern verlieh, kam es zu Machtkämpfen. Otto I. konnte sie jedoch mit diplomatischem Geschick und militärischen Mitteln für sich entscheiden. Die Absicherung seiner Macht erreichte er in der Folgezeit durch die Besetzung wichtiger Machtpositionen mit Vertrauten. Darüber hinaus bediente er sich – wie seine karolingischen Vorgänger – der Kirche, indem er Geistliche in bedeutende kirchliche und weltliche Ämter einsetzte und mit Lehen ausstattete. Zum Ausbau seiner Macht trugen außerdem die endgültige Abwehr der Ungarn und Slawen sowie deren Ansiedlung, Christianisierung und Integration in die abendländische Kultur bei. Insbesondere der Sieg über das ungarische Heer auf dem Lechfeld (955) erhöhte sein Ansehen.
Bereits auf der Siegesfeier soll Otto I. von seinen Soldaten zum „Kaiser" (lat. *imperator*) ausgerufen worden sein. Die **Kaiserwürde** konnte er jedoch nur in Rom erhalten, denn seit Ende des 9. Jahrhunderts beanspruchte der Papst die Kaiserkrönung als Vorrecht der Kirche. Auf seinen Italienzügen setzte Otto I. bewusst karolingische Traditionen fort. So ließ er sich 951 wie Karl der Große zum König der Langobarden ausrufen. Auch schloss er nach dem Vorbild Pippins ein Schutzabkommen mit dem Papst, der ihn dafür 962 in der römischen St.-Peter-Basilika zum Kaiser krönte. Otto I. wollte mit seiner Krönung nicht nur die Kaiserwürde aus der Zeit Karls des Großen wiederherstellen. Er nannte sich auch, wie die meisten seiner Nachfolger, „Kaiser der Römer" und strebte die Erneuerung des Römischen Reiches (***Renovatio Imperii Romani***) an. Der damit verbundene christlich-imperiale Herrschaftsanspruch wurde sowohl vom englischen und französischen König als auch vom Papst abgelehnt. Die Kaiserkrönung Ottos I. begründete eine bis 1806 andauernde Verknüpfung des deutschen Königtums mit dem erneuerten westlichen Kaisertum. Sie markiert für viele Historiker den Beginn des **Heiligen Römischen Reiches Deutscher Nation***.

▶ M 7: Das Ritual der Königskrönung

M5 Die Reichsinsignien: Reichskrone (10. Jh.), Reichsapfel, Reichsschwert (12. Jh.) und ein christliches Kreuz

Zu den Reichsinsignien (lat. insigne = Ehrenzeichen) der römisch-deutschen Könige und Kaiser gehörten die achteckige Reichskrone, der Reichsapfel, das Reichsschwert und das Reichskreuz (mit einem Stück vom vermeintlichen Kreuz Christi), das Reichszepter, die Heilige Lanze und spezielle Krönungsgewänder. Die Reichsinsignien, die bei der Krönung verwendet wurden, legitimierten die Herrschaft und symbolisierten zugleich den christlichen Universalanspruch des Reiches.

Deutsche Ostsiedlung und Deutscher Orden

Die deutsche Ostsiedlung vollzog sich von der Zeit Karls des Großen bis ins 18. Jahrhundert. Im 6./7. Jahrhundert siedelten in Osteuropa vor allem Slawen. Ausgehend von ihrem früheren Siedlungsgebiet am Oberlauf des Dnjepr zogen die Westslawen ins heutige Franken, Thüringen und Holstein. Die Ost- bzw. Südslawen zogen auf den Balkan. Das Vordringen deutscher Siedler nach Südosten begann im 8. Jahrhundert. Die Ottonen betrieben eine intensive Ostpolitik, denn sie wollten die slawischen Gebiete vollständig in das ostfränkisch-deutsche Reich eingliedern. Neben den **Markgrafschaften,** die bereits Heinrich I. im Grenzgebiet errichtet hatte, schuf Otto I. ein System von **„Burgwarden".** Das waren kleine Bezirke mit einer Burg im Zentrum, die der Kontrolle slawischer Gebiete dienten. Zudem organisierte er in den eroberten Gebieten eine planmäßige Christianisierung durch Missionare. Dazu gründete er 968 in Magdeburg, in unmittelbarer Grenznähe, ein neues **Erzbistum** als Basis für die Mission. Im 12. bis 14. Jahrhundert erreichte die Ostsiedlung einen Höhepunkt. Die deutschen Herrscher verstärkten die Kolonisation wegen des starken Bevölkerungswachstums, der rasanten Entwicklung von Städten, Handel und Gewerbe sowie der militärischen Überlegenheit des Deutschen Reiches über den dünn besiedelten, bäuerlich geprägten Osten. So eroberte z. B. Adolf II. von Holstein 1140 das Land der Wagrier (Ostholstein) und Markgraf Albrecht der Bär 1157 die Mark* Brandenburg. Im Vogtland um Eger förderten die Staufer die Neusiedlung. Auch die slawischen Herrscher setzten auf Neubesiedlung. Um das größtenteils unerschlossene Land bewirtschaften zu können, warben sie gezielt deutsche

M6 **Die deutsche Ostsiedlung im Mittelalter**

Deutscher Orden
Der Deutsche Orden gehörte zu den wichtigsten geistlichen Orden aus der Zeit der Kreuzzüge (s. S. 111 ff.). 1190 in Jerusalem von **Hansekaufleuten*** als Krankenpflegeorden begründet, wurde er 1198 in einen Ritterorden umgewandelt. 1225 bat der polnische Herzog Konrad von Masowien den Orden um Unterstützung bei der Niederwerfung und Bekehrung der heidnischen Pruzzen (Preußen). Als Lohn erhielt der Orden das Culmerland, das zum Kern eines neuen Ordensstaates wurde. 1226 garantierte Kaiser Friedrich II. (s. S. 91 f.) dem Hochmeister des Ordens einen unabhängigen Staat. Durch Expansion (Kurland, Danzig, Estland, Gotland) stieg er um 1400 sogar zu einer Großmacht in Europa auf. Nach militärischen Niederlagen gegen Litauen und Polen (z. B. in der Schlacht bei Tannenberg 1410) wurde 1525 der Rest des Ordensstaates in das weltliche Herzogtum Preußen umgewandelt.

Bauern, Handwerker und Kaufleute an und versprachen ihnen Privilegien (z. B. Selbstverwaltung, Steuerfreiheit). Zumeist gestaltete sich das Verhältnis zwischen Alt- und Neusiedlern friedlich. Dies änderte erst sich mit der Gründung eines eigenen Staates durch den **Deutschen Orden***. Die Expansion des Ordens führte zu Konflikten mit Polen und Litauen und belastete das deutsch-polnische Verhältnis. Aber die Ordensritter trugen durch Stadtgründungen auch zur Erschließung des Landes bei. Verwaltungstechnische Fortschritte und wirtschaftliche Erfolg des Ordensstaates gelten vielen Historikern heute als wegweisend für die damalige Zeit.

1 Erarbeiten Sie anhand der Darstellung die Entstehung des Frankenreiches.
2 Erklären Sie den Begriff „römisch-christliches Europa" mithilfe der Darstellung.
Tipp: Beziehen Sie die Besonderheiten von Königs- und Kaiserwürde mit ein.
3 **Partnerarbeit:** Untersuchen Sie, welchen Nutzen Chlodwig bzw. die Kirche aus der Taufe Chlodwigs gezogen haben. Stellen Sie die Motive in einer Tabelle gegenüber.
4 Erläutern Sie die zentralen Merkmale der Herrschaft Karls des Großen.
a) Beschreiben Sie die Reichsinsignien anhand von M 5. Ziehen Sie M 2 mit hinzu.
b) Erklären Sie Karls Verständnis vom „christlich-universellen Herrschaftsanspruch".
5 Vergleichen Sie mithilfe der Darstellung das Kaisertum Karls des Großen und Ottos I.
6 **Zeitstrahl:** Skizzieren Sie die zentralen Etappen, die vom Zerfall des Frankenreiches zur Gründung des Heiligen Römischen Reiches führten.
7 Erarbeiten Sie Phasen und Merkmale der deutschen Ostsiedlung (Darstellung, M 6).

> ***Hinweise zur Arbeit mit den Materialien:***
> *M 7 beschreibt exemplarisch die ritualisierte Zeremonie einer mittelalterlichen Königskrönung. M 8 und M 9 thematisieren die umstrittene Frage, ob Karl der Große als „Vater Europas" gelten kann.*

Das Ritual der Königskrönung

M 7 Königskrönung Ottos I. (936)

Aus der „Sachsengeschichte" (um 970) des Mönches Widukind von Corvey (um 925 bis nach 973)

Als so der Vater des Vaterlandes und der größte und beste der Könige, Heinrich, gestorben war, wählte das ganze Volk der Franken und Sachsen seinen Sohn Otto, der schon von seinem Vater zum König designiert worden war, sich zum Fürsten. Als Ort der allgemeinen Wahlhandlung wurde Aachen festgesetzt. [...] Dort versammelten sich die Herzöge und die hohen Vasallen mit den anderen Vornehmen in der Säulenhalle der Basilika Karls des Großen und führten ihren neuen Herrscher zu einem dort errichteten Thron, und sie reichten ihm die Hände und versprachen ihm Treue [...]. Währenddessen erwartete der höchste Bischof [des Reiches] mit dem gesamten Klerus und dem Volke im Inneren der Basilika den Einzug des neuen Königs. Als dieser eintrat, ging ihm der Erzbischof entgegen, berührte mit seiner Linken die Rechte des Königs, während er in seiner eigenen Rechten den Krummstab trug, angetan mit der Albe wie der Stola und dem Messgewand, und schritt bis zur Mitte des Heiligtums vor; dann blieb er stehen. [...] „Sehet her!", rief er, „hier zeige ich euch den von Gott erwählten und von König Heinrich designierten, jetzt von allen Fürsten gekürten König Otto; wenn euch die Wahl recht ist, dann hebt die rechte Hand zum Himmel empor!" Darauf rief die ganze Menge dem neuen Herrscher mit erhobener Hand und gewaltigem Getöse Heil. Dann schritt der Erzbischof mit dem König, der nach fränkischer Art ein enganliegendes Gewand trug, hinter den Altar, auf dem die königlichen Insignien gelagert waren, das Schwert mit dem Wehrgehänge, der Mantel mit den Spangen, Stab und Zepter und die Krone. [...]. Dieser trat nun zum Altar, nahm das Schwert mit dem Wehrgehänge, wandte sich zum König und sprach:
„Empfange dieses Schwert, mit dem du alle Feinde Christi austreiben sollst, die Barbaren und die schlechten Christen, da dir durch Gottes Willen die ganze Macht im gesamten Reich der Franken gehört, damit allen Christen der Friede gewiss sei." Dann bekleidete er ihn mit dem spangengeschmückten Mantel und sprach: „Lass dich durch diesen lang herabwallenden Mantel ermahnen, im Eifer für den Glauben und den Himmel zu glühen und auszuharren im Schutze des Friedens bis an dein Ende." Endlich ergriff er Zepter und Stab und sprach: „Lass dich durch diese Insignien mahnen, deine Untertanen in väterlicher Zucht zu halten; reiche vor allem den Dienern Gottes und den Witwen und Waisen deine Hand voll Mitleid; niemals möge auf deinem Haupte das Öl des Erbarmens vertrocknen, auf dass du in diesem und im ewigen Leben mögest gekrönt werden mit unvergänglichem Lohne." Dann wurde der König durch die Erzbischöfe Hildibert und Wichfried [von Köln] mit dem heiligen Öle gesalbt und mit der goldenen Krone gekrönt, und als so alle vorgeschriebenen Weihehandlungen vollzogen waren, wurde er von denselben Erzbischöfen über eine Wendeltreppe zu einem Throne geleitet, der zwischen zwei wunderschönen Marmorsäulen errichtet war. Von da konnte der König selbst alles sehen, und er konnte von allen erblickt werden. Als die erhabenen Laudes verklungen waren und das feierliche Hochamt zelebriert worden war, begab sich der König in den Palast, und er nahm mit den Erzbischöfen und allem Volke an einer königlich geschmückten Marmortafel Platz; die Herzöge aber leisteten bei Tisch die Ehrendienste. [...] Endlich aber überreichte der König jedem der Fürsten je nach seiner Stellung ein königliches Ehrengeschenk mit königlicher Freigebigkeit und entließ in heiterer Stimmung die Massen.

*Zit. nach: Wolfgang Lautemann (Bearb.), Geschichte in Quellen, Bd. 2, bsv, München 1989, S. 146 f.**

1 Erarbeiten Sie die einzelnen Rituale der Königskrönung und erklären Sie deren Bedeutung (M 7).

2 Nennen Sie alle Beteiligten des Krönungsrituals und deren Funktion im Rahmen der Zeremonie.

3 **Gruppenarbeit:**
  a) Stellen Sie das Ritual der Königskrönung anhand der Schilderung aus M 7 szenisch nach.
  Tipp: Erstellen Sie zunächst einzelne Rollenkarten, welche Handlungen, die Position im Raum sowie ggf. Sprechtexte beinhalten. Erarbeiten Sie vorab gemeinsam zusätzliche Beobachtungsaufträge.
  b) Werten Sie das Schauspiel und die Beobachtungen gemeinsam aus.
  Tipp: Hinweise zur Auswertung finden Sie auf S. 614

4 **Zusatzaufgabe:** Siehe S. 614.

Geschichte kontrovers: Karl der Große – der „Vater Europas"?

M 8 Der Politikwissenschaftler Bassam Tibi über die Entstehung christlich-abendländischen Bewusstseins zur Zeit Karls des Großen (2001)

Die historischen Auswirkungen der islamischen Djihad-Bedrohung [Heiliger Krieg] für Europa lassen sich kaum überbewerten, zu ihnen gehört der Aufstieg Karls des Großen als „Vater Europas" [...]; er war nicht nur ein „starker König", [...] [er] war auch der erste Europäer, der eine Strategie für den Umgang mit der benachbarten islamischen Zivilisation entwickelte, die Bedrohung nicht länger allein mit Bedrohung beantwortete. [...] Für unsere Thematik ist von zentraler Bedeutung, dass Karl der Große jener Europäer war, unter dessen Herrschaft sich, wie der Historiker des westlichen Christentums Peter Brown hervorhebt, „das eigentümlich abendländische Christentum [...] (als) Ergebnis des Zusammenwirkens einer wesentlich neuen Kirche mit einem neuen politischen System" ausbilden konnte. Ich füge hinzu: als Ergebnis einer europäischen Antwort auf die islamische Expansion und ihrer Folgen im Mittelmeerraum. [...] Das Zeitalter der Karolinger markiert die Ablösung von der antiken Welt im Rahmen der Formierung eines neuen, okzidentalen Christentums, also des christlichen Abendlandes in Abgrenzung zum Islam. Karl der Große legte hierfür den Grundstein. [...] Die von Karl dem Großen im Nukleus [Kern] ausgebildete christlich-europäische Identität entstand in Reaktion auf die islamische Bedrohung; sie wurde als Legitimierung für seine neue, karolingische Ordnung verwendet. Diese Aussage steht nicht im Widerspruch dazu, dass es Karl dem Großen als zutiefst religiösem Menschen ein besonderes Anliegen war, seinem Glauben zur Verbreitung zu verhelfen; das war auch der Grund für seine ständigen kriegerischen Auseinandersetzungen mit den „heidnischen" Sachsen, die er niedermetzelte. [...] Dass Karl ein Christ und nicht nur ein Machtpolitiker war, zeigt sich in der Beziehung zu Harun al-Raschid [islamischer Herrscher in Bagdad]. Bei dem Kontakt schien es nicht nur um ein Machtgleichgewicht zum christlichen Byzanz und islamischen Cordoba [Emirat der islamischen Omaiyyaden] zu gehen, es ging auch [...] um den Zugang der Gläubigen seiner Gemeinschaft zu den christlichen Stätten in Jerusalem. Anders als die späteren Kreuzritter versuchte Karl, diesen Zugang mit friedlichen Mitteln zu erlangen.

*Zit. nach: Bassam Tibi, Kreuzzug und Djihad. Der Islam und die christliche Welt, Goldmann, München 2001, S. 92 ff.***

M 9 Der Historiker Johannes Fried über Karl den Großen und Europa (2002)

Karl betrieb so wenig Europapolitik, wie er Sonne war oder Licht. Der Franke besaß keinen Anlass, über „Europa" zu sinnieren. Auch ahnte er kaum, wie weit nach Norden und Osten sich dessen Räume erstreckten. Vage umschrieb sie der heilige Augustinus in seiner „Civitas Dei", aus der Karl sich wieder und wieder vorlesen ließ. Der Erdteil reiche von Norden nach Westen, nehme gemeinsam mit Afrika (das von Süden nach Westen liege) die Hälfte der gesamten Erde ein, deren andere Hälfte vom Süden über den Osten nach dem Norden Asien umfasse.

Mehr dürfte auch Karl in diesen Erdregionen nicht gesehen haben. Solches Wissen bot kein Handlungsmotiv. Karl vielmehr betrieb wahre „Gottesverehrung", diente der universalen Kirche, die sich über die Erde verbreiten sollte; gedachte nicht eines kommenden Jahrtausends, sondern des Jüngsten Gerichts. Da galt es, die Heiden dem rechten Glauben zu unterwerfen und das eigene Reich in rechter Weise zu ordnen. Solches Handeln hatte der heilige Augustinus den Königen geraten, um die ewige Seligkeit zu erlangen. So wäre der Kirchenvater, der Lehrer des „Pater Europae", der eigentliche Vater Europas?

In den Krieg ziehen, erobern, um selig zu werden? Die Zeitgenossen wussten es gebührend zu würdigen: „Waffengewaltig", „schwergewaltig", „kriegsmächtig" – so priesen sie den König. Machtstreben, Skrupellosigkeit und Verschlagenheit zeichneten ihn aus. Von Beginn seiner Regierung führte Karl – den Zielen extensiver Herrschaft verpflichtet – Krieg.

*Zit. nach: Johannes Fried, Ein dunkler Leuchtturm, in: Spiegel spezial, Experiment Europa. Ein Kontinent macht Geschichte, Spiegel Verlag, Nr. 1, 2002, S. 25.**

1 Analysieren und vergleichen Sie M 8 und M 9 im Hinblick auf die europapolitische Bedeutung Karls des Großen.

2 **Wahlaufgabe:** Bearbeiten Sie Aufgabe a) oder b). Erörtern Sie die Frage, ob Karl als
   a) „der Große" oder
   b) „Vater Europas" bezeichnet werden sollte.
   Tipp: Legen Sie zunächst Kriterien für diese Atribute fest.

2.2 Geistliche und weltliche Macht

In dieser Themeneinheit geht es um
Stationen und Merkmale, die im Mittelalter den Wandel im Verhältnis von weltlicher und geistlicher Macht prägten: das Reichskirchensystem, die kirchliche Reformbewegung sowie der Investiturstreit, der im Wormser Konkordat endete.

Das Reichskirchensystem

Das Verhältnis zwischen Papst und Kaiser als Repräsentanten der geistlichen und weltlichen Gewalt war nach der Erneuerung des Kaisertums durch Otto I. ungeklärt geblieben. Das Ringen um den **christlich-universellen Herrschaftsanspruch** entwickelte sich im 11. Jahrhundert zu einem Konflikt, der das Abendland nachhaltig prägte.
Der **Papst** betrachtete sich als Nachfolger des Apostels Petrus und beanspruchte mit der Führungsrolle in der römischen Christenheit auch die Vormachtstellung gegenüber dem Kaiser. Vor allem war er jedoch Bischof von Rom: Er wurde aus dem stadtrömischen Adel nach den innerstädtischen Machtkonstellationen gewählt und bedurfte aufgrund seiner politischen Schwäche immer wieder des kaiserlichen Schutzes.
Der **Kaiser** sah sich dagegen als Schutzherr der Christenheit: Er hatte die Rechte und den Besitz von Papst und Kirche zu wahren (s. S. 65). Als Inhaber eines Amtes, das seit der Karolingerzeit durch die päpstliche Salbung und Krönung heiligen Charakter besaß, hatten die frühmittelalterlichen Herrscher Aufgaben des Staates (z. B. Bildung und Verwaltung) der Kirche übertragen. Außerdem beanspruchten die Herrscher für sich das Recht, Einfluss auf die Wahl von Erzbischöfen, Bischöfen und Äbten zu nehmen, indem sie diese formell in ihr Amt einführten (**Investitur***). Obwohl das kirchliche Recht vorsah, Bischöfe und Äbte von Geistlichen wählen zu lassen, entschied meist der König. Diese Verflechtung von weltlicher und geistlicher Macht, später als **Reichskirchensystem** bezeichnet, wurde unter **Ottonen** und **Saliern** kontinuierlich ausgebaut. Die Geistlichen dienten den weltlichen Herrschern als Ratgeber und Diplomaten und unterstützten sie bei Reichskriegen. So wurden sie zu Machtstützen des Königtums. Im Gegenzug wurden ihnen Lehen und königliche Herrschaftsrechte (Regalien) wie Zoll-, Markt-, Münz- und Forstrechte und eine eigene Gerichtsbarkeit übertragen. Von Vorteil für den König war dabei, dass die verliehenen Lehen und Regalien, aufgrund der Ehelosigkeit der Geistlichen (Zölibat), im Todesfall an den Herrscher zurückgingen. Die Ottonen und frühen Salier weiteten das Reichskirchensystem auch auf das Papsttum aus, indem sie massiven Einfluss auf die Wahl der Päpste in Rom nahmen.

Kirchliche Reformbewegung

Die deutschen Herrscher haben die Kirche umfassend in staatliche Ordnungsaufgaben einbezogen. Das erzeugte bei geistlichen, aber auch bei weltlichen Amtsträgern Widerstand. Den Interessen vieler Adliger widersprach die Vergabe von Lehen an Geistliche, und innerhalb der Kirche stand die zunehmende Verweltlichung unter Kritik.
Ausgehend von Kloster Cluny in Burgund entwickelte sich im 10./11. Jahrhundert eine kirchliche **Reformbewegung***, die mit der Parole „Freiheit der Kirche" (lat. *libertas ecclesiae*) eine von weltlichen Einflüssen unabhängige Organisation anstrebte. Diese Bewegung führte auch zur Stärkung des Papsttums gegenüber den weltlichen Mächten. So wurde auf der Synode (kirchliche Versammlung) 1059 eine Reform der Papstwahl beschlossen, die den Einfluss des römischen Adels und des deutschen Königs bzw. Kaisers zurückdrängen sollte. Künftig nominierten ausschließlich die Kardinäle (höchstes kirch-

M1 Wandmosaik aus dem Lateranspalast in Rom, um 800

Zu sehen sind u. a.: Petrus, Papst Leo, Karl der Große; Pallium (Symbol der geistlichen Macht), Fahnenlanze (Symbol der weltlichen Macht).

Investitur
Kirchenrecht: Amtseinsetzung eines Geistlichen mit Übergabe symbolischer Herrschaftszeichen (Insignien).
Lehnswesen: Der Lehnsherr (z. B. ein König) übertrug weltl. und geistl. Befugnisse an einen Geistlichen.

▶ M 2: Das Reichskirchensystem

Forderungen der kirchlichen Reformbewegung
- Wiederherstellung alter Ideale von Armut, Gebet, Gottesdienst in Klöstern
- Verbot der Simonie (der Kauf geistlicher Ämter ist untersagt)
- Zölibat (Kleriker sollen ehelos leben)
- Befreiung der Kirche und Klöster vom Einfluss weltlicher Herrschaft
- Verbot der Laieninvestitur (Laien dürfen keine Kleriker in Ämter einsetzen)

liches Amt nach dem Papst) den neuen Papst. Die übrige Geistlichkeit sowie das Volk konnten nur noch zustimmen. Dem deutschen Herrscher sollte als Vorrecht die Bestätigung des Gewählten bleiben. Zudem wurde ein Verbot der Laieninvestitur auf der unteren kirchlichen Ebene beschlossen. Damit bestand die Gefahr, dass das Laieninvestiturverbot auf die Reichskirche übertragen werden könnte.

Der Investiturstreit

Der Streit entbrannte zwischen dem Salierkönig Heinrich IV. (Reg. 1056–1106) und Papst Gregor VII. (1073–1085). Dabei ging es um die Frage der Einmischung weltlicher Herrscher in geistliche Angelegenheiten, z. B. die Investitur. Daraus entwickelte sich ein Konflikt um die Frage, ob Papst oder Kaiser die jeweils übergeordnete Macht sei. Gregor VII., ein Befürworter der Kirchenreform, beanspruchte in seiner Schrift ***„dictatus papae“*** 1075 die Obergewalt über alle weltlichen Herrscher. Nachdem Heinrich IV. trotzdem in Italien Bischöfe ein- und abgesetzt hatte, eskalierte der Streit 1075 bei der Einsetzung des Mailänder Erzbischofs: Der Papst erklärte, der König habe das Amt einem nicht rechtmäßig gewählten Kandidaten übergeben, Heinrich IV. beharrte aber auf seinem Investiturrecht. Auf dem Höhepunkt des Konfliktes erklärte der König im Januar 1076 auf einer Reichsversammlung in Worms Papst Gregor VII. für abgesetzt. Daraufhin belegte der Papst den König einen Monat später mit dem **Kirchenbann** (= Exkommunikation: Ausschluss aus der Kirche) und entband seine Untertanen vom Treueid. Diese Exkommunikation des Königs nutzten einige Fürsten im Reich und stellten Heinrich im Herbst 1076 ein Ultimatum: Falls er sich nicht innerhalb eines Jahres vom Bann lösen lasse, würden sie einen neuen König wählen. Es gelang Heinrich wider Erwarten mit seinem **„Bußgang nach Canossa“*** (Januar 1077), die Aufhebung der Kirchenstrafe zu erwirken. Eine Regelung des Investiturrechts erfolgte jedoch nicht. Vielmehr erließ Gregor VII. 1078 ein generelles, auch für Könige und Kaiser geltendes Laieninvestiturverbot. Daraufhin wurde der Streit zwischen König- und Papsttum mit Streitschriften, gegenseitigen Amtsenthebungen und Bannsprüchen fortgesetzt.
Der Investiturstreit wurde 1122 nach langen Verhandlungen zwischen Heinrich V. (Reg. 1106–1125) und Papst Calixt II. (1119–1124) mit dem **Wormser Konkordat** beendet. Ausgehend von dem Gedanken der Trennung von geistlicher und weltlicher Amtsbefugnis wurde darin das Verfahren der Investitur neu geregelt. Am Ende hatte sich der Papst mit dem Grundsatz der freien kanonischen (ausschließlich nach kirchlichem Recht durchgeführten) Wahl durchgesetzt und seine Vormachtstellung behauptet. Der Einfluss des Königs auf die Auswahl der Bischöfe im Deutschen Reich blieb jedoch erhalten, da es nicht sinnvoll war, einen Kandidaten zu wählen, dem anschließend die königliche Belehnung verweigert wurde. Das Wormser Konkordat institutionalisierte erstmals die **Trennung von geistlichen und weltlichen Zuständigkeiten** in Europa.

„Bußgang nach Canossa“ (1077)
Die Exkommunikation Heinrichs IV. durch den Papst und der Bußgang waren ohne Vorbild und für Zeitgenossen ein unglaublicher Vorgang. In der Geschichtsschreibung wird das Ereignis unterschiedlich dargestellt. Als gesichert gilt, dass Heinrich Ende 1076 die Alpen überquerte, um ein für Febr. 1077 in Augsburg geplantes Treffen zwischen Papst Gregor VII. und der Fürstenopposition zu verhindern, bei dem über eine Neuwahl des Königs beraten werden sollte. Am 25. Jan. 1077 erschien Heinrich vor der Burg Canossa bei Parma in Norditalien, wo sich der Papst aufhielt. Angeblich stand Heinrich barfuß und im Büßerhemd drei Tage vor den Burgtoren, bis nach Vermittlung der Burgherrin Markgräfin Mathilde von Tuszien (einer treuen Anhängerin Gregors und zugleich Tante des Königs) der Papst ihn vom Bann löste. Die moderne Geschichtsforschung beurteilt das Ereignis nicht mehr nur als Demütigung Heinrichs, sondern wertet es als diplomatisch erfolgreichen Schachzug: Denn so war Heinrich wieder handlungsfähig und konnte die Wahl eines neuen Königs verhindern.

▶ M 3–M 5: Der Investiturstreit

1 Erklären Sie anhand der Darstellung und M 1 den Ausdruck „christlich-universeller Herrschaftsanspruch“. Beziehen Sie den Begriff „Reichskirchensystem“ mit ein.
2 Untersuchen Sie, welchen Nutzen geistliche und weltliche Macht voneinander haben konnten, indem Sie Vor- und Nachteile für beide gegenüberstellen.
   Tipp: Arbeiten Sie mit einer Tabelle. Siehe Hilfen S. 614.
3 Nennen Sie Motive und die Ziele der kirchlichen Reformbewegung.
4 **Wahlaufgabe:** Bearbeiten Sie Aufgabe a) oder b).
   Stellen Sie den Investiturstreit
   a) in einem Schaubild oder
   b) einem Zeitstrahl dar.
   Tipp: Berücksichtigen Sie Ursachen, Anlass, Akteure, Verlauf, Ergebnis, Folgen.
5 Ordnen Sie (Darstellung) die Entwicklungsphasen im Verhältnis von geistlicher und weltlicher Macht Begriffen zu: Gegeneinander, Miteinander, Nebeneinander.

Hinweise zur Arbeit mit den Materialien:
M 2 bietet eine Quelle zum Reichskirchensystem.
M 3–M 5 ermöglichen eine quellenbasierte Untersuchung des Investiturstreits.

Das Reichskirchensystem

M 2 Der Kölner Kleriker Ruotger beschreibt Reaktionen auf die Reichsbischöfe (10. Jh.)

Ruotger stand dem Erzbischof Bruno nahe.

[Otto I.] schickte seinen Bruder Bruno in dieser gefährlichen Zeit als Beschützer, Sachwalter und sozusagen als Erzherzog nach Westen. [...] Auf Drängen des Kaisers übernahm er, wie gesagt, die Reichsgeschäfte bei den Lothringern, und obwohl er jedem der Großen und der Amtsträger seine ihm zustehenden Aufgaben übertrug, gab es doch nichts, worum er sich nicht auch selbst kümmerte. Dabei achtete er fürsorglich und wachsam besonders darauf, was allen nützen konnte. Aber vielleicht machen ihm einige Leute, die die göttliche Ordnung nicht begreifen, Vorwürfe und fragen, warum denn ein Bischof Politik und gefährliche Kriege betreibe, obwohl er doch nur die Aufgabe der Seelsorge habe. Die Sache selbst kann diesen Leuten, wenn sie nur etwas Verstand haben, Antwort geben: Sie sehen doch, wie das große und diesen Gegenden ungewohnte Gut des Friedens durch den Beschützer und Lehrer des gläubigen Volkes weithin ausgebreitet wurde [...]. Und die weltliche Regierung war auch für die Lenker der heiligen Kirche Gottes weder neu noch ungebräuchlich – Beispiele gibt es genügend, wenn man sie sucht. Wir aber wollen uns anderen Dingen zuwenden und überlassen es jedem, wie er über diesen frommen Mann rede oder urteile; es gibt unseres Wissens niemanden mit einem klaren Kopf, der das deutlich sichtbare gute Ergebnis durch irgendeine schändliche Verleumdung verdunkeln möchte. Denn ehrenvoll und nützlich für unser Reich war alles, was er tat.

*Zit. nach: Peter Hilsch, Mittelalter, Beltz Athenäum, Weinheim, S. 161 f.***

1 Analysieren Sie M 2 im Hinblick auf die Kritik am frühmittelalterlichen Reichskirchensystem.
2 Untersuchen Sie (M 2), wie die Übernahme weltlicher Befugnisse durch Kleriker gerechtfertigt wird.
3 **Vertiefung:** Diskutieren Sie Legitimität und Nutzen, die sich aus der Verknüpfung weltlicher und geistlicher Macht für a) den Kaiser und weltliche Fürsten oder b) den Papst und die Kleriker ergab.

Geschichte kontrovers: Der Investiturstreit

M 3 Kirchenrechtliche Grundsätze Papst Gregors VII. („*dictatus papae*"; 1075)

1. Die römische Kirche ist allein vom Herrn gegründet worden.
2. Allein der römische Pontifex wird rechtmäßig universaler Bischof genannt.
3. Er allein kann Bischöfe absetzen oder wieder aufnehmen. [...]
6. Mit den von ihm Exkommunizierten dürfen wir unter anderem nicht einmal im selben Haus bleiben.
7. Ihm allein ist es gestattet [...], neue Gesetze zu erlassen, neue Bistümer zu errichten, [...] reiche Bistümer aufzuteilen und arme zusammenzulegen.
8. Er allein darf kaiserliche Insignien gebrauchen.
9. Allein des Papstes Füße haben alle Fürsten zu küssen.
10. Sein Name allein darf in den Kirchen feierlich genannt werden. [...]
12. Ihm ist erlaubt, Kaiser abzusetzen. [...]
18. Seine Entscheidung darf von niemandem neu verhandelt werden, er selber darf als Einziger die Entscheidungen aller anderen neu zur Verhandlung stellen.
19. Er selber darf von niemandem gerichtet werden.
20. Niemand wage den zu verurteilen, der an den apostolischen Stuhl appelliert.
21. Die wichtigeren Angelegenheiten jeder Kirche sollen vor den apostolischen Stuhl gebracht werden.
22. Die römische Kirche hat niemals geirrt und wird nach dem Zeugnis der Schrift auch nie und nimmer irren.
23. Der römische Pontifex, wenn er kanonisch geweiht wurde, wird durch die Verdienste des heiligen Petrus unzweifelhaft heilig gemacht. [...]
26. Als katholisch darf nicht gelten, der nicht übereinstimmt mit der römischen Kirche.
27. Er kann Untergebene vom Treueid gegenüber Missetätern lösen.

*Zit. nach: Hans Küng, Das Christentum, Piper, München 1994, S. 446 f.**

M 4 Dekret Heinrichs IV. (1076)

Papst Gregor VII. (Geburtsname: Hildebrand) war gegen die Einsetzung des Erzbischofs von Mailand durch Heinrich IV. Auf die päpstliche Kritik reagierte der König, gestützt auf die romfeindliche Haltung der deutschen Bischöfe, mit folgendem Dekret:

Heinrich, von Gottes Gnaden König, an Hildebrand. Während ich bisher von dir erwartete, was dem Verhalten eines Vaters entspricht, und Dir in allem gehorchte, [...] erhielt ich von Dir einen Lohn, wie er nur von dem gefährlichsten Feind unseres Lebens und Reiches zu erwarten war [genannt werden: der Raub aller ererbter Ehre; der Versuch, die Herrschaft über Italien mit üblen Machenschaften zu entreißen; die Schmähung des Reichsepiskopats]. Diesen unerhörten Eigensinn glaubte ich nicht mit Worten, sondern mit der Tat zurückweisen zu müssen. Ich hielt darum eine allgemeine Versammlung aller Reichsfürsten auf ihre Bitten ab. Als man dort, was man bisher aus Scheu und Ehrfurcht verschwiegen hatte, an die Öffentlichkeit brachte, da wurde aufgrund der wahrheitsgetreuen Darlegungen dieser Fürsten [...] verkündet, dass Du auf keinen Fall auf dem römischen Stuhl bleiben kannst. Weil deren Spruch gerecht und vor Gott und den Menschen anerkennenswert schien, stimmte auch ich zu und spreche Dir alles Recht der päpstlichen Gewalt ab, das Du zu besitzen schienst, und befehle Dir, vom römischen Stuhl herabzusteigen, dessen Schirmherrschaft mir Gott zuteilte und die Römer durch Schwur zubilligten, sodass sie mir zusteht.

*Zit. nach: Adolf Martin Ritter u. a. (Hg.), Kirchengeschichte in Quellen, Neukirchener Verlag, Neukirchen 2001, S. 91.***

1 a) Vergleichen Sie die zentralen Aussagen der Quellen M 3 und M 4.
b) Erläutern Sie Mittel und Wege, mit denen König und Papst ihre Interessen zu verwirklichen suchten.

2 Beurteilen Sie, ob vor dem Wormser Konkordat der Kaiser oder der Papst die höhere Instanz war.
Tipp: Unterscheiden Sie Sach- und Werturteil.

3 **Zusatzaufgabe:** Siehe S. 614.

M 5 Das Wormser Konkordat (1122)

Das Dokument beinhaltet Zugeständnisse von Kaiser Heinrich V. und Papst Calixt II.

a) Zugeständnisse des Kaisers:

1. Ich, Heinrich, von Gottes Gnaden Imperator Augustus der Römer, verzichte aus Liebe zu Gott und der heiligen römischen Kirche und zum Herrn Papste Calixtus und wegen meines Seelenheils zugunsten Gottes [...] auf alle Investitur mit Ring und Stab, und ich gestatte in allen Kirchen, die in meinem Regnum und Imperium liegen, kanonische Wahl und freie Weihe.

2. Besitzungen und Regalien des heiligen Petrus, die vom Beginn dieses Streites an bis zum heutigen Tage zur Zeit meines Vaters oder auch durch mich entfremdet worden sind, erstatte ich der heiligen römischen Kirche zurück [...].

3. Besitzungen aller anderen Kirchen oder von Fürsten oder anderen Laien und Klerikern, die in diesem Streite verloren gegangen sind, werde ich nach dem Rate der Fürsten und der Rechtsgewalt, die ich habe, zurückgeben; was ich aber nicht selbst besitze, werde ich getreulich zurückzugeben befehlen.

4. Und dem Herrn Papste Calixtus und der römischen Kirche und allen, die auf ihrer Seite sind oder waren, gebe ich wahren Frieden.

5. Auch werde ich in allen Fällen, in denen die römische Kirche Hilfe von mir erbitten sollte, ihr getreulich helfen und [...] für schuldige Gerechtigkeit sorgen. Das alles ist geschehen mit Zustimmung und nach Beratung mit den Fürsten, deren Namen unterschrieben sind: [...] [Namen der Fürsten].

b) Zugeständnisse des Papstes:

1. Ich, Bischof Calixtus, servus Servorum Dei, gestehe dir, o mein geliebter Sohn Heinrich, von Gottes Gnaden Imperator Augustus der Römer, das Recht zu, dass die Wahlen von Bischöfen und Äbten im Deutschen Reiche, die zum Regnum gehören, in deiner Gegenwart geschehen sollen, frei von Simonie[1] und Gewalttat; sollte zwischen den Parteien dabei Streit entstehen, dann sollst du mit dem Metropoliten[2] und den Kronprovinzialen[3] gemeinsam beraten und entscheiden und dem Würdigsten deine Zustimmung und Hilfe leihen. Der Erkorene aber soll von dir mit dem Zepter die Regalien erhalten und dir dafür das leisten, was er von Rechts wegen schuldig ist.

2. In den anderen Teilen deines Imperiums soll der Gewählte binnen sechs Monaten mit dem Zepter von dir die Regalien erhalten und dir dafür leisten, wozu er von Rechts wegen verpflichtet ist; ausgenommen davon aber seien alle die bekannten Leistungen an die römische Kirche.

3. In allen Stücken, in denen du bei mir Beschwerde erhebst und Hilfe erbittest, werde ich dir nach Amt und Schuldigkeit beistehen. Ich gebe dir wahren Frieden und ebenso allen, die auf deiner Seite stehen oder gestanden haben zur Zeit dieses Streites.

*M 5 a, b zit. nach: Wolfgang Lautemann (Bearb.), Geschichte in Quellen, bsv, München 1978, S. 353 f.***

1 *Simonie:* Ämterkauf
2 *Metropolit:* Oberbischof einer Kirchenprovinz
3 *Kronprovinziale:* Mitbischöfe einer Kirchenprovinz

1 **Partner-/Gruppenarbeit:** Arbeiten Sie aus M 5 a und b arbeitsteilig die Kernpunkte des Konkordats heraus.

2 Beurteilen Sie das Verhältnis von geistlicher und weltlicher Macht nach dem Konkordat. Berücksichtigen Sie die Ausgangssituation des Streits (M3, M 4).
Tipp: Formulierungshilfen „Urteilen" siehe S. 330.

2.3 Die mittelalterliche Gesellschaft

In dieser Themeneinheit geht es um
- *die mittelalterliche Ständegesellschaft und deren Abhängigkeitsverhältnisse,*
- *die Denk- und Lebensweise der Menschen im Mittelalter.*

Ständegesellschaft und Ständelehre

Im Gegensatz zum aufklärerischen Menschenbild beruhte das mittelalterliche Denken auf der Annahme einer grundlegenden Ungleichheit. Welchen Rechts- und Sozialstatus die Menschen besaßen, bestimmte im Mittelalter die Kirche. Sie unterteilte die Gesellschaft in Kleriker und Laien, wobei die Laien wiederum in Freie und Unfreie unterschieden wurden. Dieses Ordnungsprinzip charakterisiert jedoch nur bedingt die gesellschaftliche Realität, da es keinerlei Aussagen über den politischen und wirtschaftlichen Status* beinhaltet. Unter Berücksichtigung der Kategorien „reich“ und „arm“ unterscheidet die Geschichtswissenschaft heute zwischen den herrschenden, schutzgewährenden „Reichen“ und zugleich „Mächtigen“, und den „Armen“, die nicht nur mittellos, sondern auch politisch machtlos und schutzbedürftig waren. Darüber hinaus gab es innerhalb der mittelalterlichen Bevölkerung weitere Differenzierungen wie z. B. vermögende Unfreie und arme Freie, die durch die wachsende Mobilität zwischen den Ständen ihren Status theoretisch auch wechseln konnten. Ab dem 10./11. Jahrhundert wurden die Menschen dann primär nach ihrer Tätigkeit den verschiedenen **Ständen*** zugeordnet. Für den ländlichen Raum setzten sich Modelle mit einer Dreiteilung der mittelalterlichen Gesellschaft in Adel, Geistlichkeit und Bauern durch (Dreiständelehre). In der Stadt ging man von einer Klassifizierung in Ober-, Mittel- und Unterschicht aus (s. S. 78). Zwischen den Vertretern der einzelnen Stände bestanden Abhängigkeiten, die die mittelalterliche Gesellschaft strukturierten. Diese Beziehungsgefüge wurden von festen Gehorsams- und Leistungspflichten bestimmt, die sich aus den beiden zentralen Ordnungssystemen, der Grundherrschaft und dem Lehnswesen, ergaben.

M 1 Christus und die drei Stände, Holzschnitt von Johannes Lichtenberger, 1488.
Die Beschriftung lautet: Tu supplex ora – Du bete demütig; Tu protege – Du beschütze; Tuque labora – Und Du arbeite.

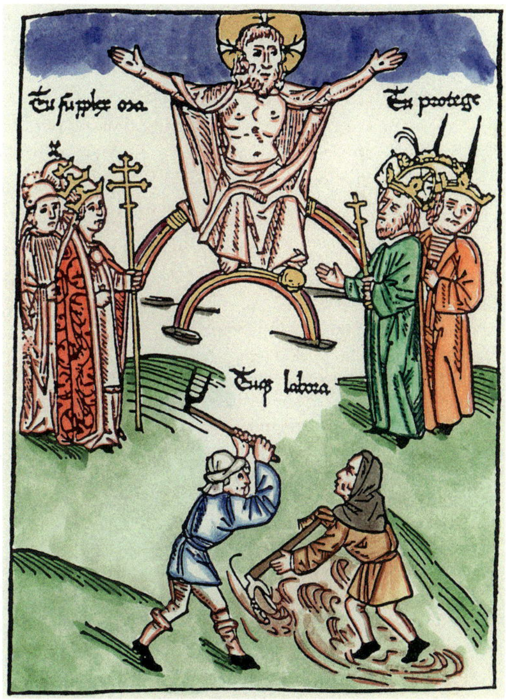

Grundherrschaft und Lehnswesen

▶ M 4: Die Grundherrschaft

Die Grundherrschaft bildete die wirtschaftliche Basis für die zahlenmäßig kleine Gruppe der freien Oberschicht, überwiegend Adlige, und Geistliche wie Bischöfe und Äbte. Die Grundherrschaft war durch den Besitz von Grundeigentum gekennzeichnet und bedeutete zugleich Herrschaft über die Personen, die den Boden bearbeiteten. Das Zentrum der Grundherrschaft bildete der Herren- oder Fronhof, wobei in einer kleineren Grundherrschaft der Fronhof auch Sitz des Grundherrn, bei größeren eines Verwalters (Meiers) war. Der Grundherr, der eine Person (z. B. ein Adliger) oder eine Institution* (z. B. ein Kloster) sein konnte, verfügte über das Obereigentum an Grund und Boden. Meist bewirtschaftete er einen Teil seines Landes selbst (Salland), indem er sich der Arbeitskraft von Leibeigenen* bediente. Den Großteil des Landes verlieh er als sogenanntes Hufenland an abhängige, oft unfreie Untereigentümer (Hörige). Zudem übte er die Gerichtsbarkeit über die Bauern seiner Grundherrschaft aus und bot ihnen Schutz.

M 2 **Schaubild einer idealtypischen mittelalterlichen Lehnspyramide**

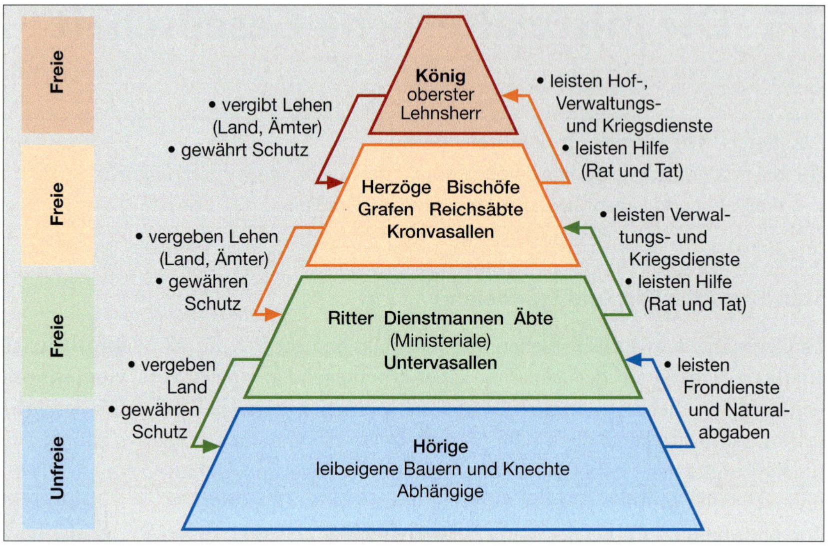

Als Gegenleistung verlangte er Abgaben (z. B. Teile der Ernte oder des Viehs) sowie Kriegs- und Frondienste (z. B. Brotbacken, Bierbrauen, oder Wäschewaschen). Die Hörigen waren häufig an den von ihnen bearbeiteten Boden auf Lebenszeit gebunden und konnten mit ihm verkauft oder verschenkt werden.

Das Lehnswesen bildete die zweite Säule der mittelalterlichen Gesellschaft. Es war durch ein Pflicht- und Treueverhältnis zwischen Personen gekennzeichnet. Der König vergab **Lehen*** an Adlige (Kronvasallen), die ihm militärische Dienste und Rat leisteten und Treue geloben mussten. Als Gegenleistung gewährte er ihnen Schutz und sorgte für ihren Lebensunterhalt. Wie der König vergaben auch die Adligen Lehen an eigene Untervasallen, sodass eine Lehnspyramide entstand. Ursprünglich nur zur lebenslangen Nutzung übertragen, kam es im 9. Jahrhundert zur Erblichkeit der „Leiheländer" (z. B. eines Herzogtums), die sich ab dem 13. Jahrhundert zu eigenständigen Territorien entwickelten. Grundherrschaft und Lehnswesen waren miteinander verwoben, unterschieden sich jedoch in einem Punkt: Kennzeichen des Lehnswesens war die Herstellung von Abhängigkeiten zwischen den hierarchisch gestuften Gruppen innerhalb der freien Oberschicht (König → geistliche und weltliche Fürsten → niederer Adel → Ritter usw.), die an ihr gegenseitiges Treueverhältnis gebunden war. Die Grundherrschaft hingegen band die große Masse der Unfreien an ihre Grundherren und deren Land. Abgeleitet vom lateinischen Wort *feudum* sprechen einige Forscher im Zusammenhang mit dem Lehnswesen auch von **Feudalismus** bzw. Feudalgesellschaft. Sie beziehen damit die Grundherrschaft als wirtschaftliche Basis des Lehnssystems mit ein, da jeder Herr und Vasall ein Grundherr war und auch die Bauern ihr Land in der Rechtsform der Leihe besaßen und damit auf der untersten Stufe der Lehnspyramide standen.

Lehen
Ein Lehen (lat. *feudum* oder *beneficium*) war häufig ein Landgut (Land mit Bauernhöfen und Bauern), konnte jedoch auch ein nutzbares Recht etwa Münz-, Zoll- und Marktrechte oder ein weltliches Amt, wie z. B. das des Herzogs (Vertreter des Königs für ein Stammesgebiet), das des Markgrafen (Inhaber einer Grafschaft in Grenzgebieten) oder das des Pfalzgrafen (Verwalter einer Königsunterkunft), später auch ein geistliches Amt sein.

▶ **M 3: Die Struktur der mittelalterlichen Gesellschaft**

Die Mentalität der Menschen im Mittelalter

Die Unterschiede zwischen moderner Welt und Mittelalter zeigen sich vor allem bei der Mentalität, d. h. „der Art und Weise, wie Menschen denken, handeln, wahrnehmen und empfinden" (Hans-Werner Goetz). Die Mehrzahl der Menschen lebte im Mittelalter auf dem Land und war auf die dörfliche Gemeinschaft beschränkt. Ihr Leben war geprägt durch harte körperliche Arbeit. Die permanente Bedrohung durch Naturgewalten konnte jederzeit zu Hunger und Krankheiten führen. Hinzu kam die Gefahr durch Kriege und Seuchen. Entsprechend niedrig war die durchschnittliche Lebenserwartung von 30 bis 35 Jahren. Trost und Geborgenheit fanden die Menschen im Christentum, das die

Grundlage allen Denkens und Handelns bildete. Es deutete das Leben, das jeder Mensch in der Nachfolge Christi geduldig zu ertragen hatte, insgesamt als Leiden. Das irdische Leben galt als Bestrafung für den Sündenfall (nach der Bibel: der verbotene Verzehr des Apfels vom Baum der Erkenntnis durch die ersten Menschen, Adam und Eva) und als Prüfung für das ewige Leben. Mit dem Tod sollte nur die Existenz im Diesseits enden, die Seele jedes Menschen würde danach im Jenseits weiterleben. Die Kirche, die diese Vorstellungen verbreitete, strukturierte mit ihren Festtagen (z. B. Ostern, Weihnachten) das Jahr und band durch Sonntagsruhe und Kirchgang sowie Taufe, Eheschließung und Beerdigung die Gläubigen an ihre Lehre.

Geschlechterrollen

Die mittelalterliche Gesellschaft wies Männern und Frauen unterschiedliche Lebensbereiche und Rollen zu. Es gab eine Männerwelt, die nach außen gerichtet war. Die Frauen hatten sich dagegen um den inneren Lebenskreis des Hauses und der Familie zu kümmern, wobei ihnen auch die Aufsicht über im Haus lebende Gesellen und das Gesinde unterstand. In der einfachen Bevölkerung halfen Ehefrauen darüber hinaus im Handwerksbetrieb oder im Handelsgeschäft ihres Mannes mit. Die mittelalterliche Gesellschaft war eine patriarchalische Gesellschaft: Weil Frauen von Natur aus als nicht wehrfähig galten, unterstanden sie der Geschlechtsvormundschaft, sie besaßen also keine volle Rechts- und Handlungsfähigkeit. Vor Gericht musste sie der Mann vertreten. In einigen Städten führten jedoch Frauen selbstständig Prozesse. Auch waren städtische Kauffrauen, im Gegensatz zu Bäuerinnen und Ehefrauen der Oberschicht, voll rechts- und geschäftsfähig. Obwohl die Sorge für den Lebensunterhalt bei den Männern lag, mussten Bäuerinnen oft bei Feldarbeiten mithelfen, um die Existenz zu sichern. Die Arbeit der Bürgerfrauen in den Städten beschränkte sich zwar weitgehend auf das Haus, doch konnten sie bestimmte Handwerksberufe im Textilgewerbe (Wollweber, Leineweber) ausüben und Handel treiben. Im Spätmittelalter wurde bestimmt, dass eine Frau den Handwerksbetrieb ihres verstorbenen Mannes selbstständig weiterführen durfte. In der Freien Stadt Köln konnten Frauen sich sogar in eigenen **Zünften*** organisieren.

Zunft
Vereinigung von Handwerkern eines Berufes in einer Stadt. Jeder Meister musste der Zunft beitreten (Zunftzwang). Die Zunft beschränkte die Zahl der Meister, Gesellen und Lehrlinge, regelte Produktionstechnik und Arbeitszeit, kontrollierte Erzeugnisse und Preise (Zunftordnung). Mit Beginn der Industrialisierung wurden die Zünfte endgültig aufgelöst.

Ehe und Familie

Die mittelalterliche Familie war eine Hausgemeinschaft mit gemeinsamer Wohnung und Besitz. Sie bestand in der Regel aus Mann, Frau und minderjährigen Kindern, wobei die Söhne das Erbe weitergaben oder sich neues Erbe erheirateten. Starb ein Ehepartner, gab es die Möglichkeit der Wiederverheiratung. In der mittelalterlichen Ständegesellschaft herrschte die Vorstellung vor, dass die Ehepartner aus dem gleichen Stand kommen sollten. Die Ehe blieb eine **wirtschaftliche Gemeinschaft**. Die Kirche machte den Konsens der Partner zur Grundlage der Eheschließung. Die Vorstellung von der monogamen, von Gott als **Sakrament*** gestifteten und daher unauflöslichen Beziehung hat sich im Verlauf des Mittelalters in den christlichen Kulturkreisen durchgesetzt.

1 Beschreiben Sie die Abbildung der mittelalterlichen Gesellschaft in M 1.
2 Erklären Sie die Begriffe Grundherrschaft und Lehnswesen. Nutzen Sie auch M 2.
3 **Wahlaufgabe:** Bearbeiten Sie Aufgabe a) oder b).
Stellen Sie das mittelalterliche Gesellschaftsgefüge
a) in einem Standbild oder
b) szenisch nach.
Tipp: Nutzen Sie auch M 1 und M 2.
4 Erläutern Sie die Rolle des Christentums im Denken und Handeln der Menschen.
5 Beschreiben Sie die Rollenverteilung der Geschlechter im Mittelalter.

Hinweise zur Arbeit mit den Materialien:
M 1 und M 2 bilden die Ständegesellschaft ab.
M 3 erläutert das Modell der Ständegesellschaft. M 4 verdeutlicht das Funktionieren der Grundherrschaft.

Die Struktur der mittelalterlichen Gesellschaft

M 3 Der Aufbau der Gesellschaft nach Bischof Adalbero von Laon (um 1017)

Im Glauben ist die Christenheit einheitlich, doch gliedert sie sich in drei Stände. Das weltliche Recht zeigt hingegen eine Teilung in zwei Standesgruppen: Der Freie und der Knecht haben ja nicht dasselbe Recht. An der Spitze stehen zwei, der eine ist der König, der andere der Kaiser; durch deren Gebot soll der Staat gesichert dastehen. Dann gibt es solche, die keiner Macht unterworfen sind, sofern sie keine Verbrechen begehen, welchen die Macht der Könige Schranken setzt. Das sind die Krieger, die Beschützer der Kirchen. Sie verteidigen das ganze Volk [...]. Die andere Standesgruppe ist die der Knechte. Sie sind ein schwer belastetes Geschlecht, das sich seinen Besitz mühsam erarbeiten muss. Wer vermag selbst mit dem Rechenbrett die vielfältige Tätigkeit der Knechte, ihre großen Anstrengungen und Mühen zu ermitteln? Schätze, Kleidung und Nahrung für alle bieten die Knechte auf – denn ohne die Knechte vermag kein Freier zu existieren. Wenn eine Arbeit zu verrichten ist, wenn sie etwas zum Verbrauch haben wollen, so scheinen König und Priester eher die Sklaven der Knechte zu sein; denn der Herr wird vom Knechte ernährt, während er vermeint, ihn zu ernähren. [...] So gliedert sich also das Haus des Herrn, obschon einheitlich dem Glauben nach, in drei Teile: Die einen beten, die anderen kämpfen, die dritten arbeiten. Diese drei existieren zugleich und sind untrennbar verbunden. Von dem Dienst des einen hängt die Tätigkeit der beiden anderen ab.

*Zit. nach: Siegfried Epperlein, Bäuerliches Leben im Mittelalter, Böhlau, Köln 2003, S. 245**

1 Erklären Sie, wie die Gesellschaft in M 3 dargestellt, begründet und gerechtfertigt wird.
2 Vergleichen Sie die Darstellung mit M 1.
3 **Partnerarbeit:** Entwickeln Sie einen Dialog zwischen einem mittelalterlichen und einem Menschen heute, in dem Sie sich über Ihre jeweiligen Lebensweisen austauschen.
Tipp: Siehe auch Darstellung. Entscheiden Sie, aus welcher Perspektive (Stand, Geschlecht) Sie erzählen. Denken Sie an Beruf, Rechte, Pflichten, Familie.

Die Grundherrschaft

M 4 Aus einem Verzeichnis über Besitzungen und Einkünfte eines Benediktinerinnenklosters

Das Benediktinerinnenkloster (= Grundherr) Kitzingen am Main, ließ um 1070 die Besitzungen und Einkünfte seiner Grundherrschaft aufzeichnen.

Dies ist die Gesamtheit der Besitzungen und Eigengüter, die zum Kloster Kitzingen gehören, und zwar: vierzehn Fronhöfe [mit] 254 Hufen, 120 Joch[1] Weinbergen, [...] sechs Pfarreien, zwölf Mühlen, drei Fähren [auf dem Main] und zwölf Fischer mit ihren Lehen[2]. Zum Fronhof Kitzingen [zum Kloster gehörende Siedlung] gehören 31 Hufen, welche Mastschweine und für die Frauenarbeit [anstelle sonst üblicher weiblicher Tätigkeiten in der Textilherstellung] elf Pfennige und zehn Eier abliefern; sie dienen drei Tage in der Woche [d. h. die Hörigen leisten drei Tage pro Woche Frondienst], pflügen dreißig Joch [...] und leisten darüber hinaus sechs Wochendienste pro Jahr, die auf Deutsch „Schar"[3] heißen. Dazu gehören auch zwei Mühlen, die 24 Maß [Mehl oder Salz] abgeben, eine Fähre, welche vier Pfund [d. h. Pfennige] entrichtet, ein Markt, der neun Unzen[4] einbringt, ein Forst, welcher 1 500 Eier, vierzig Hühner und Eisen für zwölf Pferde wert ist; weiterhin neun Fischer und sieben Weinbauern mit ihren entsprechenden Lehen.

*Zit. nach: Klaus Arnold, Das Mittelalter, Schöningh, Paderborn 1991, S. 48.***

1 *Joch:* Größe einer Ackerfläche, die an einem Vormittag von einem Ochsengespann gepflügt werden kann
2 *Lehen:* hier Fischereirechte auf dem Main
3 *Schar:* Boten- und Spanndienste (z. B. Erntetransporte)
4 *1 Unze = 20 Pfennige*

1 Analysieren Sie M 4 im Hinblick auf die Merkmale einer Grundherrschaft und setzen Sie Ihre Ergebnisse in ein Schaubild um.
2 **Vertiefung (Projektarbeit):** Entwickeln Sie ein Brettspiel, das die Grundherrschaft unter Berücksichtigung ihrer wesentlichen Merkmale simuliert.
Tipp: Legen Sie zunächst fest, was das Ziel des Spiels sein soll, z. B. die Vermehrung und Verwaltung von Besitztümern und Einkünften. Sie können das Spiel, entsprechend einem wöchentlichen oder jährlichen Zyklus in einer Grundherrschaft, rundenbasiert gestalten, Währungen (z. B. Pfennig) oder Wirtschaftsgüter (z. B. Hühner) integrieren u. v. m.

2.4 Stadt im Mittelalter – Gesellschaft, Wirtschaft, Herrschaft

In dieser Themeneinheit geht es um
- *die Entstehung und den Aufbau mittelalterlicher Städte in Europa,*
- *die Struktur und Entwicklung der Stadtgesellschaften im Mittelalter.*

Typologie* mittelalterlicher Städte

Heute leben in Deutschland ca. 75 Prozent der Einwohner in Städten (Stand: 2015), Tendenz steigend: Einer Prognose zufolge werden es im Jahr 2030 knapp 79 Prozent sein. Im Mittelalter waren die Zahlenverhältnisse nahezu umgekehrt. Bis zum Spätmittelalter lebten über 90 Prozent der Bevölkerung auf dem Land. Und die heutigen Großstädte waren eher Kleinstädte. So hatte Köln, die damals größte deutsche Stadt, im 14. Jahrhundert schätzungsweise 40 000 Einwohner. Heute leben in Köln knapp 1,1 Millionen Menschen (Stand: 2017).
Die Mehrheit der Städte bildete sich im Spätmittelalter. Seit dem Ende des 12. Jahrhunderts nahmen die Gründungen in Mitteleuropa sprunghaft zu, sodass die Anzahl der bis 1400 gegründeten Städte etwa der noch heute existierenden Anzahl entspricht. Die wesentlichen **Ursachen** für den Aufschwung waren ein enormes Bevölkerungswachstum und die landwirtschaftliche Mehrproduktion*. Sie ermöglichten es, dass sich mehr Menschen der Herstellung gewerblicher* Produkte oder dem Handel zuwandten. Diese Entwicklung war eng verbunden mit dem Aufkommen der Geldwirtschaft. Hinzu kam die Gewährung von besonderen Vorrechten für städtische Siedlungen durch die Stadtherren (Könige, Bischöfe, weltliche Fürsten), die sich davon wirtschaftliche Vorteile versprachen. Die Städte im Reich lassen sich mithilfe von Kriterien einzelnen **Stadttypen** zuordnen. Ein Unterscheidungsmerkmal ist die Art ihrer Entstehung. So entwickelten sich Städte bevorzugt im Umfeld einer Burg, einer Pfalz* oder eines Klosters, an Wegkreuzungen oder Flussübergängen, aus einem bereits bestehenden Marktplatz, im Umfeld einer Grundherrschaft sowie aus ehemaligen römischen Verwaltungszentren, die die Völkerwanderung* überdauert hatten. Im Hinblick auf ihre Stadtherren lassen sich

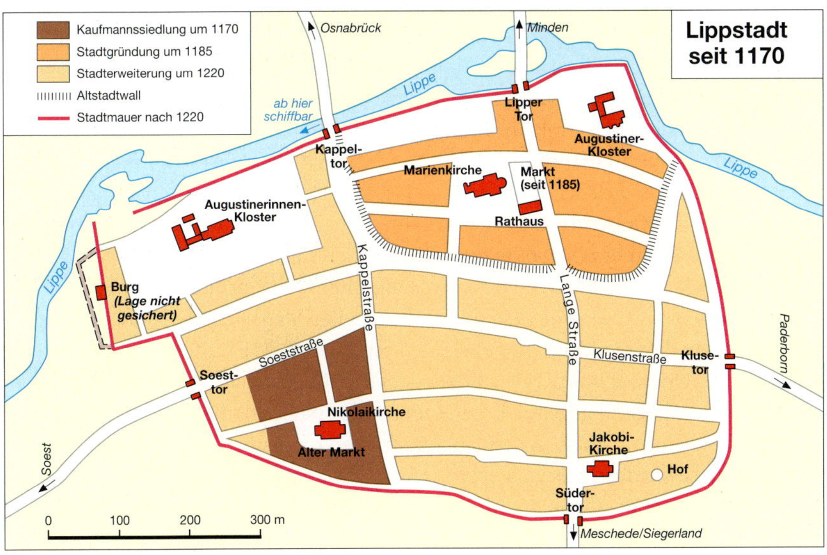

M1 Grundriss der mittelalterlichen Stadt Lippstadt (heute: Nordrhein-Westfalen)

die Städte in Königsstädte (später Reichsstädte), Freie Städte (ehemalige Bischofsstädte), Land- und Territorialstädte sowie grundherrliche Städte untergliedern. Legt man die wirtschaftliche Funktion zugrunde, so kann man Ackerbürgerstädte und Gewerbe-, Handels- oder Messestädte mit regionalem bzw. überregionalem Absatz unterscheiden. Hinsichtlich der Funktion lassen sich auch Bezeichnungen wie Residenz-, Festungs- oder Universitätsstadt ableiten. Die Stadt des Spätmittelalters lässt sich schließlich auch nach demografischen Gesichtspunkten in Groß-, Mittel- oder Kleinstadt einteilen. Bei der Anwendung dieser geschichtswissenschaftlichen Typologien ist zu berücksichtigen, dass sich jede Stadt mehreren Typen zuordnen lässt.

Die Stadtgesellschaft

▶ M6–M8: Entwicklung der Städte im Mittelalter

Ministeriale (= Dienstmannen) waren ursprünglich Unfreie, die vom 10. Jahrhundert an von ihren Herren mit Verwaltungs- und Kriegsdiensten beauftragt wurden. Seit der Stauferzeit (12. Jh.) verbanden sie sich mit dem Adel zum Ritterstand. Im Spätmittelalter verloren sie die Unfreiheit und gehörten zum niederen Adel.

Die Stadt im Mittelalter unterschied sich vom ländlichen Raum vor allem durch ihre soziale Differenzierung*. Die **Ministeriale***, die im Auftrag des Stadtherrn die Stadt verwalteten, bildeten zu Beginn der Stadtentstehung eine eigene soziale Gruppe. Einige Ministeriale verbanden sich geschäftlich oder durch Heirat mit wohlhabenden Kaufleuten. Zusammen mit dem **Patriziat***, den großen Kaufmannsfamilien, und den in der Stadt lebenden adligen Grundbesitzern bildeten sie die städtische Oberschicht. Zur Mittelschicht zählten nichtpatrizische Kaufleute, Krämer, Handwerker und Gesellen, zur Unterschicht Tagelöhner, Hausknechte, Dienstmägde sowie Bettler und Arme. Eine eigene soziale Gruppe waren die Angehörigen der **„unehrlichen Berufe“** wie Scharfrichter, Abdecker* oder Barbiere. Zwei eigene soziale Gruppen bildeten der Klerus und die Juden.

Die jüdische Bevölkerung

M2 **Bekleidung deutscher Juden im Mittelalter. Illustration aus einer Enzyklopädie des 12. Jahrhunderts**

Die **Juden***, die seit dem 4. Jahrhundert in deutschen Städten selbstständige Gemeinden mit eigenem Glauben und Recht sowie eigenen Lebensformen und Bauten wie Synagogen, Schule oder *Mikwe* (Ritualbad) bildeten, hatten einen erheblichen Anteil am wirtschaftlichen und kulturellen Aufblühen der mittelalterlichen Städte. Aufgrund ihrer Vermittlerrolle im Fernhandel wurden ihnen von den christlichen* Herrschern Europas wirtschaftliche und rechtliche Vorteile gewährt. Häufig übernahmen reiche jüdische Fernhändler auch die Funktion des Geldverleihers, weil Christen lange Zeit die Zinsnahme* untersagt war. Bis zu den Kreuzzügen vollzog sich das Zusammenleben von jüdischer Minderheit und Christen weitgehend friedlich. Obwohl sie als „Ungläubige“ meist von den Bürgerrechten ausgeschlossen waren und ihnen die Mitgliedschaft in Zünften* und Gilden* verwehrte wurde, waren die Juden in das städtische Leben integriert, indem sie sich z. B. an der Verteidigung der Stadt beteiligten und die Märkte nutzten. Ihre Kultur erregte jedoch bei den christlich geprägten Nachbarn Misstrauen und ihr wirtschaftlicher Erfolg im Kreditgeschäft schürte Neid, der sich während des ersten Kreuzzuges im 11. Jahrhundert (S. 111 ff.) erstmals in schweren Verfolgungen (Pogromen*) entlud. In vielen Städten wurden jüdische Häuser und Synagogen geplündert und zerstört und Tausende Juden getötet. Im 13. Jahrhundert wurden Juden beschuldigt, Ritualmorde zu begehen oder geweihte Hostien zu entehren. Spezielle Schutzbriefe des Kaisers konnten die Verfolgung und Diskriminierung nicht eindämmen. Auch in den folgenden Jahrzehnten dienten Juden in Notzeiten als geeignete „Sündenböcke“. So gab man ihnen die Schuld am Ausbruch der Pest (1348/1349): Aus Unkenntnis über die tatsächlichen Übertragungswege wurden sie der Brunnenvergiftung bezichtigt. Ab dem 15. Jahrhundert begann gegenüber den Juden eine systematische Ausgrenzungspraxis, die von der Kirche mit entsprechenden Vorschriften unterstützt wurde: Juden mussten häufig spezielle Kleiderregeln (z. B. spitzer Hut, gelbe Tuchstücke) beachten, in räumlich begrenzten und vom übrigen Stadtgebiet isolierten Vierteln (Ghettos) wohnen und wurden schließlich aus zahlreichen europäischen Städten vertrieben.

M3 Patrizierfamilie, Handwerker und Arme, Gemälde von Jean Bourdichon, um 1480

▶ M 9, M 10: Die mittelalterliche Gesellschaft

Die Stadtherrschaft

Im römisch-deutschen Reich hatten bis zum 12. Jahrhundert der König, Bischöfe* und weltliche Fürsten die Stadtherrschaft inne. Der **Stadtherr** übte mithilfe seiner Ministerialen, z. B. des Burggrafen (Verwaltung) oder des Schultheißen (Rechtsprechung), die Herrschaft über die Stadt aus. In einigen Bischofsstädten gelang es den Bürgern, sich weitgehend vom Bischof zu emanzipieren. In diesen **Freien Städten**, z. B. Worms, Speyer, Köln und Basel, regierte ein Rat. Über ihnen stand nur noch der König als Reichsoberhaupt. Auch die Königsstädte, später **Reichsstädte** genannt, regierten sich selbst, obwohl der König ihr Stadtherr blieb (**Reichsunmittelbarkeit**). Zusammen mit den Freien Städten wurden sie seit der Mitte des 13. Jahrhunderts zu Hoftagen und seit Ende des 15. Jahrhunderts zu den Reichstagen* eingeladen. Ungeachtet dessen zwangen viele Landesherren ihre Städte seit dem ausgehenden 15. Jahrhundert wieder unter ihre Herrschaft. Einige der reichsunmittelbaren Städte wurden durch die Fürsten **mediatisiert***, d. h. unter deren Herrschaft gebracht. Die mittelalterliche Stadt war (deutlicher als die antike und moderne) ein von der adlig-agrarischen Lebenswelt **unabhängiger Rechtsbereich**, der durch Abgrenzungen wie Stadtmauer, -graben und Stadttore markiert wurde. Das Rathaus war der Sitz der Stadtregierung und zugleich Symbol für die Autonomie* der Stadt. Der Stadtherr verlieh den städtischen Bewohnern Sonderrechte und Freiheiten, aus denen sich ein spezielles **Stadtrecht** entwickelte. Dieses regelte das Zusammenleben der Bürger untereinander und ihr Verhältnis zum Stadtherrn und diente auch als Gründungsurkunde, wenn ein Stadtherr Kaufleute und Handwerker durch die Verleihung großzügiger Privilegien* für eine Neugründung gewinnen wollte.
Zu den bedeutsamsten Rechten gehörte die Befreiung von persönlicher Abhängigkeit (Leibeigenschaft*, Frondienstverpflichtungen*). Wer als Unfreier vom Land in die Stadt zog, sollte nach einer bestimmten Zeit („nach Jahr und Tag") als frei gelten und nicht mehr vom Grundherrn zurückgefordert werden können (**„Stadtluft macht frei"**). Allerdings machten im Spätmittelalter viele Städte die persönliche Freiheit zur Bedingung für die Verleihung des Bürgerrechts.

Bürgerkämpfe

Seit dem 12. Jahrhundert schlossen sich Bürger zu Schwurgemeinschaften zusammen, um dem Stadtherrn weitergehende Rechte (z. B. Steuererhebung) abzutrotzen. Im Spätmittelalter hatten die Bürger, die ihre Forderungen auch mit Waffengewalt durchsetzten, eine weitgehende Selbstverwaltung erreicht. An die Stelle des Stadtherrn trat der

▶ M 11–M 13: Fallbeispiel Augsburg

▶ Fallbeispiel Braunschweig, S. 88 f.

Rat der Stadt unter Leitung eines oder mehrerer Bürgermeister. Die städtische Herrschaft war jedoch nicht demokratisch, denn zunächst galten nur Patrizier* aufgrund ihrer wirtschaftlichen Macht und ihrer Herkunft als ratsfähig. Erst seit dem 13. Jahrhundert erkämpften sich die in Zünften organisierten Handwerker die Mitwirkung an der Stadtherrschaft gegen den Widerstand der Patrizier, wie zum Beispiel 1368 in Augsburg und 1374–1375 in Braunschweig.

M4 Das Historische Rathaus von Tangermünde, Fotografie, 2011.
Der älteste Teil des Gebäudes, der Ostflügel mit seiner prachtvollen spätgotischen Fassade, wurde 1430 errichtet.*

Städte als Wirtschaftzentren

Die wichtigsten Wirtschaftszentren im mittelalterlichen Europa waren Süddeutschland, Flandern, der Hanseraum* und Oberitalien. In Flandern gelangten im 13. Jahrhundert vor allem die Städte Brügge, Gent, Kortrijk und Ypern durch Handel und Tuchherstellung zu wirtschaftlicher Macht, während Lübeck als Umschlagplatz im Ost-West-Handel die Führung im Hanseraum übernahm. In Oberitalien waren Venedig, Genua und Pisa die größten Hafen- und Handelsstädte. Der Transport der Kreuzfahrer (S. 111 ff.) und die Versorgung ihrer Staaten machten Genua und Venedig zu Handelsreichen, die auch vom Zusammenbruch der Kreuzfahrerstaaten am Ende des 13. Jahrhunderts nicht gefährdet wurden. Der lukrative* Orienthandel blieb in der Hand der Italiener. Florenz war das Bankenzentrum, und der hier geprägte Goldgulden wurde ein Vorbild für Goldprägungen, neben den venezianischen Dukaten und den ungarischen Gulden.
Handel getrieben wurde auf örtlichen Märkten. Handwerker boten ihre Erzeugnisse an und Bauern verkauften Nahrungsmittel aus ihren Überschüssen. Dabei wurde der Tauschhandel vom Geldhandel verdrängt. Gehandelt wurde zudem auch überregional. Weil diese mehrere Tage andauernden Jahrmärkte an kirchlichen Feiertagen stattfanden, wurden sie auch „Messen“ genannt. Hier sorgten zunehmend hauptberufliche Kaufleute dafür, dass die Handelsgüter, wie Getreide, Vieh, Wein und Eisen, auf Fuhr-

werken oder Schiffen von Messe zu Messe transportiert wurden. Nachdem die Messen in der Champagne im 14. Jahrhundert ihre Bedeutung verloren hatten, nahm ein Großteil des Handels zwischen Italien und Nordwesteuropa den Weg durch Süddeutschland und ließ Handel und Gewerbe in Nürnberg, Augsburg und Ulm aufblühen.

M5 Vertrag über das Bündnis zwischen den Hansestädten Lübeck, Wismar, Rostock, Stralsund, Greifswald, Stettin, Kolberg und Anklam gegen den dänischen König und die Seeräuber von 1361

Städte als Machtfaktoren im Reich

Um auf die Herrschaftsansprüche der erstarkenden Territorialfürsten zu reagieren (vgl. S. 79), kam es im 13./14. Jahrhundert zur Gründung von Städtebünden. Dabei handelte es sich um Zusammenschlüsse mit militärischen Hilfsverpflichtungen, die neben der Abwehr der Fürsten auch die Konfliktregelung zwischen den Mitgliedern sowie die Verhinderung von Verpfändungen der Städte durch den König zum Ziel hatten. Viele dieser Städtebünde unterlagen im 14. Jahrhundert in den Auseinandersetzungen mit den Territorialfürsten. Im Unterschied zu anderen Städtebünden blieb die primär wirtschaftlich, in Konflikten aber auch militärisch ausgerichtete **Hanse***, die sich von einem Kaufmanns- zu einem Städtebund wandelte, noch bis in die Frühe Neuzeit bestehen.

1 Nennen Sie die Ursachen für die Zunahme der Städtegründungen im Spätmittelalter.
2 **Schaubild:** Stellen Sie die Typologie mittelalterlicher Städte in einer Übersicht dar.
3 **Wahlaufgabe:** Bearbeiten Sie Aufgabe a) oder b).
   a) Beschreiben Sie anhand von Lippstadt (M 1) die Merkmale einer mittelalterlichen Stadt.
   b) Ordnen Sie Lippstadt (M 1) den Typologien zu.
4 Beschreiben Sie die Situation der jüdischen Bevölkerung in den Städten.
5 Erklären Sie die Funktion von Städtebünden.
6 **Referat:** Erarbeiten Sie einen Vortrag zum Thema: Die Hanse – Wirtschaftsvereinigung oder Militärbündnis?

Hanse
1358 schlossen sich viele städtische Fernkaufleute zur Hanse zusammen. Bis zum 15. Jahrhundert beherrschte diese den Warenaustausch im Norden Europas. In ihrer Blütezeit gehörten ihr 160 Städte an. Die Hanse lieferte insbesondere Waren aus dem Norden und Osten, z. B. Pelze, Getreide, Fisch und Holz, nach Westeuropa und versorgte im Gegenzug die nord- und osteuropäischen Gebiete mit Produkten des Westens und Südens, wie Tuchen, Metallwaren und Gewürzen. Zeitweise war die Hanse so mächtig, dass sie zur Durchsetzung ihrer Interessen Wirtschaftsblockaden gegen Königreiche und Fürstentümer verhängte und im Ausnahmefall sogar Kriege führte. Im Zuge der Entdeckungsreisen und des Aufstiegs Englands und der Niederlande zu Seehandelsmächten im 16./17. Jahrhundert verlor die Hanse ihre Bedeutung.

Hanse
Webcode:
raveqa

Hinweise zur Arbeit mit den Materialien:
M 6–M 8 widmen sich den Stadtgründungen. M 9 a, b dienen dem Vergleich sozialer Strukturen auf dem Land und in der Stadt. M 9 und M 10 ermöglichen die Auseinandersetzung mit der Entstehung städtischer Selbstverwaltung. M 11–M 13 stellen am Beispiel Augsburgs innerstädtische Konflikte vor.

Entwicklung der Städte im Mittelalter

M6 Stadtgründungen und Bevölkerungsentwicklung in Mitteleuropa 1150–1600

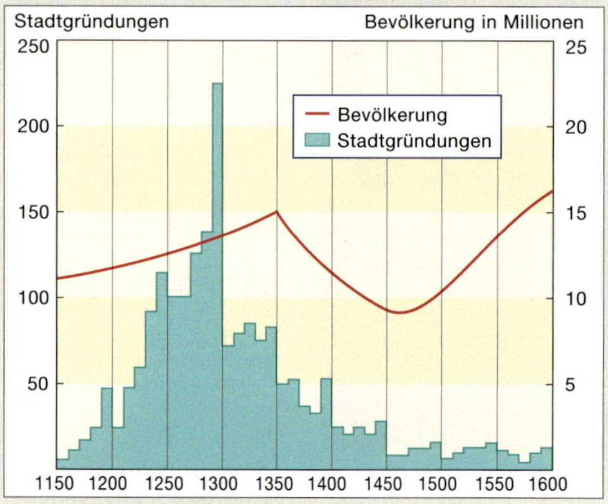

M7 Stadtgründungen in Norddeutschland

M8 Urkunde Herzog Konrads von Zähringen (1095–1152) für die Stadt Freiburg von 1122

Kund sei allen, sowohl Künftigen wie jetzt Lebenden, dass ich, Konrad, an einer Stätte meines eigentümlichen Rechtes, nämlich Freiburg, einen Markt errichtet habe im Jahre nach der Fleischwerdung des Herrn 1120. [...] Daher sei allem kund, dass ich gemäß ihren Bitten und Wünschen die Privilegien, welche folgen, gewährt habe. [...] [1.] Ich aber verspreche allen, die meinen Markt aufsuchen, Frieden und Sicherheit des Weges binnen meiner Gewalt und Herrschaft. Wenn einer von ihnen in diesem Bereich beraubt wird, werde ich, wenn er den Räuber benennt, entweder das Geraubte zurückgeben lassen oder es selbst bezahlen. [2.] Wenn einer meiner Bürger stirbt, soll seine Ehefrau mit ihren Kindern alles besitzen und ohne jede Bedingung erhalten, was ihr Mann hinterlassen hat. [3.] Ich gewähre, soweit ich kann, dass alle [Grund-]Besitzer des Marktes Teilhaber der Rechte meiner Leute und der Landleute seien, damit sie nämlich ohne Strafgebot Weiden, Gewässer, Auwälder und Forsten benutzen mögen. [4.] Allen Kaufleuten erlasse ich den Zoll. [5.] Niemals werde ich meinen Bürgern einen anderen Vogt, niemals einen anderen Priester ohne Wahl vorsetzen, sondern, wen immer sie dazu erwählen, den sollen sie von mir bestätigt erhalten. [6.] Wenn ein Streit oder eine Klage unter meinen Bürgern entsteht, soll sie nicht nach meinem oder ihres Vogtes Gutdünken diskutiert werden, sondern sie soll nach gewöhnlichem und legitimem Recht aller Kaufleute [...] im Gericht geprüft werden. [...] Damit meine Bürger den angeführten Zusagen nicht geringeren Glauben schenken, habe ich mit zwölf meiner angesehensten Ministerialen, die auf die Reliquien der Heiligen einen Eid leisteten, Sicherheit gegeben, dass ich und meine Nachkommen das eben Angeführte immer erfüllen werden. Und damit ich diesen Eid nicht aus irgendeinem Grunde breche, habe ich durch Handschlag dem freien Manne und den Vereidigten des Marktes ein Treueversprechen in Bezug auf diese Sache gegeben. Amen.

*Zit. nach: Ernst Pitz, Lust an der Geschichte. Leben im Mittelalter, C.H. Beck, München 1990, S. 339 f.***

1 Wahlaufgabe: Bearbeiten Sie Aufgabe a) oder b).
- **a)** Untersuchen Sie die Statistik (M 6) mithilfe der Methodenseite (S. 270 f.).
- **b)** Untersuchen Sie die Karte (M 7) mithilfe der Methodenseite (S. 144 f.).

2 Partnerarbeit:
- **a)** Analysieren Sie M 8 und ordnen Sie die gewährten Privilegien übergeordneten Kategorien (z. B. wirtschaftlich, juristisch) zu.
- **b)** Erläutern Sie, welche Garantien Konrad den Bürgern für ihre Privilegien zusichert.

Die mittelalterliche Gesellschaft

M 9 Strukturen der mittelalterlichen Gesellschaft in Europa

a) Ländliche Gesellschaft

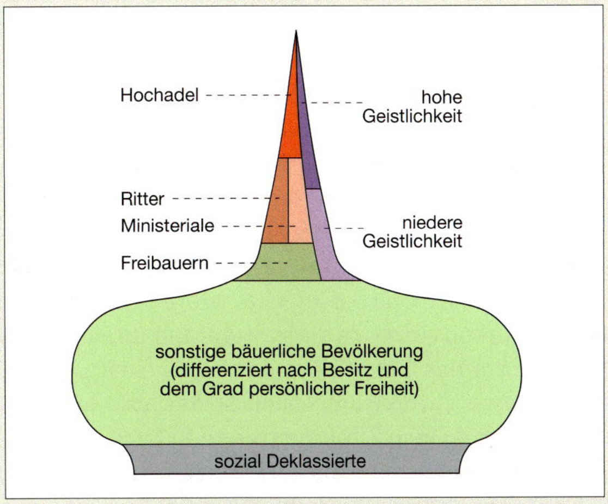

b) Städtische Gesellschaft

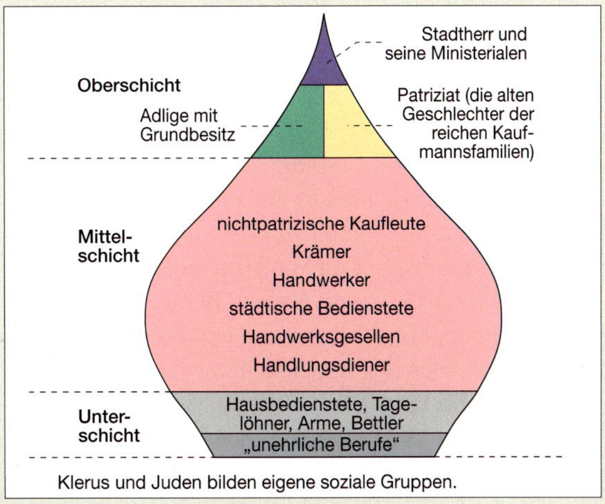

M 10 Die Entstehung städtischer Selbstverwaltung im mittelalterlichen Europa

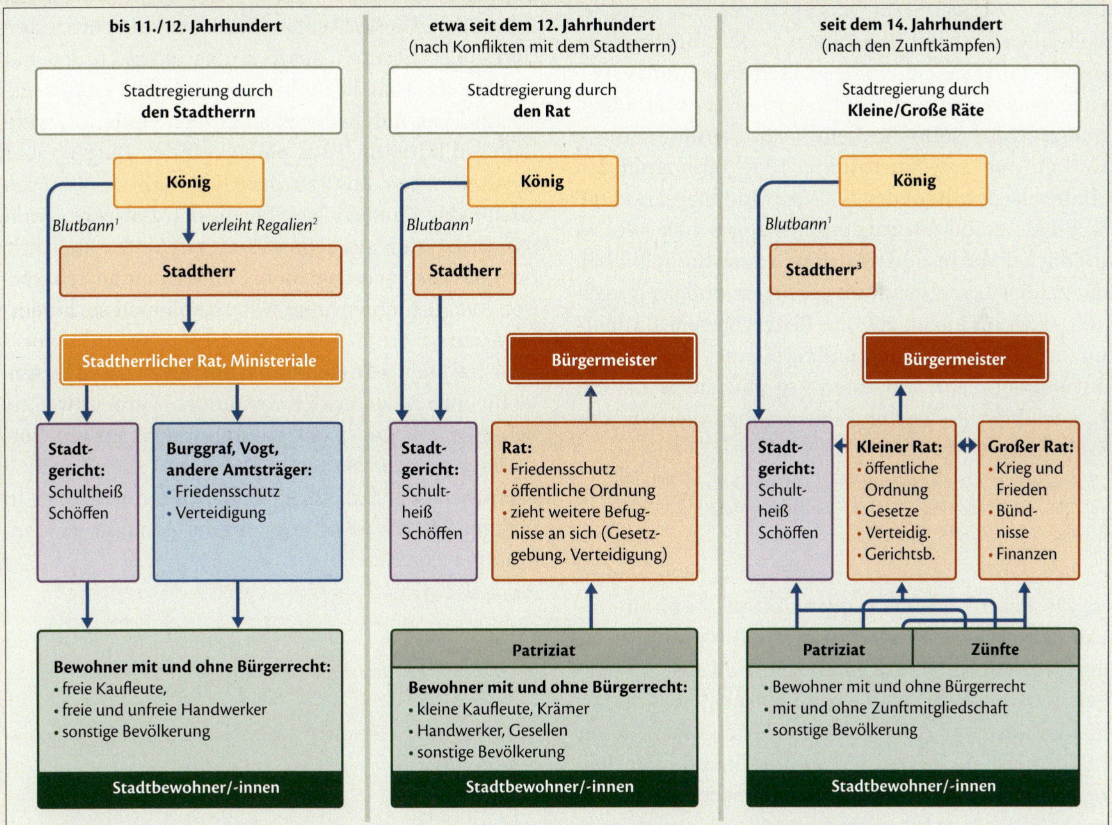

1 königliche Gerichtsbarkeit über Leben und Tod
2 Markt-, Münz-, Zollrechte, Mauerbau
3 beansprucht noch Steuer- und Hilfsleistungen und Aufsichtsrechte
→ Pfeile deuten Herrschaftseinflüsse an (z. B. wählt, setzt ein)

1 Vergleichen Sie die sozialen Strukturen der ländlichen und städtischen Gesellschaft (M 9 a und b).

2 Erläutern Sie anhand des Schaubildes M 10 die Entwicklung der Herrschaft in Städten des Mittelalters.

Innerstädtische Konflikte im Spätmittelalter am Beispiel von Augsburg

M 11 Zur Geschichte Augsburgs bis zum 13. Jahrhundert

Die spätantike Bischofsstadt Augsburg, einst als römische Siedlung gegründet, entwickelte sich im Hochmittelalter zu einer großen Handelsstadt. 1156 erhielt sie von Kaiser Friedrich Barbarossa das Stadtrecht. Seit 1251 sind das Recht auf Führung eines Stadtsiegels und das Recht auf Besteuerung belegt. 1276 ordnete König Rudolf von Habsburg die Stadt in eine Reichslandvogtei ein, sodass Augsburg reichsunmittelbar (Reichsstadt) wurde. Beherrscht wurde die Stadt in der Folgezeit von den Patriziern, die auch die 15 Mitglieder des Rates stellten. Um 1300 hatte Augsburg rund 20 000 Einwohner.

Originalbeitrag des Verfassers Robert Rauh.

M 12 Auszug aus einer Augsburger Stadtchronik aus der Zeit um 1500 zum Jahr 1368

Im Jahre des Herrn 1368 [am 22. Oktober] da kam viel Volk bewaffnet auf den Platz vor dem Rathaus zusammen und sie sagten, sie wollten eine Zunftverfassung haben. Sie wollten diese in Frieden erlangen und niemand sollte für Leib noch Gut fürchten, sie wollten nur Gerechtes tun. [...] Sie verlangten das städtische Statutenbuch, [...] das Stadtsiegel und die Schlüssel zu der Sturmglocke. Das geschah alles in friedlicher Weise, und sie nahmen auch die Schlüssel, die zu den Toren der Stadt gehörten, und sie gingen alle, reich und arm, auf den Platz vor dem Rathaus und schworen da, eine Zunftverfassung einzuführen auf hundert Jahr und einen Tag [auf ewige Zeiten] [...], und der Redner und Fürsprecher aller war der Weber Haintz Weiß.

*Zit. nach: Hist. Kommission der Bayer. Akademie der Wissenschaften (Hg.), Die Chroniken der deutschen Städte, Bd. 23, Leipzig (Hirzel) 1894, S. 21 f.***

M 13 Auszug aus dem sogenannten „Zweiten Zunftbrief", geschlossen zwischen Rat und Bürgern von Augsburg am 16. Dezember 1368

Wir Ratsmitglieder, die wir zu dieser Zeit Ratsmitglieder waren, und wir die Bürger reich und arm der Stadt Augsburg, setzen fest und tun kund öffentlich mit diesem Brief für uns und alle unsere Nachkommen, dass wir gesehen und erkannt haben, dass in allen Städten des Heiligen Römischen Reiches, in denen es eine Zunftverfassung gibt, Einigkeit, Friede und gute Gerichte bestehen und sich weiterentwickeln. Darum haben wir alle gemeinsam in Einigkeit und Freundschaft mit vereintem Rat und gutem Willen reich und arm, dem Heiligen Römischen Reich zur Würde, unserer Stadt und unseren Nachkommen zu Nutz und Frommen [...] auch eine Zunftverfassung mit Gottes Hilfe aufgestellt und eingerichtet in der Weise, wie nachfolgend aufgeschrieben ist. [...]

Erstens haben wir unseren Rat so geordnet und besetzt und durch diesen Brief das auch bestätigt, damit alles seinen besten Fortgang und Bedeutung haben möge. Wir setzen fest, dass sich aus allen Handwerken der Stadt 18 Zünfte bilden sollen, von denen jede einen Zunftmeister haben soll, der dem Rat angehört. Und ist es eine große und ehrbare Zunft, so soll einer aus dieser Zunft mit ihrem Zunftmeister in den Rat gehen, sodass aus einer solchen Zunft zwei in den Rat gehen sollen. Alle anderen Zünfte, die keinen Zunftmeister im Rat haben, sollen sich diesen achtzehn Zünften verpflichten und anschließen.

Und wir haben es so geordnet und festgesetzt, dass aus den achtzehn Zünften 29 Personen in den Rat gehen sollen. Diese 29 sollen dann aus den ehrbarsten und angesehensten Bürgern 15 weitere in den Rat wählen. [...] Und die vorher genannten 29 Zunftmeister und Ratsmitglieder von der Gemeinde [...] wählen zwei Bürgermeister, einen von den Bürgern und einen von den Zünften der Gemeinde. [...] Es soll auch jeder Zunftmeister, der in den Rat geht, zwölf der Ehrbarsten aus seiner Zunft zur Seite haben, die dem Rat geschworen haben. Und wenn man den Großen Rat zusammenrufen will, so soll man sie hineinschicken. [...]

Man soll auch jedes Jahr reich und arm wissen lassen, wofür ihre Steuergelder verwendet wurden, welche Schulden die Stadt noch hat und welche ihr mit Gottes Hilfe noch bevorstehen. Wir haben auch ernstlich versprochen [...], dass [...] keine weiteren Steuern in unserer Stadt, wie sie auch immer genannt werden, erhoben werden.

*Zit. nach: s. M 12, S. 135 ff.**

1 Untersuchen Sie die innerstädtischen Konflikte in Augsburg.
Tipp: Nutzen Sie die Arbeitsschritte für eine Fallanalyse (S. 87).

2.5 Frauen in den Städten – unfrei und rechtlos?

In dieser Themeneinheit geht es um
Rollenbilder und Handlungsmöglichkeiten von Frauen des europäischen Mittelalters.

Nach unserer heutigen Vorstellung gab es für Frauen des Mittelalters nur zwei Lebensperspektiven: Kinder und Küche oder das **Kloster**. Tatsächlich aber erweist sich die soziale Stellung der Frau in der mittelalterlichen Gesellschaft als deutlich vielschichtiger. Das gilt vor allem für die Stadt. Denn im Vergleich zu den festen Herrschaftsstrukturen auf dem Land bot der städtische Raum seinen Bewohnern, auch den Frauen, größere Handlungsspielräume. So waren viele Frauen neben Haushaltsführung und Kindererziehung zusätzlich berufsstätig – entweder mit einer eigenen Tätigkeit oder als Mitarbeiterinnen im **Handwerksbetrieb** ihres Mannes. In fast jedem Handwerksberuf waren Frauen anzutreffen, besonders häufig im Textilgewerbe. Wurde die Frau eines Handwerksmeisters Witwe, gestatteten ihr die **Zünfte*** oft die selbstständige Fortführung des Betriebs. In vielen Zünften wirkten die Frauen und Männer als gleichberechtigte Mitglieder. Und in einigen Städten, beispielsweise in Köln, sind sogar reine Frauenzünfte nachweisbar. Darüber hinaus agierten Frauen auch als **Unternehmerinnen** und betrieben Handel.
Allerdings dürfen diese Beispiele nicht darüber hinwegtäuschen, dass Frauen dabei stets schlechter bezahlt wurden. Besonders alleinstehende Frauen, die z. B. als **Mägde** arbeiteten, lebten in ärmlichen Verhältnissen. Angesichts dessen stellt sich die Frage, inwiefern die größeren Handlungsspielräume in den Städten auch mit einem sozialen Aufstieg und mehr politischen Freiheiten und Rechten verbunden waren. Dass Frauen in dieser Hinsicht gegenüber dem Mann benachteiligt waren, ist unbestritten. Aber waren sie auch rechtlos und unfrei?

▶ M 2, M 3: Frauen in der mittelalterlichen Stadt

1 Beschreiben Sie die soziale Stellung der Frau in den Städten.
2 **Referat:** Recherchieren Sie Biografien zu Frauen in der mittelalterlichen Stadt. Präsentieren Sie Ihre Ergebnisse in einem Vortrag.
Tipp für eine weibliche Biografie in der mittelalterlichen Stadt: Die jüdische Unternehmerin Reynette von Koblenz

M 1 Ein Geldwechsler mit seiner Frau, Ölgemälde von Marinus van Reymerswaele, 1538

Hinweise zur Arbeit mit den Materialien:
M 2 und M 3 ermöglichen die Auseinandersetzung mit der Leitfrage, ob Frauen in der mittelalterlichen Stadt unfrei und rechtlos waren.

M 2 Die Historikerin Edith Ennen (1991)

In der mittelalterlichen Stadt war den Frauen keine politische Wirksamkeit beschieden. Die Frauen in der Stadt partizipieren wohl am Bürgerrecht des Mannes, aber sie steigen hier nicht zur politischen Verantwortung auf – ja sie haben es anscheinend auch gar nicht angestrebt –, das war folgenschwer angesichts der wachsenden Bedeutung der Städte und des Bürgertums. [...] Für die bürgerlichen Freiheitskämpfe interessieren sich die Frauen offensichtlich nicht; erst recht fehlt jeder Beleg für eine weibliche Teilnahme an der Auseinandersetzung mit dem Stadtherrn. An der religiösen Bewegung nehmen sie, obwohl sie vom Weiheamt ebenso ausgeschlossen bleiben wie vom Sitz im städtischen Rat, leidenschaftlichen Anteil [...].
Es gab zahlenmäßig breite Unterschichten der armen Witwen, der Mägde, deren Lohnniveau stets unter dem der Knechte, das sind vor allem Handwerksgesellen, liegt. Die Handwerksgesellen hatten eine Berufsausbildung, sie schlossen sich zu Gesellenverbünden zusammen und stellten ihre Forderungen auf. Die Mägde wohnten weiterhin im Haus des Arbeitgebers, sie entwickelten keinerlei Solidarität, ihre niedrigen Löhne wurden – sehr unterschiedlich – aufgebessert durch persönliche Zuwendungen vonseiten der Herrschaft. In den Unterschichten sind die Frauen nachweisbar oft überdurchschnittlich hoch vertreten. Als weibliche Randgruppe erweisen sich die Dirnen. Die kirchlichen Institute reichten nicht immer aus, die bedürftigen Frauen hinreichend zu versorgen und Randgruppen eventuell zu integrieren. In manchen mittelalterlichen Städten sind nicht nur alleinstehende Frauen, junge Mädchen, Witwen berufstätig, sondern im beträchtlichen Umfang verheiratete Frauen von Kaufleuten und sogar Ratsherren.

*Zit. nach: Edith Ennen, Frauen im Mittelalter, Beck, München 1991, S. 233ff.**

M 3 Die Historikerin Erika Uitz (1992)

Die mittelalterlichen Städte boten in ihrer Gesamtheit, wenn auch je nach Stadttyp mehr oder weniger ausgeprägt, infolge günstiger Bedingungen für die Entfaltung eines blühenden Wirtschaftslebens und den sozialen Aufstieg der Bürger auch für die Städterinnen eine Reihe positiver Veränderungen. Sie erlangten eine anerkannte Position im städtischen Wirtschaftsleben, eine begrenzte Geschäftsfähigkeit im juristischen Sinne und die Möglichkeit zum selbstständigen Erwerb des Bürgerrechts. Einen großen Beitrag zum Erhalt der Familien leisteten vor allem die Frauen in den städtischen Unterschichten, wo sie durch ihre Arbeit die Existenz der Familienwerkstatt mittrugen oder auch außerhalb dieser Werkstatt berufstätig wurden, vorwiegend als Lohnarbeiterin und im Kleinhandel. In den großen Exportgewerbe- und Fernhandelszentren und in den mittleren Handelsstädten mit Exportgewerbe bildeten die Klein- und Detailhändlerinnen eine nicht wegzudenkende Stütze des Binnenmarktes. Wo sich das Verhältnis von Arbeits- und Arbeitskräfteangebot zuungunsten der Arbeitssuchenden gestaltete, mussten die Frauen der städtischen Unterschichten nicht selten auch schwere körperliche Arbeiten wie im Baugewerbe oder im Schmiedehandwerk ausführen. Nicht wenige dieser Frauen halfen darüber hinaus die Existenz ihrer Familien durch Nebenverdienste zu sichern. Die Wehrlosesten verfielen der Prostitution. Frauen aus dem vermögenderen Stadtbürgertum fanden sich unter den Berufstätigen im Handel, im Wechselgeschäft, in städtischen Ämtern und im Handwerk. Ungeachtet zahlreicher weiterbestehender Zunftbeschränkungen konnten sie in den reinen Frauenzünften oder in gemischten Zünften des Textilgewerbes Meisterrecht erlangen. [...]
Als feste Stütze der Familie erwiesen sich Städterinnen besonders in Notsituationen wie beim Tod des Ehemannes, in demografischen Krisen und innerstädtischen Auseinandersetzungen. Vielfältige weibliche Bemühungen galten aber auch im normalen städtischen Leben der Sicherung und Mehrung des Vermögens, dem sozialen Ansehen der Familie, der Erziehung der Kinder, der Versorgung und Anleitung der Knechte und Mägde, Lehrlinge [...]. Dazu befähigte diese Frauen eine nicht geringe Teilnahme an der Erwerbstätigkeit der männlichen Familienmitglieder und den alltäglichen Vorgängen in der Stadt. Auch der Zugang zu den Grundschulen war dem förderlich.

*Zit. nach: Erika Uitz, Die Frau in der mittelalterlichen Stadt, Herder, Freiburg 1992, S. 189ff.**

1 **Partnerarbeit:** Analysieren Sie arbeitsteilig die Darstellungen (M 2, M 3) und vergleichen Sie diese.
Tipp: Wählen Sie geeignete Vergleichsaspekte.
2 Erörtern Sie auf der Grundlage Ihrer Arbeitsergebnisse die Leitfrage.

Historisches Untersuchungsverfahren – die Fallanalyse

Die Fallanalyse ist ein Untersuchungsverfahren, das in vielen Bereichen zur Anwendung kommt, unter anderem in der Kriminalistik, der Politikwissenschaft sowie in verschiedenen Bereichen der Sozialwissenschaften. Das Interesse bei der Untersuchung eines historischen Falls ist auf einen begrenzten räumlichen und zeitlichen Ausschnitt aus der Geschichte gerichtet. Diese Fokussierung* wird gewählt, um in einem kleineren Rahmen größere historische Entwicklungen und Zusammenhänge zu erkennen und zu verdeutlichen. Ein historischer Fall hat daher immer eine exemplarische* Funktion*.

Daher erfolgt seine Untersuchung auf zwei verschiedenen Ebenen:
- Zunächst wird der Fall erarbeitet.
- Anschließend wird er in seiner Bedeutung für einen größeren historischen Zusammenhang reflektiert.

In der Regel wird zwischen drei Arten der Fallanalyse unterschieden:
- Lokalmodell (z. B. Kalter Krieg am Beispiel Berlins),
- Konfliktanalyse (z. B. Pizarros Eroberung des Inkareiches) und
- Ereignisanalyse (z. B. Kaiserwahl Ottos I.).

Das Verfahren der Fallanalyse kann wie folgt durchgeführt werden:
1. Konfrontation mit dem konkreten Fall
2. Formulierung geeigneter Kategorien und Leitfragen aus verschiedenen Perspektiven
3. Auswahl geeigneter Materialien (S. 88 f., M 1–M 5), Bildung von Gruppen
4. Untersuchung der Materialien
5. Auswertung der Analyseergebnisse; Generalisierung der gewonnenen Erkenntnisse
6. Präsentation der Arbeitsergebnisse im Plenum
7. Abschlussdiskussion

▶ S. 688: Beispiele für Fallanalysen im Kursbuch

M 1 **Vertreter der Zünfte betreten die Ratsstube von Augsburg, Buchmalerei, 14. Jh.**

Zunftkämpfe in Braunschweig – eine Fallanalyse

▶ Zur Hanse: S. 81

Die folgenden Seiten ermöglichen eine Fallanalyse zu den Zunftkämpfen in der Hansestadt Braunschweig der Jahre 1374–1386. Nutzen Sie zur Analyse die Kriterien und Leitfragen in der vorgegebenen Tabelle und orientieren Sie sich an den Erläuterungen auf S. 87.

Zunftkämpfe gab es vom ausgehenden 13. bis zum 15. Jahrhundert in zahlreichen Städten des Heiligen Römischen Reiches Deutscher Nation (z. B. Nürnberg, Ulm, Frankfurt/M.). Die Verfassungen vieler Städte wurden dadurch stark verändert. Die städtischen Oberschichten (Patrizier*) gerieten dabei in Konflikte mit den organisatorisch und wirtschaftlich immer stärker werdenden Zünften*, die eine Beteiligung an den Entscheidungen der Stadtregierung, etwa zu Rechten und Privilegien oder den städtischen Finanzen, forderten. Später spielten auch die Auswirkungen der Reformation* bei den innerstädtischen Konflikten ein Rolle.

Kriterien	Leitfragen (sprachliche Hilfen)
Gegenstand	Um welchen historischen Gegenstand handelt es sich?
Ort	Wo hat sich der Konflikt ereignet?
Zeit	Wann hat sich der Konflikt ereignet?
Personen/Gruppen/ Institutionen	Welche Personen, Gruppen bzw. Institutionen waren beteiligt?
Entwicklung	Wie verlief die Auseinandersetzung? (Ursachen, Anlass, Verlauf, Ergebnis)
Interessen/Ziele	Welche Interessen und Ziele verfolgten die Konfliktparteien?
Mittel	Welche Mittel setzten die Parteien zur Durchsetzung ihrer Ziele ein?
Transfer des Falles	Welche Aspekte des Falls geben exemplarische Einblicke in die Zunftkämpfe im Spätmittelalter?

▶ Lösungshinweise finden Sie auf S. 642 f.

M1 Braunschweig im 14. Jahrhundert

Die Hansestadt war im 14. Jahrhundert mit 17 000 Einwohnern nach Lübeck die größte Stadt Norddeutschlands und gehörte zum Herzogtum Braunschweig-Wolfenbüttel. Ihre fünf fast selbstständigen Stadtteile stellten jeweils einen eigenen Rat und Bürgermeister. Als höchstes gemeinsames Entscheidungsgremium wirkte ein „gemeiner Rat", der von einer Gruppe wohlhabender Patrizierfamilien – den „ratsfähigen" Familien – besetzt wurde. Ausgeschlossen von der Stadtherrschaft waren auch in Braunschweig die Zunfthandwerker. Am 21. April 1374 brachen innerstädtische Kämpfe aus, auch als „Braunschweiger Schicht" bezeichnet.

Originalbeitrag des Verfassers Robert Rauh.

Unterschiedliche Perspektiven zum Konflikt

M2 Schreiben vertriebener Mitglieder des „gemeinen Rates" an Räte anderer Städte (1374)

Dem Rat von Braunschweig war Geld nötig wegen Krieges und Fehde [...]. Deswegen hatte der gesamte Rat einen klugen Gedanken und wollte eine Bestimmung festsetzen mit der Zustimmung der Gemeinde und der Ämter um des allgemeinen Nutzens willen auf die folgende Weise: Der Rat lud vor sich die Meister aller Ämter und Gilden, und der Bürgermeister sprach: [...] Wer Getreide in die Stadt führen wolle, der soll für den braunschweigischen Scheffel einen braunschweigischen Pfennig geben. Das haben sie [nämlich der Rat] über sich selbst gesetzt und über diejenigen, die Höfe und Zehnten und Getreiderenten haben, und so müssen auch die Abgabe entrichten Ritter und Knappen, Geistliche, Gäste und Bauern, und das belastet nicht die Gemeinde [...]. [Die Amtsmeister] schieden freundlich von dem Rat. Und sofort, als sie hinweggingen, da entstand sogleich der Aufruhr der Gemeinde und der Ämter. [...] Darum nahmen sie den gesamten Rat in allen fünf Weichbilden [= Stadtteilen] gefangen und schlugen aus dem Rat vorsätzlich Brun von Ghustede und Hans von Ghotinghe mit Äxten und mit Schwertern tot und plünderten da ihre Häuser [...].

*Zit. nach: Gerhard Theuerkauf, Einführung in die Interpretation historischer Quellen. Mittelalter, Schöningh, Paderborn 1997, S. 135.**

M3 Schreiben der Braunschweiger Bäckerzunft an Zunftmeister anderer Städte (1374)

Darum wisset, liebe Freunde, dass unsere [Gilde] und alle Gilden und die Gemeinde zu Braunschweig über die Maßen sehr beschwert und bedrückt waren von dem Rat daselbst, sodass sie uns und anderen Gilden und der Gemeinde große Gewalttat oft und häufig erwiesen und uns in vielen unserer Angelegenheiten nicht Recht gewährten. Auch fanden wir und die Gemeinde schlechte Verwaltung bei dem Rat; denn sie hatten manches Jahr viel Gut empfangen durch Steuern und aus den Renten der Stadt und hatten dennoch die Stadt in große Schulden gebracht. [...] Über all diese Punkte hinaus hatte der Rat nun zuletzt auf alle Gilden und die Gemeinde beschlossen und gesetzt neue Abgaben und neue Leistungen, die man geben sollte von Tuchen, von Getreide, von Häusern, von Wein, von Bier, von Kühen und anderem Vieh, von mancherlei Kaufmannsware und von anderen Dingen, was vorher nicht gewesen war. Dies war gegen die Freiheit der Stadt, der Gilden und der ganzen Gemeinde und hätte dem Land, dem Kaufmann, den Gästen und Bürgern zu großem Schaden gereichen können.

*Zit. nach: siehe M3.**

M4 Beschluss des Hansetages vom (Juni 1375)

Fürsten, Herren, Städten, Rittern und Knechten, Landen und Leuten ist wohl offenbar und kund, dass die Braunschweiger übel an den ehrbaren Leuten in ihrem Rat gehandelt haben, dass sie sie unschuldig, ohne Gericht oder Verhandlung getötet, ihre Freunde vertrieben, geächtet und beschatzt haben und [...] ihr Gut unrechtmäßigerweise genommen haben [...]. Da sie nun immer noch [...] an ihrer Untat festhalten und nicht die Absicht haben, Sühne zu geben, so haben die Städte der deutschen Hanse mit Einwilligung der anderen Städte, die zu ihrem Rechte gehören, einträchtig beschlossen, dass sie die Braunschweiger aus der Hanse und den Rechten und Freiheiten des Kaufmanns stoßen wollen, also dass kein Kaufmann in England, Flandern, Dänemark, Norwegen, Nowgorod oder sonst irgendeiner Stadt, die im Recht des Kaufmanns steht, Gemeinschaft oder irgendwelchen Handel mit den Braunschweigern haben soll [...]. In welcher solcher Stadt die Verwandten der Toten oder wen dies sonst angeht, leben, da soll man die, die mit Rat und Tat bei dem Mord geholfen haben, nach der Höchststrafe richten.

*Zit. nach: Wolfgang Lautemann (Bearb.), Geschichte in Quellen, Bd. 2, bsv, München 1978, S. 747f.**

M5 Ende des Konfliktes in Braunschweig

Der neue Rat der Stadt Braunschweig, dem vorrangig Zunftmeister angehörten, konstituierte sich bereits im April 1374. Da er Finanzprobleme nicht lösen konnte, wandte er sich an die Mitglieder des ehemaligen „gemeinen Rates", die inzwischen in anderen Hansestädten lebten und den Ausschluss Braunschweigs aus der Hanse erreicht hatten. Erst 1380 kam es in Lübeck zur Versöhnung zwischen Patriziern und Zunfthandwerkern. Die Verhandlungen über die Wiederaufnahme in die Hanse, Entschädigung und Rückkehr der Vertriebenen zogen sich bis 1383 hin. Nach der neuen Ratsverfassung von 1386 hatten die Patrizier erneut großen Einfluss im Rat, doch waren nun auch wohlhabende Zunfthandwerker Mitglieder. Der Großteil der Einwohner blieb jedoch auch nach den Zunftkämpfen in Braunschweig von der Stadtregierung ausgeschlossen.

Originalbeitrag des Verfassers Robert Rauh.

2.6 Königtum und Fürstenherrschaft im Hoch- und Spätmittelalter

In dieser Themeneinheit geht es um
- *den staufisch-welfischen Gegensatz,*
- *den Übergang vom Personenverbandsstaat zum Territorialstaat,*
- *die zunehmende Bedeutung der Fürstenherrschaft,*
- *den sich wandelnden Charakter der Herrschaft im Heiligen Römischen Reich.*

Prozess und Entmachtung Heinrichs des Löwen (1179–81)

1. Phase:
Landrechtliches Verfahren (1179)
Kläger: Fürsten
Beklagter: Heinrich der Löwe
Vorwurf: Verstöße gegen den Landfrieden
Urteil: Wegen Abwesenheit Belegung mit der Reichsacht

2. Phase:
Lehnsrechtliches Verfahren (1180)
Kläger: König Friedrich I.
Beklagter: Heinrich der Löwe
Vorwurf: Majestätsverletzung wegen Missachtung der Gerichtsvorladungen
Urteil: In Abwesenheit Entzug aller Reichslehen, u. a. der Herzogtümer Bayern und Sachsen

3. Phase:
Durchsetzung des Urteils (1180/81)
Teilung der Herzogtümer Bayern und Sachsen und Neuverleihung; Reichsheerfahrt Friedrichs I. gegen den Löwen und Unterwerfung Heinrichs auf dem Reichstag in Erfurt (1181): Lösung Heinrichs aus der Reichsacht, aber Verlust seiner Herzogtümer; ihm verblieb das alte welfische Hausgut um Braunschweig und Lüneburg; dreijährige Verbannung nach England

Staufer und Welfen: Verbündete und Widersacher

Der Investiturstreit zwischen Kaiser und Papst in der zweiten Hälfte des 11. Jahrhunderts (s. S. 70 ff.) hatte zur Stärkung der mächtigen Adelsgeschlechter und damit zur Schwächung des deutschen Königtums geführt. Während im Hoch- und Spätmittelalter die Könige in Frankreich, dem ehemaligen Westfrankenreich, ihren Vorrang über den Adel festigen konnten, gewannen im Deutschen Reich die Fürsten mit dem Ausbau ihrer Landesherrschaften zunehmend an Einfluss und legten den Grundstein für den heutigen Föderalismus. Im 12. Jahrhundert kam es zwischen Königtum und Fürstenherrschaft zur Verschärfung des Machtkampfes, der einen ersten Höhepunkt in dem Konflikt der beiden mächtigsten Adelsgeschlechter im Reich, den **Staufern** und **Welfen**, fand und die Reichspolitik mehrere Jahrzehnte entscheidend prägte.
Die Königswahl des Staufers **Friedrich I. Barbarossa** (Reg. 1152–90), dessen Mutter eine Welfin war, schien eine Aussöhnung zwischen Staufern und Welfen zu ermöglichen und den Frieden im Reich zu sichern. Ausgleichend wirkte auch, dass Friedrich I. 1156 seinem welfischen Vetter, dem Sachsenherzog **Heinrich dem Löwen**, das Herzogtum Bayern zurückgab, das den Welfen durch Friedrichs Onkel, Konrad III. (Reg. 1138–52), aberkannt worden war. Die Beilegung des Konfliktes und der bereits 1152 verkündete „allgemeine Landfrieden" waren für Friedrich I. Voraussetzungen für die Wiederaufnahme der Italienpolitik seiner Vorgänger. Von Heinrich zunächst unterstützt, erreichte Friedrich I. während der ersten beiden Italienzüge die Kaiserkrönung in Rom (1155) und die Unterwerfung der Städte in Norditalien (1162).
Im Reich betrieb Friedrich I. zur Stärkung königlicher Besitz- und Herrschaftsrechte neben einem Ausgleich mit den Fürsten durch Zugeständnisse in Form königlicher Hoheitsrechte (Regalien) den Bau von Burgen und Kaiserpfalzen sowie die Gründung bzw. Förderung von Städten. Auch die Fürsten bauten ihre Herrschaft in den Territorien aus. Vor allem Heinrich der Löwe schuf durch Städtegründungen, Burgenbau, Eroberung slawischer Stammesgebiete und Ausweitung seines Hausgutes auf Kosten des sächsischen Adels eine Machtbasis, die dem Welfen eine nahezu königliche Stellung verlieh.
Zur Machtprobe zwischen Friedrich I. und Heinrich dem Löwen kam es, als Friedrich während seines fünften Italienzuges 1176 Heinrich um Unterstützung bat. Dieser verweigerte die Heeresfolge, weil Friedrich seiner Forderung, ihm als Gegenleistung die durch den Silberbergbau wohlhabende Reichsstadt Goslar als Lehen zu übergeben, nicht entsprach. Der staufisch-welfische Gegensatz flammte erneut auf. Zwei Jahre später nahm der Staufer die Klagen sächsischer Adliger zum Anlass, dem welfischen Widersacher den **Prozess*** zu machen. Heinrich dem Löwen wurde die Machtbasis entzogen, indem der König ihm mithilfe der Fürsten alle Reichslehen, darunter die Herzogtümer Sachsen und Bayern, aberkannte.

Vom Personenverbandsstaat zum Territorialstaat

Die **Entmachtung Heinrichs des Löwen** war für die politische und verfassungsrechtliche Entwicklung des Heiligen Römischen Reiches von zentraler Bedeutung. Friedrich I. hatte zwar seinen mächtigsten Konkurrenten im Reich ausgeschaltet, konnte aber bei der Neuverteilung von Sachsen und Bayern keinen territorialen Gewinn für sein Königtum erzielen, da er die eingezogenen Herzogtümer nicht dem Reichsgut zuschlug, sondern sofort neu verlieh. Das tat er nicht unter dem Zwang rechtlicher Normen (Leihezwang), sondern kam damit den Fürsten entgegen, die für ihre Unterstützung beim Sturz des Löwen vom König Land forderten. Nicht nur die Fürsten, sondern auch die kleineren Dynastien in Sachsen und Bayern profitierten von dem Konflikt und begannen verstärkt mit dem Ausbau eigener **Landesherrschaften.**
Auch aus verfassungsrechtlicher Sicht waren die Folgen der Entmachtung des Welfen gravierend. Mit der Auflösung der Herzogtümer Sachsen und Bayern fand die Entwicklung von den großen, aber nur locker verbundenen Stammesherzogtümern zu kleineren, zahlreicheren und in sich geschlossenen Territorialfürstentümern vorerst ihren Abschluss. Im Verlauf dieses **Territorialisierungsprozesses** kam es auch zur Herausbildung des sogenannten jüngeren Reichsfürstenstandes. Diese Gruppe umfasste nur Fürsten, die ihre Lehen direkt vom König empfingen (Kronvasallen) und keinem anderen weltlichen Herrscher verpflichtet waren. Zu ihnen gehörten die geistlichen Fürsten, die seit dem Wormser Konkordat (s. S. 70 ff.) vom König mit dem Zepter investiert wurden (Zepterlehen), und die weltlichen Fürsten, die vom König mit einer Fahne, dem Symbol des Heerbanns (militärische Treue gegenüber dem König), belehnt wurden (Fahnenlehen). Nach dem Tod Friedrichs I. während des dritten Kreuzzuges 1190 konnten die Reichsfürsten ihre politische Macht im Reich und in den Territorien weiter ausbauen. In ihren Herrschaftsgebieten unterstanden nun alle Einwohner allein der Gewalt des Fürsten, der eine vom Lehnsrecht unabhängige Verwaltung mit Ministerialen schuf. An die Stelle der Lehnsdienste und -pflichten traten rechtliche Beziehungen wie Sold- und Dienstverträge mit Vasallen, wodurch die auf persönlichen Bindungen beruhende Lehnsordnung an Bedeutung verlor und der Wandel vom mittelalterlichen Personenverbandsstaat zum modernen Territorialstaat eingeleitet wurde.

Friedrich II. und die Stärkung der Fürstenherrschaft

Trotz der Strukturprobleme des deutschen Königtums blieb die Autorität der Staufer auch unter Friedrich Barbarossas Sohn und Nachfolger, **Heinrich VI.** (Reg. 1190–1197), ungebrochen. Bald zeichnete sich ein staufisches Imperium ab, das, seit Heinrich durch Heirat die Herrschaft über das Normannenreich in Süditalien erlangt hatte, von dort bis zur Nordsee reichte. Heinrichs Plan, das römisch-deutsche Reich mit dem Königreich Sizilien zu verbinden und in eine Erbmonarchie umzuwandeln, um das Kaisertum dauerhaft mit der staufischen Dynastie zu verbinden, scheiterte jedoch am Widerstand des Papstes und der Fürsten. Während der Papst eine territoriale Einkreisung seines Kirchenstaates fürchtete, sahen die Fürsten durch den Verlust des Wahlrechts ihren Einfluss im Reich gefährdet. Nach dem Tod Heinrichs flammte der staufisch-welfische Gegensatz wieder auf und führte zur erneuten Schwächung des Königtums sowie zur Stärkung der Fürsten, die ihre Landesherrschaften festigten. Der letzte Stauferkaiser **Friedrich II.*** (Reg. 1212–1250), trug maßgeblich zu dieser Entwicklung bei. Mittels zweier Urkunden (1220 und 1232) stattete er die geistlichen und weltlichen Fürsten mit landesherrlichen Privilegien aus. Gleichzeitig sicherte er sich die Zustimmung der Fürsten zur Wahl seines Sohnes zum deutschen König sowie deren Unterstützung in seiner Auseinandersetzung mit dem Papst. Damit verzichtete der Kaiser auf die Festigung der königlichen Zentralgewalt und beschleunigte so die Entwicklung der Territorialfürstentümer.

Friedrich II.
(1194–1250) Der Enkel Friedrich Barbarossas und letzte mächtige Staufer-Herrscher wuchs in Sizilien unter normannischem, arabischem und byzantinischem Einfluss auf. Erst nach langen Kämpfen konnte er sich dort als König durchsetzen. Er musste dem Papst aber zusichern, das römisch-deutsche Reich und Sizilien nicht in Personalunion zu regieren.
1212 zum deutschen König und 1220 zum Kaiser gekrönt, war Friedrich II. jedoch nur selten im Reich, denn seine Herrschaftsbasis sah er in Sizilien. Dort baute er einen modernen Staat auf, der bereits Züge des absolutistischen Staates der Frühen Neuzeit trug. Friedrich II. war in Naturwissenschaften, Philosophie und Sprachen (z. B. auch Arabisch) außergewöhnlich gebildet. Sein früher Tod 1250 markiert den Beginn des Staufer-Mythos (s. S. 96 f.).

M 1 Das Reich zur Zeit der Staufer

Königswahl und kaiserliche Hausmachtpolitik

Interregnum
(lat. = Zeit zwischen der Königsherrschaft)

▶ M 3: Die Rolle der Kurfürsten

Nach dem Ende der Stauferzeit (nach dem Tod von Friedrichs Sohn Konrad IV., 1254) begünstigte der mehrfache Dynastiewechsel die Verselbstständigung der Landesherrschaften. Die Machtverschiebung im Reich vom König zu den Reichsfürsten zeigte sich auch in der Regelung der Königswahl. In der Zeit des **Interregnums*** (1254–1273), in der die Fürsten auch ausländische Herrscher zum König erhoben, setzte sich endgültig das **Prinzip der freien Königswahl** durch, das von führenden (Kur-)Fürsten (mhd. Kur = Wahl) nun als Recht eingefordert wurde. Zum Kurfürstenkollegium, das 1257 erstmals in Erscheinung trat, gehörten die Erzbischöfe von Mainz, Köln und Trier sowie der Herzog von Sachsen, der Markgraf von Brandenburg, der König von Böhmen und der Pfalzgraf bei Rhein. Verfassungsrechtlich wurde die Königswahl durch **Kaiser Karl IV.** in der **„Goldenen Bulle“ 1356** festgeschrieben.

M2 Karl IV. und die Kurfürsten, Holzschnitt, um 1560.
Links vom Kaiser: Die drei geistlichen Kurfürsten, die Erzbischöfe von Trier, Köln und Mainz; als Zeichen ihres Amtes halten sie Urkunden mit Siegeln in den Händen. Rechts: Die weltlichen Kurfürsten mit den Symbolen ihrer Hofämter: der König von Böhmen (Glas/Mundschenk), der Pfalzgraf bei Rhein (Geschirr/Truchsess), der Herzog von Sachsen (Schwert/Marschall) und der Markgraf von Brandenburg (Schlüssel/Kämmerer).

Damit hatte sich im Reich das Wahlprinzip gegenüber dem Geblütsrecht der Könige auch juristisch durchgesetzt. Im Spätmittelalter (13.–15. Jh.) kam es zu einer weiteren Schwächung der Reichsgewalt, obwohl sich der König noch immer als oberster Wahrer von Frieden und Recht im Reich verstand und z. B. von den Reichsstädten als unmittelbarer Herrscher anerkannt wurde. So scheiterte König Rudolf von Habsburg (Reg. 1273–1291) mit dem Versuch, das herrenlose staufische Reichs- und Hausgut unter seine Herrschaft zu bringen. In der Folge brach er mit der Tradition des römisch-deutschen Kaisertums und verzichtete auf alle Ansprüche in Unteritalien und Sizilien. Damit wurde die universale Reichsidee aufgegeben und das Kaisertum zu einem „Ehrentitel" degradiert. Auch in anderer Hinsicht markierte Rudolfs Regentschaft eine Zäsur in der deutschen Geschichte, denn er gilt als der erste inthronisierte Hausmachtpolitiker im Reich. Seit dem 14. Jahrhundert waren Könige bzw. Kaiser zunehmend bestrebt, den Aufstieg der Fürsten durch die Ausweitung der eigenen Hausmacht auszugleichen, indem sie ihre Territorien erweiterten, was besonders den **Habsburgern*** gelang.
Die Kontinuität der Habsburger-Dynastie und die Reichsreform von 1495 (s. S. 139) konnten zwar den Zerfall der Zentralgewalt nicht aufhalten, führten jedoch zur Herausbildung stabiler staatlicher Strukturen im Reich. Diese ambivalente Entwicklung wird von Historikern unterschiedlich bewertet. Wurde das Spätmittelalter entwicklungspolitisch aufgrund der Schwäche des Königtums und der Stärke der Fürstenherrschaft negativ beurteilt, sieht die moderne Geschichtsschreibung diese Entwicklung des Reiches differenzierter.

Die Habsburger
Das Adelsgeschlecht im Südwesten des Reiches erwarb unter Rudolf (König 1273–1291), ihrem ersten Vertreter auf dem Königsthron, zunächst die Herzogtümer Österreich und Steiermark. Mit dem Gewinn Burgunds und Spaniens sowie Böhmens und Ungarns stiegen die Habsburger (ab dem 15. Jh. „Haus Österreich") zur europäischen Großmacht auf. Nahezu ausnahmslos hatten sie bis 1806 die Kaiserwürde des Heiligen Römischen Reiches Deutscher Nation inne und standen als Monarchen noch bis 1918 an der Spitze des Vielvölkerstaates Österreich-Ungarn

▶ **M 4: Staatsbildung im Deutschen Reich**

1 **Wahlaufgabe:** Bearbeiten Sie Aufgabe a) oder b).
Stellen Sie den staufisch-welfischen Gegensatz in
a) einem **Schaubild**
Tipp: Siehe Methodenseite 392 f.
b) einem **Zeitstrahl** dar
2 Erklären Sie mithilfe der Darstellung die Folgen der Entmachtung Heinrichs des Löwen für die Entwicklung des Reiches. Beziehen Sie sich dabei auf M 1.
3 Erläutern Sie den Übergangsprozess vom Personenverbands- zum Territorialstaat.
4 **Partnerarbeit:** Beschreiben Sie arbeitsteilig Funktion und Bedeutung des Königs bzw. des Kaisers und der Kurfürsten im Spätmittelalter. Nutzen Sie die Darstellung und M 2.

Hinweise zur Arbeit mit den Materialien:
M 1 zeigt die territorialen Veränderungen im Reich. M 2 bildet die Machtverhältnisse im Reich ab. M 3 ist ein Auszug aus der „Goldenen Bulle". M 4 charakterisiert das Königtum im Heiligen Römischen Reich.

Die Rolle der Kurfürsten

M 3 Die Goldene Bulle Kaiser Karls IV. (1356)

Als „Goldene Bulle" (lat. bulla = Blase; aufgrund der blasenähnlichen Form des Siegels) wird diese kaiserliche Urkunde bezeichnet, die mit einem goldenen (nur bei besonders feierlichen Anlässen verwendeten) Siegel versehen wurde.

Wir [haben], um die Einigkeit unter den Kurfürsten zu fördern, um Einhelligkeit bei der Wahl herbeizuführen und um der vorerwähnten schmählichen Uneinigkeit und den mannigfachen aus ihr erwachsenden Gefahren den Zugang zu verschließen, die hiernach geschriebenen Gesetze auf Unserem feierlichen Reichstag zu Nürnberg [...] kraft kaiserlicher Machtvollkommenheit erlassen, aufgestellt und zu bestätigen für gut befunden. [...]

Und weil Nachfolgendes nach alter anerkannter und löblicher Gewohnheit bisher stets unverbrüchlich beobachtet worden ist, bestimmen auch Wir und verordnen aus kaiserlicher Machtvollkommenheit, dass, wer besagtermaßen zum römischen König gewählt worden ist, sogleich nach vollzogener Wahl [...] jeden geistlichen und weltlichen Kurfürsten, die bekanntlich die nächsten Glieder des Heiligen Reiches sind, alle ihre Privilegien, Briefe, Rechte, Freiheiten und Vergünstigungen, alten Gewohnheiten und auch Würden und alles, was sie vom Reich bis zum Tag seiner Wahl empfangen und besessen haben, ohne Verzug und Widerspruch durch seine Briefe und Siegel bestätigen und bekräftigen soll. [...] Damit nicht unter den Söhnen besagter weltlicher Kurfürsten wegen des Rechts, der Stimme und der Befugnis, die vorhin erwähnt wurden, inskünftig Anlass zu Ärgernis und Zwietracht entstehen und so das allgemeine Wohl durch gefährliche Verzögerungen beeinträchtigt werden kann, bestimmen Wir, [...] dass für ewige Zeiten gelten soll, dass jeweils nach dem Ableben eines weltlichen Kurfürsten Recht, Stimme und Befugnis zu solcher Wahl auf seinen erstgeborenen rechtmäßigen Sohn weltlichen Standes, falls aber dieser nicht mehr am Leben wäre, auf dieses Erstgebornen erstgebornen Sohn weltlichen Standes ungehindert und ohne jemands Widerspruch übergehe. Wenn aber ein solcher Erstgeborner ohne rechtmäßige männliche Erben weltlichen Standes aus dieser Welt schiede, dann soll [...] Recht, Stimme und Befugnis zu besagter Wahl auf seinen ältesten, aus echter väterlicher Linie stammenden Bruder weltlichen Standes und sodann auf dessen Erstgebornen weltlichen Standes übergehen, und diese Erbfolge [...] soll auf ewige Zeiten beobachtet werden. [...]

Wenn aber eines von diesen Kurfürstentümern dem Heiligen Reiche ledig wird, dann soll und kann es der jeweilige Kaiser oder römische König wieder verleihen als etwas, das ihm und dem Reiche rechtmäßigerweise heimgefallen ist.

XI. Von der Gerichtsfreiheit der Kurfürsten. Wir stellen auch fest, dass keine Grafen, Freiherren, Edelleute, Lehensleute, Vasallen, Burgvögte, Ritter, Ministerialen, Bürger, Burgmannen und keinerlei Personen, Mann oder Frau, die den Kirchen von Köln, Mainz und Trier untertan sind, von welcherlei Stand, Rang oder Würde sie auch sein mögen, auf Ansuchen irgendeines Klägers außerhalb des Gebietes und der Marken und Grenzen derselben Kirchen und was dazu gehört vor irgendeinen andern Gerichtshof oder vor das Gericht eines andern als der Erzbischöfe von Mainz, Trier und Köln und ihrer Richter weder in vergangenen Zeiten geladen werden konnten noch fürderhin auf ewige Zeiten gezogen oder gefordert werden dürfen oder können, so wie Wir dies in vergangenen Zeiten beobachtet gefunden haben. Wir verordnen, dass dawider eingelegte Berufungen zurückgewiesen werden sollen, und erklären sie für null und nichtig. Im Falle verweigerten Rechtes aber soll allen Vorgenannten gestattet sein, ausschließlich an das kaiserliche Hofgericht oder an den Richter, der zu der Zeit am kaiserlichen Hofgericht unmittelbar den Vorsitz führt, zu appellieren; auch in diesem Fall aber dürfen diejenigen, denen das Recht verweigert worden ist, nicht an irgendeinen andern ordentlichen oder stellvertretenden Richter appellieren. Wir wollen, dass ebendiese Verordnung [...] auch auf die erlauchten weltlichen Kurfürsten, den Pfalzgrafen bei Rhein, den Herzog von Sachsen und den Markgrafen von Brandenburg, und ihre Erben, Nachfolger und Untertanen in vollem Umfang ausgedehnt werde.

*Zit. nach: Die Goldene Bulle Kaiser Karls IV., bearb. v. Konrad Müller, Historisches Seminar der Universität Bern, Bern 1964, S. 15 ff.***

1 Arbeiten Sie die Regelungen heraus, die in der Goldenen Bulle getroffen wurden.
2 Beurteilen Sie M 3 im Kontext der Territorialisierung.

Staatsbildung im Deutschen Reich

M4 Der Historiker Frank Rexroth (2005)

Warum also verlief die Entwicklung im Reich anders als anderswo? Zum einen blieb das Königtum im Reich bis an die Schwelle zur Neuzeit Wahlkönigtum, woraus sich (jedenfalls im Vergleich zu den Monarchien in der Nachbarschaft) ein Defizit an dynastischer Kontinuität ergab. [...] Wo es aber an dynastischer Kontinuität fehlte, mangelte es zweitens auch an einem stabilen Zentrum der Herrschaft und der Verwaltung, kurz: an einem Know-how des Herrschens, das von Experten hätte weitergegeben werden können. Drittens zeigten die Eliten in den Regionen des Reichs ganz unterschiedliche Affinitäten zu den Königen, sodass Historiker heute zwischen „königsnahen" (z.B. Franken), „königsoffenen" (z.B. dem Oberrhein) und „königsfernen" Landschaften (insbes. dem Norden) unterscheiden. Die Güter, die die Herrscher in der Vergangenheit an Vasallen ausgegeben hatten, waren viertens durch den für die deutsche Geschichte charakteristischen Prozess der Allodialisierung[1] dem König entfremdet worden und gerieten so zur Grundlage eigenständiger Adelsherrschaft. Da die Ministerialen, die in der Herrschaftspraxis staufischer Könige eine wesentliche Rolle gespielt hatten, im niederen Adel aufgingen und sich damit nicht mehr von anderen Vasallen unterschieden, mangelte es den Königen fünftens an einer Funktionselite für die Verwaltung des Reichsgutes, deren Angehörige weisungsgebunden und prinzipiell absetzbar gewesen wären. Ein besonderes Manko bestand aber sechstens in der Finanzschwäche des Königtums. Nach den Anläufen König Rudolfs von Habsburg und seiner unmittelbaren Nachfolger, verlorengegangenes Reichsgut wieder für das Königtum zu sichern [...], setzte mit Ludwig dem Bayern eine Phase der Verpfändung eben jenes Guts ein [...]. Generell war solches Gut in Deutschland schwer zu verwalten, denn es fehlte an entsprechenden Institutionen. Vom Erlass von Reichssteuern war seit dem 15. Jahrhundert unter dem Einfluss der Hussiten- und Burgunderkriege[2] sowie der sog. „Türkengefahr"[3] immer wieder die Rede, doch scheiterte die Umsetzung dieses Plans selbst noch im Anschluss an den Wormser Reichstag von 1495. Als einträglicher erwies sich die fiskalische Nutzung königlicher Rechte (z.B. des Judenschutzes) und Leistungen (z.B. der Rechtsprechung). Aus alledem ergab sich ein Defizit an Autorität, das andere zu nutzen verstanden. [...]

Die Macht der Kurfürsten blieb [...] letztlich begrenzt, da sich um die Mitte des 14. Jahrhunderts im Reich eine Trias von Großdynastien herausschälte: die Habsburger, die Luxemburger (bis 1437) und die Wittelsbacher. Durch die Vereinigung mehrerer Herrschaften in einer Hand entstanden regelrechte Territorienkomplexe [...]. Es war eine deutsche Besonderheit, dass das Reich zwar selbst keine europäische Großmacht werden sollte, dass aber mit dem Aufstieg des Hauses Österreich, also eines seiner Glieder, die für das Europa der Frühen Neuzeit charakteristische Konstellation von Großmächten begründet wurde. [...]

So leistete eine ganze Reihe von Faktoren der Ausprägung einer dualistischen Reichsverfassung Vorschub: die Existenz von Großdynastien (die überdies miteinander rivalisierten), das Kurfürstenkollegium, aber auch Versuche der übrigen Reichsfürsten, sich von den Kurfürsten zu emanzipieren. [...] Bestand in der Geschichtswissenschaft lange Zeit Konsens darüber, dass in jener formativen Phase der Reichsverfassung aus den Territorien des Reichs Territorialstaaten geworden seien, so urteilt man in jüngster Zeit vorsichtiger: Wesentliche Elemente von Staatlichkeit, nämlich das Steuer- und das Heerwesen, konnten im Mittelalter weder im Reich noch in den Territorien etabliert werden.

*Zit. nach: Frank Rexroth, Deutsche Geschichte im Mittelalter, C.H. Beck, München 2005, S. 84–87.**

1 *Allodialisierung (allod = Eigentum):* Umwandlung von Lehen in Eigentum; formalrechtlich bleibt es aber ein Lehen.
2 *Hussitenkriege (1419–1436):* Kämpfe zwischen religiösen Oppositionsgruppen und dem König.
Burgunderkriege (1474–1477): Kämpfe, ausgelöst durch den Burgunderherzog Karl I., der ein eigenständiges neuburgundisches Reich anstrebte.
3 *„Türkengefahr":* Begriff für die Angst vor der Expansion des Osmanischen Reiches im 15. Jh.

1 Analysieren Sie die wesentlichen Thesen des Autors (M4).
2 Überprüfen Sie die Stichhaltigkeit der Argumente anhand der Darstellung.
3 Erörtern Sie die Frage, ob das Heilige Römische Reich eher als *Staatenbund* oder als *Bundesstaat* bezeichnet werden sollte.
Tipp: Nutzen Sie weitere Recherchemöglichkeiten.
4 **Vertiefung (Wahlaufgabe):** Bearbeiten Sie a) oder b). Frank Rexroth (M4) beschreibt Defizite des Reiches gegenüber anderen Staaten oder Nationen. Diskutieren Sie vor diesem Hintergrund die Vor- und Nachteile von Zentralismus und Föderalismus, indem Sie das Heilige Römische Reich Deutscher Nation mit
a) dem Römischen Reich oder
b) dem heutigen Europa vergleichen.
Tipp: Nutzen Sie als Vergleichskriterien die Hauptthesen aus M4.

Der Staufer-Mythos

M1 Kyffhäuser-Denkmal in Thüringen, Luftbild der Gesamtanlage und Detailaufnahme der Barbarossa-Figur, Fotografie, 2011

Mythos
(der; Pl. die Mythen): Überlieferung aus der Vorzeit eines Volkes (Götter-/Heldenerzählung); auch Verklärendes über ein Ereignis, eine Person oder Gruppe. Oft berichtet sie von einer glanzvollen Vergangenheit, die es wiederherzustellen gilt. Solche Mythen enthalten ein Sinn- bzw. Heilsversprechen, das den Menschen Orientierung und Halt geben soll.

Barbarossa-Sage
erzählt, dass der alte Kaiser durch einen Zauber in ein unterirdisches Schloss im Kyffhäuser versetzt worden sei und dort schlafe. Alle hundert Jahre erwache er, um einen Zwerg zu bitten, dass dieser nachsehe, ob die Raben noch um den Berg fliegen. Ist dies der Fall, müsse er weitere hundert Jahre schlafen. Erst wenn ein Adler die Raben vertreibe, könne Barbarossa schließlich zurückkehren und die alte Ordnung erneuern.

Der Enkel Barbarossas und letzte Staufer-Kaiser, Friedrich II.*, polarisierte durch seine Konflikte mit dem Papst sowie seinem Interesse an der islamisch-arabischen Kultur (s. S. 91) und wurde aufgrund seiner Persönlichkeit und Gelehrtheit bereits zu Lebzeiten zum **Mythos*** stilisiert. Sein plötzlicher Tod 1250 förderte die Entstehung einer Sage, wonach der Kaiser nicht gestorben sei, sondern sich vor dem Papst im Orient verborgen halte, um in besseren Zeiten zurückzukehren. Diese Sage soll sogar mehrere Hochstapler veranlasst haben, sich als Friedrich auszugeben. Im 15. Jahrhundert wurde die Sage auf Friedrichs Großvater Friedrich I. Barbarossa übertragen und in eine Höhle des thüringischen Kyffhäusergebirges verlegt. Nach dem Ende des Heiligen Römischen Reiches (1806) und den napoleonischen Befreiungskriegen (1812–1815) entwickelte sich die **Barbarossa-Sage*** zum Nationalmythos. Mit der Reichsgründung von 1870/71 schien die Sehnsucht nach einem geeinten Deutschen Reich in Erfüllung zu gehen.
Mit dem 1896 eingeweihten **Kyffhäuser-Denkmal** wurde der Hohenzollern-Kaiser Wilhelm I. (Reg. 1857–1888) in die direkte Nachfolge der Staufer und ihrer mittelalterlichen Reichsidee gestellt: Das Monument, an dessen Fuß der erwachende Staufer-Kaiser Barbarossa sitzt, ist 81 Meter hoch. Über der Barbarossa-Figur erhebt sich das Reiterstandbild Wilhelms I. Den Abschluss des Turmensembles bildet eine fast sieben Meter hohe stilisierte deutsche Kaiserkrone.
Schon während der Weimarer Republik instrumentalisierten nationalistische Kreise die Sage. Die Nationalsozialisten nutzten den Staufer-Mythos, um ihr „Drittes Reich" als „Nachfolger" des Staufer- („Erstem Reich") und Kaiserreiches („Zweiten Reich") zu legitimieren. Die DDR-Regierung bezeichnete das Denkmal als Mahnmal „völlig reaktionärer Gesinnung" und dachte über einen Abriss nach. Nach einer Restaurierung in den 1990er-Jahren gehört es heute zu den bekanntesten Denkmälern Deutschlands.

1 Erklären Sie anhand der Darstellung die Hintergründe des Staufer-Mythos'.
2 **Wahlaufgabe:** Bearbeiten Sie Aufgabe a) oder b).
Stellen Sie die Funktion der Barbarossa-Sage seit ihrer Entstehung in einem
a) **Schaubild** oder
b) **Zeitstrahl** dar.

M2 Friedrich Rückert: Barbarossa (1817)

Der alte Barbarossa,
Der Kaiser Friederich,
Im unterird'schen Schlosse
Hält er verzaubert sich.
Er ist niemals gestorben,
er lebt darin noch jetzt,
Er hat im Schloß verborgen
Zum Schlaf sich hingesetzt.
Er hat hinabgenommen
Des Reiches Herrlichkeit
Und wird einst wiederkommen
Mit ihr, zu seiner Zeit. [...]

*Zit. nach: Friedrich Rückert, Gesammelte Gedichte, 2. Teil, Frankfurt/M. 1843, S. 216f.**

M3 Heinrich Heine: Deutschland. Ein Wintermärchen (1844)

[...]
Mich schläferte und ich entschlief,
Und siehe! mir träumte am Ende,
Daß ich mich in dem Wunderberg
Beim Kaiser Rotbart befände.
[...]
„Herr Rotbart" – rief ich laut –, „du bist
Ein altes Fabelwesen,
Geh, leg dich schlafen, wir werden uns
Auch ohne dich erlösen. [...]"

*Zit. nach: Heinrich Heine, Deutschland. Ein Wintermärchen. Philipp Reclam Jun., Leipzig, 1989, S. 40ff.**

M4 „Der Alte vom Kyffhäuser", Karikatur aus dem Kladderadatsch Nr. 29/30 (1871).
Aufschrift auf der Tür: Wegen Geschäftsaufgabe geschlossen.

M5 Aus einem Artikel des Schriftstellers und Journalisten Franz Herwig (1925)

Unsichtbare Hände von Millionen tasten zueinander; wir fühlen uns wieder als Gemeinschaft, und sie allein nur kann den Führer aus ihrer Sehnsucht erschaffen. [...] Entzückt sehen wir auf das Ideal des Führers, wie es immer vor unsrem innern Auge stand, wenn draußen die Dunkelheit braute. Dieses Ideal hat einen Namen: Friedrich Rotbart [...]. Sei gegrüßt, Kyffhäuser, heiliger Berg! Im Nebel ertrunken und scheinbar tot wie wir, und doch im Innersten glühend unsterblich wie wir!

*Zit. nach: Franz Herwig, Kaiser Rotbart. Deutsche Heldenlegende, Heft 5, Freiburg i. Br. 1925, S. 1.**

M6 Der Journalist Hans-Jörg Sobiella über das Denkmal in der DDR-Zeit (1993)

Als Riesenikone deutscher Größe diente der steinere Trumm bis zum Ende des Dritten Reiches. Kurz danach, an die DDR war noch nicht zu denken, fanden sich denn auch gehorsam Vorauseilende, die den Turm am liebsten gesprengt hätten. „Ihr Deutschen müsst endlich lernen, mit euren Denkmälern und eurer Geschichte zu leben." Mit diesem nach wie vor aktuellen Satz soll ein anonym gebliebener sowjetischer Offizier die Schleifung des Denkmals verhindert haben. [...] Die einzige heute noch sichtbare DDR-Investition auf dem Kyffhäuser ist der Bronzefries in der Kuppelhalle des Turmes, der die Betrachter darauf einschwor, alle Geschichte als Geschichte von Klassenkämpfen zu erkennen. Da aber die damalige DDR selbst im Umgang mit der eigenen Geschichte lernunfähig war, wurde der Teil des Reliefs mit einer Blechblende verkleidet. Darauf war die Nationalhymnenzeile „Deutschland, einig Vaterland" zu lesen.

*Zit. nach: Hans-Jörg Sobiella, Ritt ins Morgenrot. in: Zeit Online, Nr. 28; 9. Juli 1993.**

1 **Partner-/Gruppenarbeit:** Analysieren und vergleichen Sie arbeitsteilig die Materialien (M 1–M 6) im Hinblick auf die Rezeption der Barbarossa-Sage.
Tipp: Achten Sie auf die Entstehungszeit der Quellen und ihren historischen Kontext.
2 Recherchieren Sie aktuelle Rezeptionen des Kyffhäuser-Mythos.
3 **Vertiefung:** Diskutieren Sie auf Grundlage Ihrer Arbeitsergebnisse aus den Aufgaben 1 und 2, wie ein angemessener Umgang mit dem Kyffhäuser-Denkmal angesichts seiner Geschichte heute aussehen könnte.

Der Staufermythos
Webcode: kifune

Anwenden

M1 Das *„Statutum in favorem principum"* (dt. Statut zugunsten der Fürsten) Kaiser Friedrichs II. (1232)

Hoch erhaben ist der Thron unseres Reiches, und in Gerechtigkeit und Frieden handhaben wir seine Regierung, wenn wir mit gebotener Aufmerksamkeit an das Recht unserer Fürsten und Magnaten denken, durch die, wie das Haupt auf kräftigen Gliedern ruht, blüht und feststeht, unsere Herrschaft und unsere gewaltige kaiserliche Größe gebietend aufsteigt, von ihren Schultern gestützt und getragen. [...]

1. Wie schon unser königlicher Sohn[1], so gestehen auch wir ihnen [den Fürsten] für immer zu, dass keine neue Burg oder Stadt auf geistlichem Gebiet, sei es auch unter dem Vorwand der Vogtei[2] [...] von uns oder einem anderen [Fürsten] errichtet werden darf [...].

2. Neue Märkte sollen alte in keiner Weise stören. [...]

6. Ein jeder Fürst habe freien Gebrauch seiner Freiheiten, Gerichtsbefugnisse, Grafschaften und Zehnten[3], nach den Gewohnheitsrechten seines Landes, sie seien sein Eigentum oder ein Lehen. [...]

7. Die Zentralgrafen sollen den Zehnten vom Landesherrn [...] oder von dem empfangen, den der Landesherr mit ihnen belehnt hat.

8. Ohne Zustimmung des Landesherrn darf niemand die Gerichtsstätte verlegen. [...]

12. Eigenleute der Fürsten, Edlen, des Dienstadels und der Kirchen sollen in unseren Städten keinen Schutz mehr finden.

13. Eigentum und Lehen der Fürsten, Edlen, des Dienstadels und der Kirchen, das sich in den Händen unserer Städte befindet, soll zurückgegeben werden und darf nicht wieder weggenommen werden.

14. Weder wir noch unsere Leute sollen das Geleitrecht der Fürsten in ihrem Lande, das sie von uns zu Lehen haben, beeinträchtigen oder stören dürfen. [...]

17. Im Lande eines Fürsten wollen wir keine neue Münze schlagen lassen, durch welche die Münze des Fürsten im Werte gemindert werden könnte.

18. Unsere Städte sollen ihre Gerichtsbarkeit nicht über ihren Umkreis hinaus ausdehnen, es sei denn, dass uns eine Sonderjurisdiktion zukommt. [...]

20. Ohne Zustimmung und aus der Hand des fürstlichen Lehnsherrn soll niemand Güter zu Pfand nehmen, mit denen ein anderer belehnt ist. [...]

23. Eigenleute, Leute der Vögte und der Lehen, die zu ihren Herren gehen wollen, dürfen durch unsere Beamten nicht zum Bleiben gedrängt werden.

*Zit. nach: Geschichte in Quellen, Bd. 2, hg. und übers. v. Wolfgang Lautemann, bsv, München 1978, S. 568 f.**

1 Heinrich VII. (1220–1235)
2 *Schutzgewalt:* hier weltliche Gerichtsbarkeit auf geistlichem Gebiet
3 *Landgerichte, Gerichtsbezirke*

1 Untersuchen Sie das Verhältnis zwischen zentraler und territorialer Gewalt im Heiligen Römischen Reich Deutscher Nation während des Hoch- und Spätmittelalters, indem Sie
- **a)** die Quelle analysieren,
- **b)** den Wandel vom Personenverbandsstaat zum Territorialstaat erläutern und
- **c)** die Auswirkungen des *„Statutum in favorem principum"* Friedrichs II. auf das Verhältnis zwischen zentraler und territorialer Gewalt beurteilen.

Präsentationsvorschläge

Thema 1:
Der Investiturstreit – wer hat die Macht im christlichen Abendland?
Bereiten Sie einen Vortrag über den Investiturstreit vor, indem Sie die Ursachen, die Konfliktparteien und ihre Ziele sowie den Anlass, Verlauf und die Ergebnisse der Auseinandersetzung zwischen Kaiser und Papst vorstellen und in Form eines Lernplakates visualisieren.

Thema 2 (Geschichte global):
Karl der Große – Kreuzritter im Diplomatengewand?
Arbeiten Sie am Beispiel Karls des Großen das Manuskript für einen Vortrag über das Verhältnis des christlichen Europas zur islamischen Welt im Frühmittelalter aus.

Wiederholen

M2 Staaten und Religionen in Europa um 1200

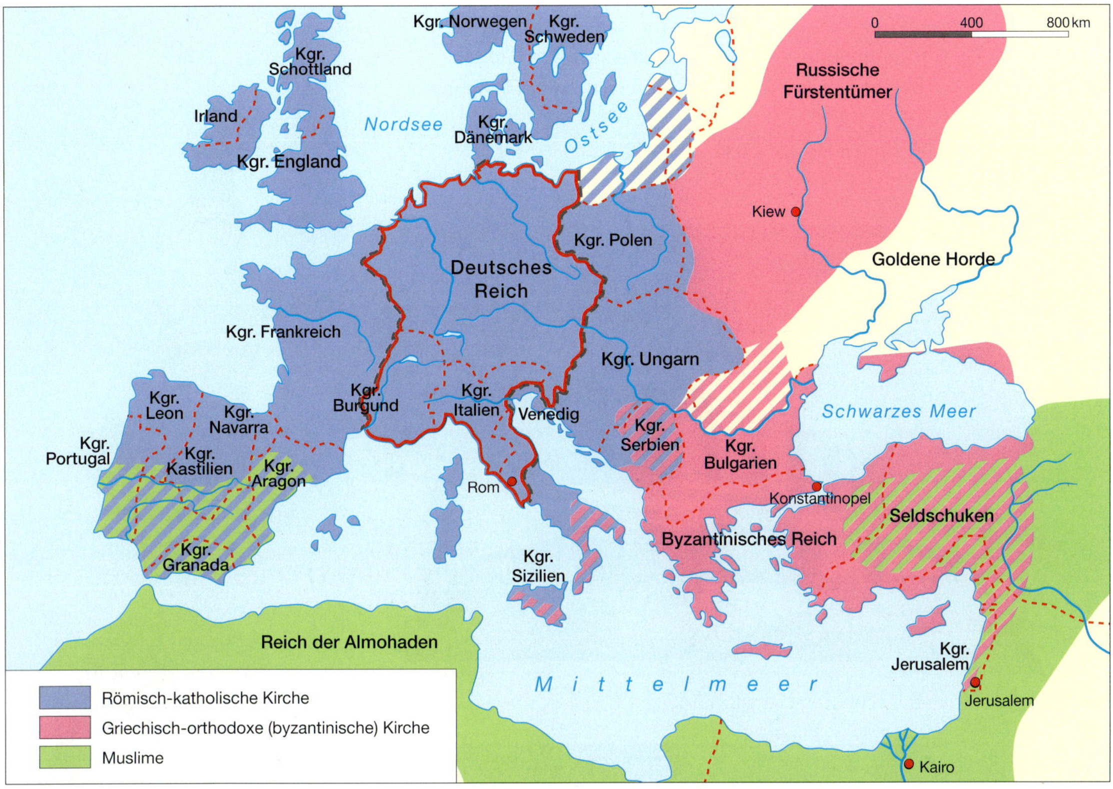

1 Analysieren Sie M 2 und erläutern Sie die Bedeutung von Religion im Mittelalter.
Tipp: Nutzen Sie die Hinweise auf den Methodenseiten 144 f.

2 Erklären Sie anhand von M 2 den Übergang von der Antike zum Mittelalter.

3 **Wahlaufgabe:** Bearbeiten Sie Aufgabe a) oder b).
Skizzieren Sie die politische Entwicklung des Heiligen Römischen Reiches anhand
a) eines **Zeitstrahls** oder
b) einer **digitalen Präsentation**.
Tipp: Gehen Sie auch auf die Herrscherdynastien, die Macht des Königs bzw. Kaisers und das Verhältnis zwischen weltlicher und geistlicher Macht ein.

4 Stellen Sie das Europa um 1200 und das heutige Europa in einer Tabelle gegenüber. Beachten Sie folgende Aspekte: Politik, Religion, Wirtschaft, Gesellschaft.

5 **Vertiefungsaufgabe:** Diskutieren Sie, inwieweit die mittelalterliche Stadt, als „Keimzelle der modernen, städtisch orientierten Gesellschaft" (Hans-Werner Goetz) betrachtet werden kann.
Tipp: Recherchieren Sie zunächst die Begriffe Moderne* und Modernisierung* (Lexikon). Achten Sie insbesondere auf die politische, wirtschaftliche und gesellschaftliche Struktur und Bedeutung der Städte.

6 Beurteilen Sie die These: „Das Mittelalter ist in unserer heutigen, modernen Gesellschaft nahezu allgegenwärtig." Beziehen Sie sich dabei auch auf Ihre Überlegungen vom Beginn des Kapitels (S. 61).
Tipp: Siehe Formulierungshilfen „Urteilen", S. 330.

Zentrale Begriffe

Adel
Bürger
Deutscher Orden
Feudalismus
Frankenreich
Goldene Bulle
Grundherrschaft
Heiliges Römisches Reich
Investiturstreit
Klerus
Kurfürsten
Lehnswesen
Leibeigenschaft
Patrizier
Personenverbandsstaat
Reichskirche
Ständegesellschaft
Territorialstaat
Vasall
Zunft

Testen Sie Ihr Vorwissen zur islamischen Welt.

1 Beschreiben Sie die Bilder.
2 Ordnen Sie den Bildern Oberbegriffe zu.
3 Kopieren Sie das Kreuzworträtsel (rechts) in Ihr Heft. Tragen Sie die passenden Begriffe in Ihre Kopie ein. Wenn Sie die korrekten Begriffe eingesetzt haben, ergibt sich aus den markierten Feldern das Lösungswort.
▶ Lösungshinweise finden Sie auf S. 638.

a)

b)

c)

d)

e)

f)

g)

4 Führen Sie anhand der Bilder und Oberbegriffe ein Brainstorming durch.

5 **Mindmap:** Strukturieren Sie die Begriffe in einer Mindmap.

6 Welche Aussage trifft zu?

1 Heute ist der Islam gemessen an der Zahl seiner Mitglieder …
  a) die größte
  b) die zweitgrößte
  c) die drittgrößte
  d) die viertgrößte Religion weltweit.

2 Der Islam geht zurück auf den Propheten …
  a) Moses
  b) Ibrahim
  c) Muhammad
  d) Jesus

3 Wer oder was verbirgt sich hinter dem Begriff al-Andalus?
  a) Ein türkischer Heerführer des frühen 13. Jahrhunderts.
  b) Ein Lobgesang zum muslimischen Neujahrsfest.
  c) Ein mittelalterlicher muslimischer Staat auf der Iberischen Halbinsel.
  d) Ein Fluss im Norden der Türkei.

4 Begründet wurde der Islam um das Jahr …
  a) 1204 n. Chr.
  b) 753 v. Chr.
  c) 4 v. Chr.
  d) 622 n. Chr.

5 Wie heißt der wichtigste Pilgerort für Muslime?
  a) Bethlehem
  b) Mekka
  c) Jerusalem
  d) Medina

6 Welche europäische Stadt wurde zweimal beinahe durch die Osmanen erobert?
  a) Madrid
  b) München
  c) Venedig
  d) Wien

7 Im Ersten Weltkrieg stand das Osmanische Reich an der Seite von …
  a) Deutschland, Österreich und Bulgarien
  b) England, Frankreich und Russland
  c) Italien, USA und Frankreich

8 Gegründet wurde die Republik Türkei 1923 durch …
  a) Osman I.
  b) Sultan Salah ad-Din
  c) Mustafa Kemal, genannt Atatürk
  d) Recep Tayyip Erdogan

3 Religionen und Macht: Die islamische Welt und Europa

M1 Harun al Raschid empfängt die Gesandtschaft Karls des Großen 786, Gemälde, 1864, von Julius Köckert (1827–1918), Öl auf Leinwand.
Obwohl sich beide Herrscher nie persönlich trafen, unterhielten das christliche Frankenreich und das Reich des muslimischen Kalifen viele Jahre lang gute diplomatische Beziehungen.

610–750 Ausbreitung des Islam
622 Hidschra
630 Eroberung Mekkas
662 Umayyaden-Dynastie (bis 750)
929 Kalifat von Córdoba
1099 Eroberung Jerusalems durch die Kreuzfahrer
1187 Eroberung Jerusalems durch Saladin
1237 Bildung de Nasridenre von Grana

600 | 700 | 800 | 900 | 1000 | 1100 | 1200

711–1492 Herrschaft der Mauren in al-Andalus
750–1258 Abbasiden-Dynastie
1096–1291 Kreuzzüge

Von den heute weltweit rund 1,8 Milliarden Muslimen leben etwa 26 Millionen in Europa, davon ca. 4,7 Millionen in Deutschland. Diese wachsende Zahl setzte seit den 1990er-Jahren im christlich geprägten Westen die Diskussion darüber in Gang, wie das Zusammenleben unterschiedlicher Kulturen gestaltet werden sollte. Man erörterte Probleme und Chancen dieser Beziehungen und erkannte, dass man zu wenig wusste über die muslimische Religion und Kultur – bei einigen Menschen weckte dies ein Bedürfnis nach Information und Austausch, bei anderen wuchs die Skepsis gegenüber dem Kontakt mit der „fremden" Kultur.

Wirft man einen Blick in die Vergangenheit, zeigt sich, dass die islamische und die europäische Welt bereits über eine lange und durchaus enge gemeinsame Geschichte verfügen. Hier sind für die Epoche des Mittelalters* das Wirken Muhammads, die islamische Expansion im achten Jahrhundert, die Zeit der Kreuzzüge, die maurische Herrschaft und die christliche Reconquista* in Spanien besonders hervorzuheben. In der Moderne fanden vielfältige und enge Kontakte zwischen dem christlichen Europa und der islamischen Welt über das Osmanische Reich statt. Nach dessen Auflösung am Ende des Ersten Weltkrieges begründete der Nachfolgestaat, die moderne Türkei, ein neues Verhältnis zu Europa, und könnte eines Tages als erster Staat mit muslimischer Prägung sogar ein Mitglied der Europäischen Union werden. Mit Beginn des 21. Jahrhunderts haben Ereignisse wie die Anschläge in New York und London durch islamistische Terrororganisationen (z. B. *Al-Qaida*) sowie Gefechte mit radikalislamischen Terrormilizen (z. B. Islamischer Staat) das Verhältnis der Welt zum Islam heftig erschüttert. Das dadurch entstandene Bild eines rückschrittlichen, gewaltbereiten und expansiven Islam hat besonders in Europa Ängste geweckt, die mit dem Beginn der Flüchtlingskrise 2015 verstärkt wurden. Seitdem wurde die Frage nach dem Umgang mit dem Islam zu einem zentralen Thema europäischer Politik

M2 Sammelbildchen der Compagnie Liebig's Fleisch-Extract, Farblithographie, 1905.
Die Gesandten des Kalifen Harun al Raschid überbringen Kaiser Karl dem Großen (742–814 n. Chr.) eine Wasseruhr. Solche Geräte waren im mittelalterlichen Europa unbekannt, das Geschenk wurde daher als technisches Wunderwerk wahrgenommen.

1 Beschreiben Sie das Bild M 1 und tauschen Sie Ihre Eindrücke untereinander aus.
2 Vergleichen Sie M 1 und M 2 im Hinblick auf das dargestellte Verhältnis zwischen christlich-europäischer und muslimischer Welt.
3 Nennen Sie Ursachen für das heute belastete Verhältnis Europas zum Islam.
4 **Partnerarbeit:** Formulieren Sie drei Fragen, die Sie zum Thema dieses Kapitels haben.

- **1453** Eroberung Konstantinopels durch die Osmanen
- **1492** Fall Granadas, Sieg der Reconquista
- **1683** Niederlage der Osmanen vor Wien
- **1876** Osmanische Verfassung
- **1918** Niederlage des Osmanischen Reiches im Ersten Weltkrieg
- **1923** Friede von Lausanne, Gründung der modernen Türkei
- **1924–1934** Kemalistische Reformen
- **ab 1970** zunehmender Einfluss des Islamismus
- **1987** Antrag der Türkei auf EU-Mitgliedschaft
- **ab 1996** Entstehung der Al-Qaida

1400 1500 1600 1700 1800 1900 2000

1360–1920 Osmanisches Reich

3.1 Entstehung und Ausbreitung des Islam

In dieser Themeneinheit geht es um
- *das Wirken des Propheten Muhammad,*
- *die Entstehung und Ausbreitung des Islam im 7. und 8. Jahrhundert,*
- *Besonderheiten der islamischen Religion.*

Leben und Botschaft des Propheten Muhammad

▶ M 3, M 4: Besonderheiten des muslimischen Glaubens

Um 570 wurde Muhammad in Mekka geboren. **Mekka** war eine reiche Handelsstadt, die außerdem vom Wallfahrtszentrum um die Kaaba (s. Abb. b), S. 100), dem vorislamischen Heiligtum arabischer Gottheiten, profitierte. Gemäß der muslimischen Überlieferung erhielt Muhammad Offenbarungen Gottes, die er ab 613 den Mekkanern verkündete. Seine Lehre von dem einen Gott und die Verurteilung des Egoismus* der reichen Kaufleute stießen bei den polytheistischen* Mekkanern auf Ablehnung.

Muhammad musste daher im Jahre 622 in die Oase Yathrib, später **Medina** (Stadt des Propheten) genannt, auswandern. Dort kamen die Offenbarungen zu ihrem Abschluss. Muhammad gründete mit den mekkanischen Auswanderern und seinen muslimischen Anhängern (*Ansar* = Helfer) auf der Basis eines Vertrages die erste **muslimische Gemeinde (*Umma**) von Medina**. Der „Auszug aus Medina" ***(Hidschra*)*** markiert damit den Beginn der islamischen Zeitrechnung. Innerhalb eines Jahrzehnts gelang es Muhammad, die *Umma* zur führenden Macht auf der Arabischen Halbinsel zu machen. Dabei kam es zu gewaltsamen Auseinandersetzungen, insbesondere mit seiner Heimatstadt Mekka. Nach wechselvollen Kämpfen konnte er mit seinen Anhängern im Jahre 630 friedlich in Mekka einziehen und im folgenden „Jahr der Gesandtschaften" die meisten Stämme auf der Arabischen Halbinsel durch Verträge an die Gemeinde von Medina binden. Die **Kaaba*** machte er zum zentralen muslimischen Heiligtum.

Die **Kaaba** (arab. *al-Ka'ba* = Kubus; Würfel) wurde bereits in vorislamischer Zeit als Heiligtum verschiedener Götter verehrt. In der muslimischen Überlieferung finden sich unterschiedliche Erklärungen für den Ursprung des Gebäudes: Nach einigen Suren wurde es von Abraham als Gebetshaus erbaut. In anderen Varianten handelte es sich um das erste Haus überhaupt, den Ausgangspunkt der Schöpfung, das von Adam nach seiner Zerstörung wiederaufgebaut wurde.

M 1 Muhammad und seine Anhänger ziehen nach Mekka, Buchmalerei, Ende 16. Jh.

Für die Muslime gilt die Verkündigung Muhammads als die letztgültige Offenbarung Gottes. In Abraham sehen sie den ersten Propheten und Muslim, in Muhammad denjenigen, der die Sendung der früheren Propheten, unter ihnen auch Moses und Jesus, abschließt. Der Kern der Botschaft, nach Muhammads Tod 632 im **Koran*** fixiert, besteht in der Hingabe an den Willen Gottes. Muslime betrachten den einen Gott als ihren Schöpfer und Richter, vor dem sie sich verantworten müssen. Die Erfüllung kultischer Pflichten und die Ausübung von Barmherzigkeit und Rechtlichkeit sind zentrale Anforderungen des Islam. Ähnlich wie im Judentum entwickelte sich auf der Grundlage des Korans eine Gesetzesreligion, die eine eigene Kultur ausformte.

Expansion und innere Spaltung

Nach dem Tod Muhammads im Jahre 632 sagten sich viele Stämme von Medina los. Abu Bakr (Reg. 632–634), von der Gemeinde zum neuen Anführer, dem **Kalifen***, gewählt, konnte die abtrünnigen Stämme wieder an die *Umma* binden und weitere unterwerfen. Unter seinem Nachfolger Umar (Reg. 634–644) richteten sich die kriegerischen Expeditionen gegen die Großmächte Byzanz und Persien.

Die Byzantiner mussten sich nach ihrer Niederlage am Fluss Yarmuk im heutigen Jordanien 636 zurückziehen und verloren Palästina und Syrien. 638 nahmen die muslimischen Araber Jerusalem ein, 642 folgte

Ägypten. Das Perserreich der Sassaniden war nach dem militärischen Erfolg der Muslime bei Quadisiya 637 geschwächt und wurde ab 642 mit dem Sieg bei Nihawand eingenommen. Nach dem Tod Umars führte Uthman als Kalif (Reg. 644–656) die Expansion fort. Bis zu seiner Ermordung konnten die Muslime ihre Herrschaft über ganz Persien und bis nach Armenien ausdehnen sowie die nordafrikanische Küste bis Sizilien besetzen.

Im Innern kam es zu Spannungen und zu einem Bürgerkrieg um das **Kalifat***: Im Kampf um die Macht wurde zunächst Ali (Reg. 656–661), der Schwiegersohn des Propheten Muhammad, zum Kalifen* ernannt. Von seinem gewaltsamen Tod nahm die Spaltung der Muslime in **Sunniten*** und **Schiiten*** ihren Ausgang. Die Schiiten erkennen nur Ali bzw. seine Nachfahren als rechtmäßige Führer der Gläubigen (**Imame***) an. Nach der Ermordung Alis setzte sich die Familie der Umayyaden durch und bestimmte Damaskus zur neuen Hauptstadt. Ab 711 stießen die Umayyaden über Nordafrika bis nach Spanien, ab 712 bis ins heutige Usbekistan und bis zum Indus vor. Als sie im Jahre 750 die Macht an die neue Dynastie der Abbasiden abgeben mussten, war die Expansion im Wesentlichen abgeschlossen.

▶ M 2, M 5: Expansion des Islam

M 2 Ausbreitung des Islam bis ca. 750

1 Wahlaufgabe: Bearbeiten Sie Aufgabe a) oder b).
Beschreiben Sie unter Bezugnahme auf die Karte M 2 Entstehung und Ausbreitung des Islam, indem Sie
a) eine **Ereignisskizze** oder
b) ein **Kurzreferat** erstellen.

2 Wahlaufgabe: Bearbeiten Sie Aufgabe a) oder b).
a) **Lexikonartikel:** Erklären Sie den Grund für die historische Spaltung innerhalb des Islam in einem Lexikoneintrag.
b) **Präsentation:** Erläutern Sie die Legitimationsansprüche der unterschiedlichen islamischen Glaubensrichtungen mithilfe einer digitalen Präsentation.
Tipp: Recherchieren Sie zunächst die Begriffe „Sunniten“ und „Schiiten“.

> ***Hinweise zur Arbeit mit den Materialien:***
> *M 3 und M 4 stellen einzelne Charakteristika des Islam dar. M 2 und M 5 ermöglichen eine Auseinandersetzung mit der Expansion des Islam.*

Besonderheiten des muslimischen Glaubens

M3 Sure* 4, 95, offenbart zu Medina

Als Suren werden die Kapitel im Koran, der heiligen Schrift der Muslime, bezeichnet.

Und nicht sind diejenigen Gläubigen, welche (daheim) ohne Bedrängnis sitzen, gleich denen, die in Gottes Weg streiten mit Gut und Blut. Gott hat die, welche mit Gut und Blut streiten, im Rang über die, welche (daheim) sitzen, erhöht. Allen hat Gott das Gute versprochen; aber den Eifernden hat er vor den (daheim) Sitzenden hohen Lohn verheißen.

Zit. nach: Der Koran, übers. von Max Henning, Reclam, Stuttgart 1991, S. 104.

M4 Der Theologe Hans Küng zur Bedeutung des Begriffes Dschihad im Koran (2004)

Das arabische Wort Dschihad meint nicht die beiden deutschen Worte „Heiliger Krieg", sondern deckt ein weites Bedeutungsfeld ab. Es bedeutet zunächst nur „Anstrengung" [...]. Die Wortkombination „Heiliger Krieg" kommt im Koran nicht vor: Krieg kann in islamischer Auffassung nie heilig sein. Aber an anderen Stellen wird das Wort Dschihad als gewaltsamer „Kampf" verstanden im Sinne einer kriegerischen Auseinandersetzung: „Ihr müsst an Gott und seinen Gesandten glauben und mit eurem Vermögen und in eigener Person um Gottes Willen euch abmühen", wofür unmittelbar das Eingehen in das Paradies versprochen wird. [...] Während die Jünger Jesu [...] auf die Gewaltlosigkeit verpflichtet sind, so die Nachfolger des Propheten Muhammad von vornherein, falls nötig, auf eine kämpferische Auseinandersetzung, die auch Gewaltanwendung nicht scheut. So lässt sich kaum in Abrede stellen, dass der Islam vom Ursprung her einen kämpferischen Charakter hat.

*Zit. nach: Hans Küng, Der Islam, Piper, München 2004, S. 710 f.**

1 Benennen Sie Merkmale des Islam und erläutern Sie die Bedeutung des Begriffs Dschihad (M 3, M 4).

2 **Partnerarbeit:**
   a) Recherchieren und erläutern Sie die „fünf Säulen des Islam".
   b) Erarbeiten Sie auf dieser Grundlage arbeitsteilig Gemeinsamkeiten und Unterschiede des Islam zum Christen- bzw. Judentum.

Expansion* des Islam

M5 Der Historiker Heinz Halm (2000)

Die rasche Expansion des Herrschaftsgebietes der muslimischen Araber ist ein erklärungsbedürftiges Phänomen. Monokausale Begründungen indes sind nicht angebracht; insbesondere ist der Hinweis auf die neue Religion allein nicht geeignet, Impuls und Erfolge der Eroberungen hinreichend zu erklären. Einen Missionsauftrag [...] kennt der Koran nicht; die Expansion der Umma hatte auch [...] keineswegs den Zweck, die Unterworfenen zum Islam zu bekehren. Die Eroberungen entsprangen weder einem vorgefassten Plan, noch unterlagen sie einer zentralen Lenkung [...]: Das ursprüngliche politische Ziel der Umma, die „endgültige Durchsetzung des islamischen Monopols auf der Arabischen Halbinsel" (Noth), führte zunächst zur Einbeziehung der christlichen arabischen Vasallen der Byzantiner bzw. Perser an beiden Rändern der Syrischen Wüste; erst die leichten Erfolge brachten die getrennt und unabhängig operierenden Trupps muslimischer Kämpfer dazu, durch Verträge mit den Sesshaften die Umma nach Syrien und Mesopotamien auszuweiten. Nach muslimischem Sprachgebrauch „öffnete" Gott dem Islam die Länder; die Phase der Eroberungen heißt daher „Öffnungen" (futuh). Die wenigen [...] Schlachten brachen den Widerstand der Heere der jeweiligen Zentralmacht (Byzanz, Perserreich), während die Städte durch Verträge friedlich den Herrn wechselten. Erklärbar wird der rasche Wechsel der Herrschaft einmal durch die fehlende Loyalität der Untertanen ihren ehemaligen Oberherren gegenüber. Weitaus die meisten Bewohner Syriens, Palästinas und Ägyptens waren monophysitische Christen[1], für die die herrschende [...] byzantinische Reichskirche ein bedrückender Gegner war [...]. Zum Zweiten bot die von den Arabern praktizierte Regelung des Herrschaftswechsels den Unterworfenen zumindest keine Nachteile und führte zu einer „günstige(n) Konstellation konvergierender Interessen" (Noth), die als Hauptgrund für die schnelle Eroberung gelten darf.

*Zit. nach: Heinz Halm, Der Islam, Geschichte und Gegenwart, C. H. Beck, München 2001, S. 25 f.**

1 Diese glauben, dass Christus nur eine göttliche Natur hat und nicht Gott und Mensch (zwei Naturen) zugleich ist.

1 Untersuchen Sie, welche Ursachen Halm (M 5) für die rasche Expansion des Islam anführt und wie er die einzelnen Faktoren bewertet.

2 Beurteilen Sie Halms Sicht der Eroberungen.

3.2 Politische, wirtschaftliche und soziale Strukturen im islamischen Kulturraum (8. bis 13. Jahrhundert)

In dieser Themeneinheit geht es um
- *die Festigung der islamischen Herrschaft seit dem 8. Jahrhundert,*
- *Herrschaft, Wirtschaft und Gesellschaft im islamischen Raum vom 8. bis 13. Jh.*

Politische Herrschaft

Nach der Phase der Eroberung folgte unter der Herrschaft der Abbasiden die Konsolidierung islamischer Herrschaft. Die ersten vier Kalifen hatten sich als Stellvertreter Muhammads verstanden und waren noch durch dessen Weggefährten berufen worden. Sie werden auch die **Rechtgeleiteten Kalifen** genannt. Bereits die Umayyaden hatten das Prinzip der erblichen Nachfolge eingeführt und dem Kalifat monarchische Züge gegeben. Diese Ansätze setzten sich unter den Abbasiden, die die Umayyaden 750 stürzten, fort. Die Abbasiden legitimierten sich durch ihre Abstammung von der Prophetenfamilie. Sie bildeten eine Dynastie und gründeten Bagdad, das zum glanzvollen Mittelpunkt der muslimischen Welt wurde. Sie bezeichneten sich als Herrscher der Gläubigen und Stellvertreter Gottes, der ihnen die Vollmacht gegeben habe, ihre Untertanen zu schützen, Gesetze zu erlassen, der **Scharia*** Geltung zu verschaffen und den Glauben zu bewahren. Die Rechts- und Schriftgelehrten kontrollierten die rechtmäßige Auslegung und Anwendung der Scharia. Die weitere Festigung der Herrschaft erfolgte durch die Übernahme persischer Verwaltungsstrukturen und die Duldung der übrigen Buchreligionen der Juden, Christen und **Zoroastrier***. Ein entscheidender Schritt zur Islamisierung des großen Reiches bestand in der Beteiligung der Neumuslime an den Staatsgeschäften. Als ab ca. 850 der Niedergang des abbasidischen Kalifats einsetzte, entstanden Gegenkalifate. In Spanien wurde das Kalifat von Córdoba 929 ausgerufen und in Ägypten 969 das Kalifat der **Fatimiden***. Für die Herrscher der verschiedenen islamischen Teilreiche setzte sich allmählich der Titel **Sultan** durch. Nachdem 1258 die Abbasidenherrschaft in Bagdad durch die Mongolen zerstört worden war, bezeichnete sich der **Mamlukenherrscher*** in Ägypten als Sultan und Kalif. Danach ging das Kalifat in der islamischen Welt auf die Sultane der osmanischen Dynastie über.

Scharia
Rechtsgrundsätze für alle Bereiche des Lebens, die aus Koran und Sunna abgeleitet werden. Es entstanden verschiedene maßgebliche Rechtsschulen.

Zoroastrier
Anhänger der vermutlich um 1000 v. Chr. in Persien entstandenen Religion des Zoroastrismus; wichtigste Religion des Sassanidenreiches vom 3. bis 7. Jh.

Fatimiden
Schiitische Dynastie, die sich auf Fatima, die Tochter Muhammads, zurückführt. Sie herrschte in Ägypten von 969 bis 1171. Ein Kalifat unter einer schiitischen Dynastie stellt eine Ausnahme dar.

Mamluken
Sorgfältig ausgebildete und zum Islam bekehrte ehemalige Militärsklaven. Generäle der Mamluken ergriffen 1250 in Ägypten die Macht. Die Mamlukenherrscher konnten 1260 die Mongolen in Palästina abwehren und in der Folge die letzten Stützpunkte der Kreuzfahrer in Syrien und Palästina erobern.

Wirtschaft

Die Muslime eigneten sich in vieler Hinsicht das geistige und technische Erbe der Antike an und entwickelten es weiter. Die Steigerung der landwirtschaftlichen Erträge leitete ein Bevölkerungswachstum ein, durch das der **Binnen- und Fernhandel** angekurbelt wurde. Bis zum 15. Jahrhundert kontrollierten die muslimischen Staaten die großen Handelsrouten von Zentralasien bis nach Europa. Dabei war das Zusammenspiel von nomadisierenden Viehzüchtern, Landwirten, städtischen Kaufleuten, Handwerkern und regionalen Herrschern für die Unterhaltung der Handelsrouten und die Sicherheit der Kaufleute von großer Bedeutung. **Karawansereien** waren im Abstand von 30 Kilometern, etwa einer Tagesreise, eingerichtet und dienten zur Unterbringung von Reisenden, Waren und Tieren. In den Wüstenregionen diente das Kamel als wichtiges Transportmittel. Die gemeinsame Kultur innerhalb der islamischen Gebiete bildete die Grundlage für einen **weitgehend einheitlichen Wirtschaftsraum**, in dem der freie Austausch zahlreicher Güter praktiziert werden konnte.

Gesellschaft

▶ M 4: Leben in einer islamischen Stadt

▶ M 5, M 6: Mitbestimmung in islamischen und christlichen Städten

▶ M 2, M 3: Struktur islamischer Städte im Mittelalter

In der Zeit zwischen dem 8. und 13. Jahrhundert erlebte der islamische Kulturraum eine Blütezeit und war hinsichtlich des Wohlstandes der Bevölkerung und des kulturellen Niveaus höher entwickelt als das christliche Europa, was sich vor allem in den Städten manifestierte. Die Untertanen der muslimischen Herrscher waren persönlich frei, allerdings war die **Sklaverei*** ein wichtiger Bestandteil der muslimischen Gesellschaft; die Versklavung von Musliminnen und Muslimen war jedoch verboten. Die Bauern lebten als Pächter auf den Gütern der Großgrundbesitzer, der **Notabeln,** die sich zumeist in den Städten aufhielten und oft islamische Rechtsgelehrte, Kaufleute oder Literaten waren. Ein Feudalsystem wie in Europa (s. S. 73 f.) gab es nicht, jedoch übernahmen die Notabeln wichtige herrschaftliche Aufgaben. Der Sultan vergab das Amt des **Wesirs,** einer Art Kanzler, des **Provinzgouverneurs** und des **Emirs**, seines Heerführers, an einzelne Notabeln. Die Bewohner der Städte konnten bei entsprechender Bildung in den Kreis der Gelehrten aufsteigen und wichtige städtische Ämter besetzen. Hier erfüllten die **Medresen** (Schulen) eine wichtige Bildungsaufgabe.

M 1 Mittelmeerhandel und Karawanenrouten nach Asien und Nordafrika im 12. und 13. Jahrhundert

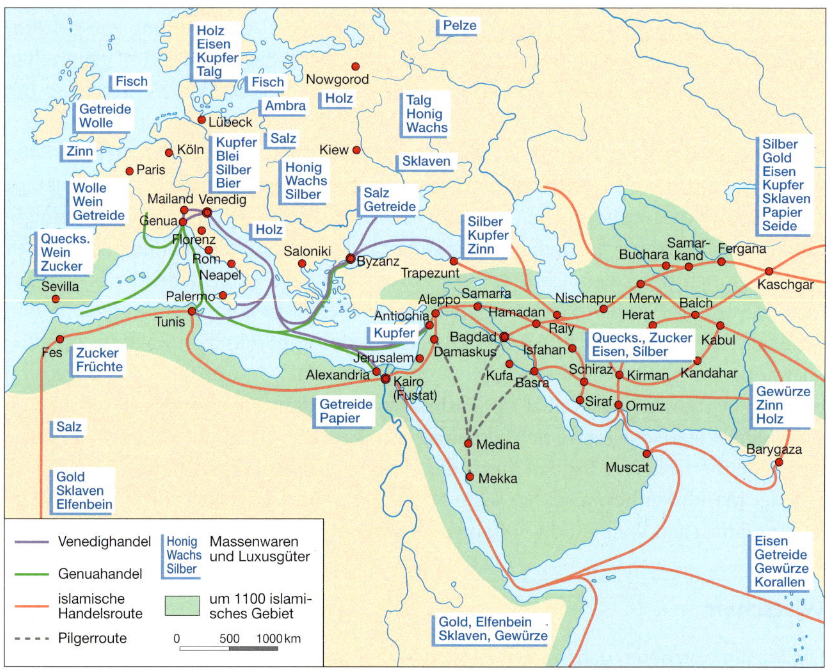

1 Beschreiben Sie anhand der Darstellung Ablauf und Methoden der islamischen Herrschaftskonsolidierung.
Tipp: Fertigen Sie zur Visualisierung eine Verlaufsskizze an.
2 Erklären Sie, wie die Duldung anderer Religionen zur Festigung der Herrschaft beitragen konnte.
3 Erarbeiten Sie Gründe für die wirtschaftliche Blüte im islamischen Kulturraum des 8. bis 13. Jahrhunderts.
4 „Die islamische Welt fungierte als Drehscheibe für den Handel zwischen Asien und Europa.“ Belegen Sie diese These, indem Sie Handelswege und Warenströme auf der Karte M 1 untersuchen und erklären.
5 **Partnerarbeit:** Entwerfen Sie mithilfe der Darstellung ein Schaubild zur muslimischen Gesellschaftsordnung im Mittelalter und vergleichen Sie mit Europa (s. S. 83).

> ***Hinweise zur Arbeit mit den Materialien:***
> *M 2 und M 3 zeigen exemplarisch Merkmale einer mittelalterlichen islamischen Stadt. M 4 ist dem Leben und der Verwaltung in einer islamischen Stadt gewidmet. M 5 und M 6 thematisieren die Frage der „bürgerlichen" Mitbestimmung im christlichen und islamischen Kulturkreis.*

Struktur* islamischer Städte im Mittelalter

M 2 Ibn Abdun, Kadi in Sevilla im 12. Jh., über die Verantwortung des Kadis

Der Kadi gebe dem Wesir Empfehlungen, damit er den Herrscher gut berät und ihm eine glückliche Lösung strittiger Angelegenheiten vorschlägt, wenn er im Rat um seine Meinung gefragt wird. […] Wenn die Lösung, die der Herrscher vorschlägt, gut ist, so hat der Wesir sie dann nur zu bestätigen, wenn nicht, äußert er seine Meinung mit Ehrerbietung und schlägt ihm vor, auch die des Kadis einzuholen: Beide, Kadi und Wesir, können sich zuvor auf gleiche Antwort und gleiche Meinung einigen. So wird der Kadi schließlich, indem er den Herrscher taktvoll berät, ihn zum Verzicht auf schlechtes politisches Verhalten bringen. Vom Kadi hängt dann das gute Regieren des Herrschers ab und von guter Regierung des Herrschers das Glück der Untertanen und des Landes, wobei der Wesir als Vermittler zwischen dem Kadi und dem Herrscher dient. Aus gutem Einverständnis zwischen beiden wird sich Gutes für den Staat und Gutes für diese und die andere Welt ergeben.

*Zit. nach: Stefano Bianca, Hofhaus und Paradiesgarten, Architektur und Lebensformen in der islamischen Welt, C. H. Beck, München 1991, S. 289.**

1 Erklären Sie ausgehend von Schaubild M 3 die politischen Strukturen in einer islamischen Stadt. Ziehen Sie die Textquellen M 2 und M 4 mit hinzu.
2 Erläutern Sie, wie die städtischen Amtsinhaber mit Wesir und Sultan zusammenarbeiteten (M 2, M 3).
3 **Vertiefung:** Stellen Sie Merkmale islamischer (M 3) und christlicher Städte (s. S. 83, M 10) vergleichend in einer Tabelle gegenüber.

M 3 Stadtverwaltung in der mittelalterlichen islamischen Stadt

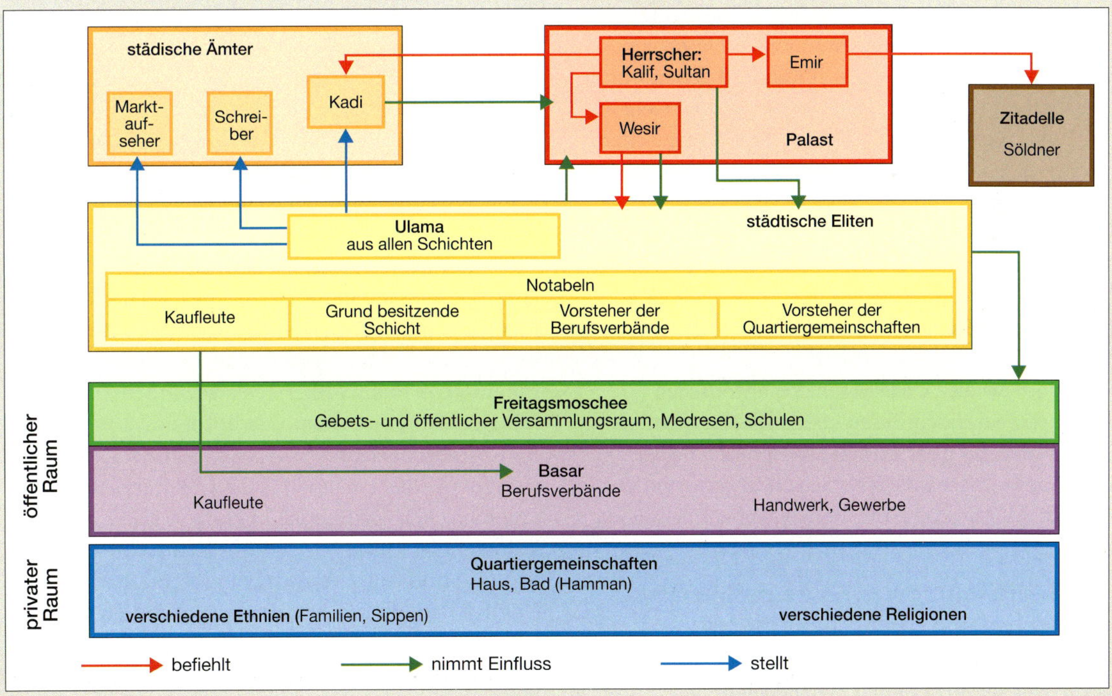

Das Leben in einer islamischen Stadt

M4 Der Geograf al-Muqaddasi beschreibt um 985 die Stadt Fustat (südlich von Kairo)

Al Fustat ist eine Metropole in jeder Hinsicht, denn in ihr befinden sich die Diwane [Verwaltungsgebäude], sie ist der Sitz der Fürsten der Gläubigen, [...] ihr Gelände dehnt sich weit, sie hat viele Bewohner, ihr Gebiet ist blühend, ihr Name berühmt, ihr Ansehen gewaltig. So ist sie die Metropole Ägyptens, stellt Bagdad in den Schatten, ist der Stolz des Islams, der Handelsplatz der Menschen [...]. Es gibt keine Metropole, die volkreicher ist; in ihr leben viele große und angesehene Männer. Sie hat staunenswerte Waren und Spezialitäten, schöne Märkte und Läden, ganz zu schweigen von ihren Bädern. [...] In den Ländern des Islams gibt es keinen größeren Raum als ihre Freitagsmoschee. Niemand putzt sich mehr als ihre Bewohner, und nirgends gibt es mehr Schiffe als an ihrem Ufer. [...] In ihr gibt es feine Speisen, reine Zutaten, [...] leichtes Wasser und gesunde Luft. Sie ist der Ursprungsort der Gelehrten, der Winter ist angenehm, ihren Bewohnern geht es gut, und sie befinden sich wohl, viel Gutes wird getan und reichlich Almosen gegeben. Der Koranvortrag ist schön, das Verlangen nach dem Guten klar und die Trefflichkeit des Gottesdienstes überall bekannt [...]. Sie prüfen kritisch den Prediger und den Imam und geben nur einem guten den Vorzug, auch wenn sie viel Geld aufwenden müssen. Ihr Kadi ist stets ein angesehener Mann, [...] und sie stehen immer unter der Aufsicht des Herrschers und des Wesirs.

*Zit. nach: Gerhard Hoffmann (Hg.), Die Blütezeit der islamischen Welt, Piper, München 1994, S. 38f. Übers. Holger Preißler.***

1 Analysieren Sie, wie al-Muqaddasi (M 4) das Lebensniveau in Fustat charakterisiert.
2 Ordnen Sie die Quelle M 4 in den historischen Kontext ein, indem Sie auf die Ausbreitung und Konsolidierung der islamischen Herrschaft eingehen.
3 Beurteilen Sie, ob die christliche oder die islamische Stadt des Mittelalters ein höheres Lebensniveau bot.

Geschichte kontrovers: Mitbestimmung in islamischen und christlichen Städten

M5 Der Geograf Eugen Wirth (2000)

Es gibt [in islamischen Städten], von Ausnahmen abgesehen, keine „Bürger". Das soll nicht heißen, dass die Bewohner der orientalisch-islamischen Stadt durchweg „Untertanen" sind oder sich als solche fühlen. Aber man steht denen, die in der Stadt das Sagen haben, skeptisch bis ablehnend oder gar feindlich gegenüber, man entwickelt Gegenstrategien und man ist froh, wenn man möglichst ungeschoren davonkommt. Es gibt kein gesamtstädtisches Zusammengehörigkeitsgefühl und keine Solidarität der Stadtbewohner über die Quartiere, die Schichten und die Segmente der städtischen Gesellschaft hinweg. [...] Die Bewohner der orientalischen Stadt [sind] von der Herrschaft ausgeschlossen – sie sind an ihr vielleicht auch gar nicht interessiert. Denn gerade fern der Herrschaft hat sich bei den Menschen in der orientalischen Stadt etwas herausgebildet, was M. Naciri [marokkanischer Politiker und Jurist] *citadinité* nennt – ein sehr komplexes und facettenreiches Geflecht und Netzwerk von sozialen Interaktionsmustern und Solidaritäten. Das aber hat nur wenig mit „Herrschaft" oder „Staat", dagegen viel mit „Gemeinschaft" und „Zusammengehörigkeit" zu tun.

*Zit. nach: Eugen Wirth, Die orientalische Stadt im islamischen Vorderasien und Nordafrika, von Zabern, Mainz 2000, S. 523f.***

M6 Der Historiker Peter Feldbauer (1995)

Der Grad städtischer Freiheit und Selbstverwaltung [war] vielfach wesentlich größer als gemeinhin angenommen, und in manchen Regionen sogar auf Dauer außergewöhnlich hoch. Die selbstbewussten Stadtnotabeln von Städten wie Nischapur sparten nie mit Kritik an der Zentralgewalt und trugen untereinander heftige Konflikte um politische Positionen und wirtschaftlichen Einfluss aus. Sie vermieden jedoch die offene Auflehnung gegenüber dem Herrscher [...]. Anders als die städtischen Oberschichten Westeuropas, deren Emanzipationskämpfe gegen Fürsten und Adelsherrschaft sozialen und ökonomischen Aufstieg verhießen, konnten die gesellschaftlich und ideologisch privilegierten Stadtnotabeln der islamischen Welt durch Konfrontation mit Kalifen und Sultanen meist mehr verlieren als gewinnen. [...] Unabhängige Administration und autonomes Bürgertum im westeuropäischen Sinn lassen sich infolge der unterschiedlichen soziopolitischen, ökonomischen und ideologischen Rahmenbedingungen selbstverständlich nicht konstatieren, obwohl städtische Selbstverwaltung und Autonomie nicht systematisch fehlten. [...] [Es] handelt [...] sich aber offensichtlich nicht um Mängel, sondern um Entwicklungsunterschiede.

*Zit. nach: Peter Feldbauer, Die islamische Welt 600–1250, ein Frühfall von Unterentwicklung?, Promedia, Wien 1995, S. 457ff.***

1 Vergleichen Sie die Thesen in M 5 und M 6.
2 Diskutieren Sie die beide Positionen (M 5, M 6).
3 **Vertiefung:** Beurteilen Sie die Aussage der Darstellung, S. 108, Zeile 1–4, zur „islamischen Blütezeit".

3.3 Die Kreuzzüge

In dieser Themeneinheit geht es um
- *die Motive der Kreuzfahrer und den Verlauf des ersten Kreuzzuges 1096,*
- *das Leben in den Kreuzfahrerstaaten und das Ende der christlichen Herrschaft in Palästina im Jahre 1291.*

Der Kreuzzugsgedanke

Im Jahre 1095 soll **Papst Urban II.** während einer Synode (kirchliche Versammlung) in der französischen Stadt Clermont eine Rede gehalten haben, von der verschiedene, erst nachträglich entstandene Überlieferungen erhalten sind. Sie berichten vom Aufruf des Papstes zum Kreuzzug; das heißt, sich zu bewaffnen und den christlichen Glaubensbrüdern im Orient zu Hilfe zu eilen. Papst Urban reagierte damit vermutlich auf ein Hilfegesuch des byzantinischen* Kaisers, dessen Reich durch das Vordringen der muslimischen **Seldschuken*** bedrängt wurde. Das vorrangige Ziel des Kreuzzuges war jedoch die Befreiung des **Heiligen Grabes** Christi in Jerusalem aus muslimischen Händen sowie der Schutz der christlichen Pilger im Heiligen Land (Palästina).
Diese Ziele wurden zum zentralen Bestandteil des Kreuzzugsgedankens. Die **Verehrung Jerusalems** spielte im Bewusstsein der Christen bereits seit Jahrhunderten im Rahmen der Pilgerfahrt eine große Rolle. Sowohl Pilger als auch Kreuzfahrer schmückten sich mit dem Kreuz und legten ein Gelübde ab. Neu war jedoch, dass die Läuterung (Reinigung von den Sünden) nun auch ausdrücklich durch den **bewaffneten Kampf gegen „Ungläubige“** erfolgen konnte, da der Papst dafür den Ablass (vollständige Vergebung der Sünden; s. S. 154) versprach. Während das Töten aus kirchlicher Sicht bisher als schwere Sünde galt, wurde der Kampf für den Herrn Jesus Christus als **Heiliger Krieg** angesehen, weil er angeblich auf dem Willen Gottes beruhte. Deshalb forderte der einflussreiche Abt der Zisterzienser* und Kreuzzugsprediger Bernhard von Clairvaux (um 1090–1153) jeden christlichen Ritter auf, zur Wiedererlangung des Heiligen Landes für Christus in den Kampf zu ziehen und so das eigene Seelenheil zu erlangen.

Seldschuken
Alttürkisches Herrschergeschlecht, auch Turkmenen genannt; 1071 Sieg über die Byzantiner bei Manzikert und Einnahme Jerusalems; 1078 Eroberung von Syrien und Palästina. Nach 1092 Thronwirren, daher 1098 erneute Eroberung Jerusalems durch die Fatimiden, die vor 1071 die Stadt beherrscht hatten.

Zisterzienser
Aus dem Benediktinerorden hervorgegangener Mönchsorden; benannt nach dem 1098 gegründeten Mutterkloster Cîteaux in Burgund (Frankreich).

▶ **M 3: Der Aufruf zum Kreuzzug**

Beweggründe der Kreuzfahrer

Der Aufruf Papst Urbans fand großen Widerhall. Die Gründe dafür werden unterschiedlich diskutiert. Einige Historiker heben soziale Faktoren hervor. In der feudalen Gesellschaft Europas war die Macht der lokalen Herren gestärkt worden, während die Belastungen der niederen Ritter und Bauern drückender wurden. Auch gab es in Westeuropa einen Bevölkerungsanstieg. Die daraus entstandene Landknappheit dürfte vor allem Adlige zur Teilnahme am Kreuzzug motiviert haben. Einige Anführer des ersten Kreuzzuges erstrebten zudem eine eigene Herrschaft im Heiligen Land. Für die einfache Bevölkerung spielten weniger politische als **soziale und wirtschaftliche Gründe** eine Rolle bei der Entscheidung über die Teilnahme am Kreuzzug. Verzweiflung aufgrund harter sozialer und klimatischer Bedingungen in Europa bewog zahlreiche Christen, sich zusammen mit ihren Familien dem Kreuzzug anzuschließen. Die Unternehmung zog sogar Verbrecher an, die darauf hofften, so ihrer Strafe zu entgehen oder gar lohnende Beute zu machen.

M 1 Ein Ritter nimmt im Schutz Gottes die Kreuzfahrt auf sich; aus dem *„Westminster Abbey Psalter“*, England, 1175

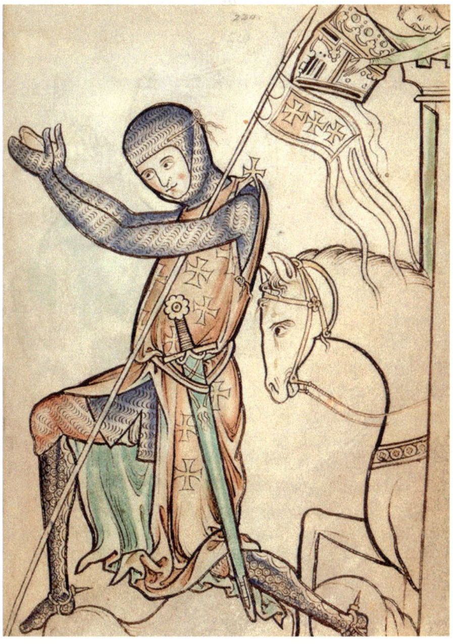

Entscheidend für die Teilnahme am Kreuzzug waren aber unabhängig des gesellschaftlichen Standes **religiöse Gründe**. Die Wende zum 12. Jahrhundert stellte eine Zeit des Umbruches dar. Im West- und Ostfrankenreich war die zentrale Königsgewalt geschwächt. Das Byzantinische Reich durchlebte in dieser Zeit eine Periode der inneren und äußeren Schwäche. Die kaiserliche Macht im Westen war durch den Investiturstreit (s. S. 70 f.) lange Zeit gelähmt. Alle diese Faktoren stärkten die **Autorität* des Papsttums**, das mit dem Aufruf von Clermont eine aktive Rolle bei der Führung der Gläubigen anstrebte.

Der Verlauf des ersten Kreuzzuges

▶ M 4: Die Kreuzfahrer erobern Jerusalem

1096 traten verschiedene soziale Gruppen von Kreuzfahrern, begleitet von Frauen und Kindern, den Weg ins Heilige Land an. Als erste Gruppe brach der **Volkskreuzzug** auf, dessen eher schlecht bewaffnete Teilnehmer aus allen Schichten der Bevölkerung stammten. Ein erster Teil der Gruppe wurde 1096 bei Nikäa von den Seldschuken vernichtet, ein zweiter bereits in Ungarn aufgerieben. Neben dem Volkskreuzzug brachen auch einige wohlausgerüstete **Ritterheere** ins Heilige Land auf, deren hochadlige Fürsten aus Frankreich, Flandern und dem süditalienischen Normannenstaat kamen. In mehreren Schüben zogen sie bis Konstantinopel und vereinigten sich 1097 auf der kleinasiatischen Seite des Bosporus. Auf einem entbehrungsreichen Zug durch Anatolien und Syrien und unter hohen Verlusten gelangten sie 1099 nach Jerusalem. Im Juli nahmen sie die Stadt ein und richteten unter den muslimischen und jüdischen Bewohnern ein Blutbad an – Schätzungen gehen von 20 000 Opfern aus. Juden waren den Kreuzfahrern jedoch nicht nur in Jerusalem zum Opfer gefallen. Bereits zu Beginn der Unternehmung wollten verschiedene Gruppen des Volkskreuzzuges die „Ungläubigen" im eigenen Land bekämpfen und hatten in zahlreichen jüdischen Gemeinden Massaker unter der Bevölkerung angerichtet.
Die Eroberung Jerusalems durch die Kreuzfahrer war letztlich auch durch die Zersplitterung der islamischen Welt in rivalisierende Herrschaften im Nahen Osten möglich geworden. Unmittelbare Reaktionen dieser Mächte auf die Hilferufe muslimischer Flüchtlinge blieben daher aus.

Das Leben in den Kreuzfahrerstaaten

▶ M 5, M 6: Kulturkontakte in den Kreuzfahrerstaaten

Als eine Folge des ersten Kreuzzuges entstanden christliche Herrschaften, die unabhängigen Kreuzfahrerstaaten: das Königreich **Jerusalem**, das Fürstentum **Antiochia** und die Grafschaften **Edessa** und **Tripolis**. Diese bildeten mit der Zeit jeweils eigene Dynastien* aus und machten das westeuropäische Lehnssystem* (s. S. 73 f.) zur Grundlage ihrer Herrschaft. Aus Landknappheit wurden auch Geldlehen ausgegeben. Die adlige Führungsschicht wurde im Laufe der Zeit durch Zuzug aus Europa ergänzt. Die Kreuzfahrerstaaten waren von einer starken ethnischen und konfessionellen Vielfalt geprägt. Nach einigen Jahren setzten die Eroberer im Umgang mit den anderen Konfessionen ältere islamische Traditionen fort und übernahmen im Wesentlichen das **Dhimmi-System***. Hinsichtlich ihrer Rechte standen die übrigen Religionen hinter den lateinischen Christen zurück, auch wenn sie ihre Religion weiter ausüben durften. Teilweise mussten Muslime christlichen Herren als Sklaven dienen. Die Landwirtschaft, **Binnen- und Fernhandel** sowie das **Geschäft mit den Pilgern** prägten die Wirtschaft, die durch Handelskontakte zur islamischen Welt und zu den oberitalienischen Adelsrepubliken Pisa, Genua und Venedig sowie durch die Eroberung und Sicherung eigener Küstenstädte blühte.

Dhimmi
Schutzbefohlener, nichtmuslimischer Bewohner unter muslimischer Herrschaft; der Begriff bezog sich allerdings nur auf die Angehörigen einer Buchreligion (Jude, Christ, Zoroastrier). Ein Dhimmi musste der Obrigkeit eine Kopfsteuer entrichten; dafür erhielt er insbesondere das Recht, seine Religion auszuüben.

Zur Verteidigung der christlichen Herrschaft im Heiligen Land, zum Schutz der Pilger und der heiligen Stätten wurden **Ritterorden** gegründet. Diese neuartige Ritterschaft verband die Aufgaben eines Ritters* mit der streng geregelten Lebensführung von Mönchsgemeinschaften. Als erster Orden wurde 1120 der Templerorden gegründet, später entstanden neben dem Johanniterorden und dem Deutschen Orden* noch weitere Gemeinschaften, die sich auch der Krankenpflege verschrieben hatten.

Das Ende der Kreuzfahrerstaaten

Da viele Kreuzfahrer nach dem ersten Kreuzzug von 1096 wieder in ihre alte Heimat zurückgekehrt waren, blieben die Kreuzfahrerstaaten chronisch unterbesiedelt. Deshalb wurde erneut zum Kreuzzug aufgerufen, um die christliche Herrschaft im Heiligen Land dauerhaft zu sichern. Eine Wende trat schließlich durch den Ayyubiden* Salah ad-Din (in Europa „**Saladin**" genannt) ein. Als Sultan über Ägypten und Syrien (Reg. 1175–1193) propagierte er den Dschihad* und konnte 1187 Akkon und Jerusalem erobern. Die Kreuzzugsbewegung wurde auch durch Spannungen mit dem Byzantinischen Reich geschwächt, die ursprünglichen Ziele der Kreuzfahrer verblassten allmählich. 1204 führte der vierte Kreuzzug zur Eroberung von Konstantinopel durch ein Kreuzfahrerheer und zur Gründung des lateinischen Kaiserreiches, das erst 1261 von den Byzantinern zurückerobert werden konnte. Durch weitere Kreuzzüge, Kriege und Vertragspolitik konnten die Kreuzfahrerstaaten Terrain zurückgewinnen, bis sich ihnen mit dem ägyptischen Mamlukenstaat* eine starke Zentralmacht entgegenstellte, die die Städte und Festungen – 1291 fiel als letzte Festung Akkon – der Kreuzfahrerstaaten zerstörte und die christlichen Bewohner vertrieb.

M 2 **Die Kreuzfahrerstaaten**

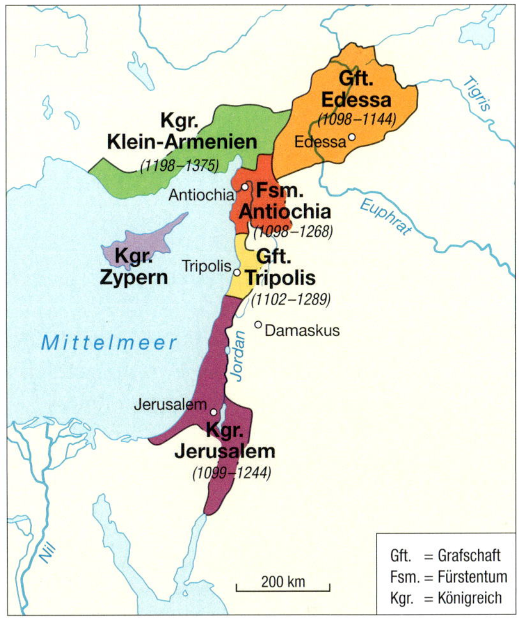

▶ **M 5, M 6: Kulturkontakte in den Kreuzfahrerstaaten**

▶ **M 7: Umgang mit den Kreuzzügen heute**

1 **Wahlaufgabe:** Bearbeiten Sie Aufgabe a) oder b).
Erklären Sie die Gründe für den ersten Kreuzzug, indem Sie
   a) den päpstlichen Kreuzzugsgedanken den tatsächlichen Motiven der Kreuzfahrer gegenüberstellen oder
   b) anhand von M 1 die Beweggründe der Kreuzfahrer und die Intention der Kirche erläutern.

2 **Zeittafel:** Erstellen Sie eine Zeittafel zur Geschichte der Kreuzzüge.

3 Untersuchen Sie die Geschichte der Kreuzzüge hinsichtlich ihrer Auswirkungen auf die Beziehungen zwischen Christen, Juden und Muslimen.

4 Untersuchen Sie unter Einbezug der Karte M 2 die These, die Kreuzfahrerstaaten seien von Beginn an dem Untergang geweiht gewesen.
Tipp: Gehen Sie z. B. auf territoriale, ethnische, religiöse und wirtschaftliche Dimensionen ein.

Hinweise zur Arbeit mit den Materialien:
M 3 ist ein Auszug einer Überlieferung der Rede Papst Urbans II. von 1095. M 4 thematisiert die Einnahme Jerusalems durch die Kreuzfahrer 1099. M 5 und M 6 geben einen Einblick in das Leben in den Kreuzfahrerstaaten. Als Vertiefung: M 7 behandelt in Bezug auf die Kreuzzüge die Frage von Schuld und Entschuldigung.

Der Aufruf zum Kreuzzug

M 3 Ansprache von Papst Urban II., gehalten 1095 in Clermont, um 1107 aufgezeichnet durch den Benediktiner Robert von Reims

Ihr Volk der Franken, ihr Volk nördlich der Alpen, ihr seid, wie eure vielen Taten erhellen, Gottes geliebtes und auserwähltes Volk [...]. An euch richtet sich unsere Rede, an euch ergeht unsere Mahnung [...]. Aus dem Land Jerusalem und der Stadt Konstantinopel kam schlimme Nachricht und drang schon oft an unser Ohr: Das Volk im Perserreich, ein fremdes Volk, ein ganz gottfernes Volk [...], hat die Länder der dortigen Christen besetzt, durch Mord, Raub und Brand entvölkert und die Gefangenen teils in sein Land abgeführt, teils elend umgebracht; es hat die Kirchen Gottes gründlich zerstört oder für seinen Kult beschlagnahmt. [...] Denen, die sie schändlich misshandeln und töten wollen, schlitzen sie den Bauch auf, ziehen den Anfang der Gedärme heraus, binden ihn an einen Pfahl und treiben sie mit Geißelhieben so lange rundherum, bis die Eingeweide ganz herausgezogen sind und sie am Boden zusammenbrechen. [...] Wem anders obliegt nun die Aufgabe, diese Schmach zu rächen, dieses Land zu befreien, als euch? [...] Tretet den Weg zum Heiligen Grab an, nehmt das Land dort dem gottlosen Volk, macht es euch untertan! Gott gab dieses Land in den Besitz der Söhne Israels; die Bibel sagt, dass dort Milch und Honig fließen (2. Buch Moses 3,8). Jerusalem ist der Mittelpunkt der Erde, das fruchtbarste aller Länder, als wäre es ein zweites Paradies der Wonne. [...] Diese Königsstadt also, in der Erdmitte gelegen, wird jetzt von ihren Feinden gefangen gehalten und von denen, die Gott nicht kennen, dem Heidentum versklavt. Sie erbittet und ersehnt Befreiung, sie erfleht unablässig eure Hilfe. [...] Schlagt also diesen Weg ein zur Vergebung eurer Sünden; nie verwelkender Ruhm ist euch im Himmelreich gewiss.

*Zit. nach: Arno Borst, Lebensformen im Mittelalter, Ullstein, Frankfurt/M. 1979, S. 318–320.**

1 Erarbeiten Sie, welche Forderung der Papst in M 3 laut Überlieferung aufstellt und wie er sie begründet.
   a) Erläutern Sie M 3 im Hinblick auf zentrale Elemente des Kreuzzugsgedankens.
   b) Beurteilen Sie die Darstellung Roberts.
2 **Zusatzaufgabe:** siehe S. 615.

Die Kreuzfahrer erobern Jerusalem

M 4 Die Einnahme Jerusalems im Jahre 1099
Wilhelm von Tyrus, aufgewachsen im Königreich Jerusalem und Kanzler König Balduins IV. von Jerusalem, berichtet 1169:

Es wurden aber in der Stadt so viele Feinde erschlagen und so viel Blut vergossen, dass die Sieger selber mit Ekel und Schrecken erfüllt werden mussten. Der größte Teil der Bevölkerung hatte sich in den Tempelhof geflüchtet [...]. Diese Flucht brachte den Leuten zwar keine Rettung; denn sogleich begab sich Herr Tankred[1] mit dem größten Teil des Heeres dorthin. Er brach mit Gewalt in die Tempel ein und machte Unzählige nieder. Er soll auch eine unermessliche Menge von Gold, Silber und Edelsteinen weggenommen haben, nachher jedoch, als das Getümmel sich gelegt hatte, alles an den alten Platz zurückgebracht haben. Sofort gingen auch die übrigen Fürsten, nachdem sie niedergemacht hatten, was ihnen in anderen Stadtteilen unter die Hände gekommen war, nach dem Tempel, hinter dessen Einfriedung sich die Bevölkerung, wie sie (das) gehört, geflüchtet hatte. Sie drangen mit einer Menge von Reitern und Fußgängern hinein und stießen, was sie dort fanden, mit den Schwertern nieder, ohne jemanden zu schonen, und erfüllten alles mit Blut. Es geschah sicherlich nach gerechtem Urteil Gottes, dass die, welche das Heiligtum des Herrn mit ihren abergläubischen Gebräuchen entweiht und dem gläubigen Volk entzogen hatten, es mit ihrem eigenen Blut reinigen und den Frevel mit ihrem Blut sühnen mussten.

*Zit. nach: Wolfgang Lautemann u. a. (Hg.), Geschichte in Quellen, Bd. 2, bsv, München 1978, S. 369f. Übers. Eduard Heinrich von Kausler und Rudolf Kausler.**

1 normannischer Heerführer

1 Analysieren Sie die dargestellten Vorgänge in M 4 und ordnen Sie diese in den historischen Kontext ein.
2 Charakterisieren Sie die Perspektive des Autors in M 4.
3 Bewerten Sie das in M 4 dargestellte Verhalten der Kreuzfahrer.

Kulturkontakte in den Kreuzfahrerstaaten

M5 Fulcher von Chartres, Kreuzritter, über das Leben der Christen im Heiligen Land (um 1100)

Wir, die wir Abendländer waren, sind Orientalen geworden […]. Wir haben schon unsere Geburtsorte vergessen; mehrere von uns wissen sie schon nicht mehr oder wenigstens hören sie nicht mehr davon sprechen. Manche von uns besitzen in diesem Land Häuser und Diener, die ihnen gehören wie nach Erbrecht; ein anderer hat eine Frau geheiratet, die durchaus nicht seine Landsmännin ist, eine Syrerin oder Armenierin oder sogar eine Sarazenin, die die Gnade der Taufe empfangen hat; […] der eine bebaut Weingärten, der andere Felder; sie sprechen verschiedene Sprachen und haben es doch alle schon fertiggebracht, sich zu verstehen. Die verschiedensten Mundarten sind jetzt der einen wie der anderen Nation gemeinsam, und das Vertrauen nähert die entferntesten Rassen einander an.

*Zit. nach: Hagen Schulze/Ina Paul (Hg.), Europäische Geschichte, bsv, München 1994, S. 983. Übers. Hagen Thürnau.**

M6 Der arabische Schriftsteller Usama ibn Munqidh (1095–1188) zum Leben der „Franken"

Einmal schickte ich einen Gefährten in ein Geschäft nach Antiochia, dessen Oberhaupt Todros (der Grieche) ibn as-Safi war, mit dem ich befreundet war […]. Er sagte eines Tages zu meinem Gefährten: „Ein fränkischer Freund hat mich eingeladen. Komm doch mit, dann siehst du ihre Gebräuche." „Ich ging mit", erzählte mein Freund, „und wir kamen zum Hause eines der alten Ritter, die mit dem ersten Zug der Franken gekommen waren. […] Er ließ einen schönen Tisch bringen mit ganz reinlichen und vorzüglichen Speisen. Als er sah, dass ich nicht zulangte, sagte er: ‚Iss getrost, denn ich esse nie von den Speisen der Franken, sondern habe ägyptische Köchinnen und esse nur, was sie zubereiten. Schweinefleisch kommt mir nicht ins Haus!' Ich aß also, sah mich aber vor, und wir gingen. Später überquerte ich den Markt, als eine fränkische Frau mich belästigte und in ihrer barbarischen Sprache mir unverständliche Worte hervorstieß. Eine Menge Franken sammelten sich um mich und ich war schon meines Todes sicher: Da erschien der Ritter, erkannte mich, kam herbei und sprach zu der Frau: ‚Was hast du mit diesem Muslim?' ‚Er hat meinen Bruder Urso getötet!', erwiderte sie. Dieser Urso war ein Ritter aus Apamea, der von einem Soldaten aus Hama getötet worden war. Er fuhr sie an: ‚Das hier ist ein Bürger, ein Kaufmann, der nicht in den Krieg zieht und sich nicht aufhält, wo man kämpft.' Dann herrschte er die Menge an, die sich angesammelt hatte. Sie zerstreute sich und er nahm mich bei der Hand. So hatte die Tatsache, dass ich bei ihm gespeist hatte, zur Folge, dass mir das Leben gerettet wurde."

*Zit. nach: Francesco Gabrieli, Die Kreuzzüge aus arabischer Sicht, Weltbild, Augsburg 2000, S. 121f.**

1 **Gruppenarbeit:** Erarbeiten Sie die in M5 und M6 dargestellten Erfahrungen zum Leben in den Kreuzfahrerstaaten und diskutieren Sie den Charakter des kulturellen Austausches in den Kreuzfahrerstaaten.
2 Begründen Sie, ob das Leben in den Kreuzfahrerstaaten als Beispiel für a) Integration oder b) Parallelgesellschaften gesehen werden kann.
3 Nehmen Sie Stellung zu der Frage, ob und inwiefern Kulturkontakte in den Kreuzfahrerstaaten mit solchen in der heutigen Zeit vergleichbar sind.

Vertiefung: Umgang mit den Kreuzzügen heute

M7 Der Historiker Michael Borgolte in einem Interview zum *„Mea Culpa"* des Papstes (2000)

2000 entschuldigte sich Papst Johannes Paul II. in seinem „Mea Culpa" für die Kreuzzüge und andere historische „Sünden" der katholischen Kirche.

Mir erscheint sie [die Entschuldigung von Papst Johannes Paul II.] aus historischen und auch aus religiösen Gründen problematisch. Gewiss ist die Aktion gerechtfertigt, wenn sie zum Frieden und zur Annäherung der Religionen und Kulturen beitragen soll. Andererseits kann man Geschichte nicht nur nicht ungeschehen machen, es ist auch fragwürdig, sie an heutigen Maßstäben zu messen. So haben die Kreuzzüge aus römischer Perspektive Anteil gehabt am Aufstieg des Papsttums zu einer universalen Macht; diese Zielsetzung hat die römische Kirche aber längst aufgegeben und damit auch die Prämissen der Kreuzzugszeit revidiert. […] Die Judenpogrome in Mainz 1096, das Blutbad von Jerusalem 1099 oder die Plünderungen von Konstantinopel 1204 sind doch nicht von Päpsten angeregt worden, sondern überwiegend unkontrollierbare Aktionen entfesselter Menschengruppen gewesen.

*Zit. nach: Michael Borgolte, Geschichte lässt sich nicht ungeschehen machen, Gespräch mit dem Tagesspiegel, 7. März 2000; www2.tagesspiegel.de/archiv.***

1 Diskutieren Sie die Thesen Borgoltes in M7.
2 Entwickeln und begründen Sie ein Konzept, wie Kirche heute mit der Kreuzzugsthematik umgehen sollte.

al-Andalus – Vorbild für ein aufgeklärtes Europa?

Das moderne Europa ist der Tradition der Aufklärung verpflichtet. Der schon von Kant geforderte Ausgang aus der selbstverschuldeten Unmündigkeit soll sich in der europäischen Gesellschaftsordnung widerspiegeln. Dazu zählen die Bekämpfung sozialer Ungleichheit, religiöse Toleranz, Meinungs- und Pressefreiheit, politische Mitbestimmung, Gleichberechtigung und die Herstellung sozialen Friedens trotz multikultureller und multiethnischer* Bevölkerungszusammensetzung. Aber auch in Wirtschaft und Politik werden die von Rationalität* geprägten aufklärerischen Ideen sichtbar; in freiem Handel, offenen Grenzen und gut ausgebauter Infrastruktur*. Mit diesem Modell ist Europa eine der weltweit sowohl politisch als auch wirtschaftlich einflussreichsten Mächte. Wenig bekannt ist jedoch, dass es schon einmal in der europäischen Geschichte – zur Zeit des „dunklen Mittelalters“ – eine ähnlich fortschrittliche Gesellschaft unter islamischer Herrschaft gab.

Im Jahre 711 landeten muslimische Truppen aus Nordafrika bei Gibraltar. Von 712 bis 715 eroberten sie das Westgotenreich und konnten in dessen arabisch-muslimischem Teil, **al-Andalus** genannt, schließlich einen islamischen Staat, das **Emirat von Córdoba**, gründen. Neben militärischer Stärke bedingten eine kluge Diplomatie* und Wirtschaftspolitik sowie die Pflege der Kultur und Handelsbeziehungen zur muslimischen Welt den Reichtum des Landes. In dieser Zeit bestand Frieden im Innern sowie Sicherheit nach außen. Christen und Juden erhielten Religionsfreiheit, zahlten dafür die entsprechenden Steuern und durften ihre internen Angelegenheiten weitgehend selbst regeln. Viele Christen traten freiwillig zum Islam über. Juden wie Christen konnten bedeutende Ämter am Hofe einnehmen. Großartige Bauwerke der Hauptstadt Córdoba wie die Moschee und die Palaststadt legen noch heute Zeugnis ab von einer der bedeutendsten Kulturen in Europa. Während die Herrscher über al-Andalus aufgrund interner Machtkämpfe und Bürgerkriege wechselten, blieb die Region ein Beispiel für den **kulturellen Austausch**; ethnische* Herkunft, Religion und Sprache waren vielfältig. Als christliche Heere im Jahre 1085 Gebiete in al-Andalus eroberten, nahm der europäische Kreuzzugsgedanke in Spanien die Form der **Reconquista*** an. Im Jahre 1212 rief der Papst zum Kreuzzug auf der Pyrenäenhalbinsel auf – zehntausende Krieger aus dem christlichen Europa folgten diesem Appell und zerschlugen die arabisch-muslimische Herrschaft in al-Andalus. Als letzte Bastion der Muslime bestand Granada, das **Wissenschaften und Bildung** einen erneuten Aufschwung verlieh, bis es 1492 ebenfalls erobert wurde. Nach anfänglicher Zusicherung religiöser Toleranz von Seiten der Eroberer wurde bald die völlige Assimilation* der muslimischen Bevölkerung an die christliche Gesellschaft verlangt.

M 1 Maurische Herrschaft und Reconquista auf der Iberischen Halbinsel

Reconquista
span. = Rückeroberung; Bezeichnung für die Kriege christlicher Heere im mittelalterlichen Spanien und Portugal zur Eroberung des muslimischen Teils der Iberischen Halbinsel.

1 Fassen Sie aus Ihrem Wissen zusammen, was heute unter einem fortschrittlichen bzw. aufgeklärten Europa zu verstehen ist.
Tipp: Zum Begriff der Aufklärung siehe Lexikon.

2 **Wahlaufgabe:** Bearbeiten Sie Aufgabe a) oder b).
Skizzieren Sie die Geschichte von al-Andalus anhand der Darstellung und M 1
a) in Form von Stichpunkten (z. B. Mindmap, Tabelle) oder
b) mithilfe eines Zeitstrahls.

Hinweis zur Arbeit mit den Materialien:
M 2 bis M 4 stehen unter der Leitfrage „al-Andalus – Vorbild für ein aufgeklärtes Europa heute?"

M 2 Über Córdoba im Mittelalter (1960)

- Córdoba inklusive seiner 28 Vorstädte war Mitte des 10. Jh. die größte Stadt Europas,
- keine europäische Stadt außer Konstantinopel zählte zu dieser Zeit mehr als 30 000 Einwohner.
- die Stadt besaß 113 000 Wohnhäuser, außerdem Dienstwohnungen für Wesire und Beamte,
- zahlreiche öffentliche Gebäude, z. B. 600 Moscheen, 300 Bäder, 50 Hospitäler,
- Bildungseinrichtungen: 80 öffentliche Schulen, 17 Hochschulen und 20 öffentliche Bibliotheken,
- ~ 80000 Läden, ab ca. 950 gepflasterte Straßen, die nachts beleuchtet und regelmäßig gereinigt wurden.
- Keine andere europäische Stadt verfügte über eine vergleichbare öffentliche Infrastruktur.

Zusammengestellt nach: Sigrid Hunke, Allahs Sonne über dem Abendland. Unser arabisches Erbe, Fischer, Frankfurt/M. 1990, S. 305ff. (© DVA, Stuttgart, 1960).

M 3 Raimund Allebrand, Historiker, über den Einfluss der maurischen Zeit auf Spanien (2000)

Was der Islam hinterlassen hat, ist für den heutigen Besucher Spaniens unschwer zu erkennen: berühmte Bauwerke. [...] Nach philologischer Auskunft gehen schätzungsweise 20 Prozent des spanischen Wortschatzes mehr oder minder auf das Arabische zurück. [...] Das Streben nach Territorialgewinn als direkte Folge der politischen Konfrontation mit dem Islam bestimmt bis zur Gegenwart Landschaftsbild und Sozialstruktur in großen Teilen der Halbinsel. [...] Als ehemalige Bewohner extremer Trockenzonen (Arabische Halbinsel, Atlas-Gebirge) entwickelten die Muslime eine ausgefeilte Bewässerungstechnik. In al-Andalus verbreitete juristische Traditionen der Wasserzuteilung finden teilweise bis heute Anwendung. [...] Aber auch in weiten Landstrichen mit Trockenfeldbau werden Wein und Oliven, Weizen und Baumwolle [...] bis heute auf Parzellen angebaut, die schon von den Mauren kultiviert wurden. Eine große Zahl von Nutzpflanzen ist erst seit islamischer Zeit auf der Halbinsel heimisch, von den Mauren bevorzugte Gemüsesorten finden sich bis heute auf dem iberischen Speisezettel. [...] Die Mauren brachten die später berühmten arabischen Hengste auf die Iberische Halbinsel; Harmonien der andalusischen Musik fanden Eingang in die spanische Volkstradition. [...] Das mediterrane Haus mit Innenhof *(patio)*, wie es in Spanien heute selbst den Grundriss größerer Mietblocks prägt, geht zurück auf eine nach innen offene, typisch maurische Bauweise. Im Bereich der ornamentalen Innengestaltung [...] ist der in Andalusien geprägte Stil [erhalten].

*Zit. nach: Raimund Allebrand, Al-Andalus, Islam im Westen Europas, in: Matices Nr. 27, Herbst 2000, S. 11–13.**

M 4 Georg Bossong, Romanist, über Ideen und Realitäten der andalusischen Kultur (2007)

Die Idee von al-Andalus als einem Ort des Miteinanders, der *convivencia*, ist mehr als ein Mythos; sie war zumindest zeitweise konkrete historische Realität. [...] [Es entstand eine Kultur, die] die Religionsgrenzen überstieg und ein – keineswegs immer harmonisches, aber doch insgesamt kooperatives – Zusammenleben von Muslimen, Juden und Christen ermöglichte. Die Reflexion über al-Andalus ist keine Debatte im Elfenbeinturm, vielmehr ist sie angesichts der weltweiten Bedrohung durch die Konfrontation zwischen den drei monotheistischen Religionen hochaktuell. [...] Mehr als irgendwo sonst in der islamischen Welt gab es in al-Andalus Ansätze zur Überwindung engstirniger Dogmen, der Unterdrückung der Frau, der Ausgrenzung anderer Religionen, [...] durchdrangen sich islamische, jüdische und christliche Kultur in einer fruchtbaren Symbiose. [...] Das al-Andalus der Taifa-Zeit wurde zerrieben zwischen christlichem und islamischem Fundamentalismus. [...] Kreuzzug stand gegen Dschihad. [...] Die Vernichtung von al-Andalus durch islamische wie christliche Intoleranz hatte katastrophale Folgen. [...] Für den Islam war die Abkehr von der Aufklärung, wie sie in al-Andalus angelegt war, eine Katastrophe, denn die fehlende Rationalität ermöglicht bis heute immer wieder die Wiederbelebung eines ungezähmten, gewaltbereiten Ur-Islam. [...] Hilft die Rückbesinnung auf die Werte von al-Andalus auf dem Weg zum Frieden zwischen Christen, Juden und Muslimen?

*Zit. nach: Georg Bossong, Das maurische Spanien, C. H. Beck, München 2007, S. 120ff.***

1 Erklären Sie das kulturelle Niveau Córdobas (M 2).
2 Erarbeiten Sie (M 3) die langfristigen Folgen der Geschichte von al-Andalus für Spanien heute.
3 Setzen Sie sich mit Bossongs Position und Argumentation zur „Idee von al-Andalus" auseinander (M 4).
4 **Vertiefung:** Diskutieren Sie die Schlussfrage in M 4.

3.4 Das Osmanische Reich

In dieser Themeneinheit geht es um
- *Entstehung, Strukturen und Reformversuche im Osmanischen Reich,*
- *den Niedergang des Osmanischen Reiches ab dem 18. Jahrhundert.*

M1 Bildnis des Sultans Osman I., Gründer der Dynastie der Osmanen, türkische Miniatur, 1583

Janitscharen
Seit dem 14. Jahrhundert wurden christliche Jungen im Alter von 10 bis 14 Jahren rekrutiert. Sie wurden im Palast und in den Provinzen islamisch erzogen, für den Staats- und Militärdienst ausgebildet und erhielten Zugang zu den höheren Staatsämtern bis hin zum Amt des Großwesirs. Auf diese Weise entstand eine enge Bindung an die Politik des Sultans. Nach 1650 wurde dieser Brauch aufgegeben.

Vom turkmenischen Emirat zum Osmanischen Reich

Das Osmanische Reich entwickelte sich um 1300 aus dem Stammesgebiet eines islamisierten Turkvolkes: Seldschuken* waren im 11. Jahrhundert bis nach Anatolien vorgedrungen und hatten dort das Reich der Rum-Seldschuken gegründet. Dieses zerfiel um 1250 in verschiedene Emirate (Kleinfürstentümer). **Osman** (Reg. ca. 1281–1326), einer der Emire, wurde zum **Begründer der osmanischen Dynastie**. Seine Nachfolger weiteten den osmanischen Einfluss aus. 1453 eroberte Sultan Mehmed II. (Reg. 1451–1481) Konstantinopel. Das bedeutete das Ende des Byzantinischen Reiches* und erhob das Osmanische Reich zu einer Großmacht. Konstantinopel, seitdem auch **Istanbul** genannt, wurde zur neuen Hauptstadt. Nach den Eroberungen Ägyptens und der Arabischen Halbinsel mit den heiligen Stätten Mekka und Medina übernahmen die türkischen Sultane ab 1517 den Titel des Kalifen und konnten sich als die höchste geistliche und weltliche Autorität der Sunniten betrachten. Unter Sultan Süleyman I. (Reg. 1520–1566) erlebte der hoch entwickelte Vielvölkerstaat eine kulturelle Blütezeit. Die Großmachtstellung konnte bis zum Ende des 17. Jahrhunderts weiter ausgebaut werden, jedoch führte 1683 der zweite Versuch, Wien zu erobern, zur Niederlage der Osmanen, was den allmählichen Machtverfall des Großreiches anzeigte.

Der osmanische Staat

Der Staat war nach Provinzen gegliedert, die von Großgouverneuren mit politischer und militärischer Hoheit geleitet wurden. Innerhalb des osmanischen Staates hatte das stehende Heer* großen Einfluss. Das Aufgebot aus den Provinzen bestand aus muslimischen Untertanen, die für ihre Dienste als gepanzerte Reiter **Timare**, d. h. bewirtschaftete Landgüter, erhielten. Der zweite Teil bestand aus den **Janitscharen*** als Fuß- und Elitesoldaten. In der ersten Hälfte des 16. Jahrhunderts zählten zur Armee etwa 200 000 Provinzsoldaten sowie 20 000 Janitscharen.
Die Macht des Sultans war kaum beschränkt und nur an die Religionsgesetze gebunden. Die Führung der Politik lag beim Großwesir*. Hinzu kamen die obersten Beamten, Richter, Heerführer und der Staatskanzler. Ab der Zeit Süleymans I. bildeten diese den Reichsrat, an dessen Beratungen der Sultan selbst nur noch selten teilnahm.

Wirtschaft und Gesellschaft

Die Grundlage der Ökonomie bildete die Landwirtschaft. Der im Staatsbesitz befindliche Boden wurde einerseits zur Bezahlung der Soldaten und Beamten vergeben. Andererseits wurde er als Staatsbesitz des Sultans genutzt. Die Bauern waren als Pächter zwar an die Scholle (das gepachtete Land) gebunden, jedoch im Übrigen persönlich frei. Fernhandel, Handel und Handwerk konzentrierten sich auf die städtischen Zentren und waren wirtschaftlich von geringer Bedeutung. Kaufleute, Handwerker und Bauern waren zu Abgaben verpflichtet, wohingegen die Beamten, Soldaten und Herrschenden von Steuern befreit waren. Ein einflussreiches Bürgertum* sowie eine Aristokratie gab es im Osmanischen Reich nicht. Die nichtmuslimischen Religionsgemeinschaften waren als **Millets*** in Glaubens- und Religionsfragen autonom, vom Militärdienst befreit und verfügten über eine eigene Gerichtsbarkeit. Sklaven wurden meist als Haussklaven oder in der Landwirtschaft eingesetzt, jedoch war die Sklaverei* nach 1850 offiziell verboten.

Millets
arab. Milla = Religionsgemeinschaft; Minderheiten waren entsprechend ihrer Religion (Juden oder Christen) als Millets organisiert und anerkannt.

M2 Das Osmanische Reich 1326 bis in die Zeit seiner größten Ausdehnung 1683

Ursachen des Niedergangs

Da der osmanische Staat auf dem **Timarsystem** (s. S. 118) beruhte, konnte er mit dem Ende der Expansion das wachsende Heer nicht mehr angemessen mit Land versorgen. Weil in der Folge von den Bauern größere Abgaben gefordert wurden, kam es mit der Zeit zu starken Krisensymptomen. Aus der Gruppe der Steuerpächter entstand eine neue Schicht von Großgrundbesitzern, die sich teils auf illegale Weise Land aneigneten. Seit dem 17. Jahrhundert wurden auch die Janitscharen zu einem Risikofaktor, da sie häufig revoltierten und Herrscher ein- und absetzten. Der osmanische Staat verharrte in veralteten Strukturen, während gleichzeitig um 1760 von England aus die Industrialisierung (s. S. 246 ff.) einsetzte, durch die Französische Revolution von 1789 Signale für eine Demokratisierung ausgesandt und das Zeitalter des Nationalismus eingeläutet wurden. Die technischen Errungenschaften und der Industriekapitalismus führten im Zeitalter des Imperialismus* ab 1870 zu einer Expansion* der europäischen Mächte (s. S. 296 f.) mit Folgen auch für den osmanischen Raum.

Reformversuche im Osmanischen Reich

Gegenüber dieser zunehmenden Expansion geriet das Osmanische Reich mit Beginn des 19. Jahrhunderts in immer größere Abhängigkeit von den europäischen Großmächten. Solange diese eine Gleichgewichtspolitik verfolgten, waren sie daran interessiert, **„den kranken Mann am Bosporus"** am Leben zu erhalten. In dieser Situation kam es im Osmanischen Reich zu Reformversuchen. 1826 ließ Sultan Mahmud II. (Reg. 1808–1839) die Janitscharen blutig ausschalten. Gleichzeitig wurde das Timarsystem abgeschafft. Nach dem Verlust Griechenlands im griechischen Unabhängigkeitskampf 1830 sowie infolge der Anerkennung der Autonomie Ägyptens begann unter Sultan Abdülmecid I. (Reg. 1839–1861) die Reformperiode der **Tanzimat***. In der Folge wurde das Heer nach europäischem Vorbild reformiert. Anstelle des Pachtsystems wurden Steuersätze festgelegt. Die Provinzialverwaltung zentralisierte man nach französischem Muster, um den Einfluss der Lokalherren zu beschneiden. Ausdrücklich garantierte der Friedensvertrag von Paris 1856, der den Krimkrieg (1853–1856) beendete, den Fortbestand des Osmanischen Reiches mit dem Hinweis auf das Reformwerk.

Die Tanzimat (Pl.)
türkische Bezeichnung für Anordnungen; Periode der Reformen zwischen 1839–1876

▶ **M 3, M 4: Reformen der Tanzimatperiode**

Folgen der Reformen

Diese **Öffnung nach Europa** war jedoch mit wirtschaftlichen Zugeständnissen verbunden. Den europäischen Mächten wurden Handelsprivilegien eingeräumt, sodass der osmanische Markt mit europäischen Billigwaren überschwemmt wurde. Zunehmende Verschuldung durch Kriege oder Modernisierungsmaßnahmen, aber auch Misswirtschaft und Korruption führten 1875 zum **Staatsbankrott**, der nur mithilfe der europäischen Großmächte überwunden werden konnte. Im Jahre 1876 verkündete Sultan Abdülhamid II. (Reg. 1876–1908) die **erste osmanische Verfassung**. Auf dem **Berliner Kongress von 1878** verlor das Osmanische Reich fast alle seine europäischen Besitzungen: Serbien, Rumänien und Montenegro wurden unabhängig, Bulgarien autonom und Bosnien sowie Herzegowina wurden von Österreich besetzt. Der Sultan setzte daraufhin die Verfassung 1878 wieder außer Kraft, wurde aber durch die nun im Land entstehende **jungtürkische Bewegung*** 1908 zur Wiedereinsetzung der Verfassung gezwungen und musste dem Parlament größere Rechte zugestehen.
Der nationalistische Flügel der Jungtürken setzte Mehmed V. (Reg. 1909–1918) als Sultan ein und übernahm die Regierung. Diese Krise nutzte einerseits Österreich, um Bosnien und Herzegowina zu annektieren, und andererseits Bulgarien, um sich zum unabhängigen Königreich zu erklären. Die Jungtürken etablierten nach den territorialen Verlusten in den Balkankriegen von 1912/13 ein autoritäres Regime, das an der Seite des Deutschen Reiches in den Ersten Weltkrieg eintrat. Nach der Niederlage der Mittelmächte (s. S. 311 f.) gehörte das Osmanische Reich 1918 zu den Verlierern des Krieges, was den endgültigen Untergang des ehemaligen Großreiches herbeiführte.

Jungtürken
Bezeichnung für die Oppositionsbewegung gegen das autoritäre Regime Abdülhamids II. mit einer nationalistischen und einer liberalen Richtung: die Nationalisten erstrebten einen republikanischen, zentralistischen und laizistischen (strikte Trennung von Staat und Kirche) türkischen Nationalstaat. Die Liberalen setzten sich für die konstitutionelle Monarchie, föderale Strukturen und den Islam als Staatsreligion ein. Beide Richtungen wurden vom Sultan scharf bekämpft.

1 **Fließschema:** Skizzieren Sie unter Einbezug der Karte M 2 die Entwicklung des Osmanischen Reiches bis 1683 anhand eines Fließschemas.
2 Stellen Sie die Strukturen im Osmanischen Reich dar, indem Sie arbeitsteilig die politischen, wirtschaftlichen und gesellschaftlichen Besonderheiten herausarbeiten.
3 Erläutern Sie die Reformen der Tanzimatperiode.
4 **Gruppenarbeit:**
   a) Fassen Sie arbeitsteilig die *Ursachen des Niedergangs*, die *Reformversuche* und die *Folgen der Reformen* zusammen.
   b) Stellen Sie Ihre Ergebnisse tabellarisch gegenüber und erklären Sie die Zusammenhänge zwischen diesen drei Aspekten. Heben Sie Erfolge und Misserfolge für das Osmanische Reich mit unterschiedlichen Farben hervor.

> ***Hinweise zur Arbeit mit den Materialien:***
> *In M 3 erläutert ein Historiker Hintergründe der Reformen. M 4 ist ein Beispiel der Reformversuche der Tanzimat. M 5 zeigt eine Karikatur zum Niedergang des Osmanischen Reiches.*

Reformen der Tanzimatperiode

M 3 „Großherrliches Handschreiben" vom 18. Februar 1856 (Regierungszeit Abdülmecids I.)

Wenn auch der Wohlstand und Reichtum unseres Landes und Volkes stetig in Zunahme begriffen ist, so ist es doch unser gerechter Wunsch, die nützlichen Reformen, die wir bisher erlassen und verkündet haben, von Neuem zu bekräftigen und zu vermehren, damit unser ruhmvolles Reich zu jener Vollkommenheit gelangt, welche seinem Glanz und seiner hervorragenden Stellung unter den zivilisierten Staaten gebührt. Durch die lobenswerten patriotischen Bemühungen aller unserer Untertanen und die wohlwollende Unterstützung und Förderung seitens der Großmächte, welche unsere edlen und aufrichtigen Verbündeten sind, wurden mithilfe Gottes die erhabenen Rechte unseres ruhmvollen Reiches im Ausland im hohen Maße gekräftigt. Da infolgedessen diese Epoche für unser ruhmvolles Reich der Beginn einer Periode der Wohlfahrt sein wird, so machen es uns die hochherzigen Gefühle, die wir für unser Volk hegen, zur Pflicht, fortwährend jene Mittel zu vervollkommnen, die auch im Innern die Macht unserer erhabenen Herrschaft stärken und den Wohlstand unserer kaiserlichen Länder und das vollkommene Glück aller Klassen unserer Untertanen, die vor unseren gerechten und väterlichen Augen gleich und untereinander durch die innigen Bande der Vaterlandsliebe verbunden sind, zur Folge haben werden. 1. Die Sicherheiten, welche allen Untertanen ohne Unterschied der Religion und Sekte, durch [...] die nützlichen Reformen zur Sicherheit ihres Lebens und Vermögens und zum Schutze der Ehre versprochen und gewährt worden sind, werden hiermit erneuert und bestätigt; es werden wirksame Maßregeln ergriffen werden, damit diese Sicherheiten ihre volle und ganze Wirksamkeit äußern. [...] 8. Da der Kultus jeder Religionsgemeinschaft und Sekte, die in unseren wohlbehüteten Ländern vorhanden sind, frei ausgeübt wird, kann niemand unserer Untertanen an der Ausübung jener Religion, der er angehört, gehindert oder wegen dieser Ausübung gedrückt oder verfolgt werden. [...] 9. Die Wahl und Ernennung der Beamten und Angestellten unseres erhabenen Reiches ist von unserer kaiserlichen Genehmigung und Sanktion abhängig. Da allen unseren Untertanen ohne Unterschied der Nationalität die Staatsämter zugänglich sind, so werden sie gemäß den Vorschriften, die für alle Gültigkeit haben werden, in jenen Ämtern angestellt, für die sie befähigt und geeignet sind. [...] 15. Wie die Gleichheit der Steuern eine Gleichheit der übrigen Lasten im Gefolge hat, so rufen gleiche Rechte auch gleiche Pflichten hervor. Daher werden die Christen und die übrigen nichtmuslimischen Untertanen ebenso wie die muslimische Bevölkerung sich jenen Bestimmungen unterwerfen müssen, die in letzter Zeit für die Beteiligung am Militärdienst erlassen worden sind. [...] 17. Da die Gesetze über den Kauf, Verkauf und Besitz von Liegenschaften für alle Untertanen gleich sind, so wird auch den Ausländern gemäß den Vereinbarungen, die zwischen unserer hohen Regierung und den fremden Staaten getroffen werden, die Erlaubnis zum Besitz von Liegenschaften erteilt, wenn sie die Gesetze unseres Staates und die ortspolizeilichen Vorschriften befolgen und dieselben Steuern zahlen wie die eingeborene Bevölkerung. [...] 18. Die allen unseren Untertanen auferlegten Steuern und Abgaben werden aufgrund desselben Titels ohne Rücksicht auf die Klasse und Religion erhoben.

*Zit. nach: Andreas Meier (Hg.), Der politische Auftrag des Islam, Peter Hammer Verlag, Wuppertal 1994, S. 60ff.**

1 a) Analysieren Sie M 3 im Hinblick auf die von der Regierung propagierten Zielsetzungen und angestrebten Neuerungen.
b) Vergleichen Sie die in M 3 formulierten Reformziele mit den tatsächlichen Folgen der Reformen.
Tipp: Nutzen Sie die Darstellung.
2 Erläutern Sie die in M 3 formulierten Reformpläne vor dem Hintergrund der bisherigen gesellschaftlichen und staatlichen Strukturen des Osmanischen Reiches.
3 **Vertiefung:** Beurteilen Sie, ob und inwieweit europäische Demokratievorstellungen in dem Handschreiben zum Ausdruck kommen.

M 4 Der Historiker Udo Steinbach über die Bedeutung der Tanzimat (2003)

Dem wachsenden äußeren Druck [...] und der anhaltenden inneren Schwäche suchte die Hohe Pforte[1] seit dem Beginn des 19. Jahrhunderts durch Reformen zu begegnen. Begonnen wurde die Serie durch einschneidende Reformen des Militärwesens, die das Ziel hatten, die osmanische Armee an europäischen Vorbildern auszurichten. Die Janitscharen machten den Versuch, die Maßnahmen zu verhindern, und setzten 1907 den fortschrittlichen Sultan Selim III.

(seit 1789) ab. Nach kurzem Zwischenspiel setzte Mahmut II. (1808–1839) das Werk fort, wobei es ihm gelang, das herkömmliche Janitscharenkorps auszuschalten. Neben die Reform des Heerwesens traten in den folgenden Jahrzehnten Reformen im Bereich der Verwaltung, des Rechtswesens und der Schulbildung. Insgesamt sollten sich diese als nicht weitreichend genug erweisen. Sie waren nur punktuell und führten nicht zu einer Ablösung der alten Ordnung, sondern zu einer politischen, gesellschaftlichen und kulturellen Zweigleisigkeit, die es den Gegnern der „Verwestlichung" immer wieder ermöglichte, den Modernisierungsprozess zu blockieren. Die Reformmaßnahmen sollten nicht nur eine Stärkung des Reiches bewirken. Sie waren zugleich darauf gerichtet, ihm ein Erscheinungsbild zu geben, das es den europäischen Mächten erleichtern würde, es als einen Teil Europas zu sehen und mithin die ständige Konfrontation abzubauen. In dieser Richtung sollte insbesondere die [...] 1839 als Tanzimat [...] [bezeichnete] Neuordnung wirken [, die] [...] 1856 durch [...] das „Großherrliche Handschreiben" ergänzt und bekräftigt wurde. [...] Die (darin) verkündeten Prinzipien sollten insgesamt eine Etappe auf dem Weg des Reiches in Richtung auf eine freiheitlich-bürgerliche Gesellschaftsordnung markieren. Ein weiterer Meilenstein hätte schließlich die 1876 von Sultan Abdülhamid II. (1876–1909) proklamierte Verfassung sein sollen. Gerade aber das Schicksal dieser Verfassung, die schon 1878 [...] vom Sultan widerrufen und unter dem Druck der „Jungtürken" erst nach 1908 wieder in Kraft gesetzt wurde, macht deutlich, dass alle Maßnahmen den inneren und äußeren Druck nicht mindern konnten.

*Zit. nach: Udo Steinbach, Geschichte der Türkei, München 2003, S. 17 f.***

1 Bezeichnung für die Regierung des Osmanischen Reiches, benannt nach der Eingangspforte zum Sultanspalast

1 Partnerarbeit:
  a) Stellen Sie arbeitsteilig innere und äußere Faktoren für den Niedergang des Osmanischen Reiches gegenüber (M 3, M 4).
  b) Beurteilen Sie die einzelnen Faktoren, indem Sie eine begründete Gewichtung vornehmen.

2 Arbeiten Sie aus M 4 heraus, wie Steinbach die Bedeutung der Reformen beurteilt.

3 **Vertiefung:** Setzen Sie sich mit Steinbachs Sicht, auch mit Blick auf die spätere Republik Türkei, auseinander.

M 5 Französische Karikatur aus der Zeitung „Le Petit Journal" vom 18. Oktober 1908.
Die geografischen Namen in der Karikatur von links nach rechts: Dalmatien, Montenegro, Bosnien, Herzegowina, Türkei, Bulgarien; dt. Übersetzung der frz. Bildunterschrift: „Die Enthüllung der Orientfrage".

1 Analysieren Sie die Karikatur M 5.
Tipp: Nutzen Sie die Methodenseite S. 238 f.

2 Beurteilen Sie die Intention des Zeichners.

3 Nehmen Sie die Perspektive einer der drei abgebildeten Personen ein und formulieren Sie einen Bericht, der die politische, gesellschaftliche und wirtschaftliche Lage des Osmanischen Reiches unter Berücksichtigung der historischen Entwicklung zusammenfasst.

3.5 Die Türkei – ein Teil Europas?

In dieser Themeneinheit geht es um
- *die Entstehung der Türkei aus dem Osmanischen Reich ab 1920,*
- *das politische Wirken Mustafa Kemals in der Türkei,*
- *die historische Entwicklung der Türkei bis in die Gegenwart.*

Die Entstehung der modernen Türkei

Die Siegermächte des Ersten Weltkrieges legten im Juni 1920 dem Osmanischen Reich den **Friedensvertrag von Sèvres** vor, den der Sultan Mehmed VI. unterzeichnen musste. Der Vertrag sah nur noch einen türkischen Rumpfstaat in Zentralanatolien vor, ohne Zugang zum Mittelmeer und ohne Souveränität*. Er beinhaltete auch die Internationalisierung der Meerengen, die Besetzung Istanbuls, den Fortbestand der wirtschaftlichen Abhängigkeit von England und Frankreich sowie die militärische Entmachtung. Die sogenannte Große Nationalversammlung, die weitgehend aus Vertretern des letzten osmanischen Parlaments bestand und in Ankara tagte, lehnte diesen Vertrag ab. Unter der Führung von General **Mustafa Kemal*** kämpfte sie für einen souveränen türkischen Nationalstaat* in den Grenzen des türkischen Siedlungsraumes und organisierte militärischen Widerstand. In Ostanatolien wurden die Armenier besiegt und mit dem bolschewistischen Russland kam es noch 1921 zu einer vertraglichen Abmachung hinsichtlich der türkischen Grenze Ostanatoliens. Im selben Jahr gaben die Franzosen ihr Interesse an Kilikien und die Italiener an Südwestanatolien auf. England hielt sich militärisch zurück. Griechenland hingegen erhob weiterhin Anspruch auf Thrakien und Teile Westanatoliens. Im August 1922 kam es zum entscheidenden türkischen Sieg über die griechischen Truppen unter der Führung von Mustafa Kemal. 1923 wurde im **Vertrag von Lausanne** die moderne Türkei in den heutigen Grenzen als souveräner Nationalstaat durch die Siegermächte des Ersten Weltkrieges anerkannt. Kurz darauf wurde die Republik mit Ankara als neuer Hauptstadt ausgerufen. Die Nationalversammlung wählte Mustafa Kemal zum Präsidenten und Ismet Pascha zum Ministerpräsidenten. 1924 folgten die Verabschiedung einer Verfassung und die **Abschaffung des Kalifats.**
Bei der Bildung des **türkischen Nationalstaates** wurden im Hinblick auf die postulierte Einheit von Sprache und Nation die Interessen nationaler Minderheiten übergangen. Bereits im Ersten Weltkrieg 1915 war es unter der osmanischen Regierung zu einem Genozid* an den christlichen **Armeniern** gekommen, die teils mit dem Kriegsgegner Russland sympathisiert hatten, teils aufständisch waren. Im Unabhängigkeitskrieg gab es erneut Vertreibungen von Armeniern an der russischen Grenze. Auch vereinbarten Griechenland und die Türkei im Anschluss an den Vertrag von Lausanne einen Transfer großer Bevölkerungsteile, der zum Teil gewaltsam vollzogen wurde: Etwa 1,2 Millionen **Griechen** mussten türkisches Gebiet und ca. 400 000 Türken Nordgriechenland verlassen. Die größte ethnische Minderheit, die **Kurden,** die im türkischen Staat verblieb, wurde unterdrückt und zur Anpassung an die türkische Kultur gezwungen.

Die Präsidentschaft Mustafa Kemals und die kemalistischen Reformen

Mustafa Kemal wurde während seiner Präsidentschaft (Reg. 1923–1938) zur prägenden Gestalt der neuen Republik. Er herrschte auf der Grundlage eines Einparteiensystems, indem er sich auf die von ihm gegründete **Republikanische Volkspartei** (CHP) stützte. In den Jahren 1924 bis 1934 setzte er, auch unter dem Einsatz von Gewalt, Reformen nach europäischem Vorbild durch. Bereits mit der Abschaffung des Kalifats war der

M1 Mustafa Kemal (1881–1938), Fotografie, 1925

Erhielt ab 1934 den Beinamen Atatürk = „Vater der Türken".
Türkischer Militär und Politiker. Nach einer militärischen Ausbildung nahm er 1908/09 an der jungtürkischen Revolution gegen den herrschenden Sultan teil. Für seine militärischen Verdienste im Ersten Weltkrieg erhielt er den Ehrentitel Pascha. Aus Widerstand gegen den Vertrag von Sèvres (1920), der das Osmanische Reich zerteilte, nahm er am Befreiungskampf für eine unabhängige Türkei teil. Im Oktober 1923 proklamierte er die Republik und war bis zu seinem Tod 1938 ihr Staatspräsident.

Laizismus
Verfassungsrechtliches Modell im Hinblick auf die Rolle der Religion in einem Staat. Es sieht vor, dass religiöse und staatliche Institutionen streng getrennt sind.

Weg zu einem **laizistischen*** **Staat** beschritten. Die Scharia wurde außer Kraft gesetzt und ein neues säkulares Recht auf der Basis von schweizerischen, deutschen und italienischen Rechtsordnungen erarbeitet. Nach dem neuen Zivilrecht waren Einehe und Ziviltrauung vorgeschrieben. Eine allgemeine und unentgeltliche Schulpflicht wurde eingeführt, das Schul- und Erziehungswesen dem Staat unterstellt. Alle Medresen (Islam-Schulen) wurden geschlossen. Der Islam wurde durch eine staatliche Behörde überwacht und verwaltet. Die Befreiung der türkischen Frau aus traditionellen Zwängen war das besondere Anliegen des Präsidenten. Die Verschleierung im öffentlichen Raum wurde verboten. Frauen erhielten 1934 das aktive und passive Wahlrecht und wurden in Schul- und Berufsausbildung Männern gleichgestellt. Auf vielen weiteren Ebenen kam es zu radikalen Umwälzungen: Europäische Kleidung wurde propagiert, der Fez, die traditionelle Kopfbedeckung im Osmanischen Reich, verboten, der gregorianische Kalender und ab 1928 das lateinische Alphabet eingeführt.
1934 verlieh das Parlament dem Präsidenten für seine Verdienste feierlich den Namen **Atatürk**, Vater der Türken. Im Jahre 1931 formulierte Mustafa Kemal die Prinzipien seiner Gesellschafts- und Staatsdoktrin. Er nannte dabei sechs Kernpunkte: **Republikanismus, Nationalismus*, Laizismus*, Etatismus, Reformismus, Populismus.** Sie fanden 1937 Eingang in die Präambel der Verfassung der Türkei. Mit „Etatismus" ist die staatliche Lenkung der Wirtschaft gemeint, mit dem Begriff „Populismus" die Aktivierung und Beteiligung des Volkes an der Politik. Als ehemaliger General betrachtete Atatürk die Armee als Wächterin über die kemalistischen Prinzipien. Falls die Regierung dagegen verstoße, müsse die Armee eingreifen. Außenpolitisch verfolgte Atatürk einen friedlichen Kurs. 1923 erklärte sich die Türkei für territorial saturiert* und suchte den Ausgleich mit den Nachbarstaaten. Dem Nachfolger Atatürks gelang es, die Türkei aus dem Kriegsgeschehen des Zweiten Weltkrieges herauszuhalten.

▶ M 3, M 4: Die politische Idee Mustafa Kemal „Atatürks"

M2 **Vom Osmanischen Reich zur Türkei**

Die Entwicklung der Türkei bis zur Gegenwart

Nach 1945 entschied sich die Türkei in der Zeit des Kalten Krieges für ein enges Bündnis mit dem Westen und trat 1952 der **NATO*** bei. Innenpolitisch erforderte dies einen Prozess der Demokratisierung und die Einführung einer **marktwirtschaftlichen Ordnung.** 1950 kam es zu den ersten freien Wahlen und zu einem Sieg der neuen Oppositionspartei, der Demokratischen Partei (DP). In der Folgezeit entwickelte sich ein Parteienpluralismus, der in seinem breiten Spektrum von kommunistischen* über die kemalistischen bis hin zu islamisch-fundamentalistischen Gruppierungen die Unterschiede und den dynamischen Wandel in der Gesellschaft spiegelte. Die führenden Militärs sahen sich als Wächter der **kemalistischen Prinzipien** gegenüber linken und rechten Tendenzen, übernahmen 1960, 1971 und 1980 bis 1983 vorübergehend die Macht und etablierten seit 1962 das Organ des **Nationalen Sicherheitsrates.** Dieser verlieh ihnen verfassungsgemäß die Kontrolle über das politische Geschehen. Nach der Militärherrschaft wurden 1962 und 1983 neue Verfassungen eingeführt, die auf den kemalistischen Prinzipien des Laizismus, Nationalismus und Republikanismus basierten. Unter der Mutterlandspartei (ANAP) wurde von 1983 bis 1993 die Rückkehr zur Demokratie, der Aufbau einer Marktwirtschaft nach europäischem Muster sowie die Anbindung an die EG gefördert. 1995 fand die neu entstandene Islamische Wohlfahrtspartei (RP) bei den Wählern die größte Resonanz, deren erster Ministerpräsident jedoch 1996 vom Militär gestürzt und die RP vom Verfassungsgericht verboten wurde.
Als das Land **2001 in eine schwere Finanzkrise** stürzte, schenkten die Wähler in der vorgezogenen Neuwahl der gemäßigt islamischen **Partei für Gerechtigkeit und Entwicklung (AKP)** unter Parteichef **Recep Tayyip Erdogan** das größte Vertrauen. Im Unterschied zur RP bekennt sich die AKP zu Laizismus, Meinungsfreiheit, Marktwirtschaft und Offenheit gegenüber dem Westen. Die Regierung Erdogan, die die EU-Mitgliedschaft anstrebt, änderte viele Gesetze und bekämpfte Verhaltensweisen, die bisher einer Mitgliedschaft im Wege standen: Todesstrafe und Folter wurden abgeschafft, der Einfluss des Militärs im Nationalen Sicherheitsrat beschnitten. Die 1978 entstandene Kurdische Arbeiterpartei (PKK), die die Gründung einer unabhängigen Kurdenrepublik erstrebt, hat ihren terroristischen Aktivitäten seit 2002 abgeschworen. Damit können Wege gesucht werden, den Interessen der kurdischen Bevölkerung im staatlichen Rahmen der Türkei zu entsprechen. So wurde in einem ersten Schritt der Gebrauch der kurdischen Sprache, auch in den Medien, zugelassen. 2005 stimmte die EU ergebnisoffenen **EU-Beitrittsverhandlungen mit der Türkei** zu. Der Anpassungsprozess der Türkei an die Aufnahmekriterien der EU (s. S. 589 f.) soll seitens der EU weiter gefördert werden. Allerdings bestehen aus EU-Sicht noch zu viele Differenzen hinsichtlich der Grundrechte, besonders der Meinungsfreiheit.
Ein **Putschversuch 2016** durch den „Rat des Friedens in der Heimat" und Teile des Militärs scheiterte; laut ihres Manifests wollten sie die verfassungsmäßige Ordnung und die Menschenrechte in der Türkei wiederherstellen. Während die am Putsch Beteiligten die volle Härte der Erdogan-Regierung in Form massenhafter Entlassungen und Inhaftierungen erfuhren und bis Mitte 2018 der Ausnahmezustand herrschte, häuften sich Verschwörungstheorien über die Vorgänge in der Türkei. Das Verhältnis zur EU und die Wirtschaft verschlechterten sich aufgrund der Politik Erdogans. Im Sommer 2019 verloren die Islamisch-Konservativen erstmals seit 25 Jahren Wahlen in Istanbul. Der neue Oberbürgermeister Ekrem Imamoglu (CHP) sprach sich für die Wiederaufnahme des demokratischen Kurses und die erneute Hinwendung zur EU aus.

▶ M 5, M 6: Debatte zum EU-Beitritt der Türkei

1 Skizzieren Sie die Entstehung der Türkei aus dem Osmanischen Reich (siehe M 2).
2 **Gruppenarbeit:** Erläutern Sie anhand der Darstellung arbeitsteilig die sechs kemalistischen Prinzipien in einem Schaubild und präsentieren Sie sie im Plenum.
3 **Zeitstrahl:** Stellen Sie die Entwicklung der modernen Türkei in einem Zeitstrahl dar.

> ***Hinweise zur Arbeit mit den Materialien:***
> *M 3, M 4 thematisieren die „kemalistischen Prinzipien“.*
> *M 5, M 6 vertiefen die Frage des EU-Beitritts der Türkei.*

Die politische Idee Mustafa Kemal „Atatürks“

M 3 Türkisches Plakat zur neuen Republik Türkei, um 1933

1 **Wahlaufgabe/Gruppenarbeit:** Analysieren Sie Plakat M 3 arbeitsteilig unter folgenden Gesichtspunkten:
   a) bildliche Gestaltung des Plakates,
   b) historischer Kontext,
   c) Merkmale des politischen und gesellschaftlichen Wandels unter Mustafa Kemal.
   Tipp: Die Texte sind nicht relevant.

M 4 Rede Mustafa Kemals vor der Republikanischen Volkspartei (Oktober 1927)

Verschiedene Nationen unter einem allgemeinen und gleichen Namen vereinigen, diesen verschiedenen Gruppen dieselben Rechte verleihen, sie den gleichen Bedingungen unterwerfen und so einen mächtigen Staat gründen, das ist ein glänzender und anziehender politischer Standpunkt. Aber er ist trügerisch. Es ist schon ein nicht zu verwirklichendes Ziel, es zu unternehmen, die verschiedenen auf der Erde bestehenden türkischen Stämme in einem Stamme zu vereinigen. [...] Man sieht in der Geschichte nicht, wie die Politik des Pan-Islamismus[1] oder des Turanismus[2] hätte Erfolg haben oder wie sie auf dieser Erde ein Gebiet zu ihrer Durchführung hätten finden können. Was die Folgen des Ehrgeizes anbetrifft, einen Staat zu organisieren, der von der Idee der Weltherrschaft geleitet ist und sich auf die ganze Menschheit ohne Unterschied der Rassen erstreckt, so weist die Geschichte hierfür Beispiele auf. Für uns kann von Eroberungsgelüsten nicht die Rede sein. [...] Das politische System, das wir als klar und völlig durchführbar betrachten, ist die nationale Politik. [...]. Wenn ich von nationaler Politik spreche, so möchte ich dem den folgenden Sinn geben: Innerhalb unserer nationalen Grenzen an dem wirklichen Glück und Wohlergehen der Nation und des Landes arbeiten, indem wir uns vor allem, um unsere Existenz zu erhalten, auf unsere Macht stützen. [...] Das Volk nicht dazu bringen, unwirkliche Ziele zu verfolgen, welche diese auch sein mögen, wodurch ihm nur Unheil widerfahren könnte, und von der zivilisierten Welt eine zivilisierte menschliche Behandlung, eine auf Gegenseitigkeit beruhende Freundschaft erwarten.

*Zit. nach: Mustafa Kemal Pascha, Die neue Türkei, 1919–1927, Verlag K. F. Kohler, Leipzig 1928, S. 2–4.**

1 Streben nach Vereinigung aller islamischen Völker
2 Streben nach Vereinigung aller Turkvölker

1 Erarbeiten Sie die Programmatik der Rede (M 4).
2 Erläutern Sie die Rede M 4 im historischen Kontext.
3 **Vertiefung:** Bewerten Sie die Bedeutung von Kemals Aussagen (M 4) für die weitere türkische Geschichte, indem Sie Parallelen/Gegensätze zur politischen Situation der Türkei heute recherchieren und erarbeiten.

Geschichte kontrovers: Der EU-Beitritt der Türkei?

M 5 Heinrich August Winkler, Historiker (2002)

Die EU steht vor einer doppelten Herausforderung: Sie heißt Erweiterung und Vertiefung. Eine Erweiterung, die deutlich über Europa hinausgreift, gerät zwangsläufig in Konflikt mit dem Ziel, die Einigung zu vertiefen. Vertiefung heißt: Weiterentwicklung der EU zur politischen Union. Eine politische Union verlangt ein europäisches Wir-Gefühl. [...]
Eine EU, die auch die Türkei umfasst, könnte an ein europäisches Wir-Gefühl nicht mehr appellieren.

Dazu sind die kulturellen Prägungen der Türkei und Europas zu unterschiedlich. Die Unterschiede haben etwas mit Christentum und Islam zu tun. Es heißt kein Werturteil fällen, sondern eine Tatsache feststellen, wenn man darauf hinweist, dass der (von den Christen immer wieder missachtete) Gedanke der Gleichheit aller Menschen geistlichen Ursprungs ist. Und nur im christlichen Okzident hat sich die Trennung von christlicher und weltlicher Gewalt, die Urform der Gewaltenteilung, in einem Jahrhunderte währenden Prozess vollzogen. In der islamisch geprägten Türkei ist diese Trennung erst im 20. Jahrhundert und mit sehr viel staatlicher Gewalt durchgesetzt worden. Das Militär als der Machtfaktor, der die Säkularisierung mit Zwangsmitteln garantiert: So etwas gibt es in keiner westlichen Demokratie. [...] Der Charakter der Europäischen Union würde sich als Folge eines Beitritts der Türkei dramatisch verändern. Vielleicht hätte die EU noch als Wirtschaftsgemeinschaft und als loser Staatenbund eine Zukunft. Das Projekt einer politischen Union aber wäre preisgegeben; die europäische Idee wäre tot. Über die Folgen sollte man sich keine politischen Illusionen machen. In einem Europa, das kein Gefühl seiner eigenen Identität hervorzubringen vermag, wird der Nationalismus wieder sein Haupt erheben. Der Nationalismus befriedigt Identitätsbedürfnisse. Aber er würde es auf eine Weise tun, die für Europa verheerend wäre. Die Frage eines türkischen Beitritts zur EU ist allzu lange nur unter den Gesichtspunkten technokratischer und militärstrategischer Zweckmäßigkeit erörtert worden. Sie ist aber ein Problem von historischer Bedeutung.

Zit. nach: Heinrich August Winkler, Soll Europa künftig an den Irak grenzen?, in: Frankfurter Allgemeine Zeitung vom 11. Dezember 2002, Nr. 288, S. 10.

M6 Dieter Oberndörfer, Politik- und Kulturwissenschaftler, über Winklers Thesen (2007)

Winklers pauschale Abqualifizierung des Wegs türkischer Demokraten nach Europa offenbart die typische Denkstruktur der romantischen Geschichtswissenschaft, der Leitwissenschaft des Nationalstaats und Nationalismus Europas. Die Substanz der Nation, ihre Identität, wurde in ihrer Geschichte erfunden. Sie musste gegen Gefährdung durch Fremde und Fremdes verteidigt werden. Die Politik hat das geschichtliche „Erbe" vor fremder Neuerung zu schützen. Hierbei tritt Europa an die Stelle der Nation. [...] Türkische Demokraten müssen die Glorifizierung der Geschichte Europas als eines Hortes von Demokratie und Humanität und die Absage an ihre eigene Kultur- und Demokratiefähigkeit als überheblichen und provinziellen Geschichtshorizont wahrnehmen. Sie wissen, dass die von der christlichen Inquisition aus Spanien vertriebenen Juden in der osmanischen Türkei aufgenommen und ihnen dort religiöse Freiheit eingeräumt wurde. Von Klassikern der politischen Theorie des 17. und 18. Jahrhunderts wie Jean Bodin oder Charles de Montesquieu wurde das Osmanische Reich als Beispiel für eine in den meisten Staaten Europas damals nicht mögliche Koexistenz von Moslems, Juden und Christen gesehen. In der Zeit der nationalsozialistischen Barbarei hat die von Winkler so sehr verteufelte kemalistische Türkei vielen deutschen Wissenschaftlern Zuflucht und Unterhalt gewährt. Gegenüber heutigen Mängeln der Demokratie und der Religionsfreiheit in der Türkei, die ihren Ausschluss von Europa rechtfertigen soll, sei darauf hingewiesen, dass noch vor wenig mehr als 25 Jahren katholische Militärdiktaturen Spanien und Portugal im Griff hatten. [...] Die politischen und kulturellen Defizite der Freiheit auf der Iberischen Halbinsel konnten jedoch dort in kurzer Zeit behoben werden und wurden nicht zur Barriere für die Aufnahme in die Europäische Wirtschaftsgemeinschaft (EWG). Ähnliches lässt sich heute in den Staaten Osteuropas beobachten. [...] Die Aufnahme der Türkei hätte [...] weltgeschichtliche Bedeutung. Dieses Europa stünde symbolisch für die Möglichkeit einer Koexistenz von Menschen unterschiedlicher Religion und Weltanschauung im demokratischen Verfassungsstaat. [...] Ihre weitere Verweigerung wäre Brennstoff für den islamischen Fundamentalismus und antiwestliche orthodoxe muslimische Theologen. Sie wäre der Beweis, dass Demokratie und Menschenrechte eine christlich-europäische Veranstaltung sind und alle Beteuerungen ihres universalen Geltungsanspruchs nichts als christlich-europäische Heuchelei sind.

*Zit. nach: Dieter Oberndörfer, Die Furcht vor der Türkei, in: Siegfried Frech und Mehmet Öcal (Hg.), Europa und die Türkei, Wochenschau, Schwalbach/Ts. 2006, S. 189ff.**

1 **Partnerarbeit:** Analysieren Sie arbeitsteilig die Argumente Winklers und Oberndörfers (M5, M6).
2 Stellen Sie die Thesen Winklers und Oberndörfers (M5, M6) gegenüber und bewerten Sie diese.
3 **Vertiefung:** Erörtern Sie die Leitfrage dieser Themeneinheit: Ist die Türkei ein Teil Europas?
4 **Zusatzaufgabe:** Siehe S. 614.

3.6 Islamischer Fundamentalismus

In dieser Themeneinheit geht es um
die Entwicklung des islamischen Fundamentalismus im 20. Jahrhundert.

M 1 Die beiden Türme des World Trade Center in New York brennen nach dem Anschlag am 11. September 2001, Fotografie 2001

▶ M 2: Islamistische Fundamentalisten und der Westen

▶ M 3: Die USA und der internationale islamistische Terrorismus

Der historische Hintergrund

Entstanden ist der islamische **Fundamentalismus** aufgrund der vielen Interpretationsmöglichkeiten des Korans. Schon der islamische Mystiker Ibn Arabi (gest. 1240) betonte, dass ein jeder im Koran das finde, was er zu finden bestrebt sei. Somit ist der Koran, obwohl er als göttlichen Ursprungs betrachtet wird, stets den Deutungen durch die Menschen unterworfen. Ab 1970 gewannen in der muslimischen Welt politische Interpretationen an Bedeutung, die die Rückbesinnung auf die islamischen Ursprünge forderten. Ihre Befürworter verlangten die **Einheit von Religion und Staat** und die gesamtgesellschaftliche Geltung der Scharia. Hinzu kam eine entschiedene Ablehnung der „Verwestlichung", z. B. auch westlicher Unterhaltungsmedien und Genussmittel. Sie propagierten den **Dschihad*** zur Ausdehnung islamischer Herrschaft und griffen Israel mit antisemitischen Parolen an.

Ausdruck dieser Entwicklung des **Islamismus** war **1979** die **iranische Revolution** und die Gründung der islamischen Republik Iran, in der die schiitische Geistlichkeit die Kontrolle über den Staat übernahm. Der offensive, antiwestliche Kurs ihrer Führung sowie das zunehmende wirtschaftliche und machtpolitische Interesse des Westens – besonders der USA – am Persischen Golf, aber auch komplexe diplomatische Verflechtungen, die teils aus dem Kalten Krieg, teils aus dem Nahost-Konflikt herrührten, führten schließlich zur stärker werdenden Präsenz der Westmächte sowie diversen militärischen Konflikten in dieser vom Islam geprägten Region.

Der islamistische saudische Multimillionär **Osama bin Laden**, der zunächst mit den USA in Afghanistan gegen die Sowjetunion kooperiert hatte, sah den Islam durch den wachsenden amerikanischen Einfluss bedroht. Ab 1996 baute bin Laden die Terrororganisation ***Al-Qaida*** (wörtlich: Basis) auf, der zahlreiche Selbstmordattentate und Bombenanschläge gegen US-amerikanische, westliche und jüdische Einrichtungen zugeschrieben werden. Er plante auch den Sturz der saudischen Monarchen, weil diese die Präsenz amerikanischer Truppen im Land der Heiligen Stätten Mekka und Medina gestatten. *Al-Qaida* hat keine feste Struktur, sondern besteht vermutlich aus einem internationalen Geflecht verschiedener islamistischer Terrorzellen. Der größte von Al-Qaida durchgeführte Anschlag erfolgte 2001 auf das World Trade Center in New York.

Die jüngsten Ausprägungsformen des islamischen Fundamentalismus zeigten sich in den Kampfhandlungen des sich zunächst ebenfalls zu *Al-Qaida* **bekennenden Islamischen Staates (IS)**, der ein auf der Scharia basierendes Kalifat auf syrischem und irakischem Gebiet anstrebte. IS-Anhänger und durch Internet-Propaganda weltweit rekrutierte Mitglieder sind für zahlreiche Anschläge und Kriegsverbrechen verantwortlich. Seit Frühjahr 2019 gilt diese terroristische Vereinigung durch eine internationale Allianz als weitgehend zerschlagen.

1 **Partnerarbeit:** Erarbeiten Sie arbeitsteilig interne und externe Faktoren, die die Entstehung des islamischen Fundamentalismus begünstigt haben.
2 Beschreiben Sie M 1. Ordnen Sie die Fotografie in den historischen Kontext ein.
3 **Wahlaufgabe:** Erläutern Sie Ziele, Methoden und Auswirkungen des islamistischen Terrors anhand eines selbstgewählten Beispiels.
Tipp: z. B. World Trade Center 2001, Berliner Weihnachtsmarkt 2016.

Hinweise zur Arbeit mit den Materialien:
M 2 ist eine Erklärung von Al-Quaida an den Westen.
M 3 zeigt die Reaktion der US-Regierung auf den Terror.

Islamistische Fundamentalisten und der Westen

M 2 Erklärung der „Internationalen Front für den Heiligen Krieg gegen die Juden und Kreuzfahrer" vom 23. Februar 1998

Niemand mehr kann heute drei Wahrheiten bestreiten [...]: 1. Seit mehr als sieben Jahren besetzt Amerika das heiligste der muslimischen Gebiete (die Arabische Halbinsel), plündert seine Reichtümer, erteilt seinen Regierenden Befehle, demütigt seine Bewohner, versetzt seine Nachbarn in Angst und macht seine Stützpunkte zu Speerspitzen im Kampf gegen benachbarte muslimische Völker. [...] 2. Trotz der gewaltigen Zerstörungen, die das irakische Volk durch die Koalition der Juden und Kreuzfahrer erlitten hat, und trotz der riesigen Zahl von Opfern, die an eine Million heranreicht, trotz all dem versuchen die Amerikaner immer noch, die schrecklichen Massaker zu wiederholen. [...] All diese Ereignisse und Verbrechen sind Teil einer Kriegserklärung der Amerikaner an Gott und seinen Propheten [...]. Die Gelehrten [...] stimmen darin überein, dass der Heilige Krieg eine individuelle Pflicht ist. [...] Folglich und entsprechend dem Befehl Gottes teilen wir allen Muslimen das folgende Urteil mit: Die Amerikaner und ihre Verbündeten zu töten, ob Zivilisten oder Soldaten, ist eine Pflicht für jeden Muslim, der es tun kann, in jedem Land, wo er sich befindet, bis die al-Aksa-Moschee und die große Moschee in Mekka von ihnen befreit sind, bis ihre Armeen alle muslimischen Gebiete verlassen, mit gelähmten Händen, gebrochenen Flügeln, unfähig, einen einzigen Muslim zu bedrohen, entsprechend seinem Befehl, gelobt sei Er!

*Zit. nach: Gilles Kepel u. a. (Hg.), Al-Qaida, Texte des Terrors, Piper, München 2006, S. 85 ff.**

1 Erarbeiten Sie die in M 2 propagierte Lehre und vergleichen Sie diese mit dem klassischen Dschihad-verständnis (s. S. 106). Erläutern Sie Unterschiede.

2 **Gruppenarbeit:**
   a) Untersuchen Sie die Rechtfertigung des Terrors (M 2), indem Sie arbeitsteilig zwischen religiösen, politischen, sozialen und wirtschaftlichen Aspekten unterscheiden.
   b) Diskutieren und bewerten Sie diese Aspekte anschließend im Plenum.

Die USA und der internationale islamistische Terrorismus

M 3 Aus der Rede des US-Präsidenten George Bush vor dem Kongress am 20. September 2001

Die Amerikaner fragen: „Wer hat unser Land angegriffen?" Die [...] Beweise weisen alle auf [...] Al-Qaida [hin]. Es sind die gleichen Mörder, die [...] [für] Bombenanschläge auf die amerikanischen Botschaften [...] verantwortlich sind. [...] Die Terroristen praktizieren eine Randform des islamischen Extremismus, die von muslimischen Gelehrten und der großen Mehrheit der muslimischen Kleriker abgelehnt wird – eine Randbewegung, die die friedlichen Lehren des Islams pervertiert [...]. Die Terroristen haben Weisung, Christen und Juden zu töten, alle Amerikaner zu töten und keine Unterscheidung zu treffen zwischen Militär und Zivilisten, einschließlich Frauen und Kindern. [...] Die Amerikaner fragen: „Warum hassen sie uns?" Sie hassen [...] eine demokratisch gewählte Regierung. Ihre Führung ist eine selbst ernannte Führung. Sie hassen unsere Freiheiten – unsere Religionsfreiheit, unser Recht auf freie Meinungsäußerung, unser freies Wahlrecht und Versammlungsrecht und die Freiheit, kontroverse Meinungen zu vertreten. Wir lassen uns nicht von ihrer angeblichen Frömmigkeit täuschen. Wir hatten schon vorher mit solchen Leuten zu tun. Sie sind die Erben aller mörderischen Ideologien des 20. Jahrhunderts. Indem sie Menschenleben für ihre radikalen Visionen opfern [...], folgen sie dem Weg des Faschismus, des Nationalsozialismus und des Totalitarismus. Wir werden alle uns zur Verfügung stehenden Mittel einsetzen – alle Mittel der Diplomatie, alle nachrichtendienstlichen Mittel, alle polizeilichen Instrumente, alle Möglichkeiten der finanziellen Einflussnahme und alle erforderlichen Waffen des Krieges, um das Netzwerk des weltweiten Terrors zu zerschlagen und zu besiegen. [...] Und wir werden Staaten verfolgen, die ihnen Hilfe oder Unterschlupf gewähren.

*Zit. nach: http://amerikadienst.usembassy.de (Download vom 12.2.2008).***

1 Analysieren Sie Bushs Rede (M 3) hinsichtlich seiner Position und Argumentation.

2 **Gruppenarbeit:**
   a) Entwickeln Sie zentrale Fragen, die sich für Sie im Hinblick auf die Ursachen und die Bekämpfung des Terrorismus ergeben. Wählen Sie selbst Themen zur Recherche und Bearbeitung aus.
   b) Erarbeiten Sie Präsentationen zu den gewählten Themen.

Anwenden

M1 Der Orientalist Gernot Rotter zur Frage „Der Islam – friedlich oder kriegerisch?" (2001)

Nach den Terroranschlägen vom 11. September in den Vereinigten Staaten hört man eine Mahnung immer wieder: Nicht der Islam sei für den Terror verantwortlich zu machen, denn tatsächlich sei der Islam eine friedliche Religion. Friedlicher als andere Religionen? Christentum, Judentum und Islam sind historisch und religionsphänomenologisch Geschwisterreligionen, [...] die Abraham als ihren mythischen Urvater ansehen.

Während jedoch Jesus als Aufrührer am Kreuz endete, waren Moses und Mohammed prophetische [...] Staatsmänner und führten als solche Kriege. [...] Das Alte Testament [...] [und] der Koran [...] enthalten [...] Aufforderungen, gegen die Ungläubigen zu kämpfen. Ganz frei von solchen Aufrufen ist jedoch auch das Neue Testament nicht. So liest man beim Evangelisten Matthäus (10,34): „Ich bin nicht gekommen, Frieden zu bringen, sondern das Schwert." Das Alte Testament ist voll von Aufforderungen Gottes an die Juden zum Kampf gegen die Ungläubigen, [...] bei extremistischen Siedlern Israels erinnert man sich heute gerne dieser Aufrufe [...]. Das Christentum verlor seine Unschuld, als es im 4. Jahrhundert in Byzanz und später in Rom Staatskirche wurde. In seinem Namen wurden fortan Kriege gefochten, Kreuzfahrer entsandt, Muslime und Juden durch die Inquisition verfolgt, „Hexen" verbrannt, „Heiden" gewaltsam bekehrt oder erschlagen usw. Der Dreißigjährige Krieg zwischen Katholiken und Protestanten von 1618 bis 1648 raffte in manchen Regionen Europas über die Hälfte der Bevölkerung hin. Es war die Erfahrung dieses Krieges, die bei uns zur Aufklärung beitrug und die Erkenntnis reifen ließ, dass Staat und Religion strikt zu trennen seien. Obwohl sich diese Erkenntnis bis heute weitgehend durchgesetzt hat, genügt ein Blick nach Nordirland, wo sich Protestanten und Katholiken bekriegen, oder auch in die USA, wo Christen mit dem Hinweis auf die Bibel Abtreibungsärzte erschießen, um zu erkennen, dass auch das Christentum bis heute zur Begründung von Gewalt missbraucht wird.

Und der Islam? Mohammed sah sich der Feindschaft der heidnischen Mekkaner gegenüber, gegen die er nach seiner erzwungenen Auswanderung nach Medina zum Dschihad aufrief. Die Mekkaner wurden vor die Wahl gestellt, sich zu bekehren oder getötet zu werden. In dieser Zeit, als Mohammed bereits Staatsmann war, entstanden Koranverse wie dieser: „Er (Gott) ist es, der seinen Gesandten mit der Rechtleitung und der wahren Religion geschickt hat, um ihr zum Sieg zu verhelfen über alles, was es (sonst) an Religion gibt – auch wenn es den Ungläubigen zuwider ist." (Sure 9, 33). Die Kalifen sind dieser Devise treu geblieben und haben die islamische Herrschaft mit dem Schwert vom Atlantik bis zum Indus ausgedehnt. Leben und Besitz von Christen und Juden wurden dabei weitgehend geschont, und sie durften ihren Glauben weiter ausüben, solange sie bereit waren, die politische Herrschaft des islamischen Staates anzuerkennen.

Mit der Zeit machte die Definition des Dschihad einen bemerkenswerten Wandel durch, indem man zwischen dem Großen Dschihad und dem Kleinen Dschihad unterschied. Mit Ersterem war das Bemühen um die eigene Läuterung, mit Letzterem der Kampf mit der Waffe gegen einen angreifenden Ungläubigen gemeint. Die meisten heutigen [Religionsgelehrten des Islam] definieren den bewaffneten Dschihad als nur im Verteidigungsfalle legitimiert. Nicht geklärt ist freilich, wann ein solcher Verteidigungsfall gegeben ist.

Wir müssen uns bewusst werden, dass alle drei abrahamitischen Religionen den Virus der Gewalt in sich tragen, der jederzeit ausbrechen kann. Die Trennung von Religion und Staat ist gewiss ein vorbeugendes Mittel dagegen. Langfristig jedoch muss es darum gehen, die friedfertigen Aspekte der einzelnen Weltreligionen als für sie maßgeblich in den Vordergrund zu rücken, sodass es Gewalttätern schwerer fällt, sich zur Legitimation ihres Tuns auf Gott zu berufen. Das ist eine eminent politische Aufgabe. Der Westen tut gut daran, zu betonen, er führe keinen Krieg gegen den Islam. Das genügt aber nicht: Er muss seine Nah- und Mittelostpolitik, die in der islamischen Welt oft genug als von Heuchelei und eigener Profitsucht geprägte Bevormundung wahrgenommen wird, gründlich überdenken.

*Zit. nach: Gernot Rotter, Der Islam – friedlich oder kriegerisch?, in: E+Z Entwicklung und Zusammenarbeit, 2001, www.inwent.org/E+Z/1997-2002/ez1101-4.htm (Download vom 31. Juli 2008).***

1 Erörtern Sie Rotters Fragestellung (M 1), indem Sie
a) den Text analysieren,
b) in den historischen Kontext einordnen,
c) ein begründetes Urteil formulieren.

Wiederholen

M2 Alhambra (Granada, Andalusien), Comares-Palast, entstanden unter Muhammad V. Ende des 14. Jh. in al-Andalus, Fotografie, 2006

M3 Orientalischer „Garten der vier Ströme" in den Gärten der Welt (Berlin), angelegt nach orientalischen Vorbildern, eröffnet 2005, Fotografie, 2017

1 **Partnerarbeit:**
   a) Beschreiben Sie arbeitsteilig M 2 und M 3.
   b) Charakterisieren Sie die Merkmale islamischer Architektur, indem Sie M 2 und M 3 vergleichend gegenüberstellen.
2 **Wahlaufgabe:** Bearbeiten Sie Aufgabe a) oder b).
   Ordnen Sie M 2 in den historischen Kontext ein, indem Sie, Bezug nehmend auf Entstehung, Ausbreitung und Herrschaftskonsolidierung des Islam,
   a) ein **Schaubild** oder
   b) ein **Kurzreferat** erarbeiten.
3 Erläutern Sie die Besonderheiten von al-Andalus im Hinblick auf die Einflüsse auf das heutige Europa.
   Tipp: Unterscheiden Sie dabei zwischen selbstgewählten Betrachtungsebenen, z. B. Religion, Gesellschaft, Kultur.
4 **Vertiefung:** Stellen Sie die gesellschaftlichen und politischen Entwicklungen im Osmanischen Reich ab dem 19. Jahrhundert dar und ordnen Sie diese in den historischen Kontext ein. Diskutieren Sie die These, dass das Ende des Osmanischen Reiches nach dem Ersten Weltkrieg unvermeidlich war.
5 Skizzieren Sie die Staatsidee Atatürks und beurteilen Sie diese im Hinblick auf einen möglichen EU-Beitritt der Türkei.
6 Beschreiben Sie die Entstehung und die Varianten des islamischen Fundamentalismus und erörtern Sie die Gründe für den Erfolg dieser radikalen Auslegung des Islam seit dem 20. Jahrhundert.
7 **Partnerarbeit:** Beantworten Sie gemeinsam Ihre Fragen vom Beginn des Kapitels.

Zentrale Begriffe

al-Andalus
Al-Qaida
Emir
Dhimmi
Dschihad
Heiliger Krieg
Hidschra
Islamismus
Jerusalem
Jungtürken
Kaaba
Kalif/Kalifat
Kemalistische Reformen
Koran
Kreuzfahrerstaaten
Kreuzzüge
Kurden
Medina
Mekka
Muhammad
Osmanisches Reich
Reconquista
Ritterorden
Scharia
Schiiten
Seldschuken
Sunniten
Tanzimat
Umma
Wesir

Testen Sie Ihr Vorwissen zur Frühen Neuzeit.

1)

2)

3)

4)

1 Beschreiben Sie die Abbildungen 1–4.

2 Ordnen Sie den Abbildungen passende Überschriften zu:

1) Europa und Asien – das Zeitalter der Kreuzzüge
2) Ein neues Weltbild: Isaac Newton und die Entdeckung der Schwerkraft
3) Der französische Absolutismus unter Ludwig XIV.
4) Der Erste Weltkrieg: Eine Urkatastrophe?
5) Luthers Thesenanschlag – Reformation in Deutschland
6) Die „Entdeckung" der „Neuen Welt" durch die Europäer
7) Der Untergang Roms

▶ Lösungshinweise finden Sie auf S. 638.

3 **Gruppen- oder Partnerarbeit:** Formulieren Sie für die abgebildeten Personen der Abb. 1–4 (S. 132) Gedanken bzw. Aussagen auf Grundlage Ihrer Vorkenntnisse.
Tipp: Die Bilder 1 bis 3 können auch als Gespräche gestaltet werden.

Formulierungshilfen:
Mögliche Satzanfänge für die Sprechblasen:
Ich bin …
Ich komme aus …
Ich möchte …
Ich frage mich, …
Ich bin davon überzeugt, dass …
usw.

Vergleichen Sie anschließend im Plenum die verschiedenen Versionen.

4 Welche der folgenden vier Personen passt nicht in die Reihe?

1)

2)

3)

4)

5 Wer hat's gesagt?

1) *„In jedem Staat gibt es drei Arten von Gewalt: die gesetzgebende Gewalt, die vollziehende Gewalt in Ansehung der Angelegenheiten, die vom Völkerrechte abhängen, und die vollziehende Gewalt hinsichtlich der Angelegenheiten, die vom bürgerlichen Recht abhängen."*

a) Papst Gregor VII.
b) Der Philosoph Charles de Montesquieu
c) Der Reformator Martin Luther

2) *„[Das] Hauptmerkmal des souveränen Fürsten [besteht] darin […], der Gesamtheit und den Einzelnen das Gesetz vorschreiben zu können, und zwar, so ist hinzuzufügen, ohne auf die Zustimmung eines Höheren oder Gleichberechtigten oder gar Niedrigeren angewiesen zu sein."*

a) König Ludwig XIV.
b) Der Philosoph Voltaire
c) Der Jurist Jean Bodin

4

Die Frühe Neuzeit: Herrschaft und Gesellschaft im Wandel

M1 ***„America sive novus orbis"*** **(dt. „Amerika oder die Neue Welt"), Kupferstichkarte von Theodor de Bry, Frankfurt am Main 1596.**

Die Karte zeigt den aktuellen Wissensstand ihrer Entstehungszeit. Sie enthält die Erkenntnisse der Seefahrten, die seit der „Entdeckung" Amerikas durch Kolumbus 1492 durchgeführt worden waren. In den Ecken sind Christoph Kolumbus, Amerigo Vespucci, Ferdinand Magellan und Francisco Pizarro dargestellt.

- **1492** | Kolumbus „entdeckt" Amerika
- **ca. Ende 15. Jh.** | „Offizieller" Beginn der Neuzeit
- **seit 1500** | Eroberung und Kolonisation Amerikas durch die Europäer
- **1517** | Beginn der Reformation
- **1555** | Augsburger Religionsfrieden
- **um 1450** | Gutenberg erfindet den Buchdruck
- **1521** | Reichstag zu Worms
- **1524/25** | Bauernaufstände

1450 | 1500 | 1550

ca. 1300–1600 Renaissance und Humanismus

„Es ist eine Lust zu leben!" – Der Ausruf des Humanisten* Ulrich von Hutten aus dem Jahre 1518 spiegelt das Lebensgefühl vieler Wissenschaftler und Künstler im 15./16. Jahrhundert wider. Sie schwärmten vom Beginn eines neuen, „goldenen" Zeitalters, das in Wissenschaft und Gesellschaft bahnbrechende Entwicklungen bereithalten sollte. Eine neue Epoche, in der endlich das sogenannte „finstere Mittelalter" überwunden werden würde!
Begann um 1500 tatsächlich eine neue Zeit? Unter den Historikern besteht zumindest weitgehend Einigkeit, dass die Zeit um 1500 eine entscheidende Zäsur* zwischen Mittelalter und Neuzeit darstellt. Aus diesem Grund wird die Epoche vom 16. bis zum 18. Jahrhundert auch als „Frühe Neuzeit"* bezeichnet. In diesem Zeitraum vollzogen sich tiefgreifende Umwälzungen. In der Wirtschaft bildeten sich frühkapitalistische* Produktions- und Vertriebsformen heraus, infolge von Renaissance* und Humanismus* wandelte sich das Welt- und Menschenbild. Die Europäer entdeckten ihnen zuvor unbekannte Kontinente und Kulturen, ihre Eroberungen und ihre Kolonisationspolitik* leiteten die „Europäisierung" der Erde ein. Die Reformation* beendete die kirchliche und religiöse Einheit des europäischen Mittelalters, die konfessionelle Spaltung führte zu erbitterten Glaubenskriegen und der mittelalterliche „Personenverbandsstaat"* wandelte sich in einen „institutionellen Flächenstaat"*. Auch die gesellschaftliche Kommunikation veränderte sich im Rahmen der Aufklärung* zunehmend.
Doch trotz aller Umbrüche und Neuerungen, die die Frühe Neuzeit kennzeichneten, blieben auch zahlreiche alte Traditionen und hierarchische Strukturen der mittelalterlichen Gesellschaft zumindest vorerst bestehen.

1 a) Beschreiben Sie M 1. Charakterisieren Sie den dargestellten Anspruch und das Selbstverständnis der Europäer in der Frühen Neuzeit.
b) Bewerten Sie im Hinblick auf M 1 den verbreiteten Begriff „Entdeckungsfahrten".
Tipp: Informieren Sie sich zunächst über die dargestellten vier Personen.
2 Untersuchen Sie, welche „neuen" wissenschaftlichen und technologischen Errungenschaften dieser Karte zugrunde liegen könnten.
3 Entwickeln Sie Bezug nehmend auf M 1 Hypothesen zur Bedeutung der Frühen Neuzeit für unsere heutige Zeit.

1618–1648 Dreißigjähriger Krieg
1648 Westfälischer Frieden
1756–1763 Siebenjähriger Krieg
1650 | 1700 | 1750
ca. 1650–1800 Zeitalter der Aufklärung
1661–1715 Regierungszeit Ludwigs XIV.
1740–1786 Regierungszeit Friedrichs II. von Preußen

4.1 Europa und die Welt um 1500

Krise und Wandel der Wirtschaft

> ***In dieser Themeneinheit geht es um***
> *Voraussetzungen und Folgen des Wirtschaftens am Beginn der Neuzeit.*

Grundbedingungen des Wirtschaftens um 1500

In der Übergangszeit vom Mittelalter zur Neuzeit wurde Europa von ökonomischen und sozialen Krisen erschüttert. Naturkatastrophen, Missernten, Hungersnöte sowie zahlreiche Kriege führten zum wirtschaftlichen Niedergang und zu erheblichen Bevölkerungsverlusten. Das größte Elend lösten **Pestepidemien*** aus. Die Sterblichkeitsrate lag bis etwa 1470 über der Geburtenrate, sodass in manchen Gegenden Mitteleuropas ganze Siedlungen entvölkert wurden.

Schneller als ländliche Gebiete überwanden die im Mittelalter entstandenen bzw. gewachsenen Städte (s. S. 77 ff.) diese Krise. Da sie aufgrund eines immensen Bedarfes an Arbeitskräften, steigender Löhne und niedriger Lebensmittelpreise viele ländliche Bewohner anzogen, konnten die Städte ihre Bevölkerungsverluste schnell ausgleichen. Darüber hinaus schrumpfte die städtische Oberschicht aufgrund der Pestepedemien, was eine Konzentration von Besitz und Barvermögen in den Händen weniger zur Folge hatte. Lebenshunger und Luxusbedürfnis der reichen Überlebenden steigerten die Nachfrage nach hochwertigen Produkten. Davon profitierten vor allem die städtischen Handwerker, die durch Spezialisierungen im Arbeitsprozess ihre Produktivität steigerten und neue Arbeitskräfte einstellen konnten.

Durch die Entdeckung neuer Seewege und die europäische Expansion in Asien, Afrika und Amerika (s. S. 146 f.) wurden seit Ende des 15. Jahrhunderts andere Kontinente für den europäischen Warenaustausch erschlossen. Entscheidend für das Aufblühen von Handel und Handwerk war auch die aufkommende Geldwirtschaft, die den umständlichen Tauschhandel (Ware gegen Ware) ersetzte. Die neuen Bankhäuser ermöglichten einen ganzjährigen Handel mit Währungen, Wertpapieren und Waren auf Kredit. Infolge dieser Veränderungen entwickelten sich – ausgehend von den oberitalienischen Stadtstaaten – seit dem 15. Jahrhundert neue Wirtschaftsformen in den europäischen Städten, die zu Keimzellen des wirtschaftlichen Wandels wurden.

Pest
Während der Großen Pest (1347 bis 1351) führte die aus Asien über den Schwarzmeerraum nach Europa eingeschleppte Seuche zu einer Dezimierung der europäischen Bevölkerung um fast ein Drittel. Nach weiteren Pestepidemien in London (1665) und Frankreich (1720/21) erlosch der „Schwarze Tod", den viele Zeitgenossen als Strafe Gottes für die Sünden der Menschen sahen. Das erst 1894 entdeckte Pesterreger-Bakterium befiel vor allem Ratten und wurde durch Flöhe auf den Menschen übertragen. Die Ausbreitung der Pest begünstigten die engen Handelsbeziehungen und v. a. die mangelhaften hygienischen Verhältnisse in den dicht bevölkerten Städten.

▶ **M 1, M 4: Neue Wirtschaftsformen**

M 1 Florentiner Bankhaus, später kolorierter Holzschnitt, 1490

Neue Wirtschaftsformen

Um 1500 gab es zwei Organisationsformen, die in größeren Mengen Produkte für den regionalen und vor allem überregionalen Absatzmarkt herstellten: den Verlag und die Manufaktur. Beim **Verlagssystem**, das sich seit dem 14. Jahrhundert herausbildete, arbeiteten kleine Bauern oder Landarbeiter in ihren Wohngebäuden – oft im Nebenerwerb –, indem sie spannen, webten oder Metall verarbeiteten. Den Absatz der Produkte überließen sie Verleger-Kaufleuten, die häufig auch die Rohstoffe bereitstellten. **Manufakturen**, die im 17. Jahrhundert entstanden, waren zentralisierte Produktionsstätten in eigenen Gebäudekomplexen, in denen die Beschäftigten in Arbeitsteilung Produkte herstellten, vor allem Seiden-, Porzellan- und Glasprodukte. Die Beschaffung der Rohstoffe und der Arbeitsgeräte lag in der Hand des Unternehmers. Die Herausbildung der neuen Produktions- und Arbeitsformen wird in der Geschichtswissenschaft auch **Protoindustrialisierung** genannt, bei der es sich um eine Vorform der Industrialisierung des 19./20. Jahrhunderts handelt, die moderne Merkmale des Wirtschaftens wie Marktorientierung, Spezialisierung und Arbeitsteilung aufwies. Insgesamt betrachtet waren Spätmittelalter und Frühe Neuzeit Jahrhunderte des Handelskapitalismus oder des zirkulierenden Kapitals. Damit sind jene Kapitalbestände gemeint, die sich durch Investitionen in Handelsunternehmungen, nicht jedoch in feste Produktionsstätten (Verlag, Manufaktur, Bergwerk) aufbauten und vermehrten. Die mächtigen Fernkaufleute und ihre durch Geld und Gewinnstreben gekennzeichnete Wirtschaftsweise bestimmten das ökonomische Geschehen im frühneuzeitlichen Europa. Die großen städtischen Handelshäuser besaßen in allen wichtigen europäischen Städten Vertretungen und waren darüber hinaus häufig auch als Verleger, Bankier oder im Bergbau tätig. Zu den berühmtesten Vertretern gehören das Handels- und Bankhaus **Fugger*** in Augsburg und die **Medici*** in Florenz. Hans Fugger, dem Stammvater und Gründer des Handelshauses der Fugger, gelang der Aufstieg vom einfachen Dorfweber zum Verlagskaufmann in Augsburg. Sein Enkel Jakob Fugger (1459–1525) schuf die Weltstellung des Handelshauses mit zahlreichen Niederlassungen in ganz Europa. Entscheidend für den Erfolg war das Engagement im Silber- und Kupferbergbau. Durch eine aggressive Geschäftspolitik erlangten die Fugger das europäische Monopol für Kupfer. Mit seiner Kapitalkraft beeinflusste das Handelshaus auch die Politik. Bereits 1511 zum Grafen erhoben, verschaffte Jakob Fugger finanzschwachen Fürsten Kredite, beteiligte sich 1517 am Ablasshandel und finanzierte 1519 maßgeblich die Wahl Karls V. zum König und späteren Kaiser. Parallel stiftete er in Augsburg die Fuggerei, die erste große und heute noch existierende Sozialsiedlung im Reich. Neu, geradezu revolutionär war, dass die kapitalistische Handhabung des Geldes nicht ständisch gebunden war. Die Macht der großen Handelsherren beruhte nicht auf Geburt, sondern auf ererbtem oder selbst geschaffenem Reichtum, auf Können und Risikobereitschaft – und Glück. Hatten die Handwerker der städtischen Zünfte ihr gewerbliches Streben zunächst nur auf ein „standesgemäßes" Auskommen konzentriert, wurden jetzt auch sie vom Gewinnstreben der Fernhändler, z. B. der Hanse*, beeinflusst. Dem „großen Geld" stand allerdings die große Masse der Tagelöhner, der ledigen Gesellen, Lehrlinge, Gehilfen und Gesindekräfte gegenüber. In den großen Gewerbe- und Handelsstädten wurden die sozialen Unterschiede durch den **Frühkapitalismus** vertieft.

1 Erläutern Sie mithilfe des Darstellungstextes, warum die Städte die Krise um 1500 schneller überwanden.

2 Benennen Sie neue Wirtschaftsformen um 1500. Nutzen Sie dazu M 1 und den Darstellungstext.

▶ M 3, M 4: Eine neue Wirtschaftsmentalität

M 2 Jakob Fugger und sein Hauptbuchhalter Matthäus Schwarz, Miniatur, nach 1520

Um über die weitverzweigten Handelsverbindungen stets auf dem Laufenden zu sein und um durch die Gegenüberstellung von Soll und Haben Kredite genau planen zu können, arbeiteten die Fugger mit der „doppelten Buchführung", die sich um 1300 in den oberitalienischen Handelshäusern entwickelt hatte.

Hinweise zur Arbeit mit den Materialien:
M 1 und M 4 behandeln die neuen Wirtschaftsformen. M 3 thematisiert den Wandel der Wirtschaftsmentalität. M 2: Vertiefendes Beispiel: Das Handelshaus der Fugger.

Eine neue Wirtschaftsmentalität?

M 3 Korrespondenz einer Handelsgesellschaft

Auszüge aus den Schreiben der Geschäftsleitung der Ravensburger Handelsgesellschaft an die Vertreter in Spanien, Frankreich und den Niederlanden um 1450. – Die Gesellschaft war ein Zusammenschluss von Kaufleuten aus den Reichsstädten in Oberschwaben und am Bodensee. Sie umfasste um 1450 etwa 70 bis 80 Gesellschafter. Mit ihrem breiten Warensortiment beherrschte sie den Handel mit Südwesteuropa.

[Über den Verkauf von Safran:] – Da seid nun daran, dass er flugs hinauskomme. Fändet ihr einen, der sogleich damit bis Nürnberg (von Lyon) durchfahren würde, das wäre die Kunst. Denn, wer als Erster wird vor Ort sein, der wird das Seine schaffen. – Kehret allen Fleiß vor, damit ihr das Geld nicht schlafen lasst; denn wie wenig man gewinnt, es ist besser, als es schlafen zu lassen. – Alte Ware schiebt von der Hand, sei es mit Gewinn, sei es um Hauptgut, denn je länger alte Ware liegt, je böser es wird. – Verhaltet euch zuvorkommend zu unseren Kunden und seid nicht zu hart im Verkaufen, besonders wenn man Gewinn macht. – Uns dünkt, dass ihr etliche neue Kunden sehr beladen habt. [...] Und das Größte, das uns wundernimmt, dass ihr das Gut zu gleichem Preis denen gegeben habt, die nie von uns gekauft haben. [...] Ist früher nie gewesen, denn damit macht Ihr [...] die besten [Kunden] unlustig. [...] Und, liebe Freunde, seht darein; seid nicht so gierig, viel zu verkaufen und dass es richtig sei. – Doch sei nicht zu hitzig beim Verkaufen, dass du uns keine bösen Schulden machst, denn die Gewinne sind sonst schmal, und mit einer bösen Schuld wäre der Gewinn eines halben Jahres weg. – Borget niemanden etwas, Ihr habt denn Sicherheit. [Über die Behandlung von Lehrlingen und jungen Kaufleuten:] – Darum, so tue jedermann sein Bestes, und Ihr jungen Leute seid Euren Obern gehorsam und willig in allen redlichen Sachen. So sollt Ihr Alten ihnen auch ein rechtes Vorbild tragen in allen Dingen, es sei mit Frauen, Kleidung, Zehrung.* Dann seid Ihr schuldig, die Jungen zu unterweisen mit Rechnungen, Briefe abschreiben lassen. Heißt sie an Feiertagen in das *Scriptori** sitzen und rechnen, Briefe lesen, nicht dass sie spazieren gehen. Ist unsere ernstliche Meinung. Wer aber nicht gehorsam sein wollte, den sendet heraus; denn wir wollen es nicht leiden. Wer sich wohl anlässt, den braucht zu Großem; wer aber nicht will, den lässt man einen Esel sein. Du, Jung Hillesun, uns dünkt, Du seiest gar lass [= faul]. Hans Hinderofen, blase ihm den Staub von den Ohren. Wo denkst Du hin, was meinst Du, dass aus Dir werde, willst Du nicht emsig sein? Sei es bei Tag und Nacht, so wird ein rechter Mann aus Dir. Ihr habt viele junge Leute drinnen, die unterweiset mit Treue, so kann man Euch desto besser schonen und dann eine Weile herauslassen.

*Zit. nach: Aloys Schulte, Geschichte der Großen Ravensburger Handelsgesellschaft 1380–1530, Bd. 1, Franz Steiner, Wiesbaden 1964, S. 125–128 und 141 f.***

1 Erklären Sie mithilfe von M 4 und der Darstellung die Wirtschaftsweise von Handelsunternehmen um 1500. **Tipp:** Siehe Hilfen, S. 615.
2 Analysieren Sie M 3 und interpretieren Sie Ihre Analyseergebnisse im Kontext der wirtschaftlichen Wandlungen um 1500.
3 **Vertiefung:** Diskutieren Sie, inwieweit die Fugger (M 2) ein „modernes" Unternehmen ihrer Zeit führten.

M 4 Aufbau einer Handelsgesellschaft um 1500

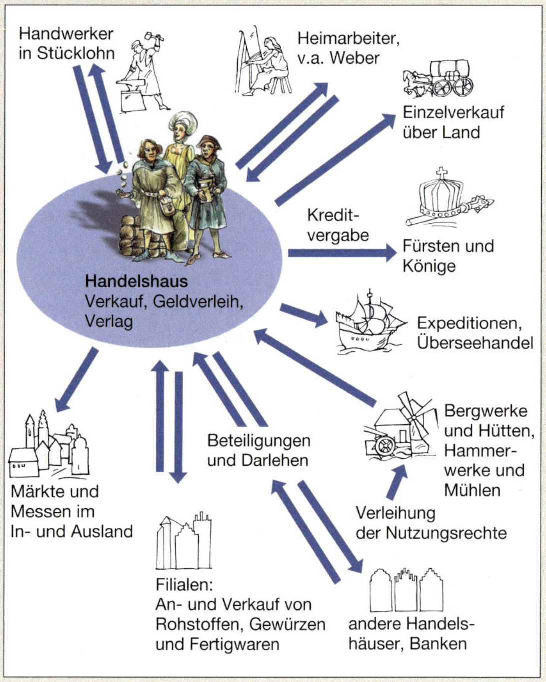

Die Entstehung moderner Staaten um 1500

In dieser Themeneinheit geht es um
den Wandel politischer Strukturen im Deutschen Reich in der Frühen Neuzeit.

Die Staaten Europas zu Beginn des 16. Jahrhunderts

Zu Beginn des 16. Jahrhunderts waren in Westeuropa schon erste Züge der heutigen Staatenwelt zu erkennen. Denn Spanien, Frankreich und England entsprachen hinsichtlich ihrer Größe und Struktur bereits weitgehend der gegenwärtigen Erscheinungsform. Als Königreiche wurden sie von nahezu unumstrittenen Dynastien beherrscht. Um 1500 wurde das Lehnswesen mit seinen persönlichen Bindungen zwischen dem Herrn und seinen Vasallen (s. S. 73 f.) durch den sogenannten **institutionellen Flächenstaat** abgelöst hatten. In ihm wirkte das königliche Herrschaftssystem durch eigene Institutionen und Beamte, die Recht sprachen, Steuern erhoben und Gehorsam erzwingen konnten. Der mittelalterliche **Personenverbandsstaat** (s. S. 91) war zurückgedrängt worden.

Wer herrschte im Deutschen Reich?

Am buntesten sah die historische Landkarte zu Beginn der Neuzeit in der Mitte Europas (M 1, S. 145) aus. Das **Heilige Römische Reich Deutscher Nation** war von Idee und Anspruch her das größte europäische Reich. Es war in den mittelalterlichen Vorstellungen vom Kaisertum verwurzelt, galt als gottgewollt und der deutsche König als Herrscher über das Deutsche Reich, Burgund und Italien. Sein Machtanspruch erstreckte sich über die gesamte Christenheit und begründete den Vorrang gegenüber anderen Reichen. Anspruch und Wirklichkeit stimmten jedoch nicht überein. Im Gegensatz zu weitgehend geschlossenen Königreichen wie Spanien und Frankreich war das Reich im Spätmittelalter durch ein lockeres Gefüge von relativ autonomen* Territorien und durch den Dualismus* von Königtum und einzelnen Fürstenherrschaften gekennzeichnet (s. S. 91 ff.). Der Kaiser war als oberster Wahrer von Frieden und Recht zwar anerkannt, in der politischen Praxis blieb er jedoch angewiesen auf die Mitwirkung der **Reichsstände** (Kurfürsten, Fürsten und Städte), die auf den **Reichstagen** vertreten waren. Bereits im Hochmittelalter hatten die Kaiser den Fürsten wichtige Rechte übertragen und 1356 das **Wahlkönigtum** festgeschrieben (s. S. 92). Der Kaiser verfügte faktisch über keine Herrschaftsinstrumente, um eigenständig zu regieren. Seit Mitte des 15. Jahrhunderts wurde deshalb eine **Reichsreform*** zur Stärkung der Zentralgewalt angemahnt. Nach langwierigen Verhandlungen zwischen Kaiser und Reichsständen wurden 1495 vom Reichstag ein **Ewiger Landfrieden***, die Einführung einer **Reichssteuer***, die Schaffung eines **Reichskammergerichts*** und fünf Jahre später eine **Kreisverfassung*** sowie die Einsetzung eines **Reichsregiments*** verabschiedet. Einige Reformen, z. B. die Einführung der Reichssteuer, konnten jedoch nie umgesetzt werden. Das Fehlen einer Reichssteuer wie in modernen Staaten führte zu Finanzierungsproblemen des Reichsregiments, das sich bereits nach zwei Jahren auflöste. Dagegen erwies sich die Kreisverfassung als beständige Institution zur Durchsetzung regionaler Ordnungsaufgaben. Auch die Einrichtung des Reichskammergerichtes wird positiv beurteilt, da sie ein entscheidender Schritt zu einer modernen Rechtsprechung war.

1 Ordnen Sie die Ergebnisse der Reichsreform in den historischen Kontext ein.
2 Erläutern Sie den Unterschied zwischen Personenverbandsstaat und institutionellem Flächenstaat.

Beschlüsse der Reichsreform
„Ewiger Landfrieden" (1495)
- Verbot von Privatrache und Fehde ohne zeitliche Begrenzung unter Androhung der Reichsacht

Reichskammergerichtsordnung (1495)
- Einrichtung des Reichskammergerichtes als oberste rechtliche Institution des Reiches unter Vorsitz des Kaisers
- Zuständigkeiten: Reichsacht, Landfriedensbruch, alle fiskalischen Klagen, Besitzstreitigkeiten, Berufungsinstanz für alle Stadt- und Landgerichtsurteile
- Ernennung des Kammerrichters (Präsidenten) durch den Kaiser
- Vorschlagsrecht der Reichsstände
- zur Besetzung der sechzehn „Urteiler" (Assessoren)

Reichssteuer (1495)
- Erhebung des „Gemeinen Pfennigs" als dauerhafte allgemeine Reichssteuer von jedem Reichsangehörigen

Kreisverfassung (1500)
- Einteilung des Reiches in sechs (ab 1512 zehn) Kreise
- Zuständigkeiten: Durchsetzung des Landfriedens, Stellung von Truppenkontingenten, Einziehen von Steuern, Münzüberwachung

Reichsregiment (1500)
- Einsetzung eines Regierungskollegiums unter Vorsitz des Kaisers, bestehend aus 20 Mitgliedern (Kurfürsten und Vertretern der Reichskreise)
- Zuständigkeiten: Erledigung der Reichsangelegenheiten, Vertretung des Reiches nach innen und außen, Einberufung des Reichstages

▶ **M 1, M 2: Der Reichstag – Vorläufer des Bundestages?**

Hinweise zur Arbeit mit den Materialien:
M 1 und M 2 beschäftigen sich mit der Struktur des Reichstages und der Frage, ob es sich dabei um einen Vorläufer des heutigen Bundestages handeln könnte.

Der Reichstag – Vorläufer des Bundestages?

M 1 Der Historiker Winfried Schulze (1987)

Schließlich ist noch eine Institution zu beachten, die bislang schon mehrfach erwähnt wurde und gewissermaßen vorausgesetzt wurde: Das ist der Reichstag, die Versammlung aller reichsunmittelbaren Stände des Reiches durch den Kaiser zur Beratung wichtiger politischer Fragen der allgemeinen Reichspolitik. Man hat in der älteren verfassungsgeschichtlichen Forschung den Reichstag sehr weit in das späte Mittelalter zurückverlegen wollen und dabei übersehen, dass es sich dabei um höchst verschiedenartig zusammengesetzte Versammlungen handelte. Noch Kaiser Friedrich III., der Vater Maximilians, pflegte nur jene Stände zu „Hoftagen“ einzuladen, die ihm genehm waren und mit deren Zustimmung zu seiner Politik er rechnen konnte. Wer nicht kam, unterlag keiner Verpflichtung durch die Stände, die sich getroffen und eventuell Beschlüsse gefasst hatten. Die Ausbildung des Reichstags als eines Verfassungsorgans ist vielmehr ein relativ später Vorgang, der ungefähr mit der Königswahl Maximilians begann. In dieser Zeit gewann der Reichstag seine endgültige Form, d. h. die drei Kurien [Kurfürsten, übrige Reichsfürsten, Reichsstädte]. Jeder Reichsstand wurde zur Teilnahme eingeladen, der seit 1497 verfasste Abschied wurde in steigendem Maße verbindlich für alle anderen Reichsstände, auch wenn sie nicht persönlich am Reichstag teilgenommen hatten. Die Tatsache, dass die Zeitgenossen erst sehr spät den heute vertrauten Namen „Reichstag“ verwendeten, zeigt, dass die Festigung der Institution ein relativ später Vorgang ist. Erst im Jahr 1471 findet sich der erste Nachweis der Bezeichnung Reichstag.

*Zit. nach: Winfried Schulze: Deutsche Geschichte im 16. Jahrhundert, Suhrkamp, Frankfurt/M. 1987, S. 62 f.***

1 Beschreiben Sie anhand von M 1 und M 2 die politische Struktur des Reiches.
2 **Partnerarbeit:** Analysieren Sie mithilfe Ihrer Arbeitsergebnisse die politische Symbolik der Abbildung.
3 **Vertiefung:** Erörtern Sie auf der Grundlage von M 1, ob und inwiefern der Reichstag als Vorläufer eines modernen Verfassungsorgans bezeichnet werden kann.

M 2 Die Ordnung der Reichsstände.
Das „Heilige Römische Reich mit seinen Gliedern“, Holzschnitt von Hans Burgkmair d. Ä., 1511, spätere Kolorierung. Auf den Flügelspannen sind die Wappen der sieben Kurfürsten und des Podestà (Bürgermeisters) von Rom, auf den Flügelfedern die Wappen der Herzöge und Markgrafen angeordnet.

Neues Denken: Renaissance und Humanismus

In dieser Themeneinheit geht es um
die Veränderungen des Menschenbildes um 1500 und die Auswirkungen auf Kunst, Politik und Naturwissenschaften.

Wandel des Menschenbildes zu Beginn des 16. Jahrhunderts

▶ M 2, M 4: Bildvergleich zum letzten Abendmahl

Die Zeit um 1500 markiert für die meisten Historiker sowohl den Übergang vom Mittelalter zur Neuzeit als auch den Beginn der Moderne. Im **mittelalterlichen Welt- und Menschenbild** galt der Mensch als Teil einer festen Ordnung, die die Ungleichheit der Menschen festschrieb. Das irdische Leben betrachteten viele als Bestrafung für den Sündenfall und als Prüfung für das ewige Leben. Schon im 14. Jahrhundert begann sich diese Betrachtungsweise zu wandeln. Ausgangspunkt des geistigen Aufbruchs waren die oberitalienischen Stadtstaaten, vor allem Mailand, Pisa, Venedig und Florenz, die sich im Spätmittelalter ihre Freiheit erkämpft und zu europäischen Handels- und Gewerbezentren entwickelt hatten. Das Selbstbewusstsein und die wirtschaftliche Stärke der städtischen Oberschicht bildeten die geistige und materielle Basis für eine dauerhafte Förderung von Bildung und Kultur. Von Oberitalien breiteten sich um 1500 die Gedanken der **Renaissance** (dt.: Wiedergeburt) und des **Humanismus** (von lat. *humanus* = menschlich) auch nördlich der Alpen aus. Das französische Wort *„Renaissance"* bezeichnete seit dem 16. Jahrhundert zunächst die Wiederentdeckung und Pflege der griechisch-römischen Sprache, Kunst und Wissenschaft sowie ein neues Bildungsideal. Erst im 19. Jahrhundert verwendeten es Historiker als Epochenbegriff für die Zeit des Übergangs vom Mittelalter zur Neuzeit. Das Diesseits stand nun im Zentrum und mit ihm der *„uomo universale"*, der eigenverantwortliche, schöpferische und vielseitig gebildete Mensch, der sich unabhängig von kirchlichen Dogmen in freier Selbstbestimmung entwickeln sollte. Die Humanisten konzentrierten wie die antiken Vorbilder ihre Studien auf Geschichte, Rhetorik, Philologie und Philosophie und stellten sie den geachteten Fakultäten der Theologie, Jurisprudenz und Medizin gleich. Wissenschaftliche Bildung sollte von der kirchlichen Theologie getrennt und der Mensch mit seinen Erfahrungen als das vollkommenste Geschöpf Gottes in den Mittelpunkt gerückt werden. Die Hinwendung zu den antiken Sprachen und klassischen Schriften bedeutete jedoch keine Ablehnung des christlichen Glaubens; die Humanisten wollten Christentum und Kirche von den „Verirrungen" des Mittelalters befreien und mit der Antike verbinden. Dass die Europäer die griechisch-römische Kultur wiederentdecken konnten, verdanken sie auch den Übersetzungen von arabisch-islamischen und jüdischen Gelehrten des 10.–12. Jahrhunderts. Antikenbegeisterung und Humanismus waren aber Kennzeichen einer sozialen Elite. Große Teile der Bevölkerung blieben davon unberührt.

M 1 Menschliches Maß nach Leonardo da Vinci, um 1490

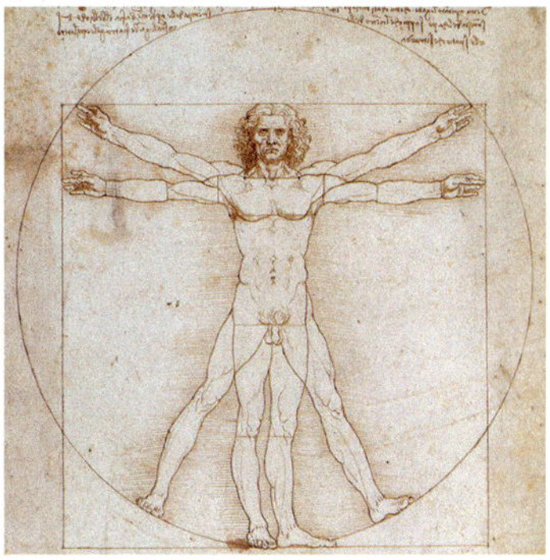

Künstler und Kunstwerke

Das neue Menschenbild veränderte auch die Kunst. Der Künstler verstand sich nun als *„uomo universale"*, der seine Werke als individuelle Schöpfung sah. Auf der Grundlage von genauen Beobachtungen und Erkenntnissen der Anatomie wurden Menschen mit individuellen Charakterzügen realistisch dargestellt. Als bedeutendster Künstler gilt der Universalgelehrte **Leonardo da Vinci**. Die radikalste Veränderung im Bereich des künstlerischen Ausdrucks war der Übergang zur **Zentralperspektive:** Die Bilder zeigten jetzt eine Wirklichkeit, die vom Maler geplant und nach einem System mathematisch festgelegter Bezugspunkte konstruiert und gestaltet ist.

Politische Theorie

▶ M 3: Machiavellis Politik

Die Gedanken der Renaissance beeinflussten auch die politische Philosophie. In Auseinandersetzung mit der griechischen Polis und der Römischen Republik entwickelten die Humanisten eine neue Staatstheorie. Politik wurde nun als eine rational zu betreibende Strategie verstanden, die nüchtern die eigenen Interessen definierte und verfolgte. Der bedeutendste Vertreter dieser Theorie war der florentinische Diplomat und Staatstheoretiker **Niccolò Machiavelli** (1469–1527), der in seinem berühmten Werk *„Il Principe"* (dt. „Der Fürst") auf der Grundlage seiner Analyse der innerstädtischen Konflikte in seiner Heimatstadt Florenz und der europäischen Auseinandersetzungen in Italien die Bedingungen erfolgreicher Machtpolitik untersuchte.

Die Kopernikanische Wende
Nikolaus Kopernikus (1473–1543) revolutionierte auf Grundlage seiner Beobachtungen und Berechnungen das in der Antike nach Aristoteles und Ptolemäus entwickelte Bild des Universums: Nicht die Erde sei Mittelpunkt (geozentrisches Weltbild), sondern die Sonne, um die die Erde und die anderen Planeten kreisten (heliozentrisches Weltbild). Die „kopernikanische Wende" war jedoch eher die wissenschaftliche Leistung des **Johannes Kepler** (1571–1630): Er wies nach, dass sich die Planeten nicht kreisförmig, sondern in elliptischen Bahnen um die Erde bewegten. **Galileo Galilei** (1564–1642) bewies die Richtigkeit des kopernikanischen Systems. Aufgrund seiner Forschungen mit einem selbst konstruierten Fernrohr schloss er, dass die Zahl der Sterne unendlich und das Weltall grenzenlos sein müsse. Galilei wurde 1633 von der römischen Inquisition angeklagt und unter Androhung der Folter zum Widerruf seiner „Ketzereien" gezwungen. Seine Leistungen erkannte die katholische Kirche erst 1979 an.

Naturwissenschaften

Humanismus und Renaissance bildeten auch die Grundlagen der „neuen Wissenschaften" – ein Begriff, der in der Mitte des 16. Jahrhunderts in Italien entstand. Erst das humanistische Ideal der moralisch geistigen Autonomie des Menschen, der Glaube an die Möglichkeit vernunftbestimmter Erkenntnis sowie die Wiederentdeckung der Antike wurden die Basis des wissenschaftlichen Aufbruchs in der Frühen Neuzeit. Empirische Beobachtung, mathematische Methoden und kritische Überprüfung wurden in dieser Zeit erstmals zur Grundlage allen Wissens. Europa entwickelte in dieser Zeit eine zivilisatorische Dynamik, die dem Kontinent eine Überlegenheit gegenüber anderen Kulturen verschaffte wie der chinesischen, die Europa während des Mittelalters in Wissenschaft und Technik weit voraus war.

1 Partnerarbeit:
a) Erarbeiten Sie eine Definition der Begriffe „Renaissance" und „Humanismus".
b) Skizzieren Sie die Auswirkungen auf Kunst, Politik und Naturwissenschaften.

M2 Das letzte Abendmahl, Buchmalerei aus dem Psalter der Ingeborg von Dänemark, Königin von Frankreich (um 1200)

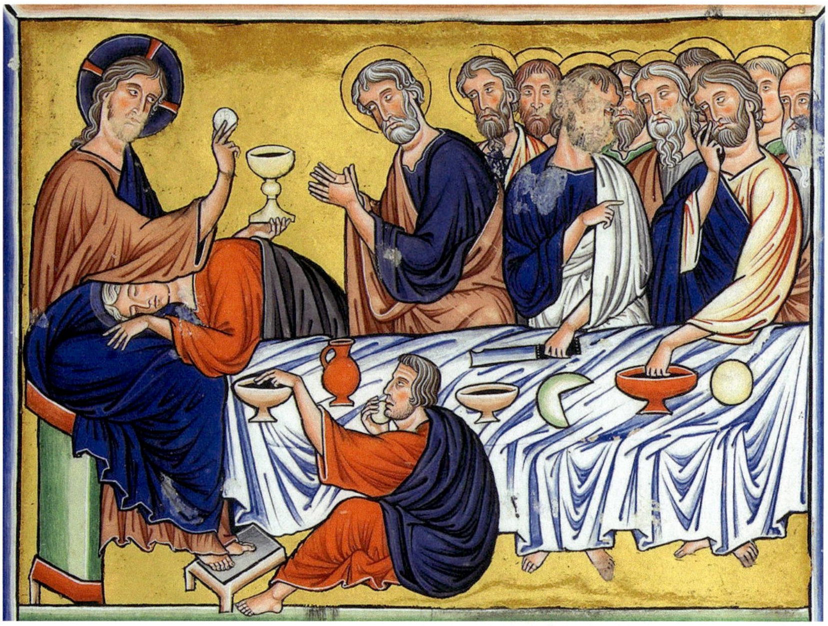

Hinweise zur Arbeit mit den Materialien:
M 1 verdeutlicht das neue Kunstverständnis um 1500 am Beispiel da Vincis. M 2 und M 4 veranschaulichen die kulturelle Entwicklung zu Beginn der Frühen Neuzeit. M 3 thematisiert Machiavellis neue politische Theorien.

Machiavellis Politik

M 3 Aus der Schrift „Der Fürst" von Niccolò Machiavelli (1513)

Kap. 18: Wie rühmlich es für einen Fürsten ist, die Treue zu halten und redlich, ohne Falsch, zu leben, sieht jeder ein. Nichtsdestoweniger lehrt die Erfahrung, dass [...] die Fürsten Großes ausgerichtet haben, die es mit der Treue nicht genau nahmen [...]; und schließlich haben sie die Oberhand gewonnen über die, welche es mit der Redlichkeit hielten. [...] Ein kluger Fürst kann und darf demnach sein Wort nicht halten, wenn er dadurch sich selbst schaden würde oder wenn die Gründe weggefallen sind, die ihn bestimmten, es zu geben. Wenn alle Menschen gut wären, wäre diese Vorschrift nicht gut; da sie aber schlecht sind und dir die Treue nicht halten würden, brauchst du sie ihnen auch nicht zu halten. [...] So muss der Fürst Milde, Treue, Menschlichkeit, Redlichkeit und Frömmigkeit zur Schau tragen und besitzen, aber wenn es nötig ist, imstande sein, sie in ihr Gegenteil zu verkehren. Es ist wohl zu beachten, dass ein Fürst, zumal ein neuer, nicht alle Tugenden befolgen kann, die den guten Ruf der Menschen begründen, da er oft genötigt ist, gegen Treue, Barmherzigkeit, Menschlichkeit und Religion zu verstoßen, um seine Herrschaft zu behaupten. Deshalb muss er verstehen, sich zu drehen und zu wenden nach dem Winde und nach den Wechselfällen des Glückes, und am Guten festhalten, soweit es möglich ist, aber im Notfall vor dem Schlechten nicht zurückschrecken.

*Zit. nach: Niccolò Machiavelli, Il Principe, in: Opere, hg. v. M. Bonfantini, Mailand 1954, S. 49ff., 56ff., in: Geschichte. Dauer und Wandel, hg. Franz-Josef Schütz, Cornelsen, Berlin 1993, S. 292f.**

1 **Wahlaufgabe:** Bearbeiten Sie Aufgabe a) oder b).
   a) Erarbeiten Sie Machiavellis Kriterien erfolgreicher Politik (M 3).
   b) In der Gegenwart bezeichnet „Machiavellismus" eine Machtpolitik, die keine Skrupel kennt. Beurteilen Sie dieses Begriffsverständnis.
2 Erläutern Sie Ursachen und Merkmale des Kunstverständnisses um 1500 (M 1, Darstellungstext).
3 **Zusatzaufgabe:** Siehe S. 615.
4 **Vertiefung:** Diskutieren Sie, inwiefern im 16./17. Jahrhundert die Grundlagen für die Erfindungen im 20./21. Jahrhundert gelegt wurden. Finden Sie Beispiele.
5 Beschreiben und vergleichen Sie die Bilder M 2 und M 4. Berücksichtigen Sie den historischen Kontext. **Tipp:** Siehe Hilfen, S. 615.
6 **Partnerarbeit:** Formulieren Sie die Merkmale, die Ihr eigenes Menschenbild kennzeichnen.

Geschichte kontrovers: Das letzte Abendmahl

M 4 Mailänder Abendmahl, Wandgemälde von Leonardo da Vinci im Kloster Santa Maria delle Grazie in Mailand, 1495–1497.
Das letzte Abendmahl, das Jesus mit seinen Jüngern abgehalten hat, bevor er gekreuzigt wurde, ist ein häufiges Motiv in der Kunst des christlichen Abendlandes.

Interpretation von Geschichtskarten

Karten gehören zu unserem Alltag – ob in der alten Form als Straßenkarten oder digital in Navigationsgeräten oder im Internet wie bei Google Maps, OpenStreetMap. Meist werden dort aktuelle geografische Verhältnisse gezeigt, die im Alltag helfen: Wo finde ich meine Sporthalle? Wie komme ich von A nach B? Für die Darstellung historischer Phänomene und Entwicklungen haben Karten eine andere wichtige Funktion: Sie können Raumbeziehungen visuell (= bildlich) darstellen. Auf diese Weise verdeutlichen sie den Zusammenhang zwischen räumlichen Bedingungen (Lage von Staaten, Grenzen, Verkehrswegen) und historischen Prozessen und Zuständen aus Politik, Wirtschaft, Gesellschaft, Kultur oder Religion. Daher finden sich solche Karten in Schulbüchern, aber auch in wissenschaftlicher und populärer Literatur oder in historischen TV-Dokumentationen.

Formulierungshilfen zur Analyse von Geschichtskarten:
- Diese … Karte zeigt … in der Zeit/im Jahr …
- Thematisiert wird der Aspekt/die Entwicklung …
- … wird farblich hervorgehoben.
- Besonders auffällig ist die Ausdehnung/Verteilung von …
- Den umfangreichsten Machtbereich stellt … dar.
- Im Norden wird … durch … begrenzt.
- In der Legende steht/fehlt …
- Die Karte berücksichtigt nicht …
- … kann nicht zugeordnet werden.

Begrifflich und inhaltlich zu unterscheiden sind Geschichtskarten und historische Karten. **Geschichtskarten** wollen (heute) ein Phänomen aus der Vergangenheit behandeln, schauen also aus der Perspektive von heute in kartografischer Form zurück. **Historische Karten** dagegen stammen aus der Vergangenheit selbst. Sie stellen – aus damaliger Perspektive – entweder die damalige Gegenwart oder eine Vergangenheit dar. Für die Geschichtswissenschaft sind historische Karten Quellen, Geschichtskarten dagegen Darstellungen.

Allerdings können Geschichtskarten mit der Zeit historische Karten werden – ein Geschichtsatlas aus den 1950er-Jahren z. B. ist heute eine historische Quelle, die es erlaubt, das Geschichtsverständnis dieser Zeit zu rekonstruieren.

Für die Darstellung von Geschichte in kartografischer Form gibt es bekannte Konventionen und Elemente, die für die **Darstellungsabsicht** eingesetzt werden können: Kartentitel, Legende, Farbgebung, verwendete Symbole und Zeichen, Schrift usw.

Bei der **kritischen Analyse** geht es nicht so sehr darum, die dargestellten Informationen einer Karte zu ermitteln, sondern vor allem um ihre Aussageabsicht. Hierfür ist insbesondere der Zusammenhang (= Kontext) wichtig, in dem sie erschienen ist.

Arbeitsschritte zur Interpretation

1. Leitfrage
- Welche (historischen oder gegenwärtigen) Aussagen will die Karte dem Betrachter vermitteln?

2. Analyse
- Erster Eindruck/Wirkung der Karte auf den Betrachter?
- Analyse der wichtigsten Kartenelemente: Titel, Maßstab, Legende, Farbgebung, verwendete Symbole, Schrift etc.
- Ermittlung des Sachverhalts, also der Informationen, die die Karte liefert
- Recherche Kartenverfasser, Auftraggeber etc.
- bei historischen Karten: Analyse des Kontextes, in dem die Karte verwendet wird (Wer hat die Karte entworfen bzw. in Auftrag gegeben? In welchem Zusammenhang ist sie erschienen? An wen richtet sie sich?)

3. Beurteilung
- Kartenkritik: Welche Informationen fehlen (ggf. Vergleich mit anderen Karten zum gleichen Thema)
- Welche Schwerpunktsetzungen, expliziten und/oder impliziten Wertungen sind erkennbar?

Übungsbeispiel

M 1 Das Heilige Römische Reich um 1550 (Ausschnitt)

1 Stellen Sie zunächst fest, ob es sich bei M 1 um eine historische oder eine Geschichtskarte handelt, geben Sie eine kurze Begründung für Ihre Zuordnung.

2 Interpretieren Sie die Karte mithilfe der genannten Arbeitsschritte.
Tipp: Nutzen Sie die Formulierungshilfen.
▶ Lösungshinweise finden Sie auf S. 643.

Entdeckung und Eroberung: Europäisierung der Erde

> ***In dieser Themeneinheit geht es um***
> *die Voraussetzungen und Folgen der Kolonialisierung durch die Europäer.*

Entdeckung und Eroberung
Die großen Entdeckungsfahrten der Neuzeit begannen mit der Erkundung der Westküste Afrikas durch portugiesische Seefahrer. Ihren Höhepunkt erreichten sie mit der Entdeckung des Seeweges nach Indien 1497/98 durch Vasco da Gama und der ersten Weltumsegelung Fernão de Magalhães 1519–1522. Bereits 1492 hatte Christoph Kolumbus auf dem Westweg über den Atlantik Indien zu erreichen versucht und dabei die Küste Amerikas wiederentdeckt. Der „neue" Kontinent erhielt seinen Namen jedoch nach dem weniger bedeutenden italienischen Seefahrer Amerigo Vespucci, der als Erster zu Recht vermutete, dass es sich bei dem entdeckten Land nicht um Asien handelte. Die Entdeckungsfahrten dienten der Expansion und der Machtsteigerung einzelner europäischer Staaten und führten durch Eroberung, Missionierung und Kolonialisierung zur Europäisierung der Erde.

Entdeckungsfahrten und ihre Voraussetzungen

Die europäische Expansion* in der Frühen Neuzeit unterschied sich von früheren Eroberungen durch ihren globalen Charakter. Um 1500 begannen die Europäer, die Grenzen der Mittelmeerwelt zu überwinden und ihren Herrschaftsanspruch über die entdeckten Gebiete und Völker in Amerika, Afrika sowie Asien durchzusetzen. Den Auftakt der Expansion bildeten im 15. Jahrhundert die großen Entdeckungsfahrten der Portugiesen und Spanier: die Erkundung der Westküste Afrikas, die „Entdeckung" Amerikas und die Erschließung des Seeweges nach Indien. Nach dem Machtzerfall der iberischen Staaten folgten im 16. und 17. Jahrhundert England, die Niederlande und Frankreich. Auch die Erkundung und Eroberung Sibiriens wurde durch Russland vorangetrieben. Wesentliche Voraussetzungen und Motive für die Entdeckungsfahrten waren die Entwicklung neuer, hochseetauglicher Schiffstypen und Navigationsinstrumente, eine genauere Kartografie sowie der Kreuzzugsgedanke (s. S. 111 ff.) und wirtschaftliche Interessen. Die Entwicklung der Wirtschaft in Europa zu Beginn der Frühen Neuzeit (s. S. 136 f.) steigerte den Bedarf an Edelmetallen, v. a. für die Münzherstellung, sowie an Luxuswaren wie Seide und Gewürzen. Da der Landweg in den Orient seit Mitte des 15. Jahrhunderts von den vordringenden Osmanen kontrolliert wurde, suchten die Europäer nach Möglichkeiten, Asien auf dem Seeweg zu erreichen.

M1 „Die Ankunft der Spanier unter Cortez in Veracruz 1519", Freskogemälde des Mexikaners Diego Rivera (1886–1957), fertiggestellt 1951

Teilung der Welt

Nach den Eroberungen in Übersee begannen Portugal und Spanien, ihre weltweiten Interessensphären voneinander abzugrenzen und 1494 im **Vertrag von Tordesillas*** die außereuropäischen Gebiete unter sich aufzuteilen. Mit Gutachten, Verträgen und päpstlichen Edikten wurde der Rechtsanspruch der Europäer auf die „Neue Welt" begründet und die Eroberung – die **Konquista** – damit legitimiert. Zu den bekanntesten Rechtfertigungen gehört das 1513 vom spanischen Juristen Palacios Rubios veröffentlichte Gutachten, das sogenannte **Requerimiento***. Allerdings übten einige Zeitgenossen auch Kritik an dieser Rechtfertigungslehre. Einer ihrer prominentesten Gegner war Francisco de Vitoria (1480–1546). Der Theologieprofessor formulierte 1538 eine entschiedene Gegenposition, die von einer gewissen Gleichberechtigung der Völker ausging und die Herrschaftsansprüche von Papst und Kaiser begrenzte. Er gehörte damit auch zu den Begründern des modernen Völkerrechts.

Vertrag von Tordesillas
Das unter Vermittlung des Papstes Alexander VI. zwischen Portugal und Spanien am 7. Juni 1494 geschlossene Abkommen beinhaltet die vertragliche Abgrenzung der überseeischen Besitzungen. Die Trennlinie verlief – von Pol zu Pol – 370 Meilen westwärts der Kapverdischen Inseln. Amerika fiel mit Ausnahme Brasiliens an Spanien und Portugal sicherte sich Brasilien, Afrika und Asien mit Ausnahme der Philippinen.

Requerimiento
In seinem 1513 verfassten Gutachten argumentiert der spanische Jurist Palacios Rubios, Gott habe als Schöpfer der Welt durch den Papst als seinen Stellvertreter die entdeckten Länder den spanischen Königen geschenkt. Die Urbevölkerung müsse die neuen Herren daher anerkennen und sich zum Christentum bekehren lassen; weigere sie sich, sei mit Krieg und Versklavung zu drohen. Bereits unter Zeitgenossen löste diese Argumentation Widerspruch aus.

Koloniale Herrschaftssysteme

Die Eroberung des Aztekenreiches durch den Spanier **Hernán Cortés** (1485–1547) ist ein Beispiel für die brutale Vorgehensweise der Europäer in Amerika. In den Jahren 1519 bis 1521 unterwarf Cortés' Armee die Azteken und vernichtete eine blühende Hochkultur. Die Praxis der spanischen Kolonialherrschaft basierte auf zwei Säulen: Das System des **Repartimiento** teilte den Siedlern eine bestimmte Anzahl von Indios zum Arbeitseinsatz zu. Die **Encomienda** (Schutzauftrag) verpflichtete sie gleichzeitig, die Indios angemessen unterzubringen, zu versorgen und zu entlohnen sowie in christlicher Religion zu unterweisen. Auf dieser Basis ließen die Spanier die Ureinwohner und später auch afrikanische Sklaven auf Plantagen und in Silberbergwerken zwangsweise arbeiten. Neben Franzosen im nördlichen Bereich, dem heutigen Kanada, siedelten im Osten Nordamerikas insbesondere englische, mittel- und nordeuropäische Einwanderer als unabhängige Bauern, die die indianischen Ureinwohner vertrieben. Die entstandenen 13 Kolonien erkämpften sich Ende des 18. Jahrhunderts die Unabhängigkeit vom Mutterland England und gründeten die „Vereinigten Staaten von Amerika" (s. S. 193). In Asien trafen die Europäer auf sehr hoch entwickelte Kulturen, denen sie nur in der Seefahrt und in der Militärtechnik überlegen waren. Daher beschränkte sich die europäische Expansion hier auf die Errichtung von Stützpunkten in Küstennähe sowie eine weitgehend friedliche Zusammenarbeit mit den einheimischen Eliten. Bis ins 19. Jahrhundert blieben die Europäer in Asien eine kleine Minderheit, die z. B. in China und Japan strikten Beschränkungen unterworfen war.

Weltwirtschaftliche Verflechtungen und „Dreieckshandel"

Die wirtschaftlichen Aktivitäten der Spanier beschränkten sich zu Beginn der Konquista auf den Tauschhandel, größtenteils jedoch auf Raub und Plünderung von Gebrauchs-, Kunst- und Kultgegenständen der indigenen Bevölkerung. Das bestimmende Motiv der spanischen Monarchie und der Eroberer war jedoch die Jagd nach Edelmetallen. Abbau und Verhüttung von Gold- und Silbervorkommen entwickelten sich zum wichtigsten Produktionszweig der kolonialen Wirtschaft. Der stetige Strom von Edelmetallen lockte nicht nur neue Einwanderer aus Spanien nach Amerika, sondern förderte auch die Einfuhr von Sklaven aus Afrika. Außerdem gehörten amerikanische Luxus- und Genussgüter zu den wichtigsten Handelsgütern. Zu diesen **„Kolonialwaren"** zählten Farbstoffe, Agrarprodukte wie Häute und Felle sowie Produktionsgüter wie Zinn und Blei, aber auch Kräuter und Gewürze. Mit dem europäisch-amerikanischen Seehandel entwickelte sich allmählich der klassische **„Dreieckshandel"** zwischen Europa, Afrika und Amerika. Dabei wurden billige europäische und asiatische Fertigwaren nach Afrika gebracht

Indigene (auch autochthone) Völker
Indigene (lat. *indiges* = eingeboren) sind Nachkommen einer Bevölkerung vor einer Eroberung oder Kolonisation eines Staates oder einer Region. Sie verstehen sich als eigenständiges Volk und wollen ihre sozialen, wirtschaftlichen und kulturellen Institutionen beibehalten.

und zum Kauf angeboten. Auf dem afrikanischen Kontinent kauften die Händler Sklaven, die sie nach Amerika exportierten und gegen Rohstoffe und Lebensmittel für den Verkauf in Europa eintauschten. Mit dem weltweiten Handel bildete sich ein globales Kommunikations- und Verkehrssystem heraus, das wiederum einen weltumspannenden Personen- und Warenaustausch ermöglichte.

Rückwirkungen des Kolonialismus

▶ M 4, M 5: Europäische Expansion und Globalisierung

▶ M 1, M 3: Geschichtskultur: Die „Entdeckung“ Amerikas

Die Rückwirkungen des Kolonialismus auf Europa werden von Zeitgenossen und Historikern unterschiedlich bewertet. Der Zustrom der amerikanischen Edelmetalle beschleunigte zunächst die Inflation und verschärfte die sozialen Spannungen. Mittelfristig kamen neue Nahrungs- und Genussmittel wie Rohrzucker, Tabak, Kakao und die Kartoffel in die „Alte Welt“. Die Eroberung, Kolonisierung und Erschließung Süd- und Mittelamerikas erweiterte das Wissen der Europäer über die Welt, über ihre geografische Vielfalt sowie über andere Völker, deren Kultur und Religion. Die Diskussion über den Rechtsanspruch der Europäer auf die „Neue Welt“ sowie die Kontroversen über den Indianerschutz trugen wesentlich zur Entstehung des modernen Völkerrechts bei. Die Gewinne aus dem Kolonialhandel förderten in England den Durchbruch der Industriellen Revolution (s. S. 246 f.). Die Übersee-Expansion schuf neue Konflikte zwischen den Europäern, da die „jüngeren“ Kolonialmächte England und die Niederlande sich weigerten, die Aufteilung der Welt zwischen Portugal und Spanien zu akzeptieren. Die Auseinandersetzungen zwischen den europäischen Großmächten wurden dabei auch in den Kolonien ausgetragen.

1 Nennen Sie wesentliche Voraussetzungen und Motive der Entdeckungsfahrten nach Übersee, die beteiligten europäischen Staaten und eroberten Länder bzw. Gebiete. **Tipp:** Nutzen Sie auch M 2.
2 Erläutern Sie die Folgen des Kolonialismus für Europa.

M 2 Die Entwicklung der europäischen Kolonialreiche bis 1763

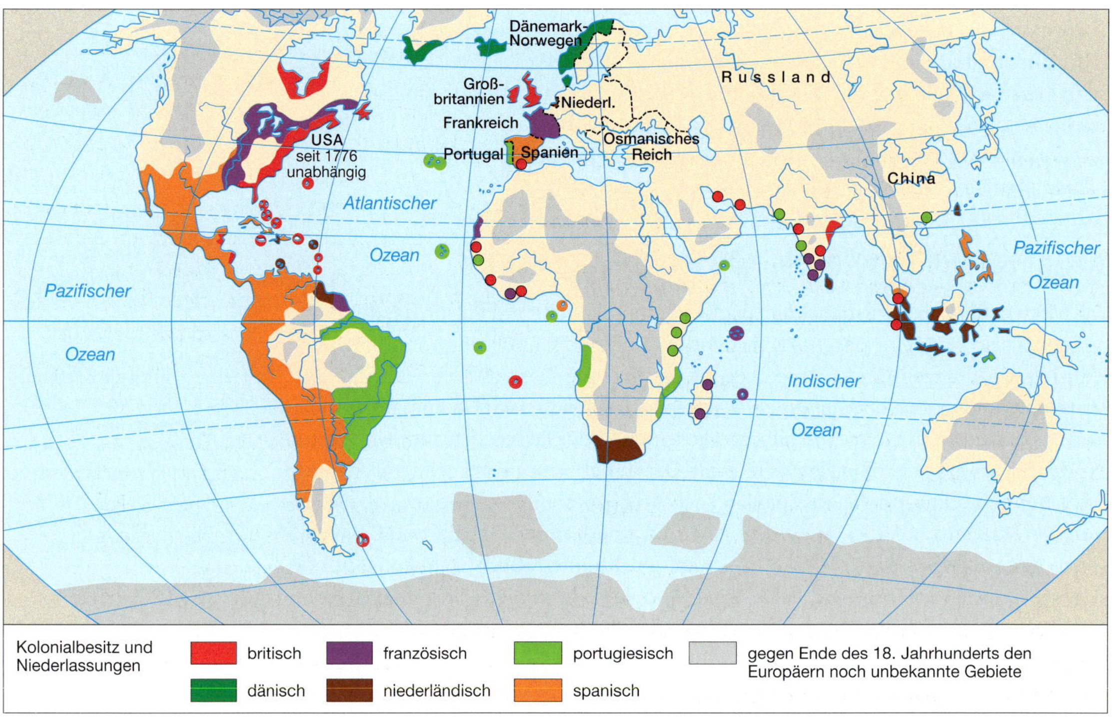

Hinweise zu Arbeit mit den Materialien:
M 1 und M 3 verdeutlichen die Rezeption der Kolonialisierung im Rahmen der Geschichtskultur. M 4 und M 5: Die Folgen der Europäisierung der Welt.

Geschichtskultur: Die „Entdeckung" Amerikas

M 3 links: Christoph Kolumbus, spanisches Porträt, 1519; rechts: Plakat bei einer Demonstration, Los Angeles, 2015

1 Beschreiben und deuten Sie M 3 im Rahmen der Geschichtskultur.

Vertiefung: Europäische Expansion und Globalisierung

M 4 Der Historiker Reinhard Wendt (2000)

Der Aufbau formeller Kolonialherrschaft wurde immer wieder von Widerstand begleitet. In den Kernzonen war er zwar nicht erfolgreich, doch das Schwarz-Weiß-Bild von den einheimischen Opfern, die der Willkür kolonialer Täter wehrlos ausgeliefert gewesen seien, lässt sich nicht aufrechterhalten. Manche Bevölkerungsgruppen entdeckten durchaus Vorteile in einer Kooperation mit den Europäern. [...] Von den ökonomischen Möglichkeiten, die Kontakte mit dem Westen boten, profitierten auch Einheimische. Für manche mag das Christentum plausiblere Antworten auf geistliche Probleme gegeben haben als vorkoloniale Glaubensvorstellungen. Westliches Wissen erwies sich nicht selten auch für einheimische Interessen als nützlich. [...] Am anderen Ende der Skala ist das Aussterben amerikanischer Völker zu beklagen, die dem Zusammenstoß mit den Europäern nichts entgegenzusetzen hatten. Versklavung, Arbeitszwang, Ausbeutung in Bergwerken und landwirtschaftlichen Betrieben, der Zusammenbruch gesellschaftlicher und familiärer Strukturen, die eigene Machtlosigkeit und die der Götter, an die man geglaubt hatte – all das trug zur Vernichtung zahlreicher indianischer Ethnien bei. Man nimmt heute an, dass 1492 zwischen 35 und 45 Millionen Menschen auf dem Gebiet des späteren Spanisch-Amerika lebten. Bis 1650 sank die Zahl der Indianer auf etwas mehr als 4 Millionen. [...] Bei aller Unmenschlichkeit, die man Konquistadoren, Grundbesitzern und Bergwerksbetreibern attestieren muss, lässt sich dieses massenhafte Sterben nicht allein auf Gewalt, Mord oder Krieg zurückführen, zumal die Spanier ein ökonomisch bestimmtes Interesse an der Arbeitskraft und nicht am Tod der Indianer hatten. Entscheidend für die demografische Katastrophe waren Krankheiten wie Pocken, Pest, Grippe [oder] Masern [...], die Europäer und Afrikaner eingeschleppt hatten und gegen die das Immunsystem der Indianer wehrlos war.

*Zit. nach: Reinhard Wendt, Seit 1492: Begegnung der Kulturen, in: Anette Völker-Rasor (Hg.), Frühe Neuzeit, Oldenbourg, München 2000, S. 81f.**

M 5 Der Journalist Ignacio Ramonet (1999)

An der Schwelle zum Jahr 2000 – jenem mythischen Datum, das so lange für unsere Zukunft stand und heute unsere Gegenwart ist – scheint es an der Zeit, den aktuellen Zustand der Welt zu überprüfen. Ein zentrales Phänomen springt ins Auge: Der Dynamik der Globalisierung kann sich kein Staat dieser Erde entziehen. [...] Die Erde erlebt eine neue Ära der Eroberungen, die an die Zeit der großen Entdeckungen und des Kolonialismus erinnert. Damals ging die Expansionsbewegung von souveränen Staaten aus, heute sind es Großunternehmen und Konzerne, Industrie- und Finanzgruppen, die sich daranmachen, die Welt zu beherrschen. Nie zuvor waren die Herren der Welt ein so enger Zirkel und nie zuvor hatten sie so viel Macht. Geografisch sind diese Herren im strategischen Dreieck USA–Europa–Japan zu Hause.

*Zit. nach: Le monde diplomatique (dt. Ausg.) vom 17. Dezember 1999, S. 1.**

1 a) Erarbeiten Sie die zentralen Thesen aus M 4.
   b) Erörtern Sie auf dieser Grundlage die Folgen der Expansion für die amerikanischen Völker.
2 Diskutieren Sie die Verbindung, die Ramonet in M 5 zwischen Kolonialismus und Globalisierung zieht.
3 Interpretieren Sie M 1 im Rahmen der Geschichtskultur.
   Tipp: Schlagen Sie die Begriffe im Lexikon nach. Hilfen finden Sie auf S. 615.

Warum eroberten nicht die Inka Spanien?

In diesem Kapitel geht es um
die Frage, welche Ursachen die unterschiedliche Entwicklung der europäischen und amerikanischen Zivilisationen Ende des 15. Jahrhunderts hatte.

Zeittafel Entdeckungen der Europäer

1492 „Entdeckung" Amerikas durch Kolumbus
1494 Aufteilung der Welt zwischen Spanien und Portugal im Vertrag von Tordesillas durch Papst Alexander VI.
1497 Entdeckung des östlichen Seeweges nach Indien durch Vasco da Gama
1500 Landung Pedro Cabrals an der Küste Brasiliens
1519–1521 Eroberung des Azteken-Reiches durch Hernán Cortés
1531–1533 Eroberung des Inka-Reiches durch Francisco Pizarro

Eroberung und Kolonialisierung der Neuen Welt im 15.–17. Jahrhundert führten zur Europäisierung der Erde (s. S. 148). Deren Folgen, wie die Zerstörung der indigenen Kulturen, die politische Abhängigkeit und wirtschaftliche Ausbeutung durch die Europäer sind mitverantwortlich für aktuelle Probleme der betroffenen Länder. Zu einem Symbol der europäischen Expansion in Übersee wurde die Gefangennahme des letzten unabhängigen Inka-Königs Atahualpa durch den Spanier Pizarro 1532. Mit nur etwa 200 Soldaten war Pizarro in der Lage, Atahualpa mit seinem Heer von 80 000 Soldaten zu unterwerfen. In der Folge gelang es den Spaniern, das Inka-Reich zu kolonisieren. Verschiedene Faktoren ermöglichten diesen und andere Siege über die Zivilisationen der Neuen Welt: Die Spanier verfügten über eine überlegene Militärtechnik mit Kanonen und Waffen aus Stahl, Kenntnisse in Schiffbau und Navigation, eine zentralistische* politische Ordnung, die die neuesten wissenschaftlichen Erkenntnisse für ihre Dienste nutzte, sowie eine Schriftsprache zur effektiven Verwaltung und schnellen Verbreitung von Informationen. Sie setzten Pferde ein und profitierten von einem Massensterben der einheimischen Bevölkerung als Folge eingeschleppter Infektionskrankheiten europäischer Herkunft. Warum jedoch, fragt der amerikanische Evolutionsbiologe Jared Diamond, verfügten die Europäer und nicht die Völker der Neuen Welt über diese Voraussetzungen? Zur Beantwortung vergleicht Diamond beide Gesellschaften im Jahr 1492 und untersucht ihre Entwicklung in den Jahren zuvor. Er weist nach, dass die Eroberung Amerikas durch die Europäer die Kollision zweier langer, zumeist getrennter Entwicklungen darstellte. Erst die Aufdeckung der „eigentlichen Ursachen" für den Sieg der Europäer über die Indios führe zur Beantwortung der Frage, warum die Geschichte diesen und nicht den umgekehrten Verlauf nahm, warum nicht die Indios Europa eroberten.

▶ M 1–M 3: Atahualpa und Pizarro

▶ M 4–M 6: Amerikanische und eurasische Gesellschaften im Vergleich

M 1 Die Begegnung zwischen dem Inka-Herrscher Atahualpa und den Spaniern, Federzeichnung des Guaman Poma de Ayala, 1615.
Der indigene Schriftsteller (ca. 1550–1615) aus dem heutigen Peru erlernte die spanische Sprache und verfasste eine illustrierte Chronik seines Volks. Das Bild zeigt das Treffen von Atahualpa mit den beiden Spaniern Francisco Pizarro und Sebastián de Balcázar im peruanischen Badeort Cajamarca.

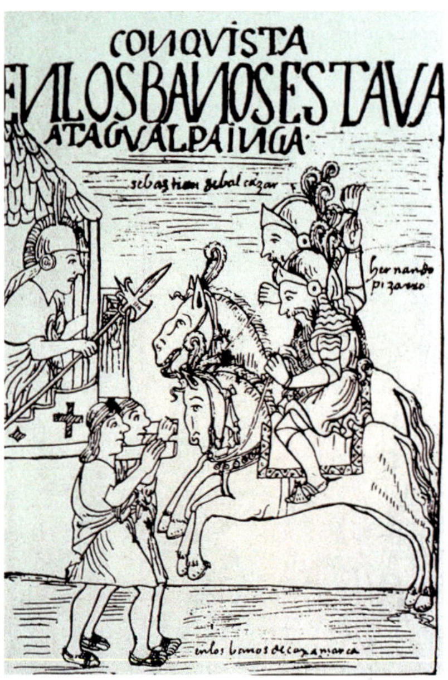

1 Benennen Sie mithilfe des Darstellungstextes die Faktoren, die zum Sieg der spanischen Eroberer über die Zivilisation der Inka beitrugen.

Hinweise zur Arbeit mit den Materialien:
M 1–M 3 stellen Darstellungen der Begegnung zwischen Spaniern und Inka durch beide Seiten gegenüber.
M 4–M 6 behandeln die Ursachen für die unterschiedliche Entwicklung der Zivilisationen auf beiden Kontinenten.

Atahualpa und Pizarro

M2 Pedro Pizarro, ein Vetter Francisco Pizarros, folgte diesem 1530 nach Peru. 1572 schreibt er in einem Augenzeugenbericht

Sobald Don Francisco Pizarro sah, dass Atahualpa sich der Plaza näherte, schickte er den Mönch Vicente de Valverde [...], Hernando de Aldana [...] und den Dolmetscher Don Martinillo zu ihm hin. Sie sollten ihn im Namen Gottes und des Königs auffordern, sich dem Gesetze Jesu Christi und dem Dienst S.M. zu unterwerfen; der Marqués [F. Pizarro] würde ihn wie einen Bruder halten und es nicht dulden, dass ihm Leid oder Schaden in seinem Land zustoße. Als der Mönch vor Atahualpas Sänfte stand, teilte er ihm mit, wozu er gekommen sei, und predigte ihm das heilige Evangelium; der Dolmetscher übersetzte. Atahualpa verlangte es zu sehen, der Mönch reichte ihm das verschlossene Buch hinauf. Der Inca mühte sich vergebens, es zu öffnen, und warf es auf den Boden. Atahualpa rief Aldana zu, er solle näherkommen und ihm sein Schwert geben. Aldana zog es aus der Scheide, zeigte es ihm, wollte es ihm aber nicht geben. Da rief Atahualpa, sie seien Räuber und Schurken, und er werde sie alle töten.

*Zit. nach: Lieselotte und Theodor Engl, Die Eroberung Perus in Augenzeugenberichten, dtv, München 1975, S. 98.***

M3 Der peruanische Chronist Guaman Poma de Ayala beschreibt die Begegnung (1615)

Da begannen Don Francisco Pizarro und Don Diego de Almagro durch den Dolmetsch Felipe [...] zu ihm zu sprechen. Er sagte ihm, er sei Botschafter und Gesandter eines großen Herrschers und er solle sein Freund werden, nur deshalb sei er gekommen. Der Inca verfolgte mit großer Aufmerksamkeit, was Don Francisco Pizarro und dann der Dolmetsch Felipe, der Indio, sagten, und antwortete mit großer Majestät, dass es wohl wahr sein möge, dass sie aus so fernen Ländern als Botschafter gekommen seien, und er glaube auch, dass sie von einem großen Herrscher kämen, doch er müsse keine Freundschaften schließen, denn auch er sei ein großer Herrscher in seinem Reich. Nach dieser Antwort brachte Fray Vicente sein Anliegen vor, er trug in der rechten Hand ein Kreuz und in der linken das Brevier. Und er sagte zu Atahualpa Inca, auch er sei ein Botschafter und Gesandter eines anderen Herrschers, der ein großer Freund Gottes sei, und er solle nun dessen Freund werden und das Kreuz anbeten und an das Evangelium Gottes glauben und sonst nichts anbeten, denn alles andere sei Blendwerk. Atahualpa Inca antwortete und sagte, er müsse nichts anbeten als die Sonne, die niemals stirbt [...]. Darauf fragte der Inca Fray Vicente, wer ihm das gesagt hätte. Fray Vicente antwortete, das Evangelium, das Buch habe es ihm gesagt, und Atahualpa sagte: „Gib es mir, das Buch, damit es selbst es mir sage." Und so gab er es ihm, und er nahm es in die Hände, und begann, die Blätter des Buches genau zu betrachten. Darauf sagte der Inca, mit großer Majestät auf seinem Thron sitzend: „Warum sagt es mir nichts und spricht nicht zu mir, dieses Buch?" Und Inca Atahualpa schleuderte das Buch aus seinen Händen. Da stimmte Fray Vicente ein Geschrei an und sagte: „Hierher, Caballeros, auf sie, diese heidnischen Indios sind gegen unseren Glauben!" [...] Und sogleich feuerten die Caballeros ihre Hakenbüchsen ab und begannen das Scharmützel, und die Soldaten töteten Indios wie Ameisen, und da sie erschrocken waren wegen der Hakenbüchsen und wegen des Lärms der Schellen und der Waffen und zum ersten Mal nie gesehene Menschen sahen, und da der Platz von Cajamarca voller Indios war, stürzten sie die Einfriedungsmauern des Platzes von Cajamarca um. [...] [Es] starben so viele Indios, dass man sie nicht zählen konnte. [...] Und so ergriffen Don Francisco und Don Diego de Almagro besagten Atahualpa Inca und zerrten ihn von seinem Thron herab, ohne ihn zu verletzen, und er wurde in Fesseln und von Spaniern bewacht bei dem Hauptmann Don Francisco Pizarro gefangen gehalten.

*Zit. nach: Emir Rodríguez Monegal (Hg.), Die neue Welt. Chroniken Lateinamerikas von Kolumbus bis zu den Unabhängigkeitskriegen, Suhrkamp, Frankfurt/M. 1982, S. 219ff.***

1 Vergleichen Sie die Darstellungen der Spanier und der Inka über die Begegnung zwischen Pizarro und Atahualpa (M 1–M 3).
Tipp: Achten Sie darauf, welche Personen benannt werden, was sie sagen und tun bzw. wie sie aufeinander reagieren.

Die eurasischen und indianischen Gesellschaften vor 1492

M4 Jared Diamond (2006)

Beginnen wir mit der Nahrungserzeugung, einem wichtigen Bestimmungsfaktor lokaler Bevölkerungsgröße und gesellschaftlicher Komplexität, die somit einen der eigentlichen Faktoren hinter dem Eroberungsgeschehen darstellt. Der auffallendste Unterschied zwischen amerikanischer und eurasischer Nahrungserzeugung zeigte sich in der Bedeutung großer domestizierter Säugetiere [...], die in Eurasien zu den wichtigsten Lieferanten von tierischem Eiweiß (Fleisch und Milch), Wolle, Häuten und Fellen, zum Haupttransportmittel für Personen und Güter, zum unverzichtbaren Mittel der Kriegsführung und (als Zugtiere und Düngerlieferanten) zum wertvollen Helfer in der Landwirtschaft wurden. Bevor im Mittelalter Wasser- und Windmühlen die eurasischen Säugetiere ablösten, waren diese [...] zudem wichtige Lieferanten von „industrieller" Energie, beispielsweise beim Drehen von Schleifsteinen und bei der Wasserförderung aus Brunnen. Demgegenüber besaßen Nord- und Südamerika nur eine einzige große domestizierte Säugetierart, das Lama/Alpaka [...]. Zwar diente es als Fleisch-, Woll- und Fell-Lieferant sowie als Lasttier, es ließ sich aber nicht melken, trug niemals einen Reiter, zog weder Karren noch Pflug, spendete keine Energie und fand auch keine kriegerische Verwendung. [...] Eurasien und Nord- und Südamerika unterschieden sich auch im Hinblick auf die Erzeugung pflanzlicher Nahrung voneinander, wenngleich der Unterschied hier weniger ausgeprägt war als bei tierischer Nahrung. In Eurasien war die Landwirtschaft im Jahr 1492 weit verbreitet. [...] Auch in Nord- und Südamerika wurde vielerorts Landwirtschaft betrieben, doch verglichen mit Eurasien war ein viel größerer Teil des Landes von Jägern und Sammlern bewohnt. [...] In jenen Teilen Nord- und Südamerikas, in denen die Landwirtschaft schon länger existierte, wies sie [...] schwerwiegende Nachteile gegenüber ihrem eurasischen Pendant auf: starke Abhängigkeit von Mais, einer eiweißarmen Pflanze [...]; Feldbestellung per Hand (statt durch Pflügen mithilfe von Zugtieren, wodurch eine einzelne Person ein viel größeres Stück Land bearbeiten kann und die Bestellung fruchtbarer, aber harter Böden und Soden ermöglicht wird ...); Fehlen von tierischem Dünger zur Ertragssteigerung; Verrichtung landwirtschaftlicher Tätigkeiten wie Dreschen, Mahlen und Bewässern ausschließlich mit menschlicher [...] Muskelkraft. All diese Unterschiede lassen darauf schließen, dass die eurasische Landwirtschaft im Jahr 1492 durchschnittlich mehr Kalorien und Eiweiß pro investierter Arbeitsstunde erzeugte als die indianische. Diese Unterschiede sind von großer Bedeutung für die Erklärung der Ungleichheit eurasischer und indianischer Gesellschaften. [...] Den unmittelbarsten Zusammenhang zwischen einzelnen Faktoren gab es bei Krankheitserregern und Landwirtschaft. Zu den Infektionskrankheiten, von denen eurasische Gesellschaften mit hoher Bevölkerungsdichte regelmäßig heimgesucht wurden und gegen die viele Eurasier folglich eine Immunabwehr entwickelten oder erbliche Abwehrkräfte besaßen, zählte das ganze Spektrum der verheerendsten Krankheiten der Geschichte: Pocken, Masern, Grippe, Pest, Tuberkulose und einige weitere. [...] Die Unterschiede in Bezug auf Krankheitserreger waren paradoxerweise das Resultat von Unterschieden in der Ausstattung mit ansonsten äußerst nützlichen Haustieren. Die meisten der Mikroben, auf deren Konto Infektionskrankheiten in Gesellschaften mit hoher Bevölkerungsdichte gehen, entwickelten sich im Laufe der Evolution aus Vorläufern, die Auslöser von Infektionskrankheiten bei Haustieren waren [...]. Da Eurasien mit zahlreichen Haustierarten gesegnet war, entwickelten sich dort entsprechend viele derartige Mikroben, während in Nord- und Südamerika weder Haustiere noch von diesen übertragene Mikroben stark vertreten waren. [...] Abgesehen von Krankheitserregern und technischem Entwicklungsstand unterschieden sich die eurasischen und indianischen Gesellschaften auch in der politischen Organisation. Im ausgehenden Mittelalter war der größte Teil der Fläche Eurasiens unter kleineren und größeren Staaten aufgeteilt. Etliche davon, so die Staaten der Habsburger, der Osmanen und der Chinesen, [...] waren vielsprachige Gebilde, deren Ursprung in der Eroberung anderer Staaten lag und die wir deshalb gemeinhin als „Reiche" bezeichnen. [...] Zwei Reiche in Nord- und Südamerika, das der Azteken und das der Inkas, ähnelten ihren eurasischen Pendants. Neben ihnen existierten in der Neuen Welt keine weiteren politischen Gebilde, die in der Lage waren, Mittel und Kräfte für öffentliche Bauten oder Kriege in einem solchen Umfang zu mobilisieren, wie es viele eurasischen Staaten vermochten. [...] In allen übrigen Regionen Amerikas ging der politische Zusammenschluss der Bewohner nicht über die Ebene von Stammesgemeinschaften oder Jäger-Sammler-Gruppen hinaus.

*Zit. nach: Jared Diamond, Arm und Reich. Die Schicksale menschlicher Gesellschaften, aus dem Amerikanischen von Volker Englich, Fischer Taschenbuchverlag, Erweiterte Neuausgabe, Frankfurt/M. 2006, S. 438 ff.**

M5 Entwicklungsschritte im globalen Vergleich

Entstehung/ Einführung von	Eurasien[1]			Amerika vor Ankunft der Europäer		
	Fruchtbarer Halbmond[2]	China	England	Anden	Amazonas	Mesoamerika
Pflanzendomestikation	8500 v. Chr.	um 7500 v. Chr.	3500 v. Chr.	um 3000 v. Chr.	3000 v. Chr.	um 3000 v. Chr.
Tierdomestikation[3]	8000 v. Chr.	um 7500 v. Chr.	3500 v. Chr.	3500 v. Chr.	?	300 v. Chr.
Dörfer	3000 v. Chr.	um 7500 v. Chr.	3000 v. Chr.	3100–1800 v. Chr.	6000 v. Chr.	1500 v. Chr.
Häuptlingsreiche	5500 v. Chr.	4000 v. Chr.	2500 v. Chr.	um 1500 v. Chr.	1 n. Chr.	1500 v. Chr.
Kupfer-/Bronzewerkzeuge	4000 v. Chr.	2000 v. Chr.	2000 v. Chr.	1000 v. Chr.	–	–
Staaten	3700 v. Chr.	2000 v. Chr	500 n. Chr.	1 n. Chr.	–	300 v. Chr.
Schrift	3200 v. Chr.	um 1300 v. Chr.	43 n. Chr.	–	–	600 v. Chr.
Eisenwerkzeuge	900 v. Chr.	500 v. Chr.	650 v. Chr.	–	–	–

Zusammengestellt nach: Jared Diamond, siehe M 4.

1 *Festland von Europa und Asien*
2 *Fruchtbare Steppenlandschaft auf dem Gebiet der heutigen Staaten Jordanien, Irak, Syrien und Türkei*
3 *In den Zahlen nicht enthalten ist der Hund, der früher domestiziert wurde als Tiere, die als Nahrungslieferanten dienten.*

M6 Unterschiede in Landwirtschaft und Schrift

Neben Eurasiens früherem Start und seinen Tier- und Pflanzenarten trug auch die leichtere Ausbreitung von Tieren, Pflanzen, Ideen, Techniken und Menschen zur Beschleunigung der dortigen Entwicklungen bei. Die Ursache liegt in verschiedenen geografischen und ökologischen Faktoren. [...] Anders als in Eurasien mit seiner relativ konstanten Breite entlang der gesamten Ost-West-Ausdehnung verengt sich die Neue Welt in Mittelamerika und besonders in Panama zu einem Nadelöhr. Nicht zuletzt waren Nord- und Südamerika auch durch Gebiete, die sich für landwirtschaftliche Zwecke oder eine dichte menschliche Besiedlung nicht eigneten, stärker gegliedert. [...] Einige Konsequenzen dieser inneramerikanischen Barrieren verdienen besondere Erwähnung. So fand die Landwirtschaft vom Südwesten der USA und vom Mississippital nie den Weg zu den heutigen amerikanischen Kornkammern in Kalifornien und Oregon, deren indianische Bewohner Jäger und Sammler blieben, weil es ihnen schlichtweg an geeigneten Anbaupflanzen und Haustieren mangelte. [...] Ebenso bemerkenswert wie die Auswirkungen der Barrieren auf die Ausbreitung von Anbaupflanzen und Haustieren waren ihre Folgen in anderen Bereichen der menschlichen Zivilisation. Alphabete, deren Ursprung letztendlich im östlichen Mittelmeerraum lag, wurden von allen komplexen Gesellschaften in Eurasien – außer in einigen Regionen Ostasiens, in denen sich Ableger des chinesischen Schriftsystems etablierten – übernommen, von England bis nach Indonesien. Demgegenüber fanden die Schriftsysteme Mesoamerikas, die einzigen der Neuen Welt, nie den Weg zu den Zivilisationen im Andenhochland und im Osten der USA, wo sie womöglich auf fruchtbaren Boden gefallen wären. Das in Mesoamerika erfundene Rad, das dort als Spielzeug Verwendung fand, erhielt nie Gelegenheit, sich mit dem in den Anden domestizierten Lama zusammenzutun, um der Neuen Welt zu Fortbewegung auf Rädern zu verhelfen.

*Zit. nach: Jared Diamond, siehe M 4.**

1 **Partnerarbeit:** Werten Sie M 4–M 6 aus, indem Sie die Untersuchungsergebnisse des Autors in einer Tabelle kriterienorientiert gegenüberstellen.
Tipp: Kriterien können z. B. sein: Tierhaltung, Ernährung, Geografie, Schrift.
   a) Stellen Sie die verschiedenen Ursachen in einer bzw. mehreren Kausalketten grafisch dar.
   b) **Präsentation:** Präsentieren Sie Ihr Schaubild im Kurs.

2 Diskutieren Sie anhand von M 4–M 6 die unmittelbaren und langfristigen Folgen der europäischen Expansion für die Zivilisationen in der Neuen Welt.
Tipp: Siehe S. 146–149.

4.2 Die Konfessionalisierung Europas: Reformation und Glaubenskriege

In dieser Themeneinheit geht es um
- *die ersten Reformbewegungen innerhalb der Kirche,*
- *die Auswirkungen der Reformation auf die Politik ab 1517,*
- *die Herausbildung neuer Konfessionen über Kriege und Friedensschlüsse.*

M1 Martin Luther (1483 bis 1546), Porträt von Lucas Cranach d. Älteren, 1529

Der in Eisleben geborene Sohn eines Kleinunternehmers brach 1505 das Jurastudium ab, um Augustinermönch zu werden. Nach einem Theologie-Studium an der Universität Wittenberg lehrte er dort ab 1512 als Professor für das Alte und Neue Testament. 1517 veröffentlichte er seine 95 Thesen zur Kritik am Ablasshandel und äußerte später, auch Papst und Konzilien könnten sich irren, wofür er vom Papst gebannt wurde. Auch auf dem Reichstag zu Worms 1521 widerrief er diese Aussagen nicht, woraufhin ihn der Kaiser unter die Reichsacht stellte. Der sächsische Kurfürst ließ Luther daraufhin zum Schein auf die Wartburg „entführen", wo er bis 1522 das Neue Testament aus dem Griechischen ins Deutsche übersetzte. Zusammen mit dem bis 1534 übersetzten Alten Testament entstand die „Lutherbibel", die für die Entwicklung der neuhochdeutschen Schriftsprache maßgebliche Bedeutung erlangte.

Die Krise der spätmittelalterlichen Kirche

Die von **Martin Luther*** 1517 in Deutschland eingeleitete **Reformation** war nicht der erste Versuch, die spätmittelalterliche Kirche zu erneuern. So hatte der englische Theologe John Wyclif (um 1330–1384) bereits im 14. Jahrhundert den Allein- und Unfehlbarkeitsanspruch des Papstes, den hierarchischen Aufbau der Kirchenorganisation und die Heiligen- und Reliquienverehrung verurteilt. Die zentrale Forderung Wyclifs, die Bibel müsse alleinige Grundlage des Glaubens sein, und seine erste Bibelübersetzung (1383) ins Englische hatten Vorbildfunktion für Luther.
Das Scheitern der auf dem Konstanzer Konzil 1415 verabschiedeten „Reform des Hauptes und der Glieder" am Widerstand des Papstes verstärkte die Forderung nach einer Erneuerung der Kirche: Seit Mitte des 15. Jahrhunderts hatte sich in Mitteleuropa eine neue Frömmigkeitsbewegung entwickelt, die vor allem die **Verweltlichung des Klerus** kritisierte. Päpste, Kardinäle und Bischöfe missbrauchten ihre geistlichen Ämter für politische Zwecke und führten wie weltliche Fürsten Kriege. Nach Auffassung vieler Zeitgenossen befand sich die Kirche auch moralisch in einer Krise. Missbilligt wurden vor allem die mangelnde theologische Ausbildung, die unchristliche Lebensweise der Kleriker, der Niedergang der Klosterdisziplin sowie die kostspieligen Repräsentationsbedürfnisse des Papstes. Hauptkritikpunkt wurde zu Beginn des 16. Jahrhunderts die **Ablasspraxis.** Die Kirche ließ Sündenstrafen nicht mehr durch Gebete, Fasten und andere Bußtaten, sondern durch Geldzahlungen oder den Kauf eines Ablassbriefes abgelten. Die Ablasseinnahmen wurden von Papst und Bischöfen zur Deckung ihres gestiegenen Finanzbedarfes verwendet, etwa für den Neubau des Petersdoms in Rom.

Martin Luther: Ablassthesen und eine neue Theologie

Vor dem Hintergrund dieser zunehmenden Kirchenkritik löste Luther mit der Veröffentlichung seiner berühmten 95 Thesen am 31. Oktober 1517 eine christliche Erneuerungsbewegung – die **Reformation** (lat. *reformatio* = Umgestaltung, Erneuerung) – aus, die nicht nur Religion und Kirche entscheidend veränderte, sondern auch die politischen Strukturen in Europa stark beeinflusste. In seinen Thesen wandte sich Luther nicht nur gegen die „gottlose und ketzerische" Praxis des Ablasshandels, sondern bezweifelte das gesamte mittelalterliche strafende Bußwesen. An den Beginn seiner Überlegungen stellte er die Frage, wie der Mensch als Sünder vor dem gerechten Gott bestehen könne. Gequält von der Furcht vor dem Zorn des strafenden Gottes und vom Gedanken an die Sündhaftigkeit des Menschen schloss Luther auf der Grundlage der Bibel, dass Gottes Gerechtigkeit nicht Strafe, sondern Erbarmen sei. Das Erbarmen Gottes lasse den Sünder durch vergebende Gnade gerecht werden und ihn damit an der Erlösung teilhaben. Voraussetzung der Erlösung sei der Glaube, dessen Grundlage allein die Bibel, das Wort Gottes, sei. Daher trügen weder priesterliche Vermittlung des Heils noch Wallfahrten, Heiligenverehrung oder Ablassbriefe zur Erlösung bei.

Ausgehend von der Kritik der Ablasspraxis entwickelte Luther in den folgenden Jahren eine neue Theologie*. Nach seiner Auffassung bestand die Freiheit des Christen darin, dass er keinen Mittler zwischen sich und Gott benötige, da der Mensch durch die Taufe zum Verkünder von Gottes Wort werde (Lehre vom **„Priestertum aller Gläubigen"**). Die Gemeinde gewann für die Glaubensvermittlung neue Bedeutung. Sie sollte das Recht erhalten, Prediger selbst zu wählen. Als von der Bibel nicht gerechtfertigt verwarf Luther die Kirchenhierarchie, Mönchtum und Zölibat, Wallfahrten und Reliquienverehrung, Latein als Gottesdienstsprache und fünf der sieben Sakramente (bestehen blieben nur Taufe und Abendmahl). Folgerichtig rief er zur Reform der Kirche im Deutschen Reich und zu deren Bruch mit der römischen Papstkirche auf.

Reformation im Reich

Mit dem **Wormser Edikt** vom Mai 1521, das über Luther nicht nur die Reichsacht verhängte, sondern jedem verbot, den Geächteten zu unterstützen oder zu beherbergen, seine Schriften zu lesen oder zu drucken, erlangte die Reformation eine reichsrechtliche Dimension. Luthers Schriften fanden dennoch – unterstützt durch den Buchdruck – eine weite Verbreitung und Zustimmung im Reich. Seine Theologie entwickelte sich zu einer reformatorischen Massenbewegung, die alle Stände erfasste. Warum wurde Luthers Reformation jedoch zum politischen Ereignis? Seine Behauptung, dem unseligen Wirken des Papstes, des „Antichristen", müsse ein Ende bereitet werden, bedeutete nicht nur eine Kampfansage an die römische Kurie. Seine neue Theologie beinhaltete auch einen radikalen Angriff auf den Klerus als privilegierten Stand.

Die Städte wurden als Zentren von Wirtschaft und Bildung zu Schrittmachern der Reformation. Luthers Lehre vom „Priestertum aller Gläubigen" sollte die schon lange in der Kritik stehende Ausnahmestellung von Kirche und Klerus in der städtischen Gemeinschaft beseitigen. Die Landbevölkerung verband die reformatorischen Ideen mit Forderungen nach einer Verbesserung ihrer sozialen, wirtschaftlichen und politischen Lage, die sich seit dem Ende des 15. Jahrhunderts stark verschlechtert hatte. Geistliche und weltliche Landes- und Grundherren waren allerdings nicht zur Verringerung der Abgaben oder zur Gewährung genossenschaftlicher Selbstbestimmung bereit. In Thüringen verkündete Thomas Müntzer (1486–1525) daher eine Theologie, die den Umsturz der bestehenden Ordnung rechtfertigen sollte. Müntzer wandte sich vom strengen Schriftprinzip Luthers ab, weil er überzeugt war, dass sich Gott den Menschen direkt mitteile. Die Fürsten setzten jedoch den Forderungen der Bauern ihren Herrschaftsanspruch entgegen. Bei der Niederschlagung der **Bauernaufstände*** 1524/25 kooperierten lutherische und altgläubige Obrigkeiten, gestützt auf Luthers Plädoyer gegen die Bauern.

Reformation und frühmoderne Staatlichkeit

Auch viele Reichsfürsten sympathisierten mit Luthers Auffassungen, da sie seine Kritik an der Papstkirche teilten und seine Forderung nach einer starken Obrigkeit unterstützten. Darüber hinaus nutzten sie die Reformation als Legitimation für die **Säkularisierung*** (Verweltlichung) von Kirchenbesitz sowie als Instrument frühmoderner Staatlichkeit, um sich gegen päpstliche, aber auch kaiserliche Einflussnahme abzugrenzen. In einigen Territorien wie Sachsen, Hessen, Braunschweig-Lüneburg und Mecklenburg begannen die Landesherren auf der Grundlage von Luthers Empfehlungen, das **Kirchenwesen neu zu organisieren***.

Gegen den Versuch des Kaisers, das Wormser Edikt durchzusetzen, erhoben auf dem Reichstag von Speyer 1529 die lutherischen Reichsstände förmlich Protest („Protestanten") und legten ein Jahr später auf dem Reichstag in Augsburg ihr Glaubensbekenntnis vor. Ein theologischer Konsens zwischen den Anhängern der alten Kirche, der katholischen Seite, und den Lutheranern, der evangelischen Seite, war ungeachtet des Engagements Karls V. jedoch nicht zu erzielen. Nachdem die evangelischen Reichsstände* den Reichstag* verlassen hatten, entschied sich der Kaiser für ein hartes Durchgreifen und deklarierte* jeden Widerstand gegen das Wormser Edikt als Landfriedensbruch. Aus der Sicht des Kaisers verband sich die lutherische Ketzerei* mit der traditionellen Opposition der Reichsstände gegen die Autorität des Reichsoberhauptes.

Augsburger Religionsfrieden und Konfessionalisierung*

Konfessionalisierung
Im letzten Viertel des 16. Jh. in Europa einsetzender Prozess der intensiven Durchdringung von Staat und Gesellschaft mit Regeln und Einstellungen, die mit dem jeweiligen Glauben (katholisch, lutherisch, reformiert, calvinistisch) zusammenhingen.

Der Konflikt wurde militärisch ausgetragen und mündete schließlich 1555 im **Augsburger Religionsfrieden**. Darin wurde die im Passauer Vertrag von 1552 erfolgte reichsrechtliche Anerkennung der evangelisch-lutherischen Konfession bestätigt. Die evangelischen Landesfürsten durften die säkularisierten Kirchengüter behalten. Die freie Wahl des Glaubens blieb aber auf die Reichsstände beschränkt. Untertanen mussten das Bekenntnis ihres Landesherrn annehmen oder konnten unter Aufgabe von Hab und Gut auswandern. Einzelnen Reichsstädten, sogenannten „bikonfessionellen“ Städten wie z. B. Augsburg, wurde die Koexistenz beider Konfessionen ermöglicht.
Der Augsburger Religionsfrieden stellte keinen Ausgleich im Glaubensstreit dar, er entsprach ungeachtet seiner Schwächen vielmehr den Vorstellungen von einer weltlichen Friedensordnung. Obgleich er die Glaubensspaltung besiegelte und erneut die territoriale Gewalt der Fürsten gegenüber dem Kaiser stärkte, stellte er doch gleichzeitig den ersten Versuch dar, im frühneuzeitlichen Europa die Existenz zweier unterschiedlicher Konfessionen in einem politischen System zu legalisieren*. Nach diesem Vorbild wurden im 16. und 17. Jahrhundert in allen konfessionell gespaltenen Staaten Religionsfrieden geschlossen. Im Deutschen Reich blieb der Augsburger Religionsfrieden nach seiner Bestätigung im **Westfälischen Frieden** von 1648 bis zur Auflösung des Heiligen Römischen Reiches Deutscher Nation 1806 in Kraft.

M2 Staaten und Konfessionen im europäischen Raum um 1570

Reformation und Herrschaft in Europa

Auch in anderen europäischen Staaten wirkten Reformatoren, die Luthers Kritik teilten. Zu ihnen gehörten der Schweizer **Ulrich Zwingli** (1484–1531) und der Franzose **Johannes Calvin** (1509–1564). Während Luther vorrangig im Deutschen Reich und Skandinavien an Einfluss gewann, fand Calvins Lehre unter anderem in Schottland, Frankreich und den Niederlanden viele Anhänger. Calvin wich mit seiner **Prädestinationslehre** (lat. *praedestinatio* = Vorbestimmung) in einigen Punkten von Luthers Lehre ab. Der Kern von Calvins Lehre besteht in der Überzeugung, Gott habe das Schicksal jedes Menschen vorbestimmt. Nur wer sich durch strenge Lebenssitten und hohes Arbeitsethos um ein gottgefälliges Leben bemühe, könne auf die Gnade Gottes bauen und sei zur Seligkeit auserwählt. Der Calvinismus wurde Mehrheitskonfession in den seit 1581 von Spanien unabhängigen Niederlanden und einigen Schweizer Kantonen. In Frankreich gestand der König den Protestanten („**Hugenotten**"*) erst nach erbitterten Bürgerkriegen 1598 im Edikt von Nantes die eingeschränkte Religionsfreiheit zu. In England wurde mit der Bildung der anglikanischen Kirche ein Sonderweg zwischen Protestantismus und Katholizismus eingeschlagen. Die Ausbreitung des Protestantismus in Europa initiierte trotz aller Widerstände in der katholischen Kirche einen Erneuerungsprozess, der mit dem Konzil von Trient (1545–1563) eingeleitet wurde. Vorkämpfer dieser **Gegenreformation** war vor allem der neu gegründete **Jesuitenorden**. Dessen Gründer, Ignatius von Loyola (1491–1556), forderte unter anderem die innere Reform der Kirche, die Festigung des Glaubens, den Kampf gegen jede Art des Ketzertums und die Mission in Übersee. Zentren der Gegenreformation wurden Italien und Spanien und Bayern.

Auswirkungen der Reformation in den Territorien des Deutschen Reiches
- Schaffung einer „Landeskirche", an der Spitze der Landesherr in der Funktion eines „Notbischofs", d. h. des obersten Kirchenherrn
- Übertragung von bisher kirchlichen Aufgaben wie Kranken- und Armenpflege sowie Bildungswesen an den Staat
- Überprüfung („Visitationen") von Klöstern, Pfarreien und Schulen durch staatliche Kommissionen
- Beschlagnahmung des Vermögens (v. a. Grundbesitz) der Kirchengemeinden und der aufgelösten Klöster (Säkularisation) und Verwendung für die Besoldung der Pfarrer, für Schulen, Universitäten und Armenpflege
- Einrichtung einer staatlichen Zentralbehörde (Konsistorium), in dem Territorium zuständig für die Ausbildung der Geistlichen und die Kirchenaufsicht
- Entstehung des „landesherrlichen Kirchenregiments"

Der Dreißigjährige Krieg

In vielen Ländern führte die Konfessionalisierung zu Religions- und Bürgerkriegen. Der grausamste auf dem Gebiet des Reiches war der **Dreißigjährige Krieg*** (1618–1648), der sich in seinem Verlauf zu einem europäischen Krieg ausweitete, in dem religiöse Konflikte hinter den Kampf um Macht und Einfluss zurücktraten. Der Westfälische Frieden von 1648 bestätigte schließlich den Augsburger Religionsfrieden (1555) und dehnte ihn auf die Calvinisten aus. Er schuf die Voraussetzung für religiöse Toleranz im Reich und beendete das Zeitalter der Glaubenskriege. Außerdem regelte er endgültig das Verhältnis der deutschen Zentralgewalt, des Kaisers, zu den Territorialgewalten, und zwar zugunsten der Letzteren. Die Landesfürsten erhielten die volle Landeshoheit und das Recht, mit ausländischen Mächten Bündnisse zu schließen, sofern diese nicht gegen Kaiser und Reich gerichtet waren. Für das Deutsche Reich war damit der Weg zu einem monarchischen Einheitsstaat, wie in Frankreich, Spanien oder Schweden, endgültig versperrt. Außenpolitisch sicherte der Friede auf der Ebene der europäischen Machtverhältnisse nicht mehr die Einheit des christlichen Abendlandes, sondern eine auf Verträgen und Völkerrecht basierende Regelung prinzipiell gleichberechtigter Staaten.

Dreißigjähriger Krieg (1618–1648)
Kontrahenten: die protestantischen Fürsten („Union"), unterstützt von Frankreich und Schweden, sowie die katholischen Fürsten („Liga"), unterstützt vom Kaiser und vom habsburgischen Spanien
Anlass: Rücknahme politischer und konfessioneller Freiheiten der Protestanten in Böhmen (Prager Fenstersturz, 1618)
Verlauf:
- Böhmisch-Pfälzischer Krieg (1618–1628): Niederlage der Protestanten
- Niedersächsisch-Dänischer Krieg (1623–1629): erneuter Sieg über die Protestanten; Rückgabe des von Protestanten beschlagnahmten Besitzes der Katholiken
- Schwedischer Krieg (1630–1635): Eintritt Schwedens in den Krieg zur Sicherung seiner Interessen im Ostseeraum
- Prager Frieden (1635): Kompromiss zwischen Kaiser und protestantischen Reichsfürsten
- Schwedisch-Französischer Krieg (1635–1648): Eintritt Frankreichs in den Krieg; wechselnder Erfolg der Kriegsparteien; Beginn von Friedensverhandlungen (1644)
- Westfälischer Frieden von Münster und Osnabrück (24. 10. 1648)

1 Beschreiben Sie die von Reformatoren kritisierten Missstände in der Kirche des Spätmittelalters, indem Sie einen Beschwerdebrief aus Sicht eines Reformers verfassen.
2 **Partnerarbeit:** Skizzieren Sie arbeitsteilig die Theologien Luthers und Calvins.
Tipp: Heben Sie Gemeinsamkeiten und Unterschiede in einer Tabelle farbig hervor.
3 Erläutern Sie die Auswirkungen der Reformation im Reich.
4 **a)** Charakterisieren Sie anhand der Karte M 2 das besondere Verhältnis von Staatlichkeit und Reformation in Europa am Ende des 16. Jahrhunderts.
b) Untersuchen Sie das sich daraus ergebende Konfliktpotenzial.
5 Erläutern Sie die Bedeutung des Westfälischen Friedens für die Entwicklung des Deutschen Reiches.

Hinweise zur Arbeit mit den Materialien:
M 3–M 6 beleuchten unterschiedliche Perspektiven auf den durch Luther initiierten Glaubensstreit.

Geschichte kontrovers: Der Beginn der Reformation

M 3 Titelblatt von Martin Luthers antikatholischer Kampfschrift „Wider das Bapstum zu Rom vom Teuffel gestifft", Holzschnitt von Lucas Cranach d. Ä., 1545.

Das Titelbild von Luthers radikalstem Pamphlet gegen den Papst. Ursprünglich war Luthers Kritik vergleichsweise zurückhaltend, er forderte lediglich eine Reform der kirchlichen Hierarchien. Mit der Zeit wurde seine Kritik grundsätzlicher und er verlangte die vollständige Abschaffung des Papsttums, dem er Machtbesessenheit, Dekadenz und Verweltlichung vorwarf. Der Holzschnitt zeigt den Papst im „Höllenrachen" sitzend, wie er von vielen unterschiedlich gestalteten Teufeln gekrönt wird.

M 4 Rede Martin Luthers auf dem Reichstag zu Worms vom 18. April 1521

Allergnädigster Kaiser, durchlauchtigste Fürsten! Mir waren gestern [...] zwei Fragen vorgelegt worden, nämlich ob ich die genannten, unter meinem Namen veröffentlichten Bücher als meine Bücher anerkennen wollte, und ob ich dabei bleiben wollte, sie zu verteidigen, oder bereit sei, sie zu widerrufen. Zu dem ersten Punkt habe ich sofort eine unverhohlene Antwort gegeben, zu der ich noch stehe und in Ewigkeit stehen werde: Es sind meine Bücher, die ich selbst unter meinem Namen veröffentlicht habe [...].

Hinsichtlich der zweiten Frage bitte ich aber Euer allergnädigste Majestät und fürstliche Gnaden dies beachten zu wollen, dass meine Bücher nicht alle den gleichen Charakter tragen. Die erste Gruppe umfasst die Schriften, in denen ich über den rechten Glauben und rechtes Leben so schlicht und evangelisch gehandelt habe, dass sogar meine Gegner zugeben müssen, sie seien nützlich, ungefährlich und durchaus lesenswert für einen Christen. [...]

Die zweite Gruppe greift das Papsttum und die Taten seiner Anhänger an, weil ihre Lehren und ihr schlechtes Beispiel die ganze Christenheit sowohl geistlich wie leiblich verstört haben. Das kann niemand leugnen oder übersehen wollen. Denn jedermann macht die Erfahrung, und die allgemeine Unzufriedenheit kann es bezeugen, dass päpstliche Gesetze und Menschenlehren die Gewissen der Gläubigen aufs jämmerlichste [...] gequält haben, dass aber die unglaubliche Tyrannei auch Hab und Gut verschlungen hat und [...] weiter verschlingt ganz besonders in unserer hochberühmten Nation. Wollte ich also diese Bücher widerrufen, so würde ich die Tyrannei damit geradezu kräftigen und stützen [...].

Darum bitte ich [...], Eure allergnädigste Majestät [...] oder wer es sonst vermag, er sei höchsten oder niedersten Standes, möchte mir Beweise vorlegen, mich des Irrtums überführen und mich durch das Zeugnis der prophetischen oder evangelischen Schriften überwinden. Ich werde völlig bereit sein, jeden Irrtum, den man mir nachweisen wird, zu widerrufen, ja, werde der Erste sein, der meine Schriften ins Feuer wirft. [...] Wenn ich nicht mit Zeugnissen der Schrift oder mit offenbaren Vernunftgründen besiegt werde, so bleibe ich von den Schriftstellen besiegt, die ich angeführt habe, und mein Gewissen bleibt gefangen in Gottes Wort. Denn ich glaube weder dem Papst noch den Konzilien allein, weil es offenkundig ist, dass sie öfters geirrt und sich selbst widersprochen haben. Widerrufen kann und will ich nichts, weil es weder sicher noch geraten ist, etwas gegen sein Gewissen zu tun. Gott helfe mir, Amen.

*Zit. nach: www.glaubensstimme.de/reformatoren/luther/luther33.html (Download vom 13. 12. 2007).**

M5 Karl V. schrieb am 19. April 1521

Ihr wisst, ich stamme ab von den allerchristlichsten Kaisern [...], die alle bis zum Tod treue Söhne der römischen Kirche gewesen sind, immer Verteidiger des katholischen Glaubens, der heiligen Zeremonien, Gesetze, Anweisungen und der heiligen Gebräuche – zur Ehre Gottes, Mehrung des Glaubens und zum Heil der Seelen. Nach ihrem Heimgang haben sie uns dank angestammten Rechts die genannten heiligen katholischen Verpflichtungen als Erbe hinterlassen, um ihnen gemäß zu leben [...]. Aus diesem Grund bin ich fest entschlossen, alles aufrechtzuerhalten, was meine genannten Vorgänger und ich bis zur Stunde aufrechterhalten haben: besonders aber, was meine genannten Vorgänger verordnet haben sowohl auf dem Konstanzer Konzil[1] als auf anderen: Denn es ist gewiss, dass ein einzelner [Ordens-]Bruder irrt mit seiner Meinung, die gegen die ganze Christenheit steht, sowohl während der vergangenen tausend und mehr Jahre als auch in der Gegenwart; andernfalls wäre die ganze genannte Christenheit immer im Irrtum gewesen und würde es [noch heute] sein. Und nachdem wir die hartnäckige Antwort gehört haben, die Luther gestern in unser aller Gegenwart gegeben hat, erkläre ich Euch, dass es mich reut, so lange gezögert zu haben, gegen den genannten Luther und seine falsche Lehre vorzugehen; und ich bin fest entschlossen, ihn ferner nicht mehr zu hören [...] und gegen ihn vorzugehen wie gegen einen notorischen Häretiker; Euch aber ersuche ich, dass Ihr Euch in dieser Sache als gute Christen erweist, wie Ihr es ja zu tun gehalten seid und wie Ihr es mir versprochen habt.

*Zit. nach: Heiko Oberman (Hg.), Kirchen- und Theologiegeschichte in Quellen, Bd. 3, Neukirchen 1994, S. 61f.***

1 Das Konstanzer Konzil beendete 1418 das Große Schisma (zwei Päpste, in Avignon und Rom).

1 Analysieren und vergleichen Sie M4 und M5 hinsichtlich der Positionen und Argumentationen der Autoren im Glaubensstreit.
2 **Zusatzaufgabe:** Siehe S. 615.
3 **Vertiefung:** Stellen Sie auf Grundlage der Darstellung und unter Einbezug von M2 bis M6 den Reformationsprozess bis zum Westfälischen Frieden dar.
4 a) Beschreiben Sie die auf dem Gemälde (M7) dargestellten Protagonisten im Glaubensstreit.
Tipp: Orientierungshilfen siehe S. 615
b) Interpretieren Sie die Intention des Malers.
5 **Gruppenarbeit/Wahlaufgabe:** Stellen Sie die in M6 dargestellte Szene nach, indem Sie in der Gruppe
a) ein Standbild oder
b) ein kurze Spielszene erarbeiten.
Tipp: Erstellen Sie Rollenkarten und formulieren Sie Sprechtexte für die Figuren. Orientieren Sie sich in den Formulierungen an der Sprache in M4 und M5.

M6 Luther vor dem Reichstag in Worms, Gemälde von Anton von Werner, 1877

4.3 Staat und Gesellschaft im 17. und 18. Jahrhundert

Der absolutistische Staat

In dieser Themeneinheit geht es um
Diskrepanzen zwischen Theorie und Praxis des Absolutismus als Herrschaftsform.

Die Idee der „absoluten Monarchie"

Die Religionskriege im 16. und 17. Jahrhundert hatten Europa in eine **tiefgreifende Krise** gestürzt und zur Schwächung der Königsmacht geführt. Auf die Zeitgenossen übte daher die Idee einer staatlichen Ordnungsmacht große Faszination aus. Dieses **Bedürfnis nach einer starken Zentralgewalt**, die Konfliktlösungen durchsetzen konnte, veranlasste Philosophen und Staatsmänner, eine durch den Staat zu schaffende und zu überwachende Ordnung zu entwickeln. Immer mehr Menschen hingen der Vorstellung an, der Staat sei eine über den Interessen des Einzelnen, insbesondere über den religiösen Parteien stehende Kraft, die über eine eigene, nicht weiter ableitbare Begründung – die **Staatsräson*** – verfüge. Der französische Philosoph und Staatsrechtler **Jean Bodin** (1529–1596) entwickelte die Theorie, der Monarch dürfe von Gesetzen unabhängig (lat. *legibus absolutus*) herrschen, um als Repräsentant des Staates diesem bestmöglich zu dienen. Ein anderes Modell der Staatstheorie begründete der englische Philosoph **Thomas Hobbes** (1588–1679) in seinem Werk „Leviathan". Er forderte einen freiwilligen **„Gesellschaftsvertrag"*** aller Menschen untereinander, in dem sie zugunsten des Monarchen als Staatsrepräsentant auf individuelle Rechte und Freiheiten verzichteten.

Staatsräson
Der Begriff Staatsräson (frz. *raison* = Vernunft, Einsicht) wurde von dem Florentiner Beamten Guicciardini geprägt und bezeichnet nach Niccolò Machiavelli ein Prinzip, nach dem das Staatswohl Maßstab und Ziel staatlichen Handelns ist und Vorrang vor allem anderen hat, selbst wenn es gegen Recht und Moral verstößt.

„Absolutismus"* – ein Epochenbegriff in der Kritik

Die europäischen Fürsten leiteten aus diesen Theorien eine Legitimation ihrer uneingeschränkten Herrschaft ab. Die Idee der „absoluten Monarchie" wurde zum Inbegriff fürstlichen Herrschaftswillens und Machtstrebens. Die Geschichtswissenschaft sprach daher seit dem 19. Jahrhundert vom „Zeitalter des **Absolutismus**", das vom Ende des Dreißigjährigen Krieges (1648) bis zum Beginn der Französischen Revolution (1789) datiert wird, und formulierte eine Reihe von Kennzeichen des „Absolutismus" als Staatsform*. Aufgrund der politischen, verfassungsrechtlichen, wirtschaftlichen und sozialen Unterschiede in den europäischen Staaten lehnt die moderne Forschung jedoch den Begriff „Absolutismus" als ungenaue Verallgemeinerung ab. Einige Historiker haben die Vorstellung von einer unumschränkten Machtausübung unter Ausschaltung aller der Zentralisierung entgegenstehenden Kräfte relativiert (Gerhard Oesterreich). Andere erklärten den Absolutismus kurzerhand zum „Mythos" (Nicholas Henshall) und argumentierten am Beispiel Ludwigs XIV., dass programmatischer Anspruch und tatsächliche Realisierung weit auseinanderklafften. Grundsätzlich sollte bei der historischen Untersuchung von Staat und Gesellschaft im 16. und 17. Jahrhundert die Frage im Mittelpunkt stehen, inwieweit die Monarchen in der Lage waren, ihren theoretischen Anspruch auf absolute Machtausübung in der Herrschaftspraxis umzusetzen.

▶ M 1–M 3: Der Absolutismus als theoretisches Herrscherkonzept

Absolutismus
meint einen starken Monarchen an der Spitze, der unabhängig von ständischer Mitwirkung und gesetzlichen Schranken die uneingeschränkte Herrschaft anstrebt. Als Kennzeichen dieser Staatsform gelten:
- zentrale Verwaltung mit einem nur dem Herrscher unterstellten Beamtenapparat,
- stehendes Heer,
- staatliche Lenkung der Wirtschaft (Merkantilismus),
- Einbindung der Kirche in das Staatswesen,
- Intensivierung des höfischen Lebens und Bau repräsentativer Schlossanlagen im Stil des Barock.

Modell und Vorbild eines „absolutistischen" Staates ist Frankreich unter Ludwig XIV.

1 Erläutern Sie, mit welchen Theorien die europäischen Fürsten ihre uneingeschränkte Herrschaft legitimierten.
2 Erklären Sie, warum „Absolutismus" als historischer Begriff problematisiert wird.

Hinweise zur Arbeit mit den Materialien:
M 1–M 3 bieten einen Einblick in die für den Absolutismus maßgeblichen staatstheoretischen Modelle.

Der Absolutismus als theoretisches Herrscherkonzept

M 1 Jean Bodin über die Stellung des Monarchen im Staat (1576)

Wie aber ist nun derjenige zu beurteilen, der vom Volk die absolute Gewalt bis an sein Lebensende übertragen erhalten hat? Hier sind zwei Fälle zu unterscheiden. Ist ihm die absolute Gewalt schlechthin, also nicht in der Eigenschaft als Amtsträger, als bloßer Kommissar oder auf Widerruf übertragen, so besteht kein Zweifeln, dass er dann souveräner Monarch ist und sich als solcher bezeichnen darf. Denn dann hat sich das Volk seiner souveränen Gewalt zu seinen Gunsten begeben, seine ganze Macht, Autorität, Vorrangstellung und sämtliche Hoheitsrechte sind auf ihn und [sozusagen] in ihn hinein übertragen, also ganz, wie wenn jemand sein gesamtes Eigentum mitsamt dem Besitz verschenken würde. [...] Überträgt das Volk dagegen seine Gewalt jemandem auf Lebenszeit in der Eigenschaft als Beamter oder Vertreter [...], dann ist dieser nicht Souverän, sondern nur schlichter Beamter, Stellvertreter, Regent, Gouverneur, Wahrer und Verwalter fremder Machtbefugnisse. [...] „Souveränität", die einem Fürsten unter Auflagen und Bedingungen verliehen wird, ist also eigentlich weder Souveränität noch absolute Gewalt [...]. Daraus folgt, dass das Hauptmerkmal des souveränen Fürsten darin besteht, der Gesamtheit und den Einzelnen das Gesetz vorschreiben zu können, und zwar, so ist hinzuzufügen, ohne auf die Zustimmung eines Höheren oder Gleichberechtigten oder gar Niedrigeren angewiesen zu sein. [...]

*Zit. nach: Jean Bodin, Sechs Bücher über den Staat, übers. v. Bernd Wimmer, C.H.Beck, München 1981, S. 205 ff.***

M 2 Thomas Hobbes über die fürstliche Souveränität (1651)

Die Absicht und Ursache, warum die Menschen sich bei allem ihrem natürlichen Hange zur Freiheit und Herrschaft dennoch entschließen konnten, sich gewissen Anordnungen, welche die bürgerliche Gesellschaft erfordert, zu unterwerfen, lag in dem Verlangen, sich selbst zu erhalten und ein bequemeres Leben zu führen oder [...] aus dem elenden Zustande eines Krieges aller gegen alle gerettet zu werden. Dieser Zustand ist aber notwendig wegen der menschlichen Leidenschaften mit der natürlichen Freiheit so lange verbunden, als keine Gewalt da ist, welche die Leidenschaften durch Furcht vor Strafe gehörig einschränken kann. Um aber eine allgemeine Macht zu gründen, [...] ist der einzig mögliche Weg hierzu der: dass jedweder alle seine Macht oder Kraft einem oder mehreren Menschen übertrage, wodurch der Wille aller gleichsam in einen Punkt vereinigt wird; sodass dieser Mensch oder diese eine Gesellschaft eines jeden Einzelnen Stellvertreter werde und ein jeder die Handlungen jener so betrachte, als habe er sie selbst getan, weil sie sich dem Willen und Urteile jener freiwillig unterworfen haben.. Dies [...] beruht auf dem Vertrage eines jeden mit einem jeden [...].

*Zit. nach: Arnold Bergstraesser/Dieter Oberndörfer (Hg.), Klassiker der Staatsphilosophie, Bd. 1, Koehler 1975, S. 166 ff.**

M 3 Titelkupfer der Erstausgabe des „Leviathan" von Thomas Hobbes, 1651

1 **Partner-/Gruppenarbeit:** Fassen Sie arbeitsteilig die wesentlichen Aussagen von M 1 und M 2 zusammen.
2 Erläutern Sie Bodins Verständnis der „Souveränität".
3 Erarbeiten Sie anhand von M 2 und M 3 eine Definition des „Staates" nach Hobbes.
Tipp: Lösungshinweise finden Sie auf S. 615.
4 a) Stellen Sie Rechte und die Pflichten des souveränen Herrschers bei Bodin und Hobbes (M 1–M 3) gegenüber.
b) Untersuchen Sie, wo jeweils die Grenzen der Fürstensouveränität liegen.
c) Nehmen Sie zu einem der beiden Modelle begründend Stellung.
5 **Vertiefung:** Diskutieren Sie, an welchen Punkten Probleme bei der praktischen Umsetzung der beiden theoretischen Modelle auftreten könnten.

Der Absolutismus in Frankreich – ein Modell?

In dieser Themeneinheit geht es um
- *die Regierungszeit und Herrschaftsauffassung Ludwigs XIV.,*
- *die Frage, ob Ludwig XIV. als absolutistischer Herrscher gelten kann.*

Das Verhältnis des Königs zum Adel

Die Selbstdarstellung des französischen Königs Ludwig XIV. (Reg. 1661–1715), des **„Sonnenkönigs"**, verkörperte alle Ansprüche eines absoluten Herrschers und begründete das Vorbild für den europäischenAbsolutismus. Bereits während der Regierungszeit seines Vaters Ludwigs XIII. (Reg. 1614–1643) war die Monarchie entscheidend gestärkt worden. Der König hatte den Rat der Generalstände nicht mehr einberufen und das Mitwirkungsrecht der vom Adel beherrschten Parlamente, der sogenannten „Gerichtshöfe" in Paris und den Provinzen, bei der Gesetzgebung begrenzt. Der Versuch des

M 1 Das Schloss von Versailles und der Waffenplatz, Ausschnitt eines Gemäldes von Pierre-Denis Martin, 1722.
Im Vordergrund mündet die Straße von Paris auf den Waffenplatz von Versailles. Das erste Tor führt zum „Hof der Minister" mit den flankierenden Ministerflügeln; es folgen der „Königshof" und der „Marmorhof" mit dem Hauptgebäude des Schlosses, in dem sich der Spiegelsaal und die königlichen Gemächer befinden.

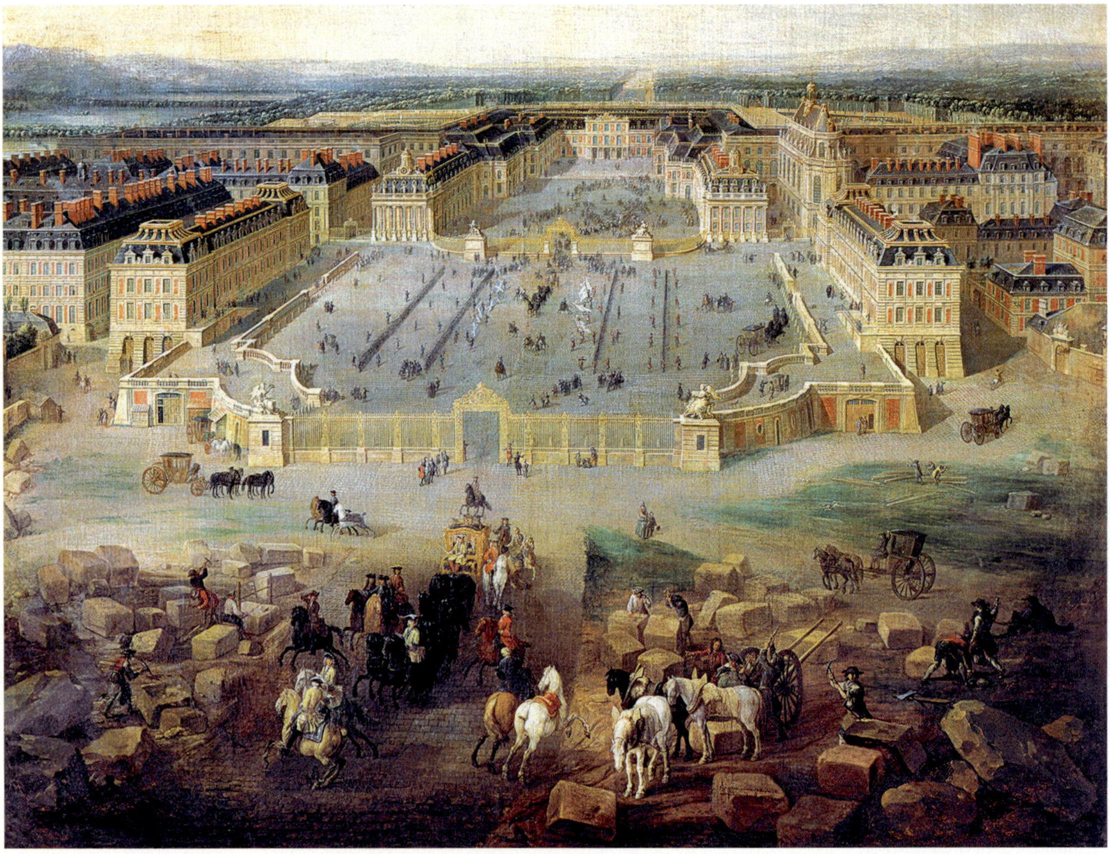

Adels, nach dem Tod Ludwigs XIII. im „Aufstand der Fronde" die alte Machtstellung wiederherzustellen, scheiterte 1652 nicht nur an der militärischen Stärke der Krone, sondern auch an Uneinigkeiten innerhalb der Opposition. Ludwig XIV. blieb stets bewusst, dass die Revolte des Adels, die ihn als Jugendlichen zeitweilig aus Paris vertrieben hatte, die Monarchie erheblich gefährdet hatte. Seit seiner Alleinregierung 1661 betrieb er daher die Entmachtung des Adels. Er band die Adligen an seinen neuen **Hof von Versailles**, stattete sie mit bezahlten Hofämtern aus, verbot ihnen jede weitere wirtschaftliche Betätigung und machte sie zu Statisten eines kostspieligen Hofzeremoniells.

Der Umgang des Königs mit dem Bürgertum

Die Entmachtung des Adels wurde besonders deutlich auf der zentralen wie auf der regionalen Regierungsebene. Besaßen die Adligen vormals ein natürliches Vorrecht auf die höchsten Staatsämter, ersetzte Ludwig XIV. das Amt des Ersten Ministers durch mehrere Ministerien bzw. Staatssekretariate und besetzte diese sukzessive mit bürgerlichen Verwaltungsfachleuten. Dem König nun direkt unterstellt, betreuten diese sowohl einzelne Provinzen als auch Sachressorts und hatten ein Zutrittsrecht zum obersten Beratungs- und Entscheidungsgremium, dem Staatsrat (frz. *Conseil d'État du Roi*). Zu einem wesentlichen Instrument der Zentralisierungsbestrebungen wurden die ausschließlich vom König eingesetzten Intendanten, die mit entsprechenden Vollmachten als Beauftragte des Staatsrates in die Provinzen gesandt wurden, um adlige Gouverneure und örtliche Behörden zu kontrollieren sowie königliche Erlasse durchzusetzen. Die auf Zeit eingesetzten Intendanten entstammten dem Bürgertum und waren zu strikter Loyalität* verpflichtet. Allerdings war die Durchsetzungskraft des Verwaltungsapparates mit nur ca. 1000 Beamten bei einer Bevölkerung von ca. 20,5 Millionen Einwohnern durch die Strukturunterschiede in den Provinzen und die begrenzten Kommunikationsmöglichkeiten in der Realität sehr beschränkt. Auch Ämterhandel und -erblichkeit, Steuererhebung durch überwiegend private „Steuerpächter" sowie Sonderrechte des Adels, der Städte und der Kirche erschwerten die Durchsetzung der königlichen Zentralverwaltung.

▶ M 1–M 3: Die Herrschaftsauffassung Ludwigs XIV.

M2 **Ludwig XIV., Gemälde von Pierre Mignard (1612–1695), Öl auf Leinwand, um 1664**

Kirchenpolitik

Auch in der Kirchenpolitik stieß der König mit seinem Anspruch auf das politische Machtmonopol an seine Grenzen. Der Monarch wollte eine katholische Staatskirche mit königlichem Weisungsrecht bei Ernennungen von Bischöfen* und Äbten* durchsetzen. Wegen des vehementen Widerstandes des Papstes kam es zu einer langwierigen Auseinandersetzung zwischen Paris und Rom, an deren Ende Ludwig XIV. einlenken und sein Ziel einer vom Papst unabhängigen, vom König gelenkten Staatskirche aufgeben musste. Auch bei dem Versuch, die protestantischen **Hugenotten** für die katholische Kirche zurückzugewinnen, scheiterte Ludwig XIV. Nach seiner Auffassung beeinträchtigten religiöse Minderheiten die Einheit der Religion und damit den allumfassenden Machtanspruch des Königs. **1685 hob er das Edikt von Nantes aus dem Jahre 1598 auf**, das den Hugenotten Religionsfreiheit garantiert hatte. Als Folge verließ eine Viertelmillion Menschen das Land. Diese Religionspolitik schwächte neben dem Ansehen des Königs im In- und Ausland auch die Wirtschaft, da sich unter den Glaubensflüchtlingen viele hochspezialisierte Handwerker und Kaufleute befanden.

Heerespolitik

Eine der wichtigsten Machtstützen Ludwigs XIV. war die Armee. Sie diente nicht nur zur Sicherung der Vormachtstellung Frankreichs in Europa, sondern auch zur Durchsetzung seines Herrschaftsanspruches im Inland. Ludwig XIV. verzichtete auf die Anwerbung von Söldnern und baute ein **stehendes Heer** auf, das einheitlich bewaffnet und uniformiert in Kasernen untergebracht war und seinem direkten Oberbefehl unterstand. Die Truppenstärke stieg unter seiner Herrschaft um das Zehnfache auf 400 000 Mann. Die größte Armee Europas hatte ihren Preis: Sie entzog der Wirtschaft dringend benötigte Arbeitskräfte und verschlang in Friedenszeiten ein Drittel, im Krieg über zwei Drittel des Staatshaushaltes, was zu ständigen Steuererhöhungen führte.

Merkantilismus
(lat. *mercari* = Handel treiben) ist ein Begriff für die Wirtschaftspolitik der europäischen Staaten des 17. und 18. Jh. Ziel war es, durch eine staatlich gelenkte Wirtschaft Reichtum und Macht des Landes zu steigern. Güter sollten im eigenen Land, u. a. mithilfe importierter Rohstoffe, hergestellt und durch Exporte Gewinne erzielt werden, während der Import von Fertigwaren beschränkt werden sollte, um eine aktive Handelsbilanz (Devisenüberschüsse) zu gewährleisten. Wesentliche Instrumente:
- Förderung von Manufakturen (auf Arbeitsteilung beruhende Großbetriebe, in denen hochwertige Güter produziert wurden);
- Verbesserung und Ausbau der Verkehrswege (Straßen, Brücken, Kanäle);
- Ausbau von Wirtschafts- und Kriegsflotten zur Förderung und Sicherung von Rohstoffimport und Handel;
- Gründung von Kolonien unter Einbeziehung von Handelsgesellschaften

Kritikpunkte:
- einseitige Ausrichtung auf den Export von Fertigwaren;
- Insolvenz vieler kleiner Handwerksbetriebe, die der Konkurrenz der Manufakturen nicht gewachsen waren;
- Verarmung der Bauern, die ihre Erzeugnisse zu niedrigen Festpreisen verkaufen mussten.

▶ **M 4, M 5: Geschichte kontrovers: Ludwig XIV. – ein absolutistischer Herrscher?**

Wirtschaftspolitik

Die Diskrepanz zwischen dem absoluten Machtanspruch und der Realität zeigte sich am deutlichsten in der Wirtschafts- und Finanzpolitik Ludwigs XIV.: Aufwändige Hofhaltung, enorme Militärausgaben und Ludwigs Verweigerung einer sparsamen Haushaltsführung waren die Ursachen einer ständigen Illiquidität. Der französische Finanzminister **Jean-Baptiste Colbert**, vom König mit umfangreichen Vollmachten ausgestattet, initiierte eine staatlich gelenkte Wirtschaftspolitik, den **Merkantilismus***. Kerngedanke Colberts war die Sicherung ständig wachsender Staatseinnahmen durch steigende Steuer- und Zolleinkünfte sowie die Förderung der gewerblichen Produktion und des Handels. Colberts Wirtschaftspolitik konsolidierte zunächst die Herrschaftsposition Ludwigs XIV. und sicherte Frankreichs Position als führende Wirtschaftsmacht Europas auf Jahrzehnte. Langfristig erwies sie sich jedoch als kontraproduktiv: Andere europäische und deutsche Fürsten erhoben nach dem Beispiel Frankreichs hohe Schutzzölle auf importierte Fertigwaren und exportierte Rohstoffe, um einheimische **Manufakturen*** zu sichern. Strukturelle Unterschiede zwischen den französischen Provinzen sowie die Erweiterung des Territoriums um ein Sechstel durch die Expansionspolitik Ludwigs XIV. verhinderten zudem die Durchsetzung eines einheitlichen Zollgebietes und Steuersystems. Eine solide Finanzpolitik und ein ausgeglichener Staatshaushalt blieben unerreichbare Ziele bei stetig steigenden Ausgaben. Zur Aufbesserung seines Staatshaushaltes war der König auf Kredite finanzkräftiger Adliger und Bürger angewiesen. Diese verlangten neben Zinsen weitere Gegenleistungen, z. B. einflussreiche Positionen, was zu einem regen **Ämterhandel** führte. Obwohl Ludwigs Staat hinsichtlich der politischen Theorie, der Verwaltungs-, Heeres- und Wirtschaftspolitik sowie höfischen Repräsentation vielen europäischen und deutschen Fürsten als Vorbild diente, konnte die glänzende Fassade von Versailles ungeachtet steigender Staatseinnahmen und ständiger Steuererhöhungen dauerhaft nicht über die Verschuldungskrise hinwegtäuschen. Das politische und wirtschaftliche Erbe Ludwigs XIV. war letztlich auch Ausgangspunkt der Französischen Revolution (s. S. 197 ff.).

1 Überprüfen Sie arbeitsteilig anhand der in der Darstellung vorgegebenen Untersuchungsbereiche (z. B. Verhältnis zum Adel, Heerespolitik), ob der Begriff „Absolutismus" für die Herrschaft Ludwigs XIV. gerechtfertigt ist.
Tipp: Nutzen Sie eine Tabelle: Siehe S. 615.

Hinweise zur Arbeit mit den Materialien:
M 1–M 3 charakterisieren die Herrschaftsauffassung Ludwigs XIV. M 4 und M 5 diskutieren Ludwig XIV. als absolutistischen Herrscher.

Die Herrschaftsauffassung Ludwigs XIV.

M 3 Ludwig XIV. in seinen zwischen 1666 und 1672 verfassten „Memoiren" über das Sonnensymbol

Man wählte daher als Figur die Sonne, die in den Spielregeln dieser Kunst die vornehmste von allen ist und durch ihre Einzigartigkeit, durch den Glanz, der sie umgibt, durch das Licht, das sie anderen, sie wie ein Hofstaat umgebenden Sternen mitteilt, durch die gleichmäßige Gerechtigkeit, mit der sie dieses Licht allen Zonen der Erde zuteilt, durch das Gute, das sie allerorten bewirkt, indem sie unaufhörlich auf allen Seiten Leben, Freude und Tätigkeit weckt, durch ihre unermüdliche Bewegung, die gleichwohl als ständige Ruhe erscheint, durch ihren gleichbleibenden und unveränderlichen Lauf, von dem sie sich nie entfernt und niemals abweicht, sicher das lebendigste und schönste Sinnbild eines großen Herrschers darstellt.

Zit. nach: Louis XIV, Mémoires, in: Geschichte in Quellen, Bd. 3, übers. v. Fritz Dickmann, bsv, München, 1966, S. 428.

1 Interpretieren Sie die Herrschaftsauffassung Ludwigs XIV. (M 2 und M 3).
2 Vergleichen Sie diese mit der von Bodin (s. S. 161, M 1).

Geschichte kontrovers: Ludwig XIV. – ein absolutistischer Herrscher?

M 4 Der Historiker Nicholas Henschall (1994)

Bei dem Text handelt es sich um eine Rezension des Buches „The Myth of Absolutism", das der englische Historiker 1992 verfasst hat.

Nicholas Henshall vertritt die aufregende These, dass Absolutismus in der Vormoderne ein Mythos sei. Denn all das, was als Kennzeichen des Absolutismus gelte [...], treffe so nicht zu [...]. Französische Könige hätten zwar oft die Tendenz gehabt, ihre Vorrechte auszuweiten [...], doch kann Henshall nun in der Tat zeigen, dass selbst in Frankreich die verschiedenen Mitwirkungsgremien – Provinzialstände, [...] Stadträte, Dorfversammlungen, Versammlungen bestimmter ständischer Gruppen – an den innenpolitischen (vornehmlich finanziellen) Entscheidungen im 17./18. Jahrhundert immer beteiligt wurden. [...] Auch die Intendanten können wohl nicht als das perfekte Herrschaftsinstrument der Krone verstanden werden, u. a. weil sie in den Provinzen in aller Regel auf die Zusammenarbeit mit dem Adel und den lokalen Eliten angewiesen waren, [...] und die „Entmachtung" der Parlamente ist wahrscheinlich zunächst nur als eine befristete, kriegsbedingte Maßnahme gedacht gewesen. [...] Insgesamt, so Henshall, erschöpfte sich der [...] „Absolutismus" in der Entschlossenheit des Sonnenkönigs, dass die Krone nie wieder Vorrechte mit dem Hochadel teilen wollte.

*Zit. nach: Heinz Duchhardt, Absolutismus. Abschied von einem Epochenbegriff? In: Historische Zeitschrift 258 (1994), De Gruyter, S. 113–122.**

M 5 Der Historiker Karl Otmar von Aretin (2002)

Frankreich [wurde] unter Ludwig XIV. in wenigen Jahren zum Vorbild Europas. Den vorher so selbstbewussten Adel demütigte er in seiner Hofhaltung [...]. Das Land aber entwickelte sich in einer aggressivmerkantilistischen Politik zum reichsten Land Europas. [...] Wer von Absolutismus annimmt, er hätte das Leben bis ins kleinste Dorf bestimmt, geht von einem theoretisch falschen Begriff aus. Natürlich bediente sich auch der Absolutismus der alten Verwaltungsstrukturen. Aber er schuf mit dem ihn persönlich vertretenden Intendanten eine Institution, die der Verwaltung eine ganz neue Intensität gab. Während Frankreich und mit ihm der König vorher nur über geringe finanzielle Ressourcen verfügten, besaß er nach 1665 durch die veränderte Verwaltungsstruktur genügend Mittel, die dem Land ein glänzendes Heer und einen Reichtum verschafften, den Ludwig erst durch eine Kette von Kriegen zerstörte. [...] Der König betrieb eine Außenpolitik, wie sie etwa heute von Amerika als Weltpolizei angestrebt wird. Nichts, was in Europa vorging, sollte ohne ihn geschehen. [...] Meine Definition des Begriffes ist folgende: Der Absolutismus ist eine Regierungsform, in der der Herrscher Entscheidungen traf, die er vor niemanden zu verantworten hatte.

*Zit. nach: Karl Otmar von Aretin, Europa im Spannungsfeld zwischen Aufklärung und Absolutismus. In: Der aufgeklärte Absolutismus im europäischen Vergleich, Böhlau Verlag, Wien/Köln/Weimar 2002, S. 21–32.***

1 **Partnerarbeit:** Analysieren Sie arbeitsteilig Position und wesentliche Argumente (M 4, M 5) im Hinblick auf die Leitfrage. Vergleichen Sie Ihre Ergebnisse.
2 Beurteilen Sie die Stellungnahmen in M 4 und M 5. **Tipp:** Nutzen Sie die Methodenseite S. 316.

Die europäische Aufklärungsbewegung

In dieser Themeneinheit geht es um
- *die Definition von Aufklärung,*
- *ihre Auswirkungen auf Politik, Gesellschaft und Wissenschaft.*

Was ist Aufklärung?

„Aufklärung ist der Ausgang des Menschen aus seiner selbst verschuldeten Unmündigkeit.“ Dieser berühmte Satz des deutschen Philosophen Immanuel Kant enthält das Leitmotiv des aufklärerischen Denkens: *„Sapere aude!* Habe Mut, dich deines eigenen Verstandes zu bedienen!“ Die Aufklärer – freie Schriftsteller, Philosophen, Pastoren, Lehrer, Professoren, Staatsmänner, Verwaltungsbeamte in ganz Europa – waren überzeugt, dass der Mensch sein **Leben nach den Regeln der Vernunft** gestalten könne und solle, statt sich unkritisch an Vorurteilen und Traditionen zu orientieren. Bereits in der griechischen Antike sind ähnliche Denkansätze bei Sokrates zu finden, der die Auffassung vertrat, der Mensch könne durch den Gebrauch der Vernunft zur Weisheit gelangen. Wegbereiter der Aufklärung, die Mitte des 17. Jahrhunderts begann und im 18. Jahrhundert zur vorherrschenden gesamteuropäischen Geistesbewegung wurde, waren **Renaissance* und Humanismus***, in denen sich bereits Tendenzen zur **Säkularisierung* und Verwissenschaftlichung des Denkens** gezeigt hatten, sowie die **naturwissenschaftliche Revolution** des 17. Jahrhunderts. Mit fundamentalen astronomischen und physikalischen Entdeckungen hatten Kopernikus, Kepler und Galilei das alte Weltbild infrage gestellt und damit das überkommene, kirchlich geprägte Denken erschüttert. Nachdem der englische Philosoph Francis Bacon Beobachtung und Erfahrung sowie die **induktive* Methode** zur Grundlage wissenschaftlicher Untersuchung erklärt und der Physiker Isaac Newton die Gesetze der Schwerkraft formuliert hatte, konnte die Welt zunehmend rational erklärt werden. Die Aufklärer erhoben den Anspruch, ein neues Zeitalter einzuleiten, in dem das „Licht der Vernunft“ anstelle unbewiesener Glaubenssätze sowie kirchlicher und fürstlicher Bevormundung herrschen solle. Die kritische Vernunft sollte zum Maßstab allen Handelns (**Rationalismus***) und die Erfahrung zum Maßstab des Erkennens (**Empirismus**) werden. Ziel war der selbstbewusste, kritische Bürger. Die Aufklärer ermunterten die Menschen nicht nur zu Kritik und geistiger Freiheit, sie forderten auch **Toleranz** gegenüber Andersdenkenden, die Gleichheit der Menschen, die freie Entwicklung von Produktion und Handel sowie eine breite und staatlich kontrollierte Schulbildung. Sie waren überzeugt, dass jeder Einzelne zu Mündigkeit und Humanität erzogen werden könne.

M1 „Toleranz“, Kupferstich von Daniel Chodowiecki, 1791.
Die Abbildung zeigt die Göttin der Toleranz in Gestalt der römischen Weisheitsgöttin Minerva. Diese nimmt alle Religionen ungeachtet ihrer Streitigkeiten um die allein seligmachende Wahrheit unter ihren Schutz.

Legitimation des Verfassungsstaates

Auch die Grundlagen für den modernen Verfassungsstaat wurden von den Aufklärern gelegt. Im Rahmen der Auseinandersetzung um die Frage, wie legitime, d. h. rechtmäßige, politische Herrschaft begründet und nach welchen Regeln sie ausgeübt werden könne, entwickelten sie Prinzipien, die bis heute Gültigkeit haben. Sie führten in der Staatslehre

M2 ***„Le souper des philosophes"*, kolorierte Radierung von Jean Huber, 1775.**
Die Abbildung zeigt ein fiktives Treffen von Philosophen, unter anderem Voltaire und Diderot (beide rot gekleidet in der Mitte), im berühmten Pariser Kaffeehaus Procope.
Kaffee und Kaffeehäuser galten in den Augen mancher Machthaber zeitweise als Ursache von Revolution und Aufruhr. Immer wieder gab es daher Versuche, diese Orte des öffentlichen Austauschs zu verbieten.

das Prinzip der **Gewaltenteilung*** (Trennung von Exekutive, Legislative und Judikative), die Idee der **Menschenrechte*** sowie das Prinzip der **Volkssouveränität*** (Recht der gewählten Volksvertreter zur Gesetzgebung) ein. Diese Prinzipien richteten sich auch gegen den Anspruch der Monarchen, ihre Herrschaft beruhe auf dem Gottesgnadentum. Somit wurde auch der absolute Machtanspruch der Monarchen eingeschränkt.

▶ **M3: Der Verfassungsstaat der Aufklärung: Das Prinzip der Gewaltenteilung**

Verbreitung und Folgen der Aufklärung

Bücher, Zeitungen, selbst Kalender und andere alltägliche Gebrauchsschriften wurden in allen europäischen Ländern zu Medien der Aufklärungsbewegung. Diese neue Form des **öffentlichen Austauschs** ermöglichte großen Teilen der Bevölkerung, nun auch ständeübergreifend an gesellschaftlichen und politischen Diskursen teilzuhaben. Durch die Verbreitung von **Flugblättern**, Satiren oder Karikaturen konnte sogar politische Einflussnahme geübt werden. Man traf sich in gelehrten Gesellschaften, sogenannten **Patriotischen Vereinigungen** und Kaffeehäusern, um über gemeinsame Interessen oder Politik zu sprechen. Vielerorts stießen Sympathisanten dieser neuen Kultur des Austauschs auf den Widerstand der Kirche und der Obrigkeit. Wegen der Verbreitung wissenschaftlichen und aufklärerischen Gedankenguts, das die geistlichen wie die weltlichen Herrscher heftig kritisierte und deren Legitimität infrage stellte, fielen zahlreiche Schriften der **Zensur*** zum Opfer – so auch zunächst die in der Mitte des 18. Jahrhunderts veröffentlichte französische **Enzyklopädie**, die jedoch bis zum Ende des 18. Jahrhunderts trotz aller Widerstände zu einem großen Erfolg wurde.
Auch Frauen engagierten sich in kommunikativen Gesellschaften und traten als Gastgeberinnen **literarischer Salons** auf. Wer sich nicht in Vereinen oder Salons organisieren konnte, schrieb Briefe. Das 18. Jahrhundert wurde nicht zuletzt durch die Schreibfreudigkeit der Aufklärer zu einem Jahrhundert der **Briefkultur**. Diese rege Kommunikation sorgte für die Verbreitung ihrer Ideen über den Kreis der Gebildeten hinaus.

1 Erarbeiten Sie mithilfe der Darstellung eine Definition des Begriffes „Aufklärung".
2 Erläutern Sie die Abbildung M 1 mithilfe der Darstellung.
3 Nennen Sie die wesentlichen Prinzipien zur Legitimation des Verfassungsstaates.
4 Charakterisieren Sie die Kommunikationskultur, von der die Zeit der Aufklärung geprägt war. Erläutern Sie Aspekte, die bis in unsere heutige Zeit nachwirken.

Hinweise zur Arbeit mit den Materialien:
M 1 und M 2 verdeutlichen den Geist und die gesellschaftlichen Auswirkungen der Aufklärung. M 3 stellt das Prinzip der Gewaltenteilung im Sinne der Aufklärung vor.

Der Verfassungsstaat der Aufklärung: Das Prinzip der Gewaltenteilung*

M 3 Der Staatstheoretiker Charles de Montesquieu (1748)

Das Werk „De l'esprit des lois" (Vom Geist der Gesetze) des Philosophen Charles Baron de Montesquieu (1689–1755), erschien 1748 und erreichte innerhalb von zwei Jahren 20 Auflagen. Montesquieu, der von der Ungleichheit des Menschen ausgeht, untersucht in diesem Werk die Bedingungen politischer Freiheit und die dazu geeigneten Verfassungsprinzipien.

In jedem Staat gibt es drei Arten von Gewalt: die gesetzgebende Gewalt, die vollziehende Gewalt in Ansehung der Angelegenheiten, die vom Völkerrechte abhängen, und die vollziehende Gewalt hinsichtlich der Angelegenheiten, die vom bürgerlichen Recht abhängen. […] Ich werde diese letzte die richterliche Gewalt und die andere schlechthin die vollziehende Gewalt des Staates nennen. Die politische Freiheit des Bürgers ist jene Ruhe des Gemüts, die aus dem Vertrauen erwächst, das ein jeder zu seiner Sicherheit hat. Damit man diese Freiheit hat, muss die Regierung so eingerichtet sein, dass ein Bürger den anderen nicht zu fürchten braucht. […] Alles wäre verloren, wenn derselbe Mensch oder die gleiche Körperschaft der Großen, des Adels oder des Volkes diese drei Gewalten ausüben würde: die Macht, Gesetze zu geben, die öffentlichen Beschlüsse zu vollstrecken und die Verbrechen oder die Streitsachen der Einzelnen zu richten. […]

Die richterliche Gewalt darf nicht an einen dauernden Senat gegeben, sondern muss von Personen ausgeübt werden, die zu bestimmten Zeiten des Jahres in gesetzlich vorgeschriebener Weise aus der Mitte des Volkes entnommen werden, um einen Gerichtshof zu bilden, der nur so lange besteht, wie die Notwendigkeit es erfordert. Auf diese Weise wird die unter den Menschen so schreckliche richterliche Gewalt, losgelöst von der Bindung an einen bestimmten Stand oder einen bestimmten Beruf, sozusagen unsichtbar und zu einem Nichts. Man hat nicht ständig Richter vor Augen und man fürchtet das Amt, aber nicht die Beamten. […] Da in einem freien Staate jeder, dem man einen freien Willen zuerkennt, durch sich selbst regiert sein sollte, so müsste das Volk als Ganzes die gesetzgebende Gewalt haben. Das aber ist in den großen Staaten unmöglich, in den kleinen mit vielen Misshelligkeiten verbunden. Deshalb ist es nötig, dass das Volk durch seine Repräsentanten das tun lässt, was es nicht selbst tun kann. […] Der große Vorteil der Repräsentanten besteht darin, dass sie fähig sind, die Angelegenheiten zu verhandeln. Das Volk ist dazu keinesfalls geschickt. Das macht einen der großen Nachteile der Demokratie aus. […]

Zu allen Zeiten gibt es im Staate Leute, die durch Geburt, Reichtum oder Ehrenstellungen ausgezeichnet sind. Würden sie mit der Masse des Volkes vermischt und hätten sie nur eine Stimme wie alle übrigen, so würde die gemeine Freiheit ihnen Sklaverei bedeuten. Sie hätten an ihrer Verteidigung kein Interesse, weil die meisten Entschließungen sich gegen sie richten würden. Ihr Anteil an der Gesetzgebung muss also den übrigen Vorteilen angepasst sein, die sie im Staate genießen. Das wird der Fall sein, wenn sie eine eigene Körperschaft bilden, die berechtigt ist, die Unternehmungen des Volkes anzuhalten, wie das Volk das Recht hat, den Ihrigen Einhalt zu gebieten.

So wird die gesetzgebende Gewalt sowohl der Körperschaft des Adels wie der gewählten Körperschaft, welche das Volk repräsentiert, anvertraut sein. Beide werden ihre Versammlungen und Beratungen getrennt führen, mit gesonderten Ansichten und Interessen.

*Zit. nach: Charles Louis de Secondat de Montesquieu, Vom Geist der Gesetze, übers. und hg. v. Ernst Forsthoff, Bd. I, Tübingen (Mohr) 1951, S. 211–215, 217–226.**

1 a) Erarbeiten Sie anhand von M 3 Montesquieus Begründung einer Gewaltenteilung. Berücksichtigen Sie Montesquieus Verständnis von politischer Freiheit und erklären Sie, wie er staatlichen Machtmissbrauch einschränken will.

b) Arbeiten Sie heraus, welche Rolle er dabei dem Interessenkonflikt verschiedener Gruppen beimisst.

2 Vergleichen Sie Montesquieus Modell mit dem absolutistischen Herrschaftsverständnis von Hobbes und Bodin (S. 161, M 1–M 3).

3 Vertiefung: Vergleichen Sie Montesquieus Vorstellungen mit dem Grundgesetz der Bundesrepublik Deutschland, Art. 20 und 38. Arbeiten Sie Gemeinsamkeiten und Unterschiede heraus.

Das Grundgesetz
cornelsen.de/Webcodes
Code: sufezu

„Aufgeklärter Absolutismus": das Beispiel Preußen

In dieser Themeneinheit geht es um
- *Entwicklung und Merkmale des „aufgeklärten Absolutismus" in Preußen ab 1740,*
- *die Frage, ob Friedrich II. als aufgeklärter Herrscher betrachtet werden kann.*

Herrschaftspolitik und Reformpolitik im 18. Jahrhundert

„Sie müssen nur wissen, dass der geringste Bauer, ja, was noch mehr ist, der Bettler eben sowohl ein Mensch ist, wie Seine Majestät sind, [...] es mag sein ein Prinz, der wider einen Bauer klagt, oder auch umgekehrt, so ist der Prinz vor der Justiz dem Bauer gleich und bei solchen Gelegenheiten muss pur nach der Gerechtigkeit verfahren werden, ohne Ansehen der Person." Diese Äußerung des preußischen Königs Friedrich II. (Reg. 1740–1786) aus dem Jahr 1779 ist charakteristisch für das veränderte Selbstverständnis vieler Monarchen seit Mitte des 18. Jahrhunderts. In vielen europäischen und deutschen Staaten folgten die Herrscher aufklärerischen Ideen.
Die Vorstellung vom Gottesgnadentum wurde ersetzt durch die Theorie vom Gesellschaftsvertrag, nach dem der Fürst auf das Gemeinwohl verpflichtet sei und im Interesse des Gesamtstaates vernunftgeleitet zu regieren habe. Nach dieser Herrschaftsauffassung verstanden sich die „aufgeklärten Monarchen", die sich häufig als Philosophen und Schriftsteller betätigten, nicht mehr als Eigentümer des Staates, sondern als ein Staatsorgan mit der Aufgabe, das Wohl ihrer Untertanen zu sichern. Aus dieser Verpflichtung leiteten die Herrscher weitgehende **politische, wirtschaftliche und soziale Reformen*** ab, die sich an der Staatsräson und dem Vernunftprinzip orientierten.

Bereiche aufgeklärter Reformpolitik im 18. Jh.

Religionspolitik:
- Toleranz
- Abschaffung geistlicher Sonderrechte
- Säkularisierung von Klöstern
- staatliche Kontrolle der Kirche nach protestantischem Vorbild

Rechtspolitik:
- Herstellung von Rechtsgleichheit und -sicherheit
- Kodifikation und Vereinheitlichung des Rechts

Wirtschaftspolitik:
- Abbau ständischer Privilegien nach Maßgabe staatlicher Nützlichkeit, z. B. Verringerung von Steuerprivilegien, Beschneidung der Zunftautonomie
- erste Ansätze zur Bauernbefreiung

M1 Die Tafelrunde von Sanssouci, Gemälde von Adolf Menzel, 1850 (Ausschnitt).
In der Mitte der Tafel sitzt Friedrich II., links im Profil ist der französische Philosoph Voltaire zu erkennen.

M2 „Der König überall", Gemälde von Robert Warthmüller, 1886

In der Geschichtswissenschaft nennt man diese Herrschaftsform **„aufgeklärten Absolutismus"**. Diese Bezeichnung ist jedoch aufgrund ihrer gegensätzlichen Begriffsinhalte strittig: Einige Historiker sind der Auffassung, dass es zwischen den theoretischen Zielen der Aufklärung und der realen Regierungsweise absoluter Monarchen unüberwindbare Gegensätze gebe, weshalb sie den Terminus ablehnen und ihn z. B. durch „Reformabsolutismus" ersetzen. Die Motivation der Herrscher für ihre aufgeklärte Reformpolitik ist dagegen unumstritten. Die Monarchen versuchten, den rasanten ökonomischen, politischen und kulturellen Fortschritt in der Frühen Neuzeit für sich nutzbar zu machen, indem sie sich an die Spitze der Modernisierung setzten. Ihre Reformmaßnahmen zielten auf die Stärkung und Sicherung der monarchischen Gewalt sowie auf die Bewahrung der ständischen Gesellschaftsstruktur. Während die Könige in Frankreich – trotz einer großen Aufklärungsbewegung – an den Traditionen der absoluten Monarchie festhielten und so zur Entstehung einer revolutionären Stimmung im Lande beitrugen, erzielte der aufgeklärte Absolutismus in anderen europäischen Staaten beachtliche Erfolge.

▶ M 4, M 5: Die Herrschaftsauffassung des Königs

Friedrich II. – ein aufgeklärter Herrscher? Der preußische König **Friedrich II.** (Reg. 1740–1786) verfolgte im Gegensatz zu seinem Vater, dem „Soldatenkönig" Friedrich Wilhelm I. (Reg. 1713–1740), zunächst besonders künstlerische und wissenschaftliche Interessen. Er setzte sich mit den politischen Theorien der Aufklärung auseinander, korrespondierte mit bekannten Philosophen wie dem Franzosen Voltaire, verfasste Abhandlungen über Geschichte und Politik in französischer Sprache, spielte Flöte und komponierte. Nach dem strengen und asketischen Regierungsstil Friedrich Wilhelms I. hofften viele, der junge König werde als ein „Philosoph auf dem Thron" regieren, doch sie wurden enttäuscht. Friedrich II. erklärte sich zwar zum „ersten Diener des Staates", dessen Politik auf das Wohl des Landes gerichtet sei, er forderte von seinen Untertanen jedoch strikten Gehorsam und regierte in der ersten Phase seiner Regierungszeit bis 1763 aufgrund seiner kriegerischen Außenpolitik (s. S. 174) unter permanentem Ausnahmezustand. Diese Ambivalenz zeigte sich auch in den vielfältigen Reformen des Königs und verdeutlicht damit die angesprochene Problematik des Begriffs „aufgeklärter Absolutismus".

Allgemeines Landrecht für die preußischen Staaten (1794)
Das 1794 gültige Gesetzbuch enthielt Bestimmungen zum Zivil-, Straf- und Staatsrecht und verwies auf eine Reihe allgemeingültiger Normen, wozu z. B. die Glaubens- und Gewissensfreiheit zählte. Grundsätzlich wurde die königliche Gewalt eingeschränkt und die Rechte des Einzelnen sowie die unabhängige Stellung der Richter gesichert. Die Vorrangstellung des Adels wurde jedoch nicht beseitigt, sondern festgeschrieben. Dennoch ist das Allgemeine Landrecht die erste moderne Kodifikation in Deutschland. Es blieb mit wenigen Ausnahmen (in der preußischen Rheinprovinz galt seit 1815 der französische Code civil) bis zur Einführung des Bürgerlichen Gesetzbuches im Jahr 1900 in Kraft.

Rechtspolitik

Unmittelbar nach seinem Regierungsantritt humanisierte Friedrich II. das Strafrecht: Die Prügelstrafe in der Armee wurde eingeschränkt, der Brauch, Kindsmörderinnen zu „säcken", d. h. sie in einen ledernen Sack einzunähen und im Fluss zu ertränken, ebenso wie die Folter im Strafverfahren verboten. Auch die Organisation des Justizwesens reformierte Friedrich: Er ließ eine Prozessordnung ausarbeiten, das *„Corpus Juris Fridericianum"* (1781), das die Verfahren verkürzen sollte, aber die Richter auch verpflichtete, alle streitenden Parteien selbst anzuhören. Ziel seiner Rechtsreformen, die im **Allgemeinen Landrecht für die preußischen Staaten*** niedergelegt wurden, war die Vereinheitlichung des Rechts in Preußen sowie die Gleichheit aller Untertanen vor dem Gesetz. Die ständische Gesellschaftsordnung blieb von diesen Veränderungen jedoch unberührt. Auch weiterhin waren dem Adel die Offiziersstellen sowie die Verwaltungs- und Regierungsämter vorbehalten. Auf dem Land verfügten die adligen Gutsbesitzer nach wie vor über die Polizeigewalt und die einfache Gerichtsbarkeit in den dörflichen Gemeinden. Friedrich II. scheiterte 1748 mit seinem Reformversuch, die Frondienste* der Bauern zu begrenzen, am Widerstand des preußischen Adels. Lediglich auf den Staatsgütern gelang es dem König, die **Leibeigenschaft*** der Bauern aufzuheben.

Religions- und Schulpolitik

Auch die **Religionspolitik** Friedrichs II. folgte aufklärerischen Prinzipien. Mit seiner Forderung „Die Religionen müssen alle toleriert werden […], denn hier muss ein jeder nach seiner Façon selig werden" knüpfte Friedrich unmittelbar an die von seinen Vorgängern praktizierte religiöse Toleranz an. Der Große Kurfürst (Reg. 1640–1688) hatte die Einwanderung der französischen Hugenotten und sein Vater die der Salzburger Protestanten ermöglicht. Mit dieser Religionspolitik der Hohenzollernherrscher, deren Grundsatz die Duldung unterschiedlicher Konfessionen war, förderten die preußischen Könige in erster Linie das Staatswohl, denn von den Einwanderern, die vor allem in den dünn besiedelten östlichen Provinzen angesiedelt wurden, versprachen sie sich wirtschaftliche Impulse und die Steigerung der Steuereinnahmen. Die religiöse Toleranz erleichterte auch die Integration der von Friedrich II. in drei Kriegen (s. S. 174 ff.) eroberten, vorwiegend katholischen Provinz Schlesien in den preußischen Staat.

In der zweiten Phase seiner Regierungszeit widmete sich Friedrich II. der **Schulpolitik.** Während des Siebenjährigen Krieges (1756–1763) war er auf die katastrophalen ländlichen Schulverhältnisse aufmerksam geworden: In Preußen mangelte es den Schulmeistern an ausreichender Qualifikation und Besoldung, und der Erlass seines Vaters von **1717** über die **allgemeine Schulpflicht** wurde von der Landbevölkerung weitgehend ignoriert, da Kinder unentbehrliche und billige Arbeitskräfte waren. Zur Beseitigung dieser Missstände ordnete Friedrich II. die Einrichtung neuer Schulen an, erließ **1763** ein **„General-Landschaft-Reglement"**, das neben der Pflicht zum regelmäßigen Schulbesuch für Kinder zwischen dem fünften und 14. Lebensjahr nicht nur die Bedingungen für die Ausbildung, die Anstellung und Bezahlung der Lehrer, sondern auch konkrete Unterrichtsinhalte und Stundenpläne enthielt. Gegen den Protest der Kirche setzte sich der Monarch für konfessionsunabhängige Unterrichtsinhalte ein und veranlasste 1767 die Herstellung neuer Landschulbücher mit naturwissenschaftlichen Erkenntnissen. Für die höheren Schulen in den Städten setzte er neben Griechisch und Latein auch Unterricht in der deutschen Sprache, in Mathematik, Philosophie, Logik, Metaphysik und Geschichte durch. Eine umfassende Volksaufklärung war für Friedrich II. jedoch undenkbar.

▶ M 6, M 7: Geschichte kontrovers: Friedrich II. – ein aufgeklärter Herrscher?

1 **Gruppenarbeit:** Erarbeiten Sie arbeitsteilig am Beispiel der Rechts-, Religions-, Kultur- und Bildungspolitik, welche Regierungsmaßnahmen Friedrichs II. der Aufklärung bzw. dem Absolutismus zugeordnet werden können.

M 3 Blick auf das kleine Forum in Berlin mit Königlicher Bibliothek, Opernhaus und Hedwigskathedrale, Ölgemälde von Carl Traugott Fechhelm, 1785.

Bereits kurz nach seinem Regierungsantritt 1740 begann Friedrich II., Pläne eines „Forum Fridericianum" in der Mitte Berlins umzusetzen: „Großartige Bauten von bühnenhafter Wirkung" zur Förderung von Kunst und Wissenschaften sollten die ungebrochene Kraft seines Staates demonstrieren.

Hinweise zur Arbeit mit den Materialien:
M 4 und M 5 (b) ermöglichen eine Auseinandersetzung mit der Herrschaftsauffassung Friedrichs II. M 6 und M 7 diskutiert die Frage, ob der König als aufgeklärter Herrscher betrachtet werden kann.

Die Herrschaftsauffassung Friedrichs II.

M 4 Aus dem politischen Testament Friedrichs II. von Preußen (1752)

In einem Staate wie Preußen ist es durchaus notwendig, dass der Herrscher seine Geschäfte selbst führt. Denn ist er klug, wird er nur dem öffentlichen Interesse folgen, das auch das seine ist. Ein Minister dagegen hat, sobald seine eigenen Interessen infrage kommen, stets Nebenabsichten. Er besetzt alle Stellen mit seinen Kreaturen, statt verdienstvolle Leute zu befördern, und sucht sich durch die große Zahl derer, die er an sein Schicksal kettet, auf seinem Posten zu befestigen. Der Herrscher dagegen wird den Adel stützen, die Geistlichkeit in die gebührenden Schranken weisen, nicht dulden, dass die Prinzen von Geblüt Ränke spinnen, und das Verdienst ohne jene eigennützigen Hintergedanken belohnen, die die Minister bei allen ihren Handlungen hegen.
Ist es aber schon notwendig, dass der Herrscher die inneren Angelegenheiten seines Staates selber lenkt, um wie viel mehr muss er dann seine äußere Politik selbst leiten, die Allianzen, die ihm zum Vorteil gereichen, seine Pläne selber entwerfen und in bedenklichen und schwierigen Zeitläuften seine Entschlüsse fassen. […]
Eine gut geleitete Staatsregierung muss ein ebenso fest gefügtes System haben wie ein philosophisches Lehrgebäude. Alle Maßnahmen müssen gut durchdacht sein, Finanzen, Politik und Heerwesen auf ein gemeinsames Ziel steuern: nämlich die Stärkung des Staates und das Wachstum seiner Macht. Ein System kann aber nur aus einem Kopfe entspringen; also muss es aus dem des Herrschers hervorgehen. Trägheit, Vergnügungssucht und Dummheit: Diese drei Ursachen hindern die Fürsten an ihrem edlen Berufe, für das Glück der Völker zu wirken […].
Der Herrscher ist nicht zu seinem hohen Rang erhoben, man hat ihm nicht die höchste Macht anvertraut, damit er in Verweichlichung dahinlebe, sich vom Mark des Volkes mäste und glücklich sei, während alles darbt. Der Herrscher ist der erste Diener des Staates. Er wird gut besoldet, damit er die Würde seiner Stellung aufrechterhalte. Man fordert aber von ihm, dass er werktätig für das Wohl des Staates arbeite und wenigstens die Hauptgeschäfte mit Sorgfalt leite. Er braucht zweifellos Gehilfen. Die Bearbeitung der Einzelheiten wäre zu umfangreich für ihn. Aber er muss ein offenes Ohr für alle Klagen haben.

*Zit. nach: Hagen Schulze/Ina Ulrike Paul (Hg.), Europäische Geschichte. Quellen und Materialien, bsv, München 1994, S. 506 f.**

1 Untersuchen Sie M 4 hinsichtlich der Aufgaben und Eigenschaften eines Herrschers.
2 **Wahlaufgabe:** Bearbeiten Sie Aufgabe a) oder b).
   a) Beurteilen Sie die Äußerung Friedrichs II., indem Sie sie mit der tatsächlichen Regierungspolitik vergleichen (siehe Darstellung).
   b) Vergleichen Sie Friedrichs Herrschaftsauffassung mit der Bodins (S. 161, M 1).

M 5

a) Johann Gottlieb Geyser, Balance des Frédéric, Kupferstich und Radierung, um 1780 (Ausschnitt)

b) Aus einem Ausstellungskatalog zum Hintergrund des Bildes (1986)

Der Stich ist eine Allegorie auf die Aufhebung des von der Küstriner Regierung und dem Kammergericht in Berlin über den Wassermüller Arnold gefällten Urteils durch den König. Vor der im Hintergrund sichtbaren Pommerziger Krebsmühle, um deren Nutzung nach der Anlage eines Karpfenteiches es im Streit zwischen dem Landrat von Gersdorff und dem Müller ging, verkündet der König durch Machtspruch das Urteil zugunsten Arnolds, der auf dem Bild mit seinen Angehörigen vor dem Monarchen kniet. Die Richter, die nach bestem Wissen zu handeln meinten, ziehen sich vor der Autorität des Königs zurück. Friedrich hatte am 11. Dezember 1779 dem Minister von Zedlitz zu verstehen gegeben: „Denn Ich will, dass in Meinen Landen einem jeden, er sei vornehm oder gering, prompte Gerechtigkeit widerfahren, und nicht zum saveur[1] eines Größeren gedrückt, sondern einem jeden ohne Unterschied des Standes und ohne alles Ansehen der Person eine unparteiische Justiz administriret[2] werden soll […]."

*Zit. nach: Friedrich Benninghoven u. a. (Hg.), Friedrich der Große, Nicolai, Berlin 1986, S. 282.**

1 *frz. Geschmack, hier:* Gefallen
2 *verwalten, hier:* von einer unparteiischen Justiz behandelt werden

1 Informieren Sie sich über den „Müller-Arnold"-Fall (M 5 b).
2 Erklären Sie, welche Problematik anhand dieses Rechtsstreits zwischen Herrscher und Justiz deutlich wird.

Geschichte kontrovers: Friedrich II. – ein aufgeklärter Herrscher?

M 6 Zusammenfassung der Position des Historikers Johannes Unger (2011)

Friedrich II. gilt als „Philosoph auf dem Thron", als eine Ausnahmeerscheinung der europäischen Geschichte. Er sorgte für eine entscheidende Weiterentwicklung Preußens zur europäischen Großmacht. Es gelang ihm, die bekanntesten Philosophen und Literaten seiner Zeit, wie auch berühmte Musiker und Schauspieler aus Frankreich und Italien nach Berlin zu rufen. Er ließ ein einheitliches Gesetzbuch entwickeln, wofür seine Juristen Rechtsvorschriften aus all den unterschiedlichen Provinzen des Reichs zusammentragen mussten. Selbst die Affäre des Müllers Arnold war der Entwicklung des neuen preußischen Rechts zuträglich. Da er der Auffassung war, ein moderner Staat müsse die Toleranz fördern, gestattete er sogar die Errichtung der katholischen Hedwigskirche mitten in der preußischen Hauptstadt, ein einmaliger Vorgang bei einem protestantischen Herrscher. Zu außenpolitischen Erfolgen führten seine herausragenden Fähigkeiten als Heerführer einer erstklassig ausgebildeten Truppe, die er als Vorbild zu motivieren verstand.

Originalbeitrag des Verfassers Robin Gliffe.

M 7 Zusammenfassung der Position des Historikers Bruno Preisendörfer (2012)

Kann Friedrich II. tatsächlich als „größter Herrscher seiner Zeit" gelten? Seine Rechtsreformen beispielsweise erwiesen sich als zäher Prozess. So schaffte er zwar die Folter offiziell ab, in der Realität der Gefängnisse nahm davon jedoch kaum jemand Notiz; Androhung und Anwendung von Gewalt blieben an der Tagesordnung. Zudem griff Friedrich ganz nach seinem persönlichen Gerechtigkeitsempfinden beispielsweise in den Fall des Müllers Arnold ein und verlangte von den Gerichten ein Urteil zugunsten Arnolds. Als die Richter dieses dennoch verweigerten, ließ er sie vorübergehend festnehmen.
Im Bezug auf religiöse Toleranz war seine Haltung zwiespältig und vor allem an politischer Zweckmäßigkeit orientiert. Eine Gleichstellung der Juden etwa wurde unter Friedrich nie erreicht, sie litten weiterhin unter Sondersteuern und rechtlichen Nachteilen. Auf außenpolitischem Gebiet zeigte der ehrgeizige König besondere Rücksichtslosigkeit. Den Tod des habsburgischen Kaisers nutzte Friedrich umgehend, um im österreichischen Schlesien einzumarschieren.

Originalbeitrag des Verfassers Robin Gliffe.

1 **Partnerarbeit:**
a) Analysieren Sie arbeitsteilig die Positionen und die Argumente der Autoren hinsichtlich der Leitfrage (M 6, M 7).
b) Vergleichen Sie Ihre Ergebnisse mithilfe von Betrachtungsebenen (z. B. Religionspolitik).

2 **Wahlaufgabe:** Bearbeiten Sie Aufgabe a) oder b).
a) Beurteilen Sie auf der Grundlage Ihrer Ergebnisse und Ihrer Kenntnisse die Stellungnahmen der Historiker hinsichtlich der Leitfrage.
Tipp: Nutzen Sie die Methodenseite S. 316 f.
b) Diskutieren Sie auf der Grundlage Ihrer Ergebnisse und Ihrer Kenntnisse die Leitfrage.
Tipp: Nutzen Sie die Methodenseite S. 330 f.

Europäische Großmächte im 18. Jahrhundert

In dieser Themeneinheit geht es um
Gründe, Verlauf und Folgen des Siebenjährigen Krieges in Europa und Übersee.

Europäisches Gleichgewicht (*balance of power*)
bezeichnet ein politisches Prinzip, das die Aufrechterhaltung des Kräftegleichgewichts der europäischen Mächte beinhaltet. Erstmals verwendet wurde der Begriff, als die Einheit des mittelalterlichen Europas durch die Glaubensspaltung und den aufkommenden Nationalismus gesprengt wurde. In der Renaissance wurde die Idee eines Mächtegleichgewichts in Europa unter der Bezeichnung „aequilibrium" aufgegriffen und bis zum Ende des 19. Jh. zum Leitmotiv europäischer Außenpolitik. Seit Ende des 17. Jh. wurde der Gleichgewichtsgedanke von England im Rahmen der außenpolitischen Maxime *„balance of power"* um den Aspekt des Fünf-Mächte-Europas (Pentarchie) erweitert und so zum Instrument gegen die Vormachtstellung einer einzelnen Macht auf dem europäischen Festland.

Das Fünf-Mächte-System

In Europa zeichnete sich am Beginn des 18. Jahrhunderts eine neue Mächtekonstellation ab. Im Spanischen Erbfolgekrieg (1701–1713/14) war es einer Allianz aus England, den Niederlanden, Österreich, Preußen und Portugal gelungen, die französische Vorherrschaft zu stoppen. Während der Friedensverhandlungen 1713 präsentierte England seine neue Idee zur Lösung außenpolitischer Konflikte: Das europäische Staatensystem müsse in einem annähernden Gleichgewicht, der **„balance of power"***, gehalten werden. Nach und nach kristallisierte sich in Europa ein System der **„Fünf Mächte" (Pentarchie)** heraus, bestehend aus den alten Großmächten Frankreich, England und Österreich sowie den Aufsteigern Russland und Preußen. Bald kam es zu kriegerischen Konflikten, in denen die verschiedenen Mächte um die Verbesserung der eigenen Position innerhalb des Gleichgewichtssystems kämpften. Prägnantes Beispiel sind die beiden Schlesischen Kriege (1740–1742 und 1744–1745). Nur wenige Monate nach seiner Machtübernahme nutzte Friedrich II. den Tod des habsburgischen Kaisers Karl VI. im Jahr 1740, um in das österreichische Schlesien einzumarschieren. Als Ergebnis der Schlesischen Kriege, in denen Preußen von Frankreich und Österreich von England unterstützt wurde, musste Österreich Schlesien an Preußen abtreten. Von nun an bestimmte der **preußisch-österreichische Dualismus*** die deutsche und europäische Geschichte bis ins 19. Jahrhundert.

Der Siebenjährige Krieg in Europa und Übersee

► M 1, M 2: **Der Siebenjährige Krieg als globaler Konflikt**

Die endgültige Entscheidung über Schlesien fiel erst im Siebenjährigen Krieg (1756 bis 1763). Von Anfang an war der Konflikt auch von der **französisch-englischen Rivalität** um die Vorherrschaft auf den Weltmeeren und die Kolonien in Indien und Amerika bestimmt. In Europa führte dies zu einem Umsturz der Bündnisse: England scheiterte mit dem Versuch, das Bündnis mit Österreich zu erneuern, da sich die Habsburgermonarchie für die angestrebte Rückeroberung Schlesiens Unterstützung von Frankreich versprach. Daraufhin verbündete sich England 1756 mit Preußen in der **Westminster-Konvention**, worauf Maria Theresia von Österreich mit Frankreich, Russland und zahlreichen deutschen Fürsten eine antipreußische Allianz bildete, gegen die Friedrich II. im Herbst 1756 den Krieg in Europa eröffnete. Nach verlustreichen Schlachten, in denen insgesamt ca. 231 000 Soldaten fielen, setzte der preußische König die Annexion Schlesiens endgültig durch. Damit war der **Aufstieg Preußens zur europäischen Großmacht** gesichert. In Übersee konnte sich England gegenüber Frankreich behaupten, das den größten Teil seines Besitzes in Indien und Nordamerika abtreten musste. Entsprechend der neuen außenpolitischen Maxime Englands, der *„balance of power"*, sollte die Kolonialmacht Frankreich zwar erhalten bleiben, zu Vergeltungsschlägen aber nicht in der Lage sein. Mit dem Siebenjährigen Krieg hatte sich das europäische Mächtesystem der Pentarchie etabliert.

1 **Gruppenarbeit:** Fassen Sie arbeitsteilig die wesentlichen Aspekte (Ursachen, Bündnissysteme, Verlauf, Ergebnisse) des Siebenjährigen Krieges zusammen. Erarbeiten Sie auf Grundlage Ihrer Ergebnisse gemeinsam ein Schaubild.

> ***Hinweise zur Arbeit mit den Materialien:***
> *M 1 und M 2 bieten einen Einblick in die globalhistorische Dimension des Siebenjährigen Krieges.*

Der Siebenjährige Krieg als globaler Konflikt

M 1 Der Historiker Sven Externbrink (2011)

Frankreich verlor [durch den Siebenjährigen Krieg] sein Kolonialreich in Amerika sowie in Indien und konnte nur wenige Besitzungen in der Karibik und in Afrika halten. Hingegen legte England den Grundstein zu seinem *Empire* des 19. Jahrhunderts, indem durch die Vertreibung der Franzosen die Voraussetzungen für die spätere Unterwerfung des indischen Subkontinents gelegt wurde. Die demütigende Niederlage Frankreichs beschädigte erheblich das Ansehen der Monarchie [...]. Frankreichs Stellung als Großmacht war 1763 nachhaltig erschüttert, erst Napoleon würde Frankreich wieder zur europäischen Hegemonialmacht erheben. In Deutschland besiegelte das Überleben Friedrichs des Großen den sich seit den 1740er-Jahren abzeichnenden deutschen Dualismus, der erst 1866 und 1870/71 endgültig zugunsten Preußens gelöst werden sollte. Preußen rückte in den Kreis der europäischen Großmächte auf [...].

Der Siebenjährige Krieg wird – nicht zu Unrecht – als „Erster Weltkrieg" bezeichnet. In ihrem Kern europäische Konflikte [...] wurden zugleich in Europa und unter Einbeziehung lokaler Akteure (die amerikanischen Indianerstämme und die indischen Teilstaaten) in Übersee ausgetragen und vermischten sich mit den politischen Ordnungen [...] vor Ort. Dieser Entgrenzung der Konfliktzonen einerseits, dem weltumspannenden Charakter des Siebenjährigen Krieges mit Kämpfen in Nordamerika, der Karibik, Indien, Afrika, Südasien steht andererseits die teilweise Begrenzung des Konfliktes in Europa entgegen.

*Zit. nach: Sven Externbrink (Hg.), Der Siebenjährige Krieg (1756–1763) – Ein europäischer Weltkrieg im Zeitalter der Aufklärung, Akademie Verlag, Berlin 2011, S. 13 f.***

1 Analysieren Sie die Karte M 2.
2 Untersuchen Sie M 2 im Hinblick auf die wesentlichen Argumente und die Position des Autors.
3 Vergleichen Sie M 1 mit der Darstellung und der Karte M 2. Untersuchen Sie mögliche Unstimmigkeiten und erklären Sie diese.
4 **Gruppenarbeit:** Recherchieren Sie arbeitsteilig den genaueren Verlauf des Siebenjährigen Krieges in Nordamerika, der Karibik, Indien, Afrika oder Südasien und erarbeiten Sie jeweils eine Präsentation.
5 **Vertiefung:** Erörtern Sie Externbrinks These, der Siebenjährige Krieg sei ein „Erster Weltkrieg" gewesen.

M 2 Der Siebenjährige Krieg in Europa und Übersee (1756–1763)

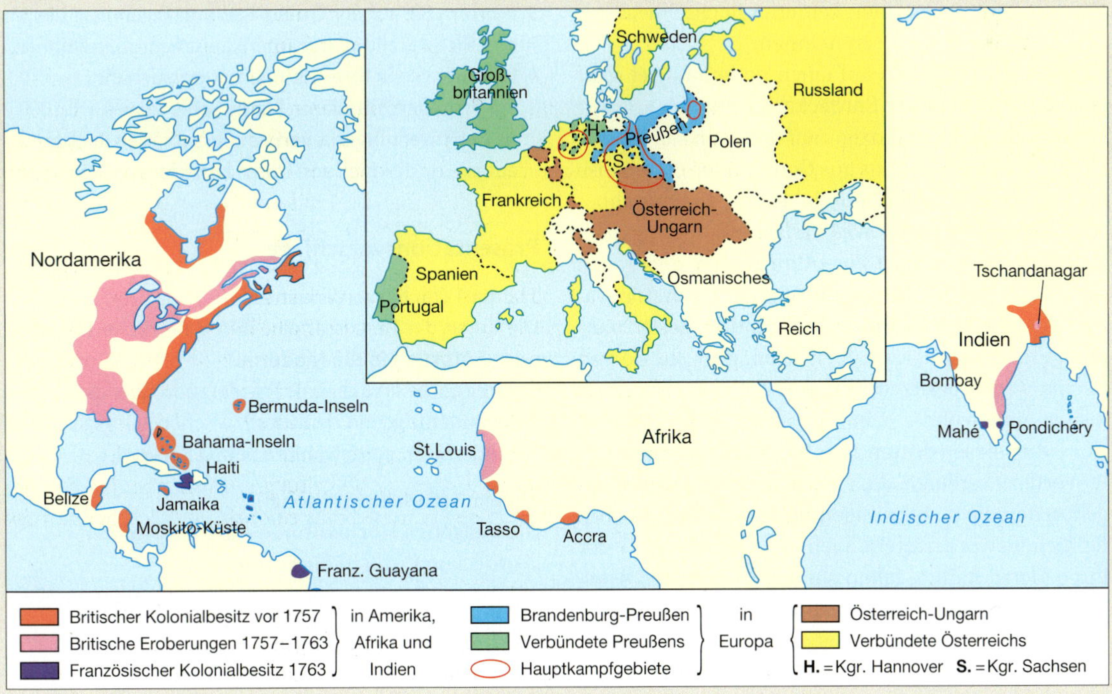

Anwenden

M 1 Aus einer Vorlesung des Dominikaners und Theologieprofessors Francisco de Vitoria (1538)

Es gibt sieben unbegründete und sieben oder acht begründete und rechtmäßige Titel [für die Unterwerfung der Eingeborenen], die man vorbringen könnte. Der erste könnte lauten: Der Kaiser ist der Herr der Welt. Der Kaiser ist aber nicht Herr der Welt. Beweis: Herrschaft kann nur auf natürlichem oder göttlichem oder menschlichem Recht beruhen, aber nach keinem dieser hat er Anspruch auf die Weltherrschaft. [...]

Der zweite Rechtstitel, auf den man sich beruft [...], wird auf den Papst zurückgeführt. Man sagt nämlich, der Papst sei Herr der ganzen Welt auch in zeitlichen Dingen, infolgedessen habe er auch die spanischen Könige zu Fürsten der Eingeborenen einsetzen können, und so sei es dann geschehen. [...] Ich antworte hierauf ganz kurz mit folgenden Thesen: Erstens ist der Papst nicht weltlicher und zeitlicher Herr des Erdkreises, wenn man von Herrschaft und staatlicher Gewalt an sich spricht. [...] Drittens hat der Papst zeitliche Gewalt nur zugunsten der geistlichen Dinge, d.h. soweit es zur Verwaltung der geistlichen Angelegenheiten erforderlich ist. [...] Über die Ungläubigen aber hat er keine geistliche Gewalt, demnach auch keine weltliche. [...] Aus dem Gesagten wird klar, dass die Spanier bei ihrer ersten Fahrt in die Länder der Eingeborenen keinerlei Rechte besaßen, deren Gebiete in Besitz zu nehmen.

Man könnte sich noch auf einen anderen Titel stützen, auf das Recht der Entdeckung, und dies war ursprünglich auch der einzige, auf den man sich berief. Unter ihm hat Kolumbus aus Genua seine erste Reise angetreten. Das scheint nun in der Tat ein brauchbarer Titel zu sein, denn was verlassen ist, wird nach Natur- und Völkerrecht Eigentum dessen, der es sich aneignet (Inst. 2, 1, 12). Da die Spanier die ersten waren, die jene Länder entdeckten und in Besitz nahmen, ergibt sich daraus doch wohl, dass sie sie von Rechts wegen besitzen, genau so, als wenn sie eine bisher unbewohnte Einöde aufgefunden hätten? Aber über diesen dritten Titel brauchen wir nicht viele Worte zu verlieren, da, wie oben bewiesen, die Eingeborenen die rechtmäßigen Herren waren, nach öffentlichem wie privatem Recht. [...] [D]a diese Güter ihren Herrn hatten, fallen sie nicht unter den Titel, der für herrenlose Güter zutrifft. Als vierter Rechtstitel wird der Fall vorausgesetzt, dass die Eingeborenen den christlichen Glauben nicht annehmen wollen, selbst wenn er ihnen dargeboten wird und sie inständig ermahnt werden, ihn zu ergreifen. [...]

Antwort: 1. Ehe die Eingeborenen etwas über den christlichen Glauben gehört hatten, waren sie auch nicht wegen ihres Nichtglaubens an Christus der Sünde des Unglaubens verfallen. [...] 5. Ich bin nicht hinreichend sicher, ob der christliche Glaube [...] den Eingeborenen so vorgetragen und verkündet worden ist, dass sie bei Sündenstrafe zum Glauben verpflichtet wären. [...] Ich habe jedenfalls nichts von Zeichen oder Wundern oder von Beispielen so frommen Lebenswandels gehört, dagegen viel von Ärgernis, wüsten Taten und vielfacher Ruchlosigkeit. [...] 6. Selbst wenn der Glaube den Eingeborenen noch so oft mit einleuchtenden Gründen gepredigt wäre, und sie wollten ihn nicht annehmen, dürfte man sie doch nicht mit Krieg überziehen oder ihrer Güter berauben.

*Zit. nach: Wolfgang Lautemann/Manfred Schlenke (Hg.), Geschichte in Quellen, Bd. 3, bsv, München 1982, S. 82ff.***

1 Analysieren Sie M 1 im Hinblick auf die Position und Argumentation des Autors gegenüber dem Rechtsanspruch der Spanier auf die Länder der „Neuen Welt".
2 Ordnen Sie die Quelle in den historischen Zusammenhang ein, indem Sie die spanische Kolonialherrschaft in Mittel- und Südamerika charakterisieren.
3 Erörtern Sie auf der Grundlage Ihrer Ergebnisse die rechtliche Stellung der amerikanischen Ureinwohner.
4 Beziehen Sie in Ihre Argumentation auch die Forderungen brasilianischer Indianer vom April 2007 nach Umsetzung des verfassungsgemäßen Rechtes auf alle traditionell von ihnen besiedelten Gebiete ein.

Präsentationsvorschläge

Thema 1 (fächerverbindend):
Die Kunst der Renaissance – mittelalterliche Tradition oder Aufbruch in die Moderne?

Bereiten Sie eine digitale Präsentation über die Veränderungen in der Kunst zwischen Mittelalter und Moderne an ausgewählten Beispielen vor.

Thema 2 (Geschichte global):
Die indigenen Hochkulturen Amerikas vor der „Entdeckung" durch die Europäer

Arbeiten Sie am Beispiel der Maya, Inka oder Azteken einen Vortrag über die indigenen Kulturen in Mittel- bzw. Südamerika aus.

Wiederholen

M2 ***„El sueño de la razón produce monstruos“*** **(Der Schlaf der Vernunft gebiert Ungeheuer), Radierung von Francisco de Goya, 1796**

1 a) Analysieren Sie die Abbildung M 2.
b) Ordnen Sie M 2 in den historischen Kontext ein, indem Sie die wesentlichen Merkmale der Aufklärungsepoche charakterisieren.

2 Erörtern Sie die Bedeutung der Reformation für die politischen Bedingungen und Herausforderungen der Frühen Neuzeit und erklären Sie den Zusammenhang mit der dezentralen politischen Struktur des Reiches.

3 Erläutern Sie den Wandel des Weltbildes zu Beginn der Frühen Neuzeit.
Tipp: Berücksichtigen Sie wesentliche Akteure, z. B. Kepler, Kopernikus, Galilei.

4 **Wahlaufgabe:** Bearbeiten Sie Aufgabe a) oder b).
a) Erarbeiten Sie die wesentlichen Merkmale des Absolutismus bzw. des aufgeklärten Absolutismus und stellen Sie diese in einer Tabelle gegenüber.
b) Skizzieren Sie die Entwicklung vom Absolutismus zum aufgeklärten Absolutismus.

5 **Vertiefung:** Erörtern Sie die Frage, ob die Epoche der Frühen Neuzeit als Beginn der Moderne bezeichnet werden kann.
Tipp: Zur Definition des Begriffs „Moderne“ siehe Lexikon im Anhang.

6 **Partnerarbeit:** Überprüfen Sie Ihre Hypothesen vom Beginn des Kapitels und beantworten Sie sich gegenseitig noch offene Fragen zur Bedeutung der Frühen Neuzeit.

Zentrale Begriffe

Ablass
Absolutismus
Aufklärung
Dreißigjähriger Krieg
„Entdeckungsfahrten“
Frühe Neuzeit
Frühkapitalismus
Gesellschaftsvertrag
Heiliges Römisches Reich
Handelskapitalismus
Humanismus
Kolonialismus
Konfessionalisierung
Menschenrechte
Merkantilismus
Protoindustrialisierung
Rationalismus
Reformation
Reichsreform
Reichstag
Renaissance
Säkularisierung
Siebenjähriger Krieg
Staatstheorien
Volkssouveränität

Testen Sie Ihr Vorwissen zu den „großen Revolutionen" des 17. bis 19. Jahrhunderts.

1 Vom 17. bis 19. Jahrhundert fanden mehrere große Revolutionen statt. Ordnen Sie Bilder a bis c der passenden Revolution zu und datieren Sie die jeweilige Revolution.

a)

b)

c)

2 Bestimmen Sie, welcher Begriff, welcher Name oder welches Datum jeweils nicht in die Reihe passt. Erklären Sie Ihre Wahl.

a)
Revolution
Bürgerkrieg
Rebellion
Reform

b)
Maximilien de Robespierre
George Washington
Georges-Jacques Danton
Napoleon Bonaparte

c)
4. Juli 1776
14. Juli 1789
26. August 1789
18. März 1848

3 Die Amerikanische Revolution vollzog sich in mehreren Schritten. Bei der folgenden Liste ist etwas durcheinandergeraten. Korrigieren Sie die Reihenfolge.

a) Die dreizehn Kolonien erklären ihre Unabhängigkeit von Großbritannien.
b) In Boston werfen als Indianer verkleidete Bewohner von einem britischen Schiff angelieferte Teekisten ins Wasser.
c) In vielen Städten der nordamerikanischen Kolonien wird gegen die britische Steuergesetzgebung demonstriert.
d) Die Kolonien schließen sich in einer Konföderation zusammen.
e) Die USA erhalten eine Verfassung.

M 1 „Die große Seeschlange, wie sie vielen im Jahre 1848 erschienen ist", Karikatur, 1848.
Text auf dem Kopf der Schlange: Liberty.

4 Die Karikatur M 1 trägt den Titel „Die große Seeschlange, wie sie vielen im Jahre 1848 erschienen ist". Bestimmen Sie, wen der Karikaturist mit „vielen" gemeint hat.

a) Großhandelskaufleute
b) Fürsten
c) Bischöfe

5 Die Französische Revolution verlief in verschiedenen Phasen. Bei der folgenden Liste ist etwas durcheinandergeraten. Korrigieren Sie die Reihenfolge.

a) Die liberale Phase der Revolution
b) Die Jakobinerherrschaft
c) Die Radikalisierung der Revolution
d) Die Herrschaft der Thermidorianer und des Direktoriums

6 Von wem stammt die folgende Aussage:

„Die Revolutionsregierung ist der Despotismus der Freiheit gegen die Tyrannei."

a) Karl Marx
b) Maximilien Robespierre
c) Napoleon Bonaparte

▶ Lösungshinweise finden Sie auf S. 638 f.

5 Streben nach Freiheit und Partizipation: Die großen Revolutionen (17. bis 19. Jahrhundert)

M1 Revolutionäre Spielkarten der französischen Republik, Radierung, 1793/94

1640–1660	Englische Revolution
1688/89	*Glorious Revolution*
1689	*Bill of Rights*

1650 1700

„Was ist aber diese große Aufgabe unserer Zeit? Es ist die Emanzipation*. Nicht bloß die der Irländer, Griechen, Frankfurter Juden, westindischen Schwarzen und dergleichen gedrückten Volkes, sondern es ist die Emanzipation der ganzen Welt, absonderlich Europas, das mündig geworden ist." Der Dichter Heinrich Heine formulierte diese Einschätzung 1828 und wurde kurz darauf Zeuge, wie sich im Jahr 1830 vor allem in Frankreich und erneut 1848 – diesmal in großen Teilen Europas – das Ringen um Emanzipation in revolutionären politischen Erhebungen äußerte.
Als Heine diese Worte 1828 formulierte, waren beim neuzeitlichen Kampf um Menschen- und Bürgerrechte die ersten entscheidenden Etappen und Hürden genommen: und zwar in den englischen Revolutionen im 17. Jahrhundert sowie in der Amerikanischen und der Französischen Revolution Ende des 18. Jahrhunderts.
Politische Revolutionen sind in besonderem Maße offene historische Situationen. Über ihren Ausgang entscheiden oft gesellschaftliche Gruppen, die noch kurz zuvor von der politischen Herrschaft ausgeschlossen oder nur gering beteiligt waren.

1 In der Auseinandersetzung mit Revolutionen, so z. B. bei der Erörterung der Legitimität* gewaltsamer Umbrüche, oder bei der Frage, welche kurz- und langfristigen Veränderungen eine Revolution tatsächlich gebracht hat, sollte stets mitbedacht werden, „dass Art und Gang einer Revolution von dem Regime bestimmt sind, dem sie ein Ende bereiten" (Hannah Arendt, Philosophin).
Sammeln Sie in einem Brainstorming Ihnen bekannte Revolutionen.
2 **Partnerarbeit:** Skizzieren Sie ausgehend von den Spielkarten in M 1 erste Merkmale, die Ihrer Meinung nach eine politische Revolution kennzeichnen.
Tipp: Zu den Begriffen auf den Spielkarten siehe Hilfen S. 616.
3 Erläutern Sie den Satz von Hannah Arendt am Schluss der Darstellung.
4 Formulieren Sie gemeinsam im Kurs nach Bearbeitung der Aufgaben 1 bis 3 und des Vorwissentests (S. 178 f.) Fragen und/oder Hypothesen, die Sie sich zum Thema dieses Revolutionskapitels stellen. Notieren Sie diese, damit Sie sie nach der Bearbeitung des Kapitels erneut aufrufen und beantworten können.
Tipp: Denken Sie z. B. auch an langfristig fortwirkende Prinzipien und Funktionsweisen unserer Demokratie heute.

1773	*Boston Tea Party*
1775–1783	Amerikanischer Unabhängigkeitskrieg
1776	Unabhängigkeitserklärung der USA
1789	Sturm auf die Bastille; Erklärung der Menschen- und Bürgerrechte
1792	Frankreich wird Republik
1793–1794	Jakobinerherrschaft
1795–1799	Herrschaft des Direktoriums
1799	Staatsstreich Napoleon Bonapartes
1814/15	Wiener Kongress
1830	Julirevolution in Paris
1848	Revolutionen in Europa

1750 | 1800 | 1850

5.1 Die Revolutionen Englands im 17. Jahrhundert

In dieser Themeneinheit geht es um
- *den Begriff „Revolution",*
- *Ursachen, Verlauf und Wirkung der englischen Revolutionen.*

Zum Begriff „Revolution"

Revolution
Das vom lateinischen *revolvere* (= zurückwälzen, zurückkehren) abgeleitete Substantiv gehörte ursprünglich zur Fachsprache der Astronomie und bezeichnete die Rückkehr eines Planeten nach Vollendung seiner Umlaufbahn zu seinem Ausgangspunkt, also einen Kreislauf. – In der Moderne meint Revolution im politischen Sinn den tiefgreifenden Umbau eines Staates. – Im weiteren Sinne wird Revolution auch für grundlegende, wenn auch teils langwierige Wandlungen in Wirtschaft (z. B. Industrielle Revolution) oder Technik/Wissenschaft (z. B. digitale Revolution) verwendet.

Der Begriff **„Revolution"*** stammt ursprünglich aus der Astronomie, wurde jedoch schon früh in die politische Sprache übertragen. Seit der Spätantike bezeichnete er die Wiederherstellung eines früheren, meist als besser angesehenen Zustands einer Gesellschaft oder einer staatlichen Ordnung. „Revolution" drückte ursprünglich also genau das Gegenteil der heutigen Begriffsbedeutung aus: nicht den Durchbruch zu etwas Neuem, sondern die Rückkehr zum „Altbewährten". Dies nennen wir heute **Restauration***.

Das moderne Verständnis von Revolution entwickelte sich mit dem Ende des 17. Jahrhunderts. Seitdem definierten Lexika den Begriff als plötzliche oder gewaltsame Transformation* der politischen Ordnung eines Staates. Seit Mitte des 18. Jahrhunderts galten Revolutionen in der Wissenschaft der **Aufklärung*** als zentrale Elemente historischen Fortschritts (s. S. 166 ff.). Im modernen Verständnis, das sich aus den Erfahrungen der Französischen Revolution herausbildete, bedeutet „Revolution" eine grundlegende Umgestaltung der gesellschaftlichen Struktur, der politischen Organisation sowie der kulturellen Wertvorstellungen; Ziel war es, **Emanzipation***, Freiheit und **Volkssouveränität*** zu verwirklichen. Die revolutionären Ereignisse vollziehen sich dabei in einem bestimmten geografischen Bereich, innerhalb eines kurzen Zeitraums und oftmals unter Gewaltanwendung. Im Gegensatz dazu steht der Begriff **„Reformen"***: Er meint die Umgestaltung von politischen und sozialen Verhältnissen innerhalb der bestehenden Ordnung.

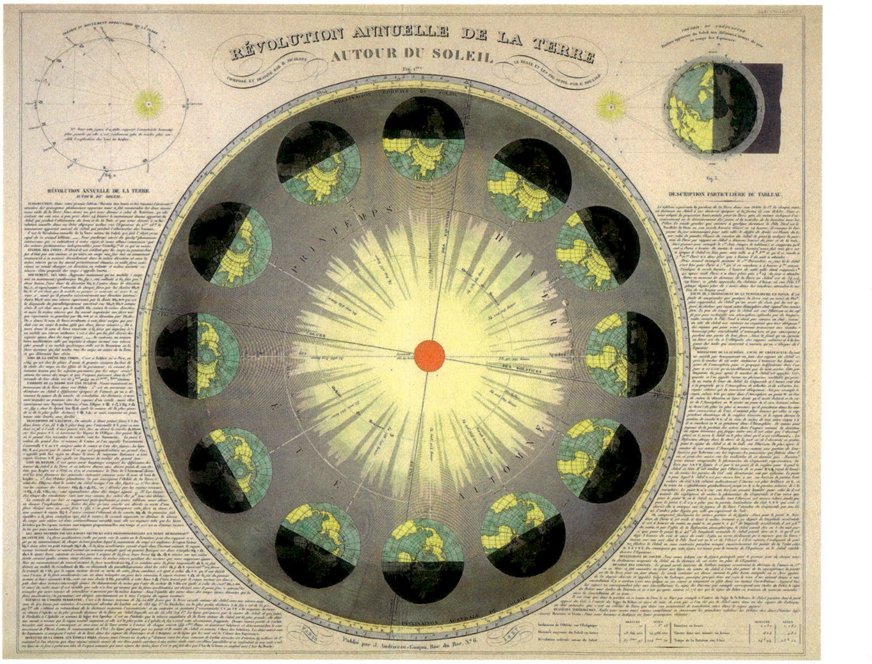

M1 ***Révolution annuelle de la terre autour du soleil*** **(Jährliche Bewegung der Erde um die Sonne), kolorierter Stahlstich, nach der Zeichnung von H. Nicollet, 1837**

Rebellion, Bürgerkrieg* oder Revolution?

Die *Glorious Revolution* in England – durch die 1688/89 König Jakob II. abgesetzt und einige Rechte des Parlaments festgeschrieben wurden – war das erste politische Ereignis, das viele Zeitgenossen als Revolution bezeichneten. Meist verstanden sie darunter im traditionellen Sinne die Rückkehr zu *früheren* Verhältnissen, doch manche erkannten bereits die Einzigartigkeit der Ereignisse, die etwas völlig Neues hervorbrachten. Diese unterschiedliche Bewertung setzt sich bis in die Gegenwart fort. Die folgende Darstellung unterteilt die Ereignisse der englischen Geschichte im 17. Jahrhundert in die **Englische Revolution 1640–1660** und die **Glorious Revolution 1688/89.** Diese Periodisierung ist in der Geschichtsschreibung verbreitet, aber nicht unumstritten. So bezeichnete der Historiker Leopold von Ranke (1795–1886) die Krisen- und Umbruchsphase der neueren englischen Geschichte von 1640 bis 1689 insgesamt als Revolution. Andere Historiker bestreiten dagegen den revolutionären Charakter der Ereignisse und verwenden stattdessen die Begriffe „Rebellion", „Bürgerkrieg" oder „Interregnum"*.

Ursachen der englischen Revolutionen

Die offene Konfrontation von Parlament und Krone in England in den 1640er-Jahren hatte zwei zentrale Ursachen: Zum einen spitzten sich die Auseinandersetzungen zwischen König und dem Parlament um die nicht klar definierten königlichen **Prärogativrechte*** zu. Zum anderen wurden diese politischen Konflikte durch religiöse Gegensätze überlagert und verstärkt. Hinzu kamen grundlegende Probleme des Staates, die vor allem eine Folge der Preisinflation des 16./17. Jahrhunderts waren und zu einem Rückgang der Staatseinnahmen führten. Hatten sich diese Probleme bereits unter Elisabeth I. (Reg. 1558–1603) gezeigt, verschärften sie sich unter ihren Nachfolgern Jakob I. (Reg. 1603–1625) und **Karl I.** (Reg. 1625–1649). Der Versuch der Krone, den Rückgang der Steuereinnahmen durch die Erschließung anderer Einnahmequellen auszugleichen, führte schließlich zu Konflikten mit den adligen Führungsschichten.

Prärogative
lat. Vorzug, Vorrecht: Rechte des Monarchen, über die er ohne Beteiligung des Parlamentes verfügen kann.

Das Verhältnis von Krone und Parlament in England

Um 1600 verfügte die englische Krone weder über ein stehendes Heer* noch über eine landesweite Bürokratie*. Sie war daher auf die Kooperationsbereitschaft der adligen Führungsschichten angewiesen. Das englische Parlament im 17. Jahrhundert war nichts anderes als das Herrschaftsinstrument des Adels. Im **Oberhaus** (*House of Lords*) saßen die Mitglieder des hohen Adels, die *Peers*, im **Unterhaus** (*House of Commons*) dominierten Angehörige des mittleren Adels, die *Gentry*. Der Monarch benötigte bei der Gesetzgebung die Zustimmung des Parlaments. Auch die Erhebung von außerordentlichen Steuern – vor allem für Kriege – musste vom Unterhaus bewilligt werden.

Absolutismus nach kontinentalem Vorbild?

Die Versuche Karls I., die chronische Finanznot zu bewältigen, verschärften die Konflikte. Das Parlament verweigerte seine Zustimmung zur Erhebung neuer Steuern. Stattdessen verfasste es in der *Petition of Rights* **1628** Beschwerden gegen den König und bestand auf seinen Rechten. Die Abgeordneten hatten an Selbstvertrauen gewonnen und die Steuerbewilligung mit einer Stärkung des Parlaments verknüpft. Karl I. unterzeichnete zwar dieses wichtige Dokument der englischen Verfassungsgeschichte, löste jedoch ein Jahr später das Parlament auf und ging zu einem „persönlichen Regiment" über. Dass der Monarch in den 1630er-Jahren ohne die Mitwirkung des Parlaments regierte und ohne dessen Bewilligung Steuern eintrieb, erweckte den Eindruck, Karl I. strebe eine absolute Herrschaft wie auf dem europäischen Kontinent an.

Puritaner
Reformiert-calvinistische Bewegung in England, die die reformierte anglikanische Staatskirche von katholischen Resten befreien wollte. Die Puritaner forderten anstelle der Bischöfe „Presbyter" (Gemeindeälteste) und traten für eine strikte Trennung von Staat und Kirche, für Gewissensfreiheit und für ein einfaches gottgefälliges Leben ein.

Anglikanische Staatskirche
Heinrich VIII. (Reg. 1509–1547) setzte in England eine Reformation mithilfe von Parlamentsgesetzen durch. Hintergrund waren weniger Heinrichs religiöse Überzeugungen als Streitigkeiten zwischen ihm und dem Papst in Rom über die Rechtmäßigkeit der königlichen Ehen. 1534 erklärten die Bischöfe Englands, dass sie in Heinrich und nicht im Papst das Oberhaupt der englischen Kirche sahen. Damit hatte sich die englische Kirche von Rom losgesagt und eine eigenständige Landeskirche gebildet.

Presbyterianer
griech. *presbyteros* = Ältester: Zuerst vor allem in Schottland verbreitete Richtung der Protestanten, die eine calvinistische Kirchenverfassung unter besonderer Berücksichtigung der Gemeindeältesten verwirklichen wollten.

Die Rolle der Religion in der englischen Politik

Diese Befürchtung wurde durch die Religionspolitik Karls I. noch verstärkt. Den **Puritanern*** war die **Reformation** in England nicht weit genug gegangen. Sie bemühten sich, eine aktive protestantische Außenpolitik durchzusetzen, um eine streng disziplinierte Gesellschaft und die Entfernung katholischer* Reste in der **anglikanischen Staatskirche***. Die Kirchenpolitik Karls I., die vor allem der von ihm 1633 eingesetzte Erzbischof von Canterbury, Wilhelm Laud, umsetzte, wollte dagegen die Autorität der Geistlichen gegenüber den Laien stärken; auch wollte sie Bestandteile der katholischen Riten wieder übernehmen. Karl I. und Laud hofften, obwohl sie keine Katholiken waren und die Eigenständigkeit des Anglikanismus betonten, letztlich auf eine Aussöhnung mit Rom. Der puritanischen Opposition galten beide dagegen als „Papisten", die dem Papst ergeben wären, die die englischen Freiheiten unterminieren und eine Willkürherrschaft errichten würden. Die Weigerung Karls I., gegen die katholische Großmacht Spanien militärisch vorzugehen, wurde zusätzlich als Zeichen einer Rekatholisierung Englands gewertet.

Die Englische Revolution 1640–1660

Der äußere Anlass zur Revolution ergab sich aus dem Versuch Karls I. und William Lauds, dem mit England seit 1603 in Personalunion verbundenen **presbyterianischen*** Schottland 1637 ein neues Gebetbuch aufzuzwingen. Die Schotten lehnten sich dagegen auf, und es kam 1639 zu militärischen Auseinandersetzungen, in denen England unterlag. Um Mittel für die Fortführung des Krieges zu erhalten, berief Karl I. ein Parlament ein, das am 13. April 1640 zusammentrat. Dies war notwendig geworden, weil das Regieren ohne Parlament nur für elf Jahre möglich war. Zudem hatten sich viele Bürger in den Jahren 1629 bis 1640 geweigert, die nicht bewilligten Steuern zu zahlen. Da das neu berufene Parlament die vom König erhoffte Geldbewilligung verweigerte, wurde dieses „**Kurze Parlament**" vom König wieder aufgelöst. Als die Wiederaufnahme des Krieges gegen Schottland ebenfalls erfolglos verlief, sah sich Karl I. abermals zur Einberufung eines Parlaments gezwungen, das am 3. November 1640 eröffnet wurde.

Das „Lange Parlament"

An dieses **„Lange Parlament"** wurde der König „gefesselt": Zunächst hatte er den Schotten aufgrund eines Vertrages täglich einen hohen Betrag zu zahlen, der ohne parlamentarische Bewilligung nicht aufzubringen war; später unterzeichnete er ein Gesetz, wonach die Auflösung dieses Parlaments nur mit dessen Zustimmung erfolgen konnte. Das „Lange Parlament" beschloss 1641 Reformgesetze, die dem König die Möglichkeit einer autoritären* Herrschaft nehmen sollten. So wurden Gerichtshöfe, die vor allem der monarchischen Machtdurchsetzung gedient hatten, abgeschafft. Das Einziehen bestimmter Steuern wurde verboten. Für die folgenden, tiefgreifenden Eingriffe in die traditionelle Ordnung gab es vor allem zwei Gründe: eine aus dem Puritanismus erwachsende, zunehmend beschleunigte religiöse Dynamik und das Misstrauen gegenüber Karl I. Dies zeigte sich, nachdem sich im Herbst 1641 die katholischen Iren gegen die inzwischen streng protestantisch geprägte englische Herrschaft erhoben hatten. Das Parlament beschloss am 5. März 1642 eine Milizverordnung, die dem König die Kommandogewalt über das gegen die Iren aufzustellende Heer (eines seiner wichtigsten Prärogativrechte*) entzog, und setzte diese Verordnung ohne seine Zustimmung in Kraft. Im Juni 1642 verabschiedete das Parlament die weitreichenden *Nineteen Propositions*. Eine zunehmende Radikalisierung, insbesondere die durch die Puritaner drohende Abschaffung der anglikanischen Staatskirche, führte zum Zerfall der Opposition gegen Karl I. Die religiös-revolutionäre Dynamik äußerte sich in Bilderstürmerei und in

Angriffen gegen Bischöfe. Diese wurden im Februar 1642 aus dem Oberhaus ausgeschlossen und im September von ihrem Amt suspendiert. Zahlreiche gemäßigte Abgeordnete sahen die überlieferte Ordnung in Gefahr, wodurch die Position des Monarchen gestärkt wurde.

Die Bürgerkriege

Die Auseinandersetzungen zwischen **„Parlamentariern"** und **„Royalisten"*** eskalierten im Bürgerkrieg. Der **erste Bürgerkrieg** (1642–1646) endete mit einem Sieg der Parlamentspartei. Auf seinem Höhepunkt in den Jahren 1643/44 stand rund ein Achtel der erwachsenen männlichen Bevölkerung (ca. 150 000 Mann) unter Waffen. Im Frühjahr und Sommer 1648 kam es zu einem **zweiten Bürgerkrieg**, der aber von der Parlamentsarmee rasch beendet wurde. Für den weiteren Verlauf der Englischen Revolution waren die Bürgerkriege aus mehreren Gründen von entscheidender Bedeutung:

1. Sie machten aufseiten der Parlamentspartei die Armee zu einem immer selbstbewusster und selbstständiger werdenden Machtzentrum neben dem Parlament.
2. Das besondere Gewicht religiöser Motivation beim Kampf gegen den König führte dazu, dass in diesem 1644 umgebildeten Heer und vor allem in der Kavallerie* unter Führung des Landadligen **Oliver Cromwell*** Mitglieder unabhängiger Vereinigungen und Sekten eine Heimstatt fanden. Der sich ausbildende Gegensatz zwischen **Presbyterianern*** und **Independenten*** entsprach weitgehend dem Gegensatz zwischen Parlamentsmehrheit und Armee. Die Presbyterianer erstrebten eine hierarchisch* geordnete Nationalkirche. Die Independenten betonten dagegen die Autonomie der Gemeinden.
3. Innerhalb der Armee bildete sich – aufgrund der großen Zahl von Independenten und Sektenmitgliedern – die religiöse Gewissensfreiheit als neues, zentrales Ziel heraus.
4. Mit dem Hinweis auf die großen, von den unteren Schichten im Krieg erbrachten Opfer entstand die Forderung nach einer demokratischen Neuordnung. Sie wurden von der vorwiegend aus den Londoner Handwerkern bestehenden Partei der **Levellers*** vertreten. Die **Diggers*** forderten die Aufhebung des Privateigentums an Grund und Boden.
5. Die materiell und rechtlich nachteilige Behandlung der Soldaten durch das Parlament nach Beendigung des Großen Bürgerkriegs führte nicht nur zur militärischen Besetzung Londons im Sommer 1647. Sie bewirkte auch eine politische Radikalisierung der Armee: Einige Truppenteile wählten *agitators*, die als ihre Sprecher auftraten. Die politisch-ideologischen Einflüsse der *Levellers* fanden hier einen günstigen Nährboden.
6. Dieser Radikalisierungsprozess wurde durch den Ausbruch des zweiten Bürgerkriegs, der in der Armee als frevelhafte* Auflehnung des Königs gegen das Gottesurteil des ersten Bürgerkriegs betrachtet wurde, noch gefördert.

Die „Revolution in der Revolution"

Der militärische Sieg der Parlamentsarmee in den Bürgerkriegen brachte keine Lösung der Konflikte, sondern eine „Revolution in der Revolution". Im Dezember 1648 schloss die Armee viele presbyterianische Abgeordnete gewaltsam aus dem Parlament aus. Das „gesäuberte" Unterhaus beschloss, Karl I. vor Gericht zu stellen. Dabei berief es sich auf das Prinzip der **Volkssouveränität***: Es erklärte das Volk zum Ursprung aller Gewalt, sich selbst aber zu dem für das Volk handelnden Organ mit alleiniger Gesetzgebungskompetenz. So verschaffte sich das Parlament die Legitimation für einen Prozess gegen den König und damit gegen dessen „Heiligkeit" und „Unantastbarkeit". Der wegen Verrats an seinem Volk angeklagte König Karl. I. (nun offiziell Charles Stuart genannt) wur-

M2 Oliver Cromwell (1599–1658), kolorierter Kupferstich von Coenrad Waumans, um 1640

Der Staatsmann und Heerführer Cromwell entstammte dem englischen Landadel und war streng puritanisch erzogen worden. Nach seinem Jurastudium übernahm er zunächst die Bewirtschaftung der väterlichen Güter, bevor er 1628 in das Parlament gewählt wurde. Das englische Volk galt ihm als göttlich auserwählt, daher kämpfte er mit religiösem Fanatismus und brutalen Mitteln gegen seine religiösen und politischen Gegner, z. B. gegen Iren und Schotten.

Independenten
engl. *independent* = unabhängig: Gruppierung der radikalen Puritaner, die sich im 16. Jh. herausgebildet hatte und völlige Unabhängigkeit von der anglikanischen Staatskirche und Autonomie für die einzelnen Gemeinden forderte.

Levellers
dt. „Gleichmacher": königs- und adelsfeindliche Gruppe, ibs. von Handwerkern, forderte bürgerliche und religiöse Freiheiten; seit 1649 unterdrückt.

Diggers
dt. „Graber": nannten sich auch *true Levellers* („wahre Gleichmacher"); radikale Abspaltung der Levellers unter Gerrard Winstanley, die nicht nur eine Änderung des Wahlrechts (wie die Levellers), sondern einen Anteil an den Gemeindeweiden zur freien Bewirtschaftung forderte.

de zum Tode verurteilt und am 30. Januar öffentlich hingerichtet. Damit wurde erstmals der revolutionäre Grundsatz angewendet, dass auch Könige dem Recht unterstehen und für Verbrechen zur Rechenschaft gezogen werden. Die Abschaffung der Monarchie und des Oberhauses erfolgte im März. Ein Gesetz vom 19. Mai 1649 erklärte England zum *Commonwealth* (dt. Gemeinwohl) und führte die **Republik*** ein. Auf religiöse Konformität* wurde weitgehend verzichtet. Die Independenten hatten sich zunächst durchgesetzt.

M3 Die Hinrichtung Karls I. 1649, zeitgenössischer Kupferstich (Ausschnitt)

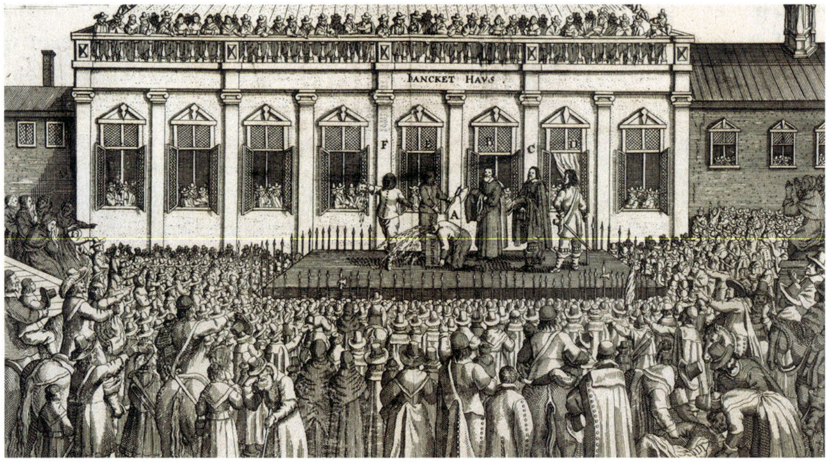

Das Regime Cromwell und das Protektorat

Chiliasmus
griech. *chilio* = tausend: Lehre von einer tausendjährigen Herrschaft Christi auf Erden vor dem Ende der Welt. Sie bezeichnet religiös-politische Bewegungen, die den Ausbruch eines Friedensreiches auf Erden erwarten.

Protektorat
lat. *protegere* = „schützen", hier: ein unter Schutzherrschaft des Protektors stehendes Gebiet. Im modernen Völkerrecht seit dem 19. Jh. bezeichnet der Begriff die Schutzherrschaft eines Staates oder einer Staatenmehrheit über einen anderen Staat.

Die Republik bestand nur vier Jahre. Der vor allem in der Armee verbreitete **Chiliasmus*** erwies sich für eine Stabilisierung der Republik in zweifacher Hinsicht als Nachteil. Einerseits vergrößerte er die bestehenden Gegensätze zwischen Parlament und Heer. Andererseits förderte er den Gedanken, durch die Herrschaft einer geistlichen Elite der „Erwählten" das Gottesreich vorzubereiten. Auf ihn stützte sich denn auch der Anführer des Parlamentsheeres, **Oliver Cromwell**, nachdem er am 20. April 1653 die Vertreter des „Langen Parlaments" vertrieben und damit die letzte Verbindung mit der alten Verfassungsordnung und den Anfängen der Revolution zerstört hatte. Cromwell beseitigte das Parlament vor allem deshalb, weil es ein Wahlgesetz vorbereitete, das keine ausreichenden Sicherungen gegen die Wahl von Monarchisten und Presbyterianern enthielt. Da bei freien Wahlen aufgrund der Stimmung in der Bevölkerung eine Mehrheit für das Revolutionsregime schwer zu erlangen war, schien es Cromwell aussichtsreicher, ein nominiertes Parlament einzuberufen. Der Macht des Militärs entsprechend erfolgte 1653 die Organisation des Staates als **Protektorat***. Die Entscheidungsgewalt lag bei dem „Lordprotektor" Oliver Cromwell.
Als Oberbefehlshaber des siegreichen parlamentarischen Heeres versuchte er zunächst auf der Grundlage einer geschriebenen Verfassung (zunächst des *Instrument of Government*, seit 1657 der *Humble Petition and Advice*), konstitutionell zu regieren. Zwei entscheidende Hindernisse standen dem jedoch entgegen: zum einen die Existenz einer großen, teuren und weithin verhassten Armee, zum anderen das Festhalten am Prinzip der Gewissensfreiheit und an einer, wenngleich eingeschränkten, religiösen Toleranz, die vor allem aufgrund des starken Anwachsens radikaler Sekten wie der Quäker* als gesellschaftliche Bedrohung empfunden wurde.
Nach Cromwells Tod 1658 zerfiel das Heer in rivalisierende Fraktionen*. Eine unübersichtliche Phase der militärischen Anarchie wurde von dem aus Schottland anrücken-

den General Monk überwunden und endete schließlich in der Rückberufung des „Langen Parlaments" und in der **Restauration der Monarchie**.
Der älteste Sohn Karls I. wurde am 8. Mai 1660 als Karl II. zum König proklamiert. Der „Kreis" der Revolution hatte sich geschlossen: Der Monarchie war zunächst die Republik gefolgt, dann die Diktatur Cromwells, um am Ende in die Wiederherstellung der Monarchie zu münden.

Die *Glorious Revolution* von 1688/89

Bei der „Glorreichen Revolution" 1688/89 ging es erneut um das zentrale Problem der Machtverteilung zwischen Krone und Parlament. Die Restauration der Monarchie von 1660 im Verfassungszustand von 1641 hatte durchaus den Interessen der seit Jahrzehnten in feindliche Lager gespaltenen politischen Elite* des Landes entsprochen. Das unveränderte Spannungsverhältnis zwischen dem Souveränitätsanspruch* der Krone und dem Anspruch einer selbstbewussten Elite auf politische Mitwirkung führte abermals zur Eskalation*.
Wie schon 1640, als der Puritanismus die treibende Kraft war, spielte die Religion eine wesentliche Rolle. War England bereits unter der Regentschaft Karls II. (Reg. 1660–1685) von einem erneuten Bürgerkrieg bedroht, so forderte dessen 1669 zum Katholizismus übergetretener Bruder und Thronfolger **Jakob II.** (Reg. 1685–1688) durch seine Toleranzpolitik gegenüber Katholiken und protestantischen **Dissenters*** die anglikanische Staatskirche heraus. Mit Eingriffen in lokale Machtstrukturen provozierte er zudem den Widerstand regionaler Eliten. Sein Versuch, ein stehendes Heer aufzubauen, verstieß gegen den seit dem Tod Oliver Cromwells herrschenden Grundsatz *„no standing armies"* und weckte so die Furcht vor einer umfassenden monarchisch-katholischen Offensive*.

Dissenters
lat. *dissentire:* nicht übereinstimmen. Bezeichnung für Gemeinden, die sich von der Amtskirche getrennt hatten.

Eingriff von außen in die Revolution 1688

War die englische Monarchie in der Revolution 1648/1649 mithilfe der Intervention* Schottlands gestürzt worden, so wurde die Revolution von 1688 in noch viel stärkerem Maße von außen herbeigeführt. **Wilhelm von Oranien**, Neffe und Schwiegersohn Jakobs II., hatte als militärischer Oberbefehlshaber der Niederlande und erblicher Statthalter der meisten niederländischen Provinzen ein vitales* Interesse, die Rekatholisierung Englands und dessen Bündnis mit dem Frankreich Ludwigs XIV. zu verhindern. Von englischen Hochadligen zum Eingreifen aufgefordert, landete er am 5. November 1688 mit holländischen Truppen an der Südwestküste Englands.
Wilhelms Erfolg nach seiner Landung war im Wesentlichen der Führungsschwäche Jakobs II. und der Desertation* führender Offiziere des Königs zu verdanken. Die englischen Oberschichten waren nach den Erfahrungen der Jahrhundertmitte von großer Revolutionsfurcht erfüllt. Nach der **Flucht Jakobs II.** nach Frankreich bestanden unter ihnen zwar erhebliche Differenzen in der Frage der Thronbesetzung, Einmütigkeit herrschte jedoch in dem Bestreben, einen erneuten Radikalisierungsprozess zu verhindern und die Revolution zu beenden.

Declaration of Rights

Am 22. Januar 1689 trat das **Convention Parliament*** zusammen. Es erreichte einen Kompromiss, der die gemeinsame Herrschaft von Wilhelm und seiner Frau Maria, der Tochter Jakobs II., vorsah. In Gegenwart des Königspaars verlasen Vertreter des Parlaments am 13. Februar 1689 die *Declaration of Rights*: In ihr waren die wichtigsten Ergebnisse dieser Revolution zusammengefasst. Als ***Bill of Rights*** erhielt sie den „Rang eines Grundgesetzes der englischen konstitutionellen Monarchie" (Peter Wende).

Convention Parliament
lat. *convenire* = zusammenkommen: Parlament, das immer dann einberufen wurde, wenn die Thronfolge unklar war.

M4 **„Die ‚Deklaration der Rechte' der Engländer in Anwesenheit des designierten Königspaares am 13. 2. 1689", Quarzrelief von Paul Landowski am Denkmal der Reformation in Genf, um 1916**

Wirkung der englischen Revolutionen

▶ M5, M6: Macht und Rechte des Parlaments

Dass sich die Entwicklung Englands vom kontinentalen Europa fundamental zu unterscheiden begann, war eine Errungenschaft der Glorreichen Revolution und der anschließenden Gesetzgebung im 17. Jahrhundert. Die beiden englischen Revolutionen lassen sich zwar nicht präzise trennen, man kann jedoch feststellen, „dass die Revolution der Jahrhundertmitte vor allem die Entwicklung und Ausbreitung moderner Ideen förderte; die von 1688 dagegen leistete ihren Beitrag vornehmlich zur englischen Verfassungsentwicklung und zur konkreten Gestaltung der englischen Politik" (Hans-Christoph Schröder). Die fast gewaltfreie Glorreiche Revolution legte den Grundstein für den Wandel Englands zu einer vom Parlament geschaffenen und kontrollierten Monarchie und gilt daher als Epochenwende in der englischen Geschichte. Die frühe Vorrangstellung des Parlaments bedingte jedoch auch eine verzögerte Demokratisierung Englands. Die politischen Freiheiten, die das parlamentarische System mit sich brachte, ließen lange übersehen, dass nur ein begrenzter Teil der Bevölkerung daran teilhatte. Die englischen Revolutionen waren religiös-politische und keine sozialen Revolutionen: Sie hatten weder in der Gesellschaftsstruktur noch in der Verteilung des Eigentums grundlegende Veränderungen bewirkt und damit auch nicht die Vorherrschaft des Adels beseitigt.

1 Erläutern Sie den Bedeutungswandel des Begriffs „Revolution" (Darstellung, M1).
2 Skizzieren Sie die Ursachen der englischen Revolutionen.
3 **Wahlaufgabe:** Bearbeiten Sie Aufgabe a) oder b).
   a) **Zeitungsartikel:** Erläutern Sie, welche Wirkungen die Bürgerkriege auf den weiteren Verlauf der Revolution hatten. Verfassen Sie dazu einen Zeitungsartikel.
   b) **Zeitstrahl:** Stellen Sie den Verlauf der Ereignisse (Revolutionen, Bürgerkriege etc.) in einem Zeitstrahl dar.
4 **Schaubild:** Beschreiben Sie ausgehend von M4 das Verhältnis von Krone und Parlament und stellen Sie dieses in einem Schaubild dar.
   Tipp: Nutzen Sie auch die Darstellung und die Texthilfen zu M4, S. 616.

> ***Hinweise zur Arbeit mit den Materialien:***
> *M 5 und M 6 bieten die Möglichkeit, zwei zentrale Quellen zu den englischen Revolutionen zu untersuchen, in denen das Parlament eine zentrale Rolle spielte.*

Macht und Rechte des englischen Parlaments

M 5 Aus den neunzehn „Propositionen" des Langen Parlaments vom Juni 1642

1. Die Lords und die sonstigen Mitglieder des *Privy Council*[1] Eurer Majestät sowie die hohen Beamten und Staatsminister [...] sollen aus dem *Privy Council* bzw. ihren Ämtern und Stellungen entfernt werden mit Ausnahme derer, die von beiden Häusern des Parlaments bestätigt werden. Alle, die an ihre Stelle treten, bedürfen gleichfalls der Bestätigung durch beide Häuser des Parlaments. [...]

2. [...] Alle Angelegenheiten, die die Öffentlichkeit angehen und für die der hohe Gerichtshof des Parlaments [...] zuständig ist, dürfen nur im Parlament besprochen, verhandelt und beschlossen werden und nicht irgendwo anders. [...] Solche Staatsangelegenheiten, die sich für Euer Majestät *Privy Council* eignen, sind von Mitgliedern des Adels und anderen, die von Zeit zu Zeit für diesen Platz mit Zustimmung beider Häuser des Parlaments ausgewählt werden, zu erörtern und zu beschließen. [...]

5. Eine Heirat der Kinder des Königs darf [...] ohne Zustimmung des Parlaments nicht vereinbart oder geschlossen werden. [...]

6. Die Gesetze gegen Jesuiten, Priester und papistische Widerspenstige sind strikt durchzuführen. [...]

8. Eure Majestät wolle einer Reform der Kirchenverfassung und der Liturgie nach dem Rat der beiden Häuser des Parlaments zustimmen. [...]

9. Bis zur gesetzlichen Regelung wolle sich Eure Majestät mit der von den *Lords*[2] und *Commons*[3] getroffenen Ordnung des Militärs zufriedengeben. [...]

15. Festungen und Burgen des Königreichs sollen dem Kommando der Männer anvertraut werden, die Eure Majestät mit Zustimmung des Parlaments ernennen werden.

*Zit. nach: Udo Margedant, Englands Weg zum Parlamentarismus, Cornelsen, Berlin 1979, S. 57f.***

1 *Privy Council:* (Geheimer) Staats- und Kronrat
2 *Lords:* Mitglieder des Oberhauses *(House of Lords)*
3 *Commons:* Mitglieder des Unterhauses *(House of Commons)*

1 Erarbeiten Sie aus M 5 die Rechte, auf die das englische Parlament zu Beginn des Bürgerkriegs beharrte, und die politischen Ziele, die es verfolgte.

M 6 Aus der *Bill of Rights* (13. Februar 1689)

Die in Westminster versammelten geistlichen und weltlichen Lords und Gemeinen [...] legten am 13. Tag im Februar im Jahr unseres Herrn 1689 Ihren Majestäten, zu der Zeit genannt und bekannt unter dem Namen und Titel Wilhelm und Maria, Prinz und Prinzessin von Oranien, die in eigener Person anwesend waren, eine gewisse geschriebene Erklärung vor [...]: Die angemaßte Befugnis, Gesetze oder die Ausführung von Gesetzen durch königliche Autorität ohne Zustimmung des Parlaments aufzuheben, ist gesetzwidrig. Die angemaßte Befugnis, von Gesetzen oder der Ausführung von Gesetzen durch königliche Autorität zu dispensieren [freizustellen], wie sie kürzlich beansprucht und ausgeübt wurde, ist gesetzwidrig. [...]. Steuern für die Krone oder zum Gebrauch der Krone unter dem Vorwand eines Prärogativs ohne Erlaubnis für längere Zeit oder in anderer Weise als erlaubt oder bewilligt wurde zu erheben, ist gesetzwidrig. Es ist das Recht des Untertans, dem König Bittschriften einzureichen, und jede Untersuchungshaft sowie Verfolgung wegen solch einer Petition ist gesetzwidrig. Es ist gegen das Gesetz, es sei denn mit Zustimmung des Parlaments, eine stehende Armee im Königreich in Friedenszeiten aufzustellen oder zu halten. Den protestantischen Untertanen ist es erlaubt, Waffen zu ihrer Verteidigung [...] zu führen. Die Wahl von Parlamentsmitgliedern soll frei sein. Die Freiheit der Rede und der Debatten und Verhandlungen im Parlament darf von keinem Gerichtshof oder sonst wie außerhalb des Parlaments angefochten oder infrage gestellt werden. [...] Um allen Beschwerden abzuhelfen sowie zur Besserung, Stärkung und Erhaltung der Gesetze sollen Parlamentssitzungen häufig gehalten werden [...]. Im vollen Vertrauen, dass seine Hoheit der Prinz von Oranien seine diesbezügliche Erklärung erfüllen [...] wird, beschließen die zu Westminster versammelten geistlichen und weltlichen Lords und Gemeinen, dass Wilhelm und Maria, Prinz und Prinzessin von Oranien, König und Königin von England sein und als solche erklärt werden sollen.

*Zit. nach: Geschichte in Quellen, Bd. 3, bearb. von Fritz Dickmann, bsv, München 1982, S. 495.**

1 Analysieren Sie M 6 mit Blick auf a) die Einschränkung königlicher Macht und b) die bürgerlichen Rechte.
2 Diskutieren Sie auf Basis der Darstellung und M 6 die These, die *Glorious Revolution* habe in England zum Sieg des Parlamentarismus geführt.
3 **Vertiefung:** Erörtern Sie, ob die englischen Revolutionen primär „religiös", „sozial" oder „politisch" waren.

5.2 Die Amerikanische Revolution

In dieser Themeneinheit geht es um
- *Gesellschaft und Politik in den englischen Kolonien Nordamerikas seit dem 16. Jh.,*
- *Ursachen, Verlauf und historische Bedeutung der Amerikanischen Revolution.*

Zur Bedeutung der Amerikanischen Revolution

▶ M 1: Karte Entstehung der USA

Der Unabhängigkeitskampf der britischen Kolonien in Nordamerika und ihre Erfolge bei der Gründung eines republikanischen Staates haben in den 1770er-/80er-Jahren viele Europäer beeindruckt. Während die deutsche Debatte ohne praktische Schlussfolgerungen blieb, erörterten Schriftsteller und Politiker in Frankreich, ob und inwieweit das **republikanische Verfassungsmodell** Amerikas als Vorbild tauglich sei. Die Erklärung der **Menschen- und Bürgerrechte,** mit der die Französische Revolution 1789 die **moderne bürgerliche* Gesellschaft** auf eine unanfechtbare Grundlage stellte, war von der Amerikanischen Revolution beeinflusst. Von 1776 bis 1785 schickten die Amerikaner den in Europa bekannten und beliebten Aufklärer und Staatsmann Benjamin Franklin (1706–1790) als Gesandten und Propagandisten ihrer Werte nach Frankreich. Und der französische Politiker und Staatstheoretiker Condorcet (1743–1794) veröffentlichte bereits vor 1789, ausgehend vom Beispiel der USA, grundlegende Prinzipien der Menschenrechte.

M1 **Entstehung der USA 1763–1795**

Staat und Gesellschaft in den Kolonien

An der Ostküste Nordamerikas entstanden vom 16. bis zur Mitte des 18. Jahrhunderts **13 englische Kolonien.** Als Siedler kamen Kaufleute, Händler oder Landwirte. Manche Auswanderer wie **Puritaner*** oder Quäker* erhofften sich Schutz vor politischer oder religiöser Verfolgung. Andere wollten der Armut in der alten Heimat entkommen. Die Wirtschaft der von den Puritanern geprägten nördlichen Kolonien beruhte auf Fischerei, Schiffbau und Handel. In ihren Hafenstädten entwickelte sich ein **kapitalkräftiges Bürgertum.** Die mittleren Kolonien um Pennsylvania galten als Kornkammern Nordamerikas. Im Süden dominierte der **Plantagenanbau** von Tabak, Reis, Baumwolle und Indigo, für den seit dem 17. Jahrhundert **Sklaven** aus Westafrika importiert wurden. Politisch bestimmend waren hier anglikanische* oder katholische **Großgrundbesitzer.** Zwischen den früh erschlossenen Küstenregionen und dem Indianerland im Westen entstand eine Grenzzone **(Frontier*),** die durch den Zuzug von Siedlern ständig nach Westen vorrückte. Opfer dieser Erschließung wurde die **indianische Urbevölkerung.**
Wie für die Engländer in Europa galten auch für die Einwohner der Kolonien die Rechte der *Magna Charta** und der *Bill of Rights** von 1689 (s. S. 187), d. h.: eine **unabhängige Rechtsprechung** und die Unverletzlichkeit des **Eigentums.** Die **Volksvertretungen** („*Assemblies*") der Kolonien wirkten an der Gesetzgebung und der Steuerbewilligung mit. Der Machtausgleich zwischen Monarch und Parlament, den die *Glorious Revolution* 1688 im Mutterland England herbeigeführt hatte, stärkte auch in den Kolonien die Volksvertretungen gegenüber den (vom englischen König berufenen) Gouverneuren.

Frontier
(engl. *frontier* = Grenze): Bezeichnet in der US-Geschichte den Grenzbereich, der die von Weißen besiedelten Gebiete des Ostens von den unerschlossenen Gebieten des Westens trennte. Mit *Frontier*-Bewegung ist das ständige Vorrücken dieses Bereichs nach Westen gemeint, was von der Gründung der ersten Siedlung 1607 bis 1890 dauerte. Die *Frontier*-Bewegung prägte das nationale Selbstverständnis der USA, wo der Begriff bis heute benutzt wird, um die Vervollkommnung politischer und gesellschaftlicher Ziele zu benennen (z. B. die *New-Frontier* von John F. Kennedy).

Der Steuerstreit

Seit Beginn der Besiedlung waren die wirtschaftlichen Ziele des Mutterlandes klar formuliert: Die Kolonien mussten Gewerbe und Handel Großbritanniens mit Rohstoffen versorgen und Fertigprodukte abnehmen. Zudem waren sie Siedlungsraum für die wachsende Bevölkerung des Königreiches. Um die englische Wirtschaft vor Konkurrenz zu schützen, verbot die Londoner Regierung 1699 den Kolonien, Wolle und Wollerzeugnisse zu exportieren*. 1750 unterband sie zudem mit dem *„Iron Act"* deren Stahlproduktion. Diese einseitigen Handelsgesetze behinderten die Wirtschaft der Kolonien.
Zur Entfremdung zwischen den Kolonien und Großbritannien trugen auch die Auseinandersetzungen mit Frankreich bei. Nach dem Siebenjährigen Krieg (1756–1763) musste Frankreich Kanada an Großbritannien abtreten (s. S. 174 f.). Damit entfiel die Bedrohung der Kolonien durch die Franzosen und die mit ihnen verbündeten Indianerstämme. Das durch den Krieg finanziell erschöpfte Mutterland wollte die Kolonien an der Tilgung* der Schuldenlast beteiligen und deren Wirtschaft noch mehr als bisher den eigenen Interessen nutzbar machen. Zudem verbot die britische Regierung jede weitere Erschließung von Indianerland und stationierte Truppen an der Siedlungsgrenze, um Konflikte zu verhindern. Gegen die Proteste der amerikanischen Kolonien führte Großbritannien 1764 neue Ein- und Ausfuhrzölle ein. Zur Finanzierung der Stationierungskosten wurde 1765 die im Mutterland schon seit Langem auf sämtliche Drucksachen und Dokumente erhobene **Stempelsteuer** auch in den Kolonien eingeführt. Der Widerstand gegen diese Versuche, erstmals eine direkt nach London fließende Steuer zu erheben, war aber so groß, dass das Londoner Parlament das Gesetz wieder zurückzog. Obwohl das Parlament seine legislative Oberhoheit über die Kolonien betonte, scheiterte auch 1768 der Versuch, neue Importzölle einzuführen. Die Siedler machten geltend, dass die Steuerpolitik gegen den Grundsatz des *„Common Law"* verstoße, nach dem Steuern nur mit Zustimmung der Betroffenen auferlegt werden können. Schließlich waren sie selbst nicht im Londoner Parlament vertreten und betrachteten daher die britischen Steuerpläne als Bedrohung ihrer Selbstverwaltung. Die Kolonisten beriefen sich dabei auf die „Rechte jedes freien Engländers" wie in der Englischen Revolution.

M2 ***„Boston Tea Party", 16. Dezember 1773, kolorierte Lithografie, 1846.***
Aus Protest gegen Importzölle und Teemonopol werfen als Indianer verkleidete Kolonisten die Teeladung britischer Schiffe im Hafen von Boston ins Wasser.

Der Bruch mit dem Mutterland

Seit 1770 entstanden in den Neuenglandkolonien **„Committees of Correspondence"**, die den Widerstand gegen das englische Mutterland organisierten. Einen Boykott* britischer Waren beantwortete London, indem es das Militär verstärkte und die Kompetenzen der britischen Zollverwaltung erweiterte. 1770 gab es bei Demonstrationen in Boston die ersten Toten. Als das englische Parlament der in finanzielle Schwierigkeiten geratenen Ostindien-Kompanie das Monopol für den Teeimport in die Kolonien erteilte, betrachtete man dies als neuen Versuch, die Wirtschaft der Kolonien dem britischen Diktat zu unterwerfen. Mitglieder der radikalen **„Sons of Liberty"*** enterten aus diesem Anlass am 16. Dezember 1773 Schiffe der Ostindien-Kompanie im Hafen von Boston und vernichteten Teile der Teeladung **(„Boston Tea Party"*)**. Die britische Regierung schloss daraufhin den Hafen und hob die Verfassung und Selbstverwaltung von Massachusetts auf, das die britische Wirtschafts- und Steuerpolitik am radikalsten bekämpfte.
Im September 1774 traten Delegierte* aller Kolonien – mit Ausnahme Georgias – zum **ersten Kontinentalkongress** in Philadelphia zusammen. Sie erklärten die Eingriffe Großbritanniens in die Verfassung der Kolonien ebenso für rechtswidrig wie die Steuergesetze und die Stationierung von Soldaten in Friedenszeiten. Der Kongress beschloss, den Handel mit dem Mutterland einzustellen und britische Waren zu boykottieren. Zugleich bat man aber den englischen König George III. (1760–1829) um Schutz gegen die Gesetzesbrüche von Parlament und Regierung. Noch wollte die Mehrheit der Amerikaner keine vollständige Trennung vom Mutterland, sondern lediglich Autonomie*.
Zum offenen Konflikt kam es, als die Volksvertretungen von Massachusetts das von der britischen Regierung erlassene Auflösungsdekret nicht anerkannten und sich neu konstituierten. Im Februar 1775 befahl das Londoner Parlament dem Gouverneur, diese Rebellion zu beenden. Im April gab es erste Gefechte zwischen amerikanischen Milizen und der britischen Armee. Der **zweite Kontinentalkongress** übernahm im Mai 1775 die Regierungsfunktionen für die Kolonien und ernannte **George Washington*** zum Oberbefehlshaber der Streitkräfte. Aus einem Konflikt um Wirtschafts- und Steuerfragen war ein Kampf um Grundsatzfragen von Recht und Verfassung geworden. Die führenden amerikanischen Politiker – ob Großgrundbesitzer aus dem Süden oder Angehörige des Wirtschaftsbürgertums des Nordostens – standen in der Tradition englischen Verfassungs- und Rechtsdenkens und nahmen das in ihm verankerte Widerstandsrecht

„Sons of Liberty"
Junge Kolonisten in Nordamerika, die seit der Stempelsteuer 1665 Widerstand gegen das Mutterland England leisteten.

M3 George Washington (1732–1799), Ölgemälde von Gilbert Stuart, 1796 (Ausschnitt)

Er war 1775–1783 Oberbefehlshaber der Kontinentalarmee, 1787 Präsident des Verfassungskonvents in Philadelphia und 1789–1797 erster Präsident der USA.

gegen illegale* Akte der Obrigkeit für sich in Anspruch. Sie sahen in ihrem Kampf gegen Parlament und Regierung in London eine Parallele zur Glorreichen Revolution von 1688, die die Freiheitsrechte der Engländer gesichert hatte. Nicht weil sich die Amerikaner als eigenständige Nation fühlten, sondern weil sie gleichberechtigte Untertanen der britischen Krone sein wollten, war es zum Konflikt gekommen. Erst die im Januar 1776 erschienene **Streitschrift „Common Sense“*** des britisch-amerikanischen Publizisten **Thomas Paine** mit ihrer Polemik* gegen die britische Obrigkeit bewirkte, dass sich der Gedanke einer völligen Ablösung vom Mutterland durchsetzte. Der Konflikt geriet jetzt zu einer kolonialen Befreiungsrevolution mit antimonarchistischen* Zügen.

Streitschrift *„Common Sense“*
Im Januar 1776 erschienene Schrift des kurz zuvor aus England eingewanderten Publizisten Thomas Paine (1737–1809). Durch sie wurde die Forderung nach der Unabhängigkeit der amerikanischen Kolonien von England zur zentralen Losung. Innerhalb von nur drei Monaten wurden 120 000 Exemplare der Schrift verkauft.

Die Staatsgründung

Die **Unabhängigkeitserklärung,** die der Kontinentalkongress am **4. Juli 1776** verkündete, begründete die Trennung vom Mutterland mit dem Widerstandsrecht und der Naturrechtsphilosophie der europäischen Aufklärung (s. S. 166 ff.). Zwischen 1776 und 1780 gaben sich die Einzelstaaten republikanische Grundordnungen und 1781 verabschiedete der Kongress die erste Verfassung der USA. Die **„Articles of Confederation“** betonten die Souveränität der Einzelstaaten und verzichteten auf eine starke zentrale Exekutive. Aus den britischen Kolonien war ein lockerer Staatenbund geworden.
Nach schweren Rückschlägen gewannen die zunächst schlecht bewaffneten amerikanischen Soldaten die Oberhand über die Briten. Entscheidend für ihren Sieg war, dass sie das Hinterland der von den Briten besetzten Hafenstädte beherrschten. Hinzu kam, dass sich Frankreich und Spanien auf ihre Seite stellten und sie wirtschaftlich und militärisch unterstützten. 1781 konnten die Amerikaner die durch die französische Flotte vom Nachschub abgeschnittenen Briten bei Yorktown zur Kapitulation* zwingen. 1783 erkannte das kriegsmüde Großbritannien im **Frieden von Paris** die Unabhängigkeit der USA an.

▶ **M 6: Unabhängigkeitserklärung der USA von 1776**

Die Verfassung

Die Amerikanische Revolution war mehr als eine koloniale Befreiungsrevolution. „Der ‚Unabhängigkeitskrieg‘ nach außen war unauflöslich verquickt mit der ‚Amerikanischen Revolution‘ im Innern“, wie der Historiker Hans-Ulrich Wehler schreibt. Die monarchische* Regierung wurde zunächst umgangen und dann beseitigt; revolutionäre Ausschüsse und Provinzialkongresse übten 1775/76 fast überall die Macht aus. Den eigentlichen revolutionären Akt verkörperte die Verfassungsgebung in den Einzelstaaten, bei der von Anfang an das **Prinzip der Volkssouveränität*** die Grundlage bildete. Alle Gewalt ging, wie die **„Virginia Bill of Rights“** vom 12. Juni 1776 erklärte, vom Volk aus. Diesem Grundsatz wurde auch praktisch Rechnung getragen. Die ersten Einzelstaatenverfassungen waren noch von den normalen Parlamenten ausgearbeitet und verabschiedet worden. In Massachusetts dagegen wurde die Ausarbeitung der Verfassung einer besonderen verfassunggebenden Versammlung anvertraut. Alle männlichen Einwohner durften an sämtlichen mit der Verfassungsgebung zusammenhängenden politischen Akten teilnehmen. Der Verfassungsentwurf wurde allen Gemeinden zur Annahme vorgelegt, wobei die Zustimmung von zwei Dritteln erforderlich war. Mit der Verfassung von Massachusetts 1780 wurde die Idee vom Volk als der konstituierenden* Gewalt erstmals in der Geschichte verwirklicht. Innovativ war die Amerikanische Revolution auch darin, dass sie das **Prinzip des Bundesstaats*** einführte. Gegenüber der bis dahin bekannten lockeren staatenbündischen Organisationsform, wie sie die Vereinigten Staaten zunächst mit den **„Articles of Confederation“** von 1781 vorsahen, vollzog die **Verfassung 1787** eine Trennung der Kompetenzen zwischen Bund und Einzelstaaten. Neu war auch die in der *„Northwest Ordinance“* 1787 geschaffene Möglichkeit, neue Territorien nach einer Übergangsphase als gleichberechtigte Mitgliedsstaaten aufzu-

▶ **M 5: Virginia Bill of Rights von 1776**

▶ M 7: James Madison zu *„checks and balances"*

nehmen. Die Verfassung schuf ein System der Gewaltenteilung und wechselseitigen Kontrolle zwischen Exekutive*, Legislative* und Judikative*: die ***„checks and balances"*.** Im Herbst 1789 wurde ein **Grundrechtekatalog** (*„Bill of Rights"*) als Zusatz in die Verfassung aufgenommen, dem als Vorlage die *„Virginia Bill of Rights"* von 1776 gedient hatte. Er garantierte jedem Amerikaner Glaubens-, Rede-, Presse- und Versammlungsfreiheit sowie die Unverletzlichkeit der Person, der Wohnung und das Recht auf Verteidigung.

M4 Die Verfassung der USA von 1787

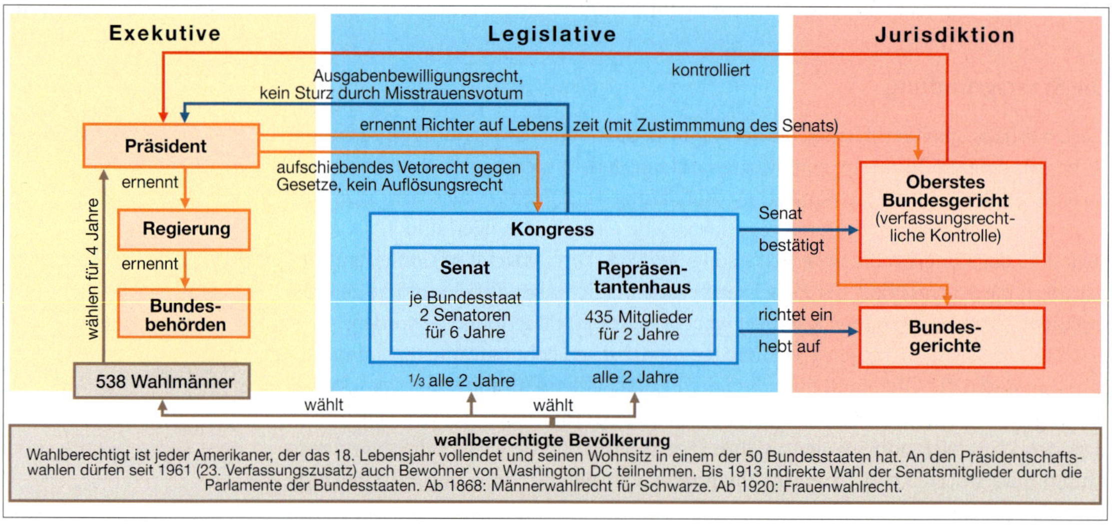

Einschränkung der Menschen- und Bürgerrechte

Die proklamierten Bürger- und Menschenrechte blieben in der Verfassung auf die freien männlichen Bürger beschränkt. Ausgeschlossen von der politischen Teilhabe waren **Sklaven*,** die als Eigentum eines weißen Herrn keine Rechte besaßen, **Frauen,** die **Urbevölkerung der Indianer*** und in den meisten Staaten die im Vergleich zu Europa eher kleine Gruppe von **besitzlosen Männern.** Dabei war in den Verfassungsversammlungen der Gemeinden und Staaten erörtert worden, ob es rechtens sei, Frauen und Sklaven von den Menschen- und Bürgerrechten auszuschließen. Die relativ frühe politische Gleichberechtigung der Frauen in einigen US-Bundesstaaten hat hier eine ihrer Wurzeln. Die Lage der Sklaven verbesserte sich durch die Amerikanische Revolution nicht, obwohl einige nördliche Staaten in den 1780er-Jahren Gesetze zur Abschaffung der Sklaverei beschlossen. In Massachusetts sowie durch Bundesgesetz im Nordwest-Territorium wurde sie sofort aufgehoben. Allerdings hatte die Sklaverei in diesen Gebieten ökonomisch kaum eine Rolle gespielt. Dagegen stieg zwischen 1790 und 1810 die Zahl der auf Plantagen in den Südstaaten eingesetzten Sklaven von 700 000 auf 1,2 Millionen.

1 Beschreiben Sie die geografische Situation der englischen Kolonien vor der Revolution und erläutern Sie die politischen Verhältnisse (Darstellung, Karte M 1).

2 **Wahlaufgabe:** Bearbeiten Sie Aufgabe a) oder b).

a) **Schaubild:** Skizzieren Sie den Verlauf des Konflikts zwischen England und den 13 Kolonien in Nordamerika, indem Sie ihn begründet in Phasen untergliedern.

b) **Lexikonartikel:** Verfassen Sie einen Lexikonartikel zum Jahrestag der Unabhängigkeit (4. Juli). Gehen Sie auf Ursachen und Folgen der Revolution ein.

Hinweise zur Arbeit mit den Materialien:
Die Materialien ermöglichen eine Analyse der grundlegenden Quellen zur Amerikanischen Revolution: In M 5 die Bill of Rights der Kolonie Virginia 1776, in M 6 die Unabhängigkeitserklärung 1776, in M 7 ein Text von 1788 zu den „checks and balances".

M 5 Die *Virginia Bill of Rights* (12. Juni 1776)

Im Mai 1776 stellte Virginia seiner Verfassung eine „Bill of Rights" voran. Die Kerninhalte gingen 1791 als Zusatzartikel 1 bis 10 in die US-Verfassung ein.

I. Dass alle Menschen von Natur aus gleich frei und unabhängig sind und bestimmte angeborene Rechte besitzen, die sie ihrer Nachkommenschaft durch keinen Vertrag rauben oder entziehen können, wenn sie eine staatliche Verbindung eingehen, nämlich das Recht auf den Genuss des Lebens und der Freiheit, auf die Mittel zum Erwerb und Besitz von Eigentum, das Streben nach Glück und Sicherheit und das Erlangen beider.

II. Dass alle Gewalt im Volke ruht und folglich von ihm abgeleitet ist, dass die Behörden seine Bevollmächtigten und Diener sind und ihm zu aller Zeit verantwortlich.

III. Dass eine Regierung eingesetzt ist oder eingesetzt sein sollte zum allgemeinen Wohle, zum Schutz und zur Sicherheit des Volkes, der Nation oder der Gemeinde; dass von all den verschiedenen Regierungsformen diejenige die beste ist, die fähig ist, den höchsten Grad von Glück und Sicherheit hervorzurufen, und die am wirksamsten gegen die Gefahr schlechter Verwaltung gesichert ist; und dass die Mehrheit einer Staatsgemeinde ein unzweifelhaftes, unveräußerliches und unverletzliches Recht hat, eine Regierung zu reformieren, zu verändern oder abzuschaffen, wenn sie diesen Zwecken unangemessen oder entgegengesetzt befunden wird [...].

V. Dass die gesetzgebenden und vollziehenden Gewalten eines Staates getrennt und von der richterlichen unterschieden werden sollen. [...]

VI. Dass die Wahlen der Mitglieder, die als Vertreter des Volkes in der Versammlung dienen sollen, frei sein sollten und dass alle Menschen, die genügend ihr dauerndes Interesse an der Allgemeinheit und ihre Bindung an die Staatsgemeinde nachweisen können, das Recht zur Wahl haben, dass ihnen ihr Eigentum nicht zu öffentlichen Zwecken besteuert oder genommen werden kann ohne ihre eigene Einwilligung oder die der so gewählten Volksvertreter; dass sie ferner durch kein Gesetz gebunden werden können, dem sie nicht in gleicher Weise im Interesse der Allgemeinheit zugestimmt haben. [...]

VIII. Dass bei allen hochnotpeinlichen oder peinlichen Prozessen jedermann das Recht hat, nach Ursache und Natur seiner Anklage zu fragen, seinen Anklägern und deren Zeugen gegenübergestellt zu werden, Zeugen zu seinen Gunsten herbeizurufen und eine sofortige Untersuchung durch einen unparteiischen Gerichtshof aus zwölf Leuten seiner Nachbarschaft zu verlangen [...].

XII. Dass die Pressefreiheit eines der stärksten Bollwerke der Freiheit ist und nur durch despotische Regierungen beschränkt werden kann.

XIII. Dass eine wohlgeordnete Miliz, die aus dem Volke gebildet und im Waffendienst geübt ist, die natürliche und sichere Verteidigung eines freien Staates ist; dass man stehende Heere in Friedenszeiten, als für die Freiheit gefährlich, vermeiden sollte; und dass auf alle Fälle die militärische Gewalt in strenger Unterordnung unter der zivilen stehen [...] sollte. [...]

XVI. Dass die Religion oder die Ehrfurcht, die wir unserem Schöpfer schulden, und die Art, wie wir uns dieser Pflicht entledigen, nur durch unsere Vernunft und Überzeugung bestimmt werden kann, nicht durch Machtspruch oder Gewalt; und dass daher alle Menschen zur freien Religionsausübung [...] berechtigt sind, entsprechend der Stimme ihres Gewissens.

*Zit. nach: Wolfgang Lautemann (Bearb.), Geschichte in Quellen, Bd. 4, bsv, München 1981, S. 107–109.**

1 Analysieren Sie den Text der *Bill of Rights* (M 5).
2 Beurteilen Sie die *Bill of Rights* im Hinblick auf ihre grundlegende Bedeutung.
3 **Vertiefung:** Bewerten Sie die *Bill of Rights*, in dem Sie sie mit Ihren Vorstellungen vergleichen.

M 6 Die Unabhängigkeitserklärung der Vereinigten Staaten (4. Juli 1776)

Folgende Wahrheiten erachten wir als selbstverständlich: dass alle Menschen gleich geschaffen sind; dass sie von ihrem Schöpfer mit gewissen unveräußerlichen Rechten ausgestattet sind; dass dazu Leben, Freiheit und das Streben nach Glück gehören; dass zur Sicherung dieser Rechte Regierungen unter den Menschen eingerichtet werden, die ihre rechtmäßige Macht aus der Zustimmung der Regierten herleiten; dass, wenn irgendeine Regierungsform sich für diese Zwecke als schädlich erweist, es das Recht des Volkes ist, sie zu ändern oder abzuschaffen und eine neue Regierung einzusetzen und sie auf solchen Grundsätzen aufzubauen und ihre Gewalten in der Form zu organisieren, wie es zur Gewährleistung ihrer Sicherheit und ihres Glücks geboten zu sein scheint. Gewiss gebietet die Vorsicht, dass seit Langem bestehende Regierungen nicht um unbedeutender und flüchtiger Ursachen willen geändert werden sollten, und demgemäß hat noch jede Erfahrung gezeigt, dass die Menschen eher geneigt sind zu dulden, solange die Übel noch erträglich sind, als sich unter Abschaffung der Formen, die sie gewöhnt sind, Recht zu verschaffen. Aber wenn eine lange Reihe von Missbräuchen und Übergriffen, die stets das gleiche Ziel verfolgen, die Absicht erkennen lässt, sie absolutem Despotismus zu unterwerfen, so ist es ihr Recht, ist es ihre Pflicht, eine solche Regierung zu beseitigen und sich um neue Bürgen für ihre zukünftige Sicherheit umzutun. Solchermaßen ist das geduldige Ausharren dieser Kolonien gewesen und solchermaßen ist jetzt die Notwendigkeit, welche sie treibt, ihre früheren Regierungssysteme zu ändern. Die Geschichte des gegenwärtigen Königs von Großbritannien ist die Geschichte wiederholten Unrechts und wiederholter Übergriffe, die alle auf die Errichtung einer absoluten Tyrannei über die Staaten zielen. [...] In jenem Stadium dieser Bedrückungen haben wir in den untertänigsten Ausdrücken um Abhilfe ersucht; unser wiederholtes Ersuchen ist lediglich durch wiederholtes Unrecht beantwortet worden. Ein Fürst, dessen Charakter durch jede Handlung in solcher Weise gekennzeichnet ist, kann als ein Tyrann bezeichnet werden, der als Herrscher über ein freies Volk ungeeignet ist. [...] Daher tun wir, die Vertreter der Vereinigten Staaten von Amerika, versammelt in einem allgemeinen Kongress, an den Obersten Richter der Welt betreffs der Rechtlichkeit unserer Absichten appellierend, im Namen und kraft der Autorität des rechtlichen Volkes dieser Kolonien, feierlich kund und erklären, dass diese Vereinigten Kolonien freie und unabhängige Staaten sind und es von Rechts wegen sein sollen; dass sie von jeglicher Treuepflicht gegen die britische Krone entbunden sind und dass jegliche politische Verbindung zwischen ihnen und dem Staate Großbritannien vollständig gelöst ist, [...] und dass sie als freie und unabhängige Staaten Vollmacht haben, Kriege zu führen, Frieden zu schließen, Bündnisse einzugehen, Handel zu treiben und alle anderen Akte und Dinge zu tun, welche unabhängige Staaten von Rechts wegen tun können.

*Zit. nach: Adolf Rock, Dokumente der amerikanischen Demokratie, Limes, Wiesbaden, 2. Aufl., 1953, S. 102ff.**

1 Erarbeiten Sie die Argumente, mit denen die Kolonien die Trennung vom Mutterland begründen (M 6).
2 Erläutern Sie das Staatswesen, das die Verfasser der Erklärung (M 6) anstrebten.
Tipp: Merkmale eines Staatswesens, siehe S. 294 f. und Lexikon, S. 671, „Staat".

M7 James Madison (1751–1836) über das Prinzip der *checks and balances* (1788)

Zu den Haupteinwänden, welche die achtenswerten Gegner der Verfassung vorbringen, gehört die ihr angelastete Verletzung jenes politischen Grundsatzes, der besagt, dass die gesetzgebende, die vollziehende und richterliche Gewalt deutlich voneinander getrennt sein müssen. [...] Schon bei oberflächlicher Betrachtung der britischen Verfassung werden wir bemerken, dass gesetzgebende, vollziehende und richterliche Gewalt keineswegs gänzlich voneinander getrennt und unterschieden sind. Der Träger der vollziehenden Gewalt bildet einen integrierenden Bestandteil der gesetzgebenden Autorität. Er allein hat das Recht, mit fremden Souveränen Verträge abzuschließen, die nach ihrem Abschluss mit gewissen Einschränkungen Gesetzeskraft erlangen. Alle Mitglieder des richterlichen Zweiges der Regierung werden von ihm ernannt, können auf Antrag der beiden Häuser des Parlaments von ihm abgesetzt werden und bilden, wenn es ihm beliebt, sie zu konsultieren, ein ihm verfassungsmäßig zustehendes Ratskollegium. Ein Zweig der gesetzgebenden Körperschaft stellt aufgrund der Verfassung ein zweites, größeres Ratskollegium für den Träger der vollziehenden Gewalt dar. Der gleiche Zweig ist jedoch andrerseits in Fällen von Hochverrat der einzige Träger der richterlichen Gewalt, während er in allen übrigen Fällen die höchste Berufungsinstanz darstellt. Die Richter sind wieder so eng mit der gesetzgebenden Körperschaft verbunden, dass sie häufig an deren Beratungen teilnehmen, wenn ihnen auch keine gesetzgebende Stimme zusteht. Aus diesen Tatsachen [...] kann mit voller Klarheit Folgendes geschlossen werden: Wenn Montesquieu sagt, „es kann keine Freiheit geben, wo gesetzgebende und vollziehende Gewalt in ein und derselben Person oder in ein und derselben Körperschaft vereinigt sind oder wo die richterliche Gewalt von der gesetzgebenden und von der vollziehenden Gewalt getrennt ist", so meint er damit keineswegs, dass die drei Zweige der Regierung untereinander auf ihre spezifische Tätigkeit nicht ein gewisses Maß von Einfluss ausüben oder einander nicht wechselseitig kontrollieren sollten. [...] Wenn wir die Verfassungen unserer Einzelstaaten betrachten, so [sind in keiner] die drei Zweige der Regierung absolut getrennt.

*Zit. nach: Alexander Hamilton u. a., Der Föderalist. Artikel 47, Hg. v. Felix Ermacora, Manzsche Verlagsbuchhandlung, Wien 1958, S. 277ff.***

1 Erklären Sie die *checks and balances* (M 7).
2 **Vertiefung:** Überprüfen Sie seine Verwirklichung anhand des Verfassungsschaubilds (M 4).

5.3 Die Französische Revolution

Ursachen der Revolution

> ***In dieser Themeneinheit geht es um***
> *– um die Ursachen der Französischen Revolution und*
> *– die begründete Gewichtung dieser Ursachen.*

Ein Bündel von Ursachen

Es sei klar, „dass sich komplexe politische Phänomene wie die Französische Revolution nicht auf eine Ursache zurückführen lassen", schreibt der Historiker Axel Kuhn. Dieser **multikausale* Erklärungsversuch** wird auch von der Mehrheit seiner Kolleginnen und Kollegen vertreten. Umstritten ist dagegen die Gewichtung der Ursachen. Die Geschichtswissenschaft diskutiert vor allem drei Problembereiche, die für die Revolution verantwortlich gemacht werden: die politische Krise des **Ancien Régime***, die wirtschaftliche und soziale Lage der Bevölkerung und die Folgen der Aufklärung.

Ancien Régime
dt. „alte Regierungsform": Bezeichnung für das vorrevolutionäre, absolutistische Frankreich bzw. die politische und gesellschaftliche Situation anderer europäischer Staaten vor 1789.

Die Krise des Ancien Régime

Die Krise des Ancien Régime zeigte sich deutlich in der enormen Schuldenlast des französischen Staates. Schon seit dem Siebenjährigen Krieg (1756–1763), der für Frankreich mit einem erheblichen Territorialverlust in Indien und Nordamerika endete (s. S. 174 f.), stand eine Finanzreform auf der Tagesordnung. In der Auseinandersetzung um diese Reform war bereits die Rede von der „Nation", dem „Staat" und dem „Volk" anstelle vom „Monarchen" und seinen „Untertanen". Frankreichs außenpolitische Misserfolge bewirkten, dass die Regierungsweise des Absolutismus* in der Bevölkerung an Legitimität*

▶ M 2: Grafik Französischer Staatshaushalt

M 1 „Die Lage der Bauern", zeitgenössischer Stich zur Lastenverteilung zwischen den einzelnen Ständen, 1789.
Die Inschrift auf dem Stein lautet: die Kopfsteuer, das Steuerwesen und die Fronarbeit(en).

Dritter Stand
frz. *Tiers État:* Sammelbegriff nach dem Staatsrecht des Ancien Régime für die politische Bevölkerung, die nicht den privilegierten Ständen Klerus und Adel angehörte; zugleich die Vertretung dieser Bevölkerung bei den Generalständen.

***Parlement* von Paris**
Die dreizehn mit Adligen besetzten Gerichtshöfe waren oberste Appellationsinstanzen (= Anrufungsinstanzen); ohne die „Registrierung" vom Pariser *Parlement* konnte kein Gesetz wirksam werden.

Generalstände
frz. *États généraux:* Die beratende Vollversammlung der drei Stände Geistlichkeit, Adel und Dritter Stand war zuletzt 1614 einberufen worden.

einbüßte. Die Schuldenkrise wurde zudem durch das kostspielige Engagement* Frankreichs im amerikanischen Unabhängigkeitskrieg (s. S. 192 f.) verschärft. Reformvorschläge mehrerer Finanzminister, die die Staatsfinanzen sanieren und die Wirtschaft liberalisieren sollten, scheiterten am Widerstand von Adel, hohem Klerus und der bürgerlichen Eliten des **Dritten Standes***. Klerus und Adel zeigten sich nicht bereit, durch die Aufgabe von Privilegien*, etwa ihrer weitgehenden Steuerbefreiung, zur Sanierung der maroden Staatsfinanzen beizutragen. Die Adligen ließen vor allem über das **Parlement von Paris*** seit den 1770er-Jahren alle Reformgesetze scheitern. Daraufhin verkündete der König die Einberufung von **Generalständen*** für den 5. Mai 1789. Zu diesem Zeitpunkt sah es noch nicht danach aus, als würde kurze Zeit später eine Revolution beginnen.

Die Wirtschaftskrise

Die Krise des politischen Systems wurde 1788/89 überlagert von einer Wirtschaftskrise, die die bestehenden sozialen Gegensätze der französischen Gesellschaft weiter zuspitzte. Durch Missernten stiegen seit Frühjahr 1789 die Getreidepreise an. Die Brotpreise erreichten im Juni/Juli 1789 den Höchststand des Jahrhunderts. Die Teuerungskrise beschleunigte die Verarmung auf dem Land und schürte in der städtischen Bevölkerung die Angst vor dem Hunger. Die wirtschaftliche Not löste Unruhen der bäuerlichen und städtischen Unterschichten aus. Die heftigsten Proteste fanden in Paris im April 1789 statt. Diese richteten sie sich sowohl gegen die königliche Regierung als auch gegen die Grund- und Landbesitzer. Die Aufstände waren zwar „noch keine Aktionen einer politischen Volksbewegung, sondern Ausdruck eines uralten Denkens und Handelns, das von der Vorstellung des ‚gerechten Preises' und der Fürsorgepflicht des ‚guten Königs' ausging" (Hans-Ulrich Thamer). Doch die Unruhen, bei deren Niederschlagung Hunderte starben, trugen zur Entstehung einer revolutionären Grundstimmung bei.

Die Aufklärung

▶ **M 3: Ursachen der Französischen Revolution im historischen Urteil**

Die Frage nach dem Beitrag der Aufklärung (s. S. 166 ff.) zum Beginn der Revolution diskutierten schon die Zeitgenossen leidenschaftlich. Viele von ihnen sahen in ihr eine entscheidende Voraussetzung der Revolution bzw. in der Revolution ihre Verwirklichung. Zeitgenössische Gegner der Revolution behaupteten häufig, die Revolution sei ein Werk der Verschwörung von Aufklärern gewesen. In der Geschichtswissenschaft wird heute die Auffassung vertreten, die Aufklärung sei keine direkte Ursache der Revolution, sondern vielmehr „Katalysator* und Symptom* einer zunehmenden Autoritätskrise" (Hans-Ulrich Thamer) des Ancien Régime. Dabei waren es nicht die philosophischen Schriften Voltaires, Montesquieus oder Rousseaus, sondern ihre Umwandlung in einfache Schlagworte wie „Freiheit", „Gleichheit", „Glück" oder „repräsentative Regierung", die mit der politischen Legitimationskrise der alten Ordnung eine „einzigartige Durchsetzungschance" (Michel Vovelle) erhielten. Die erhobenen Forderungen nach individueller Freiheit und rechtlicher wie politischer Gleichheit aller Menschen sowie die Idee der Volkssouveränität* wurden von der Aufklärung vorbereitet. Eine allmähliche Auflösung des christlich-religiösen Weltbildes und ein Wandel in der Mentalität der Bevölkerung ließ sich bis in das ländliche Frankreich hinein feststellen. Dies rührte an der religiösen Begründung der sozialen und politischen Ordnung des Ancien Régime. Die Amerikanische Revolution (s. S. 190 ff.) bereitete dabei die französischen Ereignisse mit vor, indem sie die praktische Umsetzung aufklärerischer Ideen zeigte.

1 Erklären Sie die Revolutionsursachen und gewichten Sie die jeweiligen Ursachen.
2 **Beschwerdebriefe:** Verfassen Sie aus der Sicht von Zeitgenossen einen Beschwerdebrief an den König, z. B. eines/einer Adligen, eines Bürgers/einer Bürgerin in der Stadt oder eines Bauern/einer Bäuerin auf dem Land.

Hinweise zur Arbeit mit den Materialien:
Die Revolutionsursachen können anhand von drei Materialgattungen untersucht werden: Bild (M 1), Grafik (M 2), Sekundärtext (M 3).

Ursachen der Französischen Revolution

M 2 Der französische Staatshaushalt 1520 bis 1780

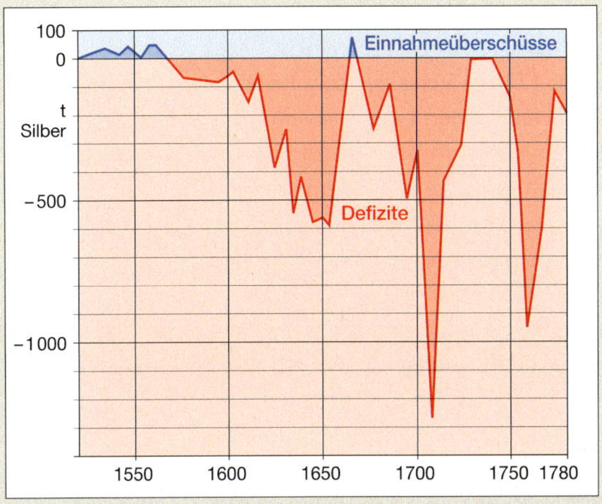

M 3 Der Historiker Axel Kuhn (1999)

In Frankreich führten unzufriedene Massen, eine ökonomisch erstarkte bürgerliche Klasse mit politisch versierten Wortführern und die Zwangslage eines bankrotten Staates zu einer revolutionären Situation, in der der König und seine Berater durch halbherzige und widersprüchliche Reformen die Chance zur evolutionären Veränderung von Staat und Gesellschaft verspielten.

Lange Zeit hat ein Grundthema die Diskussion der Revolutionsursachen bestimmt: der Aufstieg des Bürgertums. […] Die Logik der Konflikte im vorrevolutionären Frankreich unterlag aber nie der Kontrolle einer Klasse oder parteiähnlichen Gruppierung, auch wenn eine solche sich später im revolutionären Prozess in den Mittelpunkt stellte. Die Konflikte zeitigten Folgen, die vorher nicht beabsichtigt worden waren.

In der Vorgeschichte der Revolution war keine revolutionäre Regie vorhanden. […] Bauernunruhen und städtische Unruhen waren ein wichtiger Bestandteil […]. Sie waren sozusagen ein Vehikel [= Mittel] für die Durchsetzung bürgerlicher Interessen. Es ist auch nicht zu übersehen, dass sich die bäuerlichen Ziele in der Französischen Revolution nicht wesentlich von denen früherer Aufstände unterschieden. Die Bauern (und dasselbe gilt für die städtischen Unterschichten) nahmen an der Revolution teil, ohne zu den radikalen Visionen einer neuen Gesellschaft zu stehen. Stattdessen kämpften sie wie immer für handfeste Ziele – Ziele, die sich aus ihrer lokalen Situation ergaben. Sie übten aber damit Druck auf die Abgeordneten aus und zwangen diese im Laufe der Revolution, je nach politischem Standort mehr oder weniger, auf sie einzugehen. Es ist also auch eine irrige Vorstellung anzunehmen, traditionelle Volksunruhen müssten sich in ihrem Charakter ändern, damit es zu einer Revolution kommt. Innerhalb des ganzen Ursachenbündels sind also unruhige Massen und revolutionsbereite Bürger zwar notwendige Voraussetzungen der Revolution, aber nicht hinreichend für sie. Von entscheidender Bedeutung waren vielmehr der Zustand des Staatsapparates und die internationale Situation, in der er Frankreich zu vertreten hatte. Die revolutionäre Krise brach aus, als sich die Unfähigkeit des alten Regimes zeigte, die sich aus der internationalen Situation ergebenden Herausforderungen zu meistern. Im Wettbewerb mit England hatte Frankreich im 18. Jahrhundert militärische Niederlagen einstecken müssen. Frankreich entschied sich dafür, im amerikanischen Unabhängigkeitskrieg den Wettbewerb mit England um die Führungsrolle fortzusetzen, auch um den Preis des finanziellen Zusammenbruchs. Um die Wichtigkeit dieses Faktors zu verstehen, muss man sich den absolutistischen Staat von einer kleinen Privilegiertenschicht regiert vorstellen, die ihre eigenen Interessen über die der Bevölkerung setzte. Dazu brauchte sie Instanzen, die die Eintreibung der Steuern und die Rekrutierung von Soldaten gewährleisteten. War diese Kontrollfunktion nicht mehr gegeben, dann konnte sich der Staatsapparat auch nicht mehr gegen rebellierende Untertanen zur Wehr setzen. Wenn es also stimmt, dass Revolutionen nicht mit gesetzmäßiger Notwendigkeit ausbrechen, so stimmt es doch auch, dass diese Revolution in Frankreich ausbrechen musste angesichts des Zustandes der sozialökonomischen Verhältnisse und der Unfähigkeit des absolutistischen Staates zu Reformen.

*Zit. nach: Axel Kuhn, Die Französische Revolution, Reclam, Stuttgart 1999, S. 39–41.***

1 **Wahlaufgabe:** Bearbeiten Sie Aufgabe a) oder b).
  a) Interpretieren Sie Bild M 1 im Kontext der Krise.
  b) Interpretieren Sie Grafik M 2 im Kontext der Krise.

2 Analysieren Sie M 3 hinsichtlich folgender Aspekte: Ursachen, Ziele und Träger der Revolution.

3 **Vertiefung:** Nehmen Sie Stellung zum Fazit Kuhns.

Das Ende der Feudalherrschaft in Frankreich

In dieser Themeneinheit geht es um
- *die ersten Schritte zur Verfassungsgebung in der Französischen Revolution,*
- *die revolutionären Ereignisse und Entwicklungen in den Städten,*
- *die revolutionären Ereignisse und Entwicklungen in ländlichen Regionen,*
- *die Beseitigung der alten Feudalordnung.*

Die Verfassungsrevolution

Generalstände von 1789

Zusammensetzung
Adel: 270
Klerus: 291
Dritter Stand: 578

Repräsentierte Bevölkerung
Erster Stand (Klerus): ca. 120 000;
Zweiter Stand (Adel): ca. 350 000;
Dritter Stand: ca. 24 000 000 (darunter über 20 000 000 Bauern).

Informationsstand der Deputierten
In Vorbereitung der Wahlen zu den Generalständen schrieben die Gemeinden nach altem Brauch Beschwerdehefte (frz. *Cahiers de doléances*), die Missstände aufzählten. Die Hefte wurden dem König vorgelegt. Das Ende der Missstände machte man 1789 zur Bedingung für die Bewilligung neuer Steuern. Circa 60 000 Beschwerdehefte sind überliefert.

Als die **Generalstände*** am 5. Mai **1789** in Versailles zusammentraten, verlangten die Vertreter des Dritten Standes als Erstes einen neuen Abstimmungsmodus. Die alten Generalstände hatten nach Ständen abgestimmt; Adel und Klerus konnten dabei den Dritten Stand, dessen reale Bevölkerungsstärke bei diesem Wahlmodus nicht repräsentiert wurde, leicht überstimmen. Der von 300 auf knapp 600 Delegierte* erweiterte Dritte Stand von 1789 forderte deshalb die Abstimmung „nach Köpfen". So hätte er die Mehrheit über die privilegierten Stände (Adel*, Klerus*) erlangt und zudem seinen Anspruch, als größte Gruppe die Nation zu repräsentieren, verdeutlicht. Als diese Forderung auf Widerstand des Königs und vieler Adliger stieß, erklärte sich der **Dritte Stand** am 17. Juni 1789 in einem revolutionären Akt zur **Nationalversammlung***, der das Recht auf Gesamtrepräsentation der Franzosen zustehe. Die Versuche des Königs, das Zusammentreten der Nationalversammlung zu verhindern, scheiterten. Die Abgeordneten trafen sich am 20. Juni 1789 im **Ballhaus** von Versailles und leisteten dort den Eid: Sie würden erst wieder in ihre Provinzen zurückzukehren, wenn das Königreich eine Verfassung habe. Bei der „königlichen Sitzung" der Stände drei Tage später erfuhr der König erneut, wie entschlossen der Dritte Stand war. Dessen Abgeordnete hielten sich nicht an das übliche Ritual und behielten in Anwesenheit des Königs ihre Kopfbedeckung auf. Ludwig XVI. versprach Reformen, diese sollten aber weder die Ständegesellschaft noch die Privilegien für Adel und Klerus antasten.

M1 Der Ballhaus-Schwur in Versailles 20. Juni 1789, zeitgenössisches Gemälde, anonym (nach einer Zeichnung von Jacques-Louis David 1791).
David (1748-1825) war Mitglied im revolutionären Jakobinerclub, der ihn 1790 mit einem Schwur-Wandgemälde beauftragte; das Werk blieb unvollendet.*

Zudem drohte der König mit Gewalt. Am 9. Juli erklärte sich die Nationalversammlung zur Verfassungsgebenden Versammlung *(Assembleé Nationale Constituante)*. Der König gab nach und forderte die Abgeordneten der privilegierten Stände auf, gemeinsam mit dem Dritten Stand zu tagen, dessen neue Bedeutung durch ein Flugblatt **„Was ist der Dritte Stand?"*** weit verbreitet war. Im gemeinsamen Tagen lag der Kern der **Verfassungsrevolution.** Die Erhebung der Versammlung des Dritten Standes zur Verfassunggebenden Nationalversammlung bedeutete den Umsturz der alten Herrschaftsordnung. Die oberste politische Macht, die Souveränität*, sollte nicht mehr bei einem König „von Gottes Gnaden", sondern bei der Gesamtheit der **Nation*** liegen.

Abbé Sieyès: „Was ist der Dritte Stand?"
In dem im Januar 1789 veröffentlichten Flugblatt forderte der Geistliche Emmanuel Joseph Sieyès politische Freiheit und Souveränität für die Nation. Seine Antwort auf seine einfache Frage war revolutionär: „Was ist der Dritte Stand? Alles. Was ist er bisher in der staatlichen Ordnung gewesen? Nichts. Was will er? Etwas darin werden."

Die Revolution in den Städten

In den Städten, vor allem in der Hauptstadt Paris, war die Stimmung wegen der Wirtschaftskrise seit 1788 äußerst gespannt. Steigende Brotpreise und bedrohliche Truppenkonzentrationen mobilisierten kleinbürgerliche Unterschichten, vor allem Gesellen, Tagelöhner, kleine Handwerker und Händler. In der Bevölkerung gärten* Ängste. Die heimliche Entlassung des beliebten Finanzministers Necker und die Einberufung einer neuen, konservativen Regierung durch den König verstärkten die Unruhe bis zum Ausbruch spontaner Gewalt. Auf der Suche nach Getreide, Waffen und Munition plünderten und zerstörten Protestgruppen Zollstationen und Klöster.
Am 14. Juli belagerten und eroberten die Aufständischen die alte Pariser Stadtfestung, die Bastille, um sich mit Waffen zu versorgen. Militärisch war der **Sturm auf die Bastille,** die mit nur wenig Personal besetzt war, bedeutungslos. Umso größer war die Symbolkraft des Ereignisses. Die städtischen Unruhen bekamen nun auch aus der Sicht der Regierung eine politische Dimension. Der Herzog von Liancourt brachte dies gegenüber dem König zum Ausdruck, indem er den Sturm auf die Bastille nicht nur als Revolte, einen traditionellen „Brotkrawall", sondern als Revolution bezeichnete. Von den Aufständischen wurden die „Sieger der Bastille" zu Helden und die Toten zu Märtyrern verklärt. Sie wurden während der Revolution in jährlichen Gedenktagen geehrt. Zum **Nationalfeiertag** erklärte das französische Parlament den **14. Juli** jedoch erst 1880.
Aufstände wie in Paris ereigneten sich auch in anderen französischen Städten. Historiker sprechen daher auch von einer **Munizipalrevolution***. Denn die politischen Folgen der städtischen Unruhen waren die Absetzung der alten königlichen Magistrate und die Bildung neuer **bürgerlicher Stadträte**. Diese organisierten zum Schutz des Erreichten und zur Abwehr weiterer Übergriffe der Unterschichten meist eigene **Bürgermilizen.** Der König erkannte unter dem Druck dieser allgemeinen Mobilisierung und Politisierung die Nationalversammlung formal an, zog seine Truppen zurück und setzte am 16. Juli den entlassenen Finanzminister Necker wieder in sein Amt ein. Die gegenrevolutionäre Partei des höfischen Adels zerfiel und zahlreiche Adlige emigrierten, um vom Ausland gegen die Revolution zu arbeiten. Die Macht in Paris übernahmen ein bürgerlicher Wahlmännerausschuss und die Bürgermiliz, die bald als Nationalgarde fest installiert wurde. Der König ließ sich im Pariser Rathaus von der neuen Stadtregierung unter Bailly empfangen und zeigte sich öffentlich mit der blau-weiß-roten **Kokarde***.

Munizipalrevolution
Historischer Fachbegriff für die städtische Revolution in Frankreich 1789 (abgeleitet von lat. *municipium* = autonome Stadtgemeinde).

M2 Kokarde, 1789

Seit 1789 war die Kokarde Abzeichen der französischen Revolutionäre. Aufschrift im Innenkreis: Égalité. Liberté; *diese beiden Tugend-Begriffe wurden 1791 um den Begriff* „Fraternité" *erweitert.*

Die Revolution der Bauern

Auf dem Land hatten die Missernte von 1788 und der Mangel an Beschäftigung die Spannungen zwischen den Bauern und den Abgaben einfordernden Grundherren verschärft. Gerüchte über ein angebliches Komplott der emigrierenden* Aristokratie* gegen die Reformbemühungen der Nationalversammlung führten Ende Juli 1789 zur „Großen Angst" *(grande peur)* der Bauern. Sie entlud sich in Angriffen auf Adelssitze und vor allem grundherrliche Archive. Dabei zerstörten die Bauern Urkunden über Grundrechte und Abgaben, übernahmen Gemeindeverwaltungen und weigerten sich,

M 3 „Das Erwachen des Dritten Standes", Flugblatt, kolorierter Kupferstich, anonym, 1789

Abgaben zu bezahlen. Bis auf wenige Ausnahmen (Bretagne, Elsass, Lothringen) wurde in kurzer Zeit ganz Frankreich von den Bauernunruhen erfasst. Im Bürgertum und bei der Nationalversammlung löste diese Revolution Furcht aus. Denn ein großer Teil der Abgeordneten gehörte selbst zu den Besitzenden und forderte daher eine rasche Wiederherstellung der „alten Ordnung" mit militärischen Mitteln. Auch brauchte die Nationalversammlung die bäuerliche Revolution zur Durchsetzung ihrer eigenen Ziele. Ein Vorgehen gegen die Bauern hätte daher die gesamte Revolution gefährdet.

Die Beseitigung der Privilegien

Die Abgeordneten der Nationalversammlung reagierten schnell: In der Nachtsitzung vom 4. auf den 5. August 1789 beschlossen die reformorientierten Abgeordneten der beiden oberen Stände die **Abschaffung der Feudalherrschaft*.** Der erste Artikel des Beschlusses lautete: „Die Nationalversammlung vernichtet die Feudalordnung völlig." Bei der Beseitigung der Feudalrechte ging die Nationalversammlung zunächst unterschiedlich vor: Die „persönlichen Rechte", wie etwa die Jagdprivilegien des Adels, die grundherrliche Gerichtsbarkeit und die Ämterkäuflichkeit wurden unwiderruflich abgeschafft. „Sächliche Rechte" wie Grundbesitz sollten lediglich durch Geldzahlungen der Bauern abgelöst werden können. Diese Unterscheidung wurde in den folgenden Monaten durch eine Reihe von Gesetzen festgeschrieben und war für die betroffenen Bauern außerordentlich ungünstig. Bauernunruhen und -revolten erzwangen drei Jahre später die vollständige und entschädigungslose **Aufhebung der Feudallasten.** Doch bereits der Beschluss vom 4./5. August hatte das **Ende des Ancien Régime** besiegelt.

▶ M 4–M 6: Ende der Feudalherrschaft

1 Erklären Sie die Bedeutung des Ereignisses in M 1 und die Intention von David.
Tipp: Der Maler David, der den Entwurf zu Gemälde M 1 erstellt hatte, war kein Teilnehmer der Ballhaus-Sitzung, auch kannte er keine Augenzeugenberichte.
2 **Tabelle:** Untersuchen Sie mithilfe der Darstellung die drei Teilrevolutionen, indem Sie Träger, Motive und Ergebnisse in einer Tabelle gegenüberstellen.
3 Erläutern Sie mit Beispielen, warum 1789 eine „Revolution" und keine „Revolte" war.

Hinweise zur Arbeit mit den Materialien:
M 3–M 6 thematisieren das Ende der Feudalherrschaft anhand von Text- und Bildquellen.

Das Ende der Feudalherrschaft in Frankreich

M 4 „Ich wusste wohl, dass wir jetzt an die Reihe kommen würden", Karikatur, Frankreich, 1789

M 5 Beschluss der Nationalversammlung vom 11. August 1789

Art. 1. Die Nationalversammlung vernichtet das Feudalwesen völlig. Sie dekretiert, dass von den Feudal- wie Grundzinsrechten und -pflichten sowohl jene, die sich aus unveräußerlichem Besitz an Sachen und Menschen und aus persönlicher Leibeigenschaft herleiten, als auch jene, die an ihre Stelle getreten sind, entschädigungslos aufgehoben werden; alle übrigen werden für ablösbar erklärt, die Summe sowie die Art und Weise der Ablösung wird die Nationalversammlung festlegen. Die durch dieses Dekret nicht aufgehobenen Abgaben sollen dessen ungeachtet bis zu ihrer Rückzahlung wieder erhoben werden. [...]
Art. 11. Alle Bürger sollen, ohne Unterschied ihrer Geburt, freien Zugang zu allen kirchlichen, zivilen und militärischen Ämtern und Würden haben; niemand, der einem Erwerbsberuf nachgeht, soll dadurch seines Adelsprädikats verlustig gehen. [...]
Art. 16. Die Nationalversammlung ordnet an, dass zum Gedächtnis dieser zum Wohle Frankreichs gefassten Beschlüsse eine Medaille geprägt und in allen Pfarrgemeinden und Kirchen des Königreiches zum Dank ein Tedeum gesungen werden soll.
Art. 17. Die Nationalversammlung erklärt König Ludwig XVI. feierlich zum Wiederhersteller der französischen Freiheit.

*Zit. nach: Walter Grab (Hg.), Die Französische Revolution. Eine Dokumentation, Nymphenburger, München 1973, S. 33–36.**

1 **Wahlaufgaben:** Bearbeiten Sie Aufgabe a) oder b).
   a) Beschreiben und deuten Sie Karikatur M 4 im Hinblick auf das Ende der Feudalherrschaft.
   b) Erläutern Sie die historische Bedeutung von M 5.
2 **Zusatzaufgabe:** Siehe S. 616.

M 6 Petition der Bauern aus der Haute-Marche an die Nationalversammlung (8. Mai 1790)

[Wir verleihen unserer] Hoffnung Ausdruck, sich als Bürger einiger kleiner Anteile an dieser großartigen Wiedergeburt des Königreichs erfreuen zu können, wo durch die Dekrete der erlauchten Nationalversammlung die Freiheit angekündigt worden ist. [...] Es ist wahr, dass die Dekrete der erlauchten Nationalversammlung die Bittsteller ermächtigen, sich loszukaufen. Wie dem aber auch sei: Gewiss ist, dass sie trotz dieser Beschlüsse gezwungen sein werden, in Knechtschaft weiterzuleben, ohne sich loskaufen zu können. Und zwar deshalb, weil die erlauchte Nationalversammlung für den Loskauf von den Abgaben, die angeblich den Grundherren der Lehen geschuldet sind, einen außerordentlich hohen Preis festgesetzt hat. [...] Und das umso mehr, als die erlauchte Nationalversammlung durch ihre Dekrete den Bittstellern Fesseln angelegt hat, indem sie bestimmte, dass sich dort, wo die Abgaben gemeinschaftlich entrichtet werden, eine einzelne Person nicht loskaufen darf, falls die anderen dazu nicht in der Lage sind; es sei denn, dass derjenige, der sich freikaufen möchte, die ganze Ablösesumme für die gesamten Abgaben entrichtet. Dieser Paragraf führt den [...] Beweis, dass die Unglückseligen stets unter dem Joch der Knechtschaft verbleiben werden, da sie außerstande sind, die Ablösesumme für die gesamten Abgaben aufzubringen.

*Zit. nach: Walter Markov, Revolution im Zeugenstand. Frankreich 1789–1799, Bd. 2, Fischer, Frankfurt/M. 1987, S. 135 f.***

1 Analysieren Sie Petition M 6 zur Lage der Bauern.
2 Setzen Sie Petition M 6 in Beziehung zu M 5.

Menschen- und Bürgerrechte und Verfassunggebung

In dieser Themeneinheit geht es um
- *die Menschen- und Bürgerrechte in der Französischen Revolution und*
- *die Inhalte und Probleme der ersten französischen Verfassung von 1791.*

Die Erklärung der Menschen- und Bürgerrechte

▶ M 2: Menschen- und Bürgerrechtserklärung 1789

Als Grundlage der neuen Ordnung in Frankreich wurde am 26. August 1789 in der Nationalversammlung die **Menschen- und Bürgerrechtserklärung*** verlesen, die der neuen Verfassung vorangestellt werden sollte. Vorbild waren die Menschenrechtserklärungen der amerikanischen Einzelstaaten (s. S. 194 f.).
Die Erklärung war ein Meilenstein auf dem Weg zur **modernen bürgerlichen Gesellschaft***. Die alte Ständeordnung wurde beseitigt, der König war nicht mehr Eigentümer des Staates. Als Ursprung der staatlichen Souveränität galt nun die Nation*; die Gesetze sollten den allgemeinen Willen, die **volonté générale,** zum Ausdruck bringen.

Die Verfassung von 1791

▶ M 1: Verfassung 1791

Zensuswahlrecht
Ungleiches Wahlrecht, bei dem das Recht zu wählen bzw. die Gewichtung der Stimmen vom Besitz oder der Steuerleistung abhängt, die ein Wähler erbringt. (Indirekt ist eine Wahl, wenn Bürger zunächst Wahlmänner wählen, die dann die Abgeordneten bestimmen. Männlich ist ein Wahlrecht, wenn es Frauen ausschließt).

Bei den Beratungen gab es zwei große Probleme: die politische Rolle des Königs war neu zu definieren und die Gewaltenteilung* mit dem Prinzip der Volkssouveränität* zu verbinden. Die Verfassung 1791 sprach die gesetzgebende Gewalt einer einzigen Kammer zu: der Nationalversammlung als Vertreterin des souveränen Volkes.
Das Parlament wurde nach einem **indirekten männlichen Zensuswahlrecht*** gewählt. Nur „Aktivbürger", die einen bestimmten Betrag an direkten Steuern zahlten, durften die Wahlmänner wählen, die wiederum mehr Steuern aufzubringen hatten. Frauen (s. S. 216 ff.) und die männlichen „Passivbürger" (ca. 40 % aller erwachsenen Männer) blieben damit von den politischen Entscheidungsprozessen ausgeschlossen.
Die Verfassung von 1791 machte Frankreich zwar zu einer **konstitutionellen Monarchie***. Die Mehrheit der Abgeordneten verband mit der Verfassung die Hoffnung, die Revolution beenden zu können. Für die demokratische Opposition in der Verfassunggebenden Versammlung dagegen war der Verfassungskompromiss keineswegs befriedigend. Ihre heftige Kritik entzündete sich vor allem an der Erblichkeit der Monarchie, der fortgesetzten Existenz des Hofes und am Zensuswahlrecht.

M 1 Die französische Verfassung von 1791

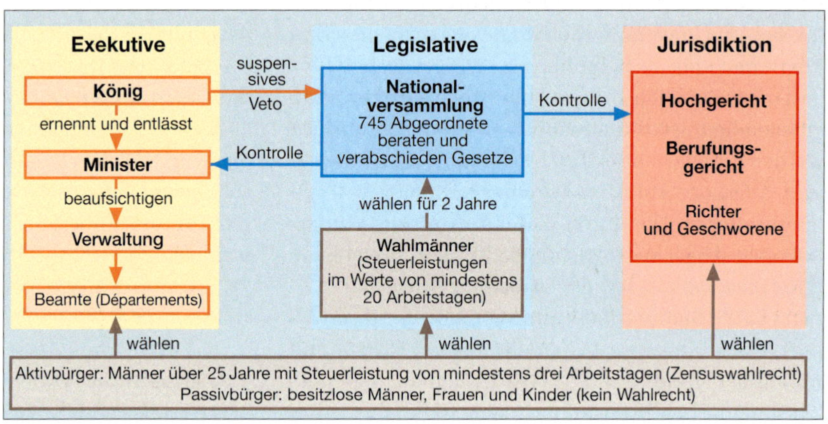

1 Kurzvortrag: Erläutern Sie die Verfassung Frankreichs 1791 (Darstellung, M 1).

Hinweise zur Arbeit mit den Materialien:
Der Materialteil konzentriert sich auf die französische Erklärung der Menschen- und Bürgerrechte (M 2).

M 2 Erklärung der Menschen- und Bürgerrechte vom 26. August 1789

Art. 1. Frei und gleich an Rechten werden die Menschen geboren und bleiben es. Die sozialen Unterschiede können sich nur auf das gemeine Wohl gründen.

Art. 2. Der Zweck jedes politischen Zusammenschlusses ist die Bewahrung der natürlichen und unverlierbaren Menschenrechte. Diese Rechte sind Freiheit, Eigentum, Sicherheit und Widerstand gegen Bedrückung.

Art. 3. Jegliche Souveränität liegt im Prinzip und ihrem Wesen nach in der Nation; keine Körperschaft und kein Einzelner kann eine Autorität ausüben, die sich nicht ausdrücklich von ihr herleitet.

Art. 4. Die Freiheit besteht darin, alles tun zu können, was anderen nicht schadet. Also hat die Ausübung der natürlichen Rechte bei jedem Menschen keine anderen Grenzen als die, den anderen Mitgliedern der Gesellschaft den Genuss der gleichen Rechte zu sichern. Diese Grenzen können nur durch das Gesetz bestimmt werden.

Art. 5. Das Gesetz hat nur das Recht, Handlungen zu verbieten, die der Gesellschaft schädlich sind. Was nicht durch das Gesetz verboten ist, darf nicht verhindert werden, und niemand kann gezwungen werden, etwas zu tun, was das Gesetz nicht befiehlt.

Art. 6. Das Gesetz ist der Ausdruck des Gemeinwillens. Alle Bürger haben das Recht, persönlich oder durch ihre Vertreter an seiner Schaffung mitzuwirken. [...] Alle Bürger sind vor seinen Augen gleich. Sie sind in der gleichen Weise zu allen Würden, Stellungen und öffentlichen Ämtern zugelassen, je nach ihrer Fähigkeit und ohne andere Unterschiede als ihre Tüchtigkeit und Begabung.

Art. 7. Niemand kann angeklagt, verhaftet oder gefangen gehalten werden in anderen als den vom Gesetz festgelegten Fällen und in den Formen, die es vorschreibt [...], aber jeder Bürger, der durch ein Gesetz gerufen oder erfasst wird, muss augenblicklich gehorchen; durch Widerstand macht er sich schuldig.

Art. 8. Das Gesetz darf nur unbedingt und offensichtlich notwendige Strafen festsetzen und niemand darf bestraft werden, es sei denn kraft eines bereits vor seinem Delikt erlassenen, veröffentlichten und legal angewandten Gesetzes.

Art. 9. Jeder wird so lange als unschuldig angesehen, bis er als schuldig erklärt worden ist [...].

Art. 10. Niemand darf wegen seiner Überzeugungen behelligt werden, vorausgesetzt, dass ihre Betätigung die durch das Gesetz gewährleistete öffentliche Ordnung nicht stört.

Art. 11. Die freie Mitteilung seiner Gedanken und Meinungen ist eines der kostbarsten Rechte des Menschen. Jeder Bürger darf sich also durch Wort, Schrift und Druck frei äußern; für den Missbrauch dieser Freiheit hat er sich in allen durch das Gesetz bestimmten Fällen zu verantworten.

Art. 12. Die Sicherung der Menschen und Bürgerrechte macht eine öffentliche Gewalt notwendig; diese Gewalt wird demnach zum Nutzen aller eingesetzt, nicht aber zum Sondervorteil derjenigen, denen sie anvertraut ist.

Art. 13. Für den Unterhalt der öffentlichen Gewalt und für die Ausgaben der Verwaltung ist eine allgemeine Steuer vonnöten; sie ist gleichmäßig auf alle Bürger zu verteilen nach Maßgaben ihres Vermögens. [...].

Art. 15. Die Gesellschaft hat das Recht, von jedem öffentlichen Beauftragten ihrer Verwaltung Rechenschaft zu fordern.

Art. 16. Eine Gesellschaft, deren Rechte nicht sicher verbürgt sind und bei der die Teilung der Gewalten nicht durchgeführt ist, hat keine Verfassung.

Art. 17. Da das Eigentum ein unverletzliches und heiliges Recht ist, darf es niemandem genommen werden, es sei denn, dass die gesetzlich festgestellte öffentliche Notwendigkeit es augenscheinlich verlangt, und nur unter der Bedingung einer gerechten und im Voraus zu entrichtenden Entschädigung.

*Zit. nach: Walter Markov u. a. (Hg.), Die Französische Revolution. Bilder und Berichte 1789–1799, Institut für marxistische Studien, Berlin 1989, S. 566 ff.**

1 **Partnerarbeit:** Unterscheiden Sie in einer Tabelle die Menschenrechte von den Bürgerrechten (M 2).
2 Erläutern Sie an drei Rechten (M 2), inwiefern in ihnen Kritik am Ancien Régime zum Ausdruck kommt.
3 **Wahlaufgabe:** Bearbeiten Sie Aufgabe a) oder b).
   a) **Flugblatt:** Erstellen Sie aus Sicht eines Abgeordneten der Nationalversammlung 1789 ein Flugblatt, in dem Sie argumentativ für Zustimmung zu M 2 werben
   Tipp: Erstellen Sie ggf. auch Zeichnungen.
   b) **Internetkampagne:** Verfassen Sie aus der Sicht einer Zeitgenossin eine Internetkampagne zu M 2. Nutzen Sie auch Hashtags (#), Memes usw.
4 **Vertiefung:** Bewerten Sie, inwieweit die Erklärung M 2 ein Zeichen von Aufklärung und Moderne war.
Tipp: Siehe Begriffserläuterungen, Lexikon, S. 658 ff.

Radikalisierung der Französischen Revolution

In dieser Themeneinheit geht es um
- *die Frage, warum sich die Französische Revolution nach zwei Jahren radikalisierte,*
- *die Merkmale der Terrorherrschaft in Frankreich 1793/94 und ihr Ende,*
- *Zusammenhänge von „tugendhaftem" Verhalten und Unterdrückung (Materialteil).*

Ursachen der Radikalisierung

▶ M 5: Politische Gruppierungen in der Französischen Revolution

Nach Inkrafttreten der Verfassung am 3. September 1791 begann sich die Revolution zu radikalisieren. Für diese Radikalisierung werden vier Ursachen angeführt:
1. Die Zusammensetzung des nun nach dem Zensus der neuen Verfassung von 1791 gewählten Parlaments hatte sich geändert, wobei die Abgeordnetenkammer zunehmend unter den **Druck der Volksbewegung und der Volksgesellschaften** geriet.
2. **König und Hof** arbeiteten weiterhin gegen die Umsetzung der neuen Verfassung.
3. Der rasche Werteverfall des von der Regierung ausgegebenen und nur unzureichend über die verstaatlichten Kirchengüter gedeckten Papiergeldes („Assignaten") verschärfte die **wirtschaftliche Krise.**
4. Vor allem der **Krieg** des revolutionären Frankreichs gegen die Monarchien Europas erhöhte die Spannungen zwischen den gesellschaftlichen und politischen Gruppen.

Politische Klubs

M 1 **Maximilien de Robespierre (1758–1794), Gemälde, um 1790**

Der Rechtsanwalt Robespierre wurde 1789 für den Dritten Stand in die Nationalversammlung gewählt. Er war führendes Mitglied des Jakobinerklubs und seit 1793 über den Wohlfahrtsausschuss maßgeblich für die Terrorherrschaft verantwortlich. 1794 wurde er hingerichtet.

Wie sehr sich die städtische Volksbewegung inzwischen politisiert und radikalisiert hatte, zeigte sich in der Organisation auch der kleinbürgerlichen Pariser Bevölkerung in politischen Gesellschaften und Klubs. Zunächst hatten sich vor allem Abgeordnete des Dritten Standes außerhalb der Nationalversammlung in Debattierklubs organisiert. Der bekannteste war der „Bretonische Klub" um **Maximilien de Robespierre***, Vicomte de Mirabeau (1754–1792) und Marquis de La Fayette (1757–1834); nach dem Umzug der Nationalversammlung von Versailles nach Paris nahm er sein Quartier im Kloster St. Jacques und bezeichnete sich seitdem als **Jakobinerklub.** Nach einem missglückten Fluchtversuch des Königs und seiner Familie im Juni 1791 spaltete sich die gemäßigte Mehrheit vom Jakobinerklub ab und bildete den **Klub der Feuillants** (La Fayette u. a.). Daneben entwickelten sich politische Klubs der Bevölkerung, z. B. der radikale **Cordelier-Klub** mit populistischen Rednern wie **Jean-Paul Marat** (1744–1793) oder Gemäßigteren wie **Camille Desmoulins** (1760–1794) und **Georges Jacques Danton*.**
Vor allem der Jakobinerklub verstand es, in der Provinz gleichartige Klubs zu gründen, womit ihm Ansätze einer Parteiorganisation gelangen.

Die „Legislative"

Das zweite gewählte Parlament der Französischen Revolution – die **Legislative,** frz. *Assemblée Nationale Législative* – wurde im Oktober 1791 eröffnet. Da die Mitglieder der alten Verfassunggebenden Versammlung nicht wieder wählbar waren, bestand diese **Gesetzgebende Nationalversammlung** aus neuen, meist jüngeren Abgeordneten, was die Linke im Parlament stärkte. Die Abgeordneten entstammten als Folge des Zensuswahlrechts der etablierten* Bürgerschicht und waren ausschließlich Anhänger der Verfassungsrevolution. Der Nationalversammlung gelang es jedoch nicht, die politischen Verhältnisse zu stabilisieren. Zu stark lastete auf ihr der Druck von Krieg und Konterrevolution*, Wirtschaftskrise und einer radikalisierten Volksbewegung.

Krieg und Revolution

Ein weiterer Faktor, der die Radikalisierung der Revolution beschleunigte, war der sich abzeichnende Krieg mit den Mächten des europäischen Ancien Régime. Seit dem Herbst 1791 arbeiteten der König, die Feuillants und die als Girondisten bezeichneten gemäßigten Jakobiner bewusst auf einen Krieg hin, aber mit unterschiedlichen Zielen:

- Der **König** hoffte, dass durch eine – von ihm erwartete – Niederlage Frankreichs auch die Revolution besiegt und die alten Verhältnisse wiederhergestellt würden.
- Die **Feuillants** wollten von den wirtschaftlichen Problemen ablenken und im Krieg die Jakobiner innenpolitisch zähmen.
- Die **Girondisten** hatten drei Ziele: in einem erfolgreichen Krieg die rechten und linken Gegner der liberalen Verfassungsrevolution ausschalten, den erreichten Zustand stabilisieren und die Revolution in Europa ausbreiten.

Wenn auch in den Hauptstädten der europäischen Großmächte Besorgnis wegen eines möglichen Übergreifens der „revolutionären Prinzipien" herrschte, so beobachtete man die Geschehnisse im revolutionären Frankreich doch zunächst mit einer gewissen Zufriedenheit: Die Revolution schien die außenpolitischen Handlungsmöglichkeiten Frankreichs zu lähmen. Seit Sommer 1791 wuchs jedoch auch bei den europäischen Monarchen die Bereitschaft zum Krieg. Die französischen Emigranten* unter der Führung des jüngsten Bruders des Königs, des Comte d'Artois, drängten, die Revolution durch eine militärische Intervention* von außen niederzuwerfen. In der **„Pillnitzer Erklärung"** vom 27. August 1791 stellte der österreichische Kaiser Leopold II. eine Intervention in Frankreich in Aussicht, falls sich andere europäische Mächte anschließen würden. In Frankreich wurde diese Erklärung als Einmischung in die inneren Angelegenheiten verstanden. Die an einem Krieg interessierten politischen Gruppen nutzten sie als Möglichkeit, das Parlament und die Bevölkerung zu mobilisieren. Im April 1792 erfolgte schließlich die **französische Kriegserklärung an Österreich.**

M2 Georges Jacques Danton (1759–1794), Gemälde von Constance Charpentier, um 1790

Danton, Rechtsanwalt, Mitglied der Bergpartei und seit 1792 Justizminister, war anfänglich an der Organisation der Terrorherrschaft beteiligt. Nach seinem Eintreten für einen gemäßigten Kurs wurde er jedoch angeklagt und hingerichtet.

Abschaffung der Monarchie

Nach anfänglichen Niederlagen der französischen Armee, einer undurchsichtigen Haltung der Generäle und des Königs sowie dem Kriegseintritt Preußens am 11. Juli 1792 verschärfte sich die innenpolitische Situation rasch. Die Legislative erließ das Dekret „Das Vaterland ist in Gefahr". Innerhalb weniger Tage eilten 15 000 Freiwillige zu den Waffen. Damit erweiterte sich die soziale Zusammensetzung der **Nationalgarde,** die zunächst nur wohlhabenden Bürgern zugänglich gewesen war.

Der König nutzte sein Vetorecht* gegen einige für die Landesverteidigung notwendige Gesetze. Der die alliierten Kriegstruppen gegen Frankreich befehlende Herzog von Braunschweig drohte am 25. Juli von Koblenz aus mit dem Einmarsch, der Zerstörung der Stadt Paris und der Bestrafung ihrer Bevölkerung („Braunschweiger Manifest").

In dieser Stimmung äußerer Bedrohungen und einer Radikalisierung der inneren Konflikte kam es am 10. August 1792 in Paris zum **Aufstand der Sektionen*** gegen die Monarchie. Forderungen nach Absetzung des Königs waren zuvor von der Legislative, in der die Gironde die Mehrheit hatte, wiederholt abgelehnt worden. Verstärkt durch die **Föderierten*,** die zum dritten Jahrestag des Sturms auf die Bastille aus der Provinz nach Paris gekommen waren, stürmten die Sektionsmitglieder die **Tuilerien,** das Stadtschloss des Königs. Die königliche Familie wurde gefangen gesetzt und die Legislative gezwungen, **Neuwahlen zu einem Nationalkonvent** nach einem allgemeinen und gleichen

Sektionen ***(Sections)***
Pariser Wahlbezirke, die gemeinsam mit der städtischen Selbstverwaltung (Pariser *Commune*) wichtige Verbündeten der radikalisierten Volksbewegung wurden.

Föderierte/Föderationsbewegung
Auf Wunsch der Gemeinden und Provinzen war eine breite Föderationsbewegung der neu gebildeten Nationalgarden entstanden. Um dieser Volksbewegung entgegenzukommen und sie gleichzeitig zu kanalisieren, veranstaltete die Regierung ein nationales Föderationsfest am ersten Jahrestag des Bastille-Sturms: Zu der inszenierten Feier auf dem Pariser Marsfeld kamen am 14. Juli 1790 rund 300 000 Zuschauer, um dem Aufmarsch von etwa 50 000 Bewaffneten (Verbände der regulären Linientruppen und Föderierte aus ganz Frankreich) als Zeichen der Eintracht der Nation beizuwohnen.

M3 Zwei Sansculotten, Zeichnungen, um 1791

Sansculotten (wörtlich „ohne Kniehosen") waren politisierte kleinbürgerlichen Schichten, die sich nach der langen Beinkleidung der Handwerker und Arbeiter benannten (im Gegensatz zu den vom Adel bevorzugten Kniehosen). Sie prägten seit dem Sturm auf die Tuilerien 1792 zunehmend das politische Geschehen in Paris. Ihre wichtigsten Ziele: Verteidigung der Republik, Durchsetzung von Formen direkter Demokratie, Kontrolle der Wirtschaft und sozialpolitische Maßnahmen für Mittel- und Unterschichten.

Männerwahlrecht auszurufen. Exekutivfunktionen übernahm ein provisorischer Vollzugsrat mit **Georges Jacques Danton*** als Justizminister an der Spitze.
Noch im September 1792 wurde durch die militärischen Misserfolge eine Welle der **Lynchjustiz*** gegen vermutete Verräter der Revolution ausgelöst. Ihr fielen in Paris weit über 1000 Personen, vor allem Insassen der Gefängnisse, zum Opfer. Der neue Nationalkonvent trat am 21. September 1792 erstmals zusammen. Der Konvent erklärte die **Abschaffung der Monarchie** in Frankreich und die **Errichtung der „unteilbaren Republik"**. Gleichzeitig wurde der christliche Kalender aufgehoben und eine neue revolutionäre Zeitrechnung eingeführt. Der König wurde angeklagt und am 21. Januar 1793 öffentlich unter der Guillotine hingerichtet, nachdem ihn der Konvent mit knapper Mehrheit wegen „Verschwörung gegen die Freiheit" zum Tode verurteilt hatte.

Soziale Probleme und gegenrevolutionäre Unruhen

Die mit Wucht aufbrechenden **sozialen Probleme** verschärften den Radikalisierungsprozess: Die Assignaten fielen im Februar 1793 auf etwa die Hälfte ihres Nennwerts. Die Inflation verteuerte die Lebensmittel. Dies führte zu Tumulten, Plünderungen, eigenmächtigen Preisfestsetzungen durch das Volk; Preise sollten staatlich reguliert werden. Die Gironde als dominierende Partei des Konvents machte sich bei der Pariser Bevölkerung verhasst, weil sie ökonomische Eingriffe ablehnte und die Lynchjustiz kritisierte. Die radikalen Jakobiner, die eine Verwirklichung der politischen und sozialen Gleichheit anstrebten, nutzten diese Unzufriedenheit im Machtkampf mit der Gironde. Am 2. Juni 1793 belagerten 80 000 mit Kanonen ausgerüstete Nationalgardisten den Konvent, der auf Druck der Straße beschloss, 29 girondistische Abgeordnete und zwei ihrer Minister zu verhaften. Im Oktober wurden sie auf der *Place de la Révolution* hingerichtet – eine schwere Niederlage für das junge parlamentarische System.
Neben Krieg und sozialer Krise eröffnete sich im Frühjahr 1793 für den Konvent ein weiteres Problem: **Unruhen**. Ein Aufstand im westfranzösischen Departement **Vendée,** der sich zunächst an der Aushebungspraxis zur Revolutionsarmee entzündet hatte, weitete sich zu einer Rebellion in großen Teilen Frankreichs mit gegenrevolutionärer Stoßrichtung aus. Im Herbst 1793 beteiligten sich zwei Drittel der Departements an der Rebellion, die nach der gewaltsamen Entmachtung der Gironde im Konvent vor allem eine föderalistische Erhebung gegen den Dirigismus* der „Pariser" Revolution war. Der Konvent ließ die Unruhen mit massivem Truppeneinsatz niederschlagen.

Merkmale der Jakobinerherrschaft und der *Terreur*

Bergpartei
Gruppe der radikalen Jakobiner im Konvent, wurde wegen ihrer Sitzplätze in den oberen Reihen des Sitzungssaals so bezeichnet (*Montagne*).

Mit dem Sturz der Gironde am 2. Juni 1793 begann die Jakobinerherrschaft. Über die linke Fraktion der Jakobiner, die **Bergpartei*** (*Montagne*), setzten die **Sansculotten*** ihre radikalen Forderungen im Nationalkonvent durch: Kontrolle des Nahrungsmarktes; Festsetzung von Höchstpreisen für Getreide und Mehl; Verbannung der Emigranten und Verkauf ihrer Güter und der restlichen Nationalgüter in kleinen Parzellen an die Bauern; teilweise Verstaatlichung von rüstungsrelevanten Produktionszweigen und Einrichtung von Nationalwerkstätten; Ausnahmegesetze zum Schutz der Republik.
Der Konvent hatte bereits vor der Entmachtung der Gironde Parlamentsausschüsse für bestimmte Aufgaben eingesetzt. Dem wichtigsten, dem **Wohlfahrtsausschuss*** (*Comité du salut public*), wurde im April 1793 *de facto* die Regierung übertragen. Bereits im

März hatte der Konvent gegen die Stimmen der Gironde die Einrichtung eines **Revolutionstribunals als Sondergericht** beschlossen. Dieses Sondergericht sollte ohne Berufungsmöglichkeit alle konterrevolutionären Bestrebungen aburteilen. Hinzu kamen neue **Revolutionsausschüsse**, die als Überwachungsausschüsse vor Ort Personen aufgrund des Verdachts der Republikfeindlichkeit festnehmen konnten. Zusammen mit einem großen Apparat von **Polizeispitzeln** bildeten sie die Grundlage der **Schreckensherrschaft** (*Terreur*), die bis 1794 Zehntausende von Todesopfern forderte. Die *Terreur* begann mit der Wahl des jakobinisch bestimmten Wohlfahrtsausschusses unter der Führung von Robespierre durch den Rumpfkonvent (ohne die Gironde) am 27. Juli 1793. Die **demokratische Verfassung,** die im Juni **1793** ebenfalls im Restparlament verabschiedet und in einem Volksreferendum angenommen worden war, wurde am 10. August 1793, dem ersten Jahrestag des Sturzes der Monarchie, noch feierlich verkündet. Im Oktober wurde sie jedoch vom Konvent per Dekret „bis zum Frieden" ausgesetzt. Mit einem weiteren Dekret zur Revolutionsregierung vom 4. Dezember war die Institutionalisierung der **Revolutionsdiktatur** abgeschlossen. Robespierre rechtfertigte sie als einen **„Despotismus der Freiheit gegen die Tyrannei".**

▶ M 7, M 8: Zeit der *Terreur*

▶ M 6: Französische Verfassung 1793

Die *Terreur* hatte zur Folge, dass der innenpolitische Widerstand gegen die Revolution unterdrückt, die Währung stabilisiert und die Nation zumindest territorial zusammengehalten werden konnte. Inwieweit diese Erfolge die Schreckensherrschaft rechtfertigen können, war schon unter den Zeitgenossen, auch unter den Sansculotten, umstritten.

M 4 Anonymes Flugblatt, Ende 18. Jh.
Robespierre guillotiniert den Henker; zu seinen Füßen: Verfassungen. Text auf der Pyramide. Cy gyt toute la France *(dt.: Hier ruht ganz Frankreich).*

Ende von Jakobinerherrschaft und *Terreur*

Unumstritten war und ist, dass sich der Wohlfahrtsausschuss 1794 nur noch zum eigenen Machterhalt auf den Terror stützte. Nach Suspendierung* der Verfassung wurde der Terror durch „Notstandsgesetze" legalisiert, die nun auch die linke Opposition der Sansculotten unterdrückten. In den Monaten Juni und Juli 1794 fielen mehr als 16 000 Männer und Frauen den Hinrichtungen zum Opfer. Die Pressefreiheit wurde eingeschränkt, die politischen Klubs und die Sektionsversammlungen aufgelöst, die politische Kultur der Revolution unterdrückt. Das Terrorgesetz vom 10. Juni 1794, das auch die Konventsmitglieder selbst bedrohte und die Kritiker Robespierres dem Revolutionstribunal auslieferte, ließ sich nicht mehr mit der äußeren Bedrohung rechtfertigen. Denn mit der Kampagne von 1794 erzielten die Revolutionstruppen erste militärische Erfolge. Aus Angst vor der eigenen Verhaftung formierte sich deshalb im Konvent und in den Ausschüssen eine Opposition gegen Robespierre. Am 27. Juli, dem 9. Thermidor des Revolutionskalenders, wurde er verhaftet und am nächsten Tag mit 21 seiner engsten Anhänger guillotiniert.

1 **Mindmap:** Fassen Sie die Ursachen der Radikalisierung der Revolution zusammen. Nehmen Sie eine begründete Gewichtung vor.
2 Charakterisieren Sie anhand der Darstellung und von Beispielen, warum die Jakobinerherrschaft als Diktatur bezeichnet wird.
3 **Wahlaufgabe:** Bearbeiten Sie Aufgabe a) oder b).
   a) Analysieren Sie, welche Bilanz der Jakobinerherrschaft Flugblatt M 4 zieht. Ziehen Sie die Darstellung mit hinzu.
   b) **Ereigniskette:** Skizzieren Sie in einer Ereigniskette das Ende der *Terreur.*

Hinweise zur Arbeit mit den Materialien:
M 5, M 6 beleuchten die politischen Gruppen in der Revolution und die Verfassung 1793. M 7, M 8 sind der Terreur gewidmet (M 8 als Vertiefung).

Politische Gruppierungen in der Französischen Revolution und die Verfassung von 1793

M 5 Politische Gruppierungen in den französischen Nationalversammlungen

Verfassunggebende Nationalversammlung 17.6.1789 ca. 800 Mitglieder der bisherigen Ständeversammlung[1] 1. Phase der Revolution: konstitutionelle Monarchie; Verwaltungs- und Justizreform; Säkularisation	**Demokraten (Jakobiner)** vertreten stärker die Interessen des Volkes, Anhänger Rousseaus (z. B. Robespierre)	**Konstitutionelle** vertreten die Interessen der Großbürger, Anhänger Montesquieus (z. B. La Fayette, Abbé Sieyès)	**Monarchisten** für starke Exekutive des Königs, Veto gegenüber der Volksversammlung (z. B. Mirabeau)	**Aristokraten** für die Beibehaltung der überkommenen Privilegien
Gesetzgebende Nationalversammlung[2] 1.10.1791 ca. 750 Mitglieder	**Jakobiner (136)** **Radikale Jakobiner** vertreten die Interessen des Kleinbürgertums	**Girondisten** u. a. Girondeabgeordnete vertreten mittleres Besitzbürgertum	**Unabhängige (345)** unbestimmte Masse, ohne feste Meinung	**Konstitutionelle (264)** (Feuillants) für die Aufrechterhaltung der konstitutionellen Monarchie
Nationalkonvent 21.9.1792 ca. 749 Mitglieder bei Zusammentritt, aber Zahl ständig wechselnd 2. Phase der Revolution: Abschaffung der Monarchie; Herrschaft der Konvente	**Der „Berg" (140)** (Montagnards) Radikale Jakobiner, für politischen und wirtschaftlichen Egalitarismus (z. B. Robespierre, St. Just)	**Die „Ebene"** (Marais) unentschieden; neigen bis zum Sturz Robespierres mehr und mehr nach links		**Girondisten (160)** rückten durch Radikalisierung an den rechten Rand Parteienrand

1 Von den 1139 Vertretern der Generalstände blieben 800; der Rest ging nach Hause. Die Größen der Gruppierungen beruhen auf grober Schätzung. Es gab Überschneidungen.
2 Wahlbeteiligung gering (z. B. Paris 8,6 %) Mehrzahl der Abgeordneten unter 30 Jahre. Auf Antrag Robespierres durfte kein Mitglied der Verfassunggebenden Versammlung in die Gesetzgebende gewählt werden.
3 Von 5 Mio. Stimmbürgern stimmten nur etwa 500 000 ab.

Zusammengestellt nach: Hans Dieter Schmid, Fragen an die Geschichte, Bd. 3, Cornelsen, Berlin 1980, S. 125.

M 6 Die französische Verfassung von 1793.

Die vom Volk ratifizierte, aber nie praktizierte Verfassung zeigt das Demokratieverständnis der Jakobiner.

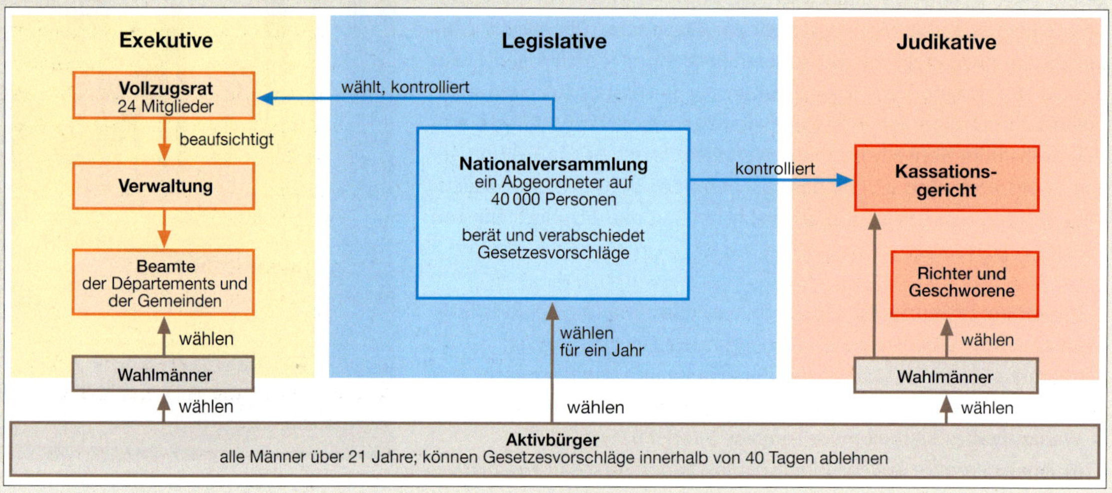

1 Untersuchen Sie in M 5 die Entwicklung der Gruppierungen 1789, 1791, 1792.
2 Analysieren Sie die Verfassung von 1793 (M 6).
3 **Gruppenarbeit:** Vergleichen Sie die Verfassungen 1793 (M 6) und 1791 (S. 204) im Hinblick auf das demokratische Ideal.

Die *Terreur* – Herrschaft im Namen der Tugend

M 7 Maximilien de Robespierre vor dem Nationalkonvent über die Grundsätze der politischen Moral (5. Februar 1794)

Was ist also das grundlegende Prinzip der demokratischen Regierung oder der Volksregierung, das heißt, was ist die wichtigste Kraft, die sie unterstützen und antreiben soll? Es ist die Tugend! Und ich meine damit die öffentliche Tugend, die in Griechenland und Rom so viele Wunder vollbracht hat und die noch weit Erstaunlicheres im republikanischen Frankreich vollbringen soll. Ich meine jene Tugend, die nichts anderes ist als die Liebe zum Vaterland und zu seinen Gesetzen. [...]

Hierauf würde sich die Darlegung unserer Theorie beschränken, wenn ihr das Schiff der Republik nur bei Windstille zu steuern hättet. Aber der Sturm wütet und im Augenblick stellt euch die Revolution eine andere Aufgabe. [...] Wenn in friedlichen Zeiten der Kraftquell der Volksregierung die Tugend ist, so sind es in Zeiten der Revolution Tugend und Terror zusammen. Ohne die Tugend ist der Terror verhängnisvoll, ohne den Terror ist die Tugend machtlos.

Der Terror ist nichts anderes als die unmittelbare, strenge und unbeugsame Gerechtigkeit; er ist also eine Emanation [= Ausströmung] der Tugend; er ist nicht so sehr ein besonderer Grundsatz als vielmehr die Folge des allgemeinen Grundsatzes der Demokratie, angewandt auf die dringendsten Bedürfnisse des Vaterlandes. [...] Bezwingt ihr die Feinde der Freiheit durch den Terror, so werdet ihr in eurer Eigenschaft als Gründer der Republik das Recht dazu haben. Die Revolutionsregierung ist der Despotismus der Freiheit gegen die Tyrannei.

*Zit. nach: Maximilien de Robespierre, Ausgewählte Texte, Merlin, Hamburg 1971, S. 311ff. und 585ff. Übers. Manfred Unruh.***

1 Analysieren Sie M 7 im Hinblick auf Robespierres Verständnis von „Tugend" und „Terror".
Tipp: Nutzen Sie die Arbeitsschritte zur Untersuchung schriftlicher Quellen (S. 48).

2 **Vertiefung:** Diskutieren Sie ausgehend von M 7 die These: „Ohne die Diktatur des Wohlfahrtsausschusses wäre die Revolution zusammengebrochen."

3 **Referat:** Erstellen Sie ein Referat zum Leben Robespierres, in dem Sie seine Biografie mit der Biografie eines anderen Akteurs der Revolution vergleichen (siehe Beispiele in der Darstellung, S. 206 ff.).

Vertiefung: Die *Terreur* im historischen Urteil

M 8 Der Historiker Hans-Ulrich Thamer (2006)

Über die Bedeutung der Herrschaft der Jakobiner und Sansculotten haben Geschichtsforschung und Publizistik schon immer sehr kontrovers geurteilt, und in vielen Fällen haben bei diesem Urteil politische Präferenzen eine wichtige Rolle gespielt. Hatte eine neojakobinische und marxistische Geschichtsschreibung im 20. Jahrhundert, vor allem in den 1950er- bis 1970er-Jahren, die zweite Phase der Revolution von 1792 bis 1794 als „Revolution der Gleichheit" ([Albert] Soboul) als höchste Stufe und aus gesellschaftlicher wie aus politischer Perspektive fortgeschrittenstes Stadium der Revolution besonders positiv bewertet, so hat die liberale Gegenposition von [Francois] Furet und anderen den Dirigismus und die Politik der Terreur in der Jakobinerzeit als Beleg für ihre These vom Abgleiten der Revolution von ihrem historischen Weg angesehen und dieser Phase im Unterschied zu den Jahren 1789 bis 1791, den eigentlichen Jahren der Neugründung eines nationalen Verfassungsstaates, eine geringe Innovationsleistung zugesprochen. Dieses Urteil hat sich mit der Wende der Geschichtsforschung hin zu einer mentalitäts- und kulturgeschichtlichen Perspektive seit mehr als zwanzig Jahren relativiert und damit die Kontroverse entschärft. Denn es gilt als unumstritten, dass die politische Radikalisierung in den Jahren 1792 bis 1794 zu einer tieferen Zäsur im soziokulturellen Leben der Franzosen, zu einem besonders scharfen Bruch in ihren mentalen Befindlichkeiten wie in ihrem politischen Denken geführt, auf diese Weise die Ansätze einer demokratischen politischen Kultur erst verstärkt und dadurch das Verhalten und Bewusstsein der Menschen tief geprägt hat. Der Gegensatz zwischen den beiden Phasen nimmt sich darum [...] nicht mehr so dramatisch aus.

*Zit. nach: Hans-Ulrich Thamer, Die Französische Revolution, C. H. Beck, München 2006, S. 89f.***

1 a) Geben Sie die in M 8 referierten Ansätze zur Beurteilung der *Terreur* mit eigenen Worten wieder.
b) Diskutieren Sie Thamers Schlussfolgerung in M 8 hinsichtlich einer Bewertung der Herrschaft der Jakobiner und Sansculotten.

2 Erörtern Sie die Aussage des jakobinischen Bürgermeisters von Paris, Jérôme Pétions, im Kontext der Radikalisierung der Revolution ab 1791: „Die Bourgeoisie und das Volk haben gemeinsam die Revolution gemacht. Allein ihre Einheit kann sie bewahren."

Schriftliche Quellen vergleichen

Formulierungshilfen „schriftliche Quellen vergleichen"
Die erste Quelle stellt … heraus, während die zweite …
- Wenn man … und … vergleicht, kann
- man feststellen, dass …
- betont stärker/weniger
- in einem Punkt (fast) identisch sein/
- identische Ziele verfolgen
- Während … eine Gemeinsamkeit darstellt, ist … unterschiedlich
- Im Hinblick auf die Frage nach … ergeben sich zusammenfassend folgende Befunde: …

Quellen vermitteln kein objektives Wissen über die Vergangenheit, sondern spiegeln bestimmte Wahrnehmungen wider, die sich je nach Standort der Beteiligten erheblich unterscheiden können. Geschichte wird also immer aus einer bestimmten **Perspektive** wahrgenommen. Für eine differenzierte Beurteilung ist es daher erforderlich, einen historischen Sachverhalt aus mehreren, also mindestens zwei unterschiedlichen Perspektiven beteiligter Zeitgenossen zu deuten. Dieses Prinzip der Geschichtsdarstellung wird als **Multiperspektivität** bezeichnet.
Für den Vergleich werden die Quellen zunächst analysiert (s. S. 48 f.) und dann mithilfe geeigneter **Vergleichsaspekte** gegenübergestellt. Anschließend lässt sich anhand von Kriterien **beurteilen**, welche Quelle überzeugender ist bzw. welcher Quelle welches Gewicht im Hinblick auf die Fragestellung beizumessen ist.

Arbeitsschritte

1. Leitfrage

Welche Fragestellung bestimmt die Untersuchung der Quellen?

2. Analyse

Formale Aspekte
- Um welche Quellengattungen handelt es sich?
- Wer sind die Autoren (ggf. Stellung, Amt, soziale Stellung)?
- Mit welchem Thema setzen sich die Autoren auseinander?
- Wann und wo sind die Texte veröffentlicht worden?
- An wen sind die Texte gerichtet?

Inhaltliche Aspekte
- Was sind die wesentlichen Textaussagen bzw. Argumente (ggf. anhand von Textabschnitten bzw. der Argumentationsstruktur)?
- Welche Textaussagen sollten erläutert werden (z. B. Begriffe, Personen, Ereignisse)?
- Wie ist die Textsprache (z. B. sachlich, emotional, manipulierend, informativ, argumentativ, ggf. rhetorische Mittel)?

3. Vergleich

- Mithilfe welcher Aspekte lassen sich die Quellen vergleichen?

4. Urteil

Bezug zur Leitfrage
- Welche Positionen vertreten die Autoren zur Leitfrage?

Argumentationsstruktur
- Sind die Positionen der Autoren überzeugend?
- Sind die Argumentationen einseitig oder differenziert?
- Sind die Texte logisch aufgebaut oder gibt es Widersprüche?

Bezug zum historischen Kontext
- Inwiefern werden historische Fakten und Prozesse berücksichtigt?

Intention
- Welche Interessen verfolgen die Autoren?

ggf. Handlungsspielräume
- Welche Handlungsalternativen gab es für die historischen Akteure?

Fazit
- Welche Position ist hinsichtlich der Fragestellung überzeugender?
- Welche Quellen ist ggf. wichtiger?

Übungsbeispiel

M 1 Artikel aus der Zeitung *„L'Ami du Peuple"* („Freund des Volkes") vom 23. August 1793

Herausgeber der Zeitung war Jean-Paul Marat. Der Autor dieses Artikels blieb anonym.

Zu den Geldwechslern: Durch abscheulichen Schacher habt Ihr Misstrauen und Ablehnung gegen unsere Assignaten verbreitet; wer aber das Geld in Misskredit bringt, ist ein ebensolcher Verbrecher wie der Falschmünzer, der die umlaufende Menge erhöht. Euer Urteil lässt sich in zwei Worte fassen: zur Guillotine!

Zu den Verdächtigen: Nachdem man bei ihnen mit äußerster Sorgfalt Haussuchung gehalten und irgendwelche Dokumente gefunden hat, die darauf schließen lassen, dass sie in Korrespondenz mit Gegenrevolutionären stehen: „Die Stunde, da sich das Volk erhebt, ist die Todesstunde für Leute eures Schlages: Zur Guillotine!"

Zu den Egoisten: Das Volk ist müde, allein das Gewicht eines schrecklichen Krieges zu tragen. Die Zeiten sind vorbei, da man mit finanziellen Mitteln das Recht erkaufen konnte, seine beschämende Nutzlosigkeit erhalten zu dürfen. Ohne Euch davon zu entbinden, im progressiv ansteigenden Verhältnis zu Eurem Vermögen die ungeheuren Kosten zu bestreiten, die dieser Krieg verursacht, werdet Ihr in eigener Person die Sache der Freiheit verteidigen. Ihr habt die Wahl: Hier geht der Weg zu den Grenzen, dort zum Platze der Revolution, wo die Guillotine auf Euch wartet!

Zu den Gaunern, die unter der Maske des Patriotismus das Geld der Republik verprasst haben: Ihr habt das Vertrauen des Volkes missbraucht, Ihr habt Euch mit seinem Gold gestopft, Ihr habt Euch angeeignet, was seine Feinde hinterließen, Ihr seid noch ruchloser als die Gegenrevolutionäre, die sich zu erkennen gegeben haben. Deshalb ohne Gnade: zur Guillotine!

Alle diese Maßnahmen könnten ganz legal durchgeführt werden, wenn nicht im Nationalkonvent ein Geist der Mäßigung herrschen würde, der für das Gemeinwesen von verzweiflungsvoller Wirkung ist.

*Zit. nach: Konrad Plieninger, Dietrich Steinmann, Monika Beuter, Arbeitsmaterialien Deutsch. Fächerverbindender Unterricht. Die Französische Revolution 1793/94, Klett, Stuttgart 1993, S. 21 ff.**

M 2 Zeitungsartikel aus *„Le Vieux Cordelier"* („Der Alte Cordelier") vom 24. Dezember 1793

Herausgeber der Zeitung war Camille Desmoulins. Der Autor dieses Artikels blieb anonym.

Es liegt in der Natur der Freiheit, dass man, um in ihren Genuss zu gelangen, sie nur wollen muss. Ein Volk ist frei, sobald es frei sein will; unseres ist mit dem Tage des 14. Juli in den vollen Genuss aller seiner Rechte gelangt. Wir kämpfen, um die Güter zu verteidigen, die [die Freiheit] allen gewährt, die sie anrufen. Solche Güter sind die Erklärung der Menschenrechte, die sanfte Regel der republikanischen Grundsätze, die Brüderlichkeit, die heilige Gleichheit. Das sind die Spuren der Göttin, daran erkenne ich die Völker, bei denen sie Wohnung genommen hat. Soll ich sie anerkennen, soll ich ihr zu Füßen fallen, soll ich mein Blut für sie verströmen? Dann öffnet vorher die Zuchthäuser für die zweihunderttausend Bürger, die Ihr Verdächtige nennt [...]. Und glaubt nur nicht, eine solche Maßnahme würde das Ende der Republik bedeuten. Sie wäre die revolutionärste Tat, die Ihr je vollbracht hättet. Ihr wollt alle Eure Feinde mit der Guillotine austilgen. [...] Könnt Ihr einen einzigen auf dem Schafott umbringen, ohne Euch unter seinen Verwandten oder Freunden zehn Feinde zu machen? [...] Ich denke ganz anders als die, welche Euch sagen, der Schrecken müsse auf der Tagesordnung bleiben. Ich bin im Gegenteil überzeugt, dass die Freiheit gefestigt und Europa besiegt würde, wenn Ihr einen Vergebungsausschuss hättet. Ein solcher Ausschuss würde die Revolution vollenden, denn auch das Vergeben ist eine revolutionäre Maßnahme, die wirksamste überhaupt, wenn sie klug eingesetzt wird. Sollen die Schwachköpfe und Schurken mich als „Gemäßigten" bezeichnen, soviel sie mögen! [...] Der Patriotismus ist ja die Summe aller Tugenden und kann folglich dort nicht überleben, wo nicht Menschlichkeit und Nächstenliebe sind, sondern eine gierige, vom Egoismus ausgetrocknete Seele. Ach, mein lieber Robespierre, an Dich wende ich mich [...]. Erinnere Dich an das, was wir in den Philosophie- und Geschichtsstunden gelernt haben: Dass die Liebe stärker und dauerhafter ist als die Furcht.

*Zit. nach: siehe M 1.***

1 Analysieren und vergleichen Sie M 1 und M 2 mithilfe der systematischen Arbeitsschritte.
▶ Lösungshinweise finden Sie auf S. 644 f.

Erinnerung an die Revolution: Symbole und Feste

Der Jahrestag des **Sturms auf die Bastille am 14. Juli 1789** ist seit 1880 nationaler Feiertag in Frankreich. Seitdem erinnern alljährlich eine Militärparade auf den Champs-Élysées, Feuerwerke und Bälle an den Revolutionsbeginn. Bereits 1790 drückte die Bevölkerung durch Feste ihre Revolutionsbegeisterung aus. Um diese spontane Volksbewegung zu kanalisieren, organisierte die Regierung ein Föderationsfest zur Feier der nationalen Einheit. Feiern und Volksfeste sind seither ein Bestandteil revolutionärer Kultur. Von der Regierung vereinnahmt, dienten sie der Legitimation* der neuen politischen Ordnung, die auch einer neuen Symbolik bedurfte. Den Bürgern sollte vermittelt werden, wie die neue Herrschaftsform, ihre Werte und ihr Weltbild miteinander übereinstimmen.

Die Gesellschaft des 18. Jahrhunderts war von der christlichen Symbolik geprägt, einer Legitimationsgrundlage des Ancien Régime. Die Revolutionäre versuchten daher, die Herrschaft der Könige „von Gottes Gnaden“ zu brechen, indem sie den Einfluss des Christentums zurückdrängten und ihm **republikanische Kultur,** einen „Kult der Vernunft“ entgegensetzten. Der christliche Kalender wurde durch einen republikanischen Kalender, christliche Feiertage durch revolutionäre Feste ersetzt. In aufwändigen **Massenfeiern** mit Aufmärschen, Gesängen und Schwüren gedachte man der Revolution und bekannte sich zur Republik. Viele Symbole wurden eingesetzt. So standen **Freiheitsbäume** für eine „Rückkehr zur Natur“, für die „natürlichen Rechte“ aller Menschen nach Rousseau. Oft wurden sie mit der roten **Jakobinermütze** geschmückt – Zeichen für den Anspruch des Volkes auf politische Freiheit. Farblich wurden die Feste dominiert von der **Trikolore*** und die blau-weiß-rote Bekleidung vieler Teilnehmer. Seit 1792 gehörte zu jedem politischen Fest auch die „Marseillaise“, die als Kriegslied der französischen Rheinarmee 1792 (s. S. 222 ff.) entstanden war, bald zur Erkennungsmelodie der Revolution und später zur **Nationalhymne** Frankreichs wurde. Bis heute stellt sich die Frage nach Funktion und Wirkung politischer Inszenierungen: Wer sind die Initiatoren? Was wollen sie erreichen? Mit welchen Mitteln? Werden Feiern ideologisch instrumentalisiert? Wie werden sie in den Medien dargestellt und kommentiert?

M1 Parade zum französischen Nationalfeiertag, Fotografie, 1998

▶ M 3–M 5: Revolutionsfeiern

M2 Französisches Föderationsfest auf dem *Champs de Mars 1790,* dem ersten Jahrestag des Bastillesturms, Radierung von Isidore Stanislas Helman, 1790 (spätere Kolorierung)

Das Jahr 1789 feiern – damals und heute

M3 Aus der Stellungnahme des jakobinischen Schriftstellers und Mitglieds des Ausschusses für Volksbildung, Marie-Joseph Chéniers, vor dem Konvent am 5. November 1793

Die erste […] Aufgabe bei der Durchsetzung der moralischen Erziehung ist die Einrichtung von Nationalfeiertagen. Hier muss die Einbildungskraft ihre unerschöpflichen Schätze einbringen, um in der Bürgerseele alle freimütigen Empfindungen zu wecken und die großen republikanischen Leidenschaften zu entfesseln […]. Die Freiheit ist die Seele unserer Nationalfeiertage. […] Die Gesamtheit unserer bürgerlichen Feste muss eine jährlich neue und erinnerungsreiche Komposition der Französischen Revolution darstellen. [Wir müssen] in Zukunft die unsterblichen Augenblicke heiligen, in denen die verschiedenen Tyranneien vor dem Atem der Nation in den Staub sanken und die großen Schritte der Vernunft ihren Ursprung hatten, die Europa befreien und bis ans Ende der Welt vorstoßen werden. Schließlich aber müsst ihr frei von Vorurteilen und würdig der Repräsentation des gestürzten Aberglaubens die einheitliche Weltreligion gründen […], deren einziges Dogma die Gleichheit ist, deren Kanzelredner unsere Gesetze bilden und deren Hohepriester die Beamten sind, und die den Weihrauch der großen Gemeinschaft nur auf dem Altar des Vaterlandes der gemeinsamen Mutter und Gottheit entzündet.

*Zit. nach: Wolfgang Lautemann/Manfred Schlenke (Hg.), Geschichte in Quellen: Amerikanische und Französische Revolution, bsv, München 1981, S. 380 f.***

1 Erläutern Sie anhand von M 3 die Bedeutung der Feiertage für das revolutionäre Frankreich.
Tipp: Achten Sie auch auf die sprachlichen Mittel.

M4 Aus dem Programm für die Revolutionsfestivitäten in Frankreich zur 200-Jahr-Feier 1989

Dienstag, 21. März: An diesem Tag wird überall in Frankreich ein Baum der Freiheit gepflanzt. Mit diesem Akt knüpfen wir an die Tradition der symbolischen Feierlichkeiten der Revolution an. […] Der 21. März ist ebenfalls für die Schüler aller Schulen in Frankreich der Tag der 200-Jahr-Feier. An diesem Tag werden überall die Grundwerte unserer Demokratie in Erinnerung gerufen, kommentiert und diskutiert. Donnerstag, 4. Mai: Am Nachmittag wird der erste Gang der Generalstände nach Versailles rekonstruiert. Die 1400 Teilnehmer ziehen von der Kirche Nôtre Dame bis zur Kathedrale Saint Louis zur Musik der republikanischen Garde. 8. Juli: Gemeinsam feiern Amerikaner und Franzosen ihren Kampf für die Unabhängigkeit und nationale Souveränität mit einer großen Orchesterparade und Fanfaren […]. 13. Juli: Heute wird die Oper der Bastille eingeweiht. Nach dem Konzert im Großen Saal versammeln sich mehrere Orchester auf dem Platz der Bastille, um den größten Ball der Welt zu eröffnen. 14. Juli: Von 21 Uhr bis Mitternacht findet der große Parademarsch „Zur Ehre der Marseillaise“ statt. […] In dieser bunten und grandiosen Szene vereinigen sich 9000 Teilnehmer aus verschiedenen Provinzen und Nationen, Truppen, Tambourine, Fahnen und Künstler, um gemeinsam das Föderationsfest zu feiern […]. Der August wird von der Erinnerung an eines der grundlegenden Werke der Französischen Revolution beherrscht: der Erklärung der Menschen- und Bürgerrechte.

*Zit. nach: Mission officielle du Bicentenaire de la Révolution française (Hg.), Le Programme du Bicentenaire, Paris 1988, S. 64. Übers. Berit Pleitner. Zit. nach: Geschichte lernen, Nr. 60, 1997, S. 64.**

1 Erklären Sie die historische Bedeutung der einzelnen Revolutionsfestivitäten 1989 (M 4).

2 **Vertiefung:** Kommentieren Sie die Feierlichkeiten 1989 in Frankreich (M 4) als Befürworter oder Gegner.

M5 Der französischen Nationalfeiertag 2018

Es sind nicht mehr allzu viele Länder, die kraftstrotzende Militärparaden abhalten und ihre Panzer durch die Innenstadt rollen lassen – außer Frankreich gehören noch Nordkorea, Russland und China dazu. Und demnächst wohl auch wieder die USA. Präsident Donald Trump war letztes Jahr nämlich Ehrengast in Paris und danach so begeistert, dass er zuhause auch direkt eine Parade angeregt hat. […] Frankreichs Präsident Macron sieht sich gerne in der Rolle des Obersten Armeechefs, der in einem tarnfarbenen Jeep die Prachtstraße herunterfährt und auf der Ehrentribüne die knapp 4300 Soldaten an sich vorbei marschieren lässt. Wie jedes Jahr donnern Kampf- und Kunstflieger im Tiefflug über die Stadt.

*Zit. nach: https://www.zdf.de/nachrichten/heute/nationalfeiertag-frankreich-in-feierlaune-100.html (Download vom 2. Juli 2019).**

1 Diskutieren Sie anhand von M 5 die Bedeutung von Militärparaden an Nationalfeiertagen (s. auch M 1).

Frauen in der Französische Revolution

In dieser Themeneinheit geht es um
- *die Forderungen nach Frauenrechten in der Französischen Revolution,*
- *die Aktivitäten von Frauen in der Revolution und zeitgenössische Frauen-Bilder,*
- *die Frage nach Erfolg und Misserfolg der Frauenforderungen.*

M1 Olympe de Gouges (1748–1793), Gemälde von Alexandre Kucharski, Ende 18. Jh. (Ausschnitt)

Olympe de Gouges (eigentlich Marie Gouze) war Revolutionärin, Frauenrechtlerin, Schriftstellerin; 1793 als „Konterrevolutionärin" hingerichtet.

▶ M 4: Frauenrechtserklärung 1791

Geburtsstunde der Frauenbewegung?

Frauen haben in der Französischen Revolution eine wichtige Rolle gespielt. Einigen Forscherinnen und Forschern gilt die Revolution daher als Geburtsstunde der modernen Frauenbewegung. Frauen, die sich am revolutionären Geschehen beteiligten, waren wie Männer vom Wunsch nach Freiheit und Gleichheit bestimmt. Doch um diese zu erlangen, mussten Frauen – gleich welchen Standes – gegen die Herrschaft der Männer aufbegehren. Bereits bei der Einberufung der Generalstände* beanspruchten sie in Beschwerdebriefen (frz. *Cahiers de doléance*) rechtliche Gleichstellung, bessere Bildungschancen, eine Reform der Ehegesetzgebung und politische Mitbestimmung.
Die meisten Männer, selbst aus den radikalen politischen Lagern, begegneten den frauenrechtlichen Forderungen mit Widerstand, den sie mit traditionellen Natur- und Weltbildern zu rechtfertigen suchten. Und auch die politisch aktiven Frauen selbst hegten unterschiedliche Vorstellungen von der Gleichheit der Geschlechter. Manche sahen ihre Aufgabe beim Aufbau einer neuen Gesellschaft in der Sorge für Haus und Familie oder in karitativem* Engagement. Andere Frauen verfolgten radikalere Ziele und forderten gleiche politische Rechte, eine offizielle Genehmigung ihrer Bewaffnung oder die Gleichheit der Kleidung. Die in der historischen Forschung erst in den letzten Jahrzehnten wiederentdeckte **Olympe de Gouges*** formulierte in der **Frauenrechtserklärung* 1791** den Grundsatz: „Die Frau wird frei geboren und bleibt dem Mann ebenbürtig in allen Rechten".

Frauen in der Revolution

Frauen spielten in der Geschichte häufig eine entscheidende Rolle bei Erhebungen, die durch wirtschaftliche Armut motiviert waren. Während der „Brotunruhen" beteiligten sich vor allem Frauen aus den ärmeren Bevölkerungsschichten an Ladenplünderungen und Marktkrawallen. Legendär geworden ist der erfolgreiche **„Marsch der Frauen der Pariser Märkte nach Versailles" am 5. und 6. Oktober 1789**. Die Frauen drangen in die Nationalversammlung ein und schickten eine Abordnung zum König in Versailles. Der Monarch gab dem Druck der Frauen nach, ließ Brot nach Paris schaffen und unterzeichnete schließlich die Menschenrechtserklärung. Mit ihrer Sorge um das materielle Leben allein lässt sich jedoch das aktive politische Engagement von Frauen nicht erklären. Sie organisierten sich in politischen Klubs und Gesellschaften, hielten öffentliche Reden, besuchten politische Versammlungen und publizierten Broschüren und Druckschriften. Neben den etwa 60 **revolutionären Frauenklubs**, die sich zwischen 1789 und 1793 im ganzen Land bildeten, existierten auch gemischte Vereinigungen wie die „Brüderliche Gesellschaft beider Geschlechter". Der Zugang zu den weitaus meisten politischen Klubs blieb allerdings Männern vorbehalten.

M2 ***„A Versailles! A Versailles!“* Zug der Pariser Marktfrauen nach Versailles am 5. Oktober 1789, zeitgenössische kolorierte Radierung**

Frauenbilder

Ein besonderes Charakteristikum der Position von Frauen während der Französischen Revolution war die enorme Bedeutung, die ihnen in der revolutionären wie der gegenrevolutionären **Bildpropaganda** zukam. Frauenbilder wurden als Symbole für die höchsten Werte der Revolution gebraucht: für Freiheit, Nation, Verfassung, Republik, Natur. Die **symbolische Verweiblichung der Nation** und ihrer neuen Grundwerte stand vermutlich im Zusammenhang mit der Entmachtung und späteren Enthauptung des Königs, dessen Person und Bild zuvor als Symbole für die Nation gedient hatten. Mit der Zurückdrängung der Frauen aus der aktiven politischen Teilhabe 1793 ging auch ihre Präsenz in der revolutionären Ikonografie* zurück. Im April 1793 wurden Frauen vom Waffendienst ausgeschlossen und die vielen Frauen, die sich zu den Revolutionstruppen gemeldet hatten, entlassen. Im Frühjahr 1794 folgte das **Verbot der politischen Frauenklubs.**

M3 ***„La Liberté“*, Gemälde von Nanine Vallain, 1793/94.**
Weibliche Verkörperung der Freiheit mit Lanze, Freiheitsmütze, Erklärung der Menschen- und Bürgerrechte 1789. Während der Entstehung des Gemäldes erfolgte das Verbot der politischen Frauenklubs durch den von Jakobinern beherrschten Konvent. Das Tragen der roten Bürgermütze (Symbol des zur politischen Teilhabe berechtigten Bürgers) wurde Frauen untersagt.

Erfolge und Niederlagen

Hatte die Erklärung der Menschen- und Bürgerrechte vom 26. August 1789 allen Menschen Freiheit und rechtliche Gleichheit garantiert, erfolgte die praktische Umsetzung der bürgerlichen Befreiung während der Revolution nur eingeschränkt. Einige bleibende rechtliche Verbesserungen für Frauen brachte die Reform des Eherechts mit der Einführung der **Zivilehe***, mit der Festsetzung des Heiratsalters auf 21 Jahre für beide Geschlechter sowie mit dem Recht auf **Ehescheidung.** Die 1793 auch Frauen zugestandene Verfügungsgewalt über das Familieneigentum wurde ihnen allerdings 1804 im *Code civil** (s. S. 220) wieder genommen. Im Bereich der Bildung führte das 1793 erlassene „Gesetz über den öffentlichen Unterricht“ den **obligatorischen Besuch von Primarschulen** auch für Mädchen ein. Die Forderungen nach rechtlicher Gleichstellung, vor allem nach politischer Mitbestimmung, wurden jedoch abgewehrt.

▶ M5: Verbot politischer Frauenklubs 1794

1 Fassen Sie die Rolle der Frau in der Französischen Revolution nach selbst gewählten Kriterien zusammen (z. B. Anspruch, Mittel zur Durchsetzung).
2 **Wahlaufgabe:** Bearbeiten Sie Aufgabe a) oder b).
   a) **Kurzvortrag:** Erstellen Sie ausgehend von M 1 und mithilfe eigener Recherchen einen Kurzvortrag über Olympe de Gouges.
   b) Vergleichen Sie die Gemälde M 2 und M 3 hinsichtlich der Rolle der Frau in der revolutionären Ikonografie*. Berücksichtigen Sie auch Anlass und Funktion beider Bilder.

Hinweise zur Arbeit mit den Materialien:
In M 4 und M 5 geht es um Frauenrechte in der Revolution.

Frauenrechte in der Französischen Revolution

M 4 Aus der „Erklärung der Rechte der Frau und Bürgerin" von Olympe de Gouges (1791)

MANN, bist du fähig, gerecht zu sein? [...] Sag mir – wer hat dir die unumschränkte Macht gegeben, mein Geschlecht zu unterdrücken? Deine Kraft? Deine Talente? Betrachte den Schöpfer in seiner Weisheit; durchwandre die Natur in ihrer ganzen Größe, der du dich vergleichen zu wollen scheinst, und nenne mir, wenn du es wagst, das Beispiel dieser tyrannischen Macht. Der Mann allein hat sich aus dieser Ausnahme ein Prinzip zurechtgestümpert. Bizarr, blind, von Wissenschaften aufgeblasen und degeneriert, will er in diesem Jahrhundert der Aufklärung und des durchdringenden Denkens mit krassester Unwissenheit als Despot einem Geschlecht befehlen, das mit allen intellektuellen Fähigkeiten begabt ist; er will die Revolution genießen und will seine Rechte auf Gleichheit einfordern, um nicht noch mehr sagen zu müssen.

Erklärung der Frauen- und Bürgerinnenrechte, von der Nationalversammlung in ihren letzten Sitzungen oder in der nächsten Legislaturperiode zu beschließen.

Präambel

Die Mütter, die Töchter, die Schwestern, Vertreterinnen des Volkes, verlangen, als Nationalversammlung eingesetzt zu werden. In Erwägung, dass die Unkenntnis, das Vergessen oder die Verachtung der Frauenrechte die einzigen Ursachen öffentlichen Unglücks und der Verderbtheit der Regierungen sind, haben sie beschlossen, die natürlichen, unveräußerlichen und heiligen Rechte der Frau in einer feierlichen Erklärung darzulegen, damit diese Erklärung ständig allen Mitgliedern der Gesellschaft gewärtig sei und sie ohne Unterlass an ihre Rechte und Pflichten erinnere; damit die Handlungen der Gewalt der Frauen und die der Gewalt der Männer in jedem Augenblick mit dem Zweck jeder politischen Einrichtung verglichen werden können und dadurch mehr geachtet würden; damit die Ansprüche der Bürgerinnen, fortan auf einfache und unbestreitbare Grundsätze gegründet, sich immer auf die Erhaltung der Verfassung, der guten Sitten und das Glück aller richten mögen. Demnach erkennt und erklärt das in den Schmerzen der Mutterschaft an Schönheit wie an Mut überlegene Geschlecht in Gegenwart und unter dem Schutz des Höchsten Wesens folgende Frauen- und Bürgerinnenrechte.

*Zit. nach: Autorinnengruppe Wien (Hg.): Das ewige Klischee. Zum Rollenbild und Selbstverständnis bei Männern und Frauen, Boehlau, Wien 1981, S. 50ff.**

M 5 Der Pariser Sicherheitsausschuss über ein Verbot der Frauenklubs (Oktober 1793)

Die häuslichen Aufgaben, zu denen Frauen von Natur aus bestimmt sind, gehören selbst zur allgemeinen Ordnung der Gesellschaft. Diese soziale Ordnung resultiert aus dem Unterschied, der zwischen Mann und Frau besteht. [...] Der Mann ist stark, robust, mit einer großen Energie, mit Kühnheit und Mut geboren. Er meistert die Gefahren, die Rauheit der Jahreszeiten durch seine Konstitution. [...] Er ist für die Künste wie für die schweren Arbeiten geeignet. Und da er fast ausschließlich für die Landwirtschaft, den Handel, die Schifffahrt, die Reisen, den Krieg bestimmt ist, zu all jenem also, was nach Kraft, Intelligenz und Kompetenz verlangt, so scheint auch er allein zu jenen tief gehenden und ernsthaften Meditationen geeignet, die eine große Anstrengung des Geistes und lange Studien voraussetzen, denen Frauen nicht nachgehen können. Welches ist der der Frau eigentümliche Charakter? Die Sitten und die Natur selbst haben ihr Aufgaben zugesprochen: die Erziehung der Menschen zu beginnen, den Geist und das Herz der Kinder auf die öffentlichen Tugenden vorzubereiten, sie von früh an zum Guten hinzulenken, ihr Gemüt zu entfalten, [...] neben den Sorgen um den Haushalt. [...] Wenn die Frauen all diese Aufgaben erfüllen, haben sie sich um das Vaterland verdient gemacht. [...] Erlaubt es die Sittsamkeit einer Frau, sich in der Öffentlichkeit zu zeigen und gemeinsam mit den Männern zu kämpfen, im Angesicht des Volkes über Fragen zu diskutieren, von denen das Wohl der Republik abhängt? Im Allgemeinen sind Frauen kaum zu hohen Vorstellungen und ernsthaftem Nachdenken fähig.

*Zit. nach: Susanne Petersen, Brot und Kokarden – Frauenalltag in der Revolution, in: Viktoria Schmidt-Linsenhoff (Hg.), Sklavin oder Bürgerin? Französische Revolution und Neue Weiblichkeit 1760–1830, Jonas, Marburg 1989, S. 35f.**

1 **Gruppenarbeit:** Vergleichen Sie die zeitgenössischen Frauen- und Männerbilder in M 4 und M 5.
2 Erarbeiten Sie in M 5 die Argumente gegen eine politische Tätigkeit von Frauen und bewerten Sie sie.
3 **Vertiefung:** Formulieren Sie die Menschenrechtserklärung von 1789 (M 2, S. 205) so um, dass sie den Vorstellungen de Gouges (M 4) entsprechen würde.

Vom Direktorium zur Kaiserherrschaft Napoleons

In dieser Themeneinheit geht es um
- *die Direktoriumsherrschaft (1795–1799),*
- *den Aufstieg Napoleons zum Kaiser und die Frage, ob er die Revolution verteidigte oder verriet.*

Restauration* der Macht des Besitzbürgertums*

Die vierte Phase der Revolution von **1794 bis 1799** ist gekennzeichnet durch die Restauration der Macht des Besitzbürgertums. Nach dem Tag der Verhaftung Robespierres am 27. Juli 1794 (9. Thermidor im Revolutionskalender) spricht man auch von der Phase der **Thermidorianer-Reaktion.** Sie hatte drei Folgen: Rückkehr zur gemäßigten Verfassungsrevolution von 1789 bzw. 1791; Abwehr der unter den Jakobinern eingeleiteten sozialen Revolution; erneute Einschränkung der politischen Rechte der Unterschichten. Die Phase endet mit dem Staatsstreich Napoleons am 9. November 1799.

M1 Napoleon als Erster Konsul, anonymes Gemälde, um 1800

Das Direktorium (1795–1799)

Nach dem Sturz Robespierres war die politische Lage in Frankreich sehr instabil. Zwar gelang die Verabschiedung einer **neuen Verfassung** durch den Nationalkonvent am 22. August 1795. Sie sah ein **Direktorium von fünf Männern** als Exekutive vor und bildete zwischen Oktober 1795 und November 1799 die konstitutionelle* Grundlage der französischen Politik. Das Wahlrecht wurde wieder an das Einkommen gebunden. Die während der Jakobinerherrschaft gewährten sozialen Grundrechte wurden wieder abgeschafft. Das Direktoratsregime, das in vielerlei Hinsicht eine Rückkehr zu den liberalen* Anfängen der Revolution darstellte, beruhte jedoch auf einer zu schmalen Basis. In der notleidenden Bevölkerung von Paris, die durch den beschleunigten Abbau der staatlichen Wirtschaftsregulierung hart getroffen wurde, fand es keine Stütze. In Paris kam es im Mai unter dem Motto „Brot und die Verfassung von 1793" zu einem letzten großen Aufstand der Sansculotten*, der mit militärischer Gewalt niedergeschlagen wurde. Außerdem lebte nach dem Fall Robespierres der royalistische* Widerstand wieder auf. Ein erster Putschversuch in Paris wurde im Oktober 1795 von dem noch kaum bekannten General **Napoleon Bonaparte*** militärisch unterdrückt.
Das Direktoratsregime versuchte, seine Macht einerseits durch den Ausschluss von Abgeordneten der Rechten und Linken, andererseits durch permanente Kriegsführung sowie die Ausplünderung anderer Länder zu erhalten. Als im Sommer 1799 die royalistische Opposition* in der Armee und der jakobinische Widerstand in den Städten erneut anwuchsen, inszenierten führende Thermidorianer* um Abbé Sieyès am 18. Brumaire einen Staatsstreich des inzwischen populären Generals Napoleon. Unter Androhung militärischer Gewalt erklärte Napoleon das Direktorium für aufgelöst und sich zum Ersten Konsul einer aus drei Konsuln bestehenden provisorischen Regierung.

Napoleon Bonaparte (1769–1821)
Napoleon war ein aus Korsika stammender französischer Offizier. In der Zeit des Direktoriums schlug er als Brigadegeneral einen Aufstand von Königstreuen nieder. 1796 siegte er als Oberbefehlshaber der französischen Truppen gegen Österreich, 1798 befehligte er den erfolgreichen Feldzug gegen Ägypten. 1799 stürzte er das Direktorium und regierte als Erster Konsul fast allein. 1804 krönte er sich selbst zum Kaiser. Nach der Dreikaiserschlacht von Austerlitz 1805 gegen Österreich und Russland bestimmte er bis zur Völkerschlacht von Leipzig 1813 die europäische Politik. Nach der französischen Niederlage wurde er 1815 auf die Insel Elba und – nach kurzer Rückkehr auf das Schlachtfeld – endgültig von den Engländern auf die Insel St. Helena verbannt, wo er 1821 starb.

Napoleon – Verteidiger oder Verräter der Revolution?

Die neue, autoritäre* Konsulatsverfassung Napoleons vom 24. Dezember 1799 legte die unbeschränkte Exekutivgewalt* in die Hand der Regierung. Sie sah zwar ein Zweikammernsystem vor, dessen Befugnisse aber stark eingeschränkt waren. Napoleon war als Erster Konsul auf zehn Jahre ernannt und stand an der Spitze der Regierung. Nach und nach baute er seine Macht aus, indem er seine beiden Mitkonsuln verdrängte.

M2 „Napoleon überschreitet den großen St. Bernhard-Pass", Gemälde von Jacques-Louis David, 1800/1801.
In den Fels am Boden eingemeißelt: „Napoleon", „Hannibal", „Karolus Magnus". Der Überlieferung nach hat Napoleon die Alpen nicht auf einem edlen Pferdes überquert (es wäre den Strapazen der eisigen Kälte kaum gewachsen), sondern auf einem Maultier. Er trug dabei keine Paradeuniform, sondern einen gewöhnlichen Waffenrock.*

▶ M 1, M 2: Aufstieg Napoleons in Bildern

Seine Herrschaft sicherte er dabei geschickt durch Volksabstimmungen und Propaganda*. Das Konsulat ließ er sich 1802 auf Lebenszeit übertragen und durch Senatsbeschluss und Plebiszit* **1804 in ein erbliches Kaisertum** umwandeln.

Napoleons hohe Akzeptanz im Volk beruhte vor allem auf seinen militärischen Leistungen. Er baute das französische Imperium* in Europa aus. Außerdem galt er als Verteidiger der Revolution, der den Royalistenaufstand in Paris 1795 niedergeschlagen hatte. Ferner gelang es ihm, die politischen Verhältnisse in Frankreich zu stabilisieren. Neben seiner Währungs- und Steuerreform trugen die Einkünfte aus den besetzten Ländern zu einer Sanierung* der Staatsfinanzen bei. Die stärkste Wirkung ging von seiner **Rechtspolitik** aus: Sie schrieb die Grundsätze der liberalen Phase der Revolution fest und vereinheitlichte dadurch vor allem das französische Zivilrecht*. In diesem **Code civil* des Francais** (auch *Code Napoléon*) wurden 1804 die Gleichheit vor dem Gesetz, die Freiheit des Eigentums und die Trennung von Kirche und Staat durch die Einführung der Zivilehe anerkannt. Über die Einführung in den besetzten Gebieten (s. S. 222 f.) wirkte der *Code* über Frankreich hinaus und beeinflusste die Rechtsentwicklung in ganz Europa.

▶ M 3–M 5: Napoleon – Verteidiger der Revolution?

1 **Schaubild:** Stellen Sie in einem Schaubild die Phasen der Französischen Revolution dar (Trägern der Revolution/der Gegenrevolution, deren politischen Ziele usw.).
2 Erläutern Sie anhand der Darstellung die Ursachen für Napoleons Popularität.

Hinweise zur Arbeit mit den Materialien:
M 3 bis M 5 spiegeln politische Haltungen Napoleons.
Vertiefung: *Napoleon-Gemälde analysieren (M 1, M 2).*

Napoleon: Verteidiger der Revolution?

M 3 Vertrauliche Äußerung Napoleons gegenüber dem französischen Gesandten in der Toskana, Miot de Melito (1. Juni 1797)

Glauben Sie vielleicht, dass ich eine Republik begründen will? Welcher Gedanke! [...] Das ist eine Wahnvorstellung, in die die Franzosen vernarrt sind, die aber auch wie so manche andere vergehen wird. Was sie brauchen, das ist Ruhm, die Befriedigung ihrer Eitelkeit, aber von Freiheit verstehen sie nichts. [...] Die Nation braucht einen Führer, einen durch Ruhm hervorragenden Führer, aber keine Theorien über Regierung, keine großen Worte, keine Reden von Ideologen, von denen die Franzosen nichts verstehen. Man gebe ihnen ihre Steckenpferde, das genügt ihnen, sie werden sich damit amüsieren und sich führen lassen, wenn man ihnen nur geschickt das Ziel verheimlicht, auf das man sie zumarschieren lässt.

*Zit. nach: Miot de Melito, Mémoires I, Schweizerbart, Stuttgart 1866, S. 163f. Übers. Wilhelm A. Fleischmann.**

M 4 Tagesbefehl Napoleons (14. Juli 1797)

Soldaten, heute ist die Jahresfeier des 14. Juli. [...] Ihr seid [...] ganz dem Ruhm jenes Namens verbunden, der durch eure Siege neuen Glanz empfangen hat. Soldaten, ich weiß, ihr seid tief betrübt über die Leiden, die dem Vaterland drohen; aber das Vaterland kann nicht ernstlich gefährdet werden. Hier stehen die Männer, die es zum Triumph über das verbündete Europa geführt haben. Berge trennen uns von Frankreich; ihr würdet sie mit Adlerflügeln überqueren, wenn es nötig sein sollte, um die Verfassung aufrechtzuerhalten, die Freiheit zu verteidigen, die Regierung und die Republik zu schützen.

*Zit. nach: Walter Markov, Revolution im Zeugenstand, Bd. 2, Fischer, Frankfurt/M. 1987, S. 697f.**

M 5 Aus dem *Code civil* von 1804

1. Die Freiheit
Der Staatsbürger hat mit seiner Großjährigkeit die Freiheit, über seine Person zu verfügen. Er kann daher seinen Wohnsitz wählen, wo es ihm gut dünkt. [...] Wir bezeichnen es als Naturrecht, dass wir den Menschen als moralisches Wesen behandeln, d. h. als ein vernunftbegabtes und freies Wesen, das dazu bestimmt ist, mit anderen vernunftbegabten und freien Wesen zusammenzuleben.
2. Die Rechtsgleichheit
Nachdem unsere Verfassung die Rechtsgleichheit eingeführt hat, muss jeder, der sie wieder abschwört und die abgeschafften Vorrechte der Geburt wieder einführen will, als Frevler gegen unseren Gesellschaftsvertrag gelten und kann nicht Franzose bleiben.
3. Die Gewalt des Familienvaters als Vorbild
Der Ehemann schuldet seiner Frau jeglichen Schutz, die Ehefrau schuldet dem Manne Gehorsam. Die Frau kann vor Gericht erscheinen nur mit Ermächtigung ihres Mannes, auch wenn sie selbst einen Beruf ausübt. In Dingen, die ihr Geschäft betreffen, ist sie selbstständig. Das Kind ist in jedem Alter verpflichtet, Vater und Mutter Ehre und Achtung zu erweisen. Das Kind verbleibt in der elterlichen Gewalt bis zur Großjährigkeit oder bis zur Heirat.
4. Von dem Eigentum
Eigentum ist das Recht, eine Sache auf die unbeschränkte Weise zu benutzen und darüber zu verfügen, vorausgesetzt, dass man davon keinen durch die Gesetze oder Verordnungen untersagten Gebrauch mache. Niemand kann gezwungen werden, sein Eigentum abzutreten, wenn es nicht des öffentlichen Wohls wegen und gegen eine angemessene und vorgängige Entschädigung geschieht.

*Zit. nach: Code Napoléon. Einzige offizielle Ausgabe für das Großherzogtum Berg, Großherzoglich-Bergische Regierungs-Buchdruckerey, Düsseldorf 1810.**

1 **Partnerarbeit:** Untersuchen Sie M 3, M 4 hinsichtlich der Haltung Napoleons zu Republik und Demokratie.
   a) Fassen Sie die Bestimmungen von M 5 zusammen.
   b) Prüfen Sie, ob und ggf. inwieweit der *Code* (M 5) eine Rechtsgleichheit von Mann und Frau vorsah.
2 Vergleichen Sie den *Code civil* (M 5) mit der „Erklärung der Menschen- und Bürgerrechte" (M 2, S. 205).
3 **Gruppenarbeit:** Nehmen Sie Stellung zur Leitfrage: Napoleon – Verteidiger oder Verräter der Revolution? Präsentieren und diskutieren Sie die Ergebnisse.
4 **Vertiefung:** Der Aufstieg Napoleons im Bild: Interpretieren Sie die Darstellung Napoleons in M 2. **Tipp:** Siehe die Hilfen in der Bildlegende zu M 2.
5 Vergleichen Sie die Napoleon-Bilder M 1 und M 2.
6 **Digitale Bildergalerie:** Erstellen Sie (eigene Recherchen) eine Galerie mit Napoleon-Gemälden aus seiner Zeit bis 1804. Analysieren Sie die Gemälde unter der Leitfrage des Materialteils (siehe Aufgabe 3).

Die Folgen der Französischen Revolution für Europa

In dieser Themeneinheit geht es um
- *die Neuordnung Europas durch die Revolution und die Herrschaft Napoleons,*
- *neue politische Systeme am Beispiel von Westfalen und Mainzer Republik.*

M 1 Französisches Schmuckplakat aus dem ersten Koalitionskrieg (1792–1797), 1792

Export der Revolution nach Europa

1792 noch hatte Frankreich den Krieg gegen die europäischen Monarchien als Abwehr gegen die antirevolutionäre Politik der konservativen* Großmächte begonnen und seinen Kampf zu einem ideologischen* Kreuzzug für „Freiheit, Gleichheit, Brüderlichkeit" erklärt. 1804 begann hingegen eine Phase imperialer* Europapolitik, die die bisherigen Regeln der Gleichgewichtspolitik zugunsten der **Hegemonie* Frankreichs** missachtete. Der französische Herrschaftsbereich gliederte sich in Staaten, in denen Familienmitglieder Napoleons regierten, abhängige Vasallenstaaten, die noch selbstständig blieben, und Verbündete. Für viele Staaten Europas bedeutete erst die Expansion* unter Napoleon das Ende des Ancien Régime und die Auseinandersetzung mit Vorstellungen staatlicher Ordnung, die in vielen Punkten Ideen der Revolution transportierten, auch wenn sie unter Napoleon nicht mehr demokratisch waren.

Die Koalitionskriege und die Neuordnung Europas

Die Mächte Europas führten **fünf Koalitionskriege** gegen Napoleon. Nach dem ersten (1792–1797) gingen die linksrheinischen* Gebiete an Frankreich. Als Ergebnis des zweiten (1799–1802) betrieb Napoleon eine **Umgestaltung des Heiligen Römischen Reiches Deutscher Nation*.** Zur Entschädigung der Fürsten, die ihre linksrheinischen Besitzungen verloren hatten, wurden (wie im **Reichsdeputationshauptschluss** 1803 festgelegt) 112 selbstständige Reichsstände (geistliche Fürsten, Reichsritter, Reichsstädte) aufgehoben. Hiervon profitierten vor allem **Baden, Württemberg und Bayern**; sie wurden nun zu Parteigängern Napoleons. Der dritte Krieg (1805) brachte die Auflösung des Alten Reiches. Im Frühjahr 1806 traten 16 süd- und westdeutsche Staaten formell aus dem Reich aus (was reichsrechtlich eigentlich nicht möglich war) und schlossen sich in Paris unter dem Protektorat Napoleons zum **Rheinbund** zusammen. Franz II. legte daraufhin am 6. August 1806 die Kaiserkrone nieder, damit war das **Alte Reich 1806 aufgelöst.** Der vierte, vor allem von Preußen angestrengte Koalitionskrieg (1806/07) brachte den **Zusammenbruch Preußens** und der fünfte (1809) den Österreichs.

▶ M 4, M 6: Territorialer Wandel in Europa 1789–1815 (Karten)

Der „Modellstaat" Westfalen

Napoleon wollte die Rheinbundstaaten überzeugen, dass das französische System überlegen und auf deutsche Verhältnisse übertragbar war. Im **„Modellstaat" Westfalen,** der von seinem Bruder Jerôme (seit 1807) regiert wurde, setzte er daher grundlegende Reformen durch. Die **Einführung des** *Code Napoléon* bedeutete für den Adel den Verlust seiner Steuerfreiheit, die Befreiung von Abgaben und Militärdienst, den privilegierten Gerichtsstand und andere Vorrechte. Doch alle diese Maßnahmen ließen die materielle Stellung des Adels unberührt. Den nicht privilegierten Gruppen wurden durch die Bauernbefreiung bisher vorenthaltene Rechte zuerkannt. Leibeigene gewannen persönliche Freiheit und Freizügigkeit*. Stadtbewohner erhielten das Bürgerrecht. **Juden** erhielten die **staatsbürgerliche Gleichheit** (Emanzipationsgesetz* 1808).

M2 **Europa unter napoleonischer Herrschaft**

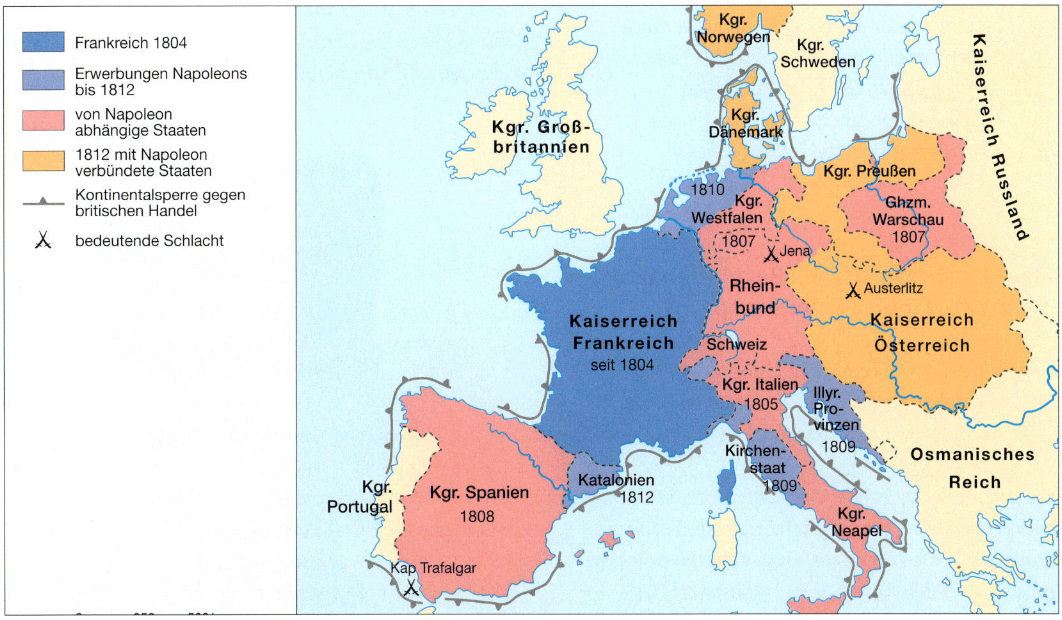

Die Mainzer Republik

Bereits vor den Koalitionskriegen versuchten einige deutsche Staaten, Errungenschaften der Französischen Revolution einzuführen. Nach der Besetzung durch Napoleons Truppen 1792 begann man in Mainz, die Stadt zu einer **Republik*** auf der Grundlage der **Volkssouveränität*** umzugestalten. Zum ersten Mal in der deutschen Geschichte wählte man 1793 auf der Grundlage eines allgemeinen, gleichen und direkten Männerwahlrechts ein Parlament, den **Rheinisch-Deutschen Nationalkonvent.** Am 18. März beschloss dieses Parlament die Unabhängigkeit vom Heiligen Römischen Reich Deutscher Nation und den Anschluss an die Republik Frankreich. Doch preußische Truppen belagerten die Stadt und besetzten sie am 23. Juli. Der Konvent löste sich auf, das republikanische Experiment war gescheitert.

M3 **Paul Delaroche, Napoleon nach seiner Ankunft in Fontainebleau am 31. März 1814, Ölgemälde, 1840.**

Am 31. März 1814 kapitulierte Paris, am 6. April unterzeichnete Napoleon seine Abdankungsurkunde in Fontainebleau.

▶ M 5: Folgen der Herrschaft Napoleons für Europa (Karikatur)

Niederlage der „*Grande Armée*" und Folgen der Herrschaft Napoleons

Der Vernichtung der Armee Napoleons im Winter 1812 beim Feldzug gegen Russland folgten Widerstandsbewegungen in den von Frankreich besetzten oder abhängigen Staaten. Die militärische Überwindung Napoleons gelang einer von Preußen und Russland ausgehenden Koalition, der sich Österreich und der Großteil der Rheinbundstaaten anschlossen. Nach der **Völkerschlacht bei Leipzig 1813** eroberten sie schließlich 1814 Paris und beendeten so Napoleons Herrschaft. Am Ende war die **Politik Napoleons** in den eroberten Staaten folgenreicher als die Revolution im engeren Sinne. Dennoch prägte auch die Revolution die europäische Politik nachhaltig. Die Idee der Menschenrechte und die Forderung nach „Freiheit, Gleichheit, Brüderlichkeit" blieben Maßstäbe, an denen sich die Politik messen lassen musste. Die Angst vor revolutionärer Einforderung dieser Rechte blieb bei den Monarchien Europas das gesamte 19. Jahrhundert präsent. **Revolutionsfurcht** wurde zu einem wichtigen politischen Faktor.

1 **Arbeitsteilige Gruppenarbeit:** Erläutern Sie die a) politischen, b) rechtlichen und c) territorialen Folgen der Französischen Revolution für Europa (Darstellung, M 1, M 2).
2 Beschreiben und deuten Sie die Napoleon-Darstellung in Gemälde M 3.

Hinweise zur Arbeit mit den Materialien:
M4 und M6 thematisieren die territorialen Veränderungen zwischen Revolution und Herrschaft Napoleons in Europa, M5 die Folgen der napoleonischen Herrschaft als Karikatur. ***Vertiefung:*** *Erörterung der These eines Fachhistorikers zur Leitfrage dieser Einheit.*

Die Folgen der Französischen Revolution und der Herrschaft Napoleons für Europa

1 **Wahlaufgabe:** Bearbeiten Sie Aufgabe a) oder b).
   a) Analysieren Sie die territorialen Veränderungen in Mitteleuropa zwischen 1789 und 1815 anhand der Karten M4 und M6.
   Tipp: Siehe Arbeitsschritte Methodenseite, S. 144.
   b) Interpretieren Sie die satirische Karte M5 im Hinblick auf die Folgen der Herrschaft Napoleons.
   Tipp: Siehe Arbeitsschritte Methodenseite, S. 238.
2 Präsentieren Sie Ihre Ergebnisse aus 1a) und b).
3 **Zusatzaufgabe:** Siehe S. 617.
4 **Vertiefung:** Erörtern Sie die These des Historikers Hans-Ulrich Thamer: „Der Export der [Französischen] Revolution nach Europa war und blieb ein ambivalentes[*] Unterfangen, das stets zwischen Besatzung und Befreiung oszillierte[*]."

M5 Napoleon, anonyme Karikatur, 1814.
Zu sehen sind in der satirischen „Karte" u. a.: Opfer des Russlandfeldzugs 1812; eine Hand, die nach Deutschland greift; ein Spinnennetz.

M4 Mitteleuropa vor 1789

M6 Mitteleuropa zwischen 1806-1815

5.4 Die Revolution von 1848/49

Zwischen Restauration* und Aufbruch

In dieser Themeneinheit geht es um
- *Reformen im Rheinbund und in Preußen infolge der Expansion Napoleons;*
- *die Bedeutung des Wiener Kongresses für die Neuordnung Europas 1814/15;*
- *politische Repression und soziale Krisen im Vorfeld der Revolution 1848.*

Folgen der napoleonischen Herrschaft

Napoleons imperiale* Politik veränderte die territoriale und politische Ordnung Mitteleuropas. Das Heilige Römische Reich Deutscher Nation erwies sich nach fast tausendjähriger Geschichte als zu schwerfällig, um sich dem französischen Hegemoniestreben entgegenzustellen. Napoleon überzog Europa mit Krieg, doch breiteten sich mit seiner Herrschaft Anfang des 19. Jahrhunderts auch ein neuer Geist der Freiheit und der Wille zur Veränderung in Europa aus – geprägt von den Ideen der Französischen Revolution. Andererseits wuchs der Widerstand gegen die französische Fremdherrschaft, schließlich sogar im Rheinbund, wo Napoleon zunächst begeistert begrüßt worden war.

Reformen in den Rheinbundstaaten

Napoleon versprach sich von der Bildung des Rheinbundes 1806 vor allem militärische Unterstützung für die Ausdehnung seiner Vorherrschaft über Europa. Die französische Herrschaft bedeutete jedoch nicht nur drückende Kriegskontributionen* für die Vasallenstaaten, sondern auch eine Modernisierung* von Staat und Gesellschaft:
- **Mediatisierung*** und **Säkularisation*** führten zu einer territorialen Vereinheitlichung im Südwesten Deutschlands.
- Der *Code Napoléon**, der in den linksrheinischen Gebieten bis zur Einführung des Bürgerlichen Gesetzbuches 1900 geltendes Recht war, sicherte Rechtsgleichheit und bürgerliche Freiheitsrechte.
- Die Abschaffung des Zunftzwanges* und der Binnenzölle bewirkten eine Liberalisierung* der Wirtschaft.
- Die Auflösung des Feudalsystems*, Reformen im Bildungswesen und die Zentralisierung der Verwaltung trugen ebenfalls zur Modernisierung* bei.
- In einigen Rheinbundstaaten wurden Verfassungen erlassen, die den Wandel vom feudalen Ständestaat zum bürgerlich-liberalen Staat förderten.

Mediatisierung und Säkularisation
Eine vom Reichstag des Heiligen Römischen Reichs Deutscher Nation eingesetzte Deputation (Ausschuss) befasste sich mit der Gebietsentschädigung für alle linksrheinischen Gebiete, die Österreich im Namen des Reiches 1801 (Friede von Lunéville) an Frankreich abtreten musste. Der Reichsdeputationshauptschluss von 1803 bestimmte die Säkularisation, d. h. die Beseitigung von Bistümern, Abteilen und Klöstern in Form von Enteignung von Kirchengut und Eingliederung in weltliche Fürstentümer. Begleitet wurde die Maßnahme von der Mediatisierung, d. h. der Unterstellung bisher reichsunmittelbarer Stände wie Reichsstädte, Grafschaften und Gebiete der Reichsritter unter die Landeshoheit eines anderen weltlichen Reichsstandes.
So verloren vier freie Reichsstädte und 112 Reichsstände ihre Selbstständigkeit, ca. drei Millionen Deutsche wechselten den Herrscher. Gewinner dieser territorialen „Flurbereinigung" im Südwesten Deutschlands, die die kleinstaatliche Zersplitterung teilweise aufhob, waren vor allem Bayern, Baden, Württemberg und Preußen.

Reformen in Preußen

Mit der Auflösung des Alten Reiches* und der Niederlage im vierten Koalitionskrieg 1806 verlor Preußen seine Vormachtstellung in Deutschland. Die preußische Regierung erkannte, dass nur durch Reformen ein Wiedererstarken Preußens möglich sei. Mit dem **Oktoberedikt 1807** leitete der preußische König ein umfangreiches Reformwerk ein, das einer **„Revolution von oben"** gleichkam. Hauptziel der führenden Reformpolitiker **Freiherr vom Stein** (1757–1831) und **Fürst von Hardenberg** (1750–1822) war die Stärkung der staatlichen Macht. Zudem sollte die feudalistische Ständeordnung durch eine Gesellschaft rechtsgleicher Bürger abgelöst werden. Obwohl die versprochene Verfas-

Die Preußischen Reformen
Bauernbefreiung (1807–1811)

Oktoberedikt (1807)
- Aufhebung der Erbuntertänigkeit
- Recht auf freien Eigentumserwerb
- Freiheit der Berufswahl

Regulierungsedikt (1811):
- Bauern werden zu Eigentümern der Höfe, die sie bewirtschafteten, indem sie die ehemaligen Gutsherren entschädigen.
- Abschaffung von Zwangsgesindedienst, Heiratserlaubnisgebühren u. a.
- Abschaffung von Fron- und Naturaldiensten für Bauern gegen finanzielle Ablöse

Heeresreform (ab 1807)
- Erneuerung des Offizierskorps, Wegfall des Adelsprivilegs
- Bildung von Landwehr und Landsturm
- Allgemeine Wehrpflicht (1813/14)

Städtereform (1808)
- Einführung der lokalen Selbstverwaltung

Verwaltungsreform (1808)
- Schaffung der fünf klassischen Ministerien: Inneres, Auswärtiges, Finanzen, Krieg, Justiz
- Staatskanzler als Vorsitzender des Ministerrates

Bildungsreform (ab 1809)
- Einführung des dreigliedrigen Schulsystems unter staatlicher Aufsicht
- Modernisierung der Lehrerausbildung
- Universitätsreform

Wirtschaftsreform
- Einführung der Gewerbefreiheit (1810)

Emanzipations-Edikt (1812)
- Bürgerliche Gleichstellung der Juden

sung nie in Kraft trat, bewirkten die **Preußischen Reformen*** eine **Liberalisierung des preußischen Obrigkeitsstaates** und trug zur Entstehung eines preußischen Nationalbewusstseins bei. Die Mehrheit des preußischen Adels lehnte die vom Gedankengut der Französischen Revolution beeinflussten Reformen ab und verteidigte teilweise erfolgreich seine Privilegien. Auch die Bauernbefreiung gelang nur zum Teil, weil viele Bauern eine Entschädigung für ihre ehemaligen Gutsherren nicht zahlen konnten. So entstand ein Spannungsfeld mit revolutionärem Zündstoff. Dennoch erreichten die Reformer ein wichtiges Ziel: Das wachsende Nationalbewusstsein und die Heeresreform mobilisierten Kräfte für den **„Befreiungskrieg" gegen Napoleon.**

Der Wiener Kongress

Nach dem Sturz Napoleons versammelten sich im Herbst 1814 bis 1815 in Wien die Monarchen und Staatsmänner der europäischen Großmächte England, Russland, Österreich, Preußen und Frankreich, um die politische Neuordnung Europas zu regeln. Die Beratungen unter der Federführung des österreichischen Staatskanzlers **Fürst Klemens von Metternich** (1773–1859) waren vor allem von drei Prinzipien bestimmt: Die politischen Verhältnisse vor der Französischen Revolution sollten wiederhergestellt werden **(Restauration*).** In ihr sollte sich die **Legitimität*** der Herrschaft aus der Tradition der Fürstenhäuser und dem Gottesgnadentum ableiten. Untereinander vereinbarten die Fürsten **Solidarität** im Kampf gegen revolutionäre National- und Freiheitsbewegungen. Zur Absicherung dieser Grundsätze schlossen sie sich in der **Heiligen Allianz** zusammen, die ein Interventionsrecht bei revolutionären Bedrohungen vorsah. Eine vollständige territoriale Restauration war jedoch nicht möglich, da Napoleon die Landkarte

M1 Der Deutsche Bund 1815–1866

Europas entscheidend verändert hatte. Die Gründung des **Deutschen Bundes (Juni 1815)** auf dem Gebiet des ehemaligen Reiches sollte ein Gleichgewicht in Europa herstellen und Hegemoniestreben künftig verhindern. Der Bund war ein loser Zusammenschluss von anfangs 35 Fürstenstaaten und vier freien Städten, deren Vertreter in der Bundesversammlung in Frankfurt/Main gemeinsame Maßnahmen für die äußere und innere Sicherheit beraten sollten. Unterschiedliche Interessen erschwerten jedoch Beschlüsse; zudem existierte keine gemeinsame Exekutive*, um vereinbarte Maßnahmen durchzusetzen, sodass der Bund kaum handlungsfähig war. Die Deutsche Bundesakte regelte die Beziehungen der Einzelstaaten zueinander und schrieb zugleich deren weitgehende innenpolitische Souveränität* fest. In allen Mitgliedsstaaten war die Verabschiedung von Verfassungen vorgesehen. Dieses Versprechen wurde jedoch von den Regierungen meist nicht eingelöst. Stattdessen wurde der Deutsche Bund zu einem Instrument der Politik Metternichs bei der Abwehr nationalistischer Bestrebungen und der Unterdrückung der Opposition. Die Hoffnungen derer, die in den „Befreiungskriegen" gegen Napoleon für Freiheit *und* Einheit gekämpft hatten, wurden enttäuscht.

Protest und Repression

Die Ergebnisse des Wiener Kongresses stabilisierten mittelfristig die Fürstenherrschaft in Europa. Doch die Ideen der Französischen Revolution – Freiheitsrechte, Volkssouveränität, nationale Selbstbestimmung – ließen sich nicht mehr zurückdrängen. Vor allem unter den Studenten war liberales Gedankengut verbreitet. Sie organisierten sich in **Burschenschaften*** und forderten immer lauter Freiheit und einen deutschen Nationalstaat; so z. B. auf dem **Wartburgfest 1817**, an dem über 500 Teilnehmer aller deutschen Universitäten teilnahmen. Die Reaktion der Fürsten ließ nicht lange auf sich warten: Die Ermordung des konservativen Schriftstellers von Kotzebue durch den Studenten Karl Ludwig Sand im März 1819 bot den Anlass zu scharfen Unterdrückungsmaßnahmen. Mit den **„Karlsbader Beschlüssen"** wurde 1819 ein staatliches Überwachungs- und Zensursystem gegen vermeintliche **„Demagogen"*** geschaffen.

Politische und wirtschaftliche Krisen (1830–1848)

In den 1830er-Jahren breitete sich eine revolutionäre Bewegung in weiten Teilen Europas aus. Zunächst brach in **Frankreich** im Juli 1830 eine Revolution aus, in deren Verlauf die Bourbonenherrschaft gestürzt und Louis Philippe, der „Bürgerkönig", an die Spitze einer konstitutionellen Monarchie gewählt wurde. Infolge der französischen Entwicklungen erreichte **Belgien** im selben Jahr seine Unabhängigkeit von den Niederlanden. In Italien kam es 1831 zu Aufständen für nationale Selbstbestimmung und Freiheit, die allerdings von Österreich blutig niedergeschlagen wurden. Der erfolglose Freiheitskampf **Polens** gegen die russische Fremdherrschaft fand in Westeuropa breite Unterstützung. Emigranten aus Polen wurden begeistert empfangen und als Freiheitskämpfer gefeiert. Auch im **Deutschen Bund** kam es vereinzelt zu Protestbewegungen. 1832 versammelten sich etwa 30 000 Menschen beim **Hambacher Fest,** um ihren Forderungen nach nationaler Einheit, nach Einlösung der Verfassungsversprechen von 1815, nach Pressefreiheit und Demokratie lautstark Ausdruck zu verleihen (s. S. 288). 1833 stürmten Studenten die **Frankfurter Hauptwache,** um eine Revolution auszulösen – vergeblich. Erfolglos blieb auch der Versuch des Schriftstellers **Georg Büchner,** mit seiner Flugschrift **„Der Hessische Landbote"** die Bauern zur Erhebung gegen den Adel zu bewegen. Die deutschen Regierungen reagierten auf die Proteste teilweise mit Reformen – in einigen Staaten wurden Verfassungen erlassen –, teilweise mit Repression: Pressezensur und Versammlungsverbot wurden verschärft, Berufsverbote erteilt, Vereine verboten, Verdächtige verhaftet. Die Opposition des **Vormärz*** war noch keine Massenbewegung, gewann durch ihren sozialrevolutionären Charakter aber an Kraft.

M2 Wartburgfest 1817, anonymer Holzstich, koloriert, um 1880 (Ausschnitt).
Am 4. Jahrestag der Völkerschlacht bei Leipzig verbrennen Burschenschaftler vor der Wartburg Symbole der reaktionären Fürstenherrschaft.

▶ **M 4: Karlsbader Beschlüsse 1819**

Burschenschaften
Unter dem Eindruck der Befreiungskriege gegen Napoleon schlossen sich seit 1815 viele Studenten aus Enttäuschung über die politische Entwicklung in Burschenschaften zusammen. Ziel war der Kampf für politische Freiheit und nationale Einheit Deutschlands. Als Bundesfarben wählten sie die Farben der Uniform des ehemaligen „Freikorps Lützow", in dem viele Studenten am Befreiungskrieg teilgenommen hatten: schwarz-rot-gold.

Demagogen
griech. *demagogos* = Volksführer. Im antiken Griechenland ein einflussreicher Redner in Volksversammlungen; in der Neuzeit: Volksverführer, Aufwiegler.

▶ **M 5: „Der Hessische Landbote" von Georg Büchner**

Die Krise des politischen Systems ging mit wirtschaftlichen Krisen einher, die zu großer sozialer Not und gesellschaftlichen Spannungen führten. Durch den Übergang von der Agrar- zur Industriegesellschaft geriet das traditionelle Handwerk in eine Krise, da es sich in Konkurrenz zur Fabrikproduktion immer weniger behaupten konnte (s. S. 246 ff.). Die steigende Arbeitslosigkeit wurde durch ein großes Bevölkerungswachstum in der ersten Hälfte des 19. Jahrhunderts verschärft. Es kam zu „Hungerkrawallen" und „Maschinenstürmen" wie dem **Aufstand der schlesischen Weber 1844**. Eine Landflucht führte zum Überangebot an Arbeitskräften in den Städten und drückte die Fabriklöhne. Es bildete sich ein in großem Elend lebendes Industrieproletariat (s. S. 259 ff.). Diese wirtschaftliche Strukturkrise fiel mit der ersten modernen „Welthandelskrise" zusammen, deren Folgen ein Konjunkturrückgang und Massenentlassungen waren. Dazu kam in den 1840er-Jahren eine Krise der Landwirtschaft von europaweiter Dimension. Missernten infolge der sich über Europa ausbreitenden Kartoffelfäule führten zu enormen Teuerungsraten. Neben Irland waren auch viele deutsche Regionen, allen voran Oberschlesien, betroffen. Die Verzweiflung der hungernden Unterschichten in Stadt und Land entlud sich im Frühjahr 1848 in Streikwellen und Agrarrevolten. Die Verbindung von politischer Unzufriedenheit mit wirtschaftlichen Krisen und sozialer Not besaß jene revolutionäre Sprengkraft, die 1848 europaweit zu Revolutionen führte.

1 **Wahlaufgabe:** Bearbeiten Sie Aufgabe a) oder b).
  a) Erläutern Sie anhand von M 1 die Aussage zum Ergebnis des Wiener Kongresses: „Österreich wächst aus Deutschland heraus, Preußen nach Deutschland hinein."
  b) Fassen Sie die Ergebnisse des Wiener Kongresses zusammen (Darstellung).

2 Erläutern Sie, warum im Vormärz eine revolutionäre Stimmung aufkam.

M 3 **Weberaufstand und Abhilfe, Karikatur aus der Zeitschrift „Fliegende Blätter", 1848.**
Die Erfindung des mechanischen Webstuhls, billige Textilimporte aus England und ein Überangebot an Arbeitskräften drückten die Preise für Textilien. Die Weber in Schlesien konnten mit ihren in Handarbeit hergestellten Produkten nicht konkurrieren und gerieten zunehmend ins Elend. 1844 kam es zu einer „Hungerrevolte" von mehr als 3 000 Lohnwebern, die sich rasch ausbreitete. Preußische Truppen schlugen den Aufstand blutig nieder. Der Weberaufstand war für viele zeitgenössische Schriftsteller Anlass zur Kritik an den sozialen Verhältnissen. Die bekannteste literarische Verarbeitung der Ereignisse ist Gerhart Hauptmanns Drama „Die Weber" (1893).

Hinweise zur Arbeit mit den Materialien:
Das Material bietet zwei zentrale Textquellen: „Karlsbader Beschlüsse“ (M 4) und Büchner-Flugschrift (M 5).

Restauration und „Vormärz“

M 4 Aus den „Karlsbader Beschlüssen“ (1819)

a) Aus dem Universitätsgesetz

§ 1. Es soll bei jeder Universität ein mit zweckmäßigen Instruktionen und ausgedehnten Befugnissen versehener [...] landesherrlicher Bevollmächtigter [...] von der Regierung [...] angestellt werden. [...]

§ 2. Die Bundesregierungen verpflichten sich gegeneinander, Universitäts- und andere öffentliche Lehrer, die durch erweisliche Abweichung von ihrer Pflicht oder Überschreitung der Grenzen ihres Berufes, durch Missbrauch ihres rechtmäßigen Einflusses auf die Gemüter der Jugend, durch Verbreitung verderblicher, der öffentlichen Ordnung und Ruhe feindseliger oder die Grundlagen der bestehenden Staatseinrichtungen untergrabender Lehren, ihre Unfähigkeit zur Verwaltung des ihnen anvertrauten wichtigen Amtes unverkennbar an den Tag gelegt haben, von den Universitäten und sonstigen Lehranstalten zu entfernen [...].

§ 3. Die seit langer Zeit bestehenden Gesetze gegen geheime oder nicht autorisierte Verbindungen auf den Universitäten sollen in ihrer ganzen Kraft und Strenge aufrechterhalten und insbesondere auf den seit einigen Jahren gestifteten, unter dem Namen der allgemeinen Burschenschaft bekannten Verein [...] ausgedehnt werden [...]. Die Regierungen vereinigen sich darüber, dass Individuen, die nach Bekanntmachung des gegenwärtigen Beschlusses erweislich in [...] nicht autorisierten Verbindungen geblieben oder in solche getreten sind, bei keinem öffentlichen Amte zugelassen werden sollen.

b) Aus dem Pressegesetz

§ 1. Solange der gegenwärtige Beschluss in Kraft bleiben wird, dürfen Schriften, die in der Form täglicher Blätter oder heftweise erscheinen, desgleichen solche, die nicht über 20 Bogen im Druck stark sind, in keinem deutschen Bundesstaate ohne Vorwissen und vorgängige Genehmhaltung der Landesbehörden zum Druck befördert werden.

c) Aus dem Untersuchungsgesetz

Art. 2. Der Zweck [der Außerordentlichen Zentral-Untersuchungskommission des Deutschen Bundes] ist gemeinschaftliche, möglichst gründliche und umfassende Untersuchung und Feststellung des Tatbestandes, des Ursprungs und der mannigfachen Verzweigungen der gegen die bestehende Verfassung und innere Ruhe, sowohl des ganzen Bundes als einzelner Bundesstaaten, gerichteten revolutionären Umtriebe.

*Zit. nach: Ernst R. Huber (Hg.), Dokumente zur deutschen Verfassungsgeschichte, Bd. 1, Kohlhammer, Stuttgart 1978, S. 100ff.***

M 5 Aus der Flugschrift „Der Hessische Landbote“ von Georg Büchner (1834)

Dieses Blatt soll dem hessischen Lande die Wahrheit melden, aber wer die Wahrheit sagt, wird gehängt, ja sogar der, welcher die Wahrheit liest, wird durch meineidige Richter vielleicht gestraft. Darum haben die, welchen dies Blatt zukommt, Folgendes zu beachten: 1. Sie müssen das Blatt sorgfältig außerhalb ihres Hauses vor der Polizei verwahren;
2. sie dürfen es nur an treue Freunde mitteilen;
3. denen, welchen sie nicht trauen wie sich selbst, dürfen sie es nur heimlich hinlegen;
4. würde das Blatt dennoch bei einem gefunden, der es gelesen hat, so muss er gestehen, dass er es eben dem Kreisrat habe bringen wollen;
5. wer das Blatt nicht gelesen hat, wenn man es bei ihm findet, der ist natürlich ohne Schuld.

Friede den Hütten! Krieg den Palästen!

Im Jahre 1834 sieht es aus, als würde die Bibel Lügen gestraft. Es sieht aus, als hätte Gott die Bauern und Handwerker am fünften Tage und die Fürsten und Vornehmen am sechsten gemacht und als hätte der Herr zu diesen gesagt: „Herrschet über alles Getier, das auf Erden kriecht“ und hätte die Bauern und Bürger zum Gewürm gezählt. Das Leben der Vornehmen ist ein langer Sonntag: Sie wohnen in schönen Häusern, sie tragen zierliche Kleider, sie haben feiste Gesichter und reden eine eigene Sprache; das Volk aber liegt vor ihnen wie Dünger auf dem Acker. Der Bauer geht hinter dem Pflug, der Vornehme aber geht hinter ihm und dem Pflug und treibt ihn mit den Ochsen am Pflug, er nimmt das Korn und lässt ihm die Stoppeln. Das Leben des Bauern ist ein langer Werktag: Fremde verzehren seine Äcker vor seinen Augen [...], sein Schweiß ist das Salz auf dem Tische des Vornehmen.

*Zit. nach: Georg Büchner, Werke und Briefe, Insel, Frankfurt/M. 1953, S. 171.**

1 Erläutern Sie Inhalt und Folgen von M 4.
2 Analysieren Sie Argumente und Sprache in M 5.
3 **Recherche:** Informieren Sie sich über Georg Büchner und die Wirkung seiner Flugschrift M 5.
4 **Vertiefung:** Erläutern Sie Ziele und Mittel a) der Fürsten und b) der Opposition (M 3–M 5).

1848/49 – eine unvollendete europäische Revolution?

1848/49 in Europa

Die Revolution von 1848/49 war ein gesamteuropäisches Ereignis. Erneut kam die Initialzündung aus Frankreich: Die **Februarrevolution in Paris** löste einen revolutionären Flächenbrand aus, der im Frühjahr 1848 die deutschen und italienischen Staaten, das geteilte Polen, die Habsburgermonarchie* und die Donaufürstentümer Moldau und Walachei erfasste. Auch im übrigen Europa geriet das politische Leben in Bewegung. Mit Reformen konnten in Belgien, Dänemark, Großbritannien, Norwegen, Schweden, in den Niederlanden und der Schweiz Revolutionen verhindert werden. In Russland und Spanien behaupteten sich die alten Mächte durch gewaltsame Unterdrückung der Opposition. Begünstigt durch das Zusammenwachsen des Kontinents zu einem Kommunikationsraum verbreitete sich die revolutionäre Bewegung schneller als 1789 und 1830: Die sich entwickelnde **Massenpresse** mit Zeitschriften, Zeitungen, Flugblättern und Plakaten bewirkte die politische Teilhabe größerer Bevölkerungsteile. Telegraf und das wachsende Eisenbahnnetz sorgten für neue, schnellere Informationsflüsse.

▶ M 2: Massenpresse 1848

Gemeinsame Ursachen und Ziele

Liberalismus
Politische Bewegung seit dem 18. Jh. Sie betont die Freiheit des Einzelnen (= Individuum) gegenüber den kollektiven Ansprüchen von Staat und Kirche. Merkmale sind folgende Forderungen: Glaubens- und Meinungsfreiheit, Sicherung von Grundrechten des Bürgers gegen staatliche Eingriffe, Unabhängigkeit der Rechtsprechung, Teilnahme an politischen Entscheidungen; im wirtschaftlichen Bereich das Recht auf Eigentum und die uneingeschränkte Freiheit aller Wirtschaftsbetätigungen.

Die Ursachen der Revolution glichen sich in den meisten europäischen Ländern, daraus ergaben sich gemeinsame Ziele: Das dem **Liberalismus*** anhängende **Bürgertum** kämpfte um politische Mit- und nationale Selbstbestimmung, die **Bauern** für die Beseitigung feudaler Strukturen, **Handwerker und Arbeiter** für die Linderung der sozialen Not. Die Unzufriedenheit entlud sich im Frühjahr 1848 zunächst in einer „Kette hauptstädtischer Revolutionen" (Rüdiger Hachtmann), die sich gegenseitig beeinflussten.
Ihren Ausgang nahmen die Ereignisse mit dem Aufstand gegen den französischen „Bürgerkönig" Louis Philippe in Paris, in dessen Verlauf zum dritten Mal die Monarchie gestürzt und am 24. Februar 1848 die **Zweite Französische Republik** ausgerufen wurde. Eine provisorische Regierung aus bürgerlichen Republikanern und Sozialisten erfüllte innerhalb kürzester Zeit die revolutionären Forderungen nach Einführung des allgemeinen Wahlrechts, nach Presse-, Vereinigungs- und Versammlungsfreiheit. Der französischen Februarrevolution folgten viele, sich gegenseitig stützende Aufstände in **Wien, Pest** (Ungarn), **Mailand, Venedig** und **Berlin.** In Wien eskalierte* der Kampf, als am 13. März regierungstreue Soldaten auf demonstrierende Arbeiter und Studenten schossen und damit gewaltsame Straßenkämpfe auslösten. Der Kaiser entließ noch am selben Tag den verhassten Staatskanzler Metternich und versprach eine Verfassung. Der Erfolg der Revolution in Wien erschütterte die Habsburgermonarchie. Jetzt verlangten auch die Volksgruppen der Italiener, Tschechen und Ungarn eine Verfassung, die ihnen Autonomie gewähren sollte. Nach einer Erhebung in Pest erhielt Ungarn weitgehende staatliche Autonomie* unter dem Dach der österreichischen Krone. In Norditalien riefen Venedig und Mailand die Republik aus. In Preußen versprach der König am 18. März in Berlin, die Forderungen der Revolutionäre zu erfüllen (s. S. 232).

Der Sieg der Gegenrevolution

▶ M 1: Rolle Frankreichs in den Revolutionen Europas 1848/49

Die Anfangserfolge der Revolutionäre konnten langfristig nicht verteidigt werden. Zwar mussten sich die Truppen der europäischen Monarchen zunächst von den Revolutionsschauplätzen zurückziehen; sie wurden jedoch nicht aufgelöst, sondern konnten im Hintergrund neue Kräfte sammeln. Der konsequente Einsatz des Militärs schon im Sommer 1848 fügte den Revolutionären bittere Niederlagen zu. Der österreichische Feldmarschall Windischgrätz schlug Mitte Juni in Prag großstädtische Barrikadenkämpfe der tschechischen Nationalbewegung nieder. Die blutige Niederwerfung des **Pariser Juniaufstandes 1848*** durch die französische Nationalgarde läutete das Ende der Revolutionen in Europa ein. In **Preußen** und **Österreich** siegte die Gegenrevolution im Herbst 1848. Die Revolution in **Ungarn** wurde durch das österreichische Militär im Verbund mit russischen Soldaten im August 1849 niedergeschlagen. In **Italien** beendete die Intervention der französischen Armee die Revolution.

Die konzertierte* militärische Reaktion der europäischen Herrscher war zwar entscheidend für das Scheitern der Revolution, aber auch Differenzen innerhalb und zwischen den revolutionären Bewegungen. Im Frühjahr 1848 bekämpften alle Gruppen gemeinsam die alten Kräfte, doch bald traten Interessenkonflikte zutage. Nach den ersten Erfolgen sah das **liberale Bürgertum** seine Ziele erreicht und die Revolution als beendet an. Es fürchtete die **sozialrevolutionären Ziele der besitzlosen Schichten** (mit teils radikaldemokratischen Forderungen), die die wirtschaftliche Stellung des Bürgertums bedrohten. Die Revolution verlor auch an Kraft, weil sich die traditionell eher **monarchisch gesinnten Bauern** nach der Erfüllung ihrer Forderungen nicht mehr beteiligten. Zudem wurde aus den einzelnen europäischen Revolutionen keine internationale Bewegung. Die Unterstützung für die nationalen Befreiungskämpfe einzelner Völker endete, wenn man eigene **nationale Interessen** gefährdet sah (s. S. 234).

Pariser Juniaufstand 1848
Der Aufstand der Pariser Arbeiterschaft vom 23. bis 27. Juni 1848 trug Züge eines Klassenkampfes*, der die gesellschaftlichen Spannungen offenlegte. Die liberale Regierung setzte aus Furcht vor Chaos die Nationalgarde gegen die Aufständischen ein. Die blutigen Kämpfe zwischen ca. 50 000 Männern und Frauen (überwiegend aus der Pariser Unterschicht), und 80 000 Soldaten kosteten etwa 3 000 Revolutionären und 1 600 Soldaten das Leben. Mehr als 11 000 Aufständische wurden verhaftet, 5 000 in die Kolonien deportiert*.

1 Nennen Sie gemeinsame Ursachen und Ziele der Revolutionen 1848 in Europa.
2 Erläutern Sie mithilfe der Darstellung die Gründe für den Sieg der Gegenrevolution.
3 **Schaubild:** Stellen Sie die Ergebnisse aus Aufgabe 1 und 2 in einem Schaubild dar.

Hinweise zur Arbeit mit den Materialien:
M 1, M 2 vertiefen zwei Faktoren der Revolutionen 1848/49: Massenmedien und die Rolle Frankreichs.

M 1 Horace Vernet, Barrikadenkämpfe Rue Soufflot, Paris, 25. Juni 1848, 1849 (Ausschnitt)

M 2 Johann Nepomuk Höfel, „Wien 1848. Verkauf der Wahrheit", Aquarell, 1848 (Ausschnitt)

1 **Wahlaufgabe:** Bearbeiten Sie Aufgabe a) oder b).
a) Beurteilen Sie mithilfe von M 1 und der Darstellung die Rolle Frankreichs in den Revolutionen 1848/49.
b) Beurteilen Sie mithilfe von M 2 und der Darstellung die Rolle der Medien in den Revolutionen 1848/49.
Tipp: Gehen Sie auf Anfänge, Verlauf und Ende ein.

Die Revolution von 1848/49 in den deutschen Staaten

In dieser Themeneinheit geht es um
- *den Verlauf der Revolution 1848/49 in den deutschen Staaten,*
- *Probleme des ersten deutschen Parlaments und der ersten deutschen Verfassung,*
- *das Scheitern der Revolution in Deutschland.*

Originale Flugschriften aus der Zeit 1842–1852
cornelsen.de/Webcodes
Code: zayuwa

Beginn der Revolution in Süddeutschland

Die revolutionäre Bewegung griff von Frankreich zunächst auf die südwestdeutschen Staaten über. Bei Demonstrationen, auf Flugblättern und in Petitionen* verbreiteten die Revolutionäre ihre **„Märzforderungen"**: Presse- und Versammlungsfreiheit, gesamtdeutsches Parlament, konstitutionelle Verfassungen, Schwurgerichte, Volksbewaffnung. Aus Furcht vor Radikalisierung und Umsturz reagierten die meisten Monarchen mit Zugeständnissen: Sie setzten liberale Regierungen ein, versprachen bürgerliche Freiheiten und eine gesamtdeutsche Volksvertretung. Der Bundestag in Frankfurt hob die „Karlsbader Beschlüsse" auf und erklärte die Farben der nationalliberalen Bewegung Schwarz, Rot, Gold zu Bundesfarben. Viele bürgerliche Liberale sahen damit ihre Ziele erreicht und die Revolution als beendet an. Bevor die Revolution jedoch die Hauptstädte Wien und Berlin erreichte, waren Anfang März **Bauernaufstände** entstanden. Von Thüringen bis Baden, aber auch in der preußischen Provinz Schlesien stürmten Bauern die Schlösser der Grundherren. Sie vernichteten Urkunden und Schuldbücher und verlangten die Aufhebung der Feudallasten. Bis Mitte April setzten sie ihre wichtigsten Forderungen in Baden und Württemberg, bis Juni auch in Bayern durch. Und in Preußen verfügte die Regierung im Mai 1848 die Aufhebung der letzten Feudalbindungen und die Reduzierung der Ablösezahlungen. Die Aufstände auf dem Land waren spontane Reaktionen auf ihre Notlage und hatten weniger politischen als vielmehr sozialrevolutionären Charakter. Viele Landbewohner wandten sich daher nach Erfüllung zentraler Forderungen von der Revolution ab und blieben königstreu.

Revolution in Berlin

Frauen in der Revolution 1848/49
1848/49 gründeten Frauen in Deutschland erstmals Vereine, traten öffentlich für Gleichberechtigung ein oder beteiligten sich aktiv an Aufständen. In Frankreich waren Frauen bereits in der Revolution 1789 aktiv (s. Olympe de Gouges, S. 216 ff.), oder in Polen 1831, wo sie am Aufstand gegen den Zaren mitkämpften.
Die 1848/49 in Deutschland entstandenen Frauenvereine gehörten dem demokratischen, aber auch dem christlich-konservativen Politikspektrum an. Politische Ziele, z. B. das Wahlrecht, standen nicht immer an erster Stelle, sondern häufig der Zugang zu Bildung. Frauen, die die Revolution in Deutschland unterstützten, waren z. B. Emma Herwegh, Clotilde Koch-Gontard, Amalie Struwe, Mathilda Franziska Anneke, Louise Aston, Louise Otto, Marie Norden, Fanny Lewald, Kathinka Zitz, Henriette Obermüller und andere.

Entscheidend für den Fortgang der Revolution wurden die Ereignisse in Wien (s. S. 230) und Berlin. In der preußischen Hauptstadt wuchs unter dem Eindruck der Ereignisse in Südwestdeutschland die bürgerliche Protestbewegung, unterstützt von Handwerkern und Arbeitern. Nach heftigen Straßenkämpfen zwischen Protestierenden und eingesetzten Heerestruppen kündigte König Friedrich Wilhelm IV. (Reg. 1840–1859) am 13. März Reformen an. Die Situation in Berlin eskalierte jedoch, als am 18. März bei einer Großkundgebung vor dem Berliner Stadtschloss, bei der das Volk dem König seine Dankbarkeit erweisen wollte, plötzlich Schüsse aus den Reihen des Militärs fielen. Aus der entstandenen Panik entwickelten sich blutige Barrikadenkämpfe, bei denen über 200 Menschen – meist Arbeiter und Handwerker – starben. Am nächsten Morgen gab der König erneut nach: Er befahl den Abzug des Militärs, entschuldigte sich bei „seinen Berlinern" und huldigte den Toten, die auf dem Schlossplatz aufgebahrt worden waren. Er schien sich an die Spitze der revolutionären Bewegung zu stellen, indem er eine liberale Regierung einsetzte, eine verfassunggebende Versammlung einberief und versprach, „Preußen solle künftig in Deutschland", in einem deutschen Nationalstaat, „aufgehen". Doch das Militär und der größte Teil des preußischen Adels blieben erbitterte Gegner der Revolution. Die liberalen Wortführer der Revolution versuchten nun, die in den „Märzunruhen" erzielten Erfolge politisch umzusetzen.

Der Weg in die Paulskirche

Am 31. März 1848 versammelten sich in Frankfurt/Main Landtagsabgeordnete aller deutschen Staaten zu einem **Vorparlament,** das die **Wahl zu einer Nationalversammlung*** vorbereiten sollte. Das Ansinnen radikaldemokratischer Vertreter, bereits vorab die Revolution voranzutreiben, lehnte die liberale Mehrheit ab. Sie wollte der Arbeit eines künftigen Parlaments nicht vorgreifen und eine politische Neuordnung in Vereinbarung mit den Fürsten erreichen. Diese Spaltung in **radikale Demokraten** sowie **Liberale** und **gemäßigte Demokraten** schwächte die revolutionäre Bewegung.

Anfang **Mai** wurde das **erste deutsche Parlament** gewählt. Wahlberechtigt waren in den meisten deutschen Staaten nur „selbstständige" Männer über 25. Als „unselbstständig" von der Wahl ausgeschlossen waren die unteren Schichten, z. B. Tagelöhner und Landarbeiter, Handwerksgesellen und Dienstboten. Als die Nationalversammlung am 18. Mai in der Frankfurter Paulskirche zusammentrat, entsprach ihre Zusammensetzung nicht der sozialen Gliederung der deutschen Bevölkerung. Die meisten waren Verwaltungsbeamte, Juristen, Professoren. Nur vier Abgeordnete vertraten das Handwerk, Arbeiter waren ungeachtet ihrer großen Rolle bei der Märzrevolution gar nicht vertreten. Im Laufe der Debatten bildeten sich je nach politischer Zielsetzung (Liberale, Demokraten, Konservative, Katholiken) **Fraktionen***, die zu Interessenvertretungen zusammenkamen und zu **Vorläufern politischer Parteien** wurden.

Aufgaben des ersten deutschen Parlaments und Nationalitätenfrage

Aufgabe der Paulskirchenversammlung war die Ausarbeitung einer Verfassung für einen künftigen deutschen Nationalstaat. Diskutiert wurden die Staatsform (Monarchie* oder Republik*), das Staatsoberhaupt (Erb- oder Wahlkaisertum) und die Festlegung der Grenzen. Zunächst erarbeitete die Versammlung einen **Grundrechtekatalog**, der am 27. Dezember 1848 verkündet wurde. Viele Bürger versuchten, in Petitionen und Flugschriften Einfluss auf die Formulierung der Grundrechte zu nehmen. Der Grundrechtekatalog verlieh den erkämpften bürgerlichen Freiheits- und Eigentumsrechten Verfassungsrang. Die Forderung der Demokraten, soziale Rechte aufzunehmen, scheiterte an der Ablehnung der bürgerlichen Mehrheit. Im Oktober 1848 begannen die Beratungen. Die am **28. März 1849** verabschiedete Verfassung war geprägt von der bürgerlich-liberalen Mehrheit im Parlament. So entstand ein föderaler Bundesstaat mit Zweikammersystem und einem erblichen Monarchen an der Spitze. Am 28. März wählte die Nationalversammlung den preußischen König Friedrich Wilhelm IV. zum deutschen Kaiser – der die Krone des Parlaments aber am 3. April 1849 ablehnte.

Schwierig war die **territoriale Frage**. Der erste Paragraf der Verfassung („das deutsche Reich besteht aus den Gebieten des bisherigen deutschen Bundes") beinhaltete Sprengkraft, da der Deutsche Bund kein rein deutsches Gebilde war. Die Nationalversammlung spaltete sich an der Frage, ob ein deutscher Nationalstaat ohne Österreich **(kleindeutsche Lösung*)** oder inklusive aller zum Deutschen Bund gehörenden Gebiete Österreichs **(großdeutsche Lösung*)** entstehen solle. Die von einer Mehrheit favorisierte großdeutsche Lösung war für die Habsburgermonarchie nicht hinnehmbar, da sie *de facto** deren Auflösung bedeutet hätte. Schließlich votierte* eine knappe Mehrheit für die kleindeutsche Lösung.

Die Debatte um die Grenzen eines deutschen Nationalstaats zeigte, dass die Gemeinsamkeit der Nationalbewegungen rasch endete, wenn sie mit **nationalen Sonderinteressen** kollidierte*. Zu Konflikten kam es, wo in gemischt besiedelten Gebieten die Grenzen nach dem Nationalitätenprinzip gezogen werden sollten. Die Nationalversammlung beschloss, auch Provinzen, die nicht zum Deutschen Bund gehörten, aber einen überwiegenden deutschen Bevölkerungsanteil aufwiesen, in den deutschen Nationalstaat aufzunehmen: Ost- und Westpreußen, Posen und Schleswig. So führte die **Schleswig-**

M1 Einzug der Mitglieder des Vorparlaments in die Frankfurter Paulskirche am 30. März 1848, Lithografie nach einer Zeichnung von Jean Nicolas Ventadour, 1848 (Ausschnitt)

Fraktionen in der Paulskirche und ihre Tagungslokale

Demokraten
- Extreme Linke (Donnersberg): 7,3 % – 40 Abgeordnete
- Gemäßigte Linke (Deutscher Hof): 10,9 % – 60 Abgeordnete

Liberale
- Linke Mitte (Württemberger Hof): 18,2 % – 100 Abgeordnete

Mitte (Landsberg):
- 7,3 % – 40 Abgeordnete

Rechte Mitte (Casino):
- 21,8 % – 120 Abgeordnete

Konservative
- Rechte (Café Milan): 7,3 % – 40 Abgeordnete

Franktionslose
- 27,3 % – 150 Abgeordnete

Schleswig-Holstein-Frage
Die Herzogtümer Schleswig und Holstein wurden in Personalunion regiert. Dabei unterstand Schleswig völkerrechtlich der dänischen Krone, während Holstein Mitglied des Deutschen Bundes war. Die aus der Revolution hervorgegangene provisorische Regierung Schleswigs votierte für die Zugehörigkeit zu einem deutschen Nationalstaat. Es kam zu einem deutsch-dänischen Krieg, den preußische Truppen im Auftrag der Nationalversammlung führten. Im Waffenstillstand von Malmö lenkte Preußen auf internationalen Druck und gegen den Willen der Nationalversammlung ein, obwohl es siegreich aus der Auseinandersetzung hervorgegangen war: Schleswig verblieb bei Dänemark. Die Folge war eine Welle nationaler Empörung in Deutschland.

Holstein-Frage* zum Deutsch-Dänischen Krieg. In der **„Polendebatte"** um die Provinz Posen stießen die Freiheitsforderungen der Polen auf die Ablehnung der Mehrheit des deutschen Parlaments, ebenso wie der Wunsch der tschechischen Bevölkerung in **Böhmen,** nicht in einen deutschen Nationalstaat integriert zu werden.

Das Scheitern der Revolution

Während die Abgeordneten in der **Frankfurter Nationalversammlung** um eine Verfassung stritten, sammelten sich seit Herbst 1848 die Kräfte der Gegenrevolution. In Wien war es im Oktober zu einer „zweiten Revolution" gekommen, die aber von kaiserlichen Truppen niedergeschlagen wurde. Auch in Preußen hatte die Reaktion* neue Kräfte gesammelt: Die scheinbare Solidarität des preußischen Königs mit den Revolutionären war einer reaktionären Politik gewichen. Im November 1848 marschierte preußisches Militär in Berlin ein und entwaffnete die Bürgerwehren. Das preußische Parlament wurde am 5. Dezember aufgelöst und eine Verfassung oktroyiert*. Diese wies liberale Elemente auf und besänftigte Teile des Bürgertums, andere resignierten. Mit der **Verfassung der Nationalversammlung vom 28. März 1849** hatte sie wenig gemein. Als der preußische König im April 1849 die ihm von der Nationalversammlung angebotene Kaiserkrone ablehnte, war das Paulskirchenparlament in seinem Ringen um einen Nationalstaat gescheitert. Auch die Anerkennung der Verfassung vom 28. März 1848 durch 28 deutsche Staaten änderte daran nichts mehr. Viele Abgeordnete der Paulskirche zogen sich von der Politik zurück oder wurden von inzwischen eingesetzten konservativen Landesregierungen abberufen. Nur eine kleine Gruppe radikaler Demokraten bildete in Stuttgart ein **„Rumpfparlament"**, das jedoch am 18. Juni 1849 vom württembergischen Militär aufgelöst wurde. Auch die **„Reichsverfassungskampagne"** (Mai/Juni 1849), die die Durchführung der Verfassung zum Ziel hatte und in Baden, in der Pfalz und in Sachsen erneut zu Aufständen führte, wurde von preußischen Truppen niedergeschlagen. Die kurze Phase des deutschen Parlamentarismus war beendet. Mit der **Wiederherstellung des Deutschen Bundes* 1851** wurde auch die Hoffnung auf einen deutschen Nationalstaat zunichte gemacht.

M2 Die Verfassung der deutschen Nationalversammlung vom 28. März 1849

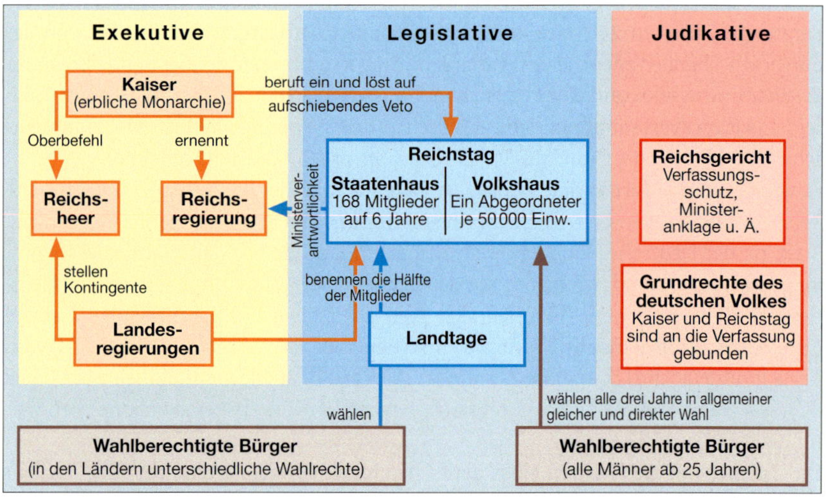

1 **Arbeitsteilige Gruppenarbeit:** Erklären Sie arbeitsteilig, inwiefern das Parlament Fragen a) der politischen Ordnung, b) des Territoriums, c) des Nationalstaates löste.
2 **Placemat:** Erläutern Sie (M 2, Darstellung) die erste deutsche Verfassung.
Tipp: Zur Placemat-Arbeitstechnik siehe Anhang, S. 632.
3 Nennen Sie mithilfe der Darstellung die Gründe für das Scheitern der Revolution.

Hinweise zur Arbeit mit den Materialien:
M 3, M 4 bieten Urteile zur deutschen 1848er-Revolution aus zeitgenössischer (M 3) und heutiger (M 4) Sicht.

Urteile zur 1848er-Revolution

M 3 „Wat heulste'n kleener Hampelmann? – Ick habe Ihr'n Kleenen 'ne Krone jeschnitzt, nu will er se nich!", Lithografie von Ferdinand Schröder in den „Düsseldorfer Monatsheften" von 1849.
Zu sehen sind u. a.: Heinrich von Gagern (Vorsitzender der Nationalversammlung); Germania.

M 4 Interview mit Lothar Gall, Historiker, zur 1848er-Revolution und den Folgen (1998)
SPIEGEL: Herr Professor Gall, Sie haben der Frankfurter Ausstellung zum 150. Geburtstag der Revolution von 1848/49 den optimistischen Titel „Aufbruch zur Freiheit" gegeben. Wurden damals nicht eher die Weichen zur deutschen Katastrophe gestellt?
GALL: *Nein, man sollte die deutsche Geschichte nicht als Einbahnstraße ins Dritte Reich sehen. […] Wesentliche Elemente unseres Gemeinwesens, die Garantie von Grundrechten, der Parlamentarismus, die demokratische Legitimation politischen Handelns, gehen auf 1848 zurück.*
Aber steht das Scheitern der Revolution nicht doch am Beginn jenes Weges, der zum Kaiserreich Wilhelms II. und später zu Adolf Hitler führte?
Sicher hat die Wiederherstellung der alten Machtverhältnisse manche verhängnisvolle Entwicklung begünstigt. Aber die Menschen sind nicht bloße Marionetten der Geschichte. Jede Generation trägt ihre eigene Verantwortung.
Gab es denn in den Jahren nach 1849 noch eine reelle Chance für die Demokratie?
Ja, durchaus, denn in den Köpfen blieben die Ideen von 1848 lebendig. Und seit Ende der 1850er-Jahre erlebten ihre Hauptträger, die Liberalen, wieder einen großen Zuwachs an Bedeutung und Einfluss.
… bis Bismarck 1862 preußischer Ministerpräsident wurde.
Auch danach. Gerade Bismarck musste – zum Schrecken seiner Standesgenossen – viele Forderungen der Revolution von 1848 umsetzen, um sich politisch zu behaupten. Allerdings: Das dunkelste Kapitel der deutschen Geschichte, die Entwicklung eines schließlich mörderischen Antisemitismus, wäre bei einem Erfolg der ersten deutschen Demokratie vielleicht gar nicht erst aufgeschlagen worden. […]
Kann sich die Bundesrepublik trotz alledem auf 1848 berufen?
Ja. Ich glaube, die Identität der Deutschen sollte im Bekenntnis zu den Ideen und Ordnungsprinzipien liegen, die 1848 formuliert worden sind: Menschenrechte und Demokratie, vor allem.
Und die Nation?
Die Idee der Nation hat ja zwei Seiten: die dunkle eines militanten und gegenüber allen Andersdenkenden intoleranten und expansiven Nationalismus und diejenige, die darauf zielt, die verschiedenen Gruppen einer Gesellschaft über gemeinsame Ideen zusammenzuführen […].
Hatte die Revolution unter diesen Umständen je eine Chance?
Ich glaube, ja. Im März 1848 waren die Träger der alten Ordnung fast vollständig zurückgewichen. Und auch im Sommer behielten die Revolutionäre noch die Oberhand, während in der Frankfurter Paulskirche an der Verfassung gearbeitet wurde. Die Situation kippte erst endgültig, als die Führungsschichten der beiden deutschen Großmächte […] zur Gegenrevolution ausholten.
*Zit. nach: Interview mit Lothar Gall,, in: Der Spiegel, Nr. 7, 1998.**

1 Untersuchen Sie M 3.
Tipp: Nutzen Sie die Methodenseite zu Karikaturen (S. 238).
2 Diskutieren Sie die Thesen in M 4 zur Bedeutung der 1848er-Revolution für die deutsche Geschichte.

Revolution und Emanzipation der Juden in Europa

In dieser Themeneinheit geht es um
die Frage, wie die Revolutionen in Europa die Stellung der Juden beeinflusst haben.

Rechtliche Gleichstellungen in Europa

Emanzipation
lat. *emancipatio;* bezeichnete im alten römischen Recht die förmliche Entlassung des Sohnes aus der väterlichen Gewalt bzw. die Freilassung von Sklaven. Heute bedeutet sie die Befreiung mündiger, selbstbestimmter Individuen oder sozialer Gruppen aus rechtlicher, sozialer oder politischer Abhängigkeit. Auf Juden wurde der Begriff erstmals in den 1820er-Jahren angewendet und konnte „sowohl einen einmaligen Akt der rechtlichen Gleichstellung als auch einen Prozess im Sinne der Rechtserweiterung und der allmählichen Realisierung von Freiheit bezeichnen" (Reinhard Rürup).

In der Geschichte der europäischen Juden waren Revolutionen wichtige Zäsuren*, die sowohl **Emanzipation*** als auch antijüdische Ausschreitungen zur Folge hatten. Die **Französische Revolution** markierte den Beginn der rechtlichen Gleichstellung: 1791 verabschiedete die Nationalversammlung ein Gesetz, das erstmals die volle Emanzipation der Juden in einem christlichen Staat festschrieb. Im Februar 1848 bekleideten in **Frankreich** bereits zwei jüdische Politiker Ministerämter in der neunköpfigen provisorischen Regierung in Paris. In **Deutschland** und **Italien** brachte die **Revolution 1848** die formale Rechtsgleichheit der jüdischen Bevölkerung, in **Russland** war sie Ergebnis der Februarrevolution von 1917 (s. S. 340 ff.). Auf der anderen Seite sind in europäischen Ländern, die 1848 von der Revolution erfasst wurden, in 180 Orten antijüdische Ausschreitungen bekannt. Oft hatten die nationalen Oppositionsbewegungen einen antijüdischen Unterton, in dem sich traditionelle religiöse Vorurteile mit Vorwürfen über die angeblich negative Rolle der Juden in Wirtschaft und Gesellschaft verbanden.

Europäische Unterschiede vor 1848

▶ M 1, M 2: Revolution, Emanzipation 1848/49

Gesellschaftliche Emanzipation und Integration* der Juden in den europäischen Staaten waren bis zur Revolution von 1848 so unterschiedlich entwickelt wie ihre politische, wirtschaftliche und soziale Situation. Volle Rechtsgleichheit galt nur in **Frankreich, Holland** und **Belgien.** Die **Habsburgermonarchie** beließ es dagegen bei den Toleranzedikten Josephs II. vom Ende des 18. Jahrhunderts, die Gewerbefreiheit und den freien Zugang zu Schulen und Hochschulen gewährleisteten. Im **Rheinbund*** und in **Preußen** wurde die zu Beginn des 19. Jahrhunderts eingeleitete Emanzipation im Zuge der Restaurationspolitik des Wiener Kongresses 1815 zurückgenommen. Vor 1848 war die volle Gleichstellung der Juden in keinem deutschen Staat gesetzlich verankert.

Revolution und Emanzipation 1848/49

Ghetto
Begriff für aufgezwungene, begrenzte, abgeschlossene jüdische Stadtviertel. Die Einrichtung des Ghettos in Rom verfügte Papst Paul IV. im Jahr 1555.

Artikel V der Grundrechte der Paulskirchenverfassung (10. Dez. 1848)
„Durch das religiöse Bekenntnis wird der Genuss der bürgerlichen und staatsbürgerlichen Rechte weder bedingt noch beschränkt. Den staatsbürgerlichen Pflichten darf dasselbe keinen Abbruch tun."

Wie stark Emanzipation und Integration der Juden von Erfolg oder Niederlage der liberalen und demokratischen Bewegung abhingen, zeigte sich in Italien und den deutschen Staaten. 1848/49 wurden die Juden in den meisten italienischen Staaten rechtlich gleichgestellt. In Rom fielen im April 1848 die Mauern des jüdischen **Ghettos*** und in der Republik Venedig gehörten der neuen provisorischen Regierung zwei jüdische Politiker an. Nach der Niederlage der Revolution wurde die rechtliche Gleichstellung weitgehend rückgängig gemacht. So errichtete man in Rom wieder die Ghettomauern.
Einige **deutsche Staaten** hatten 1848 bereits vor den Märzunruhen die rechtliche Gleichstellung der Juden gewährt. Nach den raschen Anfangserfolgen der Revolutionen schien die Emanzipation auch in Österreich und Preußen in greifbarer Nähe. Zum Durchbruch führte die Verabschiedung der **Grundrechte der Paulskirchenverfassung, Artikel V***. Die Revolution 1848 war ein Meilenstein auf dem Weg zur Emanzipation deutscher Juden, die aber erst mit der Reichsgründung 1871 verwirklicht wurde.
Zunächst wurde mit dem Scheitern der Revolution 1849 die rechtliche Gleichstellung in den meisten deutschen Staaten zurückgenommen. Die oktroyierte* Verfassung in

Preußen von 1850 bestätigte sie, schloss aber zugleich Juden von Ämtern in Verwaltung, Justiz sowie von Universitäts- oder Offizierslaufbahnen aus. In Österreich führte die Aufhebung der Verfassung 1851 zu völliger Rechtsunsicherheit für Juden.

M 1 **Gabriel Riesser (1806–1863), Kreidelithografie von Moritz Oppenheim, um 1848**

Der Jurist Riesser war Mitglied des „Vorparlaments"; in der Nationalversammlung war er Vertreter der Liberalen und zweiter Vizepräsident. - Nach seiner Promotion 1826 durfte er lange Zeit weder als Privatdozent noch als Anwalt arbeiten, da er sich nicht taufen ließ. Erst 1860 wurde er im Stadtstaat Hamburg als erster jüdischer Richter Deutschlands an das Hamburger Obergericht berufen.

Politische Partizipation

In der Revolution von 1848 wurden Juden zu **aktiven Entscheidungsträgern** im Kampf um Demokratisierung der Gesellschaft. Jüdische Schriftsteller, Journalisten und Verleger leisteten einen maßgeblichen Beitrag zur Entwicklung der politischen Publizistik. In den rund 40 Staaten des Deutschen Bundes erlangten Juden während der Revolution zwar keine Ministerämter wie in Paris und Venedig, doch waren sie in mehreren Landesparlamenten und verfassunggebenden Versammlungen vertreten. Auch der deutschen Nationalversammlung in der Frankfurter Paulskirche gehörten mehrere jüdische Abgeordnete an. Die prominentesten waren der Hamburger Jurist **Gabriel Riesser*** und der Königsberger Arzt **Johann Jacoby,** die für eine umfassende gesellschaftliche Emanzipation der Juden kämpften. Doch nur etwa neun Prozent der jüdischen Bevölkerung beteiligten sich in den Reihen der Radikaldemokraten und Sozialisten aktiv am revolutionären Geschehen. Die Mehrheit war konservativ oder gemäßigt liberal eingestellt und stand der Revolution skeptisch bis ablehnend gegenüber.

1 **Partnerarbeit:** Erläutern Sie anhand der Darstellung und von Beispielen den Zusammenhang zwischen rechtlicher Gleichstellung der Juden und der Revolution 1848.

> ***Hinweise zur Arbeit mit den Materialien:***
> *M 1 thematisiert die Rolle von Juden im Kampf um Demokratisierung und Emanzipation in Deutschland, M 2 antisemitische Unruhen in der Revolution 1848.*

M 2 **Andreas Reinke, Historiker, zu den Gründen antisemitischer Unruhen 1848 (2007)**

Es waren unterschiedliche Interessen und Motive, die sich in den antijüdischen Krawallen des Revolutionsjahres 1848/49 artikulierten. Ihre Dominanz im vorwiegend ländlichen Raum hat zu der These geführt, diese Ausschreitungen primär vor dem Hintergrund der zunehmenden Verarmung weiter Teile der ländlichen Bevölkerung, ausgelöst durch Agrarreformen und Missernten in den der Revolution vorhergehenden Jahren zu analysieren. Der drohenden Verarmung suchten zahlreiche kleine Bauern durch die Aufnahme von Krediten zu entgehen – und wandten sich hierbei in vielen Fällen auch an jüdische Kreditgeber. Für diese Sichtweise spricht, dass sich die Ausschreitungen nicht nur gegen Juden richteten, sondern gegen alle, die als Kreditgeber auftraten: ehemalige Grundherren, wohlhabende Pfarrer und Institutionen, die für die grassierende Armut augenscheinlich verantwortlich waren, also Steuerämter und deren Repräsentanten. Das Beispiel Baden allerdings macht auch deutlich, dass den Krawallen auch eine explizit antijüdische Komponente innewohnte. Hier waren in den ersten Monaten des Jahres 1848 Initiativen auf den Weg gebracht worden, die eine vollständige staatsbürgerliche Gleichstellung der Juden verlangten. Auch wenn hiervon zunächst die lokalbürgerliche Gleichstellung, die Juden die Teilnahme am Bürgernutzen (Allmende und Wohlfahrt) ermöglicht hätte, ausgenommen war, lösten diese Initiativen entsprechende Befürchtungen in Teilen der nichtjüdischen Bevölkerung aus. Dies zeigte sich nicht zuletzt daran, dass Juden in mehreren der von Krawallen betroffenen Ortschaften gezwungen wurden, entsprechende Erklärungen abzugeben, auf eine Teilnahme an der Bürgernutzung zu verzichten. In anderen Orten taten sie dies aus Furcht vor möglichen Ausschreitungen. Zumindest in einigen Regionen also waren die Vorgänge bestimmt von der Furcht vor den Folgen einer weitgehenden Gleichstellung der Juden.

*Andreas Reinke, Geschichte der Juden in Deutschland 1781–1933, Wiss. Buchgesellschaft, Darmstadt 2007, S. 46.**

2 Analysieren Sie M 2 hinsichtlich der Ursachen für die antisemitischen Unruhen zu Beginn der Revolution.

3 **Vertiefung:** Stellen Sie ausgehend von M 1 nach eigenen Recherchen jüdische Persönlichkeiten vor, die die Revolutionen 1848/49 unterstützt haben.

Karikaturen* interpretieren

Karikatur
Der Begriff leitet sich von dem italienischen Verb *caricare* = übertreiben, verzerren ab. In diesem Sinne, d. h. als satirische, verzerrende Darstellung, erhielt der Begriff im 17. Jahrhundert von Italien ausgehend seine heutige Bedeutung.

Schon in der **Antike** und im **Mittelalter** gab es satirische und verzerrende Darstellungen von Personen und Vorgängen. Doch schaffte erst die europäische **Frühe Neuzeit** die Bedingungen, unter denen sich Absichten und Wirkungsmöglichkeiten der Karikatur voll entfalten konnten. Die Karikatur braucht die Öffentlichkeit, an deren Entstehung der Buchdruck ab etwa 1500 maßgeblich beteiligt war. Die Karikatur erlebte ihre erste Blüte während der Reformation und im Bauernkrieg Anfang des 16. Jahrhunderts (s. S. 154 ff.), fand ihren eigentlichen Charakter aber erst im 17. Jahrhundert durch die städtische Kultur Italiens. Die **Französische Revolution** löste dann einen weiteren Aufschwung der Karikatur aus. Die Erfindung der Lithografie* am Ende des 18. Jahrhunderts trug entscheidend zur besseren Verbreitung der Karikaturen bei. So kann das gesamte **19. Jahrhundert** mit seinen politischen und sozialen Revolutionen und Kämpfen als die Epoche der Karikatur bezeichnet werden.
Karikaturen stehen immer in Bezug zu realen Personen, Ereignissen oder Zuständen – und damit zum **geschichtlichen Kontext** und zur **Öffentlichkeit.** Indem der Karikaturist Personen oder Zustände überzeichnet, gibt er sie der Lächerlichkeit preis und kritisiert sie. Dies funktioniert aber nur, wenn die Verzerrung die Wirklichkeit noch wiedererkennen lässt und nicht zur reinen Erfindung wird. Außerdem sollte die Absicht schnell erkennbar sein. Während uns dies heute bei tagespolitischen Ereignissen meist gelingt, müssen wir bei Karikaturen aus anderen Epochen erst den historischen Kontext erschließen.

Arbeitsschritte zur Interpretation

1. Leitfrage

Welche Fragestellung bestimmt die Untersuchung der Karikatur?

2. Analyse

Formale Aspekte
- Wer ist der Zeichner und/bzw. Auftraggeber?
- Wann und wo ist die Karikatur veröffentlicht worden?
- Gibt es einen Titel und/oder einen Zusatzkommentar?
- Was thematisiert die Karikatur?

Inhaltliche Aspekte
- Welche Gestaltungsmittel (Figurendarstellung wie Mimik, Gestik, Kleidung, Gegenstände, Symbole, Metaphern, Personifikationen, Vergleiche, Allegorien, Proportionen, Schrift) sind verwendet worden?
- Was bedeuten die einzelnen Gestaltungsmittel?
- Was ist die zentrale Bildaussage („Botschaft")?
- Welche Fragen bleiben bei der Deutung offen?

3. Historischer Kontext

- In welchen historischen Zusammenhang (Ereignisse, Strukturen und Prozesse) lässt sich die Karikatur einordnen?

4. Urteilen

- Welche Intention verfolgten Zeichner bzw. Auftraggeber?
- Für wen wird Partei ergriffen?
- Welche Wirkung sollte beim zeitgenössischen Betrachter erzielt werden?
- Inwieweit gibt die Karikatur den historischen Gegenstand angemessen wieder?
- Welche Schlussfolgerungen lassen sich im Hinblick auf die Leitfrage ziehen?
- Wie lässt sich die Karikatur aus heutiger Sicht bewerten?

Übungsbeispiel

M 1 „Rundgemälde von Europa im August 1849", Federlithografie von Ferdinand Schröder (1818–1859), erschienen in den „Düsseldorfer Monatsheften" (Band 2, 1849)

1 Untersuchen Sie die Karikatur M 1 mithilfe der vorgegebenen Arbeitsschritte.
▶ Lösungshinweise finden Sie auf S. 645 f.

2 **Vertiefung:** Recherchieren Sie aus den Medien eine aktuelle Karikatur zur politischen Situation im heutigen Europa und interpretieren Sie sie mithilfe der vorgegebenen Arbeitsschritte.

Formulierungshilfen zur Interpretation von Karikaturen
- Bei dem Material handelt es sich um … von … aus der Zeit/aus dem Jahr …
- … ist bekannt/ist nicht bekannt …
- Als Thema steht im Zentrum …
- Die Karikatur zeigt …/trägt den Titel …
- Zunächst wird der Blick des Betrachters auf … gelenkt.
- Als Personen sind zu sehen/stehen im Zentrum/am Rande …
- Im Vordergrund/In der Bildmitte/Im
- Hintergrund …
- Am oberen/unteren Bildrand …
- Die Figur/Person schaut in Richtung/macht …
- Die Karikatur verfolgt das Ziel/verbindet sich mit der Absicht/zielt darauf ab, …

Anwenden

M 1 Der Historiker Reinhard Rürup über langfristige Folgen der Revolution von 1848 (1992)

„Eine Revolution ist ein Unglück, aber ein noch größeres Unglück ist eine verunglückte Revolution", notierte Heinrich Heine[1]. Dass eine Revolution in jedem Falle ein Unglück ist, kann mit guten Gründen bestritten werden, doch sollte man Heines Warnung vor jeder Revolutionsromantik – „Solange wir die Revolution in den Büchern lesen, sieht das alles sehr schön aus ..." – ernst nehmen. Wie groß das Unglück einer „verunglückten" Revolution ist, hängt nicht nur von der Gegenrevolution, sondern auch von der politischen Traditionsbildung ab. Auch eine gescheiterte Revolution kann, wie die internationale sozialistische Bewegung am Beispiel der *Pariser Commune*[2] gezeigt hat, für die unterlegene Sache eine Quelle der Kraft und der Ermutigung werden. Sie kann aber auch die gegenteilige Wirkung haben, und dafür ist die politisch-historische Verarbeitung der Revolution von 1848 in Deutschland lange Zeit ein bemerkenswertes Beispiel gewesen. Immer wieder ist versucht worden, die Geschichte der Revolution dafür zu benutzen, dem deutschen Volk das Gefühl seiner politischen Unmündigkeit zu vermitteln, seiner Unfähigkeit, das eigene Schicksal verantwortlich zu gestalten. Das ‚Professorenparlament', der angebliche Doktrinarismus der Liberalen und Demokraten, der tatenarme ‚Idealismus', der mangelnde Sinn für die Macht, aber auch die bloß zerstörerische Wirkung des Radikalismus – all das waren ‚Lehren' der Revolution, die dazu dienten, jeden Gedanken an eine Wiederholung des gescheiterten Versuchs zu ersticken, die Überlegenheit der alten Herrschaftseliten hervorzuheben und den Bürger für die Fortdauer des Obrigkeitsstaates zu präparieren. Dass die Revolution auch Erfolge hatte, dass keineswegs alle ihre Errungenschaften rückgängig gemacht wurden, dass nur durch sie auch Preußen zu einem Verfassungsstaat wurde, dass auch die Verfassungsarbeiten der Paulskirche nicht verloren waren, dass mit der Revolution positive Traditionen begründet wurden, dass schließlich nicht nur theoretisiert, sondern auch gehandelt, gekämpft und gelitten wurde – all das geriet weitgehend in Vergessenheit. Die Revolution wurde verdrängt und es hat lange gedauert, bis sie in ihrem vollen Umfang wiederentdeckt wurde.

*Zit. nach: Reinhard Rürup, Deutschland im 19. Jahrhundert, 1815–1871, Vandenhoeck & Ruprecht, Göttingen 1992, S. 196 f.**

1 Heinrich Heine (geb. 1797 in Düsseldorf, gest. 1856 in Paris): deutscher Schriftsteller und Journalist. Wegen der politischen Zensur in Preußen und des Verbots seiner Bücher auch im Deutschen Bund siedelte er 1831 nach Paris über. Er stand den liberal-konstitutionellen Bewegungen nahe; wurde von Antisemiten und Nationalisten wegen seiner jüdischen Herkunft angefeindet.

2 *Pariser Commune:* der im Deutsch-Französischen Krieg 1870/71 gebildete Stadtrat von Paris, der die Stadt nach sozialistischen Vorstellungen umbauen wollte (März bis Mai 1871).

1 Analysieren Sie M 1 hinsichtlich der politisch-historischen Verarbeitung der Revolution von 1848 in Deutschland.

2 Ordnen Sie M 1 in den historischen Zusammenhang ein, indem Sie die wesentlichen Ergebnisse der Revolution von 1848 für Deutschland zusammenfassen.

3 Vergleichen Sie Reinhard Rürups Argumentation in M 1 mit der von Lothar Gall (M 4, S. 235).
Tipp: Siehe auch die „Formulierungshilfen für einen historischen Vergleich", S. 241.

4 Nehmen Sie begründet Stellung zu folgender These des ehemaligen Bundespräsidenten Roman Herzog aus dem Jahr 1998: „Das Jahr 1848 war nicht nur der bleibende Anfang der deutschen Demokratiegeschichte, es war auch eine entscheidende Wendemarke auf dem Weg zum modernen, demokratischen Europa."

Präsentation

Revolutionen und die Entwicklung der Menschen- und Bürgerrechte im 18./19. Jahrhundert

Bereiten Sie einen Vortrag über die Bedeutung der Revolutionen im 18./19. Jahrhundert bei der Formulierung und Durchsetzung von Menschen- und Bürgerrechten vor.
Tipp: Gehen Sie dabei auch auf Entwicklungen ein, die aus der Perspektive von Frauen, Juden und Jüdinnen, Sklaven und Sklavinnen relevant waren.
▶ Literaturtipps: Siehe Literaturverzeichnis im Anhang, S. 657 (Stichwort: Menschenrechte).

Material zur Geschichte der Menschenrechte
cornelsen.de/Webcodes
Code: puvate

Wiederholen

M2 Wiener Kongress 1814/15, französische Karikatur, 1815

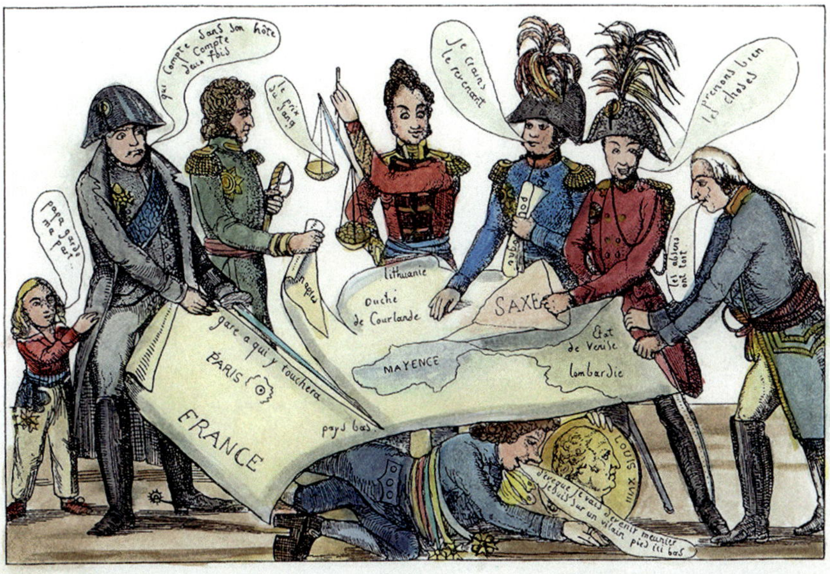

1 Untersuchen und interpretieren Sie die Karikatur M 2 im Hinblick auf die Folgen der Französischen Revolution und der Herrschaft Napoleons.
Tipp: Nutzen Sie zu den dargestellten Personen die Hilfen, S. 616; Arbeitsschritte zur Interpretation von Karikaturen (mit Formulierungshilfen) siehe S. 238 f.

2 **Arbeitsteilige Gruppenarbeit:** Vergleichen Sie die vier Revolutionen (Englische, Amerikanische, Französische Revolution und die Revolution 1848) anhand folgender Aspekte:
a) Ursachen,
b) Mittel der Protestierenden und der Regierung,
c) Ergebnisse.
Tragen Sie Ihre Ergebnisse anschließend im Kurs zusammen.

3 **Wahlaufgabe:** Bearbeiten Sie Aufgabe a), b) oder c).
Verfassen Sie auf der Grundlage Ihrer Kenntnisse eines der folgenden Produkte:
a) **Zeitungsartikel** eines Zeitgenossen zur „Boston Tea Party“ (16. Dezember 1773);
b) **Flugblatt** eines Zeitgenossen zum Sturm auf die Bastille (14. Juli 1789);
c) **Bildergeschichte** zum Barrikadenkampf vom 18. März 1848.

4 Die Französische Revolution gilt in der Wissenschaft als „klassisches Revolutionsmodell“, weil sie Umbrüche auf politischer, rechtlicher, sozialer und wirtschaftlicher Ebene herbeiführte. Überprüfen Sie diese Aussage auf der Basis Ihrer Kenntnisse.

5 **Vertiefung:** Bewerten Sie die Folgen der Revolutionen in Amerika, Frankreich und Deutschland 1848 unter der Perspektive
a) Frauenemanzipation oder
b) Judenemanzipation oder
c) Abschaffung der Sklaverei.
Unterscheiden Sie kurz- und langfristige Wirkungen.

Zentrale Begriffe

Aufklärung
Bill of Rights 1689
Bürgerkrieg
Code civil 1804
Dritter Stand
Emanzipation
Frauenrechtserklärung 1791
Frontier
Generalstände
Glorious Revolution 1688/89
Jakobiner
konstitutionelle Monarchie
Liberalismus
Menschen- und Bürgerrechte
Mediatisierung
Nationalismus
Nationalversammlung
Petition of Rights 1628
Puritaner
Reform
Republik
Restauration
Revolution
„Revolution von oben“
Säkularisierung
Terreur
Unabhängigkeitserklärung 1776
Verfassung
Virginia Bill of Rights 1776
Volkssouveränität

Formulierungshilfen für einen historischen Vergleich
- Wenn man … und … vergleicht, kann man feststellen, dass …
- Trotz zahlreicher Gemeinsamkeiten gibt es auch Unterschiede im Hinblick auf …/ bezüglich …
- Unterschiede sind …
- betont stärker/weniger
- in einem Punkt (fast) identisch sein/ identische Ziele verfolgen
- Gemeinsam ist allen …
- Während … eine Gemeinsamkeit darstellt, ist/sind … unterschiedlich
- Es gibt (viele/kaum) Parallelen zwischen … und …

Testen Sie Ihr Vorwissen zur Industrialisierung.

1 Von der Werkstatt zur Fabrik. Bringen Sie die Abbildungen in die chronologisch richtige Reihenfolge. Begründen Sie Ihre Entscheidung.

a)

b)

c)

2 Die Industrialisierung vollzog sich in zwei Phasen: die schwerindustrielle Phase (2. Hälfte 18. Jh. bis 1870er-Jahre) sowie die Hochindustrialisierung oder „Zweite Industrielle Revolution" (1880/90er-Jahre bis 1914). Ordnen Sie die Führungsbranchen den beiden Phasen zu.

a) Bergbau,
b) Eisenbahn- und Maschinenbau,
c) Elektro- und Chemieindustrie

3 Bestimmen Sie, welcher Begriff, welcher Name und welche Entdeckung nicht in die Reihe passt. Erklären Sie Ihre Wahl.

a) Fabrik, Manufaktur, Labor, Werkstatt
b) Karl Marx, Alfred Krupp, August Bebel, Wilhelm Liebknecht
c) Telefon, Glühbirne, Gewehr, Elektromotor

4 Von wem stammt die folgende Aussage?

„Der eigentliche Beschwerdepunkt des Arbeiters ist die Unsicherheit seiner Existenz."

a) Karl Marx
b) Otto von Bismarck
c) August Borsig

▶ Lösungshinweise finden Sie auf S. 639.

5 Welche Aussage passt zu dieser Grafik?

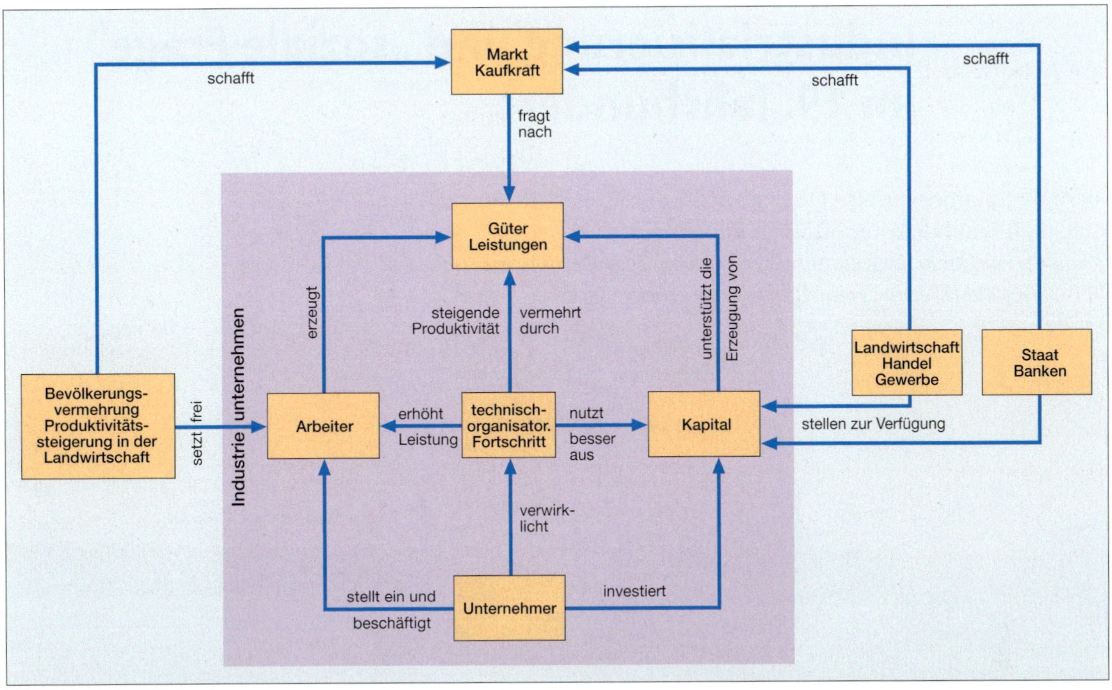

a) Voraussetzungen Industrieller Revolutionen im Wirkungszusammenhang
b) Folgen der Industriellen Revolution
c) Kreislauf der industriellen Produktion

6 Formulieren Sie einen passenden Titel für die zeitgenössische Karikatur.

6 Ökonomie und Gesellschaft: Industrialisierung und „soziale Frage" im 19. Jahrhundert

M1 Die Berliner Jannowitzbrücke (1822 über der Spree errichtet, um 1885 Neubau) und Stadtbahnhof, Fotopostkarte, koloriert, 1909.
Dargestellt sind die von der Reichsbahndirektion errichtete Hochbahntrasse und eine neue, 1881 bis 1884 mit Schienen für die Pferdebahn gebaute Brücke.

um 1760 Agrarrevolution in England

1764 Erfindung der ersten industriellen Spinnmaschine („*Spinning Jenny*")

um 1770 Beginn der Industriellen Revolution in England

1776 Erscheinungsjahr von Adam Smiths Buch „*The Wealth of Nations*"

1785 Erfindung des mechanischen Webstuhls

1806–1814 Preußisch-rheinbündische Reformen, z. B. Bauernbefreiung, Gewerbefreiheit

um 1840 Beginn der Industriellen Revoluti[on] in Deutschland

1760 | 1770 | 1780 | 1790 | 1800 | 1810 | 1820 | 1830 | 18

1763–1784 Verbesserung der Dampfmaschinentechnik

Als der Fabrikantensohn Friedrich Engels im Jahre 1845 die englische Stadt Manchester besuchte, gelangte er nach seinem Besuch zu dem Schluss, dass die „Industrie" mit ihrer Arbeitsteilung und dem Einsatz von Dampfkraft und Maschinen „die Welt aus ihren Fugen" heben würde. Er erlebte die Auswirkungen der Industriellen Revolution, des Umbruchprozesses von der vorindustriellen, traditionellen Wirtschaft zur modernen Industriewirtschaft. Im historischen Rückblick stellt die Industrielle Revolution einen so tiefen Einschnitt im Leben der Menschen dar, dass sie aus heutiger Sicht nur noch mit der Neolithischen Revolution* vor etwa 10 000 Jahren verglichen werden kann, als die Menschheit von der jagenden und sammelnden zur sesshaften Lebensweise der Viehzüchter, Bäuerinnen und Bauern überging. Die Industrielle Revolution setzte in der zweiten Hälfte des 18. Jahrhunderts in England ein und breitete sich von dort aus auf immer mehr Länder aus. Zentrales Merkmal war ein Wirtschaftswachstum, das alle bisherigen Vorstellungen sprengte. Seit Adam Smith wird es als Steigerung des Sozialprodukts pro Kopf der Bevölkerung definiert. Verbunden war die Entwicklung aber auch mit strukturellen Veränderungen, die erstmals in der Geschichte ein dauerhaftes, sich selbst erhaltendes, „modernes" Wirtschaftswachstum herbeiführten.

1 Beschreiben Sie das Gemälde M 1 im Hinblick auf Merkmale einer Industrialisierung.
2 **Begriffscluster:** Reaktivieren Sie Ihr Vorwissen und erstellen Sie ein Begriffscluster zur Industrialisierung.
3 Stellen Sie Hypothesen auf, wie sich die Entwicklung der Industriewirtschaft auf die Gesellschaft, also auf das Zusammenleben der Menschen auswirkte.

48 | Veröffentlichung des „Kommunistischen Manifests" von Karl Marx und Friedrich Engels

1869 | Gründung der „Sozialdemokratischen Arbeiterpartei"

1875 | Vereinigung der deutschen Arbeiterparteien zur „Sozialistischen Arbeiterpartei" (ab 1891: SPD)

1878–1890 | Unterdrückung der deutschen Sozialdemokraten durch das Sozialistengesetz

um 1890 | Beginn der „Zweiten Industriellen Revolution"

1913 | Einführung des Fließbandes zur Massenproduktion von Autos in den USA durch Henry Ford

1917 | Oktoberrevolution in Russland: Beginn der planwirtschaftlichen Industrialisierung

1929–1933 | Weltwirtschaftskrise

1850 | 1860 | 1870 | 1880 | 1890 | 1900 | 1910 | 1920 | 1930

1873–1895 „Große Depression": erste moderne weltwirtschaftliche Krise

6.1 Anfänge der Industrialisierung

In dieser Themeneinheit geht es um
den Begriff, die Kennzeichen und den Beginn der Industrialisierung in England.

M1 Dampfmaschine von Watt, Modell, 20. Jh.

▶ M 5, M 6: Geschichte kontrovers: Industrialisierung oder Industrielle Revolution?

Der Begriff „Industrialisierung"

„Wenn große Teile der Welt um 1910 anders aussahen als um 1780", so der Historiker Jürgen Osterhammel, „dann war die wichtigste Ursache dieser physischen Verwandlung des Planeten: die Industrie." Das 19. Jahrhundert war die Epoche der Ausbreitung der industriellen Produktionsweise und der damit verbundenen Gesellschaftsformen über große Teile der Welt. Der Historiker betont jedoch, es sei nicht „die Zeit einer einförmigen und gleichmäßigen Industrialisierung" gewesen. Es stellt sich die Frage nach der genauen Definition des Begriffes „Industrialisierung".
Unter **Industrialisierung** versteht man den technischen, wirtschaftlichen und sozialen Wachstumsprozess, der die agrarisch geprägte Gesellschaft binnen weniger Jahrzehnte zur Industriegesellschaft wandelte und bis in die Gegenwart wirksam ist. Er begann Ende des 18. Jahrhunderts in England, griff im 19. Jahrhundert auf den Kontinent über und entwickelte sich im 20. Jahrhundert weltweit. In der Geschichtswissenschaft wird der Begriff allerdings nicht einheitlich verwendet. Einigen Historikern erscheint er für die Charakterisierung dieser gesellschaftlichen und ökonomischen Modernisierung zu schwach. Daher bevorzugen sie den Anfang des 19. Jahrhunderts in Analogie zur Französischen Revolution gebildeten Begriff **„Industrielle Revolution"**, weil er den revolutionären Charakter dieser tiefgreifenden Entwicklung stärker zum Ausdruck bringe. In der Vergangenheit wurde dieser Begriff meist für die erste entscheidende Wachstumsphase der Industrialisierung verwendet. Inzwischen nutzt die Geschichtswissenschaft beide Begriffe weitgehend identisch.

Phasen der Industrialisierung
- erste Phase: 2. Hälfte des 19. Jh. bis 1870er-Jahre (Höhepunkt: 1867–1873) in England,
- zweite Phase: 1880/90er-Jahre bis 1914 v. a. in England, USA, Deutschland

Merkmale und Voraussetzungen der Frühindustrialisierung

Der Prozess der Industrialisierung ist durch eine Reihe von **Merkmalen** gekennzeichnet. Das typischste Merkmal ist die Umstellung der bis in das 19. Jahrhundert auf Handarbeit basierenden Produktion zur maschinellen Arbeit in Fabriken. Der Einsatz von Maschinen erhöhte sprunghaft die Produktivität und ermöglichte die Massenproduktion von Gütern. Erfindungen wie Eisenbahn und Dampfschiff revolutionierten zudem das Verkehrswesen und erschlossen somit auch neue Absatzmärkte für die Massengüterproduktion.
Ein weiteres Merkmal ist die Arbeitsteilung und Spezialisierung im Fertigungsprozess. Diese Produktionsweise setzte eine ausreichende Anzahl von Arbeitskräften voraus. So sank der Anteil der in der Landwirtschaft beschäftigten Menschen, während die Zahl der in der Industrie tätigen Menschen anstieg. Es entstand eine neue gesellschaftliche Schicht: die Arbeiterschaft. Ihr gegenüber stand eine kleine Unternehmerschicht, die über große Mengen an Kapital wie Geld, Maschinen und Fabrikanlagen verfügte. Die Investition dieses Kapitals bewirkte letztendlich ein dauerhaftes – wenn auch schwankendes und oft kurzfristig unterbrochenes – Wachstum des Sozialproduktes.
Die Anwendung von Maschinen hatten technisch-organisatorische Neuerungen, wie der mechanische Webstuhl oder die Dampfmaschine, ermöglicht. Diese Erfindungen sind neben ausreichend vorhandenen Rohstoffen wie Kohle und Eisenerz entscheidende Voraussetzungen für die Industrialisierung.

M2 Daimlers erstes Automobil, Fotografie, 1886.
Im Fond Gottlieb Daimler, am Steuer sein Sohn Adolf.

M3 **Die Industrialisierung in Europa bis 1850**

Darüber hinaus führte die **Agrarrevolution**, also der Wandel von der Dreifelder- zur Fruchtwechselwirtschaft sowie verbesserte Kultivierungstechniken, z. B. Kunstdünger, zu einer Steigerung der landwirtschaftlichen Erträge. Der damit verbundene Bevölkerungsanstieg seit dem 17. Jahrhundert stellte ausreichend Arbeitskräfte zur Verfügung und steigerte die Nachfrage an Nahrungsmitteln und Verbrauchsgütern. Weitere Voraussetzungen waren ein freier Zugang zu den Märkten sowie die **Gewerbefreiheit***, die Produktionsbeschränkungen und Regulierungen durch Zünfte verhinderte.

▶ **M 7, M 8: Wandel der Landwirtschaft in England**

Pionierland England

Die Industrialisierung begann in der Mitte des 18. Jahrhunderts in England und breitete sich Anfang des 19. Jahrhunderts auf dem westlichen Teil des europäischen Kontinents sowie Nordamerika aus. In der zweiten Hälfte des 19. Jahrhunderts erfasste sie auch Osteuropa und Japan, im 20. Jahrhundert schließlich die gesamte Welt. England gilt als das „Mutterland der Industrialisierung“. Hier hatte sich frühzeitig der Übergang von traditioneller handwerklicher Fertigung in Kleinbetrieben zur modernen industriellen Produktion in **Fabriken*** vollzogen. Anfang des 19. Jahrhunderts entstanden erste industrielle Ballungszentren.

England nahm eine Pionierrolle im Industrialisierungsprozess ein, weil die Voraussetzungen hier besonders günstig waren. England besaß große Ackerflächen und neue, ertragssteigernde Anbaumethoden. Daraus hatte sich eine marktorientierte Agrarproduktion mit kapitalistischer Ordnungsweise entwickelt. Für ein großes Angebot an Arbeitskräften sorgten die Bevölkerungszunahme und die Möglichkeit des Umzugs der Landbevölkerung in die Städte, da die Bauern nicht mehr an den Grund und Boden gebunden waren. Darüber hinaus verfügte England über einen relativ großen Binnenmarkt mit einem geregelten Zoll- und Finanzsystem, über große Kohlevorkommen sowie kurze und kostengünstige Verkehrswege wie Straßen und Kanäle, später auch Eisenbahnen. Ohnehin war England im 18./19. Jahrhundert Mittelpunkt des Welthandels. Es verfügte über einen großen Exportmarkt, v. a. in Europa und den Kolonien, und kontrol-

Fabrik
(von lat. *fabrica* = Werkstätte)
Zentralisierte Produktion von Waren in Gebäuden mit Kraftmaschinen (z. B. Dampfmaschinen) als Antrieb und Arbeitsmaschinen (z. B. Drehmaschinen) zur Bearbeitung der Rohstoffe. Weitere Merkmale sind: Arbeitszerlegung in spezialisierte Tätigkeiten, eine größere Anzahl von Arbeitskräften als im Handwerksbetrieb und die Produktion in größeren Stückzahlen.

▶ **M 9, M 10: Neue Wirtschaftstheorie**

M 4 ***„How the early Spinning Jenny worked"*, Illustration von 1934.**

Die Texte auf der Abbildung erläutern die Funktionsweise der ersten mechanischen Spinnmaschine, die als Meilenstein der Technikgeschichte gilt.

lierte als führende Seemacht die Handelswege. Eine weitere Voraussetzung waren die gesellschaftlichen und politischen Verhältnisse: Keine Zunftschranken behinderten die freie Entfaltung von individuellen Fähigkeiten; das Bürgertum besaß nicht nur notwendige Freiheitsrechte, sondern auch ein politisches Mitspracherecht.

Textilindustrie als Schrittmacher

Ausgangspunkt der Industrialisierung in England war die **Textilindustrie** („Schrittmacherindustrie"). Die technischen Neuerungen wie die Spinnmaschine („*Spinning Jenny*", 1864), der mechanische Webstuhl (1785) und die Dampfmaschine (J. Watt, 1769) revolutionierten die Textilherstellung und führten zur Fabrikproduktion. Sie ermöglichten es ab Mitte des 18. Jahrhunderts, den durch das Bevölkerungswachstum bedingten erhöhten Bedarf an Textilien sicherzustellen. Die kostengünstige **Massenproduktion** hatte zur Folge, dass sich der Import von Baumwolltuchen aus Indien nicht mehr lohnte und die Preise für Textilien sanken, sodass sie auch für die breite Bevölkerung erschwinglicher wurden. Zudem wurde England zum weltgrößten Exporteur von Baumwolltextilien.

Zur zweiten Führungsbranche in der englischen Industrialisierung entwickelten sich seit Beginn des 19. Jahrhunderts **Bergbau** und Hüttenindustrie: Der Einsatz von Dampfmaschinen in Bergwerken erhöhte die Förderleistung von Erz und Kohle. Neue Produktionsverfahren für die Umwandlung von Roheisen in hochwertigen Stahl sowie innovative Walzverfahren führten zum Ausbau einer leistungsfähigen **Schwerindustrie**. Sie produzierte primär für den Staat (v. a. die Rüstung), den Maschinenbau und das Transportwesen (v.a. den **Eisenbahnbau**). England war Mitte des 19. Jahrhunderts die führende Industrienation der Welt geworden.

1 Erarbeiten Sie mithilfe der Darstellung eine Definition des Begriffs „Industrialisierung".
2 Beschreiben Sie anhand der Karte (S. 247, M 3) den Stand der europäischen Wirtschaft im 19. Jahrhundert.
3 **Schaubild:** Stellen Sie Merkmale und Voraussetzungen der Industrialisierung in einem Schaubild dar.
4 Erklären Sie, warum England zum Pionierland der Industrialisierung wurde.
5 Erläutern Sie anhand von M 4 und der Darstellung, welche Vorteile die Entwicklung der Spinnmaschine für die Industrie hatte.
Tipp: Beziehen Sie auch die Abbildungen 1 a)–c) von S. 242 in Ihre Überlegungen mit ein.

Hinweise zu den Materialien:
Die Materialauswahl zu den Anfängen der Industrialisierung setzt folgende Schwerpunkte: M 5 und M 6 zeigen die Kontroverse um den Begriff. M 7 und M 8 thematisieren die Landwirtschaft in England. M 9 und M 10 widmen sich der Wirtschaftstheorie.

Geschichte kontrovers: Industrialisierung oder Industrielle Revolution?

M 5 Der Historiker Flurin Condrau (2005)

Aber was war die Industrialisierung nun: Revolution oder langsamer Wandel? [...] Moderne Skepsis steht zeitgenössischer Euphorie gegenüber. In der Mitte des 19. Jahrhunderts war es für Friedrich List[1] ganz selbstverständlich, von einer „industriellen Revolution" zu sprechen, und seit Arnold Toynbees[2] klassischen Vorlesungen zur industriellen Revolution bürgerte sich der Begriff als feststehende Epochenbezeichnung ein. Die Rede von Industrialisierung als Revolution hielt sich bis in die 1970er-Jahre, als erste Kritik an dem Modell laut zu werden begann. Mit der komplexer werdenden Forschungslage zur Geschichte der Industrialisierung musste ein relativ kurzer und letztlich einfacher Begriff wie derjenige der Revolution problematisiert werden. Besonders unter dem Eindruck der Forschungen von Nicholas Crafts[3] zu den Wachstumsraten der englischen Industrie kamen fundamentalere Zweifel am revolutionären Charakter des wirtschaftlichen Wandels auf. Crafts argumentiert, dass der Prozess der Industrialisierung schon im 17. Jahrhundert eingesetzt habe und deswegen langsamer verlaufen sei als bisher angenommen. Auch der unbestreitbar massive Strukturwandel seit der Mitte des 18. Jahrhunderts wird nicht mehr nur der zunehmenden Bedeutung der Industrie zugewiesen. [...] Die Bedeutung der Problematik der großen Epochenbegriffe für die Geschichtswissenschaft und die Vermittlung historischer Kenntnisse lässt sich hier nicht abschließend studieren. [Es gibt jedoch] nach wie vor zahlreiche Historiker, die das Revolutionäre der Industrialisierung nicht preisgeben möchten. Sie betonen, dass Strukturwandel natürlich Zeit braucht, aber dass keine vorhergehende und auch keine seither folgende Epoche einen derartig weitgehenden sozio-ökonomischen Strukturwandel bedeutet hat. Dabei lässt sich über Dauer, Veränderungsraten oder die Bedeutung des Revolutionsbegriffes trefflich streiten Aber es möchte doch niemand ernstlich in Frage stellen, dass sich Deutschland beziehungsweise die verschiedenen Einzelstaaten auf dem Gebiet des späteren deutschen Reiches zwischen 1800 und 1900 eklatant verändert hat. Die industrielle Welt des 20. Jahrhunderts wird von Strukturelementen charakterisiert, die es vor 1800 ganz einfach nicht gab. Man braucht nur auf die Eisenbahn (und später das Automobil) oder die Märkte für industrielle Güter in vielen Bereichen des täglichen Lebens hinzuweisen, um diesen fundamentalen Wandel zu betonen. Ein zentrales Problem bei jeder Epocheneinteilung ist zweifellos die Distanz zwischen beurteilendem Historiker und der beurteilten Epoche. Das gilt besonders für die Industrialisierung, zumal aus heutiger Perspektive der Wandel nicht mehr so revolutionär erscheint angesichts mehrerer Generationen, die sich bereits im Alltag mit der industriellen Welt auseinandersetzen konnten.

*Zit. nach: Flurin Condrau, Die Industrialisierung in Deutschland, WBG, Darmstadt 2005, S. 6 f.***

1 Friedrich List (1789–1846), deutsch-amerikanischer Ökonom und Politiker, der die Idee des Zollvereins und des deutschen Eisenbahnwesens förderte
2 Arnold Toynbee (1852–1883), britischer Ökonom und Wirtschaftshistoriker
3 Nicholas Crafts (geb. 1959), britischer Ökonom und Wirtschaftshistoriker

M 6 Der Historiker Jürgen Osterhammel (2009)

Was aber ist „Industrialisierung"? Dieser so einfach anmutende Begriff löst bis heute Debatten aus. Obwohl der Begriff der Industrialisierung schon seit 1837 im Gebrauch war [...], haben sich Historiker auf keinen einheitlichen Wortgebrauch einigen können. Die verzweigten Diskussionen über die Industrialisierung sind sehr unübersichtlich: Es gibt keine einzelne Frage, auf die sich die Debatte konzentrieren würde; vielmehr muss immer wieder neu geklärt werden, worüber man gerade diskutiert. Außerdem trägt es zur Unübersichtlichkeit bei, dass die beteiligten Historikerinnen und Historiker jeweils eigene wirtschaftstheoretische Konzepte an das Thema herantragen. So sehen etwa die einen Industrialisierung als einen Prozess messbaren wirtschaftlichen Wachstums, der vor allem von technologischen Neuerungen getrieben wurde, während andere den institutionellen Wandel für wichtiger halten, in diesem Wandel einen mitverursachenden Faktor erkennen und sogar den Begriff „Industrielle Revolution" ersetzen wollen. Einig sind sich die Industrialisierungsforscher in zwei Punkten: Zum einen lassen sich die industriewirtschaftlichen und gesellschaftlichen Veränderungen in der Welt, die um 1900 auf allen Kontinenten zu erkennen waren, auf einen Innovationsschub zurückführen, der seinen Ursprung nach 1760 hatte. Dem können selbst diejenigen zustimmen, die diese

Innovation für relativ undramatisch und daher den Begriff der industriellen Revolution für übertrieben halten. Zum anderen bestreitet keiner, dass Industrialisierung, zumindest in ihren Anfängen, niemals ein nationales, sondern stets ein regionales Phänomen gewesen ist. Auch wer die Bedeutung des institutionell-rechtlichen Regelungsrahmens, wie ihn im 19. Jahrhundert die Nationalstaaten bereitstellen konnten, hoch bewertet, wird einräumen, dass Industrialisierung sehr stark an die Ressourcenausstattung bestimmter Standorte gebunden ist und dass sie nicht notwendig auch auf längere Sicht ganze Nationalgesellschaften prägen muss. Nur wenige Länder auf der Welt waren um 1920 „Industriegesellschaften". Selbst in europäischen Ländern wie Italien, Spanien oder Russland strahlten die Inseln industrieller Entwicklung keineswegs prägend auf die Gesamtgesellschaft aus.

*Zit. nach: Jürgen Osterhammel, Die Verwandlung der Welt. Eine Geschichte des 19. Jahrhunderts, C. H. Beck Verlag, München 2009, S. 909 f.**

1 **Partnerarbeit**: Fassen Sie arbeitsteilig (M 5 und M 6) die Argumente für die Begriffe „Industrialisierung" und „Industrielle Revolution" zusammen und vergleichen Sie anschließend Ihre Ergebnisse im Plenum.
2 Erklären Sie, warum die Begriffsdefinition für diesen historischen Gegenstand so problematisch ist.
3 Nehmen Sie selbst Stellung zu der Frage: „Industrialisierung" oder „Industrielle Revolution"? Berücksichtigen Sie die Begriffsdefinition „Revolution".

Wandel der Landwirtschaft in England

M 7 Erfindungen in der englischen Landwirtschaft, Kupferstich, 18. Jahrhundert.
Die Abbildung zeigt zwei neuartige englische Pflug-Modelle, die mit eisernen Pflugscharen ausgestattet waren und leichter und schneller bedient werden konnten. Diese und ähnliche Erfindungen bedeuteten einen wesentlichen Fortschritt in der landwirtschaftlichen Produktion.

M 8 Der Historiker Barrington Moore (1969)

Die Historiker stimmen weitgehend darin überein, dass der Zeitraum von ungefähr 1688 bis zum Ende der Napoleonischen Kriege das goldene Zeitalter der großen Landgüter war. [...] Noch niemand hat die grundsätzliche Bedeutung der Einhegungen[1] bestritten oder dass unzählige Bauern ihre Rechte auf das Gemeinland der Dörfer verloren, als die großen Gutsherren diese Ländereien vereinnahmten. Es war ein Zeitalter, in dem die landwirtschaftliche Technik verbessert wurde, z. B. durch stärkeren Einsatz von Düngemitteln, durch Einführung neuer Getreidearten und durch Fruchtwechsel. Die neuen Anbaumethoden konnten auf den Feldern, die der gemeinsamen Bewirtschaftung unterlagen, nicht zur Anwendung gelangen; sie waren für den Landwirt, der über ein geringes [...] Kapital verfügte, nur schwer zu verwirklichen. Zweifellos ist es zum großen Teil auf die höheren Gewinne und geringeren Kosten der größeren Besitze zurückzuführen, dass die Durchschnittsgröße der landwirtschaftlichen Betriebe zunahm. [...] [Der „Landkapitalist" rechtfertigte] das von ihm verursachte Elend mit der Berufung auf den Gewinn, den er, zugleich mit dem Erwerb immensen persönlichen Profits, der Gesellschaft einbrachte. Ohne diese Vorstellungen [...] wäre es unmöglich, die Rücksichtslosigkeit der Einhegungsbewegung zu verstehen. [...] Steigende Lebensmittelpreise (durch wachsende Nachfrage) und [...] auch die Schwierigkeit, Arbeitskräfte zu finden, waren offenbar die Hauptfaktoren, die die Grundherren anreizten und zugleich zwangen, ihren Grundbesitz zu vergrößern und seine Bewirtschaftung zu rationalisieren. [...] [Diese nach kommerziellen Grundsätzen geführten großen Güter zerstörten] in weiten Teilen Englands das mittelalterliche bäuerliche Gemeinwesen. [...] Der Bodensatz der kleinen Leute auf dem Lande wurde auf diese Weise weggefegt; sie vergrößerten entweder das neue Heer von Tagelöhnern, das noch eine Zeit lang benötigt wurde, um Hecken, Gräben und Wege anzulegen oder neue Bewirtschaftungsmaßnahmen durchzuführen, die noch nicht maschinell bewältigt werden konnten, oder sie stießen zu den armseligen Arbeitern in den [...] entstehenden Industriestädten. Aber in der Regel waren nur die Jungen, die Unverheirateten und die dörflichen Handwerker bereit, von zu Hause wegzugehen – und nur die Angehörigen dieser Kategorien wollten die neuen Arbeitgeber in der Industrie haben. Männer mittleren Alters, die Familie hatten, waren für eine Umschulung weniger geeignet und konnten sich auch nicht so leicht vollständig aus dem ländlichen Milieu des Lebens auf dem Land lösen. Sie blieben da, wo sie waren, und nahmen Zuflucht zu ihrem „letzten Recht“ – dem Recht auf Armenfürsorge.

*Zit. nach: Barrington Moore, Soziale Ursprünge von Diktatur und Demokratie. Die Rolle der Grundbesitzer und Bauern bei der Entstehung der modernen Welt, Frankfurt/M. (Suhrkamp) 1969, S. 43–45, 47–48.**

1 *Einhegungen:* Ende des 18. Jh. in England auftretende Übernahme von Land, das bisher allen Bauern zur Nutzung freistand, durch Großgrundbesitzer. Es entstanden Großbetriebe, die kommerziell produzierten und wichtig für die Ernährung der wachsenden Bevölkerung Englands waren.

1 Beschreiben Sie anhand von M 7 und M 8 den Wandel in der englischen Landwirtschaft.
2 Erläutern Sie die Bedeutung der Landwirtschaft für die industrielle Vorreiterrolle Englands.

Neue Wirtschaftstheorie

M 9 Adam Smith (1723–1790), zeitgenössischer Kupferstich, 1787.

Der schottische Philosoph und Volkswirtschaftler begründete die klassische Nationalökonomie (Volkswirtschaftslehre). Er lehnte eine vom Staat bestimmte Wirtschaft ab und setzte stattdessen auf einen offenen Markt und den freien Wettbewerb. Beides sollte nicht nur die Produktion anregen und den Wohlstand aller vergrößern, sondern auch den Interessenausgleich zwischen allen Menschen von selbst regeln.

M 10 Aus Adam Smiths Hauptwerk „Der Wohlstand der Nationen“ (1776)

Der Einzelne ist stets darauf bedacht, herauszufinden, wo er sein Kapital [...] so vorteilhaft wie nur irgend möglich anlegen kann. Und tatsächlich hat er dabei den eigenen Vorteil im Auge und nicht etwa den der Volkswirtschaft. Aber gerade das Streben nach seinem eigenen Vorteil ist es, das ihn ganz von selbst oder vielmehr notwendigerweise dazu führt, sein Kapital einzusetzen, wo es auch dem ganzen Lande den größten Nutzen bringt. Wenn er es vorzieht, die nationale Wirtschaft anstatt die ausländische zu unterstützen, denkt er eigentlich nur an die eigene Sicherheit, und wenn er dadurch die Erwerbstätigkeit so fördert, dass ihr Ertrag den höchsten Wert erzielen kann, strebt er lediglich nach eigenem Gewinn. Und er wird in diesem wie auch in vielen anderen Fällen von einer unsichtbaren Hand geleitet, um einen Zweck zu fördern, den zu erfüllen er in keiner Weise beabsichtigt hat. Auch für das Land selbst ist es keineswegs immer das Schlechteste, dass der Einzelne ein solches Ziel nicht bewusst anstrebt, ja gerade dadurch, dass er das eigene Interesse verfolgt, fördert er häufig das der Gesellschaft nachhaltiger, als wenn er wirklich beabsichtigt, es zu tun. [...] Der Einzelne vermag ganz offensichtlich aus seiner Kenntnis der örtlichen Verhältnisse weit besser zu beurteilen, als es irgendein Staatsmann oder Gesetzgeber für ihn tun kann, welcher Erwerbszweig im Lande für den Einsatz seines Kapitals geeignet ist und welcher einen Ertrag abwirft, der den höchsten Wertzuwachs verspricht. Ein Staatsmann, der es versuchen sollte, Privatleuten vorzuschreiben, auf welche Weise sie ihr Kapital investieren sollten, würde sich damit nicht nur, höchst unnötig, eine Last aufbürden, sondern sich auch gleichzeitig eine Autorität anmaßen, die man nicht einmal einem Staatsrat oder Senat, geschweige denn einer einzelnen Person anvertrauen könnte.

*Zit. nach: Adam Smith, Der Wohlstand der Nationen, dtv, München 1978, S. 369 ff.**

1 Analysieren Sie M 10 im Hinblick auf die Funktion des Staates im Wirtschaftsprozess.
2 **Wahlaufgabe:** Bearbeiten Sie Aufgabe a) oder b).
   a) Diskutieren Sie Smith' These, dass „eine unsichtbare Hand“ im Wirtschaftsprozess das „allgemeine Wohl“ am besten garantiere.
   b) Setzen Sie sich kritisch mit dem Menschenbild des Autors auseinander.
3 **Vertiefung:** Vergleichen Sie Smith' Thesen mit den gesellschaftlichen und politischen Idealen der Aufklärung (S. 166 f.).

6.2 Die Entwicklung der Industriewirtschaft

In dieser Themeneinheit geht es um
wesentliche Merkmale und die Entwicklung der Industrialisierung in Deutschland.

Verlagssystem

Mit der Industrialisierung begann ein tiefgreifender wirtschaftlicher Strukturwandel, durch den der Fabrikbetrieb zum vorherrschenden Teil des Wirtschaftssystems aufstieg. Obwohl zu Beginn der Industrialisierung im Gewerbe die traditionellen handwerklichen Produktionsformen vorherrschten, gab es um 1800 in Deutschland bereits moderne Formen der Massenproduktion. An erster Stelle ist dabei das **Verlagssystem*** zu nennen, das etwa einer Million Menschen (45 % der im Gewerbe* Beschäftigten) Arbeit und Brot sicherte. Im Verlagssystem stellten rechtlich selbstständige Kleinproduzenten in ihrem eigenen Haus bzw. ihrer Wohnung oder in kleinen Betriebsstätten mit vorindustriellen, also handwerklichen Techniken überwiegend Textil-, aber auch Metallwaren her. Produktion und Vertrieb wurden von Verlegerkaufleuten gesteuert, die sich an überregionalen oder internationalen Märkten orientierten. Im Verlagssystem gab es die unterschiedlichsten Abhängigkeitsverhältnisse. Die Heimarbeiter besaßen teilweise eigene Werkzeuge oder beschafften sich die Rohmaterialien selbst, teilweise stellten die Verlegerkaufleute das Arbeitsgerät und die zur Produktion notwendigen Materialien (s. S. 137). Die Bedeutung des Verlagssystems für die Entstehung kapitalistischer Wirtschaftsweisen darf nicht unterschätzt werden. Nicht die Manufaktur, sondern das Verlagswesen bereitete schon in der Frühen Neuzeit den Boden für eine dezentrale Produktion, die sich ausschließlich am Markt, d. h. nicht am Eigenverbrauch, ausrichtete und nach kommerziellen Gesichtspunkten organisiert war.

Manufakturen

Seit 1770 nahm aber auch die Zahl der **Manufakturen*** zu, in denen mehr als 100 000 Arbeiter Güter herstellten. Unter einer Manufaktur versteht man einen Großbetrieb mit handwerklichen Methoden, aber bereits mit einem gewissen Grad an Arbeitsteilung. Diese Betriebsform ermöglichte nicht nur eine Steigerung der Produktivität, sondern erlaubte auch eine bessere Kontrolle der Arbeitskräfte. Anders als in den zahlreichen Heimbetrieben, in denen die Arbeiter ihre Arbeitszeit und Arbeitsintensität selbst bestimmten, konnten diese in der Manufaktur durch eine direkte Aufsicht, die Zerlegung der Arbeit in einzelne Schritte und die Vergütung mit Geldlöhnen besser überwacht und gesteigert werden.

Fabrik

Um in der Industriewirtschaft* konkurrenzfähig zu bleiben, mussten viele Betriebe in größere, kapitalintensivere und technisch leistungsfähigere Betriebsformen überführt werden, zu denen die **Fabrik** gehörte. Ähnlich wie die Manufaktur zeichnet sich die Fabrik dadurch aus, dass ein Unternehmer die gesamte Produktion zentral steuert. Die Herstellung der Güter und Waren wird arbeitsteilig organisiert. Mit zunehmender industrieller Konkurrenz wuchs vor allem aber der Zwang zur Rationalisierung und damit zum Einsatz von Maschinen. Er machte die Überlegenheit der Fabrik aus. In Fabriken war nicht mehr die arbeitsteilige Handarbeit vorherrschend, sondern Maschinen bestimmen immer mehr die Organisation der Arbeit.

Industrie
Der Begriff „Industrie" umfasst nach heutigem Verständnis nur einen bestimmten Teil der gewerblichen Produktion. Hauptmerkmal der Industrie ist die Fertigung von Gütern und Waren in Fabrikbetrieben. Ausgeschlossen bleiben dabei die handwerklichen, also alle kleingewerblichen Betriebsformen.

▶ **M 1–M 3: Neue Arbeitswelten**

Gründerkrise

Voraussetzung **kapitalistischen Wirtschaftens*** war und ist der **Markt**, der Angebot und Nachfrage vermittelt. Hier treten Produzenten und Konsumenten miteinander in Kontakt und handeln die Bedingungen aus, unter denen die Ware den Besitzer wechselt. Der Theorie nach beruht der Tausch auf Freiwilligkeit und offener Konkurrenz; Zwang – privat oder staatlich organisiert – gilt als ausgeschlossen. Es gab im 19. Jahrhundert jedoch auch Situationen, in denen sich der Staat gezwungen sah, die Freiheit der Märkte einzuschränken. Das geschah nach der **Gründerkrise**, die durch den Zusammenbruch der Wiener Kreditanstalt 1873 eingeleitet wurde und bis 1879 dauerte. Bis in die 1890er-Jahre hinein folgten weitere konjunkturelle Störungen des Wirtschaftswachstums. Historiker haben daher die Jahre 1874 bis 1895 insgesamt als **„Große Depression"** bezeichnet. Die Wurzeln für diese Krise lagen im Wesentlichen in der Überhitzung der **Konjunktur*** während der „Gründerjahre" zwischen 1871 und 1873, als zahlreiche Firmen entstanden.

▶ M 4: Die Gründerkrise

Konjunktur
Periodisch wiederkehrende Schwankungen einer Volkswirtschaft oder der Weltwirtschaft. Ein Konjunkturzyklus besteht in der Regel aus vier Phasen:
1. Aufschwung (Gewinne, Investitionen und Beschäftigung steigen);
2. Hochkonjunktur (hohe Gewinne und Vollbeschäftigung);
3. Abschwung (sinkende Gewinne und Investitionen, mehr Arbeitslose);
4. Konjunkturkrise oder Depression (wenig Investitionen, hohe Arbeitslosigkeit).

Reaktion des Staates

Die Krise führte zu einer wirtschaftspolitischen Umorientierung: War die preußische und später die deutsche Handelspolitik der 1860er- und beginnenden 1870er-Jahre ganz auf den Freihandel ausgerichtet gewesen, verstärkten sich jetzt die Bestrebungen zum **Protektionismus*** und zur **Schutzzollpolitik**. Dabei wirkten die Interessen der von der Einfuhr billigen Eisens bedrohten Schwerindustrie und der Landwirtschaft zusammen. Mit den Zollgesetzen von 1879 führte der Staat Zölle auf Eisen und Industriewaren sowie auf Getreide ein; auch die Textilzölle wurden erhöht. Die gestiegenen Zölle konnten zwar nicht die englische Konkurrenz ausschalten, verbesserten aber die Wettbewerbslage der einheimischen Industrie und förderten deren weiteren Ausbau. Angesichts des steigenden Exports und des ausbaufähigen Inlandsmarktes forderte die Großindustrie statt Schutzzöllen Zollmauern, um die durch die gewaltige Produktionssteigerung sinkenden Preise durch Ausschluss der ausländischen Konkurrenz aufzufangen und die überhöhten Gewinne zu verteidigen, die vor allem durch die Zusammenschlüsse zu **Kartellen*** ermöglicht wurden. Der Ausbau der Industrie wurde in Deutschland wie auch in anderen europäischen Ländern nicht nur durch die Privatinitiative von Unternehmern, sondern auch vom Staat vorangetrieben. Die staatseigenen Manufakturen, die aus der Zeit des Merkantilismus stammten, bildeten einen verhältnismäßig großen Sektor staatlich beherrschter Wirtschaft. Der preußische Staat verstärkte seine Position in der Wirtschaft, indem er nach 1875 die damals ertragreichen Eisenbahnen verstaatlichte. Länder und Gemeinden beteiligten sich am Ausbau der staatlichen Bergwerke und Eisenbetriebe. Die Städte übernahmen immer mehr Elektrizitätswerke, Gas- und Wasserwerke, Straßenbahnen und Schlachthäuser oder errichteten eigene Betriebe. Am Vorabend des Ersten Weltkrieges besaß das Deutsche Reich daher ein **gemischtes Wirtschaftssystem**, in dem das öffentliche Eigentum kaum hinter dem privaten zurückblieb. Ganz in Staatseigentum waren übergegangen: Post, Telefon, Telegraf (mit Ausnahme der Überseekabel) und Eisenbahnen. Fast vollständig in Gemeinde- oder gemischtwirtschaftlichem Eigentum standen Gas- und Wasserwerke, Straßenbahnen, Kraftwerke. Überdies gab es mehrere starke Staatsbanken; das Sparkassenwesen lag in den Händen der Kommunen.

Protektionismus
Bezeichnung für wirtschaftspolitische Maßnahmen eines Staates zur Abwehr ausländischer Konkurrenz; die Prinzipien liberaler Freihandelspolitik werden zum Teil aufgegeben. Neben der Setzung von technischen Normen, die Importgüter erfüllen müssen, sind Zölle das wirksamste Instrument, um die heimische Wirtschaft und ihren Absatz zu schützen.

Kartelle
Zusammenschluss juristisch und wirtschaftlich weitgehend selbstständig bleibender Unternehmen der gleichen Wirtschaftsstufe zur Marktbeherrschung durch Wettbewerbsbeschränkung

1 Erläutern Sie, welche Bedeutung das Verlagssystem, die Manufakturen und die Fabriken für die Industrialisierung hatten.

2 Beschreiben Sie am Beispiel der „Großen Depression" das Verhältnis von Staat und Markt.

Hinweise zu den Materialien:
M 1–M 3 thematisieren das Verhältnis von Mensch und Fabriksystem. M 4 widmet sich der Gründerkrise.

Neue Arbeitswelten

M 1 Der Maler Adolph Menzel beschreibt sein Bild (M 2) in einem Brief (1876)

In einem großen Eisenwerke neuer Konstruktion mit fast durchgehend verschiebbaren Wänden, welche trübes Tageslicht allseitig einlassen, blickt man auf die erste Walze eines langen Walzstranges, welche aus dem benachbarten Dampfhammer die Luppe (das weiß glühende Eisenstück) eben aufgenommen hat. Dieselbe ist bereits durch die erste Öffnung der Walze gegangen und wird durch fünf Arbeiter in Empfang genommen, um von ihnen wieder zurückgeschoben und beim erneuten Durchgang durch die Walze unterstützt zu werden: Zwei von ihnen packen sie mit großen Sperrzangen an, zwei andere hantieren mit mächtiger Eisenstange auf sie los, ein fünfter kommt mit seinem Instrument herzu, während die hinter der Maschine aufgestellten Werkleute dem Eisen die Richtung geben. […] [L]inks fährt ein Arbeiter einen im Erkalten begriffenen Eisenblock auf dem Handkarren heran, hinter ihm wird eine rot glühende Eisenbahnschiene gereckt, und im Hintergrunde sieht man den Dirigenten zwischen den Walzen und dem in der Tiefe links von zahlreichen Leuten bedienten Hochofen beobachtend vorübergehen. Der Schichtwechsel steht bevor: Während links drei Arbeiter halbnackt beim Waschen sind, verzehren rechts im Vordergrunde drei andere das Mittagsbrot, das ihnen ein junges Mädchen im Korbe gebracht hat.

*Zit. nach: Jordan, Max (Hg.), Verzeichnis der Gemälde und Bildwerke in der Nationalgalerie. Berlin 1876, S. 138***

1 Beschreiben Sie das Gemälde M 2 hinsichtlich der Auswirkungen des Fabriksystems auf die Menschen.
2 Vergleichen Sie Ihre Beschreibung mit M 1.
3 **Gruppenarbeit:** Diskutieren Sie, ob es sich bei M 2 um eine verherrlichende, realistische oder sozialkritische Darstellung des Arbeitsprozesses handelt.

M 2 Eisenwalzwerk („Moderne Cyklopen"), Gemälde von Adolph Menzel, 1875.
Zyklopen: einäugige Riesen der antiken Mythologie. Ihnen wurde von den Griechen die Errichtung vieler monumentaler Bauten zugeschrieben.

M3 „Unter dem Auge der Uhr", Zeitschriftenwerbung der Firma Normal-Zeit GmbH Berlin, um 1920.

Es gab viele ähnliche Anzeigen. Die üblichen Werbe-Versprechen lauteten: „Erhöht die Produktionsfähigkeit, erzielt Ersparnisse an Arbeitslöhnen, vereinfacht die Lohnabrechnung, erzieht zur Pünktlichkeit."

1 **Wahlaufgabe:** Bearbeiten Sie Aufgabe a) oder b).
- **a)** Erläutern Sie anhand von M 3, wie sich der Umgang mit der Zeit im Verlauf der Industrialisierung änderte.
- **b)** Stellen Sie sich vor, dass die Uhr in M 3 auf fünf vor zwölf stünde. Erläutern Sie, ob und inwiefern sich dadurch die Aussage des Bildes verändert.

Die Gründerkrise

M4 Der Historiker Gordon A. Craig (1989)

In den ersten drei Jahren des neuen Reichs [...] war eine große Zahl von Menschen aus allen Schichten so sehr von dem Drange besessen, Reichtum anzuhäufen und seine Früchte zu genießen, dass sie darüber die Verschmutzung der sozialen Umwelt aus den Augen verloren, die damit einherging. Dies war die Gründerzeit, benannt nach den großen Finanzjongleuren, die auf der Basis von Papier und wenig sonst riesige Unternehmen „gründeten" und Millionen Deutsche zu einem verzückten Tanz um das goldene Kalb verleiteten, an dessen Ende Erschöpfung und – für viele – finanzieller Ruin standen.

Die wesentlichen Ursachen für diese Entwicklung sind im Sieg über Frankreich und der daraus resultierenden Vereinigung Deutschlands zu suchen, die bei vielen Fabrikanten und Spekulanten überschwängliche Erwartungen weckte [...].

Die französische Regierung wurde gezwungen, Deutschland die Provinzen Elsass und Lothringen abzutreten – die mit ihren reichen Vorkommen an Minette-Erzen[1] und Kalisalzen und ihrer hoch entwickelten Textilindustrie beträchtlich zum Wirtschaftswachstum Deutschlands in den folgenden Jahren beitrugen, wenn dies auch nicht sofort deutlich wurde – und eine Kriegsentschädigung von fünf Milliarden Francs plus Zinsen zu zahlen [...]. Die Reichsregierung behielt von dem gezahlten Betrag weniger als die Hälfte, und davon wurde ein guter Teil in Bauvorhaben und militärische Anschaffungen investiert, die ihrerseits die Wirtschaft stimulierten. Der Rest floss in die einzelnen Bundesstaaten und von da aus durch örtliche Bauprogramme, durch den Eisenbahnbau, die Rückzahlung von Kriegsanleihen und die Gewährung von Renten an Witwen, Waisen und Invaliden weiter in private Hände. Der Effekt dieser bedeutenden Vermehrung des frei dem Markt zuströmenden Kapitals wurde noch verstärkt durch die Währungsreform von 1871, durch die weitere 762 Millionen Mark hinzukamen. Diese beträchtliche Kaufkraftzunahme musste zwangsläufig zu einer Überhitzung der Konjunktur führen.

Die Spekulationswelle, die folgte, war unter dieser Bedingung einer überquellenden Liquidität vermutlich unvermeidbar [...]. Der jüngste Krieg hatte das deutsche Eisenbahnnetz stark belastet und zu einem überdurchschnittlich raschen Verschleiß der Anlagen und Gerätschaften geführt. So vieles musste instandgesetzt oder neu angeschafft werden, und so viele neue Bahnlinien wurden sowohl in Nord- und Süddeutschland als auch in den von Frankreich annektierten Gebieten neu projektiert, dass Maschinen- und Werkzeugfabriken und andere mit dem Eisenbahnbau befasste Unternehmen mit Aufträgen überhäuft wurden. Die zur Befriedigung dieser Nachfrage erforderliche Expansion kam der Schwerindustrie allgemein zugute [...].

Überdies schien die Tatsache, dass die wirtschaftliche Expansion in einem Bereich Gewinne abwarf, zu beweisen, dass Expansion in jedem Bereich Gewinn bringen würde, dass die Größe an sich der Schlüssel zum Erfolg war. Hier kamen die Gründer zum Zug. Begünstigt durch die Liberalisierung der Gesetze, welche die Errichtung von Kapitalgesellschaften regelten, verfuhren sie nach dem Prinzip, ein bescheidenes Unternehmen, etwa eine Schuhfabrik oder eine Brauerei, zu kaufen und in eine Aktiengesellschaft umzuwandeln. [...] [D]ann wurden zahllose Aktien verkauft, deren Kurs bei dem die Zeit beherrschenden psychologischen Klima gewöhnlich anstieg. Zwischen 1871 und 1873 wurden 726 neue Gesellschaften dieser Art gegründet; im Zeitraum von 1790 bis 1870 waren es nur 276 gewesen; ihr vermeintlicher Erfolg regte neue Investitionen und immer fragwürdigere Expansionsprojekte an. [...]

Diese grenzenlose Wachstumszuversicht war an der Tagesordnung; sie ergriff alle Zweige der Produktion, und die Kapitaleigner trösteten sich, wenn ihnen Zweifel an der finanziellen Solidität ihrer Unternehmen kamen, mit dem Gedanken, dass sie sich im Notfall immer auf die Hilfe der Banken würden verlassen können, die ebenfalls eine erstaunliche Blütezeit erlebten. [...] Eine ähnlich umfassende und „demokratische" Spekulationswut hat es wohl nirgendwo mehr gegeben bis zu den Tagen des New Yorker Börsenfiebers von 1928. Das Land antwortete damit, dass es sich einem Rausch des Luxus und des Genusses hingab [...].

Aber dem fiebernden Patienten wurde eine Rosskur verabreicht. Am 7. Februar 1873 erhob sich Eduard Lasker im Reichstag und enthüllte in einer dreistündigen Rede die Hintergründe des von ihm sogenannten „Strousberg-Systems", indem er aufzeigte, dass es auf einen Betrug an den kleinen Geldgebern im Interesse skrupelloser Drahtzieher angelegt war. Lasker legte auch bloß, dass hochrangige Politiker und Beamte, darunter Hermann Wagener, langjähriger Berater Bismarcks, bei der Vergabe von Eisenbahnkonzessionen, von denen sie profitierten, ungesetzliche Praktiken zugelassen hatten. Diese Vorwürfe erschütterten nachhaltig das Vertrauen des Publikums und lösten eine Aktienschwemme an der Börse aus. Der Boom verpuffte in einem gigantischen Zusammenbruch. Wie die Bereicherung demokratisch gewesen war, so war es nun auch der Bankrott; er machte keinen Unterschied zwischen Würdenträgern [...] und bescheidenen Existenzen [...]. In der Endabrechnung litten vermutlich die Besitzer kleinerer Vermögen, die den Spekulanten ihre Ersparnisse anvertraut hatten, am meisten [...]. Nicht alles wurde von der Bankrottwelle von 1873 fortgespült. Die Aktiengesellschaft blieb auch nach 1873 die vorherrschende Unternehmensform, und die Banken spielte eine zunehmend wichtigere Rolle in der Wirtschaft [...]. Das Phänomen der Größe blieb nicht Episode. Unter den Hunderten von Unternehmen, die in der Gründerzeit entstanden, waren es die Großen, die überlebten [...]. Ganz besonders augenfällig war dieser Prozess in der Bankwelt, wo vor allem die Deutsche Bank und die Dresdner Bank als Folge des Krachs ihre relative Wettbewerbsposition stark verbessern konnten und wo sich die Anfänge jener Konzentrationsbewegung nachweisen lassen, die bis 1914 zu einer Vorherrschaft von vier Großbanken, darunter den beiden eben erwähnten, im deutschen Finanzwesen führen sollte. [...]

Abträglicher und auf lange Sicht ernster waren andere Folgen des Krachs von 1873. Es war bei der großen Zahl der Personen, die schwerwiegende Verluste erlitten hatten, nur natürlich, dass die Forderung erhoben wurde, die Schuldigen zu benennen, und wie bereits angedeutet wurde, richtete sich der Blick prompt auf die Nationalliberalen. Waren sie es denn nicht gewesen, die größere Freiheiten für die Aktiengesellschaften eingeführt hatten, Freiheiten, die in der Folge so schändlich missbraucht wurden? Es wurde der Partei nicht als Verdienst angerechnet, dass einer ihrer Führer, Eduard Lasker, es gewesen war, der den Boom als faulen Spekulationszauber angeprangert hatte. [...] Es ist kaum daran zu zweifeln, dass dieser Vorwurf [...] der Partei schadete und ihre Position schwächte, als es zur Kollision mit Bismarck kam.

Eine verhängnisvolle Folge des Finanzkrachs war es, dass gewisse antisemitische Gefühle, die es in Deutschland seit Langem gegeben hatte, die sich aber seit 50 Jahren nicht mehr laut geäußert hatten, nun an die Oberfläche drangen. [...] Der Krach von 1873 fügte dem Klischee [des raffgierigen und prinzipienlosen Juden] noch einen Aspekt hinzu, indem man die Juden mit der Börse und mit der Verfügung über ein nicht durch Arbeit verdientes Kapital identifizierte.

*Zit. nach: Gordon A. Craig, Deutsche Geschichte 1866–1945. Vom Norddeutschen Bund bis zum Ende des Dritten Reiches, C. H. Beck, München 1989, S. 80–86.***

1 *Minette-Erze:* bestimmte Eisenerze

1 Analysieren Sie M 3 hinsichtlich der Ursachen und Folgen der Gründerkrise.

2 **Vertiefung:** Stellen Sie die Inhalte von M 4 in einem Schaubild dar.

Darstellungen untersuchen

Zu den zentralen Aufgaben des Historikers gehört die Arbeit mit Quellen, die in schriftlicher, bildlicher und gegenständlicher Form einen Zugang zur Geschichte bieten (vgl. S. 48.). Ihre Ergebnisse präsentieren sie dann in Darstellungen, den Sekundärtexten, in denen sie unter Beachtung wissenschaftlicher Standards ihre Ergebnisse, Urteile und Bewertungen veröffentlichen. Es gibt zwei Sekundärtextgruppen: fachwissenschaftliche und populärwissenschaftliche Darstellungen. Die fachwissenschaftlichen Texte wenden sich an ein professionelles Publikum. Zu den Kennzeichen dieser Darstellungen gehört, dass alle Einzelergebnisse durch Verweise auf Quellen oder andere wissenschaftliche Untersuchungen durch Fußnoten belegt werden. Populärwissenschaftliche Darstellungen, die sich an ein breiteres Publikum wenden, verzichten dagegen auf detailliert belegte Erkenntnisse historischer Befunde und Interpretationen. In erster Linie geht es darum, historische Zusammenhänge anschaulich zu präsentieren. Dazu gehören z. B. publizistische Texte in Zeitungen oder auch Schulbuchtexte.

Formulierungshilfen „Darstellungen untersuchen"
Siehe Innenumschlagseiten hinten

Arbeitsschritte

1. Leitfrage
Welche Fragestellung bestimmt die Untersuchung der Darstellung?

2. Analyse
Formale Aspekte
- Um welche Textsorte handelt es sich (Essay, fachwissenschaftlicher Text)?
- Wer ist der Autor (ggf. zusätzliche Informationen)?
- Mit welchem Thema setzt sich der Autor auseinander?
- Wann und wo ist der Text veröffentlicht worden? Ggf. aus welchem Anlass?
- An wen ist der Text gerichtet (z. B. interessierte Öffentlichkeit)?

Inhaltliche Aspekte
- Was sind die wesentlichen Aussagen?
  a) anhand der Argumentationsstruktur: These(n) und Argumente
  b) anhand der Sinnabschnitte: Hauptaussagen
- Welche Textaussagen sind zu erläutern (Begriffe, Personen, Ereignisse)?

3. Historischer Kontext
Auf welchen historischen Zusammenhang bezieht sich die Darstellung?

4. a) Urteilen: Sachurteil
Bezug zur Leitfrage
- Wie beantwortet der Autor die Leitfrage?

Argumentationsstruktur
- Ist die Position des Autors überzeugend?
- Ist die Argumentation einseitig oder differenziert?

Bezug zum historischen Kontext
- Inwiefern werden historische Fakten und Prozesse berücksichtigt?

b) Urteilen: Werturteil
Bezug zu gesellschaftlichen Normen
- Welche gesellschaftlichen Normen dienen als Grundlage für das Werturteil?

Bezug zum Sachurteil
- Welche Ergebnisse lassen sich aus dem Sachurteil übernehmen?

Differenzierung, Gewichtung, Fazit
- Welche Pro- und Kontra-Argumente gibt es in Bezug auf die Leitfrage?
- Welche Argumente sind besonders überzeugend?
- Fazit: Wie beantworten Sie die Leitfrage?

Übungsbeispiel

M 1 Der Kommunikationswissenschaftler Rudolf Stöber über die beiden „Gründerkrisen" nach 1871 und nach 1990 in einem Essay von 2002

„Blühende Landschaften" hatte Helmut Kohl[1] in der Euphorie des Vereinigungswahlkampfes versprochen. Die hochgestimmten Wähler in West-, vor allem aber in Ostdeutschland glaubten es gerne. Als sich nach vier Jahren die blühenden Landschaften vor allem in renaturierten ehemaligen Industrielandschaften finden ließen, war der Euphorie längst die Depression gefolgt. [...] Tatsächlich liegen die Gemeinsamkeiten der beiden Gründerzeiten auf der Hand. Wie zu Beginn des dritten Drittels des 19. Jahrhunderts war mit der Vereinigung ein Krieg liquidiert worden, damals der deutsch-französische, 1989/90 der Kalte Krieg. Wie 120 Jahre zuvor setzte die Vereinigung zunächst große wirtschaftliche Kräfte frei. Wie zuvor verpuffte die Hausse[2] allerdings in wenigen Jahren: 1873 machte der „Gründerkrach" dem „Gründerfieber" ein Ende, 1994 legten hektische Arbeitsbeschaffungsmaßnahmen nur einen dünnen Firnis von Beschäftigung über den kollektiven Unmut. [...]

[Es] gibt jedoch Unterschiede. Sicherlich, nach 1871 wie nach 1990 waren enorme Summen im Spiel. Doch während damals französische Reparationsgelder nach Deutschland flossen und eine Spekulationsblase, das „Gründerfieber", anheizten, waren die riesigen Summen, die nach Ostdeutschland gepumpt wurden, im *deficit-spending*[3] generiert. [...] Damals begann die Wirtschaftskrise mit dem Börsenzusammenbruch von 1873, die 1990er war von einer gespaltenen Wirtschaftslage gekennzeichnet: Börsenkurse und Arbeitslosigkeit erreichten Rekordmarken. In den vergangenen Jahren haben Negativschlagzeilen vom Arbeitsmarkt [...] die Börsenkurse zusätzlich beflügelt. Die große Depression der Bismarckzeit ging zudem mit Preisverfall einher. Die Währungsreform des Kaiserreiches von 1875 bildete den Schlussstein der inneren Reichsgründung; die neu geschaffene Mark war auch deshalb sehr stabil, weil Getreide- und Industriepreise sanken. Die doppelte Währungsreform der 1990er stellte sich jedoch anders dar: Die Einführung der D-Mark in Ostdeutschland ging der Einigung ebenso voraus wie die Einführung des Euro der europäischen Einigung – wenn sie denn kommt. Das Umrubeln von Ost-Mark in D-Mark bewirkte einen kurzfristigen Inflationsschub von etwa fünf Prozent, die Euro-Einführung 1999 ging mit einem dramatischen Verfall des Außenwertes einher [...]. Und trotz aller Kritik an der übertriebenen Teuro-Hysterie: Die Preise steigen, wenngleich moderat – von Deflation kann keine Rede sein.

Die Ursachen, die diesen Entwicklungen zugrunde lagen, sind sich allenfalls oberflächlich ähnlich. Zwar griff schon im letzten Drittel des 19. Jahrhunderts die Globalisierung. Durch die Verbesserungen des Verkehrswesens (Dampfschiff und Eisenbahn) sanken beispielsweise die Transportkosten für Getreide so dramatisch, dass US-amerikanische und kanadische Farmer billiger in Mitteleuropa anbieten konnten als die heimischen Bauern und Gutsbesitzer. Deutschland – in den 1990ern regelmäßig Exportweltmeister – war und ist jedoch heute auf günstige Importe von Energieträgern und auf ein günstiges Exportumfeld für seine Industriewaren angewiesen. Die damals wie heute mächtige Agrarlobby setzte damals wie heute auf Abschottung, die Industrie damals ebenfalls auf Schutzzoll, in der Gegenwart jedoch nicht. Die Stimmungsmache in ländlichen Gebieten, die auch psychologisch die „Depression" trugen, hatte in den Jahrzehnten nach 1873 zudem viel durchschlagendere Wirkung als in der Gegenwart. Denn die Urbanisierung setzte im Kaiserreich erst mit Macht ein, heute ist sie weitgehend abgeschlossen und daher hat das Land längst nicht mehr das Gewicht der Stadt. [...] Gemäß der Lehre von den „langen Wellen", wie sie A. Spiethoff und N. D. Kondratieff vertraten, ist Wirtschaft eine Abfolge konjunktureller Wellen. Wenn in deren Folge die Depression im Kaiserreich neuer Euphorie Platz machte, haben auch wir, so könnte man meinen, bald wieder einiges zu lachen. Wenn man indes nicht auf die Theoreme[4], sondern auf die konkreten Strukturen schaut, sieht die Zukunft weniger blühend aus. Denn damals war zwar eine Stagnation der älteren Schlüsselindustrien, vor allem der Montan- und Schwerindustrien, zu beobachten. Aber das Ende der „großen Depression" ging mit dem Siegeszug der Schlüsselindustrien der zweiten Industrialisierung einher, der chemischen und elektrotechnischen Industrie.

*Zit. nach: Die Welt, 7. 8. 2002, S. 26.***

1 *Helmut Kohl:* Bundeskanzler 1982–1998
2 *Hausse:* (frz. Erhöhung) Allgemeiner Aufschwung
3 *deficit-spending:* (dt. Defizitfinanzierung) Zur Ankurbelung der Wirtschaft während einer Rezession nimmt der Staat Schulden auf, um durch staatliche Aufträge Nachfrage zu generieren.
4 *Theorem:* bezeichnet einen Lehrsatz, eine Lehrmeinung oder den Bestandteil einer wissenschaftlichen Theorie

1 Untersuchen Sie M 1 mithilfe der vorgegebenen Arbeitsschritte.
▶ Lösungshinweise finden Sie auf S. 646 f.

6.3 Veränderungen der Lebenswelt und „soziale Frage"

In dieser Themeneinheit geht es um
- *die im Zuge der Industrialisierung veränderten Lebens- und Arbeitsverhältnisse,*
- *die Folgen der Industrialisierung für Umwelt und Gesellschaft.*

Vom Agrar- zum Industriestaat

Die Industrialisierung veränderte die **Lebenswirklichkeit** der Menschen. Immer weniger Menschen lebten auf dem Land und arbeiteten in der Landwirtschaft. Und immer mehr Menschen zogen in die Städte und fanden Arbeit in der Industrie oder im Dienstleistungssektor. Dennoch blieb bis zur Jahrhundertwende die Landwirtschaft der – gemessen an Produktions- und Beschäftigungszahlen – wichtigste Wirtschaftssektor in Deutschland. Die Einführung neuer Produktionsprozesse, die unabhängig von natürlichen Bedingungen wie Tageslicht oder offenen Produktionsstätten funktionierten, führte zur Entkoppelung von Arbeit und Natur und änderten den **Arbeitsalltag** grundlegend. Richtete sich der Bauer auf dem Feld nach den natürlichen Gegebenheiten, wurde nun die Tätigkeit des Arbeiters in der Fabrik vom Takt der Maschinen bestimmt. Diese Veränderungen gingen einher mit einem tiefgreifenden gesellschaftlichen Wandel: Während die vorindustrielle Gesellschaft gekennzeichnet war durch rechtliche Ungleichheit zwischen den einzelnen Ständen, verlor im Zeitalter der Industrialisierung die Standeszugehörigkeit der Menschen immer mehr an Bedeutung. In der Ständegesellschaft entschieden Geburt und soziale Herkunft über die Ausübung politischer Rechte, über die Wahl der Ausbildung und des Berufes, über den Erwerb von Besitz und Land und somit auch über den Lebensstandard. In der Industriegesellschaft lösten sich die Menschen aus den überlieferten sozialen Bindungen und beanspruchten mehr politische Mitbestimmung und wirtschaftlichen Gestaltungsraum. Den historischen Hintergrund bildeten die politischen und gesellschaftlichen Umbrüche seit der Französischen Revolution, die 1789 in Frankreich mit dem Verzicht auf feudale Abgaben und alle steuerlichen Privilegien erstmals in Europa die mittelalterliche Feudalordnung beseitigt hatte, mit der Erklärung der Menschen- und Bürgerrechte den **Anspruch einer staatsbürgerlichen Gleichheit** erhob und mit der Verfassung von 1791 Vorbild für den modernen Verfassungsstaat im 19. und 20. Jahrhundert wurde (vgl. S. 204).

M1 Blick in den Maschinensaal der AEG Berlin, Fotografie, um 1890

Soziale Gruppen in der Industriegesellschaft

Die Veränderung der Lebenswelten im Zeitalter der Industrialisierung wurde besonders deutlich an der Entwicklung der sozialen Gesellschaftsstruktur. Obwohl Adel und Geistlichkeit im Vergleich zur alten Ständegesellschaft fast alle Vorrechte und Privilegien verloren, blieb der Adel in Deutschland auch nach der Revolution von 1848/49 in Staat und Wirtschaft eine gesellschaftliche Führungsschicht. Er stellte sich zwar in den Dienst des **modernen Verfassungsstaates**, verstand sich jedoch nach wie vor als Elite, verteidigte vehement seine Privilegien und plädierte in seiner konservativen Grundhaltung für die Monarchie. Allerdings gewannen nun auch andere soziale Gruppen politische und wirtschaftliche Bedeutung. Eine **neue Elite** wurden die **Unternehmer**, die nicht nur in der Gesellschaft und Wirtschaft, sondern auch in der Politik an Einfluss gewannen. Diese Wirtschaftsbürger, zu denen Fabrikanten, Bankiers und Großkaufleute zählten, waren in der Regel sowohl Eigentümer als auch Manager ihrer Fabrik. Sie entschieden über Investitionen sowie über Einstellung und Entlassung der Arbeiter. Die industrielle Modernisierung veränderte auch das Leben der Handwerker. Aufgrund neuer Erfindungen und automatisierter Fabrikproduktion verloren traditionelle Handwerksberufe an Bedeutung. Viele Familien gerieten in Existenznöte, wie das Schicksal der schlesischen Weber zeigt. Die Handwerker waren jedoch nicht automatisch die Verlierer der Industrialisierung. Schneider und Schuster beispielsweise spezialisierten sich auf Reparaturarbeiten. Oder es entstanden neue Berufe in der Gas-, Wasser- und Energieversorgung. Nachhaltig änderte sich auch die Lebenswelt der Landbevölkerung. Die **Industrialisierung der Landwirtschaft** führte zur Freisetzung von Arbeitskräften. Und der Einsatz von Maschinen und neuen Anbaumethoden ersetzte sukzessive die auf Eigenproduktion orientierten Höfe der Kleinbauern durch spezialisierte landwirtschaftliche Großbetriebe. Millionen von Bauern und Landarbeitern wanderten in die Städte, um dort Erwerbsmöglichkeiten zu finden. Lebte 1871 nur ein Viertel der Bevölkerung in den Städten mit mehr als 5 000 Einwohnern, waren es bei Ausbruch des Ersten Weltkrieges (1914) bereits mehr als die Hälfte.

M2 Die Unternehmerfamilie von Bohlen und Halbach (Krupp) und Dienstboten in ihrer Villa in Badenweiler, Fotografie, um 1880

M3 Arbeiterfamilien im Hof eines Miethauses („Langer Jammer“ am Brauerknechtsgraben) in Hamburg, Fotografie, um 1900

M4 **Arbeiter beim Fabrikanten, Ölgemälde von Stanislaw Lenz, 1895**

Die bedeutendste neue soziale Schicht, die sich im Verlauf der Industrialisierung herausbildete, war die **Arbeiterschaft**. Hierzu werden Handarbeiter, Tagelöhner, Handwerksgesellen und Gehilfen sowie Industriearbeiter gezählt. Diese Schicht stellte Ende des 19. Jahrhunderts mehr als zwei Drittel der arbeitenden Bevölkerung. Die bedeutendste Gruppe waren die Industriearbeiter, die häufig gegen geringen Lohn in den Fabriken der Unternehmer arbeiteten. Innerhalb dieser Gruppe wurde zwischen gelernten, angelernten und ungelernten Beschäftigten differenziert. Viele Arbeiter entwickelten im 19. Jahrhundert das Bewusstsein, als **Klasse*** zusammenzugehören, und kämpften für die Verbesserung ihrer Arbeits- und Lebensbedingungen. In diesem Zusammenhang wird auch von der Entstehung einer **Klassengesellschaft** gesprochen.

Klasse
Gesellschaftliche Großgruppen seit Ende des 18. Jh., gekennzeichnet durch Besitz bzw. Nichtbesitz von Produktionsmitteln und sich daraus ergebende Interessen. Im 19. Jh. beschleunigte sich in den Industriestaaten die Klassenbildung zwischen Unternehmern (Bourgeoisie) und Arbeitern (Proletariat). Wenn sich diese Klassenunterscheidung und -spannungen in einer Gesellschaft deutlich ausprägen, spricht man von einer Klassengesellschaft.

▶ **M 9: Klassengesellschaft**

Pauperismus und „soziale Frage"

Mit der fortschreitenden Industrialisierung stieg der Anteil der Industriearbeiter innerhalb der erwerbstätigen Bevölkerung immer weiter an. Zwar stiegen die Löhne, aber die Lage der Arbeiter war einerseits durch Entwurzelung aus dem traditionellen Heimat- und Familienumfeld und andererseits durch hohe Lebenshaltungskosten sowie durch soziale und politische Rechtlosigkeit geprägt. Diese Zustände entwickelten sich als „soziale Frage" zum zentralen Problem der Industriegesellschaft. Der Begriff „soziale Frage" kam in den 1840er-Jahren auf und bezeichnet die Auseinandersetzung mit den sozialen Missständen infolge der Industrialisierung, die durch ein **rasantes Bevölkerungswachstum** noch verschärft wurden. Die Kernprobleme der „sozialen Frage" waren in erster Linie die Massenarmut (Pauperismus, lat. *pauper* = arm) sowie die unzumutbaren Lebens- und Arbeitsbedingungen der Industriearbeiter, vor allem in der Frühphase der Industrialisierung. Die **Arbeitsbedingungen** waren gekennzeichnet durch lange Arbeitszeiten (bis zu 17 Stunden täglich an sechs Wochentagen), niedrige Löhne sowie fehlende Arbeitsschutzbestimmungen und Entschädigung bei Unfall, Krankheit oder Kündigung. Eine entscheidende gesellschaftliche und politische Folge des Pauperismus war infolgedessen die zunehmende Selbstorganisation der Arbeiter, zunächst in Vereinen, später in **Gewerkschaften**, mit dem Ziel, Arbeits- und Lebensbedingungen etwa durch Bildungsangebote oder Krankengeld zu verbessern.
Miserabel waren auch die **Wohnverhältnisse:** Im Kontext der Verstädterung entstanden für die Arbeiter „Mietskasernen", in denen katastrophale hygienische Verhältnisse

▶ **M 10, M 11: Lebensverhältnisse von Arbeiterfamilien**

▶ **M 12–M 14: Industrialisierung und Umwelt**

▶ **M 8: Die „soziale Frage"**

M5 Ein zwölfjähriges Mädchen in einer Baumwollspinnerei, Fotografie, USA, 1910

M6 Karl Marx (1818–1883), Gemälde, um 1870

M7 Friedrich Engels (1820–1895), Gemälde von G. Tscherbakow, um 1880

(häufig kein fließendes Wasser und fehlende Kanalisation) sowie sehr beengte, feuchte und dunkle Wohnungen (Hinterhöfe) herrschten. Diese Wohnbedingungen führten zur Ausbreitung ansteckender Infektionskrankheiten. Der **Pauperismus** bestimmte in der ersten Hälfte des 19. Jahrhunderts die gesellschaftspolitische Debatte: Lösungsansätze zur Überwindung der **„sozialen Frage"** kamen dabei von unterschiedlichen gesellschaftlichen Gruppen und Institutionen, etwa in Form des durch Karl Marx und Friedrich Engels verbreiteten **Sozialismus**. Zudem entlud sich die soziale Not der Unterschichten in verschiedenen Unruhen, z. B. im Aufstand der schlesischen Weber 1844, und in der Märzrevolution 1848 (vgl. S. 228, 232). Eine Folge dieser Entwicklungen war die Entstehung der **Arbeiterbewegung**.

Frauen- und Kinderarbeit

Ein weiteres Problem der „sozialen Frage" war die zunehmende **Frauen- und Kinderarbeit**. Da der niedrige Lohn meist nicht zur Ernährung der Familie ausreichte, mussten Frauen und Kinder in der Fabrik oder am „Heimarbeitsplatz" zusätzlich Geld verdienen. Allerdings erhielten Frauen häufig nur die Hälfte und Kinder nur ein Viertel des Verdienstes eines ungelernten Arbeiters. Die Fabrikarbeit führte zu erheblichen gesundheitlichen Schäden, bei Frauen vor allem während der Schwangerschaft und bei Kindern in den Wachstumsphasen. Darüber hinaus bedeutete die Arbeit für die Frauen auch eine Mehrbelastung (Kindererziehung, Haushalt). In der Folge kam es ab ca. 1860 zur Bildung eigener Arbeiterinnenverbände und reiner **Frauengewerkschaften**. Diese setzten sich für bessere Ausbildung und gleichwertige Bezahlung der berufstätigen Frauen ein. Auf dieser Grundlage entwickelte sich eine **proletarische Frauenbewegung**, die in engem Zusammenhang mit der Entstehung der Sozialdemokratie stand. In Zusammenarbeit mit der **bürgerlichen Frauenbewegung** entstanden Organisationen, die die allgemeine Gleichstellung der Frau in der Gesellschaft und das Wahlrecht für Frauen forderten.

Für Kinder bedeutete die Arbeitsbelastung auch einen Ausschluss von Bildung, da sie unregelmäßig oder gar nicht die Schule besuchen konnten. Im Rheinland und in Westfalen arbeiteten noch bis weit ins 20. Jahrhundert viele Kinder in der Textilindustrie, bei der Tongewinnung und in Ziegeleien. Erst allmählich wurde Kinderarbeit durch Gesetze eingeschränkt: Mit dem preußischen **Kinderschutzgesetz von 1859** wurde die tägliche Arbeitszeit auf maximal zehn Stunden festgesetzt, danach war noch ein Schulbesuch von zwei Stunden Pflicht. Ab 1891 setzte man das Mindestalter auf 14 Jahre herauf. Diese Regelungen galten allerdings nicht für die Landwirtschaft und die weit verbreitete Heimarbeit, die ohnehin nicht zu kontrollieren war und ist. Kinderarbeit ist auch in der Gegenwart ein großes gesellschaftliches Problem. Weltweit arbeiten derzeit rund 150 Millionen Kinder im Alter zwischen 5 und 17 Jahren (Stand: 2016).

1 Erklären Sie den Wandel der Agrar- zur Industriegesellschaft.
2 **Wahlaufgabe:** Bearbeiten Sie Aufgabe a) oder b).
   a) Stellen Sie die sozialen Gruppen der Industriegesellschaft in einem Schaubild dar.
   b) Beschreiben Sie Sie kriterienorientiert die Unterschiede zwischen den sozialen Gruppen (Darstellungstext, M 2, M 3).
3 Definieren Sie den Begriff „soziale Frage".
4 **Wahlaufgabe:** Bearbeiten Sie Aufgabe a) oder b).
   a) Beschreiben Sie das Gemälde M 4 und interpretieren Sie die dargestellte Szene.
   b) Schreiben Sie einen Dialog zwischen dem Fabrikanten und den Arbeitern. Überlegen Sie sich einen fiktiven Anlass für die Begegnung (M 4).

Die „soziale Frage"

M8 Lösungsansätze für die „soziale Frage"

Gruppen bzw. Institutionen	Motive	Maßnahmen
Kirchen	traditionelle christliche Verantwortung gegenüber den Schwächeren der Gesellschaft und karikatives Engagement	soziale Einrichtungen und Bildungsinitiativen
Staat	einerseits: staatliche Fürsorge andererseits: Schwächung der Arbeiterbewegung und der Sozialdemokratie Gewährleistung der Schulbildung Erhaltung der Gesundheit junger Männer für den Militärdienst	Verbot der Kinderarbeit Fabrikinspektionen Sozialistengesetz (1878) zur Bekämpfung der Sozialdemokratie Sozialgesetzgebung: Einführung der Krankenversicherung (1883), Unfallversicherung (1884), Invaliden- und Altersversicherung (1889)
Unternehmer	einerseits: patriarchalische Fürsorgepflicht und ethische Verantwortung andererseits: ökonomisches Kalkül (höhere Motivation und Produktivität der Arbeiter, geringere Fluktuation)	Einrichtung von Kranken- und Pensionskassen (Betriebsrenten) Bau von günstigen Werkswohnungen und Schulen
Gewerkschaften	Verbesserung der Lebens- und Arbeitsbedingungen der Arbeiter Fürsorgepflicht für Mitglieder durch Unterstützung in sozialen Notlagen Verbesserung der Aufstiegschancen Anerkennung als gleichberechtigte Partner, z. B. im Tarifstreit	Zusammenschluss zu organisierten Interessensverbänden: Entstehung der ersten deutschen Gewerkschaft (1865) Aushandlung von Tarifverträgen Streik als Mittel in den Tarifkonflikten mit den Unternehmern nach Aufhebung des Koalitionsverbots (1869) Einrichtung von Streik- und Unterstützungskassen (z. B. bei sozialer Not infolge einer Kündigung) Bau von Gewerkschaftshäusern (Bildungsangebote, preiswerte Unterkunft für Gesellen auf der Wanderschaft)
Arbeiterparteien	Verbesserung der Arbeits- und Lebensbedingungen politisches Mitspracherecht sowohl marxistische Forderungen (Überwindung der Klassengegensätze durch revolutionären Umsturz) als auch reformerische Ideen (z. B. Wahlrecht, Verzicht auf Gewalt)	Gründung von Arbeiterparteien: Allgemeiner Deutscher Arbeiterverein (1863) und Sozialdemokratische Arbeiterpartei (1869); Zusammenschluss zur Sozialistischen Arbeiterpartei (1875) enge Zusammenarbeit mit den Gewerkschaften im Kampf um Verbesserung der Arbeits- und Lebensverhältnisse Kampf für politische Freiheiten (als Voraussetzung für die ökonomische Befreiung der Arbeiter)

1 **Recherche:** Informieren Sie sich arbeitsteilig über die Biografie von Karl Marx und Friedrich Engels (M6, M7) sowie deren Lösungsansätze für die „soziale Frage".
2 **Präsentation:** Stellen Sie arbeitsteilig die Lösungsansätze zur „sozialen Frage" vor (M8).
3 Diskutieren Sie Vor- und Nachteile der verschiedenen Ansätze.

Hinweise zu den Materialien:
M 9 befasst sich mit der Frage, ob die Industriegesellschaft eine Klassengesellschaft ist, M 8 stellt Lösungsansätze zur „sozialen Frage" vor. M 10 und M 11 thematisieren die Lebensverhältnisse von Arbeiterfamilien, M 12 bis M 14 greifen das Thema Umweltverschmutzung im Zeitalter der Industrialisierung auf.

Die Industriegesellschaft – eine Klassengesellschaft?

M9 Der Historiker Josef Mooser über die Rolle der Arbeiter in der bürgerlichen Gesellschaft (2000)

Der Arbeiter war seit der Entstehung einer selbstständigen Arbeiterbewegung in der Revolution 1848 ein Teil und zugleich Widersacher dieser Gesellschaft [...]. Zwei Faktoren stifteten allerdings eine übergreifende Stabilität und Orientierung im vielfältigen Wandel: Familie und Organisation sollten helfen, aus der „Proletarität" herauszutreten.

Obwohl die Kultur der Berufsarbeit und Arbeiterpolitik eine männliche war und die Arbeiter wenig Respekt für die weibliche Arbeit kannten, leisteten die Frauen in den Arbeiterfamilien Entscheidendes für die Bewältigung des Arbeiterlebens. Zu dieser unscheinbaren alltäglichen Selbsthilfe trat die spektakuläre Selbsthilfe in Gestalt der Arbeiterbewegungen. Die Vereine, Genossenschaften, Gewerkschaften und Parteien erreichten zwar längst nicht alle, aber nach dem Ausbau zu Massenorganisationen seit den 1890er-Jahren doch Millionen von Arbeitern. Sie vor allem symbolisierten die Anstrengung, die uralte Einheit von Armut und Arbeit zu trennen, leisteten praktische Hilfen und schufen den Typus des Arbeiters, der historisch bislang unbekannt war: den „kleinen Mann" mit Selbstwertgefühl. So lässt sich vielleicht das oft überhöhte Klassenbewusstsein nüchtern verstehen, das Arbeiter auch jenseits der politischen Differenzen einte. [...]

[Es] lassen sich Schnittstellen zwischen den christlich-sozialen und den sozialistischen Arbeiterbewegungen erkennen. Sie klagten die Gerechtigkeit in der Verteilung des Wachstums ein, drängten auf eine demokratische Legitimation und Veränderung der politischen Ordnung im Nationalstaat, auf eine Erweiterung der Staatsaufgaben hin zum Sozialstaat und auf eine Kontrolle über das Privateigentum. [...] Entscheidend für die Entstehung der Arbeiterbewegungen war ihre politische Autonomie gegenüber den Bürgern. Stilbildend wurde in dieser Autonomie jedoch auch die Aneignung der bürgerlichen Kultur. In einem wichtigen Punkt also war der durch die Arbeiterbewegungen sozialisierte Arbeiter kein negativer, sondern ein positiver Doppelgänger des Bürgers. Beide teilten die Wertschätzung der Arbeit als gestaltende, sozial verbindende und dienende Tätigkeit, die den Menschen erst zum Menschen mache. Damit verband sich Bildung als fundamentale Leitidee der Arbeiterbewegungen. Der „lesende Arbeiter" oder öffentlich redefähige Arbeiter blieb – bei allen Grenzen – keine bloße Illusion. [...]

Die Geschichte der Arbeiter im neunzehnten und zwanzigsten Jahrhundert ist von dem gegenwärtigen historischen Interesse weiter entfernt als noch vor einigen Jahrzehnten. Gründe dafür liegen auch im Wandel der Sache selber. Im demokratischen Sozialstaat kann man eine erfolgreiche Selbstaufhebung der Arbeiterbewegungen sehen; im gigantischen wirtschaftlichen Wandel der letzten Jahrzehnte erfahren Arbeiter eine Marginalisierung als Berufsgruppe, und nach dem Untergang des „real existierenden Sozialismus" durch Selbstzerstörung scheint der Sozialismus aus der Geschichte verschwunden. Angesichts einer gewissen Selbstzufriedenheit über Demokratie, Marktwirtschaft und die Leistungsfähigkeit des Kapitalismus ist es dennoch angebracht, nicht nur an die Leistungen der Arbeiterschaft bei der Herausbildung der gegenwärtigen Welt zu erinnern, sondern auch daran, dass diese Leistungen auch aus der Kritik der alten bürgerlichen Ordnung entsprungen sind. Daraus ist die Demokratie entstanden, und davon lebt sie.

*Zit. nach: Josef Mooser, Widersacher und Doppelgänger, in: Michael Jeismann (Hg.), Das 19. Jahrhundert. Aufbruch in die Moderne, C. H. Beck, München 2000, S. 44 ff.***

1 Charakterisieren Sie anhand von M 9 das Verhältnis der Arbeiter zur bürgerlichen Gesellschaft des 19. und frühen 20. Jahrhunderts.
2 **Wahlaufgabe:** Bearbeiten Sie Aufgabe a) oder b).
  a) Diskutieren Sie das Fazit des Autors.
  b) Erörtern Sie ausgehend von den Thesen Moosers und Ihrer Kenntnisse und/oder Erfahrungen, ob die Gesellschaft der Bundesrepublik Deutschland noch eine Klassengesellschaft ist.

Lebensverhältnisse von Arbeiterfamilien

M 10 Blick in eine Arbeiterwohnung, Fotografie Berlin, 1912.

Das Foto entstand im Auftrag der Berliner Ortskrankenkasse zur Dokumentation der Wohnungen in den Berliner Elendsquartieren. Die Untersuchung sollte auf die katastrophalen Zustände als eine Hauptursache für verbreitete Krankheiten aufmerksam machen.

M 11 Der Arbeitstag einer Textilarbeiterin (1909)

Wenn der Morgen grau heraufdämmert, so eilen wir Spulerinnen mit unseren kleinen Kindern in Scharen durch die Gassen, um die Kleinen tagsüber unterzubringen. Da trägt eine Mutter zwei Kinderchen in einem Bett verpackt, eine andere fährt einen Karren, aus dem ein paar verschlafene Köpfchen hervorgucken; da läuft neben der Frau, die das Jüngste auf dem Arm hat, der Mann, dem zwei ältere Sprösslinge auf den Schultern hocken. Man könnte meinen, die Kinder werden zum Verkauf auf den Markt gebracht. Die aus dem Schlaf gerissenen Kleinen schreien und jammern oft herzbrechend, die Mütter seufzen, manch eine schilt wohl auch, wenn das Weinen zu laut wird, obgleich ihr selbst die Tränen nahe sind. Sind die Kinder versorgt, so laufen die Mütter hastig zur Fabrik, um an surrenden Maschinen ein Stück Brot zu verdienen. Kaum haben wir den Fabriksaal betreten, so heißt es: schuften! [...] Um halb zwölf Uhr mittags geht es im Laufschritt, marsch, marsch nach Hause, um das berühmte Proletarieressen, Kartoffeln und Hering, zu richten. [...] Um halb ein Uhr geht es dann wieder im Trab in die Fabrik, wo wir müde und gehetzt bis halb sechs oder halb sieben schanzen. [...]

Nach Arbeitsschluss eilen wir aufs Neue durch die Gassen, um unsere Kinder zusammenzuholen. Sind alle daheim, so wird für die ganze Familie eine Brühe zurechtgemacht, die mit Kaffee nur den Namen gemein hat; vielleicht ist für den Mann ein Stück Hering oder ein Teller Suppe vom Mittagessen übriggeblieben.

Sobald wir gegessen haben und die Kinder zu Bett gebracht sind, beginnt für uns Frauen die Quälerei von Neuem. Mit einem Eimer auf dem Kopf, einem anderen in der Hand, hasten wir eine viertel oder eine halbe Stunde weit an den Bach, um zu waschen. Gar manchmal wird es zwölf Uhr und noch später, bis wir damit fertig sind.

*Zit. nach: Der Textilarbeiter, Nr. 6, 1909; http://library.fes.de/gewerkschaftszeitschrift/sol/?id:34139.**

1 **Wahlaufgabe:** Bearbeiten Sie Aufgabe a) oder b).
   a) Beschreiben Sie den Arbeitstag einer Textilarbeiterin (M 11). Vergleichen Sie mit den Anforderungen eines heutigen Arbeitstages.
   b) Beschreiben Sie M 10. Charakterisieren Sie davon ausgehend die Lebensverhältnisse von Arbeitern im kaiserlichen Deutschland.
   Tipp: Nutzen Sie auch die Darstellung.

Industrialisierung und Umwelt

M 12 Wirtschaftliche Interessen und Umweltschutz: Fischsterben in der Nahe (1905)

1905 berichtete eine Zeitung über ein Fischsterben in dem Fluss Nahe bei der Stadt Sobernheim (heute Rheinland-Pfalz). Artikel und Leserbriefe beschäftigten sich mit der Frage, ob die Abwässer der nahe gelegenen Leimfabrik Caesar & Ewald verantwortlich für das Fischsterben waren und welche Konsequenzen daraus zu ziehen seien. Aus dem Artikel:

Ein widerlicher Anblick bot sich am Himmelfahrtstage den zahlreichen Spaziergängern dar, die ihre Schritte nach den jenseits der Nahe gelegenen Waldanlagen gelenkt hatten [...].

In kalkmilchartiger Färbung floss das Wasser der Nahe langsam dahin – die lange Dürre hatte das Nahebett nahezu trocken gelegt – und Tausende und Abertausende toter und sterbender Fische, darunter Hechte und Forellen bis zu 3 Pfund [...], trieben in der Flut.

Viele Leute machten sich diesen Umstand zunutze und holten die Tiere heraus, um sie zum Verspeisen mit nach Hause zu nehmen – ein nicht unbedenkliches Unterfangen, war es doch dem Urteilsfähigen sofort klar, dass die armen Tiere nur einer Vergiftung zum Opfer gefallen sein konnten. [...] Die Angelegenheit ist der Staatsanwaltschaft zur näheren Untersuchung übergeben worden. Hoffentlich gelingt es dieser, hier endlich einmal Wandel zu schaffen. Ist doch der Gedanke nicht abzuweisen, dass auch die nicht eingegangenen Fische infolge des Kalkwassers krank und der menschlichen Gesundheit leicht von Schaden sein können. Außerdem ist der Flusslauf durch die Kalk- bzw. Rückstände in Form eines grau-weißen stinkenden Niederschlags auf eine lange Strecke derart besudelt, dass ein Bad im Flusse nur unter Überwindung eines großen Ekelgefühls möglich ist.

Aus einem Leserbrief (der zunächst Argumente aufzählt, warum die Fabrik nicht Verursacher des Fischsterbens gewesen sein kann):

Wollte man aber auch annehmen, dass durch die Zufuhr der Abwässer ein Teil der Fische einginge, so steht die Stadt Sobernheim vor der Frage, ob sie unter allen Umständen die Fischzucht hochhalten[1] und der Industrie die Wege verlegen will, oder ob es ratsamer ist, einen Teil der Fische zugrunde gehen zu lassen und der Industrie die Wege zu bahnen.

Bei Beantwortung dieser Frage müssen folgende Tatsachen in Betracht gezogen werden: Die Fischereipacht bringt der Stadt jährlich zirka 200 Mark ein. Die Firma Caesar & Ewald zahlt jährlich, abgesehen von sonstigen Ausgaben, allein an Arbeitslöhnen durchschnittlich 35 000 Mark. Die Firma muss den Betrieb einstellen, wenn sie ihre Abwässer nicht mehr los wird.

Wollen wir also nur eine Bevölkerung haben, die Landwirtschaft treibt und möglichst dafür sorgen, dass die Spaziergänger an dem klaren Spiegel der Nahe sich erfreuen können, so müssen wir die Industrie lahmlegen. Wollen wir aber, was tatsächlich der Fall ist, der ärmeren Bevölkerung Unterhalt verschaffen, dieselbe vor dem Auswandern schützen und damit den Verkehr und die Geschäfte heben, so ist es nicht zu umgehen, auf die Industrie Rücksicht und die Unannehmlichkeiten, welche sie mit sich bringt, mit in den Kauf zu nehmen.

*Zit. nach: Jens Flemming/Klaus Saul/Peter-Christian Witt (Hg.), Quellen zur Alltagsgeschichte der Deutschen 1871–1914, WBG, Darmstadt 1997, S. 56ff.**

1 Vom Fischsterben war auch die städtische Forellenzucht betroffen.

M 13 Wasserverseuchung der Themse als Ursache der Cholera, englischer Holzstich, 1866.
Originaltitel: ‚The Silent Highway-Man' of the polluted River Thames. Your money or your life.

M 14 Gedicht des Schriftstellers Philipp Witkop über das Ruhrgebiet (1901)

Aus tausend Schloten steigt ein dicker Rauch,
Der wälzt sich langsam durch die Lüfte her,
Dann sinkt er nieder dicht und schwarz und schwer,
Und brütet dumpf auf Haus und Baum und Strauch.
Es lauert rings ein großes schwarzes Sterben,
Und alle Blätter sind so welk und grau,
Als funkelte hier nie ein Tropfen Tau,
Kein Frühling will die Straßen bunter färben.
[...]
Ihr wisst es nicht, ihr könnt es nimmer wissen,
Und nimmer fühlen könnt ihr all das Leid,
Das mir die ganze Jugend hat zerrissen,
Das mich durchbebt so lange, lange Zeit,
Nur Rauch, nur Qualm der sich voll träger Ruh,
Aus tausend Schloten wälzt in schwarzer Masse –
Wie ich dich hasse, meine Heimat du!
Wie ich seit Kindertagen schon dich hasse!

*Zit. nach: Philipp Witkop, Ein Liebeslied und andere Gedichte, Kempten-München (Kösel) 1902, S. 73.**

1 **Wahlaufgabe:** Bearbeiten Sie Aufgabe a) oder b).
   a) Arbeiten Sie die einzelnen Argumentationsschritte des Leserbriefschreibers heraus (M 12) und nehmen Sie Stellung dazu. Entwerfen Sie ein Antwortschreiben aus der Perspektive des Stadtrats.
   b) Interpretieren Sie das Gedicht hinsichtlich der Umweltverschmutzung (M 14). Formulieren Sie eine moderne Adaption des Gedichtes.

2 **Zusatzaufgabe:** Siehe S. 616 f.

6.4 Die „Zweite Industrielle Revolution“

In dieser Themeneinheit geht es um
- *die Weiterentwicklung Deutschlands zur Industriennation,*
- *die Bedeutung des Eisenbahnbaus für die fortschreitende Industrialisierung.*

„Nachzügler“ Deutschland

Deutschland war in der ersten Phase der Industrialisierung im Vergleich zum „Pionierland“ England ein „Entwicklungsland“. Erst über 50 Jahre später, in der zweiten Hälfte des 19. Jahrhunderts, entwickelte sich Deutschland zum Industriestaat. Die **Gründe für die verspätete Entwicklung** liegen sowohl im politischen als auch im wirtschaftlichen Bereich. Die Entstehung eines nationalen Marktes wurde durch zahlreiche Binnenzölle, verschiedene Währungen, Maß-, Münz- und Gewichtssysteme infolge der politischen und territorialen Zersplitterung Deutschlands erschwert. Allein in Preußen gab es 67 lokale Zolltarife. Staatliche Eingriffe der absolutistischen Herrscher in die Wirtschaft, z. B. Ein- und Ausfuhrbeschränkungen, behinderten darüber hinaus die Entwicklung eines freien Handels. Ungeachtet dessen fehlten in Deutschland auch geeignete Verkehrswege für den Güteraustausch. Die Ständegesellschaft, v. a. Leibeigenschaft und Zunftzwang, behinderte eine notwendige Mobilität der Bevölkerung.

M1 Karikatur aus den „Fliegenden Blättern“, 1848

Deutschland wird Industrienation

Ab ca. 1850 wurde in Deutschland damit begonnen, politische und wirtschaftliche Hemmnisse abzubauen. Eine Vorreiterrolle übernahmen dabei Preußen und Bayern. Die Niederlage Preußens in den Kriegen gegen Napoleon 1806 hatte die eigene Rückständigkeit offenbart. Mit einem umfangreichen **Reformprogramm*** sollte Preußen modernisiert werden. Zu den Kernpunkten gehörten das Ende der Leibeigenschaft und die **Gewerbefreiheit**, die entscheidende Voraussetzungen für den Durchbruch der Industrialisierung waren. Die deutschen Staaten begannen nun sukzessive die Hindernisse für einen Wirtschaftsaufschwung zu beseitigen und Bedingungen für die Entstehung freier Arbeits-, Kapital- und Bodenmärkte zu schaffen. Ein wichtiger Schritt zur Entfernung der Zollschranken stellten die Beseitigung der Binnenzölle sowie 1834 die Gründung des **Deutschen Zollvereins*** dar. Unter preußischer Führung schloss sich ein Großteil der deutschen Staaten zu einem einheitlichen Wirtschaftsraum zusammen. Zwischen den Landeswährungen wurde ein fester Wechselkurs vereinbart. Weitere Schritte zur **Vereinheitlichung des deutschen Wirtschaftsraumes** waren die Gründung der Zentralnotenbank 1875 und die Schaffung einer Einheitswährung 1876 („Deutsche Mark“).

Zweiter Industrialisierungsschub

Ende des 19. Jahrhunderts entwickelte sich Deutschland zur **drittgrößten Industrienation** und trat in die entscheidende Phase seiner Industrialisierung ein, die häufig auch als **„Zweite Industrielle Revolution“** oder **Hochindustrialisierung** bezeichnet wird. Der Begriff wurde erstmals 1936 von dem französischen Soziologen Georges Friedmann verwendet. Der enorme wirtschaftliche Aufschwung in dieser Phase lässt sich deutlich

M2 **Die Entwicklung der Industrialisierung in Deutschland und dem angrenzenden Mitteleuropa 1830–1914**

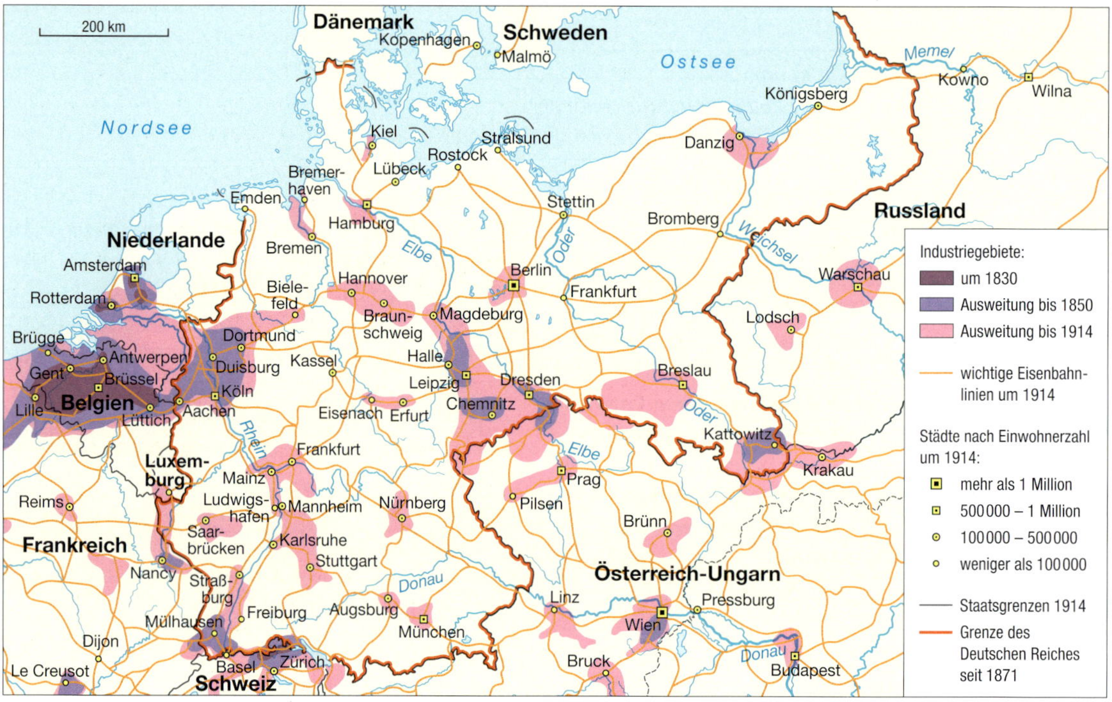

an den **Beschäftigtenzahlen** ablesen: Arbeitete bei der Gründung des Kaiserreichs 1871 etwa die Hälfte aller Beschäftigten in der Landwirtschaft, so war dies vor dem Ersten Weltkrieg (1914–1918) nur noch ca. ein Drittel. Die „Schrittmacherindustrie" für die Industrialisierung in Deutschland war im Gegensatz zu England nicht die Textilindustrie, sondern der **Eisenbahnbau**. 1835 fuhr die erste Eisenbahn zwischen Nürnberg und Fürth auf einer Strecke von 6,5 km. Der Staat unterstützte den Ausbau des überwiegend privat finanzierten Eisenbahnnetzes, indem er z. B. die Zulassung von Aktiengesellschaften genehmigte. Für den zweiten Industrialisierungsschub sorgten zudem die **Elektro- und Chemieindustrie**, die die Schwerindustrie und den Maschinenbau als neue Führungsbranchen ablösten. In der **Elektroindustrie**, die das schnellste Produktionswachstum verzeichnete, wurde Deutschland zum Pionierland. Durch die Erfindung der Dynamomaschine konnte mechanische Energie in elektrische Energie umgewandelt werden. Der Elektromotor, der die umweltschädliche Dampfmaschine ablöste, sowie isolierte Kabel ermöglichten es, fast beliebig Energie herzustellen und zu verteilen. Um die Nachfrage zu befriedigen, wurden Kraftwerke zur Stromerzeugung und Hochspannungsnetze errichtet, um beispielsweise die Energie für die Beleuchtung in den Städten sicherzustellen. Die Erfindung des elektrischen Telegrafen (1837) durch den Amerikaner Samuel Morse revolutionierte die Nachrichtenübermittlung. In Deutschland wurde 1847 die erste Telegrafenleitung zwischen Potsdam und Berlin verlegt. In der Folge entstanden zahlreiche öffentliche Telegrafenstationen.

▸ M 4–M 7: Die Eisenbahn

M3 **Telefon mit Handkurbel, Fotografie, um 1900**

1 Nennen Sie die Gründe für das verspätete Einsetzen der Industrialisierung in Deutschland. Beziehen Sie auch M 1 mit ein.
2 Erläutern Sie die Voraussetzungen für den Durchbruch der Industrialisierung in Deutschland.
3 Interpretieren Sie die Karte (M 2) mithilfe der Methodenseite S. 144.
4 Beschreiben Sie die Kennzeichen der „Zweiten Industriellen Revolution".

Hinweise zur Arbeit mit den Materialien:
Anhand von M 1–M 3 lassen sich die Umstände der fortschreitenden Industrialisierung in Deutschland nachvollziehen. M 4–M 7 beschäftigen sich mit der Bedeutung des Eisenbahnbaus für diesen Prozess.

Die Eisenbahn

M 4 Aus dem Gutachten eines bayerischen Ärzterates (1838)

Die schnelle Bewegung muss bei den Reisenden unfehlbar eine Gehirnkrankheit [...] erzeugen. Wollen sich aber dennoch Reisende freiwillig dieser Gefahr aussetzen, so muss der Staat wenigstens die Zuschauer schützen, denn sonst verfallen diese beim Anblick des schnell dahinfahrenden Dampfwagens genau derselben Gehirnkrankheit. Es ist daher notwendig, die Bahnstrecke auf beiden Seiten mit einem hohen Bretterzaun einzufassen.

*Zit. nach: Wilhelm Treue, Quellen zur Geschichte der industriellen Revolution, Göttingen/Frankfurt/Zürich (Musterschmidt) 1966, S. 84 f.**

M 5 Aus der „Magdeburger Zeitung" (1833)

Der Eisenbahnbau muss die Landwirtschaft völlig ruinieren. Der Landwirt wird höhere Zinsen zahlen müssen; er wird, wenn die Pferde außer Kurs kommen [= nicht mehr gebraucht werden], weil wir mit Dampf fahren, keinen Hafer mehr anbauen können.

*Zit. nach: Wilhelm Treue, siehe M 4, S. 84 f.***

M 6 Der deutsche Wirtschaftswissenschaftler Gustav Schmoller (1873)

Die Faktoren, die das öffentliche Leben beherrschen, waren vor der Zeit der Eisenbahnen total andere: Das Vereinsleben, die Presse, die öffentliche Meinung standen unter total anderen Lebensbedingungen. Wie langsam und träge flogen die Nachrichten, wie war persönlicher Austausch erschwert. Kongresse, wie sie heute Arbeiter und Fabrikanten, politische und kirchliche Parteien halten, waren unmöglich. Die solide, aber partikularistische und oftmals kleinliche Lokalpresse herrschte, wie jetzt die großen Zeitungen der Hauptstädte. Die Abonnenten der Zeitungen, die früher nach Hunderten zählten, beziffern sich jetzt auf Tausende [...]. Wir sind über die elementaren Schranken unserer Existenz, über Raum und Zeit, in einer Weise Herr geworden wie kein früheres Geschlecht. Wir sehen, wir erleben das Hundert- und Mehrfache von dem, was unsere Großväter gesehen.

*Zit. nach: Rüdiger vom Bruch und Björn Hofmeister (Hg.), Kaiserreich und Erster Weltkrieg 1871–1918, Reclam, Stuttgart 2000, S. 123 ff.**

1 **Recherche:** Informieren Sie sich über die ersten Eisenbahnverbindungen in Ihrer Region.
2 Erklären Sie mithilfe des Schaubilds die wirtschaftlichen Wirkungen des Eisenbahnbaus (M 7).
3 Analysieren Sie M 4–M 6 im Hinblick auf die zeitgenössische Beurteilung des Eisenbahnbaus.

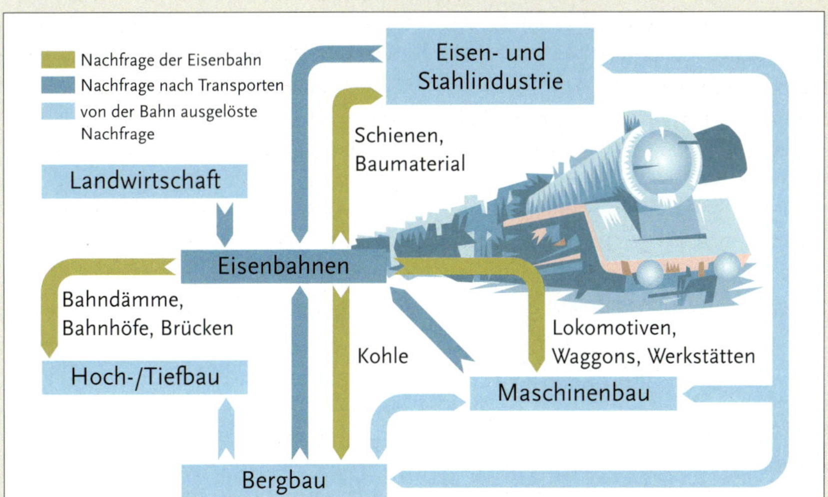

M 7 Wirtschaftliche Wirkungen des Eisenbahnbaus 1860–1900

Statistiken untersuchen

Statistiken sind in der Geschichtswissenschaft, insbesondere in der Wirtschafts- und Sozialgeschichte, eine eigenständige Form der historischen Quelle. Genau genommen handelt es sich um eine **Mischform aus Quelle und Darstellung**: Einerseits stützen sie sich auf sicheres Datenmaterial, z.B. von Behörden oder Umfrageinstituten, andererseits nimmt der Autor der Statistik durch Auswahl und Zusammenstellung der Daten bereits eine Deutung vor. Denn Statistiken sollen häufig nicht nur informieren, sondern auch Thesen belegen und Meinungsbildung steuern. So objektiv Statistiken aufgrund präziser Zahlenangaben also auf den ersten Blick erscheinen, sie sind immer Ausschnitte und Perspektiven von komplexen historischen Sachverhalten.
Mit der Herausbildung der Statistik als Wissenschaftsdisziplin im 18. Jahrhundert und der amtlichen Statistiken in der ersten Hälfte des 19. Jahrhunderts setzte eine engmaschige, kontinuierliche amtliche Datenerhebung für viele Bereiche der Gesellschaft ein. Diese amtlichen Statistiken werden durch Erhebungen von halbamtlichen und privaten Einrichtungen ergänzt, seit dem Zweiten Weltkrieg vor allem durch Meinungsumfragen.
Statistische Daten können in Form einer **Zahlentabelle** oder als **Diagramm** dargestellt werden. Die grafische Umsetzung von Daten macht eine Statistik „lesbarer“, d.h., sie erhöht die Anschaulichkeit einer Zahlenreihe.

Arbeitsschritte

1. Leitfrage

Welche Fragestellung bestimmt die Untersuchung der Darstellung?

2. Analyse

Formale Aspekte
- Wer ist der Autor bzw. Auftraggeber?
- Was thematisiert die Statistik?
- Wann und wo ist sie veröffentlicht?
- Gab es einen konkreten Anlass für die Veröffentlichung (z.B. ein Jubiläum)?
- Welche Darstellungsform liegt vor (Tabelle oder Diagramm)?

Inhaltliche Aspekte
- Welcher geografische Raum bzw. welche Räume werden erfasst?
- Auf welchen Zeitraum bezieht sich die Statistik? Gibt es ggf. Lücken?
- Welche Einheiten (absolute Werte, z.B. Dollar, Tonnen; relative Werte, z.B. Prozent, Index) werden in den Zeilen und Spalten bzw. Graphen verwendet?
- Welche Daten werden wie aufeinander bezogen (z.B. Jahreszahlen und Bevölkerungszahlen)?
- Welche Einzelinformationen (Schwerpunkte, Ausschläge, regelhafte Verläufe, Zusammenhänge; ggf. bei Vergleich von Regionen: Gemeinsamkeiten und Unterschiede) ergeben sich?
- Welche Intention verfolgte(n) Autor und/bzw. Auftraggeber?

3. Historischer Kontext

- Auf welchen historischen Zusammenhang bezieht sich die Darstellung (Ereignisse, Strukturen und Prozesse)?

4. Urteilen

- Worüber gibt die Statistik keine Auskunft?
- Gibt es Hinweise auf Manipulationen?
- Mit welchen anderen Statistiken und/oder Quellen lässt sich die Statistik ggf. vergleichen bzw. überprüfen?
- Welche Gesamtaussage lässt sich im Hinblick auf die Leitfrage formulieren?

Übungsbeispiele

M1 Beschäftigtenanteile der volkswirtschaftlichen Hauptsektoren in Deutschland 1800–1907 (in %)

Jahr	Landwirtschaft	Industrie und Gewerbe	Dienstleistungen
1800	61,8	21,3	16,9
1825	59,0	22,0	19,0
1846	56,8	23,6	20,4
1855	53,9	25,4	20,4
1861	51,7	27,3	21,0
1871	49,3	28,9	21,8
1882	42,2	35,6	22,2
1895	36,6	38,9	24,8
1907	34,0	40,0	26,0

Formulierungshilfen „Statistiken untersuchen"
- Die Statistik erfasst ... für den Zeitraum ...
- Dargestellt sind Zahlen ...
- Nicht erfasst sind Daten für ...
- Die Zahlenreihe für ... zeigt aufsteigende/fallende Tendenz
- leichte/starke Zunahme/Abnahme/Stagnation
- unverändert/starke Abweichungen nach oben/unten/wellenförmiger Verlauf
- Die Befunde aus der Statistikanalyse legen die Vermutung nahe, dass ...
- Im Kontext von ... sprechen die Zahlen dafür, dass .../widerlegen/unterstützen die These ...

M2 Beschäftigtenanteile im gewerblichen Sektor der deutschen Wirtschaft 1800–1913 (in %)

Jahr	Verlag	Handwerk	Industrie
1800	43	50	7
1835	43	46	11
1850	39	45	16
1873	21	46	33
1900	5	35	60
1913	4	34	62

Beide Tabellen aus: Toni Pierenkemper, Umstrittene Revolutionen. Die Industrialisierung im 19. Jahrhundert, Fischer Taschenbuch, Frankfurt/M. 1996, S. 96 und 95.

1 Untersuchen Sie die beiden Statistiken anhand der vorgegebenen Arbeitsschritte.
▶ Lösungshinweise finden Sie auf S. 647 f.

Anwenden

M 1 Der Volkswirtschaftler und Politiker Friedrich List über den Eisenbahnbau (1838)

Durch den Eisenbahntransport, wie dies ganz klar aus den Wirkungen des Dampfboottransports in England und Nordamerika sich abnehmen lässt, kommt rasche Bewegung und neues Leben in die stillstehende und träge Masse. Es ist dem Arbeiter nun ebenso gut wie den mittleren und höheren Ständen möglich, zu seiner Bildung oder zur Verbesserung seiner Lage zu reisen. [...] Das Beispiel größerer Anstrengung, höheren Verdienstes und größerer Genüsse reizt zur Nacheiferung, und Mehrleistung wird zur Gewohnheit. [...] Der Taglöhner, der kleine Bauer und Handwerker in den Dörfern und in den Landstädten, dem es oft wochenlang an Arbeit fehlt, wird seine Zeit nicht mehr im Müßiggange verbringen, sondern sich nach entfernten Städten oder Gemeinden begeben, wo für den Augenblick eine außergewöhnliche Zahl von Arbeitern gesucht wird [...]. Ein momentaner Stillstand einzelner Fabriken oder ganzer Fabrikationszweige oder eine Reduktion ihrer Arbeiter wird bei Weitem nicht so verderblich auf diesen Stand wirken wie bisher, da der Arbeitslose nun viel leichter in entfernten Gegenden einen neuen Brotherrn aufsuchen kann. Wäre die Nationalökonomie, die uns lehrt, wie die Reichtümer erworben, verteilt und konsumiert werden, eine Wissenschaft, die uns auch unterrichtete, wie die produktiven Kräfte erzeugt, aus dem Todesschlaf erweckt und großgezogen oder eingeschläfert, gelähmt oder getötet werden, so würde sie uns schon längst den Wert einer mit dem Ackerbau und den Bedürfnissen einer großen Nation im richtigen Verhältnis stehenden Fabrikationskraft für den allgemeinen Wohlstand des Volkes, den Reichtum und die Macht der Nation und für die Pflege der Wissenschaften und der Volksbildung überhaupt kennengelernt haben. Alsdann würden wir auch längst schon von den Systembauern der politischen Ökonomie über die zweckmäßigsten Mittel, eine kräftige und gesunde Fabrik-Industrie emporzubringen, und dass die Heranziehung eines tüchtigen Standes von Arbeitern eines kräftigsten dieser Mittel sei, belehrt worden sein. Polytechnische Schulen, Preise, Vergünstigungen und Auszeichnungen wirken nur auf den Fabrik-Unternehmer und den Werkführer; nirgends und nie wird aber ein Fabrikzweig zur Blüte gelangen, wo diese beiden eines geschickten, einsichtsvollen, fleißigen, fertigen und durch und durch eingeübten Standes von Arbeitern ermangeln. Weise Regierungen und einsichtsvolle Fabrikanten werden also vor allem trachten, die Klasse der Arbeiter zu veredeln, wie der Gärtner die Bäume veredelt. Sie werden einheimische Arbeiter nach fremden Ländern schicken, wo die verschiedenen Fabrikzweige im höchsten Flore stehen, oder fremde, durch ausgezeichnete Leistungen sich empfehlende Arbeiter in ihren Dienst ziehen.

*Zit. nach: Friedrich List, Das deutsche National-Transport-System in volks- und staatswirtschaftlicher Beziehung, Altona und Leipzig 1838, S. 9.**

M 2 Eisenbahnbrücke bei Ehrenbreitstein, Gemälde von Paul Fr. Meyerheim, 1875

1 Analysieren und erläutern Sie M 1. Berücksichtigen Sie auch M 2.
2 Ordnen Sie den Text in den historischen Kontext ein und erläutern Sie die unterschiedliche Ausgangslage der Industrialisierung in England und Deutschland.
3 Erörtern Sie, inwieweit List die Bedeutung der Eisenbahn für die wirtschaftliche Entwicklung Deutschlands richtig eingeschätzt hat.

Wiederholen

M3 Städtewachstum im Industriezeitalter 1865 und 1905

a) Der Plärrer in Nürnberg, Fotografie, 1865

b) Der Plärrer in Nürnberg, Fotografie, 1905

1 Beschreiben und vergleichen Sie die Fotografien (M 3 a, b) von 1865 und 1905. Erläutern Sie anhand der Fotografien den Begriff „Verstädterung".

2 Analysieren Sie die wesentlichen Merkmale industrieller Arbeit. Erläutern Sie die Unterschiede a) zur traditionellen Landwirtschaft und b) zum Dienstleistungssektor.

3 **Schaubild:** Stellen Sie Voraussetzungen, Merkmale und Folgen der Industrialisierung in einem Schaubild zusammen.

4 **Gruppenarbeit:** Beschreiben Sie arbeitsteilig die Modernisierungsprozesse, die die Phase der Industrialisierung kennzeichnen.
Tipp: Unterteilen Sie z. B. in die Bereiche Technik, Umwelt, Gesellschaft, Bildung.

5 Erklären Sie die Begriffe „Klasse", „Klassengesellschaft" und „soziale Frage".

6 **Vertiefung:** Im „Kommunistischen Manifest" sagte Karl Marx eine Verschärfung des Klassenkampfes voraus. „Die ganze Gesellschaft spaltet sich mehr und mehr in zwei große feindliche Lager […], zwei große, einander direkt gegenüberstehende Klassen: Bourgeoisie und Proletariat." Nehmen Sie Stellung zu dieser Aussage.

7 Bewerten Sie die Auswirkungen der Industrialisierung auf die Gesellschaft. Gehen Sie dazu auch auf Ihre Hypothesen vom Beginn des Kapitels ein.

Zentrale Begriffe

Arbeiter
Arbeiterbewegung
Bevölkerungswachstum
Bourgeoisie
Fabrik
Frühindustrialisierung
Gewerbefreiheit
Gewerkschaften
„Große Depression"
Gründerkrise
Hochindustrialisierung
Industrialisierung
Industrielle Revolution
Kapitalismus
Klasse
Klassengesellschaft
Manufaktur
Pauperismus
Preußische Reformen
Protektionismus
„soziale Frage"
Sozialismus
Sozialstaat
Unternehmer
Verlagssystem
Zollverein

Testen Sie Ihr Vorwissen zu Nationen und Nationalismus.

1 Beschreiben Sie die Bilder a)–e) und entwickeln Sie passende Überschriften.

2 **Partnerarbeit:**

a) Führen Sie anhand der Bilder und Überschriften ein Brainstorming zum Thema Nationalismus durch.

b) **Mindmap:** Strukturieren Sie die gefundenen Begriffe anhand gemeinsamer Merkmale in einer Mindmap.

a)

b)

c)

d)

e)

3 Ordnen Sie den abgebildeten Personen 1–4 die passenden Namen zu.
Paul von Hindenburg, Wilhelm I., Otto von Bismarck, Wilhelm II.

4 In den folgenden drei alten Zeitungsmeldungen (a–c) ist einiges durcheinandergeraten. Finden Sie jeweils die drei Fehler und korrigieren Sie die Meldungen.

5 Ordnen Sie den Zeitungsmeldungen passende Bilder aus Aufgabe 1 zu. Begründen Sie Ihre Wahl.

a)

Es lebe der Kaiser!

Am 18. Januar 1871 wurde König Friedrich II. im Schloss Sanssouci zum deutschen Kaiser ausgerufen. Dieses großartige Ereignis stellt nun den endgültigen Übergang vom Heiligen Preußischen Reich Deutscher Nation zum ersten deutschen Kaiserreich dar.

b)

Gesetz gegen Reichsfeinde

Mit dem „Gesetz gegen die gemeingefährlichen Bestrebungen der Sozialdemokratie", welches am 22. Oktober 1978 auf Initiative des Bundeskanzlers Otto von Bismarck in Kraft treten wird, werden zahlreiche Vereine und Internetseiten dieser hochgefährlichen Reichsfeinde bis auf weiteres verboten.

c)

Attentat!

Am gestrigen Sonntag, den 28. Juni 1914, wurden der serbische Thronfolger Franz Ferdinand und seine Frau bei ihrem Besuch in Paris durch einen österreichischen Nationalisten erschossen. Eine europäische Krise scheint angesichts dieser Entwicklungen nicht mehr vermeidbar zu sein.

6 Beschreiben Sie die Karikatur M 1 von 1912. Entwickeln Sie Deutungshypothesen.

7 Formulieren Sie mögliche Aussagen bzw. Gedanken der fünf abgebildeten Personen.

▶ Lösungshilfen finden Sie auf S. 639.

M 1 *„The Boiling Point"*, Karikatur, 1912

7 Nationen und Nationalismus in Europa

M1 „Das heutige Europa“, Karikatur aus dem Züricher „Nebelspalter“, Nr. 45, 1887

- **1806** Ende Heiliges Römisches Reich; Gründung Rheinbund
- **1807** Preußische Reformen
- **1813/14** Befreiungskriege gegen Napoleon
- **1814/15** Wiener Kongress, Gründung Deutscher Bund
- **1817** Wartburgfest
- **1819** Karlsbader Beschlüsse
- **1830** Julirevolution in Frankreich
- **1832** Hambacher Fest
- **1848/49** Revoluti… in Europ…

1800 | 1810 | 1820 | 1830 | 1840 | 1

Sportler kämpfen bei internationalen Wettbewerben nicht nur für sich selbst oder ihre Mannschaften, sie vertreten auch ihre Nationen. Sportliche Erfolge erhöhen das Prestige* einer Nation. Wenn Olympia-Sieger geehrt werden, erklingt die Nationalhymne für den Goldmedaillengewinner. Vor jedem Fußballländerspiel stellen sich beide Mannschaften auf, während die Nationalhymnen ihrer Staaten gespielt oder gesungen werden.

Nationen und Nationalstaatsentwicklung sind aber keine natürlichen Gegebenheiten, sondern Ergebnisse historischer Entwicklungen. Sie sind von Menschen gedacht und gemacht, insbesondere seit der Amerikanischen und der Französischen Revolution. In Europa haben sich Nationalstaaten nicht nur auf unterschiedliche Weise, sondern auch zu verschiedenen Zeiten gebildet: in Deutschland z. B. 1870/71. Die Bedeutung von Nationen kann abnehmen, wie z. B. im Zuge der europäischen Einigung im 20. Jahrhundert. Ihre Bedeutung kann aber auch steigen und mit aggressiven Formen der Ab- und Ausgrenzung einhergehen – insbesondere in Umbruchsituationen, die Menschen als krisenhaft empfinden und in denen Politiker und Politikerinnen, soziale Gruppen und andere einen aggressiven Nationalismus propagieren. „Der Nationalismus des 19. Jahrhunderts definierte Zugehörigkeiten und Abgrenzungen, motivierte zu Engagement, Hingabe und Hass, […] und erfüllte oftmals die Funktionen* einer mächtigen Ersatzreligion", so der Historiker Jürgen Kocka. In der ersten Hälfte des 20. Jahrhunderts führte der Nationalismus schließlich von Europa ausgehend in den Ersten Weltkrieg, die „Urkatastrophe" des 20. Jahrhunderts.

M2 Plakat bei der Fußball-Europameisterschaft 2016 in Frankreich, Fotografie

1 Beschreiben Sie die Karikatur (M 1).
Tipp: Orientierungs- und Beschreibungshilfen finden Sie auf S. 617.
2 Stellen Sie Vermutungen an, welches Bild vom Zustand Europas aus der Karikatur deutlich werden soll.
3 Formulieren Sie anhand Ihres Vorwissens Hypothesen zum Nationalismus in Europa.
Tipp: Orientieren Sie sich dabei an folgenden Fragen: Wie sah die politische Konstellation in Europa zur Jahrhundertwende aus? Welche Ereignisse führten in den Ersten Weltkrieg? Welchen Einfluss hatten nationales Denken und Nationalismus auf diese Entwicklung?
4 Diskutieren Sie, ob in der heutigen Zeit Parallelen zu den historischen Entwicklungen im 19. Jahrhundert zu erkennen sind. Beziehen Sie auch M 2 mit ein.

-1861 | Nationalstaatsgründung Italiens
1863 | Polnischer Aufstand gegen die russische Herrschaft
1866 | Preußisch-Österreicher Krieg
1866/67 | Norddeutscher Bund
1870/71 | Deutsch-Französischer Krieg
1871 | Deutsche Reichsgründung
Bismarck Reichskanzler bis 1890
1888–1918 | Wilhelm II.
1878–1890 | Sozialistengesetz
1878 | Berliner Kongress
1914–1918 | Erster Weltkrieg

1860 | 1870 | 1880 | 1890 | 1900 | 1910

7.1 Nation und Geschichte

In dieser Themeneinheit geht es um
- *die Entstehung der Idee des Nationalstaats,*
- *den Wandel von Nationen vom Mittelalter bis in die Moderne.*

Nation und Nationalismus

▶ M 2: Nation und Moderne

Nationen* sind keine natürlichen Größen, die es schon immer gegeben hat. Gefühle nationaler Zusammengehörigkeit entstanden in den unterschiedlichsten Gesellschaften vielmehr unter bestimmten historischen Bedingungen, und sie konnten ganz unterschiedliche Erscheinungsformen annehmen. Nationen und **Nationalismus*** waren das Ergebnis komplizierter geschichtlicher Prozesse, in denen sich Gruppen der Gesellschaft zusammenfanden und sich das Bewusstsein einer nationalen Gemeinschaft herausbildete. Die moderne Geschichtswissenschaft bezeichnet daher Nationen als gedachte Ordnungen.

Vormoderne Vorstellungen

Die Wandelbarkeit der Idee der Nation und des auf sie bezogenen Handelns, des Nationalismus, lässt sich an der deutschen Geschichte verdeutlichen. Im Mittelalter* bezeichnete der Begriff der „Nation" eine Rechtsgemeinschaft, der jemand aufgrund seiner Geburt angehörte. In der Frühen Neuzeit* dachten die Menschen außerdem an einzelne Stammesgruppen (Baiern, Sachsen) und die sie beherrschende Schicht des Adels, wenn von Nationen die Rede war. Darunter verstanden die Zeitgenossen politische Einheiten, die einen gemeinsamen Mittelpunkt, einen König oder ein Reich, besaßen. Das Wort „Nation" tauchte um 1500 auch im offiziellen Titel „Heiliges Römisches Reich Deutscher Nation" auf. Dieses Reich war ein Zusammenschluss selbstständiger und bündnisfähiger Reichsfürsten* aus verschiedenen Territorien* oder Völkern, die sich gemeinsame Institutionen (Kaiser, Reichstag*, Reichsgericht) schufen. Neben diesen politischen Bedeutungen von Nation gab es bereits ein kulturell gefärbtes Nationenverständnis, das auf gemeinsamer Sprache und Geschichte beruhte.
Einen wichtigen Beitrag zur Entwicklung und Verbreitung **nationaler Identität*** leisteten in der Frühen Neuzeit die Humanisten (s. S. 141), die sich auch für die deutsche Geschichte und ihr literarisches Erbe interessierten. So gab der Universitätsprofessor Conrad Celtis (1459–1509) 1500 die älteste Druckfassung der „Germania" heraus, in der der Römer Tacitus (ca. 55–120 n. Chr.) die Lebensart der Germanen pries. Der Elsässer Jakob Wimpfeling (1450–1528) verfasste 1501 auf dieser Grundlage die erste deutsche Geschichte, die er ebenfalls „Germania" nannte. Darin bemühte er sich, die Anfänge der deutschen Geschichte als ebenso alt und ehrwürdig wie die italienische darzustellen. Bei dem Reichsritter Ulrich von Hutten (1488–1523) weitete sich der entdeckte Nationalstolz dann zu einer ausdrücklichen Kampfansage gegen die römische Kurie*, ihre Herrschsucht und Geldgier aus. Die von ihm beeinflussten Humanisten verstanden die wenig später beginnende Auseinandersetzung zwischen dem Reformator Martin Luther (1483–1546) und dem Papst (s. S. 154 f.) auch als patriotischen Kampf gegen Rom.

▶ M 3: Nation und Revolution

Dieses vormoderne **Nationalbewusstsein** prägte vom hohen Mittelalter bis ins 18. Jahrhundert aber lediglich das Denken und Handeln einer schmalen Elite, des sozial und politisch herrschenden Adels. Die große Masse der Bevölkerung war dagegen fest eingebunden in die „natürlichen Ordnungen" des Lebens, in Familie, Dorf und Religion sowie in das von einem Fürsten regierte Territorium. Diese Bindungen bestimmten die unterschiedlichsten **Loyalitätsgefühle*** der Menschen: regionales Zusammengehörigkeitsbewusstsein, Stammesstolz, Heimatgefühl oder Royalismus, d.h. die Treue zu einem bestimmten Königs- oder Herrscherhaus.

M1 **Karikatur von Gerhard Mester, 1999**

Moderner Nationalismus

▶ M4: Nation und Individuum

Der moderne Nationalismus entstand im ausgehenden 18. und beginnenden 19. Jahrhundert, als die **Amerikanische und die Französische Revolution** die Grundlagen der feudalständischen Ordnung erschütterten und der bürgerlichen Gesellschaft zum Durchbruch verhalfen (s.S. 190ff.) Für diesen Nationalismus galten Nation und Nationalstaat als oberster Wert, als allgemein verbindliche Sinn- und Rechtfertigungsinstanz politischen Handelns. Der Einzelne sollte sich zuallererst als Mitglied einer nationalen Lebensgemeinschaft verstehen. Allerdings konnte die eigene Nationalität so unterschiedlich bestimmt werden, sei es durch die Gleichheit der Sprache oder Kultur, die Abstammung oder die Zugehörigkeit zu einem Volk. Der moderne Nationalismus vermittelte ein Stück Lebenssinn in Gegenwart und Zukunft und war dadurch in der Lage, ein Volk oder eine große Bevölkerungsgruppe zu mobilisieren*. Nationale Gefühle konnten und können die Integration* und Solidarität in einer Gesellschaft dadurch stärken, dass sie einer Gemeinschaft ihre Zusammengehörigkeit bewusst machen und diesem Gefühl einen hohen Stellenwert zuschreiben. Mit dem Argument, die Interessen der Nation oder des Nationalstaates besäßen Vorrang vor allen anderen Normen und Werten, lassen sich die Mitglieder einer Gesellschaft auf ein gemeinsames Ziel einschwören. Diese Hochschätzung des Nationalen kann aber derart übersteigert werden, dass der Nationalismus zum Religionsersatz wird. Die Nation erscheint als etwas Heiliges. Ein solcher Nationalismus kann leicht in ein rauschhaftes Gemeinschaftserlebnis münden. Auch hat die geschichtliche Erfahrung gezeigt, dass ein derart extremer Nationalismus häufig mit nationaler Aggression nach außen einhergeht und in Krieg umschlagen kann.

Zusammenfassend lässt sich der moderne Nationalismus durch drei Merkmale definieren: Erstens erklärte er die Nation zum höchsten gesellschaftlichen Wert. Zweitens wurde die Selbstbestimmung der Nation im Nationalstaat angestrebt. Und drittens legitimierte er seine besondere Wertschätzung der Nation säkular, d.h. weltlich; religiöse Begründungen spielten in den meisten Ländern nur noch eine untergeordnete Rolle.

Nationalstaat

Ähnlich wie der moderne Nationalismus ist auch der moderne **Nationalstaat** keine natürliche Größe, sondern das Ergebnis bestimmter historischer Entwicklungen. Das zeigt sich an der deutschen Geschichte: Seit 1870/71 lebten die Deutschen in einem Nationalstaat (s. S. 288 f.), der mit der Niederlage Deutschlands 1945 und der Gründung der Bundesrepublik Deutschland und der DDR 1949 unterging (s. S. 509 ff.). Die deutsche Teilung endete 1990 mit der Entstehung des zweiten deutschen Nationalstaates (s. S. 563 ff.).
Bei der Definition des Begriffes „moderner Nationalstaat" greifen Historiker in der Regel auf Gedanken des Staatsrechtlers Georg Jellinek (1851–1911) zurück. Grundlage des Nationalstaates war nach seiner Auffassung die Identität von Staatsgebiet, Staatsvolk und Staatsgewalt. In der neueren Geschichtsforschung wird allerdings auch der **Kultur** ein gewichtiger Stellenwert zugesprochen, um den modernen Nationalstaat von älteren Formen des Territorialstaates in der Frühen Neuzeit abzugrenzen. Der Historiker Jürgen Kocka argumentiert 2001, dass die nationale Kultur einen „gedachten, gewollten, praktizierten und erfahrbaren Zusammenhang" zwischen Mitgliedern einer Nation stifte, „in dem kollektives* Gedächtnis und historische Erinnerung, meist auch verbindende Sprache, Bilder und Kommunikation, gemeinsame Bildung und Normen zentral sind und der durch staatliche Anstrengung (vor allem über das Bildungssystem) mit hergestellt wird". Nationale Kultur in diesem Sinn umfasst soziale Schichten, Klassen und Gruppen. Sie integriert und toleriert – innerhalb bestimmter Grenzen – Abweichungen von der gesellschaftlichen Norm. Gleichzeitig gewinnt sie ihre Identität und ihre Integrationskraft durch die Abgrenzung von Anderem und durch Ausgrenzung von ‚Fremdem' aller Art.

1 **Partnerarbeit:** Arbeiten Sie zunächst die Fremdwörter und Fachbegriffe aus der Darstellung heraus. Erstellen Sie daraus ein Lern-Memory zum Thema Nationen und Nationalismus.
2 **Wahlaufgabe:** Bearbeiten Sie Aufgabe a) oder b).
Skizzieren Sie anhand der Darstellung die wichtigsten Etappen zur Entstehung der Idee von einer „Nation", indem Sie
a) einen Text verfassen oder
b) ein Schema erstellen.
Tipp (zu Aufgabe b): Überlegen Sie zunächst, welche Darstellungsform (z.B. Zeitleiste, Schaubild, Diagramm etc.) sich eignen könnte.
3 Beschreiben Sie die Karikatur M 1 und finden Sie einen passenden Titel. Begründen Sie Ihre Wahl.

Hinweise zur Arbeit mit den Materialien:
M 1 befasst sich mit dem Begriff Nation. M 2–M 4 untersuchen die Entstehung, Entwicklung und Funktion des Nationalismus.

Nationalismus im Wandel der Zeit

M 2 Der Historiker Dieter Langewiesche zu Nation und Moderne (1994)

Nationalismus ist ein Geschöpf der Moderne. Als die alteuropäische Welt von der Amerikanischen und der Französischen Revolution in ihren Fundamenten erschüttert wurde und in der napoleonischen Ära dann vollends zerbrach, da gehörte nicht nur die Idee der Selbstbestimmung zu dem neuen Demokratieideal [...]. Nationalismus gehörte auch dazu. Denn von Beginn an suchten die Menschen ihre neuen Ansprüche im Gehäuse der eigenen Nation zu verwirklichen.
Die neue, in ihrem Ursprung revolutionäre Legitimität der modernen Nation erwies sich gegenüber allen anderen Ordnungsmodellen, überlieferten wie auch künftigen, als konkurrenzlos überlegen. Wer sich diesem Zwang zur Nationalisierung nicht einfügen konnte, ging unter. So auch die drei übernationalen Großreiche, die sich dem Zeitalter des Nationalismus und seinem Partizipationsverlangen zu versperren suchten: das osmanische, das habsburgische und das russische. Der Wille zur Nation und zum Nationalstaat, unlösbar verbunden mit der Forderung nach politischer und sozialer Demokratisierung, schwächte sie in einem langsamen Prozess, bis sie schließlich unter der Last der militärischen Misserfolge im Ersten Weltkrieg abrupt zusammenbrachen.

*Zit. nach: Dieter Langewiesche, Nationalismus im 19. und 20. Jahrhundert: zwischen Partizipation und Aggression, C. H. Beck, München 2000, S. 35 f. (ursprünglich erschienen 1994).**

M 3 Der Historiker Dieter Langewiesche zu Nation und Revolution (1992)

Wer sich zur modernen Idee der Nation bekannte, richtete eine Kampfansage an die überlieferte Ständegesellschaft mit ihrem dichten Geflecht an Privilegien und Ausgrenzungen. Auch wo ein gemeinsamer Staat bereits bestand, wie in Frankreich, wirkte die Idee der Nation als ein egalitärer Zukunftsentwurf. Er versprach jedermann – Frauen wurden noch nicht in das Egalitätsversprechen einbezogen – politische und rechtliche Gleichberechtigung. Und er säkularisierte den Glücksanspruch des Individuums. Denn „Nation" als Zukunftsverheißung akzeptierte nicht mehr die Zwänge einer vermeintlich gottgefügten weltlichen Ordnung. Sie gab sich auch nicht mehr damit zufrieden, auf die Egalität des Jenseits vertröstet zu werden. Deshalb war das Zukunftsmodell „Nation" eine potenziell revolutionäre Kraft. Dies gilt für alle Staaten, die unter den Einfluss des modernen Nationalismus gerieten. Nirgendwo überlagerten sich die Probleme jedoch so massiv und wurden deshalb so brisant wie in Deutschland.

Zit. nach: Dieter Langewiesche, Reich, Nation und Staat in der jüngeren deutschen Geschichte, Oldenbourg, 1992, S. 343 ff.

M 4 Der Historiker Peter Alter zu Nation und Individuum (1985)

Nationalismus liegt dann vor, wenn die Nation die gesellschaftliche Großgruppe ist, der sich der Einzelne in erster Linie zugehörig fühlt, und wenn die emotionale Bindung an die Nation und die Loyalität ihr gegenüber in der Skala der Bindungen und Loyalitäten oben steht. Nicht der Stand oder Konfession, nicht eine Dynastie oder ein partikularer Staat, nicht die Landschaft, nicht der Stamm und auch nicht die soziale Klasse bestimmen primär den überpersonalen Bezugsrahmen. Der Einzelne ist auch nicht länger, wie das z. B. noch die Philosophie der Aufklärung postulierte, in erster Linie Mitglied der Menschheit und damit Weltbürger, sondern fühlt sich vielmehr als Angehöriger einer bestimmten Nation. Er identifiziert sich mit ihrem historischen und kulturellen Erbe und mit der Form ihrer politischen Existenz. Die Nation (oder der Nationalstaat) bildet für ihn den Lebensraum und vermittelt ihm ein Stück Lebenssinn in Gegenwart und Zukunft.

Peter Alter, Nationalismus, Suhrkamp, Frankfurt/M. 1985, S. 14 f.

1 Soziale Großgruppen haben tendenziell das Bedürfnis nach Abgrenzung von anderen und einem festen Zusammenhalt. Die Geschichte kennt verschiedene Formen solcher Loyalitätsgefühle.
Untersuchen Sie, wie der moderne Nationalismus die Loyalitätsgefühle verändert hat (M 2–M 4).
2 Fassen Sie die zentralen Merkmale des modernen Nationalismus (M 2–M 4) zusammen.
3 Bilanzieren Sie die Bedeutung des Nationalismus im 19. Jahrhundert: Stellen Sie dazu dessen positive bzw. negative Aspekte im Modernisierungsprozess gegenüber (M 2–M 4).
4 **Vertiefung:** Nehmen Sie Stellung zu der Aussage aus dem Hamburger Abendblatt: „Die deutsche Nation muss sich neu erfinden. Künftig wird nicht mehr die gemeinsame Abstammung, sondern das Teilen gemeinsamer Werte Identität stiften."
5 **Zusatzaufgabe:** Siehe S. 617.

7.2 Das Europa der Nationen: ein Vergleich

In dieser Themeneinheit geht es um
- *unterschiedliche Typen von Nationen und Nationalstaatsgründungen,*
- *den Wandel des Nationalismus um 1900.*

Typen der Nationenbildung

▶ M 2: Probleme der Nationalstaatsbildung

▶ M 3, M 4: Typen und Beispiele von Nationenbildungen

Die europäischen Nationen bzw. Nationalstaaten sind nicht nur zu verschiedenen Zeiten gegründet worden, sie haben auch unterschiedliche Entstehungsgeschichten. Drei Grundformen lassen sich dabei herausarbeiten: Zum einen gibt es die Nationen, deren Selbstverständnis durch moderne **Revolutionen** geprägt wurde. Das gilt für Frankreich und England, wo die Idee der demokratischen Nation in der Glorreichen Revolution von 1688/89 (s. S. 187) und der Französischen Revolution von 1789 (s. S. 200 f.) durchgesetzt und weiterentwickelt worden ist. Da Franzosen und Engländer jeweils in einem Staat zusammenlebten, fielen Staat* und Nation zusammen. Dagegen mussten in Deutschland und Italien die sich kulturell und sprachlich nahestehenden Einwohner erst einen gemeinsamen Nationalstaat erkämpfen, der durch die Vereinigung bisher staatlich getrennter Teile ins Leben gerufen wurde. Das geschah 1870/71 in der **deutschen Reichsgründung** und zwischen 1859 und 1870 mit der Einigung des zersplitterten Italiens. Außer diesen den Staat stärkenden (Frankreich und England) und den staatsbildenden (Deutschland und Italien) Formen gab es – drittens – die staatszersetzenden bzw. sich von ihm abtrennenden Varianten. Dabei organisierten sich aus zerfallenden **Großreichen** oder **Vielvölkerstaaten** neue Nationalstaaten. Die nationalen Bewegungen der slawischen Völker in Mittel- und Südosteuropa beschleunigten die Auflösung des Osmanischen und des Habsburgerreiches. 1829/30 hatte sich zuerst Griechenland befreit, 1878 folgten Serbien und Rumänien, 1908 wurde Bulgarien endgültig unabhängig. Diese Typologie* hat der Historiker Theodor Schieder ausgearbeitet und zu einem **Phasenmodell** weiterentwickelt, das die europäischen Nationalstaatsgründungen zeitlich einordnen soll. Es bietet wertvolle Orientierungshilfen für eine vergleichende Analyse des Europas der Nationen.

Staats- und Kulturnation

Eine andere Typologie der Nationen, die in kaum einer neueren Veröffentlichung fehlt, hat der Historiker Friedrich Meinecke 1908 vorgeschlagen. Er unterschied zwischen Staats- und Kulturnationen: „Man wird [...] die Nationen einteilen können in Kulturnationen und Staatsnationen, in solche, die vorzugsweise auf einem irgendwelchen gemeinsam erlebten Kulturbesitz beruhen, und solche, die vorzugsweise auf der vereinigenden Kraft einer gemeinsamen politischen Geschichte und Verfassung beruhen." In der Geschichtsschreibung wird üblicherweise Frankreich als Paradebeispiel für eine **Staatsnation** angeführt. Deutschland gilt dagegen als eine klassische **Kulturnation**. Die konkrete historische Wirklichkeit war jedoch vielfältiger und widersprüchlicher.

Wenn das gebildete Bürgertum im staatlich stark zersplitterten **Heiligen Römischen Reich Deutscher Nation*** des 18. Jahrhunderts von „Nation" sprach, dachte es an eine Kulturnation, die in gemeinsamer Geschichte und Sprache wurzelte. Die Sprache repräsentiere, argumentierte 1784 der Theologe und Philosoph Johann Gottfried Herder (1744–1803), „alle Eigenheiten der Völker in ihrem praktischen Verstande, in ihren Phantasien, Sitten und Lebensweisen". Darüber hinaus forme sie dieses Volk immer wieder aufs Neue: „Wer in derselben Sprache erzogen ward, wer sein Herz in sie schütten,

seine Seele in ihr ausdrücken lernte, der gehört zum Volk dieser Sprache." Aus dem Bemühen heraus, die Existenz und Einheit der deutschen Nation bzw. den deutschen Nationalgeist in der sprachlichen Überlieferung aufzuzeigen, veröffentlichte Herder Volkslieder. In der gleichen Absicht sammelten die Gebrüder Grimm Volksmärchen.
Im beginnenden 19. Jahrhundert wandelte sich das kulturelle Nationalbewusstsein zunehmend in einen politischen Nationalismus. Dieser sah sein Ziel zunächst nicht vorrangig in der Schaffung eines einheitlichen Nationalstaates, sondern forderte eine grundlegende Reform der Einzelstaaten des 1815 gegründeten **Deutschen Bundes***. Die Herrschaft der Monarchen sollte eingeschränkt, die politischen und sozialen Privilegien* des Adels sollten beschnitten und die Nation, also die Gemeinschaft der rechtlich gleichgestellten Staatsbürger, sollte an den politischen Entscheidungen beteiligt werden. In den Befreiungskriegen (1813–1815), die Preußen und die anderen deutschen Staaten gegen die Herrschaft Napoleons führten (s. S. 222 f.), forderten die meist jungen Patrioten eine einheitliche Staatsnation nach französischem und englischem Vorbild. Deutschland sollte wieder ein Machtfaktor in der Politik Europas werden.
Politische Forderungen nach nationaler Mitbestimmung und Freiheit waren in der **Revolution 1848/49** (s. S. 225 ff.) eng verknüpft mit dem Verlangen nach nationaler Einheit. Zwar scheiterte die Nationalbewegung in Deutschland bei dem Versuch, einen demokratisch-parlamentarischen Nationalstaat zu gründen. Die Revolution offenbarte jedoch, dass sich der Nationalismus mit seinem Bestreben, eine deutsche Nation und einen deutschen Nationalstaat zu schaffen, nicht mehr unterdrücken ließ.
Das europäische Geburtsland für den modernen politischen Nationalismus war jedoch **Frankreich**. In der Französischen Revolution (s. S. 197 ff.) entstand 1789 die demokratische Idee von der selbstbestimmten Nation. Indem das französische Volk unter Führung des aufstrebenden **Bürgertums*** die Kontrolle der bisher vom König und dem Adel ausgeübten Macht im Staate beanspruchte, sah es sich als allgemeinen Stand an und erklärte sich zur Nation. Von ihr sollte nun alle Macht ausgehen. Nach diesem Verständnis war die Nation eine politische und soziale Gemeinschaft rechtsgleicher Staatsbürger, die durch ihre Vertretungsorgane die Zukunft des Landes mitgestalteten. Dieser Nationalgedanke verband sich seit den Revolutionskriegen mit einem nationalen Überlegenheitsgefühl und Sendungsbewusstsein. Die französischen Truppen zogen in den Kampf, um die Ideale der Revolution „Freiheit, Gleichheit, Brüderlichkeit" zu verbreiten und die Völker vom „Tyrannenjoch" zu befreien.

▶ M 5: Nationalstaatsgründungen in Europa (1830–1923)

M 1 Französische Briefmarke mit dem Kopf der Marianne, der Personifikation Frankreichs, Ende 19. Jh.

Integraler Nationalismus um 1900

Im letzten Drittel des 19. Jahrhunderts veränderte der Nationalismus sein Gesicht. Der Historiker Heinrich August Winkler hat diesen Funktionswandel als Umschlag „vom liberalen* zum reaktionären* Nationalismus" bezeichnet. Tatsächlich verloren demokratisch-liberale Vorstellungen von der Nation an Gewicht, während antiliberale Ideen an Bedeutung gewannen. Der neue Nationalismus forderte zudem die Abkehr vom Freihandel bzw. den Schutz der nationalen Wirtschaft. Diese Form des „extremen", „radikalen" oder **„integralen" Nationalismus** erstarkte sowohl in Deutschland wie in Frankreich. Der Begriff des integralen Nationalismus wurde von dem französischen Schriftsteller Charles Maurras (1868–1952) geprägt. „Du bist nichts, Dein Volk ist alles" – mit dieser Parole könnte man die zentrale Forderung dieser Spielart des Nationalismus charakterisieren, der auch vor Gewalt gegenüber Andersdenkenden nicht zurückschreckte. Diese Form des Nationalismus entstand in Frankreich nach der Niederlage gegen Deutschland 1870/71. Viele konservativ*-monarchistisch* eingestellte Franzosen verziehen den republikanischen* Politikern nicht, dass sie die Revanche gegen die deutschen Sieger zurückstellen wollten. In der 1882 gegründeten, 1889 verbotenen *Ligue des patriotes* und der 1898 ins Leben gerufenen *Ligue de la patrie française* organisierten sich die politisch rechts stehenden Nationalisten. Anders als in Deutsch-

M2 „Die schlimmen Buben in der Schule“, Karikatur aus „Die Glühlichter“, 19. Januar 1899

land entwickelte sich der integrale Nationalismus in Frankreich jedoch nie zu einer vorherrschenden Kraft. Der auf den revolutionären und demokratischen Traditionen beruhende politische Nationalismus blieb für das politische Denken und Handeln der Franzosen prägend.

In Deutschland schien mit der Gründung des Deutschen Reiches 1870/71 die **Nationalbewegung*** am Ziel ihrer Wünsche angelangt. Zur Enttäuschung der Liberalen war dieser Nationalstaat allerdings keine demokratisch-parlamentarische Ordnung, sondern ein autoritärer Obrigkeits- und Machtstaat. Die deutsche Nationalidee wurde seitdem immer stärker von konservativen, adlig-großbürgerlichen Führungsschichten des Reiches bestimmt und in eine emanzipations- und demokratiefeindliche politische Ideologie* umgewandelt. Der neue Nationalismus identifizierte die bestehende Gesellschaftsordnung mit der Nation und erklärte die Zustimmung zu Macht und Autorität sowie die Unterordnung des Einzelnen unter die größere und wichtigere Gemeinschaft des Reiches zur nationalpolitischen Tugend. In der Zeit des **Wilhelminischen Kaiserreiches** (1890–1918) wurde dieser Nationalismus radikalisiert und nach außen gewendet. Der Hinweis auf nationale Größe und Überlegenheit des Reiches diente nun auch der ideologischen Untermauerung **imperialistischer Politik** (s. S. 296 f.).

1 Fassen Sie anhand der Darstellung die unterschiedlichen Formen der Nationenbildung zusammen.

2 **Wahlaufgabe:** Bearbeiten Sie Aufgabe a) oder b).
   a) Arbeiten Sie aus der Darstellung Gemeinsamkeiten und Unterschiede von Staats- und Kulturnationen heraus, indem Sie sie gegenüberstellen (Tabelle).
   b) Stellen Sie anhand der Darstellung zwei ausgewählte Beispiele für Staats- und Kulturnationen tabellarisch gegenüber.

3 Erläutern Sie mithilfe der Darstellung den Begriff „integraler Nationalismus“.

Hinweise zur Arbeit mit den Materialien:
M 2 veranschaulicht die Probleme der Nationalstaatsbildung. M 3–M 4 erläutern unterschiedliche Typen und Beispiele von Nationalstaatsbildungen. M 5 verdeutlicht Auswirkungen der Nationalstaatsgründungen

Typen und Beispiele von Nationenbildungen

M 3 Der Historiker Theodor Schieder über Typen und Phasen europäischer Nationalstaatsgründungen (1965)

In der ersten Etappe bildet sich der moderne Nationalstaat in England und Frankreich durch eine innerstaatliche Revolution, in der die Gemeinschaft der Bürger einen bereits bestehenden Staat auf bestimmte politische Werte und am Ende auf den Volkswillen, die *volonté générale* im Sinne Rousseaus, die Nation als Willensgemeinschaft neu gründet.
Das subjektive Bekenntnis zu dem auf diese Weise neu geschaffenen Staat bleibt das einzige Merkmal einer politischen Nationalität, nicht etwa Sprache, Volksgeist oder Nationalcharakter. […]
Die zweite Phase steht im Zeichen der Entstehung von Nationalstaaten aus staatlich getrennten Teilen von Nationen, die ihre politische Zerrissenheit überwinden wollen. Der nationalrevolutionäre Akt gestaltet nicht einen vorhandenen Staat um, sondern will einen neuen schaffen. Dies ist die Stunde der nationalen „Einheitsbewegungen", wie z. B. in Deutschland und in Italien. Bei ihnen erscheint die Nation als eine vor dem Staat gegebene, entweder historisch oder kulturell oder als sozialer Verband begründete Größe. […] In der dritten Phase geht es wiederum um ein anderes Problem. Mit ihr haben wir den Schwerpunkt unserer Betrachtung von Westeuropa und Mitteleuropa nach Osteuropa verlegt. Während die Großstaatsbildungen in Westeuropa durch die nationaldemokratische Revolution national bestimmt worden sind, […] ist Osteuropa das Feld der großen imperialen Imperiums- und Reichsbildungen gewesen. […] Die nationalitären Bewegungen in Osteuropa, in ihrer Tradition und Herrschaft sehr verschiedenen Charakters, entfalten sich im Bereich dieser Großstaaten, die für sie als die großen „Gefängnisse der Völker" erscheinen. Das politische Bewusstsein dieser Bewegungen und der sie tragenden Völker wird nicht im und am Staat entwickelt, sondern durch die Gegnerschaft gegen den bestehenden Staat geprägt.

*Zit. nach: Theodor Schieder, Typologie und Erscheinungsformen des Nationalstaats in Europa (Erstveröffentlichung 1965), Vandenhoeck & Ruprecht, Göttingen 1991, S. 69–71.**

M 4 Der Historiker Christoph Nonn zur Typologie Schieders (2007)

Theodor Schieders Typologie der Bildung von Nationalstaaten lässt sich in Einzelheiten durchaus kritisieren. Schieder selbst wies bereits darauf hin, dass sich im polnischen Beispiel die Typen des sezessionistischen und unifizierenden Nationalismus überschneiden. Auch die italienische Einigung, die gegen Österreich erkämpft wurde und erst mit dem Gewinn Südtirols aus der Konkursmasse des Habsburgerreiches 1919 abgeschlossen war, hatte teilweise sezessionistische Züge. Nicht immer und überall lassen sich die tatsächlichen historischen Entwicklungen in das Schema von drei Phasen pressen, die zeitlich und geografisch eine Abfolge bilden. Die Unabhängigkeitserklärung Griechenlands vom Osmanischen Reich schon 1830 war eindeutig eine sezessionistische Nationalbewegung des osteuropäischen Typs, fand aber vor den Vereinigungen Deutschlands und Italiens in Mitteleuropa statt. Norwegen spaltete sich 1905 von Schweden, Irland 1922 von Großbritannien ab: Beide Fälle lassen sich zwar von der Chronologie her, nicht aber räumlich zum sezessionistisch-osteuropäischen Typ zählen. Die Abspaltung Belgiens von den Niederlanden 1831 passt sogar weder zeitlich noch von der Geografie her ins Schema. Allerdings ist im belgischen Fall auch fraglich, ob es sich dabei wirklich um eine Nationalbewegung handelt. Denn das Motiv der Abspaltung war ein primär religiöses, und die Einheit des neuen Staates wurde seit den 1840er-Jahren immer wieder durch Gegensätze zwischen Flamen und Wallonen infrage gestellt, die sich zwar durch die katholische Religion, nicht aber durch die Sprache vereint fühlten. So sehr Ausnahmen von der Regel Schieders Schema hier und dort modifizieren mögen, so analytisch hilfreich und treffend erscheint es doch im Ganzen.

*Zit. nach: Christoph Nonn, Das 19. und 20. Jahrhundert. Orientierung Geschichte, UTB, Paderborn 2007, S. 216.**

1 Formulieren Sie ausgehend von M 3 Hypothesen zur Nationalstaatsbildung in Europa um 1900.
2 Stellen Sie mithilfe von M 3 und M 4 und des Darstellungstextes eine Tabelle zusammen, in der Sie

die europäischen Nationalstaatsgründungen im 19. und beginnenden 20. Jahrhundert bestimmten Typen und Phasen der Nationenbildung zuordnen. Arbeiten Sie die jeweils wichtigsten Merkmale dieser Typen und Phasen heraus.

3 Erörtern Sie die Kritik an der Typologie Schieders (M 4).

4 **Gruppenarbeit:** Untersuchen und beschreiben Sie arbeitsteilig die Nationalstaatsgründungen in Polen, Irland, Belgien und Italien. Ordnen Sie diese in die Typologie und das Phasenmodell Schieders (M 3) ein. Präsentieren Sie Ihre Ergebnisse im Plenum.

5 **Wahlaufgabe:** Bearbeiten Sie Aufgabe a) oder b). Untersuchen Sie den Ablauf einer jungen Nationalstaatsgründung in Europa am Beispiel von
a) Bosnien-Herzegowina,
b) Kosovo.

6 Benennen Sie anhand von M 3 und M 4 Gemeinsamkeiten und Unterschiede zu den europäischen Nationalstaatsgründungen im 19. und zu Beginn des 20. Jahrhunderts.

7 **Vertiefung:** Überprüfen Sie, ob und inwieweit sich das Phasenmodell Schieders (M 3) auf die jungen europäischen Staaten Bosnien-Herzegowina und Kosovo (vgl. Aufgabe 5) anwenden ließe.

Nationalstaatsgründungen in Europa (1830–1923)

M 5 Nationalstaatsgründungen in Europa 1830–1923

1 Analysieren Sie die Karte M 5.
Tipp: Siehe Methodenseite 144 f.

2 Untersuchen Sie die Auswirkungen der Nationalstaatsgründungen auf Europa am Beginn des 20. Jahrhunderts.
Tipp: Nutzen Sie die Darstellung sowie M 2 und 5.

7.3 Nationalbewegung und Reichsgründung in Deutschland

In dieser Themeneinheit geht es um
- *die ersten deutschen Nationalbewegungen 1871,*
- *die deutsche Reichsgründung und die Bismarck'sche Innenpolitik in der Kaiserzeit.*

Nationalbewegungen und Kommunikation

Der deutsch-amerikanische Politikwissenschaftler Karl W. Deutsch hat die Nationenbildung einmal als einen Prozess beschrieben, bei dem sich die Kommunikation zwischen Menschen in einem größeren geografischen Gebiet verdichtet. Eine Nation sei „ein Volk im Besitze eines Staates". Um einen Staat in Besitz zu nehmen, müssten einige Mitglieder dieses Volkes den Hauptteil der Führungskräfte dieses Staates stellen, und eine größere Zahl von Volksangehörigen müsse sich mit diesem Staat irgendwie identifizieren und ihn unterstützen. Unter „Volk" verstand er dabei keine ethnische Gruppe, sondern ein „ausgedehntes Allzweck-Kommunikationsnetz von Menschen". Es handele sich um eine Gruppe von Individuen, die in der Lage sind, schnell und effektiv über Distanzen* hinweg und über unterschiedliche Themen und Sachverhalte miteinander zu kommunizieren. Dazu müssten sie „gewöhnlich eine Sprache und immer eine Kultur als gemeinsamen Bestand von gemeinsamen Bedeutungen und Erinnerungen [...] teilen."

Wirtschaftliche Integration

Diese Definition, die die Nationenbildung als Ausbildung eines größeren Kommunikationsraumes begreift, ist bei der Analyse der deutschen Nationalstaatsentwicklung hilfreich. Sie lenkt den Blick darauf, dass das Bewusstsein nationaler Zusammengehörigkeit in breiteren Teilen der deutschen Bevölkerung bereits vor der Gründung des Deutschen Reiches 1870/71 durch wachsende überregionale Organisationsnetze in Deutschland gestärkt worden war. So förderte der 1834 gegründete **Deutsche Zollverein*** nicht nur die Entstehung einer Marktwirtschaft, sondern auch die wirtschaftliche Integration zwischen verschiedenen Regionen und Ländern. Landwirte, Kaufleute und Industrielle knüpften ein immer dichteres Netz von persönlichen und organisatorischen Verbindungen über die Einzelstaaten des **Deutschen Bundes*** – eines Staatenbundes, der 1815 nach dem Wiener Kongress von 39 souveränen Fürsten gegründet worden war – hinweg. Außerdem erweiterten sie ihre Forderungen nach wirtschaftlicher und politischer Freiheit zunehmend durch die Forderung nach nationaler Einheit.

Deutscher Zollverein
Das vorindustrielle Deutschland bildete weder geografisch noch politisch und wirtschaftlich eine Einheit. Der 1815 gegründete Deutsche Bund war bis 1866 in 39 souveräne Wirtschaftsgebiete zersplittert. Die größeren Staaten wie Preußen und Österreich waren sogar zusätzlich von Zollgrenzen durchzogen. So gab es in Preußen 67 lokale Zolltarife. Dies verhinderte die Entwicklung eines überregionalen Wirtschaftslebens und von Märkten, die für den Absatz von Waren aus der Fabrikproduktion groß genug waren. Der 1834 gegründete Deutsche Zollverein sorgte dafür, dass solche Zollschranken abgebaut wurden. Voraussetzung für ein einheitliches Wirtschaftsgebiet war außerdem der Ausbau des innerdeutschen Verkehrsnetzes. Niederlassungsfreiheit und eine gemeinsame Währung wurden jedoch erst mit der Reichsgründung 1870/71 eingeführt.

Gesellschaftliche Integration

Aber auch das Engagement der deutschen **Nationalbewegung** trug entscheidend dazu bei, dass die deutsche Nation lange vor der Reichsgründung in den Köpfen einer immer größeren Zahl von Menschen existierte. An der Wende vom 18. zum 19. Jahrhundert war die Idee der Nation lediglich in einer kleinen Bildungselite verbreitet. Pfarrer und Lehrer, Professoren und Studenten sowie Beamte aus den unterschiedlichsten deutschen Territorien betrachteten sich als Angehörige einer kulturellen Gemeinschaft. Um das nationale Kulturerbe zu erfassen, sammelten sie Volkslieder, Märchen und Sagen oder schrieben historische Werke, Wörterbücher und Grammatiken. Seit den 1840er-Jahren entstanden im Deutschen Bund nationale Massenbewegungen mit jeweils etwa

Hambacher Fest
cornelsen.de/Webcodes
Code: qovanu

hunderttausend Mitgliedern. Hierzu gehörten besonders die Turner- und Sängerbewegung sowie die Freireligiösen Gemeinden. Sie kämpften für die nationale Einheit und schufen durch ihre überregionalen, überstaatlichen organisatorischen Verflechtungen nationale Verbindungen. Ein wichtiges Ereignis in der Geschichte des deutschen Nationalismus war das **Hambacher Fest**, auf dem sich im Mai 1832 etwa 30 000 Menschen auf einer Burgruine in der Pfalz trafen. Stürmisch forderten die zahlreichen Redner nationale Einheit, Pressefreiheit und zum Teil auch Demokratie für Deutschland. War die deutsche Nationalbewegung bis zur Revolution 1848/49 (s. S. 225 ff.) vornehmlich eine städtische Bewegung, nahm danach die Zahl der Vereine auf dem Land und in kleinen Landstädten stark zu. Über solche Vereine fand die ländliche Bevölkerung Anschluss an die Nationalbewegung, deren Ziele und Aktionsformen.

▶ M 4: Die frühe deutsche Nationalbewegung

Die Reichsgründung 1870/71 und die Innenpolitik Bismarcks

Ohne die Vorarbeit des Deutschen Zollvereins und der deutschen Nationalbewegung wäre die Reichsgründung 1870/71 kaum möglich gewesen. Dieser Prozess mündete jedoch nicht automatisch in einen Nationalstaat. Die Entscheidung gegen die großdeutsche und für die **kleindeutsche Lösung**, d. h. den Ausschluss Österreichs aus Deutschland, wurde maßgeblich gefällt durch die militärischen Siege Preußens zwischen 1866 und 1870. Eine große Bedeutung bei der Entstehung und politischen Gestaltung des Deutschen Reiches kam außerdem dem preußischen Ministerpräsidenten **Otto von Bismarck*** zu, auf den die **Reichsverfassung** zugeschnitten war (s. S. 295).

▶ M 5, M 6: Vom Deutschen Bund zum Kaiserreich

M 1 Deutschland von 1834 bis 1871

Nach der Reichsgründung mussten die verschiedenen Rechts- und Wirtschaftsordnungen vereinheitlicht werden. Dabei konnte Bismarck auf die vom Zollverein und Norddeutschen Bund* geleisteten Vorarbeiten aufbauen. Wichtige Schritte auf dem Weg zur wirtschaftlichen und rechtlichen Einheit waren die Verabschiedung des Handelsgesetzbuches (1865), des Strafgesetzbuches (1872) und des Bürgerlichen Gesetzbuches (1900). Auf Bismarcks Politik ist es maßgeblich zurückzuführen, dass das Deutsche Reich kein freiheitlich-parlamentarischer Nationalstaat, sondern ein autoritärer Macht-, Obrigkeits- und Militärstaat war. Die durch Kriegsdiplomatie herbeigeführte Reichseinigung sollte im Inneren durch einen aggressiven Reichsnationalismus abgesichert werden. Die Hauptantriebskraft dieses Nationalismus bestand in der Vorstellung, die Nation müsse alle Kräfte mobilisieren, um Weltmacht zu werden. Eine wesentliche Bedingung dafür war die innere Geschlossenheit des Reiches. Diese erschien den Anhängern des Reichsnationalismus bedroht durch Katholiken und Sozialisten sowie nationale Minderheiten und die Juden.

Ausgrenzung von „Reichsfeinden"

Um die Autonomie* des Staates gegen jeden geistlichen Einfluss durchzusetzen und weil er bei der katholischen Zentrumspartei eine reichsfeindliche Haltung vermutete sowie deren Verbindung mit den preußischen Polen und den Elsässern beargwöhnte, bekämpfte Bismarck die katholische Kirche. Unterstützung fand er bei den Liberalen, die in der Zentrumspartei* die Gegenaufklärung und den Sachwalter des Papstes erblickten. Der alte preußische Kanzelparagraf* wurde auf das Reich ausgedehnt und das Behandeln staatlicher Angelegenheiten in aufwieglerischer Weise im geistlichen Amt zum Straftatbestand erhoben, 1871 der Jesuitenorden* in Deutschland verboten und 1875 die obligatorische* Zivilehe eingeführt. Widersetzliche Geistliche konnten aus dem Reich verbannt werden. Obwohl damit der Staat alle Mittel ausschöpfte, geriet diese Machtprobe mit der katholischen Kirche – auch **Kulturkampf** genannt – zu einer schweren Niederlage Bismarcks und der Liberalen. So waren zwar 1876 alle preußischen katholischen Bischöfe verhaftet oder ausgewiesen und ein Viertel der Pfarreien verwaist. Aber in den Landtags- und den Reichstagswahlen 1873/74 konnte das Zentrum seine Sitze verdoppeln und wurde 1881 sogar die stärkste Partei im Reichstag*. 1879/80 legte Bismarck den Kulturkampf in Form eines Kompromisses bei: Die Kirchengesetze wurden gemildert (Abschaffung des Kulturexamens, Zulassung der Orden mit Ausnahme der Jesuiten); Kanzelparagraf und Zivilehe hingegen blieben erhalten.

Beim **Kampf gegen die Sozialdemokratie** verfolgte Bismarck eine Doppelstrategie: Verbote sollten die Handlungsmöglichkeiten der Partei beschränken und sozialpolitische Maßnahmen die Anhänger der Partei mit der bestehenden Ordnung versöhnen. Nach der Vereinigung der Sozialdemokratischen Arbeiterpartei mit dem Allgemeinen Deutschen Arbeiterverein 1875 erblickte Bismarck in den Sozialisten die stärkste Gefahr für das neue Reich, wobei er die von der Sozialdemokratie ausgehende Revolutionsgefahr überschätzte. Zwei – der Sozialdemokratie nicht anzulastende – Attentate auf Kaiser Wilhelm I. im Mai und Juni 1878 nutzte Bismarck zur Auflösung des Reichstages und zur Durchsetzung des sogenannten **Sozialistengesetzes.** Das Gesetz verbot alle Vereine, Versammlungen und Druckschriften, „welche durch sozialdemokratische, sozialistische oder kommunistische Bestrebungen den Umsturz der bestehenden Staats- und Gesellschaftsordnung bezwecken". Außerdem ermöglichte es die Ausweisung sozialistischer Agitatoren aus Orten und Bezirken und verschärfte polizeiliche Kontrollen. Dennoch wies das Sozialistengesetz Lücken auf. Es war befristet, musste daher immer wieder verlängert werden und berührte weder das aktive Wahlrecht* noch das passive Wahlrecht*. Die Sozialdemokratie konnte deswegen ihre Kandidaten zur Wahl stellen, ihre gewählten Vertreter repräsentierten die Partei im Reichstag. Das bis 1890 geltende Gesetz schwächte die sozialistische Arbeiterbewegung* nicht, sondern stärkte sie. Sozial-

M2 Otto von Bismarck (1815–1898), Fotografie, 1859

Bismarck entstammte einer adligen Rittergutsbesitzer- und Offiziersfamilie. Nach seinem Jura-Studium, der Tätigkeit als Regierungsreferendar und seinem Freiwilligen-Dienst im Potsdamer Gardejägerbataillon übernahm er die Bewirtschaftung der pommerschen Familiengüter. Als konservativer Abgeordneter des preußischen Landtags bekämpfte er 1848/49 die Revolution. Von 1862 bis 1890 war er preußischer Ministerpräsident und Minister des Auswärtigen, von 1871 bis 1890 zusätzlich deutscher Reichskanzler.

▶ **M 3, M 7: Integration im ersten deutschen Nationalstaat**

demokratische Abgeordnete vertraten die Interessen ihrer Partei weiterhin im Reichstag, die Zahl ihrer Wähler stieg stetig an. Mit 1 427 000 Stimmen erhielt die Sozialdemokratie 1890 mehr als jede andere Partei. Die Sozialdemokraten führten ihre Parteiarbeit in der Illegalität* in vielfältiger Form weiter: Ausweichmöglichkeiten boten Vereine für Sport, Bildung, Gesang, Musik, Wandern und Unterstützungsvereine. Die staatliche Unterdrückung förderte aber gleichzeitig die Radikalisierung der Partei, spontane Aktionen und Streiks nahmen zu.
Auch die **nationalen Minderheiten** im kaiserlichen Deutschland, allen voran **Polen, Dänen, Elsässer und Lothringer**, wurden ausgegrenzt. Eine Sprachpolitik, die das Deutsche für alle zur Schul-, Geschäfts- und Amtssprache erhob, missachtete die nationalen Eigenarten. Polen und Dänen wehrten sich gegen die Germanisierungspolitik und wollten das Reich verlassen, die Lothringer ihr französisch geprägtes Leben bewahren. Weil die Verfassung keinen Minderheitenschutz kannte, verschärfte sich im letzten Drittel des 19. Jahrhunderts die Nationalitätenproblematik, als sich ein aggressiver Nationalismus ausbreitete. Dieser verstärkte seit den 1890er-Jahren zudem einen bereits bestehenden **Antisemitismus*** in breiten Teilen auch der bürgerlichen Bevölkerungsgruppen. Obwohl durch die Reichsverfassung rechtlich gleichgestellt, blieben Juden im kaiserlichen Deutschland sozialen Diskriminierungen* ausgesetzt.

M 3 „Gruss aus dem Kölner Hof – Einziges judenfreies Hotel in Frankfurt am Main, Neu-Jerusalem am fränkischen Jordan", Postkarte, 1897.
Diese Karte zeigt links die klassische Ansicht des Hotels. Frankfurt am Main wurde aufgrund seiner großen jüdischen Gemeinde als „Neu-Jerusalem am fränkischen Jordan" bezeichnet.
Vor allem auch von den Kur- und Badeorten an Nord- und Ostsee wurde seit Ende des 19. Jahrhunderts mit antisemitischen Postkarten und Liedern geworben.

1 Beschreiben Sie anhand der Darstellung den Prozess der Nationenbildung.
2 Analysieren Sie die Karte M 1. Untersuchen Sie, welche Probleme sich für die junge deutsche Nation aus der Reichsgründung ergeben haben könnten.
3 Skizzieren Sie anhand der Darstellung die Entstehung des Deutschen Reiches.
4 Überprüfen Sie mithilfe der Darstellung die These: Die Geschichte der modernen deutschen Nation begann nicht erst mit der Gründung des Deutschen Reiches an der Jahreswende 1870/71, sondern bereits im ausgehenden 18. Jahrhundert.
5 Charakterisieren Sie anhand der Darstellung Bismarcks Innenpolitik.
Tipp: Finden Sie zunächst passende Teilüberschriften für die verschiedenen Bereiche seiner innenpolitischen Maßnahmen.
6 Erläutern Sie das Zitat des deutschen Schriftstellers Carl von Ossietzky: „Der Antisemitismus ist dem Nationalismus blutsverwandt und dessen bester Alliierter." Beziehen Sie sich dabei auch auf M 3.

Hinweise zur Arbeit mit den Materialien:
M 4 behandelt die frühe deutsche Nationalbewegung.
M 5, M 6 sind der deutschen Reichsgründung gewidmet,
M 7 dem Thema Integration im Kaiserreich

Die frühe deutsche Nationalbewegung

M 4 Aus der Rede von Philipp Jakob Siebenpfeiffer auf dem Hambacher Fest (1832)

Und es wird kommen der Tag, der Tag des edelsten Siegstolzes, [...] wo die Zollstöcke und die Schlagbäume, wo alle Hoheitszeichen der Trennung und Hemmung und Bedrückung verschwinden samt den Konstitutiönchen, die man etlichen mürrischen Kindern der großen Familie als Spielzeug verlieh; wo freie Straßen und freie Ströme den freien Umschwung aller Nationalkräfte und Säfte bezeugen; wo die Fürsten die bunten Hermeline feudalistischer Gottstatthalterschaft mit der männlichen Toga deutscher Nationalwürde vertauschen und der Beamte, der Krieger, statt mit der Bedientenjacke des Herrn und Meisters mit der Volksbinde sich schmückt.

[...] Wo jeder Stamm, im Innern frei und selbstständig, zu bürgerlicher Freiheit sich entwickelt und ein starkes selbst gewobenes Bruderband alle umschließt zu politischer Einheit und Kraft; wo die deutsche Flagge, statt Tribut an Barbaren zu bringen, die Erzeugnisse unseres Gewerbefleißes in fremde Weltteile geleitet.

[...] Wo das deutsche Weib, nicht mehr die dienstpflichtige Magd des herrschenden Mannes, sondern die freie Genossin des freien Bürgers, unsern Söhnen und Töchtern schon als stammelnden Säuglingen die Freiheit einflößt.

[...] Wo der Bürger nicht in höriger Untertänigkeit den Launen des Herrschers, [...] sondern dem Gesetze gehorcht und auf den Tafeln des Gesetzes den eigenen Willen liest und im Richter den frei erwählten Mann seines Vertrauens erblickt; [...] es lebe das freie, das einige Deutschland! Hoch leben die Polen, der Deutschen Verbündete! Hoch leben die Franken, der Deutschen Brüder, die unsere Nationalität und Selbstständigkeit achten! Hoch lebe jedes Volk, das seine Ketten bricht und mit uns den Bund der Freiheit schwört! Vaterland – Volkshoheit – Völkerbund hoch!

*Zit. nach: V. J. G. A. Wirth: Das Nationalfest der Deutschen zu Hambach, Philipp Christmann, Neustadt a/H. 1832, S. 34 ff.**

1 a) Analysieren Sie die Rede Siebenpfeiffers (M 4).
Tipp: Gehen Sie dabei auf die Verwendung und Wirkung sprachlicher Mittel ein.

b) Ordnen Sie die zentralen Forderungen Siebenpfeiffers in das politische Spektrum der Zeit ein.

c) Stellen Sie Siebenpfeiffers Vorstellungen von einem geeinten Deutschland der Realität im ersten deutschen Kaiserreich ab 1871 gegenüber.
Tipp: Nutzen Sie auch die Darstellung.

Vom Deutschen Bund zum Kaiserreich

M 5 Der Historiker Jörg Fisch über die Gründung des Deutschen Reiches 1870/71 (2002)

Die einzigartige Stellung Otto von Bismarcks [...] in der Geschichte der nationalen Einigung Deutschlands ergab sich daraus, dass er die Lehren aus den Vorgängen in Italien und den Erfahrungen mit dem preußisch-österreichischen Dualismus zog und die Frage der Einigung konsequent als Machtfrage behandelte. Zunächst gelang es ihm, den Deutschen Bund, und mit ihm Österreich, 1864 in einen Krieg gegen Dänemark hineinzuziehen [...]. Dänemark versuchte, das überwiegend deutschsprachige Schleswig-Holstein (Holstein gehörte zum Deutschen Bund) stärker zu integrieren, und verletzte dadurch internationale Vereinbarungen. Der Deutsche Bund errang einen raschen Sieg und eroberte Schleswig-Holstein. Über der Frage der Behandlung der eroberten Gebiete provozierte Bismarck 1866 den Bruch zwischen Preußen und Österreich. Der Dualismus, der die deutsche Frage so lange blockiert hatte, sollte nun gewaltsam aufgelöst werden. Die Entscheidung fiel weit rascher und eindeutiger, als irgendjemand erwartet hatte. [...] Preußen warf die feindlichen norddeutschen Staaten nach Kriegsbeginn (15. Juni) in kürzester Zeit nieder und konzentrierte sich dann auf Österreich, dessen Heer es schon am 3. Juli beim böhmischen Königgrätz eine kriegsentscheidende Niederlage beibrachte. Damit hatte Preußen innerhalb des – inzwischen aufgelösten – Deutschen Bundes freie Hand für eine kleindeutsche Lösung. Durch den Krieg war aber die deutsche Frage wesentlich zu einer europäischen geworden. Je länger die Auseinandersetzungen dauerten und je umfangreicher die Machtverschiebungen zugunsten Preußens wurden, umso größer wurde die Wahrscheinlichkeit eines Eingreifens der Großmächte, insbesondere Frankreichs, das traditionell Wert auf ein zersplittertes Deutschland legte. Bismarck setzte deshalb, gegen heftigen Widerstand König Wilhelms I. und der Militärs, einen geradezu blitzartigen Friedensschluss mit Österreich durch, um Frankreich jeden Vorwand für eine Einmischung zu entziehen. [...] Bismarck verzichtete darauf, die kleindeutsche Einigung konsequent zu Ende zu führen. Ein Zusammenschluss unter preußischen Vorzeichen wäre im Süden wenig populär gewesen. [...]

Nördlich des Mains annektierte Preußen mit Hannover, Kurhessen, Nassau und Frankfurt einen Teil der unterworfenen Staaten. Die übrigen sowie die Bundesgenossen schloss es im von ihm dominierten Norddeutschen Bund zusammen, der nun nicht mehr wie der Deutsche Bund staatenbündisch, sondern bundesstaatlich aufgebaut war und einen wirklichen Nationalstaat bildete, ohne dessen Namen zu führen. Die Staaten südlich des Mains blieben selbstständig. Doch sie wurden so eng an den Norddeutschen Bund gekettet, dass die Weichen in Richtung Anschluss unwiderruflich gestellt waren. Bayern, Württemberg, Baden und Hessen-Darmstadt mussten mit Preußen Militärbündnisse abschließen. Sie waren außerdem Mitglieder des Zollvereins, der zentralisiert wurde und politische Strukturen in Form eines Parlaments und einer Exekutive erhielt.

Trotz alledem war noch nicht einmal das Minimalprogramm einer kleindeutschen Einigung verwirklicht. Deren Abschluss war mehr als zuvor zu einer außenpolitischen Frage geworden, zu deren Lösung Frankreich den Schlüssel in der Hand hielt [...]. Es war klar, dass Napoleon III. für seine Zustimmung zu einem deutschen Nationalstaat einen Preis verlangen würde [...]. Die Wahrscheinlichkeit einer gewaltsamen Lösung [war] groß. Dazu kam es im Zusammenhang der spanischen Thronfolgekrise von 1870. Die regierenden spanischen Generäle boten dem Erbprinzen Leopold von Hohenzollern-Sigmaringen, dem Angehörigen einer katholischen Seitenlinie der preußischen Dynastie, den Thron an. Bismarck förderte die Kandidatur unter der Hand. Trotzdem lehnte Leopold schließlich ab. Doch Frankreich verlangte nun einen förmlichen preußischen Verzicht auf alle Zeiten – ein Ansinnen, das Preußen von sich wies. Das führte am 19. Juli zur französischen Kriegserklärung.

Die Frage, in welchem Umfang Bismarck Frankreich bewusst zum Krieg provoziert hat, ist bis heute umstritten. 1870 aber war in den Augen der Welt Frankreich der Angreifer. Das machte ein Eingreifen Großbritanniens und Russlands gegen Preußen weniger wahrscheinlich, und es bewog die süddeutschen Staaten zum sofortigen Kriegseintritt an Preußens Seite. Die preußisch-deutsche Armee zeigte sich erneut überlegen. Sie warf das kaiserliche Frankreich bis zum 2. September nieder. [...] In dieser Zeit erfolgte, durch den Beitritt der süddeutschen Staaten, die Ausweitung des Norddeutschen Bundes zum Deutschen Reich, das am 18. Januar 1871 in Versailles gewissermaßen von außen ausgerufen wurde. Die kleindeutsche Einigung war zu ihrem Abschluss gelangt.

M6 Kaiserproklamation in Versailles, Gemälde von Anton von Werner, Öl auf Leinwand, 1885 (3. Fassung zu Bismarcks 70. Geburtstag)

Sie hatte sich durch zwei Besonderheiten ausgezeichnet. 1. Die Einigung war das Resultat von drei Kriegen. Damit war sie in der Tat nach Bismarcks berühmtem Ausspruch mit „Eisen und Blut" herbeigeführt worden. [...] 2. An der Wiege des deutschen Nationalstaats stand keine Einigung, sondern eine potenzielle Teilung: der Ausschluss Österreichs und damit vor allem der deutschsprachigen österreichischen Gebiete vom Nationalstaat, obwohl deren Bewohner sich bislang in nicht geringerem Maße als Deutsche verstanden hatten als die Deutschen des neuen Reiches. [...] Unter außenpolitischen Gesichtspunkten war die kleindeutsche Lösung wahrscheinlich die einzige, die einige Aussicht auf Duldung seitens der Großmächte hatte.

*Zit. nach: Jörg Fisch, Europa zwischen Wachstum und Gleichheit 1850–1914, UTB, Stuttgart 2002, S. 80–82.**

1 Beschreiben und interpretieren Sie die Darstellung der Kaiserproklamation in Versailles (M 6).
Tipp: Nutzen Sie die Beschreibungshilfen auf S. 617.
2 Beschreiben Sie den Entstehungsprozess des ersten deutschen Nationalstaates 1870/71, indem Sie die wichtigen Phasen und deren zentrale Ereignisse herausarbeiten.
Tipp: Nutzen Sie M 5 und die Darstellung S. 288 ff.
3 Der Historiker Jörg Fisch wählte als Überschrift für das Kapitel, dem M 5 entnommen ist: „Einheit durch Teilung: Die Bildung des preußisch-kleindeutschen Nationalstaates 1848–1871". Erläutern Sie den Titel.

M 7 Der Historiker Hans-Peter Ullmann über die nationalstaatliche Integration verschiedener Bevölkerungsgruppen im Kaiserreich (1999)

Das Deutsche Reich war ein Nationalstaat, und die Integration war sein drängendstes Problem, stand doch die Bevölkerung nicht einmütig hinter ihm: [...] Für die Anhänger der Nationalbewegung war ein lange erstrebtes Ziel erreicht, zwar nur in kleindeutschem Rahmen, im Bündnis mit Preußen und deshalb um den Preis erheblicher Abstriche an liberalen Prinzipien. Dennoch fiel die Zustimmung zum Nationalstaat, misst man sie fürs Erste an den Ergebnissen der Reichstagswahlen vom März 1871, in den südwest- und norddeutschen Hochburgen der Nationalliberalen breit aus. Zu den entschiedenen Befürwortern zählten auch die Freikonservativen, während Teile der Linksliberalen ihm gegenüber Vorbehalte hegten. Das galt nicht minder für viele Katholiken, denen der preußisch-protestantische Charakter des Reichs Sorgen bereitete, sowie für die meisten Konservativen in Preußen, denen die Einigung als Sieg der bürgerlich-liberalen Nationalbewegung erschien. Zwei größere Gruppen der Bevölkerung lehnten den kleindeutschen Nationalstaat ab. Da gab es erstens politische Minderheiten deutscher Nationalität: Großdeutsche, zu denen Teile der süddeutschen Liberalen, die zwar national, aber nicht preußisch eingestellt waren, sowie süddeutsche Konservative zählten, die noch am Alten Reich und am habsburgischen Kaisertum hingen; Partikularisten wie die Welfen in Hannover oder die bayerischen Patrioten, die einen dynastischen, einzelstaatlichen Patriotismus pflegten; sozialdemokratische Arbeiter, die nichts gegen einen deutschen Nationalstaat hatten, wohl aber, teils in demokratischer, teils in großdeutscher Tradition, etwas gegen dessen kleindeutsch-preußische Variante. Dann gab es zweitens nichtdeutsche ethnische Minderheiten. Sie wollten dem Kaiserreich nicht angehören, weil er ein deutscher Nationalstaat war, und beriefen sich dabei auf eben die Idee, die ihm zugrunde lag: das Nationalitätsprinzip. Zu diesen nationalen Minderheiten gehörten jene, die polnisch sprachen und von denen sich immer mehr zur polnischen Nation rechneten. Die meisten lebten in den preußischen Ostprovinzen. Hinzu kamen Elsässer und Lothringer im Westen und Dänen im Norden. Diese Minderheiten waren weder sozial oder politisch homogen, noch nahmen sie eine einheitliche Haltung zum neu gegründeten Nationalstaat ein. Auch steuerte die preußisch-deutsche Nationalitätenpolitik zwischen Integration und Assimilation, zwischen Nachsicht und Repression keinen gleichbleibenden Kurs. Denn die an ihr beteiligten politischen Akteure und Institutionen zogen nicht an einem Strang, der Einfluss gesellschaftlicher Kräfte wuchs, und die Rahmenbedingungen wandelten sich.

*Zit. nach: Hans-Peter Ullmann, Politik im Deutschen Kaiserreich 1871–1918, Oldenbourg, München 1999, S. 1 f.**

1 Fassen Sie mithilfe von M 7 die Integrationsprobleme des ersten deutschen Nationalstaates zusammen.
2 **Präsentation:** Erarbeiten Sie zu folgenden Themen Präsentationen in Einzel- oder Gruppenarbeit.
  a) Mehrheiten und Minderheiten – Nationalitäten im Deutschen Kaiserreich
  b) Zwischen Kulturkampf und Sozialistengesetz – Bismarcks Innenpolitik
  c) Zwischen Integration und Ausgrenzung: Juden im Deutschen Kaiserreich
3 **Wahlaufgabe:** Bearbeiten Sie Aufgabe a) oder b). Nehmen Sie Stellung zu Chancen und Risiken von
  a) ethnischer Vielfalt innerhalb einer Nation,
  b) Integration von Minderheiten in einer Nation.

Verfassungsschaubilder interpretieren

Eine Verfassung* bestimmt den gesetzlichen Rahmen eines Staates, indem sie die Staatsform, den organisatorischen Aufbau, die Aufgaben und die Beziehungen der einzelnen Institutionen sowie die Rechte der Bevölkerung festlegt. Verfassungsschaubilder bieten dabei eine Möglichkeit, die häufig umfangreichen und komplizierten Gesetzestexte grafisch und für den „Leser" damit vereinfacht und übersichtlich darzustellen. Die folgenden Arbeitsschritte fördern die Fähigkeit, Verfassungsschaubilder angemessen zu analysieren und zu interpretieren. Als Vorläufer moderner Verfassungen gelten die Analysen bestehender Staats- und Regierungsformen in der griechischen Antike, wie sie z. B. Aristoteles formulierte. Die moderne Verfassungsentwicklung begann in Europa im 17. Jahrhundert mit der in England verabschiedeten *Bill of Rights*. Erstmals wurden die Rechte des Einzelnen gegenüber dem Staat sowie die Gewaltenteilung festgeschrieben.

Die am 16. April 1871 vom Reichstag verabschiedete Verfassung des Deutschen Reiches glich inhaltlich weitgehend der Verfassung des Norddeutschen Bundes von 1867 und resultierte aus den Verträgen, die der Bund unter Führung Preußens infolge der militärischen Erfolge im Deutsch-Französischen Krieg von 1870 mit dem Großherzogtum Baden und Hessen sowie dem Königreich Bayern und Württemberg zur Vorbereitung auf die Reichsgründung geschlossen hatte. Die Verfassung, die am 4. Mai 1871 in Kraft trat, existierte faktisch bis zum 9. November 1918 (Abdankung des Kaisers) und wurde formalrechtlich erst durch die Weimarer Reichsverfassung vom 14. August 1919 aufgehoben.

Arbeitsschritte zur Interpretation

1. Historische Einordnung
- Für welchen Staat gilt die Verfassung?
- Wann und durch wen wurde die Verfassung verabschiedet und wann wurde sie in Kraft gesetzt?
- Wie lange war die Verfassung gültig?

2. Verfassungsorgane
- Welche Verfassungsorgane sind dargestellt?
- Wie sind die Organe zusammengesetzt und welche Aufgaben bzw. Befugnisse besitzen sie?

3. Machtverteilung
- Welche Auskunft gibt das Schaubild über die staatliche Machtverteilung, die Machtkonzentration und -beschränkung?
- Wie wird die Gewaltenteilung umgesetzt?

4. Rechte des Volkes
- Wer darf wen wie oft wählen?
- Welche Rechte werden der Bevölkerung garantiert?

5. Struktur des Staates
- Um welche Staatsform handelt es sich?
- Beinhaltet die Verfassung föderative oder/und zentralistische Elemente?

6. Kritik
- Worüber gibt das Schaubild keine Auskunft?

Übungsaufgabe

M1 Die Verfassung des Deutschen Reiches von 1871

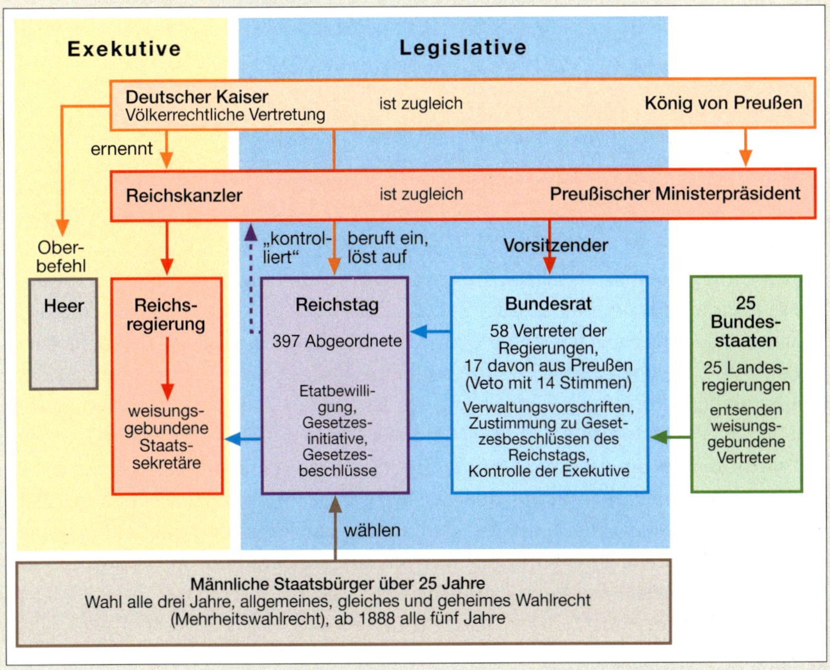

4 Interpretieren Sie das Verfassungsschaubild M 1 mithilfe der Arbeitsschritte.
▶ Lösungshinweise finden Sie auf S. 648.

Formulierungshilfen für die Interpretation eines Verfassungsschaubildes

- Das Schaubild veranschaulicht/visualisiert/schematisiert/zeigt/thematisiert …
- Die staatliche Organisation/Struktur/Verteilung der Kompetenzen regelt die Verfassung durch/ist in der Verfassung festgeschrieben durch …
- … wird/werden durch die Verfassung folgende Kompetenzen/Befugnisse/Rechte eingeräumt: …//Pflichten/Aufgaben übertragen: …
- Das Schaubild gibt keine Auskunft über//vernachlässigt werden die Aspekte …
- eine Verfassung verabschieden = eine Verfassung beschließen
- Verfassungsorgan = eine Institution (z. B. Reichstag), die an der Umsetzung der Verfassung maßgeblich beteiligt ist
- Gewaltenteilung = Verteilung der staatlichen Befugnisse durch eine Verfassung in exekutive (ausführende), legislative (gesetzgebende) und judikative (richterliche) Gewalt
- Staatsform = Art und Weise der politischen Ausrichtung und Organisation eines Staates (z. B. Monarchie, Republik, Diktatur)
- föderalistisch = den Zusammenschluss einzelner Elemente (z. B. Bundesländer mit gewissen eigenen Kompetenzen) zu einem Ganzen (z. B. Staat mit übergeordneten Kompetenzen) betreffend
- zentralistisch = alle Kompetenzen an einem Punkt (z. B. in einer Institution wie dem König) bündelnd (entspricht weitgehend dem Gegenteil von föderalistisch)

7.4 Nationalismus, Imperialismus und Weltpolitik

In dieser Themeneinheit geht es um
- *das weltweite Phänomen des Imperialismus im 19. Jahrhundert,*
- *die Rolle des Deutschen Reiches in der Weltpolitik um 1900,*
- *die Radikalisierung des Nationalismus vor dem Ersten Weltkrieg.*

Imperialismus

Die Gründung von **Kolonialreichen** und Imperien* beschränkte sich nicht auf die Epoche des Hochimperialismus (ca. 1880–1914) und sie war keine spezifisch deutsche Erscheinung. So sicherten sich die europäischen Seemächte Spanien, Portugal, Holland, England und Frankreich im Zeitalter der Entdeckungen bzw. Kolonisation* (15. bis 18. Jahrhundert) Kolonien besonders in Amerika, Vorder- und Hinterindien, Australien und Ozeanien (s. S. 146 ff.). Seit den 1880er-/90er-Jahren erhielt die **Eroberung, Annexion* und Durchdringung überseeischen Besitzes** durch die europäischen Staaten jedoch eine neue, imperialistische Qualität: Territoriale Expansion* sowie die Ausdehnung der nationalen Einflusssphären wurden nun zur Richtschnur außenpolitischen Handelns. Es entstand ein regelrechter **Wettlauf um die Aufteilung der Welt.** Koloniale Herrschaft galt als eine Frage des nationalen Prestiges*.

Kolonialismus
bezeichnet die Landnahme durch eine expandierende Gesellschaft über ihr angestammtes Herkunftsgebiet hinweg. Historiker nennen drei Merkmale:
1) Eine gesamte Gesellschaft wird ihrer historischen Eigenentwicklung beraubt, fremdgesteuert und auf die Interessen der Kolonialherren hin umgepolt.
2) Die Kolonisatoren verweigern kulturelle Kompromisse.
3) Offizielle Begründung für Kolonisation war ab dem 16. Jh. häufig religiöse Mission, im 19./20. Jh. meist ein weltliches Mandat zur „Zivilisierung".

Motive des Imperialismus

Der moderne **Imperialismus*** unterschied sich von der bisherigen kolonialen Ausbreitung europäischer Mächte nicht nur durch neue Expansionsformen, sondern vor allem in der Dynamik*, der Aggressivität und der politisch-ökonomischen Programmatik. Der Wettbewerb zwischen den europäischen Mächten beschleunigte das Tempo imperialer Ausbreitung. Diese Konkurrenz, die bald in eine unerbittliche Rivalität mündete, wurde auf weltweit ausgetragen. Dabei spielten wirtschaftliche Überlegungen eine erhebliche Rolle. Es ging allerdings nicht mehr vor allem um die Öffnung bzw. die Liberalisierung der Weltmärkte und die Durchsetzung einer Freihandelspolitik. Abgesehen von Großbritannien bestimmte in der zweiten Hälfte des 19. Jahrhunderts vielmehr der **Protektionismus*** zunehmend die Wirtschaftspolitik der europäischen Staaten. Besonders Zölle sollten dabei den Aufbau eigener Wirtschaftszweige schützen und ausländische Konkurrenz bekämpfen. Mit dieser Politik ging ein Denken einher, das die Weltwirtschaft als ein System konkurrierender Nationalwirtschaften verstand. Die **Gewinnung von Rohstoffquellen und Absatzmärkten** sowie von Räumen für die Ansiedlung eines angeblichen Bevölkerungsüberschusses waren neben dem nationalen Prestige die Hauptargumente, die von nationalistischen und imperialistischen Verbänden, Parteien und Regierungen mit großer Massenwirkung propagiert wurden.

Ein weiteres Motiv imperialistischer Politik war die Ablenkung von innenpolitischen Spannungen. Man wich sozialen und politischen Konflikten, z. B. zwischen Arbeitnehmern und Unternehmern, Demokraten und Anhängern des monarchischen Obrigkeitsstaates, aus. Für diesen Aspekt ist der Begriff **„Sozialimperialismus"** geprägt worden. Der immer größere technologische, ökonomische, politisch-organisatorische und damit auch militärische Abstand zwischen den europäischen Staaten, die mitten im Prozess der **Industrialisierung** standen, und den Völkern und Staaten Asiens sowie Afrikas diente als Anlass für Intervention. Dabei nahmen Forschungsdrang, **zivilisatorisches* Sendungsbewusstsein** oder **religiöse Mission** einen ebenso großen Stellenwert ein wie nationalistisches Machtstreben und ökonomische Interessen.

Imperialismus
Im neuzeitlichen Verständnis zunächst die Ausdehnung der Herrschaft eines Staates über andere Länder durch Eroberung, Annexion und Durchdringung; eine seiner Formen ist der Kolonialismus. Mit Bezug auf die Zeit seit der Hochindustrialisierung bedeutet Imperialismus ein ausgeprägtes, in verschiedenen Formen auftretendes, zugleich wirtschaftliches und politisches Ausnutzungs- und Abhängigkeitsverhältnis zwischen industriell weit fortgeschrittenen und wirtschaftlich wenig entwickelten Staaten und Regionen (besonders in Afrika und Asien). Vor allem die Zeit zwischen 1880 und 1918 gilt als Epoche des Imperialismus. Die Kolonien wurden auch als Pfänder im globalen Machtspiel angesehen.

Deutsche Kolonialpolitik 1871–1914
cornelsen.de/Webcodes
Code: hokapi

▶ M 3, M 4: Deutsche Kolonialherrschaft

Folgen des Imperialismus

Die Rivalität der europäischen Mächte führte zu einer Verschärfung des imperialen* Zugriffs auf die Welt. Es ging nicht mehr um einzelne koloniale Stützpunkte, sondern um eine flächendeckende Ausdehnung. Der damit notwendig werdende Aufbau von Kolonialverwaltungen bewirkte, vor allem in Afrika und Südasien, eine stärkere **Unterwerfung der einheimischen Bevölkerung**. Diese unterstanden viel direkter als vorher der Herrschaft der Europäer. Andere Gebiete – z.B. China, Persien, das Osmanische Reich – standen in einer indirekten politischen und wirtschaftlichen Abhängigkeit von den europäischen Großmächten. So entstand bis zum Ersten Weltkrieg ein weltumspannendes Netz imperialer Kontrolle. Sie brachte den betroffenen Menschen in den Kolonien oft erniedrigende Bestimmungen, Ausbeutung, aber auch gewaltsame Unterdrückung, die bis zur kriegerischen Vernichtung großer Volksgruppen führen konnte.

Mit der realen Weltherrschaft Europas wurden europäische Konflikte auch in die außereuropäische Welt verlagert. Den heftigen Interessengegensätzen der Kolonialmächte in den eroberten Gebieten standen auch zahlreiche Vereinbarungen über die Abgrenzung von Interessensphären, sogar gemeinsame Aktionen gegenüber. So gab es z.B. eine gemeinsame militärische Aktion aller Großmächte einschließlich Japans und der USA gegen den **„Boxer"-Aufstand*** in China 1900/01. Zu Kriegen wegen kolonialer Konflikte kam es nur zwischen europäischen und außereuropäischen Staaten (1898 Spanien gegen USA; 1899–1902 Großbritannien gegen die südafrikanischen Burenrepubliken; 1904/05 Russland gegen Japan). Die europäischen Mächte schreckten offensichtlich davor zurück, in den Kolonien untereinander in kriegerische Auseinandersetzungen zu geraten, da die Folgen in Europa für sie nicht kalkulierbar waren.

„Boxer"-Aufstand
Erhebung der Anhänger eines Geheimbundes (chin. *k'üan-fei* = Faust-Rebellen) in China 1900/01, die sich gegen jene Konzessionen und Gebietsabtretungen wandte, die die Mandschu-Dynastie den europäischen Mächten Deutschland, Großbritannien und Frankreich sowie den USA und Japan zugestanden hatte. Der Aufstand wurde durch ein internationales Expeditionskorps niedergeschlagen.

M1 Die Aufteilung der Welt im Zeitalter des Imperialismus

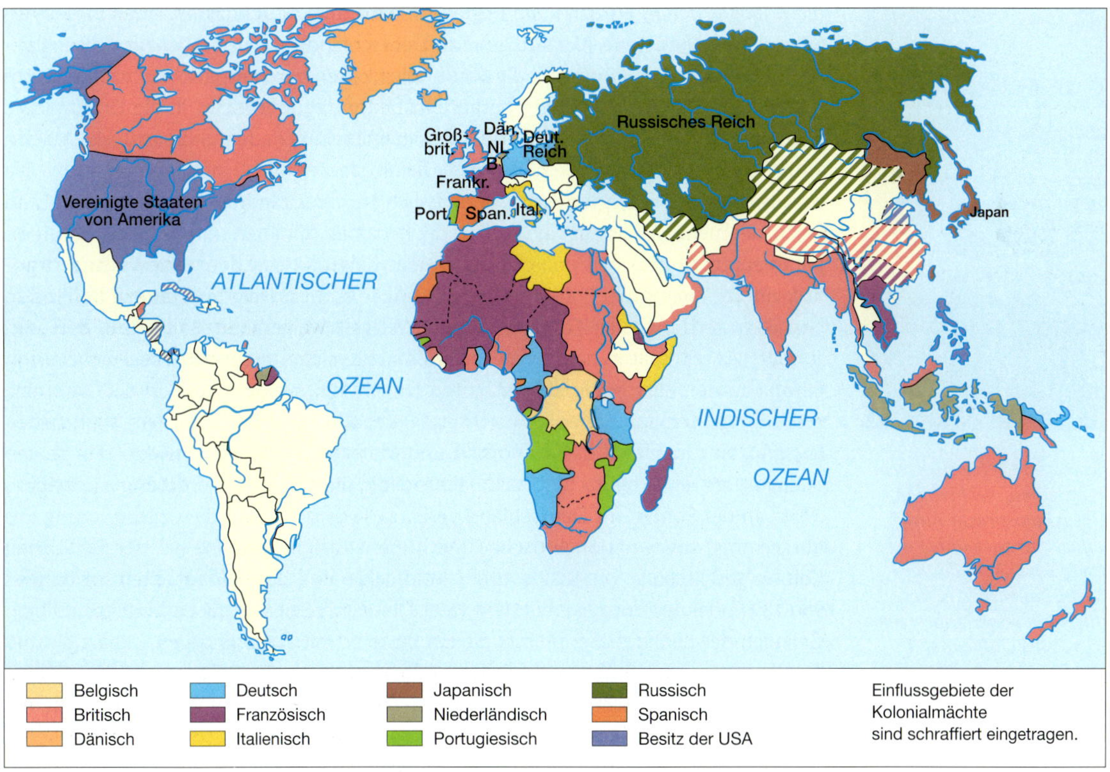

Deutsche Außenpolitik unter Bismarck

▶ M5–M9: Außenpolitik des Deutschen Kaiserreichs

Seit der Reichsgründung 1870/71 besaß Deutschland eine „halb**hegemoniale** Stellung" in Europa. Es war zu schwach, um die europäische Hegemonie* zu übernehmen. Und es war gleichzeitig zu stark, als dass die europäischen Machtverhältnisse gegen seinen Willen hätten verändert werden können. Bismarck war in erster Linie bestrebt, den „Albtraum feindlicher Bündnisse" gegen das Deutsche Reich zu verhindern. Nach dem Sieg über Frankreich 1870 musste er davon ausgehen, dass der westliche Nachbar versuchen würde, den neuen internationalen Status quo* zu verändern. Frankreich, das jahrhundertelang dem Reich und den deutschen Einzelstaaten überlegen gewesen war, fühlte sich vor allem durch die militärische Niederlage gegen Deutschland gedemütigt. Für Bismarck war daher die Sicherung von Ruhe und Frieden in Europa die Lebens- und Überlebensbedingung des Deutschen Reiches. Er versuchte die mit der Reichsgründung in Europa geschaffene machtpolitische Situation zur Grundlage für ein neues **Gleichgewicht der Mächte*** zu machen. Um dieses Ziel zu erreichen, erklärte er immer wieder Deutschland zum „saturierten*" Staat, der keine expansiven Wünsche mehr hege. Zweitens schloss er konsequent defensive Bündnisse mit möglichen Gegnern, um einen Kriegsfall auszuschließen. Drittens betrieb er erfolgreich Frankreichs Isolierung*, damit es keine Angriffsbündnisse gegen Deutschland schließen konnte. Dafür sollten die Gegensätze zwischen den europäischen Großmächten genutzt werden.

Gleichgewicht der Mächte
Prinzip bei der Gestaltung der internationalen Beziehungen, das auf ein Gleichgewicht von Staaten mit vergleichbarer Militär- und/oder Wirtschaftskraft setzt. Dadurch soll im internationalen Staatensystem die Vorherrschaft eines Staates verhindert werden.

Deutsche Außenpolitik unter Wilhelm II.

Am 15. Juni 1888 bestieg Wilhelm II. den deutschen Kaiserthron. Konflikte zwischen dem impulsiven* jungen Monarchen und dem vorsichtigen alten Reichskanzler, der 1890 entlassen wurde, waren absehbar. Weil Wilhelm II. selbst regieren wollte, war er nicht länger bereit, Bismarck die Regierungsgeschäfte zu überlassen. Auch in der Außenpolitik sollten neue Akzente gesetzt, Deutschlands Macht besser zur Geltung gebracht werden. Hatte Bismarck die Empfindlichkeiten der europäischen Staaten durch machtpolitische Zurückhaltung besänftigt, beunruhigte Wilhelm II. die Großmächte zunehmend durch vollmundige Sprüche, säbelrasselnde Reden und lautstarke Machtansprüche. Der Amtsantritt Wilhelms II. fiel in die Zeit des „Hochimperialismus". Die Kenntnis dieses Hintergrundes ist unerlässlich zum Verständnis des Politikwandels im Reich, der mehr war als nur ein Wechsel der Personen mit ihren unterschiedlichen Temperamenten. Anders als Bismarck trat der neue Kaiser für eine **deutsche Weltmachtpolitik** ein. Die Ziele dieser Politik hat der Historiker Andreas Hillgruber einmal treffend so charakterisiert: „Mit der Forderung nach Weltgeltung verband Wilhelm II. den ‚Anspruch' des erst spät in den Kreis der Großmächte eingetretenen Reiches, nicht nur in Europa zu den entscheidenden Mächten zu gehören, sondern auch in der Welt eine ebenbürtige Stellung neben den sich etablierenden Imperien, vor allem auch neben England, einzunehmen, das als Vorbild und Maßstab stimulierend wirkte." Für seinen „Neuen Kurs" einer deutschen Weltmachtpolitik, die er mit der Forderung nach einem „Platz an der Sonne" für Deutschland verband, fand der Kaiser die Unterstützung des Bürgertums* sowie nationalistischer und imperialistischer Vereine wie der Deutschen Kolonialgesellschaft von 1887 (vorher Kolonialverein), des **Alldeutschen Verbandes** von 1891 oder des Flottenvereins von 1898. Diese ehrgeizige Politik verhinderte aber ein Gelingen der neuen Außenpolitik, die ein Bündnis mit England gegen Frankreich und Russland anstrebte, und mündete in die **Selbstisolierung des Reiches**. Mit dem Bau einer riesigen Flotte wollte das Deutsche Reich den Durchbruch zur Weltmacht erreichen und mögliche Angreifer abschrecken. Mit der **Flottenpolitik** sollte auch entweder Großbritannien zu deutschen Bedingungen in ein Bündnis gezwungen oder zusammen mit Russland das britische Weltreich „aus den Angeln" gehoben werden, sodass das Deutsche Reich dessen koloniales Erbe antreten könnte. Der Staatssekretär im Reichs-

M2 Wilhelm II. (1859 bis 1941), Fotografie, 1908

Wilhelm II. war von 1888 bis 1918 Deutscher Kaiser und König von Preußen. Weil er seine Machtansprüche nach innen und außen energisch anmeldete, geriet er rasch in einen Konflikt mit Reichskanzler Bismarck, den er deswegen 1890 entließ. Mit seiner unberechenbaren und aggressiven Außenpolitik isolierte er das Deutsche Reich in Europa. Während des Ersten Weltkrieges überließ er der Obersten Heeresleitung die Führung. Er floh 1918 in die Niederlande und kämpfte von dort aus für die Erneuerung der Monarchie in Deutschland.

marineamt, Alfred von Tirpitz, legte dazu 1898 den Plan einer **deutschen „Risikoflotte"**, die zwei Drittel der englischen Stärke erreichen sollte, vor. Kaiser, Großindustrie, imperialistische Vereine und Reichstagsmehrheit unterstützten den Plan. England erblickte im energischen deutschen Flottenbau einen Angriff auf seine Seeherrschaft und näherte sich daraufhin Frankreich und Russland an.

Radikalisierung des Nationalismus

Die wilhelminische Weltpolitik beruhte auf einer grundlegenden Neubewertung der Reichsgründung und ihrer Bedeutung für die deutsche Nation. Dabei wurde – entgegen der nach 1871 weit verbreiteten Auffassung, dass die Gründung des Deutschen Reiches den Höhepunkt und die Vollendung der preußisch-deutschen Geschichte darstellte – der durch Bismarck geschaffene Nationalstaat nicht mehr als Abschluss, sondern lediglich als Ausgangspunkt der nationalen Entwicklung angesehen. Die Einschwörung der Bevölkerung auf die Erringung und Behauptung einer politischen und kulturellen Weltmachtstellung des deutschen Volkes durch Politik und konservative Parteien wie Verbände befriedigte Sehnsüchte nach nationaler Größe. Die Identifikation mit der Nation sollte dabei Verunsicherungen und Belastungen ausgleichen, die die **Modernisierung*** von Wirtschaft und Gesellschaft für viele Menschen mit sich brachte. Mit der Ausbreitung und Intensivierung nationaler Gefühle ging die Radikalisierung des Nationalismus bzw. seine Umdeutung zum **integralen Nationalismus** (s. S. 283 f.) einher. Das nationale Denken und Handeln verlor damit zunehmend seine liberale und emanzipatorische* Ausrichtung, dagegen gewannen aggressiv-expansionistische und imperialistische Elemente mehr und mehr an Gewicht.

▶ **M 10: Nationalismus vor dem Ersten Weltkrieg**

Der neue Radikalnationalismus dachte völkisch* und rassenbiologisch; dementsprechend definierte er die Nation als ethnische* Abstammungsgemeinschaft. Nach innen stemmte sich dieser Nationalismus gegen alle politisch-sozialen Demokratisierungs- und Liberalisierungsbestrebungen, nach außen forderte er die aggressive und militärische Vertretung deutscher Interessen. Der extreme Nationalismus organisierte sich in den 1890er-Jahren. Den Kern bildete dabei der Alldeutsche Verband.

1 Arbeiten Sie aus der Darstellung Ziele, Methoden und Folgen des Imperialismus heraus.
2 Erläutern Sie die Stellung des Deutschen Reiches innerhalb der imperialistischen Weltpolitik.
3 Arbeiten Sie aus der Darstellung die Zusammenhänge zwischen der Weltmachtpolitik Wilhelms II. und der Radikalisierung des Nationalismus im Deutschen Reich heraus.
4 Erläutern Sie mithilfe der Karte M 1 die These, der moderne Imperialismus habe zu einem regelrechten Wettlauf um die Aufteilung der Welt geführt.
5 **Gruppenarbeit:** Ergänzen Sie die auf der Karte M 1 fehlenden Informationen über die imperialistischen Großmächte, indem Sie jeweils das Jahr des Kolonieerwerbs sowie den damaligen und heutigen Namen der Kolonie recherchieren.
Tipp: Gehen Sie arbeitsteilig vor und teilen Sie sich die verschiedenen Kolonialmächte innerhalb der Lerngruppe untereinander auf.
6 **Zusatzaufgabe:** Siehe S. 617.

Hinweise zur Arbeit mit den Materialien:
M 3, M 4 behandeln die deutsche Kolonialherrschaft.
M 5–M 9 thematisieren die Entwicklung der deutschen Außenpolitik unter Bismarck und Kaiser Wilhelm II.
M 10 ist beispielhaft für den Nationalismus unter Wilhelm II.

Deutsche Kolonialherrschaft

M 3 Aus der „Chinesenordnung" für Tsingtao vom 14. Juni 1900

B. Allgemeine Vorschriften zur Aufrechterhaltung der Sicherheit und Ordnung.

§ 5. Zwischen 9 Uhr abends und Sonnenaufgang darf kein Chinese die Straße betreten, ohne eine brennende Laterne zu tragen oder sich vortragen zu lassen.

§ 6. Jede chinesische Bekanntmachung oder Proklamation, die an Häusern oder sonst wie öffentlich auf der Straße angeheftet werden soll, bedarf der Genehmigung des Kommissars für Chinesenangelegenheiten. Die Erlaubnis zur Anheftung ist zu versagen, falls der Inhalt die Ruhe und Ordnung zu gefährden geeignet ist.

§ 7. Jede Versammlung oder Beratung zu anderen als religiösen Zwecken bedarf der ausdrücklichen Genehmigung des Kaiserlichen Gouverneurs. Die Erlaubnis ist beim Kommissar für Chinesenangelegenheiten durch den Veranstalter der Versammlung und den Hausbesitzer, in dessen Hause die Versammlung abgehalten werden soll, einzuholen.

§ 8. Der Genehmigung des Kaiserlichen Gouverneurs bedürfen ferner:
a) öffentliche Durchzüge durch die Straßen des Stadtgebietes mit Ausnahme von Hochzeits- und Leichenzügen,
b) das Abbrennen von Feuerwerkskörpern,
c) Theateraufführungen und provisorische Theaterbauten. Dem Gesuche sind die Einzelheiten sowie die Namen der aufzuführenden Stücke beizufügen.

§ 9. Alle Bittschriften, Eingaben und Gesuche mit Ausnahme von Eingaben an das Gericht sind an den Kaiserlichen Gouverneur zu richten und in der Kanzlei des Kommissars für chinesische Angelegenheiten abzugeben.

Zit. nach: Horst Gründer (Hg.), „...da und dort ein junges Deutschland gründen". Rassismus, Kolonien und kolonialer Gedanke vom 16. bis zum 20. Jahrhundert, dtv, München 2006, S. 245 f.

1 a) Analysieren Sie die Karikatur M 4.
Tipp: Nutzen Sie dafür die Methodenseite 238 f.
b) Arbeiten Sie die Folgen deutscher Kolonialherrschaft für die afrikanische und chinesische Bevölkerung heraus (M 3 und M 4).
c) Deuten Sie die Kritik des Karikaturisten an imperialistischer Herrschaft (M 4).

2 Vertiefung:
a) Informieren Sie sich über die Kolonialkriege gegen Herero und Nama (1904–1907) sowie die Niederschlagung des Maji-Maji-Aufstandes (1905–1907). Stellen Sie am Beispiel dieser Kolonialkriege Ursachen und Folgen imperialistischer Herrschaft für die Kolonialvölker dar.
b) Bisher hat die deutsche Bundesregierung keine Entschädigungszahlungen an die hinterbliebenen Herero und Nama geleistet. Diskutieren Sie die Haltung der aktuellen Bundesregierung bezüglich des Völkermordes an den Herero und Nama.

M 4 „Zur ostafrikanischen Sklavenbefreiung", Karikatur aus „Der wahre Jacob", 1889.
Der Begleittext zur Karikatur lautet: „Es kann den schwarzen Einwohnern Ostafrikas ganz Wurst sein, ob sie von den Arabern als Sklaven malträtiert oder von Dr. Peters & Co. als Lohnsklaven ausgebeutet werden." Carl Peters war seit 1885 Reichskommissar für Deutsch-Ostafrika.

Außenpolitik des Deutschen Kaiserreiches

M5 Der Historiker Jörg Fisch über Konzeption und Risiken der Außenpolitik Bismarcks (2002)

Eine Politik der bloßen Erhaltung des Status quo musste, was ihre Glaubwürdigkeit betraf, auf eine weitere Schwierigkeit stoßen. Deutschlands kontinuierlich wachsendes wirtschaftliches und demografisches Gewicht in Europa schien die Annahme stabiler, ausgeglichener Verhältnisse Lügen zu strafen. Auf die Dauer ließen sich politische Auswirkungen solcher Gewichtsverlagerungen kaum vermeiden. Die neue Politik musste vor allem Russland und Österreich-Ungarn betreffen, da sich Großbritannien in Friedenszeiten traditionell aus kontinentalen Bindungen heraushielt. Bismarck versuchte, durch lockere Neutralitätsabsprachen in Form des sogenannten Dreikaiserbundes beide Kontinentalmächte an Deutschland zu binden. Doch wurde schon während der Balkankrise 1878 deutlich, dass die Interessen der beiden nicht miteinander vereinbar waren und Deutschland somit Prioritäten setzen musste. Bismarck entschied sich 1879 für ein Bündnis mit der Donaumonarchie, die ihm verlässlicher und gefügiger als Russland schien. Er ergänzte diese Allianz 1882 durch Italien und 1883 durch ein geheimes Abkommen mit Rumänien, während er zugleich den Dreikaiserbund weiterpflegte. Nach heftigen Auseinandersetzungen mit Österreich-Ungarn lehnte Russland allerdings 1887 eine Erneuerung ab, sodass sich Bismarck auf die Aushilfe des bilateralen sogenannten Rückversicherungsvertrages verwiesen sah, der mit den Verpflichtungen gegen Österreich nicht wirklich vereinbar war. Als sein Nachfolger Graf Leo von Caprivi (1890–1894) den Rückversicherungsvertrag 1890 nicht mehr erneuerte, war das weniger ein Bruch mit der bismarckschen Tradition als die logische Konsequenz aus ihr. Das deutsch-österreichische Bündnis musste Russland geradezu in ein Bündnis mit Frankreich zwingen, wie es dann 1892 auch abgeschlossen wurde und 1894 in Kraft trat.

Damit stand Deutschland auf dem Kontinent in der schwächeren Mächtekonstellation. Ein wirkliches Gegengewicht ließ sich nur durch ein engeres Zusammengehen mit Großbritannien schaffen. Einflussreiche Kräfte in beiden Staaten versuchten es um die Jahrhundertwende herbeizuführen. Letztlich aber war es unvereinbar mit einer neuen Tendenz, die seit den Neunzigerjahren in Deutschland aufkam und zu deren Repräsentant [...] Wilhelm II. wurde: der Forderung nach sogenannter Weltpolitik.

*Zit. nach: Jörg Fisch, Europa zwischen Wachstum und Gleichheit 1850–1914, UTB, Stuttgart 2002, S. 95 f.**

1 Erläutern Sie Bismarcks Außenpolitik (M5).
2 Diskutieren Sie Risiken und Konfliktpotenzial von Bismarcks Außenpolitik (M5, siehe auch M8).

M6 Der Historiker Jörg Fisch zur Außenpolitik unter Wilhelm II. (2002)

Ein Zusammengehen mit Großbritannien hätte Deutschland eine sichere Rückendeckung für seine kontinentale Politik verschafft. Aber das hätte von ihm als Gegenleistung die Anerkennung der britischen Weltstellung und damit, weltweit gesehen, die Position des Juniorpartners, der außerhalb Europas wenig zu sagen hatte, verlangt. Hinter der Weltpolitik standen indessen gerade Forderungen nach gleichberechtigter Stellung Deutschlands [...] [als] Weltmacht [...]. Bismarck hatte solchen Tendenzen, wohl ohne es zu beabsichtigen, bereits Vorschub geleistet, durch den Erwerb von Kolonien in Afrika und Ozeanien 1884/85. [...] Man kann den deutschen Versuch, Weltpolitik zu betreiben, der von einer breiten mittelständischen, national orientierten Öffentlichkeit getragen wurde, nicht von vornherein als illegitim bezeichnen. [...] Nur musste sich die deutsche Politik bewusst sein, dass sie als Herausforderer antrat gegen ein Land, für das es nicht nur um wichtige Grundlagen seines Wohlstands ging, sondern auch um die Sicherheit seiner Nahrungsmittelversorgung, musste es doch mehr als die Hälfte seines Bedarfs aus Übersee einführen. Das Dilettantische an der deutschen Politik lag darin, dass sie diesen existenziellen Charakter der Auseinandersetzung nicht wirklich zur Kenntnis nehmen wollte. Aus dem Dilettantismus wurde eine Überschätzung der eigenen Kräfte, als die deutsche Regierung es nicht für nötig hielt, sich für die Auseinandersetzung mit England eine solide kontinentale Basis zu schaffen. [...] Großbritannien stand deutschen Aktivitäten in Übersee durchaus mit einem gewissen Wohlwollen gegenüber, sowohl was den Kolonialerwerb als auch was den Aufbau einer Flotte betraf. [...]

Erschwerend wirkte sich [jedoch] aus, dass Kaiser Wilhelm II. nach der Entlassung Bismarcks (1890) immer wieder unkoordiniert in die Außenpolitik eingriff, mit wenig substanziellen Reden und Aktionen, die aber oft provozierend wirkten. Zum eigentlichen Stein des Anstoßes und zur Herausforderung für die Briten wurde der 1898 begonnene deutsche Schlachtflottenbau. [...] Der deutsche Flottenbau, auf den die Briten mit einem raschen Ausbau ihrer Marine antworteten, setzte ein förmliches Wettrüsten in Gang. [...] Der Glanz einer erhofften Weltstellung blendete die deutsche Führung so stark, dass sie ihre ganz überwiegend durch die Lage in Europa bestimmte

strategische Situation aus dem Auge verlor. Geblendet war allerdings nicht nur die Führung. Die neue Politik war in breiten Kreisen so populär, dass ein Verzicht auf sie innenpolitisch kaum durchsetzbar gewesen wäre.
Die Vernachlässigung der kontinentalen Verhältnisse ging noch weiter, indem es Deutschland versäumte oder nicht für nötig hielt, seine imperiale Politik durch die Gewinnung neuer Bundesgenossen auf dem Kontinent abzusichern. Dafür wäre wohl nur Russland infrage gekommen, dem erhebliche Zugeständnisse insbesondere auf dem Balkan hätten gemacht werden müssen, die wiederum zulasten Österreichs gegangen wären. Stattdessen näherten sich die Briten dem französisch-russischen Bündnis an, bis 1907 die informelle Dreierallianz perfekt war. Deutschland hatte sich damit in die Isolation manövriert, weil es sowohl eine Vormachtstellung in Europa als auch eine mit Großbritannien paritätische Weltstellung anstrebte. Diese selbst herbeigeführte Isolation wurde in Deutschland überwiegend als Einkreisung wahrgenommen. Die neue Situation wurde Deutschland auch immer wieder durch von ihm selbst provozierte Krisen vor Augen geführt, wenn es jeweils im Alleingang seine Interessen durchzusetzen versuchte. Das war etwa in Südafrika und in besonders markanter Weise in den beiden Marokkokrisen von 1905/06 und 1911 der Fall, als Deutschland gegen französische Versuche intervenierte, sich in Marokko die Vormachtstellung zu sichern. Es traf beide Male auf eine geschlossene diplomatische Abwehrfront [...]. Die Isolation [...] führte zu einer Aufwertung des letzten noch sicheren Rückhalts der deutschen Außenpolitik, des Bündnisses mit der Donaumonarchie. Zu dieser Bindung bestand kaum noch eine Alternative [...]. Das war erstmals 1908/09 der Fall, als Deutschland die Annexion Bosnien-Herzegowinas durch die Donaumonarchie mittels eines Ultimatums an Russland absicherte. Und es war im Juli 1914 wieder der Fall, als Deutschland Österreich-Ungarn nicht nur bedingungslose Unterstützung gegen Serbien zusagte, sondern auch zu entschiedenem Handeln drängte.

*Zit. nach: Jörg Fisch, Europa zwischen Wachstum und Gleichheit 1850–1914, UTB, Stuttgart 2002, S. 96–98.***

1 Erläutern Sie Konzeption, Durchführung und Problematik deutscher Außenpolitik unter Wilhelm II. (M6).
2 Vielen gilt Wilhelm II. als derjenige, der Bismarcks Bündnissystem durch ungestüme Forderungen nach Weltgeltung zerstörte. Diskutieren Sie, welches Ursachengeflecht zur deutschen Isolation führte.
3 **Vertiefung:** Erörtern Sie (M6), wann und wie sich Alternativen zur deutschen Isolation hätten ergreifen lassen. Berücksichtigen Sie auch, welche Bedingungen dafür jeweils hätten erfüllt sein müssen.
Tipp: Nutzen Sie auch M7–M9.

M7 Die europäischen Bündnisse vor 1914

1879 Zweibund zwischen Deutschland und Österreich-Ungarn (bis 1918 in Kraft)
1881 Dreikaiserbündnis: Deutschland, Österreich-Ungarn und Russland (jeweils auf 3 Jahre)
1882 Dreibund: Deutschland, Österreich-Ungarn und Italien
1883 Rumänien tritt dem Dreibund bei
1887 Dreikaiserbündnis nicht erneuert, stattdessen Rückversicherungsvertrag zwischen Deutschland und Russland
1887 Orientdreibund zwischen Großbritannien, Österreich-Ungarn, Italien mit dem Ziel der Erhaltung des Status quo
1890 Rückversicherungsvertrag Deutschland–Russland wird nicht erneuert.
1894 Handelsvertrag mit Russland: erleichtert die Einfuhr deutscher Industriewaren, Deutschland senkt den Einfuhrzoll für russisches Getreide.
1894 Russisch-französischer Zweibund
1891–1901 Erfolglose Bündnisverhandlungen zwischen England und Deutschland
1902 Bündnis zwischen Großbritannien und Japan, Neutralitätsabkommen zwischen Frankreich und Italien
1904 Entente cordiale zwischen Großbritannien und Frankreich (koloniale Spannungen in Nordafrika werden bereinigt)
1907 Entente zwischen Großbritannien und Russland: Spannungen in Afghanistan und Persien werden abgebaut, damit kann sich Russland wieder mehr der Balkanpolitik zuwenden.

Originalbeitrag des Autors Wolfgang Jäger.

1 Beschreiben und vergleichen Sie die europäischen Bündnissysteme (M7–M9).
2 **Wahlaufgabe:** Bearbeiten Sie Aufgabe a), b) oder c). In der Vielfalt und Dynamik der europäischen Bündnisse vor 1914 sind die Ursachen für den Ersten Weltkrieg zu suchen. Erörtern Sie die Thesen:
a) Deutschland ist allein verantwortlich für den Krieg.
b) Deutschland ist hauptverantwortlich für den Krieg.
c) Die europäischen Großmächte sind gewissermaßen in den Krieg „hineingeschlittert".
Tipp: Siehe Darstellung und M5–M9.

M8 Bismarcks Bündnissystem 1879–1890

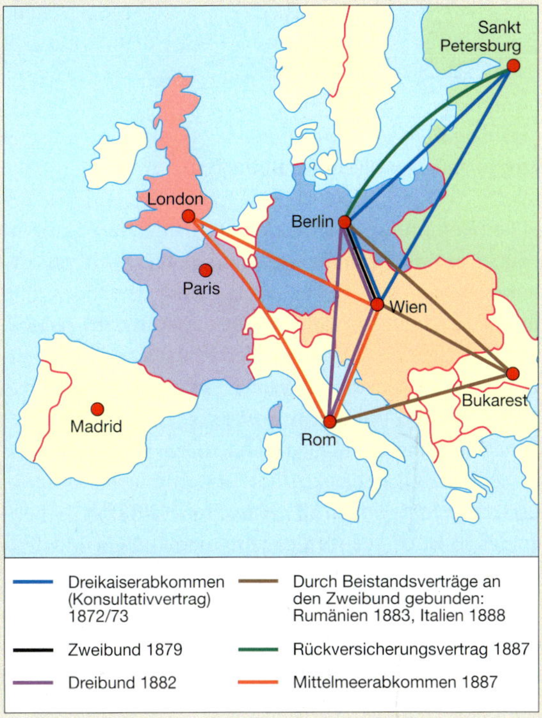

M9 Europäisches Bündnissystem vor 1914

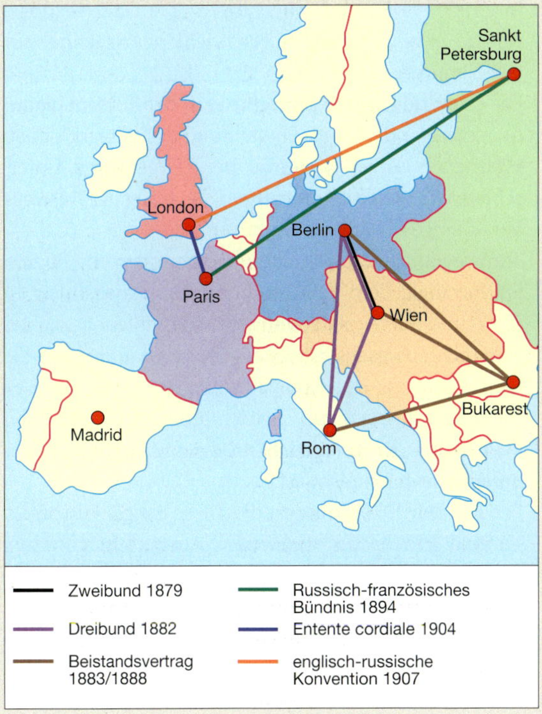

Nationalismus vor dem Ersten Weltkrieg

M 10 Auszug aus einer politischen Schrift (1912)

Der Vorsitzende des Alldeutschen Verbandes, Heinrich Claß (1868–1953), skizzierte in der Schrift „Wenn ich der Kaiser wär'. Politische Wahrheiten und Notwendigkeiten" seine Idealvorstellung eines Staates:

Wir brauchen die freie Presse für unser nationales Leben, eine Presse von Deutschen für Deutsche in deutschem Geiste geschrieben [...]. [...] Eine Gesundung unseres Volkslebens [...] ist nur möglich, wenn der jüdische Einfluss entweder ganz ausgeschaltet oder auf das Maß des Erträglichen, Ungefährlichen zurückgeschraubt wird. [...] Entschlossene Kampfpolitik gegen die Polen durch [...] Enteignung [...] muss man verlangen, [und], dass die Erwählten des polnischen Volkes [...] kein Stimmrecht haben [...]. Wenn man erwägt, dass [in Elsass-Lothringen] die Zahl der französisch Sprechenden seit 1871 stetig gewachsen ist [...], dann wird [...] jeder Großjährige zu erklären [haben], ob er sich offen und rückhaltlos zum Deutschen Reiche bekennt [...]. Bei der Erörterung des Wahlrechts ist bereits ausgeführt worden, dass die politischen Bestrebungen der Frauen nicht als berechtigt und nützlich angesehen werden können [...]. [Es] ist geboten, dass alle am öffentlichen Leben Interessierten umdenken lernen und verlangen, dass wir tätige äußere Politik treiben, sagen wir ruhig aggressive [...].Wir finden, dass [...] das heutige Deutschland mitsamt seinen Kolonien nicht Genüge tut, sodass wir Land erwerben müssen [...]. Jede Ausdehnung in Europa ist von vornherein nur durch siegreiche Kriege herbeizuführen. [...] Es ist einer der schönsten Züge des deutschen Volkscharakters, dass die Mannestreue sich über alle Stürme einer schweren Entwicklung erhalten hat, obwohl sie durch das Unrecht und den Druck von oben oft auf harte Proben gestellt worden ist; Das Bedürfnis lebt heute in den Besten unseres Volkes, einem starken, tüchtigen Führer zu folgen; alle, die unverführt geblieben sind von den Lehren undeutscher Demokratie, sehnen sich danach.

*Zit. nach: Harry Pross (Hg.), Die Zerstörung der deutschen Politik. Dokumente 1871–1933, Fischer Taschenbuch, Frankfurt/M. 1983, S. 136–142.**

1 a) Analysieren Sie M 10 im Hinblick auf die wesentlichen Forderungen des Alldeutschen Verbandes zur Gestaltung von Staat und Gesellschaft.

b) Bewerten Sie ausgehend von M 10 die Bedeutung des deutschen Nationalismus für die politische Situation Deutschlands vor 1914.

Kommunikation in der Welt um 1900

In dieser Themeneinheit geht es um
den weltweiten Ausbau neuer Fernkommunikationsmedien um 1900 und die Auswirkungen dieser Entwicklung auf die damaligen Gesellschaften.

▶ M 2–M 5, M 9: Entstehung des Weltkabelnetzes

▶ M 6–M 8: Zeitgenössische Stimmen zum Telegrafen

▶ M 1, M 10: Auswirkungen der neuen Kommunikationsmittel

Die Entwicklung der modernen Fernkommunikation ist ein entscheidender Faktor im globalhistorischen Prozess der zunehmenden Vernetzung überregionaler* Interessen-, Erfahrungs- und Handlungsräume. Vollzog sich dieser Prozess zunächst über große Zeiträume überaus langsam und unbeständig, beschleunigte er sich ab dem 16. Jahrhundert immens und gewann seit der Mitte des 19. Jahrhunderts eine historisch neuartige Qualität. Hierzu trug wesentlich die Revolutionierung der Kommunikations-, Transport- und Verkehrssysteme im Zuge der Industrialisierung bei.
Die Einführung der Telegrafie auf elektrischer Grundlage bildete dabei eine Zäsur* von welthistorischer Bedeutung. Mit der Nutzung der Elektrizität für Kommunikationszwecke verdichtete sich der Austausch der Weltregionen ab der zweiten Hälfte des 19. Jahrhunderts derart, dass am Beginn des 20. Jahrhunderts die meisten politischen und wirtschaftlichen Systeme global vernetzt waren. Zwar hatte sich bereits durch die Einführung der Dampfschifffahrt im überseeischen Verkehr die Nachrichtenübermittlung erheblich verbessert und verkürzt, doch erst die elektrische Telegrafie mittels interkontinentaler Seekabel ermöglichte eine weltweit funktionierende, schnelle Kommunikation. Benötigte die Übermittlung eines Briefes mit dem Postdampfer um 1900 etwa sieben Tage, betrug die Übertragungszeit für eine telegrafische Nachricht per Seekabel nur vier Minuten.
Die Erfindungen und Fortschritte in der Kommunikation, insbesondere die Entstehung des telegrafischen Weltnetzes um 1900, riefen bei Zeitgenossen unterschiedliche Reaktionen hervor, sie trafen keineswegs auf uneingeschränkte Zustimmung.
Transregionale Kabelverbindungen dienten von Beginn an vorrangig dem Telekommunikationsbedarf von Finanz- und Börsenplätzen sowie der Beschleunigung des Nachrichtenwesens. Darüber hinaus erlaubten sie die Durchdringung und Kontrolle alter und neuer Kolonial- und Einflussgebiete. Zugleich nutzte sie sowohl den Staaten bei der Verbrechensbekämpfung als auch der organisierten Kriminalität.
Die Zeit um 1900, so lautet die These einiger Historiker, sei eine Epoche des weltweiten Austauschs gewesen, dessen Ausmaß erst wieder seit den 1970er-Jahren erreicht wurde. Viele Aspekte unserer heutigen globalen Welt lassen sich dabei bereits um 1900 beobachten. So stellt sich mit Blick auf die damalige wie heutige Zeit die Frage: Hat die weltweite Kommunikation einen aggressiven Nationalismus befördert?

M 1 ***„The Rhodes Colossus striding from Cape Town to Cairo"*, Karikatur aus der englischen Satirezeitschrift *„The Punch"* vom 10. Dezember 1892**

1 Benennen Sie in Stichworten wesentliche Entwicklungen in der Kommunikation um 1900.

Hinweise zu Arbeit mit den Materialien
M 2–M 5, M 9 stellen die Entstehung des globalen Kommunikationsnetzes dar. M 6–M 8 stellen zeitgenössische Stimmen zum Telegrafen vor. M 1, M 10 thematisieren die kurz- und langfristigen Auswirkungen der technischen Entwicklung.

Entstehung des Weltkabelnetzes

M2 Internationale Seekabelverbindungen

Bei der Verlegung der ersten Seekabel standen die Wissenschaftler und Ingenieure im 19. Jahrhundert nicht nur vor technischen Problemen. Die erste Verbindung über das offene Meer zwischen Dover und Calais im Jahr 1850, die die Anbindung Englands an das europäische Festlandstelegrafennetz gewährleisten sollte, hielt nur wenige Stunden. Ein Fischer hatte das Kabel mit seinem Netz versehentlich hochgezogen und mit einem Beil getrennt, weil er glaubte, er habe eine bis dahin unbekannte Art von Seetang, scheinbar mit Gold gefüllt, entdeckt. Ein Jahr später gelang dann die erneute Verlegung. Nachdem eine erste telegrafische Verbindung über den Atlantik zwischen Europa und den Vereinigten Staaten im Jahr 1866 hergestellt worden war, erfolgte bis zum Ende des 19. Jahrhunderts sukzessive der Aufbau eines weltumspannenden Seekabelnetzes. Die Reihenfolge der angeschlossenen Erdteile entsprach deren Bedeutung im Rahmen der sich zunehmend entwickelnden weltwirtschaftlichen Verflechtungen. Nach Indien, China und Japan folgten Australien, Südamerika und zuletzt Afrika. Als im Jahr 1902 die Überbrückung des Pazifiks gelang, konnte nach einer rund 40-jährigen Aufbauzeit das weltumspannende Telegrafennetz in Betrieb genommen werden. Es war nun möglich, Nachrichten zwischen Weltmetropolen und Handelsplätzen innerhalb weniger Minuten auszutauschen. Daher kann das telegrafische Weltnetz als ein Symbol für die Entstehung der einen, global vernetzten Welt gesehen werden.

Originalbeitrag des Verfassers Robert Rauh.

1 Erläutern Sie mithilfe von M 2 bis M 5 die Entstehung des Weltkabelnetzes um 1900.

a) Analysieren und interpretieren Sie die Karikatur M 1.
Tipp: Siehe Methodenseite 238.

b) Erläutern Sie den Zusammenhang von Kommunikation und Kolonialismus um 1900.
Tipp: Nutzen Sie auch M 10.

M3 Entwicklungen in der Kommunikationstechnik um 1900 (Auswahl)

1837 Schreib-Telegraf (Samuel Morse, USA)
1866 Erste Telegrafie-Verbindung über den Atlantik
1876 Telefon (Alexander Graham Bell/Elisha Gray, USA)
1881 Erstes öffentliches Fernsprechamt in Berlin
1887 Grammofon (Emil Berliner, USA)
1888 Elektromagnetische Funk- und Radiowellen (Heinrich Hertz, Deutschland)
1889 Automatische Fernsprechvermittlung (Almon Brown Strowger, USA); Münzfernsprecher (William Gray, USA)
1891 Kinematograf (Thomas Alva Edison, USA); Telefonkabel zwischen England und Frankreich
1896 Drahtlose Telegrafie (Guglielmo Marconi, Italien); Empfänger für Funksignale (Alexander Stepanowitsch Popow, Russland)
1899 Drahtlose Telegrafie-Verbindung zwischen England und Frankreich (Guglielmo Marconi, Italien)
1901 Telegrafie-Übertragung per Funk über den Atlantik (Guglielmo Marconi, Italien)
1902 Bild-Telegrafie (Arthur Korn, Deutschland)
1906 Vakuumröhre zur Verstärkung schwacher Radiowellen (Lee de Forest, USA)

Originalbeitrag des Verfassers Robert Rauh.

M4 Morse-Schreibtelegraf von 1844.
Das Gerät besteht aus einem Elektromagneten, dessen Hebel auf einem Papierstreifen Punkte und Striche erzeugt, die dem „Morse-Alphabet" entsprechen. Dieser Code kann dann in Sprache zurückübersetzt werden.

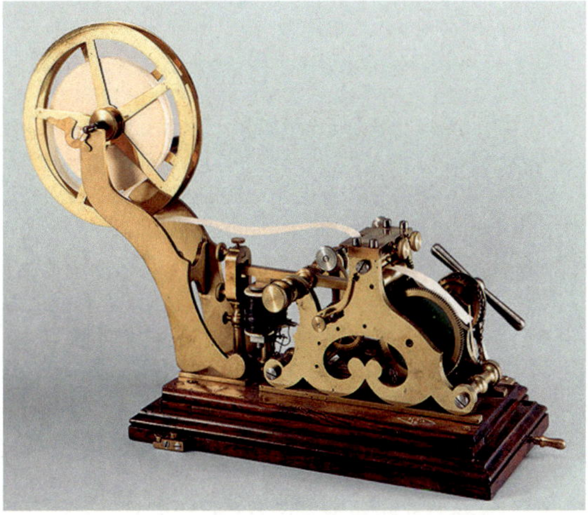

M5 Das Weltkabelnetz 1905.
Über Kontinente führende Kabel sind nur in Auswahl verzeichnet; Ortsnamen bezeichnen Ausgangs- und Zielorte von Telegrammen bzw. Plätze, an denen Nachrichtensignale technisch verstärkt wurden.

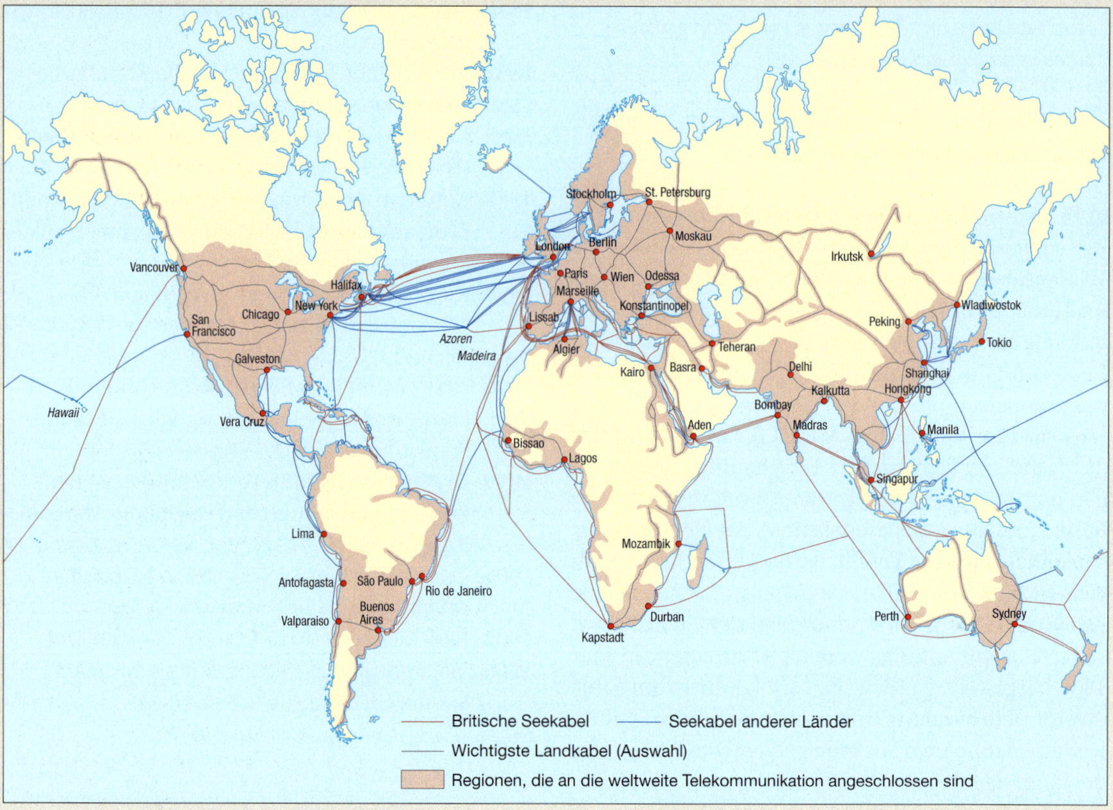

Zeitgenössische Stimmen zur Bedeutung des Telegrafen

M6 Aus einem Brief des US-amerikanischen Hauptfinanziers des Transatlantikkabels Cyrus Fields an seinen Bruder (1866)

[Der Telegraf] bringt die Länder der Welt zusammen. Er verbindet die getrennten Hemisphären. Er vereint entfernte Nationen [...]. Ein Meereskabel ist keine Eisenkette, die kalt und tot in den eisigen Tiefen des Atlantiks begraben ist. Es ist eine lebendige Verbindung aus Fleisch und Blut, die getrennte Teile der menschlichen Familie vereint, und die stets von Liebe und Zärtlichkeit durchpulst ist. Diese starken Bande tragen dazu bei, die menschliche Rasse in Frieden und Einmütigkeit zu einen [...]. Es scheint, als wäre diese Meeresnymphe, die sich aus den Wellen erhebt, geboren worden, um vom Frieden zu künden.

*Zit. nach: Tom Standage, Das Viktorianische Internet, Midas Verlag, St. Gallen/Zürich 1999, S. 100.***

M7 Aus einer Rede des New Yorker Geschäftsmanns W. E. Dodge (1868)

Wenn Armee und Marine, Diplomatie, Wissenschaft, Literatur und Presse ihr spezielles Interesse an der Telegrafie bekunden, dann muss das der Handel mindestens im selben Maß tun, aber ich kann nicht behaupten, dass die neue Technik nur Gutes gebracht hat. [...] Es werden Zweifel laut, ob der Telegraf tatsächlich ein so guter Freund der Händler ist, wie dies weithin angenommen wird. Heute werden Berichte über die wichtigsten Weltmärkte täglich veröffentlicht, und unsere Kunden werden ständig telegrafisch kontaktiert. Statt einiger weniger Lieferungen pro Jahr muss der Händler nun permanent auf Trab sein und sein Geschäft kontinuierlich steigern. Er muss ständig mit seinen entfernten Partnern in Kontakt bleiben, erfährt innerhalb von Wochen die Ergebnisse von Lieferungen, die er vor einigen Jahren monatelang nicht erfahren hätte, und lässt die Erträge in Waren investieren, deren Wert wohlbekannt ist, und die schon vor ihrer Ankunft weiterverkauft werden. So wird er ständig auf Trab gehalten und findet keine Zeit für Ruhe und Entspannung.

*Zit. nach: Tom Standage, siehe M 6, S. 182 f.**

M8 Sir John Pender, Vorsitzender der Guttapercha Company[1] (1894)

Die Telegrafie hat oftmals den Abbruch der diplomatischen Beziehungen und damit Dauerkriege verhindert. Sie stellt ihre Bedeutung für Frieden und Glück auf der Welt immer wieder unter Beweis [...]. Es besteht kein Anlass für böse Gefühle oder auch nur den kleinsten Grund zur Klage. Das Kabel hat das Übel der Missverständnisse, die zum Krieg führten, bereits im Keim erstickt.

*Zit. nach: Tom Standage, siehe M 6, S. 176.**

1 1845 wurde zur Vermarktung des kautschukartigen Rohstoffes Guttapercha die Guttapercha Company in London gegründet. Ihr erster Auftrag war es, ein Seekabel zwischen England und Frankreich zu isolieren.

M9 Verlegung des Transatlantikkabels 1866, Holzstich, spätere Kolorierung, 1877.

Das 1865 verloren gegangene Kabel wird dabei zunächst gehoben, bevor das neue Kabel verlegt wird.

1 **Partnerarbeit:** Untersuchen Sie arbeitsteilig anhand von M 6–M 9 die Hoffnungen und Ängste der Zeitgenossen.

Auswirkungen der Kommunikation um 1900

M10 Die Historikerin Susanne Popp (2005)

Infolge der massiven Ausweitung und Vernetzung, Intensivierung und Beschleunigung des Nachrichtenverkehrs konnten im letzten Viertel des 19. Jahrhunderts ungleich mehr und ungleich aktuellere Nachrichten als je zuvor aus weit entfernten Weltregionen in die „westliche" Welt bzw. in die Gesellschaften gelangen, die an die internationalen Telegrafennetze angeschlossen waren. Das neuartige Erleben von Aktualität führte zusammen mit der Entwicklung wesentlich leistungsfähigerer Druck- und Satzverfahren in der zweiten Hälfte des 19. Jahrhunderts zu einem Gründungsboom von Tageszeitungen, die nicht von ungefähr häufig den Begriff „Telegraph" im Titel führten. In diesem Kontext veränderte sich nicht zuletzt auch die Kriegsberichterstattung in den öffentlichen Medien. So wurde beispielsweise im Zuge des Krimkrieges (1853–1856) im Auftrag der französischen und britischen Regierung ein Telegrafennetz bis zur Krim ausgebaut, damit die jeweiligen Regierungen direkt mit den Kommandanten der Streitkräfte auf dem Schlachtfeld kommunizieren konnten. Auch Berichte über eine mangelhafte medizinische Versorgung der Verwundeten gelangten über die Presse an die Öffentlichkeit, was dann in Großbritannien zu Protestdemonstrationen und zur Gründung von Organisationen zur professionellen Kriegsverwundetenpflege führte. [...] Ebenso ist bekannt, dass die wirtschaftliche und politische Vernetzung der Welt von Beginn an stets auch heftige Bewegungen der regionalen Abschottung und des Widerstandes hervorbrachte, der sich mitunter auch direkt gegen die neuen Transport- und Telekommunikationssysteme richtete. Schließlich wurde die Fernkommunikation seit dem 19. Jahrhundert sowohl für die staatliche Verbrechensbekämpfung als auch vonseiten der organisierten Kriminalität genutzt. Dieser Problemkreis besteht in der Gegenwart fort. Längst haben kriminelle und terroristische Organisationen das Internet als nützliche Plattform erkannt.

*Originalbeitrag der Autorin Susanne Popp (2005).***

1 Analysieren Sie M 10 und erarbeiten Sie die Folgen der neuen Kommunikationsmöglichkeiten um 1900.
Tipp: Unterscheiden Sie kurz- und langfristige Folgen.

2 Diskutieren Sie im Plenum, ausgehend von Ihren Arbeitsergebnissen zu M 1–M 9, inwiefern die Nutzung der Elektrizität für die Kommunikation eine Zäsur von welthistorischer Bedeutung darstellt.

3 **Zusatzaufgabe:** Siehe S. 617.

7.5 Der Erste Weltkrieg

In dieser Themeneinheit geht es um
- *Ursachen und Anlass des Ersten Weltkrieges und die Ziele der Kriegsparteien,*
- *den neuartigen Charakter des Ersten Weltkrieges,*
- *aktuelle Diskussionen über Kriegsschuld, Folgen des Krieges sowie Erinnerungen an den Ersten Weltkrieg.*

Ursachen des Ersten Weltkriegs

Der **Erste Weltkrieg** (1914–1918) gilt als erster moderner Krieg der Industriegesellschaft. Er wurde mit hoch technisierten Waffen unter Einsatz von mehr Menschen und Material geführt als je ein anderer Krieg zuvor. Etwa 40 Staaten auf allen Kontinenten waren in diesen globalen Krieg verwickelt, der über 15 Millionen Menschen – Soldaten wie Zivilisten – das Leben kostete. „*The Great War*" wird auch als **„Urkatastrophe des 20. Jahrhunderts"** bezeichnet: Viele Historiker sehen in ihm den Ausgangspunkt für den Zweiten Weltkrieg (1939–1945).
Zu Beginn des 20. Jahrhunderts prägte Europa eine politische Lage, die reichlich Konfliktpotenzial bot. Der Imperialismus der Großmächte äußerte sich in einem regelrechten Wettlauf um überseeische Kolonien, welche Ressourcen, Absatzmärkte und Macht verhießen. Das internationale Konkurrenzdenken begleitete bald ein Wettrüsten* von globaler Dimension. Interessenkonflikte zwischen den europäischen Großmächten führten zu politischen Spannungen, die bereits 1905/06 sowie 1911 in den sogenannten Marokkokrisen* zu eskalieren drohten. In den Balkankriegen* von 1912/13 entluden sie sich im Streit um territoriale Besitzstände. Die Weltmachtpolitik* Kaiser Wilhelms II.* (Reg. 1888–1918) forderte zunehmend die anderen Großmächte heraus. Seine aggressive **Flottenpolitik** stellte für Großbritannien eine deutliche Bedrohung dar. Zwischen Deutschland und Frankreich bestand seit dem Deutsch-Französischen Krieg (1870/71) und der **Annexion Elsass-Lothringens** durch das Deutsche Reich eine sogenannte „Erbfeindschaft". Wilhelms politischer Kurs und die Abkehr von Bismarcks Bündnispolitik hatten die politische Isolation* Deutschlands zur Folge. Trotz aller kolonialen Differenzen fanden Frankreich und Großbritannien 1904 zu einem Interessenausgleich (***„Entente cordiale"***) – ein Bündnis, das sich drei Jahre später unter Einbeziehung Russlands zur ***„Triple Entente"*** erweiterte. Ihr stand der Zweibund, gebildet von Deutschland und Österreich-Ungarn, gegenüber. Den Konfrontationskurs der europäischen Mächte unterstützten verschiedene nationale Gruppierungen und Vereine, die aktiv auf eine gewaltsame Lösung der Konflikte drängten und in weiten Teilen der Bevölkerung Begeisterung für einen möglichen Krieg weckten.

Krisenherd Balkan

In kaum einer Region Europas waren die nationalistischen Strömungen so stark wie auf dem Balkan. Das Konfliktpotenzial, das von nationalen, um Freiheit und Unabhängigkeit kämpfenden Bewegungen ausging, wurde verstärkt durch den **Zusammenbruch des Osmanischen Reiches**. Dessen Auflösung wollten die europäischen Großmächte, allen voran Russland und Österreich-Ungarn, für Machtverschiebungen zu ihren Gunsten nutzen. Das Zarenreich suchte seine Macht auf dem Balkan auszudehnen, um einen Zugang zum Mittelmeer zu bekommen. Für die österreichisch-ungarische Doppelmonarchie (kaiserliche und königliche Monarchie: k. u. k.) war ein ihm freundlich gesonnenes Hinterland wichtig, damit es die Nationalitäten im eigenen **Vielvölkerstaat** im

Zaum halten konnte. Der für die Entstehung des Ersten Weltkrieges entscheidende Konflikt war der zwischen Österreich-Ungarn und den südslawischen Völkern, besonders mit Serbien, das seit 1903 großserbische Träume hegte. Russland unterstützte die serbischen Expansionswünsche, die auf die Schaffung eines südslawischen Staates (ohne Bulgarien) zielten. Die Verwirklichung der Pläne des österreichischen Thronfolgers Franz Ferdinand hätte jedoch das Ende dieser großserbischen Träume bedeutet, da sie die Gliederung des Vielvölkerstaates in einen deutschen, ungarischen und slawischen Teil vorsahen.

Anlass des Krieges

Das tödliche **Attentat auf den österreichisch-ungarischen Thronfolger Franz Ferdinand** und seine Frau, das serbische Nationalisten am 28. Juni 1914 in Sarajewo verübten, löste in der nun folgenden **„Julikrise"** eine **Eigendynamik der Bündnissysteme** aus: Deutschland sicherte Österreich-Ungarn, das mit Serbien „abrechnen" wollte, Anfang Juli 1914 uneingeschränkte Unterstützung zu. Ermutigt durch diese **„Blankovollmacht"** stellte Österreich-Ungarn am 23. Juli an Serbien die bewusst unannehmbare ultimative Forderung, alle Aktionen, die gegen die Donaumonarchie gerichtet sein könnten, zu unterbinden. Dass der Vielvölkerstaat auf eine gewaltsame Lösung des Konfliktes drängte, zeigt der bereits vor der Übergabe des Ultimatums verfasste Appell des österreichisch-ungarischen Kaisers, in dem er „seine Völker" dazu aufrief, ihm in den Krieg zu folgen. Russland betrachtete die Forderungen Österreich-Ungarns als Verletzung der serbischen Souveränität* und befürchtete eine Verschiebung der Machtverhältnisse auf dem Balkan. Obwohl Serbien dem Ultimatum weitgehend entgegenkam, erklärte Österreich-Ungarn am 28. Juli 1914 Serbien den Krieg. Russland ordnete zwei Tage später die Generalmobilmachung an, um Serbien beizustehen. Bei einem Besuch in St. Petersburg (20. bis 23. Juli) hatte der französische Ministerpräsident seinem Bündnispartner Russland „festes Zusammenstehen" in der kommenden Krise zugesichert. Da Deutschland, das im Zweibund mit Österreich-Ungarn ebenfalls Bündnisverpflichtungen einge-

M1 Verlauf des Ersten Weltkrieges 1914–1918

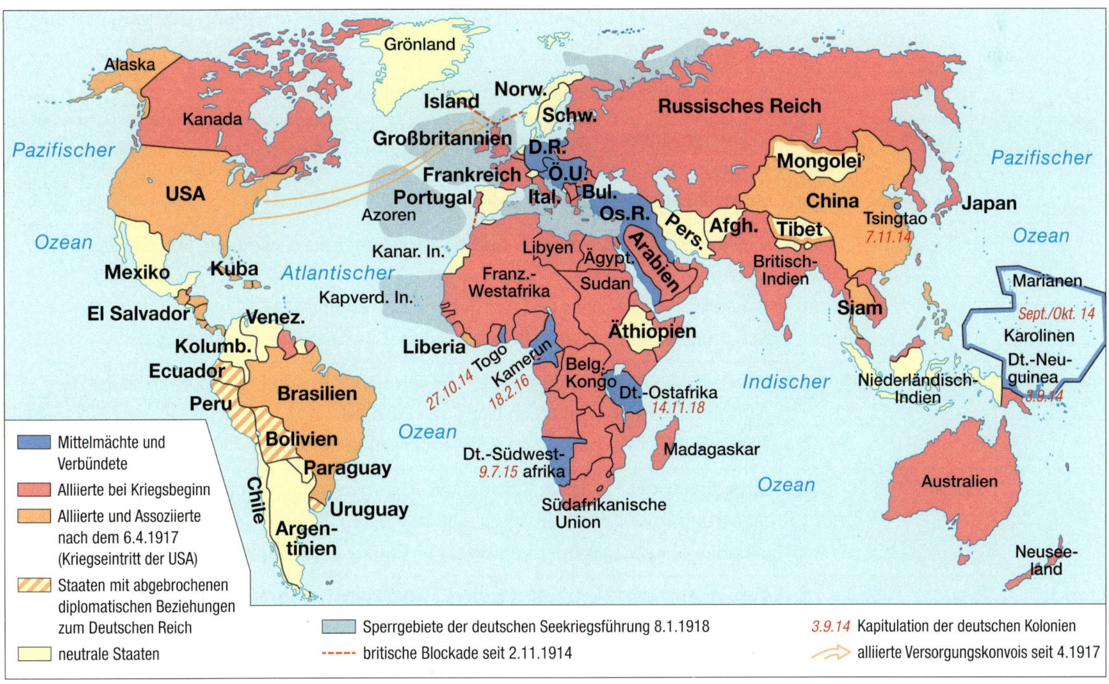

gangen war, die Gefahr der Verwicklung in einen Krieg drohte, richtete die deutsche Regierung ein Ultimatum an Russland, die Mobilmachung umgehend einzustellen, und verlangte von Frankreich Neutralität im Falle eines deutsch-russischen Konfliktes. Weder Russland noch Frankreich gingen auf das deutsche Ansinnen ein, woraufhin die deutsche Kriegserklärung an Russland am 1. August und an Frankreich am 3. August 1914 folgte. Als deutsche Truppen am selben Tag in das neutrale Belgien einmarschierten, stellte sich Großbritannien auf die Seite der Entente und erklärte Deutschland wegen dieser Völkerrechtsverletzung am 4. August den Krieg.

Kriegsziele im Ersten Weltkrieg

Obwohl die Großmächte in feste Bündnissysteme eingebunden waren, wichen die Kriegsziele der Bündnispartner zum Teil voneinander ab. Selbst weit von Europa entfernte Nationen wie Australien oder Neuseeland verfolgten mit dem Kriegseintritt eigene Interessen, auch wenn sie in erster Linie ihr Mutterland Großbritannien unterstützten.

M2 Kriegsziele der wichtigsten Konfliktparteien im Ersten Weltkrieg

Nation	Kriegseintritt	Kriegsziele
Deutsches Reich	1. August 1914	– Annexion Belgiens, des Erzabbaugebiets Longwy-Briey und von Teilen Russisch-Polens, v. a. zur Gewinnung von Rohstoffquellen und landwirtschaftlich nutzbarem Siedlungsland – Hegemonialstellung der Mittelmächte in Europa mithilfe der Einrichtung eines Wirtschaftsverbandes unter deutscher Führung
Österreich-Ungarn	28. Juli 1914	– Hegemonie auf dem Balkan – Fortbestehen des Vielvölkerstaats – Annexion Montenegros, Rumäniens, Albaniens, von Teilen Serbiens und Russisch-Polens
Osmanisches Reich	29. Oktober 1914	– Rückgewinnung von Ägypten, Armenien und Teilen des Jemen – Schaffung eines pantürkischen Großreiches, das alle Turkvölker unter osmanischer Führung vereint
Bulgarien	11. Oktober 1915	– Einverleibung Ostrumeliens und Makedoniens
Frankreich	3. August 1914	– Wiedergewinnung Elsass-Lothringens – Annexion des Saarlandes, Wiederherstellung der Rheingrenze von 1792 – Zerschlagung und Aufteilung des Osmanischen Reiches
Russland	1. August 1914	– Gewinnung Konstantinopels und Kontrolle über die Meerengen im Schwarzem Meer und in der Ägäis – Einverleibung Galiziens und von Teilen Ostpreußens – Schaffung eines panslawischen Großreiches unter russischer Führung
Großbritannien	4. August 1914	– Wiederherstellung des europäischen Gleichgewichts und Autonomie der von den Mittelmächten angegriffenen Nationen Europas – Zerschlagung und Aufteilung des Osmanischen Reiches
USA	6. April 1917	– Beendigung des Krieges zugunsten der „demokratischen" Entente – Sicherung amerikanischer Wirtschaftsinteressen – „Frieden ohne Sieger oder Verlierer" (14-Punkte-Programm Wilsons, S. 336)
Italien	23. Mai 1915	– Gewinnung von Trient, Görz, Istrien, Triest, Teilen Südtirols, Dalmatiens und der Südküste Kleinasiens sowie einiger Inseln in der Adria

Der erste industrialisierte Krieg – Front und Heimatfront

▶ M 5, M 6: Neue Kriegsführung

Im Ersten Weltkrieg erwiesen sich die herkömmlichen Strategien dynamischer* Bewegungskriege schnell als überholt. Neue Waffen und Kriegsgeräte ließen die Fronten bald zum Stillstand kommen. In einem solchen **Stellungskrieg** war für keine Seite mehr ein schneller Sieg möglich. Eine schnelle und ausreichende Versorgung der Front mit Artillerie*, Brandbomben, Giftgas, Maschinengewehren und Munition war nun ausschlaggebend für den militärischen Erfolg in diesen **Materialschlachten**. Der Krieg beschleunigte somit gleichzeitig die **Erfindung und Weiterentwicklung moderner Waffen** wie Kampfflugzeugen, Panzern oder U-Booten. Die Technisierung des Krieges ließ die Opferzahlen in die Höhe schnellen. Die traurige Bilanz: acht Millionen tote und mehr als 21 Millionen verwundete Soldaten; etwa sieben Millionen Zivilisten starben an Hunger, Entkräftung oder Krankheiten.
Um die Soldaten zum Weiterkämpfen zu motivieren, entfachten die kriegführenden Staaten eine bis dahin beispiellose **Kriegspropaganda**. Doch auch die Zivilbevölkerung sollte durch gezielte Propaganda* zum Durchhalten ermutigt werden. Während die Soldaten in den Schützengräben ums nackte Überleben kämpften, waren an der **„Heimatfront"** besonders die Frauen allgemeinem Mangel ausgesetzt. Die Kriegsindustrie verbrauchte immense Rohstoff- und Nahrungsmittelmengen, was Versorgungsengpässe und Teuerung für die Zivilbevölkerung zur Folge hatte. Die Regierung reagierte mit diversen Spartipps und strengen Rationierungsmaßnahmen für die Daheimgebliebenen.
Im Ringen um eine ausreichende Rohstoffversorgung für die Kriegsmittelproduktion stellte die unmittelbar nach Kriegsbeginn errichtete britische Seeblockade ein besonders schwerwiegendes Problem für die deutsche Rüstungsindustrie dar. Das deutsche Kriegsministerium reagierte mit der Gründung der sogenannten Kriegsrohstoffabteilung (KRA). Diese sollte Abhilfe schaffen, indem aus der gesamten heimischen Wirtschaft, aus privaten Firmen und Haushalten, aber auch aus völkerrechtswidrig besetzten Gebieten alle für die Rüstungsindustrie verwertbaren Materialien abgezweigt und in die Kriegsmittelproduktion geleitet wurden. Die staatlichen Eingriffe in die Produktion und Verteilung der Güter bis hin zur Preisregulierung lösten immer wieder starke Proteste in der Wirtschaft aus. Letztendlich genügten aber alle organisatorischen Maßnahmen zur Rohstoffversorgung nicht, um gegen die erhebliche quantitative* Überlegenheit der Alliierten an Ressourcen bestehen zu können.

M 3 **Deutsche Gasmaske von 1917, Fotografie, 2005**

Das Ende des Krieges

Der Erste Weltkrieg hatte sich zu einer Materialschlacht entwickelt, welche die Alliierten 1918 auch aufgrund des Kriegseintritts der USA aufseiten der Alliierten (6. April 1917) für sich entscheiden konnten. US-Präsident Woodrow Wilson legte im Januar 1918 ein **14-Punkte-Programm** vor, das als wesentlichen Leitgedanken das Selbstbestimmungsrecht der Völker beinhaltete. Wilson forderte unter anderem die Räumung und Wiederherstellung der von den **Mittelmächten*** völkerrechtswidrig besetzten Gebiete, besonders Belgiens. Deutschland und Österreich-Ungarn lehnten das 14-Punkte-Programm aber ab. Im Herbst 1917 entlastete nämlich die **Russische Revolution** („Oktoberrevolution") die Mittelmächte und führte zum Kriegsende im Osten. Deutschland diktierte Anfang 1918 der neuen sowjetischen Regierung im **Frieden von Brest-Litowsk** harte Bedingungen. Das Ausscheiden Russlands aus dem Krieg veranlasste die OHL im Frühjahr 1918, die Kriegswende durch letztlich erfolglose Offensiven an der Westfront zu erzwingen. Als der militärische Zusammenbruch immer näher rückte, forderte die OHL die Reichsregierung Ende September 1918 auf, den Alliierten ein sofortiges Waffenstillstandsangebot zu unterbreiten. Der amerikanische Präsident lehnte es jedoch ab, mit Repräsentanten* des Deutschen Kaiserreiches zu verhandeln. Erst nach der erzwungenen Abdankung Wilhelms II. am 9. November 1918 (Beginn der **Novemberrevolution**) wurde am 11. November 1918 in Compiègne ein Waffenstillstandsabkommen zwischen Deutschland und den Alliierten unterzeichnet, das einer deutschen Kapitulation* glich. Die **Pariser Friedensverträge** (1919–1922) beendeten offiziell den Ersten Weltkrieg. Vier Jahre Krieg hatten Strapazen, Hunger, Krankheit und Tod über große Teile der Weltbevölkerung gebracht, darunter viele Zivilisten. Das alte Europa lag in Trümmern.

Kriegsschulddebatte

▶ **M 7: Bedeutung des Ersten Weltkrieges in der Geschichts- und Erinnerungskultur**

Bis in die Gegenwart hinein diskutieren die Historiker kontrovers über die Entstehung des Ersten Weltkrieges. Im Mittelpunkt stand dabei lange Zeit die **Frage nach der Schuld am Kriegsbeginn 1914**. Besonders in der unmittelbar auf den Ersten Weltkrieg folgenden **Weimarer Republik** (1918–1933) haben sich deutsche Publizisten und Historiker mit der im **Versailler Friedensvertrag** verankerten Anklage beschäftigt, nach der Deutschland den Ersten Weltkrieg bewusst und zielstrebig entfesselt habe. Das Auswärtige Amt betrachtete diesen Kriegsschuldvorwurf als eine politische Angelegenheit ersten Ranges und richtete im Jahre 1919 ein Kriegsschuldreferat ein, das bis in die 1930er-Jahre hinein zahlreiche Publizisten finanzierte. Sie hatten die Aufgabe, Deutschland vom Vorwurf der Kriegsurheberschaft freizusprechen. Einige Historiker griffen bei der Interpretation des Kriegsbeginns auf die in den 1920er-Jahren von dem englischen Politiker David Lloyd George formulierte These zurück, dass alle Mächte 1914 in den Krieg „hineingeschlittert" seien. Als eine entscheidende Ursache dafür galten das Wettrüsten und die starke Orientierung der Politik an militärtechnischem Denken. Diese Deutung schien in besonderer Weise dazu geeignet, den in der alliierten Öffentlichkeit weit verbreiteten Vorwurf zu entkräften, die preußisch-deutsche Geschichte habe sich über Jahrhunderte hinweg durch einen extremen Nationalismus, Imperialismus und vor allem durch übersteigerten Militarismus ausgezeichnet.

Fischer-Kontroverse

Im Jahre 1961 löste der Historiker Fritz Fischer eine heftige Debatte über den Beginn des Ersten Weltkrieges aus. Er vertrat in seinen Arbeiten die These, dass Deutschland durch seine Risikopolitik nicht nur die Julikrise 1914 verschärft habe und daher ein beträchtliches Maß an Verantwortung für den Ersten Weltkrieg trage, sondern auch ein expansives Kriegszielprogramm vertreten habe. Die Gegner Fischers verteidigten dagegen die deutsche Politik gegen den Vorwurf überzogener Aggressivität und Machtansprüche. In ihren Augen trug das wilhelminische Reich keine besondere Schuld an der Katastrophe von 1914.

Aktuelle Diskussion

Seit Mitte der 1960er-Jahre nahm in der Geschichtswissenschaft die Bereitschaft zu, die Thesen Fischers zu überprüfen. Und seit den 1980er-Jahren verlor die Frage nach der Schuld bzw. Verantwortung am Kriegsbeginn 1914 immer mehr an politischer Sprengkraft. Die Diskussion versachlichte sich zunehmend. Zudem traten andere Themen, z. B. die Frage nach den Kriegserfahrungen der „kleinen Leute", in den Vordergrund. Heute lehnen viele Historiker sowohl die Unschulds-These als auch die These vom deutschen Angriffs- und Eroberungskrieg ab. In der modernen Kriegsursachenforschung gibt es unterschiedliche Deutungen, die eine Vielzahl struktureller Gründe innenpolitischer wie internationaler Art für die Entstehung des Ersten Weltkrieges herausarbeiten.

Kriegserinnerung

Der Erste Weltkrieg war ein Schlüsselerlebnis in der europäischen Geschichte des 20. Jahrhunderts. Sein Ende bedeutete nicht den Beginn eines dauerhaften Friedens in Europa. Der Krieg blieb im Gegenteil ein Mittel der Politik. Der Zweite Weltkrieg (s. S. 434 ff.) übertraf den Krieg von 1914 sogar noch an Gewalt, Brutalität, Menschenverachtung und Zerstörungskraft. Zeitgenossen und Historiker haben daher immer wieder gefragt, ob Menschen aus der Geschichte lernen können. Auf diese Frage gibt es keine einfachen Antworten. Allerdings sollte man sich stets bewusst sein, dass sich die Erinnerung an vergangene Ereignisse wandeln kann. Die Auseinandersetzung mit dem Ersten Weltkrieg in der Zwischenkriegszeit ist ein eindrucksvolles Beispiel dafür, dass Kriegserfahrungen nicht notwendig zur Ächtung, sondern auch zur Verherrlichung kriegerischer Gewalt führen können.

Unmittelbar nach Kriegsende 1918 überwogen Erbitterung über das Grauen und Entsetzen des Krieges sowie tief empfundene Friedenssehnsucht. Sie verdichtete sich in der politisch-moralischen Forderung „Nie wieder Krieg!". Doch allmählich wichen diese pazifistischen Einstellungen dem Vergessen und der Gleichgültigkeit gegenüber dem Leid. Verklärungen der Kameradschaft in den Schützengräben oder des soldatischen Heldentums begünstigten die neuerliche Idealisierung von Krieg und Gewalt, an die die Nationalsozialisten anknüpfen konnten. Der deutsche Schriftsteller und überzeugte Pazifist Kurt Tucholsky hat diesen Wandel 1922 beschrieben: „Schmerzen werden vergessen. So hat die Nation die Scheußlichkeit des Krieges verwunden. Freundliche Lappalien wachsen über diese Regionen der Erinnerung, und die Äußerlichkeiten bleiben: ein Teemädchen in Baranowitschi, die Geschichte mit den zwei Schweinen in Flandern, der verzögerte Feldpostbrief, der Krach mit dem Bataillonsführer wegen des Hanseatenkreuzes – das wird behalten. Aber der Schmerz, der Schmerz ist fast vergessen. Und da nur ein beschränkter Teil aller Erfahrungen vererbt wird (denn wie weise wären wir sonst!), so ist noch gar nicht gesagt, dass nicht die nächste Generation mit frisch-dämlicher Begeisterung, die Geschäfte der Börsen und der Ämter besorgend, die Knarre wieder auf den Buckel nimmt."

M 4 Postkarte von 1915

1 Skizzieren Sie anhand des Darstellungstextes den Weg in den Ersten Weltkrieg. Berücksichtigen Sie auch Bündniskonstellationen, Krisen und Kriegsziele (M 2).
2 Schildern Sie den Verlauf des Ersten Weltkrieges. Nutzen Sie dafür die Karte M 1.
3 **Gruppenarbeit:** Erläutern Sie auf Grundlage des Darstellungstextes sowie M 1, M 2 und M 4 worin sich der Erste Weltkrieg von früheren kriegerischen Auseinandersetzungen unterscheidet. Gehen Sie dabei arbeitsteilig auf folgende Ebenen ein: militärisch, wirtschaftlich, humanitär.
  a) Erklären Sie die unterschiedlichen Meinungen und Deutungen, die in den Debatten um die Kriegsschuld zum Tragen kommen.
  b) Untersuchen Sie, wie sich das Interesse an der Kriegsschulddebatte nach dem Weltkrieg entwickelt hat.
  Tipp: Beziehen Sie sich dabei auf das Zitat von Kurt Tucholsky am Ende der Darstellung.

Hinweise zur Arbeit mit den Materialien:
M 5, M 6 thematisieren die neuartige Kriegsführung im Ersten Weltkrieg. M 7 setzt sich mit der Bedeutung des Krieges in der Geschichts- und Erinnerungskultur auseinander.

Neue Kriegsführung

M 5 Lens wird mit Bomben belegt, Radierung von Otto Dix, 1924

1 Beschreiben Sie M 5 und erläutern Sie die Neuartigkeit der Kriegsführung im Ersten Weltkrieg.
Tipp: Nutzen Sie auch die Darstellung.

M 6 Denkschrift des Chefs der Obersten Heeresleitung (OHL), Generalfeldmarschall Paul von Hindenburg, an den deutschen Reichskanzler (2. November 1916)

Im Laufe des Krieges ist der Einfluss der Maschine immer mehr in den Vordergrund gerückt; die Bedeutung der lebenden Kräfte hat sich dagegen verringert; entscheidend ist nicht mehr allein der höhere Wert der Truppe, der nie hoch genug gestellt werden kann, sondern in steigendem Maße die Überlegenheit an Kanonen, Munition und Maschinengewehren. Unseren Gegnern stehen die Fabriken und die Arbeiterschaft der gesamten neutralen Welt zur Verfügung; Deutschland und seine Verbündeten sind lediglich auf die eigenen Mittel angewiesen. Das geistige Übergewicht des deutschen Soldaten, sein größerer Mut und sein höheres Pflicht- und Ehrgefühl können diese Überlegenheit allein umso weniger ausgleichen, als uns die Feinde auch an Zahl der Menschen weit überlegen sind.
Ähnlich liegen die Dinge für die Volksernährung. Auch diese Frage kann von entscheidender Bedeutung für den Ausgang des Krieges werden, und auch auf diesem Gebiete stehen dem Gegner die reicheren Hilfsquellen zur Verfügung. Wir können daher den Krieg nur gewinnen, wenn wir dem Heere so viel Kriegsgerät zuführen, dass es den feindlichen Armeen gleich stark gegenübersteht, und wenn wir die Ernährung des gesamten Volkes sicherstellen. Das ist bei den reicheren Mitteln, die unsere Feinde haben, nur möglich, wenn alles, was unser Land an Bodenschätzen birgt und was die Industrie und der Acker hergeben können, ausgenutzt wird lediglich für die Förderung des Krieges. Dieses Höchstmaß an Leistungen kann aber nur erreicht werden, wenn das gesamte Volk sich in den Dienst des Vaterlandes stellt. Alle anderen Rücksichten müssen dagegen zurücktreten; sie können in einem Kampf, der um Sein oder Nichtsein des Staates, um die Unabhängigkeit, die Wohlfahrt und die Zukunft unseres Volkes entscheiden wird, keine Rolle spielen.

Zit. nach: Rüdiger vom Bruch/Björn Hofmeister (Hg.), Deutsche Geschichte in Quellen und Darstellung, Bd. 8: Kaiserreich und Erster Weltkrieg 1871–1918, Reclam, Stuttgart 2000, S. 402 f.

1 Analysieren Sie M 6:
   a) Arbeiten Sie aus Hindenburgs Denkschrift (M 6) besondere Merkmale des Krieges heraus.
   b) Untersuchen Sie, inwiefern Hindenburg eine Gewichtung der genannten Dinge vornimmt.
   c) Nehmen Sie Stellung zu Hindenburgs Aussagen.

2 **Vertiefung:** Die Fronterlebnisse im Ersten Weltkrieg sind in vielen Feldpostbriefen dokumentiert: Wählen Sie aus den Briefen Beispiele von 1915–1918 aus (siehe Webcode)
   Wahlaufgabe: Bearbeiten Sie Aufgabe a) oder b).
   a) Vergleichen Sie die Schilderungen im Hinblick auf die neue Kriegsführung.
   b) Verfassen Sie ausgehend von den Quellen einen fiktiven Feldpostbrief.

Feldpostbriefe aus dem Ersten Weltkrieg
cornelsen.de/Webcodes
Code: pihera

Der Erste Weltkrieg in der Geschichts- und Erinnerungskultur

M7 Die Historikerin Ute Frevert über die Bedeutung des Ersten Weltkrieges (2004)

Bereits die Zeitzeugen jener Tage spürten es: Der Krieg, der im August 1914 begann und im November 1918 sein Ende fand, war etwas Einschneidendes. Er setzte eine historische Zäsur, trennte Altes von Neuem. Er trug, wie Kurt Tucholsky 1920 schrieb, „das bürgerliche Zeitalter" zu Grabe, und er eröffnete eine neue Epoche, deren Signatur den damals Lebenden noch verborgen blieb: „Was jetzt kommt, weiß niemand."

Man möchte sie um ihre Ahnungslosigkeit beneiden. Was kam, war eine Ära der Katastrophen, wie der 1917 geborene Historiker Eric Hobsbawm die Zeit bis 1945 nannte. Für seinen Fachkollegen Ernst Nolte leitete der Erste Weltkrieg die Epoche des „europäischen Bürgerkrieges" ein, die mit der Niederlage des Nationalsozialismus endete. Für Mark Mazower, Jahrgang 1958, markiert er den Anfang des Jahrhunderts, das Europa in einen „dunklen Kontinent" verwandelte und es zum Schauplatz erbitterter weltanschaulicher Konflikte machte. Historiker, gleich welcher Generation oder politischen Haltung, stimmen mit den Zeitgenossen darin überein, die Jahre 1914 bis 1918 als epochalen Bruch zu deuten.

Was brach da ab und auseinander? Tucholsky und andere sprachen von einer „bürgerlichen" Epoche, die 1914 zu Ende gegangen sei. Sie meinten damit das 19. Jahrhundert, in dem die Wertmaßstäbe des gebildeten Bürgertums den Ton angaben: die Hochschätzung von Individualität, persönlicher Leistung, rationaler Wissenschaft, gepflegter Geselligkeit, familiärer Intimität und zivilen Betragens. Dazu gehörte aber auch die Überzeugung, dass Konflikte durch Kompromiss und Ausgleich zu lösen seien statt durch Gewalt und physischen Zwang. Das galt für familiäre oder Nachbarschaftsstreitigkeiten nicht anders als für Arbeitskämpfe und außenpolitische Spannungen. Krieg und Gewalt hielt man zwar nicht für gänzlich illegitim, doch sollten sie sich möglichst auf Fälle existenzieller Gefährdung beschränken und in ihrem Ausmaß streng begrenzt werden.

Sicherlich war die Geschichte des 19. Jahrhunderts nicht ganz so zivil, wie von Tucholsky und anderen gesehen. Dafür enthielt sie zu viele dunkle Schattierungen: die sozialen Ungleichheiten einer kapitalistischen Klassengesellschaft, die Diskriminierungen von Frauen, den Antisemitismus, autoritäre Regierungssysteme. Die zwischenstaatlichen Beziehungen waren mitnichten nur durch friedliche Verhandlungen und freundliche Monarchenbesuche geprägt; Kriege wurden sehr viel häufiger aus machtpolitischem Kalkül heraus angezettelt als aus existenziellen Zwängen.

Doch überwog – bei Zeitgenossen ebenso wie bei späteren Historikern – der Eindruck einer fortschrittlichen Entwicklung. Langsam, aber stetig schien alles besser zu werden: Die Wirtschaft boomte, der gesamtgesellschaftliche Wohlstand wuchs, krasse Not verschwand; rasante technische Innovationen erweiterten die Handlungs- und Bewegungsspielräume von Millionen, sozialpolitische Maßnahmen dämpften den Klassenkonflikt.

Außenpolitisch hatte man sich an Spannungen und Krisen gewöhnt – lebte aber auch in der Gewissheit, sie seien diplomatisch zu lösen. Allen Rivalitäten zum Trotz waren die europäischen Nationen ökonomisch und kulturell eng miteinander verbunden. Zudem einte sie das Bewusstsein der Überlegenheit gegenüber allen nichteuropäischen Kulturen und Zivilisationen. Die meisten Menschen blickten somit zur Jahrhundertwende hoffnungsvoll in die Zukunft. Der Krieg zerstörte diesen Optimismus. Er veränderte Europa und die Welt tiefgreifend und dauerhaft.

Zit. nach: Ute Frevert, Das Ende der Alten Welt, in: GeoEpoche, Der Erste Weltkrieg, Ausgabe 14/2004, S. 22.

1. Vergleichen Sie die in M 7 genannten Historikermeinungen zur Bedeutung des Ersten Weltkrieges.
2. Erläutern Sie den Begriff „bürgerliches Zeitalter".
3. Diskutieren Sie, weshalb ein Großteil der Menschen vor dem Weltkrieg „ahnungslos" war (M 7, Z. 10).
   Tipp: Beziehen Sie Bündniskonstellationen sowie die Darstellung (S. 311 ff.) in Ihre Überlegungen mit ein.
4. Der Historiker Christopher Clark schreibt in seinem Buch „Die Schlafwandler" (2012), ein überregionaler Konflikt sei zwar unwahrscheinlicher als vor 100 Jahren. Aber: „Jedem Leser aus dem 21. Jahrhundert, der den Verlauf der Krise von 1914 aufmerksam verfolgt, muss deren Aktualität ins Auge springen."
   Recherchieren Sie aktuelle politische Parallelen zu den Geschehnissen, die in den Ersten Weltkrieg führten, und stellen Sie diese einander gegenüber.
   Tipp: Unterteilen Sie Ihre Suche in verschiedene Teilbereiche, z. B. Ursachen, Anlass, Konfliktgegner, wirtschaftliche Situation.
5. **Vertiefung:** Verfassen Sie anlässlich 100 Jahre Ende des Ersten Weltkrieges (2018) ein Essay mit einem Plädoyer an die europäischen Politiker sowie die Bevölkerung, in welchem Sie vor einer Wiederholung der Geschichte von 1914 warnen.

Darstellungen vergleichen

Formulierungshilfen „Darstellungen vergleichen"
Siehe Innenumschlagseite hinten.

Zu den zentralen Kompetenzen des Geschichtsunterrichts gehört es, historische Deutungen der Vergangenheit sachgerecht zu analysieren, zu vergleichen und zu beurteilen. Die Auseinandersetzung mit Darstellungen verschiedener Historiker zu einem historischen Gegenstand kann dazu einen entscheidenden Beitrag leisten. Denn Geschichte wird nicht nur auf der Ebene der beteiligten Zeitgenossen (**Multiperspektivität**), sondern auch auf der Ebene der Nachgeborenen immer aus einer bestimmten **Perspektive** wahrgenommen. Diese unterschiedlichen Sichtweisen resultieren aus der **Standortgebundenheit** sowie aus gesellschaftlichen **Einflüssen** und **Prägungen** des Deutenden. Die Beschäftigung mit unterschiedlichen Darstellungen über denselben geschichtlichen Sachverhalt wird als **Kontroversität** bezeichnet. Dabei handelt es sich nicht nur um unterschiedliche Deutungen von Historikern, sondern auch um publizistische Beiträge zu Jubiläen und Gedenktagen sowie bei der Auswahl von Straßennamen, bei der Präsentation von Vergangenheit in Museen oder bei der medialen Inszenierung zu Unterhaltungszwecken, z. B. in historischen Spielfilmen (vgl. S. 574). Beispiele für historische Kontroversen sind beispielsweise die Debatte über die Ursachen für den Untergang des Römischen Reiches, die Bewertung des Investiturstreits, die Fischer-Kontroverse über die Frage der deutschen Verantwortung für den Kriegsausbruch 1914, die Goldhagen-Debatte oder der Streit über die Bewertung der Stalin-Noten 1952. Mithilfe folgender Arbeitsschritte lassen sich diese und weitere Themen anhand kontroverser Texte – nicht nur von Historikern, sondern auch von Journalisten und Politikern – diskutieren. Im Abitur ist der Vergleich von Darstellungen eine eigene Aufgabenart.

Arbeitsschritte

1. Leitfrage

Welche Fragestellung bestimmt die Untersuchung der Darstellung?

2. Analyse

Formale Aspekte
- Um welche Textarten handelt es sich (fach- oder populärwissenschaftlich)?
- Wer sind die Autoren?
- Mit welchem Thema setzen sich die Autoren auseinander?
- Wann und wo sind die Texte veröffentlicht worden?
- Gab es einen konkreten Anlass (z. B. ein Jubiläum) für die Veröffentlichung?
- An welche Zielgruppe richten sich die Texte?

Inhaltliche Aspekte
- Welche Thesen vertreten die Autoren und wie werden sie begründet?
- Welche Aussagen der Autoren sollten (zusätzlich) erläutert werden?
- Mithilfe welcher Aspekte lassen sich die Darstellungen vergleichen?

3. Vergleich

Bezug zur Leitfrage
Wie beantworten die Autoren die Leitfrage?

4. Beurteilung

Argumentationsstruktur
- Sind die Positionen der Autoren überzeugend?
- Sind die Argumentationen einseitig oder differenziert?
- Sind die Texte logisch aufgebaut oder gibt es Widersprüche?

Bezug zum historischen Kontext
Inwiefern werden historische Fakten und Prozesse berücksichtigt?

Fazit
Welche Darstellung ist überzeugender?

Übungsaufgabe

M 1 Der australische Historiker Christopher Clark (2013)

*Christopher Clark (*1960) lehrt seit 2008 als Professor of Modern European History an der University of Cambridge in Großbritannien. Sein Forschungsschwerpunkt ist die preußische Geschichte. Seit 2014 moderiert Clark im deutschen Fernsehen Dokumentationsreihen zur deutschen und europäischen Geschichte.*

Der Kriegsausbruch von 1914 ist kein Agatha-Christie-Thriller, an dessen Ende wir den Schuldigen im Konservatorium über einen Leichnam gebeugt auf frischer Tat ertappen. In dieser Geschichte gibt es keine Tatwaffe als unwiderlegbaren Beweis, oder genauer: Es gibt sie in der Hand jedes einzelnen wichtigen Akteurs. So gesehen war der Kriegsausbruch eine Tragödie, kein Verbrechen. Wenn man dies anerkennt, so heißt das keineswegs, dass wir die kriegerische und imperialistische Paranoia der österreichischen und deutschen Politiker kleinreden sollten, die zu Recht die Aufmerksamkeit Fritz Fischers und seiner historischen Schule auf sich zog. Aber die Deutschen waren nicht die einzigen Imperialisten, geschweige denn die einzigen, die unter einer Art Paranoia litten. Die Krise, die im Jahr 1914 zum Krieg führte, war die Frucht einer gemeinsamen politischen Kultur. Aber sie war darüber hinaus multipolar und wahrhaft interaktiv – genau das macht sie zu dem komplexesten Ereignis der Moderne, und eben deshalb geht die Diskussion um den Ursprung des Ersten Weltkriegs weiter, selbst ein Jahrhundert nach den tödlichen Schüssen Gavrilo Principis an der Franz-Joseph-Straße.

Eines liegt auf der Hand: Kein einziges der Anliegen, für die die Politiker von 1914 stritten, war die darauffolgende Katastrophe wert. [...] In den Köpfen vieler Staatsmänner hoben sich anscheinend die Hoffnung auf einen kurzen Krieg und die Angst vor einem langen gegenseitig auf und rückten so eine umfassende Einschätzung der Risiken in weite Ferne. [...] So gesehen waren die Protagonisten von 1914 Schlafwandler – wachsam, aber blind, von Albträumen geplagt, aber unfähig, die Realität der Gräuel zu erkennen, die sie in Kürze in die Welt setzen sollten.

*Zit. nach: Christopher Clark, Die Schlafwandler. Wie Europa in den Ersten Weltkrieg zog, Deutsche Verlags-Anstalt, München 2013, S. 715ff.**

M 2 Die britische Historikerin Annika Mombauer (2014)

*Annika Mombauer (*1967) ist Senior Lecturer an der Geschichtsfakultät der Open University in Milton Keynes, Großbritannien. Sie widerspricht in ihrer Veröffentlichung u. a. Christopher Clark (M 1).*

Die Quellen zeigen auch, dass die Konsequenzen der in Wien und Berlin getroffenen Entscheidungen fatal waren, dass hier intrigiert und absichtlich getäuscht wurde und dass Entscheidungen getroffen wurden, die bewusst darauf abzielten, eine friedliche Lösung der Julikrise zu sabotieren. Natürlich ist es auch wichtig, den Grad der Verantwortung der Staatsmänner in Paris, Petersburg und London zu beleuchten; auch hier können wir uns auf ungewöhnlich reiche Quellenfunde berufen.

Es gab in der Julikrise 1914 nicht nur eine „schuldige" Regierung unter den Großmächten; alle trugen durch ihre Entscheidungen absichtlich oder unabsichtlich zur Verschlechterung der Situation bei. Aber die Verantwortung einiger Regierungen war gravierender als die anderer, die Folgen der Entscheidungen verhängnisvoller, die Absicht, einen Krieg vom Zaun zu brechen, stärker und daher auch letztendlich ausschlaggebender.

Wenn wir den Fokus neuerdings wieder auf die Handlungen aller Großmächte legen, hilft das nicht, wie es in der Zwischenkriegszeit von David Lloyd George beschwichtigend behauptet wurde, Europas Mächte seien hilflos in einen Krieg geschlittert, den niemand gewollt habe. Wie wir gesehen haben, war dieser Krieg nicht das Resultat von „professionellen Fehlern" einer relativ kleinen Gruppe von Diplomaten, Politikern und Militärs (Holger Afflerbach). Der Krieg war kein „Unfall", er war nicht das Resultat von Fehlern oder Versäumnissen, und die Verantwortlichen von 1914 waren keine „Schlafwandler" (Christopher Clark), sondern sie wussten im Gegenteil ganz genau, was sie taten. Der Krieg brach aus, weil die einflussreichen Kreise in Wien und Berlin ihn herbeiführen wollten und ihn absichtlich riskierten und weil man in Paris und Petersburg bereit war, diesen Krieg zu führen, wenn der denn käme. Gewiss, es gab auch in Paris und Petersburg und zu einem viel geringeren Teil sogar in London im Juli 1914 Befürworter des Krieges, vor allem unter den Militärs. Aber die Entscheidung, im Sommer 1914 einen Krieg zu führen, war in Wien und Berlin getroffen worden.

*Zit. nach: Annika Mombauer, Die Julikrise. Europas Weg in den Ersten Weltkrieg, Verlag C. H. Beck, München 2014, S. 117f.**

1 Analysieren Sie die Darstellungen M 1 und M 2.
▶ Lösungshinweise finden Sie auf S. 648 ff.

Anwenden

M1 Die Vielgestaltigkeit und Widersprüchlichkeit des Nationalismus – Thesen des Historikers Dieter Langewiesche (1994)

Nationalismus umfasst in dem Bild, das hier entworfen wird, beides und setzt beides frei: Partizipation und Aggression. Wenngleich natürlich in unterschiedlichen Dosierungen in den verschiedenen Gesellschaften und zu unterschiedlichen Zeiten. Es gab und gibt Entwicklungen, aber sie sind nicht einlinig. Und kein Staat, keine Gesellschaft hat eindeutig gradlinige Entwicklungen von dem einen Pol zum anderen mitgemacht. Wichtig sind vielmehr die Mischungsverhältnisse, die unterschiedlichen und – das ist ausschlaggebend – die wechselnden Annäherungen an den einen oder den anderen Pol. [...]
In dieser Definition als Integrationsideologie ist die Außenabgrenzung als konstitutives Merkmal enthalten. Das ist wichtig. Denn Nationsbildung vollzieht sich stets als ein doppelseitiger Prozess: nach innen Integration, nach außen Abgrenzung. Beides ist doppelbödig. Auch die Außenabgrenzung hat eine Innenseite. Sie besteht darin, die Nation als Partizipationsgemeinschaft zusammenzuschweißen und handlungsfähig zu machen. Im Gegenbild erkennt sich die Nation, entwirft sie eine Vorstellung von sich selbst. Selbstbild durch Gegenbild, nicht selten gesteigert zum Feindbild. Doch nicht nur der Blick auf die Außengrenze, auch der Wille zur Integration verbindet Partizipation mit Aggression. Denn die Forderung nach Integration hat historisch immer auch bedeutet, denjenigen Bevölkerungsgruppen, die man nicht als integrationswillig ansieht, die Vollmitgliedschaft in der angestrebten nationalen Gemeinschaft vorerst zu verwehren oder sie sogar auf Dauer auszuschließen, wenn sie als grundsätzlich integrationsunfähig gelten. Nationsbildung als Integrationsprozess darf also in der historischen Betrachtung nicht auf Partizipation verengt werden. Die schwierige Aufgabe des Historikers besteht vielmehr darin, den anderen Pol, die Aggression auch nach innen, in allen Phasen der geschichtlichen Entwicklung zu sehen und seine jeweilige Kraft in der konkreten historischen Situation zu gewichten. [...]
Es führt in die Irre, eine ausschließlich emanzipatorische, noch unschuldige nationale Gesinnung der Frühzeit scharf abzugrenzen von einem entarteten Nationalismus späterer Zeiten. Es ist wichtig, die Veränderungen herauszuarbeiten, den zeitweisen Wandel etwa von einer linken zu einer rechten Kampfbewegung. Doch ein spezifisches Gemisch von Partizipation und Aggression kennzeichnet die Berufung auf die Nation als Letztwert gesellschaftlicher Legitimität zu allen Zeiten.

*Zit. nach: Dieter Langewiesche, Nationalismus im 19. und 20. Jahrhundert: zwischen Partizipation und Aggression, C. H. Beck, München 2000, S. 39ff. (ursprünglich erschienen 1994)**

1 Analysieren Sie die Thesen Langewiesches (M 1).
2 Erklären Sie ausgehend von M 1, inwiefern die Nationsbildung durch die beiden Pole „Integration" und „Abgrenzung" konstituiert wird.
3 Erläutern Sie, ausgehend von Ihrer Analyse, die Begriffe „Integration", „Abgrenzung", „Partizipation" und „Aggression" im Zusammenhang des Nationalismus-Begriffes.
4 Weisen Sie anhand der konkreten deutschen Geschichte nach, wie diese Begriffe zusammenwirken. Nehmen Sie abschließend begründend Stellung zu Langewiesches Thesen.

Präsentationsvorschläge

Thema 1: Wahlaufgabe:
Nationalismus und Erinnerungskultur

1 Bereiten Sie Referate zu einzelnen Denkmälern in Ihrer Nähe vor, die sich mit der Zeit des Nationalismus oder des Ersten Weltkrieges befassen.
2 Präsentieren Sie sich gegenseitig die wesentlichen Informationen über diese Denkmäler
   a) bei einem Ausflug oder Stadtrundgang.
   b) in einem selbstgedrehten Video.
   c) in einer Zeitungsreportage.

Thema 2: Gruppenarbeit:
Sind deutsche Denkmäler noch zeitgemäß?

Mit dieser Frage befasst sich der deutsche Historiker Wolfgang Wippermann in seinem 2010 erschienenen Werk „Denken statt Denkmalen – Gegen den Denkmalwahn der Deutschen".

1 Erläutern Sie Wippermanns Buchtitel und diskutieren Sie die Frage nach der allgemeinen Legitimität von Denkmälern.
2 Stellen Sie Ihre Ergebnisse in einer Präsentation vor.

Wiederholen

M2 Das Niederwald-Denkmal bei Rüdesheim am Rhein, Schulwandbild, Farblithografie, um 1890.
Das Niederwald-Denkmal wurde 1877–83 als deutsches Nationaldenkmal zur Erinnerung an die Reichsgründung von 1871 erbaut. Mit einer Höhe von 38,18 m zählt es zu den größten Denkmälern des 19. Jahrhunderts in Deutschland.

Zentrale Begriffe

Antisemitismus
Deutscher Bund
Deutscher Zollverein
Flottenpolitik
Gleichgewicht der Mächte
Hambacher Fest
Imperialismus
industrialisierter Krieg
integraler Nationalismus
„Julikrise"
Kolonialismus
Kulturkampf
Kulturnation
Nation
Nationalbewegung
Nationalismus
Nationalstaat
Nationalstaatsgründung
Otto von Bismarck
Reichsgründung 1871
Sozialistengesetz
Staatsnation
Stellungskrieg
Weltmachtpolitik
Wilhelm II.

1 Beschreiben Sie die einzelnen Elemente des Niederwald-Denkmals (M 2) und deren Aussage. Stellen Sie dazu eigene Recherchen an.

2 Vergleichen Sie das Niederwald-Denkmal mit anderen Nationaldenkmälern, z. B. der Siegessäule in Berlin (1873), dem Hermanns-Denkmal im Teutoburger Wald (1875), dem Kyffhäuser-Denkmal in Thüringen (1896).
Tipp: Siehe Hilfen S. 617 f.

3 **Präsentation:** Bereiten Sie einen Vortrag zum deutschen Nationalismus vor.
a) Unterteilen Sie den Nationalismus in Phasen.
b) Analysieren Sie für jede Phase, welche Vorstellungen die nationale Idee prägten.
Tipp: Orientieren Sie sich z. B. an den Begriffen Staatsnation bzw. Kulturnation.
c) Untersuchen Sie auch, ob sich der Nationalismus mit fremdenfeindlichen oder aggressiven Bestrebungen nach außen verbunden hat.

4 **Wahlaufgabe:** Bearbeiten Sie Aufgabe a) oder b).
Analysieren Sie die Folgen des Ersten Weltkrieges für Europa und die Welt.
a) Verfassen Sie einen Zeitungsbericht mit dem Schwerpunkt-Jahr 1917.
b) Erstellen Sie eine Mindmap mit den kurz- und langfristigen Folgen des Ersten Weltkriegs.

5 **Vertiefung:** 1991 wurde in Berlin die Statue des kommunistischen Revolutionsführers Lenin mit der Begründung der mit ihm verbundenen Gräuel abgerissen.
a) Erörtern Sie einen möglichen Abriss des Niederwald-Denkmals (M 2).
Tipp: Gehen Sie auf die Begriffe Nationalismus, Aggression, Ausgrenzung, Integration ein.
b) Entwickeln Sie mögliche Alternativen zu einem Abriss.

6 Überprüfen Sie Ihre zu Beginn des Kapitels formulierten Hypothesen.

Formulierungshilfen für einen historischen Vergleich
- Wenn man … und … vergleicht, kann man feststellen, dass …
- Trotz zahlreicher Gemeinsamkeiten gibt es auch Unterschiede …
- Unterschiede sind …
- betont stärker/weniger
- in einem Punkt (fast) identisch sein/identische Ziele verfolgen
- Während … eine Gemeinsamkeit darstellt, ist … unterschiedlich.
- Es gibt (viele/kaum) Parallelen zwischen … und …

Testen Sie Ihr Vorwissen zur Zwischenkriegszeit 1919 bis 1939.

M 1 **Unterschriften und Siegel auf der letzten Seite des Versailler Vertrages vom 28. Juni 1919.**
Zu sehen sind auf dieser Seite die Unterschriften von Woodrow Wilson, Robert Lansing, Henry White, Edward M. House, Tasker A. Bliss, David Lloyd George, Andrew Bonar Law, Viscount Milner, Arthur James Balfour, George Nicoll Barnes.

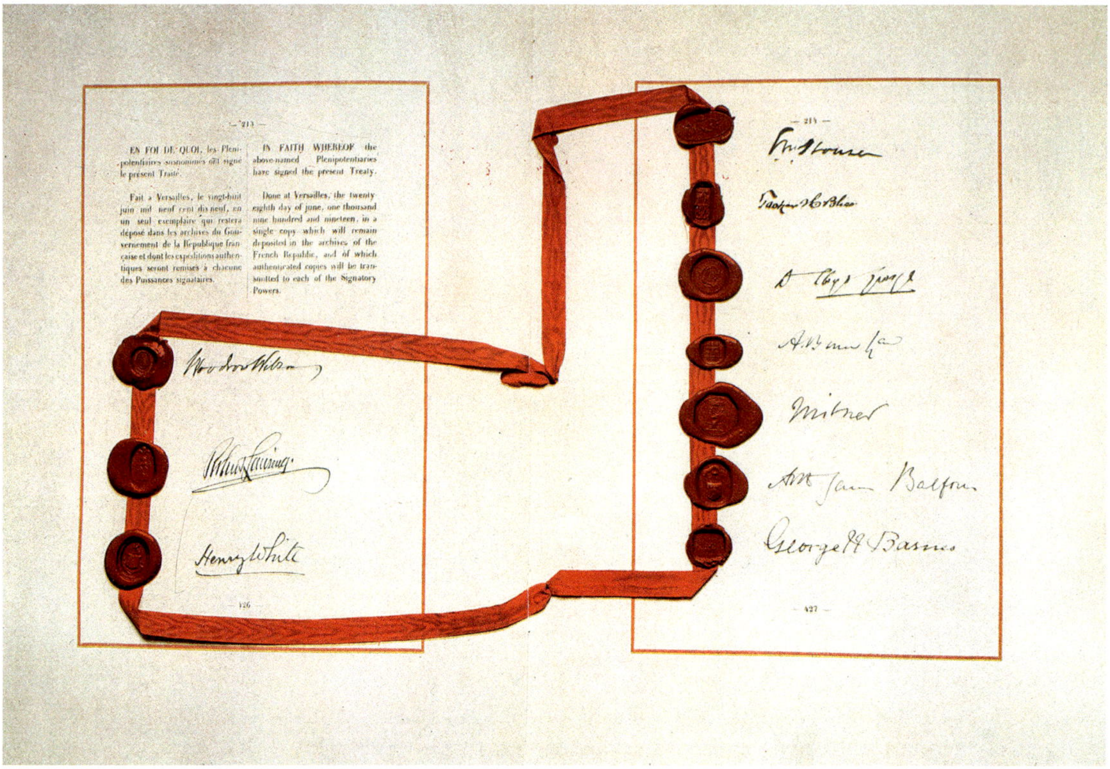

1 Welcher Staat war nicht an den Verhandlungen für den Versailler Vertrag (M 1) beteiligt?

a) Frankreich
b) Großbritannien
c) Deutschland
d) Italien
e) USA

2 Herrschaftssysteme in der Zwischenkriegszeit: Bestimmen Sie, welcher Staat in den 1930er-Jahren jeweils nicht in die Reihe passt. Begründen Sie Ihre Entscheidung.

a) Deutschland, Italien, Frankreich, Spanien

b) Großbritannien, Sowjetunion, Frankreich, Tschechoslowakei

3 Ordnen Sie folgende Politiker dem Staat zu, in dem sie politische Verantwortung trugen.

a) Mao Zedong

b) Wladimir Iljitsch Lenin

c) Neville Chamberlain

d) Francisco Franco

e) Benito Mussolini

4 Von wem stammt die folgende Aussage?
„Die Menschen waren in der Politik stets die einfältigen Opfer von Betrug und Selbstbetrug, und sie werden es immer sein, solange sie nicht lernen, hinter allen möglichen moralischen, religiösen, politischen und sozialen Phrasen, Erklärungen und Versprechungen die Interessen dieser oder jener Klassen zu suchen."

a) Winston Churchill
b) Wladimir Iljitsch Lenin
c) Adolf Hitler

▶ Lösungshinweise finden Sie auf S. 640.

8 Ideologien und Herrschaft zwischen den Weltkriegen

M1 Guernica, Ölgemälde von Pablo Picasso, 1937.
Picassos Bild entstand als Reaktion auf die Zerstörung der spanischen Stadt Guernica durch die deutsche Fliegerabteilung Legion Condor und italienische Kampfflieger während des Spanischen Bürgerkrieges am 26. April 1937. Spreng-, Splitter- und Brandbomben, insgesamt 31 Tonnen Munition gingen auf Guernica nieder. Etwa 80 Prozent aller Gebäude wurden zerstört. Die Zahl der Opfer kann nur geschätzt werden. Neuere Untersuchungen gehen von 200 bis 300 Toten aus. Unstrittig jedoch ist, dass Guernica eine der ersten Städte war, die durch einen Bombenangriff zerstört wurde – ohne Rücksicht auf die Zivilbevölkerung. Der Angriff verstieß damit eindeutig gegen das Kriegsvölkerrecht.

- **1917** | Russland: Oktoberrevolution
- **1918** | Frieden von Brest-Litowsk (Deutschland-Russland)
- **1918–1921** Russland: Bürgerkrieg
- **1919** | Versailler Vertrag; Pariser Vorortverträge
- **1921** | USA: Kongress gegen Völkerbund-Beitritt; China: Gründung der Kommunistischen Partei
- **1922** | Gründung der Sowjetunion (UdSSR); UdSSR: Stalin KPdSU-Generalsekretär; Italien: Mussolinis „Marsch auf Rom"
- **1923** | Besetzung des Ruhrgebietes
- **1924** | UdSSR: Tod Lenins, Nachfolger: Stalin
- **1926** | Deutschland: Völkerbund-Beitritt

1918 1920 1922 1924 1926

Die Zeit zwischen den beiden Weltkriegen 1918 bis 1939 war geprägt von heftigen politisch-ideologischen Auseinandersetzungen. Diese wurden vor allem zwischen Demokratien*, autoritären Regimes* und totalitären Regimes* geführt. Die Konflikte um die Herrschaftsformen fanden nicht mehr länger nur innerhalb der Nationen, sondern auch zwischen ihnen statt. Will man die Zusammenhänge dieser Epoche erfassen, darf man daher nicht länger an der herkömmlichen Trennung von Außen- und Innenpolitik, Diplomatie- und Nationalgeschichte festhalten. Die Konstellationen hatten sich grundlegend verändert: Anders als in den bis ins 19. Jahrhundert hineinreichenden „Kabinettskriegen" bekämpften sich im 20. Jahrhundert nicht länger Regierungen und Herrscher. Stattdessen standen sich seit den Umwälzungen im Gefolge der industriellen und politischen Revolutionen des 18./19. Jahrhunderts ganze Völker gegenüber, die politische Kämpfe auch mithilfe neuer Medien und Kommunikationsmöglichkeiten austrugen. Der Zeithistoriker und Politikwissenschaftler Karl-Dietrich Bracher bilanziert: „Es sind nun Staaten, die sich als Nationen verstehen, deren Außenpolitik im Zeichen der Tendenz zur Demokratisierung, des zunehmenden Gewichts der öffentlichen Meinung, der Parlamente, Parteien und Interessengruppen maßgebend von der Innenpolitik bestimmt oder beeinflusst ist. Innere Bewegungen, Strömungen, Stimmungen, Ideologien gewinnen an Bedeutung auch für die zwischenstaatlichen Beziehungen.

1 Sammeln Sie in einem Brainstorming Informationen zu der Frage, vor welchen Herausforderungen und Wandlungen (national und international) demokratisch verfasste Gesellschaften in der Gegenwart des 21. Jahrhunderts stehen.

2 a) Beschreiben Sie das in M 1 dargestellte Ereignis der Zwischenkriegszeit und

b) formulieren Sie anschließend (unter Berücksichtigung von M 2 und der Darstellung) Hypothesen zum Wandel nationalstaatlicher und internationaler Politik in der Zwischenkriegszeit im Vergleich zum 18./19. Jahrhundert.

M2 Unterzeichnung des Münchner Abkommens 1938, zeitgenössische Fotografie.

Auf dem Foto, das nach der Unterzeichnung aufgenommen wurde, sind der britische Premierminister Neville Chamberlain (links) und der deutsche Reichskanzler Adolf Hitler zu sehen. Das Abkommen gilt als Höhepunkt der „Appeasement"-Politik in der Zwischenkriegszeit.*

1933 USA: New Deal; Deutschland, Japan: Völkerbund-Austritt

1934 UdSSR: Völkerbund-Eintritt; Frankeich: „Nationale Union"

1935/36 Italien: Überfall auf Äthiopien

1936 Frankreich: Volksfront; Achse Berlin–Rom (1937 mit Japan)

1936–1938 UdSSR: Schauprozesse, Massenterror

1937 „Quarantäne-Rede" Roosevelts

1939 Hitler-Stalin-Pakt; Beginn des Zweiten Weltkrieges

1930 | 1932 | 1934 | 1936 | 1938 | 1940

929–1933 Weltwirtschaftskrise

1933–1945 USA: Franklin D. Roosevelt Präsident

1936–1939 Spanischer Bürgerkrieg

1937–1945 Chinesisch-Japanischer Krieg

8.1 Der Versailler Vertrag – ein stabiler Frieden?

In dieser Themeneinheit geht es um
- *die Suche nach Frieden auf der Pariser Friedenskonferenz 1919/20,*
- *die Gründung des Völkerbundes als Baustein einer neuen Friedensordnung,*
- *die Rolle des Versailler Vertrages 1919 für Deutschland und die internationale Politik.*

Haager Friedenskonferenzen
Die Teilnehmer der beiden Konferenzen 1899 und 1907 entwickelten ein umfassendes Programm zur Friedenssicherung, Abrüstungsvorschläge und Verhaltensregeln im Konfliktfall. Die zweite Konferenz scheiterte bei der Einführung einer obligatorischen Schiedsgerichtsbarkeit an der deutschen Ablehnung, der sich auch Österreich-Ungarn, die Türkei und einige kleinere Staaten anschlossen.

▶ **S. 336: 14-Punkte-Programm**

Die Idee vom „ewigen Frieden"

„Es soll kein Friedensschluss für einen solchen gelten, der mit dem geheimen Vorbehalt des Stoffs zu einem künftigen Kriege gemacht worden." Diesen Anspruch erhebt der berühmte Philosoph **Immanuel Kant** in seiner Schrift „Zum ewigen Frieden" 1795. Kants Forderung nach einer „durchgängig friedlichen Gemeinschaft der Völker" sowie andere Ideen der Aufklärung* bildeten die Basis für die bereits im 19. Jahrhundert entstandene internationale Friedensbewegung, die 1899 und 1907 in den **Haager Friedenskonferenzen*** mündete. Noch vor dem Ende des Ersten Weltkrieges (1914–1918) entwickelte **US-Präsident Woodrow Wilson** (Reg. 1913–1921) Anfang 1918 ein **14-Punkte-Programm***, das die Forderung des Philosophen nach einem ewigen Frieden verwirklichen wollte. Auf Wilsons Initiative ging auch die Gründung des **Völkerbundes** zurück, der auf der Pariser Friedenskonferenz 1919 beschlossen wurde. Die Konferenz hatte sich zum Ziel gesetzt, eine dauerhafte Friedensordnung in Europa zu schaffen, um eine erneute Katastrophe wie den Ersten Weltkrieg auszuschließen.

M1 Mittel- und Osteuropa 1914 und 1920

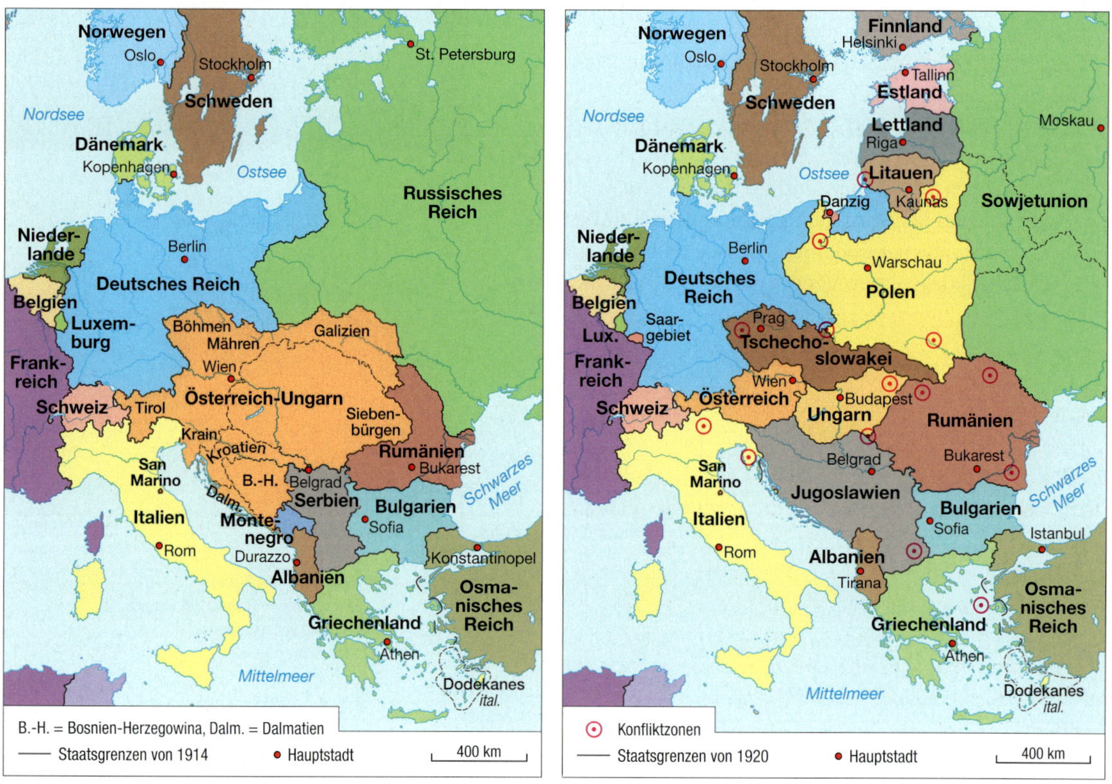

Die Pariser Friedenskonferenz 1919/20

Am 18. Januar 1919 wurde in Versailles unter französischem Vorsitz die **Pariser Friedenskonferenz** eröffnet. An den Verhandlungen, die bis zum 21. Januar 1920 dauerten, nahmen die 27 Siegerstaaten teil. Die besiegten Staaten, wie Deutschland und Österreich, durften lediglich in schriftlichen Noten* zu den Ergebnissen der Beratungen Stellung nehmen. Die zentralen Fragen der Konferenz wurden im „Rat der Vier" abgestimmt. Diesem Gremium gehörten neben Wilson der französische Ministerpräsident **Georges Clemenceau,** der britische Premierminister **Lloyd George** sowie der italienische Ministerpräsident Vittorio Orlando an. Zwischen Siegern und Besiegten wurden die sogenannten **Pariser Vorortverträge** abgeschlossen. Der wichtigste war der zwischen den Alliierten und Deutschland: der Versailler Vertrag (s. S. 326 f.).

▶ Methodenseite „Urteilen", S. 331, M 2: Stellungnahme Deutschlands 1919 zur Pariser Friedenskonferenz

▶ M 9: Der Nahe Osten nach dem Ersten Weltkrieg

Der Völkerbund

Ein wichtiges Ergebnis der Pariser Friedenskonferenz war die Gründung des Völkerbundes. Dessen Satzung wurde am 28. April 1919 angenommen und als Bestandteil in die Pariser Vorortverträge, also auch in den Versailler Vertrag, integriert. Der Völkerbund wollte die Zusammenarbeit der Nationen befördern und eine stabile Basis für die „Gewährleistung des internationalen Friedens" schaffen. Am 15. November 1920 trat der Völkerbund erstmals in **Genf** zusammen. Neben der **Vollversammlung** war das wichtigste Gremium der **Völkerbundsrat,** dem die ständigen Mitglieder Großbritannien, Frankreich, Italien (bis 1937), Japan, Deutschland (1926–1933) und die UdSSR (1934–1939) sowie zwölf nichtständige Mitglieder angehörten.
Nach dem Zweiten Weltkrieg wurde der Völkerbund am 18. April 1946 aufgelöst.
Ungeachtet einiger Anfangserfolge bei kleineren Konflikten (wie beim Spitzbergen-Vertrag von 1920, der die Gebietsansprüche der heute zu Norwegen gehörenden Inselgruppe im Nordatlantik und Arktischen Ozean regelte), wurde in der Zwischenkriegszeit bald die **Machtlosigkeit** des Völkerbundes deutlich. Eine Hauptursache war die **Nichtteilnahme der USA.** Der US-Senat hatte einen Beitritt im November 1919 abgelehnt, vor allem weil US-Präsident Wilson die Ratifizierung ohne Rücksprache mit dem Senat eigenmächtig vorangetrieben hatte. Problematisch war auch die Haltung der europäischen Großmächte: Die UdSSR war erst 1934 beigetreten, wurde jedoch 1939 aufgrund ihres Angriffes auf Finnland wieder ausgeschlossen. Der deutschen Regierung gelang es zwar, 1926 Mitglied des Völkerbundes zu werden, nach der Machtübernahme durch die Nationalsozialisten erklärte Hitler am 19. Oktober 1933 jedoch wieder den Austritt. Der Völkerbund scheiterte außerdem, weil seine Entscheidungen durch die **nationalen Eigeninteressen** der Staaten blockiert und seine Autorität durch politische Mittel der Vorkriegszeit wie zwei- oder mehrseitige politische, wirtschaftliche und militärische Verträge untergraben wurde. Besonders deutlich wurde diese Ohnmacht 1935 beim italienischen Angriff auf Abessinien. Obwohl der Völkerbund Wirtschaftssanktionen* verhängte, wurde Italien von Deutschland mit Kohle und von den USA mit Öl versorgt.

M 2 Ragnvald Blix (1882–1958), „Wilsons 14-Punkte und der Völkerbund, der von den Ereignissen überholt wird", Karikatur aus der Satirezeitschrift „Exlex", Norwegen, 1920

Der Versailler Vertrag

Deutschland war als Kriegsverlierer an den Friedensverhandlungen in Paris nicht beteiligt. Doch es hoffte auf einen milden Frieden und stützte sich dabei auf Wilsons 14 Punkte. Die amerikanische Perspektive einer internationalen Friedensordnung konnte sich jedoch nur ansatzweise durchsetzen. Frankreich wollte sich durch Gebietsabtretungen, wirtschaftliche Sanktionen und militärische Schwächung gegenüber Deutschland dauerhaft absichern. Unterstützt wurden diese Sicherheitsinteressen von Großbritannien, obwohl es eine kontinentale* Hegemonie* Frankreichs verhindern wollte. Allerdings warnte der englische Premierminister, Deutschland zu schwächen. Denn er war sich mit den USA einig, dass die Deutschen als europäische Mittelmacht gegen Russland dienen sollten. US-Präsident Wilson konnte zwar die von Frankreich gewünschte Annexion* des Saarlandes sowie die direkte Abtretung der Kolonien an England und Frankreich verhindern. Aber die Haltung Frankreichs blieb bestimmend. So kehrte sich die Zuversicht der Deutschen in Fassungslosigkeit, als der deutschen Delegation die Vertragsbestimmungen am 7. Mai 1919 vorgelegt wurden. Die Reparationen*, die territorialen Bestimmungen sowie der „Kriegsschuldartikel" stießen sowohl in der Bevölkerung als auch bei den politischen Parteien auf breite Ablehnung.
Deutschland hatte große Gebietsverluste hinzunehmen: etwa ein Siebtel seines Territoriums mit einem Zehntel seiner Bevölkerung. Die militärischen Bestimmungen sahen eine Aufhebung der Wehrpflicht, eine Beschränkung der Heeresstärke auf 100 000 Mann, ein Verbot schwerer Waffen (Panzer, Schlachtschiffe, U-Boote, Flugzeuge) sowie die Entmilitarisierung* einer 50 km breiten Zone rechts des Rheins und eine alliierte Besatzung des linken Rheingebietes für 15 Jahre vor. Ferner wurde Deutschland zu Reparati-

M3 **Deutschland nach dem Versailler Vertrag 1919**

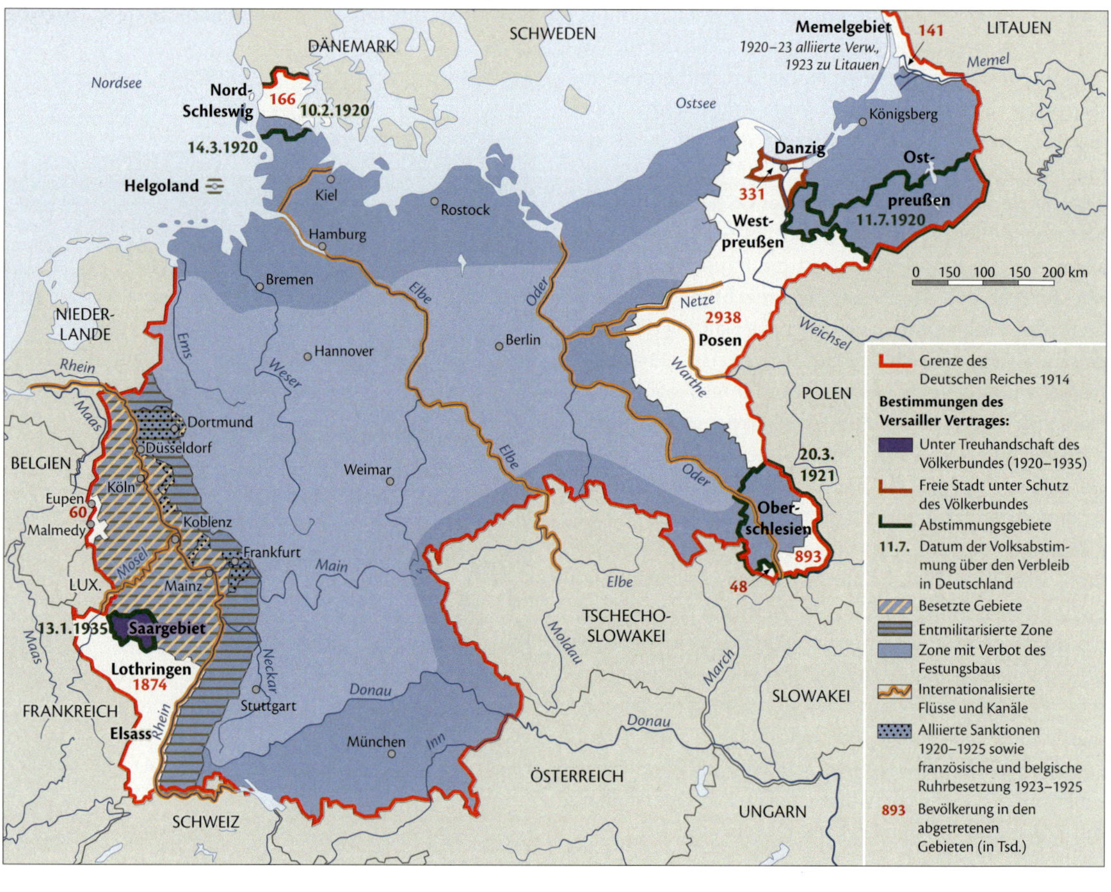

onen verpflichtet. Dazu zählten neben einer noch unbestimmten Geldsumme auch Sachleistungen wie 60 Prozent der Kohleförderung auf zehn Jahre, 90 Prozent der Verkehrs- und Transportmittel (Handelsschiffe, Eisenbahnen) sowie Nutztiere (Rinder, Pferde). Diese Forderungen resultierten aus der auferlegten Verpflichtung zur Wiedergutmachung aller Kriegsschäden der Alliierten im **Kriegsschuldparagrafen**, der Deutschland und seine Verbündeten als Urheber des Ersten Weltkriegs bezeichnete. Ungeachtet der Empörung, die sich in Begriffen wie „Diktatfrieden" äußerte, konnte die Reichsregierung in schriftlichen Verhandlungen nur wenige Änderungen erreichen. Nach heftigen Auseinandersetzungen innerhalb der Reichsregierung und unter dem Druck eines alliierten Ultimatums beauftragte die deutsche Nationalversammlung die Regierung schließlich mit der Unterzeichnung des Vertrages (am 28. Juni 1919).

▶ **M 5, M 6: Reden in der Nationalversammlung zum Versailler Vertrag**

▶ **M 7, M 8: Der Versailler Vertrag in Plakaten**

Der Folgen des Versailler Vertrages

Gegner von Demokratie und Republik warfen den Vertretern der demokratischen Parteien vor, sie hätten mit der Unterzeichnung der Demütigung Deutschlands zugestimmt und sein Selbstbestimmungsrecht preisgegeben. Sie entwickelten eine Gleichsetzung von Weimarer Republik und **„Schmachfrieden"**.
Allerdings hatte die erste Weimarer Reichsregierung auch ihren Anteil an der öffentlichen Empörung über den Vertrag. Sie hatte bewusst darauf verzichtet, die deutsche Bevölkerung über die Vorgeschichte des Kriegsausbruchs aufzuklären. Auswärtiges Amt und Reichskanzlei vermieden die Veröffentlichung brisanter Kriegsziel-Dokumente, weil sie strengere Sanktionen bei den Friedensverhandlungen fürchteten.
Der Verzicht auf eine rückhaltlose Aufarbeitung des eigenen Anteils am Kriegsausbruch kam dem Wunsch vieler Deutscher nach Verdrängung entgegen. Außerdem förderte er die Bildung von Geschichtslegenden und politischen Vorwürfen. (1) Aus der Abwehr der These, Deutschland sei allein schuld am Ersten Weltkrieg, „erwuchs binnen kurzem eine deutsche **Kriegsunschuldlegende**" (Heinrich August Winkler). (2) Die **„Dolchstoßlegende"** basierte auf der Behauptung, die Heimat sei dem „im Felde unbesiegten Heer" in den Rücken gefallen. Die Novemberrevolution 1918/19 und die sie tragenden Kräfte, die sogenannten „Novemberverbrecher", seien daher verantwortlich für die Niederlage Deutschlands und den daraus resultierenden Friedensvertrag. Die Propagierung beider Legenden durch Nationalisten und Rechtsradikale wurde mit der Agitation* gegen den „Schmachfrieden" verbunden und für die Bekämpfung der ersten deutschen Republik instrumentalisiert*. (3) Seit 1920 wurde **„Erfüllungspolitik"** ein weiteres Schlagwort der Republikfeinde: Die deutsche Regierung hatte eine Politik eingeleitet, die mit der Bereitschaft zur Erfüllung der alliierten Reparationsforderungen zugleich die Grenzen der wirtschaftlichen Leistungsfähigkeit Deutschlands und somit die Unerfüllbarkeit der Forderungen aufzeigen sollte. Es kam nicht nur zu verbalen* Attacken, sondern auch zu Attentaten radikaler Rechter. **Außenminister Gustav Stresemann** (DVP) verfolgte 1923 bis 1929 eine **Verständigungspolitik** mit den Alliierten, um eine Revision* des Versailler Vertrages zu erreichen. Obwohl er erreichte, dass nicht alle Vertragsbedingungen umgesetzt und die Reparationszahlungen gemindert bzw. 1932 im Zuge der **Weltwirtschaftskrise*** faktisch eingestellt wurden, blieb der Vertrag eine wirtschaftliche, politische und psychologische Belastung für die junge Demokratie.

M 4 Daniel R. Fitzpatrick (1891–1969), „*The Source*" (Die Quelle), Karikatur aus der Zeitung „*St. Louis Dispatch*", USA, 18. Oktober 1930

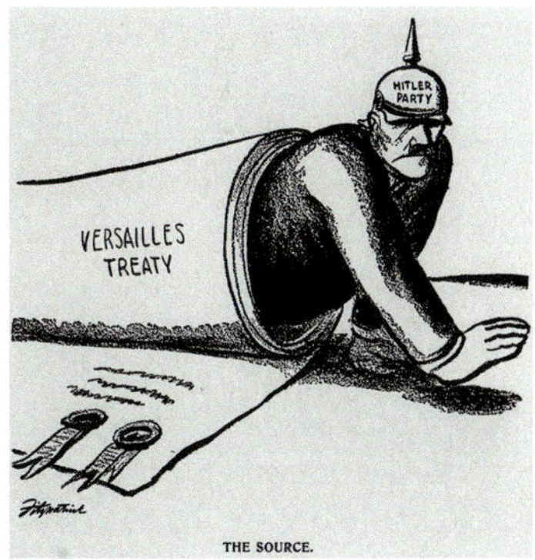

Weltwirtschaftskrise 1930er-Jahre
Die Krise begann im Oktober 1929 mit dem Börsenkrach in New York. Sie hatte ihren Tiefpunkt 1932. Ursachen: infolge des Ersten Weltkriegs hohe Schulden vieler Länder Europas gegenüber den USA und eine Spekulationsblase in den USA. Verschärft wurde die Krise dadurch, dass einige Regierungen die Geldmenge verknappten, keine Konjunkturprogramme auflegten und Protektionismus* betrieben. Folgen: Bankenpleiten; Rückgang von Industrieproduktion, Welthandel und internationalen Geldströmen; Arbeitslosigkeit, Unternehmenspleiten; politische Krisen.

1 Beschreiben Sie die territorialen Veränderungen nach dem Ersten Weltkrieg (M 1).
2 **Steckbrief:** Erarbeiten Sie einen Steckbrief zum Völkerbund (Darstellung, M 2).
3 Nennen Sie die Bestimmungen des Versailler Vertrages (Darstellung, M 3).
4 **Wahlaufgabe:** Bearbeiten Sie Aufgabe a) oder b).
  a) **Schaubild:** Stellen Sie die Folgen des Versailler Vertrages in einem Schaubild dar (Darstellung).
  b) Erläutern Sie ausgehend von Karikatur M 4 die Folgen des Versailler Vertrages.

Hinweise zur Arbeit mit den Materialien:
Schwerpunkt ist der Umgang mit dem Versailler Vertrag in Deutschland: M 5, M 6 sind Reden aus dem Parlament 1919; M 7, M 8 zeigen Wahlplakate, die den Vertrag instrumentalisieren. Vertiefung: Die Folgen der Pariser Friedensvorortverträge im Nahen Osten.

Geschichte kontrovers: Der Versailler Vertrag in zeitgenössischen Reden und Plakaten

M 5 Rede Phillipp Scheidemanns (SPD) vor der Nationalversammlung in Weimar (12. Mai 1919)

Scheidemann war bis 20. Juni 1919 Ministerpräsident der ersten „Weimarer Koalition"; er trat zurück, weil er die Bedingungen des Versailler Vertrages ablehnte.

Heute, wo jeder die erdrosselnde Hand an der Gurgel fühlt, lassen Sie mich ganz ohne taktisches Erwägen reden: Was unseren Beratungen zugrunde liegt, ist dies dicke Buch, in dem 100 Absätze beginnen: Deutschland verzichtet, verzichtet, verzichtet! Dieser schauerliche und mörderische Hexenhammer, mit dem einem großen Volke das Bekenntnis der eigenen Unwürdigkeit, die Zustimmung zur erbarmungslosen Zerstückelung abgepresst werden soll, dies Buch darf nicht zum Gesetzbuch der Zukunft werden. Seit ich die Forderungen in ihrer Gesamtheit kenne, käme es mir wie eine Lästerung vor, das Wilson-Programm, diese Grundlagen des ersten Waffenstillstandsvertrages, mit ihnen auch nur vergleichen zu wollen!
Aber eine Bemerkung kann ich nicht unterdrücken: Die Welt ist wieder einmal um eine Illusion ärmer geworden. Die Völker haben in dieser an Idealen armen Zeit wieder einmal den Glauben verloren [...]. Ich frage Sie: Wer kann als ehrlicher Mann – ich will gar nicht sagen als Deutscher – nur als ehrlicher, vertragstreuer Mann solche Bedingungen eingehen? Welche Hand müsste nicht verdorren, die sich und uns in solche Fesseln legte?

*Zit. nach: Johannes Hohlfeld (Hg.), Dokumente der deutschen Politik und Geschichte von 1848 bis zur Gegenwart, Bd. 3, Wendler, Berlin 1951, S. 35.**

M 6 Rede Gustav Bauers (SPD) vor der Nationalversammlung in Weimar (22. Juni 1919)

Bauer war unter Scheidemann Reichsarbeitsminister und wurde am 21. Juni 1919 (nach dem Rücktritt Scheidemanns) sein Nachfolger als Reichskanzler.

In einem sind wir alle einig: in der schärfsten Beurteilung des uns vorgelegten Friedensvertrages (Sehr richtig!), zu dem wir unter einem unerhörten Zwang unsere Unterschrift geben sollen! Als wir zum ersten Male diesen Entwurf lasen, brach aus dem ganzen Volk wie aus einem Munde der Protest der Empörung und Ablehnung. Wir hofften, allen Enttäuschungen zum Trotz, auf die Empörung der ganzen Welt. [...] Dieser Vertrag verliert seinen vernichtenden Charakter nicht durch Veränderungen von Einzelheiten. Die Äußerung der Parteien der Nationalversammlung, welche über die Mehrheit der Stimmen verfügen, lassen kaum einen Zweifel, dass diejenigen in der Minderheit sind, welche die Zukunft unseres Volkes durch eine Annahme schwer zu gefährden glauben als durch eine Ablehnung. Dem muss eine Regierung Rechnung tragen, die das Volk nicht nach 48 Stunden vor eine neue, vielleicht tödliche Krise stellen will. Denn die Ablehnung des Vertrags wäre keine Abwendung des Vertrags. Ein Nein wäre nur eine kurze Hinausschiebung des Ja! (Sehr richtig! – bei den Sozialdemokraten) Unsere Widerstandskraft ist gebrochen; ein Mittel der Abwendung gibt es nicht. [...]
Die Regierung der deutschen Republik verpflichtet sich, die Deutschland auferlegten Friedensbedingungen zu erfüllen. Sie will sich jedoch in diesem feierlichen Augenblick mit rücksichtsloser Klarheit äußern, um jeden Vorwurf einer Unwahrhaftigkeit, der Deutschland jetzt oder später gemacht werden könnte, von vornherein entgegenzutreten. Die auferlegten Bedingungen übersteigen das Maß dessen, was Deutschland tatsächlich leisten kann. Wir fühlen uns daher zu der Erklärung verpflichtet, dass wir alle Vorbehalte machen und jede Verantwortung ablehnen gegenüber den Folgen, die über Deutschland verhängt werden könnten, wenn die Undurchführbarkeit der Bedingungen auch bei schärfster Anspannung des deutschen Leistungsvermögens in Erscheinung treten muss.

*Zit. nach: Herbert Michaelis, Ernst Schraepler (Hg.), Ursachen und Folgen. Vom deutschen Zusammenbruch 1918 und 1945 bis zur staatlichen Neuordnung Deutschlands in der Gegenwart, Bd. 3, Wendler, Berlin 1958, S. 383 f.**

1 **Partnerarbeit:** Analysieren Sie vergleichend die Reden in M 5 und M 6 zum Versailler Vertrag.
Tipp: Siehe Arbeitsschritte auf Methodenseite 212.
2 Beurteilen Sie die Positionen der Redner in M 5, M 6.
3 Analysieren Sie das Plakat M 7 oder M 8, S. 329.
Tipp: Siehe Arbeitsschritte auf Methodenseite 384.
4 **Vertiefung:**
a) Analysieren Sie die territorialen Umbrüche nach 1918 im Nahen Osten in M 9, S. 329.
b) Diskutieren Sie kurz- und langfristige Folgen.
5 Erörtern Sie die Leitfrage dieser Themeneinheit.

M7 Wahlplakat der DNVP, 1924

M8 NSDAP-Veranstaltungsplakat, Juni 1931

Vertiefung: Der Nahe Osten nach dem Ersten Weltkrieg

M9 Der Nahe Osten nach 1918 bis 1923

Urteilen

Um einen historischen Gegenstand beurteilen zu können, ist es sinnvoll, ihn aus mindestens zwei unterschiedlichen Sichtweisen (**Perspektiven**) zu untersuchen: aus der Perspektive historischer Zeitgenossen (Prinzip der **Multiperspektivität**) und/oder aus der Perspektive von Nachgeborenen, z. B. von Historikern (Prinzip der **Kontroversität).** Auf einer dritten Ebene erfolgt im Rahmen des Unterrichts, z. B. in der Gruppe oder im Plenum, anhand mündlicher Äußerungen oder schriftlicher Produkte die Auseinandersetzung mit den Wahrnehmungen der Zeitgenossen und den Deutungen der Nachgeborenen (Prinzip der **Pluralität**), die die Grundlage für eine selbständige Stellungnahme zum historischen Gegenstand sind.

▶ M 2–M 5: Urteilsbildung zum Thema Versailler Vertrag

Historische Urteile unterscheiden zwischen Sach- und Werturteil. Während das **Sachurteil** ein Urteil auf der Ebene des historischen Gegenstandes ist, das die Handlungsoptionen und Werte der damaligen Zeit zugrunde legt, werden bei einem **Werturteil** heutige Normen auf historische Sachverhalte bezogen und eigene Wertmaßstäbe reflektiert.

M 1 Modell zur Urteilsbildung

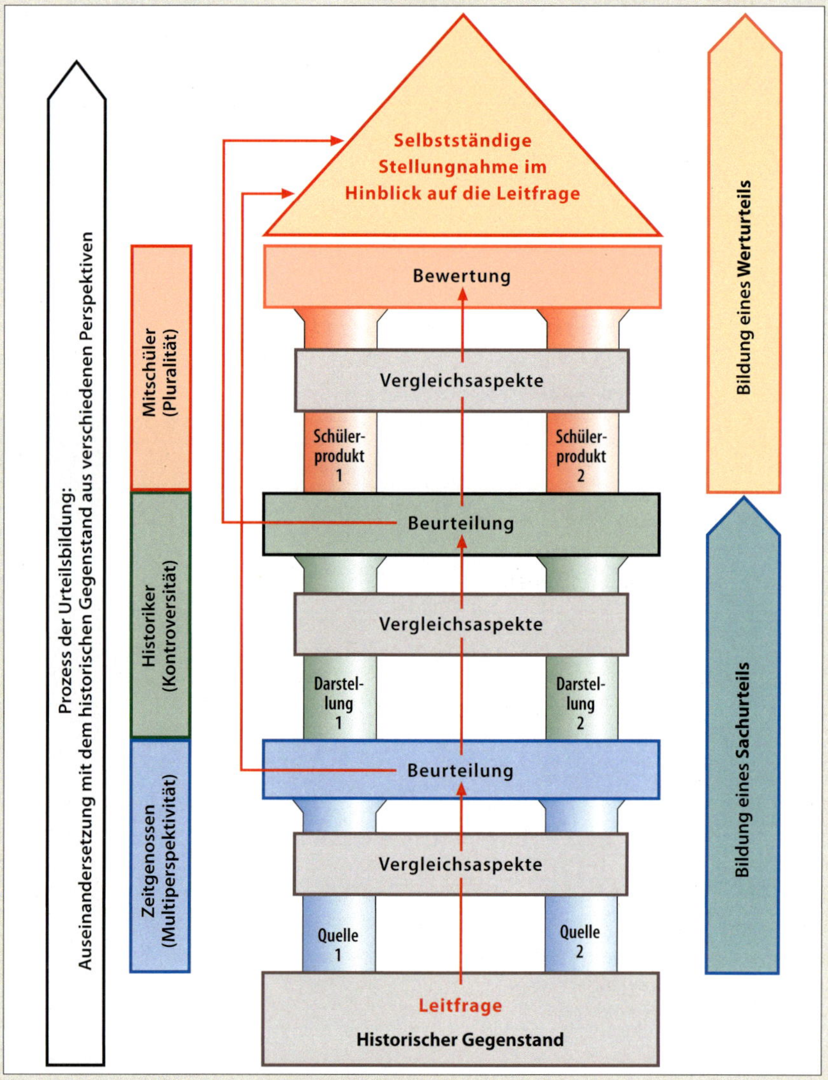

Formulierungshilfen „Urteilen"
- Der Verfasser stellt die These/Behauptung auf …
- Einer der wichtigsten Gründe für/gegen diese Meinung …
- Dafür/Dagegen spricht …
- Ich bin der Meinung/Ansicht/Auffassung, dass …
- Mich stützend auf das Recht der Gleichheit der Menschen …
- Gemessen an den Vergleichsaspekten …
- Ausgehend von dem erkenntnisleitenden Interesse, dass die Würde des Menschen unantastbar ist, …
- Alles in allem zeigt sich daher, dass im Hinblick auf die Leitfrage/den historischen Gegenstand …

Das **Urteilsmodell** (M 1) ist eine Idealkonstruktion, die modifiziert werden kann. So lässt sich auch eine Stellungnahme auf der Basis der Quellen formulieren, ohne z. B. Deutungen von Historikern für die Urteilsbildung heranzuziehen.
Für die Analyse und den Vergleich von Quellen bzw. Darstellungen helfen die Methodenseiten **Schriftliche Quellen vergleichen** und und **Darstellungen vergleichen.**

▶ **Quellen vergleichen, Darstellungen vergleichen: siehe Methodenseiten 212 und 316**

Übungsbeispiel

I Quellen

M2 Note* des deutschen Außenministers Ulrich von Brockdorff-Rantzau an den französischen Ministerpräsidenten Georges Clemenceau vom 19. Mai 1919

Die Zumutungen dieses Vertrages gehen über die Kräfte des deutschen Volkes. Wir sollen zur Wiederherstellung des polnischen Reiches auf unbestritten deutsches Gebiet verzichten, fast auf die ganze überwiegend deutsche Provinz Westpreußen, auf deutsche Teile Pommerns und auf das kerndeutsche Danzig. Wir sollen darein willigen, dass Ostpreußen vom Staatskörper amputiert, zum Absterben verurteilt und seines nördlichen Teiles mit der rein deutschen Memel beraubt wird. [...] Das rein deutsche Saargebiet soll von unserem Reiche gelöst und seine spätere Angliederung an Frankreich vorbereitet werden, obgleich wir Frankreich keine Menschen, sondern nur Kohlen schulden.
Fünfzehn Jahre lang soll rheinisches Gebiet besetzt sein und die Alliierten es nach fünfzehn Jahren in der Hand haben, die Rückgabe des Landes zu verweigern; in der Zwischenzeit können sie alles tun, um die wirtschaftlichen und moralischen Verbindungen mit dem Mutterlande zu lösen und schließlich den Willen der einheimischen Bevölkerung zu fälschen.
Heute steht nach den tiefgehenden politischen Umwälzungen, die im Spätherbst 1918 in Deutschland stattgefunden haben, den Gegnern nicht mehr eine unverantwortliche deutsche Regierung, sondern das seine Geschicke selbst bestimmende deutsche Volk gegenüber. Die neue Verfassung des Deutschen Reiches, die Zusammensetzung seiner Volksregierung entsprechen den strengsten Grundsätzen der Demokratie; die Abkehr von der militaristischen Gesinnung zeigt sich auch daran, dass die von Deutschland zur Annahme vorgeschlagene Völkerbundsatzung ein Abkommen über die Einschränkung der Rüstungen enthält, das größere Sicherheiten schafft als die entsprechenden Bestimmungen des Völkerbundsstatuts im Friedensentwurf.
Aber diese wie andere Tatsachen sind in dem Friedensentwurf völlig unberücksichtigt geblieben. Es ist nicht abzusehen, welche härteren Bedingungen einer imperialistischen Regierung auferlegt werden können. [...]
[E]in so zerstückeltes und geschwächtes Deutschland soll sich, obgleich auf Erstattung der Kriegskosten ausdrücklich verzichtet wurde, grundsätzlich bereit erklären, alle Kriegskosten der Gegner zu tragen, Summen, die das gesamte deutsche Staats- und Privatvermögen um ein Mehrfaches übersteigen würden. Einstweilen fordern die Gegner über die vereinbarte Grundlage hinaus Ersatz der Schäden der Zivilbevölkerung, wobei Deutschland auch für seine Bundesgenossen haften soll. Die zu zahlende Summe soll von den Gegnern einseitig festgesetzt werden und späterer Abänderung und Erhöhung unterliegen. Die Grenze soll die Leistungsfähigkeit des deutschen Volkes bilden, abgestuft nicht nach seiner Lebenshaltung, sondern lediglich nach seiner Fähigkeit, die Forderungen der Feinde durch seine Arbeit zu erfüllen. Das deutsche Volk wäre also zu dauernder Sklavenarbeit verurteilt.
Trotz solcher ungeheuerlicher Forderungen wird uns gleichzeitig der Wiederaufbau unseres Wirtschaftslebens unmöglich gemacht. Wir sollen unsere Handelsflotte ausliefern. Wir sollen auf alle Auslandswerte verzichten. Wir sollen das Eigentum an allen deutschen Auslandsunternehmungen, selbst in den verbündeten Ländern, auf die Gegner übertragen. Auch nach Friedensschluss sollen die feindlichen Staaten das Recht haben, alles deutsche Vermögen zur Einziehung zu bringen. Kein deutscher Kaufmann wird in ihren Ländern vor solchen Kriegsmaßnahmen geschützt sein. Auf unsere Kolonien sollen wir vorläufig verzichten.

*Zit. nach: Herbert Michaelis, Ernst Schraepler (Hg.), Ursachen und Folgen. Vom deutschen Zusammenbruch 1918 und 1945 bis zur staatlichen Neuordnung Deutschlands in der Gegenwart, Bd. 3, Wendler, Berlin 1958, S. 356 f.***

M3 Note* des französischen Ministerpräsidenten Georges Clemenceau an den deutschen Außenminister Ulrich von Brockdorff-Rantzau vom 16. Juni 1919

Man kann nicht an der Ansicht der Alliierten zweifeln, zur Grundlage der europäischen Ordnung das Prinzip zu machen, die unterdrückten Völker zu befreien und die nationalen Grenzen so weit wie möglich gemäß dem Willen der infrage kommenden Völker neu zu ziehen [...].

In Anwendung dieser Grundsätze haben die Alliierten Bestimmungen getroffen, um Polen als unabhängigen Staat wiederherzustellen. Alle von einer deutschen Minderheit bewohnten Gebiete sind Deutschland belassen worden. Die deutschen Gegenvorschläge [...] zielen darauf ab, große Majoritäten unbestreitbar polnischer Bevölkerung unter deutscher Herrschaft zu halten. [...]

Das von den Alliierten für das Saarbecken vorgeschlagene Regime soll 15 Jahre dauern. Die Mächte haben diese Regelung für erforderlich gehalten sowohl mit Rücksicht auf den Plan der Wiedergutmachung als auch, um Frankreich sofortige Entschädigung für die willkürliche Zerstörung seiner im Norden gelegenen Kohleminen zu sichern. Das Gebiet untersteht der Kontrolle des Völkerbundes, sodass hierdurch keine Annexion vollzogen wird [...].

Die deutsche Denkschrift behauptet, es müsse der deutschen Revolution Rechnung getragen werden, und das deutsche Volk sei nicht verantwortlich für die Politik seiner Regierenden, da es sie ja aus der Macht vertrieben habe. Die Alliierten erkennen die eingetretene Veränderung an und beglückwünschen sich dazu. Diese Umwandlung stellt eine große Friedenshoffnung und eine Neuordnung für die Zukunft Europas dar. Aber sie kann die Liquidierung des Krieges selbst nicht berühren. Die deutsche Revolution wurde verzögert, bis die deutschen Heere im Felde geschlagen waren, bis jede Hoffnung, aus einem Eroberungskriege Nutzen zu ziehen, sich verflüchtigt hatte. Sowohl während des Verlaufs des Krieges wie auch vor dem Kriege ist das deutsche Volk und sind seine Vertreter für den Krieg gewesen [...]. Das deutsche Volk kann also nicht behaupten, dass, weil es, nachdem der Krieg einmal verloren, seine Regierenden gewechselt hat, die Gerechtigkeit wolle, dass es den Folgen seiner Kriegshandlungen entzogen werde. [...] Deutschland hat die Industrien, die Bergwerke und die Fabriken der ihm benachbarten Länder ruiniert. Es hat sie nicht während des Kampfes zerstört, sondern in der wohlüberlegten und erwogenen Absicht, seiner eigenen Industrie zu ermöglichen, sich der Märkte jener Länder zu bemächtigen, bevor ihre Industrie sich von der Verwüstung, die es ihnen in frivoler Weise zugefügt hatte, wieder hat erholen können. Deutschland hat seine Nachbarn alles dessen beraubt, was es nutzbar machen oder fortschleppen konnte. Es hat die Schiffe aller Nationen auf hoher See zerstört, da, wo es für die Passagiere und die Besatzungen keine Rettungsaussicht gab. Es ist nur gerecht, dass Ersatz geleistet wird und dass die so misshandelten Völker einige Zeit gegen die Konkurrenz einer Nation geschützt werden, deren Industrien intakt sind, ja sogar durch die in den besetzten Gebieten gestohlenen Ausrüstungsgegenstände eine Stärkung erfahren haben. Wenn dies harte Prüfungen für Deutschland sind, so ist es Deutschland selbst, welches sie sich zugezogen hat. Einer muss unter den Folgen des Krieges leiden. Wer soll leiden? Deutschland oder nur die Völker, denen Deutschland Böses zugefügt hat?

*Zit. nach: Herbert Michaelis, Ernst Schraepler (Hg.), Ursachen und Folgen. Vom deutschen Zusammenbruch 1918 und 1945 bis zur staatlichen Neuordnung Deutschlands in der Gegenwart, Bd. 3, Wendler, Berlin 1958, S. 365 ff.**

II Darstellungen

M4 Der Historiker Peter Grupp (1987)

Die führenden Mächte auf der Pariser Friedenskonferenz waren in erster Linie an der Niederhaltung Deutschlands und der Sicherung der eigenen, schwer errungenen Vorteile interessiert und am Ende einer bis an die eigene Existenzbedrohung geführten kriegerischen Auseinandersetzung mit der Aufgabe überfordert, eine zukunftsweisende, Deutschland konstruktiv einbeziehende Friedensordnung zu entwerfen. Frankreich war sich des überlegenen Wirtschaftspotenzials Deutschlands durchaus bewusst und vorrangig an dessen Zerschlagung und weniger an seiner Integration interessiert, zumal in manchen deutschen Kreisen auf dieses Potenzial in recht auftrumpfender Weise verwiesen wurde. [...]

Schließlich scheiterten im Laufe des Jahres 1919 auch alle Versuche, auf den außenpolitischen Nebenschauplätzen weiterzumachen, „als ob nichts geschehen wäre", recht kläglich; bis zum Inkrafttreten des Friedensvertrages am 10. Januar 1920 hatten alle Gewinne aus dem Weltkrieg im Osten unter zunehmendem Druck der Entente aufgegeben werden müssen. Die routinemäßige Fortsetzung der alten Politik hatte sich als unmöglich erwiesen. Die deutsche Außenpolitik befand sich damit auf einem Tiefpunkt. Alle Politikansätze, ob neu, ob traditionell, hatten versagt. Das Jahr 1919 hatte sich als eine harte „Schule der Realitäten“ erwiesen. Nach und nach erst war deutlich geworden, wie gravierend der Sturz im Herbst 1918 tatsächlich gewesen war. Ein Jahr hatte es gedauert, bis alle Illusionen zerstoben waren. [...]

Zum eigentlichen Schaden für die Zukunft musste sich aber auswirken, dass die deutsche politische Führung zu keiner rechtzeitigen realistischen Analyse der wirklichen Lage fähig gewesen ist, dass Illusionen und übersteigerte Erwartungen in der Bevölkerung geweckt worden sind, dass Rhetorik die Ratio dominiert hat. Das Ergebnis war nicht nur eine schwankende und unsichere Politik in den folgenden vier Jahren; eine Konsequenz dieses anfänglichen Versagens war auch, dass der später unter Stresemann erfolgte Vorstoß zu einer konstruktiveren Außenpolitik in Deutschland psychologisch bereits stark vorbelastet gewesen ist. Die in der Zeit zwischen Waffenstillstand und Versailler Vertrag aufgenommene Hypothek hat entscheidend mit dazu beigetragen, dass die Entspannungspolitik der Locarnozeit den bekannten starken Widerständen begegnet ist; sie hat der verhängnisvollen außenpolitischen Wende in der Spätphase der Weimarer Republik den geistigen Boden bereitet.

*Zit. nach: Peter Grupp, Vom Waffenstillstand zum Versailler Vertrag, in: Karl-Dietrich Bracher/Manfred Funke/Hans-Adolf Jakobsen (Hg.), Die Weimarer Republik 1918–1933, Bundeszentrale für politische Bildung, Bonn 1987, S. 301 f.**

M5 Der Historiker Eberhard Kolb (2002)

Bei der Beurteilung des Versailler Vertrags im historischen Rückblick müssen heute vor allem zwei Gesichtspunkte hervorgehoben werden, die im Deutschland der Zwischenkriegszeit angesichts der nahezu einmütigen, emotionsgeladenen Ablehnung des „Diktatfriedens“ nicht ausreichend berücksichtigt wurden, sehr zum Schaden der deutschen Politik.

Erstens: Gewiss ist zuzugeben, dass das Vertragswerk eine extreme Belastung für die junge Demokratie darstellte, und es kann bezweifelt werden, ob die Sieger sehr klug handelten, wenn sie die Folgen der Niederlage gerade jenen deutschen Politikern und Parteien aufbürdeten, die sich zu Wilsons Ideen einer Völkerverständigung bekannten. Aber so harte Bedingungen Deutschland auch auferlegt wurden – einzelne Bestimmungen des Friedensvertrags waren doch weniger rigoros ausgefallen, als es während der Verhandlungen im Bereich der Möglichkeiten gelegen hatte. Der Vertrag besaß tatsächlich einen Kompromisscharakter, er war zwar nicht jener milde „Wilson-Friede“, den man in Deutschland erträumt hatte – und den Wilson in dieser Form gar nicht beabsichtigte: „Der ‚Betrug‘ Wilsons war in Wirklichkeit der Selbstbetrug der Deutschen über den tatsächlichen Ausgang des Krieges“ (Manfred Berg); aber er war auch nicht ein „karthagischer Friede“[1], wie ihn einflussreiche Politiker und große Teile der öffentlichen Meinung in den Siegerstaaten forderten.

Zweitens: Trotz des Versailler Vertrags behielt das Deutsche Reich den Status einer europäischen Großmacht und besaß auf längere Sicht die Möglichkeit, wieder einen aktiven Part in der europäischen Politik zu spielen, sogar mit größerer außenpolitischer Bewegungsfreiheit als vor 1914: Russland war aus Mitteleuropa abgedrängt und für lange Zeit mit seinen innenpolitischen Problemen beschäftigt, Südosteuropa aber konnte, bei behutsam stetiger Politik, mit der Zeit zur wirtschaftlichen und politischen Einflusssphäre des Deutschen Reiches werden. Insofern ist Gerhard Ritter voll zuzustimmen, wenn er nach dem Ende des Zweiten Weltkriegs konstatierte: „Für eine kluge, besonnene und geduldige deutsche Politik, die für unseren Staat nichts anderes erstrebte, als ihn zur friedenssichernden Mitte Europas zu machen, eröffneten sich – auf lange Sicht – die besten Chancen. Dass wir sie verfehlt haben und in maßloser Ungeduld, in blindem Hass gegen das sogenannte Versailler System uns einem gewalttätigen Abenteurer in die Arme stürzten, ist [...] der verhängnisvollste Fehltritt unserer neueren Geschichte.“

*Zit. nach: Eberhard Kolb, Die Weimarer Republik, Oldenbourg, München 2002, S. 36 f.**

1 Gemeint ist hier die Zerstörung Karthagos durch die Römer 146 v. Chr.

1 Setzen Sie sich anhand der Arbeitsschritte (M 1) mit dem Versailler Vertrag auseinander, indem Sie
- **a)** sich über den wesentlichen Inhalt und historischen Kontext des Vertrages informieren,
- **b)** die Quellen (M 2, M 3) anhand geeigneter Aspekte vergleichen,
- **c)** die Darstellungen (M 4, M 5) anhand geeigneter Aspekte vergleichen und
- **d)** im Hinblick auf die Leitfrage ein Sach- und ein Werturteil formulieren.

▶ Lösungshinweise finden Sie auf S. 650 ff.

Historisches Untersuchungsverfahren: Der Querschnitt

▶ S. 688: Querschnittthemen im Kursbuch

Der **Querschnitt** ist ein Untersuchungsverfahren der Geschichte – wie die Chronologie, der Längsschnitt oder die Fallanalyse. Das Interesse konzentriert sich beim Querschnitt auf die Betrachtung einer bestimmten Epoche. Das Verfahren gleicht einer Momentaufnahme der Geschichte, in der zeitgleiche historische Ereignisse und Prozesse **synchron*** betrachtet werden. Dabei werden von einem Zeitabschnitt **parallel** politische, wirtschaftliche, soziale, kulturelle und rechtliche Aspekte sowie ihre Zusammenhänge untersucht. Der ausgewählte Gegenstand kann unterschiedliche Zeitspannen umfassen: ein Jahr, z. B. das Jahr 1917, mehrere Jahrzehnte, z. B. die Zwischenkriegszeit oder der Kalter Krieg, oder auch mehrere Jahrhunderte, z. B. Lebensformen im Mittelalter. Obwohl die Themen häufig in einer chronologischen Abfolge erarbeitet werden, ist die zeitliche Verbundenheit keine notwendige Voraussetzung. Jahre oder Jahrzehnte, die für einen Gesichtspunkt nicht relevant sind, können unberücksichtigt bleiben. Das Verfahren eignet sich auch für fachübergreifendes Arbeiten.

Ein Querschnitt ermöglicht zweierlei: (1) den umfassenden Überblick über einen historischen Zeitabschnitt; (2) durch die synchrone Untersuchung mehrerer Sachverhalte erhält man ein differenziertes Epochen-Profil. Aspekte, wie beispielsweise Wirtschafts- oder Alltagsgeschichte, die beim genetisch-chronologischen* Prinzip oft im Hintergrund bleiben, können auf diese Weise einbezogen werden. Nachteile des Querschnitts sind die Vernachlässigung der Problemorientierung und der historischen Verläufe.

M1 **„Erster Jahrestag der Diktatur des Proletariats. Oktober 1917 bis Oktober 1918", Plakat von Aleksandr Apsit, 1919.**
Text in roter Schrift: „Proletarier aller Länder – vereinigt euch!" Text am oberen Rand: „Russische Sozialistische Föderative Sowjetrepublik".

Die Zwischenkriegszeit – ein Querschnitt

Das historische Untersuchungsverfahren des Querschnitts eignet sich für die Auseinandersetzung mit der Zeit zwischen dem Ersten Weltkrieg (1914–1918) und dem Zweiten Weltkrieg (1939–1945). Für die synchrone Betrachtung bieten sich die Aspekte Ideologie, Herrschaftsform, Innen- und Außenpolitik anhand ausgewählter Staaten an.

1 **Arbeitsteilige Gruppenarbeit:** Untersuchen Sie dieses Kapitel zur Zwischenkriegszeit arbeitsteilig anhand der Staaten USA, Sowjetunion, Italien, Spanien, Großbritannien, Frankreich und China.
2 Vergleichen Sie Ihre Ergebnisse gemeinsam im Kurs (s. Tabelle unten).
3 **Wahlaufgabe:** Bearbeiten Sie Aufgabe a) oder b).
   a) Analysieren Sie M 1 hinsichtlich der auf dem Plakat vermittelten Ideologie.
   b) Analysieren Sie M 2 hinsichtlich der auf dem Plakat vertretenen Außenpolitik.

► USA: S. 336 ff.
Sowjetunion: S. 340 ff.
Italien: S. 344 ff.
Spanien: S. 345 ff.
Großbritannien: S. 348 ff.
Frankreich: S. 350 ff.
China: S. 352 ff.

	Ideologie	Herrschaftsform	Innenpolitik	Außenpolitik
USA				
Sowjetunion				
Italien				
Spanien				
Großbritannien				
Frankreich				
China				

M2 **„America first", Plakat, USA, 1918.**
Abgebildet sind u. a.: Präsident Wilson (auf der Glocke), Washington (links oben), Lincoln (rechts oben).

8.2 Aufstieg der USA zur Weltmacht

In dieser Themeneinheit geht es um
- *Herausforderungen der USA in Politik und Wirtschaft zwischen den Weltkriegen,*
- *die politischen Konzepte des Isolationismus, des Internationalismus und des New Deal als Antworten auf die Herausforderungen.*

M1 Thomas Woodrow Wilson (1856–1924), offizielles Gemälde von William Orpen, ca. 1919

14-Punkte-Programm
- Öffentliche Friedensverträge und Abschaffung der Geheimdiplomatie
- Freiheit der Meere für die Schifffahrt
- Freiheit der Weltwirtschaft, Gleichheit der Handelsbedingungen aller Nationen
- Rüstungsbeschränkungen
- Internationale Regelung aller kolonialen Ansprüche
- Räumung Russlands durch die Mittelmächte
- Wiederherstellung Belgiens
- Rückgabe Elsass-Lothringens
- Festlegung der italienischen Grenzen nach dem nationalen Prinzip
- Freie, autonome Entwicklung für die Völker Österreich-Ungarns
- Räumung Rumäniens, Serbiens und Montenegros
- Unabhängigkeit der Türkei, Öffnung der Meerengen, Autonomie nichttürkischer Völker des ehem. Osmanischen Reiches
- Errichtung eines unabhängigen Staates Polen mit freiem Zugang zum Meer
- Gründung des Völkerbundes

Vorkämpferin für Demokratie

Die Zeit zwischen den Weltkriegen ist vom **Kampf der Ideologien** bestimmt. Er begann bereits während des Ersten Weltkrieges (1914–1918). Mit den beiden weltgeschichtlichen Ereignissen des **Epochenjahres 1917,** der Oktoberrevolution in Russland und dem Kriegseintritt der Vereinigten Staaten von Amerika, deutete sich die bipolare* Ordnung an, die das internationale System während des Kalten Krieges (1946–1989) prägen sollte. Während Russland die Ideale der Staats- und Gesellschaftsordnung des Kommunismus* verkörpern wollte, verstanden sich die USA als Vorkämpferin für Marktwirtschaft und Demokratie.
Der Historiker Detlev Junker bezeichnete den **Kriegseintritt der USA 1917** in den Ersten Weltkrieg als eine außenpolitische „Revolution". Der amerikanische Präsident **Woodrow Wilson*** (Präs. 1913–1921) hätte diese Revolution vor sich selbst und seinen Landsleuten mit einer revolutionären Doktrin* rechtfertigen müssen. Mit dem Kriegseinritt wollte er eine bessere Weltordnung herbeiführen und dem Fortschritt der Menschheit mit dem Versprechen dienen, „diesen Krieg zum letzten aller Kriege zu machen" (engl. *a war to end all wars).* Mit dem Argument, dass die Welt sicher gemacht werden müsse für die Demokratie, hatte Wilson in seiner Kriegsbotschaft vom 2. April 1917 seine Landsleute von der Notwendigkeit eines Kriegseintritts zu überzeugen versucht. Sein liberal-demokratisches Friedensprogramm, das bei den Zeitgenossen große Hoffnungen auf eine bessere und harmonischere Welt nährte, hat er in seinem **14-Punkte-Programm*** für den Weltfrieden 1918 präzisiert. Darin forderte er eine radikale Abkehr von der herkömmlichen europäischen Großmachtpolitik, die allgemeine Durchsetzung der liberalen Demokratie, die Achtung des **Selbstbestimmungsrechts der Völker*,** die Schaffung eines Völkerbundes als Schiedsrichter zwischen den Nationen und Gerechtigkeit auch für die Kolonialvölker.

Isolationismus

Nach dem Ersten Weltkrieg wuchs in der amerikanischen Bevölkerung wie auch in der politischen Elite jedoch die Überzeugung, die USA sollten sich möglichst schnell aus Europa zurückziehen und ihre Außenpolitik an den Prinzipien George Washingtons (1732–1799, Präs. 1789–1797) aus der Gründerzeit der Vereinigten Staaten von Amerika orientieren. Handel treiben mit allen, sich politisch aber strikt aus den politischen „Händeln" der Welt, mit Ausnahme der eigenen Hemisphäre*, heraushalten – das wurde erneut die Leitlinie amerikanischer Außenpolitik. Wie stark diese Haltung war, zeigte sich 1921: Der amerikanische Kongress erklärte den Krieg gegen Deutschland für beendet und **lehnte den Beitritt der USA zum Völkerbund ab.** Wilsons Konzept, eine neue Ära internationaler Kooperation und kollektiver Sicherheitswahrung einzuleiten, in der die USA ihre außenpolitische Entscheidungs- und Handlungsfreiheit möglicherweise hätten einschränken müssen, war nicht mehrheitsfähig.

In der amerikanischen Außenpolitik begann nun eine Phase, die in der Geschichtsschreibung häufig mit dem Begriff **„Isolationismus"*** charakterisiert wird. Diese Epochenbezeichnung trifft jedoch nur die halbe Wahrheit: Die USA blieben auf wirtschaftlichem Gebiet eng mit Europa verbunden. Und im pazifischen Raum weiteten sie sogar in der Zwischenkriegszeit ihren politischen und ökonomischen Einflussbereich aus, um für ihre Wirtschaft Absatzmärkte zu sichern.

Aus den politischen Verwicklungen Europas hielten sich die USA allerdings heraus. Dabei blieb es auch, als in Deutschland seit 1933 die Nationalsozialisten unter Hitler eine aggressive Außenpolitik begannen (s. S. 427 ff.). Die USA ließen sich weder 1935 durch den Einfall des faschistischen Italiens in Äthiopien von ihrer Haltung abbringen, noch griffen sie in den 1936 beginnenden Spanischen Bürgerkrieg ein (s. S. 345). Vielmehr verpflichtete sich die US-Regierung zur strikten politischen **Neutralität***. Das Land sollte nicht schon wieder in einen großen Krieg verwickelt werden.

▶ **M 6: Rede Roosevelts 1941**

Internationalismus

Erst seitdem Japan 1937 in China einmarschierte und das Deutsche Reich mit dem „Anschluss" Österreichs 1938 immer aggressiver seine großdeutschen Pläne verwirklichte, gaben die USA ihre „isolationistische" Politik allmählich auf. **US-Präsident Franklin D. Roosevelt** (Präs. 1933–1945) bereitete die Bevölkerung in seinen Reden darauf vor, dass ihr Land nicht auf Dauer neutral bleiben könne. Der amerikanische Kongress bewilligte nun häufiger Gelder und Maßnahmen zur Aufrüstung. Bei den US-Amerikanern setzte sich immer mehr die Erkenntnis durch, dass sich das Land gegen die expansionistische* Politik Japans, Deutschlands und Italiens im Zweiten Weltkrieg (1939–1945) stellen und erneut **Engagement* für eine Demokratisierung der Welt** zeigen müsse. Als die Japaner am 7. Dezember 1941 den Stützpunkt der amerikanischen Pazifikflotte Pearl Harbor auf Hawaii überfielen, erklärten die USA Japan den Krieg. Drei Tage später folgte die deutsche Kriegserklärung an die USA – in der vergeblichen Hoffnung, dass die USA ihre Kräfte zwischen dem europäischen und dem pazifischen Kriegsschauplatz aufteilen müssten. England und die USA kamen jedoch überein, dass zuerst eine Entscheidung in Europa fallen müsste. Damit begann für Amerika der Zweite Weltkrieg, der den Aufstieg der USA zur Weltmacht beschleunigte (s. S. 436).

M2 Die USA und die wirtschaftlichen Folgen des Ersten Weltkriegs

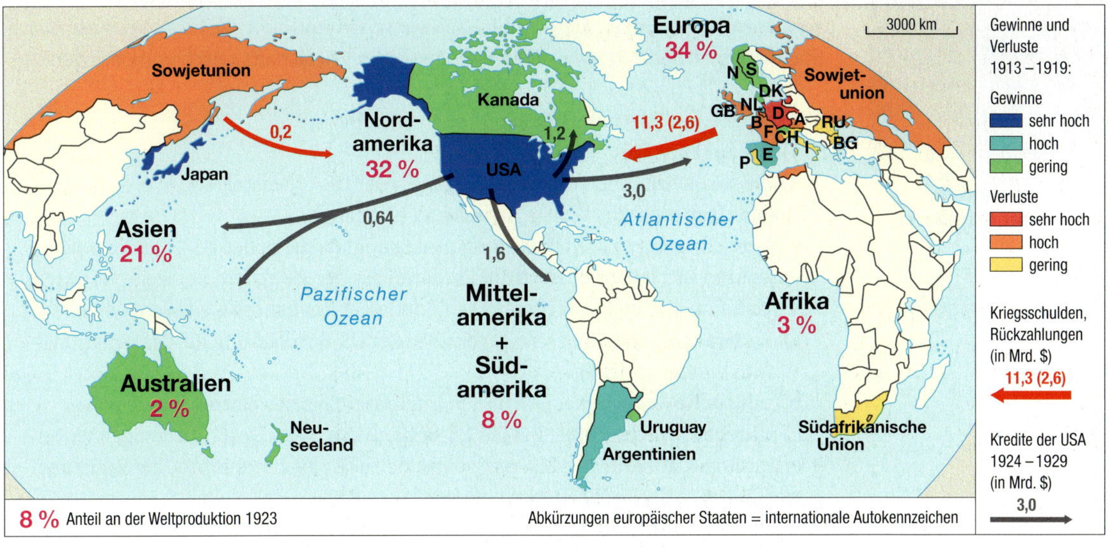

New Deal

M3 Arbeitslose vor einer Suppenküche in New York, Fotografie, 1931 (Ausschnitt)

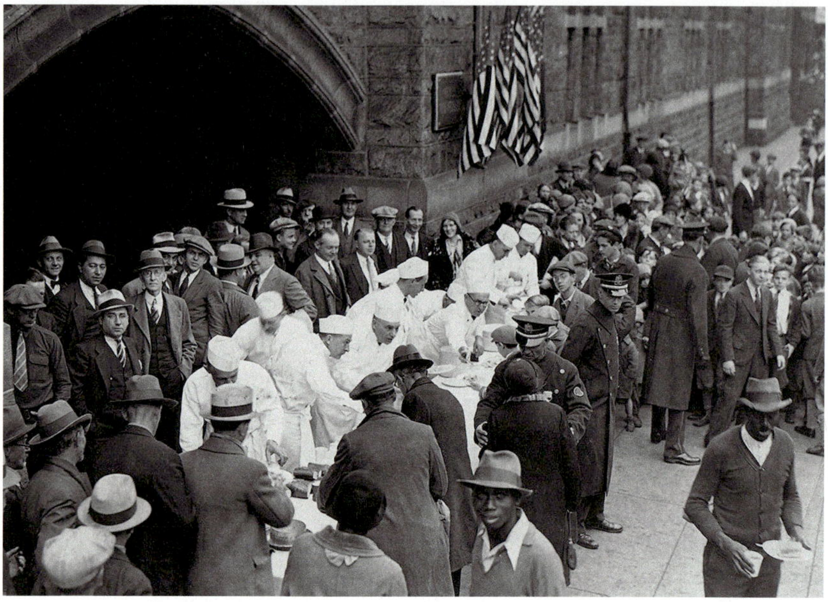

M4 *„Americans will always fight for liberty"*, Plakat, USA, 1943

▶ M 5: New Deal

Der große **Börsenkrach in New York 1929** leitete eine tiefe weltweite Wirtschaftskrise ein. Sie begann im Oktober 1929 mit einem plötzlichen Sturz der Aktienkurse, der die amerikanischen Bankkunden 30 Mrd. Dollar kostete. Von 1929 bis 1933 fiel das Sozialprodukt* von 104 Mrd. auf 56 Mrd. Dollar – gleichzeitig stieg die Arbeitslosigkeit von 1,5 Mio. auf 15 Mio. Der Verbrauch sank von 79 auf 49 Mrd. Dollar. Die Wirtschaftskrise – mit Auswirkungen bis 1942 – warf die Frage auf, ob der Staat an den Grundsätzen des Wirtschaftsliberalismus festhalten sollte. Präsident Franklin D. Roosevelt entschied sich bereits vor seiner Amtsübernahme 1933 für Eingriffe des Staates in die Wirtschaft **(Interventionsstaat*):** In seinem großen **Reformprogramm des „New Deal"** (wörtl. „Neuverteilung der Spielkarten") setzte er in den 1930er-Jahren Maßnahmen zur Bankenkontrolle, zur Unterstützung der Landwirtschaft und zur Hilfe für Arbeitslose durch. Staatlich finanzierte Projekte sollten einen neuen Wirtschaftsaufschwung bringen.

1 **Arbeitsteilige Partnerarbeit:** Erarbeiten Sie arbeitsteilig
   a) die außenpolitischen und
   b) die wirtschaftlichen Herausforderungen der USA (Darstellung, M 2, M 3).
2 **Wahlaufgabe:** Bearbeiten Sie Aufgabe a), b) oder c).
   Erklären Sie anhand der Darstellung die Lösungsversuche der USA auf die politischen und wirtschaftlichen Herausforderungen der Zwischenkriegszeit: Verfassen Sie dafür aus Sicht eines Zeitgenossen oder einer Zeitgenossin entweder eine
   a) **Radioansprache,** in der Sie gegenüber der US-Bevölkerung für den Isolationismus werben, oder eine
   b) **politische Rede,** in der Sie für den Internationalismus eintreten, oder eine
   c) **Videoansprache,** in der Sie die US-Bürger vom „New Deal" überzeugen wollen.
3 Erläutern Sie anhand von M 4 das politische Selbstverständnis bzw. die Selbstdarstellung der USA im Zweiten Weltkrieg.

Hinweise zur Arbeit mit den Materialien:
Der Materialteil zur USA setzt die Schwerpunkte mit M 5 bei Innenpolitik und Herrschaftsform (New Deal) sowie mit M 6 bei Außenpolitik und Ideologie (Ziele 1941).

Innenpolitik und Herrschaftsform: New Deal

M 5 Jürgen Heideking zum New Deal (1996)

Aus historischer Perspektive und vor dem Hintergrund der gleichzeitigen Ereignisse im Rest der Welt gesehen, fällt die Gesamtbewertung des New Deal aber dennoch positiv aus. Die Roosevelt-Administration beabsichtigte keine grundlegende, revolutionäre Umwälzung der amerikanischen Gesellschaft, und sie befand sich damit offenbar im Einklang mit der großen Mehrheit der Amerikaner. Zeitgenössische soziologische Untersuchungen lassen erkennen, dass das liberale Koordinatensystem von Individualismus, Eigeninitiative, Konkurrenz und Mobilität trotz der Depression weitgehend erhalten blieb. Es wurde auch ganz bewusst von der Unterhaltungsindustrie Hollywoods bestärkt, die sich 1934 eine Selbstzensur gegen die offene Darstellung von Sex, Gewalt und Unmoral verordnete und deren Produzenten bemüht waren, selbst realistische Gegenwartsschilderungen mit einem optimistischen Happy End zu versehen. Die Mehrzahl der Bürger hielt offensichtlich am American Dream fest und gab die Hoffnung nicht auf, dass sich wirtschaftliche Leistungskraft und Fortschritt mit einem hohen Maß an individueller Freiheit, demokratischer Mitbestimmung und föderaler Selbstverwaltung vereinbaren ließen. Die Verfassung bildete immer noch eine Schranke gegen den allmächtigen Zentralstaat, und die Aversion gegenüber einem bürokratischen Wohlfahrtssystem mit hohen Steuerlasten reichte bis weit in die Mittelschicht hinein. [...]
Entscheidend war aber, dass der New Deal den Amerikanern das Gefühl nahm, einem schicksalhaften Verhängnis hilflos ausgeliefert zu sein, und dass er ihnen eine überzeugende demokratische Alternative zu allen autoritären und totalitären Versuchungen bot. Im praktischen Handeln und im Denken der Menschen setzte sich die neuartige Vorstellung durch, dass die Bundesregierung im Interesse der Wohlfahrt aller Bürger das Recht haben musste, helfend, regulierend und kontrollierend in die Wirtschaftsabläufe einzugreifen. Damit einher ging die Anerkennung einer hervorgehobenen Stellung des Präsidenten und der bundesstaatlichen Exekutive insgesamt nicht nur in der Außenpolitik, sondern jetzt auch in Fragen der Innen-, Wirtschafts- und Sozialpolitik.

*Zit. nach: Jürgen Heideking, Geschichte der USA, bearb. von Christoph Mauch, UTB, Tübingen 2003, S. 314 f.**

1 Analysieren Sie die Darstellung M 5 im Hinblick auf die politischen Folgen des New Deal.

Außenpolitik und Ideologie: Ziele der USA 1941

M 6 US-Präsident Franklin D. Roosevelt über die außenpolitischen Ziele der USA in seiner Jahresbotschaft (6. Januar 1941)

Erstens haben wir uns zu einer allumfassenden Landesverteidigung verpflichtet. – Zweitens haben wir uns zur vollen Unterstützung aller jener standhaften Völker verpflichtet, die überall den Angreifern entschlossenen Widerstand leisten und hierdurch den Krieg von unserem Erdteil fernhalten. – Drittens haben wir uns aus Moralprinzipien und in der Sorge um unsere eigene Sicherheit dazu verpflichtet, niemals zu einem Frieden unser Einverständnis zu geben, der von den Angreifern diktiert und von Beschwichtigungspolitikern unterstützt wird. Wir wissen, dass ein dauernder Friede nicht um den Preis der Freiheit anderer Völker erkauft werden kann.
Für die Zukunft, die wir zu sichern versuchen, erhoffen wir eine Welt, die sich auf vier wesentliche menschliche Freiheitsrechte gründet.
Das erste ist die Freiheit der Rede und der Meinungsäußerung – überall in der Welt.
Das zweite ist die Freiheit für jeden, Gott auf seine Weise zu verehren – überall in der Welt.
Das dritte ist die Freiheit von Not – was, international gesehen, so viel heißt wie wirtschaftliche Abkommen, die der Bevölkerung jedes Landes gesunde Friedensverhältnisse sichern – überall in der Welt. Das vierte ist die Freiheit von Furcht – was, international gesehen, so viel heißt wie eine die ganze Welt betreffende Abrüstung bis zu dem Grade und so gründlich, dass keine Nation in der Lage sein wird, einen Angriffsakt gegen ein Nachbarland zu begehen – überall in der Welt.

*Zit. nach: Franklin D. Roosevelt, Links von der Mitte. Briefe, Reden, Konferenzen, hg. von Donald Day, Verlag der Frankfurter Hefte, Frankfurt/M. 1951, S. 377 f. Übers. Peter Stadelmayer, Christian Hübener.**

1 Analysieren Sie die außenpolitischen Ziele der US-Regierung zu Beginn der 1940er-Jahre in M 6.
2 **Vertiefung:** Beurteilen Sie die Rede M 6.

8.3 Entstehung und Entwicklung der Sowjetunion

In dieser Themeneinheit geht es um
- *die Russische Revolution 1917 und den Stalinismus,*
- *Wandlungen in der Außenpolitik der Sowjetunion.*

Russische Revolution

▶ M 5: Russische Revolution

Russland entwickelte sich seit 1917 zum weltpolitischen Gegenspieler der USA. Diese Auseinandersetzung, die sich in der zweiten Hälfte des 20. Jahrhunderts zum Kalten Krieg ausweiten sollte (siehe S. 466 ff.), war nicht nur ein machtpolitischer und militärischer Konflikt zwischen zwei Weltmächten, sondern auch ein politisch-ideologischer Kampf um Staats- und Gesellschaftsordnungen.
Die **Russische Oktoberrevolution 1917,** die die 400-jährige Zarenherrschaft beendete und aus der die Kommunisten* als Sieger hervorgingen, mündete in einen vollständigen Systemwechsel. Zum ersten Mal gab es in der Welt einen kommunistischen Staat, der 1922 in **„Union der Sozialistischen Sowjetrepubliken“** (UdSSR bzw. Sowjetunion) umbenannt wurde. In den 1920er- und 1930er-Jahren errichteten die in der Partei der **Bolschewiki*** organisierten kommunistischen Revolutionäre eine totalitäre **Diktatur.** Die **Kommunistische Partei (KPdSU)** und ihre allmächtige Bürokratie sicherten sich die Alleinherrschaft. Außerdem trieben sie die Industrialisierung mit Methoden der **Planwirtschaft** voran und setzten die Kollektivierung* der Landwirtschaft durch. Private Produktionsmittel, besonders landwirtschaftlicher Boden, wurden dabei in genossenschaftlich* bewirtschaftetes Gemein- oder Staatseigentum überführt. Dem Terror der **Zwangskollektivierung** und den **politischen Säuberungen** in Partei und Militär fielen Millionen Menschen zum Opfer. Um Kapital für die wirtschaftliche „Modernisierung von oben“ im industriellen Sektor freizusetzen, wurde der größte Teil der Bevölkerung auf einem niedrigen Lebensstandard gehalten und der Investitionsgüterindustrie* absoluter Vorrang eingeräumt, vor allem dem Rüstungsgütersektor.
Diese Politik lähmte die Gesellschaft und beschnitt die Rechte des Einzelnen. Auch die Selbstständigkeitsbestrebungen der zahlreichen Nationalitäten in dem Vielvölkerstaat wurden unterdrückt. Noch im Revolutionsjahr 1917 verkündete die neue Sowjetmacht unter **Wladimir I. Lenin*** den sofortigen Rückzug aus dem Krieg. Sie trat für einen Frieden aller Seiten ohne Gebietsabtretungen und Kriegsentschädigungen ein sowie für die Befreiung aller Kolonialreiche. Um ein Ende der Kämpfe und die Räumung der mittlerweile von deutschen, türkischen und finnischen Truppen besetzten Gebiete zu erreichen, musste Russland dem **Frieden von Brest-Litowsk** am 3. März 1918 zustimmen, den die deutsche Heeresführung erzwungen hatte. Das bolschewistische Russland verlor mit dem Vertrag nicht nur weite Gebiete. Es musste auch gegen nationale Unabhängigkeitsbestrebungen und gegenrevolutionäre Kräfte in den Randgebieten des Reiches kämpfen. In diesem **Bürgerkrieg** besiegten 1920 die „Roten“ die politisch zersplitterten, gegenrevolutionären „Weißen“.

M1 Wladimir Iljitsch Lenin (1870–1924), Fotografie, um 1920

Er war als Anführer der Bolschewiki maßgeblich an der Oktoberrevolution beteiligt. Nach seiner Lehre muss eine revolutionäre Umgestaltung durch Berufsrevolutionäre erfolgen.

M2 Sowjetischer Gulag bei Workuta, nördlich des Polarkreises, Fotografie, ca. 1935

Stalinismus

▶ M 6: Stalinismus

Nach dem Tode Lenins im Januar 1924 eskalierte in der Kommunistischen Partei der Machtkampf um dessen Nachfolge. Aus den Auseinandersetzungen ging **Josef W. Stalin*** als Sieger hervor. Nachdem er alle Konkurrenten ausgeschaltet hatte, war er von 1929 bis 1953 unumschränkter **Alleinherrscher** über Partei und Staat. Die Sowjetunion regierte er mit **Terror**. Eines der wichtigsten Herrschaftsmittel war der **Gulag*.** Diese

Abkürzung für die Hauptverwaltung des sowjetischen Straflagersystems (russ. *Glawnoje Uprawlenije Lagerej)* bezeichnete jene Lager, in denen während der 1930er-Jahre und nach dem Zweiten Weltkrieg Millionen Menschen interniert* wurden. Sie mussten dort Zwangsarbeit leisten, die häufig zum Tode führte. Zwar löste die UdSSR den Gulag 1956 offiziell auf, aber zahlreiche Straf- und Arbeitslager bestanden weiter. Der russische Schriftsteller **Alexander Solschenizyn** hat mit seinem literarisch-dokumentarischen Werk „Der Archipel GULAG" (zuerst erschienen Paris 1973–1975) Namen und Praxis des Gulag der internationalen Öffentlichkeit bekannt gemacht.

Außenpolitik

Nach der Oktoberrevolution 1917 propagierten die kommunistischen Machthaber zunächst eine Außenpolitik, die sich grundlegend von den Prinzipien der „imperialistischen Großmächte" unterscheiden sollte. Nicht die wirtschaftlichen Interessen der Kapitalisten durften seitdem die russische Außenpolitik bestimmen, sondern die internationale Solidarität der Arbeiterklasse.

Weil Russland die bürgerliche Staats- und Gesellschaftsordnung der europäischen Großmächte infrage stellte, galt das kommunistische Land als Bedrohung und war nach dem Ersten Weltkrieg international isoliert*. England, Frankreich, die USA, Japan und Italien intervenierten 1919/20 im russischen Bürgerkrieg aufseiten der „Weißen" – allerdings vergeblich. Obwohl die russischen Bemühungen scheiterten, 1918/19 die bolschewistische Revolution nach Deutschland und Österreich zu „exportieren", wuchs in Westeuropa die Furcht vor der „roten Gefahr". Dazu trug der Zusammenschluss der kommunistischen Parteien in der 1919 gegründeten **„Kommunistischen Internationale" (Komintern)*** ebenso bei wie die bereits 1906 von **Leo Trotzki*** verkündete Forderung nach der **„permanenten Revolution".** Da der Agrarstaat Russland nach Trotzki unmöglich allein zum Sozialismus* finden könne, müsse er die Unterstützung des internationalen Proletariats* suchen und für die Weltrevolution kämpfen.

Die Staaten Europas hielten an der Ausgrenzung der Sowjetunion auch dann noch fest, als die UdSSR nach 1921 auf die Durchsetzung dieser Doktrin verzichtete und im Interesse der innenpolitischen Stabilisierung die Rückkehr in den Kreis der internationalen Diplomatie* suchte. 1925 widersprach Stalin offiziell Forderungen nach einer Weltrevolution. Seine Politik diente dem **„Aufbau des Sozialismus in einem Land".**

Der Diktator betrieb in der Zwischenkriegszeit eine zwiespältige Außenpolitik. Auf der einen Seite verlangte die radikale Umgestaltung von Industrie und Landwirtschaft Ruhe und Sicherheit. Dieses Ziel wollte die Sowjetführung auf drei Wegen erreichen: durch Abschluss von Nichtangriffspakten, durch den Beitritt zum Völkerbund 1934 und durch Bemühungen um bessere wirtschaftliche Beziehungen zum Westen. Ende der 1930er-Jahre ließ sich Stalin zudem von den Nationalsozialisten umwerben, gegen die er noch 1935/36 auf dem III. Weltkongress der Komintern eine antifaschistische Einheitsfront ins Leben gerufen hatte (s. S. 428). Kommunisten sollten demnach gemeinsam mit Sozialdemokraten und bürgerlichen Parteien die Demokratie gegen den Faschismus* verteidigen. Auf der anderen Seite setzte die Sowjetführung mit dem Abschluss des **Hitler-Stalin-Paktes 1939** (s. S. 430), dem Einmarsch in Polen und Bessarabien 1939 und im Baltikum 1940 den Imperialismus* des Zarenreiches fort (das in Zentral- und Ostasien, im Mittleren Osten und Südosteuropa seine Herrschaft ausgedehnt hatte).

1 Zeigen Sie mithilfe der Darstellung, inwiefern mit der Russischen Revolution ein staats-, gesellschafts- und weltpolitischer Gegenspieler der USA entstand.
2 Erläutern Sie die Bedeutung der Gulags im Stalinismus (Darstellung, M 2, M 3).
3 Erklären Sie die Grundprinzipien der Innen- und Außenpolitik Russlands bzw. der Sowjetunion seit 1917 (Darstellung).

M3 Josef W. Stalin (1879–1953), Gemälde von Isaak Israilewisch Brodskij, 1937

1903 Anschluss an die Bolschewiki; 1917 Teilnahme Oktoberrevolution; seit 1922 KPdSU-Generalsekretär; seit Ende der 1920er Alleinherrscher.

M4 Leo Trotzki (1879–1940), Fotografie, 1916

Trotzki bereitete als enger Vertrauter Lenins die Oktoberrevolution 1917 mit vor und baute die Rote Armee auf. Nach Lenins Tod unterlag er Stalin, der die „permanente Revolution" ablehnte. Nach Ausweisung 1929 ließ Stalin ihn im Exil in Mexiko ermorden.

▶ M 7: Außenpolitik und Ideologie

Hinweise zur Arbeit mit den Materialien:
Der Materialteil setzt Schwerpunkte bei Herrschaftsform und Innenpolitik (M 5: Russische Revolution; M 6: Stalinismus). Vertiefung: Außenpolitik und Ideologie (M 7).

Innenpolitik und Herrschaftsform: Russische Revolution

M 5 Der Historiker Andreas Kappeler über die Russische Revolution (1997)

In der letzten Februarwoche, nach dem Gregorianischen Kalender in der zweiten Märzwoche des Jahres 1917 brach in Russland das Ancien Régime fast ohne Gegenwehr zusammen.

Die Februarrevolution war eine spontane Volksbewegung, die in der Hauptstadt Petrograd, wie St. Petersburg seit 1914 hieß, begann und in wenigen Tagen im ganzen Land siegte: Am 2. März 1917 dankte Nikolaus II. ab. Das entstandene Machtvakuum füllten zwei Institutionen, der Petrograder Sowjet (Rat) der Arbeiter- und Soldatendeputierten und die aus der letzten Duma (= Parlament) hervorgegangene Provisorische Regierung. Die bürgerlichen Grundrechte und die Gleichberechtigung aller Nationen und Religionen wurden proklamiert. Damit war Russland eine demokratische Republik.

Die entscheidenden Probleme, die Agrarfrage, die Arbeiterfrage, die nationale Frage und die Frage nach Krieg oder Frieden wurden indessen aufgeschoben und einer später zu wählenden Verfassunggebenden Versammlung überlassen.

Die Doppelherrschaft von Provisorischer Regierung und Sowjet war instabil und stürzte von einer Krise in die nächste. Zur entscheidenden Triebkraft wurde im Laufe des Jahres 1917 die von Arbeitern und Bauern getragene soziale Revolution. Das Industrieproletariat organisierte sich in Gewerkschaften, Fabrikkomitees und Arbeitermilizen, besetzte Fabriken und forderte die Kontrolle der Arbeiter über die Betriebe. Die Bauern entfesselten im Sommer und Herbst eine spontane Agrarrevolution und brachten viele Güter des Adels gewaltsam in ihren Besitz. Infolge neuer militärischer Niederlagen mehrten sich Meutereien und Desertationen in der Armee. Organisationen der Nationalitäten, so erstmals der Ukrainer, erhoben Forderungen nach […] Autonomie.

Im Herbst 1917 kulminierte die soziale und politische Krise: Die Stunde der Bolschewiki war gekommen. Ihr Führer Wladimir Lenin (1870–1924) hatte eine kleine, aber straff organisierte Partei von Berufsrevolutionären geschaffen. In seiner Imperialismustheorie hatte er die Möglichkeit einer sozialistischen Revolution im Agrarland Russland damit begründet, dass Russland das schwächste Glied in der Kette der kapitalistischen Staaten sei, von dem die Initialzündung für die Weltrevolution ausgehen werde. Als er im April 1917 aus der Emigration nach Petrograd zurückkehrte, verkündete er die Devise „Alle Macht den Sowjets!" und versprach eine radikale Lösung aller drängenden, von der Provisorischen Regierung aufgeschobenen Fragen. Da die meisten anderen Parteien durch ihre Mitwirkung in der Provisorischen Regierung diskreditiert waren, erlangten die Bolschewiki im Herbst erstmals größeren Anhang und die Mehrheit in den wichtigsten Sowjets. Am 25. Oktober 1917 ergriffen sie in einem von Leo Trotzki (1879–1940) geleiteten militärischen Coup die Macht, ohne dass sie auf nennenswerten Widerstand gestoßen wären. Kurz darauf erließen sie Dekrete über den Frieden, über „Grund und Boden" (womit die entschädigungslose Aufteilung des Landes legalisiert wurde) und über die „Arbeiterkontrolle" sowie die Deklaration der Rechte der Völker Russlands, die das Selbstbestimmungsrecht bis zur Sezession verkündete. Die Machtfrage lösten sie, indem sie die frei gewählte Verfassunggebende Versammlung, in der die Partei der Sozialrevolutionäre die Mehrheit hatte, am 6. Januar 1918 auseinandertrieben.

Nun hatte die bolschewistische Partei die alleinige Macht und konnte darangehen, die klassenlose und herrschaftsfreie kommunistische Gesellschaft zu errichten. Ob die vorgesehene Übergangsperiode der Diktatur des Proletariats eine Rätedemokratie oder eine Parteidiktatur sein würde, war noch nicht endgültig entschieden. Zunächst ging es um die Sicherung der Macht. Noch immer war der Krieg im Gange, und deutsche Truppen rückten gegen Petrograd vor. Im „Schmachfrieden" von Brest-Litowsk vom 3. März 1918 und in folgenden Verträgen gingen weite Gebiete im Westen und Süden mit dem Baltikum und der Ukraine verloren. Die meisten nationalen Territorien der Peripherie erklärten ihre Unabhängigkeit. Gleichzeitig ergriffen gegenrevolutionäre russische Kräfte in den Randgebieten die Macht und führten einen von alliierten Interventionstruppen unterstützten Bürgerkrieg gegen die Bolschewiki, die sich auf den russischen Kern des Imperiums zurückgeworfen sahen. Schon im Jahre 1920 hatten die „Roten" jedoch den Bürgerkrieg gegen die politisch heterogenen „Weißen" gewonnen, zum einen dank der Kampfkraft der von Trotzki organisierten disziplinierten Roten Armee und dem Terror der Tscheka, der neuen politischen Polizei, zum anderen auch durch Konzessionen an Bauern und Nationalitäten.

*Zit. nach: Andreas Kappeler, Russische Geschichte, C. H. Beck, München 1997, S. 33–35.**

1 Analysieren Sie M 5 hinsichtlich des Verlaufs und der Ergebnisse der Revolution in Russland 1917.
Tipp: Nennen Sie je Phase Ereignisse und Folgen.

Innenpolitik und Herrschaftsform: Stalinismus

M 6 Der Historiker Jörg Baberowski über den Stalinismus (2003)

Als Stalin am 5. März 1953 starb, endete auch der beinahe dreißigjährige Ausnahmezustand, den er und seine Gefolgsleute über die Sowjetunion verhängt hatten. Das Jahr 1953 war das Ende der stalinistischen Gewaltherrschaft, des Krieges, den die Bolschewiki seit den Zwanzigerjahren gegen die eigene Bevölkerung geführt hatten. [...] Die Bolschewiki vertrieben Hunderttausende Bauern aus ihren Dörfern und deportierten sie nach Sibirien. Sie führten drakonische Strafen in den Kolchosen und Fabriken des Landes ein, mit denen sie Bauern und Arbeiter zu eiserner Disziplin zwingen wollten. Mehrere Millionen Menschen starben während der Hungersnot des Jahres 1933.

Das Regime bekämpfte abweichendes Verhalten mit Feuer und Schwert, wer die Sprache der Bolschewiki nicht zu sprechen verstand, wer ihre Rituale und Glaubensbekenntnisse ablehnte, verwandelte sich in einen Feind. Das Regime verfolgte nicht nur den „Klassenfeind", es stigmatisierte ethnische Minderheiten und ließ sie deportieren, wo sie ihm als Feinde erschienen. Nicht einmal nach den Schrecken des Großen Terrors der Dreißigerjahre kam die sowjetische Gesellschaft zur Ruhe. Denn die Terrorisierung der Bevölkerung setzte sich auch in den Jahren des Zweiten Weltkrieges fort.

Das zeigte sich nicht zuletzt in der menschenverachtenden Behandlung sowjetischer Soldaten und dem Strafensystem, mit dem das Regime Armee und Gesellschaft für den Krieg zu mobilisieren versuchte. Nach dem Ende des Krieges wuchs der Terror über die Grenzen des sowjetischen Imperiums hinaus. Er verwüstete aber nicht nur die von der Roten Armee besetzten Nachbarländer. Auch im Inneren der Sowjetunion feierte die Gewalt ungeahnte Triumphe: Das Regime sperrte aus Deutschland zurückkehrende Kriegsgefangene und Zwangsarbeiter in Arbeitslager, es führte Krieg gegen Bauern und ethnische Minderheiten, die im Verdacht standen, äußeren Feinden zu dienen. Am Ende der Vierzigerjahre richtete sich die Maschinerie der Ausgrenzung gegen die jüdische Bevölkerung des Imperiums. Der Stalinismus war eine Zivilisation des Hasses und des Ressentiments. Er lebte von der Stigmatisierung und Vernichtung jener, die ausgeschlossen bleiben mussten. Die Zerstörungswut des Stalinismus kannte keine Grenzen [...]. Nicht einmal die Partei war am Ende noch ein Ort der Zuflucht. Sie zerstörte sich selbst. Und es war Stalin, der die unablässige Destruktion ins Werk setzen ließ.

*Zit. nach: Jörg Baberowski, Der rote Terror. Die Geschichte des Stalinismus, Deutsche Verlags-Anstalt, München 2003, S. 7 f.**

1 Erarbeiten Sie anhand von M 6 die Kennzeichen stalinistischer Herrschaft.

Vertiefung: Außenpolitik und Ideologie

M 7 „Genosse Lenin reinigt die Erde von Unrat", karikierendes Plakat von Viktor N. Denin, 1920

1 Analysieren Sie M 7 unter außenpolitischen und ideologiegeschichtlichen Gesichtspunkten.
Tipp: Siehe auch Methodenseite 238 zu Karikaturen.

8.4 Italien und Spanien

> ***In dieser Themeneinheit geht es um***
> - *das faschistische Regime* in Italien nach dem Ersten Weltkrieg unter Mussolini,*
> - *das Aufkommen des Faschismus in Spanien und die Diktatur* unter Franco.*

Faschismus
Der Begriff ist abgeleitet von lat. *fasces*, dem Rutenbündel, das im alten Rom die Macht römischer Beamter symbolisierte. Ursprünglich bezeichnete Faschismus die seit dem Ersten Weltkrieg in Italien aufkommende nationalistische, autoritäre und auf imperialistische Eroberungen zielende Bewegung unter Benito Mussolini. Der Begriff wurde bald auf andere nationalistische und totalitäre Parteien und Bewegungen in Europa ausgedehnt (Deutschland: Nationalsozialismus; Spanien: Falange). Gemeinsame Merkmale sind ihre antidemokratische, antiparlamentarische, antiliberale und antimarxistische Ideologie. Die faschistische Ideologie verherrlicht zudem Kampf und Militarismus, fordert die Ausschaltung der Organisationen der Arbeiterbewegung sowie die Ausgrenzung „rassischer", nationaler oder religiöser Minderheiten. Ziel der Faschisten ist die Errichtung einer modernen Diktatur, in der alle individuellen und demokratischen Freiheiten aufgehoben sind und Opposition verboten ist. Mittel zur Durchsetzung politischer Macht sind:
- Propaganda,
- die Einschränkung der Meinungs- und Pressefreiheit,
- ein Überwachungs- und Terrorapparat,
- die Anwendung von Sondergerichten.

Benito Mussolini (1883–1945)
Mussolini (s. M 1) gründete 1919 eine faschistische Sammlungsbewegung in Italien. Von 1925 bis 1943 war er Führer (ital. „*Duce*") der faschistischen Einparteiendiktatur. An der Seite Deutschlands zog Italien unter Mussolini 1940 in den Zweiten Weltkrieg. 1943 wurde Mussolini entmachtet und 1945 von italienischen Widerstandskämpfern erschossen.

Machtübernahme der italienischen Faschisten*

Das erste Land, in dem nach dem Ersten Weltkrieg das liberale System vor einer Diktatur kapitulierte*, war **Italien.** Als Ursachen für die Machtübernahme der **Faschisten*** 1922 lassen sich folgende Punkte nennen:
- Italien war 1922 wirtschaftlich und politisch völlig zerrüttet. Der Weltkrieg hatte den Mittelstand ruiniert, also kleine Landbesitzer, Freiberufler*, Angestellte in Industrie und Handel sowie Rentiers*. Daraus erwuchs die künftige Klientel* des Faschismus.
- Im parlamentarischen Vielparteiensystem der **Monarchie** Italiens waren nach 1918 die Partei der **Sozialisten** und die **„Popolari"** (die christliche italienische Volkspartei: *Partito Popolare Italiano)* die stärksten Fraktionen*. Die Sozialisten waren jedoch in sich zerrissen. Es gelang ihnen nicht, die mächtige Welle der Bauernunruhen und Streiks zu lenken, die in den ersten zwei Nachkriegsjahren das Land erfassten. Auf der Konferenz von Livorno 1921 spalteten sich die **Kommunisten** von der Partei ab.
- Mit dem Eintritt Italiens in den Ersten Weltkrieg waren Hoffnungen auf große Gebietsgewinne verbunden gewesen. Das Land erhob Ansprüche auf Teile Tunesiens, die jugoslawische Adriaküste, Albanien, Korsika, Savoyen und Nizza. Als sich diese Hoffnungen auf Territorialgewinne nicht erfüllten, war die Erbitterung über den „verstümmelten Sieg" groß. Zudem hatte Italien über 600 000 Gefallene zu beklagen.

Diese Situation nutzte **Benito Mussolini*,** der 1919 die *Fasci di Combattimento*, die faschistischen Kampfbünde, als Sammelbecken der Enttäuschten und Unzufriedenen gegründet hatte. Diese politische Bewegung, deren politische Programmatik ursprünglich links orientiert war, wandelte sich 1920 in eine **faschistische Organisation.** Zu ihren Grundzügen gehörten Antiliberalismus*, Antimarxismus* sowie Antiklerikalismus*. Als 1921 der Durchbruch zur Massenbewegung gelang, weil sich auch bürgerliche Kreise den Faschisten anschlossen, leitete er die **Umwandlung in eine Partei** ein.
Im September 1922 nutzte Mussolini einen fehlgeschlagenen sozialistischen Generalstreik dazu, zum **„Marsch auf Rom"** aufzurufen. Gleichzeitig signalisierte er dem Monarchen und der Armee Verhandlungsbereitschaft. In dieser Situation verweigerte **König Viktor Emanuel III.** (Reg. 1900–1946) dem Ministerpräsidenten Luigi Facta die Ausrufung des Belagerungszustandes und beauftragte Mussolini mit der Regierungsbildung. Das liberale System Italiens wurde durch ein faschistisches Regime abgelöst.

Mussolinis Herrschaftssystem in Italien

Da Mussolini einer Koalitionsregierung aus Faschisten, Liberalen, Popolari sowie unabhängigen Persönlichkeiten vorstand, schienen genügend Sicherungen gegen eine faschistische Diktatur eingebaut zu sein. Sie erwiesen sich jedoch bald als unwirksam. Schon das Wahlgesetz vom November 1923 zeigte, dass der „*Duce*", wie Mussolini sich nennen ließ, mit seiner Partei das weiterhin bestehende Parlament beherrschen wollte: Die stärkste Partei erhielt automatisch zwei Drittel der Sitze, sofern sie mindestens 25 Prozent der Stimmen bekam. Dass selbst Altliberale wie Giolotti diesem Gesetz zustimmten, zeigt, dass Mussolinis Formeln von der „Normalisierung" und der Sicherung der Regierungsfähigkeit das Bürgertum beeindruckt hatten. Dies und der rechte Terror

gegen politische Gegner sorgten bei den Parlamentswahlen im April 1924 für einen Stimmenanteil von 65 Prozent für die faschistische Liste.
Nach dieser Wahl folgte die **Errichtung der faschistischen Diktatur** und eines Korporativsystems*. Doch stimmten Anspruch und Wirklichkeit weniger überein, als es das Modell des „totalitären Staates" glauben machen sollte. Es gelang den Faschisten nicht, Militär, Kirche und Krone „gleichzuschalten". Sie wahrten eine gewisse Selbstständigkeit und waren für Mussolini lediglich Verbündete auf Zeit. Im damals bürokratisch noch wenig entwickelten Italien stieß zudem die Umsetzung der zentralistischen faschistischen Maßnahmen auf Schwierigkeiten. Der italienische Faschismus war zwar antisemitisch und setzte die Entrechtung, Enteignung und Vertreibung von Juden durch. In Italien begann die Judenverfolgung jedoch erst 1938 und erfuhr niemals eine Systematisierung wie in Deutschland (siehe S. 418 ff.).

Außenpolitik Italiens

Die italienischen Faschisten strebten ein **Großreich rund um die Adria** („*mare nostro*"), an. Mit diesem außenpolitischen Programm, das die Wiederherstellung der historischen „Größe Italiens" zum ideologischen Fundament der italienischen Außenpolitik erhob, knüpfte der Faschismus an die imperiale* Tradition des alten Rom an. Britische und französische Interessen im Mittelmeergebiet mahnten Mussolini bei der Verwirklichung seiner Pläne jedoch anfangs zur Vorsicht. Die Umsetzung begann in den 1930er-Jahren mit dem Überfall Italiens auf Äthiopien im Oktober 1935.

Spanien

In Spanien zeigte der Kampf der Ideologien besonders heftige Wirkung. In diesem Land waren die politisch-sozialen Verhältnisse geprägt durch eine sehr ungleiche Verteilung des Landbesitzes, große regionale Entwicklungsunterschiede, eine scharfe Klassenspaltung und heftiger Auseinandersetzungen zwischen **katholischer Kirche** und militanten **Kirchengegnern.** Nach dem Rücktritt des Generals Miguel Primo de Rivera 1930, der Spanien seit 1923 mit diktatorischen Vollmachten regiert hatte, herrschte im bürgerlich-konservativen Lager Verwirrung und Uneinigkeit. Dies nutzten Sozialisten, Republikaner und linksgerichtete **Katalanen** aus und einigten sich auf ein gemeinsames politisches Vorgehen. Nachdem sie bei den Gemeindewahlen vom April einen großen Sieg über die rechten und die **Monarchie** stützenden Kräfte erreichen konnten, der vom Offizierskorps akzeptiert wurde, verzichtete der König auf den Thron – Spanien wurde **Republik.** Auch die Wahlen zur Nationalversammlung im Juni 1931 brachten eine republikanisch-sozialistische Mehrheit.
Gegen die Reformpolitik der republikanischen Regierung formierte sich jedoch die **konservative Rechte,** die bei Kirche und Militär Unterstützung fand und in Neuwahlen 1933 die Mehrheit errang. **Republikaner, Sozialisten** und **Kommunisten** bekämpften diesen Kurswechsel nach rechts durch Aufstände, Streiks und Unruhen. Sie gewannen die Wahlen 1936 und schlossen sich zu einer **Volksfrontregierung*** zusammen. Dagegen organisierte die Rechte wiederum einen **Militärputsch** unter General **Francisco Franco***. Aus dem blutigen **Spanischen Bürgerkrieg 1936–1939,** in dem die gegnerischen Parteien vom Ausland unterstützt wurden, gingen die national-faschistischen und konservativen Kräfte unter Franco als Sieger über die Republikaner hervor.

1 **Wahlaufgabe:** Bearbeiten Sie Aufgabe a) oder b).
   a) **Schaubild:** Stellen Sie anhand der Darstellung den Aufstieg des Faschismus in Italien in Form eines Schaubildes dar.
   b) **Lexikonartikel:** Erläutern Sie mithilfe der Darstellung die These, der Kampf der Ideologien habe in Spanien eine besonders heftige Wirkung gezeigt.

M1 Francisco Franco (links) und Benito Mussolini (rechts) am 11. Februar 1941 in Bordighera (in der Villa der italienischen Königin), Italien, Fotografie

Francisco Franco (1892–1975)
Franco (s. M 1) war 1934/35 Generalstabschef Spaniens. Er beteiligte sich von Februar bis Juli 1936 maßgeblich an der Vorbereitung des Aufstandes gegen die Republik. Während des Spanischen Bürgerkrieges stieg er zum Führer der konservativen nationalspanischen Kräfte auf: Sie ernannten ihn zum Generalissimus und 1936 zum spanischen Staatschef. Nach seinem Sieg im Bürgerkrieg errichtete er eine Diktatur (die erst mit seinem Tod 1975 endete).

Hinweise zur Arbeit mit den Materialien:
Die Materialien thematisieren Italien (M 2, M 3) und Spanien (M 4, M 5) in der Zwischenkriegszeit.

Italien – Ideologie, Herrschaft, Außenpolitik

M 2 Expansion und Ziele des italienischen Faschismus zwischen den Weltkriegen

M 3 Wolfgang Wippermann, Historiker (1983)

Auch das durch das Gesetz von 1926 und die *Carta del Lavro* von 1927 [in Italien] eingeführte Korporativsystem[1] entsprach nicht den Vorstellungen der faschistischen Syndikalisten[2] von einer harmonischen und gleichberechtigten Zusammenarbeit von Arbeitgebern und Arbeitnehmern. Tatsächlich konnte von einer Gleichberechtigung der Vertreter der Arbeiterschaft und der Unternehmer in den zwölf verschiedenen Syndikaten, die wiederum zu Korporationen zusammengefasst waren, nicht die Rede sein. Die Unternehmer verfügten mit der *„Confindustria"* darüber hinaus über ein eigenes Vertretungsorgan, das über den Staatsapparat und den faschistischen Großrat die wirtschaftlichen und sozialen Interessen der Industrie geltend machen konnte. Auch in diesem Bereich kam es zu einem sehr labilen Gleichgewichtszustand. Einerseits konnte von einer Gleichschaltung der Industrie nicht die Rede sein, andererseits hatten die Industriellen den direkten Einfluss auf das politische Leben verloren und sahen sich in der Folgezeit zunehmend Eingriffen des Staates in das Wirtschaftsleben ausgesetzt. Zusammenfassend wird man sagen können, dass der faschistische *„stato totalitario"* auf einem komplizierten und ambivalenten System wechselseitiger Kontrollen und Balancen basierte. [...] Mussolinis Stellung hing wesentlich davon ab, ob es ihm gelang, die Unterstützung der aus sehr unterschiedlichen Kräften und Personen bestehenden faschistischen Partei und die auf plebiszitärem Wege gewonnene Zustimmung großer Teile der Bevölkerung zu erhalten und zu stärken. Das war mit ausschließlich repressiven Maßnahmen, von denen neben den Führern der organisierten Arbeiterschaft vor allem die nationalen Minderheiten, die Deutschen in Südtirol und die Slowenen und Kroaten in Istrien und Triest, betroffen waren, nicht zu erreichen. Das faschistische Regime konnten nur dann aufrechterhalten werden, wenn Mussolini Erfolge im Bereich der Wirtschafts- und Außenpolitik erzielte. Das war zunächst der Fall.

*Zit. nach: Wolfgang Wippermann, Europäischer Faschismus im Vergleich (1922–1982), Suhrkamp, Frankfurt/M. 1983, S. 34f.***

1 *Korporation:* Im korporativen Staat wird die politische Willensbildung von Berufs-, Standesgruppen getragen, nicht von einem gewählten Parlament.

2 *Syndikalismus:* Sozialrevolutionäre Bestrebung, in der politische Macht hauptsächlich in der Hand von Gewerkschaften liegt.

1 Erläutern Sie mithilfe von M 3 die Merkmale des Herrschaftssystems des italienischen Faschismus.

2 Beschreiben Sie die Expansion Italiens (M 2).

Spanien – Ideologie, Herrschaft, Bürgerkrieg

M 4 Die Historiker Edgar Wolfrum und Cord Arendes zum Spanischen Bürgerkrieg (2007)

Der innerspanische Bürgerkrieg besaß eine ausgeprägte gesamteuropäische Dimension. Spanien wurde zum ideologischen und militärischen Schlachtfeld, auf dem die europäischen Mächte aus unterschiedlichen politischen und wirtschaftlichen Interessen in den Konflikt eingriffen. Die Iberische Halbinsel wurde so zur Projektionsfläche der Hoffnungen wie der Ängste: Mindestens 35 000 Freiwillige, insbesondere Kommunisten und Sozialisten, aber auch Demokraten oder Anarchisten, kämpften zwischen 1936 und 1938 aufseiten der Republik, zumeist in den von der Kommunistischen Internationale (Komintern) ins Leben gerufenen „Internationalen Brigaden". Die Sowjetunion unterstützte die Republik darüber hinaus mit Waffenlieferungen. Innerhalb der Brigaden kam es auch zu heftigen Kämpfen zwischen Kommunisten und Anarchisten u. a. um die ideologischen Führungspositionen.

Die Brigaden wurden im Herbst 1938 auf Bitten der spanischen Regierung und unter Aufsicht des Völkerbundes offiziell aufgelöst. Entscheidend für den Ausgang des Bürgerkrieges war das militärische Engagement Deutschlands und Italiens aufseiten der Faschisten. Die Ausweitung der Unterstützung mit Material und Soldaten führte auch zu einer Annäherung Deutschlands an Italien. Am 1. November 1936 sprach Mussolini in einer Rede erstmals von der „Achse Berlin–Rom". Ohne die Hilfe der ausländischen Mächte und der seit August 1936 auf Initiative Frankreichs betriebenen Politik der Nichteinmischung, der sich besonders auch Großbritannien anschloss, hätte keine der beiden Seiten den Sieg erringen können. Die Gewinner dieser Appeasement-Politik waren Deutschland und Italien, denen sie den Deckmantel für die Unterstützung Francos lieferte. Die in Picassos Gemälde „Guernica" [s. S. 322] festgehaltene Bombardierung und völlige Zerstörung der für die Basken historisch und kulturell „heiligen" Stadt Guernica y Luno am 26. April 1937 durch Bomber der deutschen „Legion Condor" [... wurde] zum Sinnbild militärischer Gewalt gegen eine wehrlose Zivilbevölkerung.

Franco gelang es, gestützt auf die alten Eliten – katholische Kirche, Armee, monarchietreues Besitzbürgertum –, sich bis zu seinem Tode im November 1975 an der Macht zu halten.

*Zit. nach: Edgar Wolfrum, Cord Arendes, Globale Geschichte des 20. Jahrhunderts, Kohlhammer, Stuttgart 2007, S. 76–78.***

M 5 Wolfgang Wippermann zu Franco (1983)

Für die Charakterisierung Franco-Spaniens als faschistisch spricht jedoch nicht nur die zunächst äußerst brutale und exzessive Anwendung des Terrors, sondern auch die innere Struktur des Regimes. Während alle anderen Parteien verboten waren, blieb die Falange die offizielle Staatspartei, die von dem *Caudillo* (= Führer) genannten Franco geleitet wurde, der darüber hinaus als Generalissimus Oberbefehlshaber der spanischen Streitkräfte blieb. Als Staatschef führte er nicht nur ein dem faschistischen Vorbild entlehntes Korporativsystem ein, sondern verkündete auch am 17. Juni 1942, dass die „Abgeordneten" des spanischen Parlaments (*Cortes*) nicht mehr gewählt, sondern von ihm und den einzelnen Syndikaten, Gemeinden, Handelskammern und wissenschaftlichen Institutionen ernannt werden sollten. [...] Die bürgerlichen Freiheitsrechte [wurden] beseitigt und eine zunächst sehr rigide Pressezensur eingeführt. [...] Mit unnachsichtiger Härte wandte sich das Regime gegen sozialistische und demokratische Kräfte sowie gegen die separatistischen Bestrebungen der nationalen Minderheiten im Baskenland und in Katalonien. Während die [...] antikapitalistischen Programmpunkte trotz der Kritik der Alt-Falangisten immer mehr eingeschränkt wurden, fehlte die antisemitische Zielsetzung. [...] Die ohnehin schon sehr zurückhaltend formulierten nationalistischen und revisionistischen Forderungen der Falange wurden dagegen von Franco nicht verwirklicht, obwohl er dazu nach dem deutschen Sieg über Frankreich durchaus in der Lage gewesen wäre. Spanien war im April 1939 dem Antikominternpakt beigetreten, Franco lehnte jedoch 1940 die [...] Aufforderung ab, an der Seite Deutschlands am Zweiten Weltkrieg teilzunehmen. Die Entsendung einer Division, die nach der Farbe der Uniform der Falange „Blaue Division" genannt wurde, hatte einen eher symbolischen Charakter. Für die deutsche Kriegswirtschaft äußerst wichtig war dagegen die Lieferung von verschiedenen Rohstoffen. Die deutsche Flugzeugindustrie war auf das spanische Wolfram angewiesen. Ebenfalls bedeutungsvoll waren die Erdölexporte nach Deutschland, die Spanien selber aus den USA importierte.

*Zit. nach: Wolfgang Wippermann, Europäischer Faschismus im Vergleich (1922–1982), Suhrkamp, Frankfurt/M. 1983, S. 120 f.***

1 Der Spanische Bürgerkrieg: innerspanischer oder europäischer Konflikt? Erörtern Sie (M 4) diese Frage.
2 Erarbeiten Sie (M 5) Merkmale der Franco-Herrschaft.
3 **Vertiefung:** Vergleichen Sie Italien und Spanien.

8.5 Großbritannien und Frankreich

In dieser Themeneinheit geht es um
Großbritannien und Frankreich und wie sie mit den ideologischen, wirtschaftlichen und außenpolitischen Problemen der Zwischenkriegszeit politisch umgegangen sind.

Politische Traditionen in Großbritannien und Frankreich

Anders als in Deutschland, Italien, Spanien oder zahlreichen Ländern im Osten Europas, wo in der Zwischenkriegszeit faschistische* bzw. autoritäre Diktaturen* an die Macht kamen, behauptete sich in Frankreich und Großbritannien die moderne westliche **Demokratie*.** Diese Entwicklung wird auf die politischen Traditionen dieser Länder zurückgeführt, die für stabile Verhältnisse sorgten: Beide Staaten hatten den Weltkrieg gewonnen; in beiden Staaten war das Herrschaftssystem durch Geschichte und Wähler immer wieder legitimiert worden. Weder in Großbritannien noch in Frankreich wurde der demokratische Rechtsstaat – wie z. B. in Deutschland – infolge der Kriegsergebnisse und der Folgen der **Weltwirtschaftskrise der 1930er-Jahre*** diskreditiert*.

M1 *„Deux conceptions ... deux mondes"* **(Zwei Konzeptionen ... zwei Welten), Karikatur aus der politisch-literarischen Zeitschrift „Marianne", Paris, 16. Februar 1938**

In **Großbritannien** ging es immer um Alternativen *innerhalb* des bestehenden Systems: Monarchie*, Rechtsstaat*, Parlamentarismus* hatten sich in Jahrhunderten bewährt. *Labour Party* und Gewerkschaften (engl. *Trade Unions)* als Vertretung der Arbeiterklasse wuchsen zur tragenden Kraft innerhalb des Zwei- bis Dreiparteiensystems heran und lösten darin die Liberalen ab. Mit der **Integration** der Arbeiteropposition in den Staat bewies das britische Herrschaftssystem trotz aller Kämpfe seine **Reformfähigkeit,** die sich schließlich in der Regierung durch einen Labour-Premier, **Ramsay MacDonald** (1924; 1929 bis 1931) zeigte.

In **Frankreich** war das politische Denken wie in Deutschland weniger pragmatisch* als in Großbritannien und traditionell stärker durch ideologische* Elemente geprägt. Die aus der Niederlage der Monarchie 1871 hervorgegangene **Dritte Republik** (1871–1940) hatte sich jedoch in Jahrzehnten politischer Bewährung ihre eigene Legitimität* erworben. Ungeachtet der grundlegenden Gegensätzlichkeit des linken und des rechten Lagers galt als allgemeinverbindlich, was die Revolution 1789 geschaffen hatte: die Republik und die Ideen der Menschen- und Bürgerrechte. Diesem mehrheitlich **stabilen nationalen Grundkonsens** entzogen sich nur kleine Gruppierungen

Britische Innenpolitik

Die politisch stabilisierende und Konsens stiftende Rolle einer demokratisch-parlamentarischen Tradition, die seit Generationen gewachsen war, zeigte sich in Großbritannien während der Weltwirtschaftskrise zu Beginn der 1930er-Jahre. Im Jahre 1931 löste ein heftiger Streit um die Wirtschafts- und Sozialpolitik eine **Regierungskrise** aus. Im Mittelpunkt der Auseinandersetzung stand die Frage, ob die akute Finanznot des Staates durch rigorose Sparmaßnahmen, zu denen auch die Kürzung der Arbeitslosenunterstützung gehörte, behoben werden solle. Die Gewerkschaften protestierten gegen Lohnsenkungen, die Labour-Regierung selbst war gespalten. Premierminister MacDonald trat daher im August zurück, erhielt aber sogleich von König Georg V. den Auftrag

zur Bildung einer Allparteienregierung. Innerhalb weniger Tage bildete er eine neue Regierung, das **„Nationale Kabinett"**. In ihm saßen neben MacDonald und weiteren kompromissbereiten Labour-Ministern auch Konservative und Liberale. Die gesamte *Labour Party* ging dagegen in die Opposition und schloss MacDonald sowie die übrigen Labour-Minister aus der Partei aus. MacDonald hatte in einer schwierigen Situation den Konflikt mit seiner eigenen Partei nicht gescheut. Diese Politik interpretierten die einen als eine verantwortungsbewusste staatspolitische Haltung, die dem Allgemeinwohl eine höhere moralische Bedeutung zusprach als dem Parteiinteresse. Kritiker warfen MacDonald dagegen Verrat an den Arbeiterinteressen vor.
Die Wähler bestätigten jedoch mit großer Mehrheit im Oktober 1931 die Politik des „Nationalen Kabinetts". Die Regierung errang 554 Unterhaus-Sitze (die meisten wurden von konservativen Abgeordneten repräsentiert), während die *Labour Party* nur noch 52 Wahlkreise gewann. Damit stützten die Wähler das parlamentarische System, die demokratischen Kräfte gingen gestärkt aus den Wahlen hervor. Denn kein einziger links- oder rechtsextremistischer Kandidat wurde ins Parlament gewählt. Trotz ihrer Agitation* gegen die sozialen Einschnitte der Regierung stellten die **Kommunisten** keine ernsthafte Konkurrenz für die *Labour Party* dar. Und auf dem rechten Flügel des Parteienspektrums gelang der **British Union of Fascists** unter der Führung Sir Oswald Mosleys kein Einbruch in das Wählerreservoir der Konservativen Partei.

Britische Außenpolitik

Großbritannien musste während des Ersten Weltkrieges erkennen, dass sein Anspruch einer **Kolonialmacht** mit Weltgeltung bei gleichzeitigem Engagement auf dem europäischen Kontinent zur Überdehnung seiner Kräfte führte. Die Kolonien garantierten den Wohlstand der britischen Bevölkerung, die Finanzkraft der britischen Banken und den Großmachtstatus Großbritanniens. Alles dies wurde in der Zwischenkriegszeit durch die wachsende Konkurrenz mit der Industriemacht USA sowie durch die Unabhängigkeitsbestrebungen der „erwachenden" Kolonialvölker gefährdet.
Auf dem **europäischen Kontinent** versuchte die britische Außenpolitik, das **„Gleichgewicht der Kräfte"** zu sichern (s. S. 326). Nur so erschien es möglich, die Vorherrschaft einer europäischen Kontinentalmacht zu verhindern und den britischen Großmachtstatus zu sichern. Hatte Großbritannien im Ersten Weltkrieg und bei den Pariser Friedensverhandlungen 1919/20 Frankreich gegen das Hegemoniestreben Deutschlands unterstützt, wollte die britische Außenpolitik in den 1920er-Jahren verhindern, dass sich Frankreich zu einem starken Konkurrenten entwickelte. Deswegen gab es einen begrenzten **britisch-französischen Gegensatz** in der Deutschland- und Europapolitik, der bis 1939 nicht überwunden werden konnte. So zeigte Großbritannien beispielsweise Verständnis für deutsche Forderungen, auch in der Reparationsfrage.

Großbritannien und die Appeasement*-Politik

Die Frage, ob die Siegermächte die Entfesselung des Zweiten Weltkrieges durch das nationalsozialistische Deutschland hätten verhindern können, wird in der Geschichtswissenschaft kontrovers diskutiert. In dieser Debatte taucht immer wieder das Schlagwort **„Appeasement"*** auf. Die Kritik richtete sich besonders gegen den Versuch der Regierung unter **Neville Chamberlain** seit 1937, den Frieden durch Zugeständnisse an die faschistischen Staaten Deutschland und Italien zu erhalten. Höhepunkt der Appeasement-Politik war das **Münchner Abkommen vom September 1938**, die Besetzung der Tschechoslowakei durch deutsche Truppen im März 1939 (s. S. 428 ff.) markiert ihr Ende. Spätestens im März 1939, als Hitler unter Androhung militärischer Gewalt von Polen die Wiedereingliederung Danzigs in das Deutsche Reich verlangte, wurde den Westmächten bewusst, dass der deutsche Diktator den Krieg wollte. Großbritannien,

Appeasement
Das Wort stammt aus dem Englischen und lässt sich mit „Beschwichtigung", „Beruhigung" übersetzen. Bis heute wird es benutzt, um eine Politik des ständigen Nachgebens gegenüber aggressiven, totalitären Staaten zu charakterisieren. Während der 1930er-Jahre diente der Begriff „Appeasement" als polemischer Vorwurf an die britische Außenpolitik zwischen 1933 und 1939.

▶ M 2: Debatte im britischen Unterhaus zur Appeasement-Politik

aber auch Frankreich rückten jetzt von ihrer Appeasement-Politik ab. Sie verkündeten, dass jeder militärische Angriff des Deutschen Reiches mit Gewalt beantwortet werden würde, und sie erneuerten ihre Garantieversprechen gegenüber Polen.

Hatten die Westmächte aus Furcht vor einer Weltrevolution den Diktator Stalin noch 1938 von der Münchner Konferenz ausgeschlossen, nahmen Frankreich und Großbritannien nun Verhandlungen mit der Sowjetunion auf. Der Kreml* hatte schon seit dem Beitritt der UdSSR zum Völkerbund 1934 versucht, sich durch internationale Diplomatie gegen die wachsende Stärke des nationalsozialistischen Deutschlands abzusichern.

Französische Innenpolitik

In den 1920er-Jahren wechselten sich in Frankreich häufig Mitte-Rechts-Koalitionen des Nationalen Blocks und Koalitionen aus Radikaldemokraten und Sozialisten in der Regierung ab. Die radikalen Oppositionsparteien blieben bis 1932 schwach. Anders als in Deutschland, wo während der Wirtschaftskrise die politische Rechte erstarkte, konnte in Frankreich die Linke in den 1930er-Jahren ihre Macht ausbauen (**Volksfront*** 1936–1938 unter Leon Blum). Trotz innenpolitischer Auseinandersetzungen, die zum Teil gewaltsam ausgetragen wurden, hielt Frankreich aber bis zum Zweiten Weltkrieg an den Grundprinzipien des **liberal-demokratischen Verfassungsstaates** fest.

Französische Außenpolitik

▶ M 3: Innenpolitik und Herrschaft in Frankreich in den 1930er-Jahren

Frankreichs überragendes Interesse war seine **Sicherheit vor Deutschland.** Dieses Sicherheitsinteresse hatte sich im Deutsch-Französischen Krieg von 1870/71 und während des Ersten Weltkrieges (1914–1918) herausgebildet. Weil Frankreich Deutschland seitdem als wirtschaftlich und militärisch starken Rivalen betrachtete, zielte die französische Außenpolitik darauf, Deutschland langfristig zu schwächen. Deshalb setzte sich Frankreich auf der Pariser Friedenskonferenz 1919/20 für harte Bedingungen für den deutschen Nachbarn ein. Die unnachgiebige französische Haltung in der Frage der Reparationen* verhinderte bis zum Ende des „Ruhrkampfes“ 1923 eine Verbesserung nicht nur der deutsch-französischen, sondern auch der Beziehungen zwischen den europäischen Großmächten. Erst nach der Beilegung des Ruhrkampfes ergaben sich neue Chancen für einen wirtschaftlich-politischen Austausch (s. S. 381 f.).

Die französische Politik verfolgte während der Zwischenkriegszeit das Ziel, Deutschland wirtschaftlich (Reparationen), territorial (Gebietsabtretungen) und militärisch (kleine Armee) zu schwächen und international zu isolieren. Für eine **Politik der Isolierung Deutschlands** benötigte Paris aber Bündnispartner. Großbritannien entzog sich den französischen Versuchen, als Juniorpartner für Frankreichs Sicherheit zu agieren. Russland kam wegen der bolschewistischen Revolution 1917 als Bündnispartner nicht infrage. Damit blieben nur die neu entstandenen ostmitteleuropäischen Staaten übrig. 1921 schloss Frankreich unter Einbeziehung Belgiens ein Militärbündnis mit Polen. Ihm folgten weitere Bündnisse mit der Tschechoslowakei (1924), Rumänien (1926) und Jugoslawien (1927). Damit sollte ein Bündnissystem geschaffen werden, das die Erhaltung des territorialen **Status quo* in Europa** garantierte. Frankreich sah diesen Status durch Deutschland und Russland bedroht. Dass dieses Bündnissystem militärisch nahezu wertlos war, zeigen Vorgeschichte und Geschichte des Zweiten Weltkriegs.

1 Arbeitsgleiche Gruppenarbeit:

a) Erarbeiten Sie anhand der Darstellung die Gründe, warum England und Frankreich während der Zwischenkriegszeit Demokratien blieben.

b) Erklären Sie Unterschiede und Gemeinsamkeiten der britischen und französischen Außenpolitik während der Zwischenkriegszeit.

Hinweise zur Arbeit mit den Materialien:
M 2 thematisiert die britische Außenpolitik, M 3 Innenpolitik und Herrschaft in Frankeich in den 1930er-Jahren.

Großbritannien und die Appeasement-Politik

M 2 Geschichte kontrovers: Debatte im Unterhaus zum Münchner Abkommen (Oktober 1938)

Der Labour-Führer Clement Attlee: Jeder von uns hat Tage der Angst durchlebt; wir können aber nicht das Gefühl haben, dass Frieden erreicht ist; wir haben eher das Gefühl, dass wir nur einen Waffenstillstand in einem Kriegszustand haben. […] Wir dürfen nicht nur die dramatischen Ereignisse der letzten paar Wochen betrachten, die im Lande so viel Besorgnis ausgelöst haben, sondern den Kurs der Politik, die Jahr für Jahr verfolgt wurde und die uns aus einer Position des Friedens und der Sicherheit in die unsichere Lage heute geführt hat, in der der Krieg zwar abgewandt worden ist, die Bedingungen aber, die zu einem Krieg führen können, immer noch gegenwärtig sind. […] Vor allem muss die Welt, wenn sie Frieden haben soll, zur Herrschaft des Rechts zurückkehren. […] Obwohl diese Anstrengungen den unmittelbaren Krieg abgewendet haben, war die schließliche Wirkung der ganzen Episode, die Überzeugung in der Welt zu stärken, dass Gewalt, Gewalt allein sich durchsetzt. Das ist die Gefahr, die die Gemüter der Leute bewegt. […]

Der konservative Abgeordnete Winston Churchill: Ich will damit beginnen zu sagen, […] dass wir eine totale und vollständige Niederlage erlitten haben […]. Man muss diplomatische und korrekte Beziehungen haben, aber es kann niemals Freundschaft geben zwischen der britischen Demokratie und der Nazimacht, der Macht, die christliche Ethik mit den Füßen tritt, die ihren Kurs mit einem barbarischen Heidentum weitertreibt, die sich brüstet mit dem Geist der Aggression und Eroberung, die Stärke und perverse Freude aus Verfolgung schöpft und die, wie wir gesehen haben, mit erbarmungsloser Brutalität die Drohung mörderischer Gewalt benutzt. Diese Macht kann niemals ein verlässlicher Freund der britischen Demokratie sein.

*Zit. nach: Parliamentary Debates, House of Commons, Vol. 339, 1938, Sp. 360f., 370, 511, 543. Übers. Bernd Jürgen Wendt.**

1 Erarbeiten Sie (M 2) die jeweils zentralen Argumente.
2 **Wahlaufgabe:** Bearbeiten Sie Aufgabe a) oder b).
  a) Formulieren Sie zu Churchills Fazit ein Sachurteil.
  b) Formulieren Sie ein Werturteil zu Attlees Position.

Frankreich: Innenpolitik und Herrschaft

M 3 Der Historiker Peter C. Hartmann (2003)

1930 bekam Frankreich dann die Weltwirtschaftskrise zu spüren. Dazu kam die Instabilität, verursacht durch die Uneinigkeit der vielen sich gegenseitig bekämpfenden Parteien […]. Deshalb erschütterten ab 1932 schwere Krisen mit Preisverfall, Lohnsenkungen und Arbeitslosigkeit das Land. […] In dieser Zeit erhielten die antiparlamentarischen Ligen Zuwachs, während Skandale die Menschen erbosten und Massendemonstrationen mit Toten und vielen Verletzten die Republik erschütterten. […] Bei den Wahlen im Frühjahr 1936 erzielte […] die unter der Parole „Brot, Frieden, Freiheit“ angetretene Volksfront (Radikalsozialisten, Sozialisten und Kommunisten) einen klaren Wahlsieg. […] So kam es zur ersten Regierungsbildung unter sozialistischer Führung. Ministerpräsident wurde Leon Blum (1872–1950). Da die Kommunisten der Regierung fernblieben, bildete Blum ein Kabinett der zwei anderen Linksparteien. […] Noch bevor die neue Regierung ihr Amt antreten konnte, kam es zu einer gewaltigen Streikwelle mit systematischer Besetzung von Betrieben. Für die neue Regierung Blum bedeutete diese „soziale Explosion“ eine schwere Anfangshypothek, da das Land damals praktisch gelähmt und die Versorgung gefährdet war. [Die Regierung verabschiedete] zahlreiche Gesetzesentwürfe, welche die Lebensbedingungen der Arbeiter grundlegend verbesserten (bezahlter Jahresurlaub, Senkung der Wochenarbeitszeit von 48 auf 40 Stunden, Schulgeldbefreiung, ermäßigte Ferienbahnkarten u. a.). Diese für weite Schichten der Bevölkerung positiven Maßnahmen, welche die Nachfrage im Inneren erhöhten, führten jedoch zur Geldentwertung und zur Minderung der Konkurrenzfähigkeit französischer Produkte auf dem Weltmarkt. […] [Die von der rechten Opposition attackierte Regierung geriet] bald in Schwierigkeiten, da die Inflation die Lohnerhöhungen verschlang, die Begeisterung verschwand und die Kommunisten zunehmend auf Distanz gingen. Als Blum im Februar 1937 eine Pause der Reformen angekündigt hatte, kam er durch blutige Unruhen […] und durch Streiks immer mehr unter Druck. […] Nach dem endgültigen Scheitern der Volksfront bildete Daladier im April 1938 eine neue, mehrheitlich radikalsozialistische Regierung.

*Zit. nach: Peter C. Hartmann, Geschichte Frankreichs, C. H. Beck, München 2003, S. 86–88.***

1 Erläutern Sie die Entwicklung Frankreichs (M 3).
2 **Vertiefung:** Analysieren Sie die Karikatur M 1, S. 348.

8.6 China

In dieser Themeneinheit geht es um
- *die Neuausrichtung der Republik China* nach 1919,*
- *die Machtkämpfe zwischen Kommunisten, Guomindang* und „Warlords“,*
- *die Durchsetzung der Kommunisten bis zur Gründung der Volksrepublik* 1949.*

„Ungleiche Verträge“
China bezeichnete damit Verträge ohne Gegenleistungen, die dem Land im 19. Jh. aufgezwungen worden sind, zum einen von westlichen Mächten (USA, Großbritannien, Frankreich), aber auch vom zaristischen Russland (das in Verträgen von 1858, 1860, 1864 und 1881 Gebietsabtretungen Chinas an Russland erzwungen hatte).

Erneuerung Chinas nach dem Ersten Weltkrieg

Die Ergebnisse der **Pariser Friedenskonferenz*** (s. S. 324 f.) stießen in China auf Empörung. In Geheimabsprachen hatten die Großmächte den ehemaligen deutschen Kolonialbesitz Chinas Japan übertragen. Dabei war die **Republik China* von 1912,** die das zwei Jahrtausende alte Kaiserreich beendet hatte, 1917 aufseiten der späteren Siegermächte in den Weltkrieg eingetreten; China hatte gehofft, sich so von den kolonialen Einflussgebieten und Stützpunkten ausländischer Mächte befreien zu können.
Studenten, Intellektuelle und Teile der städtischen Bevölkerung gründeten daraufhin die **„Bewegung des 4. Mai 1919“.** Sie entwickelte sich zu einer breiten politisch-kulturellen Bewegung, die den Nationalismus* förderte und sich an Streiks, Demonstrationen und Boykotten* gegen japanische Waren beteiligte. Überzeugt davon, dass nur ein radikaler Bruch mit der Vergangenheit und eine grundlegende geistige Erneuerung die Modernisierung Chinas garantiere, suchten ihre Anhänger nach neuen unverbrauchten Ideen für ihre politische Arbeit. Daher verfolgten sie u. a. die Entwicklungen im kommunistischen Russland seit der Oktoberrevolution 1917 genau (s. S. 340 f.). Denn die russischen Revolutionäre versprachen nicht nur, dass ihre Lehre des Marxismus-Leninismus* Grundlage für eine erfolgreiche Industrialisierung und die Schaffung von Wohlstand ohne Klassengesellschaft* und Ausbeutung sei. Darüber hinaus verzichtete Russland auf die Vorrechte aus den **„ungleichen Verträgen“*,** die der russische Zar dem chinesischen Kaiser im 19. Jahrhundert aufgezwungen hatte. Besonders das russische Versprechen, den antiimperialistischen* Kampf der unterdrückten Völker zu unterstützen, beeindruckte einige Mitglieder der „Bewegung des 4. Mai“. Vor allem in den Städten entstanden zahlreiche marxistische Studienzirkel. Im Sommer 1921 gründeten Intellektuelle in Shanghai die **Kommunistische Partei Chinas (KPCh).** Sie wollte nach dem Vorbild der Sowjetunion und unter direkter Anleitung der Kommunistischen Internationale (Komintern*) das rückständige Agrarland China in eine sozialistische Industriegesellschaft umwandeln. Ihre Gegner in der 1912 gegründeten Nationalen Volkspartei, der **Guomindang* (GMD),** traten dagegen für Demokratisierung und die Industrialisierung nach westlichem Muster ein. Und die **„Warlords“** in einigen Provinzen stemmten sich sogar gegen jede politische und gesellschaftliche Veränderung. Die Warlords waren die Nachfolger der alten kaiserlichen Provinzgouverneure. Sie befehligten eigene Armeen und sicherten ihren Unterhalt aus der jeweils beherrschten Region.
Um das politische Chaos und die Herrschaft der Warlords zu überwinden, arbeiteten KPCh und Guomindang 1923 bis 1927 im Rahmen einer **Volksfront*** zusammen.

M1 Chiang Kaishek (1887–1975) vor Offizieren in Hankou, Fotografie, 1940

Chiang Kaishek war seit der Republikgründung Chinas 1912 Militär und Politiker, ab 1925 mit Führungsfunktionen in der Guomindang. Als Oberbefehlshaber leitete er 1926/27 den erfolgreichen Nordfeldzug, seit 1928 war er Ministerpräsident der Nationalregierung in Nanking. Mithilfe deutscher Berater reformierte er die Armee und führte Feldzüge gegen die Kommunisten, mit denen er im Zweiten Weltkrieg jedoch zeitweilig in einer Einheitsfront kämpfte. Nach der Vertreibung der Japaner bekämpfte er im Bürgerkrieg erneut die Kommunisten. Nach deren Sieg zog er sich mit seinen Anhängern nach Taiwan zurück. Bis zu seinem Tod war er Präsident der Republik China in Taiwan.

Innenpolitische Kämpfe

Unter **Chiang Kaishek*,** seit 1925 führender Funktionär der Guomindang, zerbrach die Einheitsfront: Er bekämpfte nicht nur Warlords, sondern ging auch gewaltsam gegen Kommunisten und ihre Anhänger vor, die nach seinen Befürchtungen zu viel Einfluss bei Arbeitern und Bauern bekommen könnten. Das **Blutbad von Shanghai 1927,** bei dem die Truppen Chiang Kaisheks Kommunisten und Gewerkschaftsmitglieder niedermetzelten, verschärfte die Konflikte im Land und bewirkte eine Neuorientierung:

Die **Guomindang-Bewegung** entwickelte sich unter Chiang Kaisheks Führung zunehmend zu einer Partei, die sich auf die Grundbesitzer, die Militärs und das Großbürgertum in den Hafenstädten stützte. Eine grundlegende Modernisierung, vor allem eine Agrarreform, die den besitzlosen Bauern Land gab und den verschuldeten Pachtbauern* ihre Lasten nahm, war mit diesen Kräften aber nicht durchzusetzen.

Die **Kommunisten** Chinas verwarfen die Lehre der sowjetischen Kommunisten, nach der das Industrieproletariat Hauptstütze der kommunistischen Bewegung sei. Dagegen argumentierte **Mao Zedong***, der nach dem Massaker von Shanghai an die Spitze der Partei aufrückte, dass die **Kleinbauern** in dem kaum industrialisierten Land die Hauptkraft einer sozialen Revolution sein müssten **(Maoismus)**: „Wer das Agrarproblem löst, wird die Bauern gewinnen; und wer die Bauern gewinnt, wird China gewinnen." Daher setzte die KPCh vornehmlich auf das Vertrauen der Bauern. In der Gebirgsfestung des Grenzgebietes zwischen Hunan und Kiangsi konnten sich Bauernkommunen zu größeren wehrhaften Bauernrepubliken („Sowjets") zusammenschließen; hier entstand die Rote Armee, eine von Offizieren ausgebildete Rebellenarmee.

Der „Lange Marsch"

1934 konnten die Bauernrepubliken im Kiangsi-Sowjetgebiet den Vernichtungsfeldzügen Chiang Kaisheks nicht länger widerstehen. Mao entschloss sich daraufhin zu der großen Flucht- und Ausweichbewegung, die als der **„Lange Marsch"** in die Geschichte eingegangen ist. Er dauerte ein volles Jahr und ging über 9 700 Kilometer. Viele überlebten die Strapazen nicht. Der „Lange Marsch" war nicht nur ein strategischer Rückzug, sondern auch ein – häufig mit brutaler Gewalt durchgeführter – Vorstoß kommunistischer Führungskräfte in neue Gebiete. Dort verteilten sie den Grundbesitz neu, gründeten Dorfkommunen, von denen aus sich „wandernde Sowjets" ausbreiten konnten. Bauernpartisanen schlossen sich häufig der Roten Armee an. Dass die Rote Armee Mao Zedongs auf dem „Langen Marsch" zusammenhielt und ihr politischer Wille ungebrochen blieb, lag auch an dem Feind Japan, den sie im Zweiten Weltkrieg außer den Truppen Chiang Kaisheks besiegen wollte. Unterstützung erhielten die Kommunisten vor

M2 Mao Zedong (1893–1976) im Gespräch mit armen Bauern, Fotografie, um 1930

Mao (alte Schreibweise: Mao Tse-tung) entstammte einer Bauernfamilie und war in seiner Jugend Lehrer und Hilfsbibliothekar. 1921 war er Mitbegründer der KPCh und wurde Mitte der 1920er-Jahre Mitglied des Zentralkomitees (ZK). Nach einem fehlgeschlagenen Aufstand 1927 zog er sich in eine Guerrillabasis in der Provinz Jianxi zurück, wo er Vorsitzender der „Sowjetrepublik" wurde. Während des „Langen Marsches" 1934/35 fand er breite Anerkennung als Parteiführer, der für China in den Bauern (und nicht im Industrieproletariat) die treibende revolutionäre Kraft sah. Seit 1943 war er Vorsitzender des ZK der KPCh mit umfassender Macht. In der Kulturrevolution (1966–1976) entfesselte er eine Massenbewegung, die Hunderttausende Tote kostete.

M3 China 1912 bis 1945

▶ M 5: Ursachen für den Aufstieg des Kommunismus in China

allem aus ländlichen Regionen, wo sie durch ihre Agrarreformen (Pacht- und Steuersenkungen, Landumverteilungen) das Vertrauen der Bevölkerung gewonnen hatten. Geschickt hatte es die KPCh-Führung verstanden, sich als nationale Interessenvertretung Chinas darzustellen, und dadurch ihre Anziehungskraft erhöht.
1942/43 erlitten die Menschen in der Provinz Honan eine der größten Hungerkatastrophen der Geschichte. Ohnmächtig mussten sie die Unfähigkeit ihrer Zentralverwaltung erkennen, die Bevölkerung mit Nahrungsmitteln zu versorgen. Nach einer vorübergehenden Verhaftung Chiang Kaisheks durch seine eigenen Truppen erklärte er sich zu einer **zweiten Einheitsfront** zwischen Guomindang und Kommunisten bereit, um die Japaner zu bekämpfen; denn diese hatten bereits 1931 die rohstoffreiche Mandschurei besetzt und im Juli 1937 eine erneute Offensive auf das chinesische Kernland begonnen. Das Bündnis hielt bis 1945, als die Japaner – geschwächt durch den Kampf mit den USA und aufgrund ihrer Kapitulation – aus China vertrieben wurden.

▶ M 6: China und der Westen

„Volksrepublik China"

Nach Kriegsende 1945 versuchte die Guomindang-Regierung, das Land wieder unter ihre Kontrolle zu bringen. In dem verlustreichen **Bürgerkrieg (1945–1949)** kam es darauf an, wer die von den Japanern geräumten Gebiete zuerst besetzen würde. Dass die Kommunisten, die im Norden im Vorteil waren, die militärische Auseinandersetzung gewannen, war in den ersten Bürgerkriegsjahren nicht absehbar. Erst 1948 begann der Siegeszug der Roten Armee von Norden nach Süden: Im April 1949 überschritt die Mehrheit der kommunistischen Truppen den Yangzi, im Herbst war fast ganz China in ihren Händen. Chiang Kaishek floh 1949 mit zwei Millionen Anhängern und den Kunstschätzen des Kaiserpalastes auf die Insel **Taiwan,** wo er eine Militärdiktatur errichtete. Am 1. Oktober 1949 verkündete Mao Zedong in Peking vom Tor des Kaiserpalastes am Tiananmen-Platz die Errichtung der **sozialistischen Volksrepublik China.**

1 **Zeitstrahl:** Stellen Sie Chinas Geschichte 1912–1949 als Zeitstrahl dar.
2 **Wahlaufgabe:** Bearbeiten Sie Aufgabe a) oder b).
Erarbeiten Sie den Kampf zwischen Guomindang und Kommunisten, indem Sie
a) ein **Schaubild** mithilfe der Darstellung erstellen oder
b) mithilfe der Karte M 3 die Entwicklung der Machtbereiche beschreiben.

M 4 Ausrufung der Volksrepublik auf dem Tiananmen-Platz durch Mao Zedong, Ölgemälde von Dong Xiwen (1914–1973), Kopie 1980 nach dem Original von 1953

Hinweise zur Arbeit mit den Materialien:
M 5 ist dem Aufstieg des Kommunismus in China gewidmet, M 6 dem Umgang Chinas mit dem Westen.

China: Herrschaft, Ideologie, Innenpolitik

M 5 Patricia Buckley Ebrey, Historikerin, über den Aufstieg der Kommunisten in China (1996)

Je länger sich die Historiker mit dem Leben [in China] in den Dreißiger- und Vierzigerjahren beschäftigen, desto mehr Fehler der Nationalisten fördern sie zutage: allgemeine Korruption innerhalb der Regierung, steigende Inflation, hoffnungslose Armut, eine Entfremdung der Bildungselite gegenüber dem Staat oder die Fortdauer der Herrschaft von Warlords. Die Fülle dieser Belege lässt den Sieg der Kommunisten als etwas Zufälliges erscheinen: Sie waren einfach gerade zur Stelle, als die Nationalisten die Unterstützung beim Volk verloren. Andererseits zeigten sich Wissenschaftler, die die lokalen Programme der Kommunisten untersucht haben, beeindruckt von der Art und Weise, wie sie sich die bedrückende Armut auf dem Land und die Invasion durch ausländische Mächte zunutze machten, indem sie die Dorfbewohner davon überzeugten, dass nur noch radikale Veränderungen etwas bewirken könnten und die Kommunistische Partei darauf am besten vorbereitet sei. Unter diesem Blickwinkel erscheint der Sieg der Kommunisten fast als vorherbestimmt, als das Ergebnis einer überlegenen Strategie und viel besserer organisatorischer Methoden. Und dann gibt es als Drittes Untersuchungen über die innere Parteipolitik der Kommunisten, die die überragende Bedeutung von Mao Zedong als Meistertaktiker gezeigt hat, der fast ohne fremde Hilfe aus der Partei eine schlagkräftige Waffe gemacht hatte, die nur noch auf sein Kommando hörte. Vermutlich haben alle drei Sichtweisen ihre Berechtigung. Wären die Nationalisten erfolgreicher gewesen, so wäre es der Kommunistischen Partei nicht gelungen, die Revolution nach China hineinzutragen; doch als die Revolution dann nach China kam, war sie zu einem großen Teil von den Ideen, Erfahrungen und der Persönlichkeit Mao Zedongs geformt.

*Zit. nach: Patricia Buckley Ebrey, China, Campus, Frankfurt/M. 1996, S. 287. Übers. Udo Rennert.***

1 Resümieren Sie die Positionen zum Aufstieg der Kommunisten Chinas (M 5) und bewerten Sie sie.
2 **Vertiefung:** Analysieren Sie Gemälde M 4, S. 354.

M 6 Jürgen Osterhammel, Historiker, über Chinas Umgang mit dem Westen im Vergleich zu Japan (1990)

Blickt man vom Schicksalsjahr 1931 zurück, so lässt sich ein Resümee ziehen: Die ostasiatischen Reiche waren in eine Welt hinein „geöffnet“ worden, in welcher Europa politisch dominierte und kulturell den Ton angab. Sie hatten sich völlig unterschiedlich darauf eingestellt. Beide hatten dieser neuen Welt Widerstand entgegengesetzt. Japan hatte sich dabei als lernwilliger, wenngleich höchst wählerischer Schüler des Westens erwiesen, der ehrgeizig nach Gleichberechtigung strebte. Die treibende Kraft dabei war ein Teil der alten herrschenden Klasse selbst, der den Westen mit seinen eigenen Mitteln zu schlagen suchte. Diese Strategie führte zu einer beispiellosen sozialökonomischen Modernisierung. Sie führte aber auch in die weltpolitische Isolation. Erst entschied sich Japan gegen die Solidarität mit den anderen Völkern Asiens, namentlich mit China; dann entschied es sich gegen den Einklang mit der westlichen Staatengemeinschaft.

Dieser Kurs scheiterte 1945. Chinas Widerstand gegen den Westen war lange Zeit passiver Art geblieben. Erst um die Jahrhundertwende wurden sich größere Teile der Elite und um 1920 auch der neuen städtischen Arbeiterschaft des Ernstes der Lage bewusst (während die Bauernschaft nach wie vor wenig Einfluss auf die nationale Politik hatte). Der Zentralstaat war aber bereits zu schwach geworden, um eine Modernisierung „von oben“ nach japanischem Vorbild durchsetzen zu können. Der Impuls zur Umwälzung konnte nur von außerhalb des bestehenden politischen Systems kommen. Eine solche revolutionäre Alternative war seit Langem keimhaft angelegt. Sie entwickelte sich deutlicher vor allem während der Zwanzigerjahre, setzte sich aber erst 1949 durch. Um die Mitte des 19. Jahrhunderts standen China und Japan außerhalb der internationalen Ordnung. Um die Mitte des 20. erschütterte weniges diese Ordnung so sehr wie der Aufstieg und Fall des japanischen Imperiums und die chinesische Revolution.

*Zit. nach: Jürgen Osterhammel, Chinesische Revolution und Modernisierung Japans, in: August Nitschke u. a. (Hg.), Jahrhundertwende. Der Aufbruch in die Moderne 1880–1930, Bd. 1, Rowohlt, Reinbek bei Hamburg 1990, S. 483 f.**

1 **Partnerarbeit:** Erarbeiten Sie (M 6) Chinas Strategien im Umgang mit dem Westen im Vergleich zu Japan.
2 **Vertiefung:** Diskutieren Sie ausgehend von M 6 über Folgen, die Chinas Umgang mit dem Westen hatte.
3 **Zusatzaufgabe:** Siehe S. 618.

Anwenden

Architektur in totalitären* und demokratischen* Staaten – ein Vergleich am Beispiel Berlin

M1 Nationalsozialistische Konzeption von Berlin als „Welthauptstadt Germania", Modell, 1939.
Zu sehen ist u. a.: die geplante Nord-Süd-Achse (von Tempelhof im Süden Berlins bis Tiergarten in der Mitte Berlins; die „Große Halle" als größtes Kuppelgebäude der Welt (315 Meter breit, 315 lang, 320 hoch; Besucherkapazität: ca. 150 000 Personen).

1 **Partnerarbeit:** Beschreiben und deuten Sie M 1 und M 2 im Hinblick auf die Selbstdarstellung einer Diktatur bzw. Demokratie am Beispiel Berliner Architektur.
2 Vergleichen Sie Ihre Ergebnisse anhand von selbst gewählten Kriterien
Tipp: Siehe Hilfen, S. 618.

M2 Glaskuppel des Deutschen Reichstags, Berlin, Foto, 2007.
Mit dem Regierungsumzug von Bonn nach Berlin im Jahr 1999 (infolge der Wiedervereinigung Deutschlands 1990) erhielt das Reichstagsgebäude wieder eine Kuppel (23 Meter hoch, 40 Meter breit), die der Architekt Sir Norman Foster konzipiert hatte.

Präsentation

Städtebau und Diktatur* im 20. Jahrhundert – Sowjetunion, Italien, Spanien

Recherchieren und analysieren Sie ein oder mehrere Bauwerke oder Denkmäler einer (nicht-deutschen) Diktatur der ersten Hälfte des 20. Jahrhunderts, z. B.:
- Italien (z. B. in Rom) unter Mussolini;
- Spanien (z. B. in Madrid) unter Franco;
- Sowjetunion (z. B. in Moskau) unter Stalin.

Digitale Bildsammlung zu Bauwerken
cornelsen.de/Webcodes
Code: zepaba

Wiederholen

M 3 Regierungsformen in Europa um 1926 und um 1937

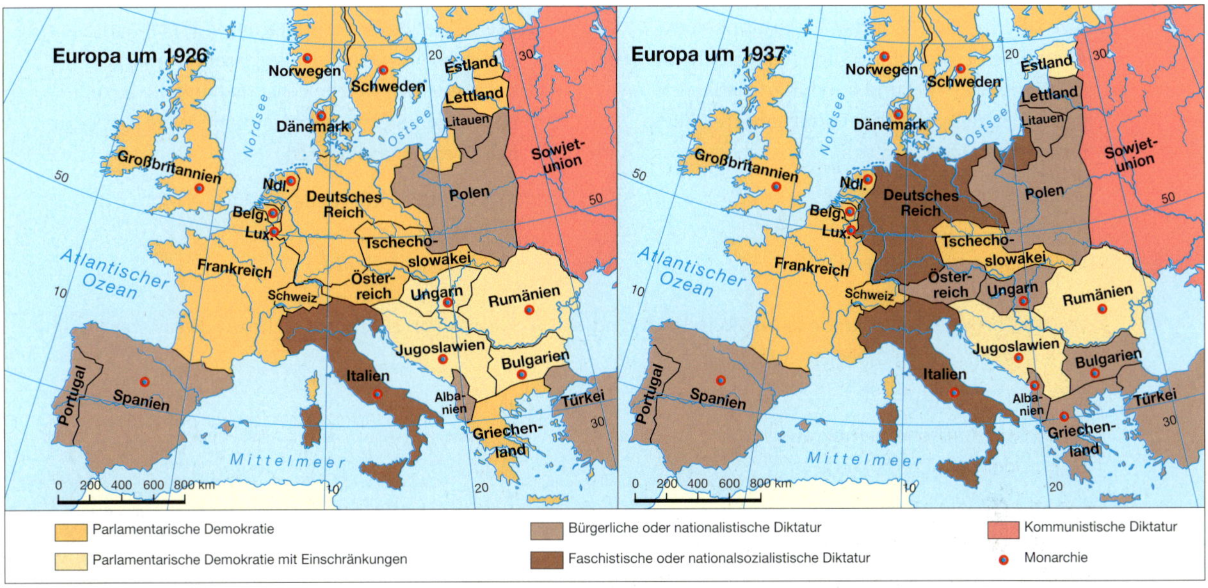

1 Analysieren Sie die Entwicklung der Regierungsformen in Europa in der Zwischenkriegszeit mithilfe der Karte M 3.
Tipp: Siehe die Arbeitsschritte auf der Methodenseite 144.

2 Erläutern Sie, inwieweit die Entwicklung der USA und der Sowjetunion seit Ende des Ersten Weltkriegs die weltpolitischen Grundkonstellationen des 20. Jahrhunderts verändert haben.

3 **Partnerarbeit:** Erklären Sie Ihrem Partner/Ihrer Partnerin die Begriffe „Demokratie" und „Diktatur".

4 Ordnen Sie den Begriffen „Demokratie" und „Diktatur" jeweils drei Staatenbeispiele aus der Zwischenkriegszeit zu. Begründen Sie Ihre Auswahl, indem Sie Ereignisse und Prozesse des jeweiligen Landes im Hinblick auf die Regierungsform darstellen.

5 **Wahlaufgabe:** Bearbeiten Sie Aufgabe a) oder b).
a) **Online-Zeitungsartikel:** Vergleichen Sie die Wege Chinas und Russlands in die moderne Welt des 20. Jahrhunderts.
Tipp: Erarbeiten Sie zunächst Kriterien für den Vergleich.
b) **Geschichtsplakat:** Erstellen Sie ein Geschichtsplakat, auf dem Sie historische Persönlichkeiten aus Europa, den USA oder China in ihrer politischen Bedeutung für die Zwischenkriegszeit vorstellen.

6 **Wahlaufgabe:** Bearbeiten Sie Aufgabe a) oder b).
Verfassen Sie ein Urteil zum Versailler Vertrag,
a) aus der Sicht einer Zeitgenossin/eines Zeitgenossen der 1920er-Jahre,
b) aus der Sicht einer heutigen Historikerin/eines heutigen Historikers.
Tipp: Siehe die Arbeitsschritte auf der Methodenseite 330.

7 **Vertiefung:** Diskutieren Sie die in der Geschichtswissenschaft vertretene These, die Zeit 1914 bis 1945 sei ein „Zweiter Dreißigjähriger Krieg" gewesen.

Zentrale Begriffe

Appeasement
Autoritäre Regime
Demokratie
Diktatur
Faschismus
Frieden von Brest-Litowsk
Gulag
Guomindang
Isolationismus
Kommunismus
„Langer Marsch"
Maoismus
„Marsch auf Rom"
New Deal
Pariser Friedenskonferenz
Republik China
Russische Revolution
Selbstbestimmungsrecht der Völker
Spanischer Bürgerkrieg
Stalinismus
Versailler Vertrag
14-Punkte-Programm
Völkerbund
Volksfront
Volksrepublik China
Weltwirtschaftskrise

Testen Sie Ihr Vorwissen zur Weimarer Republik und zum Nationalsozialismus.

1 Am 9. November 1918 kam es zur doppelten Ausrufung der Republik durch Philipp Scheidemann am Reichstag (M 1) und durch Karl Liebknecht am Berliner Schloss. Welcher Partei gehörte Philipp Scheidemann an?

a) SPD
b) KPD
c) Deutsche Volkspartei (DVP)

2 Welche Form der Demokratie wurde in Deutschland nach dem Ersten Weltkrieg errichtet?

a) Rätedemokratie
b) parlamentarische Demokratie
c) präsidentielle Demokratie

▶ Lösungshinweise finden Sie au der S. 640.

3 Die zeitgenössische Karikatur (M 2) thematisiert eine Legende, die die junge Weimarer Demokratie belastete. Um welche Legende handelte es sich? Begründen Sie Ihre Wahl, indem Sie die Karikatur beschreiben und deuten.

a) Kriegsschuldlegende
b) Dolchstoßlegende
c) Medusenlegende

4 Welche Partei gehörte nicht zur „Weimarer Koalition"?

a) SPD
b) Zentrum
c) DNVP
d) DDP

M 1 Ausrufung der Republik durch Philipp Scheidemann vom Balkon des Reichstags, nachgestellte Aufnahme, Fotografie, 1920er Jahre

M 2 „An die Kurzsichtigen", Karikatur von Werner Hahmann, Januar 1919

5 Welches Ereignis gehört nicht zu den Krisenjahren der Weimarer Republik 1919–1923?

a) Kapp-Putsch
b) Hitler-Putsch
c) Inflation
d) Wirtschaftskrise
e) Ruhrkampf

6 Eine wichtige Quelle für die Analyse von Hitlers Weltanschauung ist das Buch, das er während seiner Haftzeit nach seinem gescheiterten Hitler-Putsch 1923 schrieb.
Welchen Titel trägt dieses Buch?

a) Der Mythos des 20. Jahrhunderts
b) Mein Kampf
c) In Stahlgewittern

7 Welches politische Amt übernahm Hitler am 30. Januar 1933?

a) Reichskanzler
b) Reichspräsident
c) Chef des Generalstabs

8 Von wem stammt die folgende Aussage?
„In zwei Monaten haben wir Hitler in die Ecke gedrückt, dass er quietscht."

a) Franz von Papen, Vizekanzler im ersten Kabinett Hitler (1933)
b) Paul von Hindenburg, Reichspräsident (1925–1934)
c) Alfred Hugenberg, DNVP-Politiker und Wirtschaftsminister im ersten Kabinett Hitler (1933)

9 a) Wann begann der Zweite Weltkrieg?
- 1933
- 1936
- 1939

b) Wie endete im Mai 1945 für das Deutsche Reich der Zweite Weltkrieg?
- Waffenstillstand
- bedingungslose Kapitulation
- Friedensvertrag

c) Welche von Deutschland im Zweiten Weltkrieg zerstörte Stadt zeigt das Foto M 3?
- Leningrad
- London
- Warschau

M3 **Von Deutschland im Zweiten Weltkrieg zerstörte Stadt, Fotografie, November 1944**

9 Demokratie und Diktatur: Weimarer Republik und Nationalsozialismus

M1 Trauerzug für die Revolutionsopfer am Brandenburger Tor in Berlin, Fotografie, 20. November 1918

M2 Fackelzüge der SA und anderer NS-Verbände nach der Ernennung Hitlers zum Reichskanzler am 30. Januar 1933 am Brandenburger Tor, Fotografie, 1933

1918 Ende der Monarchie in Deutschland; Novemberrevolution

1919 Gründung der KPD; Niederschlagung des Spartakusaufstandes; Freikorps ermorden Rosa Luxemburg und Karl Liebknecht; Wahlen zur Nationalversammlung; Versailler Vertrag

1920 Kapp-Putsch; kommunistische Aufstände in Thüringen, Sachsen, Ruhrgebiet

1923 Höhepunkt der Inflation

1915 | 1920 | 1925

1914–1918 Erster Weltkrieg

1918–1933 Weimarer Republik

Die Deutschen seien „das freieste Volk der Erde“ in der „demokratischsten Demokratie der Welt“, erklärte der SPD-Politiker Eduard David bei der Verabschiedung der Weimarer Verfassung 1919. Die Verfassung ist Resultat einer heftigen Auseinandersetzung um die künftige Staatsform infolge der Novemberrevolution von 1918. Diskutiert wurde zwischen den beiden Hauptmodellen, dem kommunistisch geprägten Rätesystem* und der demokratischen Republik. In der vom Volk gewählten Nationalversammlung einigten sich 1919 die gemäßigten politischen Kräfte, die die Mehrheit bildeten, auf eine Verfassung, die dem Volk Grundrechte garantierte und Deutschland in eine parlamentarische Republik umwandelte.

Doch bereits nach knapp vierzehn Jahren endete die Geschichte der ersten deutschen Demokratie. Im Januar 1933 übernahm der „Führer“ der NSDAP Adolf Hitler das Amt des Reichskanzlers. In einem atemberaubenden Tempo sicherten die Nationalsozialisten ihre Herrschaft ab und verwandelten Deutschland in eine totalitäre Diktatur.

Im Inneren nahm das NS-Regime den Bürgern jede Möglichkeit zur Beteiligung an politischen Entscheidungen. Die politische Entmündigung ging mit der zunehmenden Entrechtung der Staatsbürger einher. Die Polizei und besonders die Strafjustiz erhielten immer mehr Sondervollmachten. Staatlicher Willkür wurden Tür und Tor geöffnet.

Die Außenpolitik des NS-Regimes war seit der Regierungsübernahme auf Eroberung und Unterwerfung anderer Völker ausgerichtet, die Entfesselung des Zweiten Weltkrieges ein bewusster und planmäßiger Akt der Politik. Konsequent realisierten die Nationalsozialisten ihre auf Ausgrenzung und Tötung von Menschen zielende Ideologie, deren Grundpfeiler ein fanatischer Rassismus* und Antisemitismus* waren. Der NS-Rassenkrieg begann mit der sogenannten „Euthanasie“* und gipfelte während des Weltkrieges in der Vernichtung der deutschen und europäischen Juden. Dieses Verbrechen ist einzigartig in der Geschichte.

1 a) Beschreiben Sie die Bilder M 1 und M 2.
b) Skizzieren Sie die dort dargestellten Ereignisse.

2 **Partnerarbeit:** Stellen Sie Vermutungen über die Bedeutung der in M 1 und M 2 dargestellten Ereignisse für die deutsche Geschichte an.

3 Formulieren Sie ausgehend vom Verfassertext und den Bildmaterialen Leitfragen zur Untersuchung dieses Kapitels.

1933 | Hitler Reichskanzler; Reichstagsbrand; Außerkraftsetzung der Grundrechte; „Ermächtigungsgesetz“

1934 | Ermordung von SA-Chef Röhm

1935 | „Nürnberger Gesetze“

1938 | Besetzung Österreichs; Novemberpogrome (9./10. Nov.)

1939 | Besetzung Tschechiens, Eingliederung als „Protektorat Böhmen und Mähren“; Hitler-Stalin-Pakt; Überfall auf Polen

1940 | Offensive gegen Frankreich

1941 | Einmarsch in die Sowjetunion; Kriegserklärung an die USA

1942 | Wannsee-Konferenz

1944 | Gescheitertes Hitler-Attentat

1945 | Bedingungslose Kapitulation (7.–9. Mai)

930 — 1935 — 1940 — 1945

1933–1945 Nationalsozialismus

30–1933 Präsidialkabinette

1939–1945 Zweiter Weltkrieg

9.1 Vom Kaiserreich zur Republik

In dieser Themeneinheit geht es um
- *den Waffenstillstand und die „Oktoberreformen" in Deutschland bei Kriegsende,*
- *die Revolution und die Ausrufung der Republik im November 1918,*
- *die Kämpfe um ein neues politisches System in Deutschland nach der Revolution.*

Waffenstillstand

Der Erste Weltkrieg endete für das Deutsche Reich mit einer Niederlage. Sie wurde am 11. November 1918 mit der Unterzeichnung des **Waffenstillstandsvertrages** besiegelt. Das von den Kriegsgegnern Deutschlands ausgearbeitete Vertragswerk verpflichtete das Reich, innerhalb weniger Wochen die besetzten Gebiete in Frankreich, Belgien und Luxemburg einschließlich Elsass-Lothringens zu räumen. Außerdem musste sich die Armee hinter den Rhein zurückziehen, während die Alliierten das linke Rheinufer besetzten. Der Friedensvertrag von Brest-Litowsk (s. S. 340) zwischen Deutschland und Russland wurde aufgehoben.

Verfassungsreform

Mehrheitssozialdemokratische Partei Deutschlands (MSPD)
Bezeichnet die Sozialdemokratische Partei Deutschlands (SPD) von Mitte 1917 bis 1919. Der Name wurde als Abgrenzung von den „Unabhängigen Sozialdemokraten" (USPD) benutzt. Die Kriegsgegner in der SPD hatten sich während des Ersten Weltkrieges im Frühjahr 1917 von der SPD abgespalten und mit der USPD eine eigene Partei gegründet.

Nicht erst seit dem Waffenstillstand, sondern bereits in den letzten Kriegsmonaten, als sich die Niederlage Deutschlands abzeichnete, richteten sich alle Hoffnungen der Deutschen auf den amerikanischen Präsidenten Woodrow Wilson und das von ihm verkündete **„14-Punkte-Programm"** (s. S. 336). Politische und militärische Führung sowie große Teile der Bevölkerung hegten die unrealistische Erwartung, dieses liberale Friedensprogramm garantiere einen milden Frieden. Voraussetzung für einen solchen Wilson-Frieden war die Demokratisierung des Kaiserreiches. Um diese Forderung zu erfüllen, ernannte Wilhelm II. am 3. Oktober 1918 den **liberalen Prinzen Max von Baden** zum neuen Reichskanzler. Indem er die erste parlamentarische Regierung bildete, der Abgeordnete der **Mehrheitssozialdemokratie (MSPD)*,** der Zentrumspartei* und der Fortschrittlichen Partei angehörten, vollzog er den Übergang von der konstitutionellen* zur **parlamentarischen Monarchie.**

Die sogenannten **Oktoberreformen** vom 28. Oktober 1918 sicherten diesen Demokratisierungsschub verfassungsrechtlich ab. Seitdem bedurften Reichskanzler und Reichsregierung des Vertrauens des Reichstages und nicht mehr des Kaisers. Der Monarch verlor überdies die Kommandogewalt über das Militär, die nun in den Händen eines dem Parlament verantwortlichen Ministers lag. Reichstag und Bundesrat mussten Kriegserklärungen und Friedensschlüssen zustimmen.

M1 Revolutionäre in Berlin am 9. November 1918, Fotografie

Ausrufung der Republik

Die Geschichte der parlamentarischen Monarchie dauerte jedoch nur bis zum Ausbruch der Revolution und dem Sturz der Monarchie am 9. November 1918. Am Beginn der **Novemberrevolution** stand der **Matrosenaufstand** in Kiel, dem Heimathafen der Ostseeflotte. Die Matrosen waren nicht bereit, den Heldentod zu sterben. Denn am 29. Oktober hatte die Admiralität das Auslaufen der Flotte befohlen, statt sich den Feinden zu ergeben. Am 3. November solidarisierten sich die Arbeiter und Soldaten in Kiel. Von Kiel aus erfassten die Aufstände rasch das gesamte Reich. Die mit der Bekämpfung der Aufstände beauftragten Militär- und Polizeieinheiten kapitulierten weitgehend widerstandslos oder liefen zu den Aufständischen über. Die deutschen Fürsten wurden vertrieben oder dankten ab. In den meisten Städten übernahmen **Arbeiter- und Soldatenräte** die Macht. Auf Massenkundgebungen forderte die kriegsmüde Bevölkerung sofortigen Frieden und die Abdankung des Kaisers. Den **Thronverzicht des Kaisers** verkündete am Mittag des 9. November eigenmächtig Max von Baden. Wilhelm II. entzog sich der politischen Verantwortung durch Flucht ins holländische Exil.
In Berlin übertrug Max von Baden ebenfalls am 9. November das Amt des Reichskanzlers an den MSPD-Vorsitzenden **Friedrich Ebert***, der mit den Spitzen seiner Partei die Regierungsgeschäfte aufnahm. Die Sozialdemokraten hofften, kraft ihrer Regierungsämter die Revolution zähmen zu können. Als der Sozialdemokrat **Philipp Scheidemann** am frühen Nachmittag auf einem Reichstagsbalkon die **Republik ausrief** (s. S. 358, M 1), kritisierte Ebert diesen Schritt. Doch die Dramatik der Ereignisse ließ keine langen innerparteilichen Abstimmungen zu. Kurz nach Scheidemann verkündete der Spartakistenführer **Karl Liebknecht** vor dem Berliner Schloss die **Sozialistische Republik** Deutschland und forderte: „Alle Macht den Arbeiter- und Soldatenräten!"

M2 Friedrich Ebert (1871–1925), Fotografie, 1919

Ebert war Sattler und Redakteur und seit 1912 für die SPD Mitglied des Reichstages; 1913–1919 war er Parteivorsitzender und ab 1916 auch Fraktionsvorsitzender. 1918 wurde er Vorsitzender des Rats der Volksbeauftragten. Seit 1919 bekleidete er das Amt des Reichspräsidenten (nach einer Verlängerung seiner Amtszeit durch den Reichstag 1922) bis zu seinem Tod 1925.

Parlamentarische Demokratie oder Rätesystem?

Die **MSPD** unter der Führung Eberts konzentrierte alle Energien darauf, die **parlamentarische Demokratie** durchzusetzen. Sozialistische Experimente lehnte sie ab. Die neue republikanische Ordnung sollte demokratisch legitimiert und der Sozialismus* auf parlamentarischem Wege verwirklicht werden. Außerdem war sie bestrebt, die Revolution möglichst schnell abzuschließen. Aus ihrer Sicht konnten die unmittelbaren Nöte des Tages nur bewältigt werden, wenn das revolutionäre Chaos beseitigt war. Die Kriegswirtschaft musste auf Friedensproduktion umgestellt werden, Millionen von Soldaten waren in die Heimat zurückzuführen. Und angesichts der fortdauernden Seeblockade drohte ein weiterer Hungerwinter. Bei der Lösung dieser Probleme bedurfte die Regierung nach Auffassung Eberts und seiner Parteigenossen der Hilfe von Offizierskorps, Verwaltung und Wirtschaftsführern.
Dagegen kämpften der linke Flügel der **Unabhängigen Sozialdemokraten (USPD)** und der – bis zum 18. Dezember 1918 mit der USPD organisatorisch verbundene – **Spartakusbund** für eine Fortsetzung der Revolution und die Errichtung einer **sozialistischen Räterepublik** nach sowjetischem Vorbild. Eine ihrer Hauptforderungen war die Herrschaft der Arbeiter in Betrieb und Kaserne durch ein **Rätesystem***, durch die Volksbewaffnung und die Sozialisierung* von Industrie und Boden. Um diese Pläne abzuwehren, legte Ebert das Reichskanzleramt nieder und bildete mit dem gemäßigten Flügel der USPD am 10. November 1918 eine neue Regierung. Dieser **Rat der Volksbeauftragten***, dem je drei Vertreter der beiden Parteien angehörten, wurde am selben Tag von 3 000 Delegierten* der Berliner Arbeiter und Soldaten als provisorische Regierung anerkannt. Der gleichzeitig auf Drängen der Linkssozialisten gewählte Aktionsausschuss, der „Vollzugsrat", sollte den Rat der Volksbeauftragten beaufsichtigen. Da jedoch auch dieses Gremium paritätisch mit Vertretern der MSPD und der USPD besetzt war, konnte die MSPD den Vollzugsrat leicht kontrollieren.

▶ **M 4: Rede Liebknechts vor dem Berliner Schloss 1918**

Rätesystem
Form der direkten Demokratie, bei der alle Menschen in den jeweiligen Basiseinheiten Räte als ihre Vertreter wählen, die ihnen direkt verantwortlich und jederzeit abwählbar sind. Im Gegensatz zum repräsentativen System, der parlamentarischen Demokratie, gibt es keine Gewaltenteilung, sodass die Räte gesetzgeberische, ausführende und rechtsprechende Kompetenzen besitzen.

▶ M 5: Regierungsprogramm des Rates der Volksbeauftragten 1918

Die Weichen für die politische Zukunft Deutschlands stellte der **I. Rätekongress,** der vom 16. bis 20. Dezember 1918 in Berlin tagte. Alle deutschen Arbeiter- und Soldatenräte hatten Vertreter geschickt. Von den ca. 500 Delegierten waren zwei Drittel in der MSPD, dem Spartakusbund gehörten weniger als ein Dutzend an. Mit überwältigender Mehrheit lehnte der Kongress den Antrag ab, das Rätesystem zur „Grundlage der Verfassung der sozialistischen Republik" zu erklären. Nicht ein Nationalkongress der Arbeiter- und Soldatenräte sollte über die Neuordnung Deutschlands entscheiden, sondern eine aus allgemeinen Wahlen hervorgegangene **Nationalversammlung.** Als Wahltermin setzten die Delegierten den 19. Januar 1919 fest. Bis dahin wurde der Rat der Volksbeauftragten als provisorische Revolutionsregierung im Amt bestätigt.

Spaltung der Arbeiterbewegung

M 3 Rosa Luxemburg (1870–1919), Fotografie, um 1905

Die Nationalökonomin gehörte zu den bedeutenden Theoretikern des linken Flügels der Sozialdemokratie. 1916 gründete sie den Spartakusbund mit, 1919 die KPD. Weil sie öffentlich gegen den Krieg protestiert hatte, kam sie 1916 in „Schutzhaft" (November 1918 befreit). 1919 wurde sie von Freikorpsmitgliedern ermordet.

Am 28. Dezember 1918 traten die Vertreter der USPD aus dem Rat der Volksbeauftragten aus. Damit protestierten sie gegen den Militäreinsatz, den Ebert bei Auseinandersetzungen mit Arbeitern im Dezember 1918 angeordnet hatte. Außerdem wollte der linke Flügel der USPD die revolutionäre Umgestaltung von Staat und Gesellschaft vorantreiben. Die Zusammenarbeit der MSPD mit den traditionellen Eliten in Armee, Bürokratie und Wirtschaft lehnte die USPD-Linke ab. Innerhalb der USPD gewannen die radikalen Kräfte immer mehr die Oberhand. Aus dem Zusammenschluss von Spartakusbund und „Bremer Linksradikalen" ging die **Kommunistische Partei Deutschlands (KPD)** hervor, die am 1. Januar 1919 in Berlin ihren Gründungsparteitag abhielt. Zusammen mit den revolutionären Obleuten entfachte die KPD in Berlin zwischen dem 5. und 12. Januar den sogenannten **Januaraufstand,** der ebenso wie die Streiks und Aufstände im Frühjahr 1919 in verschiedenen Teilen Deutschlands durch Regierungstruppen niedergeschlagen wurde. Zu diesen Einheiten der Reichswehr zählten auch **Freikorps,** die von ehemaligen Offizieren aus eigener Initiative gegründet worden waren und die am 15. Januar 1919 die Spartakusführer Karl Liebknecht und **Rosa Luxemburg*** ermordeten. Bei vielen Menschen, auch solchen, die die politischen Überzeugungen der Ermordeten nicht teilten, rief die Bluttat Empörung und Abscheu hervor. Der **Mord an Rosa Luxemburg und Karl Liebknecht** vertiefte die Spaltung der sozialistischen Arbeiterbewegung in eine staatsbejahende, parlamentarische und eine radikale, gewaltbereite Richtung. Die USPD radikalisierte sich zunehmend. Die MSPD hingegen intensivierte die Zusammenarbeit mit Offizierskorps und hoher Bürokratie und vertiefte die Kontakte zu den bürgerlichen Parteien.

1 **(Bebilderte digitale) Chronik:** Stellen Sie den Weg Deutschlands vom Kaiserreich zur Republik in den Jahren 1918/19 in einer (bebilderten digitalen) Chronik dar.

2 Karl Kautsky (1854–1938), einer der Theoretiker der Sozialdemokratie, hat die SPD als eine „revolutionäre, aber keine Revolution machende Partei" bezeichnet. Nach seiner Auffassung bestand die historische Mission der Arbeiterbewegung darin, die bürgerliche Revolution nachzuholen.
Erläutern Sie, ausgehend von diesem Zitat, das Verhalten von MSPD und USPD während der Revolution 1918/19.

▶ M 6: Die Revolution 1918/19 im historischen Urteil

Hinweise zur Arbeit mit den Materialien:
Schwerpunkt der Materialien (M 4–M 6) sind die Ziele der linken Parteien in der Novemberrevolution.

Politische Ziele in der Novemberrevolution

M 4 Aus der Rede Karl Liebknechts (Spartakusbund) vor dem Berliner Schloss (9. November 1918)

Parteigenossen, ich proklamiere die freie sozialistische Republik Deutschlands [...], in der es keine Knechte mehr geben wird, in der jeder ehrliche Arbeiter den ehrlichen Lohn seiner Arbeit finden wird. Die Herrschaft des Kapitalismus, der Europa in ein Leichenfeld verwandelt hat, ist gebrochen. [...] Wir müssen alle Kräfte anspannen, um die Regierung der Arbeiter und Soldaten aufzubauen und eine neue staatliche Ordnung des Proletariats zu schaffen, eine Ordnung des Friedens, des Glücks und der Freiheit unserer deutschen Brüder und unserer Brüder in der ganzen Welt. Wir reichen ihnen die Hände und rufen sie zur Vollendung der Weltrevolution auf.

*Zit. nach: Vossische Zeitung, 10. November 1918.**

M 5 Aus dem Regierungsprogramm des Rates der Volksbeauftragten* (12. November 1918)

Die aus der Revolution hervorgegangene Regierung, deren politische Leitung rein sozialistisch ist, setzt sich die Aufgabe, das sozialistische Programm zu verwirklichen. Sie verkündet schon jetzt mit Gesetzeskraft Folgendes: [...] 2. Das Vereins- und Versammlungsrecht unterliegt keiner Beschränkung. [...] 3. Eine Zensur findet nicht statt. [...] 4. Meinungsfreiheit in Wort und Schrift ist frei. [...] 6. Für alle politischen Straftaten wird Amnestie gewährt. [...] 9. Die bei Beginn des Krieges aufgehobenen Arbeiterschutzbestimmungen werden hiermit wieder in Kraft gesetzt. [...] Die Regierung wird die geordnete Produktion aufrechterhalten, das Eigentum gegen Eingriffe Privater sowie die Freiheit und Sicherheit der Person schützen. – Alle Wahlen [...] sind fortan nach dem gleichen, geheimen, direkten, allgemeinen Wahlrecht aufgrund des proportionalen Wahlsystems für alle mindestens zwanzig Jahre alten männlichen und weiblichen Personen zu vollziehen. – Auch für die konstituierende Versammlung, über die nähere Bestimmung noch erfolgen wird, gilt gleiches Wahlrecht.

*Zit. nach: Deutscher Reichsanzeiger, Nr. 268, 12. November 1918.**

M 6 Wolfram Pyta zur Revolution 1918/19 (2004)

Eine abgewogene Bilanz der revolutionären Umbruchperiode vom November 1918 bis zum Januar 1919 muss sowohl Grenzen wie auch Handlungsspielräume der unverhofft in das politische Zentrum gerückten Sozialdemokratie ausleuchten und vermessen. Die Grenzen setzten objektive Sachzwänge, ein geschlagenes Land vor einer Hungerkatastrophe zu bewahren und die Eingliederung der Millionen heimkehrender Soldaten in das Erwerbsleben zu vollziehen. In einer solchen Situation die Grundlagen des Wirtschaftens anzutasten, wäre einem politischen Abenteuer gleichgekommen. Auch war eine partielle Kooperation mit den Militärs unabdingbar, um die bedrohte Republik gegen Umsturzversuche von links zu schützen. Aber diese Feststellung bedeutet nicht, dass das Ausmaß der unvermeidlichen Zusammenarbeit eine derartige Größenordnung hätte annehmen müssen. Ein Rückgriff auf den militärischen Sachverstand von Freiwilligenverbänden musste nicht die Tolerierung von Gewaltexzessen der Freikorps nach sich ziehen. Der Verzicht auf eine grundlegende Umwälzung der Eigentumsverhältnisse schloss nicht aus, in einigen ausgewählten Fällen wie etwa im Bergbau Eingriffe in die Besitzstruktur vorzunehmen, ohne die wirtschaftliche Effizienz zu gefährden. So gelangt die Revolutionsforschung von heute zu dem Fazit: „Die Sozialdemokraten hätten bei stärkerem politischen Gestaltungswillen mehr verändern können und weniger bewahren müssen." [...] Zögerlichkeit und Unsicherheit der regierenden Sozialdemokraten erklären sich wohl daraus, dass sie Revolutionäre wider Willen waren, die unversehens von einer revolutionären Welle an die Spitze des Staatswesens gespült worden waren, in dem sie bislang eine eher geduldete Existenz gefristet hatten.

*Zit. nach: Wolfram Pyta, Die Weimarer Republik, Leske und Budrich, Opladen 2004, S. 30.**

1 **Partnerarbeit:** Analysieren Sie arbeitsteilig M 4, M 5. Vergleichen Sie die Sozialismus-Vorstellungen.
2 **Partnerarbeit:** Analysieren Sie die Bilanz des Historikers in M 6 arbeitsteilig hinsichtlich a) der Grenzen bzw. b) der Handlungsspielräume der MSPD.
3 **Wahlaufgabe:** Bearbeiten Sie Aufgabe a) oder b).
   a) Erklären Sie die These, die regierenden Sozialdemokraten wären „Revolutionäre wider Willen".
   b) **Handout:** Erstellen Sie ein zusammenfassendes Handout zur Revolution 1918/19.
4 **Vertiefung:** Diskutieren Sie das Fazit der Forschung zur Revolution 1918/19 in M 6, Zeilen 26–29.

9.2 Die Weimarer Republik

Die Weimarer Verfassung und das Parteiensystem

In dieser Themeneinheit geht es um
- *die Kernmerkmale der Weimarer Verfassung, ihre Vorzüge und Defizite,*
- *das Parteiensystem und das Verhalten der Parteien in der Weimarer Demokratie.*

Die „demokratischste Demokratie der Welt"?

Die deutsche Republik sei nun die „demokratischste Demokratie der Welt", jubelte der sozialdemokratische Reichsinnenminister Eduard David anlässlich der Verabschiedung der **Weimarer Reichsverfassung*** durch die Nationalversammlung am 31. Juli 1919. In der Tat war der Verfassungstext das Ergebnis fünfmonatiger Anstrengungen der Abgeordneten, die mit den **Verfassungsprinzipien** Volkssouveränität*, Grundrechte* und Gewaltenteilung* ein Höchstmaß an demokratischen Rechten festschreiben wollten. Das Deutsche Reich war nunmehr eine „Republik" (Art. 1) und bestätigte damit die Ergebnisse der Novemberrevolution von 1918, die die jahrhundertelange monarchische Tradition in Deutschland beendet hatte.
Die Verfassung beruhte jetzt auf dem **Grundsatz der Volkssouveränität:** „Alle Macht geht vom Volke aus." (Art. 1). Mehrfach fand dieser Grundsatz in der Verfassung seine Berücksichtigung: Das Volk wählte alle vier Jahre den Reichstag und alle sieben Jahre in einer Direktwahl den Reichspräsidenten. Als Gegengewicht zum Parlament wirkte es darüber hinaus durch Plebiszite* – wie Volksbegehren und Volksentscheid (Art. 73 f.) – an der Gesetzgebung mit. Damit setzten sich die Sozialdemokraten mit einer ihren ältesten programmatischen Forderungen durch. Keine Berücksichtigung fand jedoch das von ihnen geforderte Volksbegehren zur Auflösung des Reichstags. Die plebiszitären Elemente hatten für den politischen Alltag in der Weimarer Republik keine Auswirkungen. Die insgesamt sieben initiierten Volksbegehren waren erfolglos.

Weimarer Reichsverfassung
Sie wurde als „Die Verfassung des Deutschen Reiches" am 11. August 1919 vom Reichspräsidenten Friedrich Ebert unterzeichnet und damit rechtskräftig. Sie begründete Deutschland als parlamentarische Republik. Der Verfassungstext bestand aus zwei Hauptteilen: „Aufbau und Aufgaben des Reiches" (Art. 1–108) und „Grundrechte und Grundrechte der Deutschen" (Art. 109–181).

Wahlsystem und Frauenwahlrecht

Nach strikt repräsentativem Prinzip wurde im Wahlsystem die Souveränität des Volkes realisiert: Es galten geheime, direkte, allgemeine und gleiche Wahlen (Art. 22). Erstmals wurde das **Frauenwahlrecht*** eingeführt. Das Wahlalter wurde von 25 auf 20 Jahre herabgesetzt. Um eine genaue Umsetzung des Wählerwillens zu garantieren, wurde das Mehrheitswahlrecht durch das **Verhältniswahlrecht*** ohne Sperrklausel* ersetzt. Wie die politische Praxis der Weimarer Republik zeigte, konnten so kleinere Parteien in den Reichstag einziehen. Dies führte zu einer größeren Parteienvielfalt im Parlament, erschwerte indes die Bildung einer mehrheitsfähigen Regierungskoalition.

Chronologie des Frauenwahlrechts (Auszüge)

1869	Wyoming (USA)
1893	Colorado (Neuseeland)
1895	Südaustralien
1896	Idaho und Utah (USA)
1902	Australischer Commonwealth
1906	Finnland
1913	Norwegen, Island
1915	Dänemark
1917	Russland
1918	Deutschland, Österreich, Polen, Kanada
1919	Niederlande, Luxemburg, Tschechoslowakei, Schweden
1920	USA
1828	Großbritannien (eingeschränkt)
1930	Indien
1931	Portugal (eingeschränkt), Spanien
1932	Uruguay
1934	Türkei, Brasilien
1935	Irland
1938	Bulgarien
1944	Frankreich
1945	Italien, Japan, Ungarn
…	
1949	China
…	
1971	Schweiz
…	
2015	Saudi-Arabien (eingeschränkt)

Verhältnis von Zentralismus und Föderalismus

Das Verhältnis von Reich und Ländern wurde nach heftigen Kontroversen in der Nationalversammlung zugunsten der Zentralmacht geregelt. Deutschland blieb ein Bundesstaat*, in dem die Länder durch den **Reichsrat** (den Bundesrat der Kaiserzeit) an der Gesetzgebung mitwirkten. Im Vergleich zur Kaiserzeit verlor die Länderkammer jedoch

M1 **Die Weimarer Reichsverfassung**

▶ M 5: Weimarer Reichsverfassung

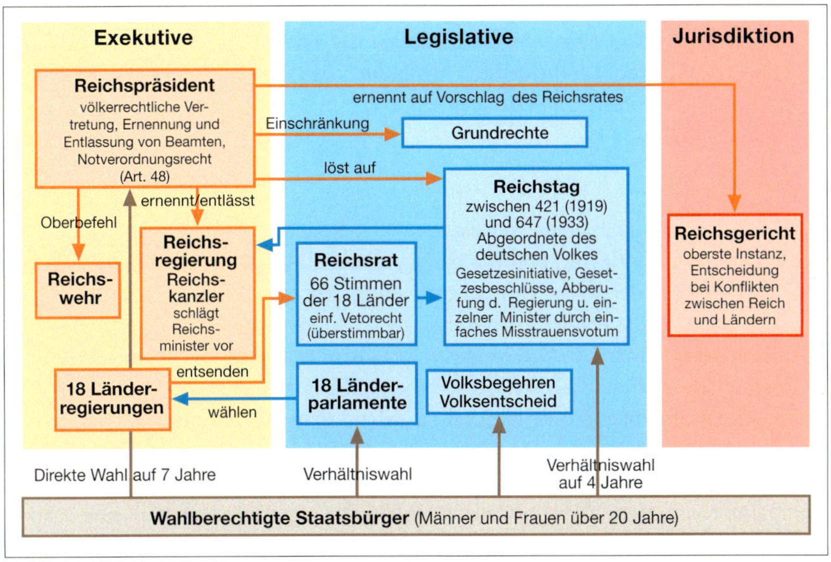

an Bedeutung: Der Reichsrat wirkte nur beratend an Gesetzen mit und hatte lediglich ein aufschiebendes Vetorecht*. Dies wurde betont durch den Grundsatz „Reichsrecht bricht Länderrecht". Im Konfliktfall konnte die Reichsregierung sogar gewaltsam eingreifen. Allerdings konnten sich die Länder gegen eine geforderte Neugliederung des Reiches, z. B. eine Auflösung Preußens, erfolgreich wehren.

Grundrechte

In Anlehnung an die Paulskirchenverfassung von 1849 (s. S. 234) enthielt die Weimarer Verfassung einen **Grundrechtekatalog.** Neben klassischen liberalen Rechten wie Freiheit der Person, Rechtsgleichheit, Freizügigkeit, Recht der freien Meinungsäußerung, Glaubens- und Gewissensfreiheit und Petitionsrecht beinhaltete die Verfassung auch soziale Rechte und Pflichten, die den Einfluss der Arbeiter- und Rätebewegung widerspiegeln: Schutz des Staates für Familie, Ehe und Mutterschaft, Gleichberechtigung der Geschlechter, Schutz der Jugend gegen Ausbeutung und Verwahrlosung, Trennung von Kirche und Staat. Einige Artikel verdeutlichten die veränderten gesellschaftlichen Verhältnisse. So sah die Verfassung zum Beispiel die staatliche Anerkennung der Arbeitnehmer- und Arbeitgeberorganisationen und die staatliche Aufsicht über Nutzung von Energie und Rohstoffen, aber auch die Möglichkeit der Enteignung zum Wohl der Allgemeinheit sowie die Sozialisierung von Privatunternehmen vor (Art. 153). Die Grundrechte konnten anders als beim Grundgesetz der Bundesrepublik nicht gerichtlich eingeklagt werden, da Judikative* und Exekutive* nicht an sie gebunden waren. Zudem konnten sie in Krisen **durch Artikel 48 außer Kraft** gesetzt werden.

„Verfassung ohne Entscheidung"?

Geschichtswissenschaftler betonen häufig den Kompromisscharakter der Weimarer Verfassung: Sie sei eine „Verfassung ohne Entscheidung" (Otto Kirchheimer), ein „System politischer und sozialer Kompromisse, welche die gemäßigte Arbeiterbewegung und die demokratischen Teile des Bürgertums eingegangen waren, daher in vielen Punkten unentschieden, damit aber auch offen für eine zukünftige Weiterentwicklung" (Eberhard Kolb). Im Hinblick auf die Diskussionen, welchen Anteil denn die Verfassung

M2 **Cover der Weimarer Reichsverfassung von 1919**

Von 1921 bis 1932 war der 11. August, der „Verfassungstag", ein Nationalfeiertag. Jugendlichen wurde zum Schulabschluss ein Exemplar der Verfassung überreicht.

M 3 Karikatur, Deutschland, um 1920.
Dargestellt ist Friedrich Ebert (SPD), erster Reichspräsident 1919–1925.

▶ M 4, M 6–M 12: Parteiensystem, Wahlplakate, Wahlergebnisse

M 4 DNVP-Plakat zur Wahl der Nationalversammlung 1919

am **Scheitern der Weimarer Republik** habe, stehen dabei zwei als „Konstruktionsfehler" beurteilte Aspekte im Mittelpunkt: der Gegensatz von Parlamentsdemokratie und Präsidentenmacht sowie der Artikel 48. Kritiker der These von der „Fehlkonstruktion" verweisen dagegen auf den bewussten Missbrauch der Verfassung durch Politiker und Parteien in der Endphase der Weimarer Republik (s. S. 386 ff.).

Parteiensystem

Wie die Bundesrepublik heute war die Weimarer Republik ein Parteienstaat. Aber im Gegensatz zum Grundgesetz bestimmte die Weimarer Verfassung nicht deren Rolle bei der Mitwirkung an der politischen Willensbildung. Trotzdem mobilisierten die Parteien der Weimarer Zeit die Wähler, vermittelten zwischen Bürgern und politischen Institutionen und wirkten über ihre Abgeordneten im Reichstag am politischen Entscheidungsprozess mit. Programmatisch verfolgten sie jedoch unterschiedliche Ziele:
MSPD und **USPD** blieben die klassischen Arbeiterparteien, die ihre Mitglieder und Wähler vorwiegend aus den städtischen Industriegebieten gewannen. Während die Mehrheitssozialdemokraten (MSPD) für eine parlamentarische Republik und soziale Demokratie eintraten, verfolgten die Unabhängigen Sozialdemokraten eine marxistisch-revolutionäre* Politik mit dem Ziel einer radikalen sozialistischen Umgestaltung von Staat und Gesellschaft. Auch die **KPD** verstand sich als Arbeiterpartei, die die kommunistisch-diktatorische Herrschaftsordnung und die Planwirtschaft* der Sowjetunion (s. S. 340 ff.) in Deutschland durchsetzen wollte.
Das protestantische Besitz- und Bildungsbürgertum vertraten die beiden liberalen Parteien. Die linksliberale **Deutsche Demokratische Partei (DDP)** bekannte sich vorbehaltlos zur Weimarer Demokratie. Sie sah sich als Partner der SPD, gleichzeitig aber als liberales* Gegengewicht, das eine sozialistische Mehrheit verhindern wollte. Der von Gustav Stresemann gegründeten Konkurrenzpartei, der rechtsliberalen **Deutschen Volkspartei (DVP),** gehörten Anhänger der alten Nationalliberalen Partei an. Trotz Vorbehalten gegenüber der Republik erkannten sie den neuen demokratischen Staat als Tatsache an und verfolgten auf dieser Basis eine betont nationale Politik.
Das **Zentrum** und seine bayerische Abspaltung, die **Bayerische Volkspartei (BVP),** repräsentierten die katholische Bevölkerung und setzten sich besonders für den Schutz der Kirche ein. Auf der politischen Rechten entstand die **Deutschnationale Volkspartei (DNVP).** Dieser Partei des protestantischen* und agrarischen Konservativismus schlossen sich auch Mitglieder antisemitischer* und völkischer* Vereinigungen sowie rechtsstehende Kreise aus dem Bürgertum an. Aber auch Teile der kirchentreuen evangelischen Arbeiterschaft unterstützten diese republikfeindliche Partei, die die Interessen der Großagrarier und der Schwerindustrie vertrat. Zur extremen politischen Rechten gehörte die 1919 gegründete Deutsche Arbeiterpartei (DAP), die 1920 in **Nationalsozialistische Deutsche Arbeiterpartei (NSDAP)** umbenannt wurde.

1 Untersuchen Sie ausgehend von der Darstellung das Verfassungsschaubild M 1.
Tipp: Siehe auch die Hilfen der Methodenseite „Verfassungsschaubilder", S. 294.
2 Beschreiben Sie mithilfe des Darstellungstextes und M 1 das Verhältnis von Zentralismus und Föderalismus in der Weimarer Republik
3 **Tabelle:** Stellen Sie anhand der Darstellung republikfeindliche bzw. republikfreundliche Parteien der Weimarer Republik gegenüber.
4 **Wahlaufgabe**: Bearbeiten Sie Aufgabe a) oder b):
a) Erläutern Sie die Aussage der Karikatur M 3.
Tipp: Als Hilfe zur Entschlüsselung siehe das Bild Karls des Großen, S. 63, M 2.
b) Diskutieren Sie die These, die Weimarer Reichsverfassung sei eine „Verfassung ohne Entscheidung" (Darstellung).

Hinweise zur Arbeit mit den Materialien:
Der Materialteil setzt zwei Schwerpunkte: (1) Verfassung (M 5, ergänzend zu M 1, S. 367). (2) Rolle der Parteien: Parteiensystem (M 6), Wahlplakate (M 4, M 7–M 11), Wahlergebnisse (M 12)

Die Weimarer Reichsverfassung

M 5 Aus der Weimarer Reichsverfassung (1919)

Art. 1. Das Deutsche Reich ist eine Republik. Die Staatsgewalt geht vom Volke aus. [...]

Art. 22. Die Abgeordneten werden in allgemeiner, gleicher, unmittelbarer und geheimer Wahl von den über zwanzig Jahre alten Männern und Frauen nach den Grundsätzen der Verhältniswahl gewählt. [...]

Art. 25. Der Reichspräsident kann den Reichstag auflösen, jedoch nur einmal aus dem gleichen Anlass. Die Neuwahl findet spätestens am sechzigsten Tag nach der Auflösung statt. [...]

Art. 41. Der Reichspräsident wird vom ganzen deutschen Volke gewählt. [...]

Art. 48. Wenn ein Land die ihm nach der Reichsverfassung oder den Reichsgesetzen obliegenden Pflichten nicht erfüllt, kann der Reichspräsident es dazu mithilfe der bewaffneten Macht anhalten. Der Reichspräsident kann, wenn im Deutschen Reiche die öffentliche Sicherheit und Ordnung erheblich gestört oder gefährdet wird, die zur Wiederherstellung der öffentlichen Sicherheit und Ordnung nötigen Maßnahmen treffen, erforderlichenfalls mithilfe der bewaffneten Macht einschreiten. Zu diesem Zwecke darf er vorübergehend die in den Artikeln 114, 115, 117, 118, 123, 124 und 153 festgesetzten Grundrechte ganz oder zum Teil außer Kraft setzen. Von allen gemäß Abs. 1 oder Abs. 2 dieses Artikels getroffenen Maßnahmen hat der Reichspräsident unverzüglich dem Reichstag Kenntnis zu geben. Die Maßnahmen sind auf Verlangen des Reichstags außer Kraft zu setzen. [...] Das Nähere bestimmt ein Reichsgesetz[1]. [...]

Art. 50. Alle Anordnungen und Verfügungen des Reichspräsidenten, auch solche auf dem Gebiet der Wehrmacht, bedürfen zu ihrer Gültigkeit der Gegenzeichnung durch den Reichskanzler oder den zuständigen Reichsminister. [...]

Art. 53. Der Reichskanzler und auf seinen Vorschlag die Reichsminister werden vom Reichspräsidenten ernannt und entlassen.

Art. 54. Der Reichskanzler und die Reichsminister bedürfen zu ihrer Amtsführung des Vertrauens des Reichstags. Jeder von ihnen muss zurücktreten, wenn ihm der Reichstag durch ausdrücklichen Beschluss sein Vertrauen entzieht. [...]

Art. 109. Alle Deutschen sind vor dem Gesetze gleich. Männer und Frauen haben grundsätzlich dieselben staatsbürgerlichen Rechte und Pflichten. Öffentlich-rechtliche Vorrechte oder Nachteile der Geburt oder des Standes sind aufzuheben. [...]

Art. 114. Die Freiheit der Person ist unverletzlich. Eine Beeinträchtigung oder Entziehung der persönlichen Freiheit durch die öffentliche Gewalt ist nur aufgrund von Gesetzen zulässig. [...]

Art. 151. Die Ordnung des Wirtschaftslebens muss den Grundsätzen der Gerechtigkeit mit dem Ziele der Gewährleistung eines menschenwürdigen Daseins für alle entsprechen. In diesen Grenzen ist die wirtschaftliche Freiheit des Einzelnen zu sichern. Gesetzlicher Zwang ist nur zulässig zur Verwirklichung bedrohter Rechte oder im Dienst überragender Forderungen des Gemeinwohls. [...]

Art. 165. Die Arbeiter und Angestellten sind dazu berufen, gleichberechtigt in Gemeinschaft mit den Unternehmern an der Regelung der Lohn- und Arbeitsbedingungen sowie an der gesamten wirtschaftlichen Entwicklung der produktiven Kräfte mitzuwirken. Die beiderseitigen Organisationen und ihre Vereinbarungen werden anerkannt. Die Arbeiter und Angestellten erhalten zur Wahrnehmung ihrer sozialen und wirtschaftlichen Interessen gesetzliche Vertretungen in Betriebsarbeiterräten sowie in nach Wirtschaftsgebieten gegliederten Bezirksarbeiterräten und in einem Reichsarbeiterrat.[2]

*Zit. nach: Ernst Rudolf Huber (Hg.), Dokumente der Novemberrevolution und der Weimarer Republik 1918–1932, Kohlhammer, Stuttgart 1966, S. 129 ff.***

1 Das vorgesehene Reichsgesetz ist nie ergangen.
2 Die Bezirksarbeiterräte und der Reichsarbeiterrat wurden nicht gebildet. Es entstanden nur Betriebsarbeiterräte nach Maßgabe des Betriebsratsgesetzes vom 4. Febr. 1920.

1 Charakterisieren Sie das Verhältnis von Reichstag, Reichsregierung und Reichspräsident (M 5).
Tipp: Nutzen Sie auch M 2, S. 388.
2 Geben Sie Artikel 48 in M 5 mit eigenen Worten wieder und erklären Sie dessen Gefahr.
3 **Wahlaufgabe:** Bearbeiten Sie Aufgabe a) oder b).
   a) Vergleichen Sie die Stellung der Frauen in der Weimarer Verfassung und im Grundgesetz.
   b) Vergleichen Sie anhand eigener Aspekte die Verfassungen von Weimar und von 1871 (S. 295, M 1).

Die Parteien in der Weimarer Republik

M 6 Andreas Wirsching, Historiker, zu Strukturfragen des Weimarer Parteienstaates (2000)

Von der Demokratisierung des Wahlrechtes, der Einführung des Verhältniswahl- und Frauenwahlrechts und dem allgemeinen Mobilisierungs- und Politisierungsschub im Gefolge der Novemberrevolution vermochten zunächst alle Parteien zu profitieren. [...] Tatsächlich litt die Weimarer Republik durchgehend an der „Parteienprüderie" (Gustav Radbruch) der politischen Öffentlichkeit wie der parlamentarischen Eliten selbst, und im Rückblick wird deutlich, dass der Mobilisierungsschub des Jahres 1918/19, der sich im Wahlergebnis vom 19. Januar 1919 niederschlug, die Ausnahme bildete. Die aus dem Kaiserreich tradierten Strukturprobleme des deutschen Parteiensystems lebten demgegenüber auch in der Weimarer Republik fort.

Die Gründungsgeschichte des Kaiserreiches hatte das deutsche Parteiensystem langfristig geprägt. Infolge des preußisch-protestantisch dominierten, kleindeutschen Gründungskonsenses von 1870/71 wurde der traditionelle Dualismus zwischen Liberalismus und Konservativismus durch einen neuen Gegensatz überlagert, nämlich zwischen Anhängern jenes Gründungskonsenses und denjenigen, die sich im neuen Deutschen Reich nicht zu Hause fühlten: Linksliberale, Zentrumspartei und Sozialdemokratie, die als „Weimarer Koalition" zur Ausgestaltung der neuen Republik berufen waren, blickten daher auf eine Vergangenheit als quasi strukturelle Oppositionsparteien zurück. Darüber hinaus hatte die spezifisch deutsche Tradition des Konstitutionalismus die Parteien im Allgemeinen geprägt. Die Vorstellung, der Staat, verkörpert im monarchischen Oberhaupt und in der „unpolitischen" Beamtenschaft, stehe über den Parteien und repräsentiere ihnen gegenüber allein das Allgemeininteresse, zog sich noch wie ein roter Faden durch die Verfassungsberatungen der Nationalversammlung und wirkte in der Weimarer Republik fort. Dies hatte zwei Konsequenzen: Zum einen waren die Parteien nicht an die Regierungsaufgabe gewöhnt, einen parlamentarisch fundierten interessenpolitischen Ausgleich zu schaffen und politisch zu gestalten; zum anderen blieb ein nicht unerheblicher Teil der Weimarer Politiker auf den Dualismus zwischen Regierung (Exekutive) und Parlament (Legislative) fixiert und begriff beide eben nicht im parlamentarischen Sinne als Gegenspieler. Die hieraus resultierende Distanz zu praktisch-politischer Verantwortung verband sich mit der Tendenz zur weltanschaulichen oder sozial gebundenen Prinzipientreue. Hinzu traten freilich die objektiven Sachprobleme, die aus der prekären sozialökonomischen Entwicklung der Weimarer Republik resultierten und die Kompromiss- und Koalitionsfähigkeit der Parteien auf das Äußerste strapazierten. [...] Die Tatsache, dass die vier Hauptströmungen der deutschen Parteiengeschichte in der Weimarer Republik alle gespalten blieben, bewirkte eine zusätzliche, dem System schädliche Konkurrenz: Während die eine Richtung einer politischen Strömung bereit war, pragmatische Politik zu betreiben und Kompromisse einzugehen, suchte die andere, sich häufig durch Prinzipientreue in den Augen der Wähler zu profilieren. Die Scheu, politische Verantwortung zu übernehmen, und die koalitionspolitische Unbeweglichkeit der Weimarer Parteien hingen freilich auch mit ihrer engen sozialen und geografischen Gebundenheit zusammen. Keiner der Parteien gelang es, ihre historisch determinierten Grenzen, seien sie weltanschaulicher, konfessioneller, sozialer oder interessenpolitischer Art, zu transzendieren. [...] Allerdings konnte der Aufstieg des Nationalsozialismus nur in Verbindung mit der Krise des Parteiensystems und dem Niedergang der liberalen und konservativen Parteien erfolgen. Dass die Weimarer Republik einer geschlossenen Partei des liberalen und demokratischen Bürgertums, deren politisches Gewicht mit demjenigen der SPD oder dem Zentrum vergleichbar gewesen wäre, entbehrte, gehört zu ihren schwersten Belastungen und bildete das größte Hindernis für eine Konsolidierung des deutschen Parteiensystems. [...] Die hiermit angedeuteten Strukturprobleme des Weimarer Parteiensystems bedingten [...] seine Funktionsschwäche. So schreckten auch die republikanisch orientierten Parteien der Weimarer Koalition, zumal angesichts der gewaltigen Sachprobleme, vor der Regierungsverantwortung zurück.

*Zit. nach: Andreas Wirsching, Die Weimarer Republik. Politik und Gesellschaft, Oldenbourg, München 2000, S. 15–19.**

1 Untersuchen Sie die Darstellung M 6.
Tipp: Siehe die Schritte auf Methodenseite 257.

2 **Arbeitsteilige Gruppenarbeit:** Untersuchen Sie die Parteiplakate zur Wahl der Nationalversammlung 1919 (M 4, S. 368, und M 7–M 11, S. 371).
Tipp: Siehe Methode, S. 384; Darstellung, S. 368.

3 Analysieren Sie die Wahlergebnisse (M 12) unter demokratiefreundlichen bzw. -feindlichen Aspekten.

4 **Vertiefung:** Erörtern Sie, inwieweit Parteien und Parteiensystem zum Scheitern der ersten deutschen Demokratie beigetragen haben (M 4–M 12).

M7 KPD-Plakat, 1919

M8 MSPD-Plakat, 1919

M9 DDP-Plakat, 1919

M10 Zentrums-Plakat, 1919

M11 DVP-Plakat, 1919

M12 Reichstagswahlergebnisse 1919–1933 (in % der abgegebenen gültigen Wählerstimmen)

	Jan 19	Jun 20	Mai 24	Dez 24	Mai 28	Sep 30	Jul 32	Nov 32	Mrz 33
KPD	–	2,1	12,6	9	10,6	13,1	14,3	16,9	12,3
USPD	7,6	17,9	0,8	0,3	–	–	–	–	–
SPD	37,9	21,7	20,5	26	29,8	24,5	21,6	20,4	18,3
Zentrum/ BVP	19,7	18,2	16,6	17,3	15,2	14,8	15,7	15	13,9
DDP	18,5	8,3	5,7	6,3	4,9	3,8	1	1	0,9
DVP	4,4	13,9	9,2	10,1	8,7	4,5	1,2	1,9	1,1
DNVP	10,3	15,1	19,5	20,5	14,2	7	5,9	8,3	8
NSDAP	–	–	6,5	3	2,6	18,3	37,3	33,1	43,9
Sonstige	1,6	2,8	8,6	6,5	14	14	3	3,4	1,6

Krisenjahre 1919–1923

In dieser Themeneinheit geht es um
- *politische Krisen, die den Beginn der Weimarer Republik belasteten,*
- *und um die Frage nach der demokratischen Haltung von Menschen und Institutionen in der Weimarer Republik.*

M1 Walther Rathenau (1867–1922), Fotografie, 1920

Rathenau, Sohn des AEG-Gründers, war Industrieller, Schriftsteller, Politiker. Er organisierte bis 1918 die deutsche Kriegswirtschaft; Gründungsmitglied der DDP; 1921 Wiederaufbauminister; 1922 Außenminister. Am 24. Juni 1922 erschossen ihn zwei antisemitische ehemalige Offiziere auf der Fahrt ins Amt.

► M 5, M 6: Politische Morde

Demokratie ohne Demokraten?

Die Weimarer Republik war in den Anfangsjahren massiven politischen, wirtschaftlichen und gesellschaftlichen Problemen ausgesetzt, die die Existenz der ersten deutschen Demokratie ernsthaft bedrohten und 1923 ihren Höhe- und Endpunkt fanden. Radikale Gegner auf der politischen Rechten und Linken versuchten mit **Putschversuchen** und **Aufständen** die demokratische Ordnung zu bekämpfen.
Hinzu kam die Belastung der **personellen Kontinuität vom Kaiserreich zur Republik im Staatsapparat.** Im Interesse eines reibungslosen Übergangs wurden Beamte und Militärangehörige in ihren Ämtern belassen, obwohl sie die Republik ablehnten. So galt die Sympathie der Justiz den Rechten: Die politischen Morde der Rechten blieben in den meisten Fällen ungesühnt bzw. wurden milde bestraft, während die den Linken nachgewiesenen Morde mit hohen Strafen geahndet wurden.
Ein grundsätzliches Problem war auch die **mangelnde demokratische Haltung vieler Bevölkerungsteile,** was durch die bekannte Formulierung „Republik ohne Republikaner" verdeutlicht wird. Radikale Maßnahmen zur Bekämpfung der Krisen, wie die Währungsreform 1923, verstärkten das Misstrauen gegenüber der Republik, da viele Menschen ihre Sparguthaben verloren.
Dass die Weimarer Republik die vielen Krisen dennoch gemeistert hat, zählt zu ihren entscheidenden Leistungen.

Politische Morde

Der Mord an den kommunistischen Politikern **Rosa Luxemburg** und **Karl Liebknecht** durch Mitglieder der Freikorps war der Auftakt für zahlreiche politische Morde, mit denen Anhänger der politischen Rechten die Republik destabilisieren wollten. Der Hass der militanten Republikgegner richtete sich nicht nur gegen prominente Vertreter der Linken wie den sozialistischen bayerischen Ministerpräsidenten **Kurt Eisner,** der am 21. Februar 1919 ermordet wurde, sondern auch die sogenannten „Erfüllungspolitiker". Diese Politiker versuchten die in Versailles vereinbarten Reparationszahlungen möglichst vollständig zu leisten, um damit deren Unerfüllbarkeit zu beweisen. So wollten sie eine Revision* des Versailler Vertrages erzwingen. Opfer wurde beispielsweise der Zentrumspolitiker und ehemalige Finanzminister **Matthias Erzberger,** der von der nationalistischen „Organisation Consul" am 26. August 1921 ermordet wurde.
Mitglieder dieser Gruppe verübten ebenfalls den Mord an dem liberalen Außenminister **Walther Rathenau*** am 24. Juni 1922. Diese Bluttat galt jedoch nicht nur dem „Erfüllungspolitiker", sondern sie war auch antisemitisch motiviert und richtete sich gegen den „deutschen Juden" Rathenau.
Mit der Verabschiedung des **Republikschutzgesetzes** im Juni 1922 demonstrierte die Regierung der Weimarer Republik, dass sie zur kämpferischen Verteidigung der Demokratie entschlossen war. Republikfeindliche Handlungen konnten seit diesem Gesetz mit schweren Strafen belegt, republikfeindliche Versammlungen und Publikationen verboten werden.

Putschversuche von rechts

1920 formierte sich eine groß angelegte Verschwörung von rechts, die im **Kapp-Lüttwitz-Putsch** mündete. Anlass war die vom Versailler Vertrag vorgeschriebene Verminderung der Reichswehr auf 100 000 Mann und die damit verbundene Auflösung der Freikorps*. Am 13. März 1920 besetzten Freikorpseinheiten das Berliner Regierungsviertel, setzten die Regierung ab und erklärten mit Wolfgang Kapp einen Rechtsextremisten zum Reichskanzler. Weil sich die Reichswehr weigerte, die Putschisten zu bekämpfen, floh die Regierung. Der Putsch scheiterte jedoch am Widerstand der Ministerialbürokratie im Reich und in den Ländern, die eine Zusammenarbeit mit den Putschisten verweigerte. Aber auch der von Gewerkschaften und den sozialistischen Parteien ausgerufene **Generalstreik** trug dazu bei, dass die Putschisten aufgaben.
Im Jahre 1923 scheiterte ein weiterer Umsturzversuch von rechts, der **Hitler-Putsch**. Gemeinsam mit anderen republikfeindlichen Organisationen versuchten Adolf Hitler und seine Anhänger, am 8. November 1923 in München die Macht zu übernehmen. Während einer Rede des bayerischen Generalstaatskommissars Gustav Ritter von Kahr, der Bayern mit diktatorischen Vollmachten regierte, stürmten sie mit bewaffneten SA-Leuten den Münchener Bürgerbräukeller, riefen die „nationale Revolution" aus und erklärten die Reichsregierung für abgesetzt. Als sich jedoch seine wichtigsten Verbündeten von dem Putschversuch distanzierten, konnte Hitler die Macht in Berlin nicht übernehmen. Sein Putschversuch brach endgültig am 9. November auf dem Marsch zur Feldherrnhalle im Feuer der Landespolizei zusammen. Die Beteiligten kamen vor Gericht. Hitler wurde zu fünf Jahren Festungshaft verurteilt, doch bereits nach neun Monaten entlassen. Während der Haft verfasste er den ersten Teil seines Buches „Mein Kampf". Im Februar 1925 fand die offizielle Neugründung der 1922 als republikfeindlich verbotenen NSDAP statt, etwa zur gleichen Zeit wurde das Verbot der NSDAP aufgehoben. Statt eines Umsturzes propagierte Hitler nun die legale* Machtübernahme als Ziel der NSDAP.

▶ M 7: Kapp-Putsch

▶ M 8: Hitler-Putsch

M2 Plakat zum Hitler-Putsch vom 8./9. November 1923

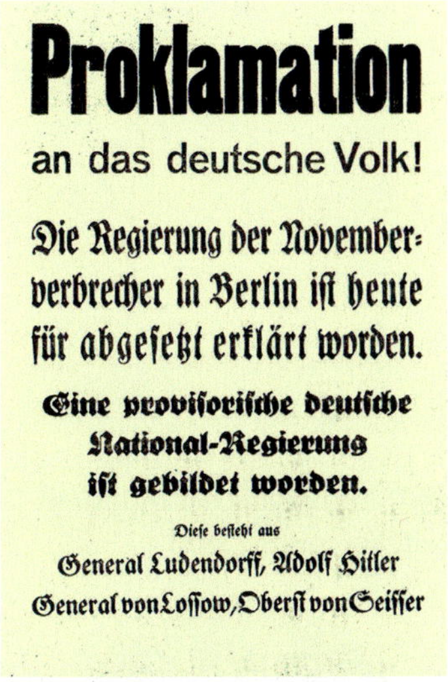

Aufstände von links

Die **KPD** wollte 1920 den Widerstand gegen den Kapp-Putsch nutzen, um die in ihren Augen stecken gebliebene Revolution von 1918 weiterzutreiben. Mithilfe der Anhänger der nicht von der MSPD kontrollierten sozialistischen Arbeiterbewegung bauten die Kommunisten im Ruhrgebiet eine 50 000 Mann zählende **„Rote Armee"** auf. Reichswehrtruppen rückten ins Revier ein und schlugen den Aufstand mit Waffengewalt nieder. Und die preußische Polizei warf innerhalb weniger Tagen in erbitterten Kämpfen einen Aufstand gegen die parlamentarische Republik nieder, den die KPD im Frühjahr 1921 im **mitteldeutschen Industriegebiet Merseburg-Halle-Mansfeld** entfesselt hatte.
1923 scheiterte der letzte Versuch der KPD, in Deutschland einen revolutionären Umsturz einzuleiten. Die Kommunisten schlossen im Oktober in **Thüringen** und **Sachsen** Regierungsbündnisse mit der MSPD. Die KPD nutzte diese Situation, um bewaffnete Einheiten – sogenannte Proletarische Hundertschaften – für den Kampf gegen die Republik bzw. für eine proletarische Revolution nach sowjetischem Vorbild aufzubauen. Die Reichsregierung durchkreuzte durch schnelles und entschlossenes Auftreten die Pläne, einen „deutschen Oktober" zu entfesseln: Sie verhängte den Ausnahmezustand und übergab damit dem Militär die ausführende Gewalt. Gegen Sachsen leitete sie eine Reichsexekution ein und ließ Reichswehrtruppen einmarschieren. Die KPD trat den Rückzug an und nahm von ihren Aufstandsplänen Abstand.

M3 „Sie tragen die Buchstaben der Firma – aber wer trägt den Geist?", Karikatur von Thomas Theodor Heine, 1927

Ruhrbesetzung

▶ M 9: Ruhrbesetzung

Auch im Ruhrgebiet kam es zu einer Krise. Ende 1922 stellte die alliierte Reparationskommission einen deutschen Rückstand bei Holz- und Kohlelieferungen fest. Frankreich sah darin einen vorsätzlichen Bruch des Friedensvertrages und entsandte zur Kontrolle der Lieferungen eine Delegation nach Deutschland. Zu deren „Schutz" besetzten im Januar 1923 französische und belgische Truppen das Ruhrgebiet. Tatsächlich ging es Paris darum, die im Versailler Vertrag nicht gelungene dauerhafte Schwächung Deutschlands nachzuholen. Die Empörung über diesen Einmarsch einte die politischen Kräfte in Deutschland. Die Reichsregierung rief den **passiven Widerstand** aus: Beamte sollten die Anordnungen der Besatzer nicht befolgen. Gruben, Fabriken und Bahnen wurden stillgelegt, die Reparationszahlungen* eingestellt. Diese Aktionen waren jedoch nicht lange durchzuhalten. Zum Scheitern des passiven Widerstandes trug die beschleunigte Inflation* bei, die die deutsche Wirtschaft zusätzlich schwächte. Da im Rheinland und in der Pfalz separatistische* Bewegungen entstanden, schien außerdem die Einheit Deutschlands bedroht. Und die Alliierten unter der Führung Großbritanniens erklärten sich nur dann zu Verhandlungen über die Reparationszahlungen und das Ende der Ruhrbesetzung bereit, wenn Deutschland den passiven Widerstand aufgebe. Das geschah im September 1923 unter der Regierung Gustav Stresemanns.

Inflation

M 4 Münze aus der Inflationszeit, Fotografie, 1923

Zur ernsthaften Belastungsprobe wurde die Inflation – eine Folge des Weltkrieges. Bei **Kriegsende** war der Staatshaushalt durch die hohen Kriegskosten völlig verschuldet; der Wert der Mark war zwischen 1914 und 1918 um die Hälfte gesunken. Die Regierung finanzierte die **Umstellung auf die Friedenswirtschaft** durch die Aufnahme von Krediten und brachte überdies immer mehr Papiergeld in Umlauf. Dadurch stiegen die Schulden weiter an. Erschwert wurde die wirtschaftliche Erholung zudem durch den Wegfall wichtiger Industrie- und Rohstoffgebiete im Saarland und in Oberschlesien durch den **Versailler Vertrag** (s. S. 326 f.). Darüber hinaus wurde die Geldentwertung durch die hohen Reparationsforderungen der Alliierten beschleunigt.

Unter der Inflation litt besonders die bürgerliche Mittelschicht, die große Teile ihrer Geldanlagen verlor. Dagegen profitierte die Industrie: Die Ausgaben für Investitionen waren leicht zu tilgen und die realen Arbeitslöhne blieben unter dem Stand von 1913. Die Inflationsentwicklung lässt sich am Preis für 1 kg Brot verdeutlichen: Mussten die Menschen 0,80 Mark im Dezember 1919 bezahlen, kostete das Brot 1 515 000 Mark im September 1923 und 399 000 000 000 Mark im Dezember 1923. Die Inflation wurde im November 1923 durch die **Einführung der Rentenmark** beendet, die sich zu einer stabilen Währung entwickelte. Zugleich führten drastische Sparmaßnahmen zu einer Stabilisierung des Finanzsystems und einer allmählichen Erholung des Wirtschaftslebens.

▶ M 10: Inflation

1 **Gruppenarbeit:** Erarbeiten Sie die Krisen bis 1923 mithilfe der Darstellung. Vergleichen Sie Ihre Ergebnisse, vor allem hinsichtlich der Reaktionen des Staates.
Tipp: Nutzen Sie die folgende Tabelle.

	Krisensituation	Motive, Ursachen	Reaktion des Staates
Politische Morde			
Rechte Putschversuche			
Aufstände von links			
Ruhrbesetzung			
Inflation			

Hinweise zur Arbeit mit den Materialien:
Der Materialteil thematisiert die Krisen (ggf. als Gruppenarbeit oder kleines Stationenlernen):
(I) Politische Morde (M 5, M 6); (II) Kapp-Putsch (M 7); (III) Hitler-Putsch (M 8); (IV) Ruhrbesetzung (M 9); (V) Inflation (M 10).

Krisen – Station I: Politische Morde

M 5 Sühne der politischen Morde in Deutschland 1921.

1922 publizierte Emil Gumbel (1861–1966), deutsch-amerikanischer Mathematiker und Publizist, folgende Zahlen in seinem Buch „Vier Jahre politischer Mord", die das Reichsjustizministerium bestätigte.

	Politische Morde von		Gesamtzahl
	Linksstehenden	Rechtsstehenden	
Morde insgesamt	22	354	376
– ungesühnt	4	326	330
– teilweise gesühnt	1	27	28
– gesühnt	17	1	18
Zahl der Verurteilungen	38	24	
Geständige Täter freigesprochen	–	23	
Geständige Täter befördert	–	3	
Dauer der Einsperrung je Mord	15 Jahre	4 Monate	
Zahl der Hinrichtungen	10	–	
Geldstrafe je Mord	–	2 Papiermark	

Zusammengestellt nach: Die Zerstörung der deutschen Politik. Dokumente 1871–1933, neu hg. und kommentiert von Harry Pross, Fischer, Frankfurt/M. 1983, S. 145.

M 6 Der Journalist Kurt Tucholsky (1890–1935) über die politischen Morde in seinem Werk „Das Buch von der deutschen Schande" (1921)

E. J. Gumbel hat die politischen Mordtaten der Jahre 1918 bis 1920 kühl und sachlich gesammelt [siehe M 5], alle, die von rechts und die von links, und er hat gleichzeitig ihre gerichtliche Aburteilung aufgezeichnet. [...] Das aktenmäßige Material Gumbels versetzt uns in die Lage, klipp und klar festzustellen: Wie da – in den Jahren 1918 bis 1921 – politische Morde von deutschen Richtern beurteilt worden sind, das hat mit Justiz überhaupt nichts zu tun. Das ist gar keine.

Verschwendet ist jede differenzierte Kritik an einer Rechtsprechung, die Folgendes ausgesprochen hat: Für 314 Morde von rechts 31 Jahre 3 Monate Freiheitsstrafe sowie eine lebenslängliche Festungshaft. Für 13 Morde von links 8 Todesurteile, 176 Jahre 10 Monate Freiheitsstrafe.

Das ist alles Mögliche. Justiz ist das nicht.

Ganz klar wird das, wenn wir das Schicksal der beiden Umsturzversuche, Kapps und der Münchner Kommunisten, vergleichen, zweier Versuche, die sich juristisch in nichts unterscheiden: Die Kommunisten haben für ihren Hochverrat 519 Jahre 9 Monate Freiheitsstrafe erhalten. Eine Todesstrafe hat man vollstreckt. Die Kapp-Leute sind frei ausgegangen. Hier kann ich nicht kritisch folgen. Ich weise es von mir, mich mit Männern – Staatsanwälten und Richtern – ernsthaft auseinanderzusetzen, die das fertigbekommen haben. Sie haben nicht gerichtet. Sie sind es. Sie sind es leider nicht.

*Zit. nach: Kurt Tucholsky, Gesammelte Werke, Bd. 1, Rowohlt, Reinbek 1960, S. 818.***

1 Fassen Sie die Kritik des Autors an der deutschen Justiz Anfang der 1920er-Jahre zusammen (M 6).
2 Überprüfen Sie seine Kritik mithilfe der Statistik (M 5).

Krisen – Station II: Der Kapp-Putsch

M 7 Rundschreiben der kommunistischen Parteileitung zum Kapp-Putsch (1920)

Werte Genossen!

Wie ihr wisst, ist die Regierung gestürzt. [...] Genossen! Was ist zu tun? Zunächst eins: Heraus aus den Betrieben! Auf zum Generalstreik über ganz Deutschland! Damit aber nicht genug. Das Proletariat muss sich seine Organe schaffen, mit denen es die volle Herrschaft übernehmen, halten und sichern kann. Darum gilt es als Zweites: Sofortige Versammlung in den Betrieben. Wahl revolutionärer Arbeiterräte, wobei unbedingt erzielt werden muss, dass sich in ihnen, in den Räten, nicht ein Verräter befindet. Kein Anhänger der sogenannten Mehrheitspartei, kein Vertreter der bürgerlichen Demokratie darf gewählt werden! Nur von Neuem würden diese Verräter ihr schurkisches Spiel aufnehmen. Gewählt darf nur werden, wer sich voll und ganz zur Diktatur des Proletariats bekennt und bereit ist, unter Opferung seiner ganzen Person diese Diktatur durchzuführen. Es kommen also nur infrage Mitglieder der Kommunistischen Partei und, falls sie sich verpflichten, den Losungen und Parolen des Kommunismus zu folgen, die Anhänger des linken Flügels der U.S.P. Die so gewählten Arbeiterräte treten sofort zur Volksversammlung zusammen und bestimmen ihre Exekutive. Falls es gelingt, diese Maßnahmen einheitlich und möglichst über ganz Deutschland durchzuführen, werden die exekutiven Organe zur Landes- und Reichsexekutive zusammengefasst. Genossen! In allen größeren Orten Deutschlands sind die Arbeiter im Begriff, diese Maßnahmen durchzuführen.

*Zit. nach: Hans Spethmann, Zwölf Jahre Ruhrbergbau, Bd. 2, Hobbing, Berlin 1928, S. 80f.**

1 Untersuchen Sie Anlass und Ziel der in M 7 dokumentierten KPD-Initiative nach dem Kapp-Putsch.
2 Beurteilen Sie das Vorgehen (M 7).

Krisen – Station III: Der Hitler-Putsch

M 8 Adolf Hitler nach seinem Putschversuch in der Schlussrede vor Gericht am 27. März 1924

Deutschlands Schicksal liegt nicht in der Republik oder in der Monarchie. Was ich bekämpfe, ist nicht die Staatsform als solche, sondern der schmähliche Inhalt. Wir wollen in Deutschland die Voraussetzungen dafür schaffen, die allein es möglich machen, dass die eiserne Faust unserer Feinde von uns genommen wird. […] Und da frage ich Sie: Ist das, was wir gewollt haben, Hochverrat? Endlich: Wir wollten, dass unser Volk zum Aufbäumen gebracht werde gegen die drohende Versklavung. […] Wir sind der Strafe verfallen, weil das Unternehmen misslungen ist. Die Tat des 8. November ist nicht misslungen. Sie wäre misslungen dann, wenn eine Mutter gekommen wäre und gesagt hätte: Herr Hitler, Sie haben auch mein Kind am Gewissen. Aber das darf ich Ihnen versichern, es ist keine Mutter gekommen. Im Gegenteil. Tausende anderer sind gekommen und haben sich in unsere Reihe gestellt.

*Zit. nach: Fridolin Wimmer, Der Hitler-Ludendorff-Putsch, in: Geschichte lernen, Heft 77, 2000, S. 42.**

1 Erarbeiten Sie Hitlers Motive für den Putsch (M 8).
2 Beurteilen Sie den Putschversuch (M 8) und die dahinterstehenden Gründe (siehe auch M 2, S. 373).
3 **Vertiefung:** Nehmen Sie ausgehend von M 2, S. 373, Stellung zur Leitfrage dieser Themeneinheit.

Krisen – Station IV: Die Ruhrbesetzung

M 9 Deutsches Plakat von 1923

1 Interpretieren Sie M 9 mithilfe der Methodenseite 384.

Krisen – Station V: Die Inflation

M 10 Dollarnotierungen der Mark 1914–1923

Juli 1914	4,20 Mark
Juli 1919	14,00 Mark
Juli 1920	39,50 Mark
Juli 1921	76,70 Mark
Juli 1922	493,20 Mark
Januar 1923	17 972,00 Mark
Juli 1923	353 412,00 Mark
August 1923	4 620 455,00 Mark
September 1923	98 860 000,00 Mark
Oktober 1923	25 260 208 000,00 Mark
15. November 1923	4 200 000 000 000,00 Mark

Zusammengestellt vom Verfasser Robert Rauh.

1 Analysieren Sie M 10 im Hinblick auf die Folgen.
2 Diskutieren Sie die Aussage des zeitgenössischen Schriftstellers Stefan Zweig zur Inflation 1923: „Alle Werte waren verändert und nicht nur im Materiellen."

Relative Stabilisierung der Republik 1924–1929

In dieser Themeneinheit geht es um
die Phase der „relativen Stabilisierung" in der Weimarer Republik, und zwar im Hinblick auf die drei Kernbereiche Politik, Wirtschaft und Gesellschaft.

Politik

Die Zeit von 1924 bis 1929 gilt als Phase der relativen Stabilisierung der Weimarer Republik. Es gab zwar auch in dieser Zeit kleinere oder größere Krisen, aber sie waren nicht vergleichbar mit denen der Anfangsjahre 1919 bis 1923. Alternativ wird die Phase der Stabilisierung auch als Zeit der **„Goldenen Zwanziger"** bezeichnet, wobei sich dieser Begriff stärker auf gesellschaftliche und kulturelle Entwicklungen bezieht. Dass sich die politischen Verhältnisse zu stabilisieren begannen, zeigte sich in der **Außenpolitik.** Es war das Verdienst von Außenminister Gustav Stresemann, dass Deutschland für einige Jahre eine neue, kooperative* Rolle in der internationalen Politik übernahm (s. S. 381 ff.). Doch auch in der **Innenpolitik** gab es hoffnungsvolle Entwicklungen. Die radikalen Parteien auf der politischen Rechten und Linken verloren an Gewicht und waren zeitweilig isoliert*. Zwar wechselten die Regierungen häufig, aber die parlamentarische Demokratie funktionierte leidlich. Um das Zentrum, das allen Koalitionsregierungen angehörte, gruppierten sich die beiden liberalen Parteien DDP und DVP. Dieser Bürgerblock wurde unterstützt bzw. erweitert entweder durch die nationalkonservative DNVP auf der Rechten oder die SPD auf der Linken. Die Gemeinsamkeiten der Koalitionen blieben indes begrenzt. Häufig konnten die weltanschaulichen, politischen oder sozialen Unterschiede schwer oder gar nicht überbrückt werden. Die Parteien versagten gelegentlich ihren Ministern die Unterstützung, um sich gegenüber den Wählern zu profilieren*. Doch im größten Land des Reiches, in Preußen, konnte sich die Weimarer Koalition aus Sozialdemokraten, Liberalen und Zentrum bis 1932 behaupten.

M 1 Fahrschulausbildung für Motorrad, Fotografie, um 1925

Wirtschaft

Obwohl die Investitionen* niedrig, die Arbeitslosenzahlen hoch blieben und der wirtschaftliche Aufschwung schwächer als in anderen Staaten war, beschleunigte sich in den 1920er-Jahren das wirtschaftliche Wachstum in Deutschland. Seit 1924 stieg die **Industrieproduktion** allmählich an und erreichte 1927 bis 1929 wieder Vorkriegsniveau. Deutschland schritt auf dem Weg vom Agrar- zum Industriestaat weiter voran. Anders als in der Zeit vor 1914 verschoben sich jetzt allerdings die Gewichte zwischen den einzelnen Wirtschaftssektoren langsamer zugunsten des industriellen Bereichs und des Dienstleistungssektors*. 1933 arbeiteten 28,8 % der Beschäftigten in der Landwirtschaft, 40,6 % in der Industrie und 30,6 % im Dienstleistungsbereich. Die modernen Industrien der „zweiten" Industriellen Revolution, Chemie, Elektrotechnik und Teile des Maschinenbaus, standen trotz kriegsbedingter Verzerrungen nach wie vor an der Spitze der industriellen Produktion. Die Wachstumsraten der Industriezweige der „ersten" Industriellen Revolution, der Montan*- und Schwerindustrie, blieben hingegen hinter denen der neuen dynamischen Industrien zurück. Die Konsumgüterindustrie* entwickelte sich uneinheitlich, ihr Wachstum verlief insgesamt langsamer als das der Produktions- und Investitionsgüterindustrie*. Obwohl Industriezweige wie Chemie, Elektrotechnik, Maschinenbau oder auch Optik erneut eine führende Stellung auf dem Weltmarkt erreichten, verlor Deutschland im internationalen Wettbewerb an Bedeu-

M2 Hufeisensiedlung in Berlin-Britz, Fotografie, 2000
Die Siedlung entstand 1925 bis 1931 nach Plänen des Architekten Bruno Taut und ist eines der ersten Projekte des sozialen Wohnungsbaus.

tung. So sank der deutsche Anteil am Weltexport insgesamt zwischen 1913 und 1929 um ein Drittel.
Zwar bestimmten marktwirtschaftliche Regeln die deutsche Volkswirtschaft in der Weimarer Zeit. Aber der Staat griff stärker in den Wirtschaftsprozess ein als im Kaiserreich. Die Schwerpunkte staatlicher Intervention* lagen in der **Sozialpolitik** und beim Ausbau der **Infrastruktur.** Besonders die Kommunen investierten im Vergleich zur Vorkriegszeit große Summen in den Bau von Wohnungen, Schulen, Krankenhäusern, Sport- und Grünanlagen. Die Reichsregierung unterstützte den Wiederaufbau der Handelsflotte, die Ausweitung der Energieversorgung und die Modernisierung des Verkehrsnetzes. Der neue „Wohlfahrtsinterventionismus" stärkte die sozialstaatlichen Elemente in Verfassung und Verfassungswirklichkeit. Die wichtigsten sozialpolitischen Neuerungen der Weimarer Zeit waren die Umwandlung der Armenpflege in eine moderne Sozialfürsorge, auf die es einen Rechtsanspruch gab, der Ausbau der Unfallversicherung, die Schaffung einer einheitlichen Rentenversicherung, Leistungsverbesserungen bei der Krankenversicherung und die Einführung der gesetzlichen Arbeitslosenversicherung 1927.

Gesellschaft

Der **Adel** behielt in der Weimarer Zeit hohes gesellschaftliches Ansehen und wirtschaftlichen Einfluss. Zu Führungspositionen in Militär, Diplomatie und Bürokratie besaßen Adlige nach wie vor einen privilegierten* Zugang. Dennoch gewann das **Bürgertum** an Bedeutung. So ersetzten im politisch-staatlichen Bereich Parteipolitiker zunehmend die alten Führungsschichten, in den Unternehmen nahm die Zahl der angestellten Unternehmer, der Manager, zu. Allerdings erlebte der **Mittelstand** die 1920er-Jahre nicht als „Goldene Zwanziger". Die wirtschaftliche und soziale Situation der Mittelschichten, die stark unter der Inflation bis 1923 gelitten hatten, verschlechterte sich zwar nicht stärker als die anderer Gruppen. Dennoch fühlte sich der **alte Mittelstand,** z. B. die selbstständigen Handwerker, benachteiligt durch die arbeiterfreundliche Sozialpolitik der Weimarer Zeit und forderte eine mittelstandsfreundliche Politik wie im Kaiserreich. Die mittelständischen Wirtschaftsvertreter beklagten zudem, dass sie in ihrer Existenz von Großkapital und Arbeiterschaft gleichermaßen bedroht würden. Der **neue Mittelstand** war in erster Linie besorgt über die allmähliche Angleichung ihrer Gehälter an die Arbeiterlöhne. Das galt besonders für die wachsende Zahl der Angestellten, die sich nach „unten", gegenüber der Arbeiterschaft, abgrenzen wollten. Zur Sorge um das sinkende Sozialprestige kam die Furcht vor sozialem Abstieg ins Proletariat hinzu.
Unzufrieden mit den bestehenden Verhältnissen waren die **Bauern,** die vom Aufschwung der 1920er-Jahre kaum profitierten. Gewinner der staatlichen Sozialpolitik und steigender Löhne waren dagegen die **Lohnarbeiter,** deren Zahl in der Weimarer Zeit relativ konstant blieb. Außerdem erhöhte sich ihr politisches Gewicht, da ihre politisch-sozialen wie wirtschaftlichen Interessenvertreter, Sozialdemokratie und Gewerkschaften, in der Weimarer Demokratie einen großen Bedeutungszuwachs erfuhren.

Verhältnis der Geschlechter – Verhältnis der Generationen

Das **Verhältnis der Geschlechter** wandelte sich in der Weimarer Zeit. Die Verfassung erkannte die Gleichberechtigung von Mann und Frau als Grundrecht an, und die Einführung des **Frauenwahlrechtes** 1918 brachte eine Politisierung und Organisierung der Frauen mit sich. Der Trend zur Frauenerwerbstätigkeit setzte sich fort. Viele Frauen arbeiteten im Dienstleistungsbereich als Stenotypistin, Sekretärin oder Verkäuferin, was der Familie zusätzliche Einkünfte verschaffte und half, Krisen zu überwinden. Die Dop-

M3 Ballfest, Illustration von Jeanne Mammen, undatiert (vor 1931)

M4 Frauen sortieren Rohbernstein am Fließband, Fotografie, Königsberg, ca. 1930

pelbelastung der berufstätigen Frauen blieb bestehen. Der eigentliche Wandel betraf die „Entdeckung der modernen Frau" (Ute Frevert). Neben das traditionelle Bild der Frau als Hausfrau und Mutter trat das der emanzipierten Frau, die sich nicht länger über ihren Mann definierte, sondern über ihre Leistungen im Beruf und die Freizeit. Auch männliche Leitbilder und Rollen veränderten sich. Durchsetzungsfähigkeit, Stärke, Unterdrückung von Schwäche und Gefühlen bestimmten nach wie vor ein „soldatisches" Männlichkeitsideal. Aber auch der partnerschaftliche Ehemann und der treu sorgende Familienvater entwickelten sich langsam zu Leitvorstellungen.

Die Einsicht, dass „Jugend" eine eigene Lebensphase mit besonderem Lebensstil sei, hatte sich bereits vor 1900 durchgesetzt. In der Weimarer Zeit blieb das **Verhältnis zwischen den Generationen** ein zentrales Thema in der gesellschaftspolitischen Diskussion. Bei der Suche nach neuen Idealen für die Umgestaltung des gesellschaftlichen Lebens setzten die politischen und kulturellen Gruppen große Hoffnungen auf die Jugend. Es entstand geradezu ein **Jugendmythos.** Dieser wurde besonders von der konservativen, in „Bünden" organisierten Jugendbewegung gepflegt. Aber auch die Arbeiterbewegung förderte Jugendverbände, z. B. die der SPD nahestehenden, vor dem Ersten Weltkrieg gegründeten „Naturfreunde" oder die „Sozialistische Arbeiterjugend (SAJ)" von 1920. Gleichzeitig aber führte die Anerkennung einer größeren Bedeutung der Jugend auch zu stärkerer Bevormundung, Kontrolle und Disziplinierung.

► M 5, M 6: Jugend in der Weimarer Republik

1 **Arbeitsteilige Gruppenarbeit:** Erarbeiten Sie anhand der Darstellung die zentralen Aspekte zu a) Politik, b) Wirtschaft und c) Gesellschaft in der Weimarer Republik.

2 **Wahlaufgabe:** Bearbeiten Sie Aufgabe a) oder b).

- a) **Partnerarbeit:** Beschreiben und vergleichen Sie die Bilder M 3 und M 4 im Hinblick auf die Wahrnehmung und Darstellung von Frauen in der Weimarer Republik.
- b) Recherchieren Sie am Beispiel des Wohnungsbaus in Berlin (M 2) die Sozialpolitik der Weimarer Republik.

3 Erörtern Sie ausgehend von der Darstellung und den Bildern M 1 bis M 4, ob der Begriff „relative Stabilisierung" die Jahre 1924 bis 1929 angemessen charakterisiert.

Hinweise zur Arbeit mit den Materialien:
M 5 und M 6 thematisieren die Jugend in der Weimarer Republik.

Jugend in der Weimarer Republik

M 5 Spessart-Fahrt der Sozialistischen Arbeiterjugend Ostern 1931, Fotografie

M 6 Peter Longerich, Historiker, zu Jugend und Jugendbewegung in der Weimarer Zeit (1995)

[I]n der Weimarer Republik [lebten] mehrere Jugend-Generationen nebeneinander [...]: die Jugendlichen, die in den letzten Jahren des 19. Jahrhunderts geboren, durch die Jugendbewegung geprägt und von der Aufbruchstimmung bei Kriegsausbruch ergriffen wurden und anschließend die deprimierende Erfahrung des Grabenkrieges machen mussten; die in den ersten Jahren des neuen Jahrhunderts Geborenen, die während des Krieges vaterlos aufwuchsen; diejenigen, die etwa zwischen 1905 und 1910 geboren wurden und für die die Niederlage und die Unsicherheit der Nachkriegs- und Inflationszeit (eine Periode außerordentlich hoher Jugendkriminalität!) zur einschneidenden Erfahrung wurde; die in den Jahren nach 1910 Geborenen, die zunächst durch die Zeit relativer Stabilität geprägt wurden und [...] am aufblühenden Freizeit- und Konsumangebot teilnahmen, um dann den Absturz der Wirtschaftskrise zu erleben; schließlich die Jahrgänge 1912 bis 1918, die unmittelbar nach dem Schulabschluss in die Arbeitslosigkeit fielen. Der „verlorenen Kriegsgeneration" folgten die „überflüssigen" Nachkriegsgenerationen. [...] Sie waren geprägt und aufgerüttelt durch den ungeheuerlichen Zivilisationsbruch des Ersten Weltkriegs [...]. Alle fünf Generationen hatten außerdem gemeinsam, dass sie den Schritt zur Gründung einer eigenen Existenz unter überwiegend miserablen wirtschaftlichen Bedingungen vollziehen mussten. [...] Alle fünf Generationen, auch die jüngeren Frontsoldaten, waren in dem politischen System der Republik unterrepräsentiert; keine der etablierten politischen Parteien [...] räumte jüngeren Parteimitgliedern ausreichende Mitwirkungsrechte ein. [...] Statt dem Emanzipationsverlangen der Jugendlichen entgegenzukommen, reagierte der Weimarer Staat auf das „Jugendproblem" in erster Linie mit Betreuungs- und Kontrollmaßnahmen, mit der Verstärkung der Jugendfürsorge für die „auffälligen" und der Jugendpflege für die „normalen" Jugendlichen, mit dem Aufbau einer eigenständigen Jugendgerichtsbarkeit und mit verstärktem Jugendschutz [...]. Unter den Jüngeren entwickelte sich [...] aus der Distanz zur älteren Generation eine fundamentale Opposition gegenüber dem ganzen „System" des Weimarer Staates. Diese Oppositionshaltung wurde gestützt durch ein – aus der bürgerlichen Jugendbewegung des Kaiserreichs stammendes, von der bündischen Jugendbewegung der Weimarer Zeit aufgegriffenes – Jugendpathos, ein vage beschriebenes Sendungsbewusstsein der „jüngeren Generation"; die Vorstellung wurde verbreitet, dass „die Jungen" die trennenden politischen und sozialen Gegensätze, die schädliche „Parteipolitik" durch die Bildung einer gemeinsamen Front überwinden könnten. Hier wurde der Versuch unternommen, die tief greifenden gesellschaftlichen Konflikte der Weimarer Gesellschaft durch den Rückgriff auf eine biologische Kategorie, eben die Jugend, zu harmonisieren. Dieses Jugendpathos wurde insbesondere auch in den zahlreichen militant rechtsgerichteten Jugendorganisationen gepflegt, denen um 1930 über 300 000 Jugendliche angehörten. Diese Jugendorganisationen boten durch ihre Mischung aus Militanz, Appell an den jugendlichen Idealismus und eine unentschiedene politische Ausrichtung der NSDAP hervorragende Anknüpfungspunkte: Mit der Hitlerjugend und der SA stellten die Nationalsozialisten Organisationen bereit, in denen sich jugendlicher Aktivismus nicht nur einfach austoben konnte, sondern gleichzeitig in den Dienst einer „Bewegung" (eben nicht einer Partei) gestellt wurde.

*Zit. nach: Peter Longerich, Deutschland 1918–1933. Die Weimarer Republik, Fackelträger, Hannover 1995, S. 187 ff.***

1 Erläutern Sie die These: „In der Weimarer Zeit lebten mehrere Jugendgenerationen nebeneinander." (M 6)
2 **Vertiefung:** Vergleichen Sie die Lage der Jugend in der Weimarer Zeit mit heute. Formulieren Sie Thesen.

Außenpolitik der Weimarer Republik

In dieser Themeneinheit geht es um
- *die Ziele der deutschen Außenpolitik in der Weimarer Republik,*
- *die in diesem Zusammenhang bedeutsamen Verträge von Locarno und*
- *die Europapolitik in der Weimarer Zeit.*

Revision des Versailler Vertrages

Das zentrale **Ziel der Weimarer Außenpolitik** war die Revision des Versailler Vertrages (s. S. 326 ff.). Deutschland war daher bestrebt, die auf der Pariser Friedenskonferenz 1919/20 geschaffene machtpolitische Lage zu seinen Gunsten zu verändern, um ein gleichberechtigter Akteur im Konzert der europäischen Mächte zu werden. Eine Möglichkeit bestand für Deutschland darin, nach Bündnispartnern zu suchen, die seine **Revisionspolitik*** unterstützten. Bündnisse mit anderen Staaten boten außerdem die Chance, die außenpolitische **Isolation* zu überwinden.**
Diese außenpolitischen Interessen teilte Deutschland mit der **Sowjetunion** – trotz aller ideologischen Gegensätze zwischen der demokratischen Weimarer Republik und der kommunistischen Sowjetunion. Beide Staaten wollten nach 1919 ihre außenpolitischen Handlungsspielräume erweitern, die durch die Versailler Friedensordnung stark eingeengt worden waren. Deswegen schlossen sie – am Rande einer der vielen Konferenzen zur Regelung der Reparationen* – den **Vertrag von Rapallo 1922.** Deutschland und die Sowjetunion vereinbarten darin mit dem sowjetischen Volkskommissar des Äußeren, Georgi W. Tschitscherin, die Wiederaufnahme diplomatischer Beziehungen, den gegenseitigen Verzicht auf Forderungen aus dem Krieg und die Förderung des bilateralen* Handels. Eine sich anbahnende Zusammenarbeit auf militärischem Gebiet wurde im Vertragswerk zwar nicht festgeschrieben, im Geheimen aber durchgeführt.
Die internationalen Folgen des Vertrags waren zwiespältig: Deutschland und die Sowjetunion schienen außenpolitisch Handlungsspielraum zurückgewonnen zu haben. Doch im Westen schürte der Vertrag die Angst vor einer Zusammenarbeit zwischen Deutschland und der UdSSR, deren revolutionäre Politik (s. S. 340) nach Europa wie nach Asien ausstrahlte. Revolutionsfurcht war aber nur ein Aspekt. Besonders Frankreich warnte vor einem revisionistischen Militärbündnis gegen die Versailler Friedensordnung.

Verträge von Locarno

Eine andere Möglichkeit für Deutschland, politische Macht und Stärke zurückzugewinnen, waren Verträge mit den Westmächten, allen voran mit Frankreich. Nach der Ruhrkrise 1923 (s. S. 374) – in der die Franzosen zwar äußerlich gesiegt, aber von keinem wichtigen Land, wie z. B. England, Unterstützung erfahren hatten – wurde deutlich, dass ein starres Festhalten an den Bestimmungen des Versailler Vertrages keinen Frieden in Europa bringen würde. Es musste verhandelt werden. Die Bemühungen um Sicherheit und Entspannung in Europa führten zum Abschluss der **Verträge von Locarno 1925.** Sie kamen vor allem auf Initiativen des deutschen Außenministers **Gustav Stresemann** (1878–1929) und seines französischen Amtskollegen **Aristide Briand** (1862–1932) zustande. In dem Vertrag erkannte Deutschland die Westgrenze an und sicherte die dauernde Entmilitarisierung des Rheinlandes zu. Damit kam es dem Sicherheitsinteresse Frankreichs und Belgiens entgegen. Durch die Anerken-

M1 **Plakat der Deutschnationalen Volkspartei (DNVP) zur Reichstagswahl 1928**

M2 „Europa-Probleme – Hier irrt Zeus. Die Rettung der Europa durch dieses Meer geht selbst über die Kräfte eines Stieres", Karikatur von Karl Arnold (1883–1953) im „Simplicissimus", 9. Juli 1933.

Titelblatt der viersprachigen Sonderausgabe zur Weltwirtschaftskonferenz im Juni/Juli 1933, die der Völkerbund auf Ersuchen der Reparationskonferenz einberufen hatte.

nung des Status quo* an der deutschen Westgrenze sollte verhindert werden, dass Frankreich noch einmal wie bei der Ruhrbesetzung 1923 deutsches Territorium* besetzen konnte. Kurzfristig lösten die Verträge in der französischen und deutschen Öffentlichkeit nationalistische Gegenwehr aus: Stresemann wurde in Deutschland als „Erfüllungspolitiker" diffamiert*, weil er die Ergebnisse des Weltkrieges im Westen anerkannte. Die Opposition in Frankreich kritisierte die vorzeitige Räumung des zu Recht besetzten Ruhrgebiets und den beabsichtigten **Eintritt Deutschlands in den Völkerbund** (1926 vollzogen). Mittelfristig aber brachten die Verträge Europa Entspannung, was der britische Botschafter Lord d'Abernon so beschrieb: Locarno bringe „Deutschland in das europäische Konsortium* der Westmächte und räumt mit der alten diplomatischen Auffassung der Lage auf, die Deutschland als ‚den bösen Friedensstörer', den ‚Exponenten'* des aggressiven Militarismus betrachtete".

Obwohl Deutschland auch mit Polen und der Tschechoslowakei ein Abkommen schloss, das es verpflichtete, Streitfragen vor den Internationalen Gerichtshof* zu bringen, waren die **deutschen Ostgrenzen kein Thema** in den Locarno-Verträgen. Eine Revision dieser Grenzen, wenn auch nur auf friedlichem Wege, ließen die Verträge offen. Stresemann, der zum Garanten einer deutsch-französischen Zusammenarbeit werden sollte und der die Verträge vor allem als Mittel zur Wiederherstellung der außenpolitischen Freiheit Deutschlands betrachtete, war genau an dieser Revisionsmöglichkeit gelegen: Die Bereitschaft, auf der einen Seite die mit dem Versailler Vertrag geschaffenen Fakten wie die Abtretung Elsass-Lothringens anzuerkennen, war auf der anderen Seite mit der Erwartung verbunden, andere Folgen des Vertrages könnten langfristig unter Duldung der Siegermächte revidiert werden. Auf lange Sicht war Locarno ein doppelbödiger Vertrag.

Europapolitik und Völkerbund

Auf der Tagung des **Völkerbundes** im Herbst 1929 entwarf der französische Außenminister Briand die Vision* einer „solidarischen Gemeinschaft" der europäischen Staaten. Stresemann stimmte in seiner letzten großen Rede vor dem Völkerbund diesem Plan nur teilweise zu. Er befürwortete einen europäischen Wirtschaftsraum, lehnte aber jede politische Integration* Europas ab. Er blieb trotz seiner Verständigungspolitik ein Verfechter des souveränen Nationalstaats. Briand initiierte* zusammen mit US-Staatssekretär Kellogg auch einen internationalen Vertrag zur Ächtung* des Krieges. Diesen **Briand-Kellogg-Pakt von 1928** unterzeichneten 15 Staaten, darunter Deutschland. Sie erklärten „einen offenen Verzicht auf Krieg als Werkzeug nationaler Politik" und bekundeten ihren Willen, jede Veränderung der Beziehungen nur mit friedlichen Mitteln anzustreben. Die spektakulärsten Erfolge seiner Politik erlebte Stresemann nicht mehr: die vorzeitige Räumung des Rheinlandes 1930. Auf der **Konferenz von Lausanne 1932** wurden die Reparationen praktisch gestrichen. Auf der Konferenz in Genf im November 1932 wurde Deutschland militärisch wieder ein gleichberechtigter Staat, dessen Versöhnungsangebot allerdings eine Revision der Gebietsabtretungen nicht ausschloss.

1 **Wahlaufgabe:** Bearbeiten Sie Aufgabe a) oder b).
   a) **Schaubild:** Stellen Sie die Außenpolitik der Weimarer Republik mithilfe der Darstellung in einem Schaubild dar.
   b) **Kurzreferat:** Analysieren Sie mithilfe der Darstellung das Plakat M 1 zu den Verträgen von Locarno und erläutern davon ausgehend die Weimarer Außenpolitik.

Hinweise zur Arbeit mit den Materialien:
Der Materialteil bietet Quellen zur innerdeutschen Diskussion der Weimarer Außenpolitik (M 3 und M 4). Als Vertiefung: Europapolitik in der Weimarer Zeit – und heute.

Die Weimarer Außenpolitik in der Diskussion

M 3 „Deutschland und Russland – ein Anfang", Karikatur von Erich Schilling aus der deutschen Satirezeitschrift „Simplicissimus", 10. Mai 1922

M 4 Denkschrift von Oberstleutnant von Stülpnagel zur außenpolitischen Lage (20. Februar 1924)

Frankreich will und wird immer die endgültige Zerstörung Deutschlands als Machtstaat wollen. Hat Frankreich nach Zerstückelung Deutschlands die unbestrittene Vormachtstellung auf dem europäischen Festland, so wird es den offenen Kampf mit England nicht mehr scheuen. [...] Deutschland ist für beide nur Objekt. England will Deutschland unter seinem Einfluss ‚verösterreichern', Frankreich will Deutschland zerstören. [...] Darüber hinaus ist es aber die Pflicht des Soldaten als der Wächter des nationalen Gewissens, dafür zu sorgen, dass eine unter dem Einfluss wirtschaftlicher und pazifistischer Ideen stehende Regierung die nationale Zukunft nicht um ein Linsengericht der physischen Saturierung des Volkes verrät. Die gleichen Befürchtungen für Deutschlands nationale Zukunft erweckt der von demokratischer Seite heute propagierte Gedanke einer europäischen Korporation der Völker, das heißt eines Föderativsystems sämtlicher europäischer Staaten. Auch er kann die gesunde nationale Entwicklung und Wehrhaftmachung des deutschen Volkes hemmen. An jeder Stärkung der pazifistisch-demokratischen Ideologie muss Deutschland sterben! Versailles war ein auf Lügen aufgebautes Unrecht, dies muss einst durch Gewalt unter wehrhafter Zusammenfassung aller nationalen Kräfte beseitigt werden oder – Frankreich gibt vorher nach, schafft das Unrecht aus der Welt, trifft Vereinbarungen mit uns, die unsere nationale Entwicklung nicht hemmen. Das ist aber nicht zu erwarten und wäre wieder (sic) den Sinn der deutsch-französischen Geschichte. Deutschland muss die auf die Dauer unüberbrückbaren Gegensätze zwischen England und Frankreich ausnutzen, sie nicht durch Opferung eigener Interessen mildern, sondern im Gegenteil dadurch verschärfen, dass in der Welt der Eindruck entsteht, es ist nicht Deutschlands, sondern Frankreichs Schuld, wenn der englische Vorschlag auf Völkerbund, Abrüstung und wirtschaftliche Befriedung nicht zur Ausführung kommt. Gelingt dies, wird die Entwicklung dahin gehen, dass England sein Ziel gegenüber Frankreich nur noch durch Waffengewalt an der Seite Deutschlands erreichen kann. Dies anzustreben, wäre die Pflicht der deutschen Diplomatie und ist die Aufgabe des Soldaten.

*Zit. nach: Wolfgang Michalka, Gottfried Niedhart (Hg.), Die ungeliebte Republik. Dokumentation zur Innen- und Außenpolitik Weimars 1918–1933, dtv, München 1984, S. 148 f.**

1 Untersuchen Sie Karikatur M 3 im Hinblick auf die Position gegenüber dem Vertrag von Rapallo.
2 Analysieren Sie die Denkschrift M 4 im Hinblick auf die Argumente gegen eine Verständigungspolitik.
3 Beurteilen Sie die Argumentation in M 4.
4 Bewerten Sie die Verträge von Rapallo und Locarno mit Blick auf ihr Ziel, die „Revision von Versailles".
5 **Arbeitsteilige Partnerarbeit:** Vergleichen Sie die Weimarer Außenpolitik mit der des Kaiserreiches.
Tipp: Nutzen Sie die Darstellung, S. 298 f.
6 **Vertiefung:** Europapolitik in Weimar und heute. Skizzieren Sie ausgehend von Karikatur M 2, S. 382, und der Darstellung Chancen und Probleme einer Europa-Politik in der Weimarer Zeit.
Vergleichen Sie die Aussagen von M 2 mit heute.
Tipp: Siehe die Beschreibungshilfen zu M 2, S. 618.

Plakate untersuchen

M 1 **Plakat der DVP (der Partei Gustav Stresemanns) zur Reichstagswahl am 14. September 1930**

Plakate dienen der öffentlichen Information oder Werbung. Sie arbeiten mit „plakativen" Gestaltungsmitteln, d. h.: Das Dargestellte soll auffällig und schnell zu verstehen sein und möglichst lange in Erinnerung bleiben. Um die Aufmerksamkeit des Betrachters zu erlangen, muss der Inhalt dabei verdichtet und zugespitzt werden. Aufgrund ihres appellativen* Charakters sind Plakate weniger dokumentarisch* als andere Bildquellen, sie geben dafür jedoch Auskunft über die Absichten und Positionen des Auftraggebers. Deshalb sind politische Plakate eine wichtige **historische Quelle.**

Seit dem 16. Jahrhundert werden mit Verbreitung des Buchdrucks **öffentliche Anschläge** als Mitteilungen üblich, neue Druck- und Gestaltungstechniken ermöglichen seit dem 19. Jahrhundert eine vielfältige Verwendung. In Deutschland beginnt die große Zeit der politischen Plakate in der Weimarer Republik. Ermöglicht vor allem durch die Durchsetzung der **Pressefreiheit** und unterstützt durch neue **künstlerische Ausdrucksformen** kämpfen die Parteien in einer Zeit, in der es noch keine Rundfunk- und TV-Wahlspots gab, vor allem mit Plakaten um Wählerstimmen.

Bis heute prägen in Wahlkampfzeiten Parteiplakate das Straßenbild. Auf einem politischen Plakat werden die Inhalte häufig auf einen **Slogan,** d. h. einen kurzen, prägnanten Text reduziert. Die Parteien wecken mit ihren Plakaten einerseits **Hoffnungen,** indem sie **Konzepte zur Lösung** politischer, sozialer und wirtschaftlicher Probleme anbieten, und andererseits **Ängste** und Befürchtungen, indem sie den politischen Gegner angreifen und **Feindbilder** heraufbeschwören. Darüber hinaus versuchen Parteien, ihre Kandidaten „von ihrer besten Seite" zu präsentieren bzw. **Personen** ins Zentrum eines Wahlkampfes zu stellen. Die **Wirkung von Plakaten auf das Wahlverhalten** der Bürger ist umstritten. Doch geben die Wahlplakate Aufschluss über das Selbstverständnis der Parteien und verweisen auf politische Grundhaltungen der Menschen in ihrer Zeit.

Arbeitsschritte

1. Leitfrage

- Welche Fragestellung bestimmt die Untersuchung des Plakats?

2. Analyse

Formale Aspekte
- Wer hat das Plakat erstellt oder in Auftrag gegeben?
- Wann und wo ist das Plakat erschienen?
- Welcher Anlass führte zur Erstellung und Veröffentlichung des Plakats?
- Was ist das Thema des Plakats?
- An wen ist das Plakat gerichtet?

Inhaltliche Aspekte
- Welche Gestaltungsmittel (Figurendarstellung wie Mimik, Gestik, Kleidung, Gegenstände, Symbole, Metaphern, Personifikationen, Vergleiche, Allegorien, Proportionen, Schrift) sind verwendet worden?
- Was bedeuten die einzelnen Gestaltungsmittel?
- Was ist die zentrale Plakataussage („Botschaft")?

3. Historischer Kontext

- In welchen historischen Zusammenhang (Ereignisse, Strukturen und Prozesse) lässt sich das Plakat einordnen?

4. Urteilen

- Welche Intention verfolgten Ersteller bzw. Auftraggeber?
- Für wen bzw. gegen wen wird Partei ergriffen?
- Welche Wirkung sollte beim zeitgenössischen Betrachter erzielt werden?
- Welche Schlussfolgerungen lassen sich im Hinblick auf die Leitfrage ziehen?
- Wie lässt sich das Plakat aus heutiger Sicht bewerten?

Übungsbeispiel

M 2 Plakat zur Reichstagswahl am 06. Juni 1920

Formulierungshilfen zur Analyse von Plakaten
- Bei dem Material handelt es sich um ein Plakat von ... aus der Zeit/dem Jahr
- Als Thema steht im Zentrum ...
- Die Begriffe/Schriftzüge/Slogans ...
- ... ist bekannt/ist nicht bekannt ...
- Zunächst wird der Blick des Betrachters auf ... gelenkt.
- Im Vordergrund/In der Bildmitte/Im Hintergrund ...
- Am oberen/unteren Bildrand ...
- Das Plakat zeigt ...
- Nicht dargestellt sind ...
- Die Figur/Person schaut in Richtung/macht ...
- Es hinterlässt einen Eindruck von ...
- Das Plakat verbindet sich mit der Absicht/zielt darauf ab, ...
- Meiner Meinung nach ...
- Aus heutiger Sicht ...

1 Untersuchen Sie das Plakat M 2 mithilfe der vorgegebenen Arbeitsschritte.
▶ Lösungshinweise finden Sie auf S. 652 f.

2 **Vertiefung:** Erläutern Sie anhand der Grundgestaltung von Plakat M 1, inwieweit darin im Vergleich zu M 2 ein gestalterisch und politisch anderer Wahlkampfansatz zum Ausdruck kommt. Berücksichtigen Sie auch die Entstehungszeit beider Plakate. **Tipp:** Zur DVP siehe S. 368.

Scheitern der Weimarer Republik

In dieser Themeneinheit geht es um
- *Ursachen und Bedeutung der 1929 beginnenden Weltwirtschaftskrise,*
- *Ursachen und Wege des Scheiterns der ersten deutschen Demokratie.*

Sonderweg Deutschland?

Die Auflösung des republikanischen Systems vollzog sich in Deutschland zu Beginn der 1930er-Jahre vor dem Hintergrund der 1929 beginnenden **Weltwirtschaftskrise*.** In der Geschichtswissenschaft besteht Einigkeit darüber, dass sich die Prozesse der politischen Destabilisierung* und die Auswirkungen der Weltwirtschaftskrise zeitlich überlagerten und wechselseitig verstärkten. Strittig ist dagegen, ob der Übergang zum autoritären Präsidialregime zwangsläufige Folge der konjunkturellen Talfahrt war. Obwohl die Weltwirtschaftskrise alle Industriestaaten erfasste, führte sie nur in Deutschland zur Verschränkung mit einer Legitimationskrise und einem Systemwechsel von der Demokratie zur Diktatur. In England und den USA beispielsweise blieb die Demokratie stabil. Deutschland bestritt somit einen **„politischen Sonderweg"**, der im internationalen Vergleich einzigartig war (Klaus Schönhoven). Es stellt sich daher die Frage nach dem Zusammenhang zwischen der Weltwirtschaftskrise und dem Scheitern der ersten deutschen Demokratie.

Ursachen der Weltwirtschaftskrise

New Yorker Börsenkrach
Zwischen dem 23. und 29. Oktober 1929 erlebte die New Yorker Börse einen historischen Kurseinbruch, der am 24. Oktober 1929 („schwarzer Donnerstag" in den USA, in Europa wegen der Zeitverschiebung „schwarzer Freitag") seinen Höhepunkt hatte. Aktien verloren bis zu 90 Prozent ihres Wertes. In der Folgezeit meldeten in den USA mehr als 9 000 Banken und über 100 000 Betriebe in den USA Konkurs an.

Die Weltwirtschaftskrise hatte ihren Ursprung in den USA, wo ein Zusammentreffen von zyklisch auftretender Überproduktionskrise, übermäßigen Investitionen und einem kreditfinanzierten Aktienhandel den New Yorker Börsenkrach* Ende Oktober 1929 ausgelöst hatte. Vor allem die spekulative Loslösung der Aktienkurse vom realen Unternehmenswert schlug sich im panikartigen Verkauf von Aktien und in einem daraus resultierenden rapiden Wertverlust der Kurse nieder. Die Börsenkrise entwickelte sich zu einer **Bankenkrise** und schließlich zur „Großen Depression", der **„Great Depression"** (s. S. 327). In der Folge zogen die amerikanischen Banken kurzfristig im Ausland gewährte Kredite zurück. Gleichzeitig erhöhte die US-Regierung zum Schutz der inländischen Wirtschaft die Importzölle*. So führten reduzierte* Exportverträge und der Mangel an Investitionskapital* zu massiven Störungen im internationalen Handels- und Finanzkreislauf und schließlich zur Weltwirtschaftskrise.

Folgen der Krise für Wirtschaft und Sozialsystem in Deutschland

Die Weltwirtschaftskrise traf Deutschland besonders schwer. Zum einen war die deutsche Wirtschaft auch in den scheinbar „stabilen" Jahren der Weimarer Republik (1924–1929) mit tief greifenden strukturellen Problemen belastet: Relativ hohe Löhne, sinkende Investitionsraten* der Unternehmen, niedrige Exportraten* sowie eine hoch verschuldete Landwirtschaft hatten bereits 1928 zu einem Rückgang der Konjunktur*, zu höheren Arbeitslosenzahlen und zu sinkenden Aktienkursen geführt. Die Auswirkungen des New Yorker Börsenkrachs erreichte die deutsche Wirtschaft somit in einer kritischen Phase. Des Weiteren war Deutschland aufgrund der Folgekosten des Ersten Weltkrieges im Gegensatz zu anderen europäischen Staaten in hohem Maße vom Export und von ausländischen Krediten abhängig. Nach dem Krieg war mit einem Kreislauf von deutschen Reparationszahlungen, alliierten Schuldenrückzahlungen an die

USA und amerikanischen Krediten ein System von Geldströmen entstanden, denen keine realen Werte gegenüberstanden. So hatte der Abzug kurzfristiger US-Darlehen* fatale Folgen für die deutsche Wirtschaft: Viele Banken, die mit Krediten längerfristige Investitionsprogramme der Industrie finanziert hatten, kamen in Zahlungsschwierigkeiten und brachen zusammen.
Die Geldverknappung führte zu einer Konkurswelle, die Unternehmer reagierten mit Sparmaßnahmen und Massenentlassungen. Die Krise erreichte in Deutschland 1931/32 ihren Höhepunkt: Die Industrieproduktion ging auf die Hälfte des Standes von 1928 zurück und die Arbeitslosenzahl stieg im September 1931 auf über fünf und im Februar 1932 auf über sechs Millionen. Das **Sozialsystem der Weimarer Republik** war dieser Situation nicht gewachsen. Die erst 1927 eingeführte gesetzliche Arbeitslosenversicherung konnte mit ihren Mitteln etwa 800 000 Arbeitslose, kurzfristig bis zu 1,4 Millionen, finanziell unterstützen. Da eine Aufstockung angesichts der Krise aus finanziellen und politischen Gründen nicht möglich war, wurden die Leistungen immer weiter gekürzt und die Voraussetzungen für den Leistungsbezug verschärft. Ende 1932 bekam daher nur jeder siebte Arbeitslose Arbeitslosengeld, während zwei Drittel entweder Wohlfahrtsunterstützung in ihren Gemeinden oder keinerlei Hilfe erhielten. Die Verelendung vieler Menschen (wie Obdachlosigkeit und Hunger) gehörte während der Weltwirtschaftskrise seit 1929 zum Alltag in Deutschland.

M1 Arbeitslosenschlange vor dem Arbeitsamt in Hannover, Fotografie, um 1932

Psychologische und politische Folgen der Krise in Deutschland

Inzwischen geht man davon aus, dass jede zweite deutsche Familie direkt oder indirekt von der Krise betroffen war. In dieser Situation ergriff die Existenzangst nahezu alle Bevölkerungskreise, was erhebliche psychologische, aber auch politische Folgen hatte. Das **schwindende Vertrauen in den Staat** und dessen Fähigkeit, Probleme zu bewältigen, hatten die Suche nach Alternativlösungen zur Folge.
Das die deutsche Bevölkerung ergreifende Gefühl der Unsicherheit und die daraus entstehende „allgemeine Katastrophenstimmung" (Eberhard Kolb) hatten neben den realen wirtschaftlichen Folgen große Auswirkungen auf die politische Stimmung. Die Massenarbeitslosigkeit bewirkte einen gefährlichen Stimmenzuwachs der radikalen Parteien, die den Weimarer Staat für die Krise verantwortlich machten. Mit ihrer hemmungslosen Agitation* gegen die demokratischen Institutionen und die regierenden

Parteien griffen die Republikgegner von rechts und links die in der Bevölkerung weit verbreiteten Vorbehalte gegenüber dem parlamentarischen Regierungssystem auf. Durch den **„Zangengriff" der radikalen Parteien**, in den die Weimarer Republik durch die Radikalisierung der Wählermassen geriet, wurde der Handlungsspielraum der demokratischen Parteien in der Endphase der Weimarer Republik immer weiter eingeschränkt (Wahlergebnisse, s. S. 371). Gleichzeitig wurde deutlich, wie anfällig das parlamentarische Regierungssystem der Weimarer Republik war. Die ökonomischen, psychologischen und politischen Folgen der Weltwirtschaftskrise verursachten in Deutschland eine schwere Legitimationskrise des demokratischen Staates.

M2 Fotomontage von John Heartfield für die „Arbeiter Illustrierte Zeitung", 1932.
Titel der Collage: „Zum 30. August 1932". Bildunterschrift: „Wenn das Parlament es wagen sollte, sich dem Reichspräsidenten zu widersagen, muss ohne Zögern und Schwanken der Reichstag abermals aufgelöst, das parlamentarische System endgültig liquidiert werden." (Hinweis: Am 30. August trat der neue Reichstag mit der NSDAP als stärkster Fraktion zusammen.)

Von der Wirtschaftskrise zur Staatskrise der Weimarer Republik

Aus der Weltwirtschaftskrise entwickelte sich in der Weimarer Republik – anders als in anderen westlichen Staaten – eine Staatskrise. Die Weltwirtschaftskrise verschärfte auch die politischen Auseinandersetzungen innerhalb der **Großen Koalition** (SPD, DDP, Zentrum, DVP, BVP) und führte im Frühjahr 1930 zum Auseinanderbrechen des Regierungsbündnisses. Damit war nicht nur das letzte, vom Parlament unterstützte Kabinett der Weimarer Republik gescheitert. Offenbar erschöpft war auch die Kraft des Gründungskompromisses zwischen Sozialdemokratie und Gewerkschaften auf der einen sowie Bürgertum und Arbeitgebern auf der anderen Seite. Da es den demokratischen Parteien nicht mehr gelang, im Reichstag eine regierungsfähige Mehrheit zu bilden, stürzten sie die Weimarer Republik in eine schwere politische Krise. Diese Situation nutzten bestimmte politische Kräfte, um das parlamentarische System durch eine autoritäre Regierungsform zu ersetzen. Verfechter dieses Systemwechsels waren neben Reichspräsident Hindenburg und seinen engsten Beratern die Reichswehrführung unter dem neuen Chef des Ministeramtes im Reichwehrministerium General von Schleicher sowie Vertreter der Großindustrie und -agrarier, Teile der bürgerlichen Mitte- und Rechtsparteien, vor allem der DVP und DNVP, aber auch Politiker des Zentrums.

Regieren ohne Mehrheiten – die Präsidialkabinette*

Präsidialkabinett
Regierung in der Weimarer Republik, die allein vom Vertrauen des Reichspräsidenten abhing. Der Reichspräsident konnte jederzeit den Reichstag auflösen, um dessen Misstrauensvotum gegen eine Regierung zu umgehen, und Notverordnungen mit Gesetzeskraft erlassen. In der Weimarer Zeit gab es drei Präsidialkabinette unter folgenden Reichskanzlern: Heinrich Brüning (Zentrum), April 1930 bis Mai 1932; Franz von Papen (parteilos), Juni 1932 bis Dezember 1932; Kurt von Schleicher (parteilos), Dezember 1932 bis Januar 1933.

Ende März 1930 beauftragte Hindenburg den Zentrumspolitiker **Heinrich Brüning** mit der Bildung einer Minderheitsregierung, die ohne parlamentarische Basis, getragen vom Vertrauen des Reichspräsidenten regieren sollte. Das erste Präsidialkabinett der Weimarer Republik hatte die Vollmacht erhalten, gegebenenfalls den **Artikel 48** der Reichsverfassung als Ersatz für das normale Gesetzgebungsverfahren anzuwenden: Wenn der Reichstag einem Gesetzesvorschlag nicht zustimmen sollte, würde der Reichskanzler mit Zustimmung des Reichspräsidenten das abgelehnte Gesetz auch ohne Zustimmung des Parlaments in Form der **Notverordnung** erlassen können. Damit aber die Form der Präsidialregierung nicht zu einer permanenten Einrichtung missbraucht würde, hatte der Reichstag nach Artikel 48 auch das Recht, jede Notverordnung durch Mehrheitsbeschluss wieder außer Kraft zu setzen. Eine vollständige Ausschaltung der Legislative* sollte so verhindert werden. Andernfalls hätte dies einen Verfassungsbruch bedeutet. Nachdem der Reichstag umgehend die Aufhebung der Notverordnungen verlangte, ließ Brüning mit Zustimmung Hindenburgs den Reichstag nach **Artikel 25** auflösen und setzte die Notverordnungen (in verschärfter Fassung) erneut in Kraft.

Der Übergang zur Präsidialregierung wird in der Geschichtswissenschaft unterschiedlich beurteilt: Der Historiker Karl Dietrich Bracher spricht beispielsweise vom Beginn der Vorgeschichte des Dritten Reiches. Unstrittig ist, dass diese Regierungspraxis den

Anfang zur Aushöhlung der Verfassung durch den Reichspräsidenten und das von ihm gestützte Präsidialkabinett darstellte: Der Reichstag wurde aus dem Gesetzgebungsverfahren faktisch ausgeschlossen und das von den Verfassungsgebern beabsichtigte Gleichgewicht von Präsident und Parlament wurde bewusst unterlaufen.

Das Ende der parlamentarischen Ordnung

Die Reichstagswahl am 14. September 1930 machte eine regierungsfähige Koalition unmöglich. Grund waren die Wahlerfolge der republikfeindlichen Parteien auf der Rechten, insbesondere der NSDAP, und der Linken. Daher blieb das Präsidialkabinett Brüning im Amt. Die Notverordnungspolitik fortzusetzen, bedurfte indes der Duldung durch eine Reichstagsmehrheit. Um eine erneute Auflösung des Reichstags und eine weitere Radikalisierung der Wähler zu verhindern, beschloss die SPD eine Tolerierungspolitik, die auch unter den Präsidialkabinetten **Franz von Papen** und **Kurt von Schleicher** fortgesetzt wurde. Der Reichstag war seiner legislativen Funktion weitgehend beraubt.

Brünings deflationäre Wirtschafts- und Sozialpolitik* verschärfte die Staatskrise. Die innenpolitischen Kämpfe wurden nun verstärkt außerhalb des Parlaments geführt: Die **Straßenkämpfe paramilitärischer Verbände,** vor allem der radikalen Parteien, nahmen 1931/32 Züge bürgerkriegsähnlicher Zustände an. Ein Verbot der SA und SS durch Brüning im April 1932 entschärfte die Situation nicht, weil nach dessen Entlassung durch Hindenburg Ende Mai 1932 der neue, parteilose Reichskanzler Franz von Papen das Verbot wieder aufhob. Papen hoffte, damit die NSDAP in eine konservative Regierung einbinden zu können. Auch die Versuche von Papens Nachfolger Kurt von Schleicher, die NSDAP zu spalten, um sie dadurch zu instrumentalisieren, scheiterten.

Brünings deflationäre Wirtschafts- und Sozialpolitik
Reichskanzler Heinrich Brüning (Zentrum; Reg. 1930–1932) setzte nicht auf eine aktive Strategie zur Bekämpfung der Wirtschaftskrise (d. h. er setzte nicht auf eine „nachfrageorientierte Politik" mit staatlichen Infrastruktur- und Beschäftigungsprogrammen und einer Vermehrung der Geldmenge). Vielmehr nutzte er die Krise, um sein eigentliches Ziel zu erreichen: die Streichung der Reparationen; dem Ausland sollte gezeigt werden, dass Deutschland ungeachtet aller Anstrengungen nicht länger in der Lage sei, seine Reparationen zu zahlen. Er setzte auf einen Deflationskurs, also auf eine Verminderung der Geldmenge, durch
- Senkung von Staatsausgaben (durch Kürzung der Beamtenbesoldung und der Leistungen für Arbeitslose);
- Erhöhung von Steuern und Abgaben;
- Senkung von Preisen und Löhnen.

Brüning setzte diesen Kurs, wie angekündigt, mit Notverordnungen durch. Er tat dies ungeachtet der Tatsache, dass damit die soziale und politische Krise in Deutschland verschärft wurde.

Das Ende der Weimarer Republik

Die **Reichstagswahl vom November 1932** hatte der NSDAP Stimmenverluste eingebracht, ohne dass die rechtskonservativen Parteien DVP und DNVP größere Gewinne verbuchen konnten. Gegen Ende 1932 war ein Abflauen der Straßenkämpfe zu verzeichnen. Offenbar hatte die NSDAP ihren Höhepunkt überschritten. Zur Jahreswende 1932/33 bildete sich daher jene Kompromissbereitschaft heraus, der sich die alten Eliten und die NSDAP bislang verweigert hatten: Nach dem **Rücktritt Schleichers** war auch Reichspräsident Hindenburg bereit, **Hitler am 30. Januar 1933 die Reichskanzlerschaft** zu übertragen. Neben Papen als Vizekanzler sollte auch der DNVP-Führer, Hugenberg, ins „Kabinett der nationalen Konzentration" eintreten und damit Hitler „einrahmen". Papen ging „in einer nahezu unüberbietbaren Verblendung" (Joachim Fest) davon aus, Hitler werde sich „zähmen" lassen. Doch Hitler dachte nicht daran, sich kontrollieren zu lassen. Innerhalb weniger Monate gelang ihm die Errichtung der nationalsozialistischen Diktatur (s. S. 401 ff.).

▶ **M 6–M 9: Wahlplakate aus der Endphase der Weimarer Republik**

▶ **M 3–M 5: Forschungen zum Scheitern der Weimarer Republik**

▶ **S. 394 f.: Methodenseite „Historische Argumentation: Die Weimarer Reichsverfassung – eine verhängnisvolle Fehlkonstruktion?"**

1 Skizzieren Sie anhand der Darstellung die Merkmale der Weltwirtschaftskrise.
2 Erklären Sie mithilfe der Darstellung, warum in Deutschland die Weltwirtschaftskrise zur Staatskrise wurde.
3 **Wahlaufgabe:** Bearbeiten Sie Aufgabe a) oder b).
  a) Klären Sie am Beispiel Deutschlands Merkmale und Folgen der deflationären im Vergleich zur nachfrageorientierten Wirtschafts- und Sozialpolitik in Krisenzeiten.
  Tipp: Siehe Darstellung und Marginalspalte.
  b) Vergleichen Sie die Krisenreaktionen in Deutschland (Darstellung) mit der in anderen Staaten, z. B. in Großbritannien, in Frankreich oder in den USA.
  Tipp: Siehe zu Großbritannien, S. 348, Frankreich, S. 350 f., USA, S. 338 f.

Hinweise zur Arbeit mit den Materialien:
Schwerpunkt ist das Scheitern der Weimarer Republik: a) aus Sicht der Forschung (M 3–M 5); b) aus der Perspektive zeitgenössischer Parteiplakate (M 6–M 9).

Geschichte kontrovers: Das Ende von Weimar

M 3 Der Historiker Eberhard Kolb (2002)

Wie wurde Hitler möglich? War die „Machtergreifung" der Nationalsozialisten unter den gegebenen Bedingungen unvermeidlich? Diese Fragen, um die alle Erörterungen über das Scheitern Weimars kreisen, werden von der bisherigen Forschung auf recht unterschiedliche Weise beantwortet. Allerdings sind die in der wissenschaftlichen Diskussion zunächst dominierenden monokausalen Erklärungsversuche, in denen der Aufstieg des Nationalsozialismus und die Machtübertragung an Hitler auf eine einzige oder eine allein ausschlaggebende Ursache zurückgeführt wurden, inzwischen *ad acta* gelegt worden, denn alle derartigen einlinigen Deutungen haben sich als untauglich erwiesen. Die Historiker sind sich heute zumindest darin einig, dass das Scheitern der Republik und die nationalsozialistische „Machtergreifung" nur durch die Aufhellung eines sehr komplexen Ursachengeflechts plausibel erklärt werden können. Dabei sind vor allem folgende Determinanten [hier: Voraussetzungen] zu berücksichtigen: institutionelle Rahmenbedingungen, etwa die verfassungsmäßigen Rechte und Möglichkeiten des Reichspräsidenten, zumal beim Fehlen klarer parlamentarischer Mehrheiten; die ökonomische Entwicklung mit ihren Auswirkungen auf die politischen und gesellschaftlichen Machtverhältnisse; Besonderheiten der politischen Kultur in Deutschland (mitverantwortlich z. B. für die Republikferne der Eliten, die überwiegend der pluralistisch-parteienstaatlichen Demokratie ablehnend gegenüberstanden); Veränderungen im sozialen Gefüge, beispielsweise Umschichtungen im „Mittelstand" mit Konsequenzen u. a. für politische Orientierung und Wahlverhalten mittelständischer Kreise; ideologische Faktoren (autoritäre Traditionen in Deutschland; extremer Nationalismus verstärkt durch Kriegsniederlage; Dolchstoß-Legende und Kriegsunschuldspropaganda; „Führererwartung" und Hoffnung auf den „starken Mann", wodurch einem charismatischen Führertum wie dem Hitlers der Boden bereitet wurde); massenpsychologische Momente, z. B. Erfolgschancen einer massensuggestiven Propaganda infolge kollektiver Entwurzelung und politischer Labilität breiter Bevölkerungssegmente; schließlich die Rolle einzelner Persönlichkeiten an verantwortlicher Stelle, in erster Linie zu nennen sind hier Hindenburg, Schleicher, Papen.

*Eberhard Kolb, Die Weimarer Republik, Oldenbourg, München 2002, S. 250.***

M 4 Der Historiker Hagen Schulze (1982)

Woran ist also Weimar gescheitert? [...] Die wichtigsten Gründe liegen auf dem Feld der Mentalitäten, der Einstellungen und des Denkens. In der Mitte des Ursachenbündels finden sich eine Bevölkerungsmehrheit, die das politische System von Weimar auf die Dauer nicht zu akzeptieren bereit war, sowie Parteien und Verbände, die sich den Anforderungen des Parlamentarismus nicht gewachsen zeigten. Die Ursachen für diese Defekte durften überwiegend in langfristigen, aus den besonderen Bedingungen der preußisch-deutschen Geschichte zu erklärenden Zusammenhängen zu suchen sein, verstärkt durch die Entstehungsbedingungen des Weimarer Staatswesens und seiner außenpolitischen Belastungen. Die Übertragung dieser ungünstigen Gruppenmentalitäten auf das Weimarer Regierungssystem wurde durch den Wahlrechtsmodus erheblich begünstigt; andere Merkmale der formalen Verfassungsordnung, wie ihr mangelnder normativer Charakter oder der Föderalismus, wirkten nur in zweiter Linie destabilisierend, während das starke präsidiale Moment daneben auch stabilisierende Komponenten enthielt, die allerdings letzten Endes nicht zum Zuge kamen. Die antirepublikanischen Tendenzen in Armee, Bürokratie und Justiz waren grundsätzlich beherrschbar, eine Frage des Machtbewusstseins von Parteien und Regierung. Die gesellschaftlichen und wirtschaftlichen Rahmenbedingungen waren hauptsächlich langfristig wirksam, indem sie auf die Mentalitäten von Bevölkerung und einzelnen Gruppen einwirkten; aktuelle ökonomische Krisen verstärkten die destabilisierenden Momente, verursachten sie aber nicht.
Lapidar lässt sich also schließen: Bevölkerung, Gruppen, Parteien und einzelne Verantwortliche haben das Experiment Weimar scheitern lassen, weil sie falsch dachten und deshalb falsch handelten. Auch auf dem Umweg über die Strukturanalyse gelangt man so zu dem Schluss, dass Weimar nicht schicksalhaft oder bedingt durch anonyme Sachzwänge scheitern musste – die Chance der Gruppen wie der Einzelnen, sich für Weimar zu entscheiden und dem Gesetz der parlamentarischen Demokratie zu gehorchen, nach dem man angetreten war, hat immer bestanden.

*Zit. nach: Hagen Schulze, Weimar. Deutschland 1917–1933, Siedler, Berlin 1982, S. 425.**

M5 Der Historiker Detlev Peukert (1987)

Der Untergang der Weimarer Republik ist auf vier zerstörerische Prozesse zurückzuführen, die einzeln wohl hätten gemeistert werden können:

– Die Verengung der Handlungsspielräume, derer die Ausgestaltung der Basiskompromisse bedurfte, transformierte die sozioökonomische Strukturkrise zur Destabilisierung des politischen und sozialen Systems der Republik.

– Die sukzessive Zurücknahme dieser Basiskompromisse trug darüber hinaus zum Legitimationsverlust der neuen Ordnung bei. Schon vor Ausbruch der Weltwirtschaftskrise befand sich das politische System der Republik in einer Krise, wie sich vor allem im kontinuierlichen Anhängerschwund der bisherigen liberalen und konservativen Parteien zeigte. Der Positionsverlust der rechten Mitte trieb diese in eine umso schärfere Konfrontation mit der Sozialdemokratie, die selber wiederum durch den kommunistischen Konkurrenzdruck in ihrer Handlungsfähigkeit blockiert wurde.

– Die Konzeption einer autoritären Wende, die die Repräsentanten der alten Eliten Anfang der Dreißigerjahre verfolgten, wollte […] die Machtverhältnisse des Bismarckreiches restaurieren. Die Präsidialkabinette besaßen genügend Kraft, die verfassungsmäßige Ordnung zu zerstören, versagten aber […]. Weder konnten sie das Abdriften der bisherigen Mitte-Rechts-Wählerschaft zu den Nationalsozialisten stoppen, noch konnten sie an eine dauerhafte Regierung ohne Massenbasis denken.

– Die nationalsozialistische Alternative profitierte von diesem fundamentalen Autoritätsverlust der alten Eliten und ihrer liberalen und konservativen Traditionsverbände gleich zweifach: Die NS-Bewegung konnte angesichts der Krise der Jahre 1930 bis 1933 die ganze Dynamik einer modernen totalitären Integrationspartei entfalten; und sie konnte Anfang 1933 die Schlüssel zur Macht aus den Händen jener alten Eliten entgegennehmen, die bei der Zerstörung der Republik nur allzu erfolgreich, zur Restaurierung der Vorkriegszustände jedoch zu schwach gewesen waren. So bot sich eine letzte, die radikalste Alternative an, als sich alle anderen Alternativen aufgebraucht hatten.

*Zit. nach: Detlev J. K. Peukert, Die Weimarer Republik. Krisenjahre der Klassischen Moderne, Suhrkamp, Frankfurt/M. 1987, S. 269 f.**

1 **Arbeitsteilige Gruppenarbeit:** Untersuchen Sie arbeitsteilig die Texte M 3–M 5 hinsichtlich der Ursachen für das Scheitern der Weimarer Demokratie.

2 Vergleichen Sie Ihre Ergebnisse.
Tipp: Siehe für den Vergleich Methodenseite 316 f.

3 **Wahlaufgabe:** Bearbeiten Sie Aufgabe a) oder b).
a) Beurteilen Sie die Darstellungen M 3–M 5.
Tipp: Nutzen Sie die Methodenseite S. 330 f.
b) **Schaubild:** Stellen Sie auf der Basis Ihrer Kenntnisse die zentralen Gründe für das Scheitern in einem Schaubild dar. Nehmen Sie eine Gewichtung vor.
Tipp: Nutzen Sie die Methodenseite S. 392 f.

4 **Zusatzaufgabe:** Siehe S. 618.

Wahlplakate aus der Endphase der Weimarer Republik

M6 SPD, 1930

M7 Zentrum, 1932

M8 KPD, 1932

M9 NSDAP, 1932

1 **Gruppenarbeit:** Analysieren Sie die Plakate M 6 bis M 9 mithilfe der Methodenseite, S. 384.

2 Vergleichen Sie Ihre Ergebnisse hinsichtlich der Positionen der Parteien zur Weimarer Demokratie.

Ein Schaubild erstellen

Schaubilder (auch Strukturskizzen, Informationsgrafiken oder Strukturdiagramme genannt) stellen Inhalte in grafischer Form abstrakt* und auf das Wesentliche reduziert bzw. verdichtet dar. Sie vermitteln zudem **Beziehungen** und **Zusammenhänge** zwischen Begriffen und Aussagen. Schaubilder sind daher eine geeignete Methode
- zur **Veranschaulichung des Aufbaus eines Darstellungstextes** aus einem Lehrbuch,
- zur **Präsentation von Arbeitsergebnissen** oder
- als Hilfe bei der **Vorbereitung von Klausuren**.

Der Nachteil besteht darin, dass die grafische Erfassung historische Gegenstände grob vereinfacht und dadurch einem komplexen* Sachverhalt häufig nicht gerecht wird.
Man kann **Schaubilder klassifizieren***, wobei sich die Formen auch mischen können:
Faktisches Schaubild: Strukturierte Darstellung eines historischen Gegenstandes, z. B.: Die Kennzeichen des Imperialismus.
Chronologisches Schaubild: Strukturierte Darstellung eines historischen Sachverhaltes nach chronologischen Gesichtspunkten, z. B.: Das Zeitalter der Demokratien und Diktaturen 1918 bis 1945.
Kausales Schaubild: Strukturierte Darstellung der kausalen* Zusammenhänge eines historischen Prozesses, z. B.: Funktionsweise der Präsidialkabinette der Weimarer Republik.
Verfassungsschaubild: Grafische Darstellung der komplexen Gesetze und Zusammenhänge einer Verfassung, z. B.: Verfassung der Weimarer Republik (S. 367, M 1).

Arbeitsschritte zur Erstellung eines Schaubildes

1. Text aktiv lesen

a) Überlegen Sie beim Lesen des Textes, was dargestellt wird: ein Zusammenhang, ein zeitlicher Ablauf, Kennzeichen eines historischen Sachverhaltes?
b) Nutzen Sie eine Folie, wenn Ihnen keine Kopie des Textes vorliegt, und markieren Sie mit verschiedenen Farben oder Symbolen im Text oder am Rand:
   - die einzelnen Abschnitte, die den gedanklichen Aufbau des Textes bzw. die Argumentationsstruktur widerspiegeln;
   - wesentliche Textaussagen;
   - zentrale Begriffe, Ereignisse und Jahreszahlen;
   - ggf. Unklarheiten.

2. Schaubild planen

a) Überlegen Sie, welche Form bzw. Mischform des Schaubildes sich zum Text eignet.
b) Wählen Sie die Darstellungselemente:
   - Schrift, z. B. verschiedene Schriftarten; Hervorhebung durch fette Schrift, Unterstreichungen, Großbuchstaben, Farben
   - Grafische „Bausteine", z. B. Kreis (für eine Einheit), Dreieck (drückt Verbindung von Aspekten aus), Linien bzw. Pfeile (für Beziehungen oder Abhängigkeiten)
   - Symbole, z. B. Krone (Königsherrschaft), gekreuzte Schwerter (Krieg), Taube (Frieden)

3. Schaubild entwerfen

Erstellen Sie einen Entwurf. Berücksichtigen Sie dabei:
- Format
- Anordnung und Größe der einzelnen Darstellungselemente
- Notwendigkeit einer Legende

4. Schaubild anfertigen (auf Papier oder digital)

Übertragen Sie den Entwurf ins Reine: Überlegen Sie, ob Sie es auf Papier oder als digitale Grafik anlegen wollen.

Übungsbeispiel

M 1 Aus der Weimarer Reichsverfassung (1919)

Art. 25. Der Reichspräsident kann den Reichstag auflösen, jedoch nur einmal aus dem gleichen Anlass. […]
Art. 48. Wenn ein Land die ihm nach der Reichsverfassung oder den Reichsgesetzen obliegenden Pflichten nicht erfüllt, kann der Reichspräsident es dazu mithilfe der bewaffneten Macht anhalten. Der Reichspräsident kann, wenn im Deutschen Reiche die öffentliche Sicherheit und Ordnung erheblich gestört oder gefährdet wird, die zur Wiederherstellung der öffentlichen Sicherheit und Ordnung nötigen Maßnahmen treffen, erforderlichenfalls mithilfe der bewaffneten Macht einschreiten. Zu diesem Zwecke darf er vorübergehend die in den Artikeln 114, 115, 117, 118, 123, 124 und 153 festgesetzten Grundrechte ganz oder zum Teil außer Kraft setzen. Von allen gemäß Abs. 1 oder Abs. 2 dieses Artikels getroffenen Maßnahmen hat der Reichspräsident unverzüglich dem Reichstag Kenntnis zu geben. Die Maßnahmen sind auf Verlangen des Reichstags außer Kraft zu setzen. […] Das Nähere bestimmt ein Reichsgesetz[1]. […]
Art. 53. Der Reichskanzler und auf seinen Vorschlag die Reichsminister werden vom Reichspräsidenten ernannt und entlassen.

*Zit. nach: Ernst Rudolf Huber (Hg.), Dokumente der Novemberrevolution und der Weimarer Republik 1918–1932, Kohlhammer, Stuttgart 1966, S. 129 ff.**

1 Erstellen Sie mithilfe von M 1 und der Darstellung, S. 386 ff., ein Schaubild zur Funktionsweise der Präsidialkabinette in der Weimarer Republik entsprechend der vorgegebenen Arbeitsschritte.
▶ Lösungshinweise finden Sie auf S. 653.

Vertiefung: Ein Schaubild bewerten

M 2 Kriterien zur Bewertung eines Schaubildes

Kriterium	Einzelaspekte
Verständlichkeit	– übersichtliche und logische Struktur – Erläuterungen durch Beschriftung der Darstellungselemente – ggf. Anfertigung einer Legende
Anschaulichkeit	– Verwendung von grafischen „Bausteinen" und Symbolen – stimmige Proportionen – ggf. farbliche Hervorhebungen
Informationsgehalt	– Reduzierung auf die wesentlichen Inhalte – fachliche Richtigkeit

Zusammengestellt vom Verfasser Robert Rauh.

Formulierungshilfen zur Bewertung eines Schaubildes
- Das Schaubild ist insgesamt/in Teilen/in wichtigen Abschnitten … aufgebaut.
- Es ist übersichtlich/unübersichtlich, logisch/unlogisch, fachlich richtig/beinhaltet (folgende) Fehler …
- Farbliche Hervorhebungen korrespondieren mit …
- Das Schaubild ist in seinem Informationsgehalt angemessen/wirkt überladen.
- Ungenau/exakt, irritierend/präzise ist …
- An einer Stelle wurde … vergessen/wäre zu ergänzen/zu korrigieren …
- Anschaulicher wäre es, wenn man … grafisch … darstellen würde.
- Es bietet eine gute Hilfe für …

1 **Partnerarbeit:**
a) Tauschen Sie im Anschluss an die Bearbeitung des Übungsbeispiels Ihr Ergebnis mit einem Partner aus und bewerten Sie gegenseitig Ihre Schaubildentwürfe. **Tipp:** Siehe als Hilfe die Kriterien in Tabelle M 2.
b) Erarbeiten Sie gemeinsam ggf. inhaltliche und grafische Verbesserungsvorschläge zu Ihren Entwürfen.

Historische Argumentation

Es gibt mehrere Aufgabenformate für das schriftliche Abitur: Neben dem **Interpretieren von Quellen** (das mithilfe der Methodenseiten 48 f. und 212 f. trainiert werden kann), dem **Erörtern von Erklärungen aus Darstellungen** (das mithilfe der Methodenseiten 257 f. und 316 f. geübt werden kann), gibt es ein weiteres Aufgabeformat: Das **Darstellen historischer Sachverhalte in Form einer historischen Argumentation.** Bei diesem Aufgabenformat werden zu einem vorgegebenen Gegenstand (Themenfrage und Aufgabenstellung) selbstständig historische Ereignisse, Prozesse oder Zustände themenbezogen ausgewählt und zu einer **eigenen historischen Darstellung** verbunden. Zu vermeiden ist ein rein additives Aufreihen von Kenntnissen. Die Ausführungen sind räumlich wie zeitlich begrenzt und auf ein historisches Problem oder eine These (Themenfrage, Leitfrage) bezogen. Dabei müssen zunächst Zusammenhänge erläutert werden, z. B.:

- kausale Zusammenhänge (d. h. die Ursachen betreffende Zusammenhänge);
- strukturelle Zusammenhänge (d. h. im Hinblick auf Prozesse, z. B. die Demokratisierung, den Weg zu einer Diktatur, die Modernisierung usw., oder auf Strukturen wie die soziale Zusammensetzung einer Gesellschaft, die Wirtschaftsform, die Kultur);
- zeitliche Zusammenhänge (d. h. der historische Kontext).

Am Ende ist eine begründete Stellungnahme zur Themenfrage/Leitfrage zu formulieren. Auch Alternativen zur historischen Entwicklung können aufgezeigt werden. Dieses Aufgabenformat beinhaltet in der Regel **keine Materialgrundlage**. Allerdings findet sich unter der Aufgabenstellung häufig ein **Zitat**, das in die Argumentation einbezogen werden muss.

Übungsbeispiel

Thema

Die Weimarer Reichsverfassung – eine verhängnisvolle Fehlkonstruktion?

Aufgabe

Setzen Sie sich in Form einer historischen Argumentation mit der oben genannten Fragestellung auseinander, indem Sie

- wesentliche Inhalte und Ziele der Verfassung zusammenfassen,
- unter Bezugnahme auf das vorliegende Zitat (M 1) den Anteil der Verfassung am Scheitern der Weimarer Republik erörtern sowie
- ein begründetes Urteil formulieren, in dem auch Bezüge zu anderen Verfassungen hergestellt werden.

Zitat

M 1 Aus der Rede des ehemaligen Präsidenten des Deutschen Bundestages, Norbert Lammert (geb. 1948), anlässlich des 90. Jahrestages der Verabschiedung der Weimarer Reichsverfassung in Weimar am 11. August 2009

Die Weimarer Reichsverfassung war sicher gut gemeint, aber nicht wirklich gut gelungen. Sie war zweifellos besser als die damaligen Verhältnisse, vielleicht zu gut für schwierige Zeiten – also nicht gut genug für die Verhältnisse, die sie ordnen sollte.

Zit. nach: https://www.bundestag.de/parlament/praesidium/reden/2009/007-247758 (Stand: 25. 8. 2019).

M 2 Bundestagspräsident Norbert Lammert (rechts) in Weimar vor dem Nationaltheater anlässlich der Feier zum 90. Jahrestag der Verabschiedung der Weimarer Reichsverfassung am 11. August 2009.
Links: Thüringens Ministerpräsident Dieter Althaus; Mitte: Thüringens Landtagspräsidentin Dagmar Schipanski. Im Hintergrund: das Goethe-Schiller-Denkmal.

Gliederung einer historischen Argumentation

Aufbau	Inhaltliche Ausgestaltung	Beispiel
Einleitung	Aufgreifen der Themenfrage: Verknüpfung von Thema und Frage	Ist die „Fehlkonstruktion“ der Reichsverfassung (mit-) verantwortlich für das Scheitern der Weimarer Republik?
	ggf. Aktualitätsbezug	Gedenktag anlässlich des 90. Jahrestages der Verabschiedung der Verfassung (2009)
	Definition, Problematisierung von Begriffen Kriterien für Begriffe in der Fragestellung	z. B. Definition „Verfassung“ z. B. Kriterien für „verhängnisvolle Fehlkonstruktion“
Hauptteil	Themenbezogene Wiedergabe von Kenntnissen zu Ereignissen, Strukturen, Prozessen	Entstehung und Inhalte der Verfassung sowie Ursachengeflecht des Scheiterns der Weimarer Republik
	Analyse der Autorenposition aus dem Zitat	Die an sich gute Verfassung war „nicht gut genug für die Verhältnisse, die sie ordnen sollte“.
	Erörterung des Themas unter Bezug auf das Zitat in Form einer strukturierten, differenzierten (pro/kontra) und gewichteten Argumentation	Erörterung der Charakteristika der Weimarer Verfassung im Hinblick auf die Fragestellung und unter Berücksichtigung der Rolle der Verfassung im Ursachengeflecht für das Scheitern der Republik
Schluss	Formulierung eines begründeten Urteils zur im Thema aufgeworfenen Frage (zustimmend oder ablehnend oder abwägend).	individuelle Lösung
	Anwendung der Kriterien (vgl. Einleitung)	individuelle Lösung
	ggf. Berücksichtigung weiterer Positionen von Historikern (Kontroversität)	individuelle Lösung
	ggf. Berücksichtigung von weitergehenden Urteilen unter Bezug auf Ihre Wertvorstellungen	individuelle Lösung

2 Bearbeiten Sie das Übungsbeispiel für eine historische Argumentation, S. 394.
▶ Bearbeitungshilfen finden Sie im Gliederungsbeispiel auf dieser Seite.

Formulierungshilfen für eine historische Argumentation
- Für das Thema ... ist die Frage nach ... von zentraler Bedeutung, weil
- Auch mit Blick auf die Gegenwart, z. B. die heutigen ...
- Ein zentraler Begriff/zentrale Begriffe für diese Frage ist/sind ...
- Zentrale Ereignisse auf dem Weg zu ... waren ...
- Der Autor des Zitats „...“ sieht insbesondere in ...
- Einerseits ... andererseits ...
- Entscheidend/nebensächlich war ...
- langfristige Ursachen/kurzfristige Auslöser
- etwas leitet eine (positive/negative) Entwicklung ein
- etwas fördert/hemmt einen Prozess
- etwas vergrößert/verkleinert den Handlungsspielraum
- Einer der wichtigsten Gründe für/gegen diese Meinung ...
- Ich bin der Meinung/Ansicht/Auffassung, dass ...
- Mich stützend auf das Recht der Gleichheit der Menschen ...

9.3 Das nationalsozialistische Herrschaftssystem

Vorgeschichte und Ideologie des Nationalsozialismus

In dieser Themeneinheit geht es um
- den Aufstieg der NSDAP im Kontext des europäischen Faschismus,
- die Kernbestandteile der NS-Ideologie.

M 1 **NS-Plakat, 1938, basierend auf einem Gemälde von Heinrich Knirr (1862–1944) von 1935/36**

Aufstieg der NSDAP zur Regierungspartei

Der Aufstieg der NSDAP ist eng mit der politischen Biografie Adolf Hitlers (1889–1945) verbunden. Hitler kam 1919 über seine Tätigkeit als Propagandaredner bei der Reichswehr im Ersten Weltkrieg (1914–1918) zur Deutschen Arbeiterpartei (DAP), die 1919 in München als eine von vielen rechten Gruppierungen nach dem Krieg gegründet wurde. Die DAP wurde 1920 nach seinem Vorschlag in Nationalsozialistische Deutsche Arbeiterpartei (NSDAP) umbenannt und verabschiedete ein 25-Punkte-Programm. Zu den zentralen Aussagen, die die Grundlage der NS-Ideologie bildeten, gehörten die Aufhebung des Versailler Vertrages und der Zusammenschluss aller Deutschen in einem „Groß-Deutschland", die Staatsbürgerschaft nur für Menschen „deutschen Blutes" („Volksgenossen") ohne Rücksichtnahme auf Konfession, eine starke Zentralgewalt sowie die Bekämpfung einer „korrumpierenden Parlamentswirtschaft".
1921 übernahm Hitler den Parteivorsitz der NSDAP, schaffte Mehrheitsbeschlüsse ab und setzte das Führerprinzip durch. Seine rhetorischen Fähigkeiten, seine radikalen Ansichten sowie spektakulär inszenierte Massenveranstaltungen und **Propaganda*** machten ihn über die bayerischen Grenzen hinaus bekannt. Nach dem gescheiterten Putschversuch in München 1923 (s. S. 373) und einem kurzen Gefängnisaufenthalt organisierte er den Neuaufbau der NSDAP. Die Auswirkungen der Weltwirtschaftskrise nutzend schaffte er bei den Reichstagswahlen 1930 mit einer Steigerung von drei auf 18 Prozent den politischen Durchbruch. 1932 wurde die NSDAP stärkste Partei im Reichstag und am 30. Januar 1933 wurde Hitler zum Reichskanzler ernannt (s. S. 401).

Der Nationalsozialismus – eine Variante des europäischen Faschismus

▶ M 4, M 5: NS-Ideologie in Textquellen

Der deutsche Nationalsozialismus bildete eine Variante des europäischen Faschismus, der als Sammelbegriff extrem nationalistische und totalitäre Parteien und Bewegungen in Europa nach dem Ersten Weltkrieg bezeichnet. Der Nationalsozialismus, der sich den Faschismus Italiens zum Vorbild nahm (s. S. 344), verband in seiner „Weltanschauung" die Grundelemente des Faschismus – Antiparlamentarismus, Antiliberalismus und Antimarxismus – mit völkischen Auffassungen von imperialistischem Nationalismus, Antisemitismus und Rassismus aus dem 19. Jahrhundert. Dabei bestand das Prinzip der NS-Ideologie in der radikalen Vereinfachung der übernommenen Thesen und Argumente. Neben dem ersten Parteiprogramm von 1920 bildete Hitlers Buch „Mein Kampf" (1925/27) die entscheidende Grundlage des Nationalsozialismus. Zu den Kernpunkten der NS-Ideologie gehören: Rassismus, Nationalsozialistischer Antisemitismus, „Lebensraum"-Ideologie, „Nationaler Sozialismus", „Volksgemeinschaft" und Führerprinzip.

M2 Seite aus einem nationalsozialistischen Kinderbuch, 1936.
Die Texte lauten (links): „Der Deutsche ist ein stolzer Mann, der arbeiten und kämpfen kann. Weil er so schön ist und voll Mut, hasst ihn von jeher schon der Jud!" (Rechts:) „Das ist der Jud, das sieht man gleich, der größte Schuft im ganzen Reich! Er meint, dass er der Schönste sei, und ist so hässlich doch dabei!"

Rassismus

Die These vom „ewigen Kampf" zwischen „höher-" und „minderwertigen" Rassen um „Lebensraum" stand im Mittelpunkt der NS-Ideologie. Eine zentrale ideengeschichtliche* Wurzel dieser Auffassung ist der Rassegedanke, der von Arthur Gobineau 1853 zur fundamentalen Kategorie seiner wissenschaftlich nicht haltbaren Geschichtsbetrachtung gemacht worden war. Dabei leitete er aus der biologischen Unterscheidung von menschlichen Gruppen ähnlicher ererbter Merkmale (z. B. der Hautfarbe) angeblich angeborene individuelle oder gesellschaftliche Verhaltensweisen ab. Gobineau ging von einer Hierarchie der verschiedenen menschlichen Rassen aus, wonach allein die weiße Rasse im Gegensatz zur schwarzen und gelben dazu befähigt sei, schöpferische Kräfte zu entwickeln. Vermengt wurde diese rassische Geschichtsauffassung mit dem Sozialdarwinismus*, der auf dem Missbrauch der Evolutionstheorie* von Charles Darwin über die Weiterentwicklung der Arten durch den Prozess der natürlichen Auslese beruhte. Die Sozialdarwinisten bezogen Darwins wertneutral formulierte Lehre vom „Kampf ums Dasein" auf die menschliche Gesellschaft und folgerten daraus, nur die stärkere menschliche Rasse werde sich im Überlebenskampf durchsetzen.

Nationalsozialistischer Antisemitismus

Seit dem Ende des 19. Jahrhunderts bezeichnet Antisemitismus neue Formen der Judenfeindschaft, die nach der weitgehenden Assimilation der Juden nicht mehr primär religiös oder sozialökonomisch, sondern nun rassenbiologisch begründet wurden. Die Bekämpfung der Juden, die als „Untermenschen" diffamiert wurden, diene der „Reinhaltung der arischen Rasse". Dieser zum fanatischen Hass gesteigerte „Überlebenskampf" hatte auch eine politische Dimension: Deutschland wurde als Opfer einer „jüdischen Weltverschwörung“ des „internationalen Finanzjudentums“ und des „jüdischen Bolschewismus“ dargestellt. Historisch beispiellos war, dass diese Ideologie seit der NS-Machtübernahme 1933 zum Inhalt staatlicher Politik wurde und ihre Umsetzung in der Ausgrenzung, Entrechtung und Vernichtung der jüdischen Bevölkerung (s. S. 418 ff., S. 441 ff.) sowie in der Rassenpolitik gegenüber osteuropäischen Völkern im nationalsozialistischen Vernichtungskrieg (s. S. 434 ff.) erfuhr.

„Lebensraum“-Ideologie

▶ M 6: NS-Ideologie in Bildern

Die nationalsozialistische Rassentheorie bildete auch die Grundlage und Legitimation* der NS-Außenpolitik. Hatten sich die außenpolitischen Zielvorstellungen der NSDAP ursprünglich im Rahmen eines nationalen Revisionismus* bewegt, so entwickelte Hitler in „Mein Kampf“ eine hiervon deutlich abweichende „Lebensraumdoktrin“. In ihr verbanden sich Landgewinnung im Osten, Vernichtung des Judentums und Beseitigung des Bolschewismus*. Die NS-Ideologie suggerierte der deutschen Bevölkerung, Stärke und Perspektiven eines Volkes seien gebunden an seinen „Lebensraum“ und dessen Ressourcen. Angesichts steigender Einwohnerzahlen wurden die Deutschen als „Volk ohne Raum“ bezeichnet. Diese nach der Machtübernahme zur Staatsdoktrin erhobene „Lebensraum“-Ideologie diente dazu, die Bevölkerung auf die Umsetzung der Weltherrschaftspläne des NS-Regimes vorzubereiten.

„Nationaler Sozialismus“ und „Volksgemeinschaft“

M 3 NS-Plakat, Sommer 1933

Der „nationale Sozialismus“ war als Gegenkonzept zu demokratischen und sozialistischen Gesellschaftsordnungen entwickelt worden. Für die Nationalsozialisten bestimmten nicht Klassengegensätze oder Interessenkonflikte die sozialen und politischen Konflikte. Sie propagierten vielmehr das Ideal der **„Volksgemeinschaft“**, in der alle individuellen Interessen und sozialen Gegensätze zugunsten einer auf der Gleichheit aller „Volksgenossen“ beruhenden „Kampfgemeinschaft“ aufgehoben werden sollten. Alle individuellen Bedürfnisse sollten dem vom Führer formulierten „Volkswillen“ untergeordnet werden. Neben diesen integrativen Kriterien definierte sich die NS-Volksgemeinschaft durch die radikale Ausgrenzung der Bevölkerungsgruppen, die nach NS-Verständnis „nicht arisch“ oder „entartet“ waren (s. S. 413 ff.).

Führerprinzip

Der Führer vereint in sich die oberste vollziehende, gesetzgebende und richterliche Gewalt und kennt keine Gewaltenteilung*. Er bedarf keiner Legitimation* und verlangt unbedingten Gehorsam. Seine Person wird fast kultisch verehrt („Führerkult“). Der Führerstaat funktioniert nach dem Führerprinzip: Autorität* wird in der Staats- und Parteiorganisation von oben nach unten ausgeübt, Verantwortung von unten nach oben verlagert. „Volksgemeinschafts“-Idee und „Führerprinzip“ ergänzten sich gegenseitig. Sie wurden vom NS-Staat genutzt, um auch das Verbot von Parteien und Gewerkschaften sowie die Verfolgung politischer und anderer Gegner zu legitimieren*.

1 **Wahlaufgabe:** Bearbeiten Sie Aufgabe a) oder b).
   - a) **Arbeitsteilige Partnerarbeit:** Erklären Sie sich gegenseitig die Kernpunkte der NS-Ideologie.
   - b) **Schaubild:** Erarbeiten Sie die Aspekte der NS-Ideologie, indem Sie ein Schaubild erstellen. Stellen Sie dabei Verbindungen zwischen den einzelnen Aspekten her.
     Tipp: Nutzen Sie die Methodenseite S. 392 f.

Hinweise zur Arbeit mit den Materialien:
Die Auseinandersetzung mit der NS-Ideologie erfolgt mithilfe von Textquellen (M 4, M 5 a–M 5 e) und von Bildern (M 6 sowie M 2, S. 397, und M 3, S. 398).

NS-Ideologie in Textquellen

M 4 Aus dem NSDAP-Parteiprogramm (1920)

2. Wir fordern die Gleichberechtigung des deutschen Volkes gegenüber anderen Nationen, Aufhebung der Friedensverträge von Versailles und Saint-Germain. 3. Wir fordern Land und Boden (Kolonien) zur Ernährung unseres Volkes und Ansiedlung unseres Bevölkerungsüberschusses. 4. Staatsbürger kann nur sein, wer Volksgenosse ist. Volksgenosse kann nur sein, wer deutschen Blutes ist. […] Kein Jude kann daher Volksgenosse sein. […] 20. Um jedem fähigen und fleißigen Deutschen das Erreichen höherer Bildung […] zu ermöglichen, hat der Staat für einen gründlichen Ausbau unseres gesamten Volksbildungswesens Sorge zu tragen. […] Das Erfassen des Staatsgedankens muss bereits […] durch die Schule (Staatbürgerkunde) erzielt werden. […] 21. Der Staat hat für die Hebung der Volksgesundheit zu sorgen und durch den Schutz der Mutter und des Kindes, durch Verbot der Jugendarbeit, durch Herbeiführung der körperlichen Ertüchtigung mittels gesetzlicher Festlegung einer Turn- und Sportpflicht. […] 23. […] Zeitungen, die gegen das Gemeinwohl verstoßen, sind zu verbieten. Wir fordern den gesetzlichen Kampf gegen eine Kunst und Literaturrichtung, die einen zersetzenden Einfluss auf unser Volksleben ausübt […]. 25. Zur Durchführung alles dessen fordern wir die Schaffung einer starken Zentralgewalt des Reiches.

*Zit. nach: Deutsches Historisches Museum Berlin, LEMO-Homepage (https://www.dhm.de/lemo/bestand/objekt/PLI03302) (Stand: 25.09.2019).**

M 5 Aus Hitlers „Mein Kampf" (1925)

a) „Der Jude":
Siegt der Jude mithilfe seines marxistischen Glaubensbekenntnisses über die Völker dieser Welt, dann wird seine Krone der Totenkranz der Menschheit sein, dann wird dieser Planet wieder wie einst vor Jahrmillionen menschenleer durch den Äther ziehen. Die ewige Natur rächt unerbittlich die Übertretung ihrer Gebote. So glaube ich heute im Sinne des allmächtigen Schöpfers zu handeln: Indem ich mich des Juden erwehre, kämpfe ich für das Werk des Herrn.

b) „Volk und Rasse":
Schon die oberflächlichste Betrachtung zeigt als nahezu ehernes Grundgesetz all der unzähligen Ausdrucksformen des Lebenswillens der Natur ihre in sich begrenzte Form der Fortpflanzung und Vermehrung. Jedes Tier paart sich nur mit einem Genossen der gleichen Art. Meise geht zu Meise, Fink zu Fink, der Storch zur Störchin, Feldmaus zu Feldmaus, Hausmaus zu Hausmaus, der Wolf zur Wölfin usw. […] Die Folge dieses in der Natur allgemein gültigen Triebes zur Rassereinheit ist nicht nur die scharfe Abgrenzung der einzelnen Rassen nach außen, sondern auch ihre gleichmäßige Wesensart in sich selber. […]
So wenig sie [die Natur] aber schon eine Paarung von schwächeren Einzelwesen mit stärkeren wünscht, so viel weniger noch die Verschmelzung von höherer Rasse mit niederer, da ja andernfalls ihre ganze sonstige, vielleicht jahrhunderttausendelange Arbeit der Höherzüchtung mit einem Schlage wieder hinfällig wäre. Die geschichtliche Erfahrung bietet hierfür zahllose Belege. Sie zeigt in erschreckender Deutlichkeit, dass bei jeder Blutsvermengung des Ariers mit niedrigeren Völkern als Ergebnis das Ende des Kulturträgers herauskam. […] Den gewaltigsten Gegensatz zum Arier bildet der Jude.

c) „Unbedingte Führerautorität":
Die junge Bewegung ist ihrem Wesen und ihrer inneren Organisation nach antiparlamentarisch, d. h., sie lehnt im Allgemeinen wie in ihrem eigenen inneren Aufbau ein Prinzip der Majoritätsbestimmung ab, in dem der Führer nur zum Vollstrecker des Willens und der Meinung anderer degradiert wird. Die Bewegung vertritt im Kleinsten wie im Größten den Grundsatz der unbedingten Führerautorität, gepaart mit höchster Verantwortung.
Die praktischen Folgen dieses Grundsatzes in der Bewegung sind nachstehende: Der erste Vorsitzende einer Ortsgruppe wird durch den nächsthöheren Führer eingesetzt, er ist der verantwortliche Leiter der Ortsgruppe. […]
Der völkische Staat hat, angefangen bei der Gemeinde bis hinauf zur Leitung des Reiches, keinen Vertretungskörper, der etwa durch Majorität beschließt, sondern nur Beratungskörper, die dem jeweilig gewählten Führer zur Seite stehen und von ihm in die Arbeit eingeteilt werden, um nach Bedarf selber auf gewissen Gebieten wieder unbedingte Verantwortung zu übernehmen, genau so wie sie im Größeren der Führer oder Vorsitzende der jeweiligen Korporation selbst besitzt.

d) Terror:
Hätte man zu Kriegsbeginn und während des Krieges einmal zwölf- oder fünfzehntausend dieser hebräischen Volksverderber so unter Giftgas gehalten, wie Hunderttausende unserer allerbesten deutschen Arbeiter aus allen Schichten und Berufen es im Felde erdulden mussten, dann wäre das Millionenopfer der Front nicht vergeblich gewesen. Im Gegenteil: Zwölftausend Schurken, zur rechten Zeit beseitigt, hätten vielleicht einer Million ordentlicher, für die Zukunft wertvoller Deutschen das Leben gerettet.

e) „Recht auf Grund und Boden“:
Wollte man in Europa Grund und Boden, dann konnte dies im Großen und Ganzen nur auf Kosten Russlands geschehen, dann musste sich das neue Reich auf der Straße der einstigen Ordensritter in Marsch setzen, um mit dem deutschen Schwert dem deutschen Pflug die Scholle, der Nation aber das tägliche Brot zu geben. [...]
Wir Nationalsozialisten haben jedoch noch weiterzugehen. Das Recht auf Grund und Boden kann zur Pflicht werden, wenn ohne Bodenerweiterung ein großes Volk dem Untergang geweiht erscheint. Noch ganz besonders dann, wenn es sich dabei nicht um ein x-beliebiges Negervölkchen handelt, sondern um die germanische Mutter all des Lebens, das der heutigen Welt ihr kulturelles Bild gegeben hat. Deutschland wird entweder Weltmacht oder überhaupt nicht sein. Zur Weltmacht aber braucht es jene Größe, die ihm in der heutigen Zeit die notwendige Bedeutung und seinen Bürgern das Leben gibt. Damit ziehen wir Nationalsozialisten einen Strich unter die außenpolitische Richtung unserer Vorkriegszeit. Wir setzen dort an, wo man vor sechs Jahrhunderten endete. Wir stoppen den ewigen Germanenzug nach dem Süden und Westen Europas und weisen den Blick nach dem Land im Osten. Wir schließen endlich ab die Kolonial- und Handelspolitik der Vorkriegszeit und gehen über zur Bodenpolitik der Zukunft.

*M 5 a–e zit. nach: Adolf Hitler, Mein Kampf, Franz Eher Nachfolger, München 1942, S. 69 f., 31 ff., 378, 501 f., 772, 741.***

1 Fassen Sie den Auszug aus dem NSDAP-Parteiprogramm mit eigenen Worten zusammen (M 4).
2 Ordnen Sie die Punkte des Parteiprogramms (M 4) den Hauptaspekten der NS-Ideologie zu.
3 **Arbeitsteilige Gruppenarbeit:** Analysieren Sie M 5 a–M 5 e im Hinblick auf Hitlers Menschenbild.

NS-Ideologie in Bildern

M 6 NS-Plakat, 1934

1 Untersuchen Sie M 6 im Hinblick auf die NS-Ideologie. **Tipp:** Nutzen Sie die Darstellung, S. 398.
2 **Vertiefung:**
   a) Untersuchen Sie Plakat M 3, S. 398, mit Blick auf das Menschenbild und das gesellschaftspolitische Selbstverständnis der Nationalsozialisten.
   b) Interpretieren Sie Abbildung M 2, S. 397, im Hinblick auf den Antisemitismus in der NS-Ideologie.
   c) Verfassen Sie im Anschluss an Ihre Ergebnisse aus Aufgabe a) und b) ein Werturteil.
   Tipp: Zum Unterschied von „Werturteil“ und „Sachurteil“ siehe Methodenseite, S. 330.

Errichtung der NS-Diktatur

In dieser Themeneinheit geht es um
- *die zentralen Stationen der Errichtung der NS-Diktatur und*
- *die Frage, ob es sich um eine „Machtergreifung" oder „Machtübertragung" handelte.*

„Machtergreifung" oder „Machtübertragung"?

Die Ernennung Hitlers zum Reichskanzler am 30. Januar 1933 stilisierte die NS-Propaganda zum Tag der „Machtergreifung" und feierte ihn als Beginn des **„Dritten Reichs"***. In der Geschichtswissenschaft besteht jedoch Einigkeit darüber, dass Hitler die Macht weder „ergriffen" noch im Rahmen einer „nationalen Revolution" an sich gerissen hat, auch wenn seine Ernennung nicht durch eine demokratische Wahl legitimiert war. Vielmehr handelte es sich um eine **Machtübertragung,** die formal nicht gegen die Weimarer Verfassung verstieß. Reichspräsident Hindenburg hatte in der Tradition der Präsidialkabinette* Hitler mit der Bildung einer Koalitionsregierung* auf der Basis der NSDAP-DNVP-Mehrheit im Reichstag beauftragt. Der neuen Regierung (**„Kabinett der nationalen Konzentration"**) gehörten neben Hitler „nur" zwei weitere NSDAP-Mitglieder an. Bewusst ließ Hitler aber die Koalitionsverhandlungen scheitern und setzte noch am 31. Januar bei Hindenburg die Reichstagsauflösung und **Neuwahlen** am 5. März durch.

„Drittes Reich"
NS-Propagandabegriff. Damit stellten die Nationalsozialisten eine Beziehung zum Heiligen Römischen Reich Deutscher Nation (962–1806) und zum Deutschen Kaiserreich (1871–1918) her und suggerierten* eine „Vollendung" der deutschen Geschichte.

M1 „Was der König eroberte, der Fürst formte, der Feldmarschall verteidigte, rettete und einigte der Soldat", Postkarte, 1933

Doppelstrategie

Die Nationalsozialisten hofften, bei den Reichstagswahlen am 5. März 1933 die absolute Mehrheit zu erhalten, um so ihre Herrschaft als vom Volk legitimiert erscheinen zu lassen. Auch suchten sie nach einer Möglichkeit für „legale" Verfassungsänderungen. Im Wahlkampf verfolgte die NSDAP – versehen mit großzügigen Spenden der Industrie – eine **Doppelstrategie:** Einerseits beabsichtigte man, um die Bevölkerung mit einer aufwändigen **Propaganda** zu werben. Andererseits bediente man sich aller staatlichen Machtmittel bei der Bekämpfung und **Ausschaltung ihrer politischen Gegner**. Mit Notverordnungen wurden die Grundrechte eingeschränkt und die parlamentarische Opposition bekämpft. Ergänzt wurde die staatliche Repression* durch Terror: Am 17. Februar sicherte sich Göring als kommissarischer* preußischer Innenminister die Kontrolle über die dortige Polizei und verpflichtete deren Beamte auf den Schutz von NS-Verbänden und NS-Propaganda. Bei Überfällen von SA und SS griff die Polizei nun in der Regel nicht mehr ein. Bereits am 3. Februar versicherte sich Hitler der Loyalität* der Reichswehr. Im Gegenzug garantierte er ihnen die Unabhängigkeit von der SA und informierte sie über seine Pläne über Aufrüstung und Wiedereinführung der Wehrpflicht.

Abschaffung der Grundrechte

Als es am 27. Februar 1933 zum **Reichstagsbrand*** kam, nutzen die Nationalsozialisten das Ereignis, um die Opposition verstärkt zu verfolgen und zu terrorisieren. Sie beschuldigten die Kommunisten der Brandstiftung und überzeugten Reichspräsident Hindenburg davon, am 28. Februar eine Notverordnung „zum Schutze von Volk und Staat" (**„Reichstagsbrandverordnung"**) zu erlassen. Mir ihr wurden wichtige Grundrechte wie Meinungs- und Versammlungsfreiheit außer Kraft gesetzt sowie Hausdurchsu-

M2 Der brennende Reichstag (Fotomontage), 1933.
Das Bild entstand am Morgen des 28. Februar 1933, nachdem der Brand gelöscht war. Die Flammen wurden in das Foto nachträglich eingefügt.

Reichstagsbrand-Kontroversen
Die Polizei fand im brennenden Gebäude den 24-jährigen niederländischen Kommunisten Marinus van der Lubbe und nahm ihn fest.
- Von Anfang an bestand **van der Lubbe** auf seiner Alleintäterschaft.
- Das **Reichsgericht** Leipzig verurteilte ihn im Dezember 1933 wegen Hochverrats zum Tode und ließ ihn hinrichten.
- Die **NSDAP-Führung** erklärte noch in der Brandnacht, die Tat sei der „Beginn eines kommunistischen Aufstands".
- Vertreter **linker Gruppierungen** behaupteten schon 1933, die Nationalsozialisten seien die Brandstifter gewesen, um einen Vorwand für die geplante Verfolgung politischer Gegner zu inszenieren.
- Während für die These vom KPD-Aufstand bereits das Reichsgericht 1933 keine Belege fand, streitet die **Geschichtswissenschaft** bis heute um den oder die Täter. Dabei geht es auch um eine Bewertung der NS-Machteroberung: Während die Vertreter einer Alleintäterschaft die nach dem Reichstagsbrand eingeleitete Errichtung der NS-Diktatur für ein zufälliges Ereignis halten, gehen Vertreter einer NS-Mittäterschaft von einem planmäßigen und systematischen Herrschaftsaufbau aus.
- Ungeachtet der andauernden Kontroverse erfuhr van der Lubbe posthum* Gerechtigkeit: 2007 hob die **Bundesanwaltschaft** das Urteil auf, da es auf „spezifisch nationalsozialistischen Unrechtsvorschriften" beruhte. Mit dieser Entscheidung wurde jedoch keine Aussage über die Täterschaft getroffen.

chungen und Festnahmen ohne richterlichen Befehl erlaubt. Allein in Preußen wurden bis April 1933 rund 35 000 Gegner, vorrangig Kommunisten, aber auch Sozialdemokraten und Gewerkschafter von den Nationalsozialisten inhaftiert und gefoltert. Ende März wurden erste Konzentrationslager eingerichtet. Bis heute ist die Frage der Täterschaft ungeklärt.
Darüber hinaus ermächtigte das Gesetz die Reichsregierung, in den Ländern vorübergehend die Befugnisse der oberen Behörden wahrzunehmen. Damit war die rechtliche Basis für die Machtübernahme in den Ländern gelegt. Dieser unerklärte Ausnahmezustand dauerte bis 1945.
Trotz der starken Behinderung der Opposition erlangte die NSDAP bei den **Reichstagswahlen am 5. März 1933** nicht die absolute Mehrheit. Obwohl sie ihren Stimmenanteil auf 43,9 % steigerte, verfügte sie nur zusammen mit der DNVP über eine regierungsfähige Mehrheit von 51,9 %. SPD und KPD konnten ihre Stimmenanteile – ungeachtet des Terrors und der Verfolgung – dagegen nahezu behaupten.

„Gleichschaltung" der Länder

Noch am Tag der Wahlen, am 5. März, begann die von Hitler geführte Reichsregierung damit, die Selbstverwaltungsrechte der Länder und Kommunen zu beseitigen. Dieser Prozess der **„Gleichschaltung"**, wie die Durchsetzung diktatorischer Herrschaft bis zur kleinsten Dorfgemeinde hinunter oft allzu verharmlosend bezeichnet wird, erfolgte überall nach dem gleichen Muster. Die NS-Gauleitungen ließen die SA aufmarschieren und so den angeblichen „Unwillen der Bevölkerung" wegen unhaltbarer Zustände kundtun. Zum Anlass dafür nahmen die Nationalsozialisten häufig das Fehlen der NS-Flagge auf dem Rathaus. Unter Berufung auf die „Verordnung zum Schutz von Volk und Staat" befahl Reichsinnenminister Wilhelm Frick daraufhin zumeist telegrafisch die Einsetzung sogenannter Staatskommissare.
Am 31. März 1933 wurden mit dem **„Gesetz zur Gleichschaltung der Länder mit dem Reich"** die Landtage aufgelöst und nach den regionalen Stimmenverhältnissen der Reichstagswahl vom 5. März neu zusammengesetzt. Da die KPD- und SPD-Stimmen nicht gewertet wurden, verfügte die NSDAP in allen Parlamenten über eine Mehrheit. Am 7. April erfolgten mit einem „zweiten Gleichschaltungsgesetz" die Auflösung der Landesregierungen und die Einsetzung von „Reichsstatthaltern", die häufig identisch mit den jeweiligen Gauleitern der NSDAP waren und nun die Landesgewalt übernahmen. Mit diesem Gleichschaltungsprozess entwickelte sich ein wesentliches Kennzeichen des NS-Staates: eine Überlagerung von Partei- und Staatsorganen (s. S. 406).
Diese Wechselwirkung einer „Gewalt von unten", die „oben" von der NS-Führung instrumentalisiert wurde, um auf der Reichsebene radikalere politische Maßnahmen durchzusetzen, sollte als Modell für die folgenden Jahre dienen. So gelang es den Nationalsozialisten, „die republikanische Verfassungsordnung, auch wenn sie formal erhalten blieb, umzustülpen und eine auf Volk, Rasse und Führer gegründete Diktatur zu errichten" (Michael Wildt). Wieder verfolgte die NS-Führung eine **Doppelstrategie:** Verfolgung und Terror wurden flankiert von propagandistischen Inszenierungen wie z. B. der feierlichen **Eröffnung des Reichstages am 21. März 1933 in der Potsdamer Garnisonkirche,** die die bürgerlich-konservativen Kräfte für das NS-Regime gewinnen sollte.

„Ermächtigungsgesetz"

Obwohl die NSDAP nach den Reichstagswahlen mit der DNVP über eine regierungsfähige Mehrheit verfügte, legte Hitler dem Reichstag am **23. März 1933** das „Gesetz zur Behebung der Not von Volk und Staat" zur Abstimmung vor. Das sogenannte **Ermächtigungsgesetz** gab der Reichsregierung das Recht, Gesetze ohne Zustimmung der

Reichstagsabgeordneten zu erlassen. Diese Gesetze konnten „von der Reichsverfassung abweichen". Die Rechte des Reichspräsidenten sollten „unberührt" bleiben.
Hitler kam es bei diesem entscheidenden Schritt zur Errichtung der NS-Diktatur darauf an, den Schein der Legalität* zu wahren. Daher sollte das „Ermächtigungsgesetz" mit einer von der Verfassung vorgeschriebenen Zweidrittel-Mehrheit verabschiedet werden. Nach einer emotionsgeladenen Reichstagsdebatte wurde das Gesetz am Ende von den Fraktionen der NSDAP, DNVP und der bürgerlichen Parteien gegen 94 Stimmen der SPD angenommen. 26 SPD-Parlamentarier sowie 81 kommunistische Abgeordnete, deren Mandate die NSDAP einfach für ungültig erklärt hatte, waren bereits unmittelbar nach dem Reichstagsbrand geflohen oder verhaftet worden.

▶ M 4–M 7: Ermächtigungsgesetz

M 3 Der „Tag von Potsdam". Reichskanzler Hitler, Reichswehrminister von Blomberg, Reichspräsident von Hindenburg vor der Garnisonkirche in Potsdam, Fotografie, 21. März 1933

Die feierliche Eröffnung des neuen Reichstages am 21. März 1933 war ein erster Höhepunkt der NS-Propaganda. Der unter der Regie von Propagandaminister Goebbels organisierte „Staatsakt" in der Potsdamer Garnisonkirche (Begräbnisstätte des preußischen Königs Friedrichs II.; s. S. 169 ff.) sollte die Verbindung von nationalkonservativem Traditionsbewusstsein und „nationalsozialistischer Bewegung" symbolisieren. Inszenierter Höhepunkt war der Handschlag zwischen „altem" und „neuem" Deutschland: zwischen dem greisen Reichspräsidenten von Hindenburg, der in seiner Uniform als kaiserlicher Feldmarschall auftrat, und Reichskanzler Hitler im schwarzen Frack.

Auflösung der Gewerkschaften und Parteien

Um ihre Diktatur zu festigen, begannen die Nationalsozialisten die anderen Parteien und die Gewerkschaften zu entmachten. Die freien **Gewerkschaften** hatten noch bei den Betriebsratswahlen im März und April 1933 mehr als drei Viertel der Stimmen erhalten. Durch Loyalitätserklärungen gegenüber der NS-Regierung versuchten sie ihre drohende Auflösung zu verhindern. Um die Gewerkschaftsfunktionäre und Arbeiter zu täuschen, bestimmten die Nationalsozialisten den 1. Mai zum „Tag der nationalen Arbeit" und erklärten den Klassenkampf im Sinne der „Volksgemeinschafts"-Ideologie für überwunden. Bereits einen Tag später wurden die Gewerkschaftsbüros gestürmt, die Funktionäre verhaftet und das Eigentum beschlagnahmt. Die Regierung erklärte die freien Gewerkschaften für aufgelöst und bildete die **Deutsche Arbeitsfront (DAF)**, in der Arbeitnehmer wie Arbeitgeber zwangsvereinigt wurden.
Im Sommer 1933 folgte die **Auflösung der Parteien.** Nach der Zerschlagung der KPD infolge der „Reichstagsbrandverordnung" wurde zunächst die SPD verboten. Reichsinnenminister Frick erklärte am 22. Juni 1933 die SPD zur „volks- und staatsfeindlichen Organisation", weil der Parteivorstand nach der gewaltsamen Auflösung der freien Gewerkschaften vom Exil* in Prag aus zum Sturz des NS-Regimes aufgerufen hatte. Die bürgerlichen Parteien kamen einem Verbot zuvor, indem sie sich selbst auflösten, zuletzt am 5. Juli 1933 das Zentrum. Am 14. Juli 1933 wurde das **„Gesetz gegen die Neubildung von Parteien"** erlassen, das Neu- und Wiedergründungen von Parteien mit Zuchthausstrafen bedrohte und die NSDAP zur einzig legalen Staatspartei erklärte.
Die Konkurrenz zwischen der mächtiger werdenden SA und der Reichswehr sowie parteiinterne Macht- und Richtungskämpfe belasteten das Hitler-Regime. Im Sommer 1934 wurden daher die gesamte SA-Spitze um Ernst Röhm sowie etliche konservative Regimekritiker auf Befehl Hitlers entmachtet und hingerichtet **(„Röhm-Putsch").**
Nach dem Tod von Hindenburg am 2. August 1934 ergriff Hitler mit dem **„Gesetz über das Staatsoberhaupt des Deutschen Reiches"** auch den Posten des Staatsoberhauptes, indem er die Ämter des Reichskanzlers und Reichspräsidenten vereinigte. Noch am Todestag Hindenburgs nahm er den Titel „Führer und Reichskanzler" an und ließ die Reichswehr auf seine Person vereidigen. Nachträglich ließ er sich durch Volksentscheid in diesem Amt bestätigen und besaß damit die uneingeschränkte Gewalt in Deutschland.

1 Stellen Sie die Etappen der Diktatur-Errichtung (Darstellung) in einer Übersicht dar.
Tipp: Verwenden Sie folgende Aspekte: Zeit, Maßnahme, Inhalt, Folgen.
2 Erläutern Sie anhand von Beispielen die Doppelstrategie der Nationalsozialisten.

Hinweise zur Arbeit mit den Materialien:
Der Materialteil thematisiert exemplarisch eine zentrale Etappe auf dem Weg zur NS-Diktatur: das Ermächtigungsgesetz. M 4 beinhaltet das Gesetz, M 5–M 7 bieten Auszüge aus Reichstagsreden zum Gesetz.

Das Ermächtigungsgesetz

M 4 „Gesetz zur Behebung der Not von Volk und Reich" (Ermächtigungsgesetz; 23. März 1933)

1. Reichsgesetze können außer in dem in der Reichsverfassung vorgesehenen Verfahren auch durch die Reichsregierung beschlossen werden. Dies gilt auch für die in den Artikeln 85 II und 87 der Reichsverfassung bezeichneten Gesetze.
2. Die von der Reichsregierung beschlossenen Reichsgesetze können von der Reichsverfassung abweichen, soweit sie nicht die Einrichtung des Reichstags und des Reichsrats als solche zum Gegenstand haben. Die Rechte des Reichspräsidenten bleiben unberührt.
3. Die von der Reichsregierung beschlossenen Reichsgesetze werden vom Reichskanzler ausgefertigt und im Reichsgesetzblatt verkündet. Sie treten, soweit sie nichts anderes bestimmen, mit dem auf die Verkündung folgenden Tage in Kraft. Die Artikel 68 bis 77 der Reichsverfassung finden auf die von der Reichsregierung beschlossenen Gesetze keine Anwendung.
4. Verträge des Reiches mit fremden Staaten, die sich auf Gegenstände der Reichsgesetzgebung beziehen, bedürfen für die Dauer der Geltung dieser Gesetze nicht der Zustimmung der an der Gesetzgebung beteiligten Körperschaften. Die Reichsregierung erlässt die zur Durchführung dieser Verträge erforderlichen Vorschriften.
5. Dieses Gesetz tritt mit dem Tage seiner Verkündung in Kraft. Es tritt mit dem 1. April 1937 außer Kraft, es tritt ferner außer Kraft, wenn die gegenwärtige Reichsregierung durch eine andere abgelöst wird.

Zit. nach: Reichsgesetzblatt, Teil I, 1933, Nr. 25, S. 141.

1 Geben Sie die zentralen Bestimmungen des Ermächtigungsgesetzes mit eigenen Worten wieder (M 4).
Tipp: Recherchieren Sie auch den Inhalt der angesprochenen Artikel der Weimarer Verfassung.

2 Erläutern Sie anhand von Beispielen die Auswirkungen von M 4 auf den Weimarer Verfassungsstaat.
Tipp: Siehe Darstellung und Schaubild, S. 366 f.

Aus der Reichstagsdebatte zum Ermächtigungsgesetz

M 5 Aus der Regierungserklärung von Reichskanzler Adolf Hitler (NSDAP)

Um die Regierung in die Lage zu versetzen, die Aufgaben zu erfüllen, die innerhalb dieses allgemein gekennzeichneten Rahmens liegen, hat sie im Reichstag durch die beiden Parteien der Nationalsozialisten und der Deutschnationalen das Ermächtigungsgesetz einbringen lassen. Ein Teil der beabsichtigten Maßnahmen erfordert die verfassungsändernde Mehrheit. Die Durchführung dieser Aufgaben bzw. ihre Lösung ist notwendig. Es würde dem Sinn der nationalen Erhebung widersprechen und dem beabsichtigten Zweck nicht genügen, wollte die Regierung sich für ihre Maßnahmen von Fall zu Fall die Genehmigung des Reichstags erhandeln und erbitten. Die Regierung wird dabei nicht von der Absicht getrieben, den Reichstag als solchen aufzuheben; im Gegenteil, sie behält sich vor, ihn von Zeit zu Zeit über ihre Maßnahmen zu unterrichten oder aus bestimmten Gründen, wenn zweckmäßig, auch seine Zustimmung einzuholen. Die Autorität und damit die Erfüllung der Aufgaben der Regierung würden aber leiden, wenn im Volke Zweifel an der Stabilität des neuen Regiments entstehen könnten. Sie hält vor allem eine weitere Tagung des Reichstags im heutigen Zustand der tief gehenden Erregung der Nation für unmöglich. Es ist kaum eine Revolution von so großem Ausmaß so diszipliniert und unblutig verlaufen wie diese Erhebung des deutschen Volkes in diesen Wochen. Es ist mein Wille und meine feste Absicht, für diese ruhige Entwicklung auch in Zukunft zu sorgen. Allein umso nötiger ist es, dass der nationalen Regierung jene souveräne Stellung gegeben wird, die in einer solchen Zeit allein geeignet ist, eine andere Entwicklung zu verhindern. Die Regierung beabsichtigt dabei, von diesem Gesetz nur insoweit Gebrauch zu machen, als es zur Durchführung der lebensnotwendigen Maßnahmen erforderlich ist. [...] Sie bietet den Parteien des Reichstags die Möglichkeit einer ruhigen deutschen Entwicklung und einer sich daraus in der Zukunft anbahnenden Verständigung; sie ist aber ebenso entschlossen und bereit die Bekundung der Ablehnung und damit die Ansage des Widerstandes entgegenzunehmen. Mögen Sie, meine Herren, nunmehr selbst die Entscheidung treffen über Frieden oder Krieg.

*Zit. nach: Johannes Hohlfeld, Klaus Hohlfeld (Hg.), Dokumente der deutschen Politik und Geschichte von 1848 bis zur Gegenwart, Bd. 4, Wendler, Berlin 1957, S. 35 f.**

M6 Aus der Rede von Reinhold Meier (DDP)

Wir leugnen auch keineswegs, dass Notzeiten besondere Maßnahmen erfordern, und haben deswegen wiederholt Ermächtigungsgesetze und Notverordnungen gutgeheißen. Wir verstehen, dass die gegenwärtige Regierung weitgehende Vollmachten verlangt, um ungestört arbeiten zu können. Wenn wir gleichwohl in dieser so ernsten Stunde uns verpflichtet fühlen, Besorgnisse zum Ausdruck zu bringen, so gehen wir davon aus, dass auch der jetzigen Regierung eine sachliche und loyale Kritik ihrer Maßnahmen nicht unerwünscht sein wird. Wir vermissen in dem vorliegenden Gesetzentwurf, dass den verfassungsmäßigen Grundrechten und den Grundlagen der bürgerlichen Rechtsordnung keine ausdrückliche Sicherung vor Eingriffen gegeben wurde. Unantastbar müssen vor allem bleiben die Unabhängigkeit der Gerichte, das Berufsbeamtentum und seine Rechte, das selbstbestimmende Koalitionsrecht der Berufe, die staatsbürgerliche Gleichberechtigung, die Freiheit von Kunst und Wissenschaft wie ihre Lehre. Diese Werte sind Grundelemente jedes Gemeinschaftslebens in einem geordneten Rechtsstaat. Gerade sie wurden durch die Verfassung von Weimar aus der alten deutschen und aus der alten preußischen staatlichen Tradition gerettet, und sie dürfen heute wie vor 14 Jahren nicht gefährdet werden.
Im Interesse von Volk und Vaterland und in der Erwartung einer gesetzmäßigen Entwicklung werden wir unsere ernsten Bedenken zurückstellen und dem Ermächtigungsgesetz zustimmen.

Zit. nach: Josef Becker (Hg.), Hitlers Machtergreifung, dtv, München 1992, S. 177.

M7 Aus der Rede des SPD-Politikers Otto Wels

Nach den Verfolgungen, die die Sozialdemokratische Partei in der letzten Zeit erfahren hat, wird billigerweise niemand von ihr verlangen oder erwarten können, dass sie für das hier eingebrachte Ermächtigungsgesetz stimmt. Die Wahlen vom 5. März haben den Regierungsparteien die Mehrheit gebracht und damit die Möglichkeit gegeben, streng nach Wortlaut und Sinn der Verfassung zu regieren. Wo diese Möglichkeit besteht, besteht auch die Pflicht. Kritik ist heilsam und notwendig. Noch niemals, seit es einen Deutschen Reichstag gibt, ist die Kontrolle der öffentlichen Angelegenheiten durch die gewählten Vertreter des Volkes in solchem Maße ausgeschaltet worden, wie es jetzt geschieht und wie es durch das neue Ermächtigungsgesetz noch mehr geschehen soll. Eine solche Allmacht der Regierung muss sich umso schwerer auswirken, als auch die Presse jeder Bewegungsfreiheit entbehrt. [...]
Wir Sozialdemokraten wissen, dass man machtpolitische Tatsachen durch bloße Rechtsverwahrungen nicht beseitigen kann. Wir sehen die machtpolitische Tatsache Ihrer augenblicklichen Herrschaft, aber auch das Rechtsbewusstsein des Volkes ist eine politische Macht, und wir werden nicht aufhören, an dieses Rechtsbewusstsein zu appellieren.
Die Verfassung von Weimar ist keine sozialistische Verfassung. Aber wir stehen zu den Grundsätzen des Rechtsstaates, der Gleichberechtigung, des sozialen Rechtes, die in ihr festgelegt sind. Wir deutschen Sozialdemokraten bekennen uns in dieser geschichtlichen Stunde feierlich zu den Grundsätzen der Menschlichkeit und der Gerechtigkeit, der Freiheit und des Sozialismus. Kein Ermächtigungsgesetz gibt Ihnen die Macht, Ideen, die ewig und unzerstörbar sind, zu vernichten. Sie selbst haben sich ja zum Sozialismus bekannt. Das Sozialistengesetz hat die Sozialdemokratie nicht vernichtet. Auch aus neuen Verfolgungen kann die deutsche Sozialdemokratie neue Kraft schöpfen.

*Zit. nach: Johannes Hohlfeld, Klaus Hohlfeld (Hg.), Dokumente der deutschen Politik und Geschichte von 1848 bis zur Gegenwart, Bd. 4, Wendler, Berlin 1957, S. 38 ff.**

1 **Arbeitsteilige Gruppenarbeit:**
   a) Analysieren Sie M 5–M 7 im Hinblick auf Positionen und Argumentationen zum Ermächtigungsgesetz.
   b) Vergleichen Sie und beurteilen Sie die Reden.

2 **Vertiefung:** Begründen Sie, warum „Reichstagsbrandverordnung" und Ermächtigungsgesetz als „Verfassungsurkunden" des NS-Staates bezeichnet werden können.

3 **Wahlaufgabe:** Bearbeiten Sie Aufgabe a) oder b).
   a) **Rede:** Vor einem parlamentarischen Untersuchungsausschuss des Landtags von Nordbaden und Nordwürttemberg erklärte Reinhold Meier 1947: „Die Frage war am 23. März 1933 einzig und allein die, ob ein Parlament weiterbesteht, auch ein entmachtetes Parlament, ob wir noch eine letzte Planke zur Verfügung hatten, auf der eine Volksvertretung vielleicht wieder Kraft gewinnen konnte." Entwerfen Sie eine Rede, in der Sie hierzu Stellung nehmen.
   b) **Titel für eine Gedenkveranstaltung:** Vor der Gedenkstunde im Bundestag zum Ermächtigungsgesetz 2008 wurde über den Titel „Selbstaufgabe der Demokratie in Deutschland vor 75 Jahren" gestritten. Die Grünen waren dagegen, denn die Demokratie könne sich nicht selbst aufgeben. Formulieren Sie einen Titel, der die Kritik aufgreift, und begründen Sie ihn.

Organisation und Methoden des NS-Staates

In dieser Themeneinheit geht es um
- *die zentralen Merkmale des nationalsozialistischen Herrschaftssystems, die unter der Leitfrage „Monokratie oder Polykratie?" untersucht werden können,*
- *die Gewalt und den Terror der Nationalsozialisten,*
- *die Mittel, die Ziele und die Bedeutung der Propaganda im NS-Staat.*

M 1 SA-Mitglieder nehmen politische Gegner in der SA-Kaserne Friedrichstraße in Berlin fest, Fotografie, April 1933

▶ M 8, M 9: NS-Herrschaftssystem

Monokratie oder Polykratie?

Nach Errichtung der NS-Diktatur 1933/34 war Hitler der unangefochtene „Führer" auf der Partei- und der Staatsebene und seine Erlasse und Befehle waren ein von keiner Instanz kontrolliertes Machtinstrument. Diese Machtfülle vermittelt die Vorstellung eines perfekt durchorganisierten und hierarchisch aufgebauten Systems, d. h. einer „Monokratie", die durch den „Führerwillen" von der Spitze aus gelenkt wurde. Allerdings kam es aufgrund der Überlagerung von Staats- und Parteiinstitutionen und der unklaren Kompetenzverteilung zwischen einzelnen Organisationsebenen und -führungen zu einem permanenten Machtkampf um politischen Einfluss. Im Gegensatz zum monokratisch geordneten „Führerstaat" bezeichnet man dieses System als „Polykratie".
In der Forschung wird kontrovers beurteilt, ob dieses Kompetenzchaos der Unfähigkeit Hitlers zur effektiven Organisation der Administration geschuldet war oder ob er es planvoll zur eigenen Machtsicherung einsetzte. Historiker, die beide Positionen zusammenführen, betonen, der NS-Staat hätte „eine starke monokratische Spitze und gleichzeitig polykratische Machtstrukturen" besessen, die sich gegenseitig bedingten.

Konzentrationslager (KZ)
Die Lager waren eines der wichtigsten Instrumente des NS-Staates, um Menschen aus politischen, religiösen, rassischen oder anderen Gründen zu inhaftieren, zu misshandeln und zu ermorden. Die Inhaftierten – 1944 ca. 397 000 Männer und 145 000 Frauen – wurden mit Drill, Mangelernährung und Folter unterdrückt sowie ab 1938 zur Zwangsarbeit, insbesondere für die Rüstungsindustrie, eingesetzt (s. S. 437). Seit 1941 errichteten die Nationalsozialisten in den besetzten Gebieten im Osten Vernichtungslager, in denen bis Frühjahr 1945 etwa 6 Millionen Juden und 500 000 Polen, Sinti, Roma und andere Gefangene „fabrikmäßig", vor allem durch Giftgaseinsatz, ermordet wurden. Bis Kriegsende gab es insgesamt 22 Hauptlager mit über 1 000 Außenlagern. Unter ihnen war das seit Juni 1940 eingerichtete KZ Auschwitz in seiner räumlichen Ausdehnung und in seiner Vernichtungskapazität das größte Todeslager der Menschheitsgeschichte.

Organisation des Terrors

Zur Herrschaftssicherung bedienten sich die Nationalsozialisten neben der staatlichen Macht vor allem des Terrors und der Propaganda. Ausgeübt wurde der **grenzenlose Terror** in erster Linie von der **Sturmabteilung (SA).** Diese nach italienischem Vorbild strukturierte politische Kampfgruppe war 1920 von der NSDAP ursprünglich zur Sicherung ihrer Parteiveranstaltungen gegründet worden und rekrutierte* ihre Mitglieder überwiegend aus Freikorps* und Bürgerwehrverbänden. In der Folgezeit wurde die SA zu einer paramilitärischen Organisation umgeformt und diente den Nationalsozialisten zur Terrorisierung politischer Gegner und nach der Machtübernahme vorrangig zur Leitung und Bewachung erster **Konzentrationslager (KZ)***.
Für Hitler stellte die SA, die nach 1933 zu einer Massenorganisation mit ca. drei Millionen Mitgliedern herangewachsen war, allerdings eine Gefährdung dar. Infolge des „Röhm-Putsches" wurde die SA-Führung Ende Juni 1934 auf Hitlers Befehl ermordet. Die SA existierte zwar weiter, verlor jedoch politischen Einfluss und zwei Drittel ihrer Mitglieder.
Von dieser Entwicklung profitierte die **Schutzstaffel (SS),** die unter der Leitung Heinrich Himmlers bis zum „Röhm-Putsch" in die SA eingegliedert war. Die SS war 1925 zunächst gebildet worden, um Hitler und andere NSDAP-Funktionäre zu schützen. 1934 wurde ihr von Hitler die alleinige Zuständigkeit für alle Konzentrationslager übertragen. Zu diesem Zweck wurden bewaffnete Wachmannschaften aufgestellt, die ab 1936 „SS-Totenkopfverbände" genannt wurden. Aus der persönlichen Leibwache Hitlers entstanden die militärisch organisierten SS-Verfügungstruppen und später die Divisionen* der Waffen-SS. Eine weitere Unterorganisation war der Sicherheitsdienst **(SD),** der geheime Nachrichten über politische Gegner sammelte, „verdächtige" Parteimitglieder über-

M2 **Struktur des NS-Staates**

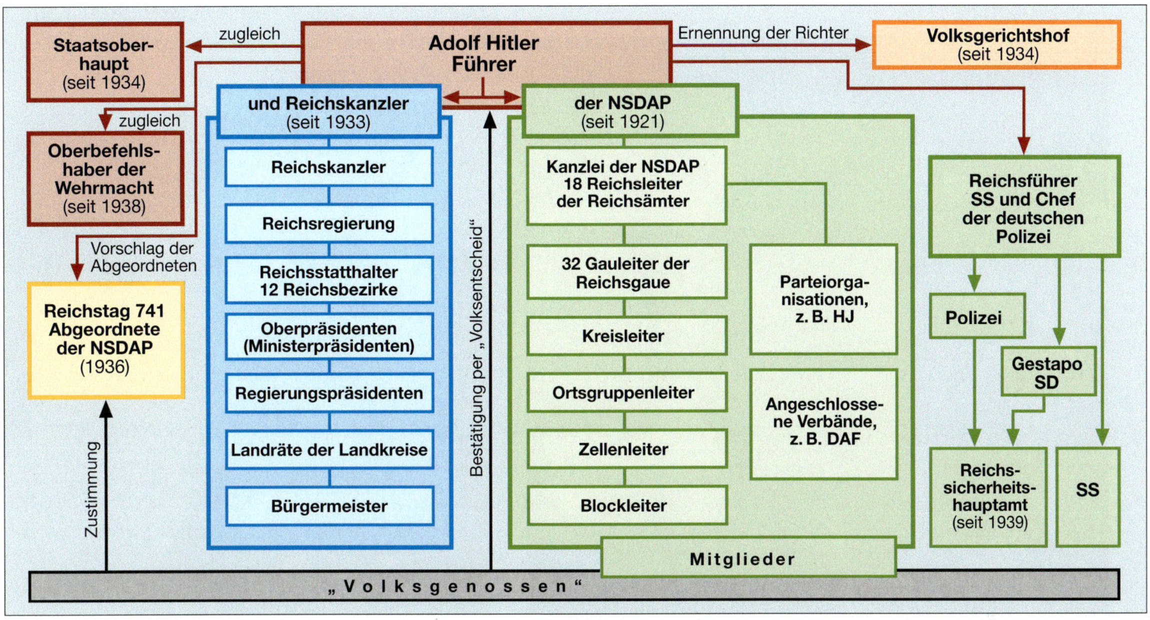

wachte und sich zu einer im gesamten Reichsgebiet operierenden Geheimpolizei entwickelte. Damit wurde der SD zur Konkurrenz für die erst im April 1933 gegründete **Geheime Staatspolizei (Gestapo).** Die Gestapo – seit 1934 ebenfalls von Himmler geleitet – wurde schließlich mit dem SD sowie der staatlichen Kriminal- und Ordnungspolizei zum **Reichssicherheitshauptamt (RSHA) 1939** vereinigt. Das RSHA entwickelte sich zum zentralen Instrument der Kriegspolitik. Dabei wurde Himmler zum Organisator von Terrormaßnahmen und Massenmorden gegen die Zivilbevölkerung in den besetzten Gebieten sowie zum Initiator* der zur „Endlösung der Judenfrage" eingeleiteten Vernichtungspolitik.

▶ **M 6, M 7: SS und Gestapo**

Justiz

Auch die Justiz wurde von den Nationalsozialisten für den Ausbau ihrer Herrschaft instrumentalisiert. Im Prozess der Aushöhlung des demokratischen Systems wurden Gesetze und Gerichte missbraucht, um politische Gegner zu bekämpfen. Dies betraf sowohl **normale Gerichte,** die nach 1933 die NS-Gesetze widerstandslos anwandten, als auch die Ausweitung der bereits in der Weimarer Republik bestehenden **Sondergerichte.** Letztere wurden zuständige Instanz für alle „Verbrechen", die jede Kritik an der Regierung mit schweren Strafen belegte. Zur „Aburteilung von Hoch- und Landesverratssachen" schufen die Nationalsozialisten 1934 den Volksgerichtshof, gegen dessen Urteile keine Rechtsmittel zulässig waren. Dieses 1934 eingerichtete Sondergericht befasste sich als erste und letzte Instanz mit politischen Straftaten wie „Wehrkraftzersetzung", „Wehrdienstentziehung" und Spionage. Hitler persönlich ernannte die jeweils fünf Richter der sechs Senate, von denen nur der Vorsitzende und ein Beisitzer Juristen sein mussten; die drei anderen Laienbeisitzer kamen aus der Wehrmacht, der Polizei oder waren Parteifunktionäre. Besonders unter dem Vorsitz des Richters **Roland Freisler** wurde der Volksgerichtshof ab 1942 zum gefürchteten Instrument der NS-Terrorjustiz. Freislers Verhandlungsführung gegen die Widerständler des 20. Juli 1944 (s. S. 453), in der er die Angeklagten unter entwürdigenden Umständen vor Gericht auftreten sowie schreiend und tobend kaum zu Wort kommen ließ, prägten das Bild des Volksgerichtshofes. Bis Ende 1944 fällte er ca. 5 200 Todesurteile, die auch vollstreckt wurden.

M3 „Deutsche Symphonie", Ölgemälde von Hans Toepper, 1938

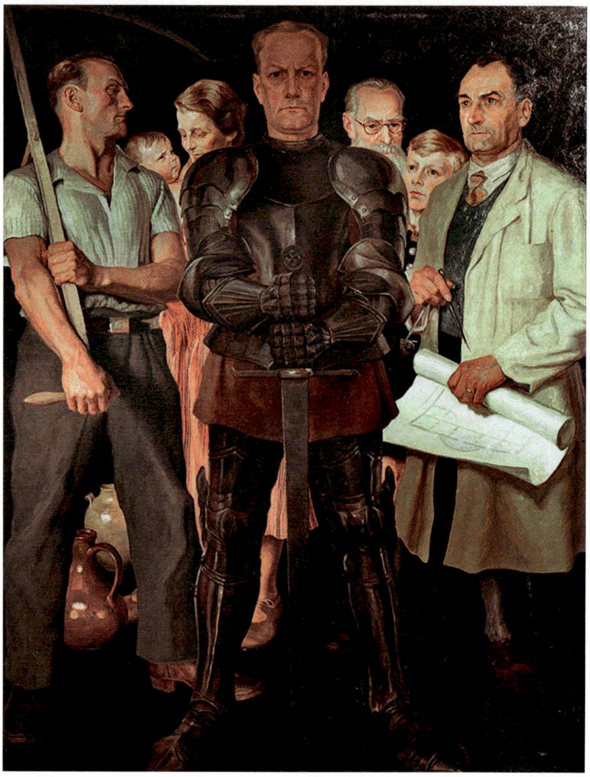

M4 Foto von einer NS-Postkarte, 1936.
Der Autobahnbau in Deutschland begann Ende der 1920er-Jahre, die erste Strecke (Köln–Bonn) wurde 1932 eingeweiht.

Propaganda*

Neben Gewalt und Terror nutzten die Nationalsozialisten vielfältige Mittel der Propaganda, um ihre Herrschaft durchzusetzen, zu stabilisieren und alle Bevölkerungsschichten für das System zu gewinnen. Massenaufmärsche und -spektakel wie die alljährlich mit gewaltigem Aufwand inszenierten Reichsparteitage sollten die große Übereinstimmung zwischen deutschem Volk und „Führer" demonstrieren und zur Identifikation mit dem NS-Staat beitragen. Der Propagierung der nationalsozialistischen Ideologie und Politik dienten auch Kunst und Literatur, die von dem – unter der Leitung von **Joseph Goebbels** 1933 geschaffenen – „Ministerium für Volksaufklärung und Propaganda" überwacht wurden. Es war auch für die Gleichschaltung der Presse verantwortlich: Das Ministerium kontrollierte alle Nachrichtenbüros, veranstaltete tägliche Reichspressekonferenzen, gab verbindliche Sprachregelungen und Weisungen heraus und ließ Propagandafilme und die „Wochenschau" für das Kino produzieren, die über Aktualitäten aus nationalsozialistischer Sicht berichtete. Der halbstaatliche Rundfunk, schon in der Weimarer Republik ein Massenmedium, wurde ebenfalls gleichgeschaltet. Die Radioproduktion wurde gefördert (z. B. der **„Volksempfänger"***) und für Propaganda genutzt.

„Volksempfänger"
Nach 1933 wurde das Radio als Massenmedium seit der Weimarer Zeit weiterentwickelt. In Firmenkooperation entstand 1935/36 als erster preiswerter Rundfunkempfänger der „Volksempfänger" VE 301 und wurde mit einer groß angelegten Kampagne beworben. Der Preis, 76 RM, entsprach etwa dem Wochenlohn eines Facharbeiters.

1 Erläutern Sie anhand von M 2 und der Darstellung das NS-Herrschaftssystem.
2 **Wahlaufgabe:** Bearbeiten Sie Aufgabe a) oder b).
  a) Formulieren Sie anhand der Bilder M 3, M 4 Hypothesen zur NS-Propaganda.
  b) Erläutern Sie mithilfe der Darstellung Mittel und Ziele der NS-Propaganda.
  Tipp: Ziehen Sie die Begriffserklärung zu „Propaganda" im Lexikon, S. 669, hinzu.

> ***Hinweise zur Arbeit mit den Materialien:***
> *M 5 und M 6 setzen den Schwerpunkt auf die Organisation des Terrors (SS, Gestapo). M 7 und M 8 thematisieren ausgehend von der Leitfrage „Monokratie oder Polykratie" die Funktionsweise des NS-Herrschaftssystems (auf zeitgenössischer Ebene und aus heutiger Sicht).*

SS und Gestapo

M5 Die Organisation der SS

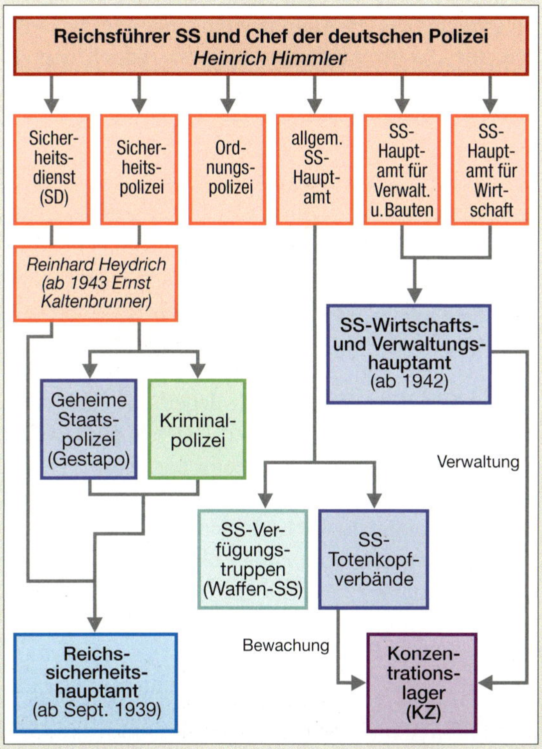

M6 Rudolf Diels, der erste Chef der Gestapo, über das Columbiagefängnis[1] in Berlin im Jahr 1933 (1950)

Nach den Berichten von Beamten und Freunden trat die SA mit eigenen „Vernehmungsstellen" in Berlin selbst in eine grauenvolle Tätigkeit ein. In den einzelnen Stadtteilen entstanden „Privatgefängnisse". Die „Bunker" in der Hedemann- und Voßstraße wurden zu infernalischen Stätten der Menschenquälerei. Es entstand das Columbiagefängnis der SS, die allerschlimmste Marterstätte. [...]

Ich konnte nun mit den Polizeimannschaften die Marterhöhle betreten. Dort waren die Fußböden einiger leerer Zimmer, in denen sich die Folterknechte betätigten, mit einer Strohschütte bedeckt worden. Die Opfer, die wir vorfanden, waren dem Hungertod nahe. Sie waren tagelang stehend in enge Schränke gesperrt worden, um ihnen „Geständnisse" zu erpressen. Die „Vernehmungen" hatten mit Prügeln begonnen und geendet; dabei hatte ein Dutzend Kerle in Abständen von Stunden mit Eisenstäben, Gummiknüppeln und Peitschen auf die Opfer eingedroschen. Eingeschlagene Zähne und gebrochene Knochen legten von den Torturen Zeugnis ab. Als wir eintraten, lagen diese lebenden Skelette reihenweise mit eiternden Wunden auf dem faulenden Stroh. Es gab keinen, dessen Körper nicht vom Kopf bis zu den Füßen die blauen, gelben und grünen Male der unmenschlichen Prügel an sich trug. Bei vielen waren die Augen zugeschwollen und unter den Nasenlöchern klebten Krusten geronnenen Blutes. Es gab kein Stöhnen und Klagen mehr; nur starres Warten auf das Ende oder neue Prügel. Jeder Einzelne musste auf die bereitgestellten Einsatzwagen getragen werden; sie waren des Gehens nicht mehr fähig. Wie große Lehmklumpen, komische Puppen mit toten Augen und wackelnden Köpfen, hingen sie wie aneinandergeklebt auf den Bänken der Polizeiwagen. Die Schutzpolizisten hatte der Anblick dieser Hölle stumm gemacht.

*Zit. nach: Rudolf Diels, Lucifer ante portas. Es spricht der erste Chef der Gestapo, DVA, Stuttgart 1950, S. 220 und 254 ff.**

1 Ab Juli 1933 wurde das Berliner Columbia-Haus von der Gestapo als Haftanstalt genutzt. Zu den Wachmannschaften gehörten auch SS-Männer. Seit Anfang 1935 war das Gefängnis als „Konzentrationslager" auch offiziell der SS unterstellt.

1 Beschreiben Sie anhand des Schaubildes M 5 die Organisation der SS.
2 **Wahlaufgabe:** Bearbeiten Sie Aufgabe a) oder b).
   a) Erläutern Sie die Stellung der SS im NS-Herrschaftssystem.
   b) Begründen Sie, warum das nationalsozialistische Deutschland auch als SS-Staat bezeichnet wird.
3 Erarbeiten Sie anhand von M 6 das Vorgehen von Gestapo und SS gegen die Gegner des NS-Regimes. Ziehen Sie M 1, S. 406, mit hinzu.
4 Untersuchen Sie das Menschenbild und das Rechts- bzw. Unrechtsbewusstsein des Wachpersonals im Berliner Columbiagefängnis 1933 anhand von M 6.
5 **Vertiefung:** Recherchieren Sie zur Geschichte eines ehemaligen Konzentrationslagers in Ihrer Region und erstellen Sie eines der unten genannten Produkte:
   a) **Schülerzeitungsbericht** oder ein
   b) **Erklärvideo** oder eine
   c) **Präsentation.**
   Tipp: Zur Präsentation siehe Arbeitshilfen, S. 633 ff.

Wie funktionierte das NS-Herrschaftssystem: Monokratie oder Polykratie?

M7 Der Leipziger Oberbürgermeister Carl-Friedrich Goerdeler zur Konkurrenz zwischen verschiedenen Machtzentren im NS-Staat (1937)

Auf dem Gebiet der inneren Verwaltung herrscht ein heilloses Durcheinander. Außenstehende können sich davon überhaupt keine Vorstellung machen. [...] Neben dem Staat versucht die Partei, das öffentliche Leben zu beherrschen. [...] Die Zuständigkeiten, die früher klar geregelt waren, werden dauernd geändert. Hat man sich heute zum Grundsatz der Selbstverwaltung bekannt, so beraubt man morgen Provinzen und Gemeinden wichtiger, organisch ihnen zufallender Funktionen. Die Folge ist, dass sich die Zahl der öffentlichen oder halb öffentlichen Beamten und Angestellten um einige Hunderttausend vermehrt hat, dass das Geld des deutschen Steuerzahlers benutzt wird, um mit diesen Kräften irgendetwas zu tun, zumindest untereinander Krieg zu führen, und dass das moralische Bewusstsein sowie die Verantwortungsfreudigkeit ebenso schnell verblassen wie der Mannesmut. Der preußische Beamte war darauf erzogen, seinem Vorgesetzten zu gehorchen; aber er war auch verpflichtet, ihm gegenüber seine eigene Meinung unerschrocken zu vertreten. Beamte, die das heute noch wagen, kann man in Deutschland allmählich mit der Laterne suchen. Damit aber ist die öffentliche Verwaltung unterminiert, muss immer haltloser werden und wird eines Tages dem Volke nur noch als Last erscheinen.

Im Übrigen ist die Entwicklung zielbewusst darauf gerichtet, immer mehr Macht in den Händen der Polizei, einschließlich der Geheimen Staatspolizei, zu vereinigen. Das ist logisch. Ein System, das es sich zur Aufgabe gesetzt hat, unter allen Umständen an der Macht zu bleiben, muss mehr und mehr auf das Mittel der Überzeugung verzichten und zu Mitteln des Zwanges greifen.

*Zit. nach: Friedrich Krause (Hg.), Goerdelers politisches Testament. Dokumente des anderen Deutschland, F. Krause, New York 1945, S. 19ff.**

M8 Der Historiker Michael Wildt über Hitlers Stellung innerhalb des NS-Staates (2008)

Lässt sich das NS-Regime ohne Hitler denken? Sicherlich nicht, aber die Rolle und Stellung Hitlers im nationalsozialistischen Herrschaftssystem haben Historiker bis heute debattiert. [...] Die eine Seite, vor allem vertreten durch Andreas Hillgruber, Klaus Hildebrand und Eberhard Jäckel, stellte die Person Hitlers und seine Weltanschauung in den Mittelpunkt ihrer Analysen. Habe es auch keinen detaillierten Plan gegeben, so ließe sich klar ein Programm erkennen, das Hitler zielstrebig zu verwirklichen suchte: Antisemitismus und „Eroberung von Lebensraum". [...] Das Herrschaftssystem sei ganz auf die Macht des Diktators zugeschnitten gewesen, der in „Alleinherrschaft" (Jäckel) die Geschicke Deutschlands lenkte. Gegen diese Sicht argumentierten Historiker wie Martin Broszat und Hans Mommsen, dass das NS-System vielmehr von administrativem Durcheinander, Ämterwirrwarr, Chaos und Inkompetenz bestimmt gewesen und unaufhaltsam seiner Selbstvernichtung entgegengegangen sei. Hitler war in dieser Perspektive, wie Mommsen in einer eher beiläufigen, für die nachfolgende Polemik jedoch zentral werdenden Formulierung schrieb, ein „in mancher Hinsicht schwacher Diktator". Nicht er habe die nationalsozialistische Politik bis zum Massenmord radikalisiert, sondern das Kompetenzchaos der unterschiedlichsten Instanzen des NS-Staates habe stets dazu geführt, sich auf den kleinsten gemeinsamen, radikalen Nenner zu einigen, ein Prozess, den Mommsen in einer die Diskussion seither prägenden Formulierung „kumulative Radikalisierung" genannt hat. [...]

Doch so weit, wie es scheint, liegen die Positionen nicht auseinander. Schon Karl-Dietrich Bracher, in dessen Analyse Hitler gleichfalls die zentrale Rolle einnahm, hat darauf aufmerksam gemacht, dass gerade das unübersichtliche Neben- und Durcheinander eine Strukturbedingung totalitärer Herrschaft sei, erlaubten sie es doch dem Diktator, als letztgültige Entscheidungsinstanz zu fungieren. Dieter Rebentisch erkannte in der polykratischen Desorganisation der Reichsverwaltung einen auf Personalisierung der Politik zielenden spezifischen Führungsstil Hitlers zur Verwirklichung seines radikalen, ideologischen Programms. Hans-Ulrich Thamer schließlich fasste die unterschiedlichen Positionen in der Formel zusammen, das Dritte Reich „besaß eine starke monokratische Spitze und gleichzeitig polykratische Machtstrukturen. Das eine bedingte das andere."

*Zit. nach: Michael Wildt, Geschichte des Nationalsozialismus, Vandenhoeck & Ruprecht, Göttingen 2008, S. 87ff.**

1 Untersuchen Sie anhand von M7 die Auswirkungen des Parteieinflusses auf die innere Verwaltung Deutschlands.

2 **Partnerarbeit:**

a) Fassen Sie die einzelnen Forschungsansätze zur Leitfrage anhand von M8 zusammen.

b) Diskutieren Sie die Ansätze unter Einbezug Ihrer Ergebnisse zu Quelle M7 aus Aufgabe 1.

„Volksgemeinschaft": Integration und Ausgrenzung

In dieser Themeneinheit geht es um
- *die Frage, wie die Nationalsozialisten eine Zustimmung in der Bevölkerung erreichten,*
- *das in diesem Kontext zentrale Thema der „Volksgemeinschafts"-Ideologie mit ihrer Doppelstrategie von Integration und Ausgrenzung, durch*
  - *Integration z. B. der Arbeiterschaft, der Frauen und der Jugend und*
  - *Ausgrenzung bzw. Ermordung z. B. der Kranken und Behinderten sowie der Sinti und Roma (zur Judenverfolgung s. die folgenden Themeneinheiten).*

Integration

▶ S. 418 ff. und 441 ff.: Verfolgung und Ermordung der Juden

Wie gelang es den Nationalsozialisten, für ihre Politik eine breite Zustimmung in der Bevölkerung zu gewinnen? Historikerinnen und Historiker sind sich inzwischen einig, dass die deutsche Bevölkerung nach 1933 nicht nur als passives Objekt nationalsozialistischer Gleichschaltungspolitik und Verführung zu sehen ist. Da es nach den letzten Reichstagswahlen am 5. März 1933 keine demokratische Möglichkeit der Äußerung mehr gab, existieren zwar keine gesicherten Zahlen über den Zustimmungsgrad. Doch die Tatsachen einer grundsätzlichen **Integrationsbereitschaft breiter Bevölkerungsschichten,** die vom opportunistischen* Mitläufertum bis zur fanatischen Unterstützung reichte, sowie eines fehlenden umfassenden Widerstands gegen das NS-Regime lassen den Historiker Klaus Bergmann zu dem Schluss kommen: Beim NS-Staat handelte es sich nicht um eine „Diktatur gegen das Volk", sondern um eine „Diktatur mit dem Volk".

Drei Faktoren sorgten in hohem Maß für Zustimmung und aktive Unterstützung des NS-Staates durch die Bevölkerung, die Hitler nicht als „unerbittlichen Ausgrenzer", sondern als „großen Integrator" empfand: erstens die ideologisch bedingte Ankündigung der Nationalsozialisten, das deutsche Volk nach ihrer Machtübernahme in eine **„Volksgemeinschaft" ohne Klassenunterschiede** umzuwandeln; zweitens die Erfahrung der vom Regime organisierten Gemeinschaftserlebnisse; drittens der soziale Aufstieg auf Kosten der „Gemeinschaftsfremden". Mit besonderem Aufwand bemühten sich die Nationalsozialisten, die Arbeiterschaft und vor allem die Jugend für ihre „Volksgemeinschaft" zu gewinnen.

M1 „Auch du kannst jetzt reisen", KdF-Plakat, 1937

Die KdF wurde im November 1933 als Unterorganisation der Deutschen Arbeitsfront (DAF; s. S. 403) gegründet. Populär wurde insbesondere das KdF-Amt „Reisen, Wandern, Urlaub", das für die Arbeiter die „Lanze bürgerlicher Privilegien" brechen sollte und für Millionen Deutsche Kulturprogramme, Ausflüge und Urlaubsreisen organisierte. Einige Großprojekte wie das „KdF-Seebad" in Prora auf der Insel Rügen wurden durch den Beginn des Krieges 1939 nur zum Teil realisiert.

Arbeiterschaft

Da die Arbeiterschaft dem Nationalsozialismus mehrheitlich distanziert* gegenüberstand, reagierte die Hitler-Regierung mit ihrer bekannten **Doppelstrategie:** Auf der einen Seite zerschlug sie die freien Gewerkschaften, auf der anderen Seite beschloss sie Arbeitsbeschaffungsprogramme zur Beseitigung der Arbeitslosigkeit sowie sozialpolitische Maßnahmen. Die am 2. Mai 1933 gegründete Deutsche Arbeiterfront (DAF) funktionierte nach der Zerschlagung der Gewerkschaften (s. S. 403) nicht nur als Kontrollinstrument, sondern sie sollte durch die Zusammenführung von Unternehmern, Angestellten und Arbeitern die alten Klassengegensätze aufheben. Weil die DAF keine eigenständige Tarifpolitik ausüben durfte, setzte sie sich propagandistisch, aber auch praktisch für die Verbesserung der Arbeitsbedingungen ein. Das bekannteste und zweifellos populärste Amt der DAF war die Urlaubs- und Freizeitorganisation **„Kraft durch Freude" (KdF)*.** Auch wenn die NS-Sozialpolitik damit – entgegen ihrer Ideologie – zur

Modernisierung der Gesellschaft beitrug, blieb sie im Kern rassistisch, denn der DAF durfte die Vielzahl der als „Gemeinschaftsfremde“ ausgegrenzten Bevölkerungsgruppen nicht angehören.

M2 **Hilf auch Du mit!“, NS-Plakat, 1943**

Frauen

Das NS-Regime räumte den Frauen **keine gleichberechtigte Stellung** ein, sondern wies ihnen eine bestimmte Rolle innerhalb der „Volksgemeinschaft“ zu. So definierte Hitler in „Mein Kampf“ den „Wert der Frauen“ allein im Hinblick auf ihre Gebärleistungen und ihren Einsatz für die Familie. Die Bereitschaft der Frauen, Kinder zu gebären, wurde sowohl propagandistisch mit der Ehrung durch das „Mutterkreuz“ als auch materiell* mit Kindergeld, Ehestandsdarlehen und Steuererleichterungen gefördert.
Die weibliche Berufstätigkeit wurde dagegen aus grundsätzlichen ideologischen Vorstellungen und zur „Entlastung“ des Arbeitsmarktes abgelehnt. Allerdings stimmte dieser Anspruch nicht mit den Zwängen der Realität überein: Obwohl die Geburtenrate stieg, nahm die **Frauenerwerbstätigkeit** nicht ab, sondern in einigen Bereichen, wie Industrie und Landwirtschaft, sogar zu. Die Ausweitung der Rüstungsproduktion nach Kriegsbeginn erforderte den verstärkten Einsatz von Frauen in der Wirtschaft. Die Einführung einer allgemeinen Dienstpflicht für Frauen lehnte Hitler jedoch ab. Stattdessen kompensierte das NS-Regime den Arbeitskräftemangel in der Kriegswirtschaft mit dem Einsatz von „Fremdarbeitern“ aus den besetzten Ländern. Obwohl Frauen im NS-Staat **keine politischen Ämter** übernehmen durften, eröffneten sich ihnen innerhalb der „volksgemeinschaftlichen“ Ordnung durchaus gesellschaftliche Aufstiegschancen. In den NS-Organisationen, insbesondere im „Bund Deutscher Mädel“ (BDM) und in der „Nationalsozialistischen Frauenschaft“ (NSF) übernahmen sie Leitungsfunktionen.

Jugend und Schule

„Meine Pädagogik ist hart. Das Schwache muss weggehämmert werden. [Es] wird eine Jugend heranwachsen, vor der sich die Welt erschrecken wird. Eine gewalttätige, herrische, unerschrockene, grausame Jugend will ich“, sagte Hitler über die Erziehung der Jugend. Der Erziehung und Ausbildung der Jugend im „nationalsozialistischen Geist“ maß der NS-Staat eine besondere Bedeutung zu – in der Schule und in den Jugendorganisationen. **Hitlerjugend (HJ)** und deren Teilorganisation **Bund Deutscher Mädel (BDM)** besaßen aufgrund des Angebots von Zeltlagern, Geländespielen und Sportaktivitäten eine große Anziehungskraft. Darüber hinaus eröffnete die HJ den Jugendlichen

M3 **Organisation der Jugend im NS-Staat**

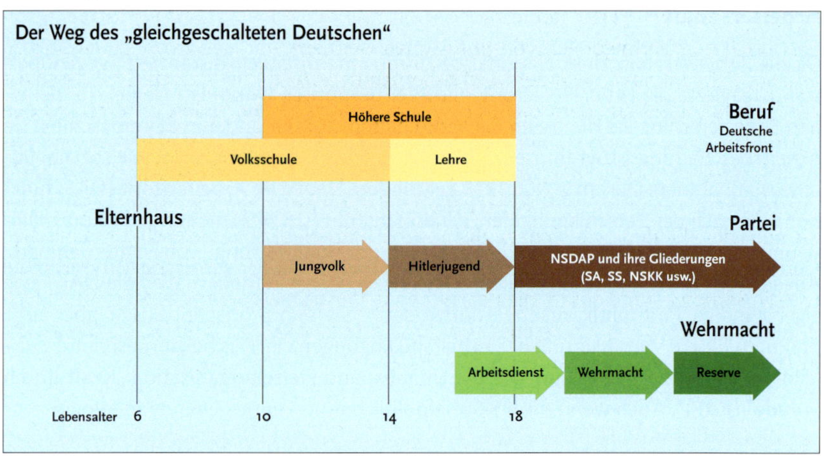

neue Handlungs- und Profilierungsmöglichkeiten: Sie konnten beispielsweise Leitungsfunktionen übernehmen, was ihr Streben nach Selbstverwirklichung förderte. Auch Mädchen wurden Chancen zur Emanzipation geboten, da sie unabhängig vom Elternhaus agieren konnten und als BDM-Funktionärin dem männlichen HJ-Funktionär gleichgestellt waren. Da die NS-Führung alle übrigen Jugendverbände – mit Ausnahme der katholischen – aufgelöst oder der HJ angegliedert hatte, existierten kaum Alternativen, sich in der Freizeit dem Einfluss der Nationalsozialisten zu entziehen. 1936 wurde erstmals ein Jahrgang zu fast 100 Prozent erfasst, weil die HJ zur Staatsjugend erklärt und die Mitgliedschaft verpflichtend wurde. Jüdischen Jugendlichen war der Beitritt in die HJ allerdings verwehrt.
Bei den HJ-Aktivitäten spielte das **Leitbild des Soldaten** eine wichtige Rolle. Die soldatischen Tugenden – Disziplin, Gehorsam und Opferbereitschaft – sollten bei Wochenendfahrten spielerisch geübt werden. Die vormilitärische Ausbildung, die auch Schießübungen umfasste, galt als Vorbereitung der Jungen auf den Krieg. Der BDM bereitete die Mädchen auf ihre Rolle als Ehefrau und Mutter vor. Neben hauswirtschaftlichen Aufgaben und Leibesübungen wurden sie auch nach Maßgabe der „Rassenhygiene" geschult. Ihre Aufgabe sollte es sein, später „erbgesunde" Kinder zur Welt zu bringen.
Für die Erziehung im Sinne der NS-Ideologie nutzte der NS-Staat auch die **Schule**. Die Lehrkräfte wurden gleichgeschaltet, sie mussten dem NS-Lehrerbund beitreten. Jüdische Lehrkräfte wurden bereits 1933 durch ein Reichsgesetz aus dem Schuldienst entlassen. Ab 1936/37 wurden insbesondere die Fächer Biologie und Geschichte für die Einflussnahme auf die Schüler genutzt. Der Geschichtsunterricht beschränkte sich auf die deutsche Geschichte und die der „nordischen Rasse". In Biologie wurden „Vererbungslehre" und „Rassenkunde" eingeführt. Außerdem erhielt das Fach Sport eine erhöhte Stundenzahl, um das NS-Ideal der körperlichen Ertüchtigung umzusetzen.
Gleichwohl gelang der HJ keine vollständige Erfassung der Jugendlichen. So bildeten sich beispielsweise vor dem Hintergrund der Kriegsvorbereitung in den 1940er-Jahren vor allem in den Großstädten Jugendgruppen wie die **„Edelweißpiraten"** oder die **„Swingjugend"**, die sich der vormilitärischen Ausbildung der HJ widersetzten. Obwohl diese **oppositionellen Gruppen** in der Minderheit blieben und nicht als Jugendrebellion gegen das NS-Regime bezeichnet werden können, bekämpften die Nationalsozialisten diese „wilden Cliquen" mit einer Reihe von Verordnungen, die die individuelle Freizeitgestaltung der Jugendlichen einschränken sollten.

▶ **M 5–M 7: Jugend im NS-Staat**

Ausgrenzung

Die „Volksgemeinschaft" war im NS-Regime gleichermaßen durch Integration der „Volksgenossen" und durch Ausgrenzung der „Gemeinschaftsfremden" gekennzeichnet. Je mehr sich die NS-Herrschaft festigte, desto größer wurde die Zahl der Ausgeschlossenen. Nach den Verfolgungen von **politischen Gegnern,** vor allem von Kommunisten und Sozialdemokraten nach der Machtübernahme, erfolgte der gesetzliche Ausschluss aller **„Nicht-Arier"** aus dem öffentlichen Dienst. Neben den **Juden** gehörten zu den Verfolgten auch Personen, die den Moralvorstellungen nicht entsprachen und als „Volksschädlinge" diffamiert wurden: **Menschen ohne festen Wohnsitz** („Asoziale"), **Prostituierte, Homosexuelle, Kriminelle.** Verfolgt wurden darüber hinaus Menschen, die nach der NS-Ideologie nicht zu der angeblich überlegenen „nordisch-germanischen Herrenrasse" gehörten wie das Volk der **Sinti und Roma** oder **slawische Minderheiten** wie die Sorben in der Lausitz, die Kaschuben in Westpreußen und die Masuren in Ostpreußen. Zu den Ausgeschlossenen und Ausgegrenzten gehörten für die Nationalsozialisten auch **kranke und behinderte Menschen.**

Kranke und behinderte Menschen

▶ M 8, M 9: Die nationalsozialistische Euthanasie-Aktion

Euthanasie
(*griech.* schöner Tod, Sterbehilfe). Grundlage der NS-Euthanasie war ein formloses Schreiben Hitlers vom Oktober 1939 mit der Anweisung an Ärzte, „dass unheilbar Kranken bei kritischster Beurteilung ihres Krankheitszustandes der Gnadentod gewährt werden kann".

Die Nationalsozialisten vertraten die Auffassung, dass alle „rassisch minderwertigen" Menschen eine „lebensunwerte" Existenz führten. Hierzu zählten sie auch geistig und körperlich kranke Menschen und Menschen mit Behinderung. Mit dem Gesetz zur „Verhütung erbkranken Nachwuchses" vom 14. Juli 1933 wurde erstmals in Deutschland die **Zwangssterilisation** aus „rassehygienischen" Gründen zum legalen Mittel. Ohne eine medizinische Indikation* konnte ein Mensch gegen seinen Willen sterilisiert* werden. Als Erbkrankheiten nannte das Gesetz explizit* neben körperlichen Missbildungen angeborenen Schwachsinn, Schizophrenie, manisch-depressives „Irresein", Blindheit und Taubheit sowie schweren Alkoholismus. Begleitet wurde die Einführung des Gesetzes von einer großen Pressekampagne. Unmittelbar vor Kriegsbeginn wurde damit begonnen, kranke und behinderte Menschen systematisch in der sogenannten **Euthanasie*-Aktion** zu töten.

Nach Kirchenprotesten stoppte die NS-Führung zwar 1941 offiziell die Euthanasiemorde; Einzeltötungen, Kindereuthanasie und die Ermordung kranker KZ-Häftlinge wurden jedoch fortgesetzt. Bis Kriegsende wurden in Deutschland und in den besetzten Gebieten etwa 275 000 kranke und behinderte Menschen ermordet.

M 4 **Werbeplakat des „Rassenpolitischen Amtes der NSDAP" für seine Monatshefte, ca. 1937/38**

Sinti und Roma*

▶ M 10–M 12: Sinti und Roma im NS-Staat

Sinti und Roma
Eigenbezeichnung einer vor allem in Europa verbreiteten ethnischen Minderheit indischer Herkunft. Der Fremdbegriff „Zigeuner" wird vom Zentralrat Deutscher Sinti und Roma als diskriminierend abgelehnt. Sinti und Roma leben seit dem 15. Jahrhundert in Mitteleuropa und wurden häufig als Sündenböcke der Mehrheitsgesellschaft diffamiert. Auch in der Weimarer Republik waren sie Diskriminierungen und Beschränkungen ausgesetzt. In der NS-Zeit wurden sie im Rahmen der rassisch begründeten Vernichtungspolitik systematisch ermordet.

Eine der großen Opfergruppen des NS-Regimes waren die Sinti und Roma. Die NS-„Zigeunerpolitik" mündete dabei ebenso zielstrebig im Völkermord wie die „Judenpolitik". Unmittelbar nach der Machtübernahme 1933 begann die SS mit der Erfassung der aufgrund ihrer „Rasse" als „Untermenschen" stigmatisierten* „Zigeuner". Mit der Gründung des **„Rassenhygiene-Instituts"** unter Leitung von **Robert Ritter** 1936 wurde der „Untermenschen"-Ideologie ein wissenschaftlicher Anstrich gegeben. Arbeitsgruppen erstellten etwa 24 000 „Gutachten", in denen Sinti und Roma vom „reinrassigen" bis zum „Achtelzigeuner" klassifiziert wurden. Diese Gutachten dienten als Grundlage für spätere Deportationen und für die Ermordung in den Konzentrations- und Vernichtungslagern.

Mit Ausbruch des Krieges setzte parallel zum Völkermord an den europäischen Juden auch die **systematische Ermordung der Sinti und Roma in Europa** ein. Ab Mai 1940 ließ Himmler seine Ankündigung vom Oktober 1939 umsetzen, die „Zigeunerfrage" werde „binnen kurzem im gesamten Reichsgebiet geregelt": Die Deportationen der Sinti und Roma aus dem deutschen Reichsgebiet nach Polen begannen (ab 1941 auch in die Sowjetunion). Ab Frühjahr 1942 wurden auch die Sinti und Roma aus den besetzten europäischen Staaten nach Polen deportiert.

Die genaue Opferzahl ist schwer zu bestimmen, da keine Angaben über die in Deutschland und in den besetzten Gebieten durchgeführten Massenerschießungen existieren. Die historische Forschung geht jedoch davon aus, dass zwischen 200 000 und einer halben Million Sinti und Roma dem nationalsozialistischen Völkermord zum Opfer gefallen sind.

1 **Arbeitsteilige Gruppenarbeit:** Stellen Sie anhand der Darstellung sowie M 1 bis M 3 Anspruch und Wirklichkeit der nationalsozialistischen „Volksgemeinschafts"-Ideologie arbeitsteilig dar, im Hinblick auf a) die Arbeiter, b) die Frauen und c) die Jugend.
2 Erarbeiten Sie mithilfe der Darstellung, aus welchen Motiven und mit welchen Mitteln die Nationalsozialisten viele Menschengruppen ausgrenzten und verfolgten.
3 Erläutern Sie (mit Beispielen) die These des Historikers Bergmann (s. S. 411 oben), beim NS-Staat handele es sich nicht um eine „Diktatur gegen das Volk", sondern um eine „Diktatur mit dem Volk".

Hinweise zur Arbeit mit den Materialien:
Der Materialteil setzt drei Schwerpunkte: M 5–M 7 thematisieren die „Erfassung der Jugend“ durch das NS-Regime. M 8 und M 9 beschäftigen sich mit dem NS-Euthanasieprogramm. M 10–M 12 ermöglichen eine Untersuchung der NS-Politik gegenüber Sinti und Roma.

Erfassung der Jugend durch das NS-Regime

M5 Gesetz über die Hitlerjugend (1. Dezember 1936)

Von der Jugend hängt die Zukunft des deutschen Volkes ab. Die gesamte deutsche Jugend muss deshalb auf ihre zukünftigen Pflichten vorbereitet werden. [...] § 1 Die gesamte deutsche Jugend ist in der Hitlerjugend zusammengefasst. § 2 Die gesamte deutsche Jugend ist außer in Elternhaus und Schule in der Hitlerjugend körperlich, geistig und sittlich im Geiste des Nationalsozialismus zum Dienst am Volk und zur Volksgemeinschaft zu erziehen. § 3 Die Aufgabe der Erziehung der gesamten deutschen Jugend in der Hitlerjugend wird dem Reichsjugendführer der NSDAP übertragen. Er ist damit „Jugendführer des Deutschen Reiches“. Er hat die Stellung einer obersten Reichsbehörde mit dem Sitz in Berlin und ist dem Führer und Reichskanzler unmittelbar unterstellt.

*Zit. nach: Arno Klönne, Jugend im Dritten Reich. Die Hitler-Jugend und ihre Gegner, Dokumente und Analysen, Eugen Diederichs, Düsseldorf 1984, S. 28.**

M6 Aus dem „Jahreslagebericht“ 1938 des Sicherheitshauptamtes zur Jugend

Die Einflussmöglichkeiten gegnerischer Strömungen innerhalb der außerschulischen Erziehungsarbeit zeigen am deutlichsten, dass die innere Entwicklung der Staatsjugend mit den organisatorischen Maßnahmen nicht Schritt gehalten hat. Vonseiten der Erzieherschaft wird betont, dass die Erfolge der HJ nicht so sehr auf dem Gebiete der eigentlichen nationalsozialistischen Jugendführung und Jugenderziehung als vielmehr in der kulturellen und sozialen Betreuung der Jugend liegen. Bei der Betrachtung und Erfassung gegnerischer Kreise innerhalb der außerschulischen Erziehungsarbeit konnte immer wieder beobachtet werden, dass jede oppositionelle Jugend, sei sie bündischer, konfessioneller oder parteipolitischer Art, mehr oder weniger unter dem Einfluss der bündischen Ideologie steht und ihre Gemeinschaften im Gegensatz zu der Staatsjugend auf dem bündisch-homoerotischen Freundschaftsprinzip aufbaut. [...] Eine vollkommen neue Form der gegnerischen Jugend ist in den sogenannten „wilden Gruppen“ in Erscheinung getreten. Diese Jugendlichen sind ohne einen festen organisatorischen Zusammenhang hauptsächlich in verschiedenen Großstädten festgestellt worden und bedeuten eine akute Gefahr der außerschulischen Jugenderziehung, da sich in ihren Kreisen fast ausschließlich asoziale, sittlich verrohte und kommunistisch beeinflusste Elemente sammeln. [...] Zwischen der Staatsjugend und diesen asozialen Gruppen ist es verschiedentlich zu Schlägereien gekommen, sodass sich die Exekutive in einzelnen Städten genötigt sah, umfangreiche Aktionen einzuleiten.

*Zit. nach: Heinz Boberach (Hg.), Meldungen aus dem Reich, Bd. 2, Pawlak Verlag, Herrsching 1984, S. 147 f.**

M7 NS-Plakat, 1943

1 **Wahlaufgabe:** Bearbeiten Sie Aufgabe a) oder b).
   a) Erarbeiten Sie die Ziele der NS-Jugendarbeit (M 5).
   b) Analysieren Sie M 7 mit Blick das NS-Jugendbild.
2 Analysieren Sie M 6 zur „außerschulischen Erziehungsarbeit“ und vergleichen Sie Ihre Ergebnisse mit den Zielen der NS-Jugendpolitik (M 5, M 7).
3 **Zusatzaufgabe:** Siehe S. 618.

Die nationalsozialistische „Euthanasie"

M 8 Aus einer Predigt des katholischen Bischofs von Münster, Clemens August Graf von Galen (3. August 1941)

Ich hatte bereits am 26. Juli bei der Provinzialverwaltung der Provinz Westfalen, der die Anstalten unterstehen, der die Kranken zur Pflege und Heilung anvertraut sind, schriftlich ernstesten Einspruch erhoben. Es hat nichts genützt. Der erste Transport der schuldlos zum Tode Verurteilten ist von Marienthal abgegangen. Und aus der Heil- und Pflegeanstalt Warstein sind, wie ich höre, bereits 800 (achthundert) Kranke abtransportiert. So müssen wir damit rechnen, dass die armen, wehrlosen Kranken über kurz oder lang umgebracht werden. Warum? Nicht weil sie ein todeswürdiges Verbrechen begangen haben, nicht etwa, weil sie ihren Wärter oder Pfleger angegriffen haben, sodass diesem nichts anderes übrig blieb, als dass er zur Erhaltung des eigenen Lebens in gerechter Notwehr dem Angreifer entgegentrat. Das sind Fälle, in denen neben der Tötung des bewaffneten Landesfeindes im gerechten Krieg Gewaltanwendung bis zur Tötung erlaubt und nicht selten geboten ist.

Nein, hier handelt es sich um Menschen, unsere Mitmenschen, unsere Brüder und Schwestern – arme Menschen, kranke Menschen – „unproduktive Menschen" meinetwegen. Aber haben sie damit das Recht auf das Leben verwirkt? [...] Wenn man den Grundsatz aufstellt und anwendet, dass man den „unproduktiven Menschen" töten darf, dann wehe uns allen, wenn wir alt und altersschwach werden! Wenn man die „unproduktiven Menschen" gewaltsam beseitigen darf, dann wehe unseren braven Soldaten, die als Schwerkriegsverletzte, als Krüppel, als Invaliden in die Heimat zurückkehren!

*Zit. nach: Herbert Michaelis/Ernst Schraepler, Ursachen und Folgen, Bd. 19, Wendler, Berlin 1975, S. 518 f.**

M 9 Der Journalist Klaus Franke über das NS-Euthanasie-Programm (2001)

Warum regte sich im ärztlichen Kollegenkreis kein Widerstand gegen das „Euthanasie"-Programm? Kein einziger deutscher Psychiater protestierte; kaum einer zögerte, die ihm anvertrauten Patienten [...] zu selektieren und an die Tötungsanstalten auszuliefern. [...]

Wo immer derzeit zwischen Rhein und Oder über Euthanasie und Sterbehilfe debattiert wird, tauchen unweigerlich die Schatten des Dr. Brandt und seiner [...] Gehilfen auf. [...] 23 Angeklagte, darunter 20 Mediziner, standen 1946 im Nürnberger Ärzteprozess vor Gericht. Sieben von ihnen, darunter [...] Karl Brandt, wurden gehängt, neun erhielten langjährige Freiheitsstrafen, sieben wurden freigesprochen. [...]

Nur ein Industriestaat mit seiner komplexen Infrastruktur konnte [...] den reibungslosen Lauf der Mordmaschinerie gewährleisten, eine Erkenntnis, die kaum hilft, die Furcht vor einer Wiederholung des Horrors zu dämpfen – zumal die moderne Gentechnik, wie ihre Kritiker warnen, eine Rückkehr eugenischer Zuchtfantasien fördere.

*Zit. nach: Klaus Franke, Reine Rasse. In: Spiegel special, Nr. 1, 2001, S. 132 ff.**

1 Untersuchen Sie, inwieweit die Predigt M 8 eine Kritik an der NS-„Volksgemeinschafts"-Ideologie darstellt.

2 **Vertiefung:**

a) Diskutieren Sie ausgehend von M 9 den Umgang mit den Tätern der Euthanasie nach 1945. Recherchieren Sie ggf. eigenständig weitere Informationen.

b) Diskutieren Sie die Auffassung des Autors von M 9, die moderne Gentechnik „fördere eine Rückkehr eugenischer Zuchtfantasien" (M 9, Z. 20 f.).

Die NS-Politik gegenüber Sinti und Roma

M 10 Aus einem Runderlass Heinrich Himmlers, Reichsführer-SS und Chef der deutschen Polizei, zur „Regelung der Zigeunerfrage" (8. Dezember 1938)

§ 1 (1) Die bisher bei der Bekämpfung der Zigeunerplage gesammelten Erfahrungen und die durch die rassenbiologischen Forschungen gewonnenen Erkenntnisse lassen es angezeigt erscheinen, die Zigeunerfrage aus dem Wesen dieser Rasse heraus in Angriff zu nehmen. Erfahrungsgemäß haben die Mischlinge den größten Anteil an der Kriminalität der Zigeuner. Andererseits hat es sich gezeigt, dass die Versuche, die Zigeuner sesshaft zu machen, gerade bei den rassereinen Zigeunern infolge ihres starken Wandertriebes misslungen sind. Es erweist sich deshalb als notwendig, bei der endgültigen Lösung der Zigeunerfrage die rassereinen Zigeuner und die Mischlinge gesondert zu behandeln.

(2) Zur Erreichung dieses Zieles ist es zunächst erforderlich, die Rassenzugehörigkeit der einzelnen im Deutschen Reich lebenden Zigeuner und der nach Zigeunerart umherziehenden Personen festzustellen.

Zit. nach: Ministerialblatt des Reichs- und Preußischen Ministeriums des Innern, Jg. 99, Nr. 51.

M 11 Aus den Erinnerungen des Rom Eichwald Rose (ca. 1945)

Der Bericht ist in den Dokumenten des Nürnberger Kriegsverbrecherprozesses überliefert.

[Geboren am 3. Mai 1908 in Elgut, Krs. Oppeln/Oberschlesien] war ich im Geschäft meines Vaters, der Pferdehändler in Stettin war, bis 1938 beschäftigt. Im Juni 1938 wurde ich von der Polizei in Stettin abgeholt, weil ich ein Verhältnis mit einem arischen Mädchen hatte. Man hat mich in das Konzentrationslager Sachsenhausen transportiert, wo ich, trotzdem ich Zigeuner-Mischling bin, in der Judenabteilung untergebracht wurde. Mein Vater war Zigeuner, meine Mutter Halbjüdin, ihr Vater war auch Zigeuner. Ich blieb im Lager Sachsenhausen bis Dezember 1940 und wurde, wie alle anderen Lagerinsassen, schlecht behandelt. Im Dezember 1940 meldete ich mich freiwillig zum Suchen von Blindgängern und wurde zu diesem Zweck der Luftwaffe überwiesen, wo ich unter Bewachung von SS-Leuten Blindgänger ausgrub. [...] Als Belohnung für meine Tätigkeit bei dem Kommando wurde ich vor Weihnachten 1940 nach Stettin entlassen, unter der Bedingung, dass ich mich einer Unfruchtbarmachung im Krankenhaus Wendorf bei Stettin unterzog. Ich habe einen Schein bei der Gestapo unterzeichnen müssen, dass ich mich freiwillig der Sterilisation unterwerfe. Wenn ich das nicht getan hätte, wäre ich wieder zurück ins Lager gebracht worden. Die Operation hat im Mai 1941 auf Anordnung von Dr. Ritter im Gesundheitsamt Stettin im Krankenhaus Wendorf stattgefunden [...]. Nach meiner Operation wurde ich im Jahre 1941 als Landarbeiter vom Arbeitsamt Stettin nach Pommern (Lauenburg) verschickt. [...] Im September 1942 wurde ich wieder von der Gestapo mit meinem Vater, vier Brüdern und zwei Schwestern und anderen Zigeunern aus dem Gau Pommern verhaftet. Ich allein wurde in das Konzentrationslager Sachsenhausen eingeliefert, während alle anderen nach Auschwitz versandt worden sind und bis auf einen Bruder von mir nicht mehr zurückgekehrt sind. Während meiner zweiten Inhaftierung in Sachsenhausen wurde auch meine damals 12-jährige Tochter Martha von der Gestapo abgeholt und im Stettiner Krankenhaus sterilisiert. [...] Ich hatte Glück, dadurch, dass ich nicht zum Außendienst, sondern in der Schneiderei beschäftigt worden bin, konnte ich mit den kärglichen Nahrungsmitteln auskommen und den Aufenthalt bis zu meiner Befreiung überstehen.

*Zit. nach: Donald Kenrick/Grattan Puxon, Sinti und Roma – die Vernichtung eines Volkes im NS-Staat, Gesellschaft für bedrohte Völker, Göttingen 1981, S. 134. Übers. Astrid Stegelmann.***

M 12 Bericht eines höheren SS- und Polizei-Führers vom 15. Oktober 1941

Abschrift.

St. Qu., den 15.10.41.

Der Höh.-SS-u.Pol.-Führer
Rußland Mitte
beim Befehlshaber d. rückw. H.-G.Mitte Ia

Als Kurierpost.

Betr.: Exekutionen
Bez.: Funkspruch Chef O.P. Nr.31 v. 13.9.41.

In der Zeit vom 12.10. bis 14.10.41 wurden folgende Exekutionen durchgeführt.

Formationen	russische Soldaten	Kommunisten	Zigeuner	Juden
Pol.Rgt. Mitte	62	4	3	10
Stab des Hssupf Rußl. Mitte			50	
zus.	62	4	53	10

I.A. gez. Unterschrift.
Major der Sch.

F.d.R.d.A. [Name unleserlich]

Verteiler:
RFss. 1
Kdo.-Stab d. Rfss. 1
Chef O.P. 1

Zit. nach dem Originaldokument in: Wolfgang Jäger, NS-Herrschaft. „Volksgemeinschaft" und Verbrechen, Cornelsen, Berlin 2012, S. 129.

1 Erarbeiten Sie die ideologischen Grundlagen, Methoden und Auswirkungen des Erlasses M 10. **Tipp:** Ziehen Sie die Darstellung, S. 414, hinzu.
2 **Partnerarbeit:** Untersuchen Sie anhand der Quellen M 11 und M 12 die Praxis der Verfolgung der Sinti und Roma durch das NS-Regime.
3 **Vertiefung:** Analysieren Sie die Sprache des Erlasses (M 10) und erläutern Sie deren Wirkung.
4 **Zusatzaufgabe:** Siehe S. 618.

Entrechtung und Verfolgung der Juden 1933–1939

In dieser Themeneinheit geht es um
- *die Umsetzung des Rassenantisemitismus in staatliches und nichtstaatliches Handeln nach der Machtübernahme der Nationalsozialisten 1933 und*
- *die zentralen Stationen dieser Entwicklung bis 1939.*

M1 Hinweisschild am Ortseingang von Behringersdorf (bei Nürnberg), Fotografie, 1933

„Antisemitismus der Tat"

Mit der Machtübernahme Hitlers am 30. Januar 1933 wurde der Rassenantisemitismus erstmals **Gegenstand staatlicher Politik.** Deswegen bezeichnet der Historiker Michael Wildt den nationalsozialistischen Judenhass auch als „Antisemitismus der Tat", weil darin der Unterschied zum Antisemitismus der Kaiserzeit lag. Um ihr Ziel, die Schaffung eines „judenfreien" großdeutschen Reiches, zu erreichen, räumten die Nationalsozialisten der antisemitischen Politik in ihrer „Volksgemeinschaft" eine zentrale Rolle ein. Die Geschichtswissenschaft ist sich dabei weitgehend einig, dass es keinen geradlinigen Weg von den ersten antijüdischen Aktionen bis zum Holocaust* gab. Vielmehr gab es verschiedene **Phasen der Judenverfolgung*,** die sich vor allem nach den jeweiligen politischen Spielräumen bestimmten. Dabei war die Handlungsfreiheit 1933 viel enger als nach Kriegsbeginn 1939, als jede Rücksicht auf das Ausland entfiel. Bei ihren antijüdischen Maßnahmen konnten sich die Nationalsozialisten auf die aktive Mitarbeit von Funktionären auf den unteren und mittleren Führungsebenen von Staat und Partei, aber auch auf eine breite Zustimmung in der deutschen Bevölkerung stützen.

Phasen der Entrechtung, Verfolgung und Vernichtung der deutschen und europäischen Juden

1933–1935	Boykottaktionen und erste antisemitische Gesetze
1935–1938	„Nürnberger Gesetze" und systematische Ausgrenzung
1938–1941	Enteignung und Reichspogrom
1942–1945	Deportation, Ghettoisierung und Völkermord (Holocaust)

Boykott* und erste antisemitische Gesetze

Die Umsetzung der rassenantisemitischen NS-Ideologie (s. S. 397 f.) begann mit der vom Propagandaministerium organisierten reichsweiten **Boykottaktion vom 1. April 1933** gegen jüdische Bürger. Angehörige von SA, SS und Hitlerjugend warfen Schaufenster jüdischer Geschäfte ein, beschmierten sie mit antisemitischen Parolen oder postierten sich mit vorgedruckten Plakaten an den Eingängen, um Kunden am Betreten der Läden zu hindern. Bereits in den ersten Wochen nach der Machtübernahme hatten Nationalsozialisten jüdische Warenhäuser boykottiert und jüdische Richter und Staatsanwälte aus den Gerichten vertrieben. Außer diesen gewalttätigen Boykottmaßnahmen wurden auch öffentliche Kampagnen zur Diffamierung* von Liebesbeziehungen zwischen Juden und „Nicht-Juden" als „Rassenschande" organisiert.
Neben die staatlich sanktionierte* Terrorisierung der jüdischen Bevölkerung trat deren gesetzliche Entrechtung: Am 7. April 1933 erließ die NS-Regierung das **„Gesetz zur Wiederherstellung des Berufsbeamtentums",** das die Entlassung von Beamten „nicht-arischer Abstammung" – mit einigen Ausnahmen, u. a. für ehemalige Soldaten aus dem Ersten Weltkrieg – vorsah. Dieses und weitere Gesetze ermöglichten mithilfe des „Arier-Paragrafen" in der Folgezeit eine Verdrängung jüdischer Bürger aus dem Berufs- und Wirtschaftsleben. Der NS-Staat schloss jüdische Ärzte von der Zulassung zu den Krankenkassen aus und verbot jüdischen Rechtsanwälten, Richtern und Staatsanwälten die Berufsausübung. Das bedeutete nicht nur eine wirtschaftliche Diskriminierung, sondern auch eine gezielte Ausbeutung der Juden, da viele „Arier" deren Notlage ausnutzten und die Unternehmen zu einem Bruchteil des realen Vermögenswertes erwarben. Überdies schränkten die Nationalsozialisten die Ausbildungs- und Studienmöglichkeiten für Juden stark ein. Ihr Anteil durfte an den einzelnen Schulen und Universitäten nicht mehr als 5 % und im gesamten Reichsgebiet nicht mehr als 1,5 % betragen.

M2 Boykottaufruf durch SA-Männer vor dem Berliner Warenhaus N. Israel (gegenüber dem „Roten Rathaus"), Fotografie, 1. April 1933

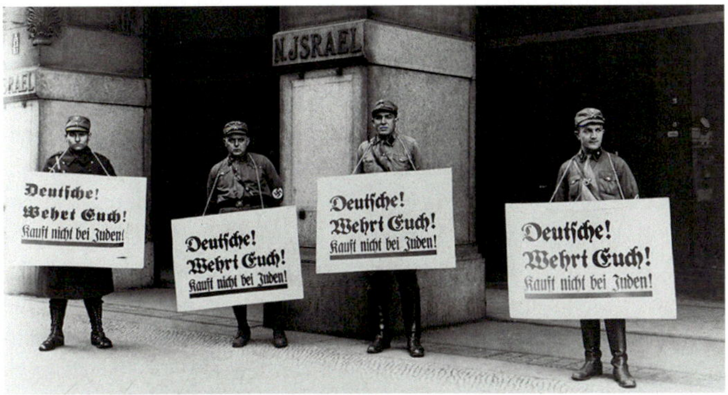

M3 Öffentliche Diskriminierung eines Paares in Cuxhaven, Fotografie, Juli 1933

Emigration*

In den Aussagen jüdischer Zeitzeugen und in wissenschaftlichen Untersuchungen spiegeln sich unterschiedliche Reaktionen der deutschen Bevölkerung auf die antijüdischen Boykotte wider. Berichten über eine begeisterte und schadenfrohe Teilnahme stehen vereinzelte offene oder verschämte Sympathiebekundungen für jüdische Geschäftsinhaber gegenüber. Möglicherweise bestärkte dies viele deutsche Juden in ihrer Fehleinschätzung, die Boykottaktionen seien nur ein vorübergehender „Alltagsantisemitismus", an dem sich die Mehrheit der Deutschen auf Dauer nicht beteiligen würde, und die NS-Regierung werde sich nicht lange halten können.
Dennoch verließen bereits 1933, vor allem unter dem Eindruck der ersten antisemitischen Gesetze, etwa 37 000 deutsche Juden ihre Heimat. Die Zahl der Emigranten wurde von den finanziellen Möglichkeiten jedes Einzelnen, von den Aufnahmebedingungen des Auslandes, vor allem aber von den unterschiedlichen Phasen der Judenverfolgung bestimmt: Nach 1933 ging die Zahl der Emigranten auf über 20 000 jährlich zurück, stieg nach den „Nürnberger Gesetzen" wieder an und erreichte 1938/39 ihren Höhepunkt, bis die Auswanderung vom NS-Regime 1941 untersagt wurde. Insgesamt emigrierten rund 300 000 deutsche Juden, die meisten in die USA und nach Palästina.

„Nürnberger Gesetze"

Mit den **Rassegesetzen** des sogenannten „Reichsparteitages der Freiheit" in Nürnberg im September 1935 wurden Juden systematisch aus der deutschen „Volksgemeinschaft" ausgegrenzt. Das **„Reichsbürgergesetz"** nahm ihnen alle politischen Rechte und degradierte* sie zu Bürgern zweiter Klasse. Aufgrund des zu erbringenden **„Abstammungsnachweises"** wurden jüdische Bürger in „Voll"- bzw. „Halbjuden" sowie „Mischlinge" kategorisiert. Das „Gesetz zum Schutz des deutschen Blutes und der deutschen Ehre" (**„Blutschutzgesetz"**) verbot Ehen und intime Beziehungen zwischen Juden und „Ariern". Da private Beziehungen zwischen Juden und „Ariern" polizeilich nur schwer zu kontrollieren waren, konnte dieses Verbot nur mithilfe von Denunziation* durchgesetzt werden. Der **Anstieg von Denunziationen** nach dem Herbst 1935 zeigt, dass das Gesetz auch als Aufforderung zur „volksgemeinschaftlichen Schnüffelei" verstanden wurde (Michael Wildt). In den folgenden Jahren setzte das NS-Regime mit immer neuen Sondergesetzen und -verordnungen die Ausgrenzung und Entrechtung der Juden aus der deutschen Gesellschaft fort. Nur die **Olympischen Spiele 1936** in Berlin verlangsamten kurzzeitig die antijüdische Gesetzesmaschinerie, weil das NS-Regime sein Prestige während der größten internationalen Sportveranstaltung nicht beschädigen wollte.

Chronik antijüdischer Maßnahmen der Nationalsozialisten bis 1939 (Auswahl)

22. September 1933 Reichskulturkammergesetz: Berufsverbot jüdischer Künstler und Schriftsteller
28. Februar 1934 Entlassung aller „Nicht-Arier" aus der Wehrmacht
14. November 1935 Verordnung zum „Reichsbürgergesetz": Aberkennung des Wahlrechts und der öffentlichen Ämter für Juden; Entlassung aller jüdischen Beamten – ohne Ausnahme
15. April 1936 Berufsverbot für jüdische Journalisten
25. Juli 1938 Generelles Berufsverbot für jüdische Ärzte
17. August 1938 Einführung der Zwangsvornamen „Israel" und „Sara" für jüdische Bürger
5. Oktober 1938 Reisepässe von Juden werden mit einem großen „J" gestempelt.
15. November 1938 Jüdische Kinder und Jugendliche dürfen keine öffentliche Schule mehr besuchen.
30. April 1939 Juden müssen „arische Wohnhäuser" räumen und in „Judenhäuser" umziehen.
1. September 1939 Ausgehverbot für Juden ab 21 Uhr (im Winter ab 20 Uhr)

▶ **M 5: „Nürnberger Gesetze"**

Raub und Pogrom*

▶ M 6: „Arisierung"

„Arisierung"
NS-Begriff, der die Verdrängung der deutschen Juden aus dem Wirtschafts- und Berufsleben bezeichnete. Er umfasste die Enteignung jüdischen Besitzes und Vermögens zugunsten von Nichtjuden, sogenannten „Ariern", den Zugriff auf jüdisches Vermögen und die Einschränkung jüdischer Erwerbstätigkeit.

Im Zuge ihrer Ausgrenzung und Entrechtung wurde die jüdische Bevölkerung im Rahmen der **„Arisierung"*** planmäßig beraubt. Im März 1938 entzog die NS-Regierung den jüdischen Gemeinden in Deutschland den Status von Körperschaften öffentlichen Rechts* und im April erließ sie eine Anmeldepflicht jüdischen Vermögens, das so für die anschließende Enteignung erfasst wurde. Von den im Januar 1933 existierenden jüdischen Unternehmen gehörten 1938 bereits zwei Drittel nicht mehr ihren ursprünglichen Eigentümern. Von diesem Raub profitierten Bevölkerung und Staat gleichermaßen. Die neuen Besitzer erwarben die Unternehmen meist weit unter ihrem tatsächlichen Wert. Und der Staat erzielte Einnahmen einerseits durch besondere Abgaben, die die „Volksgenossen" beim Erwerb jüdischen Eigentums entrichten mussten, und andererseits durch die „Reichsfluchtsteuer" sowie zahlreiche weitere Zwangsabgaben, die emigrierenden Juden auferlegt wurden. Mit diesen Geldern finanzierte der NS-Staat vor allem seine Aufrüstung (S. 423 ff.).

M 4 **Innenansicht der ausgebrannten Berliner Synagoge in der Fasanenstraße, Fotografie, November 1938**

Eine neue Dimension erreichte die nationalsozialistische Judenverfolgung durch die nun gezielt auf Vertreibung gerichteten **Pogrome** sowie durch die **systematische Zerstörung der jüdischen Kultur** in Deutschland.

Bereits seit Sommer 1938 waren in vielen deutschen Städten Brandanschläge auf Synagogen verübt worden. Als Vorwand für einen reichsweiten Pogrom diente der NS-Führung das Attentat des 17-jährigen jüdischen Deutschen Herschel Grynszpan auf den deutschen Botschaftsangehörigen Ernst vom Rath am 7. November 1938 in Paris. Grynszpans in Deutschland lebende Eltern waren zuvor nach Polen abgeschoben worden. Aufgehetzt durch den Reichspropagandaminister Goebbels, der sein Vorgehen mit Hitler abgesprochen hatte, zerstörten in der **Pogromnacht vom 9./10. November 1938** nationalsozialistische Trupps 267 Synagogen durch Brandstiftung, 7 500 Geschäfte, zahlreiche Wohnungen und jüdische Friedhöfe. Sie richteten einen Sachschaden von mindestens 25 Millionen Reichsmark an. 91 Menschen starben nach offiziellen Angaben. Mehr als 20 000 vermögende Juden wurden verhaftet und in die Konzentrationslager Buchenwald, Sachsenhausen und Dachau eingeliefert, wo Hunderte von ihnen in den folgenden Monaten starben. Das Propagandaministerium bezeichnete die Pogrome einen Tag später als „Ausdruck gerechten Volkszorns". Die jüdische Bevölkerung musste als „Sühneleistung" eine Milliarde Reichsmark zahlen und die Kosten der entstandenen Schäden tragen.

▶ M 7: Pogromnacht 1938
▶ M 8, M 9: Reaktionen in der Bevölkerung

1 **Zeitstrahl:** Erstellen Sie mithilfe der Darstellung einen Zeitstrahl zur nationalsozialistischen Judenverfolgung zwischen 1933 und 1939.
2 Erläutern Sie mithilfe der Darstellung den Begriff „Antisemitismus der Tat", mit dem der Historiker Michael Wildt die Ausgrenzung und Verfolgung der Juden in der NS-Zeit beschreibt.

Hinweise zur Arbeit mit den Materialien:
M 5–M 7 thematisieren NS-Maßnahmen gegen die Juden, M 8 und M 9 Reaktionen in der Bevölkerung.

Antijüdische Maßnahmen

M 5 Die „Nürnberger Gesetze" (1935)

a) „Reichsbürgergesetz" (15. September 1935)
§ 1 (1) Staatsangehöriger ist, wer dem Schutzverband des Deutschen Reiches angehört und ihm dafür besonders verpflichtet ist. (2) Die Staatsangehörigkeit wird nach den Vorschriften des Reichs- und Staatsangehörigkeitsgesetzes erworben.
§ 2 (1) Reichsbürger ist nur der Staatsangehörige deutschen oder artverwandten Blutes, der durch sein Verhalten beweist, dass er gewillt und geeignet ist, in Treue dem deutschen Volk und Reich zu dienen. (2) Das Reichsbürgerrecht wird durch Verleihung des Reichsbürgerbriefes erworben. (3) Der Reichsbürger ist der alleinige Träger der vollen politischen Rechte nach Maßgabe der Gesetze.
§ 3 Der Reichsminister des Innern erlässt im Einvernehmen mit dem Stellvertreter des Führers die zur Durchführung und Ergänzung des Gesetzes erforderlichen Rechts- und Verwaltungsvorschriften.
Zit. nach: Reichsgesetzblatt, Jg. 1935, Teil 1, Nr. 100, S. 1146 f.

b) „Gesetz zum Schutze des deutschen Blutes und der deutschen Ehre" (15. September 1935)
Durchdrungen von der Erkenntnis, dass die Reinheit des deutschen Blutes die Voraussetzung für den Fortbestand des deutschen Volkes ist, und beseelt von dem unbeugsamen Willen, die deutsche Nation für alle Zukunft zu sichern, hat der Reichstag einstimmig das folgende Gesetz beschlossen [...]:
§ 1 (1) Eheschließungen zwischen Juden und Staatsangehörigen deutschen oder artverwandten Blutes sind verboten. Trotzdem geschlossene Ehen sind nichtig, auch wenn sie zur Umgehung dieses Gesetzes im Ausland geschlossen sind.
§ 2 Außerehelicher Verkehr zwischen Juden und Staatsangehörigen deutschen oder artverwandten Blutes ist verboten.
§ 3 Juden dürfen weibliche Staatsangehörige deutschen oder artverwandten Blutes unter 45 Jahren in ihrem Haushalt nicht beschäftigen.
§ 4 (1) Juden ist das Hissen der Reichs- und Nationalflagge und das Zeigen der Reichsfarben verboten. [...]
§ 5 (1) Wer dem Verbot des § 1 zuwiderhandelt, wird mit Zuchthaus bestraft. (2) Der Mann, der dem Verbot des § 2 zuwiderhandelt, wird mit Gefängnis oder mit Zuchthaus bestraft. (3) Wer den Bestimmungen der §§ 3 oder 4 zuwiderhandelt, wird mit Gefängnis bis zu einem Jahr und mit Geldstrafe oder mit einer dieser Strafen bestraft.
*Zit. nach: Reichsgesetzblatt, Jg. 1935, Teil 1, Nr. 100, S. 1146 f.**

M 6 Lexikonartikel zur „Arisierung" (1997)

Nat.soz. Begriff für den Prozess der Entfernung der dt. Juden aus dem Wirtschafts- und Berufsleben. [...] Sie vollzog sich in drei Phasen und betraf Handwerk, Industrie und Handel in unterschiedlichem Maß. Zwischen 1933 und 1937 erfolgte die A. als illegale Einziehung jüdischen Eigentums. Betroffen von der schleichenden Verdrängung ohne rechtliche Grundlage waren v. a. der Einzelhandel und kleinere bis mittelgroße Betriebe, besonders in Kleinstädten und auf dem Lande, deren Besitzer unter dem Druck der Verhältnisse [...] in den Ruin getrieben oder sich zu „freiwilligen" Verkäufen unter Wert genötigt sahen. Diese Parteiaktivitäten wurden von der Regierung nicht verhindert, standen aber dem Staatsziel entgegen, die marode Wirtschaft zur Kriegsvorbereitung zu konsolidieren (weshalb jüdische Banken und Industrieunternehmen bis 1938 meist unbehelligt blieben). [...] Ab der Jahreswende 1937/38 wurde die A. [...] von staatlicher Seite systematisiert. Als Beauftragter für den Vierjahresplan bestimmte Hermann Göring, dass die im Rahmen des „Entjudungsprogramms" auf Sperrkonten einzufrierenden Gelder dem Staat, d. h. dem Rüstungsbudget, zuflossen. Ab April 1938 mussten jüdische Vermögen über 5 000 RM angemeldet werden; sie unterlagen Verfügungsbeschränkungen (das 1933 auf 12 Mrd. RM geschätzte jüdische Vermögen war 1938 halbiert). Die Scheinübertragung jüdischer Betriebe, deren Registrierung ab Juni 1938 vorgeschrieben war, an nichtjüdische Teilhaber wurde unter Strafe gestellt. Von den 1933 bestehenden ca. 100 000 jüdischen Unternehmen im Dt. Reich (Warenhäuser, Praxen, Werkstätten, Einzelhandelsgeschäfte etc.) waren im April 1938 nur 40 % noch nicht „arisiert". Besonders betroffen war dabei der Einzelhandel (von 50 000 Läden waren noch 9 000 in jüdischem Besitz). Die A. sollte auch zur Auswanderung veranlassen, was die restriktiven Maßnahmen für den Geld- und Devisenverkehr jedoch meist finanziell unmöglich machten. 1938 wurden auch neue Berufsverbote und -zulassungssperren verhängt [...]. Der Novemberpogrom im Jahr 1938 bot einen Anlass zur Radikalisierung der A. mit dem Ziel einer entschädigungslosen staatlichen Zwangsenteignung jüdischer Unternehmen – bis zur völligen „Entjudung" des Reiches. Im Dezember 1938 wurde die „Zwangsarisierung" bzw. Stilllegung der restlichen jüdischen Betriebe in Deutschland zum 1.1.1939 beschlossen; die Ausübung praktisch aller Berufe wurde den Juden verboten. Juden verloren bei der Entlassung jeden Anspruch auf Rente, Pension und Versicherungen. Wertpapiere und Wertgegenstände waren zu festgesetzten Niedrigpreisen bei staatlichen Stellen abzuliefern. Auch jüdische Patente und jüdisches Grundeigentum wurden zur A. freigegeben. Den Abschluss der A. bildeten die 11. und die 13. Verordnung zum Reichsbürgergesetz (November 1941 bzw. Juli 1943), nach denen das gesamte Vermögen der nach Osten deportierten bzw. der zu Tode gekommenen Juden dem Reich zufiel.

*Zit. nach: Wolfgang Benz u. a. (Hg.), Enzyklopädie des Nationalsozialismus, dtv, München 2007, S. 374 f. (© Klett-Gotha).**

M7 Der Novemberpogrom 1938

Aus dem geheimen Schreiben der Gestapo an alle Staatspolizeistellen vom 9. November 1938:

1. Es werden in kürzester Frist in ganz Deutschland Aktionen gegen Juden, insbesondere gegen deren Synagogen, stattfinden. Sie sind nicht zu stören. Jedoch ist im Benehmen mit der Ordnungspolizei sicherzustellen, dass Plünderungen und sonstige besondere Ausschreitungen unterbunden werden können.
2. Sofern sich in Synagogen wichtiges Archivmaterial befindet, ist dieses durch sofortige Maßnahmen sicherzustellen.
3. Es ist vorzubereiten die Festnahme von etwa 20 000 bis 30 000 Juden im Reiche. Es sind auszuwählen vor allem vermögende Juden. Nähere Anordnungen ergehen noch im Laufe dieser Nacht.
4. Sollten bei den kommenden Aktionen Juden im Besitz von Waffen angetroffen werden, so sind die schärfsten Maßnahmen durchzuführen. Zu den Gesamtaktionen können herangezogen werden Verfügungstruppen der SS sowie Allgemeine SS. Durch entsprechende Maßnahmen ist die Führung der Aktionen durch die Stapo auf jeden Fall sicherzustellen.

Zit. nach: Gerhard Schoenberner, Der gelbe Stern. Judenverfolgung in Europa 1933–1945, Bertelsmann, München 1978, S. 12.

1 a) Erläutern Sie die Auswirkungen der Gesetze M5a und M5b für Juden.
  b) Beschreiben Sie die Folgen für das Zusammenleben jüdischer und nicht jüdischer Bürger.
2 Skizzieren Sie die Phasen der „Arisierung" (M6) und nennen Sie Gründe für die Radikalisierung.
3 Analysieren Sie den Novemberpogrom 1938 (M7).
4 **Vertiefung:** Bewerten Sie die antijüdischen Maßnahmen im Kontext der „Volksgemeinschafts"-Ideologie".

Reaktionen in der Bevölkerung

M8 Marion Kaplan, Historikerin (2001)

Der Novemberpogrom bietet Beispiele für das widersprüchliche Verhalten der Deutschen gegenüber den Juden – eine Mischung aus zügelloser Brutalität, gezielter Unwissenheit und gelegentlicher Freundlichkeit. Viele Leute schlossen sich den Nazis an, um jüdische Wohnungen, Betriebe und Synagogen anzugreifen und zu verbrennen. Andere zogen es vor, ihre jüdischen Nachbarn auszunutzen. In Bayern etwa bot ein „arischer" Nachbar einer jüdischen Frau und ihrer Mutter nach der Verhaftung ihrer Ehemänner ein „Geschäft" an. Die jüdischen Frauen sollten ihm die Besitzurkunde ihres Hauses überschreiben und Deutschland verlassen. [...] Ingeborg Hechts Nachbarin versuchte es mit Entschuldigungen: „Der Führer weiß das nicht", sagte sie und gab Ingeborg ein großes Lebensmittelpaket für deren Vater, als dieser aus Sachsenhausen zurückkehrte. Mally Dienemann [...] war tief berührt, als ihre nichtjüdische Vermieterin ihr dabei half, die Wohnung zu reinigen.

*Zit. nach: Marion Kaplan, Der Mut zum Überleben, Aufbau, Berlin 2001. Übers. Christian Wiese.**

M9 Christoph Nonn, Historiker (2008)

Bajohr [Historiker] hat idealtypisch drei verschiedene Verhaltensweisen der Käufer jüdischer Geschäfte identifiziert. Eine Gruppe nutzte die Notlage der Verkäufer aus. Eine andere Gruppe bereicherte sich nicht nur besonders rücksichtslos auf Kosten der Juden, sondern trieb auch durch eigene Initiativen die „Arisierung" aktiv voran. Eine dritte Gruppe schließlich, die zu großen Teilen aus Mitgliedern der Handelskammer-Elite und älteren Unternehmern bestand, setzte der „Arisierung" zunächst im politischen Bereich hinhaltenden Widerstand entgegen. Als es dann doch zum Ausverkauf der jüdischen Geschäfte kam, griffen auch ihre Angehörigen zu, erstatteten den verkaufenden Juden aber häufig die Differenz zwischen verordneten Schleuderpreisen und tatsächlichem Wert der Betriebe unter der Hand oder ließen ihnen heimlich Wertsachen oder Pensionen zukommen. Denken in traditionellen Moralbegriffen einer unternehmerischen Ehre spielten für [dieses] Handeln [...] ebenso eine Rolle wie persönliche Verbundenheit alten jüdischen Geschäftsfreunden gegenüber.

*Zit. nach: Christoph Nonn, Antisemitismus, Wissenschaftliche Buchgesellschaft, Darmstadt 2008, S. 90.***

1 Beurteilen Sie anhand von M8 und M9 Reaktionen in der Bevölkerung auf die Judenverfolgung.

9.4 Nationalsozialistische Kriegs- und Vernichtungspolitik

NS-Wirtschaftspolitik

In dieser Themeneinheit geht es um
- *Wirtschaftsmaßnahmen des NS-Staates und die wirtschaftliche Entwicklung in Deutschland nach der Weltwirtschaftskrise,*
- *den Zusammenhang von Wirtschafts- und Kriegspolitik im NS-Staat.*

Überwindung der Wirtschaftskrise

Nach Beginn der NS-Herrschaft gingen die Arbeitslosenzahlen stark zurück; von 1933 25,9 % auf 1939 0,5 %. Umstritten ist allerdings unter Historikern, ob dieses „Wirtschaftswunder" überwiegend auf die nationalsozialistische Wirtschaftspolitik zurückzuführen oder einer seit 1932 einsetzenden Erholung der Weltwirtschaft zu verdanken war. Ebenso offen ist die Frage, ob die Wirtschaftserholung um 1935 Voraussetzung oder Folge der Aufrüstung war. Einigkeit herrscht dagegen in der Beurteilung der wirtschaftlichen Entwicklung: 1933 war die Talsohle der Weltwirtschaftskrise bereits durchschritten, was auch die Rahmenbedingungen für die deutsche Wirtschaft verbesserte.

Zur Überwindung der Wirtschaftskrise trugen **Arbeitsbeschaffungsprogramme** bei. Dabei griff das NS-Regime in Ermangelung eines eigenen klaren Wirtschaftskonzeptes auf Investitionsprogramme* sowie auf Überlegungen zur Steuerentlastung der Industrie aus der Weimarer Zeit zurück. Zu weiteren Maßnahmen gehörten **staatliche Investitionen**: große Rüstungsaufträge, aufwändige Bauvorhaben wie das Reichsparteitagsgelände in Nürnberg oder der bereits in den 1920er-Jahren begonnene **Autobahnbau.**

Darüber hinaus trugen weitere Faktoren zur Entlastung des Arbeitsmarktes bei: die Einführung der **zweijährigen Wehrpflicht**, die Einführung des zunächst freiwilligen, ab 1935 verpflichtenden halbjährlichen **„Reichsarbeitsdienstes"** (RAD) für die männliche Bevölkerung zwischen 18 und 21 Jahren und die Einführung eines Ehestandsdarlehens, wenn Frauen ihren Beruf aufgaben. Außerdem wurde der **Konsum** gefördert: durch Steuererleichterungen und -befreiungen wie die der Autobesitzer von den Kfz-Steuern, die Absenkung der Umsatzsteuer im Großhandel (1934) sowie das Einkommensteuergesetz (1934), das die Abschreibung* kurzlebiger Wirtschaftsgüter begünstigte.

M 1 Plakat der Reichsbahnzentrale für den deutschen Reiseverkehr, Berlin, 1938.
Motiv: Saalebrücke bei Hirschberg mit Aussichtsplattform unterhalb der Stele mit dem Adler.*

▶ M 5: Autobahnbau

Rüstungspolitik

▶ M 4: Vierjahresplan

Die Ziele im Rüstungsbereich erhielten spätestens ab 1936 mit dem **Vierjahresplan** absolute Priorität, um die Pläne eines Krieges um „Lebensraum" für das deutsche Volk zu verwirklichen. Waren schon seit 1933 die Rüstungsausgaben deutlich angewachsen, wurde die Wirtschaft nun explizit auf Kriegsproduktion umgestellt. Sie sollte vor allem autark, d.h. unabhängig von Rohstoff- und Nahrungsmittelimporten aus dem Weltmarkt werden, hatte sich doch im Ersten Weltkrieg durch die britische Seeblockade die Anfälligkeit der deutschen Handelswege im Kriegsfalle gezeigt. Die Abkoppelung von der Weltwirtschaft führte in der Realität zu stärkeren handelspolitischen Verbindungen mit Staaten in Südosteuropa und zur Förderung synthetisch hergestellter Rohstoffe (z.B. synthetischer Kautschuk). Mit der **Umstellung der Wirtschaft auf die Kriegs-**

M2 Cover der Broschüre „Der Vierjahresplan“, Januar 1941

▶ M6–M8: Geschichte kontrovers: NS-Wirtschaftspolitik

M3 Öffentliche Ausgaben im Deutschen Reich 1928–1938

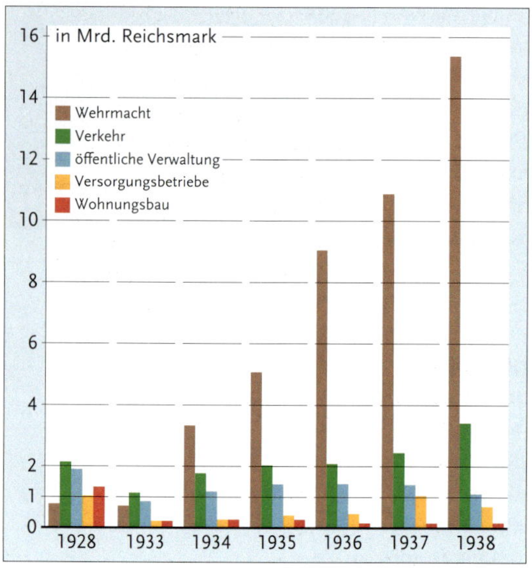

produktion verband der NS-Staat auch massive Eingriffe in die privatwirtschaftliche Struktur. So war bereits 1933 ein Lohnstopp festgelegt worden und unternehmerische Entscheidungen wie Produktionsziele und Preisbildung wurden zunehmend staatlich reguliert.

Folgen

Von der rüstungspolitischen Ausrichtung der Wirtschaft profitierten in erster Linie die „modernen“ Industrien (Flugzeug-, Fahrzeugbau, Elektrotechnik, Chemie). Langfristig brachte sie jedoch nur einen **scheinbaren Aufschwung**: Die Familieneinkommen waren zwar durch das gestiegene Lohnaufkommen ehemaliger Arbeitsloser gestiegen; die Erhöhung zeigte sich jedoch vor allem in der größeren Sparquote, nicht in mehr Konsum. Ferner führte die Kriegsgüterproduktion dazu, dass hochwertige und veredelte Lebensmittel knapp wurden. Man ersetzte sie durch qualitativ minderwertige Ersatzangebote, z. B. weniger haltbare Stoffe bei Textilien oder Margarine bei den Nahrungsmitteln.
Problematisch war auch die explodierende **Staatsverschuldung**. Die damit verbundene Erhöhung der Geldumlaufmenge barg die Gefahr einer Inflation*, zumal die Staatsausgaben nicht durch erhöhte Steuern, sondern durch verdeckte Wechselgeschäfte* („Mefo“-Wechsel) finanziert wurden. Zusätzlich verschuldete sich die NS-Regierung durch die Aufnahme von Krediten bei der Reichsbank. Um die Schuldenfalle abzuwehren und ab 1939 die Kriegsproduktion zu erhöhen, erfolgte der **Zugriff auf private Vermögen** und private Spareinlagen ohne Wissen und ohne Zustimmung der Sparer. Darüber hinaus forcierte* das NS-Regime den **Raub jüdischen Vermögens.** Den enormen Kapitalbedarf des Reiches deckten jedoch vor allem Verordnungen zur Enteignung jüdischen Eigentums (s. S. 418 ff.). Auch wurden über sieben Millionen ausländische Arbeitskräfte und Kriegsgefangene, insbesondere Polen, Ukrainer und Russen, gewaltsam nach Deutschland deportiert* und neben KZ-Häftlingen als **Zwangsarbeiter** eingesetzt.

1 Nennen Sie Gründe für die Überwindung der Arbeitslosigkeit (Darstellung).
2 **Partnerarbeit:** Beschreiben und vergleichen Sie M2 und M3 zum Vierjahresplan.
3 **Schaubild:** Stellen Sie die Folgen der NS-Wirtschaftspolitik als Schaubild dar.
Tipp: Nutzen Sie die Methodenseite 392 f.

Hinweise zur Arbeit mit den Materialien:
M 4 thematisiert den Vierjahresplan anhand eines Geheimdokuments. In M 5 geht es um den Autobahnbau (s. auch M 1, S. 423; M 4, S. 408). M 6–M 8 bieten eine Kontroverse zur NS-Wirtschaftspolitik.

Der Vierjahresplan von 1936

M 4 Aus Hitlers geheimer Denkschrift zum Vierjahresplan (1936)

I. [...] Deutschland [muss] politisch und wirtschaftlich in die Lage der Selbsterhaltung gebracht werden [...]. II. Zu diesem Zwecke sind auf all den Gebieten, auf denen eine eigene Befriedigung durch deutsche Produktionen zu erreichen ist, Devisen einzusparen, um sie jenen Erfordernissen zuzulenken, die unter allen Umständen ihre Deckung nur durch Import erfahren können. [...] V. Die Frage des Kostenpreises dieser Rohstoffe ist ebenfalls gänzlich belanglos, denn es ist immer noch besser, wir erzeugen in Deutschland teure Reifen und können sie fahren, als wir kaufen theoretisch billige Reifen, für die das Wirtschaftsministerium keine Devisen bewilligen kann. [...] Es ist weiter notwendig, ohne Rücksicht auf die Kosten die deutsche Erzförderung zu steigern und insbesondere die Erzeugung von Leichtmaterial auf das Äußerste zu erhöhen, um damit einen Ersatzstoff für bestimmte andere Metalle zu finden. [...] Es gibt keinen Zweifel darüber, dass die Außenstände unserer Wirtschaft heute ganz enorme sind. Und es gibt weiter keinen Zweifel, dass sich dahinter zum Teil auch die niederträchtige Absicht verbirgt, für alle Fälle im Ausland gewisse, dem inneren Zugriff entzogene Reserven zu besitzen. Ich sehe darin eine bewusste Sabotage der nationalen Selbstbehauptung bzw. der Verteidigung des Reiches, und ich halte aus diesem Grund die Erledigung zweier Gesetze vor dem Reichstag für notwendig: 1. ein Gesetz, das für die Wirtschaftssabotage die Todesstrafe vorsieht, und 2. ein Gesetz, das das gesamte Judentum haftbar macht für alle Schäden, die durch einzelne Exemplare dieses Verbrechertums der deutschen Wirtschaft und damit dem deutschen Volke zugefügt werden. [...] Ich stelle damit folgende Aufgabe: I. Die deutsche Armee muss in 4 Jahren einsatzfähig sein. II. Die deutsche Wirtschaft muss in 4 Jahren kriegsfähig sein.

*Zit. nach: Vierteljahreshefte für Zeitgeschichte, Jg. 3, 1955, S. 184 ff.**

1 Erläutern Sie die Konsequenzen, die sich aus M 4 für die Wirtschaftsentwicklung des NS-Staates ergeben.

Autobahnbau im NS-Staat

M 5 Wolfgang Wippermann, Historiker (2000)

Autobahnen sind keine Erfindung der Nationalsozialisten. Die erste deutsche Autobahn wurde 1921 mit der Avus in Berlin errichtet. 1927 legte die Studiengesellschaft für Automobilstraßenbau einen Plan für ein Fernstraßennetz von 22 500 Kilometern Länge vor. 1932 wurde zwischen Bonn und Köln die erste Autobahn eingeweiht. Die seit 1926 vorliegenden Pläne zum Bau einer Autobahn Hamburg–Frankfurt–Basel (HAFRABA) konnten wegen der Wirtschaftskrise nicht verwirklicht werden. Erst Hitler griff sie kurz nach seiner Ernennung zum Reichskanzler auf. Am 27. Juni 1933 erließ er das „Gesetz über die Errichtung eines Unternehmens Reichsautobahnen" und ernannte drei Tage später Fritz Todt zum „Generalinspekteur für das deutsche Straßenwesen". Schließlich wurde noch im August 1933 die „Gesellschaft zur Vorbereitung der Reichsautobahnen e. V." gegründet. Am 23. September 1933 begann der Bau der ersten Teilstrecke Frankfurt–Darmstadt. Dies geschah unter einem großen Propagandaeinsatz. Hitler persönlich setzte den ersten Spatenstich. Die Einweihung weiterer Teilstrecken wurde entsprechend gefeiert. Die Autobahnen wurden als Beweis und Mittel für die Überwindung der Arbeitslosigkeit gefeiert. Dabei waren Mitte 1936 gerade einmal 125 000 Menschen beim Bau der Autobahnen eingesetzt. Bei einer Gesamtbeschäftigtenzahl von damals über 18 Millionen war dies nicht viel. Die Verringerung der Arbeitslosenzahl, die von 6 Millionen im Jahr 1933 auf etwas über 1 Million zurückgegangen war, konnte schon rechnerisch nicht auf den Bau der Autobahnen zurückgeführt werden. Sie war Ergebnis der forcierten Aufrüstung. Tatsächlich wurden bis Kriegsbeginn nur 3 300 der geplanten 6 900 Streckenkilometer fertiggestellt. Der Autobahnbau wurde noch bis zur Jahreswende 1941/42 fortgesetzt, jetzt aber mit Kriegsgefangenen und Zwangsarbeitern, darunter auch Juden. Auch der militärische Nutzen war begrenzt. Die weitaus meisten Transporte der Wehrmacht erfolgten wegen Treibstoffmangels, Mangel an Autoersatzteilen usw. [...] mit der Eisenbahn.

*Zit. nach: Jürgen Stillig, Wolfgang Wippermann, Der Nationalsozialismus, Cornelsen, Berlin 2000, S. 54.**

1 Vergleichen Sie am Beispiel Autobahnbau öffentliche Ziele und reale Politik des NS-Staates (M 5; s. auch M 1, S. 423, und M 4, S. 408).

2 **Vertiefung:** Recherchieren Sie eigenständig zu Anspruch und Wirklichkeit der „KdF"-Reisen (s. S. 411 f.).

Geschichte kontrovers: NS-Wirtschaftspolitik

M6 Der deutsche Historiker Götz Aly (2006)

Die mannigfaltigen [...] Formen öffentlicher Habgier und nationalsozialer Bereicherung ermöglichten es, die Masse des Volkes mit einer Mischung aus milder Steuerpolitik, guter Versorgung und punktuellem Terror an den Rändern der Gesellschaft wenigstens ruhigzustellen. Das stimmungspolitische Optimum, das die NS-Führer anstrebten, bildete allerdings die gute Laune der Deutschen. Von ihr pflegte Goebbels zu sagen, sie „ist ein Kriegsartikel, unter Umständen kann sie nicht nur kriegswichtig, sondern kriegsentscheidend sein". Die materielle Stimulierung einer gehobenen deutschen Massenlaune auf Kosten anderer bildete das wesentliche – stets kurzfristig verstandene – Ziel des Regierens. So betrachtet, verwandelte die NS-Führung die Deutschen mehrheitlich weder in Fanatiker noch in überzeugte Herrenmenschen. Vielmehr gelang es ihr, sie zu Nutznießern und Nutznießerchen zu machen. Nicht wenige steigerten sich in eine Goldgräberstimmung, in das Gefühl von einer nahen Zukunft, in der das Geld auf der Straße liegen würde. Wie sich der Staat im Großen in eine gewaltige Raubmaschinerie transformierte, wandelten sich gewöhnliche Leute in Vorteilsnehmer und passiv Bestochene.

*Zit. nach: Götz Aly, Hitlers Volksstaat. Raub, Rassenkrieg und nationaler Sozialismus, erw. Ausg., Fischer, Frankfurt/M. 2006, S. 360f.**

M7 Der deutsche Historiker Hartmut Berghoff (2007)

Der NS-Staat besaß keine eigene konsumpolitische Konzeption, weder im Sinne der Nachahmung des amerikanischen Massenkonsums noch in dem eines Alternativmodells. Stattdessen adaptierte er ziemlich willkürlich einzelne Versatzstücke unterschiedlichster Provenienz. [...] Letztlich verurteilten die Restriktionen der Rohstoff- und Devisenknappheit die Bemühungen um ein Ausbalancieren von „Kanonen" und „Brot" zum Scheitern. Daher war die Konsumpolitik auch so widersprüchlich. Die Konsumenten lebten im „Dritten Reich" in einer „gespaltenen" Lebenswelt. Obwohl sie z. T. unter gravierenden Versorgungsengpässen litten, kam es zu keinen für das Regime bedrohlichen Protesten. Der Bezugspunkt für das Urteil der Menschen war die Weltwirtschaftskrise und daraus resultierte die Selbstwahrnehmung einer substanziellen Verbesserung ihrer Lebensumstände. In diesem Kontext fielen weitreichende Versprechungen auf fruchtbaren Boden, zumal die Propaganda geschickt inszeniert wurde und sich Erfolge auf symbolträchtigen Gebieten wie Rundfunk, Kino und Tourismus einstellten. Hinzu kamen die trotz Aufrüstung möglichen Erfolge einiger Teile der Konsumgüterindustrie.

*Zit. nach: Hartmut Berghoff, Gefälligkeitsdiktatur oder Tyrannei des Mangels? Neue Kontroversen zur Konsumgeschichte des Nationalsozialismus, in: Geschichte in Wissenschaft und Unterricht (GWU) 09/2007, S. 502–518, hier S. 517f.**

M8 J. Adam Tooze, britischer Historiker (2007)

Bis 1935 hatte sich das deutsche Bruttoinlandsprodukt so weit erholt, dass es in etwa wieder den Stand von 1928 hatte. Das war zweifelsohne eine schnelle Genesung. Doch sie war keineswegs dem Gesundungsprozess überlegen, den man in den Vereinigten Staaten mit einer völlig anderen politischen Mixtur erreichte. Ebenso wenig war die Jahreswachstumsrate dem Aufschwung in der Weimarer Republik überlegen, denn der war nach der schweren Rezession im Winter 1926/27 höher gewesen als jede Rate, die das „Dritte Reich" je vorzuweisen haben sollte. Dass unter einer anderen Regierung eine vergleichbar schnelle Erholung stattgefunden haben könnte, ist daher sehr wohl vorstellbar. [...] Unbestreitbar ist jedoch, dass der tatsächliche Aufschwung deutlich den Stempel der NS-Regierung trug. Im Jahr 1935 lag der Privatverbrauch noch immer um 7 Prozent unter dem Niveau, das er vor der Wirtschaftskrise gehabt hatte, die privaten Investitionen lagen sogar um 22 Prozent darunter. Im Gegensatz dazu waren die Staatsausgaben um 70 Prozent höher als im Jahr 1928. Und dieser Fakt erklärt sich fast ausschließlich durch den Militärhaushalt. Es kann also gar keinen Zweifel daran geben, dass die Rüstung des „Dritten Reiches" bereits 1934 oberste Priorität hatte. Zwischen 1933 und 1935 stieg der Anteil der Militärausgaben am Volkseinkommen von weniger als 1 Prozent auf nahezu 10 Prozent. Kein kapitalistischer Staat hatte je in so kurzer Friedenszeit eine Umschichtung des gesamten Sozialprodukts in solchem Ausmaß vorgenommen. Allein in den ersten drei Jahren des Hitlerregimes betrugen die auf einen eng verflochtenen militärischen Industriekomplex konzentrierten Ausgaben zehn Milliarden Reichsmark. Und das konnte nur dramatische Folgen haben.

*Zit. nach: J. Adam Tooze, Ökonomie der Zerstörung. Die Geschichte der Wirtschaft im Nationalsozialismus, Siedler, München 2007, S. 91. Übers. Yvonne Badal.**

1 **Gruppenarbeit:** Vergleichen Sie die Texte M6–M8.
Tipp: Nutzen Sie die Hilfen auf Methodenseite 316.
2 Nehmen Sie auf der Basis Ihrer Ergebnisse Stellung.

NS-Außenpolitik: Der Weg in den Krieg

In dieser Themeneinheit geht es um
- *die außenpolitische Strategie Hitlers,*
- *die ersten Schritte des NS-Staates auf dem Weg zum Krieg,*
- *Auslandsreaktionen zur NS-Außenpolitik bis 1939 (u. a. die Appeasement-Politik).*

Hitlers Doppelstrategie

Bis heute streiten Historiker darüber, ob Hitlers Außenpolitik einem festen Plan folgte oder sich eher pragmatisch an den jeweiligen außenpolitischen Konstellationen ausrichtete. Ungeachtet aller außenpolitischen Schwankungen verfolgte Hitler beharrlich seine grundsätzlichen ideologischen Ziele: die Erweiterung des deutschen „Lebensraumes" und den Kampf gegen die Juden und gegen den Kommunismus.
Fakt ist jedoch: Das NS-Regime verfolgte auch in der Außenpolitik eine Doppelstrategie. Am 17. Mai 1933 beschwor Hitler in einer Reichstagsrede die bestehende internationale Friedensordnung. Die Deutschen wie die Bevölkerungen und Regierungen des Auslandes sollten beruhigt werden. In geheimen Besprechungen dagegen plädierte* er offen für Gewalt und Krieg.
Dass Hitler andere Akzente in der Außenpolitik setzte als die Weimarer Republik, zeigte sich unmittelbar nach der Machtübernahme. Bereits im Oktober 1933 trat das Deutsche Reich aus dem Völkerbund aus. Verträge wie der **Nichtangriffspakt mit Polen** (1934) oder das **Flottenabkommen mit England** (1935) suggerierten* jedoch eine eher gemäßigte und auf Ausgleich bedachte Außenpolitik. Zugleich betonte Hitler nach außen in mehreren großen Reden den Friedenswillen der NS-Regierung. Dem aufmerksamen Beobachter fiel dennoch die starke militärische Ausrichtung der NS-Außenpolitik auf. 1935 führte das Deutsche Reich die allgemeine Wehrpflicht wieder ein. Hitler besaß keinerlei Skrupel, die durch diese Aufrüstung gewonnene außenpolitische Beweglichkeit für seine Macht- und Gewaltpolitik zu nutzen. Das zeigte der Einmarsch deutscher Truppen in die entmilitarisierte Rheinlandzone im März 1936 sowie die militärische Unterstützung, die Deutschland gemeinsam mit Italien den national-faschistischen Truppen Francos im Spanischen Bürgerkrieg gewährte (s. S. 345).
Im **März 1938** überschritten Wehrmachtseinheiten dann die Grenze zu Österreich. Unter Ausnutzung innerer Schwierigkeiten hatten die Nationalsozialisten mit dazu beigetragen, die österreichische Republik zu schwächen. Die demokratischen Kräfte, insbesondere die Sozialdemokraten, waren zu schwach, um sich der deutschen „Schutzmacht" zu widersetzen; die Mehrheit der österreichischen Bevölkerung hatte das Vereinigungsverbot mit Deutschland aus dem Versailler Vertrag ohnehin nicht akzeptiert. Österreich wurde als „Ostmark" dem Deutschen Reich eingegliedert. Damit war der letzte Souveränitätsvorbehalt für das Deutsche Reich aus dem Versailler Vertrag beseitigt worden.

Nichtangriffspakt Deutschland – Polen
Der Vertrag vom 26. Januar 1934 verpflichtete beide Staaten für zehn Jahre, politische, wirtschaftliche und kulturelle Probleme friedlich zu lösen. Der Vertrag bedeutete zwar keine Anerkennung der deutschen Ostgrenze, stand aber in Gegensatz zur vorherigen antipolnischen NS-Propaganda. Ziel Hitlers war es, polnische Rohstoffe zu nutzen und das Bündnis Frankreich-Polen zu schwächen.

Deutsch-britisches Flottenabkommen
Am 18. Juni 1935 in London unterzeichnet legte es das Stärkeverhältnis der deutschen und britischen Flotte auf 35 zu 100 fest. Es stellte einen Bruch des Versailler Vertrages dar. England ließ sich trotz französischer Proteste auf das Abkommen ein, um einen Rüstungswettlauf mit Deutschland zu verhindern. Hitlers Ziel war es, Frankreich durch eine Annäherung an England zu isolieren.

M1 **Karikatur zur Rede Hitlers vom 17. Mai 1933 aus der Zeitschrift *„The Nation"*, New York, 1933**

Neue Bündnisse und Kriegsvorbereitung

▶ M 4, M 5: Hitlers außenpolitische Strategie

Indem Hitler die **italienische Kriegspolitik Benito Mussolinis** unterstützte – dieser hatte seit Oktober 1935 das faschistische Italien in einen brutalen Krieg gegen Abessinien (heute Äthiopien) geführt –, erreichte er eine Annäherung zwischen Deutschland und Italien. Die ideologische Nähe der beiden Diktaturen (s. S. 344 f.), vor allem aber ihr gemeinsamer Kampf gegen den Kommunismus, ermöglichten nach 1936 eine **Achsenbildung**. Dabei geriet das ökonomisch schwächere Italien zunehmend in Abhängigkeit vom Deutschen Reich.

Im Vergleich zu Italien oder zu Japan, das seit 1933 im ostasiatischen Raum eine aggressive Expansionspolitik gegenüber China verfolgte, erschien Hitlers Außenpolitik als geradezu gemäßigt und berechenbar. Diesen Eindruck verstärkte das nationalsozialistische Regime während der **Olympischen Spiele 1936** in Berlin. Es feierte die Olympiade als „Friedensspiele" und Deutschland zeigte sich nach außen hin als weltoffenes und gastfreundliches Land.

Gleichzeitig schuf die nationalsozialistische Außenpolitik mithilfe neuer Bündnisse weitere Voraussetzungen für einen neuen Krieg: Das deutsche und italienische Eingreifen in den Spanischen Bürgerkrieg (s. S. 345) aufseiten von Franco im Jahr 1936 bezeichnete Mussolini als **„Achse Berlin–Rom"**. Im gleichen Jahr schlossen Japan und Deutschland den gegen die Sowjetunion gerichteten **„Antikominternpakt"***, dem 1937 auch das faschistische Italien beitrat.

Antikominternpakt
In dem am 25. November 1936 geschlossenen Abkommen wurde vereinbart, sich gemeinsam über die Abwehr kommunistischer Aktivitäten zu beraten. In einem geheimen Zusatzabkommen wurde gegenseitige Neutralität für den Fall eines Angriffes der Sowjetunion zugesagt. Neben Japan und Italien traten dem Pakt 1939 Spanien, Ungarn und Mandschukuo – der von Japan kontrollierte Marionettenstaat in China – bei.

Um den NS-Staat „kriegsfähig" zu machen, verstärkten die Nationalsozialisten parallel zu diesen Entwicklungen den zielstrebigen Ausbau der Wehrmacht und die Aufrüstung. Spätestens 1935 war der Übergang von der radikalen Revisionspolitik der Vorjahre zu einem Kriegskurs vollzogen. Auch die warnenden Stimmen der militärischen Führungsspitze und des Außenministers von Neurath brachten Hitler nicht von seinen Plänen ab. Anstelle von Neurath wurde der willfährige Nationalsozialist **Joachim von Ribbentrop** zum Außenminister berufen.

Reaktionen des Auslandes auf die NS-Außenpolitik

▶ M 6: NS-Außenpolitik aus der Sicht des Auslands

Die nationalsozialistische Machtpolitik spaltete die **Mächte Europas in zwei Lager**: Deutschland und Italien auf der einen und Frankreich und England auf der anderen Seite. Für Frankreich war diese Politik angesichts der Rückgliederung des **Saargebietes** 1935 nach Deutschland und der Aufhebung der entmilitarisierten Zone 1936 am gefährlichsten. Die englische Regierung aber versuchte jeden offenen Konflikt mit dem NS-Staat zu vermeiden. Im Grunde genommen akzeptierten die englischen Politiker, dass seit dem Beginn der Weltwirtschaftskrise 1929 der Versailler Vertrag faktisch allmählich aufgehoben wurde. Sie suchten nach einem neuen europäischen Ordnungssystem. Ein Gleichgewicht der Mächte auf dem Kontinent konnte aus britischer Sicht auf friedlichem Wege am besten dadurch erreicht werden, dass England der deutschen Revisionspolitik* nachgab, allerdings in gegenseitigem Einverständnis und abgesichert durch entsprechende internationale Vereinbarungen.

▶ S. 349 f.: Appeasement-Politik

Ein zentrales Thema der historisch-politischen Auseinandersetzung über das Scheitern der durch die Pariser Friedenskonferenzen 1919/20 geschaffenen Staatenordnung ist die Frage, ob die Siegermächte die Entfesselung des Zweiten Weltkrieges durch das nationalsozialistische Deutschland hätten verhindern können. In dieser Debatte taucht immer wieder das Schlagwort „Appeasement"* auf. Bis heute wird es benutzt, um eine Politik des ständigen Nachgebens gegenüber totalitären Staaten zu charakterisieren. Während der 1930er-Jahre diente der Begriff „Appeasement" als polemischer Vorwurf an die britische Außenpolitik zwischen 1933 und 1939.

Die Zerschlagung der Tschechoslowakei 1938

Hitler nahm Konflikte um die Rechte der **Sudetendeutschen** in der Tschechoslowakei zum Anlass, auf die tschechische Führung Druck auszuüben. Nur vordergründig ging es darum, einen autonomen Status für die dortige deutsche Minderheit zu erreichen. Hitlers Ziel war es, die Tschechoslowakei zu „zerschlagen", wie er in einer Rede am 30. Mai 1938 äußerte. Die Drohung eines militärischen Eingreifens führte zu diplomatischen Initiativen Frankreichs und Englands, die der Tschechoslowakei bei einem Angriff Beistand hätten leisten müssen. Der italienische Diktator Benito Mussolini (s. S. 344 f.) unterstützte Frankreich und England, weil er für sein Regime keinen Sinn in einem europäischen Krieg um einen Teil der Tschechoslowakei sah. So ließ sich Hitler unter diplomatischem Druck auf eine Konferenz mit dem britischen Premierminister Neville Chamberlain (1869–1940), dem französischen Ministerpräsidenten Edouard Daladier (1884–1970) und Mussolini ein, die 1938 in München stattfand.

Das **Münchner Abkommen vom 29. September 1938** legte die Abtretung des Sudetenlandes an Deutschland fest. Unter dem Deckmantel des Selbstbestimmungsrechtes beschnitt es die territoriale Eigenständigkeit der Tschechoslowakei. Außerdem erhielt der slowakische Landesteil gegenüber der Zentralregierung in Prag mehr Rechte. Die Regierung in Prag wurde gezwungen, dem Abkommen zuzustimmen. Innenpolitische Konflikte waren unvermeidbar, insbesondere Spannungen zwischen Tschechen und Slowaken. Letztere konnten sich nun deutscher Unterstützung sicher sein.

Als die Prager Regierung Militär einsetzte, um die Einheit des Landes zu erhalten, nahm Hitler dies zum Anlass, den militärischen Angriff auszuführen, den das Abkommen von München noch verhindert hatte. Am 15. März 1939 besetzten deutsche Truppen Tschechien, das als **„Protektorat Böhmen und Mähren"** dem Reich eingegliedert wurde. Die Slowakei wurde formal souverän, war politisch und wirtschaftlich aber völlig vom nationalsozialistischen Deutschland abhängig.

Der Erfolg seiner Politik – Drohung und schnelles militärisches Eingreifen – verleitete Hitler dazu, unmittelbar nach der Annexion* Tschechiens das nächste Konfliktfeld auf ähnliche Weise zu behandeln. Jetzt richteten sich die deutschen Pressionen* gegen Polen, das der **Wiedereingliederung Danzigs** ins Reich zustimmen sollte. Hitler beauftragte die Wehrmacht am 11. April 1939 mit der Vorbereitung eines „vernichtenden" Angriffs auf Polen.

M2 Teilnehmer der Münchner Konferenz am 29. September 1938, Fotografie.
Vordere Reihe, von links nach rechts: Neville Chamberlain (Großbritannien), Edouard Daladier (Frankreich), Adolf Hitler (Deutschland), Benito Mussolini (Italien), Graf Gian Galeazzo Giani (Italien).

M3 ***„Wonder, how long the honeymoon will last?"*** **(„Mal sehen, wie lange die Flitterwochen dauern werden?"), Karikatur von Clifford K. Berryman (1869–1949), USA, September 1939**

Der Hitler-Stalin-Pakt 1939

Seit der Tschechoslowakei-Krise 1938 hatte sich das internationale Umfeld aber gewandelt. England und Frankreich waren nicht länger bereit, der immer skrupelloser vorgehenden Machtpolitik Hitlers tatenlos zuzusehen, und garantierten Polens Unabhängigkeit. Allerdings war dieses Versprechen nicht leicht einzulösen, da Polen für die Truppen beider Länder nicht unmittelbar erreichbar war. Deswegen nahmen Paris und London Verhandlungen mit der Sowjetunion auf. Ein militärisches Bündnis zwischen diesen drei Staaten schien jedoch nur möglich, wenn Polen der sowjetischen Armee ein Durchmarschrecht zugestand. Hiervor fürchtete sich Polen aber nicht weniger als vor einer deutschen Aggression. Die polnische Regierung versuchte daher ihre Unabhängigkeit zu wahren; die Verhandlungen der Westmächte mit der sowjetischen Führung zogen sich hin – von Stalin durchaus nicht ungewollt. Die sowjetische Regierung verhandelte auch mit dem deutschen Außenminister von Ribbentrop. Dieser schien Stalin mehr bieten zu können als die Westmächte. Der am 23. August 1939 abgeschlossene deutsch-sowjetische Nichtangriffspakt, der sogenannte **Hitler-Stalin-Pakt**, schloss ein geheimes Zusatzabkommen ein, in dem beide Mächte ihre Interessensphären absteckten.

▶ M 7: Hitler-Stalin-Pakt

Durch die deutsch-sowjetische Bündniskonstellation vom August 1939 sah Hitler die Bedingungen für den Überfall auf Polen als gegeben an. Am **1. September 1939** überschritten die deutschen Truppen die polnische Westgrenze, am 17. September die Sowjetunion die Ostgrenze. England und Frankreich ließen sich durch den deutsch-sowjetischen Pakt – vermutlich gegen Hitlers Erwartungen – nicht davon abhalten, ihre Garantieerklärung einzulösen. Am 3. September erklärten sie Deutschland den Krieg.

▶ M 8: Urteile zur NS-Außenpolitik

1 **Wahlaufgabe:** Bearbeiten Sie Aufgabe a) oder b).
   a) **Schaubild:** Stellen Sie die Doppelstrategie der NS-Außenpolitik anhand der Darstellung in einem Schaubild dar.
   Tipp: Nutzen Sie Methodenseite S. 392 f.
   b) Analysieren Sie Karikatur M 1 im Hinblick auf die Strategie der NS-Außenpolitik.
   Tipp: Nutzen Sie Methodenseite S. 238 f. und die Darstellung.
2 **Zeitstrahl:** Stellen Sie anhand der Darstellung die kriegsvorbereitenden Schritte Hitlers bis zum Ausbruch des Weltkrieges 1939 in einem Zeitstrahl dar.
3 Erklären Sie die Reaktionen des Auslandes auf die NS-Außenpolitik (Darstellung).

Hinweise zur Arbeit mit den Materialien:
Der Materialteil setzt vier Schwerpunkte: M 4–M 5 sind zentrale Quellen zu Hitlers außenpolitischer Strategie. M 6 thematisiert anhand einer Karikatur Sichtweisen des Auslands auf die NS-Außenpolitik. M 7 beschäftigt sich mit dem Hitler-Stalin-Pakt und dem Geheimen Zusatzprotokoll. Als Vertiefung: Darstellung M 8, die die nationalsozialistische Außenpolitik aus Sicht der Geschichtsforschung behandelt.

NS-Außenpolitik: Hitlers Doppelstrategie

M 4 Reichstagsrede Hitlers vom 17. Mai 1933

Die Generation dieses jungen Deutschlands, die in ihrem bisherigen Leben nur die Not, das Elend und den Jammer des eigenen Volkes kennenlernte, hat zu sehr unter dem Wahnsinn gelitten, als dass sie beabsichtigen könnte, das Gleiche anderen zuzufügen. Unser Nationalismus ist ein Prinzip, das uns als Weltanschauung grundsätzlich allgemein verpflichtet. Indem wir in grenzenloser Liebe und Treue an unserem eigenen Volkstum hängen, respektieren wir die nationalen Rechte auch der anderen Völker aus dieser selben Gesinnung heraus und möchten aus tief innerstem Herzen mit ihnen in Frieden und Freundschaft leben. Wir kennen daher auch nicht den Begriff des „Germanisierens". Die geistige Mentalität des vergangenen Jahrhunderts, aus der man glaubte, vielleicht aus Polen oder Franzosen Deutsche machen zu können, ist uns genauso fremd, wie wir uns leidenschaftlich gegen jeden umgekehrten Versuch wenden. Wir sehen die europäischen Nationen um uns als gegebene Tatsachen. [...]
Deutschland ist nun jederzeit bereit, auf Angriffswaffen zu verzichten, wenn auch die übrige Welt ihrer entsagt. Deutschland ist bereit, jedem feierlichen Nichtangriffspakt beizutreten; denn Deutschland denkt nicht an einen Angriff, sondern an seine Sicherheit! [...] Die deutsche Regierung wünscht sich über alle schwierigen Fragen politischer und wirtschaftlicher Natur mit den anderen Nationen friedlich und vertraglich auseinanderzusetzen. Sie weiß, dass jeder militärische Akt in Europa auch im Falle seines vollständigen Gelingens, gemessen an seinen Opfern, in keinem Verhältnis steht zum möglichen endgültigen Gewinn.

*Zit. nach: Franz A. Six (Hg.), Dokumente der deutschen Politik, Bd. 1, Junker Quennhaupt, Berlin 1942, S. 102ff.**

M 5 Aus der Hoßbach-Niederschrift (1937)

Aus der Niederschrift des Obersten Hoßbach über die Besprechung Hitlers mit den Oberbefehlshabern aus Heer, Marine und Luftwaffe, dem Reichskriegsminister und dem Reichsminister des Auswärtigen über die deutsche Außenpolitik vom 5. November 1937:

Der Führer stellte einleitend fest, dass der Gegenstand der heutigen Besprechung von derartiger Bedeutung sei, dass dessen Erörterung in anderen Staaten wohl vor das Forum des Regierungskabinetts gehörte, er – der Führer – sähe aber gerade im Hinblick auf die Bedeutung der Materie davon ab, diese in dem großen Kreise des Reichskabinetts zum Gegenstand der Besprechung zu machen. [...] Der Führer führte sodann aus: Das Ziel der deutschen Politik sei die Sicherung und die Erhaltung der Volksmasse und deren Vermehrung. Somit handele es sich um das Problem des Raumes. Die deutsche Volksmasse verfüge über 85 Millionen Menschen, die nach der Anzahl der Menschen und der Geschlossenheit des Siedlungsraumes in Europa einen in sich so fest geschlossenen Rassekern darstelle, wie er in keinem anderen Land wieder anzutreffen sei und wie er andererseits das Anrecht auf größeren Lebensraum mehr als bei anderen Völkern in sich schlösse. [...]
Die einzige, uns vielleicht traumhaft erscheinende Abhilfe läge in der Gewinnung eines größeren Lebensraumes, ein Streben, das zu allen Zeiten die Ursache der Staatenbildungen und Völkerbewegungen gewesen sei. Dass dieses Streben in Genf und bei den gesättigten Staaten keinem Interesse begegne, sei erklärlich. [...]
Die Entwicklung großer Weltgebilde gehe nun einmal langsam vor sich, das deutsche Volk mit seinem starken Rassekern finde hierfür die günstigsten Voraussetzungen inmitten des europäischen Kontinents. Dass jede Raumerweiterung nur durch Brechen von Widerstand und unter Risiko vor sich gehen könne, habe die Geschichte aller Zeiten – Römisches Weltreich, Englisches Empire – bewiesen. Auch Rückschläge seien unvermeidbar. Weder früher noch heute habe es herrenlosen Raum gegeben, der Angreifer stoße stets auf den Besitzer. Für Deutschland laute die Frage, wo größter Gewinn unter geringstem Einsatz zu erreichen sei. [...] Zur Lösung der Deutschen Frage könne es nur den Weg der Gewalt geben, dieser könne niemals risikolos sein. [...] Zur Verbesserung unserer militärpolitischen Lage müsse in jedem Fall einer kriegerischen Verwicklung unser 1. Ziel sein, die Tschechei und gleichzeitig Österreich niederzuwerfen, um die Flankenbedrohung eines etwaigen Vorgehens nach Westen auszuschalten. [...] Sei die Tschechei niedergeworfen, eine gemeinsame Grenze

Deutschland-Ungarn gewonnen, so könne eher mit einem neutralen Verhalten Polens in einem deutsch-französischen Konflikt gerechnet werden. Unsere Abmachungen mit Polen behielten nur so lange Geltung, als Deutschlands Stärke unerschüttert sei, bei deutschen Rückschlägen müsse ein Vorgehen Polens gegen Ostpreußen, vielleicht auch gegen Pommern und Schlesien in Rechnung gestellt werden. [...] Wenn auch die Besiedelung insbesondere der Tschechei keine dünne sei, so könne die Einverleibung der Tschechei und Österreichs den Gewinn von Nahrungsmitteln für 5–6 Millionen Menschen bedeuten unter Zugrundelegung, dass eine zwangsweise Emigration aus der Tschechei von zwei, aus Österreich von einer Million Menschen zur Durchführung gelange. Die Angliederung der beiden Staaten bedeute militärpolitisch eine wesentliche Entlastung infolge kürzerer, besserer Grenzziehung, Freiwerdens von Streitkräften für andere Zwecke und der Möglichkeit der Neuaufstellung von Truppen bis in die Höhe von 12 Divisionen, wobei auf 1 Million Einwohner eine neue Division entfalle.

*Zit. nach: Wolfgang Michalka (Hg.), Deutsche Geschichte 1933–1945, Fischer, Frankfurt/M. 1993, S. 140 f.**

1 Analysieren Sie M 4 im Hinblick auf Hitlers Außenpolitik und bestimmen Sie, ob und inwieweit Argumente für eine Friedenspolitik taktisch oder ernsthaft sind.
Tipp: Achten Sie auf Quellengattung und Adressat.

2 **Vertiefung:** Analysieren Sie anhand von M 1, S. 427, US-Reaktionen auf Hitlers Rede von 1933 (M 4).

3 Erarbeiten Sie Hitlers außenpolitische Zielsetzungen anhand von Quelle M 5.

4 **Mindmap:** Erläutern Sie die Konsequenzen aus den in M 5 dargelegten Zielen für die politische Lage in Europa, indem Sie eine Mindmap erstellen.

5 **Partnerarbeit:** Vergleichen Sie Hitlers außenpolitische Ziele, die er in M 4 und M 5 formuliert.
Tipp: Berücksichtigen Sie jeweils den zeitlichen Kontext der Quellen. Nutzen Sie die Formulierungshilfen.

Formulierungshilfen für einen Vergleich
- Wenn man ... und ... vergleicht, kann man feststellen, dass ...
- Trotz zahlreicher Gemeinsamkeiten gibt es auch Unterschiede im Hinblick auf / in Bezug auf ...
- Unterschiede sind ... / Klare Gegensätze stellen ... und ... dar.
- betont stärker / weniger
- in einem Punkt (fast) identisch sein / identische Ziele darlegen
- Während ... eine Gemeinsamkeit darstellt, ist ... unterschiedlich / diametral entgegengesetzt.
- Es gibt (viele/kaum) Parallelen zwischen ... und ...

NS-Außenpolitik aus der Sicht des Auslands

M6 ***„The spineless Leaders of Democracy"*, Karikatur von David Low aus dem *„Evening Standard"*, Großbritannien, 8. Juli 1936**

1 Untersuchen Sie die Sicht des britischen Karikaturisten Low auf die deutsche Außenpolitik (M 6).
Tipp: Nutzen Sie Methodenseite 238 f.

2 Vergleichen Sie die Sicht von M 6 mit a) der britischen Politik und b) der US-Politik gegenüber Deutschland.
Tipp: Siehe Darstellung S. 428 (zu a), S. 336 f. (zu b).

Der Hitler-Stalin-Pakt

M7 Aus dem „Geheimen Zusatzprotokoll" des deutsch-sowjetischen Nichtangriffspaktes (Hitler-Stalin-Pakt) vom 23. August 1939

Aus Anlass der Unterzeichnung des Nichtangriffsvertrages zwischen dem Deutschen Reich und der Union der Sozialistischen Sowjetrepubliken haben die unterzeichnenden Bevollmächtigten der beiden Teile in streng vertraulicher Aussprache die Frage der Abgrenzung der beiderseitigen Interessensphären in Osteuropa erörtert. Diese Aussprache hat zu folgendem Ergebnis geführt:

1. Für den Fall einer territorial-politischen Umgestaltung in den zu den baltischen Staaten (Finnland, Estland, Lettland, Litauen) gehörenden Gebieten bildet die nördliche Grenze Litauens zugleich die Grenze der Interessensphären Deutschlands und der UdSSR. [...]

2. Für den Fall einer territorial-politischen Umgestaltung der zum polnischen Staat gehörigen Gebiete werden die Interessensphären Deutschlands und der UdSSR ungefähr durch die Linie der Flüsse Narew, Weichsel und San abgegrenzt. Die Frage, ob die beiderseitigen Interessen die Erhaltung eines unabhängigen polnischen Staates erwünscht erscheinen lassen und wie dieser Staat abzugrenzen wäre, kann endgültig erst im Laufe der weiteren politischen Entwicklung geklärt werden. In jedem Falle werden beide Regierungen diese Frage im Wege einer freundschaftlichen Verständigung lösen.

3. Hinsichtlich des Südostens Europas wird von sowjetischer Seite das Interesse an Bessarabien betont. Von deutscher Seite wird das völlige Desinteressement an diesem Gebiet erklärt.

*Zit. nach: Eber Malcolm Carroll/Fritz Theodor Epstein (Hg.), Das nationalsozialistische Deutschland und die Sowjetunion 1939–1941, Department of State Washington, Berlin 1948, S. 84 ff.**

1 Fassen Sie die wesentlichen Bestimmungen des „Geheimen Zusatzprotokolls" (M 7) zusammen.
2 **Partnerarbeit:** Erarbeiten Sie die Motive, die Deutschland und die Sowjetunion zum Abschluss des Hitler-Stalin-Paktes bewogen haben.
3 Diskutieren Sie die Bedeutung von M 7 im Kontext der Vorgeschichte des Zweiten Weltkrieges.
4 Beurteilen Sie nach Abschluss Ihrer Arbeit mit den Quellen M 4–M 7, ob die NS-Außenpolitik nach Ihrer Auffassung einem festen Plan folgte oder sich eher pragmatisch an den jeweiligen außenpolitischen Konstellationen ausrichtete.
5 **Zusatzaufgabe:** Siehe S. 618.

Vertiefung: Urteile zur NS-Außenpolitik

M8 Marie-Luise Recker, Historikerin (1990)

Fragt man nach dem „Ort" der nationalsozialistischen Außenpolitik in der deutschen Geschichte, so scheint sie sich auf den ersten Blick nach dem 30. Januar 1933 in den Bahnen bewegt zu haben, die seit der Reichsgründung für die „gescheiterte Großmacht" (A. Hillgruber) konstitutiv waren. Dies bezieht sich zunächst einmal auf die Leitidee einer „halbhegemonialen" Stellung in Europa, die von dem Ziel machtpolitischer Unabhängigkeit und außenpolitischer Handlungsfreiheit nach allen Seiten gekennzeichnet und von militärischer (und in zunehmendem Maße auch wirtschaftlicher) Stärke geprägt und getragen war. Sie war Fixpunkt der politischen Führungselite im Kaiserreich und (mit Abwandlungen) in der Weimarer Republik. [...] Diese Tatsache darf jedoch nicht zu falschen Schlussfolgerungen verleiten. Die vom Reichsaußen- im Verein mit dem Reichswehr- und dem Reichswirtschaftsminister propagierten revisionspolitischen Ziele gewannen im Zusammenhang von Hitlers außenpolitischem „Programm" eine neue Qualität, die ihr Gewicht und ihre Substanz veränderte. „Was für sie" – so ist von kompetenter Seite betont worden – „gleichsam Selbstzweck im Sinne traditioneller deutscher Großmachtpolitik war, bildete für Hitler nur eine, nicht einmal die wichtigste Voraussetzung für seine singuläre weltpolitische Zielsetzung." Zwar habe der Diktator an Vorstellungen und Konzeptionen angeknüpft, die von der militärischen Führung zu Ende des Ersten Weltkrieges im Rahmen der „großräumigen" Ost-Lösung propagiert und in Brest-Litowsk auch realisiert worden seien, doch stellten seine entsprechenden Überlegungen „infolge der Überlagerung dieser weitgespannten machtpolitischen Komponente mit radikalen rassenideologischen Zielvorstellungen eines universalen Antisemitismus qualitativ etwas anderes dar als selbst die extremen expansionistischen ‚Programme' aus den letzten Jahren des Weltkrieges" (A. Hillgruber).

*Zit. nach: Marie-Luise Recker, Die Außenpolitik des Dritten Reiches, Oldenbourg, München 1990, S. 43 ff.**

1 Erarbeiten Sie die Kernaussagen aus M 8.
2 **Wahlaufgabe:** Bearbeiten Sie Aufgabe a) oder b).
   a) Erläutern Sie den in M 8 ausgeführten Unterschied zwischen der außenpolitischen Programmatik der Weimarer Republik und des NS-Staates.
   b) Diskutieren Sie auf der Grundlage von M 8 (Aufgabe 1), ob und wodurch der Beginn des Zweiten Weltkrieges zu verhindern gewesen wäre.

Eroberungs- und Besatzungspolitik

In dieser Themeneinheit geht es um
- *die sogenannten „Blitzkriegs"-Ziele der deutschen Truppen in Ost und West,*
- *den deutschen Überfall auf die Sowjetunion und den Kriegseintritt der USA,*
- *den Zusammenhang von Rasseideologie und NS-Besatzungspolitik im Osten,*
- *die Bedeutung der Zwangsarbeit.*

M1 Deutsche Heereseinheiten beim Vormarsch auf Polen, Fotografie, September 1939

Der Charakter des Zweiten Weltkrieges

Der Zweite Weltkrieg (1939–1945) übertraf mit seinen modernen Waffentechnologien und deren Vernichtungskraft alle bisherigen militärischen Konflikte der Menschheitsgeschichte. Durch die aggressive Kriegsführung der Deutschen gegen die Zivilbevölkerung bedeutete er zugleich einen Bruch mit allen bisherigen Kriegskonventionen*. Die Verbindung von Rassen- und Kriegsideologie schuf durch die Freisetzung von Gewalt und systematischen Terror die Voraussetzungen für die Massenmorde an Juden und Menschen anderer Volksgruppen (s. S. 441 ff.). Die ca. 55 Millionen Toten des Zweiten Weltkrieges, von denen etwa ein Drittel militärischen Aktionen zum Opfer fiel, waren Ausdruck eines beispiellosen Zivilisationsbruches.

Offensiven in Ost und West

Der Zweite Weltkrieg begann am 1. September 1939 mit dem deutschen **Überfall auf Polen.** Der sogenannte **„Blitzkrieg"*** gegen den östlichen Nachbarn war nach nur vier Wochen beendet. Die polnischen Truppen hatten der modernen Rüstungstechnologie der deutschen Armee nichts entgegenzusetzen. So gelang es der Wehrmacht bis Mitte September, an die mit der Sowjetunion im Hitler-Stalin-Pakt vereinbarte Interessenlinie vorzurücken (s. S. 430). Daraufhin überschritten am 17. September sowjetische Truppen die Ostgrenze Polens. Nach der Beendigung der Kämpfe am 6. Oktober teilten Deutschland und die Sowjetunion Polen vollständig unter sich auf: Westpreußen und Posen wurden in das Deutsche Reich eingegliedert, Zentralpolen und die übrigen Gebiete wurden zum **„Generalgouvernement".**
Entgegen ihren Bündnisverpflichtungen warteten **Frankreich und Großbritannien** zunächst ab, obwohl sie Deutschland bereits am 3. September 1939 den Krieg erklärt hatten. Zunächst wollten sie eine direkte Konfrontation mit der deutschen Armee vermeiden und Deutschland durch großräumige Operationen auf dem Balkan und in Nordeuropa von Rohstoff- und Nahrungsmittellieferungen abschneiden. Bevor das Deutsche Reich seine Offensive im Westen eröffnete, besetzte die Wehrmacht **Dänemark und Norwegen,** um die Nordflanke sowie die für die Kriegsführung notwendige Versorgung mit Erzen abzusichern. Im Mai 1940 begann Hitler mit dem „Schlag gegen den Westen": zunächst mit dem **Krieg gegen Frankreich** unter Verletzung der Neutralität der Niederlande, Belgiens und Luxemburgs. Nach nur sechs Wochen wurde Frankreich zu einem **Waffenstillstandsabkommen in Compiègne** gezwungen. Das Land wurde geteilt: Mittel- und Südfrankreich blieben unter der Regierung des Marschalls Philippe Pétain (1856–1951) formal selbstständig. Pétain und seine nationalkonservative Regierung in Vichy waren zu einer Zusammenarbeit mit den siegreichen Deutschen bereit **(„Vichy"-Frankreich).** Der Norden mit der Atlantikküste und Paris kam unter deutsche Militärverwaltung.

Blitzkrieg
Der Begriff wurde von den Nationalsozialisten verwendet, und zwar für die schon gegen Ende des Ersten Weltkrieges geprägte Strategie, den Gegner durch einen Überraschungsangriff mit massiven Panzerkräften und Luftunterstützung in kurzer Zeit zu besiegen. Im Zweiten Weltkrieg gelten die Feldzüge der deutschen Wehrmacht gegen Polen 1939, gegen Dänemark, Norwegen, die Benelux-Staaten, Frankreich 1940 sowie gegen Griechenland und Jugoslawien 1941 als „Blitzkriege". Neuere militärhistorische Forschungen gehen aber davon aus, dass die deutschen Erfolge bis 1940 vor allem auf Zufällen und Eigenmächtigkeiten einiger Panzergeneräle beruhten. Erst nach dem Sieg über Frankreich habe die Wehrmacht eine „Blitzkriegs"-Strategie entwickelt, die vor allem beim Überfall auf die Sowjetunion angewendet werden sollte. Nach anfänglichen Erfolgen scheiterte sie.

▶ M 4: Waffenstillstand in Compiègne

M2 Der Zweite Weltkrieg in Europa 1939–1945

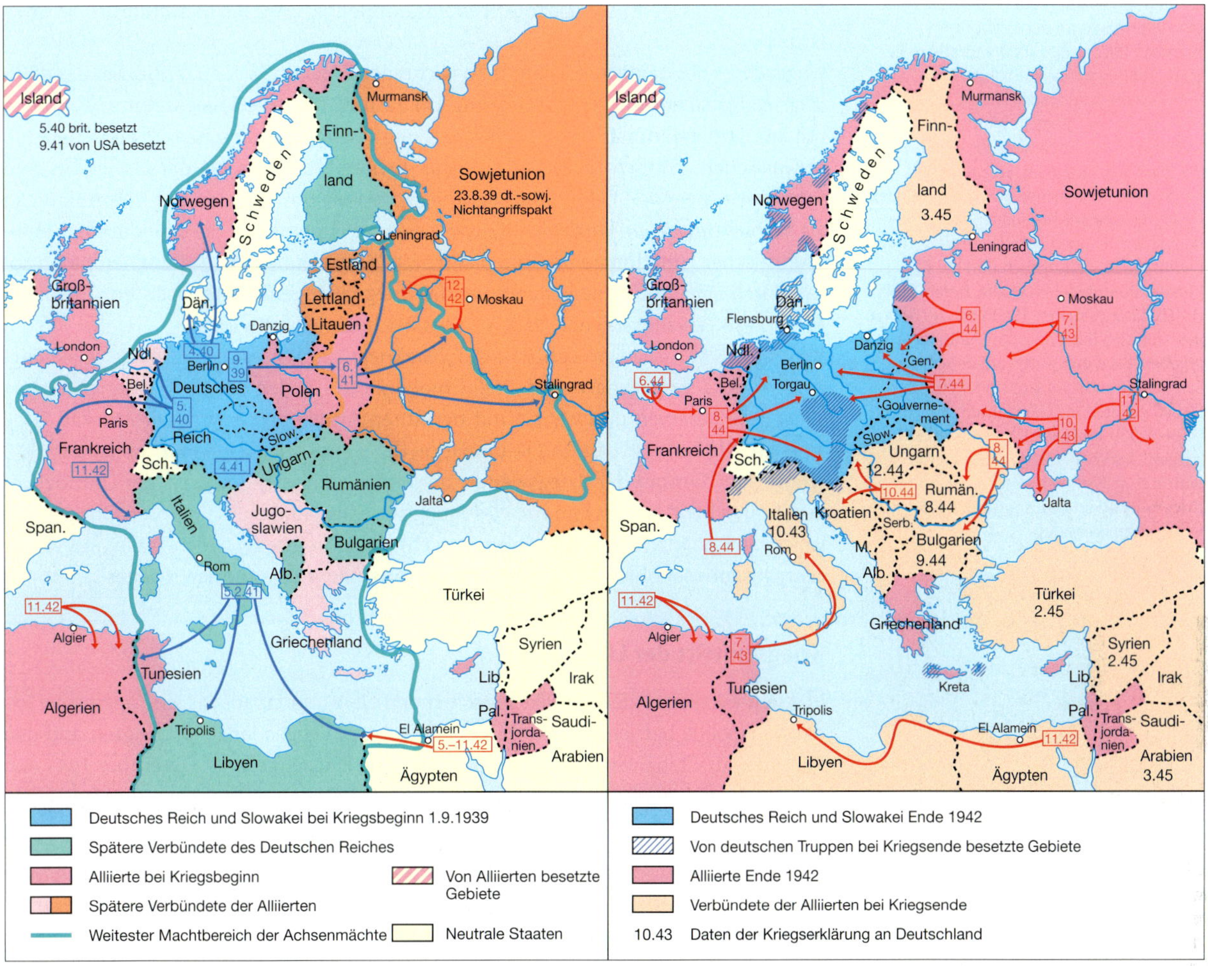

Im August 1940 begann die deutsche Armee mit einer **Luftoffensive gegen England.** Allerdings erwies sich das Konzept der „Blitzkriege" nun als untauglich. Der Luftkampf musste im Frühjahr 1941 ergebnislos abgebrochen werden. England wurde zu dieser Zeit schon durch bedeutende Rüstungslieferungen aus den USA unterstützt. Obwohl die US-Bevölkerung überwiegend für die weitere Neutralität eintrat, hatte Präsident Franklin D. Roosevelt (s. S. 337) im März 1941 im US-Kongress ein Gesetz durchgesetzt, das große Warenlieferungen an Deutschlands Kriegsgegner erlaubte. Damit deutete sich, wie im Ersten Weltkrieg, die globale Dimension des europäischen Krieges an.

Der Überfall auf die Sowjetunion

Dass sich der Krieg ausweitete, zeigte sich auch im Süden Europas und in Afrika. Am 10. Juni 1940 trat **Italien** aufseiten Deutschlands in den Krieg ein. Um die Kriegsziele Italiens in Nordafrika und im Mittelmeer zu unterstützen, besetzten deutsche Truppen Jugoslawien und Griechenland; ein „Afrikakorps" setzte nach Tunesien und Libyen über.

Obwohl Deutschland Anfang 1941 den europäischen Kontinent beherrschte, war weder der Krieg gewonnen noch ein Konzept zu seiner Beendigung sichtbar. Es entsprach Hitlers Denken, die Entscheidung in der Offensive, in der Ausweitung des Krieges zu

suchen und nun das Land anzugreifen, das in der NS-Ideologie ohnehin als der Hauptfeind und das eigentliche Ziel der „Lebensraumpolitik“ galt: die kommunistische Sowjetunion.
Ungeachtet des deutsch-sowjetischen Nichtangriffspaktes (s. S. 430) **überfiel die** deutsche Wehrmacht ohne Kriegserklärung **am 22. Juni 1941** die Sowjetunion. Zusammen mit verbündeten rumänischen, finnischen, ungarischen, bulgarischen, italienischen und slowakischen Truppen rückte sie auf einer breiten Frontlinie von der Ostsee bis zum Schwarzen Meer vor. Der Eroberungskrieg gegen die Sowjetunion war von Anfang an als Vernichtungskrieg konzipiert. Er war gekennzeichnet durch die Liquidierung* kommunistischer Funktionäre und die planmäßige Ermordung der sowjetischen Juden sowie durch eine inhumane Behandlung der Kriegsgefangenen und Zivilisten, die millionenfach als „Zwangsarbeiter“ (s. S. 437) ins Reich deportiert wurden.
Im Winter 1941/42 zeigte sich, dass die „Blitzkriegs“-Strategie – genauso wie gegen England – nicht aufgegangen war. Stalin mobilisierte für den „Großen Vaterländischen Krieg“ alle Reserven und wehrte mit der Roten Armee den Angriff vor Moskau Ende 1941 ab. Die Einkesselung und Kapitulation der 6. Armee in Stalingrad* im Januar 1943 wurde zum **Symbol der Kriegswende**: der Erschöpfung der Soldaten, der Unmöglichkeit, hinreichend Nachschub zur Verfügung zu stellen, und eines sinnlosen Durchhaltewillens der politischen und militärischen Führung. Die Niederlage in Stalingrad veranlasste Joseph Goebbels im Februar 1943 zur Ausrufung des **„totalen Krieges“.**

Stalingrad – Symbol der Kriegswende
Im Rahmen einer erneuten Großoffensive der Wehrmacht an der Ostfront im Sommer 1942 wollte Hitler vor allem die Stadt Stalingrad, das Rüstungs- und Verkehrszentrum an der Wolga, erobern. In Häuser- und Straßenkämpfen gelang es der 6. Armee unter Generaloberst Paulus nicht, die Stadt einzunehmen. Stattdessen begann die Rote Armee im November, den Ring um Stalingrad zu schließen und die deutschen Truppen einzukesseln. Während Paulus die Stadt aufgeben und nach Westen durchbrechen wollte, befahl Hitler, die Stellung zu halten. Die Reste der Armee mussten sich jedoch Anfang Februar 1943 ergeben. Bis dahin waren auf deutscher Seite ca. 100 000 Soldaten gefallen, ca. 90 000 gerieten in Gefangenschaft, nur etwa 10 000 kehrten nach Deutschland zurück. Das völlig zerstörte Stalingrad wurde zum Symbol menschenverachtender Kriegführung und zum Symbol der Wende im Zweiten Weltkrieg.

Kriegseintritt der USA

In Asien eskalierte* der Konflikt zwischen den USA und Japan, das eine aggressive Expansionspolitik betrieb. Als die USA ein Ölembargo* gegen Japan verhängten und den Rückzug aus China verlangten, griffen japanische Flugzeuge am 7. Dezember 1941 den US-Flottenstützpunkt Pearl Harbor auf Hawaii an. Der amerikanischen und britischen Kriegserklärung an Japan folgte die deutsche Kriegserklärung an die USA **am 11. Dezember 1941.** Der Krieg war zum Weltkrieg geworden.

Die deutsche Besatzungspolitik

Der NS-Staat strebte die absolute Vormachtstellung in Europa und bis nach Asien an. Dabei war das Ziel der NS-Besatzungspolitik, die Wirtschaft aller unterworfenen Gebiete auf die Konsumbedürfnisse der deutschen Bevölkerung und die Produktion der deutschen Industrie auszurichten. Rigoros wurden besetzte Gebiete ausgebeutet: Die Agrarproduktion Polens beispielsweise wurde zur Versorgung der deutschen Bevölkerung, vor allem zur Überbrückung von Engpässen genutzt. Das setzte eine effiziente Kontrolle der eroberten und besetzten Gebiete voraus. Die Rassenideologie (s. S. 397 f.) spielte in der Ausprägung der Besatzungsherrschaft eine tragende Rolle: Während in den Ländern Nord- und Westeuropas die NS-Behörden bei ihrer Ausbeutungs- und Unterdrückungspolitik mit kollaborationswilligen* Kräften zusammenarbeiteten, übten die „Reichskommissare“ und die Wehrmachtsverwaltung ihre Herrschaft in **Polen und in der Sowjetunion** unmittelbar aus. Die Rassenideologie wurde nun in die Tat umgesetzt: In den ehemaligen polnischen und sowjetischen Gebieten war die Dezimierung* und Deportation* der Bevölkerung Teil des rassistischen Unterwerfungskonzeptes. Den Einheimischen wurde nur ein begrenztes Lebensrecht auf niedrigem Niveau zugestanden, Deutsche sollten im Osten Europas „Lebensraum“ erhalten. Im Sommer 1941 entwickelte das Reichssicherheitshauptamt der SS (s. S. 407) den **„Generalplan Ost“**: Aus dem Baltikum, Ostgalizien, Wolhynien und Bessarabien umgesiedelte „Volksdeutsche“ sollten Siedlungsraum in Polen, Weißrussland und in Teilen der Ukraine erhalten. Außerdem sollten 31 Millionen Einheimische dieser Gebiete nach Westsibirien vertrieben und 14 Millionen sogenannte „Gutrassige“ eingedeutscht werden.

M3 Pogrom in Kowno (Kaunas), Litauen, Fotografie, 1941.
Die deutsche Sicherheitspolizei hatte Zuchthäusler freigelassen und mit Eisenstangen bewaffnet, um Juden totschlagen zu lassen.

▶ M 5–M 8: Quellen zur deutschen Besatzungspolitik im Osten

Vernichtungskrieg im Osten

Der Krieg gegen die Sowjetunion seit 1941 wurde von deutscher Seite als „Weltanschauungs"- und Vernichtungskrieg geplant und geführt. Gegenüber den sowjetischen Soldaten, die als „Untermenschen" betrachtet wurden, ging die Wehrmacht mit aller Rücksichtslosigkeit und Härte vor. Dies galt auch für den Umgang mit der Zivilbevölkerung. Partisanen* und Freischärler*, Verdächtige oder auch Zivilisten, die sich den Anordnungen der Besatzungsmacht widersetzten, waren ohne Verfahren zu erschießen. Soldaten, die sich an den beständig durchgeführten willkürlichen „Säuberungsaktionen" beteiligten, wurde Straffreiheit in Aussicht gestellt.

Der **„Kommissarbefehl"** („Richtlinien für die Behandlung politischer Kommissare") vom Juni 1941 enthielt die Anweisung an das Heer, politische Kommissare der Roten Armee ohne Verhandlung zu ermorden. Zur Bekämpfung von Partisanen wurden Geiseln aus der Zivilbevölkerung genommen und nach Überfällen massenhaft ermordet.

▶ M 9: Forschungen zur deutschen Besatzungspolitik im Osten

Zwangsarbeiter

Eine besondere Bedeutung kam im Rahmen der Besatzungspolitik der Zwangsarbeit zu. Um den Mangel an Arbeitskräften in den Kriegsjahren zwischen 1939 und 1945 auszugleichen, setzten die Nationalsozialisten ausländische Arbeitskräfte als „Zwangsarbeiter" ein. Zu ihnen gehörten neben Kriegsgefangenen auch Zivilarbeiter, KZ-Häftlinge und jüdische Arbeitskräfte. Spätestens seit der Kriegswende 1942/43 war vor allem die deutsche Rüstungsindustrie auf den Einsatz von Zwangsarbeitern angewiesen. Diese sicherten nicht nur die Fortführung der Rüstungsproduktion, sondern bis 1944 auch die Ernährung der deutschen Bevölkerung. Die Gesamtzahl der Menschen, die in Deutschland zur Arbeit gezwungen wurden, betrug 1942 etwa 6 Millionen und 1944 etwas 7,6 Millionen – **ein Viertel der in der deutschen Gesamtwirtschaft Beschäftigten.** Damit war die NS-Zwangsarbeit der größte Einsatz ausländischer Arbeitskräfte in der Geschichte seit dem Ende der Sklaverei* im 19. Jahrhundert.

Bei der Überwachung des Arbeitseinsatzes wurden auch „verlässliche" NSDAP-Mitglieder eingesetzt. Diese waren neben SS und Wehrmacht für die Ordnung in den Arbeitslagern zuständig, und sie sollten Zwangsarbeiter von Deutschen fernhalten.

Die Zwangsarbeiter wurden bewusst für „gesundheitsgefährdende Arbeiten" eingesetzt, litten in ihren primitiven Unterkünften unter Unterernährung und den katastrophalen hygienischen Verhältnissen und waren der Willkür des Wachpersonals ausgesetzt. Ein Großteil der Zwangsarbeiter starb an Hunger, Krankheiten und Misshandlungen.

Für die Überlebenden ist es erst 55 Jahre nach Kriegsende zu einer **Entschädigungsregelung** gekommen: Im Jahr 2000 verabschiedete der Deutsche Bundestag das Gesetz zur Errichtung der **Stiftung „Erinnerung, Verantwortung und Zukunft".** Es sieht individuelle und humanitäre Zahlungen nicht nur an ehemalige Zwangsarbeiter, sondern auch an andere Opfer des NS-Regimes vor. Entschädigt werden sollen die Betroffenen aus einem Fonds von rund fünf Milliarden Euro – je zur Hälfte vom deutschen Staat und der deutschen Wirtschaft getragen. Die Zahlungen an noch lebende ehemalige Zwangsarbeiter wurden 2007 abgeschlossen.

1 **Zeitstrahl:** Erstellen Sie mithilfe der Darstellung einen Zeitstrahl zum Verlauf des Zweiten Weltkrieges. Nutzen Sie dazu auch Karte M 2.

2 Erläutern Sie auf der Basis der Darstellung, warum es sich beim Zweiten Weltkrieg um einen „Vernichtungskrieg" handelte.

3 a) Informieren Sie sich anhand der Darstellung über das Ausmaß der Zwangsarbeit.
b) Informieren Sie sich, z. B. beim Deutschen Bundestag, darüber, welche deutschen Unternehmen sich an dem Entschädigungsfonds beteiligt haben und warum.

Hinweise zur Arbeit mit den Materialien:
M 4 vertieft die Symbolik eines Ortes im deutsch-französischen Verhältnis. M 5–M 8 bieten zur deutschen Besatzungspolitik im Osten zeitgenössische Quellen, M 9 eine Forschungsansicht. Als Vertiefung: Die Kontroverse um die Ausstellung „Verbrechen der Wehrmacht" von 1995.

Symbolpolitik im Krieg: Compiègne

M 4 Im Salonwagen in Compiègne am 21. Juni 1940: Der deutsche Generalfeldmarschall Wilhelm Keitel verliest gegenüber dem französischen General Charles Huntziger die Waffenstillstandsbedingungen, Fotografie.
Anwesende (von vorn im Uhrzeigersinn): Unbekannt, Raeder, Göring, Hitler, Keitel, von Brauchitsch, von Ribbentrop, Heß, Bergeret, Noel, Huntziger, Le Luc.

1 Recherchieren Sie ausgehend von M 4 die Bedeutung des Ortes, an dem der Waffenstillstand mit Frankreich 1940 geschlossen wurde.
2 Erklären Sie, welche Absichten Hitler mit der Wahl dieses Ortes (M 4) verband.

Deutsche Besatzungspolitik im Osten

M 5 Aus dem „Geiselmordbefehl" für die besetzten sowjetischen Gebiete (16. September 1941)
a) Bei jedem Vorfall der Auflehnung gegen die deutsche Besatzungsmacht, gleichgültig, wie die Umstände im Einzelnen liegen mögen, muss auf kommunistische Ursprünge geschlossen werden.
b) Um die Umtriebe im Keime zu ersticken, sind beim ersten Anlass unverzüglich die schärfsten Mittel anzuwenden, um die Autorität der Besatzungsmacht durchzusetzen und einem weiteren Umsichgreifen vorzubeugen. Dabei ist zu bedenken, dass ein Menschenleben in den betroffenen Ländern vielfach nichts gilt und eine abschreckende Wirkung nur durch ungewöhnliche Härte erreicht werden kann. Als Sühne für ein deutsches Soldatenleben muss in diesen Fällen im Allgemeinen die Todesstrafe für 50 bis 100 Kommunisten als angemessen gelten. Die Art der Vollstreckung muss die abschreckende Wirkung noch erhöhen.

Zit. nach: Der Prozess gegen die Hauptkriegsverbrecher vor dem Internationalen Militärgerichtshof, Bd. 2, Internationaler Militärgerichtshof, Nürnberg 1946, S. 487 f.

M 6 Frauen in Leningrad (heute: St. Petersburg) bei der Trinkwasserbeschaffung während der deutschen Belagerung, Fotografie, Januar 1942

M 7 Befehl „Verhalten der Truppe im Ostraum" des Oberbefehlshabers der 6. Armee, Generalfeldmarschall von Reichenau (10. Oktober 1941)
Dieser Befehl wurde von Hitler als vorbildlich bezeichnet und von vielen Befehlshabern übernommen.
Hinsichtlich des Verhaltens der Truppe gegenüber dem bolschewistischen System bestehen vielfach noch unklare Vorstellungen. Das wesentlichste Ziel des Feldzuges gegen das jüdisch-bolschewistische System ist die völlige Zerschlagung der Machtmittel und die Ausrottung des asiatischen Einflusses im europäischen Kulturkreis. Hierdurch entstehen auch für die Truppe Aufgaben, die über das hergebrachte einseitige Soldatentum hinausgehen. Der Soldat ist

im Ostraum nicht nur ein Kämpfer nach den Regeln der Kriegskunst, sondern auch Träger einer unerbittlichen völkischen Idee und der Rächer für alle Bestialitäten, die deutschem und artverwandtem Volkstum zugefügt wurden.
Deshalb muss der Soldat für die Notwendigkeit der harten, aber gerechten Sühne am jüdischen Untermenschentum volles Verständnis haben. Sie hat den weiteren Zweck, Erhebungen im Rücken der Wehrmacht, die erfahrungsgemäß stets von Juden angezettelt wurden, im Keime zu ersticken. Der Kampf gegen den Feind hinter der Front wird noch nicht ernst genug genommen. Immer noch werden heimtückische grausame Partisanen und entartete Weiber zu Kriegsgefangenen gemacht, immer noch werden halbuniformierte oder in Zivil gekleidete Heckenschützen und Herumtreiber wie anständige Soldaten behandelt und in die Gefangenenlager abgeführt. [...] Das Verpflegen von Landeseinwohnern und Kriegsgefangenen, die nicht im Dienste der Wehrmacht stehen, an Truppenküchen ist eine ebenso missverstandene Menschlichkeit wie das Verschenken von Zigaretten und Brot. Was die Heimat unter großer Entsagung entbehrt, was die Führung unter größten Schwierigkeiten nach vorne bringt, hat nicht der Soldat an den Feind zu verschenken, auch nicht, wenn es aus der Beute stammt. Sie ist ein notwendiger Teil unserer Versorgung. [...]
Fern von allen politischen Erwägungen der Zukunft hat der Soldat zweierlei zu erfüllen:
1) Die völlige Vernichtung der bolschewistischen Irrlehre, des Sowjet-Staates und seiner Wehrmacht.
2) Die erbarmungslose Ausrottung artfremder Heimtücke und Grausamkeit und damit die Sicherung des Lebens der deutschen Wehrmacht in Russland.
Nur so werden wir unserer geschichtlichen Aufgabe gerecht, das deutsche Volk von der asiatisch-jüdischen Gefahr ein für allemal zu befreien.

*Zit. nach: Reinhard Rürup (Hg.), Der Krieg gegen die Sowjetunion 1941–1945, Argon, Berlin 1991, S. 122.**

1 Analysieren Sie M5 und M6 hinsichtlich der deutschen Besatzungspolitik in der Sowjetunion.
2 a) Ordnen Sie M7 und M8 historisch ein.
  b) Erarbeiten Sie aus M7, M8 das NS-Verständnis vom „Weltanschauungskrieg“ gegen die Sowjetunion.
  c) Erörtern Sie auf der Basis von M7 und M8, inwieweit auch die Wehrmacht in die Verbrechen verstrickt war, die in der Sowjetunion begangen wurden.
  Tipp: Siehe auch Darstellung S. 436 f.

M8 Öffentliche Hinrichtung in Minsk (heute: in Weißrussland), Fotografie, 26. Oktober 1941.
Wehrmachtsangehörige erhängten an jenem Tag öffentlich zwölf Personen. Sie trugen Schilder mit der Aufschrift „Wir sind Partisanen und haben auf deutsche Soldaten geschossen“. Dies entsprach nicht der Wahrheit. Tatsächlich hatten sie versucht, verletzten Soldaten der Roten Armee bei der Flucht zu helfen.

Deutsche Besatzungspolitik in der Forschung

M9 Der Historiker Wolfgang Michalka (2003)
Von Anfang an besaß der „programmatische“ Krieg gegen die Sowjetunion für Hitler eine besondere Qualität, sodass er sich prinzipiell von den Feldzügen in Skandinavien und in Afrika, auf dem Balkan und gegen Frankreich unterschied. [...] Für die Kriege in Osteuropa, gegen Polen und besonders gegen die Sowjetunion, dagegen erscheinen alle in der Forschung verwendeten Bezeichnungen und Charakterisierungen „geschönt“; denn sie verharmlosen und verfälschen regelrecht die historische Realität. Erst der Vernichtungskrieg gegen die UdSSR kann die unauflösbare Verbindung von Ideologie und Machtpolitik, von Lebensraumeroberung und radikalem Rassenantisemitismus demonstrieren und damit die unvergleichbare Singularität nationalsozialistischer Politik offenbaren. Dass die Vernichtung des Gegners und die Ausrottung der europäischen Juden nicht „lediglich“ und „zufällig“ das Resultat eines sich radikalisierenden Krieges waren, belegen unmissverständlich die Anweisungen und Befehle, die Hitler lange vor Beginn des Unternehmens „Barbarossa“ erteilte, sodass die daraus resultierenden Beherrschungs- und Vernichtungspraktiken [...] langfristig vorbereitet erscheinen. Bereits im Frühjahr 1941 war den an der Planung des Angriffs auf die Sowjetunion Beteiligten klar, dass der Krieg im Osten neben strategisch-machtpolitischen und wirtschaftlichen vor allem ideologische Aufgaben zu erfüllen hatte und dass

völkerrechtliche Beschränkungen und Regeln absolut fehl am Platze waren. Am deutlichsten zeigt sich dies im Komplex der sogenannten „verbrecherischen Befehle", vor allem im „Kriegsgerichtsbarkeitserlass" und im „Kommissarbefehl". Beide Direktiven erhielten ihre Begründung und Verbreitung in einer Rede vor etwa 230 Generalen – den Befehlshabern und Stabschefs der für den Ostkrieg vorgesehenen Verbände – am 30. März 1941, in der Hitler über den bevorstehenden „Kampf zweier Weltanschauungen" zur „Ausrottung" des Kommunismus „für alle Zeiten" offen und klar informierte und zur „Vernichtung der bolschewistischen Kommissare und kommunistischen Intelligenz" aufrief. Es handle sich „um einen Vernichtungskampf", in dem man den Feind nicht „konservieren" dürfe. In den folgenden Wochen wurden beide Befehle auf mittlerer Ebene [...] ausgearbeitet, ohne dass es weitere Anstöße vonseiten Hitlers bedurft hätte; dies bedeutet gleichzeitig, dass kein entschiedener Widerspruch von den militärischen Führungsstäben erfolgt ist.

Der „Kriegsgerichtsbarkeitserlass" bestimmte, dass „Straftaten feindlicher Zivilpersonen" nicht, wie üblich, durch Kriegsgerichte abgeurteilt werden durften. Zivilisten, die die Wehrmacht „angriffen", sollten erbarmungslos „niedergemacht", sogenannte „verdächtige Elemente" auf Befehl eines Offiziers erschossen werden. Demgegenüber sollten Verbrechen deutscher Soldaten an sowjetischen Bürgern nicht verfolgt werden, wenn der Täter politische Motive geltend machte. [...] Die Entscheidung, alle kommunistischen Funktionäre und darüber hinaus alle potenziellen Träger von Widerstand zu beseitigen, resultierte aus der Absicht, die Eroberung im Osten – die Basis der zukünftigen Weltmachtstellung – mit größter Rücksichtslosigkeit zu sichern. [...]

Eine weitere Entscheidung [...] betraf die Behandlung der russischen Kriegsgefangenen [...] . Wenn auch keine konkreten Planungen hinsichtlich der Behandlung der Gefangenen vor Beginn des Krieges vorhanden waren, herrschte weitgehend Konsens darüber, dass die deutsche Bevölkerung möglichst „friedensmäßig" ernährt werden sollte, um die „Kriegsmoral der Heimatfront" nicht aufs Spiel zu setzen. Die besetzten Gebiete wurden in dieser Absicht systematisch nach Nahrungsressourcen ausgeplündert, und die Ernährungsrationen für die sowjetischen Kriegsgefangenen lagen weit unter dem Existenzminimum. Mangelnde Ernährung, unzureichende medizinische Versorgung, extreme Arbeitsbelastung und nicht zuletzt Massenerschießungen „vernichteten" 3,3 Millionen von insgesamt 5,7 Millionen sowjetischen Kriegsgefangenen. [...]

Es ist [...] offensichtlich [...], dass zwischen der erklärten Absicht deutscher Führungseliten, die „Ostvölker" zu dezimieren, und dem Massensterben sowjetischer Gefangener ein enger Kausalzusammenhang besteht. Helmuth James Graf Moltke, [...] als Mitarbeiter der Völkerrechtsabteilung des Amtes Ausland/Abwehr im OKW [Oberkommando der Wehrmacht] stets gut unterrichtet, schrieb schon im August 1941 über die Auswüchse des Vernichtungskriegs an seine Frau: „Die Nachrichten aus dem Osten sind wieder schrecklich. Wir haben offenbar doch sehr, sehr große Verluste. Das wäre aber noch erträglich, wenn nicht Hekatomben [große Zahl von Unglücksopfern] von Leichen auf unseren Schultern liegen. Immer wieder hört man Nachrichten, dass von Transporten von Gefangenen und Juden nur 20% ankommen, dass in Gefangenenlagern Hunger herrscht, dass Typhus und andere Mangel-Epidemien ausgebrochen seien." Die Kontinuität und Verbindung von rassen- und raumpolitischen Leitideen bei Hitler lassen sich am eindeutigsten an dem Komplex „Endlösung der Judenfrage" demonstrieren: Die Eroberung von Lebensraum und die Vernichtung der Juden waren ideologische Axiome [Grundsätze], die nun beim Angriff auf die Sowjetunion ihre Realisierung finden sollten.

*Zit. nach: Wolfgang Michalka, Das Dritte Reich 1933–1945, in: Martin Vogt (Hg.), Deutsche Geschichte. Von den Anfängen bis zur Gegenwart, Fischer, Frankfurt/M. 2003, S. 750ff.***

1 Beschreiben Sie die Folgen des Krieges für die Menschen in der Sowjetunion anhand von M 9.
2 Erläutern Sie mithilfe von M 9 und Beispielen den Zusammenhang von Krieg und Rassenideologie.

Vertiefung: Geschichte kontrovers – Die Ausstellung „Verbrechen der Wehrmacht"

Unmittelbar nach 1945 entstand in der westdeutschen Öffentlichkeit das Bild der „sauberen Wehrmacht", die an den deutschen Kriegsverbrechen unbeteiligt war. Historische Forschungen seit den 1960er-Jahren und vor allem die öffentlich vieldiskutierte Ausstellung „Verbrechen der Wehrmacht. Dimensionen des Vernichtungskrieges 1941–1944" von 1995 widerlegten diese Sichtweise.

1 **Präsentation:** Recherchieren Sie Inhalt und Verlauf der Kontroverse um die Wehrmachtsausstellung und ziehen Sie eine Bilanz.

Ausstellung „Verbrechen der Wehrmacht"
cornelsen.de/Webcodes
Code: yiciqe

Die Ermordung der europäischen Juden (1939–1945)

In dieser Themeneinheit geht es um
- *die Ermordung der europäischen Juden durch die Nationalsozialisten vor dem Hintergrund des Zweiten Weltkrieges,*
- *die Frage, wie die Judenverfolgungen in den Völkermord münden konnten.*

Völkermord – Holocaust – Shoah

Mit der Entfesselung des Zweiten Weltkrieges durch das NS-Regime setzte eine neue Phase des antijüdischen Terrors ein. Nach der Entrechtung und Verfolgung (s. S. 418 ff.) begann nun die Ermordung von etwa sechs Millionen europäischer Juden in Konzentrations- und Vernichtungslagern. Das Lager Auschwitz, in dem über eine Million Menschen ermordet wurden, ist der Inbegriff der menschenverachtenden Rassenpolitik der Nationalsozialisten. Der **Völkermord*** an den europäischen Juden wurde von der NS-Führung mit der Formulierung „Endlösung der Judenfrage" verschleiert. In der Geschichtswissenschaft verwendet man für den Völkermord an den Juden häufig den Terminus **Holocaust**, der den singulären Charakter dieses Verbrechens in der Menschheitsgeschichte kennzeichnet. Jüdische Überlebende sprechen meist von der **Shoah.** Ihrer Auffassung nach sei dieser vom hebräischen Wort für „Katastrophe" abgeleitete Begriff adäquater, da Holocaust (griech. *holos* = ganz, *kaustos* = verbrannt) die biblischen Opfer einer religiösen Opferhandlung bezeichnet.

Völkermord
Laut UN-Definition von 1948 eine Bezeichnung für Handlungen, die in der Absicht begangen werden, eine nationale, ethnische, rassische oder religiöse Gruppe ganz oder teilweise zu zerstören. Ein Synonym ist der Begriff „Genozid".

Beginn des Völkermords

Die Vernichtung der europäischen Juden ist eng mit dem Verlauf des Weltkrieges verbunden. Im Januar 1939 hatte Hitler vor dem Reichstag davon gesprochen, dass ein künftiger Krieg die „Vernichtung der jüdischen Rasse in Europa" zur Folge haben werde. Bereits vor Kriegsbeginn begann die Ausweitung der Judenverfolgung außerhalb des Deutschen Reichs: Im Rahmen der Besetzung der Rest-Tschechoslowakei im März 1939 (s. S. 429) wurden alle in Deutschland getroffenen antijüdischen Maßnahmen in den annektierten* Gebieten eingeführt. Nach dem Überfall auf Polen am 1. September 1939 richtete sich die Gewalt vor allem gegen polnische Juden. Neben eigens aufgestellten **Einsatzgruppen der SS und des SD** waren an dem antijüdischen NS-Terror in Polen und später der Sowjetunion auch die **Wehrmacht** und andere Institutionen beteiligt, wie z. B. die **„Reserve-Polizeibataillone".** Sie bestanden aus „ganz normalen Männern" (Christopher Browning) aller Bevölkerungsschichten, die zu alt für die Wehrmacht waren. Historiker gehen davon aus, dass bis Ende 1939 etwa 7 000 polnische Juden getötet wurden. Gleichzeitig wurden ca. 90 000 polnische Juden in speziell geschaffenen **Ghettos*** „vorläufig" untergebracht und isoliert. Nicht verwirklicht wurden Pläne der NS-Führung zur **Deportation***, die als neue „Siedlungsräume" die Insel Madagaskar und später Sibirien in der Sowjetunion vorsahen. Nach dem Überfall auf die Sowjetunion im Juni 1941 erreichte der antijüdische NS-Terror eine neue Dimension: Durch Misshandlungen und Massenerschießungen verloren von den 4,7 Millionen Juden, die im Sommer 1941 auf dem Territorium der UdSSR lebten, bis Ende 1942 etwa 2,2 Millionen ihr Leben.

Die Deportation der Juden aus dem deutschen Reichsgebiet begann im Herbst 1941. Im Oktober erreichten die ersten Deportationszüge aus Wien, Prag und Berlin das Ghetto von Lodz. Im gleichen Monat erging ein Ausreiseverbot für deutsche Juden. Den Deportierten entzog die NS-Führung die Vermögen und die deutsche Staatsangehörigkeit.

M1 Ein sterbendes Kind im Warschauer Ghetto, Fotografie, 19. September 1941

Die „Endlösung der Judenfrage" und die Wannsee-Konferenz

▶ M 4, M 5: Planung und Durchführung der Ermordung

Nachdem die „Blitzkrieg"-Strategie beim Überfall auf die Sowjetunion gescheitert und der Vormarsch der Wehrmacht vor Moskau im Winter 1941 ins Stocken geraten war (s. S. 436), gab die NS-Führung ihre Pläne für die Errichtung sogenannter „Judenreservate" im Osten auf. Gleichzeitig verschärfte sich die Situation in den polnischen Ghettos und Lagern dramatisch: Allein in Lodz waren nahezu 140 000 Menschen unter widrigsten Umständen zusammengepfercht. Katastrophale Ernährung und Hygiene führten oftmals zum Tod, Epidemien brachen aus. In dieser Situation suchten die NS-Führung in Berlin und die deutschen Besatzungsbehörden in den annektierten Gebieten nach Methoden, die jüdische Bevölkerung in Europa systematisch zu vernichten. Dabei bezogen sie Erfahrungen mit stationären Gaskammern und Gaswagen aus dem „Euthanasie-Programm" ein (s. S. 414.). Bereits im Sommer 1941 begannen im KZ Auschwitz Massenhinrichtungen durch Vergasung.

M 2 **Rampe bei der Ankunft in Auschwitz, Fotografie, 1944**

Die planmäßige Koordinierung des Mordens wurde auf der **Wannsee-Konferenz** am 20. Januar 1942 in Berlin beraten. Unter der Leitung des Chefs des **Reichssicherheitshauptamtes** (RSHA), **Reinhard Heydrich** (1904–1942), organisierten NS-Behörden und Ministerien die „Endlösung der Judenfrage": Durch Zwangsarbeit und systematische Ermordung sollte die jüdische Bevölkerung vernichtet werden. Hauptverantwortlich dafür war die **SS** unter Leitung von **Heinrich Himmler** (1900–1945). An der Umsetzung dieses Völkermords beteiligten sich jedoch weitere **NS-Organe**, die **Wehrmacht** und zahlreiche **Industriebetriebe.** Nach der Wannsee-Konferenz wurden vor allem in Polen **Vernichtungslager** errichtet, zu denen der Transport in Viehwaggons erfolgte. Unmittelbar nach der Ankunft wurden die arbeitsfähigen Menschen in einer „Selektion" durch SS-Ärzte ausgesondert. Während Kinder, Frauen, Kranke und Alte in den als Duschräume getarnten Gaskammern mit dem Blausäurepräparat „Zyklon B" sofort vergast wurden, beutete man die Arbeitsfähigen so lange aus, bis sie zusammenbrachen. Allein in den Lagern **Auschwitz, Treblinka, Chelmo, Sobibor und Majdaneck** wurden 3 Millionen Juden und mehr als 200 000 Sinti und Roma ermordet. Bis Kriegsende wurden etwa sechs Millionen Juden Opfer der Vernichtungspolitik.

Holocaust-Forschung

Bis in die Gegenwart beschäftigen sich Historikerinnen und Historiker mit der Frage, wie die nationalsozialistische Judenverfolgung in den Völkermord münden konnte. Umstritten ist vor allem, ob die Ermordung der europäischen Juden frühzeitig einem **Plan** folgte. Für diese Annahme spricht eine Reihe öffentlicher Aussagen Hitlers: So hatte er bereits in „Mein Kampf" unmissverständlich angekündigt, im Falle der Machtübernahme „das Judentum aus dem deutschen Volksleben auszumerzen" und im Januar 1939 für den Fall eines Krieges mit der „Vernichtung der jüdischen Rasse in Europa" gedroht. Daher wurde in ersten Forschungsarbeiten nach 1945 die Auffassung vertreten, es gebe einen „geraden Weg" vom ausgeprägten Antisemitismus des jungen Hitler bis zu den ersten Massenerschießungen deutscher Juden im Jahr 1941 (Gerald Fleming, 1953). Gegen diese auf **Hitler** konzentrierte Sichtweise wandten sich Historiker, die die Existenz eines „Führerbefehls" grundsätzlich infrage stellten und die Bedeutung der staatlichen und **NS-Bürokratie** bei der Organisation des Völkermords in den Vordergrund stellten. Zwar stehe, so schrieb beispielsweise Hans Mommsen 1983, Hitler als ideologi-

M3 Die Vernichtung der europäischen Juden durch die Nationalsozialisten 1939–1945

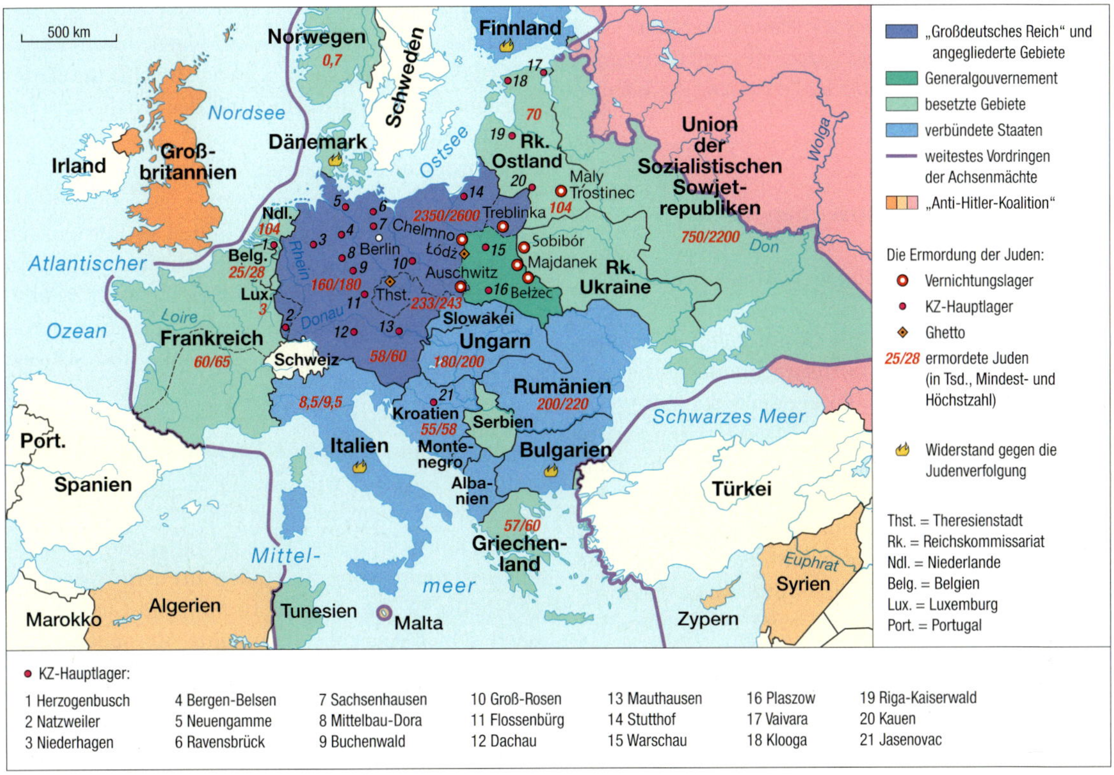

scher wie politischer Urheber des Judenmords außer Frage, aber die Realisierung sei nur durch die Mitwirkung breiter Funktionärsgruppen möglich gewesen.

Mit der Öffnung der Archive in Osteuropa nach dem Ende des Kalten Krieges 1989/90 wurde die Holocaust-Forschung durch eine Reihe von Regionalstudien erweitert. Sie beschäftigten sich vor allem mit der Beteiligung der **zivilen Besatzungsverwaltung** in den annektierten Gebieten sowie mit der **kollaborierenden einheimischen Elite.** Darüber hinaus widmeten sich Arbeiten dem Stellenwert der ökonomischen Ausplünderung der Juden im Rahmen der **„Arisierung“** (Frank Bajohr, 1997) sowie der Rolle der **Wehrmacht** (s. S. 440). Jüngere Forschungen zu verschiedenen Tätergruppen, wie die Studie von Daniel Goldhagen von 1996, heben die Bedeutung des **Antisemitismus** in der deutschen Gesellschaft hervor. Dennoch wird Hitlers Rolle in der neueren Holocaust-Forschung nicht unterbewertet. So konstatiert Christopher Browning 2003: „Tatsächlich fand keine maßgebliche Veränderung in der nationalsozialistischen Judenverfolgung ohne seine Intervention* und Zustimmung statt.“ Weiterer zentraler Forschungsgegenstand der Geschichtswissenschaft bleibt die Frage, was die **deutsche Bevölkerung** über den Völkermord an den europäischen Juden wusste.

▶ **M 6: Die Deutschen und die Ermordung der Juden**

1 **Zeitstrahl:** Vervollständigen Sie Ihren Zeitstrahl über die nationalsozialistische Judenverfolgung bis 1939 (s. S. 420, Aufgabe 1) für die Zeit des Zweiten Weltkrieges.
2 Untersuchen Sie anhand von Karte M 3 die räumliche Verteilung der nationalsozialistischen Konzentrations- und Vernichtungslager.
3 Erläutern Sie an zwei Beispielen den Zusammenhang zwischen dem Verlauf des Zweiten Weltkrieges und der Vernichtung der europäischen Juden.
4 Formulieren Sie auf der Grundlage der Darstellung eine erste Hypothese zu der Frage: Was wussten die Deutschen vom Holocaust?

> ***Hinweise zur Arbeit mit den Materialien:***
> *M 4 und M 5 bieten Quellen zur Planung und Durchführung der Ermordung der Juden. M 6 greift die Frage auf, was die Deutschen über die Ermordung der Juden wussten.*

Der Mord an den europäischen Juden

M 4 Aus dem Protokoll der „Wannsee-Konferenz" (20. Januar 1942)

Anstelle der Auswanderung ist nunmehr als weitere Lösungsmöglichkeit nach entsprechender vorheriger Genehmigung durch den Führer die Evakuierung der Juden nach dem Osten getreten. Diese Aktionen sind jedoch lediglich als Ausweichmöglichkeiten anzusprechen, doch werden hier bereits jene praktischen Erfahrungen gesammelt, die im Hinblick auf die kommende Endlösung der Judenfrage von wichtiger Bedeutung sind. Im Zuge dieser Endlösung der europäischen Judenfrage kommen rund 11 Millionen Juden in Betracht. [...] Unter entsprechender Leitung sollen im Zuge der Endlösung die Juden in geeigneter Weise im Osten zum Arbeitseinsatz kommen. In großen Arbeitskolonnen, unter Trennung der Geschlechter, werden die arbeitsfähigen Juden Straßen bauend in diese Gebiete geführt, wobei zweifellos ein Großteil durch natürliche Verminderung ausfallen wird. Der allfällig endlich verbleibende Restbestand wird, da es sich bei diesem zweifellos um den widerstandsfähigsten Teil handelt, entsprechend behandelt werden müssen, da dieser, eine natürliche Auslese darstellend, bei Freilassung als Keimzelle eines neuen jüdischen Aufbaues anzusprechen ist. (Siehe die Erfahrung der Geschichte.)
Im Zuge der praktischen Durchführung der Endlösung wird Europa von Westen nach Osten durchgekämmt. Das Reichsgebiet, einschließlich Protektorat Böhmen und Mähren, wird allein schon aus Gründen der Wohnungsfrage und sonstiger sozialpolitischer Notwendigkeiten vorweggenommen werden müssen.

*Zit. nach: Léon Poliakov/Josef Wulf (Hg.), Das Dritte Reich und die Juden, Ullstein, Berlin 1955, S. 119ff.**

M 5 Rudolf Höß, Kommandant von Auschwitz, über seine Tätigkeit (1945)

4. Massenhinrichtungen durch Vergasung begannen im Laufe des Sommers 1941 und dauerten bis zum Herbst 1944. Ich beaufsichtigte persönlich die Hinrichtungen in Auschwitz bis zum 1. Dezember 1943 und weiß aufgrund meines laufenden Dienstes in der Überwachung der Konzentrationslager WVHA, dass diese Massenhinrichtungen wie vorerwähnt sich abwickelten. Alle Massenhinrichtungen durch Vergasung fanden unter dem direkten Befehl, unter der Aufsicht und Verantwortlichkeit der RSHA statt. Ich erhielt unmittelbar von der RSHA alle Befehle zur Ausführung dieser Massenhinrichtungen. [...]
6. Die „Endlösung" der jüdischen Frage bedeutete die vollständige Ausrottung aller Juden in Europa. Ich hatte den Befehl, Ausrottungserleichterungen in Auschwitz im Juni 1942 zu schaffen. Zu jener Zeit bestanden schon drei weitere Vernichtungslager im Generalgouvernement: Belzec, Treblinka und Wolzek. Diese Lager befanden sich unter dem Einsatzkommando der Sicherheitspolizei und des SD. Ich besuchte Treblinka, um festzustellen, wie die Vernichtungen ausgeführt wurden. Der Lagerkommandant von Treblinka sagte mir, dass er 80 000 im Laufe eines halben Jahres liquidiert hätte. Er hatte hauptsächlich mit der Liquidierung aller Juden aus dem Warschauer Ghetto zu tun. Er wandte Monoxid-Gas an und nach seiner Ansicht waren seine Methoden nicht sehr wirksam. Als ich das Vernichtungsgebäude in Auschwitz errichtete, gebrauchte ich also Zyclon B, eine kristallisierte Blausäure, die wir in die Todeskammer durch eine kleine Öffnung einwarfen. Es dauerte 3 bis 15 Minuten, je nach den klimatischen Verhältnissen, um die Menschen in der Todeskammer zu töten. Wir wussten, wann die Menschen tot waren, weil ihr Kreischen aufhörte. Wir warteten gewöhnlich eine halbe Stunde [...]. Nachdem die Leichen fortgebracht waren, nahmen unsere Sonderkommandos die Ringe ab und zogen das Gold aus den Zähnen der Körper.
7. Eine andere Verbesserung gegenüber Treblinka war, dass wir Gaskammern bauten, die 2000 Menschen auf einmal fassen konnten, während die 10 Gaskammern in Treblinka nur je 200 Menschen fassten. Die Art und Weise, wie wir unsere Opfer auswählten, war folgendermaßen: Zwei SS-Ärzte waren in Auschwitz tätig, um die einlaufenden Gefangenentransporte zu untersuchen. Die Gefangenen mussten bei einem der Ärzte vorbeigehen, der bei ihrem Vorbeimarsch durch Zeichen die Entscheidung fällte. Diejenigen, die zur Arbeit taugten, wurden ins Lager geschickt. Andere wurden sofort in die Vernichtungsanlagen geschickt. Kinder im zarten Alter wurden unterschiedslos vernichtet, da aufgrund ihrer Jugend sie unfähig waren zu arbeiten. Noch eine andere Verbesserung, die wir gegenüber Treblinka machten, war diejenige, dass in Treblinka die Opfer fast immer wussten, dass sie vernichtet werden sollten, während in Auschwitz wir uns bemühten, die Opfer zum Nar-

ren zu halten, indem sie glaubten, dass sie ein Entlausungsverfahren durchzumachen hätten. Natürlich erkannten sie auch häufig unsere wahren Absichten und wir hatten deswegen manchmal Aufruhr und Schwierigkeiten. [...] Wir sollten diese Vernichtungen im Geheimen ausführen, aber der faule und Übelkeit erregende Gestank, der von der ununterbrochenen Körperverbrennung ausging, durchdrang die ganze Gegend, und alle Leute, die in den umliegenden Gemeinden lebten, wussten, dass in Auschwitz Vernichtungen im Gange waren. [...] 9. Von Zeit zu Zeit führten wir medizinische Experimente an weiblichen Insassen aus, zu denen Sterilisierung und den Krebs betreffende Experimente gehörten.

*Zit. nach: Léon Poliakov/Josef Wulf (Hg.), Das Dritte Reich und die Juden, Ullstein, Berlin 1955, S. 127ff.**

1 Analysieren Sie die Kernaussagen von Quelle M 4.
2 **Wahlaufgabe:** Bearbeiten Sie Aufgabe a) oder b).
  a) Analysieren Sie die Sprache des Dokuments M 4.
  b) Bewerten Sie den historischen Stellenwert von M 4.
3 Untersuchen Sie anhand von M 5 Motive, Ziele und Verhalten des Kommandanten von Auschwitz.
4 **Vertiefung:** Nehmen Sie zu M 5 Stellung.

Die Deutschen und die Ermordung der Juden

M 6 Peter Longerich, Historiker (2006)

Im Laufe des Jahres 1942 machten im Reichsgebiet zunehmend Gerüchte über die Ermordung der Juden die Runde. Vor allem über Erschießungen wurde häufig spekuliert, und vielen war klar, dass die Deportierten dem Tod entgegensahen. Gemutmaßt wurde auch über den Massenmord mit Giftgas, konkrete Informationen über Vernichtungslager waren indes kaum in Umlauf. Ab Mitte 1942 begann das Regime, auf die zunehmenden Gerüchte über die Ermordung der Juden offensiv zu reagieren. Im Oktober erließ die Partei-Kanzlei eine parteiinterne Sprachregelung, in der sie in einer Weise Stellung zu Gerüchten über die Erschießungen im Osten nahm, die als Bestätigung gelesen werden konnte. Gleichzeitig versuchte das Regime, die immer offener propagierte Vernichtung der Juden zu rechtfertigen: Man komme damit der jüdischen Vernichtungsabsicht zuvor. [...] Die öffentliche Handhabung des Themas durch das Regime in der zweiten Jahreshälfte 1942 lief also darauf hinaus, die umlaufenden Gerüchte indirekt zu bestätigen; dahinter stand offenkundig das Kalkül, die deutsche Bevölkerung zu Zeugen und Mitwissern des Massenmordes an den Juden zu machen. Die „Judenfrage" wurde so zu einem öffentlichen Geheimnis. [...] 1943 versuchte das Regime [...] noch einmal, die von ihm gesteuerte Öffentlichkeit mithilfe der „Judenfrage" neu auszurichten. Der Bevölkerung wurde klar gemacht, dass sie im Falle einer Niederlage für die Verbrechen des Regimes als dessen Mitwisser und Komplizen zur Rechenschaft gezogen werden würde; Angst vor Vergeltung sollte die letzten Reserven mobilisieren. [...] Die Botschaft des Regimes, an der „Judenfrage" entscheide sich nicht nur die Existenz des „Dritten Reiches", sondern auch die des deutschen Volkes, wurde in der Bevölkerung durchaus verstanden – und gleichzeitig sperrte man sich offenkundig gegen die Vorstellung einer kollektiven Haftung für die verübten Verbrechen. Je wahrscheinlicher diese Niederlage wurde, desto größer war das Bedürfnis, sich dem Wissen über das offensichtlich vor sich gehende Verbrechen zu entziehen. [...]

Hatte das Regime zwischen Spätsommer 1941 und Frühjahr 1943 auf den deutlichen Unwillen der Bevölkerung in der „Judenfrage" mit verstärkter antisemitischer Propaganda reagiert und sich immer offener zur Vernichtung und Ausrottung der Juden bekannt, so wurde die „Endlösung" ab Mitte 1943 mehr und mehr zum Un-Thema. [...] In dieser von Angst – sowohl vor der „jüdischen Rache" als auch vor Erörterung der zum Tabu gewordenen „Endlösung" – erfüllten Atmosphäre der zweiten Kriegshälfte war die Bevölkerung offenbar mehr oder weniger unwillig, sich weiterhin mit Details der „Judenfrage" zu befassen [...]. Damit hätte man sich eingestehen müssen, dass der Massenmord an den Juden ein Jahrhundertverbrechen darstellte [...]. Zwischen Wissen und Unwissen gab es also eine breite Grauzone, gekennzeichnet durch Gerüchte und Halbwahrheiten, Imagination, verordnete und selbst auferlegte Kommunikationsbeschränkungen, Nicht-Wissen-Wollen und Nicht-Begreifen-Können. Die Tatsache, dass das Thema in den letzten beiden Kriegsjahren eine wesentlich geringere Rolle in der Propaganda des Regimes wie in der Deutschlandpropaganda der Alliierten spielte als im Zeitraum 1941 bis Mitte 1943, beförderte die Tendenz zur Verdrängung noch.

Die einfachste und vorherrschende Haltung war daher sichtbar zur Schau getragene Indifferenz und Passivität gegenüber der „Judenfrage" – eine Einstellung, die [...] als Versuch gesehen werden muss, sich jeder Verantwortung für das Geschehen durch ostentative Ahnungslosigkeit zu entziehen.

*Zit. nach: Peter Longerich, Die Deutschen und die Judenverfolgung 1933–1945, Siedler, München 2006, S. 324–328.**

1 Erarbeiten Sie (M 6), welche Informationen zum Judenmord wann in Deutschland bekannt waren.
2 **Debatte:** Diskutieren Sie die Schlüsse, die M 6 zieht.

„Totaler Krieg“ und bedingungslose Kapitulation

In dieser Themeneinheit geht es um
- *um die Kriegswende im Winter 1942/43 und die Ausweitung zum „totalen Krieg“,*
- *die Ziele und das Vorgehen der Alliierten und*
- *das Kriegsende (in Europa und Asien).*

M1 NS-Plakat, 1943

Kriegswende und „totaler Krieg“*

Nach der Niederlage bei Stalingrad Anfang 1943 (s. S. 450) rief Propagandaminister Goebbels am 18. Februar 1943 vor ausgesuchtem Publikum im Berliner Sportpalast zum **„totalen Krieg“** auf. Damit verkündete er sein Programm der vollständigen Indienstnahme aller zivilen Kräfte für den Krieg. Mit diesem Programm waren einschneidende Maßnahmen im Bereich der Wehrerfassung*, der Kriegswirtschaft und der Repression* gegenüber der Bevölkerung verbunden. Der Kreis der für den Militärdienst rekrutierten Personen wurde erheblich ausgeweitet: Für den sogenannten **„Volkssturm“** konnten nun bereits 16-Jährige, aber auch noch 65-Jährige verpflichtet werden.

Angesichts der sich 1943 abzeichnenden aussichtslosen militärischen Lage suchte die NS-Führung nicht nach politischen Lösungen, sondern reagierte mit **hemmungsloser Gewalt** nach innen und außen. Allein 1943 verhängten deutsche Gerichte hundert Todesurteile pro Woche wegen angeblichem Defätismus* oder Sabotage*. Der in den Vernichtungslagern betriebene Massenmord erreichte in den Jahren 1943 und 1944 seinen Höhepunkt. Weil auch die drastische Erhöhung der Arbeitszeit auf 72 Stunden pro Woche z. B. in allen Flugzeug- und Flugzeugmotorenwerken nicht ausreichte, um die Verluste auszugleichen, wurden zunehmend KZ-Häftlinge in der Rüstungsproduktion eingesetzt. Von den ca. 500 000 Juden, die zur Vernichtung aus Ungarn nach Auschwitz deportiert wurden, setzte man etwa 120 000 unter unmenschlichen Bedingungen als Zwangsarbeiter ein (s. S. 437).

Luftkrieg und Invasion der Alliierten

Die alliierten Streitkräfte reagierten auf die deutschen Kriegsanstrengungen unter anderem mit **Flächenbombardierungen im Luftkrieg*,** denen nahezu alle deutschen Mittel- und Großstädte zum Opfer fielen. Die amerikanischen und britischen Luftangriffe sollten die Zivilbevölkerung demoralisieren und eine Kapitulation* erzwingen. Dieses Ziel wurde allerdings nicht erreicht. Im Gegenteil: Die Deutschen betrachteten sich zunehmend als Opfer des Krieges und schenkten der NS-Propaganda einer „verbrecherischen“ Kriegsführung der Alliierten umso eher Glauben. Die damit verbundene Aufrechnungs- und Nivellierungsmentalität* war auch in der Nachkriegszeit verbreitet und stand einer offenen und kritischen Aufarbeitung der eigenen Verbrechen oftmals im Wege (s. S. 498).

Bereits im November 1942 hatten die Westalliierten in Marokko und Algerien eine zweite Front eröffnet und die italienisch-deutschen Afrikakorps im Mai 1943 zur Kapitulation gezwungen. Nach der Landung auf Sizilien im Juli 1943 und dem Sturz Mussolinis in Italien erfolgte am 6. Juni 1944 die **alliierte Invasion in der Normandie** an der Atlantikküste unter US-General Dwight D. Eisenhower (1890–1969). Nachdem die Alliierten Ende September die deutsche Grenze erreicht hatten, brach im März 1945 die Westfront endgültig zusammen. An der Ostfront begannen die Sowjets im Januar 1945 mit ihrer Großoffensive: Die Rote Armee eroberte im März zunächst das eingeschlosse-

Totaler Krieg
Der Begriff wurde im Ersten Weltkrieg von General Erich Ludendorff geprägt und meinte die Missachtung der völkerrechtlich bindenden Unterscheidung von kriegführenden Truppen und nicht kämpfender Zivilbevölkerung, aber auch die Mobilisierung* der gesamten Bevölkerung und Wirtschaft für den Krieg. Dieses Konzept wurde im Zweiten Weltkrieg erstmals in Deutschland, dann auch teilweise in anderen Staaten verwirklicht. Es schließt die Ausrichtung der gesamten Bevölkerung wie auch der Wirtschaft auf den Krieg und die Entwicklung und Anwendung von Massenvernichtungswaffen ein.

Flächenbombardierungen im Luftkrieg
Angesichts ihrer Luftüberlegenheit gingen die Alliierten ab 1944 dazu über, deutsche Städte systematisch zu bombardieren. Dies forderte zahlreiche Opfer unter der Zivilbevölkerung. Allein der Angriff auf Dresden am 13./14. Februar 1945 kostete etwa 35 000 Menschen das Leben. Die ersten Flächenbombardements hatte allerdings die deutsche Luftwaffe gegen England geflogen. So wurde z. B. die Stadt Coventry fast völlig zerstört.

ne Ostpreußen, überquerte die Oder und umzingelte im April schließlich Berlin, das nach verlustreichen Straßenkämpfen am 2. Mai eingenommen wurde. Bereits am 25./26. April 1945 begegneten sich sowjetische und amerikanische Truppen an der Elbe.

▶ **M 4–M 7: Bombenkrieg und Kriegszerstörungen**

▶ **M 8, M 9: Geschichte kontrovers: Die Kriegsführung in der Diskussion**

Kriegskoalition der Alliierten

Die Hauptgegner des nationalsozialistischen Deutschlands – Sowjetunion, Frankreich, Großbritannien, USA – führten den Krieg zunächst aus unterschiedlichen Motiven. **Frankreich** und **Großbritannien** wollten am Beginn der Kämpfe die deutsche Expansion in Osteuropa verhindern. In den **USA** fand sich zu dieser Zeit keine Mehrheit für einen Kriegseintritt. Die USA unterstützten jedoch England indirekt durch Rüstungslieferungen und nach dem deutschen Überfall auf die UdSSR im Juni 1941 auch die Sowjets, die auf eigenem Territorium um das Überleben ihres Staates kämpften und den Großteil der Kriegslast trugen. Am 14. August 1941 verständigten sich der britische Premierminister Churchill und US-Präsident Roosevelt in der **Atlantik-Charta** auf ein mit der UdSSR abgestimmtes Vorgehen gegen das Deutsche Reich. In diesem Zusammenhang einigten sich beide Regierungschefs auch auf die Prinzipien einer Nachkriegsordnung. Sie sollte Grundsätze aus der Friedensordnung von Versailles übernehmen, aber auch aus deren Fehlern lernen. So sollten die Alliierten auf Gebietsgewinne verzichten, das Selbstbestimmungsrecht der Völker achten und einen freien Welthandel garantieren. Die Sowjetunion und weitere 25 Staaten schlossen sich Anfang 1942 der **Atlantik-Charta** an, auf deren Grundlage nach Kriegsende im Jahr 1945 die **Vereinten Nationen (UNO)** gegründet wurden. In weiteren **Kriegskonferenzen** wurden zwischen den Westalliierten und der UdSSR militärische Strategien und Ziele sowie Nachkriegskonzepte diskutiert und abgestimmt, vor allem mit Blick auf Deutschland (s. S. 470).

M 2 Amerikanische und russische Soldaten treffen bei ihrem Vormarsch in Deutschland in Torgau an der Elbe aufeinander, Fotografie, 26. April 1945

Kriegsende

Die sinnlosen Durchhalteappelle der NS-Führung forderten in den letzten Kriegsmonaten auf allen Seiten immense Opfer. Insgesamt kostete der Zweite Weltkrieg etwa 55 Millionen Menschen das Leben. Der barbarische Vernichtungswille, mit dem die Nationalsozialisten vor allem Osteuropa überzogen hatten und dem der größte Teil der europäischen Juden zum Opfer gefallen war, kehrte sich nun gegen die deutsche Bevölkerung. In seinem berüchtigten „Nerobefehl" vom 19. März 1945 verlangte Hitler die vollständige Vernichtung der Lebensgrundlagen des deutschen Volkes, das sich im Krieg der „Rassen" als unterlegen gezeigt habe. Auch wenn dieser Befehl nicht mehr umsetzbar war und teilweise auch bewusst nicht befolgt wurde, hinterließ die NS-Herrschaft eine Welt in Trümmern.

Am 7. Mai 1945 unterzeichneten Vertreter der Wehrmachtsführung die **bedingungslose Kapitulation** Deutschlands vor den Westalliierten in Reims und am 8. Mai vor der sowjetischen Militärführung in Berlin-Karlshorst. In **Asien** endete der Krieg erst mit der Kapitulation Japans am 2. September 1945, nachdem die USA am 6. und 9. August **Atombomben auf Hiroshima und Nagasaki** abgeworfen und die Japaner mit der grausamen Zerstörungskraft dieser Waffe (es gab ca. 150 000 Tote) zur Aufgabe gezwungen hatten.

M 3 Hiroshima nach dem Atombombenabwurf, Fotografie, 1945

1 **Zeitstrahl:** Vervollständigen Sie Ihren Zeitstrahl zum Zweiten Weltkrieg (s. S. 437, Aufgabe 1) anhand der Darstellung für die Zeit bis zum Kriegsende 1945.

2 Erklären Sie mithilfe der Darstellung, warum die Alliierten am Ende des Zweiten Weltkrieges eine bedingungslose Kapitulation Deutschlands verlangten.

Hinweise zur Arbeit mit den Materialien:
Der Materialteil behandelt vier Schwerpunkte: Der Bombenkrieg (M 4–M 6); die Rüstungsproduktion (M 7); eine Historikerdebatte zum Bombenkrieg (M 8, M 9); als Vertiefung die Erinnerung an den Krieg im Denkmal (M 10).

Bombenkrieg und Kriegszerstörungen

M 4 Rotterdam, Blick über das am 14. Mai 1940 durch deutsche Bombenangriffe zerstörte Stadtzentrum, Fotografie, 1941

M 5 Murmansk nach einem deutschen Bombenangriff, Fotografie, 1942.
Große Teile der sowjetischen Städte waren mit Holzhäusern bebaut, sodass bei Bombenangriffen nur die gemauerten Kamine stehen blieben.

M 6 Die zerstörte Innenstadt von Dresden, Blick vom Rathausturm, Fotografie, 1945

1 Informieren Sie sich über die in M 4–M 6 dargestellten Ereignisse und ordnen Sie sie historisch ein.
Tipp: Siehe Darstellung und eigene Recherchen.
2 Vergleichen Sie das in M 4–M 6 Dargestellte und diskutieren Sie die Zusammenhänge.

Rüstungsproduktion im Zweiten Weltkrieg

M 7 Rüstungsproduktion 1942–1944 (in 1 000)

	Maschinengewehre	Geschütze	Panzer	Kampfflugzeuge
USA	2 291	512	86	153,1
Großbritannien	610	217	20,7	61,6
UdSSR	1 254	380	77,5	84,8
Deutschland	889	262	35,2	65,0
Italien	83	7	2,0	8,9
Japan	341	126	2,4	40,7

Zusammengestellt nach: J. Adam Tooze, Ökonomie der Zerstörung. Die Geschichte der Wirtschaft im Nationalsozialismus, Siedler, München 2007, S. 734. Übers. Yvonne Badal.

1 Analysieren Sie die Rüstungsproduktion in M 7 im Kontext des Zweiten Weltkrieges.
2 Vertiefung: Recherchieren Sie die Bevölkerungszahl der Länder in M 7 für 1938. Setzen Sie die Rüstung dazu ins Verhältnis. Beurteilen Sie Ihre Ergebnisse.

Geschichte kontrovers: Die Kriegsführung in der Diskussion

M8 Interview von „Spiegel Online" mit Jörg Friedrich, Historiker, zur Kritik an seinem Buch von 2002 zum Bombenkrieg „Der Brand" (2003)

Friedrich: [...] Wie wollen Sie etwa die Bombardierung von Nagasaki und Hiroshima anders bezeichnen denn als Massenvernichtung? Wie soll man die Angriffe auf Hamburg, Pforzheim oder Heilbronn bezeichnen? Es gibt zutiefst verstörende Aufnahmen aus Kassel nach dem Angriff im Oktober 1943 – Bilder von Leichenbergen, Menschenschrott, aus dem Rümpfe und Köpfe herausragen. [...]

Spiegel Online: Kritiker bemängeln, Sie hätten die Deutschen in Ihrem Buch lediglich als Opfer dargestellt.

Friedrich: Können Sie sich einen totalen Krieg vorstellen, in dem es keine Opfer gibt? Den Bombenkrieg haben nacheinander die britische, die deutsche, die japanische sowie die koreanische und vietnamesische Bevölkerung erfahren. Von diesen Völkern ist es die deutsche Nation gewesen, die fünf Jahre lang am intensivsten diese Form der Kriegsführung erlebt hat. Der Luftkrieg war eine präzedenzlose Marter, die einer Zivilbevölkerung Nacht für Nacht von einer fürchterlichen Vernichtungsapparatur auferlegt wurde.

*Zit. nach: Spiegel Online, in: http://www.spiegel.de/sptv/special/a-237918.html (Stand: 18. 02. 2017).**

M9 Der britische Historiker Adam Tooze über die Kriegsführung der Alliierten (2007)

Diese Zerstörung [die Bombardierung deutscher Städte] trug mit Sicherheit zur allgemeinen Auflösung der deutschen Heimatfront bei. Aber ebenso eindeutig befriedigte sie das tiefe Rachegelüst der Alliierten: Der Monat, in dem die heftigsten Luftangriffe des gesamten Krieges geflogen wurden, war der März 1945. Die Bombenlast betrug 133 329 Tonnen – und das zu einer Zeit, in der ein Bombardement dieses Ausmaßes gar keine kriegsentscheidende Wirkung mehr haben konnte, nicht einmal, was die Beschleunigung des Kriegsendes betraf. [...] Doch wer sich dazu hinreißen lässt, die Zerstörung Deutschlands im Jahr 1945 mit Begriffen zu beschreiben, die dem Holocaust vorbehalten sind, der verhält sich nicht nur obszön, der betreibt auch eine massive Geschichtsklitterung. Diese Zerstörung war Krieg und keine geplante Vernichtung Unschuldiger. Den betroffenen Menschen mag es als ein Gemetzel erschienen sein, doch war das eine Folge der eingesetzten Mittel und keine bewusst angestrebte „Endlösung". Die Westalliierten haben kein Gesetz des Krieges verletzt, gegen das die Wehrmacht nicht bereits hunderte Male verstoßen hätte. Die Rote Armee verhielt sich barbarisch in den von ihr eingenommenen Gebieten, aber die Sowjets verübten keinen Völkermord. [...] Die Alliierten führten Krieg mit einer Feuerkraft, wie sie noch in keinem vorangegangenen Krieg zum Einsatz gekommen war. Die Folgen waren albtraumhaft. Aber sie wären noch weit schrecklicher gewesen, hätte es das Motto der alliierten Kriegspolitik, „zuerst Deutschland", nicht mit sich gebracht, dass das NS-Regime zerstört wurde, bevor die Atombombe zum Einsatz kommen konnte.

*Zit. nach: J. Adam Tooze, Ökonomie der Zerstörung. Die Geschichte der Wirtschaft im Nationalsozialismus, Siedler, München 2007, S. 744, 748. Übers. Yvonne Badal.***

3 Wahlaufgabe: Bearbeiten Sie Aufgabe a) oder b):

a) Analysieren und vergleichen Sie die Positionen zum Bombenkrieg in M 8 und M 9.
Tipp: Nutzen Sie Methodenseite S. 316 f.

b) Diskutieren Sie die Schlussthese von M 9. Beziehen Sie die Entwicklung in Japan mit ein (s. S. 447).

Vertiefung: Weltkriegserinnerung in Denkmälern des Auslands

In den im Zweiten Weltkrieg betroffenen Ländern erinnern zahlreiche Denkmäler an die Opfer und die Zerstörungen, insbesondere in stark vom Krieg gekennzeichneten Ländern wie z. B. England, Frankreich, Polen u. a. Ein Beispiel ist die Skulptur „Reconciliation" der Künstlerin Josefina de Vasconcellos (1904–2005). Das Denkmal steht vor der Kathedrale von Coventry in England. Weitere Exemplare wurden in Orten aufgestellt, die ebenfalls vom Krieg stark zerstört worden sind.

1 Digitale Präsentation: Recherchieren Sie zu dem Weltkriegsdenkmal von Josefina de Vasconcellos oder zu einem anderen Denkmal im Ausland, das an den Zweiten Weltkrieg erinnert. Nutzen Sie auch die Internettipps im Webcode.
Erstellen Sie in Einzel- oder Gruppenarbeit eine digitale Präsentation.
Tipp: Nutzen Sie auch die Hilfen für die Erstellung von Präsentationen im Anhang, S. 633–636.

Weltkriegserinnerung in Denkmälern
cornelsen.de/Webcodes
Code: mogutu

9.5 Widerstand gegen das NS-Regime – „nur“ ein Widerstand Einzelner?

In dieser Themeneinheit geht es um
- *den deutschen Widerstand gegen das NS-Regime. War es ein „Widerstand ohne Volk“, wie der Historiker Hans Mommsen urteilt?*
- *die Motive und Ziele von Einzelnen und Gruppen des deutschen Widerstands.*

„Widerstand ohne Volk“

▶ M 8: Bewertungen zum Widerstand nach 1945

Weder die Errichtung der NS-Diktatur noch die nationalsozialistische Kriegs- und Vernichtungspolitik riefen in Deutschland einen kollektiven* politischen Widerstand hervor. Daher vertritt der Historiker Hans Mommsen die Auffassung, dass es sich um einen „Widerstand ohne Volk“ gehandelt hat. Dass sich keine breite Oppositionsbewegung entwickelte, ist einerseits auf das enge Überwachungsnetz der Gestapo, die brutale Verfolgung politischer Gegner durch die SA und SS sowie die radikale Verschärfung des Strafrechtes zurückzuführen. Andererseits konnten die Nationalsozialisten bis zum Ende auf eine breite Zustimmung in der Bevölkerung zählen. Hinzu kam, dass viele Gruppen des Widerstandes isoliert* operieren mussten, um sich nicht zu gefährden.
Dennoch gab es in der Bevölkerung Menschen, die ungeachtet der Gefahr für ihr Leben Widerstand als Einzelne oder in Gruppen leisteten. Historiker beziffern die Zahl der namentlich bekannten deutschen Widerstandskämpfer auf ca. 7 000 Personen. Der Widerstand äußerte sich in unterschiedlicher Weise: Die Oppositionellen kamen in der Regel aus den verbotenen Linksparteien (KPD, SPD), aus den Gewerkschaften und aus den Kreisen der evangelischen und katholischen Kirche. Aber auch bürgerlich-konservative Kreise entschlossen sich zum Widerstand, als ihnen bewusst wurde, dass Hitler mit seiner Kriegspolitik Deutschland in die Katastrophe führte. Außerdem praktizierten einige Menschen zivilen Ungehorsams: Sie verweigerten z. B. den Hitlergruß, hielten Kontakte zu Juden aufrecht oder versorgten Zwangsarbeiter heimlich mit Essen.

M 1 Harro Schulze-Boysen (1909–1942), Fotografie, ca. 1941

Der Journalist Harro Schulze-Boysen war bereits vor 1933 ein Gegner der Nationalsozialisten. Seit Mitte der 1930er-Jahre sammelte sich um ihn ein Kreis von Regimekritikern. Als Offizier im Reichsluftfahrtministerium hatte er Zugang zu geheimen militärischen Informationen, die er ins Ausland weiterleitete. Seine Frau sammelte Nachrichten über NS-Gewaltverbrechen an der Ostfront. Beide wurden 1942 verhaftet und hingerichtet.

Die „Rote Kapelle“

Die „Rote Kapelle“ war ein Verbund verschiedener Freundeskreise, zu denen Menschen aus unterschiedlichen sozialen und politischen Milieus gehörten. Der Forschung sind bisher ca. 400 Mitglieder bekannt. Geprägt wurde der Begriff „Rote Kapelle“ von der Gestapo, die damit ein von 1938 bis 1942 in Deutschland und in den besetzten Gebieten operierendes, loses Netzwerk von Widerstandsgruppen bezeichnete. Die wichtigste Gruppe war in Deutschland der Kreis um den Ökonomen **Arvid Harnack** und den Luftwaffenoffizier **Harro Schulze-Boysen***. Die Mitglieder der „Roten Kapelle“ versuchten das Ausland über die drohende Kriegsgefahr zu informieren. Ab 1938 entwickelte sich zudem eine militärische Opposition. Angesichts der Verfolgung durch das NS-Regime und der immer länger dauernden Herrschaft der Nationalsozialisten begannen verschiedene Widerstandsgruppen miteinander auch über Fragen der Zukunftsgestaltung nach dem Sturz des NS-Regimes zu diskutieren.
Nach der Entschlüsselung von Funksprüchen wurden im August 1942 über 120 Mitstreiterinnen und Mitstreiter verhaftet, 49 von ihnen, darunter 19 Frauen, hingerichtet. Unter den ersten Opfern befanden sich Mitglieder der Gruppe um Harnack und Schulze-Boysen, die im Dezember 1942 in Berlin-Plötzensee erhängt wurden.

Arbeiterbewegung

Aktiven politischen Widerstand leisteten Kommunisten, Sozialdemokraten und Gewerkschaften. Sie bauten Untergrundorganisationen auf, um Gegeninformationen zur NS-Propaganda zu verbreiten und Informationen über die NS-Herrschaft an das Ausland weiterzuleiten. Ihre politischen Kampfmethoden waren das Verteilen heimlich hergestellter Flugblätter oder der Aufbau von Betriebszellen in den Industriebetrieben. Allerdings entdeckte die Gestapo diese Gruppen häufig sehr rasch und zerschlug sie. Dieses Schicksal erlitten besonders die Untergrundgruppen der verbotenen **KPD,** deren Widerstand nach 1938 fast zum Erliegen kam. Ihre Arbeit wie auch die der **Gewerkschaftsgruppen** musste sich daher stärker auf interne Schulung und die Weitergabe von Informationen beschränken. Die von **Sozialdemokraten** getragene Opposition konzentrierte sich zunächst auf die Verbreitung von im Ausland gedruckten Flugblättern und Broschüren, mit denen die Leser über den Charakter des Regimes informiert werden sollten. Vertrauensleute sammelten zudem Informationen für den **Exilvorstand der SPD in Prag,** der damit die Weltöffentlichkeit über das NS-Regime aufzuklären suchte.

Kirchen

Die Mehrheit der Kirchenführer der **evangelischen Kirche** lehnte einen dauerhaften Konflikt mit Staat und Partei ab. Sie öffneten daher ihre Kirche dem Einfluss der „Deutschen Christen", die Christentum und NS-Weltanschauung verbinden wollten. Die oppositionellen Pfarrer und Gemeindemitglieder fanden sich 1934 in der „Bekennenden Kirche" zusammen. Aus ihrer Sicht war das christliche Bekenntnis mit nationalsozialistischem Rassismus, kriegerischem Nationalismus und Führerkult unvereinbar. Stattdessen verteidigte die kirchliche Opposition die Autorität der Heiligen Schrift und ihren unverfälschten Glauben. Prominente Vertreter waren die Pfarrer **Martin Niemöller** (1892–1984) und **Dietrich Bonhoeffer** (1906–1945). Die Gestapo beobachtete häufig die Gottesdienste und verhaftete Pfarrer der „Bekennenden Kirche".
Ähnlich wie den Protestanten erschien vielen **Katholiken** seit der Machtübernahme ihre Glaubenslehre durchaus mit dem Nationalsozialismus vereinbar. Nur wenige Katholiken leisteten daher anfangs grundlegenden politischen Widerstand. Katholische Kirchengemeinden neigten vor allem dann zu oppositionellem Verhalten, wenn Staat oder Partei ihre Autonomie bedrohten oder in das religiöse Leben eingriffen. So protestierten Katholiken, als die katholischen Jugendverbände aufgelöst werden sollten. Diese hatten sich bis 1936 gegen die „Hitlerjugend" behaupten können. Aber auch das Verbot, Kreuze in Klassenräumen aufzuhängen, führte auf katholischer Seite zu Protesten.
Katholiken und Protestanten wandten sich entschieden gegen den Massenmord an Behinderten (s. S. 413 f.). Der Widerspruch gegen die „Euthanasie" durch den Münsteraner **Bischof Clemens Graf von Galen** (1878–1946) vom August 1941 auf katholischer und durch **Landesbischof Theophil Wurm** (1868–1953) 1940 auf evangelischer Seite bewirkte die Einstellung der Morde (die aber im Geheimen weiter betrieben wurden).

▶ **S. 416, M 8: Rede von Galens 1941**

Bürgertum

Der bürgerliche Widerstand gegen das NS-Regime organisierte sich zum einen im **„Kreisauer Kreis"*,** zu dem auch **Graf Helmuth von Moltke** (1907–1945) gehörte. In diesem weltanschaulich breit gefächerten Gesprächskreis diskutierten hohe Offiziere, Diplomaten, Christen und Sozialdemokraten über eine Staats- und Gesellschaftsordnung für Deutschland nach der erwarteten politisch-militärischen Niederlage des NS-Staates. Die Debatten um die innenpolitische Neuordnung zielten auf eine eher ständisch* orientierte Staatsordnung. Allerdings gab es auch Vertreter eines christlichen Sozialismus*.

Kreisauer Kreis
Gruppe von Widerstandskämpfern, von der Gestapo so benannt nach einem ihrer Treffpunkte in Niederschlesien, dem Gut Kreisau von Graf Helmuth von Moltke. Zu ihr zählten Juristen, Theologen, Geistliche und Sozialdemokraten. Sie entwickelte eine Nachkriegsordnung, die auf der Freiheit und Verantwortung des Individuums und der Integration Deutschlands in Europa basierte.

Einig war man sich weitgehend im Bekenntnis zu rechtsstaatlichen Prinzipien und zur Einhaltung der Menschenwürde. Wenngleich einige „Kreisauer“ glaubten, die von Hitler errungenen außenpolitischen Positionen (Österreich, Sudetengebiete) erhalten zu können, lehnte man doch das Streben nach Hegemonie* ab. Als Fernziel sollte Deutschland in eine europäische Union eingegliedert werden. Zum „Tyrannenmord“, also zur Ermordung Hitlers, konnte sich der „Kreisauer Kreis“ nicht durchringen.
Ähnlich wie Moltke in Kreisau sammelte der ehemalige Leipziger Oberbürgermeister **Carl Goerdeler** (1884–1945) Oppositionelle unterschiedlichster ideologischer und gesellschaftlicher Herkunft um sich. Ehemalige Führer der freien, der christlichen, der Angestelltengewerkschaften und der SPD waren in seinem Kreis ebenso vertreten wie Offiziere, Mitglieder der militärischen Abwehr, der „Bekennenden Kirche“ und der Polizei. Der Goerdeler-Kreis verfolgte das Ziel eines Staatsstreiches mithilfe des Militärs. Er hielt daher engen Kontakt zum Widerstand im Auswärtigen Amt und zu hohen Militärs, wie dem 1938 von Hitler entlassenen General Ludwig Beck (1880–1944). Bei allen Meinungsverschiedenheiten gab es einen Minimalkonsens darüber, dass das zukünftige Deutschland ein Rechtsstaat sein müsse, in dem der Grundsatz der Sozialpflichtigkeit des Eigentums gelten sollte. Außenpolitisch strebte man ein großes und machtvolles Deutschland an, das unter den europäischen Mächten eine Führungsrolle spielen sollte.

Jugendliche

Kleine Gruppen von Studenten und Jugendlichen widersetzten sich ebenfalls dem NS-Staat. Besonders im Rheinland bildeten sich spontan jugendliche Protestgruppen. Sie besaßen kein gemeinsames Programm, waren sich aber einig in ihrer Gegnerschaft zum Nationalsozialismus. Aus diesen Gruppen fanden sich die **„Edelweißpiraten“** zusammen. Als Erkennungszeichen trugen sie ein Edelweiß und wollten sich zunächst nur durch ihr nonkonformistisches* Verhalten von der „HJ“ abgrenzen. Einige der „Edelweißpiraten“ schlossen sich in Köln Widerstandsgruppen an, verteilten Flugblätter oder beteiligten sich an Sabotageakten und Attentaten.

▶ M 6: Flugblatt der „Weißen Rose“

An der Universität München entstand eine studentische Widerstandsgruppe um die Geschwister Hans (1918–1943) und Sophie Scholl (1921–1943): die **„Weiße Rose“**. Vom Sommer 1942 bis zum Februar 1943 verbreiteten sie Flugblätter, in denen sie die Studenten zur Abkehr vom Nationalsozialismus aufforderten und ihre Vorstellungen für das zukünftige Europa darlegten. Nach dem Abwurf ihrer letzten Flugschrift am 18. Februar 1943 wurde die Gruppe verhaftet und vom Volksgerichtshof zum Tode verurteilt.

M 2 Die Geschwister Hans und Sophie Scholl mit Christoph Probst, Fotografie, Juli 1942.
Aufnahme von der Militärsammelstelle der Münchner Studentenkompanie am Ostbahnhof München zur Abkommandierung an die Ostfront.

M3 **Hitler zeigt Mussolini kurz nach dem Stauffenberg-Attentat die zerstörte Baracke im „Führerhauptquartier Wolfsschanze", Fotografie, 20. Juli 1944**

M4 **Claus Graf Schenk von Stauffenberg (1907–1944), Fotografie, um 1934**

Attentate auf Hitler

Es gab mehrere Attentatsversuche auf Hitler. Die beiden bekanntesten sind die von Claus Graf Schenk von Stauffenberg und Georg Elser. Beide missglückten. **Claus Graf Schenk von Stauffenberg*** misslang am 20. Juli 1944 der Sprengstoffanschlag bei einer Besprechung im **„Führerhauptquartier Wolfsschanze"** (im heutigen Polen). Er gehörte zu einer Gruppe oppositioneller Militärangehöriger, die sich Ende der 1930er-Jahre zusammenschlossen. Um eine Niederlage Deutschlands in einem zukünftigen Krieg zu vermeiden, wollten diese Offiziere Hitler absetzen. Doch die außenpolitischen und militärischen Erfolge des „Führers" ließen diese Pläne mehrmals scheitern. Die Situation veränderte sich mit den Massenmorden an Juden, Polen und Russen. Hinzu kam die drohende militärische Niederlage nach der Landung der Alliierten in Frankreich (s. S. 446). Aber auch die militärischen Einbrüche an der Ostfront bestärkten die Verschwörer. Nach Verhaftungen im „Kreisauer Kreis" und der Fahndung nach Carl Goerdeler entschloss sich von Stauffenberg im Juli 1944 zum Attentat auf Hitler. Die Rettung Deutschlands vor Hitler war in seinen Augen moralische Pflicht. Stauffenberg besaß als Stabschef beim Ersatzheer Zutritt zum Führerhauptquartier. Am 20. Juli 1944 wollte er im Bunker Hitler mit einer Zeitzünderbombe töten und dann in Berlin den Staatsstreich überwachen. Weil aber die Lagebesprechung aufgrund der Hitze vom Führerbunker in eine Baracke verlegt worden war, verpuffte die Wirkung der Bombe. Hitler überlebte den Anschlag. Als sich diese Nachricht verbreitete, brach der Staatsstreich in Berlin und allen Reichsteilen zusammen. Die an der Verschwörung beteiligten Personen wurden verhaftet und entweder standrechtlich erschossen oder nach Urteilen des Volksgerichtshofs hingerichtet. Bereits am 8. November 1939 hatte der schwäbische Schreiner Georg Elser* versucht, Hitler im **Münchner Bürgerbräukeller** durch eine Zeitbombe zu töten. Hitler hielt dort seine traditionelle Rede zum Jahrestag des gescheiterten Hitlerputsches von 1923. Aufgrund der Wetterlage nahm Hitler für die Rückfahrt nach Berlin den Zug und nicht wie geplant das Flugzeug. Die Bombe zündete, als Hitler den Ort bereits verlassen hatte. Elser wurde verhaftet und 1945 hingerichtet.

▶ M 7: Widerstand des 20. Juli 1944

M5 **Johann Georg Elser (1903–1945), Fotografie, um 1930**

1 Stellen Sie mithilfe der Darstellung den Widerstand gegen den Nationalsozialismus kriterienorientiert in einer Tabelle dar.

2 Vergleichen Sie die Biografien und Attentate Elsers und von Stauffenbergs anhand selbst gewählter Kriterien.

Attentate von Elser und Stauffenberg
cornelsen.de/Webcodes
Code: tokeji

Hinweise zur Arbeit mit den Materialien:
Der Schwerpunkt der Materialien liegt auf Motiven und Zielen des deutschen Widerstands gegen das NS-Regime an zwei Beispielen: der „Weißen Rose“ (M 6) und des „20. Juli 1944“ (M 7). In M 8 geht es abschließend um Bewertungen des deutschen Widerstands nach 1945. Als Vertiefung: Formen des Erinnerns an den Widerstand.

Die „Weiße Rose“

M 6 Aus dem letzten Flugblatt der „Weißen Rose“ (Februar 1943)

Erschüttert steht unser Volk vor dem Untergang der Männer von Stalingrad. Dreihundertdreißigtausend deutsche Männer hat die geniale Strategie des Weltkriegsgefreiten sinn- und verantwortungslos in Tod und Verderben gehetzt. Führer, wir danken dir!
Es gärt im deutschen Volk: Wollen wir weiter einem Dilettanten das Schicksal unserer Armeen anvertrauen? Wollen wir den niederen Machtinstinkten einer Parteiclique den Rest der deutschen Jugend opfern? Nimmermehr! Der Tag der Abrechnung ist gekommen, der Abrechnung der deutschen Jugend mit der verabscheuungswürdigsten Tyrannis, die unser Volk je erduldet hat. Im Namen der deutschen Jugend fordern wir vom Staat Adolf Hitlers die persönliche Freiheit, das kostbarste Gut des Deutschen, zurück, um das er uns in der erbärmlichsten Weise betrogen. [...]
Freiheit und Ehre! Zehn lange Jahre haben Hitler und seine Genossen die beiden herrlichen deutschen Worte bis zum Ekel ausgequetscht, abgedroschen, verdreht, wie es nur Dilettanten vermögen, die die höchsten Werte einer Nation vor die Säue werfen. Was ihnen Freiheit und Ehre gilt, haben sie in zehn Jahren der Zerstörung aller materiellen und geistigen Freiheit, aller sittlichen Substanzen im deutschen Volk genugsam gezeigt. Auch dem dümmsten Deutschen hat das furchtbare Blutbad die Augen geöffnet, das sie im Namen von Freiheit und Ehre der deutschen Nation in ganz Europa angerichtet haben und täglich neu anrichten. Der deutsche Name bleibt für immer geschändet, wenn nicht die deutsche Jugend endlich aufsteht, rächt und sühnt zugleich, ihre Peiniger zerschmettert und ein neues geistiges Europa aufrichtet.

*Zit. nach: Inge Scholl, Die Weiße Rose, Fischer, Frankfurt/M. 1952, S. 108 ff.**

1 Analysieren Sie Motive und Ziele der „Weißen Rose“ anhand von Quelle M 6.
2 Diskutieren Sie die mögliche Wirkung von M 6.

Der „20. Juli 1944“

M 7 Der Historiker Ludolf Herbst (1996)

[M]an darf ja nicht nur die Frage stellen, wogegen sich die Opposition wandte und wofür sie stritt, sondern muss umgekehrt auch fragen, wogegen sie sich nicht wandte und wofür sie nicht stritt. Dabei geht es nicht darum, die Vergangenheit in unhistorischer Weise an heutigen Normen und Vorstellungen zu messen, sondern darum, daran zu erinnern, dass Widerstand, der diesen Namen verdient, in einer abendländischen Tradition steht, die ohne die Rückbesinnung auf naturrechtliche Vorstellungen oder – wenn man noch weiter zurückgreifen will – auf göttliches Recht nicht auskommen kann. Zweifellos gab es im nationalsozialistischen Deutschland Widerstand im Sinne dieser Tradition, doch wird man skeptisch gegenüber allen Bemerkungen und Motivationen sein dürfen, die nicht deutlich erkennbar 1933 einsetzten, als gegenüber Kommunisten, Sozialdemokraten und Juden elementares Naturrecht verletzt wurde. Für große Teile des christlichen, sozialdemokratischen, gewerkschaftlichen und auch kommunistischen Widerstands trifft dieses Kriterium zweifellos zu. Bei jenen Kreisen, die den 20. Juli durchführten, bleibt Skepsis angebracht. Die Mehrzahl von ihnen begann als Parteigänger oder Sympathisant der Nationalsozialisten [...]. Der 20. Juli 1944 schließlich war der Aufstand eines sehr privaten Gewissens; denn zu diesem Zeitpunkt hatte das nationalsozialistische Deutschland nahezu 10 Mio. Juden, Polen, Russen, Zigeuner, Behinderte und vermeintlich „Asoziale“ getötet. Für sie wurde der Staatsstreich nicht geplant, auch wenn das Morden bei einem Gelingen beendet worden wäre und es als Motiv zum Handeln erhebliche Bedeutung besaß. Gewiss muss man bei der Beurteilung des Widerstandes die jeweils gegebenen Handlungsmöglichkeiten berücksichtigen. Das ethische Dilemma des Widerstandes, die Macht des Reiches zu bewahren und die Verbrechen zu beenden, mit denen sie erworben worden war, war durchaus auch ein objektives Dilemma. Die Erfolge lähmten nicht nur die Handlungsmöglichkeiten, sondern mussten auch bewahrt werden, sollte der Neuanfang nicht von vornherein mit dem Odium des Verzichts und der Niederlage belastet sein. Dieses Dilemma offenbart aber zugleich das Fehlen einer politischen Zielsetzung, die in der Lage gewesen wäre, den Gesichtspunkt der äußeren Macht zu kompensieren. Die im Widerstand engagierten „Honoratioren“ besaßen sie nicht und politisch wäre sie – wie auch immer sie ausgesehen hätte – auch kaum durchsetzbar gewesen, zu sehr hatte das nationalsozialistische Herrschaftssystem jede Alternative *ad absurdum* geführt. Daher war es nur konsequent, dass die ethische Orientierung der Träger des Widerstands erst zur Tat befähigte, als es nur noch darum gehen konnte, ein moralisches Zeichen zu setzen, und niemand mehr davon überzeugt war, dass die Machtstellung des Reichs noch zu bewahren war.

*Zit. nach: Ludolf Herbst, Das nationalsozialistische Deutschland, Suhrkamp, Frankfurt/M. 1996, S. 447–449.***

1 Erläutern Sie zunächst die Fragestellung und die Maßstäbe, die der Historiker Herbst in M 7 postuliert.
2 Analysieren Sie anschließend anhand von M 7 Motive und Ziele des militärischen Widerstands.
3 **Pro-und-Kontra-Debatte:** Diskutieren Sie die Bewertungen von Herbst zum „20. Juli 1944" (M 7).

Bewertungen des deutschen Widerstands gegen das NS-Regime nach 1945

M 8 Der Historiker Gerd Ueberschär (2006)

Historisch-politische Bewertung und offizielle Würdigung des Widerstandes gegen Hitlers Regime bieten seit Kriegsende ein facettenreiches Bild. Es reicht von amtlicher Anerkennung und feierlicher Verehrung bis zu kritischer Distanz und sogar direkter Ablehnung. Irritation und zwiespältige Haltung prägen vielerorts den Umgang mit den Männern und Frauen der deutschen Opposition gegen Hitler. Dies hat vielfältige Ursachen. Einerseits hängt es mit dem Desinteresse der alliierten Besatzungsmächte am Nachweis eines „anderen, besseren" Deutschland unmittelbar nach dem Ende des „Dritten Reiches" zusammen. Denn sie wollten nicht, dass sich die Überlebenden der NS-Diktatur auf einen deutschen Widerstand berufen könnten. Andererseits wurden die Zeitgenossen der nationalsozialistischen Herrschaft – gerade in den Jahren nach 1945 – durch paradigmatische Hervorhebung der Schicksale einzelner Widerstandskämpfer an ihre eigenen versäumten Handlungen und unterlassenen Hilfeleistungen erinnert. Es wurde ihnen dadurch öffentlich vorgehalten, dass sie eben keine Retter oder aktiven Hitlergegner mit Mut und Zivilcourage gewesen waren. Aber wer wollte schon gerne angesichts des verbrecherischen Charakters des NS-Regimes an Fehler und Schwächen in der eigenen Lebensgeschichte erinnert werden? So empfand der größte Teil der Bevölkerung kurz nach Kriegsende das Gedenken an den Widerstand sowohl als unnötiges wiederholtes Erinnern an das eigene angepasste Verhalten oder gar Versagen als auch als generelle Zumutung. Zudem erhob man die Frage, ob man nicht das eigene Land im Stich gelassen hätte, wenn man sich im Krieg generell dem Staat verweigerte. [...] Angesichts der lange ambivalenten Bewertung des Widerstandes gegen Hitler stellt sich zu Recht die Frage, woran es lag, dass trotz vieler offizieller Bekenntnisse zum 20. Juli 1944 in großen Teilen der Bevölkerung das Attentat skeptisch bewertet wurde. Um darauf eine Antwort zu geben, ist es berechtigt, die schlechte Ausgangsbasis „unter der Obhut" der Alliierten in den ersten Jahren nach 1945 und die erst mit Schwierigkeiten in Gang gekommene Widerstandsforschung in Erinnerung zu rufen, deren Weg während des Kalten Krieges durch politische Eingriffsversuche gestört wurde.

*Zit. nach: Gerd Ueberschär, Für ein anderes Deutschland. Der deutsche Widerstand gegen den NS-Staat 1933–1945, Fischer, Frankfurt/M. 2006, S. 241 ff.**

1 Analysieren Sie M 8 hinsichtlich der Gründe für die unterschiedliche Bewertung des Widerstandes seit 1945 in Deutschland.
2 **Wahlaufgabe:** Bearbeiten Sie Aufgabe a), b) oder c).
   a) Diskutieren Sie die These in M 8, dass die skeptische Bewertung des Attentats vom 20. Juli in der deutschen Bevölkerung nach 1945 auf die „schlechte Ausgangsbasis ‚unter der Obhut' der Alliierten" und die „politischen Eingriffsversuche" während des Kalten Krieges zurückzuführen gewesen sei.
   b) Art. 20 Abs. 4 Grundgesetz lautet: „Gegen jeden, der es unternimmt, diese Ordnung zu beseitigen, haben alle Deutschen das Recht zum Widerstand, wenn andere Abhilfe nicht möglich ist." Erläutern Sie, in welchen Situationen das „Recht zum Widerstand" gegeben sein könnte.
   c) Erörtern Sie ausgehend von Art. 20 Abs. 4 des Grundgesetzes (siehe b), ob eine solche Bestimmung 1.) den Übergang von der Weimarer Republik zum „Dritten Reich" verhindert, 2.) den Widerstand im Dritten Reich gestärkt hätte.
3 Nehmen Sie Stellung zur Leitfrage dieser Themeneinheit: Der Widerstand – „nur" ein Widerstand Einzelner?

Vertiefung: Erinnern an den Widerstand

In Deutschland gibt es inzwischen zahlreiche Denkmäler und Erinnerungsorte zu den verschiedenen Formen des Widerstands gegen das NS-Regime (siehe Darstellung).

1 Recherchieren Sie selbstständig zu zwei Denkmälern, Erinnerungsorten/-formen.
2 Stellen Sie sie in einer Präsentation vergleichend vor.

9.6 Der Nationalsozialismus in der historischen Diskussion

In dieser Themeneinheit geht es um
die verschiedenen Diskussionen zum Nationalsozialismus und zum Holocaust, wie sie sich im Kontext der Geschichte Deutschlands nach 1945 entwickelt haben.

M1 Denkmal für die ermordeten Juden Europas in Berlin, Teilansicht mit dem Reichstag im Hintergrund, eröffnet 2005, Fotografie, 2005

Theorien über den Nationalsozialismus

Seit dem Entstehen der ersten Bewegung des Faschismus* in Italien in den 1920er-Jahren (s. S. 344 f.) hat es Versuche gegeben, diese Erscheinung im politisch-gesellschaftlichen Leben auch theoretisch zu verstehen und zu erklären. Das galt und gilt besonders für die deutsche Variante einer faschistischen Bewegung, den **Nationalsozialismus.** Bis Ende der 1940er-Jahre wurden im Westen wie im Osten vor allem über die Ursachen der „deutschen Katastrophe" (Friedrich Meinecke) und den im Faschismus endenden „Irrweg der deutschen Geschichte" (Alexander Abusch) diskutiert. Diese Erklärungsversuche waren von dem Ziel geleitet, die Wiederholung eines solchen Herrschaftssystems in Deutschland frühzeitig zu verhindern. Mit den **Theoriemodellen** sollte aber auch versucht werden zu erklären, warum so viele Menschen sich von der NSDAP angezogen fühlten und bereit waren, sich für deren Ziele zu engagieren.

Zweierlei Erinnerung: DDR und Bundesrepublik

Während der deutschen Teilung 1949–1989 wurde die historische Auseinandersetzung bestimmt von der Frage nach der Konsequenz, mit der die beiden deutschen Staaten ihre gemeinsame nationalsozialistische Vergangenheit aufarbeiteten. Die **DDR** verstand sich als „antifaschistischer* Staat" in der Tradition des Widerstandes der Kommunisten*. Die SED*-Führung propagierte den radikalen Bruch mit der Vergangenheit mit der Behauptung, die Gründung des „ersten sozialistischen Staates auf deutschem Boden" habe die „Wurzeln des Faschismus ausgerottet". Verschwiegen wurden sowohl die inkonsequente Entnazifizierung in den 1940er-Jahren als auch rechtsradikale Erscheinungen in der DDR, die erst nach der Wende 1989 offen zutage traten.
In der **Bundesrepublik** war in den 1950er-Jahren das öffentliche Interesse an der NS-Vergangenheit vor allem durch Verdrängung gekennzeichnet. Die Erfolge des „Wirtschaftswunders", die offizielle Beendigung der „Entnazifizierung" und das „Wiedergutmachungs"-Abkommen mit Israel 1952 ließen eine „Schlussstrichmentalität" entstehen. Hinzu kamen außenpolitische Motive: Im Kalten Krieg (s. S. 466 ff.) wurde der Kommunismus bedrohlicher empfunden als der Nationalsozialismus.

Forschungsfragen seit den 1960er-Jahren

Wie eng die wissenschaftliche Auseinandersetzung über den Nationalsozialismus mit der Nachkriegspolitik verbunden war, zeigt die bundesrepublikanische Entwicklung der 1960er-Jahre: Die Auschwitz-Prozesse (1963–1965), das Auftreten der NPD, die neue Ostpolitik* unter Willy Brandt (s. S. 540), vor allem das steigende Interesse der nachwachsenden Generation an der **NS-Vergangenheit der Eltern und Großeltern** gaben der NS-Forschung neue Impulse. Zu den Forschungsschwerpunkten dieser Zeit gehörte neben der **Rolle Hitlers im NS-System** vorrangig die Frage, ob der Nationalsozialismus moderne Züge aufgewiesen habe. Anhänger der **Modernisierungstheorie*** vertreten die These, die NS-Herrschaft habe die moderne und wirtschaftliche Entwicklung

▶ S. 410, M 9: Hitlers Rolle im NS-System

Deutschlands beschleunigt. Hierzu zählt der amerikanische Historiker David Schoenbaum z. B. eine wachsende Industrialisierung, zunehmende Kapitalbindung, Erhöhung der sozialen Mobilität, verbunden mit Landflucht und Verstädterung sowie beachtliche Fortschritte in der Technisierung. Kritiker dieser Theorie erkennen die modernisierenden Wirkungen durchaus an, wenden jedoch ein, alle Maßnahmen seien der rassistischen „Volksgemeinschafts-" und „Lebensraum"-Ideologie untergeordnet und zudem nur mit Krieg zu verwirklichen gewesen. Bei diesen Modernisierungstendenzen handle es sich also um unbeabsichtigte Folgen der NS-Politik.

Im sogenannten **Historikerstreit Mitte der 1980er-Jahre** stand die Deutung des Nationalsozialismus als Folge des Bolschewismus* im Mittelpunkt. Ausgelöst wurde die Kontroverse durch die Behauptung des Historikers Ernst Nolte, die nationalsozialistische Kriegs- und Vernichtungspolitik, vor allem gegen die Sowjetunion, sei auf die im deutschen Bürgertum verwurzelte **Bolschewismusfurcht** zurückzuführen. Die Gegner Noltes warfen ihm vor, mit dieser Interpretation einseitig den Bolschewismus zur Hauptursache des Nationalsozialismus zu erklären, um damit Deutschland von der historischen Verantwortung für die NS-Verbrechen zu entlasten. So argumentiert Jürgen Kocka, die deutsche Bevölkerung habe sich 1933 nicht zwischen Bolschewismus und Nationalsozialismus, sondern zwischen Demokratie und Diktatur entscheiden müssen.

Aktuelle Diskussionen nach dem Ende des Kalten Krieges

Das Ende des Kalten Krieges führte mit der Öffnung der osteuropäischen Archive zu einer weiteren Akzentverschiebung in der NS-Forschung. In den Mittelpunkt rückten Untersuchungen des **NS-Vernichtungskrieges im Osten,** die bereits in den 1980er-Jahren durch die öffentliche Debatte über den Völkermord an den Juden – ausgelöst durch die amerikanische **TV-Serie „Holocaust" 1978** – neue Impulse erhalten hatten. Eine Reihe von **Regionalstudien** beschäftigte sich mit dem Verhältnis von Zentrum und Peripherie sowie mit Befehlsgebung von oben und Initiativen von unten; auch ging es in diesem Kontext um die Frage nach Intentionen und Interessen der Handelnden vor Ort (s. S. 442 f.). Dieser Perspektivwechsel mündete in die sogenannte **Täterforschung** und führte zu neuen Dimensionen der NS-Forschung. Denn nun wurde sowohl nach der Beteiligung der gesellschaftlichen Eliten*, den „Vordenkern der Vernichtung" (Heim), als auch nach dem Anteil „ganz normaler Männer" (Christopher Browning) an der Vorbereitung und Durchführung der NS-Verbrechen gefragt. Eine heftige Debatte in diesem Zusammenhang löste das Buch „Hitlers willige Vollstrecker" (1996) des amerikanischen Historikers Daniel J. Goldhagen aus **(Goldhagen-Debatte*).**

Ernst genommen wurde nun auch der zunächst als propagandistisch abgelehnte, inzwischen jedoch als „erfahrungsgeschichtlicher Begriff" akzeptierte Terminus* der **„Volksgemeinschaft"*.** Götz Aly beschrieb die NS-Herrschaft in seinem 2005 erschienenen Buch „Hitlers Volksstaat" als „Gefälligkeits-Diktatur", die sich die Zustimmung der Bevölkerung durch ein ausgefeiltes System sozialer Wohltaten erkauft habe. Die These löste eine Kontroverse aus.

Seit ca. 2000 trat in Deutschland das **Gedenken an die Opfer** in den Vordergrund des öffentlichen Interesses und der Erinnerungskultur. Dies zeigte sich z. B. in der Initiative zur Errichtung eines nationalen Holocaust-Mahnmals in Berlin (s. M 1), in den Plänen für ein Denkmal zur Erinnerung an die Ermordung der Sinti und Roma oder beim Projekt der „Stolpersteine".

Goldhagen-Debatte
Der US-Historiker Daniel Jonah Goldhagen veröffentlichte 1996 sein Buch „Hitlers willige Vollstrecker" über den Holocaust und entfachte eine hitzige öffentliche Debatte über die Frage, ob die Deutschen ein „Volk von Mördern" gewesen seien. Er bezeichnet den Holocaust als ein „nationales Projekt" Deutschlands; zwischen Hitler und der großen Mehrheit des deutschen Volkes habe eine grundsätzliche Übereinstimmung in der Bereitschaft bestanden, sich der Juden zu entledigen. Er versucht zu beweisen, dass die Deutschen schon immer einen „eliminatorischen* Antisemitismus" vertreten hätten. Jede Form des Antisemitismus habe in Deutschland darauf abgezielt, die Juden zu vernichten. In der NS-Zeit hätten die Deutschen diese Vernichtungsvision realisiert. Goldhagens Kritiker, beanstandeten, dass er einen monokausalen* Erklärungsansatz vorlege und damit hinter den aktuellen Stand der Forschung zurückfalle, den er zudem nicht ausreichend berücksichtigt habe. Zudem wurden ihm methodische Fehler bei der Quelleninterpretation nachgewiesen.

▶ **M 2–M 4: Diskussion um „Hitlers Volksstaat" von Götz Aly**

▶ **M 5–M 7: „Stolpersteine" – Gedenken an die NS-Opfer**

1 Wahlaufgabe: Bearbeiten Sie Aufgabe a) oder b).
- **a)** Fassen Sie anhand der Darstellung die Diskussionen zum Nationalsozialismus (chronologisch) mit eigenen Worten zusammen.
- **b)** Erklären Sie den Zusammenhang zwischen der deutschen Nachkriegspolitik nach 1945 und der wissenschaftlichen Auseinandersetzung mit dem NS-Staat.

Hinweise zur Arbeit mit den Materialien:
M 2–M 4 bieten Texte aus der Debatte um Götz Alys Buch „Hitlers Volksstaat". Als Vertiefung (M 5–M 7): eine Kontroverse zu „Stolpersteinen" als Erinnerungsform.

Geschichte kontrovers: Zustimmung durch Bestechung? Debatte um „Hitlers Volksstaat"

M 2 Der Historiker Götz Aly (2005)

Die NS-Regierung scheute das Risiko, die Deutschen auch nur annähernd über die Kosten des Krieges aufzuklären. Sie verknüpfte das früh mit der nicht ungewöhnlichen, in Deutschland habituell gewordenen Bereitschaft des Geführten, im schönen Schein finanzieller Schonung zu leben. Anders als Churchill konnte Hitler zu keinem Zeitpunkt eine Blut-Schweiß-und-Tränen-Rede riskieren. Niemals sah sich der bejubelte, scheinbar omnipotente Diktator in der Lage, von seinem Volk offen zu fordern, ihm das Ersparte auf fünf, zehn oder gar 20 Jahre als Anleihe für eine angeblich glänzende Zukunft anzuvertrauen. So betrachtet stellt sich die Einheit zwischen Volk und Führung als wirkungsmächtige Illusion dar, der jede realpolitische Grundlage, jede praktische Belastungsprobe fehlte. Der von mir geprägte Begriff der jederzeit mehrheitsfähigen Zustimmungsdiktatur muss daher konkreter gefasst werden: Die Zustimmung entsprang mehrheitlich keiner ideologischen Überzeugung; vielmehr wurde sie durch systematische Bestechung mittels sozialer Wohltaten immer neu erkauft. Das ging zum überwiegenden Teil zulasten sogenannter Volksfremder, doch am Ende auch zulasten der Bestochenen.

Zit. nach: Götz Aly, Hitlers Volksstaat. Raub, Rassenkrieg und nationaler Sozialismus, erw. Ausg., Fischer, Frankfurt/M. 2006, S. 333.

M 3 Der Historiker Hans Mommsen (2005)

Nachdrücklich betont Aly, dass die deutsche Bevölkerung privilegierter Nutznießer sowohl der Ausraubungspolitik im besetzten Europa als auch des Holocausts war. Der eindrucksvollste Überblick über die Verwertung jüdischen Hausrates und anderen Eigentums zugunsten der Volksgenossen belegt das ebenso wie eine Abschätzung der den Herkunftsländern aufgebürdeten Kosten der Zwangsarbeiter- und Kriegsgefangenenbeschäftigung. Nicht die Unternehmen und andere private Arbeitgeber, sondern die öffentliche Hand war hauptsächlicher Nutznießer der Zwangsarbeit. [...] Man wird sich daher von der Vorstellung trennen, dass die NS-Politik bloß auf die verhängnisvollen Einflüsse fanatisierter völkischer Minderheiten zurückgeht, und deren Zusammenwirken mit der konservativ eingestellten Funktionselite entscheidendes Gewicht beimessen. Für die Interpretation der Geschichte des Dritten Reiches setzt die Untersuchung von Götz Aly deutlich neue Akzente. Von der Weltkriegserfahrung wurde die Strategie abgeleitet, sich das Wohlwollen der Massen durch steuerliche und soziale Konzessionen zu erkaufen und die Kriegslasten zu größeren Teilen auf die unterworfenen Länder, auf Juden, Zwangsarbeiter und Kriegsgefangene abzuwälzen. Die vom NS-Regime entfesselte politische Dynamik [...] unterband die Formierung von Gegenkräften. [...] Nicht so sehr langfristige ideologische Visionen als selbst erzeugte Zwänge führten zur Eskalation des Verbrechens, ohne bei der Funktionselite auf Widerstand zu stoßen.

*Zit. nach: Hans Mommsen, Die sozialpolitisch bestochenen Volksgenossen, in: Süddeutsche Zeitung vom 10. März 2005.**

M 4 Der Historiker Hans-Ulrich Wehler (2005)

Aly [...] privilegiert materielle Interessen [...] als dominante Antriebskräfte. Für die Erfassung der Bedingung des Holocaust ist dieser engstirnige Ansatz ganz unangemessen. Von seiner neuen Position aus kann Aly nicht erklären, warum zunächst einmal 14 Millionen Wähler die Hitler-Bewegung [...] ohne jede sozialpolitische Wohltat zur stärksten Partei im Reichstag machten, warum danach die erdrückende Mehrheit der Deutschen ihm als wahren Erlöser und Messias, auch als großen Integrator zugejubelt hat, erst recht nach den Siegen im Polen- und Frankreich-Krieg, als von Massenraub, massenhafter Bereicherung und Holocaust noch nicht die Rede war.
Es geht mithin um die freiwillige Loyalität, und um sie zu verstehen, muss man den Führermythos, die Sehnsucht nach dem „zweiten Bismarck", die charismatische Herrschaft Hitlers mit ihrer weitreichenden Legitimationskraft bis hin zu Krieg und Holocaust in den Mittelpunkt rücken, wenn man jene erklärungskräftige Interpretation gewinnen will, die etwa der Hitler-Biograf Ian Kershaw geleistet hat. [...] Das umstrittenste Thema von Alys Buch ist der jetzt als „Massenraubmord" charakterisierte Holocaust, der zur Enteignung jüdischen Vermögens, aber auch von Sachgütern wie Möbeln, Pelzmänteln, Bildern, ja Zahngold führte. [...] Das entscheidende Motiv bleibt doch der radikalisierte Antisemitismus, der mithilfe der Staatsgewalt die „jüdischen Untermenschen" als die vermeintlich tödliche Gefahr für die moderne Welt ausrotten wollte.

*Zit. nach: Hans-Ulrich Wehler, Engstirniger Materialismus, in: Der Spiegel Nr. 14 vom 4. April 2005.**

1 Fassen Sie die These Alys zusammen (M 2).
2 **Partnerarbeit:** Analysieren Sie arbeitsteilig die Positionen und wesentlichen Argumente der Autoren in M 3 und M 4. Stellen Sie sie Alys These gegenüber. **Tipp:** Nutzen Sie die Methodenseite S. 316 f. Berücksichtigen Sie, wie die Autoren die zentralen historischen Dimensionen (Politik, Wirtschaft, Gesellschaft, Kultur, Religion/Ideologie) jeweils gewichten.
3 **Online-Beitrag:** Formulieren Sie auf der Grundlage Ihrer Kenntnisse eine eigene Stellungnahme.

Vertiefung: Geschichte kontrovers – An die Opfer erinnern mit „Stolpersteinen"?

M 5 Stolperstein in Ueckermünde in Mecklenburg-Vorpommern, Fotografie, 2014.

Der Kölner Bildhauer Gunter Demnig verlegt seit 1995 Gedenksteine für Verfolgte der NS-Herrschaft, die vor den letzten frei gewählten Wohnorten der Opfer in den Gehweg eingelassen sind. Jeder Stein trägt eine Messingtafel mit Namen, Alter und Schicksal.

M 6 Salomon Korn, Vorstandsvorsitzender der Jüdischen Geminde Frankfurt/M. (2014)

Es handelt sich bei Stolpersteinen um eine einzigartige Form individualisierten Gedenkens am einstigen Wohnort der jüdischen Opfer; nicht an einer einzigen zentralen Stelle konzentriert und damit auch anonymisiert, sondern – für jedermann sichtbar – über die ganze Stadt verteilt. Damit wird den Betrachtern mit jedem einzelnen Stolperstein immer wieder in Erinnerung gerufen, dass diese deportierten Menschen einstmals Bürger desselben Wohnortes, vielleicht sogar Nachbarn der eigenen Vorfahren waren. [...] Zur Verhinderung von Stolpersteinen ist scheinbar jedes noch so abwegige Argument recht: Die Schande der Vorfahren, die unrühmliche Geschichte des eigenen Wohnortes, heißt es, solle unter keinen Umständen in aller Öffentlichkeit für jedermann sichtbar ausgebreitet werden. Doch damit würde man die einstigen Opfer erneut herabsetzen und sie ein weiteres Mal ausgrenzen. Nach meinen Beobachtungen vermeiden es die meisten Fußgänger, auf einen Stolperstein zu treten. Und wenn es doch einmal aus Unachtsamkeit geschieht – ich spreche aus Erfahrung –, dann hat man das Gefühl, ein wenig ins Rutschen zu geraten. Damit aber wird die Aufmerksamkeit auf die Ursache des Rutschens gelenkt, man nimmt den Stolperstein als Quelle des Strauchelns wahr. So wird letztlich der gewünschte „Aufmerksamkeitseffekt" der Stolpersteine erzielt. Und schließlich: Wer die Schrift auf einem Stolperstein zu entziffern sucht, beugt sich unwillkürlich nach vorne, um das auf dem Stein am Boden Geschriebene besser lesen zu können – was gleichzeitig auch als Verbeugung vor den jeweiligen Opfern gesehen werden kann.

*Zit. nach: https://www.zeit.de/2014/47/stolpersteine-holocaust-gedenken-muenchen (Stand: 20. 10. 2018)**

M 7 Dessa (Deborah Petroz-Abeles), Schweizer Künstlerin und Buchautorin (2016)

Meine Kritik an den Stolpersteinen hat mit meiner jüdischen Identität zu tun. Außerdem ist mir die Frage wichtig, wie wir des Holocausts gedenken. [...] Ich fühle die Stimmen und Seelen meines Volkes und meiner Großeltern, die leider das Schicksal von so vielen in den Lagern teilten. Und es schmerzt mich zutiefst. Ich liebe diese Stadt [Berlin] und habe mich entschieden, hier zu leben. Aber wenn ich durch die Straßen gehe, muss ich aufpassen, wo ich meine Füße hinsetze. Menschen laufen über die Steine, fahren mit dem Fahrrad darüber, Tiere verschmutzen sie. Das tut weh. Und ich denke nicht, dass die Macher des Projekts es bis zum Ende durchdacht haben. [...] Ich fordere jeden Deutschen auf, sich zu überlegen, wie die Nazis der 30er-Jahre die Stolpersteine sehen würden. Meiner Meinung nach materialisiert dieses Projekt ihren größten Wunsch: Schaut, wie viele ermordete Juden es gab – das haben wir geschafft. [...] Ich wünsche mir ein Projekt, das an das Leben der Menschen erinnert, an die Zeit, bevor sie in die Gaskammern gezerrt wurden [...]. [Ich] will [...] auf Augenhöhe an diese Menschen erinnern, mit Hoffnung und einer Art Ehre.

*Zit. nach: https://www.deutschlandfunkkultur.de/schweizer-kuenstlerin-dessa-stolpersteine-in-der-kritik.1079.de.html?dram:article_id=344745 (Stand: 20. 10. 2018).***

1 Beschreiben Sie das Projekt „Stolpersteine" (M 5).
2 Vergleichen Sie die Positionen in M 6 und M 7.
3 **Recherche:** Recherchieren Sie Stolpersteine in Ihrem Ort. Vergleichen Sie mit anderen Erinnerungsformen.

Anwenden

M1 Mitarbeiter der Hamburger Werft Blohm & Voss während eines Stapellaufes, Fotografie, 1936.

Der Arbeiter in der Bildmitte (Kreis) ist August Landmesser. Seine Ehe mit einer Jüdin, aus der zwei Kinder hervorgingen, galt als „Rassenschande", für die er 1938 zu zweieinhalb Jahren Zuchthaus verurteilt wurde.

M2 Typologie der Widerstandsformen des Historikers Detlev Peukert, 1982

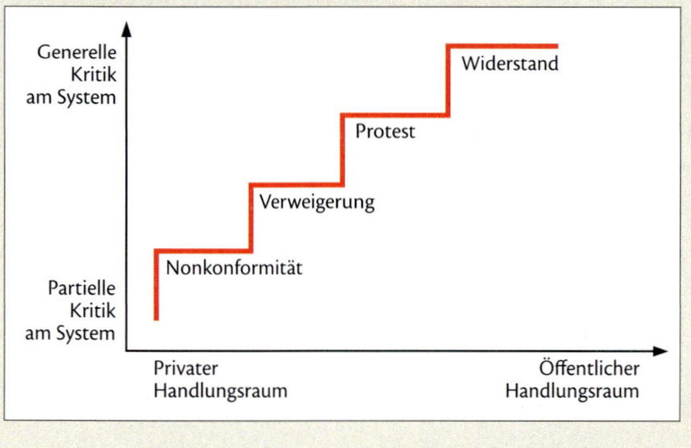

1 Beschreiben Sie Fotografie M 1 und bewerten Sie mithilfe der zusätzlichen Bilderklärung die Haltung des Arbeiters Landmesser (M 1, Bildmitte).

2 Erklären Sie anhand der Typologie M 2, welcher Begriff die Haltung Landmessers zum NS-Staat angemessen wiedergibt.

3 Erläutern Sie weitere, Ihnen bekannte Beispiele für den Widerstand gegen das nationalsozialistische Regime und ordnen Sie diese begründet den Begriffen in der Typologie (M 2) zu.

Wiederholen

M3 **Wahlplakat der NSDAP zur Reichstagswahl vom 5. März 1933**

1 Erklären Sie die Faktoren, die zum Scheitern der Weimarer Republik geführt haben. **Tipp:** Gehen Sie auch auf die Anfangsjahre der ersten deutschen Demokratie ein. Berücksichtigen Sie auch entsprechende „Zentrale Begriffe" (siehe oben).

2 Analysieren Sie Plakat M 3 im Kontext der Errichtung der NS-Herrschaft 1933/34. **Tipp:** Siehe Hilfen S. 618.

3 **Wahlaufgabe:** Bearbeiten Sie Aufgabe a) oder b).
   a) Setzen Sie sich mit der nationalsozialistischen „Volksgemeinschafts"-Ideologie" unter den Aspekten „Ausgrenzung" und „Integration" auseinander.
   b) **Brief:** Verfassen Sie aus Sicht einer gleichaltrigen jüdischen Schülerin/eines Schülers im Jahre 1939 einen heimlichen Brief für Verwandte in England, in dem Sie Ihr Alltagsleben in Deutschland seit Anfang der 1930er-Jahre beschreiben.

4 **Vertiefung:** Diskutieren Sie, welchen Stellenwert die NS-Kriegs- und Vernichtungspolitik für das Selbstverständnis Deutschlands und Europas heute besitzen sollte.

5 **Gruppenarbeit:** Bearbeiten Sie arbeitsteilig Ihre Fragen der Auftaktseite (s. S. 361).

Zentrale Begriffe

Antisemitismus
Demokratie
Diktatur
„Ermächtigungsgesetz"
„Euthanasie"
Führerprinzip
„Gleichschaltung"
Holocaust
Konzentrationslager (KZ)
„Lebensraum"-Ideologie
Nationalsozialismus
Notverordnungen
Novemberrevolution
„Nürnberger Gesetze"
Pogrom
Präsidialkabinette
Propaganda
Rassismus
Shoah
Vernichtungskrieg
Versailler Vertrag
Völkerbund
Völkermord (= Genozid)
„Volksgemeinschaft"
Wannsee-Konferenz
Weimarer (Reichs-)Verfassung
Widerstand
Zweiter Weltkrieg

Testen Sie Ihr Vorwissen zum Ost-West-Konflikt.

1 Bestimmen Sie, welcher Begriff nicht in die Reihe passt. Erklären Sie Ihre Wahl.

a) Ost-West-Konflikt
b) Kalter Krieg
c) europäisches Gleichgewicht
d) bipolare Weltordnung

2 Einige Staaten rechneten sich nicht den beiden feindlich gegenüberstehenden Machtzentren im Kalten Krieg unter Führung der USA bzw. der UdSSR zu. Wie werden diese Staaten bezeichnet?

a) paktungebundene Staaten
b) blockfreie Staaten
c) neutrale Staaten

3 Bestimmen Sie, welcher Konflikt nicht zu den Stellvertreterkriegen im Kalten Krieg gehört. Erklären Sie Ihre Wahl.

a) Koreakrieg
b) Jugoslawienkrieg
c) Vietnamkrieg
d) Afghanistankrieg

4 Bestimmen Sie, welcher Staat nicht zum Ostblock gehörte. Erklären Sie Ihre Wahl.

a) Kuba
b) Tschechoslowakei
c) Iran
d) Albanien

5 Von wem stammt die folgende Aussage?

Von Stettin an der Ostsee bis hinunter nach Triest an der Adria ist ein „Eiserne Vorhang" quer über den Kontinent gezogen.

a) Winston Churchill
b) Josef Stalin
c) Harry S. Truman

6 Bestimmen Sie, welcher Politiker nicht mit der Kubakrise befasst war. Erklären Sie Ihre Wahl.

a) Fidel Castro

c) Nikita Chruschtschow

b) Salvador Allende

d) John F. Kennedy

7 Bestimmen Sie, wer der Auftraggeber dieses Plakates (M 1) war. Begründen Sie Ihre Wahl:

a) Bundesrepublik Deutschland
b) DDR

M1 „Vereinte Abwehr", Plakat, 1950er-Jahre

8 Von welchen Prinzipien war die Reformpolitik des letzten sowjetischen Partei- und Staatschefs bestimmt?

a) Prawda
b) Glasnost
c) Perevorot
d) Perestroika

▶ Lösungshinweise finden Sie auf S. 640.

M2 Michail Gorbatschow, Fotografie, 1992

10 Internationale Transformationsprozesse nach 1945: Die bipolare Welt

M1 Amerikanisches Filmplakat zum Film „Eins, zwei, drei", 1961.
Die US-amerikanische Komödie von Billy Wilder (geboren 1906 als Samuel Wilder in Galizien, Österreich-Ungarn) mit zahlreichen bekannten deutschen und amerikanischen Darstellern spielt im geteilten Berlin vor dem Hintergrund des Ost-West-Konflikts. Der Film thematisiert auf humorvolle Weise die ideologischen und politischen Gegensätze der beiden Systeme.
Während der Dreharbeiten im Sommer 1961 wurde das Filmteam vom Bau der Berliner Mauer überrascht. Zum Zeitpunkt der Ausstrahlung 1961 war eine Überquerung der innerstädtischen Sektorengrenze, wie sie im Film noch gezeigt wird, schon nicht mehr möglich.
Das Plakat zeigt Horst Buchholz in der Rolle des jungen Kommunisten Otto Piffl, der von Ostberliner Polizisten am Brandenburger Tor kontrolliert wird.

- **1945** | Konferenz in Jalta; Konferenz von Potsdam
- **1947** | Verkündung der „Truman-Doktrin"; Marshall-Plan; Gründung Kominform
- **1948** | Berlin-Blockade und Luftbrücke;
- **1949** | Gründung NATO
- **1950–53** | Koreakrieg
- **1955** | BRD wird souverän und NATO-Mitglied; Gründung Warschauer Pakt
- **1956** | Ungarn-Aufstand
- **1957** | Sowjetischer Satellit „Sputnik"
- **1961** | Bau der Berliner Mauer
- **1962** | Kubakrise
- **1963** | „Heißer Draht" zwischen Moskau und Washington; Atomtestabkommen
- **1964–1973** Vietnamkri

1945 | 1950 | 1955 | 1960 | 1965

Am 5. März 1946 hielt Winston Churchill, damals britischer Oppositionsführer, im amerikanischen Fulton eine Rede, die die westliche Öffentlichkeit aufrütteln sollte: „Von Stettin an der Ostsee bis hinunter nach Triest an der Adria ist ein eiserner Vorhang quer über den Kontinent gezogen. Hinter dieser Linie liegen alle Hauptstädte Mittel- und Osteuropas. […] Alle diese Städte und die umliegenden Gebiete sind […] nicht nur dem sowjetischen Einfluss, sondern in einem hohen und wachsenden Maße der Kontrolle durch Moskau unterworfen. […] Was immer man aus diesen Tatsachen – und es sind Tatsachen – für Schlüsse ziehen mag, eines ist sicher: Dies ist nicht das befreite Europa, für das wir gekämpft haben."

Tatsächlich war die Welt von 1945 bis 1990/91 in zwei Lager gespalten: Auf der einen Seite standen die westlichen Demokratien unter Führung der USA, auf der anderen Seite die kommunistischen Staaten unter Führung der Sowjetunion. Beide Seiten versuchten, ihren Einflussbereich militärisch abzusichern und auf Kosten des Gegners auszuweiten. Ideologisch war der Gegensatz bestimmt von einer weltweiten Auseinandersetzung zwischen dem Kommunismus mit seinen staatssozialistischen Ordnungsvorstellungen einerseits und den liberal- westlichen Demokratien mit ihrer marktwirtschaftlichen Wirtschaftsordnung andererseits. Beide Konfliktparteien trugen den Ost-West-Konflikt mit propagandistischen Mitteln, wie z. B. Spielfilmen, aus, wobei teilweise klischeehafte Feindbilder und Kampfbegriffe zum Tragen kamen. Gegenseitig warf man sich Imperialismus, Militarismus, Ausbeutung und Unterdrückung vor. Militärisch führte der Kalte Krieg dazu, dass beide Supermächte ein Arsenal an Kriegstechnik und neuartigen Waffensystemen produzierten, die auch heute noch ausreichen, um das gesamte Leben auf der Erde mehrfach auszulöschen. Ungeheure Summen sind in immer gigantischere Rüstungsvorhaben gesteckt worden. Das „Neue" bei diesem weltweiten Konflikt war, dass die Angst vor der möglichen Selbstvernichtung der Menschheit durch Atomwaffen zu einem politisch einsetzbaren Faktor gemacht wurde.

M2 Orientierungsschild am Potsdamer Platz in Berlin, Fotografie, um 1956

1 Beschreiben Sie M 2 und erklären Sie die Begriffe „Sowjet-Sektor" und „West-Sektor".
Tipp: Nutzen Sie die Darstellung über die alliierten Deutschlandpläne (s. S. 504).

2 Formulieren Sie anhand Ihrer Vorkenntnisse Hypothesen, warum aus den Verbündeten gegen den Nationalsozialismus, USA und Sowjetunion, nach dem Zweiten Weltkrieg erbitterte Feinde wurden.

a) Informieren Sie sich über den Film „Eins, zwei, drei" (M 1) und benennen Sie ideologische Unterschiede zwischen Ost und West, die im Film dargestellt werden.

b) Recherchieren Sie weitere Spielfilme, in denen der Kalte Krieg thematisiert wird.

- Vertrag über die Nichtverbreitung von Atomwaffen; Einmarsch Warschauer-Pakt-Truppen in die Tschechoslowakei
- **1972** SALT-I-Abkommen
- **1975** Unterzeichnung der KSZE-Schlussakte
- **1978** SALT-II-Vertrag; NATO-Doppelbeschluss
- **1979/80** Einmarsch der Sowjetunion in Afghanistan
- **1983** Ankündigung des US-Raketenabwehrsystems SDI
- **1985** Reformbeginn unter Gorbatschow in der Sowjetunion
- **1987** Unterzeichnung INF-Vertrag: Abschaffung der Mittelstreckenraketen in Europa
- **1989** Fall der Berliner Mauer
- **1991** Ende des Warschauer Paktes; Auflösung der UdSSR

1970 | 1975 | 1980 | 1985 | 1990

10.1 Der Ost-West-Konflikt

In dieser Themeneinheit geht es um
- die Entwicklung der bipolaren Weltordnung nach 1945,
- Begriff und Verlauf des Kalten Krieges.

M1 Die Blockfreien-Bewegung

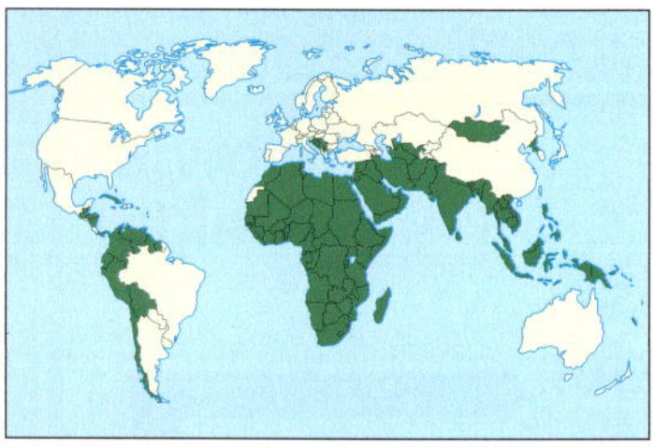

Bipolare Weltordnung nach 1945

Nach dem Zweiten Weltkrieg (1939–1945) erklärten die USA und die Sowjetunion, dass sie in enger Zusammenarbeit eine neue Weltordnung schaffen wollten. Aus der Kooperation* während des Weltkrieges entwickelte sich jedoch schon bald nach Kriegsende 1945 eine immer schärfer werdende Konfrontation*, die Ende der 1940er- und Anfang der 1950er-Jahre zur Abgrenzung der beiden Supermächte und der von ihnen beherrschten Machtblöcke führte. Amerikaner und Sowjets konnten und wollten sich bei der Gestaltung der Nachkriegsordnung immer weniger zu einer gemeinsamen Position durchringen. Die Gegensätze zwischen **parlamentarischer Demokratie im Westen** und **kommunistischer Diktatur** im Osten, zwischen marktwirtschaftlicher und planwirtschaftlicher Wirtschaftsordnung waren grundsätzlicher Natur.
Diese Gegensätze bestimmten auch die Struktur des internationalen Staatensystems in der Nachkriegszeit. Sie wird in der Forschung als **„bipolare Ordnung"** bezeichnet. In einer bipolaren Ordnung bestimmen im Wesentlichen zwei feindlich gegenüberstehende Führungsmächte die internationalen Beziehungen und kontrollieren die Außenpolitik anderer Staaten. Tatsächlich erschien vielen Nationen in der Nachkriegszeit die Gefolgschaft gegenüber dem jeweiligen Block und seiner Vormacht vorteilhaft. Die jeweilige Supermacht belohnte diese Unterordnung mit Schutz und positiven Sanktionen wie Auslandshilfen und Exportgarantien.

Dekolonisation und Blockfreien-Bewegung

Allerdings ordneten sich nicht alle Staaten den beiden Supermächten und ihren Bündnissen unter. Diese Staaten, die an keinen Pakt gebunden waren, betonten ihre politische Eigenständigkeit und organisierten sich als „Organisation der Blockfreien", der schließlich 100 Staaten angehörten. Zahlreiche Staaten der Blockfreien-Bewegung waren ehemalige Kolonien der europäischen Großmächte. Mit dem Ende des Zweiten Weltkrieges beschleunigte sich der Prozess der sogenannten „**Dekolonisation**". Von einer Einbindung in einen der beiden Machtblöcke versprachen sich diese Staaten wenig Vorteile für ihre politische Emanzipation* und wirtschaftliche Entwicklung. Die Bewegung der Blockfreien konnte das bipolare aber nicht zu einem multipolaren internationalen System umformen, bei dem es mehrere Machtzentren bzw. Führungsmächte gibt.

Ost-West-Konflikt oder Kalter Krieg?

▶ M 3, M 4: „Kalter Krieg" oder „Ost-West-Konflikt"?

Für die bipolare Weltordnung werden vor allem zwei Begriffe verwendet: „Ost-West-Konflikt" und „Kalter Krieg". Wie werden diese Begriffe in der Geschichtswissenschaft unterschieden? Der **Ost-West-Konflikt** begann bereits im 19. Jahrhundert. Der französische Philosoph Alexis de Tocqueville definierte damit den ideologischen Gegensatz zwischen dem demokratischen und dem monarchischen bzw. despotischen Prinzip. Der Konflikt verschärfte sich mit der Russischen Revolution 1917 (s. S. 340 f.) und weite-

te sich zu einem politischen, militärischen und wirtschaftlichen Konflikt zwischen den USA und der UdSSR, den beiden Supermächten des 20. Jahrhunderts, aus.
Der Kalte Krieg ist der Epochenbegriff für eine Phase des Ost-West-Konfliktes zwischen 1947 und 1990/91, in der die Welt weitgehend in zwei Lager gespalten war: in die westlichen Demokratien unter Führung der USA **(NATO-Staaten)** und die kommunistischen Staaten unter Führung der UdSSR **(Warschauer Pakt)**. Von einigen Historikern wird der Begriff abgelehnt, weil es während des Kalten Krieges auch „heiße" Kriege wie den Koreakrieg gab. Sie bevorzugen daher die Bezeichnung „Ost-West-Konflikt", sodass in der Geschichtswissenschaft der Begriff „Kalter Krieg" häufig als Synonym zu „Ost-West-Konflikt" verwendet wird.

M2 Der Ost-West-Konflikt

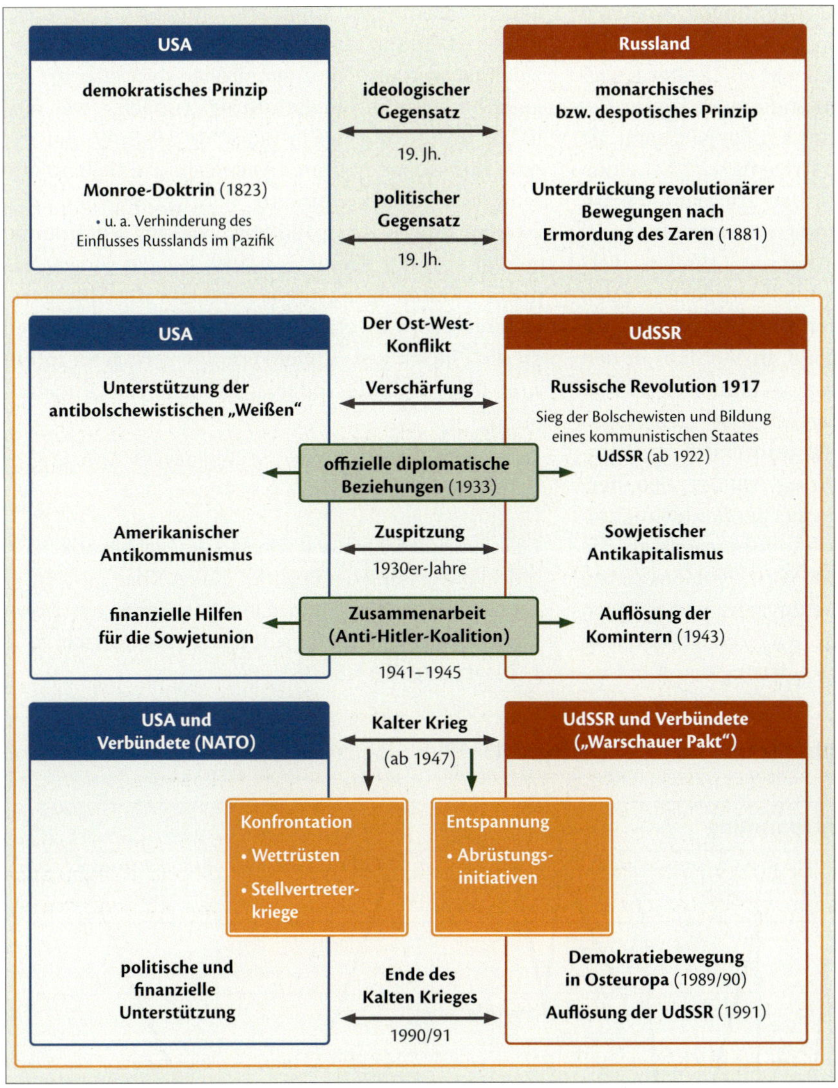

1 **Partnerarbeit:** Erklären Sie sich anhand der Darstellung gegenseitig die Begriffe „bipolare Weltordnung", „Ost-West-Konflikt" und „Kalter Krieg".
2 Erläutern Sie den Begriff der „Blockfreien-Bewegung".

> ***Hinweise zur Arbeit mit den Materialien:***
> *M 3 thematisiert die Problematik des Begriffs „Kalter Krieg". Anhand von M 4 lässt sich der Verlauf des Konfliktes nachvollziehen.*

„Kalter Krieg" oder „Ost-West-Konflikt"?

M 3 Der Historiker Jost Dülffer (2004)

Die Geschichte Europas nach dem Zweiten Weltkrieg muss insgesamt zwar welthistorisch eingebettet werden, aber zentral die Wechselwirkungen zwischen „Westen" und „Osten" berücksichtigen. [...] Gemeinhin wird dieses Beziehungsgeflecht als „Kalter Krieg" bezeichnet[, der] bis 1989/90 andauerte. Dieser Begriff „Kalter Krieg" wird seither häufig gebraucht, ist jedoch problematisch. Kalter Krieg bezeichnet einen Zustand des Staatensystems, der kriegsähnlich ist, bei dem sich aber die beiden Seiten unter amerikanischer bzw. sowjetischer Führung nicht direkt militärisch bekämpften. [...] Tatsächlich wurde aber auch im Kalten Krieg zwischen den Blöcken geschossen: Das galt etwa in Korea 1950–53, in Vietnam in den Sechziger- und Siebzigerjahren, sodann in einer Reihe von weiteren, „Stellvertreterkriege" genannten Konflikten in der Dritten Welt während des gesamten Zeitraums. Der Kalte Krieg schloss also herkömmliche, „heiße" Kriege ein. Ferner fanden mehrere Aufstände im sowjetischen Machtbereich statt, die auch mit Kriegen und dem Ost-West-Problem zu tun hatten. Diese Aufstände weiteten sich nur deswegen nicht zu Bürgerkriegen aus, weil die sowjetische Macht die von ihr gestützten Regierungen mit militärischen Mitteln schützte – so vor allem in der DDR 1953, in Ungarn und Polen 1956, in der ČSSR 1968. Der Begriff Kalter Krieg ist schließlich deswegen problematisch, weil er ein hohes Maß an Geschlossenheit und Permanenz für die Zeit zwischen 1945 und 1990 signalisiert und den ständigen Wandel der Beziehungen zwischen den „Blöcken" vernachlässigt. „Kalter Krieg" wird zwar weiter als Epochenbezeichnung gebraucht, ist aber ein vereinfachender Begriff für wesentlich komplexere Vorgänge. Besser sollte man von einem Ost-West-Gegensatz sprechen, der allerdings zwischen 1945 und 1990 in Europa dreimal akut bedrohlichen Charakter annahm. Nur diese Phasen können tatsächlich als „Kalte Kriege" bezeichnet werden – in ihnen drohte zeitweilig die Eskalation zu einem heißen Krieg. Zunächst war dies die Krise um die Berlin-Blockade 1948/49, die mit dem Koreakrieg in seiner Anfangsphase 1950 im ersten Kalten Krieg kulminierte. Berlin stand auch beim zweiten Kalten Krieg 1958 bis 1962 im Mittelpunkt, gefolgt von der Kubakrise 1962. Es gab sodann als dritten Kalten Krieg einen Streit um die Mittelstreckenraketen von etwa 1979 bis 1982/83. Zwischen diesen Phasen gab es aber Perioden geringerer Intensität des Konfliktes oder eben auch der „Entspannung".

*Zit. nach: Jost Dülffer, Europa im Ost-West-Konflikt 1945–1990. Oldenbourg, München 2004, S. 4 f.***

1 Diskutieren Sie anhand von M 3 die Problematik bei der Anwendung des Begriffes „Kalter Krieg".
2 Teilen Sie den Kalten Krieg in grobe Phasen ein (M 4) und formulieren Sie für jede Phase eine Überschrift.
3 **Zusatzaufgabe:** s. S. 618

M 4 Entspannung und Konfrontation im Kalten Krieg 1945–1990

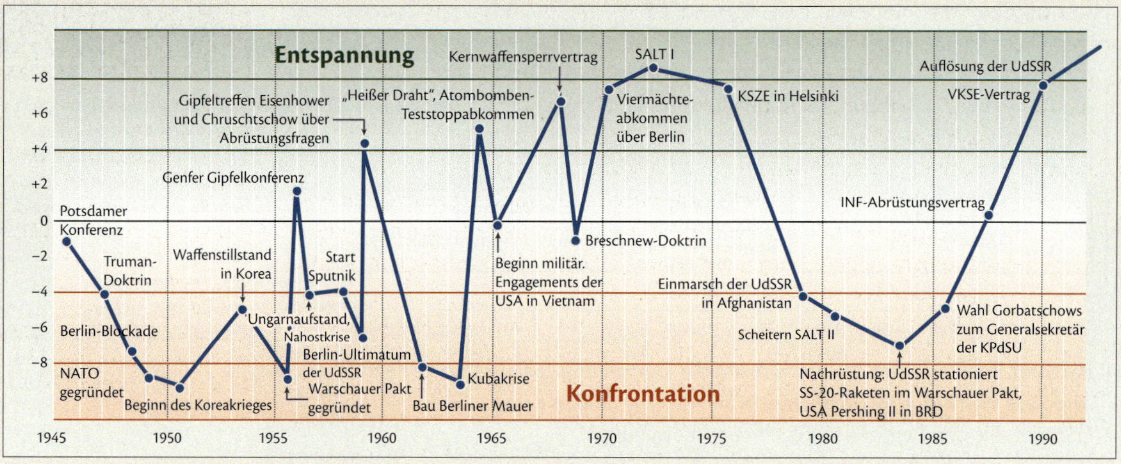

10.2 Die Entstehung des Kalten Krieges

In dieser Themeneinheit geht es um
- *die Ursachen des Kalten Krieges sowie die Akteure und deren Ziele,*
- *die Beurteilung des Kalten Krieges in der historischen Diskussion.*

Wer ist verantwortlich?

▶ M 4, M 5: Die Entstehung des Kalten Krieges

Über die Entstehung des Kalten Krieges nach dem Ende des Zweiten Weltkriegs gibt es unterschiedliche Auffassungen. In den Staaten des Ostblocks mussten sich die Historiker bis 1990/91 an der Meinung der Kommunistischen Partei in der Sowjetunion orientieren. Danach waren die Vereinigten Staaten von Amerika der Feind und damit auch Urheber des Konfliktes. Dagegen streiten in den westlichen Demokratien bis heute Politiker und Wissenschaftler über die Ursachen der Ost-West-Konfrontation. Die traditionelle, in den 1950er-Jahren entstandene Auffassung macht die aggressive Expansionspolitik der kommunistischen Sowjetunion dafür verantwortlich. Seit den 1960er-Jahren sprechen einige amerikanische Forscher den USA eine Mitverantwortung zu: Die US-Regierung habe die durch den Zweiten Weltkrieg geschwächte Sowjetunion unter Druck gesetzt, zum einen militärisch durch ihr Atomwaffenmonopol und zum anderen wirtschaftlich durch ihre Forderung nach freiem Zugang zu allen Märkten ***(„Open door policy“)***. Ende der 1970er- bzw. Anfang der 1980er-Jahre kam eine dritte Deutung hinzu, die die „Teilung der Welt“ auf wechselseitige Fehleinschätzungen der führenden Außenpolitiker in den USA und der UdSSR zurückführt.

Ziele der Alliierten

Die ungleichen Verbündeten USA und Sowjetunion besaßen schon während des Zweiten Weltkrieges abweichende Vorstellungen über die zukünftige Friedensordnung, stellten ihre Meinungsverschiedenheiten jedoch zurück, um den Sieg über Deutschland, Italien und Japan nicht zu gefährden. Die **amerikanische Politik** beruhte auf der Überzeugung, dass Demokratie und Freihandel die besten Garanten für den Weltfrieden seien. Die US-Regierung setzte sich daher für einen einheitlichen freien Weltmarkt in einer demokratischen Welt ein. In der **Atlantik-Charta** vom August 1941 formulierte Präsident Franklin D. Roosevelt* zusammen mit dem englischen Premierminister **Winston Churchill*** die Prinzipien für ein System der kollektiven Sicherheit, das „vier Freiheiten“ Geltung verschaffen sollte:
- dem Selbstbestimmungsrecht der Völker* bei der Wahl ihrer Regierungsformen,
- der Garantie der Unabhängigkeit und Souveränität* der einzelnen Staaten,
- ihrer wirtschaftlichen Gleichberechtigung und
- dem Verzicht aller Staaten auf jede Form von Gebietserweiterungen.

Diesen Forderungen schlossen sich alle Kriegsgegner Deutschlands und Japans an. Roosevelts außenpolitische Vorstellungen waren getragen von seiner Vision einer gemeinsamen Weltordnung nach dem Krieg ***(„one world“)***, die eine Rückkehr in den Isolationismus – wie nach dem Ersten Weltkrieg – ausschloss.

Die Außenpolitik der **Sowjetunion** wurde seit dem Überfall der deutschen Truppen (s. S. 435 f.) 1941 durch ein ausgeprägtes Sicherheitsbedürfnis bestimmt. Hinzu kam das Bestreben, die durch den Krieg geschwächte Wirtschaft zu regenerieren. Außerdem wollte Josef W. Stalin (s. S. 340 f.) die Weltmachtstellung seines Landes erhalten und weiter ausbauen. Deswegen errichtete er Ende des Zweiten Weltkrieges in Mittelosteuropa einen Sicherheitsgürtel, ohne sich um die freiheitlich-demokratischen Prinzipien der

M 1 Winston Churchill (1874–1965), Fotografie, 1940

Der konservative Journalist, Offizier und Politiker bekleidete seit 1900 verschiedene politische Ämter in Großbritannien (1874–1965, Prem.-min. 1940 bis 1945, 1951–1955). Die Appeasement-Politik gegenüber Hitler lehnte er strikt ab. Von 1940 bis 1945 initiierte er als Premier- und Verteidigungsminister die Alliance zwischen Großbritannien, USA und UdSSR. Seit 1940 Parteiführer der Konservativen, wurde er nach deren Wahlsieg 1951 erneut Premierminister (bis 1955).

Atlantik-Charta zu kümmern. So setzte der Diktator 1944/45 in Rumänien, Bulgarien und Ungarn sowjetfreundliche Regierungen ein und verschob 1945 in Polen freie Wahlen, die er ursprünglich zugesagt hatte.

Alliierte Kriegskonferenzen

Die Interessengegensätze zwischen der Sowjetunion einerseits und den USA sowie Großbritannien andererseits zeigten sich auf den Kriegskonferenzen der Alliierten in den Jahren 1944/45. Auf der **Konferenz von Jalta** im Februar 1945 wollten sich **Roosevelt***, **Churchill* und Stalin*** auf eine neue Friedensordnung verständigen. Übereinstimmung erzielten diese „Großen Drei" über die Gründung der UNO, die Einteilung Deutschlands in Besatzungszonen und die Einrichtung einer alliierten Kontrollbehörde in Berlin zur Überwachung der Entmilitarisierung und Entnazifizierung Deutschlands sowie die Aufnahme Frankreichs in den Kreis der Siegermächte. Andere wichtige Probleme blieben ungelöst, wie z. B. der endgültige Verlauf der deutsch-polnischen Grenze. Roosevelt und Churchill konnten das Prinzip des Selbstbestimmungsrechts der Völker nicht durchsetzen und stimmten der Umsiedlung der deutschen Bevölkerung aus Polen zu. Genauere Bestimmungen sollten später ausgehandelt werden. Stalin scheiterte mit dem Versuch, die Anbindung Polens an die Sowjetunion durchzusetzen.

Als sich Stalin, Churchill und Harry S. Truman, der nach dem Tod Roosevelts im April 1945 das Präsidentenamt übernahm, im Juli und August auf der **Potsdamer Konferenz** trafen, überwog Konfliktbereitschaft in den Verhandlungen. Im Unterschied zur Vorgängerregierung setzten der neue US-Präsident und sein Beraterkreis weniger auf Kooperation mit der kommunistischen Supermacht, sondern eher auf Konfrontation. So gaben die USA während der Konferenz bekannt, dass sie einen Tag vor dem Zusammentreffen den ersten erfolgreichen Atombombentest in der Wüste von New Mexico durchgeführt hatten. Mit dem Tag der deutschen Kapitulation am 8. Mai 1945 hatte Washington die Lieferungen an die Sowjetunion nach dem Pacht- und Leihgesetz eingestellt und weitere Kredite zurückgehalten. Bei den Führern der Sowjetunion bewirkten diese aus einer Position der Stärke heraus getroffenen Maßnahmen keine Nachgiebigkeit, sondern verstärkten das Misstrauen und verhärteten die Fronten. Die Sowjetunion schuf bei der Westverschiebung Polens vollendete Tatsachen und begann mit der Aussiedlung und Vertreibung der deutschen Bevölkerung. Verhandlungen darüber lehnte die sowjetische Führung ab.

Das Ziel der „Großen Drei", einen „gerechten und dauerhaften Frieden" zu schaffen, war damit schwieriger geworden. Anders als ursprünglich beabsichtigt endete die Potsdamer Konferenz nicht mit einem völkerrechtlich verbindlichen „Abkommen", sondern mit einem gemeinsamen „Kommuniqué". Darin legten die Alliierten die Grundzüge der Behandlung Deutschlands fest. Sie sollte auf den Prinzipien **Demokratisierung***, **Denazifizierung***, **Demilitarisierung*** und **Dezentralisierung*** – den sogenannten „4 Ds" – beruhen. Hauptziele einer weltweiten allgemeinen Friedensordnung waren die Errichtung demokratischer Staaten, die Beseitigung des Faschismus, Abrüstung und die Verhinderung wirtschaftlicher Machtzusammenballung in den Händen weniger. Das wachsende Misstrauen zwischen den Westalliierten und der Sowjetunion verhinderte jedoch weitere Vereinbarungen.

Die Konflikte um die Nachkriegsordnung verstärkten die gegenseitigen Fehlwahrnehmungen, sodass die Ängste der beiden Supermächte voreinander zunahmen. Je intensiver die Amerikaner auf dem Selbstbestimmungsrecht – besonders in der Polenfrage – beharrten, desto größer wurde die Furcht der Sowjetunion vor möglichen Bedrohungen ihrer Sicherheit. Und je massiver die kommunistische Führung die Sowjetisierung der Länder betrieb, in denen die Rote Armee stand, desto stärker

M2 Franklin Delano Roosevelt (1882–1945), Fotografie, 1936

Der Jurist und Politiker gehörte der Demokratischen Partei an und war von 1933 bis 1945 US-Präsident. Mit seinem Reformprogramm „New Deal" wollte er die USA aus der Weltwirtschaftskrise führen. Ab Oktober 1939 gab er schrittweise die Neutralität der USA im Zweiten Weltkrieg auf und unterstützte die Westmächte, auf deren Seite die USA 1941 in den Zweiten Weltkrieg eintraten.

M3 Konferenz von Teheran, Fotografie, 1943

von links: Stalin (UdSSR), Roosevelt (USA) und Churchill (Großbritannien)

wuchsen bei Amerikanern und Briten die Ängste, dass die Sowjetunion das Selbstbestimmungsrecht generell ausschalten wollte und nur auf eine Gelegenheit wartete, ihr Machtgebiet weiter nach Westen auszudehnen.

▶ M 6–M 8: Geschichte kontrovers: Wer ist für den Kalte Krieg verantwortlich?

Konfrontationskurs

Die in den USA nach Kriegsende rasch wachsende Furcht vor dem Kommunismus beruhte auf der Überzeugung, dass die Politik der UdSSR immer noch auf den Untergang des Kapitalismus und die Eroberung des gesamten europäischen Kontinents ziele. Um Westeuropa vor dem Kommunismus zu schützen, verstärkten die Amerikaner dort ihr Engagement: Im September 1946 stellte der amerikanische Außenminister **James F. Byrnes** klar, die drei Westzonen Deutschlands seien zum Selbstbestimmungsrecht zurückzuführen. Ein halbes Jahr später erklärte Präsident Harry S. Truman, Amerika sei verpflichtet, allen vom Kommunismus bedrohten demokratischen Staaten zu helfen (**„Truman-Doktrin"**), und begründete damit die sogenannte „Eindämmungspolitik" (engl. = ***containment***) des Kommunismus. Der **Marshallplan***, ein Programm zum Wiederaufbau Europas, versprach 1948 allen kooperationswilligen Staaten amerikanische Finanz- und Wirtschaftshilfe.

Ähnlich wie in den USA wurden nach Kriegsende auch in der Sowjetunion die alten Feindbilder reaktiviert. Der Kreis um Stalin betrachtete die amerikanische Politik zunehmend als globalen Klassenkampf gegen die kommunistischen Parteien der UdSSR und der mit ihr befreundeten Staaten. Ausdrücklich lehnte die Sowjetunion eine Beteiligung der osteuropäischen Länder an dem wirtschaftlichen Hilfsprogramm des Marshallplans ab. Dieser war aus sowjetischer Sicht nur ein wirtschaftliches Instrument zur Ausbreitung des Kapitalismus bzw. zur Eindämmung des Kommunismus. Mit der Zunahme der Spannungen zwischen der westlichen und östlichen Supermacht seit den ausgehenden 1940er-Jahren nahm die antiwestliche Propaganda der Sowjetunion zu, die auf der **Zwei-Lager-Theorie** des Stalin-Vertrauten Andrei Shdanow beruhte. Um die Reihen innerhalb des sozialistischen Lagers zu schließen, organisierte die Sowjetunion den festen Zusammenschluss aller kommunistischen Parteien unter Führung der UdSSR im 1947 gegründeten **Kommunistischen Informationsbüro („Kominform")***. Schnell zeigte es sich, dass die Kominform ein Mittel zur Durchsetzung der politischen Linie der stalinistischen Sowjetunion in den anderen kommunistischen Parteien war.

Marshall-Plan
Das nach dem amerikanischen Außenminister bezeichnete wirtschaftliche Hilfsprogramm zum Wiederaufbau Europas hieß offiziell *„European Recovery Program/ERP"*. Durch Stärkung der europäischen Wirtschaft und Öffnung der europäischen Staaten für den Welthandel sollten auch die politischen Verhältnisse stabilisiert und so die Anfälligkeit dieser Länder für die kommunistische Ideologie vermindert werden.

▶ M 4: Truman-Doktrin

▶ M 5: Zwei-Lager-Theorie

Kominform
Abkürzung für „Informationsbüro der Kommunistischen und Arbeiterparteien", das 1947 auf Initiative Stalins gegründet wurde. Mitglieder waren die KPdSU sowie die Kommunistischen Parteien Jugoslawiens (bis 1948), Bulgariens, Polens, Rumäniens, Ungarns, der Tschechoslowakei, Frankreichs und Italiens. Mit der Entstalinisierung in der Sowjetunion wurde das Informationsbüro 1956 aufgelöst.

Geteilte Welt

Mit der Integration der west- und osteuropäischen Staaten in jeweils feindliche Militärbündnisse verstärkte sich die Blockbildung: Die Sowjetunion schloss mit ihren osteuropäischen Satellitenstaaten zweiseitige **„Freundschafts- und Beistandsverträge"** ab. Und im Westen entstand mit dem zwischen Großbritannien, Frankreich und den drei Benelux-Staaten geschlossenen **Brüsseler Vertrag** vom Mai 1948 das erste Verteidigungsbündnis in Europa gegen einen möglichen Angriff der UdSSR. Eine wirksame militärische Abschreckung der Sowjetunion war jedoch nur möglich mithilfe der Nuklearmacht USA, die daher in das westeuropäische Sicherheitskonzept mit eingebunden werden musste. Mit der Gründung der **NATO** im April 1949 übernahmen die USA diese Sicherheitsgarantie für die westeuropäischen Staaten. Nachdem 1955 die Bundesrepublik Deutschland in die NATO aufgenommen worden war, gründete die Sowjetunion im gleichen Jahr den Warschauer Pakt, dem auch die DDR beitrat. Die Blockbildung machte nicht vor den Toren Europas Halt, sondern erfasste die gesamte Welt.

▶ M 9: Bündnissysteme im Ost-West-Konflikt

1 **Partnerarbeit:** Erarbeiten Sie anhand der Darstellung arbeitsteilig die Deutschland- und die Europapolitik der USA bzw. der UdSSR von 1941 bis 1955.
2 Erläutern Sie, wie es zur Blockbildung kam.

Hinweise zur Arbeit mit den Materialien:
Die Materialien ermöglichen eine differenzierte Auseinandersetzung mit der Entstehung des Kalten Krieges. Ihrer Auswahl liegen die Prinzipien der Multiperspektivität (M 4, M 5) und der Kontroversität (M 6–M 8) zugrunde.

Die Entstehung des Kalten Krieges

M 4 Aus der Rede des US-Präsidenten Harry S. Truman vor dem Kongress (12. März 1947)

Um die friedliche und von jedem Zwang freie Entwicklung der Nationen zu gewährleisten, haben die Vereinigten Staaten eine führende Rolle bei der Errichtung der Vereinten Nationen übernommen. Die Vereinten Nationen sind dazu ausersehen, allen Mitgliedstaaten dauerhaften Frieden und Unabhängigkeit zu ermöglichen. [...] In jüngster Zeit wurden den Völkern einer Anzahl von Staaten gegen ihren Willen totalitäre Regierungsformen aufgezwungen. Die Regierung der Vereinigten Staaten hat immer wieder gegen den Zwang und die Einschüchterungen in Polen, Rumänien und Bulgarien protestiert, die eine Verletzung der Vereinbarungen von Jalta darstellen. [...] Im gegenwärtigen Zeitpunkt der Weltgeschichte muss fast jede Nation zwischen alternativen Lebensformen wählen. Nur allzu oft ist diese Wahl nicht frei. Die eine Lebensform gründet sich auf den Willen der Mehrheit und ist gekennzeichnet durch freie Institutionen, repräsentative Regierungsform, freie Wahlen, Garantien für die persönliche Freiheit, Rede- und Religionsfreiheit und Freiheit von politischer Unterdrückung. Die andere Lebensform gründet sich auf den Willen einer Minderheit, den diese der Mehrheit gewaltsam aufzwingt. Sie stützt sich auf Terror und Unterdrückung, auf die Zensur von Presse und Rundfunk, auf manipulierte Wahlen und auf den Entzug der persönlichen Freiheiten. Ich glaube, es muss die Politik der Vereinigten Staaten sein, freien Völkern beizustehen, die sich der Unterwerfung durch bewaffnete Minderheiten oder durch äußeren Druck widersetzen. Ich glaube, wir müssen allen freien Völkern helfen, damit sie ihre Geschicke auf ihre eigene Weise selbst bestimmen können. Unter einem solchen Beistand verstehe ich vor allem wirtschaftliche und finanzielle Hilfe, die die Grundidee für wirtschaftliche Stabilität und geordnete politische Verhältnisse bildet. [...] Wenn sie freien und unabhängigen Nationen helfen, ihre Freiheit zu bewahren, verwirklichen die Vereinigten Staaten die Prinzipien der Vereinten Nationen.

M 5 Aus der Rede Andrei A. Shdanows auf der Gründungskonferenz der kommunistischen Parteien Europas („Kominform") (30. September 1947)

Shdanow war Sekretär des Zentralkomitees (ZK) der Kommunistischen Partei der Sowjetunion und enger Mitarbeiter Stalins.

Zwei entgegengesetzte Kurse der Politik nahmen [in der Nachkriegsperiode] Gestalt an: Auf der einen Seite strebte die Politik der UdSSR und der demokratischen Länder nach der Überwindung des Imperialismus und der Konsolidierung der Demokratie. Auf der anderen Seite strebte die Politik der Vereinigten Staaten und Großbritanniens nach der Stärkung des Imperialismus und der Abwürgung der Demokratie. Angesichts der Tatsache, dass die UdSSR und die Länder der neuen Demokratie die Verwirklichung der imperialistischen Pläne für den Kampf um die Weltvormachtstellung und um die Vernichtung der demokratischen Bewegungen verhinderten, wurde eine Kampagne gegen die UdSSR und die Länder der Demokratie proklamiert und von den eifrigsten imperialistischen Politikern in den USA und Großbritannien durch Drohungen verschärft. So sind zwei Lager entstanden: das imperialistische, antidemokratische Lager, dessen Hauptziel darin besteht, die Weltvormachtstellung des amerikanischen Imperialismus zu erreichen und die Demokratie zu zerstören, und das antiimperialistische, demokratische Lager, dessen Hauptziel es ist, den Imperialismus zu überwinden, die Demokratie zu konsolidieren und die Überreste des Faschismus zu beseitigen. [...] Der Kampf zwischen den beiden entgegengesetzten Lagern [...] vollzieht sich unter den Bedingungen einer weiteren Verschärfung der allgemeinen Krise des Kapitalismus [...]. Aus diesem Grunde entfalte[t] das imperialistische Lager [...] eine besondere aggressive Aktivität. [...] Daher müssen die kommunistischen Parteien den Widerstand gegen die Pläne der imperialistischen Aggression und Expansion in jeder Hinsicht leiten, sei es nun auf der staatlichen, der politischen, der wirtschaftlichen oder der ideologischen Linie.

*M 5, M 6 zit. nach: Helmut Krause u. Karlheinz Reif (Hg.), Die Welt seit 1945, bsv, München 1980, S. 576 f. u. 460 f.***

1 **Partnerarbeit:** Analysieren Sie arbeitsteilig M 4 und M 5. Vergleichen Sie anschließend Ihre Ergebnisse anhand selbst gewählter Aspekte.
Tipp: Nutzen Sie die Methodenseite S. 212 f.

2 **Vertiefung:** Begründen Sie, warum die Reden wichtige Quellen für die Entstehung des Kalten Krieges sind.

Geschichte kontrovers: Wer ist für den Kalten Krieg verantwortlich?

M6 Der amerikanische Historiker John Lukacs (1970)

Schon vor Kriegsende stand es außer Frage, dass Russland als eine der großen Weltmächte aus dem Krieg hervorgehen würde. Es war klar, dass es nicht nur sein Ansehen, sondern in noch stärkerem Maße seine Macht und seine Besitzungen vermehren würde; es stand ebenfalls außer Frage, dass sein Hauptehrgeiz nicht das internationale Prestige des Kommunismus betraf, sondern in erster Linie auf die Beherrschung Osteuropas gerichtet war. All das gab Stalin selbst lange vor Jalta und noch im Anfangsstadium des Krieges zu verstehen.
Es stand außer Frage, dass die Westalliierten in Anbetracht des großen russischen Beitrags zum Kriege und ihrer eigenen geografischen Lage es nicht würden umgehen können, einzelne der russischen Forderungen zu erfüllen. Die Tragödie war, dass sie – insbesondere die Vereinigten Staaten – der Situation erst ins Gesicht sahen, als es schon zu spät war, denn die Russen besaßen bereits größere Gebiete als ihre Verbündeten und vielleicht auch sie selbst jemals erwartet hatten [...]. Hier liegt der Ursprung des Kalten Krieges.

*Zit. nach: John Lukacs, Konflikte der Weltpolitik nach 1945. Der Kalte Krieg, Editions Recontre, Lausanne 1970, S. 17f.**

M7 Der amerikanische Historiker William Appleman Williams (1973)

Nicht der Besitz der Atombombe war es, der die amerikanischen Führer zu einer harten Haltung gegenüber Russland veranlasste, sondern ihre Perspektive der „Offenen Tür", in deren Licht die Bombe[1] als die letzte Garantie dafür erschien, dass sie künftig noch schneller auf dem Weg zur Vorherrschaft in der Welt voranschreiten konnten. Lange bevor noch jemand wusste, dass die Bombe funktionieren würde, operierten die Führer Amerikas aufgrund dreier Prämissen oder Ideen, welche die Welt unter dem Gesichtspunkt des Kalten Krieges definierten. Die erste besagte, dass Russland zwar böse, aber schwach sei. [...] Die amerikanischen Führer, die weit davon entfernt waren, mit einem unmittelbar bevorstehenden Angriff Russlands zu rechnen, [...] konzentrierten sich [...] darauf, den amerikanischen Einfluss in Osteuropa wiederherzustellen und die Russen auf ihre traditionellen Grenzen zurückzudrängen. [...]
Eine weitere Grundauffassung der amerikanischen Führer definierte die Vereinigten Staaten als das Symbol und den Agenten des Positiven, Guten, im Gegensatz zum sowjetischen Übel, und unterstellte, dass die Kombination von amerikanischer Stärke und russischer Schwäche es ermöglichen würde, die Zukunft der Welt in Übereinstimmung mit dieser Beurteilung zu gestalten. [...]
Der dritte wesentliche Aspekt der Perspektive der Offenen Tür, der ebenfalls vor dem Ende des Zweiten Weltkriegs in Erscheinung trat, war die Befürchtung, dass das Wirtschaftssystem Amerikas in eine schwere Depression geraten würde, wenn es nicht seine Expansion in Übersee fortsetzte. [...] Präsident Harry S. Truman war ein begeisterter und militanter Verfechter der Vorherrschaft Amerikas auf der Welt.

*Zit. nach: William Appleman Williams, Die Tragödie der amerikanischen Diplomatie, Suhrkamp, Frankfurt/M. 1973, S. 261–271.**

1 Gemeint ist die Atombombe.

M8 Der deutsche Historiker Wilfried Loth (1999)

Was 1955 an sein Ende gekommen war, war der Prozess der Blockbildung in Ost und West: der Prozess der Etablierung einer neuen internationalen Ordnung nach dem Zusammenbruch des europäischen Staatensystems infolge der nationalsozialistischen Expansion – ein Prozess, der vom machtpolitischen und ideologischen Gegensatz der USA und der UdSSR dominiert wurde, von der gesellschaftlichen Verfassung der beteiligten Staaten ausging und auf diese polarisierend zurückwirkte, von der wechselseitigen Furcht vor einem Übergreifen der Gegenseite auf die eigene Sicherheitssphäre geprägt wurde und darum zur Zweiteilung Deutschlands und Europas, zu Mentalitäten und Praktiken eines permanenten Belagerungszustands und zu weltweiter Konkurrenz um Einflusssphären führte. [...]
Der Prozess der Blockbildung vollzog sich so nach dem Prinzip der *„self-fulfilling prophecy"*[1]: Die westliche Politik der Kooperationsverweigerung und Pressionen provozierte die Abschließung und einheitliche Ausrichtung des Sowjetblocks, die die antikommunistischen Dogmatiker schon zuvor behauptet hatten; die Monolithisierung[2] Osteuropas und die Obstruktion[3] des Marshall-Plans riefen die westliche Blockbildung hervor, gegen deren vermutete Folgen sie gerichtet waren; und beide Seiten fanden in der gegnerischen Blockbildung Anlass, die Überschätzung der Kräfte der Gegenseite bestätigt zu sehen – so wenig die Thesen vom prinzipiellen Imperialismus der Gegenseite jemals tatsächlich berechtigt waren. Die Teilung Deutschlands war eine

notwendige Folge dieses Prozesses: Zwar strebte sie niemand als politisches Primärziel an, doch war auch niemand bereit, das ganze Deutschland der Gegenseite zu überlassen, konnte in Anbetracht der Bedeutung des deutschen Potenzials auch niemand dazu bereit sein. Während die Furcht vor einer Dominanz der Gegenseite (und auf amerikanischer Seite zunächst mehr noch die Furcht vor einer Einbeziehung Frankreichs in den sowjetischen Einflussbereich) eine gemeinsame Deutschlandregelung blockierte, entstanden im besetzten Deutschland zwei unterschiedliche, auf die Interessen der jeweilige Besatzungsmacht ausgerichtete Gesellschaftssysteme, und als die Blockbildung so weit fortgeschritten war, dass eine Verständigung nur noch als Neutralisierung Deutschlands denkbar war, erschien nicht nur einer Mehrheit der Entscheidungsträger in Ost und West das Risiko einer solchen Neutralisierung zu hoch, sondern votierten auch die meisten Westdeutschen ebenso wie natürlich die neuen Machteliten in der sowjetischen Zone für die Beibehaltung des unterdessen erreichten Status quo.

*Zit. nach: Wilfried Loth, Die Teilung der Welt. Geschichte des Kalten Krieges 1941–1955, dtv, München 2002, S. 344, 348.**

1 *self-fulfilling prophecy (engl.):* sich selbst erfüllende Prophezeiung
2 *monolithisch:* aus einem Block
3 *Obstruktion:* Verschleppung (der Arbeiten), Verhinderung (der Beschlussfassung)

1 Gruppenarbeit: Analysieren Sie arbeitsteilig M 6–M 8. Vergleichen Sie anschließend Ihre Ergebnisse anhand selbst gewählter Aspekte.
Tipp: Nutzen Sie die Methodenseite S. 316 f.

2 Wahlaufgabe: Erarbeiten Sie Aufgabe a) oder b).
- **a)** Ordnen Sie die Thesen der Historiker einer der drei im Darstellungstext, S. 469, genannten Positionen zu und begründen Sie Ihre Entscheidung.
- **b)** Stellen Sie aufgrund Ihrer Ergebnisse und Ihrer Kenntnisse die Ursachen für die Entstehung des Kalten Krieges in einem Schaubild dar.

Bündnissysteme im Ost-West-Konflikt

M 9 Die militärische Blockbildung ab 1945

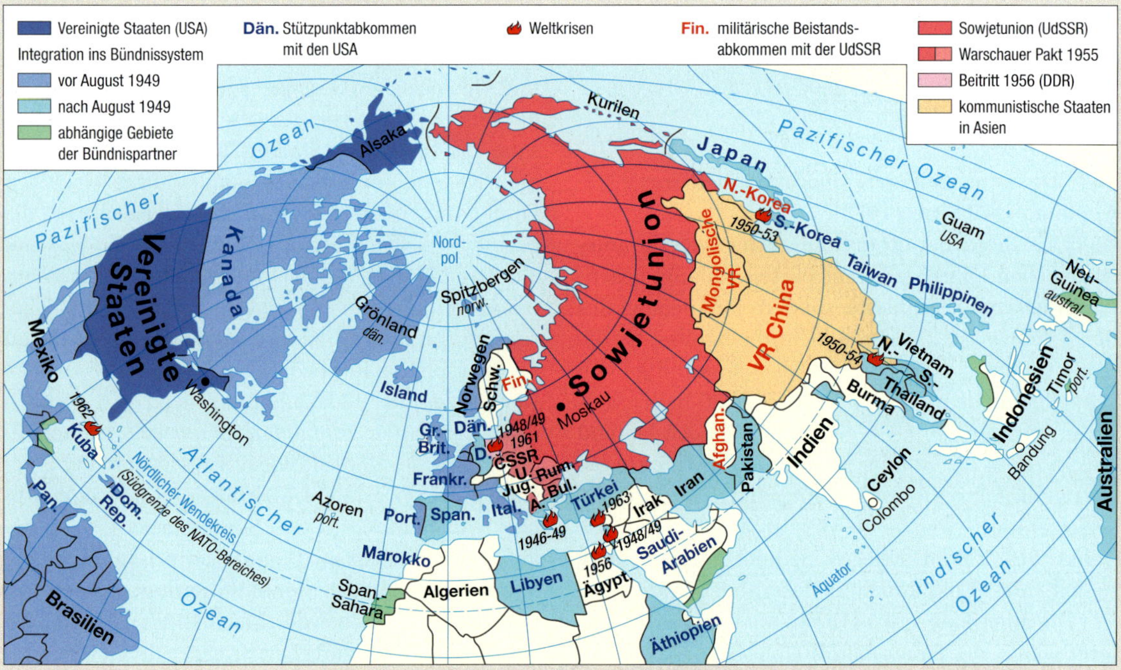

1 Erläutern Sie mithilfe der Karte M 9 das Fazit des Darstellungstextes: „Die Blockbildung machte nicht vor den Toren Europas Halt, sondern erfasste die gesamte Welt."

10.3 Brennpunkte des Kalten Krieges – drei Stationen

In dieser Themeneinheit geht es um
drei entscheidende Brennpunkte der Ost-West-Konfrontation 1950–1975: den Koreakrieg, die Kuba-Krise und den Vietnamkrieg.

Stellvertreterkriege

Die Konfrontation im Kalten Krieg führte nicht zu direkten militärischen Konflikten zwischen den Supermächten. „Heiß" wurde der Kalte Krieg in Stellvertreterkriegen, an denen USA und UdSSR indirekt beteiligt waren, z. B. **Koreakrieg** (1950–1953), **Vietnamkrieg** (1965–1975) und **Afghanistan-Krieg** (1979–1989). Diese Konflikte blieben zwar regional begrenzt, aber vor allem im Korea-Krieg und der **Kubakrise** (1962) stand die Welt nach Auffassung vieler Historiker „am Rand des atomaren Abgrunds".

M1 Der Koreakrieg 1950–1953

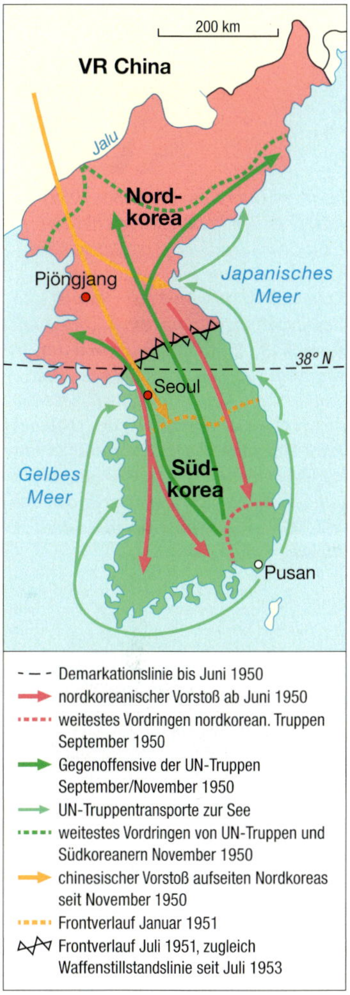

Station 1: Koreakrieg

Nach dem Ende des Zweiten Weltkrieges wurde Korea 1945 von sowjetischen und amerikanischen Truppen besetzt und entlang des 38. Breitengrads in Besatzungszonen aufgeteilt. Drei Jahre später kam es zur **doppelten Staatsgründung**: Im Süden wurde die westlich orientierte Republik Korea gegründet und im Norden die kommunistische Volksdemokratische Republik Nordkorea. Nach dem Abzug der Besatzungsmächte 1948/49 kam es immer wieder zu Konflikten und Grenzverletzungen, die die andere Seite provozieren sollten. Der **Koreakrieg** begann, als am 25. Juni 1950 nordkoreanische Truppen in Südkorea einmarschierten. Die Armee Nordkoreas eroberte am 28. Juni die Hauptstadt Seoul und besetzte bis September 1950 fast ganz Südkorea. Der überraschende Angriff des Nordens erfolgte zwar ohne sowjetische Truppenhilfe, aber mit Billigung* Stalins. Die **USA** beschlossen noch am Tag der Invasion – zunächst ohne Einwilligung der UNO – in den Koreakrieg einzugreifen: US-Präsident Truman ordnete die Verlegung von Besatzungstruppen aus Japan nach Südkorea an. Der **UN-Sicherheitsrat** verurteilte den Angriff Nordkoreas und beschloss den Einsatz von UN-Truppen unter dem Kommando der USA zur Wiederherstellung des Friedens. An der Aufstellung der UN-Truppen beteiligten sich 16 Staaten, ca. 90 % der Soldaten stellten jedoch die USA. Sie eroberten Südkorea zurück und überschritten Anfang Oktober 1950 den 38. Breitengrad. Anschließend besetzten sie Pjöngjang, die Hauptstadt Nordkoreas, und stießen bis zur chinesischen Grenze vor. Daraufhin stellte **China** ein ca. 300 000 starkes Heer, das aus sogenannten „Freiwilligen" bestand, um den kommunistischen Verbündeten Nordkorea zu unterstützen. Anfang 1951 starteten chinesische und nordkoreanische Soldaten eine Offensive, die die alliierten UN-Streitkräfte weit zurückwarf. Im Juli 1951 begannen langwierige Waffenstillstandverhandlungen, die von einem zwei Jahre andauernden Stellungskrieg* begleitet wurden. Erst am 27. Juli 1953 schlossen die Konfliktparteien das **Waffenstillstandsabkommen von Panmunjom**. Es legte die Grenze erneut auf den 38. Breitengrad fest und schuf eine vier Kilometer breite entmilitarisierte Zone mit neutraler Überwachung. Der Krieg hatte weitreichende **Folgen**:

- Zementierung der Teilung: Bis heute gibt es zwei Staaten und keinen Friedensvertrag;
- Verschärfung des Kalten Krieg, zeigt sich z. B. in verstärkter Aufrüstung;
- zahlreiche Bündnisverträge zwischen den USA und Staaten in Asien und Südamerika zur Eindämmung der sowjetischen Expansion, z. B. 1951 „Pazifikpakt";
- Beschleunigung der US-Pläne für die Wiederbewaffnung der Bundesrepublik.

Station 2: Kubakrise

M2 Fidel Castro (1926–2016), Fotografie, 1971

In einem Guerillakrieg (1956–1959) stürzte er den kubanischen Diktator F. Batista y Zaldívar. Gestützt auf die Kommunistische Partei setzte er auf Kuba eine kommunistische Staats- und Gesellschaftsordnung durch. Unter ihm geriet Kuba in Abhängigkeit von der kommunistischen Sowjetunion. Trotz großer wirtschaftlicher Schwierigkeiten seit dem Zusammenbruch des Ostblocks 1989/90 lehnte der Diktator eine Demokratisierung und Liberalisierung seines Landes ab. Aus Krankheitsgründen trat er 2006 von allen politischen Ämtern zurück.

▸ M4–M6: Kubakrise: Am Rand eines Krieges?

Zu einer der gefährlichsten Konfrontationen während des Kalten Krieges kam es in der Kubakrise 1962. Die USA waren seit der Verkündung der Monroe-Doktrin 1823 daran interessiert, die Politik der Staaten des amerikanischen Doppelkontinents mitzubestimmen. So griffen sie 1898 in den kubanischen Unabhängigkeitskrieg ein und behielten ihren Einfluss auch, als die ehemalige spanische Kolonie 1902 unabhängig wurde. Zur Sicherung ihrer Wirtschaftsinteressen unterstützten sie später General Batista, der sich 1952 an die Macht geputscht hatte. Als dieser 1959 durch den Sozialisten **Fidel Castro*** (Reg. 1959–2008) gestürzt wurde und sich durch die sowjetische Unterstützung der kubanischen Revolution der machtpolitische Status quo zugunsten der UdSSR verschoben hatte, begannen die USA Kuba (bis heute) mit allen Mitteln des Kalten Krieges (Embargos*, Sabotage*, Militäraktionen, Propaganda*) zu bekämpfen.

Im Spätsommer 1962 stationierte die **UdSSR Mittelstreckenraketen mit atomaren Sprengköpfen auf Kuba**. Die USA fühlten sich nun direkt bedroht, da Kuba nur wenige Seemeilen vom US-Bundesstaat Florida entfernt liegt. **US-Präsident Kennedy** (Reg. 1961–1963) forderte nach der „Entdeckung" der Raketen den sowjetischen Staats- und Parteichef **Nikita Chruschtschow** (Reg. 1953–1964) ultimativ zum Raketenabzug auf und verhängte am 22. Oktober über Kuba eine Seeblockade, um weitere Waffenlieferungen zu verhindern. Zudem wurden alle US-Streitkräfte in höchste Alarmbereitschaft versetzt. Chruschtschow weigerte sich zunächst und wies darauf hin, dass eine Seeblockade mit dem Völkerrecht unvereinbar sei und die Raketen der Verteidigung dienen würden. Die US-Regierung verweigerte ihrerseits zunächst direkte Entspannungsgespräche mit Moskau und traf stattdessen Vorbereitungen für einen Angriff auf Kuba. Nachdem am 27. Oktober ein US-Aufklärungsflugzeug über Kuba abgeschossen wurde, schien die Krise zu eskalieren*. Kennedy untersagte jedoch einen Gegenangriff; stattdessen führte sein Bruder Robert Kennedy geheime Verhandlungen mit dem sowjetischen Botschafter.

Diese Geheimverhandlungen führten am 28. Oktober zu einer Einigung: Chruschtschow verkündete öffentlich den Abzug der Raketen aus Kuba und Kennedy versprach öffentlich, auf eine Invasion* Kubas zu verzichten. In einem geheimen Zusatzabkommen wurde darüber hinaus vereinbart, dass die USA ihre Atomraketen aus der Türkei abziehen. Ein halbes Jahr später verkündete Kennedy den Abzug der Raketen (bis 1963) auch öffentlich.

Die Kubakrise markiert einen entscheidenden Wendepunkt im Kalten Krieg, der im Verhältnis zwischen den USA und der UdSSR auch **langfristige Folgen** hatte:

- Chruschtschow hatte seine politischen Kräfte überschätzt und stand in der Öffentlichkeit zunächst als Verlierer der Krise da. Um wieder ein ungefähres nuklearstrategisches Gleichgewicht herzustellen, steigerte die UdSSR nach der Kubakrise erneut ihre Rüstungsproduktion.
- Kennedy, der sich als souveräner Krisenmanager darstellen ließ, entzog den US-Militärs die eigenständige Verfügung über die Atomwaffen durch die Einführung eines nuklearen Freischaltcodes in der Hand des US-Präsidenten (sog. „Atomkoffer").
- Entscheidend war jedoch die Erkenntnis beider Supermächte, dass eine Konfrontation in einem Atomkrieg eskalieren könnte. Daher begannen beide Seiten mit Gesprächen über Rüstungskontrollen, die auch zu konkreten Verträgen führten (s. S. 482 ff.). Zudem wurde ein „Heißer Draht", eine direkte Fernschreiberverbindung zwischen dem Weißen Haus und dem Kreml, vereinbart. Viele Historiker sehen in der Kubakrise daher auch den **Beginn der Entspannungspolitik** (s. S. 482 f.).

Station 3: Vietnamkrieg

Als Stellvertreterkrieg gilt auch der Vietnamkrieg (1955–1975), weil er ab 1964 unter US-amerikanischer Beteiligung geführt wurde. Er sollte die bitterste Niederlage der USA werden und Millionen Menschen das Leben kosten.

In der ehemaligen französischen Kolonie Vietnam brach 1946 ein Unabhängigkeitskrieg aus, der mit der Teilung in ein **kommunistisches Nordvietnam** und ein **westlich orientiertes Südvietnam** 1954 beendet wurde. Die USA hatten Südvietnam Unterstützung zugesichert, da sie eine Ausweitung des kommunistischen Einflusses in Asien fürchteten. Nach dem Rückzug der französischen Kolonialmacht, die den Kampf gegen die antikolonialistische Befreiungsbewegung nicht hatte gewinnen können, wurde Vietnam auf der Genfer Indochinakonferenz 1954 – zunächst provisorisch – geteilt. Die USA engagierten sich von Anfang an auf südvietnamesischer Seite durch militärische Beratung und Wirtschaftshilfe. Das kommunistische Nordvietnam unterstützte den Guerillakrieg der **„Nationalen Befreiungsfront" (Vietcong)** gegen die prowestliche Regierung Südvietnams. Als 1964 amerikanische Kriegsschiffe im Golf von Tonking angeblich von nordvietnamesischer Marine beschossen wurden, entsandten die USA Truppen nach Südvietnam und begannen, Nachschubwege (Ho-Chi-Minh-Pfad, benannt nach dem vietnamesischen Politiker **Ho Chi Minh***) der Vietcong und ab 1965 auch Nordvietnam selbst zu bombardieren. Aber die USA konnten sich im Guerillakrieg der Vietcong nicht durchsetzen. Ab 1969 zog Präsident Nixon die 543 000 in Südvietnam stationierten Soldaten nach und nach wieder ab und schloss 1973 mit Nordvietnam einen Waffenstillstand. Damit waren die Konflikte in Indochina jedoch nicht beendet. 1974 begann Nordvietnam eine Offensive gegen den Süden, der 1975 kapitulieren musste. Ganz Vietnam wurde kommunistisch, ebenso Laos und Kambodscha. Die **Bilanz des Krieges** war verheerend: Der Historiker Bernd Greiner geht von ungefähr 726 000 getöteten Soldaten aus und beziffert die Gesamtzahl der Kriegstoten auf 1 353 000 Menschen. Andere Autoren halten diese Angaben für untertrieben.

Die **Supermächte** verstanden den Vietnamkrieg von Anfang an als Teil der weltweiten Systemauseinandersetzung im Kalten Krieg. Die Sowjetunion – und auch China – unterstützten Nordvietnam mit „militärischen Beratern", Waffen und erheblichen Geldern. Sie verfolgten das Ziel, die Überlegenheit und Macht des sozialistischen Modells zu bestätigen. Ein Scheitern der USA in Südostasien sollte außerdem andere kommunistische Aufstandsbewegungen in der „Dritten Welt" ermutigen, ihren Kampf gegen den Kapitalismus bzw. für den Kommunismus mit aller Kraft fortzusetzen. Ähnlich wie im Koreakrieg ging es den USA vor allem um ihre Glaubwürdigkeit sowohl als Weltmacht wie auch als westliche Führungsmacht. Den eigenen Verbündeten und befreundeten Nationen wollten die USA zeigen, dass auf sie Verlass sei, und der Sowjetunion und ihrem Lager wollten sie Willensstärke demonstrieren. Die Intervention der Vereinigten Staaten beruhte überdies auf der sogenannten **Dominotheorie**, die von US-Präsident Eisenhower 1954 verkündet worden war. Sie besagt: Wenn ein Staat „falle", also kommunistisch werde, dann fielen auch andere Staaten. Die USA fühlten sich daher verpflichtet, eine Niederlage Südvietnams im Kampf gegen die Kommunisten zu verhindern, weil sie eine Kettenreaktion, d. h. kommunistische Machtübernahmen in anderen ehemaligen Kolonialstaaten, befürchteten.

M3 Ho Chi Minh (1890–1969), Fotografie, um 1955

Der vietnamesische Politiker gründete 1941 die kommunistische Unabhängigkeitsbewegung Vietminh gegen die französische Kolonialherrschaft. Nach der Kapitulation Japans im August 1945 proklamierte er am 2. September 1945 die Demokratische Republik Vietnam und übernahm als Präsident und (bis 1955) als Ministerpräsident die Führung des Landes. Nach der Teilung des Landes infolge der Genfer Indochinakonferenz 1954 blieb er Präsident im kommunistischen Nordvietnam und unterstützte die südvietnamesische Befreiungsorganisation, den Vietcong, im Kampf gegen die USA.

▶ M 7–M 10: Vietnamkrieg: Die USA – Helfer oder Aggressor?

1 **Stationenlernen:** Erarbeiten Sie anhand der Kriterien Vorgeschichte, Akteure und deren Ziele, Verlauf sowie Folgen der drei Brennpunkte des Kalten Krieges.
2 Erläutern Sie, welche Kennzeichen des Kalten Krieges die Konflikte aufweisen.

Hinweise zur Arbeit mit den Materialien:
M 4–M 6 thematisieren die Kubakrise 1962, M 7–M 10 den Vietnamkrieg 1955–1975.

Kubakrise: Am Rand eines Krieges?

M 4 Proklamation des US-Präsidenten Kennedy vom 24. Oktober 1962

Angesichts der Tatsache, [...], dass die Vereinigten Staaten entschlossen sind, mit allen etwa erforderlichen Mitteln, einschließlich der Anwendung von Waffengewalt, das marxistisch-leninistische Regime auf Kuba daran zu hindern, durch Gewalt oder Gewaltdrohungen seine aggressiven oder umstürzlerischen Tätigkeiten auf andere Teile dieser Hemisphäre auszudehnen und zu verhindern, dass in Kuba ein von außen unterstütztes militärisches Potenzial aufgebaut oder eingesetzt wird, das die Sicherheit der Vereinigten Staaten gefährdet, [...] und um zu verhindern, dass die Raketen mit offensiver Kapazität auf Kuba jemals eine aktive Bedrohung des Friedens und der Sicherheit des Kontinents werden: proklamiere ich [...] hiermit, dass die unter meinem Befehl stehenden Streitkräfte angewiesen sind, vom 24. Oktober 1962 [...] an die Auslieferung von Offensivwaffen und hiermit in Verbindung stehendem Material an Kuba [...] zu unterbinden [...]. Dies schließt auch die Festlegung von Verbots- und Sperrzonen in angemessener Entfernung von Kuba und vorgeschriebener Kurse ein. Jedes Schiff oder Boot, das in Richtung Kuba fährt, kann angehalten und angewiesen werden[...], zu stoppen, beizudrehen, ein Betreten und eine Durchsuchung zuzulassen oder einen vorgeschriebenen Kurs zu laufen. Jedes Schiff oder Boot, das sich diesen Anordnungen entzieht oder sich weigert ihnen nachzukommen, wird aufgebracht werden.

*Zit. nach: AdG, Siegler & Co, Bonn 1962, S. 10 197f.**

M 5 Antwort Chruschtschows vom 26. Oktober 1962 auf Kennedys Proklamation

Ich versichere Ihnen im Namen der sowjetischen Regierung und des sowjetischen Volkes, dass Ihre Schlussfolgerungen in Bezug auf Offensivwaffen auf Kuba vollkommen unbegründet sind. [...] Alle Waffen dort [...] sind defensiver Art; sie sind ausschließlich zu Verteidigungszwecken in Kuba gedacht und wir haben sie auf Bitten der kubanischen Regierung nach Kuba entsandt. [...] Sie haben nun piratenhafte Maßnahmen der Art angekündigt, die man im Mittelalter praktiziert hat, als man Schiffe überfiel, die internationale Gewässer befuhren [...]. Unsere Schiffe werden wahrscheinlich bald die Zone erreichen, in der Ihre Kriegsmarine patrouilliert. [...] Lassen Sie uns deshalb staatsmännische Klugheit beweisen. Ich schlage vor: Wir erklären unsererseits, dass unsere Schiffe mit Kurs auf Kuba keine Waffen an Bord haben. Sie erklären, dass die Vereinigten Staaten weder mit eigenen Truppen eine Invasion in Kuba durchführen werden noch andere Truppen unterstützen werden, die eine Invasion in Kuba planen könnten. Damit hätte sich die Präsenz unserer Militärexperten in Kuba erübrigt.

*Zit. nach: Bernd Greiner, Kuba-Krise. 13 Tage im Oktober, Greno, Nördlingen 1988, S. 319ff.**

M 6 [Zweite] Botschaft Chruschtschows an Kennedy vom 27. Oktober 1962

Sie wollen die Sicherheit Ihres Landes gewährleisten, und dies ist verständlich. Das will aber auch Kuba. Alle Länder wollen ihre Sicherheit gewährleisten. Wie aber sollen wir, die Sowjetunion, [...] Ihre Handlungen bewerten, die darin Ausdruck finden, dass Sie die Sowjetunion mit Militärstützpunkten eingekreist haben, buchstäblich rings um unser Land Militärstützpunkte angelegt und dort Raketenwaffen stationiert haben? Das ist kein Geheimnis. Verantwortliche amerikanische Männer erklären dies demonstrativ. Ihre Raketen sind in Großbritannien stationiert, sie sind gegen uns gerichtet. Ihre Raketen sind in der Türkei stationiert. Sie sind wegen Kuba beunruhigt. Sie sagen, dass es Sie beunruhigt, weil es 90 Seemeilen von der Küste der USA entfernt liegt. Doch die Türkei liegt in unserer Nähe [...]. Sie halten sich also für berechtigt, für Ihr Land Sicherheit und die Entfernung jener Waffen zu fordern, die Sie als offensiv bezeichnen, erkennen aber uns dies Recht nicht zu. [...] Deshalb mache ich den Vorschlag: Wir willigen ein, die Mittel aus Kuba zu entfernen, die Sie für offensive Mittel halten. Wir willigen ein, dies zu tun und in der UNO eine entsprechende Verpflichtung abzugeben. Ihre Vertreter geben eine Erklärung ab, dass die USA, [...] ihrerseits ihre entsprechenden Mittel aus der Türkei entfernen. [...] Dafür sollten wir Übereinkommen und eine gewisse Frist festsetzen. Lassen Sie uns eine bestimmte Zeit vereinbaren, aber es nicht in die Länge ziehen: zwei oder drei Wochen, nicht mehr als einen Monat.

*Zit. nach: Archiv der Gegenwart, Siegler & Co, Bonn, Wien, Zürich 1962, S. 10201.**

1 Analysieren Sie die zentralen Aussagen in M 4–M 6.
2 Ordnen Sie die Quellen historisch ein.
3 Beurteilen Sie die Kriegsgefahr.

Vietnamkrieg: Die USA – Helfer oder Aggressor?

M7 Aus einem Memorandum von Vizepräsident Johnson an US-Präsident Kennedy vom 23. Mai 1963

Der Kampf gegen den Kommunismus muss in Südostasien mit Stärke und Entschlossenheit aufgenommen werden, um dort erfolgreich zu sein [...]. Der Kommunismus in Asien wird eingedämmt und in Zaum gehalten durch die Existenz freier Nationen auf dem Subkontinent. Ohne diesen hemmenden Einfluss ist die Sicherheit der Inselvorposten – Philippinen, Japan, Formosa – gefährdet, und der ganze weite Pazifik wird zu einem Roten Meer. [...] Vietnam und Thailand sind zurzeit die wichtigsten Unruheherde und darum eine Gefahr für die USA. [...] Die Entscheidung über ganz Südostasien fällt hier.

*Zit. nach: Herbert Krieger, Handbuch des Geschichtsunterrichtes, Bd. VII, Diesterweg, Frankfurt – Berlin – München, 1969, S. 93f.**

M8 Rede des US-Präsidenten Johnson an der John Hopkins University vom 7. April 1965

Die Welt in Asien ist kein heiterer und friedlicher Ort. Die erste Realität ist, dass Nordvietnam die unabhängige Nation Südvietnam angegriffen hat. Das Ziel ist die totale Eroberung. [...] Und es ist ein Krieg [= der Nordvietnamesen] von unvergleichlicher Brutalität. [...] Warum sind wir in Vietnam? Wir sind dort, weil wir ein Versprechen zu halten haben. Seit 1954 hat jeder amerikanische Präsident dem Volk von Südvietnam Hilfe angeboten. [...] Durch viele Jahre hindurch haben wir versprochen, Südvietnams Unabhängigkeit verteidigen zu helfen. Und ich beabsichtige, dieses nationale Versprechen zu halten. [...] Wir kämpfen, weil wir kämpfen müssen, wenn wir in einer Welt leben wollen, in der jedes Land sein Schicksal selbst bestimmen kann. Nur in einer solchen Welt wird unsere eigene Freiheit endgültig gesichert sein. Diese Welt wird niemals durch Bomben und Kugeln gebaut werden. Aber die Schwächen des Menschen bringen es mit sich, dass Gewalt oft der Vernunft und die Zerstörungen des Krieges oft den Werken des Friedens vorausgehen müssen.

*Zit. nach: Geschichte in Quellen, Die Welt nach 1945, hg. v. Wolfgang Lautemann und Manfred Schlenke, München 1980, S. 601f.***

M9 Schreiben Ho Chi Minhs (Präsident Nordvietnams) an US-Präsident Johnson von 1967

Die Regierung der Vereinigten Staaten hat ständig in Vietnam interveniert und ihre Aggression gegen Südvietnam begonnen und intensiviert, um die Teilung Vietnams zu verewigen und Südvietnam in eine amerikanische Kolonie und einen amerikanischen Militärstützpunkt umzuwandeln. [...] In Südvietnam haben sich eine halbe Million Soldaten der USA [...] der unmenschlichsten und barbarischsten Kriegsführung bedient, um unsere Landsleute zu morden, ihre Ernten zu vernichten und ihre Dörfer dem Erdboden gleichzumachen.

*Zit. nach: Lyndon B. Johnson, Meine Jahre im Weißen Haus, Praeger, München 1971, S. 248.**

M10 Schreiben Ho Chi Minhs vom 13. Februar 1967

Unser Volk liebt den Frieden aufrichtig und wünscht, unser Land in Unabhängigkeit und Freiheit aufzubauen. Die US-Imperialisten haben jedoch eine halbe Million Soldaten aus den USA und ihren Satellitenstaaten geschickt und mehr als 600 000 „Marionetten-Soldaten“ benutzt, um Krieg gegen unser Volk zu führen. Sie haben monströse Verbrechen begangen. Sie haben die furchtbarsten Waffen wie Napalm, chemische Produkte und toxische Gase benutzt, um unsere Landsleute zu töten und unsere Dörfer, Pagoden, Kirchen, Krankenhäuser und Schulen niederzubrennen. [...] Um seine Unabhängigkeit und seinen Frieden zu verteidigen, kämpft das vietnamesische Volk entschlossen gegen die Aggressoren. Sie vertrauen darauf, dass die Gerechtigkeit triumphieren wird. [...] Die US-Imperialisten müssen ihre Aggression gegen Vietnam beenden, bedingungslos und endgültig die Bombardierung und allen anderen Kriegshandlungen gegen die Demokratische Republik von Vietnam ein Ende setzen, von Südvietnam alle [...] Truppen zurückziehen [...] und das vietnamesische Volk seine Angelegenheiten selbst bestimmen lassen.

*Zit. nach: Geschichte in Quellen, Die Welt nach 1945, hg. von Wolfgang Lautemann und Manfred Schlenke, München 1980, S. 601f.**

1 Analysieren Sie arbeitsteilig M 7 und M 8 bzw. M 9 und M 10 hinsichtlich der Position und Begründung des Autors zum Vietnamkrieg. Vergleichen Sie Ihre Ergebnisse.
2 **Wahlaufgabe:** Bearbeiten Sie Aufgabe a) oder b).
   a) Beurteilen Sie die Rolle der USA im Vietnamkrieg, indem Sie einen Text für ein Schulbuch im Jahr 1975 wahlweise in den USA oder in Vietnam formulieren.
   b) Diskutieren Sie die Themenfrage: Die USA – Helfer oder Aggressor?
3 **Zusatzaufgabe:** Siehe S. 618.

Das *Vietnam Veterans Memorial*

M1 Gedenkfeier zum 30-jährigen Jubiläum des *Vietnam Veterans Memorial* am 28. Mai 2012, Fotografie

Vor der Granitwand beobachten US-Präsident Barack Obama (Reg. 2009–2017), seine Frau Michelle (li.) sowie Rose Mary Sabo-Brown, Witwe von Army Spc. Leslie H. Sabo, Jr., während der Jubiläumsfeier einen militärischen Überflug.

Der **Vietnamkrieg** gilt in den USA als Zäsur* in der amerikanischen Geschichte (s. S. 477). Er dauerte elf Jahre (1964–1975), kostete über 58 000 Amerikanern das Leben und verschlang 150 Mrd. Dollar. Obwohl die US-Regierung chemische Kampfstoffe, mehr Bomben als im Zweiten Weltkrieg und 543 000 Soldaten (Stand: 1968) einsetzte, konnten ihre Streitkräfte den Krieg nicht für sich entscheiden. Im eigenen Land entfachte der Vietnamkrieg eine beispiellose Friedensbewegung. Die US-Bevölkerung war tief gespalten und angesichts der Verluste und Kriegsverbrechen traumatisiert. Zu Ehren der getöteten und vermissten US-Soldaten wurde in der US-Hauptstadt Washington eine nationale Gedenkstätte errichtet: das ***Vietnam Veterans Memorial***. Die Gedenkstätte, die sich an der National Mall, zwischen Lincoln Memorial und Washington Monument, befindet, besteht aus drei Teilen: *Memorial Wall, Three Servicemen* und *Women's Memorial*.

Die ***Memorial Wall*** ist eine Mauer aus schwarzem polierten Granit, auf der die Namen der im Vietnamkrieg getöteten und vermissten Soldaten eingemeißelt sind (M 2). Die ***Three Servicemen*** sind eine über 2 Meter hohe Bronzestatue, die drei junge Soldaten in typischen Vietnamuniformen darstellen (M 3). Das ***Women's Memorial*** ist eine Bronzestatue von drei Frauen im Kampfanzug. Die Statue ist von acht Bäumen umgeben, welche die acht in Vietnam getöteten Frauen symbolisieren (M 4).

Die Initiative für die Errichtung des Memorials geht auf Vietnamveteranen zurück, die 1979 begannen, Spenden zu sammeln. Nach einem Wettbewerb wurde der Entwurf der damals 21-jährigen Architekturstudentin Maya Ying Lin realisiert und 1982 eingeweiht.

M2 *Vietnam Veterans Memorial: Memorial Wall*, Fotografie, 2014.
In den schwarzen polierten Granit sind die Namen der im Vietnamkrieg getöteten und vermissten Soldaten eingemeißelt. Sie werden immer wieder ergänzt (Stand 2015: 58 272).

M 3 ***Vietnam Veterans Memorial: Three Servicemen*, Fotografie, 2012**

M 4 ***Vietnam Veterans Memorial: Woman's Memorial*, Fotografie, 2014**

1 Beschreiben Sie das *Vietnam Veterans Memorial* und erläutern Sie die Bedeutung der einzelnen Teile (M 2–M 4).
2 Diskutieren Sie, ob es sich um eine angemessene Form der Erinnerung an den Vietnamkrieg handelt.

Vertiefung: Gedenken an den Vietnamkrieg aus vietnamesischer Sicht

M 5 **Gedenkstätte für das Massaker *Mỹ Lai*, *Sơn Mỹ*, Vietnam, Fotografie, 2007.**
US-Soldaten unter der Führung von Lt. Calley ermordeten am 16. März 1968 über 500 Bewohner des vietnamesischen Dorfes Mỹ Lai.

1 Informieren Sie sich über das Massaker von *Mỹ Lai* und seine Folgen für die Rezeption des Vietnamkrieges in den USA und in Vietnam.
   a) Beschreiben Sie das Denkmal M 5 und formulieren Sie in zwei Sätzen seine Aussage.
   b) Vergleichen Sie das amerikanische (M 2–M 4) und das vietnamesische Denkmal (M 5) und beurteilen Sie die Darstellungen im historischen Kontext.

Das Massaker von *Mỹ Lai*
cornelsen.de/Webcodes
Code: nacayi

10.4 Konfrontation und Entspannung

In dieser Themeneinheit geht es um
- *Phasen der Konfrontation und Entspannung in der Zeit des Kalten Krieges,*
- *unterschiedliche Perspektiven auf die Entwicklung des Konfliktes.*

M 1 US-amerikanische Karikatur zum Koreakrieg von Daniel R. Fitzpatrick, 1950

Konfrontation

Zu den wesentlichen Kennzeichen des Kalten Krieges gehört der **Wechsel von Konfrontation und Entspannung** (s. S. 468, M 4). Zur Konfrontation gehört das **Wettrüsten***. Beiden Seiten rechtfertigten ihren Rüstungswettlauf, indem sie der Gegenseite unterstellten, von ihr ginge eine militärische Bedrohung aus. Das Wettrüsten, vor allem zwischen den USA und der UdSSR, verlief in der Zeit des Kalten Krieges nicht gleichmäßig. Vielmehr richteten sich ihre Rüstungsanstrengungen nach den wechselnden machtpolitischen Konstellationen*.
Das Wettrüsten nahm erstmals im Kontext des **Koreakrieges** (s. S. 475) zu. So mussten die USA ihren Verteidigungshaushalt aufstocken, weil der Koreakrieg beträchtliche Summen verschlang. In diesen Rüstungswettlauf zu Beginn der 1950er-Jahre waren nicht nur die beiden Supermächte involviert, sondern auch die meisten Industriestaaten. Zudem nutzte man die technologischen Innovationen zur Entwicklung neuer Waffensysteme, die zur Kostenexplosion führten: Raketenwaffen, atomgetriebene Schiffe und die Entwicklung immer neuer ABC-Waffen. Während und nach der **Kubakrise** (s. S. 476) wurde das Wettrüsten erneut forciert. Obwohl es in den 1960er-Jahren zu ersten Schritten in der Abrüstung und Rüstungskontrolle kam, war beispielsweise Chruschtschow daran interessiert, in allen Waffengattungen führend zu sein. Die Rüstungsausgaben der USA wurden infolge des **Vietnamkrieges** (1965–1975) erhöht.
Neue Spannungen führten in den **1980er-Jahren** erneut zu einem Wettrüsten. US-Präsident Reagan (Reg. 1981–1989) betrieb eine „Politik der Stärke“, die die UdSSR in einen Rüstungswettbewerb unter Beibehaltung der Abrüstungsverhandlungen trieb – mit dem erklärten Ziel, den kommunistischen Block wirtschaftlich in die Knie zu zwingen. Kostenintensiv war vor allem die Entwicklung des **SDI-Projektes** zum Aufbau eines Abwehrschirms gegen Interkontinentalraketen, das Reagan 1983 offiziell ankündigte. Für die Erhöhung der Rüstungsausgaben nahm er eine hohe Staatsverschuldung in Kauf. In der UdSSR ruinierte das Wettrüsten, insbesondere die Ausgaben für den **Afghanistankrieg** (1979–1989), letztlich die Wirtschaft.

Entspannung

▸ M 3, M 4: Geschichte kontrovers: Friedenssicherung als weltpolitisches Leitmotiv?

Die Zeit des Kalten Krieges ist auch durch eine Entspannungspolitik* zwischen den Machtblöcken gekennzeichnet. Sie beinhaltete nicht nur eine Verbesserung der politischen Atmosphäre im Ost-West-Verhältnis, sondern konkrete Vereinbarungen über Abrüstung und Rüstungskontrollen sowie eine verstärkte Zusammenarbeit in den Bereichen der Wirtschaft, Wissenschaft und Kultur. Bereits in den 1950er-Jahren gab es immer wieder Initiativen für eine Entspannungspolitik. Ein sowjetisch-amerikanisches Gipfeltreffen in Genf 1955 reichte jedoch über unverbindliche Bekenntnisse zur Entspannung nicht hinaus. Unterschätzt wurde vom Westen allerdings das sowjetische Interesse an Kooperation mit dem Westen – ungeachtet der aggressiven Propagandasprache. Chruschtschow verkündete 1956 das Prinzip der friedlichen Koexistenz*: Es löste die kommunistische Auffassung ab, nach der aufgrund der gegensätzlichen Interessenlagen zwischen Ost- und Westblock ein Krieg unvermeidbar sei. Aber erst die Kubakrise 1962 (S. 476) zeigte die Notwendigkeit, durch Verhandlungen eine Eskalation* zwischen Ost und West zu verhindern. Konkret verband die Supermächte das **gemeinsame Interesse an der Vermeidung eines Atomkrieges**. USA und UdSSR traten nun in Abrüstungsverhandlungen und leiteten bei Aufrechterhaltung des ideologischen Gegensatzes die Entspannungspolitik ein, die in den 1970er-Jahren ihren Höhepunkt erreichte. Ungeachtet einiger Erfolge entstand nach 1962 ein Wechselspiel zwischen Verständigungs- und Entspannungsmaßnahmen einerseits und forciertem Wettrüsten andererseits.

Neue Spannungen und regional begrenzte Konflikte gefährdeten die Annäherung zwischen Ost und West in den 1970er- und 1980er-Jahren. Bereits 1968 hatte die Sowjetunion den **„Prager Frühling"** in der Tschechoslowakei beendet und 1975 gemeinsam mit Kuba in den angolanischen Bürgerkrieg eingegriffen. Ende 1979 besetzten sowjetische Truppen Afghanistan, um die dortige kommunistische Regierung gegen Angriffe islamischer Guerillagruppen („*Mudjahedin*") zu unterstützen. Die US-Regierung verschärfte daraufhin ihren außenpolitischen Kurs, indem sie die Militärausgaben erhöhte und ein Embargo* für Weizen gegen die UdSSR verhängte. Diese harte amerikanische Haltung schien berechtigt angesichts der sowjetischen Weigerung, die seit der zweiten Hälfte der 1970er-Jahre in Osteuropa stationierten nuklearen Mittelstreckenraketen abzubauen, die die europäischen NATO-Staaten bedrohten und die im Dezember 1979 zum NATO-Doppelbeschluss führten.

Seit Mitte der 1980er-Jahre kam wieder Bewegung in die Beziehungen zwischen den Supermächten, die zum Abbau der Konfrontation beitrugen. Gefördert wurde die Entspannung durch den **KSZE-Prozess***, d.h. die Arbeit der **„Konferenz über Sicherheit und Zusammenarbeit in Europa"**. Die KSZE verabschiedete 1975 die „Schlussakte von Helsinki", die 35 Staaten Europas und Nordamerikas unterzeichneten.

Die amerikanische Politik der Stärke verschärfte während der 1980er-Jahre den **Rüstungswettlauf** derart, dass er für die UdSSR wirtschaftlich ruinös wurde. Erst **Michail Gorbatschow**, der 1985 in der Sowjetunion die politische Führung übernahm, leitete eine neue Entspannungspolitik ein. Diese Entschärfung des internationalen Konfliktpotenzials erleichterte es den USA, seit Mitte der 1980er-Jahre wieder zur Kooperation zurückzukehren.

M2 Unterzeichnung des START-Abrüstungsvertrages am 31. Juli 1991 in Moskau, Fotografie.

Zu sehen sind der US-Präsident George Bush sen. (Reg. 1989–1993) und der sowjetische Präsident Michail Gorbatschow (Reg. 1985–1991).

Entspannungspolitik (in Auswahl)

1968	Atomwaffensperrvertrag (multilateral) Verhinderung der unkontrollierten Verbreitung von Atomwaffen
1972	SALT-1: Interimsabkommen (USA und UdSSR) Begrenzung der Gesamtzahl bestimmter strategischer Angriffswaffen
1975	KSZE-Schlussakte von Helsinki (Konferenz über Sicherheit und Zusammenarbeit in Europa) (multilateral) Verpflichtung zu Gewaltverzicht, Wahrung der Menschenrechte und Grundfreiheiten, Bestätigung der Nachkriegsgrenzen, Bereitschaft zu einer blockübergreifenden wissenschaftlichen, kulturellen, wirtschaftlichen und technischen Zusammenarbeit

1 **Wahlaufgabe:** Bearbeiten Sie Aufgabe a) oder b).
Erläutern Sie den Zusammenhang zwischen Konfrontation und Entspannung in den Ost-West-Beziehungen anhand von
a) Beispielen aus dem Darstellungstext oder
b) der Karikatur (M 1).
Tipp: Nutzen Sie die Methodenseite S. 238 f. und berücksichtigen Sie die Darstellung S. 475.

Hinweise zur Arbeit mit den Materialien:
M 3–M 4 thematisieren unterschiedliche Perspektiven auf die internationale Friedenssicherung zur Zeit des Kalten Krieges.

Geschichte kontrovers: Friedenssicherung als weltpolitisches Leitmotiv?

M 3 Rede des sowjetischen Staats- und Parteichefs Nikita S. Chruschtschow vor dem 20. Parteikongress der KPdSU am 14. Februar 1956

Das Lenin'sche Prinzip des friedlichen Nebeneinanderbestehens von Staaten mit verschiedenen sozialen Systemen war und bleibt die Generallinie der Außenpolitik unseres Landes. [...] Das bedeutet, dass eine Gefahr für die friedliche Koexistenz der Länder mit verschiedenen sozialen und politischen Systemen, soweit sie tatsächlich besteht, keineswegs von der Sowjetunion, keineswegs vom sozialistischen Lager ausgeht. [...] Haben wir etwa Klassen oder Gruppen, die am Krieg als einem Bereicherungsmittel interessiert sind? Nein. [...] [M]angelt es uns vielleicht an Rohstoffquellen oder an Absatzmärkten für unsere Waren? Nein, das haben wir alles im Überfluss. Wozu sollten wir also einen Krieg brauchen? Wir brauchen ihn nicht, wir lehnen grundsätzlich eine Politik ab, die Millionen Menschen im eigennützigen Interesse einer Hand voll Milliardäre in den Krieg stürzt. [...] Wenn wir davon sprechen, dass im Wettbewerb der beiden Systeme [...] das sozialistische System siegen wird, so bedeutet das keineswegs, dass der Sieg durch eine bewaffnete Einmischung der sozialistischen Länder in die inneren Angelegenheiten der kapitalistischen Länder erreicht wird. Unsere Überzeugung vom Sieg des Kommunismus beruht darauf, dass die sozialistische Produktionsweise entscheidende Vorzüge gegenüber der kapitalistischen hat. [...] Das Prinzip der friedlichen Koexistenz findet immer breitere internationale Anerkennung. Das ist auch logisch, weil es unter den gegenwärtigen Verhältnissen keinen anderen Ausweg gibt. In der Tat, es gibt nur zwei Wege: entweder friedliche Koexistenz oder der verheerendste Krieg der Geschichte. [...] Unter diesen Umständen bewahrt natürlich die Lenin'sche These Gültigkeit, dass, da der Imperialismus existiert, auch die ökonomische Grundlage für die Entstehung von Kriegen erhalten bleibt.

*Zit. nach: Boris Meissner, Das Ende des Stalin-Mythos. Die Ergebnisse des 20. Parteikongresses der KPdSU, IEP, Frankfurt/M. 1956, S. 106ff.***

M 4 Rede des US-Präsidenten John F. Kennedy am 10. Juni 1963

Ich spreche vom Frieden, weil der Krieg ein neues Gesicht bekommen hat. Ein totaler Krieg ist sinnlos [...] in einem Zeitalter, in dem die bei einem Atomkrieg freigesetzten tödlichen Giftstoffe von Wind und Wasser, Boden und Saaten bis in die entferntesten Winkel des Erdballs getragen und sich auf die noch ungeborenen Generationen auswirken würden. [...] Ich spreche daher vom Frieden als dem zwangsläufig vernünftigen Ziel vernünftiger Menschen. [...] Der Weltfriede wie auch der Friede in Stadt und Land erfordern nicht, dass jeder seinen Nachbarn liebt. Er erfordert lediglich, dass man in gegenseitiger Toleranz miteinander lebt, seine Streitfälle einer gerechten und friedlichen Lösung unterwirft. [...] Lassen Sie uns zweitens unsere Haltung gegenüber der Sowjetunion überprüfen. Der Gedanke ist entmutigend, dass die sowjetischen Führer wirklich glauben könnten, was ihre Propagandisten unablässig schreiben. [...] Wir Amerikaner empfinden Kommunismus als Verneinung der persönlichen Freiheit und Würde im Tiefsten abstoßend. Dennoch können wir das russische Volk wegen vieler seiner Leistungen – sei es in der Wissenschaft und Raumfahrt, in der wirtschaftlichen und industriellen Entwicklung, in der Kultur und seiner mutigen Haltung – rühmen. [...] Sollte heute – wie auch immer – ein totaler Krieg ausbrechen, dann würden unsere beiden Länder die Hauptziele darstellen. Es ist eine Ironie, aber auch eine harte Tatsache, dass die beiden stärksten Mächte zugleich auch die beiden Länder sind, die in der größten Gefahr einer Zerstörung schweben. [...] Lassen Sie uns drittens unsere Einstellung zum Kalten Krieg überprüfen. [...] Wir müssen unsere Politik so betreiben, dass es schließlich das eigene Interesse der Kommunisten wird, einem echten Frieden zuzustimmen. Vor allem müssen die Atommächte, bei gleichzeitiger Wahrung ihrer eigenen Lebensinteressen, solche Konfrontation vermeiden, die einem Gegner nur die Wahl zwischen einem demütigenden Rückzug oder einem Atomkrieg lassen.

*Zit. nach: Europa-Archiv, 1963, S. 289ff.**

1 **Partnerarbeit:** Analysieren und vergleichen Sie die beiden Reden (M 3 und M 4).
Tipp: Nutzen Sie die Methodenseite, S. 212 f.
2 **Vertiefung:** Erörtern Sie, warum aufgrund dieser Vorstellungen über eine internationale Friedenspolitik die Spannungen im Kalten Krieg nicht überwunden wurden.

10.5 Ende des Kalten Krieges

In dieser Themeneinheit geht es um
- *die Entwicklungen, die zum Ende des Kalten Krieges führten,*
- *Prognosen zur veränderten Weltordnung nach dem Ende des Konfliktes.*

Epochenjahr 1989

Im Jahr 1989 brach unverhofft und weitgehend gewaltfrei der Ostblock zusammen. Die **Demokratiebewegung in Mittel- und Osteuropa**, die zum Sturz der kommunistischen Regierungen führte, der **Fall der Berliner Mauer** (1989) und die **deutsche Wiedervereinigung** (1990) sowie die Auflösung der UdSSR und des Warschauer Pakts (1991) markieren das Ende des Kalten Kriegess. Die kommunistischen Satellitenstaaten* beschritten den Weg der Demokratisierung und begannen nun eine eigenständige, von der UdSSR unabhängige Außenpolitik zu betreiben. Sie entschieden sich für eine Anlehnung an die USA und die bis dahin westliche Europäische Union (EU).

Das Jahr 1989 wird von Historikern auch als Epochenjahr bezeichnet: Mit dem Scheitern des Marxismus-Leninismus als Staatsideologie endete der im 20. Jahrhundert vor allem von ideologischen Gegensätzen geprägte Ost-West-Konflikt 1917–1989.

M1 Marx-Engels-Denkmal in (Ost-)Berlin, Fotografie, 3. Oktober 1990.
Am Sockel schrieb ein Unbekannter den Satz: „Wir sind unschuldig."

Ursachen für das Ende des Kalten Krieges

Zum Ende des Ost-West-Konfliktes führte eine Reihe unterschiedlicher **Faktoren**.

Wirtschaftliche Ursachen: Seit Mitte der 1970er-Jahre waren die ökonomischen Probleme im Ostblock unübersehbar: Die sozialistische Planwirtschaft wies im Gegensatz zu den westlichen Volkswirtschaften nur eine geringe Produktivität auf. Die Zentralverwaltungswirtschaft und die Unterdrückung privater Initiative hemmten die Entwicklung und führten zu Misswirtschaft, Unterversorgung und technologischer Rückständigkeit. Ausländische Kredite schoben den wirtschaftlichen Bankrott nur auf. Der allgemeine Lebensstandard sank, die Versorgung mit Konsummöglichkeiten verschlechterte sich und der Abstand zum Westen wurde immer größer. Der Anspruch der kommunistischen Regierungen, mehr Wohlstand für die Bevölkerung zu schaffen, geriet zunehmend in Widerspruch zur Realität.

Militärische Ursachen: Eng verknüpft mit den ökonomischen Faktoren sind die militärischen Aspekte. In den 1980er-Jahren nahmen die wirtschaftlichen Probleme vor allem durch den Afghanistankrieg (1979–1989) und das forcierte Wettrüsten zu. Viele US-amerikanische Historiker sehen daher einen direkten Zusammenhang zwischen dem Ende des Kalten Krieges und der Standhaftigkeit der USA, die die UdSSR mit ihrer Aufrüstung wirtschaftlich in die Knie gezwungen habe.

Internationale Ursachen: Einige Historiker deuten das Ende des Ost-West-Konfliktes als Spätfolge der Entspannungspolitik der 1970er-Jahre. So habe das westdeutsche Konzept „Wandel durch Annäherung" (s. S. 560) eine begrenzte Öffnung der osteuropäischen Staaten nach Westen ermöglicht und langfristig eine Erosion des Ostblocks bewirkt. Entscheidend war jedoch die Verabschiedung der **KSZE-Schlussakte von Helsinki 1975***, da sich osteuropäische Oppositionsbewegungen vor allem auf deren Menschenrechtserklärung beriefen (s. S. 461). Da die kommunistischen Regierungen die Schlussakte unterschrieben hatten, konnten die Freiheitsrechte der eigenen Bevölkerung nur mit offener Repression* oder mit unglaubwürdiger Argumentation im Hinblick auf die „Verteidigung des Sozialismus" verweigert werden. Letztendlich wirkte der ursprünglich vom Ostblock vorangetriebene KSZE-Prozess destabilisierend* auf ihn zurück.

M2 Michail Gorbatschow (geb. 1931), Fotografie, 1991

Der sowjetische Politiker wurde 1971 in das Zentralkomitee der KPdSU aufgenommen, dessen Generalsekretär er von 1985 bis 1991 war. 1988–1990 war er Vorsitzender des Präsidiums des Obersten Sowjets (Staatsoberhaupt), von März 1990 bis Dezember 1991 Staatspräsident der UdSSR. Seine 1985 eingeschlagene Reformpolitik sollte die Sowjetunion von Grund auf erneuern. Das schloss die Abkehr vom Vormachtanspruch der UdSSR in Osteuropa ein, was die Reformen in den osteuropäischen Staaten und die Wiedervereinigung Deutschlands ermöglichte.

Die Reformpolitik Gorbatschows

Entscheidend für die Beendigung des Kalten Krieges war jedoch die **Reformpolitik Michail Gorbatschows*** (Reg. 1985–1991)*. Er war davon überzeugt, dass die innere Stabilität und äußere Macht der UdSSR angesichts der akuten wirtschaftlichen Probleme und des forcierten Wettrüstens Anfang der 1980er-Jahre nur durch eine umfassende Neuausrichtung der sowjetischen Politik zu sichern sein würden. Kennzeichnend für seine Reformpolitik waren die Schlagwörter: *Perestroika*, *Glasnost* und „Neues Denken“:

Perestroika (dt. Umbau, Wandel) bedeutete die Umgestaltung von Staat und Gesellschaft, die im Kern auf die Demokratisierung der sowjetischen Gesellschaft und die schrittweise Einführung marktwirtschaftlicher Prinzipien – unter Beibehaltung der Grundzüge des Sozialismus – zielte.

Glasnost (dt. Transparenz, Offenheit) war das grundlegende Prinzip der Reformpolitik, durch das die öffentliche Information, die kritische Berichterstattung, z. B. über Missstände, die Meinungsbildung über alle gesellschaftlichen Fragen sowie die politische Beteiligung des Volkes garantiert werden sollte.

„Neues Denken“ bedeutete eine neue Konzeption der sowjetischen Außen- und Sicherheitspolitik. Um sein innenpolitisches Reformprogramm umsetzen zu können, versuchte Gorbatschow, die UdSSR außenpolitisch zu entlasten und internationale Konfliktfelder abzubauen. Zentral waren hierbei der Rückzug aus Afghanistan, der 1987 begann, und die **Aufhebung der Breschnew-Doktrin***: Jeglichen Versuchen, die Souveränität der Völker einzuschränken, auch der Verbündeten, erteilte Gorbatschow 1989 eine klare Absage. Darüber hinaus ermöglichte das „Neue Denken“ auch einen Durchbruch bei den Abrüstungsverhandlungen mit den USA.

Gorbatschows Reformpolitik verlieh in den osteuropäischen Staaten nicht nur den Oppositionsgruppen Auftrieb und Legitimation, sondern setzte auch die Reformbestrebungen innerhalb der kommunistischen Parteien frei. Die kommunistischen Satellitenstaaten beschritten angesichts der neuen sowjetischen Außenpolitik eigenständige Wege, die letztendlich zur **Auflösung des Ostblocks** führten. Innenpolitisch scheiterte die Reformpolitik Gorbatschows und führte zum Ende der Sowjetunion. Zunächst erklärten die baltischen Staaten ihre Unabhängigkeit (1990/91). Ein gescheiterter Putschversuch orthodoxer kommunistischer Kräfte gegen Gorbatschow im August 1991 beschleunigte die **Auflösung der UdSSR**: Im Dezember 1991 gründeten Russland, die Ukraine und Weißrussland die **Gemeinschaft Unabhängiger Staaten (GUS)**, der sich später auch andere ehemalige Sowjetrepubliken anschlossen. Gorbatschow war entmachtet und trat als Präsident der UdSSR am 25. Dezember 1991 von allen politischen Ämtern zurück.

Osteuropa

Die revolutionären Veränderungen verliefen in den osteuropäischen Staaten jedoch nicht gleichmäßig, sondern unterschieden sich vor allem im Tempo des Wandels. Der Historiker und Publizist Timothy Garton Ash hat dabei eine Beschleunigung der Veränderungen festgestellt: Was in Polen zehn Jahre, in Ungarn zehn Monate und in der DDR zehn Wochen dauerte, geschah in Prag in zehn Tagen, nämlich die Entmachtung der kommunistischen Parteien. Und das kommunistische Regime in Rumänien fiel in nur wenigen Stunden.

In **Polen** entwickelte sich seit 1980 die unabhängige Gewerkschaft „Solidarność“ (= Solidarität) zur entscheidenden Kraft des antikommunistischen Widerstandes. Starken Auftrieb und internationale Unterstützung erhielt die Organisation, der sich viele Arbeiter und Intellektuelle anschlossen, durch den 1978 zum Papst gewählten polnischen Kardinal Karol Wojtyła.

In Polen, wo die katholische Kirche auch zu kommunistischen Zeiten immer eine relativ starke Stellung gegenüber der Staatsmacht innehatte, empfanden viele den Papstbesuch 1979 als Bestätigung ihrer oppositionellen Haltung. Die Verhängung des Kriegsrechts 1981 und das Verbot der *Solidarność* 1982 konnten das Wachsen der Oppositionsbewegung nicht stoppen. 1989 verloren die Kommunisten ihre beherrschende Stellung, demokratische Wahlen brachten nichtkommunistische Kräfte an die Macht. Der Gewerkschaftsführer *Lech Wałęsa* übernahm 1990–1995 das Präsidentenamt.

In **Ungarn** erreichte die wiedererstarkte Reformbewegung 1988 den Rücktritt des kommunistischen Parteichefs. Nach dem offiziellen Verzicht der Kommunisten auf ihr Machtmonopol organisierten die neuen demokratischen Parteien den Übergang zu Demokratie und Marktwirtschaft. Der Abbau der Grenzsperren zu Österreich im September 1989 öffnete nicht nur den Ungarn den Weg in den Westen: Tausende DDR-Bürger reisten nach Ungarn, um von dort über Österreich in die Bundesrepublik Deutschland zu gelangen (s. S. 564).

M3 **Der polnische Arbeiterführer Lech Wałęsa spricht in Danzig vor Anhängern der Gewerkschaft „Solidarność", Fotografie, Herbst 1988.**

Übersetzung des Textes auf dem Transparent: „Keine Freiheit ohne Gott und Solidarność".

In der **Tschechoslowakei** gelang im Herbst 1989 eine **„Samtene Revolution"**. Mit Massendemonstrationen und Generalstreik konnten die Reformer eine rasche Wende zu Demokratie und Marktwirtschaft durchsetzen. Die Forderung der slowakischen Nationalbewegung nach einem eigenen Staat führte 1992 zur Aufhebung der Föderation mit der Tschechischen Republik, wie sie seit 1990 bestanden hatte.

In **Rumänien** wurde der stalinistische Diktator **Nicolae Ceauşescu** (1918–1989) im Jahr 1989 gewaltsam gestürzt und erschossen. Eine „Front zur Nationalen Rettung" aus ehemaligen Kommunisten und Teilen der Oppositionsbewegung, die bei den Parlamentswahlen am 20. Mai 1990 gesiegt hatte, leitete den Systemwandel ein. Eine 1991 verabschiedete Verfassung führte das Mehrparteiensystem ein.

Und in **Jugoslawien** entwickelten die Nationalitätenkonflikte eine solche Kraft, dass die vormalige Sozialistische Föderative Republik 1991/92 auseinanderbrach.

Perspektiven und Prognosen

▶ M 4–M 6: Prognosen für eine zukünftige Weltordnung

Mit dem Zusammenbruch der UdSSR und der Auflösung des Warschauer Paktes endete die Geschichte der bipolaren Weltordnung. Wie wird sich das internationale System weiterentwickeln? Bietet eine multipolare Weltordnung mehr Chancen oder Risiken für den Weltfrieden? Durch welche Gefahren wird der Weltfriede in Zukunft bedroht? Drei Jahrzehnte nach dem Ende des Kalten Krieges scheint eine Diskussion über die wissenschaftlichen Prognosen sinnvoll, die einige Forscher nach den Wendejahren zwischen 1989 und 1991 formuliert haben.

1 Erklären Sie anhand der Darstellung, welche Faktoren zum Ende des Kalten Krieges führten.

2 Nehmen Sie eine begründete Gewichtung vor.

Hinweise zur Arbeit mit den Materialien:
M 4–M 6 stellen unterschiedliche Prognosen für die Weltordnung nach dem Ende des Kalten Krieges vor.

Prognosen für eine zukünftige Weltordnung

M 4 Thesen von Francis Fukuyama (1992)

1. Die moderne, liberale Demokratie stellt den Endpunkt der ideologischen Evolution dar, es gibt keine Alternativen zu ihr.
2. Die Naturwissenschaft und das Grundbedürfnis nach Anerkennung waren die bestimmenden Faktoren bei der Entwicklung der liberalen Demokratie.
3. Die Nationen werden einander immer ähnlicher, sie zeigen eine deutliche Tendenz zum westlichen System, nämlich Demokratie und freie Marktwirtschaft. Durch die Globalisierung werden sie miteinander verbunden.
4. Die liberale Demokratie ist das beste aller Systeme, weil es die Grundbedürfnisse der Menschen berücksichtigt und befriedigt. Durch die Ausbreitung der liberalen Demokratie ist die Gefahr von Kriegen deutlich verringert.

Gesamtbild: sehr optimistisch und harmonisch; (zu) *sehr am westlichen Denken orientiert*

Zusammengestellt vom Verfasser nach: Peter Filzmaier u. a., Internationale Politik. Eine Einführung, UTB, Wien 2006, S. 30.

M 5 Der Friedensforscher Karl Kaiser (1993)

An die Stelle der theoretischen Möglichkeit des großen Krieges im Norden ist die grausame Realität einer Vielfalt zwischenstaatlicher und ethnischer Konflikte sowie von Bürgerkriegen getreten. [...]
Massive Menschenrechtsverletzungen, [...] „ethnische Säuberungen“ und Völkermord haben zugenommen, auch in Europa.
Das militärische Zerstörungspotenzial [...] ist massiv angewachsen, quantitativ wie qualitativ. Moderne konventionelle Waffen aus den Arsenalen des Kalten Krieges sind billig und überall verfügbar. Die verdeckte und offene [Weiterverbreitung] von nuklearen und chemischen Waffen [erzeugt] [...] eine nicht gekannte Brisanz. [...]
Die Verelendung in großen Teilen der Dritten Welt nimmt zu. In Verbindung mit mannigfachen ungelösten zwischenstaatlichen Problemen, inneren Wirren und leichter Verfügbarkeit von Waffen bilden diese Regionen Herde der Instabilität und von Konflikten, die globale Wirkung haben können.
In [vielen] Regionen [...] findet ein rapider Verfall politischer Autorität mit zunehmender Unregierbarkeit, Kriminalisierung und Ausbreitung anarchischer Zustände statt. [...] Als Partner für internationale Abkommen [...] fallen derartige Regionen aus, da die Regierungen über die zur Umsetzung notwendige Autorität nicht mehr verfügen. [...]
Ökologische Krisen können bei einer weiteren Verschärfung den Frieden bedrohende Dimensionen annehmen. [...]
Die [Wanderung] wird [...] zu einem [schwerwiegenden] Problem der Weltpolitik. Die Bevölkerungsexplosion in den armen Regionen der Welt drängt zunehmend in die [...] reichen Regionen und führt zu Belastungen, die Abschottungseffekte sowie innere Konflikte zur Folge haben. Von politischer Unterdrückung, Katastrophen und Kriegen ausgelöste Flüchtlingswellen verstärken diese Problematik.

*Zit. nach: Karl Kaiser, Die ständige Mitgliedschaft im Sicherheitsrat, in: Europa-Archiv, Nr. 19/1993, S. 542f.***

M 6 Thesen von Samuel P. Huntington (1997)

1. In Zukunft wird es mehr Konflikte geben aufgrund der kulturellen Unterschiede der Menschheit.
2. Der Westen beeinflusst zwar die gesamte Welt, jedoch unterscheiden sich die westlichen Werte grundlegend von denen der islamisch, orthodox oder konfuzianisch geprägten Welt. Durch die Zunahme der internationalen Beziehungen wird das Kulturbewusstsein besonders gestärkt werden.
3. Konflikte zwischen Zivilisationen sind schwieriger beizulegen als politische oder ökonomische Konflikte, und sie tendieren eher dazu, durch Krieg ausgetragen zu werden.
4. Nicht-westliche Systeme werden ihre militärische und ökonomische Stärke erhöhen und Bündnisse schließen, um mit dem Westen konkurrieren zu können.
5. Um größere Eskalationen zu vermeiden, müssen die verschiedenen kulturellen Gruppen lernen, nebeneinander zu leben und ein Grundverständnis für die jeweils anderen Zivilisationen zu entwickeln („Peaceful Coexistence“).

Gesamtbild: sehr pessimistisch, global orientiert

Zusammengestellt vom Verfasser nach: Peter Filzmaier u. a., Internationale Politik. Eine Einführung, UTB, Wien 2006, S. 30.

1 **Partnerarbeit:** Arbeiten Sie die zentralen Aussagen der Prognosen (M 4–M 6) heraus und vergleichen Sie Ihre Ergebnisse. Informieren Sie sich auch über die Autoren und ihren Hintergrund.

2 **Vertiefung:** Diskutieren Sie, welche der prognostizierten Entwicklungen eingetreten sind und welche nicht.

10.6 Droht ein neuer Kalter Krieg?

In dieser Themeneinheit geht es um
die Frage, ob zu Beginn des 21. Jahrhunderts die Bedingungen für einen neuen Kalten Krieg gegeben sind.

Die Welt am Beginn des 21. Jahrhunderts

Der Kalte Krieg endete formell am 21. November 1990 mit der Unterzeichnung der **Charta von Paris**. 32 europäische Staaten sowie die USA und Kanada bekannten sich auf einem KSZE-Sondergipfel zur Schaffung einer neuen Friedensordnung. Sie erklärten die Spaltung Europas – und damit den Kalten Krieg – für beendet. Darüber hinaus verpflichteten sie sich zur Demokratie als einziger Regierungsform und sicherten ihren Völkern die Gewährleistung der Menschenrechte zu. Spätestens seit dem Beginn des bewaffneten Konfliktes in der Ostukraine 2014 wird in der Öffentlichkeit jedoch darüber diskutiert, ob ein neuer Kalter Krieg drohe. Verschärft wurde der **Ukraine-Konflikt** durch die **russische Annexion* der Krim**. Während Russland erklärt, die Bevölkerung auf der Halbinsel habe in einem Referendum mit über 95 % der abgegebenen Stimmen für „eine Wiedervereinigung der Krim mit Russland" gestimmt, wirft der Westen Moskau vor, das Budapester Memorandum* von 1994 verletzt zu haben, worin sich die USA, Großbritannien und Russland verpflichtet hatten, die Souveränität* und die bestehenden Grenzen Kasachstans, Weißrusslands und der Ukraine zu achten. Die Debatte über die Frage, ob sich die Welt am Beginn eines neuen Kalten Krieges befinde, wurde zum Ende der 2010er-Jahre durch den **Handelsstreit zwischen China und den USA** sowie den Rückzug der USA aus dem 1987 zwischen der UdSSR und den USA geschlossenen **INF-Vertrag** über die atomare Abrüstung erneut befeuert. Experten befürchten nun ein neues, unkontrolliertes Wettrüsten. Es gibt jedoch auch Stimmen, die die Auffassung vertreten, dass die aktuellen Konflikte mehr Unterschiede als Gemeinsamkeiten zum historischen Kalten Krieg aufweisen.

M 1 Deutsche Karikatur von Kostas Koufogiorgos, 14. Februar 2016

▶ M 2–M 4: Ein neuer Kalter Krieg? Drei Einschätzungen

1 Recherchieren Sie arbeitsteilig zu den drei im Darstellungstext genannten Konflikten anhand selbst gewählter Kriterien (Ursachen, Anlass, Akteure etc.).

2 Diskutieren Sie die Leitfrage, indem Sie
 a) die Kennzeichen des historischen Kalten Krieges zusammenstellen und anschließend
 b) Pro- und Kontra-Argumente für einen neuen Kalten Krieg gegenüberstellen.

Hinweise zur Arbeit mit den Materialien:
Die Materialien thematisieren exemplarisch drei Konflikte, die eine Auseinandersetzung mit der Frage ermöglichen: Droht ein neuer Kalter Krieg?
M 2: Ukraine-Krise; M 3: Handelsstreit zwischen den USA und China; M 4: Ende des INF-Vertrages.

Ein neuer Kalter Krieg? Drei Konfliktbeispiele

M 2 Kommentar der Journalistin Bettina Vestring über die die Ukraine-Krise (2014)

Was ist dran am Wort vom Kalten Krieg? Die Betrachtung lohnt sich; sie ermutigt zu Gelassenheit. Die Ukraine-Krise des Jahres 2014 zeigt manche Parallelen zu der großen Ost-West-Konfrontation. Aber sie fällt eben doch um viele Größen kleiner aus – geografisch, politisch, militärisch, weltanschaulich. Zunächst aber zum Déjà-vu dieser Tage.

Wie zu Zeiten der Berlin-Krise warnt der Nato-Oberkommandierende Breedlove vor der Massierung russischer Soldaten an der Westgrenze des Riesenreichs. Im Gegenzug verkündet Nato-Generalsekretär Rasmussen die Verstärkung der Nato-Präsenz in den östlichen Mitgliedsstaaten. Parallel zu diesen Drohgebärden wird verhandelt und das ausgerechnet in Genf, wo sich einst Reagan und Gorbatschow das erste Mal von Angesicht zu Angesicht gegenübersaßen.

Die Dramaturgie mag vertraut sein; harmlos ist sie deswegen nicht. Der Erfolg auf der Krim hat offenkundig Russlands Appetit auf weitere Ländereien geschärft. Wie in besten Kalte-Kriegs-Zeiten nutzt Moskau dafür Stellvertreter, von denen es sich bei Bedarf stets distanzieren kann. Die größte Gefahr ist, dass Russland versucht sein könnte, dieselbe Strategie gegenüber den russischen Minderheiten im Baltikum anzuwenden.

Dann stünde die Nato vor einer schrecklichen Wahl: Entweder einen großen Konflikt mit Russland zu riskieren oder ihre baltischen Mitglieder im Stich zu lassen. Das eine könnte unkalkulierbare Folgen haben; das andere würde das Ende des westlichen Militärbündnisses bedeuten. Die Antwort, die die Nato gefunden hat, um nicht in dieser Entweder-Oder-Situation gefangen zu werden, erinnert ebenfalls an den Kalten Krieg: Truppenverstärkung an der Grenze, sprich: Abschreckung. Hoffentlich ist sie so erfolgreich wie beim ersten Mal.

Doch der wichtigste Grund dafür, von einem neuen Kalten Krieg zu sprechen, besteht weder aus Rhetorik noch aus Taktik. Es ist die Tatsache, dass Russland und der Westen sich erneut als Feinde wahrnehmen. Die 1990er-Jahre, in denen Russland sich den westlichen Werten öffnete, sind vorbei. Wladimir Putin ist, gelinde gesagt, kein Boris Jelzin, der auf Panzer klettert, um die Demokratie zu retten. Verstärkt wird der ideologische Gegensatz durch eine extrem unterschiedliche Wahrnehmung des Vierteljahrhunderts seit dem Fall der Berliner Mauer. Was Amerikanern und Westeuropäern als Siegeszug der Freiheit erscheint, war für Putins Russland eine lange Serie von Schwächungen und Demütigungen.

Und doch – im Vergleich zum großen Ost-West-Konflikt ist dies hier ein Cold War light. Die Stellvertreterkriege auf der Südhalbkugel, die den ersten Kalten Krieg zu einem globalen Konflikt gemacht hatten, fallen dieses Mal aus. Moskaus Ideologie hat noch nicht einmal mehr den Anspruch, die Welt zu formen. Kein einziger Kaffeebauer in Nicaragua wird in Versuchung kommen, sich Putins Rezept des autoritären Nationalismus auf die Fahne zu schreiben. Bemerkenswert ist, dass sich Russland bislang auch dort zurückhält, wo es den USA ernsthaft schaden könnte, etwa in Afghanistan, Syrien oder dem Iran. [...]

Den ersten Kalten Krieg verlor Russland, weil es mit dem Westen politisch, wirtschaftlich und ideologisch nicht mithalten konnte. Den zweiten Kalten Krieg begann es unter viel schlechteren Vorzeichen. Auf kurze Sicht mag Putin gute Karten haben; das Spiel kann er nicht gewinnen. Amerikaner und Europäer tun gut daran, ihr Augenmerk nicht auf Sieg, sondern auf Schadensbegrenzung zu richten.

*Zit. nach: https://www.berliner-zeitung.de/kommentar-zur-ukraine-krise-keiner-braucht-einen-zweiten-kalten-krieg-772862 (Download vom 1. 9. 2019).**

M 3 Kommentar des Journalisten Ulrich Speck über den Handelsstreit zwischen den USA und China (2019)

In jüngster Zeit ist es die Auseinandersetzung mit China, die als „kalter Krieg" etikettiert wird. Was ist da dran?

Die Trump-Regierung hat sich die wirtschaftliche Entflechtung der USA und Chinas auf die Fahne geschrieben. Sie bemüht sich zugleich, den vielen Alliierten und Partnern im pazifischen Asien, die über Chinas zunehmend auch militärisch geprägte Dominanz beunruhigt sind, den Rücken zu stärken – ähnlich wie die Vorgängerregierung unter Obama. Diese Politik, auch wenn sie von Trump grossspurig und hemdsärmelig vorgetragen wird, ist doch in ihrer Substanz getragen von einem neuen, breiten Konsens in den USA. Experten und Politiker stimmen weitgehend überein, dass eine stärker konfrontative Haltung gegenüber China überfällig ist. Statt zum Stützpfeiler der „freien und offenen" Ordnung zu werden, habe China diese Ordnung ausgenutzt, um das eigene autokratische System auszubauen, und sei jetzt gemeinsam mit Russland auf dem Weg, „eine Welt zu gestalten, die dem autoritären Modell entspricht", wie die Nationale Verteidigungsstrategie von 2018 formuliert.

Ist für diese Auseinandersetzung die Formel „kalter Krieg" angemessen? Es gibt tatsächlich Parallelen, zumindest im Ansatz: Machtkonkurrenz und Wettbewerb um die Effizienz unterschiedlicher Ordnungen stehen im Vordergrund. Und erneut ist der Wettbewerb bipolar, spielt sich zwischen zwei Großmächten ab.

Im Gegensatz zum historischen Kalten Krieg jedoch steht nicht der militärische, sondern der ökonomische und technologische Wettbewerb im Vordergrund. Auch wenn es eine militärische Dimension des Konfliktes im Pazifik gibt, tritt doch China weltweit vor allem als Marktmacht in Erscheinung. Zudem besteht eine tiefe ökonomische Verflechtung mit China. [...] Vor allem aber: China kommt, anders als die Sowjetunion, ohne ideologische Verheißung. [...] Das zeigen wieder die Proteste in Hongkong: Das politische System Chinas hat außer Zwang und Unterwerfung nichts zu bieten; das bleibt seine Achillesferse.

Anders als beim historischen Kalten Krieg ist die Auseinandersetzung mit China vielgestaltig und offen. Die EU hat deshalb einen Dreiklang vorgeschlagen: China ist Wettbewerber, Partner und Rivale zugleich. Das scheint die neue Lage besser zu treffen als die eingängige Formel vom kalten Krieg.

*Zit. nach: https://www.nzz.ch/meinung/kolumnen/droht-ein-neuer-kalter-krieg-ld.1488201 (Download vom 2. 9. 2019).**

M4 Kommentar des Journalisten Holger Möhle über das Ende des INF-Vertrages (2019)

Frieden ist anstrengend. Erst recht, wenn eine Weltmacht und eine Großmacht ihre atomaren Muskeln spielen lassen. Das amerikanisch-russische Kräftemessen geht jetzt in eine nächste Runde. Mit der faktischen Aufkündigung des INF-Vertrags über das Verbot landgestützter atomarer Mittelstreckenraketen steigt die Gefahr eines neuen Wettrüstens zwischen den USA und Russland. Womöglich steht die Welt vor einer neuen Phase gefährlich unkontrollierter Waffenpläne. Und Europa mittendrin.

Dabei beteuern alle: Niemand will einen neuen Kalten Krieg. Die Nato nicht, die USA nicht, Russland nicht. Doch solche Worte und das Papier eines mehr als 30 Jahre alten Rüstungskontrollvertrages sind geduldig. Tatsächlich zeigt Russland mit seinen neuen Marschflugkörpern, dass es sich wappnet – auch für ein Drohszenario in Europa. Moskau spielt seit Jahren sein durchsichtig undurchsichtiges Spiel und gelobt mit einer Mischung aus Gerissenheit und Scheinheiligkeit: Wir sind vertragskonform, die Reichweite unserer neuen Raketen bleibt im Vertragsrahmen – nicht über 500 Kilometer. Dabei hatte schon die US-Regierung von Barack Obama auf eine Verletzung des INF-Vertrages hingewiesen. Doch erst jetzt wacht Europa richtig auf. Vielleicht kommt US-Präsident Donald Trump wie auch dem russischen Präsidenten Wladimir Putin ein Ende des INF-Vertrages gerade entgegen, weil sie dann ungenierter als bisher ihre Truppen (auf)rüsten könnten.

Trump selbst hat mit der Nato – wie das Gipfeltreffen der Allianz im vergangenen Jahr in Brüssel dramatisch gezeigt hat – nichts am Hut, Putin betrachtet das nordatlantische Bündnis seit jeher als Gegner. 2017 erst ließ Putin Zehntausende Soldaten beim Großmanöver „Sapad" („Westen") an der Grenze zum Baltikum aufmarschieren und somit an der Frontlinie zur Nato. Sollte das Kontrollsystem des INF-Vertrages tatsächlich kollabieren, kann sich dies auf einen zweiten bedeutenden Rüstungsvertrag auswirken. Auch die Wahrscheinlichkeit, dass die USA und Russland in einem solchen Fall bereit wären, den „New Start"-Vertrag zur Kontrolle und Begrenzung ihrer strategischen Nuklearwaffen 2021 zu verlängern, würde deutlich sinken. Der Verlust gleich zweier solcher bedeutender Rüstungskontroll-Abkommen würde völlig neue Unsicherheiten und Ungewissheiten produzieren. Wenn es in einer Welt, die mit dem Kampf gegen den islamistischen Terror ohnehin überbeschäftigt ist, kein Regelwerk mehr zur nuklearen Rüstungskontrolle gibt, steht es wirklich schlecht um den Frieden.

*Zit. nach: http://www.general-anzeiger-bonn.de/news/politik/deutschland/Neuer-Kalter-Krieg-article4030102.html (Download vom 5. 9. 2019).**

1 **Gruppenarbeit:** Analysieren Sie arbeitsteilig M 2–M 4 im Hinblick auf Gemeinsamkeiten und Unterschiede zwischen aktuellen Konflikten und dem Kalten Krieg.
2 Präsentieren Sie Ihre Ergebnisse im Plenum in Form einer Tabelle.
3 Diskutieren Sie abschließend die Leitfrage: Droht ein neuer Kalter Krieg?

Anwenden

M 1 Aus der Rede von Michail Gorbatschow am 25. Dezember 1991 anlässlich seines Rücktritts als Präsident der Sowjetunion

Verehrte Landsleute! Mitbürger!

Angesichts der Situation, die nach der Gründung der Gemeinschaft Unabhängiger Staaten entstanden ist, beende ich meine Tätigkeit als Präsident der UdSSR. Diese Entscheidung treffe ich aufgrund meiner Prinzipien. Ich trat immer fest ein für die Selbstständigkeit und Unabhängigkeit der Völker, die Souveränität der Republiken. Aber gleichzeitig war ich auch für die Erhaltung des Unionsstaates und des ganzen Landes. Die Ereignisse haben sich in eine andere Richtung entwickelt.

Ich spreche zu Ihnen das letzte Mal als Präsident der UdSSR. Deshalb halte ich es für notwendig, meinen seit 1985 gegangenen Weg einzuschätzen. Und dies umso mehr, da es darüber nicht wenig oberflächliche, widersprüchliche und nicht objektive Wertungen gibt. Das Schicksal hat es so gefügt, dass es sich bereits bei meiner Amtsübernahme zeigte, dass es im Land Probleme gab. [...]

Der Prozess der Erneuerung des Landes und der grundlegenden Veränderungen in der Weltgemeinschaft hat sich komplizierter erwiesen, als man voraussagen konnte. Trotzdem muss man das Vollbrachte gebührend einschätzen. Die Gesellschaft wurde frei. Und das in politischer und geistiger Hinsicht. Und das ist die größte Errungenschaft. Sie wird bei uns jedoch noch nicht gebührend gewürdigt. Und wahrscheinlich deshalb, weil wir es immer noch nicht gelernt haben, die Freiheit richtig zu nutzen. Trotzdem wurde eine Arbeit von historischer Bedeutung geleistet. Es wurde ein totalitäres System beseitigt, das ein weiteres Aufblühen und Wohlergehen des Landes verhinderte. Es wurde der Durchbruch zu demokratischen Veränderungen vollzogen. Freie Wahlen, eine freie Presse, Religionsfreiheit, wirkliche Machtorgane und ein Mehrparteiensystem wurden zur Realität. Die Menschenrechte wurden als oberstes Prinzip anerkannt.

[...] Wir leben in einer anderen Welt: Der „Kalte Krieg" ist vorbei. Das Wettrüsten wurde gestoppt. Die wahnsinnige Militarisierung unseres Landes, die unsere Wirtschaft, das gesellschaftliche Bewusstsein und die Moral zugrunde richtete, wurde beendet. Die Gefahr eines Weltkrieges wurde beseitigt. Ich möchte noch einmal betonen, dass von meiner Seite in der Übergangsperiode alles für eine zuverlässige Kontrolle der Kernwaffen getan wurde. Wir öffneten uns der Welt und verzichteten auf die Einmischung in fremde Angelegenheiten sowie auf den Einsatz von Truppen außerhalb unseres Landes. Und man antwortete uns mit Vertrauen, Solidarität und Respekt. Wir wurden zu einer der wichtigsten Stützen bei der Umgestaltung der modernen Zivilisation auf friedlicher und demokratischer Basis. Die Völker und Nationen haben die reale Freiheit erhalten, den Weg ihrer Entwicklung selbst zu bestimmen. [...]

Ich möchte von ganzem Herzen all jenen danken, die in all diesen Jahren mit mir für die gerechte und gute Sache eingetreten sind. Sicherlich war eine Reihe von Fehlern vermeidbar. Vieles hätte man besser machen können. Aber ich bin überzeugt, dass unsere Völker in einer aufblühenden und demokratischen Gesellschaft leben werden. Ich wünsche Ihnen alles Gute.

*Zit. nach: Michail Gorbatschow, Ansprache vom 25. Dezember 1991, in: Sowjetunion heute/Wostok, Nr. 1, Februar 1992.**

1 Analysieren Sie M 1 hinsichtlich der wichtigsten Leistungen, die nach Gorbatschow seine innen- und außenpolitische Bilanz ausmachen.

2 **Wahlaufgabe:** Bearbeiten Sie Aufgabe a) oder b).
   - **a)** Erläutern Sie, wodurch es dem sowjetischen Präsidenten aus seiner Sicht gelang, den Ost-West-Konflikt bzw. den Kalten Krieg zu beenden.
   - **b)** Bewerten Sie die Sicht Gorbatschows auf das Ende des Kalten Krieges.

Präsentationsvorschlag

Kuba 1962 – Kriegsdrohung und Kriegführung im Atomzeitalter

Arbeiten Sie, ausgehend von der Kubakrise 1962, die Möglichkeiten und Grenzen der Kriegführung im Zeitalter nuklearer Bedrohung heraus. Vergleichen Sie dabei die Situation während des Kalten Krieges seit dem atomaren Patt zwischen der Sowjetunion und den USA mit der heutigen weltpolitischen Lage.

Wiederholen

M2 Karikatur aus dem Simplicissimus, 19. Mai 1956

Zentrale Begriffe

Bipolare Ordnung
Breschnew-Doktrin
Containment-Politik
Eindämmungspolitik
Entspannungspolitik
Friedliche Koexistenz
Glasnost
Kalter Krieg
Konferenz von Jalta
Potsdamer Konferenz
Koreakrieg
KSZE-Prozess
Kubakrise
NATO
Ost-West-Konflikt
Perestroika
„Prager Frühling"
Truman-Doktrin
Vietnamkrieg
Warschauer Pakt
Wettrüsten
Zwei-Lager-Theorie

1 Erläutern Sie die Begriffe „Ost-West-Konflikt" und „Kalter Krieg" und erklären Sie die Unterschiede.
2 Bringen Sie die alphabetisch sortierten Begriffe aus der Randspalte in die historisch richtige Reihenfolge.
3 **Schaubild:** Stellen Sie die Faktoren, die zum Kalten Krieg führten, in einem Schaubild dar.
4 Untersuchen Sie die Karikatur M 2. Ordnen Sie die Karikatur in den historischen Hintergrund ein. Formulieren Sie die zentrale Botschaft.
Tipp: Nutzen Sie die Methodenseite 238 f.
5 **Wahlaufgabe:** Bearbeiten Sie Aufgabe a) oder b).
a) Zeigen Sie anhand eines Brennpunktes die internationale Dimension nationaler bzw. regionaler Konflikte im Kalten Krieg auf.
b) Erläutern Sie anhand eines Beispiels das Wechselspiel von Konfrontation und Entspannung im Kalten Krieg.
6 Analysieren Sie, inwiefern sich die vom Kalten Krieg geprägte Nachkriegsordnung in der heutigen internationalen Politik widerspiegelt.
7 **Vertiefung:** Erläutern Sie die Zwei-Lager-Theorie.
8 Überprüfen Sie Ihre Hypothesen von der Auftaktseite des Kapitels.

Testen Sie Ihr Vorwissen zum Thema „Deutschland nach 1945“.

1 Welcher der Staaten gehört nicht zu den Siegermächten, die Deutschland nach 1945 besetzten?

a) USA
b) UdSSR
c) Polen
d) Frankreich
e) Großbritannien

M 1 **„How to Close the Gap?“, Karikatur, USA**

2 Karikatur M 1 thematisiert ein Ereignis bzw. einen Zeitabschnitt. Begründen Sie Ihre Wahl, indem Sie M 1 beschreiben und auf den Zeitabschnitt beziehen.

a) Kapitulation Deutschlands 1945
b) Besatzungszeit 1945–1949
c) Doppelte Staatsgründung 1949
d) Wiedervereinigung 1990

3 Von wem stammt die folgende Aussage?

„Niemand hat die Absicht, eine Mauer zu errichten.“

a) Konrad Adenauer
b) Walter Ulbricht
c) Erich Honecker

4 Ordnen Sie bei den unten genannten Begriffspaaren den jeweils richtigen Begriff der Bundesrepublik bzw. der DDR zu.

	Begriffspaare
a)	Volkskammer – Bundestag
b)	Planwirtschaft – Marktwirtschaft
c)	Warschauer Pakt – NATO
d)	Bundeswehr – Nationale Volksarmee
e)	Demokratie – Diktatur
f)	Ostberlin – Bonn
g)	Freier Deutscher Gewerkschaftsbund – Deutscher Gewerkschaftsbund

5 Bestimmen und erklären Sie, welcher Begriff, welche Person und welches Datum nicht in die Reihe passt.

Begriffe
a) Wende
b) Friedliche Revolution
c) Kapitulation
d) Wiedervereinigung

Personen
a) Kurt Georg Kiesinger
b) Willy Brandt
c) Erich Honecker
d) Helmut Kohl

Daten
a) 17. Juni 1953
b) 13. August 1961
c) 3. Februar 1955
d) 9. November 1989

▶ Lösungshinweise finden Sie auf S. 640.

6 Bringen Sie die unten aufgeführten Bilder a) bis e) zur Friedlichen Revolution in der DDR und zur deutschen Wiedervereinigung 1989/90 in die chronologisch richtige Reihenfolge. Begründen Sie jeweils Ihre Entscheidung.

a)

b)

c)

d)

e)

11 Demokratie und Diktatur nach 1945: Bundesrepublik und DDR

M1 Hinweisschild am Fahrbahnrand der Bundesautobahn 2 bei Helmstedt (Niedersachsen), Fotografie, 2014

1945 Bedingungslose Kapitulation (7./9. Mai); Potsdamer Konferenz (Juli/Aug.)
1946 Zwangsvereinigung SPD und KPD zur SED
1947 Bizone
1948 Währungsreform
1948/49 Berlin-Blockade
1949 Gründung Bundesrepublik (23. Mai), DDR (7. Okt.)
1952 Stalin-Note
1953 Aufstand des 17. Juni
1955 Bundesrepublik, DDR souverän; Beitritt zu NATO bzw. Warschauer Pakt
1961 Berliner Mauer (13. Aug.)
1966–1969 Große Koalition unter Kiesinger (CDU), APO, Studentendemonstrationen
1968 Notstandsgesetze
1969–1974 Sozial-liberale Koalition unter Brandt (S
1970 Moskauer Vertrag; Warschauer Vertrag
1972 Grundlagenvertrag
1973 UN-Beitritt Bundesrepublik, DI
1974–1982 Sozial libera Koali unter Schm (SPD

1945 | 1950 | 1955 | 1960 | 1965 | 1970

1949–1963 Bundeskanzler Adenauer (CDU)
1950–1971 SED-Parteichef Ulbricht
1971–1989 SED-Parteic

Im Frühjahr 1945 war der Zweite Weltkrieg zu Ende. Die Alliierten hatten die NS-Diktatur besiegt und in Deutschland die Besatzungsmacht übernommen. Wie würde es weitergehen? Es ist unstrittig, schrieb 1995 der Historiker Christoph Kleßmann, „dass sich Deutschland mit der NS-Diktatur und dem von Hitler bis zum bitteren Ende durchgehaltenen Weltkrieg wie kein anderes Land aus dem Kreis der zivilisierten Völker ausgeschlossen (hat). 1945 waren nicht nur die Alliierten, sondern auch alle deutschen Politiker mit der drängenden Frage konfrontiert, ob und wie eine Rückkehr in die Zivilisation und eine Wiederherstellung politischer Beziehungen zu den vergewaltigten europäischen Nachbarn möglich sein würde. Die Erinnerung an den Krieg musste auch alle außenpolitischen Überlegungen und Strategien mitprägen. Das betraf elementare Lehren, die das deutsche Volk aus der Katastrophe zu ziehen hatte; es betraf die Beziehungen zu den Besatzungsmächten, die in Deutschland das Sagen hatten und die im entstehenden Kalten Krieg die außenpolitische Orientierung vorgaben; und es betraf Wiedergutmachungsleistungen, die alle früheren Kriegsgegner erwarteten, oft aber nicht erhielten, weil auch dieser Teil der Kriegsfolgen zwischen die Fronten der globalen Konfrontation der ‚Teilung der Welt' geriet."
Die Teilung Deutschlands begann 1949 mit der Gründung der Bundesrepublik Deutschland, die sich zu den liberal-demokratischen Werten des Westens bekannte, und der kommunistischen DDR, die in den Herrschaftsbereich der Sowjetunion eingegliedert war. Erst 1989/90 endete dieses Kapitel deutscher Geschichte. Deutschland wurde wieder ein Nationalstaat – heute fest integriert in die europäische Staatengemeinschaft.

1 Beschreiben Sie mithilfe einer historischen Karte die Grenze zwischen den beiden deutschen Staaten (1949–1990) und identifizieren Sie den Grenzübergang Helmstedt.

2 Recherchieren Sie anhand eines Beispiels, wie vor Ort, also am ehemaligen Grenzstreifen, heute an die deutsche Teilung erinnert wird.

1987 Besuch Honeckers in der Bundesrepublik

1989 Friedliche Revolution in der DDR; Fall der Mauer (9. Nov.)

1990 Zwei-plus-vier-Vertrag; Deutsche Einheit (3. Okt.)

1998–2005 Rot-grüne Koalition unter Schröder (SPD)

seit 2006 Bundeskanzlerin Merkel (CDU)

1980 | 1985 | 1990 | 1995 | 2000 | 2005

1982–1998 Christlich-liberale Koalition unter Kohl (CDU)

11.1 Kriegsende – Niederlage oder Befreiung?

In dieser Themeneinheit geht es um
- *das Alltagsleben in der Nachkriegszeit und*
- *die Frage, ob das Kriegsende eine Niederlage oder eine Befreiung war.*

M1 Erneuerung der Pflastersteine auf dem Spittelmarkt in Berlin, Fotografie, 1947

„Zusammenbruchsgesellschaft"

Deutschland war 1945 eine **„Zusammenbruchs- und Trümmergesellschaft"**. Es hatte den Krieg verloren, besaß keine Regierung mehr und war von den Alliierten besetzt. Über zehn Prozent der Deutschen hatten den Krieg nicht überlebt, darunter sieben Millionen gefallene deutsche Soldaten. Für die Überlebenden waren die ersten Nachkriegsjahre geprägt von Angst, Orientierungslosigkeit und Hunger. Der Zusammenbruch der Wirtschaft und des Verkehrssystems, schlechte Ernten und extreme Winter führten zu einer katastrophalen Versorgungslage, die sich vor allem im „Hungerwinter" 1946/47 zeigte. Die Unterernährung führte zu Mangelkrankheiten und erhöhter Sterblichkeit. Viele Bewohner der größeren Städte fuhren zum „Hamstern"* auf das Land, um sich dort mit dem Notwendigsten zu versorgen. Die Rationierung* der Lebensmittel durch Lebensmittelkarten und der Mangel an Brennstoffen ließen einen **Schwarzmarkt** entstehen. Dort wurden knappe Güter gegen hohe Preise oder Naturalien erworben und Zigaretten galten als heimliche „Währung". Zudem waren ein Drittel, in größeren Städten bis drei Viertel aller Wohnungen durch Bombenkrieg und Kämpfe zerstört. 1946 gab es für 14 Millionen Haushalte nur acht Millionen Wohnungen. Untergebracht und versorgt werden mussten auch die zwölf Millionen **Flüchtlinge und Vertriebenen**. Außerdem befanden sich bei Kriegsende neun bis zehn Millionen Zwangsarbeiter, Kriegsgefangene und KZ-Häftlinge verschiedener Nationalitäten in Deutschland. Noch 1947 gab es eine Million solcher *„Displaced Persons"**. Nach Hause wollten auch die während des Krieges aus bombengefährdeten Städten evakuierten zehn Millionen Deutschen, überwiegend Frauen und Kinder, und die in Kriegsgefangenschaft geratenen Soldaten. Die Zeitgenossen erlebten das Kriegsende sehr verschieden: Während es z. B. für Polen und Niederländer die Befreiung von Terror und Fremdherrschaft bedeutete, empfanden viele Deutsche das Kriegsende als Niederlage.

Displaced Persons
Personen nicht deutscher Staatsangehörigkeit, die während des Zweiten Weltkrieges von den deutschen Besatzungsbehörden nach Deutschland verschleppt wurden oder dorthin geflüchtet waren.

„Tag der Befreiung"?

M2 Sowjetisches Ehrenmal in Berlin, Fotografie, 1999

Während der deutschen Teilung zwischen 1949 und 1989/90 waren die Erinnerungen an den 8. Mai 1945 geprägt durch die politischen und gesellschaftlichen Systeme in beiden deutschen Staaten. In der **DDR** begingen die Sowjets jährlich am 8. Mai ihre Siegesfeiern. Auch die Staats- und Parteiführung der DDR organisierte in Berlin und an anderen Orten Kundgebungen und Kranzniederlegungen, an denen Angehörige der Streitkräfte und Ehrengäste der UdSSR teilnahmen. Schauplätze dieser Gedenkfeiern waren die zahlreichen sowjetischen Ehrenfriedhöfe und Denkmäler. Die jährlichen Feiern am **„Tag der Befreiung"** (bis 1967 gesetzlicher Feiertag in der DDR), sollten eine eindeutige und für alle Bürger verbindliche politische Botschaft vermitteln: die Kommunisten haben die historische Chance genutzt, um zusammen mit der siegreichen Roten Armee den Nationalsozialismus zu besiegen und endgültig zu beseitigen.
In der **Bundesrepublik** war das Gedenken an den 8. Mai 1945 lange Zeit durch gemischte Gefühle geprägt. Die einen erinnerten sich in den 1950er- und 1960er-Jahren an Niederlage bzw. Zusammenbruch und beklagten das Ende des deutschen Nationalstaates. Andere feierten die Befreiung von der NS-Diktatur und den politischen Neubeginn.

M3 **Deutschland und Mitteleuropa 1945–1950**

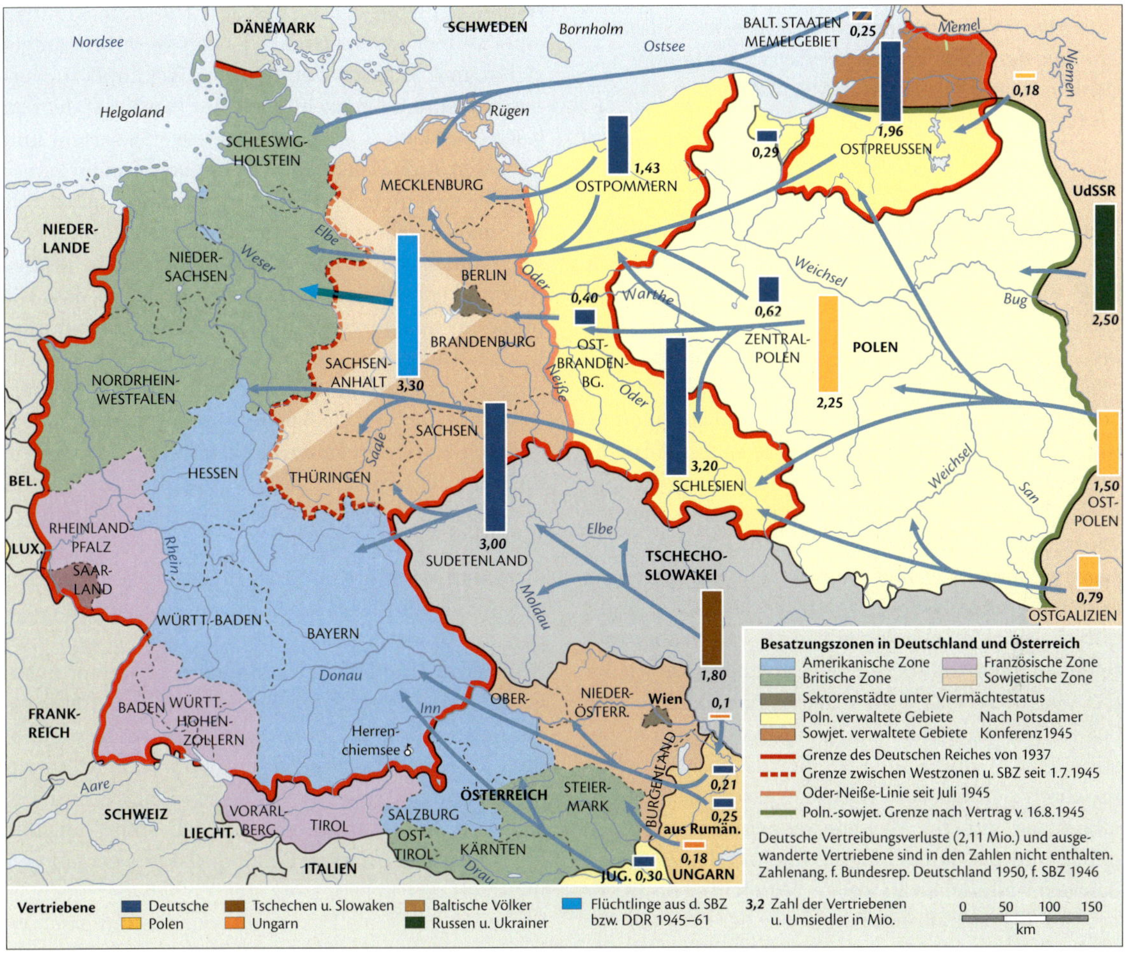

Aber auch für sie war der 8. Mai ein sperriger Gedenktag: Da sich das deutsche Volk nicht selbst vom Nationalsozialismus befreit hatte, markiert dieses Datum auch die beginnende Spaltung in zwei Staaten, die entgegengesetzten Bündnissystemen angehören. Seit Mitte der 1980er-Jahre verbindet die überwiegende Mehrheit der Westdeutschen mit dem Ende des Zweiten Weltkrieges die Befreiung von einer menschenverachtenden und verbrecherischen Diktatur sowie einen demokratischen Neubeginn. Zu diesem Bewusstseinswandel trug maßgeblich Bundespräsident Richard von Weizsäcker (1984–1994) bei. 1985, anlässlich der 40. Wiederkehr des 8. Mai 1945, bezeichnete er in seiner berühmten Rede das Kriegsende als „Befreiung", weil damals der „Irrweg deutscher Geschichte" zum Abschluss gelangt sei. Differenziert würdigte er die NS-Opfer ebenso wie den Widerstand gegen das NS-Regime. Das „historische Gedächtnis", mahnte Weizsäcker, müsse „als Leitlinie für unser Verhalten in der Gegenwart" genutzt werden. Das gelte für den Umgang mit psychisch Kranken, Asylsuchenden, Dissidenten*, aber auch mit dem Staat Israel und den östlichen Nachbarn.

▶ **M 4–M 6: Der 8. Mai 1945 in Deutschland – Erinnerungen**

▶ **M 7, M 8: Das Kriegsende in Fotografien**

1 Beschreiben Sie anhand der Darstellung die Nachkriegszeit in Deutschland.
2 Untersuchen Sie die Folgen der NS-Herrschaft für Deutschland nach 1945 (M 3).
3 Beschreiben Sie das Denkmal M 2 und ordnen Sie es historisch ein.
Tipp: Siehe Hilfen S. 619.

Hinweise zur Arbeit mit den Materialien:
Die Materialien thematisieren die Folgen der NS-Diktatur und des Weltkrieges bei Kriegsende: in M 4–M 6 anhand von Erinnerungen, in M 7, M 8 anhand von Fotografien.

Der 8. Mai 1945 in Deutschland – Erinnerungen

M4 Siegfried Unseld (1924–2002)

Unseld wurde 1942 zur Wehrmacht eingezogen. 1959 bis 2002 war er Verleger des Suhrkamp Verlages, seit 1963 auch des Insel Verlages.

Dieser achte Mai 1945: Irgendwie war alles widersinnig. Man hatte als Deutscher für einen guten Ausgang des Krieges gekämpft, und nun musste man das Unvorstellbare, Niederlage und Kapitulation, herbeiwünschen, der Wahnsinn musste zu Ende sein. Ich sagte nicht die Wahrheit, wenn ich von Erleichterung oder Befreiung spräche. Irgendwie war alles zu Ende, und es war richtig so. Irgendwie musste es aber weitergehen, aber wie sollte es weitergehen? Nie wieder das, was war, das war sicher! Aber Gefühle von Schuld, Scham und Schande wurden erst später bestimmend. Ohnmacht und Bewusstlosigkeit vermischten sich mit dem selbstbewussten Gefühl, Gefahren, oft auf des Messers Schneide, überlebt zu haben und mit dem lebhaften Instinkt des Zwanzigjährigen weiterleben zu wollen. Man hatte Furcht vor der Gefangenschaft und Furcht vor der Freiheit. Für mich war dieser Tag Leere und Lehre zugleich. Es ist gut, sich daran zu erinnern. Wer das Böse vergessen will, lässt es dauern, nur wenn wir erinnern, vermögen wir uns von ihm zu lösen, uns zu erlösen.

Zit. nach: Hans Sarkowicz (Hg.), Als der Krieg zu Ende war. Erinnerungen, Insel, Frankfurt/M. 1995, S. 116f.

M5 Valentin Senger (1918–1997)

Die jüdische Familie Senger überlebte mit falschen Papieren die NS-Zeit in Frankfurt/Main. Valentin Senger trat nach 1945 der KPD bei, arbeitete bis zu deren Verbot 1956 für die „Sozialistische Volkszeitung", danach beim Hessischen Rundfunk.

Wer kann ermessen, was es bedeutet, mit einer fünfköpfigen Familie, einer jüdischen Familie russischer Herkunft, mit falschen Papieren und unter falschem Namen im Herzen Frankfurts […] zu leben und darauf zu warten, entlarvt oder verraten und aus dem Lügengebäude, in das wir uns eingesponnen hatten, herausgezerrt, in ein Vernichtungslager deportiert und ermordet zu werden? Auch nach dem totalen Zusammenbruch des Hitlerreichs ergab sich mir im Augenblick der Befreiung noch eine Reihe von Situationen, ein Opfer zu werden. […] Die erste war, von einer Wehrmachtspatrouille […] als Deserteur aufgegriffen und am nächsten Baum aufgeknüpft zu werden mit einem Pappschild vor der Brust, auf dem zu lesen gewesen wäre: „Ich bin ein feiger Deserteur und habe den Tod verdient." Denn: In den falschen Papieren, die sich mein Vater in Zürich besorgt hatte, war als Staatsangehörigkeit „staatenlos" und „früher russisch" angegeben. Und so waren auch mein Bruder Alex und ich staatenlos. Das hatte zur Folge, dass wir beide im Spätsommer 1944 mit dem sogenannten Goebbelsaufgebot zur faschistischen Wehrmacht eingezogen wurden. Während ich mich in der Kaserne in Fritzlar mit Fleckfieber infizierte und bei Ordensschwestern in einem Notlazarett in eine strenge und lange Quarantäne kam, wurde mein Bruder von der Kasseler Kaserne, in der er für den Kriegsdienst präpariert worden war, an die Ostfront abkommandiert und beim ersten Fronteinsatz […] erschossen […]. Als sich im März 1945 die amerikanischen Truppen der Stadt Fritzlar näherten, floh ich aus dem Notlazarett und kam etwa fünfzehn Kilometer nordwärts in ein Jagdhaus. Die Bewohnerinnen, drei Frauen, boten mir Zivilkleider an unter der Bedingung, dass ich im Chaos des Zusammenbruchs bei ihnen bleibe und sie gewissermaßen als Leibwächter beschütze. Dieses Angebot nahm ich sofort an. Mir blieb auch keine andere Wahl. Und daraus ergab sich für mich das Risiko, trotz der Zivilkleider noch in letzter Sekunde als Deserteur erkannt und erschossen zu werden. […] Eine letzte, geradezu absurde Möglichkeit, Opfer der Befreiung zu werden, ergab sich, als ich von dem amerikanischen Kommandanten, der in der Kleinstadt Nischen residierte, zu einem Verhör vorgeladen wurde. Den amerikanischen Soldaten, die als Erste in das Jagdhaus gekommen waren, hatte ich meinen Fremdenpass mit dem Eintrag „staatenlos" und „früher russisch" vorgelegt, um ihnen zu beweisen, dass ich kein deutscher Soldat gewesen sei. Zudem erklärte ich ihnen, meine Eltern stammten aus Russland. Diesen Pass hatte ich […] stets gut verwahrt bei mir getragen. Dem Kommandanten war offenbar zu Ohren gekommen, dass ich einen Fremdenpass besitze, der auf „staatenlos" und „früher russisch" lautete. Darum erklärte er mir, ich stehe im Verdacht, als Spion für die Sowjetunion gearbeitet zu haben. […] Bis das geklärt sei, habe ich das Haus, in dem ich derzeit wohne, nicht zu verlassen. Das also war für mich die Befreiung. Zum Glück erhielt der Kommandant aus Frankfurt die Bestätigung, dass meine Angaben korrekt und der Pass in Ordnung sei. Und so hatte er keinen Anlass, mich einzusperren oder abzuschieben. Und er händigte mir einen Passierschein für den Rückweg nach Frankfurt aus.

*Zit. nach: Hans Sarkowicz (Hg.), Als der Krieg zu Ende war. Erinnerungen, Insel, Frankfurt/M. 1995, S. 198ff.**

M6 Hildegard Hamm-Brücher (1921–2016)

Die promovierte Chemikerin und FDP-Politikerin gehörte zum weiteren Umfeld der „Weißen Rose".

In der Nacht des Waffenstillstandes am 8. Mai fingen ein großes Feiern und Freuen an. Erleichterung breitete sich aus, selbst bei Leuten, die nicht gerade zu den Nazigegnern gezählt hatten. Sie beteuerten, man sei ja schon immer dagegen gewesen. Die echten Nazis waren nicht mehr zu sehen. Ich weiß noch genau, dass sich wildfremde Menschen mit Tränen in den Augen um den Hals fielen [...]. Nie wieder in meinem Leben habe ich so intensiv gefühlt, was es heißt, weiterleben zu dürfen – frei leben zu dürfen –, ohne Ängste in unendlicher Dankbarkeit und in der unerschütterlichen Hoffnung auf eine bessere Zukunft. [...] Im Laufe dieses ersten begnadeten Nachkriegssommers reifte dann mein Entschluss, von nun an mein Leben dafür einzusetzen, wofür Freunde im Widerstand und ungezählte Millionen Juden und Nichtjuden ihr Leben geopfert hatten: für Freiheit und Menschenwürde. Gegen jede Form des Rassismus und nationalistischer Überheblichkeit! Der Entschluss, mich politisch zu engagieren! [...] [Es gab] für mich fortan nur einen politisch-moralischen Imperativ: NIE WIEDER! Und zwar in zweierlei Hinsicht: die Einzigartigkeit der Verbrechen, die es zu sühnen und soweit möglich wiedergutzumachen galt –, und die Einzigartigkeit des Versagens der Deutschen, zu denen ich ja auch gehörte.

*Zit. nach: Hans Sarkowicz (Hg.), Als der Krieg zu Ende war. Erinnerungen, Insel, Frankfurt/M. 1995, S. 173–176.***

1 **Arbeitsteilige Gruppenarbeit:** Beschreiben Sie, wie die Personen in M 4–M 6 das Kriegsende erlebt und welche Konsequenzen sie gezogen haben.

2 **Vertiefung:** In seiner Rede erklärte Bundespräsident von Weizsäcker 1985: „Wir haben wahrlich keinen Grund, uns am heutigen Tag an Siegesfeiern zu beteiligen. Aber wir haben allen Grund, den 8. Mai 1945 als das Ende eines Irrweges deutscher Geschichte zu erkennen, das den Keim der Hoffnung auf eine bessere Zukunft barg." Diskutieren Sie, inwieweit die Begriffe „Niederlage" bzw. „Befreiung" Deutschlands 1945 angemessen charakterisieren.

Deutschland bei Kriegsende in Fotografien

M7 Berlin, Französische Straße, Fotografie, 1945

M8 Kriegskind in Berlin, Fotografie, 1946

1 **Wahlaufgabe:** Bearbeiten Sie Aufgabe a) oder b).

a) Beschreiben Sie Foto M 7 oder M 8 und deuten Sie Gesichtsausdruck und Körperhaltung.

b) **Innerer Monolog:** Schreiben Sie einen inneren Monolog zu Foto M 7 oder M 8.

Historisches Untersuchungsverfahren: Der Längsschnitt

Der Längsschnitt ist ein historisches Untersuchungsverfahren, mit der ein geschichtliches Thema **epochenübergreifend,** d. h. über Epochengrenzen (wie Antike, Mittelalter, Neuzeit) hinweg bis in die Gegenwart untersucht wird.
Die Konzentration* auf einen **historischen Gegenstand/Fragestellung** ermöglicht dessen vertiefende und detaillierte Analyse. Allerdings führt diese Konzentration zwangsläufig zur Isolierung*, da der Längsschnitt nicht den gesamtgeschichtlichen Zusammenhang des ausgewählten Gegenstandes in den einzelnen Epochen aufzeigen kann. Wie lässt sich z. B. die Geschichte der Frauen im Mittelalter ohne die Kenntnis der mittelalterlichen Gesellschaftsordnung angemessen untersuchen und beurteilen?
Ein Vorteil von Längsschnitten ist der **Gegenwartsbezug.** Da mit Längsschnitten häufig grundlegende Bereiche menschlichen Lebens – wie Wohnen, Arbeit oder Migration – erforscht werden, kann Geschichte als Vorgeschichte heutiger Verhältnisse fortlaufend bis in die Gegenwart untersucht werden. So lässt sich beispielsweise erkennen, dass Migration, also Wanderungen von Bevölkerungsgruppen, kein Phänomen der Gegenwart ist. Am Beispiel von Friedensschlüssen kann untersucht werden, welche Friedensvereinbarungen aus welchen Gründen Stabilität für eine Nachkriegsordnung brachten bzw. warum dies nicht gelang.

Beispiele für historische Längsschnitte

▶ S. 686 f: Längsschnittthemen im Kursbuch

Das historische Untersuchungsverfahren des Längsschnitts eignet sich für die Auseinandersetzung mit zahlreichen Gegenständen und Fragestellungen. Am Schluss dieses *Kursbuchs*, sind einige Beispiel-Längsschnitte aufgeführt, die mithilfe ausgewählter Themenseiten dieses *Kursbuchs* untersucht werden können. Auf der folgenden Seite, S. 503, findet sich ein Beispiel „Friedensschlüsse in der Geschichte“.

M 1 Wiener Kongress 1814/15, Schulwandbild, freie Kopie der Originalzeichnung des Wiener Hofkünstlers Jean-Baptiste Isabey (1767–1855), 19. Jh.
Vorn links sitzend: Hardenberg (Preußen); hinter ihm: Wellington (England); stehend vor dem Stuhl: Metternich (Österreich); daneben sitzend: Palmella (Portugal); mit überkreuzten Beinen: Castlereagh (England); rechts am Tisch sitzend: Talleyrand (Frankreich); neben ihm im Vordergrund sitzend: Stackelberg (Russland); schräg hinter Talleyrand stehend: Wilhelm von Humboldt (Preußen); links daneben mit geneigtem Kopf: von Gentz.

Friedensschlüsse in der Geschichte – ein Längsschnitt

Der Längsschnitt eignet sich für die Auseinandersetzung mit Friedensschlüssen in der Geschichte, zum Beispiel vom 17. bis 20. Jahrhundert.

Jahr	Friedensschluss	Seiten im Kursbuch
1648	Westfälischer Frieden	S. 157
1815	Schlussakte des Wiener Kongresses	S. 225 ff.
1919	Versailler Vertrag	S. 324 ff.
1945	Potsdamer Protokoll	S. 504 ff.

1 **Arbeitsteilige Gruppenarbeit:** Untersuchen Sie arbeitsteilig ausgewählte Friedensschlüsse der Neuzeit.
Tipp: Nutzen Sie für die Auswahl der Friedensschlüsse die Tabelle oben, für Kriterien und Fragen der Untersuchung die folgende Tabelle.

Untersuchungskriterien	Untersuchungsfragen
Bezeichnung	Wie wird der Friedensschluss bezeichnet?
Zeit	Wann wurde der Friedensschluss verabschiedet? Welcher Epoche ist er zuzuordnen?
Grund	Welcher Krieg ging dem Friedensschluss voraus?
Teilnehmer	Wer nahm an den Friedensverhandlungen teil?
Ziel	Welches Ziel wurde mit den Verhandlungen verfolgt? ggf. Welche Ziele vertraten die einzelnen Teilnehmer?
Ergebnis	Welche Ergebnisse beinhaltete der Friedensschluss?
Schuldfrage	Gibt es Schuldzuweisungen im Vertrag?
Stabilität	Wie lässt sich die Stabilität der geschaffenen Friedensordnung beurteilen?

M2 Die „Großen Vier“ auf der Pariser Friedenskonferenz 1919/20, Fotografie, 1919.
Von links: Ministerpräsident Lloyd George (England), Vittorio Orlando (Italien), Georges Clemenceau (Frankreich), US-Präsident Woodrow Wilson.

11.2 Die Besatzungszeit

In dieser Themeneinheit geht es um
- *die staatspolitische Kapitulation* Deutschlands sowie*
- *die deutschlandpolitischen Pläne und die Besatzungsherrschaft der Alliierten.*

Kapitulation und Besatzungsherrschaft

M1 **Sowjetische Panzer in Berlin vor dem Brandenburger Tor, Fotografie, 1945**

Für Deutschland endete der Zweite Weltkrieg mit der **bedingungslosen Kapitulation.** Sie wurde am 7. Mai vom deutschen Generaloberst Jodl im amerikanischen Hauptquartier in Reims (Frankreich) unterzeichnet. Eine zweite Kapitulationsurkunde unterschrieb Generalfeldmarschall Keitel – auf ausdrücklichen Wunsch Stalins – in der Nacht vom 8. auf den 9. Mai im sowjetischen Hauptquartier in Berlin-Karlshorst. Als die Kapitulation in Kraft trat, existierte der deutsche Staat faktisch nicht mehr.
Das Gebiet des Deutschen Reiches wurde in eine amerikanische, sowjetische, britische und – etwas später – französische **Besatzungszone** aufgeteilt. Mit der „Erklärung in Anbetracht der Niederlage Deutschlands" vom 5. Juni 1945 übernahmen die Siegermächte auch die oberste Regierungsgewalt und verkündeten damit nach der **militärischen** auch die **staatspolitische Kapitulation** des Deutschen Reiches.
Mit ihrer Unterschrift unter diese Berliner Deklaration* bekundeten die Vertreter der vier alliierten Mächte auch den Willen zur gemeinsamen Ausübung ihrer Herrschaftsrechte. Das dafür zuständige Gremium war der **Alliierte Kontrollrat**, der aus den vier Oberbefehlshabern bestand. Bei seiner Regierungsarbeit sollte der Kontrollrat zwei sich ergänzenden Grundsätzen folgen: Die Oberbefehlshaber übten in ihrer jeweiligen Besatzungszone die oberste Gewalt aus und waren dabei allein ihrer Regierung verantwortlich; zur Zusammenarbeit waren sie hingegen „in allen Deutschland als ein Ganzes betreffenden Angelegenheiten" verpflichtet.

Alliierte Deutschlandpläne

▶ **Zu den Alliierten Kriegskonferenzen siehe S. 470 f.**

Während des Zweiten Weltkrieges waren sich die Alliierten einig, dass Deutschland bedingungslos zu kapitulieren habe und das besiegte Deutsche Reich vollständig zu besetzen sowie in Besatzungszonen einzuteilen sei. Der Nationalsozialismus sollte ausgerottet und die Deutschen zu Demokraten erzogen bzw. „umerzogen" werden. Außerdem verlangte vor allem Stalin von Deutschland Reparationen* als Ausgleich für Zerstörungen in der UdSSR. Seit 1941/42 erörterten die Alliierten Überlegungen zur Zergliederung Deutschlands, das den Weltfrieden nie mehr stören dürfte (s. S. 447).
Auf der **Konferenz von Teheran** (28. November–30. Dezember 1943) schlug US-Präsident Roosevelt vor, das Land in fünf „autonome" Staaten zu zergliedern. Der englische Premierminister Winston Churchill favorisierte eine Zweiteilung in Nord und Süd, wobei der Süden mit Österreich und Ungarn zu einer „Donauföderation" zusammengefasst werden sollte. Auch Stalin sprach sich für eine Aufteilung des deutschen Staatsgebietes aus, ohne sich auf einen genauen Teilungsplan festzulegen. Außerdem betrachteten Stalin und Churchill seitdem die Oder als neue polnische Westgrenze.
Die Entscheidung zur Aufteilung Deutschlands in drei Besatzungszonen fiel 1944. Auf der **Konferenz von Jalta** (4.–11. Februar 1945) beschlossen die „Großen Drei", Frankreich auf Kosten der britischen und amerikanischen Zone eine vierte Besatzungszone zuzuteilen und damit in den Kreis der Siegermächte aufzunehmen. Jedoch gelang es den Alliierten nicht, ein konkretes Deutschlandkonzept zu erarbeiten. Offen blieb auch die Frage der Reparationen, die Deutschland leisten sollte.

Auf der **Potsdamer Konferenz** (17. Juli–2. August 1945) vereinbarten die Regierungs- und Staatschefs der USA, Großbritanniens und der Sowjetunion, Deutschland während der zeitlich nicht begrenzten Dauer der Besatzung als „wirtschaftliche Einheit“ zu behandeln und „bis auf Weiteres“ keine deutsche Regierung einzusetzen. Sie erklärten in Bezug auf Deutschland vier zentrale Ziele: **Demokratisierung*, Denazifizierung*, Demilitarisierung*, Dezentralisierung***. Doch überdeckten diese Formelkompromisse, dass die Sowjetunion einerseits und die Westmächte andererseits mit diesen Begriffen, den „4 Ds“, jeweils völlig unterschiedliche Inhalte verbanden. Die Kluft zwischen ihren gesellschaftspolitischen und wirtschaftlichen Vorstellungen trat mit der Verschärfung des **Ost-West-Konfliktes** (s. S. 469 ff.) immer mehr in den Vordergrund.
Heftige Meinungsunterschiede entzündeten sich bereits in Potsdam an der Forderung Stalins nach Reparationen aus ganz Deutschland und einer Viermächtekontrolle des Ruhrgebietes, eines wichtigen Wirtschaftsstandortes. Briten und Amerikaner lehnten dies ab, weil sie ein wirtschaftliches Chaos befürchteten. Auch wollten sie verhindern, dass die von ihnen verwalteten Besatzungszonen für Reparationen an die UdSSR aufzukommen hätten. US-Außenminister James F. Byrnes entschärfte die Diskussion vorläufig durch einen Kompromiss, nach dem jede Besatzungsmacht aus ihrer Zone Reparationen entnehmen durfte. Die UdSSR sollte zudem 25 Prozent der für Reparationen beschlagnahmten Industrieausrüstungen aus den Westzonen erhalten.

▶ M 5–M 7: Die Potsdamer Konferenz 1945 – Ein Beschluss zur deutschen Teilung?

M 2 Churchill, Truman und Stalin in Potsdam vor Schloss Cecilienhof, dem Tagungsort der Potsdamer Konferenz, Fotografie, Ende Juli 1945

Sowjetische Besatzungspolitik

Im April 1945 erklärte Stalin: „Dieser Krieg ist nicht wie in der Vergangenheit; wer immer ein Gebiet besetzt, erlegt ihm auch sein eigenes gesellschaftliches System auf. Jeder führt sein eigenes System ein, so weit seine Armee vordringen kann.“ Das Zitat scheint zu belegen, dass der sowjetische Diktator von Anfang an auf die Gründung eines sozialistischen deutschen Teilstaates zusteuerte. Doch die moderne Zeitgeschichtsforschung betont, dass die sowjetische Deutschlandpolitik während der Besatzungszeit zwischen 1945 und 1949 unentschieden und mehrgleisig war. Das Maximalziel war die Vorherrschaft über ein vereinigtes und von westlichen Einflüssen befreites Deutschland, das sich eng an die UdSSR anlehne. Ließe sich solch eine gesamtdeutsche Lösung nicht verwirklichen, strebten sie als Minimallösung den Aufbau eines kommunistischen Systems in ihrer Besatzungszone an. Es sollte so attraktiv auf den Westen wirken, dass sich dieser zum kommunistischen Gesellschaftsmodell bekennen und auf einen deutschen Gesamtstaat nach sowjetischem Muster hinarbeiten werde.
Da sich die Sowjetunion Reparationen aus den Westzonen erhoffte, trat sie für eine gesamtdeutsche Lösung ein. Doch gleichzeitig leitete die UdSSR in ihrer Zone Strukturreformen ein, die die Grundlagen für ein kommunistisches Herrschafts- und Gesellschaftssystem legten. Die am 9. Juni 1945 gegründete **Sowjetische Militäradministration in Deutschland (SMAD)** kontrollierte und verwaltete die **Sowjetische Besatzungszone (SBZ).** Zu diesem Zweck wurden Anfang Mai 1945 drei **„Initiativgruppen“ deutscher Kommunisten** aus dem Moskauer Exil nach Deutschland geflogen (s. S. 516). Sie erhielten in den Länder- und in den neu geschaffenen elf Zentralverwaltungen entscheidende Positionen. Auch sollten sie den sowjetischen Machthabern beim Aufbau eines Staats- und Parteiapparates behilflich sein und später schrittweise die Macht übernehmen. Die SMAD setzte im Oktober 1945 die Beschlagnahmung des gesamten Eigentums des deutschen Staates, der NSDAP und der Wehrmacht in der SBZ durch. Überdies legte sie die Grundlagen zur Verstaatlichung der Wirtschaft und damit für eine sozialistische Wirtschaftsordnung: 1945 wurden viele schwerindustrielle* Betriebe in Sowjetische Aktiengesellschaften überführt. Banken und Sparkassen wurden verstaatlicht und andere Wirtschaftsunternehmen 1946 den deutschen Verwaltungsorganen unterstellt. Die SMAD trieb ebenfalls die Enteignung der Großgrundbesitzer voran, was 1945 den Kern der Bodenreform bildete.

M 3 Plakat zur Bodenreform in der SBZ, 1945

Morgenthau-Plan
Im August 1944 verfasste Henry Morgenthau, Finanzminister der USA, eine Denkschrift mit dem Titel „Programm, das verhindern soll, dass Deutschland einen dritten Weltkrieg anzettelt". Der Plan sah vor, Deutschland in drei Staaten zu gliedern, einen Nordstaat, einen Südstaat und eine Internationale Zone bestehend aus dem Rheinland, Westfalen und einem Küstenstreifen. Kernpunkt des Programms war die Verwandlung Deutschlands in ein Agrarland. US-Präsident Roosevelt stimmte dem Plan kurzfristig zu, verwarf ihn aber wieder, da Außen- und Kriegsministerium protestiert hatten.

M4 Landung eines „Rosinenbombers" der USA in Berlin während der Blockade, Fotografie, 17. Oktober 1948

Besatzungspolitik der Westalliierten

Schon in den letzten beiden Kriegsjahren nahm bei den Regierungen der USA und Großbritanniens die Skepsis* gegenüber solchen deutschlandpolitischen Konzeptionen zu, die auf eine nachhaltige Bestrafung des Deutschen Reiches zielten. Außen- und Kriegsministerium bewegten US-Präsident Roosevelt 1944 dazu, vom **Morgenthau-Plan*** abzurücken, der die Umwandlung Deutschlands in ein Agrarland vorsah. Ein britischer Planungsstab kam im Herbst 1944 zu dem Ergebnis: „Eine Zerstückelung würde eine Verarmung Deutschlands zur Folge haben, die Erholung der ganzen Welt von den Kriegsschäden verlangsamen und somit auf lange Sicht auch den britischen Wirtschaftsinteressen schaden." Allmählich setzte sich die Einsicht durch, dass ein in Kleinstaaten zerteiltes Deutschland für die Sieger eine wirtschaftliche Belastung und für die Neuordnung Europas eine schwere Bürde darstelle. Eine kontrollierte deutsche Industrie würde bei gleichzeitiger Entmilitarisierung Deutschlands den Sicherheits- und Wirtschaftsinteressen der Alliierten besser entsprechen.

Als 1946 die Spannungen zwischen der Sowjetunion und den Westalliierten zunahmen, leiteten Briten und Amerikaner eine **deutschlandpolitische Wende** ein: Im September 1946 kündigte US-Außenminister Byrnes den raschen politischen und wirtschaftlichen **Wiederaufbau** Deutschlands an. Außerdem beschlossen die USA und Großbritannien im Januar 1947 die wirtschaftliche Verschmelzung der ihnen unterstellten Zonen zur **Bizone.** Im Juni 1947 verkündete Washington das Hilfsprogramm des **Marshall-Plans*,** der auch Deutschland zugute kommen sollte. 1948 bereiteten die Westmächte mit deutschen Verwaltungsstellen unter strengster Geheimhaltung eine **Währungsreform** vor, die das Fundament für den ökonomischen Wiederaufbau Westdeutschlands legen sollte. Auch Frankreich, das anfangs auf eine dauerhafte und wirksame politische wie wirtschaftliche Schwächung seines deutschen Nachbarn hingearbeitet hatte, unterstützte nun diese Politik, die im Westen Deutschlands einen politischen, wirtschaftlichen und gesellschaftlichen Neuanfang ermöglichte.

Die wachsende Ost-West-Konfrontation bzw. die zunehmenden Entwicklungsunterschiede der Westzonen und der SBZ traten während der **Berlin-Blockade 1948/49** offen zutage. Um die Währungsreform im Westen, die aus Sicht der UdSSR zur Gründung eines Weststaates führen konnte, zu verhindern, verfügte die SMAD 1948 eine totale Blockade aller Land- und Wasserwege zu den Westsektoren Berlins. Das konnten und wollten die Westalliierten nicht hinnehmen, da sie damit ihre Herrschaftsrechte beschnitten sahen. Die USA entschieden sich indes gegen einen militärischen Konflikt mit der UdSSR. Stattdessen versorgten Amerikaner und Briten Berlin über eine **Luftbrücke.** An dieser anglo-amerikanischen Gegenwehr und dem Durchhaltevermögen der Westberliner Bevölkerung scheiterte schließlich 1949 die Berlin-Blockade.

1 Erklären Sie mithilfe der Darstellung, warum die Alliierten auf einer bedingungslosen Kapitulation Deutschlands bestanden.
2 **Schaubild:** Stellen Sie anhand der Darstellung in einer Übersicht die alliierten Deutschlandpläne zusammen.
3 **Wahlaufgabe:** Bearbeiten Sie Aufgabe a) oder b).
   a) Vergleichen Sie anhand von selbst gewählten Aspekten die Besatzungspolitik der Sowjetunion mit derjenigen der Westalliierten (Darstellung).
   b) **Tabelle:** Stellen Sie Ziele und Inhalte der sowjetischen und der Westalliierten-Besatzungspolitik in einer Tabelle stichpunktartig gegenüber (Darstellung).

Hinweise zur Arbeit mit den Materialien:
Schwerpunkt des Materialteils ist die Potsdamer Konferenz: M 5 beinhaltet die Abschlusserklärung, M 6 das Urteil eines Zeitgenossen, M 7 eine Historikerposition.

Die Potsdamer Konferenz 1945 – ein Beschluss zur deutschen Teilung?

M5 Aus dem Potsdamer Kommuniqué (2. August 1945)

Es ist nicht die Absicht der Alliierten, das deutsche Volk zu vernichten oder zu versklaven. Die Alliierten wollen dem deutschen Volke die Möglichkeit geben, sich darauf vorzubereiten, sein Leben auf einer demokratischen und friedlichen Grundlage von Neuem wieder aufzubauen. Wenn die eigenen Anstrengungen des deutschen Volkes unablässig auf die Erreichung dieses Zieles gerichtet sein werden, wird es ihm möglich sein, zu gegebener Zeit seinen Platz unter den freien und friedlichen Völkern der Welt einzunehmen. [...]

A. Politische Grundsätze

1. Entsprechend der Übereinkunft über das Kontrollsystem in Deutschland wird die höchste Regierungsgewalt in Deutschland durch die Oberbefehlshaber der Streitkräfte der Vereinigten Staaten von Amerika, des Vereinigten Königreichs, der Union der Sozialistischen Sowjetrepubliken und der Französischen Republik nach den Weisungen ihrer entsprechenden Regierungen ausgeübt, und zwar von jedem in seiner Besatzungszone sowie gemeinsam in ihrer Eigenschaft als Mitglieder des Kontrollrates in den Deutschland als Ganzes betreffenden Fragen.

2. Soweit dieses praktisch durchführbar ist, muss die Behandlung der deutschen Bevölkerung in ganz Deutschland gleich sein.

3. Die Ziele der Besetzung Deutschlands, durch welche der Kontrollrat sich leiten lassen soll, sind:

(I.) Völlige Abrüstung und Entmilitarisierung Deutschlands und die Ausschaltung der gesamten deutschen Industrie, welche für eine Kriegsproduktion benutzt werden kann, oder deren Überwachung. [...]

(II.) Das deutsche Volk muss überzeugt werden, dass es eine totale militärische Niederlage erlitten hat und dass es sich nicht der Verantwortung entziehen kann für das, was es selbst dadurch auf sich geladen hat, dass seine eigene mitleidlose Kriegsführung und der fanatische Widerstand der Nazis die deutsche Wirtschaft zerstört und Chaos und Elend unvermeidlich gemacht haben.

(III.) Die Nationalsozialistische Partei mit ihren angeschlossenen Gliederungen und Unterorganisationen ist zu vernichten; [...] es sind Sicherheiten dafür zu schaffen, dass sie in keiner Form wieder auferstehen können, jeder nazistischen und militärischen Betätigung und Propaganda ist vorzubeugen.

(IV.) Die endgültige Umgestaltung des deutschen politischen Lebens auf demokratischer Grundlage und eine eventuelle friedliche Mitarbeit Deutschlands am internationalen Leben sind vorzubereiten. [...]

5. Kriegsverbrecher und alle diejenigen, die in der Planung oder Verwirklichung nazistischer Maßnahmen, die Gräuel oder Kriegsverbrechen nach sich zogen oder als Ergebnis hatten, teilgenommen haben, sind zu verhaften und dem Gericht zu übergeben. Nazistische Parteiführer, einflussreiche Nazianhänger und die Leiter der nazistischen Ämter und Organisationen und alle anderen Personen, die für die Besetzung und ihre Ziele gefährlich sind, sind zu verhaften und zu internieren. [...]

9. Die Verwaltung Deutschlands muss in Richtung auf eine Dezentralisation der politischen Struktur und der Entwicklung einer örtlichen Selbstverwaltung durchgeführt werden. [...]

(II.) In ganz Deutschland sind alle demokratischen politischen Parteien zu erlauben und zu fördern, mit der Einräumung des Rechtes, Versammlungen einzuberufen und öffentliche Diskussionen durchzuführen. [...]

(IV.) Bis auf Weiteres wird keine zentrale deutsche Regierung errichtet werden. [...]

B. Wirtschaftliche Grundsätze [...]

12. In praktisch kürzester Frist ist das deutsche Wirtschaftsleben zu dezentralisieren mit dem Ziel der Vernichtung der bestehenden übermäßigen Konzentration der Wirtschaftskraft, dargestellt insbesondere durch Kartelle, Syndikate, Trusts und andere Monopolvereinigungen. [...]

14. Während der Besatzungszeit ist Deutschland als eine wirtschaftliche Einheit zu betrachten [...].

*Zit. nach: Ernst Deuerlein (Hg.), Potsdam 1945. Quellen zur Konferenz der „Großen Drei", dtv, München 1963, S. 354ff.**

M6 Aus den Memoiren* des amerikanischen Diplomaten George F. Kennan (1968)

In einem undatierten Entwurf, der zwischen anderen privaten Papieren steckte und allem Anschein nach aus dem Sommer 1945 stammt, finde ich den folgenden Abschnitt:

„Die Idee, Deutschland gemeinsam mit den Russen regieren zu wollen, ist ein Wahn. Ein ebensolcher

Wahn ist es, zu glauben, die Russen und wir könnten uns eines schönen Tages höflich zurückziehen, und aus dem Vakuum werde ein gesundes und friedliches, stabiles und freundliches Deutschland steigen. Wir haben keine andere Wahl, als unseren Teil von Deutschland – den Teil, für den wir und die Briten die Verantwortung übernommen haben – zu einer Form von Unabhängigkeit zu führen, die so befriedigend, so gesichert, so überlegen ist, dass der Osten sie nicht gefährden kann. Das ist eine gewaltige Aufgabe für Amerikaner. Aber sie lässt sich nicht umgehen; und hierüber, nicht über undurchführbare Pläne für eine gemeinsame Militärregierung, sollten wir uns Gedanken machen.

Zugegeben, dass das Zerstückelung bedeutet. Aber die Zerstückelung ist bereits Tatsache, wegen der Oder-Neiße-Linie. Ob das Stück Sowjetzone wieder mit Deutschland verbunden wird oder nicht, ist jetzt nicht wichtig. Besser ein zerstückeltes Deutschland, von dem wenigstens der westliche Teil als Prellbock für die Kräfte des Totalitarismus wirkt, als ein geeintes Deutschland, das diese Kräfte wieder bis an die Nordsee vorlässt. [...] Wenn wir auch unsere bereits übernommenen Verpflichtungen bei der Kontrollkommission loyal erfüllen sollten, so dürfen wir uns doch über die Möglichkeiten einer Dreimächtekontrolle keine Illusionen machen. [...] Im Grunde sind wir in Deutschland Konkurrenten der Russen. Wo es in unserer Zone um wirklich wichtige Dinge geht, sollten wir in der Kontrollkommission keinerlei Zugeständnisse machen."

*Zit. nach: George F. Kennan, Memoiren eines Diplomaten, Goverts Verlag, Stuttgart 1968, S. 262. Übers. Heidi von Alten.**

M7 Der westdeutsche Historiker Hermann Weber über die Potsdamer Konferenz (1976)

In den wesentlichen Punkten bot das Abkommen breiten Spielraum für unterschiedliche Auslegungen: Deutschland sollte Wiedergutmachung leisten, die Alliierten wollten „Militarismus und Nazismus" ausrotten, ein demokratisches Staatswesen schaffen und eine einheitliche Wirtschaftsordnung erhalten. Diese Vereinbarungen dienten der UdSSR in den folgenden Jahren als Legitimation, um stufenweise ihre veränderte Politik in Deutschland durchzusetzen. Die sowjetische Europapolitik nach 1945 zeigt weder die klare Absicht, ganz Europa zu sowjetisieren, noch beschränkte sie sich auf die Schaffung von Sicherheitszonen, um die Sowjetunion notfalls besser verteidigen zu können. Die verschiedenen Konzeptionen, die die Sowjetunion Stalins vermutlich besaß, boten die Möglichkeit, sich der jeweiligen konkreten Situation anzupassen, um schrittweise bestimmte strategische und taktische Ziele zu realisieren. Das bedeutet aber, dass die Außenpolitik der Sowjetunion wesentlich von der Haltung der USA abhing (und umgekehrt).

Ein „Fernziel der UdSSR bestand wohl darin, in Deutschland ihr eigenes System zu installieren. Nur dadurch glaubte sie letztlich „Faschismus und Militarismus" ausrotten zu können, die ja nach der sowjetischen Ideologie Folgen des Kapitalismus und bürgerlichen Staatsform, also auch des Parlamentarismus, waren. Die aktuellen Interessen der UdSSR verlangten 1945 jedoch eine andere Taktik. Die Sowjetunion wollte eben nicht nur ihren Machtbereich erweitern und ihr internationales Gewicht verstärken, sie benötigte nach den schweren Kriegsverlusten Ruhe für den Wiederaufbau und sie brauchte Reparationen. Zunächst war also die Zusammenarbeit mit den West-Alliierten notwendig. Daher sollte jeder Anschein einer „kommunistischen Entwicklung" oder einer Übertragung des Sowjetsystems in Osteuropa und erst recht im gemeinsam besetzten Deutschland vermieden werden. [...] Mit dieser Taktik ließ sich die UdSSR verschiedene Möglichkeiten offen: Bei entsprechender Interessenlage und politischen Erfordernissen blieb der Weg für eine gesamtdeutsche und demokratische Entwicklung offen; die Alternative war der tatsächlich eingeschlagene Weg der SBZ, nämlich die erneute Umstrukturierung des Parteiensystems, die [...] den Weg zur Stalinisierung freimachte.

*Zit. nach: Hermann Weber, DDR. Grundriss der Geschichte 1945–1976, Fackelträger, Hannover 1976, S. 19f.**

1 Erarbeiten Sie die wesentlichen Bestimmungen der Abschlusserklärung der Potsdamer Konferenz (M 5).
2 Erläutern Sie, welche Bestimmungen in M 5 eher für eine Teilung sprechen und welche dagegen.
3 **Arbeitsteilige Partnerarbeit:**
   a) Analysieren Sie M 6 bzw. M 7 im Hinblick auf Position und Argumentation des jeweiligen Autors gegenüber der Potsdamer Konferenz.
   b) Tauschen Sie Ihre Ergebnisse aus und halten Sie Gemeinsamkeiten und Unterschiede fest.
   c) Erörtern Sie die Leitfrage dieses Materialteils.
4 **Vertiefung:** Verfassen Sie aus Sicht einer deutschen Widerstandskämpferin, die die NS-Zeit im Untergrund überlebt hat, einen zeitgenössischen Zeitungskommentar zum Kommuniqué M 5.

11.3 Die doppelte Staatsgründung

Von der Bizone zur Bundesrepublik

In dieser Themeneinheit geht es um
- *Entnazifizierung und politischen Neubeginn in den westlichen Besatzungszonen,*
- *das Grundgesetz und die Grundprinzipien der zweiten deutschen Demokratie*.*

Entnazifizierung in den westlichen Besatzungszonen

Die Alliierten stimmten auf der Potsdamer Konferenz im Juli/August 1945 (s. S. 505) darin überein, dass der Nationalsozialismus in Deutschland ausgerottet werden müsse. Diese Abrechnung mit der NS-Diktatur lag vor allem in den Händen der Siegermächte. Zu ihren ersten Maßnahmen gehörten die Auflösung der NSDAP sowie die Verhaftung und Internierung* führender Parteifunktionäre und SS-Offiziere. Vom 20. November 1945 bis zum 1. Oktober 1946 verhandelte der **Internationale Militärgerichtshof in Nürnberg** gegen führende NS-Größen wie Göring, Heß, von Ribbentropp und Speer. Aus symbolischen Gründen wählten die Alliierten die Stadt der NS-Reichsparteitage. Hitler, Himmler und Goebbels hatten sich bereits vor Kriegsende durch Selbstmord der Verantwortung entzogen. Den Angeklagten wurde die Vorbereitung und Führung eines Angriffskrieges, Kriegsverbrechen und Völkermord zur Last gelegt. Die Richter verkündeten zwölf Todesurteile, sieben langjährige Haftstrafen und drei Freisprüche. Die NSDAP, die SS, die Gestapo und der SD wurden zu verbrecherischen Organisationen erklärt; die Strafverfolgung ihrer Mitglieder wurde jedoch von einer nachweislichen persönlichen Schuld abhängig gemacht. Der Nürnberger Prozess führte der deutschen und der Weltöffentlichkeit erstmals die Verbrechen der NS-Diktatur vor Augen, denn Presse und Rundfunk berichteten ausführlich über Verlauf und Ergebnisse.

M1 Die Hauptangeklagten vor dem Internationalen Militärgerichtshof in Nürnberg, Fotografie, November 1945

M2 Im Rahmen der Entnazifizierung werden in Trier unter amerikanischer Aufsicht Straßenschilder ausgewechselt, Fotografie, 1945

▶ M 8, M 9: Entnazifizierung und Umerziehung im Westen

Mit diesem Prozess endeten die Gemeinsamkeiten der Alliierten bei der Verfolgung und Bestrafung der NS-Führungselite. In allen vier Besatzungszonen gab es eine große Zahl weiterer Gerichtsverfahren gegen NS-Täter, die jedoch in die Zuständigkeit der jeweiligen Besatzungsmacht fielen. Die bis 1949 durchgeführten zwölf **Nürnberger Nachfolgeprozesse** (unter anderem gegen Juristen, Mediziner, Beamte, Generäle, Diplomaten, Unternehmer, Wirtschaftsmanager) fanden vor US-Militärgerichten statt. Die von den Alliierten organisierten politischen „Säuberungen" richteten sich nicht nur gegen Kriegsverbrecher, sondern zielten auch auf die umfassende Entnazifizierung Deutschlands. Hunderttausende NS-Funktionäre wurden zeitweilig interniert sowie ehemalige NSDAP-Mitglieder an Schulen, in der staatlichen Verwaltung und in Wirtschaftsunternehmen entlassen. Millionen Deutsche mussten mithilfe eines Fragebogens ihren beruflichen und politischen Werdegang in der NS-Zeit offenlegen. Sogenannte **Spruchkammern** stuften die erfassten Personen je nach dem Grad ihrer individuellen Verantwortung in fünf Kategorien ein – **Hauptschuldige, Belastete, Minderbelastete, Mitläufer, Entlastete** – und verhängten Strafen, die von Haft über Vermögenseinzug und Geldbußen bis zum Entzug des Wahlrechts reichten. Ab 1946/47 übertrugen die Militärbehörden die Entnazifizierung deutschen Spruchkammern, die manche Entlassung aus dem öffentlichen Dienst wieder aufhoben. Außerdem endeten Verfahren immer öfter mit dem Spruch „Mitläufer" oder „Unbelasteter".
Darüber hinaus wollten die Westmächte die deutsche Bevölkerung mit den Spielregeln einer modernen westlichen Demokratie vertraut machen. Hierfür entwarfen die USA das Konzept der *Reeducation* („Umerziehung"), dessen Schwerpunkte in der Umgestaltung des Kultur- und Bildungswesens lagen.

Politischer Neubeginn

Die Westmächte verfügten weder über ein einheitliches noch ein fest umrissenes Konzept für den Neuaufbau von Kommunen, Ländern oder Parteien. Vieles wurde spontan organisiert, um ein geordnetes Leben zu ermöglichen und die Bevölkerung mit dem Notwendigsten zu versorgen. Bei der Einsetzung von **Kommunalverwaltungen** griffen die zuständigen Militärbefehlshaber häufig zurück auf Geistliche oder Lehrer – soweit sie nicht Nationalsozialisten gewesen waren – und Kommunalbeamte aus der Weimarer Zeit, die von den Nationalsozialisten aus dem Dienst entfernt worden waren. Ein wichtiger Schritt zum Aufbau einer Demokratie „von unten" waren die **Kommunalwahlen** 1946. Zwar standen die Kommunen nach wie vor unter der Aufsicht der Militärverwaltungen, aber aus den bisherigen reinen Auftragsverwaltungen waren demokratisch legitimierte Organe der lokalen Selbstverwaltung geworden.
Unabhängig voneinander leiteten die Siegermächte 1945 bis 1947 die nächste Stufe der verfassungspolitischen Neuordnung ein, die **Gründung von Ländern**. Die ersten Länder Bayern, (Groß-)Hessen und Württemberg-Baden – Bremen kam 1947 hinzu – entstanden bereits 1945 in der amerikanischen Zone. Die Militärregierung, die die ersten drei Ministerpräsidenten ernannt hatte, ordnete im Frühjahr 1946 die Aufnahme von Verfassungsberatungen an. Ende 1946 fanden nicht nur die **ersten Landtagswahlen** statt, sondern die Bevölkerung stimmte gleichzeitig über die **Länderverfassungen** ab. Die französische Regierung errichtete Ende August 1946 in ihrer Zone neben den schon bestehenden Ländern Baden und Württemberg-Hohenzollern das Land Rheinland-Pfalz. Das Saarland wurde Ende 1946 in das Wirtschaftsgebiet Frankreichs einbezogen. Die Verfassungen dieser Länder wurden in langwierigen Debatten in Ausschüssen und Kommissionen ausgearbeitet und im Frühsommer 1947 (mit Ausnahme des Saarlandes) in Volksabstimmungen angenommen. Die Landesverfassungen der im August 1946 durch Neugliederung der britischen Zone entstandenen Länder Nordrhein-Westfalen, Schleswig-Holstein und Niedersachsen – Hamburg blieb selbstständig – konnten erst nach dem Inkrafttreten des Grundgesetzes verabschiedet werden.

M3 Carl Reiser, „In die neue Zeit mit der Sozialdemokratie", Plakat, um 1946

M4 FDP-Plakat zum Zusammenschluss der liberalen Parteien am 11. Dezember 1948

M5 CDU-Wahlplakat von 1949

Die Militärregierungen haben die Ländergründungen und den Prozess der Verfassungsgebung zwar angestoßen, beobachtet und kontrolliert. Aber die Deutschen diskutierten und gestalteten ihre Verfassungen weitgehend eigenständig. Ähnlich wie bei den Beratungen für das Grundgesetz (s. S. 512) diente die Weimarer Verfassung als Vor- und Gegenbild: Im Mittelpunkt stand die Frage, welche Konsequenzen aus dem Scheitern der ersten deutschen Demokratie gezogen werden müssten, um die Wiederkehr einer Diktatur zu verhindern.

Der Gründung der Bundesrepublik Deutschland im Jahre 1949 gingen neben der Entstehung der Länder auch die **Parteiengründungen** voraus. Nicht genehmigt wurden neonazistische Parteien. Die 1945/46 ins Leben gerufenen Parteien lassen sich in zwei Gruppen einteilen: Wiedergründung von Parteien, die bereits in der Weimarer Republik bestanden, und Neugründung von Parteien, die nach ihrer politischen Zusammensetzung und Ausrichtung keine Vorgänger besaßen. Bei der **KPD** und der **SPD** handelte es sich um Wiedergründungen. Beide Parteien besaßen einen Vorsprung, da sie auf alte Organisationsnetze zurückgreifen konnten. In der Weimarer Zeit verfügten sie über einen voll ausgebauten Parteiapparat und einen umfangreichen Mitglieder- und Wählerstamm. Die Liberalen benötigten trotz ihrer Tradition längere Zeit für die organisatorische Zusammenfassung ihrer unterschiedlichen regionalen und programmatischen Strömungen in einer Partei, der **FDP.** Uneingeschränkte Neugründungen waren organisatorisch wie ideologisch* die überkonfessionell* ausgerichtete **CDU** (Christlich Demokratische Union) und die bayerische **CSU** (Christlich Soziale Union).

Das Grundgesetz

Als die Westmächte mit Beginn des Kalten Krieges 1946/47 den politischen Neubeginn in ihren Besatzungszonen vorantrieben, strebten sie nicht die Teilung Deutschlands an. Sie wurde als kleineres Übel in Kauf genommen, da mit der Sowjetunion keine gemeinsame Deutschlandpolitik mehr möglich war. Überzeugt von der Notwendigkeit, das politische System Deutschlands in einer Verfassung zu regeln, beauftragten die Militärgouverneure am 1. Juli 1948 die Ministerpräsidenten ihrer Länder, eine verfassungsge-

M6 Annahme des Grundgesetzes für den westdeutschen Bundesstaat im Parlamentarischen Rat, Fotografie, 8. Mai 1949.

bende Versammlung einzuberufen. Diesen Auftrag konkretisierten sie in den „Dokumenten zur künftigen politischen Entwicklung Deutschlands", den **„Frankfurter Dokumenten"**. Sie verlangten die Ausarbeitung einer demokratischen Verfassung mit ausgeprägten föderalistischen* Eigenschaften. Gegenüber der reinen Besatzungsherrschaft war diese Entwicklung zu größerer politischer Selbstständigkeit der Deutschen ein Fortschritt. Die neue Verfassung sollte nach Ansicht der Ministerpräsidenten zwei Ziele verfolgen: Ein handlungsfähiger und in absehbarer Zeit auch souveräner* westdeutscher Teilstaat sollte entstehen, eine spätere gesamtdeutsche Lösung aber nicht ausschließen. Der von den Ministerpräsidenten eingesetzte **„Verfassungskonvent auf Herrenchiemsee"** legte vom 10. bis zum 23. August 1948 die Kriterien für die Wahlen zum Parlamentarischen Rat fest. Man einigte sich auf Bonn als Tagungsort, berief ein vorbereitendes Expertengremium ein und formulierte in dem „Bericht von Herrenchiemsee" einen Entwurf, der die ersten Umrisse des Grundgesetzes sichtbar machte. Der **Parlamentarische Rat**, der von September 1948 bis Mai 1949 tagte, arbeitete das **Grundgesetz** aus. Zu seinem Präsidenten wählte er den CDU-Politiker **Konrad Adenauer** (1876–1967). Zusammen mit dem Sozialdemokraten **Carlo Schmid** (1896–1979) prägte er die Verfassungsberatungen nachhaltig. Die drei Militärregierungen beobachteten die Beratungen aufmerksam und hielten engen Kontakt zu den Abgeordneten.

Am 8. Mai 1949, genau vier Jahre nach der bedingungslosen Kapitulation Deutschlands, verabschiedete der Parlamentarische Rat mit 53 zu 12 Stimmen das **Grundgesetz**. Die Militärgouverneure genehmigten es vier Tage später, sicherten sich aber ihre Zuständigkeit für Westberlin. Nachdem die Landesparlamente mit Ausnahme Bayerns das Grundgesetz ratifiziert* hatten, trat es am 23. Mai 1949 in Kraft. Die Bundesrepublik Deutschland besaß somit zwar eine freiheitliche demokratische Verfassung, die das politisch-gesellschaftliche Leben regelte. Aber am 20. September 1949 trat das **Besatzungsstatut** in Kraft, das die Handlungs- und Entscheidungsfreiheit der Bundesregierung einschränkte. Die Westmächte – vertreten durch zivile Hohe Kommissare, die an die Stelle der drei Militärgouverneure traten und die **Alliierte Hohe Kommission** bildeten – besaßen danach das Recht, in die Politik des jungen Staates ohne deutsche Zustimmung einzugreifen. Das galt für die Bereiche Außenpolitik, Abrüstung und Entmilitarisierung*, Reparationen*, Dekartellierung* und Devisenbewirtschaftung*. Durch ihre Streitkräfte garantierten sie die Sicherheit der Bundesrepublik Deutschland.

Grundprinzipien der zweiten deutschen Demokratie

▶ **M 10, M 11: Verfassungsauftrag und Grundgesetz**

Deutschland war seit 1949 ein geteiltes Land. Das Grundgesetz der Bundesrepublik Deutschland forderte jedoch in der Präambel* das „gesamte deutsche Volk" ausdrücklich auf, in „freier Selbstbestimmung die Einheit und Freiheit Deutschlands zu vollenden". Das gelang erst mit der Wiedervereinigung Deutschlands 1990. Bis zu diesem Zeitpunkt lebten nur die Bürger im westlichen deutschen Teilstaat in einem demokratischen Staatswesen. Diese zweite deutsche Demokratie wurde 1949 mit dem festen Willen geschaffen, **Lehren aus dem Scheitern der Weimarer Republik** zu ziehen und die erneute Errichtung einer Diktatur zu verhindern. Das **Bundesverfassungsgericht*** hat daher den Staat des Grundgesetzes einmal als „streitbare, wehrhafte Demokratie" bezeichnet, gestaltet „aus den bitteren Erfahrungen mit dem Schicksal der Weimarer Demokratie". Die **„streitbare, wehrhafte Demokratie"** der Bundesrepublik diente aber auch als Schutzwall gegen die kommunistische Bedrohung der Gegenwart. Historiker, Sozialwissenschaftler und Juristen sprechen daher vom „antitotalitären Geist" des Grundgesetzes, der aus der doppelten Abwehr der totalitären* Diktaturen des Nationalsozialismus und des Kommunismus entstand. Das Grundgesetz erlaubt ausdrücklich den Kampf gegen die Feinde der freiheitlich-demokratischen Grundordnung. Personen oder Vereinigungen können ihre grundgesetzlich verbürgten Grundrechte (z. B. Presse- und Versammlungsfreiheit, Freiheit der Meinungsäußerung) verlieren, wenn sie die vom Grundgesetz garantierte Staats- und Gesellschaftsordnung beseitigen wollen oder beeinträchtigen. Außerdem können verfassungsfeindliche Vereine von den Innenministern der Länder, verfassungsfeindliche Parteien vom Bundesverfassungsgericht verboten werden. Das Grundgesetz räumt überdies das Recht zum „Widerstand" gegen jeden ein, der es unternimmt, die verfassungsmäßige Ordnung zu beseitigen – vorausgesetzt, dass Abhilfe anders nicht möglich ist.

Eine weitere Lehre aus Weimar und der menschenverachtenden NS-Diktatur zog der Parlamentarische Rat, indem er einen Katalog an Menschenrechten im Grundgesetz verankerte. Er garantiert die **Menschen- und Grundrechte** und verbietet in Artikel 79 deren Veränderung oder Abschaffung. Diese **„Ewigkeitsklausel"**, die Änderungen an dem Grundgehalt des Grundgesetzes ausschließt, untersagt auch Änderungen des Grundgesetzes, „welche die Gliederung des Bundes in Länder, die grundsätzliche Mitwirkung der Länder bei der Gesetzgebung" betreffen.

Die Demokratie des Grundgesetzes ist eine **repräsentative Demokratie**, in der die Volksvertretung, der **Bundestag**, und der vom Parlament gewählte **Bundeskanzler** eine starke Stellung besitzen. Nach den Erfahrungen mit den Volksbegehren in der Weimarer Zeit verzichtet das Grundgesetz auf Bundesebene auf plebiszitäre Elemente. Anders als der vom Volk direkt gewählte Weimarer Reichspräsident sollte der **Bundespräsident** kein „Ersatzkaiser" mehr sein. Er wird von der Bundesversammlung gewählt und besitzt überwiegend repräsentative Aufgaben. Eine der wichtigsten Entscheidungen des Parlamentarischen Rates bestand darin, die **Parteien** als unerlässliche Institutionen der politischen Willens- und Mehrheitsbildung anzuerkennen. Die aus dem Kaiserreich stammende Abwertung der Parteien, die auch das politische Leben der Weimarer Zeit geprägte hatte, sollte überwunden werden. Von den Parteien verlangt die Verfassung das Bekenntnis zum Grundgesetz und innerparteiliche Demokratie.

Um die Abgeordneten im Deutschen Bundestag zur Mehrheitsbildung zu zwingen, schreibt das Grundgesetz für die Ablösung einer Regierung das **konstruktive Misstrauensvotum** vor. Ein Bundeskanzler kann nach diesem Verfahren nur durch die Wahl eines neuen Kanzlers gestürzt werden. Auf diese Weise sollen häufige Regierungswechsel wie in der Weimarer Zeit verhindert werden. Im Vergleich zur Weimarer Verfassung erhielt die Vertretung der Länder, der **Bundesrat**, mehr Befugnisse. Damit sollte die Mitbestimmung der Länder bei der Gesetzgebung des Bundes gestärkt werden – eine Forderung nicht allein der Länder, sondern auch der Westalliierten.

Erst nach massiver Mobilisierung* der Öffentlichkeit gelang es den Frauen im Parlamentarischen Rat, besonders **Elisabeth Selbert** (1896–1986), die allgemeine rechtliche **Gleichstellung von Mann und Frau** – im Gegensatz zur rein politischen Gleichberechtigung wie in der Weimarer Verfassung – durchzusetzen.

Bundesverfassungsgericht
Das Bundesverfassungsgericht mit Sitz in Karlsruhe ist der oberste Hüter des Grundgesetzes. Es ist Gericht und zugleich Verfassungsorgan. Das Gericht untersteht keiner Dienstaufsicht. Sein Präsident ist oberster Dienstherr der Beamten des Gerichts. Die Entscheidungen des Bundesverfassungsgerichts binden die Verfassungsorgane des Bundes und der Länder sowie alle Gerichte und Behörden. In den dafür in Betracht kommenden Fällen erlangen sie sogar Gesetzeskraft.

M7 Die vier Frauen des Parlamentarischen Rates (v. l. n. r.): Friederike Nadig, Elisabeth Selbert, Helene Weber, Helene Wessel , Fotografie, 1949

1 Nennen Sie Ziele und Inhalte der Entnazifizierung in den Westzonen (Darstellung).
2 **Zeitleiste:** Halten Sie anhand der Darstellung zentrale Stationen auf dem Weg zur Gründung der Bundesrepublik fest. Berücksichtigen Sie auch die Plakate M 3–M 5.
3 Erläutern Sie Kerninhalte der vom Grundgesetz bestimmten westlichen Demokratie.

Hinweise zur Arbeit mit den Materialien:
Der Materialteil zur Entstehung der Bundesrepublik setzt zwei Schwerpunkte: Entnazifizierung und Umerziehung in M 8, M 9 sowie Verfassungsauftrag und Grundgesetz in M 10, M 11. Als Vertiefung bietet sich ein Vergleich der Verfassungen der Weimarer Republik und der Bundesrepublik an (M 11 und S. 367, M 1).

Entnazifizierung und Umerziehung im Westen

M 8 Der Historiker Norbert Frei über die Folgen der Entnazifizierung in den Westzonen (2005)

Die folgenden Stichworte mögen andeuten, dass es zu kurz greift, diese Phase der Säuberungspolitik [zwischen 1945 und 1949] allein unter dem vereinfachenden Begriff der „gescheiterten Entnazifizierung" zu betrachten, wie dies in der Historiografie lange üblich war. [...]

Stichwort justizielle Säuberung: Neben und nach dem Nürnberger Prozess gegen 24 führende Repräsentanten von Partei, Staat und Wehrmacht und gegen sechs NS-Organisationen gab es in den drei westlichen Besatzungszonen Militärgerichtsprozesse gegen annähernd 5 000 Angeklagte, von denen etwa 800 zum Tode verurteilt wurden; mindestens ein Drittel dieser Urteile wurde vollstreckt. In den sogenannten Nürnberger Nachfolgeprozessen, die die Amerikaner alleine durchführten, standen 184 ausgewählte Vertreter jener Funktionseliten vor Gericht, die zum Funktionieren des NS-Systems entscheidend beigetragen hatten; vier Fünftel dieser Angeklagten wurden verurteilt, und die Hälfte der 24 Todesurteile wurde vollstreckt.

Stichwort Internierung: Gewissermaßen zur Vorbeugung nahmen die Alliierten nach Kriegsende massenhaft ehemalige Parteifunktionäre und SS-Mitglieder in *„automatic arrest"*. Allein in der amerikanischen Zone belief sich die Zahl der Internierten gegen Jahresende 1945 auf etwa 100 000 Personen, und etwa doppelt so viele dürften insgesamt von den Westmächten teils zwar nur für Wochen, teils aber auch bis zu drei Jahre in Haft gehalten worden sein [...].

Stichwort Mitläufer: Hier ist vor allem an die rigorose Politik der Entlassung aus dem öffentlichen Dienst zu erinnern, mit der besonders die amerikanische Militärregierung agierte: Nach zunächst frei verfügten Entlassungen, die im Sommer 1945 auch den Briten und Franzosen als ein probates Mittel erschienen, um etwaige politische Widerstände innerhalb der deutschen Verwaltung zu brechen und NS-Seilschaften zu zerschlagen, musste in der US-Zone schließlich jeder Beamte seinen Schreibtisch räumen, der der NSDAP vor dem 1. Mai 1937 beigetreten war. Hunderttausende waren von diesen Maßnahmen zumindest vorübergehend betroffen, und dass es dabei auch zu Ungerechtigkeiten kam, lässt sich leicht vorstellen.

*Norbert Frei, Deutsche Lernprozesse. NS-Vergangenheit und Generationenfolge seit 1945, in: Norbert Frei, 1945 und Wir. Das Dritte Reich im Bewusstsein der Deutschen, C. H. Beck, München 2005, S. 28 f.***

M 9 Der Historiker Dennis Meyer über die *„Reeducation"* durch die Alliierten (2007)

Die Maßnahmen der *Reeducation* umfassten die durchgehende Akademisierung des Lehrerberufs, Lehrmittel- und Schulgeldfreiheit, die neunjährige Schulpflicht sowie die Umstrukturierung von Presse und Rundfunk. Nach der deutschen Kapitulation wurden zunächst alle Adolf-Hitler-Schulen, NS-Ordensburgen und die Nationalpolitischen Erziehungsanstalten geschlossen, Lehrkörper, -mittel und -pläne entnazifiziert [...]. Am 1. 10. 1945 wurde der reguläre Schulunterricht wieder aufgenommen. Aufgrund des durch die Entnazifizierung entstandenen Lehrermangels (örtlich waren bis zu zwei Drittel der Lehrerschaft entlassen worden) wurden Pensionäre und zu sogenannten „Schulhelfern" ausgebildete Studenten eingestellt; als Lehrmaterial dienten von den Alliierten bereits vor Kriegsende nachgedruckte Schulbücher aus der Weimarer Republik. Das kulturelle Leben wurde schnell wieder aufgenommen. [...]

Die *Reeducation* umfasste jedoch nicht nur die Reformierung des Bildungs- und Kultursektors, sondern auch Maßnahmen, die direkt bei der Bevölkerung ansetzten. Vor allem die amerikanischen und britischen Alliierten versuchten, durch Aufklärung die Geisteshaltung der Deutschen zu verändern. In Filmvorführungen, Hörfunksendungen, Zeitungsartikeln und an Informationsabenden wurde die Bevölkerung mit den grausamen Verbrechen konfrontiert. Ein Fernbleiben von den Veranstaltungen, auf denen meist erschreckende Bilder von NS-Opfern gezeigt wurden, hatte mitunter Kürzungen der Rationierung zur Folge. Als besonders drastische *Reeducation*-Maßnahme gilt die von den amerikanischen Besatzern angeordnete Besichtigung der Leichenberge im Konzentrationslager Buchenwald durch die Einwohner Weimars.

*Dennis Meyer, Artikel „Reeducation", in: Torben Fischer, Matthias N. Lorenz (Hg.), Lexikon der „Vergangenheitsbewältigung" in Deutschland. Debatten und Diskursgeschichte des Nationalsozialismus nach 1945, transcript Verlag, Bielefeld 2007, S. 20.**

1 Partnerarbeit:
a) Erarbeiten Sie die wichtigsten Maßnahmen der Westalliierten zur Entnazifizierung (M 8) und zur Reeducation-Politik (M 9).
b) Vergleichen Sie Ihre Ergebnisse.
2 Wahlaufgabe: Bearbeiten Sie Aufgabe a) oder b).
a) Erörtern Sie (M 8, M 9), ob sich Entnazifizierung und *Reeducation* ergänzten oder widersprachen.
b) Diskutieren Sie mithilfe von M 8, M 9 die Wirkung der „Umerziehung“ auf die deutsche Bevölkerung. Differenzieren Sie zwischen Älteren und Jüngeren.

Verfassungsauftrag und Grundgesetz

M 10 Aus den Frankfurter Dokumenten (1. Juli 1948)

In Übereinstimmung mit den Beschlüssen ihrer Regierungen autorisieren die Militärgouverneure der amerikanischen, britischen und französischen Besatzungszone in Deutschland die Ministerpräsidenten der Länder ihrer Zonen, eine verfassunggebende Versammlung einzuberufen, die spätestens am 1. September 1948 zusammentreten sollte. [...] Die verfassunggebende Versammlung wird eine demokratische Verfassung ausarbeiten, die für die beteiligten Länder eine Regierungsform des förderalistischen Typs schafft, die [...] geeignet ist, die gegenwärtig zerrissene deutsche Einheit schließlich wiederherzustellen, und die Rechte der beteiligten Länder schützt, eine angemessene Zentralinstanz schafft und die Garantien der individuellen Rechte und Freiheiten enthält. [...] Die Militärgouverneure werden den deutschen Regierungen Befugnisse der Gesetzgebung, der Verwaltung und der Rechtsprechung gewähren und sich solche Zuständigkeiten vorbehalten, die nötig sind, um die Erfüllung des grundsätzlichen Zwecks der Besatzung sicherzustellen. [...] Jede Verfassungsänderung ist den Militärgouverneuren zur Genehmigung vorzulegen. Sofern nicht anders bestimmt, [...] treten alle Gesetze und Bestimmungen der föderativen Regierung ohne weiteres innerhalb von 21 Tagen in Kraft, wenn sie nicht von den Militärgouverneuren verworfen werden.

*Zit. nach: Johannes Hohlfeld (Hg.), Dokumente der deutschen Politik und Geschichte von 1848 bis zur Gegenwart, Bd. 6, Dokumenten-Verlag, Berlin 1951, S. 320 ff.**

1 Überprüfen Sie anhand von M 10, ob und inwiefern die Westalliierten beim Verfassungsauftrag inhaltliche Vorgaben gemacht haben.
2 Gruppenarbeit: Untersuchen Sie anhand des Verfassungsschaubildes M 11, wie die Prinzipien aus M 10 verwirklicht wurden.
3 Vertiefung: Vergleichen Sie die Verfassungen der Weimarer Republik (s. S. 367, M 1) und der Bundesrepublik Deutschland (M 11), indem Sie eine Erörterung zu der These „Bonn ist nicht Weimar“ verfassen.
Tipp: Siehe auch Darstellung, S. 511 f.
4 Zusatzaufgabe: Siehe S. 619.

M 11 Grundgesetz der Bundesrepublik Deutschland (mit Änderungen aufgrund der Vereinigung 1990)

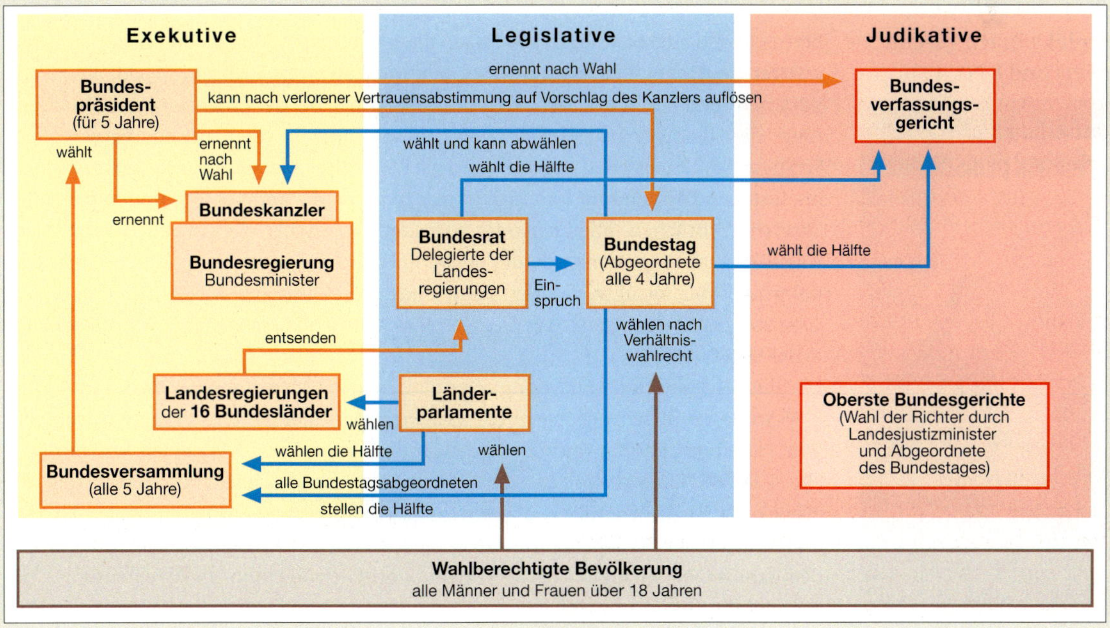

Von der SBZ bis zur Gründung der DDR

In dieser Themeneinheit geht es um
- *Entnazifizierung und politischen Neubeginn in der sowjetischen Besatzungszone,*
- *die Gründung und das politische System der DDR.*

Entnazifizierung in der SBZ

Die Sowjetische Militäradministration (SMAD) leitete unmittelbar nach der Besetzung ihrer Zone, der Sowjetischen Besatzungszone (SBZ), Maßnahmen zur Entnazifizierung ein. Die Sowjets waren überzeugt, dass die Herrschaft des Nationalsozialismus eine Folge der kapitalistischen* Wirtschaftsordnung gewesen sei. Um die Grundlagen nationalsozialistischer Politik zu beseitigen, musste nach dieser Auffassung der Kapitalismus abgeschafft und eine kommunistische* Ordnung aufgebaut werden. Konsequent verknüpfte die SMAD den Aufbau der Verwaltungen mit personellen Neubesetzungen: Bis August 1947 verloren 520 000 Personen ihren Arbeitsplatz, überwiegend in der öffentlichen Verwaltung. Die freigewordenen Positionen erhielten meist Gefolgsleute der KPD, später der Sozialistischen Einheitspartei Deutschlands (SED; s. S. 517). Nach offiziellen Angaben der SMAD wurden über 10 000 Mitglieder der SS, 2 000 Angehörige der Gestapo und 4 300 „politische Führer" der NSDAP angeklagt, davon insgesamt 12 807 verurteilt (darunter 118 zum Tode). Mindestens 150 000 Personen wurden in die Sowjetunion deportiert* oder in **„Speziallager"*** verschleppt. Auf der anderen Seite wurden frühzeitig NS-belastete Bürger von der Bestrafung ausgenommen und in das neue kommunistische System integriert. Neuere Untersuchungen dokumentieren, dass eine Vielzahl von NSDAP-Funktionären sowie SA- und SS-Führern und KZ-Wächtern in der späteren DDR Karriere machten. Die Parteiführung verheimlichte diese Angaben, da sie die offizielle Kennzeichnung der DDR als einzigen „antifaschistischen Staat auf deutschem Boden" infrage gestellt hätte.

„Speziallager"
Erst 1950 löste die sowjetische Geheimpolizei ihre Internierungslager auf deutschem Boden auf. Der Historiker Hermann Weber schätzt, dass in ihnen etwa 150 000 deutsche Gefangene festgehalten wurden, von denen 70 000 ums Leben gekommen sein sollen. Darunter befanden sich NS-Verbrecher, Nazi-Aktivisten, Minderbelastete, viele Mitläufer, aber auch eine Vielzahl denunzierter und willkürlich verhafteter Unschuldiger. Ab 1946 wurden auch Sozialdemokraten, Demokraten und selbst oppositionelle Kommunisten ohne Rechtsschutz und auf unbestimmte Zeit interniert.

Parteien

Bereits in den letzten Kriegstagen flogen die sowjetischen Militärs drei Gruppen ausgewählter **deutscher Exilkommunisten aus Moskau** nach Sachsen, Mecklenburg-Vorpommern und Berlin ein. Sie sollten die Rote Armee bei der Errichtung und Durchführung der Besatzungsherrschaft unterstützen und in den neuen Verwaltungen Schlüsselpositionen besetzen. Während die KPD-Mitglieder wichtige Ressorts wie Inneres, Justiz und Bildung für sich reservierten, wurden die anderen Positionen mit unbelasteten christlichen, liberalen oder sozialdemokratischen Deutschen besetzt. Nach Aussagen Wolfgang Leonhards, der der Berliner Gruppe angehörte und sich später vom Kommunismus lossagte, gab der Vorsitzende dieser Gruppe, Walter Ulbricht, die Losung aus: „Es ist doch ganz klar: Es muss demokratisch aussehen, aber wir müssen alles in der Hand haben."
Die überraschend frühe Zulassung von politischen Parteien durch die SMAD am 10. Juni 1945 sollte der Besatzungsmacht die volle Kontrolle über das entstehende parteipolitische Leben garantieren und der im Neuaufbau begriffenen KPD einen Vorsprung sichern. Die SMAD verlangte von den Parteien eine „antifaschistische" Ausrichtung und ein Bekenntnis zur „Demokratie" sowie zu den „bürgerlichen Freiheiten". In ihrem Gründungsaufruf vom 15. Juli 1945 kündigte die KPD die Errichtung einer parlamentarisch-demokratischen Republik mit allen demokratischen Rechten und Freiheiten für das Volk an. Die Einführung des Sowjetsystems lehnte die KPD offiziell ab, weil „dieser Weg

M1 Wahlplakat nach Vereinigung von SPD und KPD, 1946

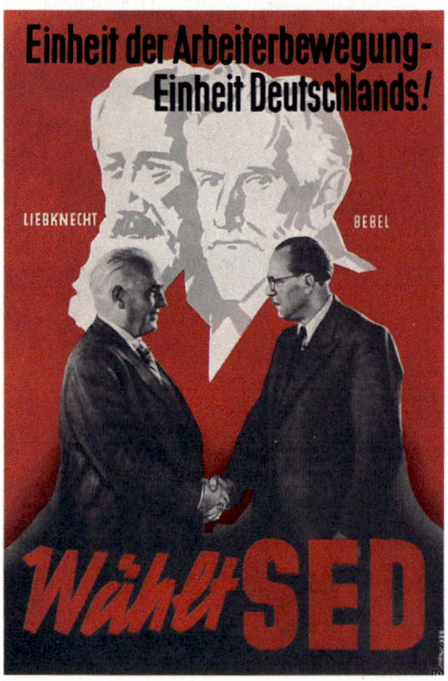

nicht den gegenwärtigen Entwicklungsbedingungen in Deutschland" entspräche. Im Juni und Juli konstituierten* sich auch die SPD, die Christlich-Demokratische Union (CDU) und die Liberal-Demokratische Partei Deutschlands (LDP bzw. LDPD). Allerdings konnten sich diese Parteien nicht frei entfalten. Am 14. Juli 1945 schlossen sie sich zur **„Einheitsfront der antifaschistisch-demokratischen Parteien"**, dem **Antifa-Block**, zusammen. Da Beschlüsse nur einstimmig gefasst werden durften, waren die politischen Handlungsräume von SPD, CDU und Liberalen entscheidend eingeschränkt. Die von der SMAD massiv unterstützte KPD erhielt – anders als von der kommunistischen Führung erwartet und erhofft – einen sehr viel geringeren Zulauf als die SPD und die bürgerlichen Parteien. Immer mehr Menschen wandten sich von ihr ab, da sie sich vorbehaltlos mit der weitgehend unbeliebten sowjetischen Besatzungsmacht identifizierte*. Daher forderte die KPD ab Oktober 1945 eine Vereinigung mit der SPD, die sie unmittelbar nach Kriegsende noch abgelehnt hatte. Unter dem Druck der Besatzungsmacht vollzogen beide Parteien am 22. April 1946 ihre **Vereinigung zur Sozialistischen Einheitspartei Deutschlands (SED)**. Sie sollte sich zur kommunistischen **Partei „neuen Typs"** entwickeln. Die Vereinigung war allerdings eine Zwangsvereinigung, da viele Sozialdemokraten die Fusion* ablehnten.

▶ M 3, M 4: Gründung und Entwicklung der SED

Gründung der DDR

Bereits im Juli 1945 ordnete die SMAD die Bildung von elf Zentralverwaltungen an, die der Besatzungsmacht als Hilfsadministrationen dienten, da sie keine Gesetze oder Verordnungen erlassen durften. Gleichzeitig wurden fünf Landes- und Provinzialverwaltungen eingerichtet und die SBZ zunächst in die Länder Sachsen, Sachsen-Anhalt, Brandenburg, Thüringen und Mecklenburg-Vorpommern aufgeteilt. Ungeachtet mancher Gegensätze unter den Parteien verständigten sich diese im Frühjahr 1947 in allen fünf Länderparlamenten auf Verfassungen. Diese folgten einerseits parlamentarisch-demokratischen Traditionen, indem sie Grundrechte verankerten und die politischen Mitbestimmungsrechte der Landtage stärkten; andererseits konnte die SED ihre zentralistischen Vorstellungen verwirklichen, indem sie z. B. die staatliche Lenkung der Wirtschaft festschrieb.

Um den Westalliierten zu zeigen, dass es sich bei der „antifaschistischen Demokratie" in der SBZ um eine Demokratie handelte, setzte die sowjetische Besatzungsmacht 1946 Wahlen an. Die SED erzielte bei den Gemeindewahlen in den Ländern Anfang September 1946 etwa 57 Prozent der Stimmen. Aber diese Wahlen waren nicht frei, da den Vertretern der „bürgerlichen" Parteien in zahlreichen Orten die Registrierung verwehrt worden war. Bei den weitgehend freien Wahlen zu den Kreis- und Landtagen im Oktober konnten LDPD und CDU zusammen mehr Stimmen auf sich vereinigen als die SED. Katastrophal endete für die SED die Wahl in Berlin, wo die SPD kandidieren konnte und fast die Hälfte der Wählerstimmen erhielt. Die SED lag mit 19,8 Prozent der Stimmen noch hinter der CDU mit 22,2 Prozent. Diese Wahlergebnisse machten SMAD und SED deutlich, dass ihre ständig propagierte „führende Rolle" im politischen Leben nicht gesichert war. Die uneingeschränkte Vorherrschaft der kommunistischen Kräfte war jedoch Voraussetzung für die grundlegende Umgestaltung von Politik, Gesellschaft und Wirtschaft

Um ihre Vormachtstellung zu erhalten und auszubauen, organisierte die SED die Volkskongressbewegung. Sie ebnete den Weg zum zentralistischen Einheitsstaat in der SBZ und zur Gründung der DDR. Der erste „Deutsche Volkskongress für Einheit und gerechten Frieden" im Dezember 1947 sollte zeigen, dass dem Aufruf der SED Vertreter aller **Parteien, Massenorganisationen*** (z. B. die staatliche „Freie Deutsche Jugend", FDJ), und **Betrieben** aus der SBZ und teilweise auch aus den Westzonen folgten. Der Kongress entsandte eine Delegation an den Rat der Außenminister der vier Siegermächte, um die Herstellung der deutschen Einheit zu verlangen. Der Mitte März 1948 zusam-

M 2 Plakat des FDGB, 1946

Massenorganisationen
1948 wurden in der SBZ bisher unabhängiger gesellschaftlicher Verbände zu kommunistischen Massenorganisationen umgebildet. Sie sollten alle Bürger erfassen und ihnen die Formulierung ihrer Interessen ermöglichen – allerdings unter strikter Kontrolle der SED, die darauf achtete, dass die Bürger der Parteilinie folgten und keine abweichenden Meinungen äußerten. Die SED-Führungsrolle war in allen Massenorganisationen verankert. Die bedeutendsten Organisationen waren: der Freie Deutsche Gewerkschaftsbund (FDGB, mit 5 Mio. Mitgliedern 1949), die Freie Deutsche Jugend (FDJ), der Demokratische Frauenbund Deutschlands (DFD) und der Kulturbund (KB).

▶ M 5, M 6: Die DDR – Entstehung und Staatsaufbau

Einheitsliste
In der DDR wurden bei Wahlen den Parteien und Massenorganisationen (FDGB, FDJ, KB, DFD, seit 1985 die VdgB, die Vereinigung der gegenseitigen Bauernhilfe) die Mandate nach einem bestimmten Schlüssel vorab zugewiesen. Die Nationale Front (Dachverband aller Parteien und gesellschaftlichen Gruppen) stellte eine Einheitsliste aller Kandidaten auf. Von der Möglichkeit, auf der Liste Kandidaten zu streichen und damit andere „hochzuwählen“, machten nur wenige Gebrauch. Nach dem Wahlgesetz konnte geheim gewählt werden. Als „normaler“ Wahlakt galt indes das öffentliche Einwerfen des unveränderten Stimmzettels (ironisch „Zettelfalten“ genannt). Nach offiziellen Angaben wurden durchschnittlich über 99 % Ja-Stimmen abgegeben.

mengetretene zweite Volkskongress, der sich aus knapp 2 000 Delegierten der verschiedenen Parteien und Massenorganisationen zusammensetzte, wählte aus seiner Mitte einen aus 400 Mitgliedern bestehenden „Deutschen Volksrat“. Dieser sollte eine Verfassung für „eine unteilbare deutsche demokratische Republik“ ausarbeiten. Am 19. März 1949 verabschiedete der Volksrat seinen Verfassungsentwurf, der anschließend von der sowjetischen Besatzungsmacht genehmigt wurde. Nachdem das Grundgesetz für die Bundesrepublik Deutschland in Kraft getreten war, wählte die Bevölkerung der SBZ Mitte Mai 1949 den dritten Volkskongress. Zur Wahl standen allerdings nicht einzelne Kandidaten oder Parteien. Die Wähler besaßen lediglich die Möglichkeit, einer **Einheitsliste*** von Parteien und Massenorganisationen zuzustimmen oder diese abzulehnen. Am 30. Mai 1949 trat dieser so gewählte dritte Volkskongress zusammen und bestimmte den zweiten „Deutschen Volksrat“. Dieser erklärte sich am 7. Oktober 1949 zur „Provisorischen Volkskammer“, d. h. zur legitimen Volksvertretung, und setzte die „Verfassung der Deutschen Demokratischen Republik“ nach der Bestätigung durch den Volkskongress in Kraft. Damit war die DDR gegründet und Deutschland staatsrechtlich in zwei Staaten geteilt.

Partei und Staat in der DDR

Ähnlich wie das Grundgesetz erhob die DDR-Verfassung von 1949 den Anspruch, für ganz Deutschland zu gelten. Allerdings verabschiedete sich die DDR seit Beginn der 1970er-Jahre vom Bekenntnis zur deutschen Nation*. In Artikel 1 ihrer Verfassung von 1968 hatte sich die DDR noch als „sozialistischer Staat deutscher Nation“ definiert. In Artikel 8 dieser Verfassung bekannte sich die DDR zur Wiedervereinigung – allerdings unter sozialistischem Vorzeichen: „Die Deutsche Demokratische Republik und ihre Bürger erstreben ... die Überwindung der vom Imperialismus* der deutschen Nation aufgezwungenen Spaltung Deutschlands, die schrittweise Annäherung der beiden deutschen Staaten bis zu ihrer Vereinigung auf der Grundlage der Demokratie und des Sozialismus.“ Diese Passage entfiel in der Verfassung von 1974 ganz, die in Artikel 1 die DDR als „sozialistischen Staat der Arbeiter und Bauern“ bestimmte.
Die DDR war ein zentralistischer Staat, in dem die Gewaltenteilung zwischen Exekutive, Legislative und Judikative aufgehoben und alle Gewalt beim Parlament, d. h. der Volkskammer als „höchstem Organ der Republik“, konzentriert war. Zwar garantierte die DDR-Verfassung die bürgerlichen Grundrechte (z. B. Rede-, Presse-, Versammlungs- und Religionsfreiheit, Postgeheimnis), die „allgemeine, gleiche, unmittelbare und geheime Wahl“ der Abgeordneten und das Streikrecht der Gewerkschaften. Die Verfassungswirklichkeit sah jedoch anders aus. Und für die strafrechtliche Verfolgung jeder Form von Opposition nutzte sie den Artikel 6 der Verfassung: Als „Verbrechen im Sinne des Strafgesetzbuches“ definierte er die Bekundung von Glaubens-, Rassen- und Völkerhass sowie Kriegshetze, aber auch „Boykotthetze gegen demokratische Einrichtungen und Organisationen ... und alle sonstigen Handlungen, die sich gegen die Gleichberechtigung richten“.

1 Nennen Sie anhand der Darstellung Maßnahmen zur Entnazifizierung in der SBZ.
2 **Zeitleiste:** Erstellen Sie mithilfe der Darstellung eine Zeitleiste zur Entstehung der DDR.
3 Erläutern Sie die Mittel, mit denen sich die KPD bzw. die SED ihre Vorherrschaft in der SBZ/DDR sicherte.
4 **Partnerarbeit:** Vergleichen Sie anhand der Darstellungen die doppelte Staatsgründung anhand zentraler Aspekte (Bundesrepublik, s. S. 509 ff.; DDR, s. o.).
Tipp: Mögliche Aspekte sind Entnazifizierung, Parteienbildung, Verfassung, Wahlen usw.

Hinweise zur Arbeit mit den Materialien:
Im Materialteil werden Gründung und Entwicklung der SED thematisiert (M 3, M 4) sowie die Wege zur Entstehung der DDR und die DDR-Staatsstruktur (M 5, M 6).

Die SED – Gründung und Entwicklung

M3 Der Historiker Günther Heydemann über die Entstehung der SED (2003)

Die Nähe zur sowjetischen Besatzungsmacht sicherte der KPD zwar einen permanenten Informationsvorsprung und damit zugleich die politische Initiative, diskreditierte sie aber bei der Masse der Bevölkerung, die in ihr deren Handlanger, die „Russenpartei", sah. Übergriffe von Rotarmisten, die weiter anhaltenden Demontagen, das ungewisse Schicksal von Angehörigen, Kriegsgefangenen und Flüchtlingen in sowjetischer Hand sowie die ablehnende Haltung der UdSSR gegenüber der von vielen Vertriebenen noch immer für offen gehaltenen Frage der Oder-Neiße-Grenze trugen nicht dazu bei, Vertrauen bei der Mehrheit der Bevölkerung zu wecken. In dieser Situation gewann vor allem die SPD zunehmend an Mitgliedern. Bereits im Herbst 1945 übertraf sie mit ca. 300 000 Mitgliedern die KPD um etwa 50 000 und stieg damit wieder zur traditionell dominierenden politischen Kraft in Mitteldeutschland auf. Das Vertrauen auf die wachsende eigene Stärke sowie erste negative Erfahrungen mit der KPD ließen die Führung der SPD in der SBZ vom ursprünglichen Plan einer sofortigen Vereinigung abrücken. Demgegenüber beschleunigten die Kommunisten ihre Bemühungen um eine schnelle Fusion, zumal die SMAD Sorge trug, die KPD könne bei den 1946 anstehenden Gemeinde-, Kreis- und Landtagswahlen verlieren.
In den folgenden Monaten gerieten die Sozialdemokraten immer mehr unter Druck. Mitglieder, die der propagierten Vereinigung skeptisch oder ablehnend gegenüberstanden, wurden von sowjetischen Kommandaturen entsprechend „bearbeitet". Gleichzeitig kam es zwischen der sozialdemokratischen Führung in den westlichen Besatzungszonen unter Kurt Schumacher und der SPD in der SBZ unter Otto Grotewohl[1] zu einem tief greifenden Dissens: Schumacher lehnte jede Vereinigung mit der KPD ab. Damit musste die Ost-SPD aufgrund der bestehenden politischen Verhältnisse in der SBZ ihren eigenen Weg gehen, obwohl Grotewohl gegenüber der KPD-Führung wiederholt erklärt hatte, eine Fusion beider Parteien sei nur auf „Reichsebene" politisch sinnvoll. Auf einer paritätisch besetzten Ausschuss-Konferenz, der sog. Sechziger-Konferenz (20./21. 12. 1945) in Berlin, wurde nicht zuletzt auf Druck anwesender SMAD-Offiziere in einem gemeinsamen Kommuniqué der baldige Zusammenschluss propagiert. [...] Die Sozialdemokratie in der SBZ blieb in der Vereinigungsfrage gespalten, doch ihr Widerstand schwand schließlich. Ende Februar legte der „Sechziger-Ausschuss" den für die Vereinigung notwendigen Parteitag auf Ostern des Jahres 1946 fest. Am 21./22. April wurde die Vereinigung von KPD und SPD vollzogen. Durch die Gründung der SED, die schon durch ihre Mitgliederzahl von ca. 2 Millionen im Jahre 1948 die übrigen Parteien dominierte, trat ein entscheidender Umbruch in der Parteienstruktur der SBZ ein. Hatten sozialdemokratische Befürworter gehofft, sie würden aufgrund ihrer Stärke in der neuen SED politisch tonangebend sein, so war die kommunistische Führung von Anfang an auf deren Subordination [= Unterordnung] und politische Ausmerzung ausgerichtet. Daher wurde die paritätische Besetzung aller Ämter und Aufgabenbereiche gemäß dem neuen Parteistatut bald zur Makulatur.

*Zit. nach: Günther Heydemann, Die Innenpolitik der DDR, Oldenbourg, München 2003, S. 6 f.***

1 Otto Grotewohl (1894–1964) war damals Vorsitzender des Zentralausschusses der SPD. Nach dem Zusammenschluss von SPD und KPD zur SED war er bis 1950 gemeinsam mit Wilhelm Pieck deren Vorsitzender.

M4 Eine Partei „neuen Typs" – Beschluss der 1. Parteikonferenz der SED (28. Januar 1949)

Die Kennzeichen einer Partei neuen Typs sind:
Die marxistisch-leninistische Partei ist die bewusste Vorhut der Arbeiterklasse. Das heißt, sie muss eine Arbeiterpartei sein, die in erster Linie die besten Elemente der Arbeiterklasse in ihren Reihen zählt, die ständig ihr Klassenbewusstsein erhöhen. Die Partei kann ihre führende Rolle als Vorhut des Proletariats nur erfüllen, wenn sie die marxistisch-leninistische Theorie beherrscht, die ihr die Einsicht in die gesellschaftlichen Entwicklungsgesetze vermittelt. Daher ist die erste Aufgabe zur Entwicklung der SED zu einer Partei neuen Typus die ideologisch-politische Erziehung der Parteimitglieder und besonders der Funktionäre im Geiste des Marxismus-Leninismus. [...]
Die marxistisch-leninistische Partei beruht auf dem Grundsatz des demokratischen Zentralismus. Dies bedeutet die strengste Einhaltung des Prinzips der Wählbarkeit der Leitungen und Funktionäre und der Rechnungslegung der Gewählten vor den Mitgliedern. Auf dieser innerparteilichen Demokratie be-

ruht die straffe Parteidisziplin, die dem sozialistischen Bewusstsein der Mitglieder entspringt. Die Parteibeschlüsse haben ausnahmslos für alle Parteimitglieder Gültigkeit, insbesondere auch für die in Parlamenten, Regierung, Verwaltungsorganen und in den Leitungen der Massenorganisationen tätigen Parteimitglieder. Demokratischer Zentralismus bedeutet die Entfaltung der Kritik und Selbstkritik in der Partei, die Kontrolle der konsequenten Durchführung der Beschlüsse durch die Leitungen und die Mitglieder. Die Duldung von Fraktionen und Gruppierungen innerhalb der Partei ist unvereinbar mit ihrem marxistisch-leninistischen Charakter.

*Zit. nach: Hermann Weber (Hg.), DDR, Oldenbourg, München 1986, S. 134.**

1 Stellen Sie Ursachen, Verlauf und Folgen der Vereinigung von SPD und KPD zur SED dar (M 3).
2 **Partnerarbeit:** Diskutieren Sie, ob der Begriff „Zwangsvereinigung" für den Prozess berechtigt ist.
3 Arbeiten Sie anhand von M 4 die zentralen Merkmale einer Partei „neuen Typs" heraus.
4 Vergleichen Sie die SED als Partei „neuen Typs" mit den Parteien der Bundesrepublik.

Die DDR – Entstehung und Staatsaufbau

M 5 Aus dem Aufruf zu einem Deutschen Volkskongress (26. November 1947)

Leider sind alle Bemühungen zur Bildung einer gesamtdeutschen Beratung der Parteien über die Vertretung der Interessen des deutschen Volkes auf der Außenministerkonferenz[1] an dem Widerstande führender Männer der Sozialdemokratischen Partei Deutschlands und bürgerlicher Parteien in den westlichen Besatzungszonen gescheitert. Schließlich hat auch noch der Führer der Christlich-Demokratischen Union in der sowjetischen Besatzungszone seine Zustimmung verweigert. In einem der entscheidendsten Augenblicke versagen die Führer dieser Parteien und lassen das deutsche Volk im Stich. Die Sozialistische Einheitspartei Deutschlands kann und will sich mit diesem Zustande nicht abfinden. Sie erachtet es als ihre Pflicht, dem deutschen Volke die Möglichkeit zu geben, seinen Willen der Londoner Konferenz[2] kundzutun und seiner Stimme Gehör zu verschaffen. Die Sozialistische Einheitspartei Deutschlands ruft in letzter Stunde dazu auf, alles Trennende beiseite zu lassen. Es geht nicht um Parteien, sondern um das Volk! Aufgrund bereits vorliegenden Einverständnisses vieler Organisationen schlagen wir vor: Alle antifaschistisch-demokratischen Parteien, Gewerkschaften und andere Massenorganisationen, Betriebsräte und Belegschaften großer Betriebe, Organisationen der Bauernschaft, Vertreter der Wissenschaft und der Kunst in ganz Deutschland sollen ihre Stimme gemeinsam für das deutsche Volk erheben. Wir laden ein zu einem Deutschen Volkskongress für Einheit und gerechten Frieden am 6. und 7. Dezember 1947 in Berlin, Staatsoper, Friedrichstraße 101/102.

*Zit. nach: Rolf Steininger, Deutsche Geschichte. Darstellung und Dokumente, Bd. 2, Fischer, Frankfurt/M. 2002, S. 98 f.**

1 Die Konferenz der Außenminister der vier Siegermächte musste am 15. Dez. 1947 in London ohne Ergebnisse in der Deutschlandfrage vertagt werden. Daher gingen die drei Westmächte dazu über, ihre Besatzungszonen ohne Berücksichtigung der SBZ aufzubauen. Aus Protest dagegen verließ am 20. März 1948 der sowjetische Vertreter den Alliierten Kontrollrat, der damit faktisch seine Tätigkeit einstellte.

M 6 Staatsaufbau der DDR (Ende 1970er-Jahre)

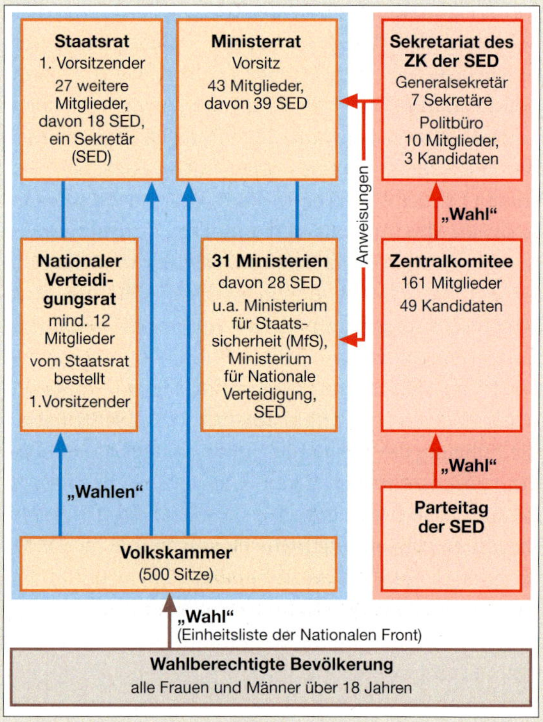

1 Erläutern Sie anhand von M 5 die Motive der SED für die Einberufung des Volkskongresses.
2 Beschreiben Sie den Staatsaufbau der DDR (M 6).
3 **Wahlaufgabe:** Bearbeiten Sie Aufgabe a) oder b).
   a) Erläutern Sie mithilfe von M 6 den Begriff „demokratischer Zentralismus".
   b) Vergleichen Sie den Staatsaufbau der DDR (M 6) mit dem der Bundesrepublik (S. 515, M 11).

11.4 Geteiltes Deutschland – Bundesrepublik und DDR

Systemkonkurrenz und Systemintegration

In dieser Themeneinheit geht es um
- *die politischen Systeme beider deutschen Teilstaaten und deren Integration in die jeweiligen Machtblöcke während des Ost-West-Konflikts in den 1950er-Jahren,*
- *den Bau der Berliner Mauer 1961, der die deutsche Teilung zementierte.*

Systemwechsel

Mit der doppelten Staatsgründung, d. h. der **deutschen Teilung**, waren für die beiden deutschen Teilstaaten grundlegende Wechsel des politischen Systems verbunden: Im **Westen** Deutschlands entstand unter dem Einfluss von Amerikanern, Briten und Franzosen eine **parlamentarische Demokratie***, im **Osten** setzte die Sowjetunion eine **kommunistische Diktatur*** durch. Beide deutsche Staaten beanspruchten, die bessere demokratische Republik zu sein. Während die demokratische Ordnung im Westen auf breite Zustimmung in der Bevölkerung stieß, blieb der kommunistischen Parteidiktatur in der DDR diese politische Legitimität* bis zu ihrem Ende versagt. Die **Systemkonkurrenz** entschied die Bundesrepublik Deutschland zu ihren Gunsten. Die Anziehungskraft **(Magnettheorie*)** des westlichen Staats-, Gesellschafts- und Wirtschaftssystems zeigte sich nicht erst während der Friedlichen Revolution in der DDR und der Wiedervereinigung 1989/90. In der Zeit des Kalten Krieges (s. S. 466 ff.) gehörten beide deutsche Staaten unterschiedlichen Machtblöcken an. Diese **Systemintegration** wurde auf politisch-militärischem Gebiet besonders deutlich: 1955 trat die DDR dem militärischen Zusammenschluss des Ostblocks, dem **Warschauer Pakt,** bei, die Bundesrepublik Deutschland bekannte sich zum Westen und schloss sich der **NATO** an. Während die DDR-Bevölkerung dem Bündnis mit der größtenteils ungeliebten Besatzungsmacht UdSSR skeptisch bis ablehnend gegenüberstand, vollzog sich in der Bundesrepublik Deutschland ein tiefer Einstellungswandel gegenüber den Westmächten: Aus vormaligen Besatzungsmächten entwickelten sich Schutzmächte, die Freiheit und Wohlstand garantierten. Dazu trug entscheidend das Verhalten von Amerikanern und Briten während der Berlin-Blockade 1948/49 (s. S. 506) bei, in der sie durch ihre **Luftbrücke** die Existenz des freien Westberlins gewährleisteten.

Magnettheorie
Während im Osten Deutschlands die Anziehungskraft der kommunistischen Staats- und Gesellschaftsordnung von der Parteiführung der SED behauptet wurde – die Bevölkerung wurde nicht um ihre Zustimmung gefragt –, waren im Westen politische Führung wie breite Bevölkerungsschichten von der Attraktivität sowohl der Demokratie als auch der Marktwirtschaft überzeugt.

M1 Max Radler, „Das neue Reichswappen“, Karikatur in der Zeitschrift „Der Simpl“, 1949.
Links: Wilhelm Pieck (Präsident der DDR 1949–1960); Rechts: Theodor Heuß (Präsident der Bundesrepublik 1949–1959).

„Bonn ist nicht Weimar“ – die Bundesrepublik

Der Buchtitel des Schweizer Journalisten Fritz René Allemann „Bonn ist nicht Weimar“ von 1956 entwickelte sich zu einem geflügelten Wort. „Bonn“, bis 1999 der Parlaments- und Regierungssitz der Bundesrepublik Deutschland, stand und steht für den gelungenen Versuch, nach dem Scheitern der Weimarer Republik (s. S. 386 ff.) eine stabile demokratische Ordnung in Deutschland zu errichten. Ein Grund dafür ist die im **Grundgesetz** festgelegte Verfassungsordnung des Grundgesetzes. Es räumt dem Bundeskanzler im Vergleich zum Reichskanzler der Weimarer Zeit eine relativ starke Position ein. Ihm fällt innerhalb der Regierung eine unbestreitbare Führungsrolle zu. In der Weimarer Republik nahm diese Rolle der Reichspräsident ein (s. S. 367 f.). Denn der Bundeskanzler wird als einziges Regierungsmitglied vom Bundestag gewählt und entscheidet über die Berufung und Entlassung der Minister. Und mit der Einführung des kons-

M2 Konrad Adenauer (1876 bis 1967), Fotografie, 1961

▶ M4: Politische Ziele Adenauers 1945

truktiven Misstrauensvotums* im Grundgesetz (s. S. 513) sollten die häufigen Koalitionskrisen und Regierungswechsel der Weimarer Zeit vermieden werden.

Konrad Adenauer*, der erste Bundeskanzler der Bundesrepublik Deutschland, nutzte energisch die grundgesetzlich garantierte Vorrangstellung des Regierungschefs (**„Kanzlerdemokratie").** Bei ihm lag die Initiative der ersten wie der folgenden Regierungsbildungen. Die Entscheidung gegen eine Große Koalition mit der SPD und für die Kleine Koalition mit der FDP fällte 1949 Adenauer. Seine Macht beruhte wesentlich auf seiner unangefochtenen Stellung als Parteivorsitzender der CDU, der größten Regierungspartei. Adenauer prägte maßgeblich die Bundestagsdebatten und Pressekonferenzen und dominierte auch die Außenpolitik, da es bis 1955 weder einen Außenminister noch einen Auswärtigen Ausschuss im Bundestag gab. Alle Kontakte zu den Alliierten liefen über ihn. Zu einem großen Teil beruhte Adenauers Erfolg darauf, dass er mit seinem patriarchalischen Regierungsstil und seinen oft volkstümlich-schlichten Formulierungen der Sehnsucht zahlreicher Menschen nach Führung in unsicheren Zeiten entsprach. Aber er schuf dadurch auch Vertrauen in die junge deutsche Demokratie.

Die in der frühen Bundesrepublik Deutschland neue Erfahrung stabiler parlamentarischer Regierungen ist auch auf die Entwicklung der **westdeutschen Parteien** seit 1945 zurückzuführen. War die Weimarer Republik durch Parteienzersplitterung gekennzeichnet, konzentrierten sich die Wählerstimmen in der „Bonner Republik" zunehmend auf wenige Parteien (s. S. 538). Die Parteien selbst blieben nicht länger Weltanschauungsparteien mit einer fest umrissenen Wählerschaft, sondern wandelten sich zu **Volksparteien,** die sich als Vertreter des gesamten Volkes verstehen. Waren im ersten Deutschen Bundestag noch elf Parteien vertreten, bildete sich gegen Ende der 1950er-Jahre ein Zweieinhalb-Parteiensystem heraus, das bis in die 1980er-Jahre weitgehend stabil blieb. Es bestand aus den großen Volksparteien CDU (sowie der CSU in Bayern) und SPD sowie der FDP, die als „Zünglein an der Waage" mit beiden großen Parteien Koalitionen einging. Die Parteienkonzentration wurde nicht nur durch die 1953 eingeführte Fünf-Prozent-Klausel begünstigt, die Splitterparteien den Parlamentseinzug erschwerte. Auch die für die „Adenauer-Ära" charakteristische Polarisierung zwischen Regierungskoalition und Opposition trug zur Konzentration der politischen Kräfte bei.

Die DDR – eine zweite totalitäre Diktatur?

Die Demokratie der Bundesrepublik Deutschland beruhte von Anfang an auf einem antitotalitären Grundkonsens. Staat und Gesellschaft wollten sowohl eine Wiederholung der NS-Diktatur verhindern als auch die junge Republik gegen die Bedrohung des Kommunismus schützen. Eine funktionsfähige parlamentarische Demokratie bot den besten Schutz gegen diktatorische Bestrebungen von rechts und links – das war im Westen Deutschlands die Lehre aus der jüngeren deutschen Geschichte. Die SED-Führung in der DDR dagegen glaubte, die richtigen Konsequenzen aus der Vergangenheit zu ziehen, indem sie Ostdeutschland zu einer sozialistischen Staats- und Gesellschaftsordnung nach dem Muster der stalinistischen Sowjetunion (s. S. 340 f.) umgestaltete. Da nach dieser Auffassung der Kapitalismus die Ursache für das Scheitern der Weimarer Republik bzw. den Aufstieg des Nationalsozialismus war, musste die „antifaschistisch-demokratische Umwälzung" in der SBZ und der DDR den Kapitalismus beseitigen und der Arbeiterklasse sowie ihrer parteipolitischen Vertretung, der KPD bzw. ab 1946 SED, die Herrschaft sichern. Dementsprechend begann Ende der 1940er-Jahre in der SBZ die **Stalinisierung** des gesamten gesellschaftlichen Lebens. Wichtige Maßnahmen waren dabei die Zwangsvereinigung von SPD und KPD 1946, die Umwandlung der SED in eine „Partei neuen Typs" sowie die Unterordnung der Blockparteien und der Massenorganisationen unter die SED-Herrschaft (s. S. 516 ff.). 1950/51 kam es innerhalb der SED zu einer großen Säuberungswelle. 150 000 Mitglieder wurden aus der Partei ausgeschlossen, viele von ihnen verhaftet und zu langjährigen Haftstrafen verurteilt. In allen staatlichen Verwaltungen, bei Polizei und Justiz sowie in Betrieben und Landwirtschaftlichen Produktionsgenossenschaften (LPG) wurden Parteigruppen der SED gebildet, die den Herrschaftsanspruch der „Einheitspartei" von oben nach unten durchsetzen sollten. Eine entscheidende Machtstütze wurde das im Februar 1950 gegründete **Ministerium für Staatssicherheit* (MfS bzw. Stasi),** das direkt dem Politbüro, Führungsorgan der SED, unterstellt war. Mithilfe eines weit verzweigten Netzes von Agenten spionierte die Stasi das öffentliche und private Leben seiner Bürger aus. Jede Opposition gegen den SED-Staat sollte auf diese Weise entdeckt und ausgeschaltet werden. Die Existenz einer Geheimpolizei, die das gesamte gesellschaftliche Leben überwacht, ist ein Merkmal moderner Diktaturen. Das MfS wurde in den 1950er-Jahren rasch und systematisch ausgebaut: Gehörten ihm 1950 1 000 hauptamtliche Mitarbeiter an, arbeiteten 1957 bereits 17 500 Menschen für die Staatssicherheit. Ein weiteres Merkmal moderner Diktaturen ist eine umfassende Ideologie, an deren Lehrsätze sich alle Staatsbürger zu halten haben. Die Grundlage allen politischen und sozialen Handelns bildete in der DDR der **Marxismus-Leninismus*.** Diese von Marx, Engels und Lenin abgeleitete Ideologie diente der Legitimation* der Herrschaft der SED, die sich als Interessenvertretung der Arbeiterklasse und damit als fortschrittlichste politische Kraft verstand. Der Marxismus-Leninismus galt in der DDR als allgemeinverbindliche Weltanschauung mit absolutem Wahrheitsanspruch. Bereits in den 1950er-Jahren diskutierten westliche Wissenschaftler über **Gemeinsamkeiten und Unterschiede der nationalsozialistischen und stalinistischen Diktaturen.** Ob der SED-Staat totalitären Charakter wie das NS-Regime besaß, ist eine bis heute immer wieder erörterte Frage.

▶ M 5: Der SED-Staat

Ministerium für Staatssicherheit (MfS bzw. Stasi)
Die Stasi hatte von Anfang an eine Doppelfunktion: Nach innen überwachte sie als Geheimpolizei Gegner der Parteidiktatur bzw. wen sie dafür hielt. Nach außen operierte sie als einer der weltweit erfolgreichsten Nachrichtendienste für Spionage und Spionageabwehr. Da sich die Stasi als Teil des globalen Systemkonflikts zwischen Sozialismus und „Imperialismus" sah, kooperierten „Abwehr" und „Aufklärung" sehr eng und verwischten die Grenzen zwischen nachrichtendienstlicher Tätigkeit und innerer Repression.

Der Volksaufstand vom 17. Juni 1953

Die SED konnte in den 1950er-Jahren ihre Herrschaft festigen. Sie blieb aber von der Sowjetunion abhängig, die die DDR mit ihrem Militär stützen musste. Das zeigte sich beim Volksaufstand vom 17. Juni 1953. Im Juli 1952 hatte die SED-Führung den „planmäßigen Aufbau des Sozialismus" verkündet. Die Schwer- und Grundstoffindustrie sollte zulasten der Konsumgüter- und Lebensmittelproduktion ausgebaut werden. In der Folge sank der Lebensstandard in der DDR auf ein Niveau, das an die unmittelbare Nachkriegszeit erinnerte. Zusätzlich wurden im Mai 1953 die Arbeitsnormen um 10 Prozent erhöht. Das führte zu steigender Unzufriedenheit in der Bevölkerung.
Auf Anweisung der neuen sowjetischen Führung – Stalin war 1953 gestorben – verkündete das Politbüro Anfang Juni 1953 den „Neuen Kurs": Die politische Unterdrückung wurde gelockert, die Konsumgüterproduktion erhöht und Preissteigerungen wurden zurückgenommen. In Kraft blieben jedoch die erhöhten Arbeitsnormen. Am 16. Juni 1953 legten daher die Bauarbeiter in der Berliner Stalinallee die Arbeit nieder und zogen in Demonstrationszügen zum Sitz der SED. Die Proteste breiteten sich über das ganze Land aus. Von Anfang an traten neben die wirtschaftlichen auch **politische Forderungen:** der Rücktritt der Regierung, die Wiederherstellung der Einheit Deutschlands auf der Grundlage freier Wahlen, die Freilassung politischer Gefangener sowie die Zulassung freier Parteien und Gewerkschaften. Am 17. Juni zogen in Berlin und anderen Orten sowjetische Panzer auf und drängten die Demonstranten mit Warnschüssen zurück. Die sowjetischen Stadtkommandanten verhängten in 167 Städten und Landkreisen den Ausnahmezustand. Mindestens 51 Menschen wurden bei den Demonstrationen getötet, 20 standrechtlich erschossen, über 6 000 verhaftet, zwei zum Tode verurteilt. Fast zwei Drittel der Opfer des 17. Juni waren Arbeiter. Das sowjetische Militär hatte die DDR-Regierung vor dem Zusammenbruch gerettet.

▶ M 6–M 8: Der 17. Juni 1953 – Volksaufstand in der DDR

Zur Enttäuschung der Aufständischen mischten sich die Westmächte nicht ein. Während des Ost-West-Konfliktes respektierten die Supermächte Eingriffe des jeweiligen Gegners in seinem eigenen Machtbereich. In der Bundesrepublik wurde der 17. Juni zum Feiertag („Tag der Deutschen Einheit") erklärt. Die SED-Führung reagierte auf die Volkserhebung mit einer Säuberungswelle gegen „feindliche Elemente" und baute das MfS aus. Mit Paraden wurden bei Jahrestagen die sowjetische Waffenbrüderschaft und die Einheit von Partei und Volk beschworen. Allerdings drosselte die Partei das Tempo beim Aufbau der Schwerindustrie. Außerdem verzichtete die UdSSR ab 1954 auf direkte Reparationsleistungen. Obwohl sich die Versorgungslage der Bevölkerung langsam verbesserte, gaben viele Menschen die Hoffnung auf politische Reformen auf. Allein 1953 flohen über 330 000 DDR-Bürger in die Bundesrepublik.

Ostintegration der DDR

Mit der Festigung der politischen Systeme in Ost und West in den 1950er-Jahren vertiefte sich die deutsche Teilung. Sie wurde verschärft durch die Integration beider Teilstaaten in die jeweiligen Machtblöcke, die sich im Kalten Krieg feindlich gegenüberstanden. Die DDR gehörte seit 1949/50 dem **Rat für gegenseitige Wirtschaftshilfe (RGW)** an. Die Gründung dieser Organisation wirtschaftlicher Zusammenarbeit innerhalb des Ostblocks 1949 war eine Reaktion der Sowjetunion auf den Marshall-Plan (s. S. 471), dem die Länder im Herrschaftsbereich der UdSSR nicht beitreten durften. Der wichtigste Zusammenschluss der Ostblockstaaten war das 1955 gegründete Militärbündnis des **Warschauer Pakts,** dem die DDR im gleichen Jahr beitrat. Offiziell galt unter den kommunistischen „Bruderländern" der Grundsatz des „Sozialistischen Internationalismus", der die Gleichberechtigung und Souveränität der Mitgliedsstaaten der „sozialistischen Staatengemeinschaft" betonte. In Wirklichkeit verfügte die UdSSR über die uneingeschränkte Vorherrschaft und nahm sich das Recht heraus, militärische Gewalt anzuwenden, wenn ein sozialistischer Staat von der sowjetischen Linie abwich. Mit dem DDR-Beitritt zum Warschauer Pakt verband sich die **Wiederbewaffnung der DDR*** und die Eingliederung ihrer Truppen in das östliche Bündnis.

Wiederbewaffnung der DDR

1948 Aufstellung „Kasernierter Bereitschaften" innerhalb der Deutschen Volkspolizei auf Befehl der SMAD

1951 Umbenennung der Bereitschaften in „Volkspolizei-Dienststellen" als Einheiten im Innenministerium

1952 Umbenennung der Dienststellen in „Kasernierte Volkspolizei" (KVP)

1956 Gesetz über die Nationale Volksarmee (NVA). – Beschluss der Warschauer-Pakt-Staaten, die militärischen Verbände der NVA dem gemeinsamen Oberkommando zu unterstellen. – Aufstellung der ersten Einheiten der NVA aus der KVP, die selbst weiterhin bestehen bleibt. – Bildung des Ministeriums für Nationale Verteidigung und der Militärbezirke.

Westintegration der Bundesrepublik Deutschland

1949 trat die Bundesrepublik Deutschland der ***Organization for European Economic Co-Operation*** **(OEEC, heute OECD)** bei, die die Hilfen des Marshall-Plans koordinierte. Im gleichen Jahr unterzeichneten Adenauer und die Hohen Kommissare der Westalliierten das **Petersberger Abkommen,** das die Aufnahme Westdeutschlands in die Internationale Ruhrbehörde regelte. Damit die Bundesrepublik durch Vorleistungen bei den europäischen Nachbarn wieder Vertrauen erwerben konnte, wurde sie 1950 zunächst als nicht gleichberechtigtes und erst 1951 als vollgültiges Mitglied zum Europarat zugelassen. Weitere Schritte vertieften die Integration Westdeutschlands in die europäische Staatengemeinschaft. Mit der Unterzeichnung der Pariser Verträge 1954 (Inkrafttreten 1955) gelang Adenauer der Beitritt zur **NATO** und zur **Westeuropäischen Union (WEU).** Außerdem wurde das Besatzungsstatut abgelöst: Dadurch erlangte die Bundesrepublik Deutschland die völkerrechtliche Souveränität unter Einschränkung der alliierten Vorbehaltsrechte, die sich auf Deutschland als Ganzes, die Wiedervereinigung, auf einen Friedensvertrag und auf Berlin bezogen. Mit Frankreich vereinbarte Westdeutschland 1956 das Saarabkommen, das den Streit um die Zugehörigkeit des Saargebietes nach einer Volksabstimmung zugunsten Deutschlands beendete. Mit dem Beitritt der Bundesrepublik Deutschland zu NATO und WEU stand der **westdeutschen Wiederbewaffnung** nichts mehr im Wege, die Adenauer nach Ausbruch des Koreakrieges (1950 bis 1953) angeboten hatte. Die 1956 gegründete Bundeswehr sollte die NATO verstärken, musste aber auf atomare Waffen verzichten.

Die innenpolitische Debatte um die westdeutsche Wiederbewaffnung verlief kontrovers und zeigte, dass es sich um einen **politischen Zielkonflikt** handelte. Adenauer und seine Anhänger gaben der Westbindung Vorrang vor der Wiedervereinigung. Sie betonten die Sicherheitsinteressen der zweiten deutschen Demokratie und das Bedürfnis der Bundesbürger nach politischer Freiheit. Die gleichberechtigte Integration des westdeutschen Teilstaates in das Westbündnis diente der Adenauer-Regierung auch dazu, der Bundesrepublik staatliche Souveränität* und internationale politische Mitsprache zu garantieren. Die oppositionelle SPD unter dem Vorsitzenden Kurt Schumacher (1895 bis 1952) stellte indes das nationale Ziel der Wiedervereinigung in den Vordergrund. Sie argumentierte, die Westbindung eines deutschen Teilstaates verhindere die Wiedererrichtung eines deutschen Nationalstaates; daher plädierte sie für ein neutrales Gesamtdeutschland als „dritte Kraft" zwischen Ost und West. Gegen den Widerstand der SPD setzte die Bundesregierung die Westintegration der zweiten deutschen Demokratie durch. Dieser Zielkonflikt bestimmte auch die Debatte um die **Stalin-Note** 1952.

▶ M 9–M 11: Geschichte kontrovers: Stalin-Note 1952 – verpasste Chance zur Wiedervereinigung?

Mauerbau

Mit dem Bau der Berliner Mauer am 13. August 1961 schottete sich die DDR weitgehend von der Bundesrepublik Deutschland ab und zementierte die deutsche Teilung. Die Mauer sollte den Flüchtlingsstrom eindämmen – zwischen 1950 und 1961 flohen insgesamt ca. 2,6 Millionen Menschen aus der DDR in den Westen. Besonders hoch war der Anteil der Jugendlichen, Akademiker, Intellektuellen und qualifizierten Facharbeiter. Diese **Fluchtbewegung,** die einer „Abstimmung mit den Füßen" glich, zeigt die Ablehnung von SED-Herrschaft und Mangelwirtschaft in der DDR durch weite Teile der Bevölkerung sowie die politische und wirtschaftliche Anziehungskraft der Bundesrepublik Deutschland. Die SED drängte 1961 die Führung der Sowjetunion immer stärker zu konkreten Maßnahmen der Grenzkontrolle in Berlin, um ein „Ausbluten" der DDR durch den Flüchtlingsstrom zu verhindern. Nach geheimen Beratungen in Gremien des Warschauer Paktes wurde dann der **Bau der Berliner Mauer** (um Westberlin herum) beschlossen und von Erich Honecker in der DDR geleitet. Walter Ulbricht rechtfertigte den Mauerbau als „antifaschistischen und antiimperialistischen Schutzwall".
In der Nacht vom 12./13. August 1961 sperrten Einheiten der Volkspolizei, der Nationalen Volksarmee sowie Betriebskampfgruppen die Sektorengrenze zwischen dem West- und Ostteil Berlins mit Barrikaden und Stacheldrahtverhauen. Die Westmächte protestierten zwar gegen den Bruch der alliierten Vereinbarungen von 1944/45, nahmen den Mauerbau aber letztlich hin. Drei Tage später sperrte die DDR auch die innerdeutsche Grenze für Einwohner der DDR und Ostberlins vollständig ab. Die Mauer wurde als Grenze zur Bundesrepublik durch Sicherheitsstreifen – später durch Minenfelder und Selbstschussautomaten – ausgebaut und ließ die Flucht in den Westen zu einem lebensgefährlichen Unternehmen werden. Mit dem Bau der Mauer endeten die Massenflucht und zugleich das Experiment, den Sozialismus in einem Land mit offener Grenze aufzubauen. Die Mauer trennte 28 Jahre Ost- und Westdeutschland – bis sie im Zuge der Friedlichen Revolution in der DDR am 9. November 1989 fiel (s. S. 563 ff.).

M 3 Westberliner Bürger auf Leitern vor der Berliner Mauer, Fotografie, Oktober 1961

1 **Schaubild:** Stellen Sie mithilfe der Darstellung die zentralen Ereignisse, die die deutsche Teilung 1949 bis 1961 vertieft haben, in einer Übersicht zusammen.
Tipp: Siehe zur Erstellung eines Schaubildes Methodenseite 392.

2 **Partnerarbeit:** Vergleichen Sie anhand der Darstellung beide deutsche Staaten mithilfe selbst gewählter Aspekte.
Tipp: Aspekte sind z. B. politisches System, Integration in die Machtblöcke.

Hinweise zur Arbeit mit den Materialien:
Der Materialteil setzt vier Schwerpunkte: die frühen politischen Ziele Adenauers (M 4); der Charakter des SED-Staates (M 5); der Volksaufstand in der DDR am 17. Juni 1953 (M 6–M 8); die Stalin-Note 1952 in zeitgenössischen Quellen (M 9–M 11).

Politische Ziele Adenauers 1945

M 4 Konrad Adenauer in einem Brief zur Lage Deutschlands und Europas (Oktober 1945)

Russland hat in Händen: die östliche Hälfte Deutschlands, Polen, den Balkan, anscheinend Ungarn, einen Teil Österreichs. Russland entzieht sich immer mehr der Zusammenarbeit mit den anderen Großmächten und schaltet in den von ihm beherrschten Gebieten völlig nach eigenem Gutdünken. In den von ihm beherrschten Ländern herrschen schon jetzt ganz andere wirtschaftliche und politische Grundsätze als in dem übrigen Teil Europas. Damit ist eine Trennung in Osteuropa, das russische Gebiet, und Westeuropa eine Tatsache. In Westeuropa sind die führenden Großmächte England und Frankreich. Der nicht von Russland besetzte Teil Deutschlands ist ein integrierender Teil Westeuropas. Wenn er krank bleibt, wird das von schwersten Folgen für ganz Westeuropa, auch für England und Frankreich sein. Es liegt im eigensten Interesse nicht nur des nicht von Russland besetzten Teiles Deutschlands, sondern auch von England und Frankreich, Westeuropa unter ihrer Führung zusammenzuschließen, den nicht russisch besetzten Teil Deutschlands politisch und wirtschaftlich zu beruhigen und wieder gesund zu machen.

Zit. nach: Konrad Adenauer, Briefe 1945–1947, hg. v. Rudolf Morsey/Hans-Peter Schwarz, Siedler, Berlin 1983, S. 130.

1 Geben Sie die Lageanalyse Adenauers (M 4) mit eigenen Worten wieder.
2 Überprüfen Sie die Analyse Adenauers (M 4) anhand von Geschichtskarten und historischen Handbüchern.

Der SED-Staat

M 5 Der Historiker Klaus Schroeder (2000)

Der von der stalinistischen Sowjetunion implantierte [= eingepflanzte] Sozialismus hatte anfangs zweifellos eine totalitäre Gestalt. Spätestens ab Anfang der Fünfzigerjahre erfüllte die SBZ/DDR alle von der klassischen Totalitarismustheorie aufgestellten Kriterien: eine allgemeinverbindliche Ideologie mit endzeitlichem Anspruch; eine hierarchisch und oligarchisch organisierte Monopolpartei als ausschließlicher Träger der Macht; ein von der Partei und ihrer Geheimpolizei organisiertes und kontrolliertes physisches und psychisches Terrorsystem; ein nahezu vollkommenes Monopol der Massenkommunikationsmittel; ein Gewaltenmonopol sowie eine zentrale Kontrolle und Lenkung der gesamten Wirtschaft. Auch wenn vor allem die frühe DDR die meisten dieser Eigenschaften mit dem nationalsozialistischen Deutschland gemein hatte, verbietet sich doch eine einfache Gleichsetzung beider Systeme. Weder hat der SED-Staat Millionen Menschen nahezu fabrikmäßig umgebracht, noch hat er einen Weltkrieg entfesselt. Die rechtstotalitäre Diktatur war zudem „hausgemacht“, die linkstotalitäre fremdbeherrscht. SED wie NSDAP nutzten zwar alle Möglichkeiten zur Etablierung und Aufrechterhaltung ihrer jeweiligen Diktatur, aber nicht zuletzt wegen des mangelnden Zuspruchs mussten Ulbricht und Honecker die eigene Bevölkerung noch stärker kontrollieren, und hatten – anders als Hitler – keine Möglichkeit und auch kein Machtpotenzial für eine eigenständige expansive und aggressive Politik nach außen. Eine derartige Gleichsetzung wird auch ernsthaft nicht behauptet [...]. Die DDR als von der Sowjetunion dominierter und abhängiger Staat konnte allein aufgrund dieser Rahmenbedingung den totalitären Macht- und Gestaltungsanspruch nur im Inneren durchsetzen. Dies allerdings betrieb die SED unter dem Schutz der sowjetischen Besatzungsmacht mit erheblicher Energie und Erfolg. [...] Indem die totalitäre Staatspartei SED ihre Prinzipien auf Gesellschaft und Staat übertrug, war die 1949 gegründete DDR ein totalitärer SED-Staat, der weder Gewaltenteilung noch kulturellen, sozialen oder politischen Pluralismus kannte. Das Politbüro der SED avancierte zum unumstrittenen Führungszentrum in Staat und Gesellschaft. Wie eine Spinne zog die Parteiführung ein dichtes, ideologisch gewebtes Netz über Partei, Staat und Gesellschaft. Die Parteispitze beanspruchte, jede Regung innerhalb des Netzes zu steuern und zu kontrollieren. Hierzu baute sie ihren zentralen Parteiapparat als oberste Steuerungs- und Kontrollinstanz aus, instrumentalisierte den Staatsapparat und die gesellschaftlichen Massenorganisationen und stützte sich zur Durchsetzung der Parteimacht auf einen umfassenden Sicherheitsapparat. Wer sich den Anweisungen der Partei und ihrer Untergliederungen widersetzte, wurde von einem der SED hörigen Justizapparat erbarmungslos verfolgt und verurteilt. Dies erfolgte auf Grundlage von Gesetzen, die die

SED zur Sicherung ihrer Macht selbst verfasst hatte und jederzeit willkürlich auslegen konnte. Die Fundamente des Staates waren auf Gewalt und Zwang sowie auf Fremdherrschaft gegründet, gleichzeitig konnte sich die Parteiführung auf eine große Zahl von Partei- und Staatsfunktionären verlassen, die zumeist ihren schnellen sozialen Aufstieg der rabiaten sozialistischen Umgestaltung und der damit einhergehenden Vertreibung der alten Funktionseliten verdankten. Doch die Wirkungsmöglichkeiten der totalitären SED-Politik waren in den Fünfzigerjahren durch die offene Grenze zur Bundesrepublik begrenzt. Vertreibung und Flucht von Millionen seiner Einwohner beeinträchtigte die Funktionsfähigkeit des Staates und zwang die SED zur vollständigen Schließung der Westgrenzen der DDR. Das von ihr installierte und in den nachfolgenden Jahrzehnten perfektionierte Grenzregime symbolisierte die fehlende Legitimation des Staates wie auch seine freiheits- und damit letztlich menschenverachtende Politik.

*Zit. nach: Klaus Schroeder, Der SED-Staat. Partei, Staat und Gesellschaft 1949–1990, Propyläen, München 2000, S. 644 f.***

1 Analysieren Sie Position und Argumentation des Autors von M 5 zum Charakter des SED-Staates.
2 **Partnerarbeit:** Diskutieren Sie die Position in M 5 zur Frage, ob die DDR ein totalitärer Staat war.
3 **Vertiefung/Gruppenarbeit:** Untersuchen Sie ausgehend von M 5 Gemeinsamkeiten und Unterschiede zwischen SED-Staat und NS-Staat (s. S. 406 ff.)

Der 17. Juni 1953 – Volksaufstand in der DDR

M 6 Aus dem DDR-Schulbuch „Lehrbuch für Geschichte der 10. Klasse der Oberschule" (1960)

Das Beispiel des friedliebenden sozialistischen Aufbaus strahlte immer mehr auf Westdeutschland aus, und die Anfangsschwierigkeiten sowie einige Mängel und Fehler beim Aufbau des Sozialismus wurden überwunden. Die reaktionären Kräfte erkannten, dass die Einheit zwischen der Partei der Arbeiterklasse, der Staatsmacht und den breiten Massen des Volkes sich immer enger gestaltete und dass damit ihre Absichten zur „Aufrollung" der Deutschen Demokratischen Republik immer aussichtsloser wurden. In dieser Situation versuchten sie, am 17. Juni 1953 einen faschistischen Putsch anzuzetteln, der die Arbeiter- und Bauern-Macht stürzen sollte. Rowdys aus halbfaschistischen Organisationen, arbeitsscheue und kriminelle Elemente wurden von den Westsektoren her in den demokratischen Teil Berlins eingeschleust. Die Leitung lag in Händen des amerikanischen Geheimdienstes und Bonner Regierungsstellen. Der Putsch wurde von unseren Staatsorganen gemeinsam mit den klassenbewussten Werktätigen niedergeschlagen. Die in der Deutschen Demokratischen Republik stationierten Streitkräfte der UdSSR verhinderten, dass es zu einem militärischen Überfall auf unseren Staat und damit zum Beginn eines neuen Krieges in Europa kam. [...] In geradezu erschreckendem Ausmaß zeigte sich in den letzten Jahren die Durchdringung des gesamten Staatsapparates [der Bundesrepublik] [...] mit ehemaligen aktiven Nazis. In die Bundesregierung kamen ehemalige Nazis, wie Innenminister Schröder und die Minister Oberländer und Seebohm. Von über 70 Botschaften und Gesandtschaften des Bonner Staates werden 54 von Nazidiplomaten geleitet. Zwei Drittel aller westzonalen Richter und Staatsanwälte sind aktive Nazis gewesen. Darunter befinden sich auch etwa 1 000 „Blutrichter", die in der Zeit des Faschismus an Sondergerichten oder als Wehrmachtsrichter zahlreiche Todesurteile gegen Widerstandskämpfer, ausländische Zwangsarbeiter oder Kriegsgegner verhängt haben. Der Bonner Staat beschäftigte 1956 über 180 000 Beamte und Angestellte, die sich schon während der faschistischen Zeit als ergebene Lakaien des deutschen Imperialismus und Militarismus erwiesen hatten. Am deutlichsten drückte sich der neofaschistische Geist des westdeutschen Staates in seiner Revanchepolitik gegenüber den Nachbarstaaten Deutschlands aus.

*Zit. nach: Hermann Langer, Der „Bonner Staat" – ein „militaristisch-klerikales Regime", in: Praxis Geschichte 6/1996, S. 51.***

M 7 Aufständische vor sowjetischen Panzern in Berlin, Potsdamer Platz, Fotografie, 17. Juni 1953

M8 Der Historiker Hermann Weber (1999)

Mit dem Streik der Bauarbeiter in der Berliner Stalinallee entwickelte sich der Aufstand in der ganzen DDR, es kam zu Proteststreiks und Demonstrationen. Es waren vor allem die wichtigen Zentren, in denen gestreikt wurde: außer in Ostberlin im mitteldeutschen Industriegebiet sowie im Raum Magdeburg, in Jena, Gera, Brandenburg und Görlitz. Das Rückgrat der Revolution bildeten die diszipliniert aufmarschierenden Arbeiter der Großbetriebe (Leuna, Buna, Wolfen, Hennigsdorf). Außer Zusammenstößen zwischen Demonstranten und Polizei gab es auch Einzelaktionen und erregte Ausschreitungen. In vielen Orten der DDR fanden am 18. Juni weitere Demonstrationen statt. Im Bezirk Halle-Merseburg (Hochburg der KPD in der Weimarer Republik) und in Magdeburg (einer früheren SPD-Hochburg) übernahmen Streikkomitees der Arbeiter zeitweise die Macht. Sie befreiten Gefangene und formulierten die Aufstandsziele. Begonnen hatten die Streiks und Demonstrationen mit wirtschaftlichen Forderungen, doch haben sofort politische Parolen den Aufstand bestimmt: der Ruf nach freien Wahlen und dem Ende der Diktatur. Der Aufstand vom 17. Juni widerlegte die Legende, die DDR sei ein „Arbeiterstaat". Denn es waren gerade die Arbeiter, die diese SED-Diktatur, die sich mit den Begriffen „Sozialismus" und „Arbeiterstaat" tarnte, zerschlagen wollten. Inzwischen ist der ganze Umfang des Juni-Aufstandes in der DDR bekannt. In etwa 600 Betrieben kam es zu Streiks, an denen sich eine halbe Million Beschäftigte beteiligten. „Vor allem in den Städten der industriellen Ballungsräume entfaltete der Aufstand seine größte Kraft." Es gab in über 560 Orten Demonstrationen, Kundgebungen, Streiks, Gewalttätigkeiten gegen offizielle Personen oder Einrichtungen. Der Aufstand hatte „tatsächlich das gesamte Land, und zwar in weitaus stärkerem Maße als bisher angenommen, erfasst".

*Zit. nach: Hermann Weber, Geschichte der DDR, dtv, München 1999, S. 165.**

1 Erläutern Sie die offizielle Darstellung der DDR über die Ereignisse des 17. Juni 1953 in M6.

2 **Wahlaufgabe:** Bearbeiten Sie Aufgabe a) oder b).

a) Vergleichen Sie M6 mit der Darstellung, S. 523 f., und diskutieren Sie über die Aufgabe des Geschichtsunterrichts in der DDR und in der Bundesrepublik.

b) Verfassen Sie eine Darstellung zum 17. Juni 1953 für ein heutiges Schulbuch der 10. Klasse.

3 Analysieren Sie M8 mit Blick auf: Verlauf der Ereignisse, beteiligte Gruppen, deren Ziele.

Geschichte kontrovers: Die Stalin-Note 1952 – verpasste Chance zur Wiedervereinigung?

Während der Schlussphase der Verhandlungen um die Westintegration und die Wiederbewaffnung der Bundesrepublik Deutschland sandte der sowjetische Diktator Josef W. Stalin am 10. März 1952 eine Note an die drei Westalliierten. Ihnen bot er in dieser sogenannten Stalin-Note Verhandlungen über die deutsche Frage unter Beteiligung einer (nicht frei gewählten) gesamtdeutschen Regierung an. Der beigefügte Entwurf eines Friedensvertrags sah u. a. die Neutralisierung Deutschlands und den Abzug der Alliierten vor. Ohne die genauen Beweggründe Stalins zu kennen, lehnten die Westmächte wie die Regierung Adenauer das Angebot ab. Neuere historische Forschungen, die auf bisher nicht bekannten Quellen aus Moskauer Archiven beruhen, haben die Stalin-Note als ausgeklügelte Taktik entlarvt, um die DDR bzw. das kommunistische Lager unter Leitung der UdSSR zusammenzuschweißen und so zu stabilisieren. Nach der Ablehnung der Note durch den Westen konnte die DDR-Führung z. B. behaupten, mit dem Aufbau einer eigenen Armee nur auf den Westen zu reagieren.

M9 Aus der Stalin-Note (10. März 1952)

Politische Leitsätze [für einen zukünftigen Friedensvertrag]:

Deutschland wird als einheitlicher Staat wiederhergestellt. Damit wird der Spaltung Deutschlands ein Ende gemacht und das geeinigte Deutschland gewinnt die Möglichkeit, sich als unabhängiger, demokratischer, friedliebender Staat zu entwickeln. Sämtliche Streitkräfte der Besatzungsmächte müssen spätestens ein Jahr nach Inkrafttreten des Friedensvertrages aus Deutschland abgezogen werden. Gleichzeitig werden sämtliche ausländischen Militärstützpunkte auf dem Territorium Deutschlands liquidiert. Dem deutschen Volk müssen die demokratischen Rechte gewährleistet sein, damit alle unter deutscher Rechtsprechung stehenden Personen, ohne Unterschied der Rasse, des Geschlechts, der Sprache oder Religion, die Menschenrechte und die Grundfreiheiten genießen, einschließlich der Redefreiheit, der Pressefreiheit, der politischen Überzeugung und der Versammlungsfreiheit. In Deutschland muss den demokratischen Parteien und Organisationen freie Betätigung gewährleistet sein; sie müssen das Recht haben, über ihre inneren Angelegenheiten frei zu entscheiden, […] Versammlungen abzuhalten, Presse- und Publikationsfreiheit zu genießen. Auf dem Territorium Deutschlands dürfen Organisationen, die der Demokratie und der Sache der Erhaltung des Friedens feindlich sind, nicht bestehen. Allen ehemaligen Angehörigen der deutschen Armee, einschließlich der Offiziere und Generäle, allen ehemaligen Nazis, mit Ausnahme derer, die nach Gerichtsurteil eine Strafe für von ihnen begangene Verbrechen verbüßen, müssen die gleichen bürgerlichen und politischen Rechte wie allen anderen deutschen Bürgern gewährt werden zur Teilnahme am Aufbau eines friedlichen, demokratischen Deutschlands. Deutschland verpflichtet sich, keinerlei Koalitionen oder Militärbündnisse einzugehen, die sich gegen irgendeinen Staat richten, der mit seinen Streitkräften am Krieg gegen Deutschland teilgenommen hat. Das Territorium Deutschlands ist durch die Grenzen bestimmt, die durch die Beschlüsse der Potsdamer Konferenz der Großmächte festgelegt wurden. [...] Militärische Leitsätze: Es wird Deutschland gestattet sein, eigene nationale Streitkräfte (Land-, Luft- und Seestreitkräfte) zu besitzen, die für die Verteidigung des Landes notwendig sind. Deutschland wird die Erzeugung von Kriegsmaterial und -ausrüstung gestattet werden, deren Menge oder Typen nicht über die Grenzen dessen hinausgehen dürfen, was für die Streitkräfte erforderlich ist, die für Deutschland durch den Friedensvertrag festgesetzt sind.

*Zit. nach: Bundesministerium für gesamtdeutsche Fragen (Hg.), Die Bemühungen der Bundesrepublik um Wiederherstellung der Einheit Deutschlands durch gesamtdeutsche Wahlen, Teil 1, Bonn 1958, S. 85ff.***

M 10 Aus den Memoiren Konrad Adenauers (CDU)

Sowjetrussland versuchte offensichtlich, die Integration Europas zu hemmen mit all den Konsequenzen, die sich daraus ergeben würden. Das beste Mittel, dies zu erreichen, war tatsächlich die von sowjetischer Seite geplante Neutralisierung Deutschlands. Ohne Deutschland war die Integration Europas von Anfang an zum Scheitern verurteilt. Der von allen als richtig erkannte und allein in eine bessere Zukunft weisende Gedanke, dass die europäischen Völker sich auf gleicher Grundlage zusammenschließen müssten, wenn sie ihre Freiheit und Wohlfahrt bewahren wollten, würde aufgegeben werden müssen. Der Rückfall in einen unzeitgemäßen, unfruchtbaren Nationalismus wäre unvermeidlich. Die Folgen wären mit einiger Sicherheit vorauszusehen: Angesichts der kleinlichen europäischen Händel und der Unmöglichkeit, ein vereintes Europa zu schaffen, würde sich das amerikanische Volk enttäuscht von Europa abwenden. Ein wichtiges Ziel Sowjetrusslands wäre erreicht. Der Weg für eine schrittweise erfolgende kommunistische Unterminierung der einzelnen europäischen Staaten läge frei. Das Endergebnis wäre die völlige Abhängigkeit Europas von der Sowjetunion. [...] Die sowjetische Note stellte ferner einen Versuch dar, auf den deutschen Nationalismus einzuwirken. Man bemühte sich, uns Deutsche in der Note dadurch zu locken, dass man sagte: Ihr Deutsche sollt nationale Streitkräfte bekommen [...]. Ein wieder vereinigtes, neutralisiertes Deutschland würde aber weder wirtschaftlich noch aufgrund unseres Zurückbleibens in der modernen Forschung in der Lage sein, durch eigene Streitkräfte sein Territorium zu schützen.

*Zit. nach: Konrad Adenauer, Erinnerungen 1953–1955, DVA, Stuttgart 1968, S. 70f., 84f.**

M 11 Aus einem Brief Kurt Schumachers (SPD) an Konrad Adenauer (22. April 1952)

Meines Erachtens ist es notwendig, den Regierungen der drei Westmächte als gemeinsamen deutschen Standpunkt vorzutragen, dass nichts unversucht bleiben darf festzustellen, ob die Sowjetnote eine Möglichkeit bietet, die Wiedervereinigung Deutschlands in Freiheit durchzuführen. [...] Für die zur Gewährleistung der gleichen Bedingungen in allen vier Zonen und Berlin erforderliche internationale Kontrolle sollten von deutscher Seite einige Alternativmöglichkeiten zur Diskussion gestellt werden. Solche Möglichkeiten wären: Die vier Mächte nehmen die guten Dienste der Vereinten Nationen (UN) zur internationalen Kontrolle der Wahlen in Anspruch. Die vier Mächte einigen sich auf eine aus neutralen Staaten zusammenzusetzende Kommission zur Durchführung der internationalen Kontrolle der Wahlen. Falls die vier Mächte selbst die Kontrolle ausüben wollen, kommt es darauf an zu gewährleisten, dass keine der vier Mächte eine deutsche Partei benachteiligen oder bevorzugen kann.

*Zit. nach: Konrad Adenauer, Erinnerungen 1953–1955, DVA, Stuttgart 1968, S. 70f., 84f.**

1 Erarbeiten Sie die zentralen Vorschläge der Stalin-Note anhand von M 9.
2 **Partnerarbeit:** Analysieren Sie die Position und die wichtigsten Argumente Adenauers (M 10) und Schumachers (M 11) zur Stalin-Note.
3 **Vertiefung:** Diskutieren Sie die Leitfrage zur Stalin-Note, indem Sie
   a) eine Podiumsdiskussion mit zeitgenössischen Akteuren oder
   b) eine Pro-und-Kontra-Debatte aus heutiger Sicht durchführen.

Wirtschaft und Wirtschaftssysteme in Ost und West

In dieser Themeneinheit geht es um
- *die Wirtschaftsentwicklung in der Bundesrepublik und in der DDR,*
- *das Wirtschaftssystem der Planwirtschaft in der DDR,*
- *das Wirtschaftssystem der sozialen Marktwirtschaft in der Bundesrepublik.*

M1 Westdeutsche Familie auf Urlaubsreise am Gardasee in Italien, Fotografie, 1955

Das „Wirtschaftswunder" der Bundesrepublik

In den 1950er-Jahren erlebten die Bürger der Bundesrepublik Deutschland einen raschen Wirtschaftsaufschwung, der bis Anfang der 1970er-Jahre andauerte. Seit der Weltwirtschaftskrise 1929 und nach den Verwüstungen und Versorgungsnöten des Zweiten Weltkrieges und der Nachkriegszeit erschien dieser Aufschwung vielen Menschen als **„Wirtschaftswunder".**
Die Industrieproduktion stieg an, die Zahl der Arbeitslosen sank kontinuierlich, die Einkommen und die Kaufkraft* der neuen D-Mark nahmen zu. Der Lebensstandard der Bundesbürger verbesserte sich nachhaltig. Zu Beginn der 1950er-Jahre konnte eine westdeutsche Durchschnittsfamilie nicht nur die Grundbedürfnisse befriedigen, sondern sich auch einmal „etwas leisten". Kaffee oder Apfelsinen galten indes noch als „Luxus"-Lebensmittel. Seit Mitte des Jahrzehnts war der Wohlstand bereits so angestiegen, dass eine wachsende Zahl von Haushalten größere Konsumartikel wie Staubsauger, Kühlschränke und Fernseher anschaffen oder in den Urlaub fahren konnte. Die Bundesrepublik wurde zu einer **Massenkonsumgesellschaft*.** Der Wirtschaftsaufschwung wurde begleitet von „Konsumwellen" – von der Fress- über die Bekleidungs- und Haushalts- bis hin zur Verkehrs- und Reisewelle. Diese waren jedoch keine automatische Abfolge. Auch war und blieb der Wohlstand ungleich verteilt.

Der Lebensstandard in der DDR

▶ M6–M8: Konsumgüter in Ost und West – ein Vergleich

Auch in der DDR stieg der Lebensstandard. Zu Beginn der 1950er-Jahre führte das Wirtschaftswachstum zur Verbesserung der Grundversorgung. Allerdings erreichte der private Pro-Kopf-Verbrauch bis 1952 nur etwa 50–75 Prozent des westdeutschen Niveaus. Ab 1953 verschlechterte sich die Versorgung zeitweilig. Dies betraf die Textilbranche und den Lebensmittelbereich. Erst 1958 wurde die Lebensmittelrationierung, die in der DDR Ende der 1940er-Jahre eingeführt worden war, endgültig aufgehoben.
Trotz einiger Versorgungslücken verbesserte sich die Lebenssituation in der zweiten Hälfte der 1950er-Jahre nicht nur bei der Grundversorgung, sondern auch bei den technischen Konsumgütern und Haushaltsgeräten. Das Warenangebot blieb aber deutlich hinter der Nachfrage zurück. Die Menschen besaßen durchaus Geld zum Konsumieren, aber die Produktion konnte mit der Nachfrage nicht Schritt halten. Diese **„Mangelwirtschaft"** galt vor allem für höherwertige Konsumgüter. Entwickelte sich die Bundesrepublik zu einer Massenkonsumgesellschaft, stand in der DDR die **Bedarfsdeckung** im Vordergrund. Den Menschen im Osten blieb nicht verborgen, dass ihr Lebensstandard hinter dem der Westbürger zurückblieb. Die Propaganda der SED versuchte dem wachsenden Unmut zu begegnen, indem sie die westliche Massenkonsumgesellschaft als künstlich, oberflächlich und „dekadent" kritisierte. Anders als die Bundesrepublik erlebte die DDR kein „Wirtschaftswunder" – weder in den 1950er-Jahren noch danach. Der wirtschaftliche Rückstand gegenüber dem Westen zeigte sich nicht nur beim Konsum, sondern in allen Bereichen. Trotz Wirtschaftswachstum veralteten Produktionsanlagen und Infrastruktur; die Altbausubstanz der Städte verfiel.

Planwirtschaft* in der DDR

▶ M 4: Planwirtschaft in der DDR

Im Vergleich zu Westdeutschland hatte der Osten zwar geringere industrielle Substanzverluste zu beklagen, aber die Startbedingungen in der unmittelbaren Nachkriegszeit waren viel ungünstiger. Der wirtschaftliche Wiederaufbau wurde erschwert durch die Demontagen von Industrieanlagen und die Entnahme von Reparationen aus der laufenden Produktion durch die **Sowjetunion.** Noch 1950 machten Reparationen und Besatzungskosten 33 Prozent des DDR-Inlandsproduktes aus. Die Wirtschaft im Ostteil verlor nicht nur wichtige industrielle Produktionskapazitäten, sondern litt auch an Kapitalmangel; anders als der Westen durfte die SBZ bzw. die DDR den Marshall-Plan der USA (s. S. 471) nicht in Anspruch nehmen. Außerdem kämpfte die ostdeutsche Wirtschaft bis zum Bau der Berliner Mauer 1961 mit dem **Verlust qualifizierter Arbeitskräfte,** die in den Westen flohen. Die sozialistische Wirtschaftspolitik der sowjetischen Besatzungsmacht bzw. der DDR, vor allem die Enteignungen, verunsicherte die unternehmerischen und die wissenschaftlich-technischen Eliten. Diese wurden zudem immer mehr zugunsten unerfahrener SED-Funktionäre ausgeschaltet. Die Versorgungsengpässe in den 1950er-Jahren resultierten vor allem aus steigenden Militärausgaben und der von der Sowjetunion diktierten Bevorzugung der Schwerindustrie. Traditionelle Handelsbeziehungen zwischen Ost und West, z. B. zwischen Ruhrgebiet und Oberschlesien (Kohle, Eisen, Stahl), waren infolge von Krieg und deutscher Teilung zerstört worden.

Ein zentrales Ziel der DDR-Regierung war die Steigerung der Arbeitsleistungen. Um die Wirtschaftspläne zu erfüllen, schuf die SED seit 1948 Leistungsanreize für Arbeiter und honorierte das Engagement einzelner „Aktivisten“ oder Kollektive, die sich durch Leistungsrekorde, Betriebsverbesserungen und Erfindungen hervortaten. Da Arbeit als wichtigstes Mittel zur Entfaltung der sozialistischen Persönlichkeit galt, wurden Frauen und Männer mit Geldprämien belohnt und zu **„Helden der Arbeiterklasse“** stilisiert. Sie sollten als Vorbilder zur Steigerung der Arbeitsleistungen anspornen.

Die entscheidenden Gründe für die Ineffizienz der ostdeutschen Wirtschaft und ihr Zurückbleiben gegenüber der Bundesrepublik sehen Wissenschaftler in der kommunistischen Planwirtschaft (= Zentralverwaltungswirtschaft), die die sowjetische Besatzungsmacht und die SED durchsetzten. Schon vor der Staatsgründung der DDR legten sie mit der Änderung der Eigentumsverhältnisse durch die **Enteignung bzw. Verstaatlichung** von Grund und Boden sowie von Industriebetrieben die Grundlagen für diese Wirtschaftsordnung (s. S. 505). In den 1950er-Jahren wurde die Kollektivierung der Landwirtschaft systematisch vorangetrieben; auch mittlere Betriebe wurden enteignet und die Bauern gegen ihren Willen in **Landwirtschaftlichen Produktionsgenossenschaften (LPG)** zusammengeschlossen. Zwischen 1950 und 1960 stieg der Anteil der sozialistischen Betriebe an der landwirtschaftlichen Nutzfläche von 6 auf 92 Prozent. Die SED-Führung beschleunigte nach sowjetischem Vorbild den Aufbau der Schwerindustrie auf Kosten der Leicht- und Konsumgüterindustrie. Bis Ende der 1950er-Jahre stieg der Anteil der in **„Volkseigenen Betrieben“** erzeugten Industrieproduktion auf über 90 Prozent. Auch im **Handel** entwickelte sich der staatliche oder halbstaatliche genossenschaftliche Sektor zur vorherrschenden Wirtschaftsform, während das **Handwerk** zunächst noch weitgehend von Verstaatlichungsmaßnahmen ausgenommen blieb.

Mit der Änderung der Eigentumsverhältnisse ging die Neuorganisation der gesamten Wirtschaft einher: Nicht mehr der Markt, sondern der Staat bestimmte Produktion und Verteilung der Waren und Güter. Das Privateigentum an Produktionsmitteln galt nach der **marxistisch-leninistischen Lehre** als Ursache für die „Ausbeutung des Menschen durch den Menschen“. Allein eine staatlich gelenkte Volkswirtschaft sei in der Lage, so die Theorie, für Vollbeschäftigung, Krisenfreiheit und Bedürfnisbefriedigung zu sorgen. Nach dieser Ideologie war der Markt als Koordinierungsinstrument wirtschaft-

M2 Käuferschlange vor einem HO-Laden in Ostberlin, Fotografie, 1962

HO-Läden (HO = Handelsorganisation) waren die staatlich geführten Einzelhandelsgeschäfte der DDR.

lichen Handelns entbehrlich. Der Staat sollte nach einem Gesamtplan die wirtschaftliche und gesellschaftliche Entwicklung gestalten. Diese Position, nach der wirtschaftliche Rationalität von politischen Erwägungen abhing, nahm die SED ein. Sie glaubte auf der Grundlage des Marxismus-Leninismus über das Wissen zu verfügen, das sie zur Schaffung einer idealen Wirtschaft benötigte. Ideologischer Anspruch und wirtschaftliche Realität klafften jedoch auseinander. Tatsächlich war die DDR-Wirtschaft eine schlecht koordinierte Mangelwirtschaft.

Soziale Marktwirtschaft* in der Bundesrepublik

M3 Ludwig Erhard (1897 bis 1977), Fotografie, 1957

In seinem populärwissenschaftlich geschriebenen Buch „Wohlstand für alle" von 1957 legte Ludwig Erhard (CDU) seine Vorstellungen zur sozialen Marktwirtschaft dar.

Das westdeutsche „Wirtschaftswunder" war weder vorhersehbar noch die zwangsläufige Folge einzelner Maßnahmen, sondern das Ergebnis einer Vielzahl von Entscheidungen und Entwicklungen.

Bereits vor der Gründung der Bundesrepublik Deutschland hatte die Währungsreform 1948 die wirtschaftlichen Rahmenbedingungen grundlegend verändert: Mit ihr endeten Zwangsbewirtschaftung und Rationierung, der freie Markt bestimmte seitdem das wirtschaftliche Denken und Handeln. Preise und Löhne wurden nicht länger festgesetzt, die Waren standen zur freien Verfügung. Das großzügige Hilfsprogramm des Marshall-Plans der USA (s. S. 471) ermöglichte der westdeutschen Wirtschaft, aus eigener Kraft Fortschritte zu machen und die Wirtschaft zu konsolidieren*. Wenige Jahre nach der Gründung der Bundesrepublik Deutschland 1949 löste der Koreakrieg (1950–1953) eine weltweite Hochkonjunktur aus und eröffnete der deutschen Wirtschaft neue Exportmärkte. Besonders die Nachfrage nach westdeutschem Stahl schnellte in die Höhe, wodurch das Wirtschaftswachstum stark anstieg. Zwar war die wirtschaftliche Situation nach Kriegsende verheerend – die Industrieproduktion betrug in der zweiten Jahreshälfte 1945 nur noch 20 Prozent des Standes von 1936 –, aber die Ausgangsbedingungen für den Wiederaufbau der Wirtschaft waren günstig. Trotz der Zerstörungen verfügte sie über ein hoch entwickeltes Produktionspotenzial. Die Kriegsschäden an Fabriken und Maschinen waren weniger stark als zunächst befürchtet. Hinzu kam der durch die Kriegswirtschaft bewirkte Modernisierungsschub, der sich nach dem Zweiten Weltkrieg fortsetzte: Zerstörte oder demontierte* alte Produktionsanlagen wurden durch moderne ersetzt. Und mit den Millionen von **Flüchtlingen und Vertriebenen** sowohl aus den ehemaligen deutschen Ostgebieten als auch aus der DDR kamen gut ausgebildete, flexible und aufstiegswillige Menschen in die Bundesrepublik Deutschland. Viele von ihnen nahmen niedrigere Löhne in Kauf, wodurch Kapital für Investitionen* freigesetzt wurde.

Eine weitere Voraussetzung für den Wirtschaftsaufschwung war der Wandel der ökonomischen Leitideen, der Wirtschaftsordnung und der Wirtschaftspolitik. Im Westen Deutschlands setzte sich das von **Ludwig Erhard*** und seinem Mitarbeiter und späteren Staatssekretär im Wirtschaftsministerium, **Alfred Müller-Armack** (1901–1978), vertretene Ordnungsmodell der **sozialen Marktwirtschaft** durch. Mit dieser Wirtschaftsordnung sollten Freiheit und soziale Gerechtigkeit zu Wohlstand für alle führen. Und sie erteilte zwei anderen Wirtschaftsformen eine entschiedene Absage: dem reinen liberalkapitalistischen Wirtschaftssystem auf der einen Seite und der Planwirtschaft nationalsozialistischer wie kommunistischer Herkunft auf der anderen Seite. In der sozialen Marktwirtschaft hatte sich die Produktion an der Nachfrage auszurichten und nicht umgekehrt. Allein die freie Preisbildung durch den Markt* garantierte nach dieser Wirtschaftsauffassung die beste Befriedigung der Verbraucherbedürfnisse.

Allerdings sollte der Markt einer gesetzlichen Rahmenordnung unterworfen werden, um Absprachen zwischen den Unternehmern und damit Wettbewerbsverzerrungen zulasten der Verbraucher zu verhindern. Daher verbot ein Gesetz im Jahre 1957 **Wettbewerbsbeschränkungen** durch marktwidrige Absprachen und Kartelle*. Um das Konkurrenz- und Leistungsprinzip zu erhalten, war der Markt für neue Bewerber offenzu-

▶ M 5: Soziale Marktwirtschaft in der Bundesrepublik

halten. Die Aufgabe des Staates bestand vor allem darin, den freien Wettbewerb durch kontrollierende Institutionen und eine aktive Wirtschaftspolitik zu gewährleisten. Dazu gehörte die **Geldwertstabilität,** für die nach einem Gesetz von 1957 die an Weisungen der Regierung nicht gebundene, also politisch unabhängige Deutsche Bundesbank verantwortlich ist. Zu den Bedingungen eines funktionierenden Leistungswettbewerbs gehörten überdies das vom Grundgesetz der Bundesrepublik garantierte **Recht auf Privateigentum an Produktionsmitteln,** die **Berufs- und Gewerbefreiheit** sowie die **Konsum- und Vertragsfreiheit** einschließlich freier Preisgestaltung.
Der Wirtschaftsaufschwung der Bundesrepublik wurde durch **internationale Rahmenbedingungen** begünstigt: eine Liberalisierung des Weltmarkts, die hohe Stabilität der Wechselkurse und eine geringe Inflation. Auch von der europäischen Integration profitierte der westdeutsche Teilstaat: Mit der Gründung der Europäischen Gemeinschaft für Kohle und Stahl (Montanunion) 1951 und der Europäischen Wirtschaftsgemeinschaft (EWG) 1957 wurde ein großer Wirtschaftsraum geschaffen, der die Ausweitung der Wirtschaft und die Anhebung des Lebensstandards ermöglichte (s. S. 588 ff.).

Sozialpolitik in der frühen Bundesrepublik

Die westdeutsche Gesellschaft wurde in den späten 1940er- und frühen 1950er-Jahren entscheidend durch die Folgen des Zweiten Weltkrieges geprägt. Der Krieg hatte Millionen von Menschen um Heimat, Gesundheit, Eigentum, Beruf und Wohnung gebracht. Breite Bevölkerungsschichten drohten zu verarmen, weil sie Existenzgrundlage und soziale Sicherheiten verloren hatten. Der staatlichen **Sozialpolitik* im „Sozialstaat" Bundesrepublik Deutschland** kam daher ein besonderer Stellenwert zu: Die Politik musste die Notlage vieler Menschen entschärfen, um eine politische Radikalisierung zu vermeiden, die Gesellschaft zusammenzuhalten und den sozialen Frieden zu sichern. Diesen Zielen diente die intensive staatliche **Sozialpolitik*** der Jahre 1949 bis 1966. Ihre herausragenden Leistungen waren das Lastenausgleichsgesetz von 1952 und die Rentenreform von 1957.
Das **Lastenausgleichsgesetz,** das seit Kriegsende gefordert und heftig diskutiert worden war, gehört zu den wichtigsten Mitteln zur Eingliederung der Vertriebenen, Flüchtlinge und Spätaussiedler in die bundesrepublikanische Gesellschaft. Es sah die Entschädigung für kriegsbedingte Vermögensverluste vor. Zwar profitierten lediglich 22 Prozent der Vertriebenen von den finanziellen Leistungen. Aber von diesem Gesetz ging eine große psychologische Wirkung aus. Die Neuankömmlinge fühlten sich nicht allein gelassen mit ihren Sorgen und Nöten, sondern spürten im Gegenteil die Solidarität von Politik und Gesellschaft.
Ein Meilenstein in der Geschichte des bundesrepublikanischen Sozialstaats bildete das 1957 von Regierung und Opposition gemeinsam erarbeitete **Rentenreformgesetz,** das die materielle Not im Alter minderte. Kern war die **„Dynamisierung" der Renten,** die seitdem den durchschnittlichen Lohn- und Gehaltserhöhungen folgten. Gleichzeitig trat an die Stelle des bis dahin gültigen Versicherungsprinzips, d. h. der Rentenzahlung aus angesparten Versicherungsbeiträgen, der **„Generationenvertrag".** Danach werden die Renten aus den aktuellen Versicherungsbeiträgen der Arbeitnehmer finanziert.

Sozialpolitik in der Bundesrepublik 1949–1969

- **1949** Tarifvertragsgesetz: Abschluss von Tarifverträgen durch Gewerkschaften und Arbeitgeber (Tarifverträge sind geltendes Recht und werden dem Arbeitsminister mitgeteilt)
- **1950** Bundesversorgungsgesetz: Versorgung der Kriegsbeschädigten und -hinterbliebenen
- **1952** Lastenausgleichsgesetz; Wohnungsbauprämiengesetz: Förderung des Bausparens durch staatliche Zulagen
- **1954** Wiedereinführung des von den Alliierten abgeschafften Kindergeldes ab dem 3. Kind, seit 1961 ab dem 2. Kind
- **1957** Lohnfortzahlung im Krankheitsfall für Arbeiter; Rentenanpassungsgesetz: „Dynamisierung" der Renten, d. h. Anpassung an die Lohnentwicklung
- **1959** Sparprämiengesetz: Förderung des Sparens durch staatliche Zulagen; 5-Tage-Woche im Steinkohlebergbau
- **1961** Vermögensbildungsgesetz (312-DM-Gesetz): staatliche Zulagen für Arbeitnehmer bei langfristigem Sparen; Sozialhilfegesetz: einklagbarer Rechtsanspruch auf Unterstützung für Bedürftige
- **1967** 40-Stunden-Woche
- **1969** Lohnfortzahlung stellt Arbeiter und Angestellte gleich

1 **Wahlaufgabe:** Bearbeiten Sie Aufgabe a) oder b).

a) **Partnerarbeit/Tabelle:** Stellen Sie in arbeitsteiliger Partnerarbeit die wirtschaftliche Entwicklung der beiden deutschen Staaten anhand der wesentlichen Kennzeichen und politischen Entscheidungen in einer Tabelle gegenüber.

b) **Partnerarbeit/Schaubild:** Stellen Sie in arbeitsteiliger Partnerarbeit die Planwirtschaft bzw. die soziale Marktwirtschaft modellhaft in einem Schaubild dar.
Tipp: Nutzen Sie für die Erstellung der Schaubilder Methodenseite S. 392.

Hinweise zur Arbeit mit den Materialien:
Der Materialteil setzt den Schwerpunkt auf Wirtschaftsmodelle und Wirtschaftsentwicklung in beiden deutschen Staaten: M 4 bietet einen Text zur Planwirtschaft, M 5 eine Quelle zur sozialen Marktwirtschaft, M 6–M 8 Statistiken zur Konsumgüterausstattung.

Planwirtschaft in der DDR

M 4 Der Historiker André Steiner über die Planwirtschaft in der DDR (2007)

Das planwirtschaftliche System wies von Anfang an zwei grundlegende Probleme auf: das Informations- und das Anreizproblem. In Marktwirtschaften richten die Unternehmen ihre Entscheidungen an den Preisen aus, die sich nach Angebot und Nachfrage frei herausbilden. Das ist eine nicht sicher vorhersagbare Informationsquelle. Da die Planung den wirtschaftlichen Prozess bewusst und im vornherein gestalten sollte, durften die Preise nicht mehr Quelle für Unsicherheiten sein. Das bedeutete den Verzicht auf die Preise als unabhängige, aus dem Wirtschaftsprozess selbst gewonnene Informationsquelle. Die für die wirtschaftlichen Entscheidungen der Zentrale erforderlichen Informationen musste der Planungsprozess bereitstellen. Allerdings wurden sie in dem bürokratischen und hierarchischen Prozess durch die verschiedenen Interessen der nach- und übergeordneten Ebenen verfälscht [...]. Da es der Zentrale angesichts der Vielfalt und der Komplexität des Wirtschaftsprozesses unmöglich war, alle erforderlichen Informationen in der notwendigen Qualität zu erhalten, konnte sie keine wirtschaftlich optimalen Entscheidungen treffen. So verwundert es nicht, dass sie sich entsprechend ihrem Führungsanspruch vornehmlich an politisch gesetzten Prioritäten orientierte [...]. Darüber hinaus barg die gegebene Systemstruktur ein Anreizproblem: Es war schwierig, Betriebe und Beschäftigte zu höchsten Leistungen zu motivieren. Das anfänglich bemühte Idealbild vom „neuen Menschen" erwies sich schnell als Fiktion, denn der fiktive Besitz[1] von Maschinen und Fabriken war kein Garant für eine höhere Arbeitsmotivation. Daher entstand das Anreizproblem aus dem Widerspruch zwischen dem wirtschaftlich notwendigen Leistungsdruck und den Legitimationsgrundlagen des Systems. Zu letzteren gehörte der Anspruch, Vollbeschäftigung zu realisieren. Er stand jedoch einer Anwendung der *ultima ratio*[2] bei wirtschaftlich unzureichenden Ergebnissen – für den Betrieb der Konkurs und für die Beschäftigten die Entlassung – entgegen. Außerdem legitimierte die SED-Spitze ihre Herrschaft als „Arbeiter-und-Bauern-Macht", musste gleichzeitig den Arbeitern aber als eine Art Gesamtunternehmer gegenübertreten [...]. Jeder zusätzliche Leistungszwang gefährdete daher potenziell die Legitimität der SED-Macht; ein Verzicht auf ihn hatte aber die gleichen Folgen, denn er schwächte die wirtschaftliche Leistungsfähigkeit. Diesem Dilemma versuchte man mit vielfältigen Mechanismen beizukommen [...]. Der Planungsmechanismus war in den 1950er-Jahren so gestaltet, dass die Betriebe vor allem dafür belohnt wurden, wenn sie ihre Brutto-Produktion quantitativ erfüllt hatten. Qualitative Aspekte waren nachgeordnet. In dieser Perspektive erschien jede Neuerung bei den Produkten und im Fertigungsprozess als eine Störung, weshalb die Betriebe – von Ausnahmen abgesehen – kaum an Innovationen interessiert waren und diese eher vermieden. Das war für sie auch nicht problematisch, weil sie bei dem allgemeinen Warenmangel ihre Produkte ohnehin absetzen konnten. Der Mangel entstand systemisch durch das nicht knapp gehaltene Geld und durch die damit zusammenhängenden allgegenwärtigen Hortungserscheinungen und die geringen Anreize zum sparsamen Ressourceneinsatz bei den Betrieben. Das staatliche Außenhandelsmonopol, gedacht als Schutz der Volkswirtschaft vor „Störungen" von außen, tat das seine, denn es schottete die Betriebe von der internationalen Konkurrenz ab. Aus beiden Systemelementen folgte die systemimmanente Innovationsschwäche. Die Ressourcenvorräte der Betriebe gaben ihnen die Chance, Defizite in der Ausstattung mit Rohstoffen und Vorleistungen oder mit Konsumgütern für die Beschäftigten eigenständig – außerhalb der Pläne – zu schließen. Spontan und frei von zentraler Administration tauschten die Betriebe ihre gehorteten Produkte untereinander. Das war aufwändig, aber der Nutzen war ebenfalls hoch und sicherte die Planerfüllung, das entscheidende Kriterium [...]. Gesamtwirtschaftlich trug dieser graue Markt nicht unerheblich zum Funktionieren des Systems bei. Solche Marktelemente blieben in den 1950er-Jahren ganz eindeutig den planwirtschaftlichen Instrumenten nachgeordnet, und so konnten sie die Ineffizienz nicht aufheben, die sich im Verlauf der 1950er-Jahre zeigte. Die Ressourcen der Volkswirtschaft waren nicht nur nicht optimal verteilt, sie wurden zudem oft nur unzureichend ausgenutzt. Anders formuliert: Die Volkswirtschaft der DDR zeichnete sich gleichzeitig durch permanenten Mangel und – wegen der Hortungen – scheinbaren ständigen

Überfluss aus. Mit der Planwirtschaft sowjetischen Typs konnten in den 1950er-Jahren zunächst brachliegende Produktionsfaktoren mobilisiert und hohe Wachstumsraten erreicht werden. Im Zuge dieses extensiven Wachstums wurde – verstärkt durch die innerdeutschen Wanderungsverluste – die Arbeitslosigkeit reduziert und schließlich beseitigt. Ab der zweiten Hälfte der 1950er-Jahre zeigte sich ein akuter Mangel an Arbeitskräften. Das löste zwar die versprochene Vollbeschäftigung ein. Aber dahinter verbargen sich die Hortung von Arbeitskräften in den Betrieben und damit erhebliche Produktivitätsreserven. Auch die Effektivität der Investitionen sank Ende der 1950er-Jahre. Die Grenzen des extensiven Wachstums waren erreicht, und die Wirtschaft war mit dem etablierten Lenkungsmechanismus nicht auf einen intensiven Wachstumspfad – also überwiegend durch Produktivitätssteigerung bewirktes Wachstum – zu bringen.

*Zit. nach: André Steiner, Möglichkeiten und Grenzen einer Planwirtschaft, in: Helga Schultz, Hans-Jürgen Wagener (Hg.), Die DDR im Rückblick. Politik, Wirtschaft, Gesellschaft, Kultur, Ch. Links Verlag, Berlin 2007, S. 140–143.**

1 Als „fiktiven Besitz" bezeichnet der Autor den Sachverhalt, dass in der DDR Maschinen und Fabriken offiziell Volkseigentum waren. Diese Betriebe wurden als „Volkseigene Betriebe" bezeichnet; tatsächlich waren sie Staatseigentum.

1 Erarbeiten Sie anhand von M 4 die zentralen Kennzeichen der Planwirtschaft.
2 **Wahlaufgabe:** Bearbeiten Sie Aufgabe a) oder b).
  a) Stellen Sie ausgehend von M 4 die Chancen staatlicher Planung bzw. ihre Risiken und Mängel dar.
  b) Untersuchen Sie anhand von M 4 die wirtschaftlichen und politischen Folgen der DDR-Planwirtschaft.

Soziale Marktwirtschaft in der Bundesrepublik

M 5 Alfred Müller-Armack über die soziale Marktwirtschaft (1948)

Die Lage unserer Wirtschaft zwingt uns zu der Erkenntnis, dass wir uns in Zukunft zwischen zwei grundsätzlich voneinander verschiedenen Wirtschaftssystemen zu entscheiden haben, nämlich dem System der antimarktwirtschaftlichen Wirtschaftslenkung und dem System der auf freie Preisbildung, echten Leistungswettbewerb und soziale Gerechtigkeit gegründeten Marktwirtschaft. Alle Erfahrungen mit wirtschaftlichen Lenkungssystemen [...] haben erwiesen, dass sie unvermeidlich zu einer mehr oder weniger weitgehenden Vernichtung der Wirtschaftsfreiheit des Einzelnen führen, also mit demokratischen Grundsätzen unvereinbar sind, und zweitens mangels zuverlässiger Maßstäbe infolge der Aufhebung des Preismechanismus nicht in der Lage sind, die verschiedenen Knappheitsgrade zuverlässig zu erkennen [...]. Die angestrebte moderne Marktwirtschaft soll betont sozial ausgerichtet und gebunden sein. Ihr sozialer Charakter liegt bereits in der Tatsache begründet, dass sie in der Lage ist, eine größere und mannigfaltige Gütermenge zu Preisen anzubieten, die der Konsument durch seine Nachfrage entscheidend mitbestimmt und die durch niedrige Preise den Realwert des Lohnes erhöht und dadurch eine größere und breitere Befriedigung der menschlichen Bedürfnisse erlaubt. Durch die freie Konsumwahl wird der Produzent gezwungen, hinsichtlich Qualität, Sortiment und Preis seiner Produkte auf die Wünsche der Konsumenten einzugehen, die damit eine echte Marktdemokratie ausüben. Eine ähnliche, die Wirtschaft maßgeblich bestimmende Stellung vermag eine Lenkungswirtschaft der Masse der Verbraucher nicht einzuräumen. Demokratie und Lenkungswirtschaft sind eben nicht vereinbar. Um den Umkreis der sozialen Marktwirtschaft ungefähr zu umreißen, sei folgendes Betätigungsfeld künftiger sozialer Gestaltung genannt:

1. Schaffung einer sozialen Betriebsordnung, die den Arbeitnehmer als Mensch und Mitarbeiter wertet, ihm ein soziales Mitgestaltungsrecht einräumt, ohne dabei die betriebliche Initiative und Verantwortung des Unternehmers einzuengen.
2. Verwirklichung einer als öffentliche Aufgabe begriffenen Wettbewerbsordnung, um dem Erwerbsstreben der Einzelnen die für das Gesamtwohl erforderliche Richtung zu geben.
3. Befolgung einer Antimonopolpolitik zur Bekämpfung möglichen Machtmissbrauches in der Wirtschaft.
4. Durchführung einer konjunkturpolitischen Beschäftigungspolitik mit dem Ziel, dem Arbeiter im Rahmen des Möglichen Sicherheit gegenüber Krisenrückschlägen zu geben. Hierbei ist außer kredit- und finanzpolitischen Maßnahmen auch ein mit sinnvollen Haushaltssicherungen versehenes Programm staatlicher Investitionen vorzusehen.
5. Marktwirtschaftlicher Einkommensausgleich zur Beseitigung ungesunder Einkommens- und Besitzverschiedenheiten, und zwar durch Besteuerung und durch Familienzuschüsse, Kinder- und Mietbeihilfen an sozial Bedürftige.

6. Siedlungspolitik und sozialer Wohnungsbau.
7. Soziale Betriebsstrukturpolitik durch Förderung kleinerer und mittlerer Betriebe und Schaffung sozialer Aufstiegschancen.
8. Einbau genossenschaftlicher Selbsthilfe in die Wirtschaftsordnung.
9. Ausbau der Sozialversicherung.
10. Städtebauplanung.
11. Minimallöhne und Sicherung der Einzellöhne durch Tarifvereinbarungen auf freier Grundlage.

Es kommt also darauf an zu erkennen, dass der Übergang zur Marktwirtschaft als einem System freiheitlicher und demokratischer Wirtschaftsordnung zugleich die Gewinnung der deutschen Menschen für die Ideale der persönlichen Freiheit und Selbstbestimmung in sich schließt. Die letzten Ziele staatsbürgerlicher Freiheit müssen mit den Zielen der wirtschaftlichen Freiheit des Einzelnen übereinstimmen.

*Zit. nach: Alfred Müller-Armack, Vorschläge zur Verwirklichung der Sozialen Marktwirtschaft, in: Genealogie der Sozialen Marktwirtschaft, Paul Haupt, Bern 1974, S. 98ff.**

1 Erarbeiten Sie anhand von M 5 die Kennzeichen der sozialen Marktwirtschaft.
2 **Wahlaufgabe:** Bearbeiten Sie Aufgabe a) oder b).
 a) Erläutern Sie, von welchen Wirtschaftsformen in der Geschichte und Gegenwart sich die soziale Marktwirtschaft unterscheidet (M 5).
 b) Erläutern Sie den Zusammenhang von sozialer Marktwirtschaft und Demokratie (M 5).

Konsumgüter in Ost und West – ein Vergleich

M6 Langlebige Konsumgüter in der DDR 1955 bis 1970 (je 100 Haushalte)

	1955	1960	1966	1970
Pkw	0,2	3,2	9	15
Fernseher	1	18,5	54	69
Waschmaschine	0,5	?	32	53
Kühlschrank	0,4	6,1	31	56

Zusammengestellt nach: Hermann Weber, Kleine Geschichte der DDR, Edition Deutschlandarchiv, Köln 1980, S. 136, und Gunnar Winkler, Geschichte der Sozialpolitik der DDR 1945–1985, Akademie Verlag, Berlin (Ost) 1989, S. 127.

M7 Langlebige Konsumgüter in der Bundesrepublik 1968 (in Prozent)

	Pkw		Fernseher	
Jahres-einkommen	7 200–9 599	9 600–17 999	7 200–9 200	9 600–17 999
Arbeiter	27	45	82	84
Angestellte	33	56	65	85

Zusammengestellt nach: Christian Kleinschmidt, Konsumgesellschaft, Vandenhoeck & Ruprecht, Göttingen 2008, S. 140.

1 Untersuchen Sie, inwiefern in der Bundesrepublik der Wirtschaftsaufschwung mit Wohlstandswachstum verbunden war und wer davon profitierte (M 7, M 8).

M8 Langlebige Konsumgüter in der Bundesrepublik 1949–1962 (in Prozent der Haushalte)

	Bestand 1962	davon wurden angeschafft in den Jahren				
		vor 1949	1949–1952	1953–1957	1958–1960	1961–1962
Fernseher	34,4			14,9	51,5	32,0
Radio	79,3	5,8	21,9	39,8	22,4	8,0
Plattenspieler	17,7	1,3	6,5	32,0	39,5	18,7
Kühlschrank	51,8	0,6	3,8	25,2	45,4	23,5
Staubsauger	64,7	6,9	13,7	36,1	28,8	12,2
Waschmaschine	25,3	2,0	7,7	38,2	33,7	16,3
Tiefkühltruhe	2,7		1,2	15,6	50,1	30,7
Fotoapparat	41,7	8,8	13,9	29,8	30,9	13,8

Zusammengestellt nach: Statistisches Bundesamt (Hg.), Statistisches Jahrbuch 2006, Tabellen 15 und 17.

1 Vergleichen Sie die Ausstattung mit Konsumgütern in der DDR und in der Bundesrepublik Deutschland in den 1950er/1960er-Jahren (M 6–M 8).

„Geglückte Demokratie" – die BRD 1961–1989

In dieser Themeneinheit geht es um
die politischen, wirtschaftlichen und gesellschaftlichen Entwicklungen in der Bundesrepublik zwischen Mauerbau 1961 und Friedlicher Revolution 1989.

Liberalisierung

Der Bau der Berliner Mauer im August 1961 durch die DDR löste in der Bundesrepublik einen Schock aus. Dass Bundeskanzler Adenauer Westberlin erst neun Tage nach dem Mauerbau besuchte, empörte viele Menschen. Diese mangelnde Solidarität erwies sich als politischer Fehler und leitete den Autoritätsverfall des Bundeskanzlers ein. In der **Bundestagswahl im September 1961** verlor die CDU/CSU ihre absolute Mehrheit im Bundestag, während die SPD nun von Wahl zu Wahl Gewinne erzielten. Das lag nicht nur an ihrem Kanzlerkandidaten, dem Westberliner Regierenden Bürgermeister **Willy Brandt** (s. S. 540). Die SPD hatte sich seit Verabschiedung des **Godesberger Programms 1959** von ihrer marxistischen Vergangenheit losgesagt; sie verstand sich nicht länger als Partei der Arbeiterklasse, die den Kapitalismus verdammte und den Klassenkampf sowie eine starre Planung der Wirtschaft propagierte. Die SPD wandelte nun sich zu einer modernen Volkspartei, die sich zu Privateigentum und Marktwirtschaft, zum demokratischen Wettstreit der Ideen und zur Reformpolitik bekannte. Adenauers Ansehensverlust wurde durch die **„Spiegel-Affäre"* 1962** verstärkt. Landesweit wurde gegen das Vorgehen der Regierung protestiert. Diese außerordentliche öffentliche Resonanz* verwies auf einen **Wandel in der Gesellschaft in der Bundesrepublik:** Alte obrigkeitsstaatliche Mentalitäten wichen zunehmend freiheitlich-liberalen Denk- und Verhaltensmustern. Dieser Liberalisierungsschub zeigte sich auch in einem Wandel von Einstellungen und Vorstellungen während der 1960er-Jahre. Normen und Werte wie Disziplin, Gehorsam und Unterordnung verloren an Bedeutung, während Ideale wie Emanzipation*, Mitbestimmung und Individualismus das Leben zunehmend bestimmten.

▶ **M 2: Bundestagswahlen 1949–2017**

M 1 Proteste im Zuge der „Spiegel-Affäre", Remscheid, Fotografie, 1962

Von Adenauer zu Erhard: Zeit des Übergangs

1963 endete nach 14 Jahren die Regierungszeit Adenauers. Ludwig Erhard (s. S. 532) übernahm das Kanzleramt. Der langjährige Wirtschaftsminister galt als Vater des „Wirtschaftswunders" und war ausgesprochen beliebt. Obwohl er wegen dieser Popularität einen glänzenden Wahlsieg für die CDU/CSU bei den Bundestagswahlen 1965 erkämpfte, verlor er in seiner Partei zunehmend an Rückhalt. Nachdem die FDP im Oktober 1966 aus der Regierungskoalition ausgetreten war, zwangen seine Parteifreunde Erhard zum Rücktritt. Er erschien den Unionsparteien nicht geeignet für den von ihnen angestrebten Aufbruch. Noch schwerer wog, dass Bundeskanzler Erhard in Wirtschaftsfragen an Autorität verlor. Während seiner Regierungszeit zeigten sich **Wachstumsschwächen.** Im Ruhrbergbau setzte ein Zechensterben ein, da die heimische Kohle nicht mehr mit dem auf dem Weltmarkt preiswerten Heizöl konkurrieren konnte. Erhard schätzte die Krise falsch ein und vertraute auf die Wirksamkeit des Marktes, anstatt konjunkturstützende Maßnahmen einzuleiten. Diese Politik erschien nicht mehr zeitgemäß und rief Verunsicherung und Ärger bei vielen Menschen hervor. Auch wenn sich die Rezession* als vorübergehender Wachstumseinschnitt eines langen Wirtschaftsaufschwungs herausstellte, der von den 1950er- bis zu den beginnenden 1970er-Jahren dauere, profitierte die rechtsradikale NPD von dieser Stimmung und zog vorübergehend in einige Landesparlamente ein.

„Spiegel-Affäre"
Nach einem kritischen Bericht des Nachrichtenmagazins „Der Spiegel" vom 10. Oktober 1962 über ein NATO-Manöver wurden auf Veranlassung von Verteidigungsminister Franz Josef Strauß (CSU) die Redaktionsräume des „Spiegel" besetzt; der Herausgeber Rudolf Augstein und mehrere Redakteure wurden wegen des Verdachts auf Landesverrat verhaftet. Prominente solidarisierten sich mit dem „Spiegel", die deutsche Medienlandschaft protestierte gegen Eingriffe in die Pressefreiheit. In vielen Städten gab es Demonstrationen. Die FDP, seit den Bundestagswahlen 1961 Koalitionspartner der CDU, sah die Grundrechte verletzt und zog ihre Minister aus dem Kabinett zurück. Kanzler Adenauer konnte die Regierungskrise nur überwinden, indem er Strauß zum Rücktritt drängte und einen Wechsel im Kanzleramt für Herbst 1963 ankündigte.

M2 **Bundestagswahlen 1949–2017 (Ergebnisse in % der gültigen Zweitstimmen)**

	1949	1953	1957	1961	1965	1969	1972	1976	1980	1983	1987	1990	1994	1998	2002	2005	2009	2013	2017
Wahlber. (in Mio.)	31,2	33,1	35,4	37,4	38,5	38,7	41,4	42,1	43,2	44,1	45,3	60,9	60,5	60,8	61,4	61,9	62,2	61,8	61,5
Wahlbeteil. (in %)	78,5	86,0	87,8	87,7	86,8	86,7	91,1	90,7	88,6	89,1	84,3	77,8	79,0	82,2	79,1	77,7	70,8	71,5	76,2
CDU/CSU	31,0	45,2	50,2	45,4	47,6	46,1	44,9	48,6	44,5	48,8	44,3	43,8	41,4	35,1	38,5	35,2	33,8	41,5	33,0
SPD	29,2	28,8	31,8	36,2	39,3	42,7	45,8	42,6	42,9	38,2	37,0	33,5	36,4	40,9	38,5	34,2	23,0	25,7	20,5
FDP	11,9	9,5	7,7	12,8	9,5	5,8	8,4	7,9	10,6	7,0	9,1	11,0	6,9	6,2	7,4	9,8	14,6	4,8	10,7
Grüne	–	–	–	–	–	–	–	–	1,5	5,6	8,3	3,8	–	–	–	–	–	–	–
Bündnis 90/ Grüne	–	–	–	–	–	–	–	–	–	–	–	1,2	7,3	6,7	8,6	8,1	10,7	8,4	8,9
PDS	–	–	–	–	–	–	–	–	–	–	–	2,4	4,4	5,1	4,0	8,7	–	–	–
Die Linke	–	–	–	–	–	–	–	–	–	–	–	–	–	–	–	–	11,9	8,6	9,2
DP	4,0	3,3	3,4	–	–	–	–	–	–	–	–	–	–	–	–	–	–	–	–
GB/BHE	–	5,9	4,6	2,8	–	0,1	–	–	–	–	–	–	–	–	–	–	–	–	–
Zentrum	3,1	0,8	0,3	–	–	–	–	–	–	–	–	–	–	–	–	–	–	–	–
Bayernpart.	4,2	1,7	0,5	–	–	0,2	–	–	–	–	–	–	–	–	–	–	–	–	–
DRP, NPD, Republikaner	1,8	1,1	1,0	0,8	2,0	4,3	0,6	0,3	0,2	0,2	0,6	2,1	–	–	1,0	2,2	1,5	1,3	0,4
KPD, DFU, DKP	5,7	2,2	–	1,9	1,3	–	0,3	0,3	0,2	0,2	–	–	–	–	–	–	–	–	–
AfD	–	–	–	–	–	–	–	–	–	–	–	–	–	–	–	–	–	4,7	12,6
Piraten	–	–	–	–	–	–	–	–	–	–	–	–	–	–	–	–	2,0	2,2	0,4
Sonstige	9,1	1,5	0,5	0,1	0,3	0,8	–	0,3	0,1	–	0,2	2,2	3,6	5,9	1,8	1,6	2,1	2,3	4,3

Zusammengestellt nach: Statistische Jahrbücher für die Bundesrepublik Deutschland; Bekanntmachungen des Bundeswahlleiters.

DP = Deutsche Partei; GB/BHE = Gesamtdeutscher Block/Bund der Heimatvertriebenen und Entrechteten; DRP = Deutsche Reichspartei; DFU = Deutsche Friedensunion.

Reformpolitik um 1970

1966 bis 1969 wurde die Bundesrepublik erstmals von einer **Großen Koalition** aus CDU und SPD unter Bundeskanzler Kurt Georg Kiesinger (CDU) regiert. Sie zeigte sich reformfreudig. **Wirtschaftsminister Karl Schiller** (SPD) begann eine neue Phase der Wirtschaftspolitik, die dem Staat eine wichtige Funktion bei der Steuerung der Wirtschaft zusprach. Seine **antizyklische Wirtschaftspolitik*** trug maßgeblich zur Überwindung der Wirtschaftskrise bei. Statt den Markt „dem freien Spiel der Kräfte" zu überlassen, plädierte er für vorausschauende Arbeitsmarktpolitik, mittelfristige Finanzplanung und staatliche Globalsteuerung. Diese Ziele, die er 1967 in dem gemeinsam mit Finanzminister Franz Josef Strauß (CSU) durchgesetzten Stabilitätsgesetz umriss, werden als „magisches Viereck" bezeichnet: Preisstabilität, außenwirtschaftliches Gleichgewicht, gleichmäßiges Wirtschaftswachstum und hoher Beschäftigungsstand.

Antizyklische Wirtschaftspolitik
Der Staat unterstützt bei dieser Politik die Wirtschaft in Zeiten der Rezession durch Investitions- und Arbeitsbeschaffungsprogramme sowie durch Steuersenkungen. Die dafür notwendigen Mittel sollen in Zeiten der Hochkonjunktur angespart werden.

Außerdem reformierte die Große Koalition 1969 Rechte und Pflichten von Bund und Ländern. Mit der Neuregelung des **Länderfinanzausgleichs,** nach dem die „reichen" den „armen" Bundesländern Geld zur Verfügung zu stellen hatten, vertrat sie einen „kooperativen Föderalismus". Rechtspolitische Reformen führten zur einer **Liberalisierung des Strafrechts.** Eine der wichtigsten Neuerungen bestand darin, weniger den Sühnegedanken als den Grundsatz der Resozialisierung, d. h. der gesellschaftlichen Wiedereingliederung eines Täters, ins Zentrum der Rechtsprechung zu stellen.
Eine der umstrittensten Reformen war die Verabschiedung der **Notstandsgesetze** 1968, die alliierte Souveränitätsrechte ablösen sollten. Die drei Westmächte verfügten seit dem Deutschlandvertrag (1952 verabschiedet, 1955 in Kraft) neben den Rechten über „Deutschland als Ganzes" über Sonderrechte im Falle eines Notstandes wie Naturkatastrophen oder militärische Angriffe. Die Kritik an den Notstandsgesetzen richtete sich weniger gegen die Regelungen für den „äußeren Spannungsfall". Der Protest zielte vielmehr auf die im Gesetz vorgesehenen Maßnahmen bei „inneren Unruhen". Viele befürchteten einen schleichenden Übergang in die Diktatur und die Gewerkschaften den Einsatz von Polizei und Bundeswehr bei Streiks. Erst nachdem in Artikel 9 des Grundgesetzes die Geltung von Notstandsregelungen für Arbeitskämpfe ausgeschlossen und in Artikel 20 Absatz 4 ein **Widerstandsrecht** der Bürger gegen eine missbräuchliche Anwendung der Notstandsgesetze eingeführt worden war, erhielten die Notstandsgesetze im Bundestag die erforderliche Mehrheit. Nur die Große Koalition konnte diese Grundgesetzänderungen aufgrund der notwendigen Zweidrittelmehrheit durchsetzen.

M 3 Demonstration gegen den Vietnamkrieg in Berlin, Fotografie, 10. Dezember 1966

„1968er-Bewegung"

Mit der Bildung der Großen Koalition 1966 übernahmen die 49 FDP-Abgeordneten die Aufgabe der parlamentarischen Opposition. Die Zweifel daran, dass diese Minderheit echte Oppositionsarbeit leisten könne, führten zur Entstehung einer **außerparlamentarischen Opposition (APO)** bzw. der Studentenrebellion, die 1968 ihren Höhepunkt erlebte. Diese weltweite Protestbewegung besaß auch spezifisch deutsche Wurzeln: Sie richtete sich neben den Notstandsgesetzen auch gegen Missstände an Universitäten und die unzureichende Auseinandersetzung der Elterngeneration mit der NS-Vergangenheit. Darüber hinaus protestierten die Studenten gegen den Vietnamkrieg (s. S. 477) und die Ausbeutung der Dritten Welt. Eine einheitliche Protestbewegung war die 68er-Bewegung nicht. Die „Kinder von Marx und Coca Cola", wie sie der Regisseur Jean-Luc Godard nannte, vertraten unterschiedliche Ideen, die aus Marxismus*, Kritik am Kapitalismus*, Klassenkampf und Theorien zum Imperialismus* resultierten.

Entspannung und internationale Aussöhnung

Die 1970er-Jahre waren geprägt durch **internationale Entspannung** (s. S. 482 f.), die auch in Deutschland eine **neue Ostpolitik** ermöglichte. Sie legte das Fundament für die Verständigung mit dem Osten und ergänzte die Westbindung Adenauers. Die nach Westen orientierte Politik des ersten Bundeskanzlers zielte auf eine enge politische, militärische und wirtschaftliche Ausrichtung an der westlichen Führungsmacht USA und auf die Integration der Bundesrepublik in die europäische Staatengemeinschaft. Ein Schwerpunkt bestand dabei in der Aussöhnung mit dem angeblichen „Erbfeind" Frankreich, der seit den 1950er-Jahren zu einer Politik der Kooperation* mit der Bundesrepublik im Rahmen der beginnenden europäischen Einigung (s. S. 588 ff.) übergegangen war. Die Annäherung beider Staaten gipfelte 1962 in gegenseitigen Staatsbesuchen der Regierungschefs und im Vertrag über die deutsch-französische Zusammenarbeit, dem Élysée-Vertrag 1963. Das Abkommen sah regelmäßige deutsch-französische Konsultationen* und Absprachen vor. Es legte fünf zentrale Bereiche fest: europäische Zusammenarbeit, Ost-West-Beziehungen, NATO, Jugendaustausch und Kulturbeziehungen.

Die Ostverträge

M4 Willy Brandt (1913–1992), Fotografie, 1969

1930–1992 SPD-Mitglied
1933 Emigration nach Norwegen
1938 Ausbürgerung durch den NS-Staat
1940–1945 Exil in Schweden
1945 Rückkehr nach Deutschland
1947 Einbürgerung in Deutschland
1949–1957, 1969–1983 Abgeordneter des Deutschen Bundestages
1955–1957 Präsident des Westberliner Abgeordnetenhauses
1957–1966 Regierender Bürgermeister von Westberlin
1964–1987 SPD-Vorsitzender
1966–1969 Bundesaußenminister und Vizekanzler in der Großen Koalition
1969–1974 Bundeskanzler
1971 Friedensnobelpreis

▶ **M 8, M 9: Der Warschauer Vertrag 1970**

Die **neue Ostpolitik der sozial-liberalen Koalition** (SPD-FDP) unter Bundeskanzler **Willy Brandt*** (SPD), die Deutschland von 1969 bis 1974 regierte, verfolgte zwei grundlegende Ziele: Die durch den Zweiten Weltkrieg in Europa geschaffenen Realitäten sollten anerkannt und die politischen, wirtschaftlichen und kulturellen Beziehungen zwischen Ost und West vertieft werden, um die zunehmende Entfremdung zwischen den Menschen aufzuhalten. Ein „geregeltes Nebeneinander" zwischen den Machtblöcken bot auch die Chance, Spannungen zwischen den Militärallianzen zu vermindern und ein Klima des Vertrauens für Verhandlungen und gesellschaftliche Veränderungen im Ostblock zu schaffen. Zwischen 1969 und 1979 vereinbarten die sozial-liberalen Regierungen unter Brandt und ab 1974 (bis 1982) unter **Helmut Schmidt*** (s. S. 541) mit allen Ostblockstaaten die Aufnahme diplomatischer Beziehungen und regelten in mehreren Verträgen die Deutschland- und Ostpolitik neu. Grundlage aller Verträge war der Verzicht auf Gewalt zur Durchsetzung von Grenzveränderungen.
Im **Moskauer Vertrag 1970** erkannte die Bundesrepublik gegenüber der Sowjetunion die bestehenden Grenzen in Europa einschließlich der Oder-Neiße-Grenze und der Demarkationslinie zwischen beiden deutschen Staaten faktisch an. Die UdSSR verzichtete ihrerseits auf das ihr als Siegermacht zustehende Interventionsrecht in der Bundesrepublik Deutschland. Die im Moskauer Vertrag enthaltene Erklärung, dass die Bundesrepublik Deutschland keinerlei Gebietsansprüche habe und die Grenze zwischen Polen und Deutschland „unverletzlich" sei, bildete auch den Kern des **Warschauer Vertrages 1970.** Vielleicht noch wichtiger als der Vertrag selbst, der 1970 zwischen Westdeutschland und Polen abgeschlossen wurde, war eine weltweit beachtete spontane Geste Willy Brandts: Er kniete vor dem Denkmal nieder, das an den Warschauer Ghetto-Aufstand von 1943 erinnerte. **Brandts Kniefall** in Warschau verhalf der neuen Ostpolitik zum Durchbruch. Zwar gab es in der Bundesrepublik heftige Diskussionen über die Ratifizierung der Verträge von Moskau und Warschau. Doch immer mehr Menschen im Westen sahen ein, dass sie die Folgen des Zweiten Weltkrieges, der von Deutschland begonnen und mit beispielloser Brutalität im Osten geführt worden war (s. S. 437), akzeptieren mussten. Das Umdenken erleichterte die Versöhnung mit den östlichen Nachbarn. Verträge und Konferenzen bildeten dabei die Grundlage für die Begegnung der Bürger, die allmählich ihre gegenseitigen Feindbilder und Vorurteile abbauten. Den vertraglichen Endpunkt der neuen Ostpolitik markierte der **Grundlagenvertrag 1972**, abgeschlossen zwischen der Bundesrepublik und der DDR (s. S. 560 f.).

„Modell Deutschland"

Die neue sozial-liberale Regierungskoalition unter Willy Brandt setzte nicht nur einen friedens- bzw. außenpolitischen Aufbruch in der Bundesrepublik Deutschland durch, sondern leitete auch einen gesellschaftspolitischen Neuanfang ein. In seiner Regierungserklärung rief er 1969 zu „mehr Demokratie wagen" auf. Tatsächlich nahmen das Interesse der Bürger an Politik und das politische Engagement zu. Die „Basis" der Parteien und Gewerkschaften wurde aktiver und verlangte Mitsprache. Viele Bürgerinnen und Bürger organisierten sich in Bürgerinitiativen, um ihre Interessen direkt zu vertreten.
Außerdem setzte die sozial-liberale Koalition zwischen 1969 und 1973/74 zahlreiche sozialpolitische Reformen durch, die den Wohlfahrtsstaat großzügig ausbauten: Die Regierung führte eine Mindestrente ein und erhöhte das Rentenniveau, schuf das BAföG (Studienförderung für Schüler und Studenten) und gewährte einkommensunabhängig Kindergeld, weitete die Krankenversicherung aus und erhöhte das Wohngeld, verbesserte den Arbeitsschutz und die Arbeitssicherheit.

▶ **M 10, M 11: Die Wirtschaft der Bundesrepublik 1969–1989**

Friedenspolitik, Demokratisierung sowie der Ausbau des Sozialstaats bei gleichzeitiger Vollbeschäftigung verbanden sich in dem Begriff vom **„Modell Deutschland"**. Viele Bürger, ob sie nun den Sozialdemokraten nahestanden oder nicht – fühlten sich von dem SPD-Slogan im Wahlkampf 1972 angesprochen: „Deutsche, wir können stolz sein auf unser Land". Doch die Reformen kosteten Geld. Innerhalb von nur fünf Jahren stieg das Sozialbudget im Staatshaushalt um mehr als ein Drittel. Dieses Geld stand immer weniger zur Verfügung, denn Weltwirtschaftskrisen verengten in den 1970er-Jahren zunehmend die haushaltspolitischen Spielräume.

Weltwirtschaftskrisen und Krisenmanagement

In den Jahren 1973/74 endete der Wirtschaftsaufschwung, der in den 1950er-Jahren begonnen hatte. Ausgelöst wurde der Konjunktureinbruch, der mit zunehmenden Arbeitslosenzahlen einherging, durch den **Ölpreisschock** 1973, der die gesamte Weltwirtschaft traf. Ursache der Ölkrise war der Nahost-Konflikt (s. S. 604 ff.): Während des sogenannten Jom-Kippur-Krieges zwischen Israel und einigen arabischen Staaten im Oktober 1973 und noch einmal Ende der 1970er-Jahre versuchten mehrere Mitgliedsländer der **Organisation Erdöl exportierender Länder (OPEC)**, Öl als politische Waffe gegen westliche, pro-israelische Staaten einzusetzen: Sie drosselten die Fördermenge und trieben so den Ölpreis nach oben. Die Bundesrepublik Deutschland musste erhebliche Summen für Ölimporte ausgeben. Dieses Geld fehlte dem Staat seitdem zur Finanzierung der Reformen und des Sozialstaates. Auch die Bürger litten unter den erhöhten Ausgaben für Heizöl und Benzin.

Die Bundesregierung reagierte auf die verschlechterte wirtschaftliche Lage mit Maßnahmen zur Energieeinsparung. Hierzu gehörten auch Fahrverbote an vier Sonntagen. Dem Krisenmanagement des seit 1974 (bis 1982) amtierenden Bundeskanzlers **Helmut Schmidt*** gelang es, die Bundesrepublik relativ unbeschadet durch die Weltwirtschaftskrisen zu manövrieren. Bis 1977 konnte die Koalition aus SPD und FDP den Bundeshaushalt konsolidieren, indem sie die Beiträge zur Arbeitslosenversicherung erhöhte und die Sozialleistungen kürzte. Dennoch stiegen die Staatsschulden.

Auch die seit 1982 regierende christlich-liberale Koalition unter Bundeskanzler **Helmut Kohl*** (CDU) stand vor der Aufgabe, die deutsche Volkswirtschaft an die neuen weltwirtschaftlichen Anforderungen im Zeitalter der Globalisierung anzupassen und die öffentlichen Haushalte* weiter zu konsolidieren*. Zwar erholte sich die Wirtschaft in den 1980er-Jahren und die Wachstumsraten stiegen. Davon profitierten die klassischen deutschen Industriezweige Auto, Chemie und Maschinenbau. Aber der Niedergang von Branchen wie Kohle, Stahl und Werften beschleunigte sich. Neu an dieser Wirtschaftssituation war, dass der Konjunkturaufschwung kaum Arbeitsplätze schuf. Die anhaltende Massenarbeitslosigkeit blieb das große Problem der Wirtschaftspolitik.

Terrorismus

Überschattet wurden die 1970er- und 1980er-Jahre in der Bundesrepublik Deutschland durch den Terrorismus der **„Rote-Armee-Fraktion" (RAF)**. Sie erschütterte die Bundesrepublik mit Bombenanschlägen und Attentaten auf führende Personen des öffentlichen Lebens, wie z. B. im Jahre 1977 auf den Präsidenten des Arbeitgeberverbandes Hanns Martin Schleyer. Die RAF tötete bis 1993 insgesamt 34 Menschen und verletzte über 200 Menschen zum Teil schwer. Obwohl die Terroristen keinen Rückhalt in der Bevölkerung besaßen, brachten die staatlichen Reaktionen wie polizeiliche Aufrüstung, verschärfte Haftbedingungen und eingeschränkte Verteidigerrechte der Bundesregierung den Vorwurf ein, die Bundesrepublik Deutschland sei auf dem Weg in den Polizeistaat. Insgesamt hat der Rechtsstaat der Herausforderung durch den Terrorismus jedoch standgehalten.

M5 Helmut Schmidt (1918 bis 2015), Fotografie, 1979

1946–2015 SPD-Mitglied
1953–1962, 1965–1987 Abgeordneter des Deutschen Bundestages
1961–1965 Innensenator von Hamburg
1968–1984 Stellv. SPD-Vorsitzender
1969–1972 Verteidigungsminister
1972 Wirtschafts- und Finanzminister
1972–1974 Finanzminister
1974–1982 Bundeskanzler
1983–2015 Mitherausgeber „Die Zeit"

M6 Helmut Kohl (1930 bis 2017), Fotografie, 1996

1947–2017 CDU-Mitglied
1966–1973 CDU-Vorsitzender in Rheinland-Pfalz
1969–1976 Ministerpräsident von Rheinland-Pfalz
1969–1973 Stellv. CDU-Vorsitzender
1973–1998 CDU-Vorsitzender
1976–1982 Vorsitzender der CDU/CSU-Bundestagsfraktion
1982–1998 Bundeskanzler

Ökologie als Herausforderung: Neue politische Bewegungen

Die Ölkrise 1973/74 leitete nicht nur eine Reihe von Weltwirtschaftskrisen ein, sondern bewirkte auch einen Mentalitätswandel, der sich in folgenden Fragen verdichten lässt: Wie zukunftsfähig ist die konsumorientierte Industriegesellschaft, die Berge von Müll produziert und eine zerstörte Natur hervorbringt? Sind die Rohstoffvorkommen auf der Welt unerschöpflich oder gibt es Grenzen des Wachstums? In den 1970er-Jahren begann eine bis heute anhaltende Diskussion über umweltzerstörende Produktionstechniken oder die Auswirkungen des Autoverkehrs. Das Verhältnis von Ökonomie und Ökologie entwickelte sich zu einem zentralen gesellschaftlichen Problem.

Das wachsende ökologische Bewusstsein führte bereits Anfang der 1970er-Jahre zur Entstehung neuer sozialer oder alternativer Bewegungen. Diese setzen sich für die Erhaltung der natürlichen Umwelt ein, organisierten **Anti-Atomkraft-Proteste**, engagierten sich in der **Frauenbewegung** (s. S. 557) oder in der **Friedensbewegung.**

Die Friedensbewegung erreichte in den 1970er- und 1980er-Jahren eine starke Mobilisierung in allen Bevölkerungsschichten, als sie gegen die von der Regierung Schmidt durchgesetzte und von der Regierung Kohl weiterverfolgte Nachrüstungspolitik protestierte. Der Widerstand richtete sich gegen den sogenannten NATO-Doppelbeschluss 1979: Weil der Warschauer Pakt die Westeuropa bedrohenden Mittelstreckenraketen vermehrt und modernisiert hatte, beschloss die NATO zur Abschreckung die Aufstellung von 572 nuklearen* US-Gefechtsköpfen in Westeuropa; gleichzeitig betonte sie ihre Verhandlungsbereitschaft über die Begrenzung der Raketenrüstung. In der Tradition der Studentenbewegung waren Straßendemonstrationen, symbolische Besetzungen und Mahnwachen Ausdrucksmittel der neuen Protestbewegungen.

Einige Mitglieder dieser außerparlamentarischen Bewegungen wollten die Politik wirksamer als bisher mitgestalten und gründeten im Frühjahr 1979 die Partei **„Die Grünen".** Bei den Wahlen in Bremen und Baden-Württemberg schaffte sie auf Anhieb den Sprung in die Länderparlamente. 1983 zog sie erstmals in den Bundestag ein. Ursache für den Erfolg der Grünen (seit 1993 „Bündnis 90/Die Grünen") war deren entschiedenes Eintreten für Umweltfragen und die Enttäuschung besonders jüngerer Wählerinnen und Wähler über den in ihren Augen mangelnden Reformwillen der SPD.

M7 Plakat der „Grünen" zur Bundestagswahl 1983

„Geglückte Demokratie" – „alles andere als selbstverständlich"

Als 1989 die Mauer fiel und die Friedliche Revolution in der DDR die Wiedervereinigung Deutschlands ermöglichte, hatte sich die Bundesrepublik zu einer erfolgreichen und weltweit geachteten Demokratie entwickelt. Aus dem ursprünglichen Provisorium* des Weststaates war eine reformfähige Wohlstandsgesellschaft und Marktwirtschaft geworden. Auch in schwierigen Zeiten blieben existenzgefährdende Systemkrisen aus: Die Bundesbürger bekannten sich zu einem demokratischen und zivilisierten Staat, zu Friedfertigkeit und Internationalismus sowie zu sozialer Marktwirtschaft und Rechtsstaatlichkeit. „Das Aufregende an der Geschichte der Bundesrepublik ist", schreibt der Historiker Edgar Wolfrum 2006 in seinem Buch „Die geglückte Demokratie", „dass die Katastrophe ausblieb und dass dieser Staat zu einer der stabilsten und angesehensten westlichen Demokratien geworden ist. Der Weg dorthin war – nach Nationalsozialismus, Zivilisationsbruch und Zäsur von 1945 – alles andere als selbstverständlich."

1. Erläutern Sie mithilfe der Darstellung die außen- und innenpolitische Reformpolitik in der Bundesrepublik der 1960er-Jahre.
2. Beschreiben Sie anhand der Darstellung die globalen Herausforderungen, mit denen die Bundesrepublik Deutschland in den 1970er-/1980er-Jahren konfrontiert war.
3. Erklären Sie mithilfe der Darstellung, wie Staat und Gesellschaft in der Bundesrepublik mit den Herausforderungen der 1970er-/1980er-Jahre umgegangen sind.

Hinweise zur Arbeit mit den Materialien:
Die Materialien thematisieren die neue Ostpolitik der Bundesrepublik am Beispiel des Warschauer Vertrages (M 8, M 9). Einen zweiten Schwerpunkt bilden Statistiken zur Wirtschaftsentwicklung 1969–1989 (M 10, M 11).

Der Warschauer Vertrag 1970

M 8 Bundeskanzler Willy Brandt am Mahnmal für die Opfer des Warschauer Ghetto-Aufstandes, Fotografie, 7. Dezember 1970

M 9 Aus der Rede Willy Brandts zum Warschauer Vertrag (7. Dezember 1970)

Die Zeit ist gekommen für einen Schlussstrich und für einen Neubeginn […]. Das polnische Volk hat Unsagbares erleiden müssen. Der Krieg und seine Folgen haben beiden Völkern, auch uns Deutschen, unendlich viele Opfer abverlangt. Jetzt geht es um die friedliche Zukunft zwischen den beiden Ländern und Völkern. Wer seine Angehörigen verloren hat, wem seine Heimat genommen wurde, der wird nur schwer vergessen können […]. Trotzdem muss ich gerade in dieser Stunde die heimatvertriebenen Landsleute bitten, nicht in Bitterkeit zu verharren, sondern den Blick in die Zukunft zu richten. Der Vertrag bedeutet selbstverständlich nicht, dass Unrecht nachträglich legitimiert wird. Er bedeutet also auch keine Rechtfertigung der Vertreibung. Worum es geht, ist der ernste Versuch, ein Vierteljahrhundert nach dem Krieg der Kette des Unrechts politisch ein Ende zu setzen […]. Unserem Volk wird nicht heute aus heiterem Himmel ein Opfer abverlangt. Dies hat längst gebracht werden müssen als Ergebnis der Verbrechen Hitlers.

*Zit. nach: Bulletin des Presse- und Informationsamtes der Bundesregierung, Nr. 161, Bonn 1970, S. 1693 f.**

1 Geben Sie die Aussagen in der Rede Willy Brandts mit eigenen Worten wieder (M 9).
2 Erläutern Sie die These Brandts in M 9, der „Kette des Unrechts" solle „politisch ein Ende" gesetzt werden.
3 **Vertiefung:** Das Nachrichtenmagazin „Der Spiegel" betitelte seine Zeitschrift anlässlich der Geste Brandts in M 8: „Durfte Brandt knien?" Diskutieren Sie die Frage. Beziehen Sie M 9 mit ein.

Die Wirtschaft der Bundesrepublik 1969–1989

M 10 Ausgaben und Einnahmen des öffentlichen Haushalts in der Bundesrepublik 1969–1989 (in Mrd. DM; in laufenden Preisen)

Jahr	Ausgaben	Einnahmen	Finanzierungssaldo	Kredite (netto)
1969	174,55	176,93	+ 2,46	2,46
1970	196,32	188,29	– 8,09	6,49
1971	226,48	211,18	– 15,61	13,93
1972	252,12	239,22	– 13,09	15,38
1973	280,49	271,48	– 8,82	11,40
1974	318,26	290,88	– 27,26	22,46
1975	360,51	296,65	– 63,84	53,63
1976	376,76	328,70	– 48,03	46,75
1977	395,17	364,00	– 31,18	31,69
1978	433,40	393,74	– 39,62	40,65
1979	469,85	423,50	– 46,57	43,44
1980	509,24	452,15	– 57,07	53,76
1981	541,77	466,09	– 75,65	69,59
1982	561,61	491,64	– 69,64	68,20
1983	570,08	514,77	– 55,29	56,16
1984	583,58	537,06	– 46,50	49,78
1985	604,40	565,07	– 39,30	40,49
1986	628,60	586,27	– 42,30	41,60
1987	651,33	600,24	– 51,07	48,69
1988	671,47	619,66	– 51,78	55,61
1989	701,48	674,38	– 27,07	33,61

Zusammengestellt nach: Dieter Grosser u. a. (Hg.), Deutsche Geschichte in Quellen und Darstellung, Bd. 11, Reclam, Stuttgart 1996, S. 87, 134.

M 11 Gesamtwirtschaftliche Entwicklung der Bundesrepublik 1969–1990

Jahr	Inflation[1] (Veränderung in %)	Arbeitslosenquote[2] (in %)	Arbeitslose (in 1000)	Erwerbspersonen[3] (in 1000)	Wachstumsrate (in % BSP)[4]	Nettoinvestitionen (in % NSP)[5]
1969	2,1	0,8	179	26535	7,4	19,5
1970	3,3	0,7	149	26817	5,4	18,2
1971	5,4	0,8	185	26957	3,1	17,2
1972	5,5	1,1	246	27121	4,3	16,5
1973	7,0	1,2	273	27433	4,7	12,4
1974	7,0	2,5	582	27411	0,0	9,4
1975	5,9	4,6	1074	27184	– 1,1	11,6
1976	4,3	4,5	1060	27034	5,5	10,9
1977	3,7	4,3	1030	27038	2,6	11,2
1978	2,7	4,1	993	27212	3,4	13,5
1979	4,1	3,6	876	27528	4,1	13,0
1980	5,5	3,6	889	27948	0,9	9,6
1981	6,3	5,1	1272	28305	0,0	7,5
1982	5,2	7,2	1833	28558	– 1,1	8,5
1983	3,3	8,8	2258	28605	2,1	8,4
1984	2,4	8,8	2266	28659	3,1	7,6
1985	2,0	8,9	2304	28897	1,9	7,8
1986	– 0,1	8,5	2228	29188	2,3	7,6
1987	0,2	8,5	2229	29386	1,5	8,5
1988	1,3	8,4	2242	29608	3,7	9,4
1989	2,8	7,6	2038	29799	4,2	10,1
1990	2,7	6,9	1883	30369	5,5	10,3

Zusammengestellt nach: Dieter Grosser u. a. (Hg.), Deutsche Geschichte in Quellen und Darstellung, Bd. 11, Reclam, Stuttgart 1996, S. 84f., 137.

1 Preissteigerung der Gesamtlebenshaltung aller Privathaushalte
2 Anteil der Erwerbslosen an der Zahl der abhängigen Erwerbspersonen (beschäftigte Arbeitnehmer plus Arbeitslose)
3 Beschäftigte Arbeitnehmer plus Arbeitslose
4 Prozentuale Veränderungen des Bruttosozialproduktes (BSP)
5 Prozentualer Anteil der Nettoinvestitionen (Anlageveränderungen und Vorratsveränderung jeweils abzüglich Abschreibungen) am Nettosozialprodukt (NSP)

1 Vergleichen Sie anhand von M 10 die Entwicklung von Ausgaben und Einnahmen des Bundeshaushaltes der Bundesrepublik 1969 bis 1989.

2 **Vertiefung:** Erstellen Sie aus der Tabelle M 11 ein Liniendiagramm.
Tipp: Siehe dazu auch Methodenseite 270.

3 **a)** Untersuchen Sie die Statistik M 11 hinsichtlich der wirtschaftlichen und sozialen Zu- und Abnahmen.
Tipp: Nutzen Sie die Methodenseite 270.
b) Erklären Sie die Veränderungen in M 11 aus der politischen und wirtschaftlichen Situation.
Tipp: Ziehen Sie die Darstellung hinzu.

Gescheiterte Diktatur – die DDR 1961–1989

In dieser Themeneinheit geht es um
- *die innenpolitische Situation in der DDR nach dem Mauerbau 1961 bis zum Fall der Mauer 1989,*
- *die Überwachung durch die DDR-Staatssicherheit,*
- *die Formen der Opposition in der DDR,*
- *die Systemkrise der DDR in den 1980er-Jahren.*

Resignation

Der **Bau der Berliner Mauer 1961** bildete eine Zäsur* in der Geschichte der DDR. Er beeinflusste das Leben der Menschen in der DDR unmittelbar. Konnten sie vor dem Mauerbau notfalls den ungeliebten Staat verlassen, mussten sie sich nun in ihr Schicksal fügen. Seit dem 6. Oktober 1961 wurde der Schusswaffengebrauch bei Grenzdurchbrüchen von „Republikflüchtlingen" durch die Grenztruppen der DDR vorgeschrieben. Diese mörderische Grenze zwischen der DDR und der Bundesrepublik geriet damit zur undurchlässigsten Grenze in Europa. Das Empfinden, eingesperrt, eingeschränkt und von der Welt abgeschottet zu sein, prägte seit dem Mauerbau das Lebensgefühl in der DDR.

Nach dem Mauerbau hielt die SED an ihrem Ziel fest, den **Aufbau des Sozialismus** voranzutreiben – wenn nötig mit Zwang und Gewalt. Die **Überwachung durch die Staatssicherheit** wurde ausgeweitet, die Bevölkerung wurde von der Staatsmacht kontrolliert und eingeschüchtert (s. S. 546 f.). Zeitungen berichteten über „Hetzer" und „Saboteure" im Volk, die die „harte Faust der Arbeiter" zu spüren bekommen hätten. Angehörige der FDJ zerstörten Fernsehantennen, die auf den Empfang von Westfernsehen ausgerichtet waren. Jeglicher Fluchtmöglichkeit beraubt, resignierten* viele Menschen innerlich und arrangierten sich äußerlich mit dem SED-Staat. Sie nahmen an betrieblichen Pflichtversammlungen, verordneten Demonstrationen und staatlichen Veranstaltungen wie den jährlichen Feiern zum internationalen Frauentag am 8. März oder dem Nationalfeiertag am 7. Oktober teil.

Bei den Wahlen stellte die **Nationale Front** (Dachverband aller Parteien und gesellschaftlichen Gruppen) eine Einheitsliste auf (s. S. 518). Nach dem Wahlgesetz konnte geheim gewählt werden. Als „normaler" Wahlakt galt jedoch das öffentliche Einwerfen des unveränderten Stimmzettels. Wer sich im Wesentlichen konform verhielt und Kritik nur im Sinne sozialistischer Staatstreue übte, konnte meist ohne staatliche Schikanen leben. Die Folge der erzwungenen Loyalität* zu Staat und Partei war ein gespaltenes Bewusstsein vieler DDR-Bürger: Öffentliche Unterstützung für die Politik der SED-Führung kompensierten sie in privaten „Nischen" im Familien- und Freundeskreis.

M1 Wahlwerbung in Ostberlin zu den DDR-Kommunalwahlen 1971, Fotografie, November 1971

Integration und Wirtschaftsreformen

Die DDR-Regierung wollte Staat und Gesellschaft durch die **Integration der Bevölkerung stabilisieren** und konzentrierte sich dabei auf die junge Generation. Das Bildungsangebot wurde verbessert. Allerdings verstärkte das SED-Regime durch die Einführung des allgemein verbindlichen Schulfaches „Staatsbürgerkunde" die politisch-ideologische Indoktrination*. Dafür nutzte die SED alle Möglichkeiten von der Kleinkinderziehung über die Hochschulbildung bis zur FDJ. Unter der Propagandaformel „Der Jugend Vertrauen und Verantwortung" erhöhte sie die Freiräume der Jugendlichen, die zwar gern das Freizeitangebot der FDJ nutzten, sich der politischen Indoktrination aber weitgehend zu entziehen suchten.

▶ M 5–M 7: Wirtschafts- und Sozialpolitik der DDR unter Honecker

Zur Verbesserung der materiellen Lebensbedingungen rief die SED eine **„wissenschaftlich-technische Revolution“** aus. Sie förderte die Wissenschaften und räumte technologischen* Fachkompetenzen Vorrang vor ideologischer Dogmatik* ein. Um Anschluss an das „Weltniveau“ zu finden, propagierte der SED-Staat die „sozialistische Leistungsgesellschaft“. Zu deren Durchsetzung führte das **„Neue ökonomische System der Planung und Leitung“ (NÖSPL)** 1963 materielle Anreize für die Beschäftigten ein und gestand den Betrieben größere Spielräume bei Investitionen, Rohstoff- und Materialbeschaffung, Produktion und Warenabsatz zu. Zwar stieg in den Jahren 1964 und 1965 die Arbeitsproduktivität um sechs bis sieben Prozent, das gesamte Wirtschaftswachstum erreichte im gleichen Zeitraum fünf Prozent. Aber schon im Herbst 1965 zeichnete sich ab, dass die großen Erwartungen nicht erfüllt wurden. Um die Modernisierung der Wirtschaft voranzutreiben, übertrug der Staat 1968 weiteren Wirtschaftsbereichen wie Landwirtschaft, Banken, Handel und kommunalen Einrichtungen größere Eigenverantwortlichkeit. Wenngleich sich während der 1960er-Jahre die Gesamtproduktion der DDR erhöhte, blieb die Arbeitsproduktivität im Vergleich zur Bundesrepublik Deutschland zurück. Das galt ebenfalls für den Lebensstandard der DDR-Bürger, der sich zwar verbesserte, aber mit dem der Westdeutschen nicht Schritt halten konnte. Die DDR-Wirtschaft blieb eine Mangelwirtschaft.

M2 **Erich Honecker (1912 bis 1994), Fotografie, 1976**

1929 Eintritt in die KPD
1930 Funktionärsschulung in Moskau
1931–1935 Funktionär beim kommunistischen Jugendverband Deutschlands
1935–1945 Verhaftung, Zuchthaus
1949–1989 Mitglied des ZK der SED
1958–1989 SED-Politbüro-Mitglied
1971–1989 1. Sekretär, ab 1976 Generalsekretär der SED
1971–1989 Staatsratsvorsitzender und Leiter des Nationalen Verteidigungsrates
1989 Sturz durch eine Politbürogruppe, Ausschluss aus der SED

Um die Unzufriedenheit der DDR-Bürger abzubauen, beschritt **Erich Honecker***, der 1971 Staats- und Parteichef geworden war, neue Wege. Die von ihm propagierte **„Einheit von Wirtschafts- und Sozialpolitik“** sollte die Versorgungslage und den Lebensstandard der Bevölkerung anheben. Zwar stieg der allgemeine Wohlstand in der DDR, doch gleichzeitig auch die **Staatsverschuldung.** Diese wurde durch die wirtschaftlichen Veränderungen seit der Ölkrise 1973/74 noch verstärkt. Die Sowjetunion verlangte von der „Brudernation“ DDR für Erdöl- und Erdgaslieferungen den Weltmarktpreis in Dollar und eine stärkere Einbindung in den Rat für gegenseitige Wirtschaftshilfe (RGW; s. S. 524). Daher musste der Westhandel eingeschränkt werden, und die ohnehin knappen **Devisenvorräte** für eine Modernisierung der DDR-Industrie gingen zurück.

Überwachungsstaat

▶ M 8–M 10: Das Spitzelsystem der „Stasi“

Seit den 1970er-Jahren war die DDR nicht nur ein **Versorgungsstaat,** der durch den Ausbau der Sozialpolitik die Bevölkerung an sich zu binden suchte, sondern auch ein **Überwachungsstaat.** Mithilfe eines flächendeckenden Überwachungs- und Spitzelsystems sollte die Opposition erfasst, beobachtet und unterdrückt werden. Das dafür zuständige **Ministerium für Staatssicherheit** (s. S. 523) steigerte in den 1980er-Jahren seine Macht. Am Ende der DDR beschäftigte das MfS 91 000 hauptamtliche und 189 000 Inoffizielle Mitarbeiter. Während ihrer gesamten Herrschaft konnte sich die SED der Loyalität der Bevölkerungsmehrheit nie sicher sein. Dies zeigte sich bereits beim Aufstand vom 17. Juni 1953 (s. S. 523 f.). Die DDR-Führung musste im Gegenteil stets das Volk fürchten, das sie beherrschte. Aus der Staatsideologie des Marxismus-Leninismus* leitete das SED-Regime die entscheidenden Argumente ab, um die Situation zu beschönigen. Die kommunistische Propaganda behauptete, dass mit dem Aufbau des Sozialismus und der Abschaffung der auf dem Privateigentum an Produktionsmitteln beruhenden Klassengesellschaft die sozialen Grundlagen für politische Konflikte verschwinden würden. Weder innerhalb noch außerhalb der Partei duldeten die Machthaber daher Widerspruch oder Opposition. Da Widerstand, Opposition oder Verweigerung Sanktionen* zur Folge hatten, die von politisch-sozialer Diskriminierung und Ausgrenzung bis zu strafrechtlicher Verfolgung mit langjährigen Haftstrafen reichten, wagten nur wenige Menschen offenen Protest.

Opposition in der DDR

Einer der bekanntesten Oppositionellen der DDR war der Chemiker **Robert Havemann** (1910–1982). Die vorsichtige Öffnung des Systems als Folge der Entspannungspolitik und der KSZE-Schlussakte von Helsinki 1975 (s. S. 483) ermutigte ihn, eine Liberalisierung des politisch-gesellschaftlichen und kulturellen Lebens zu fordern. 1976 verlangte Havemann die Zulassung unabhängiger Oppositionsparteien und Zeitungen. Das 1977 im Westen erschienene Buch des Dissidenten Rudolf Bahro (1935–1997) „Die Alternative" erregte Aufsehen, weil es vom marxistischen Standpunkt aus eine radikale Kritik am „real existierenden Sozialismus" der DDR formulierte. Die SED reagierte mit Repression*: Havemann wurde unter Hausarrest gestellt, Bahro zu acht Jahren Zuchthaus verurteilt. Und der Dichter und Liedermacher **Wolf Biermann*** wurde 1976 nach einem Konzert in Köln ausgebürgert. Proteste von Schriftstellern und Künstlern gegen diese Ausbürgerung wurden z. B. durch Berufsverbot bestraft und 1979 das politische Strafrecht verschärft.

Drei Formen von Widerstand oder Distanz zum SED-Regime lassen sich unterscheiden: **Ausreisebegehren, praktiziertes Christentum** und **politische Opposition.** Nachdem bereits 1976 ca. 10 000 DDR-Bürger einen Antrag auf Übersiedelung in die Bundesrepublik Deutschland gestellt hatten, erreichte die Ausreisewelle in den 1980er-Jahren eine neue Qualität. Nicht nur die Zahl der Anträge auf „Entlassung aus der Staatsbürgerschaft" stieg, nun schlossen sich Ausreisewillige auch in Gruppen zusammen, suchten die Öffentlichkeit und besetzten spektakulär Botschaften westlicher Staaten (s. S. 564).

Die Kirchen bildeten den einzigen staatsfreien Raum in der DDR, von der SED anders als in der Sowjetunion im Großen und Ganzen geduldet, solange sie sich auf kirchliche und karitative Aufgaben beschränkten. 1989 gehörte noch mehr als ein Drittel der DDR-Bürger einer Kirche an, allein 30 Prozent der evangelischen. Ihrem Verständnis von der Aufgabe der Christen in der Welt folgend, ließ sich die evangelische Kirche die Grenzen ihres Handelns nicht von der SED vorschreiben und geriet zunehmend in Konflikt mit der „Obrigkeit". Es waren hauptsächlich Proteste aus den Reihen der Kirche, die die DDR 1964 bewogen, als einziger Ostblockstaat einen zivilen Ersatzdienst einzuführen, bei dem religiös motivierte Pazifisten* als „Bausoldaten" eingesetzt wurden. Bis 1969 bildeten die evangelischen Kirchen Deutschlands in der EKD eine gesamtdeutsche Einheit, erst dann erfolgte mit der Gründung des „Bundes der evangelischen Kirchen in der DDR" die Spaltung. Seit 1971 benutzten die kirchlichen Vertreter die mehrdeutige Formel „Kirche im Sozialismus". Das eröffnete Freiräume der Kritik, auch am „real existierenden Sozialismus". Obwohl die meisten evangelischen Gemeinden sich eher als „unpolitisch" verstanden, solange Staat und Partei sie in Ruhe ließen, engagierte sich eine wachsende Zahl überwiegend jüngerer Menschen in kirchlichen Bürgerrechts-, Ökologie- und Friedensgruppen. Kirchengruppen und -leitungen forderten Reisefreiheit sowie die Achtung von Menschenrechten und entwickelten sich zum Kristallisationspunkt oppositionellen Verhaltens.

Seit Ende der 1970er-Jahre entstanden unabhängige Oppositionsgruppen wie die „Initiative Frieden und Menschenrechte". Opposition zeigte sich auch in der Friedensbewegung **„Schwerter zu Pflugscharen"** oder in den **„Umweltblaettern"***. Neben dem unterschiedlich motivierten Widerstand bzw. der Distanz zum System provozierten auch scheinbar unpolitische Widersetzlichkeiten das SED-Regime. In Leipzig organisierten 1985 einige Maler staatsunabhängige Ausstellungen, die Zehntausende besuchten. 1987 versammelten sich bei Rockkonzerten vor dem Berliner Reichstag auf Ostberliner Seite der Mauer Tausende von Jugendlichen und riefen: „Die Mauer muss weg!" Die DDR-Führung reagierte mit Verhaftungen und Ausweisungen.

M3 Wolf Biermann während eines Konzerts in Wien, Fotografie, 1977

„Stasi" und DDR-Opposition
cornelsen.de/Webcodes
Code: huyuba

„Umweltblaetter“
Die von der Umweltbibliothek in Ostberlin herausgegebene Zeitschrift informierte seit 1986 über Umweltthemen in der DDR und entwickelte sich zur wichtigsten und am weitesten verbreiteten Zeitschrift der DDR-Opposition.

M4 Werbung für das Konzert eines Liedermachers, der mit Auftrittsverbot belegt war, Ostberlin, Gelände Niederkirchnerstraße, Fotografie, 1987

▶ M 11, M 12: Das Scheitern der DDR-Diktatur

Systemkrise

Aufgrund der politischen, wirtschaftlichen und sozialen Probleme geriet die DDR in den 1980er-Jahren in eine allgemeine **Systemkrise.** Die SED-Führung konnte die Wirtschaftsschwierigkeiten und die wachsende Staatsverschuldung zunächst durch die von der Europäischen Gemeinschaft (EG) privilegierten Wirtschaftsbeziehungen zur Bundesrepublik mildern. Auch bedeutende Ereignisse wie die Eröffnung der wieder aufgebauten Semper-Oper in Dresden 1985 oder der Besuch Erich Honeckers in der Bundesrepublik 1987 (s. S. 561) lenkten zeitweise von den Krisensymptomen der DDR ab.
Die Systemkrise zeigte sich erstens als **Wirtschaftskrise.** Schon 1982 drohte der DDR ein finanzieller Ruin, der durch einen vom CSU-Vorsitzenden Franz Josef Strauß 1983 vermittelten Milliardenkredit aus der Bundesrepublik abgewendet werden konnte. Diese finanzielle Unterstützung verhinderte jedoch nicht den ökonomischen Niedergang der überwiegend veralteten und technologisch rückständigen DDR-Industrie und auch nicht die sich ausweitende Umweltkatastrophe.
Die Unzufriedenheit der DDR-Bürger mit der wirtschaftlichen und sozialen Situation führte zweitens zu einer **Glaubwürdigkeitskrise.** Viele Menschen gaben die Hoffnung auf bessere Verhältnisse auf. Die politische Distanz zum Staat wuchs, vor allem bei Jüngeren. Mitverantwortlich dafür waren die „bedarfsgerecht“ gelenkte Berufsausbildung und die eingeschränkten Studienmöglichkeiten. 1972 gab es insgesamt rund 150 000 Studierende in der DDR, 1984 nur noch 130 000. Die Jüngeren fühlten sich um ihre Zukunft betrogen, denn weder sozialer Aufstieg noch die Verwirklichung individueller Lebensentwürfe schienen realisierbar. Es wurde immer deutlicher, dass die SED-Führung nicht in der Lage war, ihre Versprechungen auf Verbesserung einzulösen.
Die innere Krise wurde drittens verstärkt durch die zunehmende **außenpolitische Isolierung der DDR.** Die SED begrüßte zwar die vom sowjetischen Parteichef Michail Gorbatschow 1985 eingeleitete neue Phase der Entspannungspolitik (s. S. 486), weigerte sich aber, die innenpolitischen Reformen, „Perestroika“ und „Glasnost“, auf die DDR zu übertragen. Staats- und Parteichef Honecker war bewusst, dass eine Öffnung der DDR das Ende dieses Staates bedeuten würde. Er propagierte den „Sozialismus in den Farben der DDR“, also die Fortsetzung eines dogmatischen* Staatssozialismus, und die SED gab die Devise aus: „Keine Fehlerdiskussion“. Damit begab sich die DDR-Führung in einen ideologischen Zweifrontenkrieg. Wie sollte sie ihren Bürgern erklären, dass nicht nur der „imperialistische Westen“, sondern auch die „brüderliche Schutzmacht“ Sowjetunion eine Gefahr für die DDR darstellte?

1 Erläutern Sie anhand der Darstellung, mit welchen Mitteln und welchem Erfolg das SED-Regime die DDR nach dem Mauerbau zu stabilisieren versuchte.
2 **Partnerarbeit:** Erklären Sie sich gegenseitig mithilfe der Darstellung die Begriffe „Überwachungsstaat“ und „Versorgungsstaat“.
3 Beschreiben Sie anhand der Darstellung Formen, Möglichkeiten und Grenzen der Opposition im SED-Staat.
4 Erläutern Sie mithilfe der Darstellung die Systemkrise der DDR.

Hinweise zur Arbeit mit den Materialien:
Die Auswahl setzt drei Schwerpunkte: M 5–M 7 bieten Materialien zur Wirtschafts- und Sozialpolitik der DDR unter Honecker. M 8–M 10 thematisieren das Stasi-Spitzelsystem. M 11, M 12 beschäftigen sich mit den Ursachen für das Scheitern der DDR-Diktatur.

Wirtschafts- und Sozialpolitik der DDR unter Honecker

M 5 Plakat DDR-Unternehmens „Genex", 1982.
Bei dem DDR-Unternehmen „Genex – Geschenkedienst und Kleinexporte" konnten Bürger der Bundesrepublik über einen Katalog „Geschenke in die DDR" Waren bestellen und mit D-Mark bezahlen. Die Waren wurden anschließend direkt an ihre Verwandten und Freunde in der DDR geliefert.

M 6 Aus einem Artikel der in der Bundesrepublik erscheinenden „Frankfurter Rundschau" zur Mangelwirtschaft in der DDR (1980)
„Aushalten" und „Durchstehen": Daran haben sich die Bürger [...] in 30 Jahren DDR durchaus gewöhnt. Man weiß längst, dass die beste Qualitätsarbeit der Betriebe des Landes nie auf den heimischen Markt kommt. Beliefert wird in der Regel in dieser Reihenfolge: Armee, NSW (nichtsozialistisches Wirtschaftsgebiet, also westliche Länder), Sowjetunion, SW (sozialistisches Wirtschaftsgebiet), DDR. Mit anderen Worten: Die DDR-Betriebe liefern ihre beste Qualitätsware [...] für den Westexport oder in die Sowjetunion, sieht man einmal von der Armee ab.

*Zit. nach: Frankfurter Rundschau, 18. Februar 1980.**

M 7 Der Historiker Günther Heydemann über Honeckers Wirtschafts- und Sozialpolitik (2003)
Tatsächlich bestand in der Steigerung sozialpolitischer Leistungen durchaus eine gewisse Chance, sich die Loyalität oder zumindest Neutralität der Bevölkerungsmehrheit zu sichern. Auf dieser Basis beschloss der VIII. Parteitag im Juni 1971 ein ganzes Bündel derartiger Maßnahmen. Es sah als Kernstück die Verbesserung der Wohnbedingungen durch ein umfassendes Bauprogramm vor. Weiterhin gehörten dazu: die Erhöhung der Mindestlöhne und Mindestrenten; die Arbeitszeitverkürzung für Frauen, insbesondere mit Kindern, einschließlich verlängertem Mutterschaftsurlaub und Geburtenbeihilfe, um Berufstätigkeit und Mutterschaft besser vereinbaren zu können; großzügige, z. T. zinslose Kredite sowie bevorzugte Wohnungszuteilung bei Eheschließungen; eine Verbesserung der medizinischen Versorgung und Betreuung und schließlich Ausbau und Ausweitung des Erholungswesens. Das eigentliche Problem dieses sozialpolitischen Leistungskonzeptes lag jedoch in seiner Finanzierbarkeit. Denn das Ansinnen, durch Intensivierung des Arbeitseinsatzes und des Produktionsprozesses, „sozialistische Rationalisierung" genannt, den erhöhten Finanzbedarf abzudecken, war mit einem enormen Risiko behaftet. Bereits im Herbst 1971, nur ein halbes Jahr nach Honeckers Machtübernahme, hatte die Staatliche Plankommission (SPK) zu konstatieren, dass der Export von DDR-Waren in westliche, Devisen bringende Länder wahrscheinlich um 390 Millionen Mark verfehlt werden würde, Importe in die DDR aber um 100 Millionen Valutamark[1] über dem Plan lägen. Zunächst jedoch wurde das Defizit durch Kredite aus dem nichtsozialistischen Wirtschaftsbereich (NSW) gedeckt. Im Frühjahr 1972 ließ Honecker die rasche Verstaatlichung der letzten noch bestehenden, rund 11 400 mittelständischen Industriebetriebe durchführen. Zwar besaßen diese – unter ihnen ca. 6 500 halbstaatliche Betriebe – nur noch etwa 10 % Anteil an der Gesamtproduktion, aber in der Textil- und Bekleidungsindustrie, bei Leder-, Schuh- und Rauchwaren nahmen sie mit ca. 30 % noch immer eine beachtliche

Position ein. Das Ziel einer verbesserten Versorgung durch Unterstellung dieser Betriebe unter die staatliche Planung wurde jedoch verfehlt.

Zit. nach: Günther Heydemann, Die Innenpolitik der DDR, Oldenbourg, München 2003, S. 29.

1 *Valutamark:* Bezeichnung in der DDR für die westdeutsche Währung Deutsche Mark (DM).

1 **Arbeitsteilige Partnerarbeit:**
   a) Analysieren Sie M 5 bzw. M 6 hinsichtlich der Ursachen für die Unzufriedenheit der DDR-Bürger.
   b) Tragen Sie Ihre Ergebnisse anschließend zusammen.

   Tipp: Ziehen Sie die Darstellung, S. 546, hinzu.

2 Nennen Sie anhand von M 7 die Maßnahmen des sozialpolitischen Leistungskonzeptes unter Honecker.

3 Erläutern Sie die Umsetzung des sozialpolitischen Leistungskonzeptes der DDR (M 7).

Das Spitzelsystem der „Stasi"

M 8 Aus einem Lagebericht des Ministeriums für Staatssicherheit über die Motive für Ausreiseanträge und „Republikflucht" (1989)

Die zu diesem Komplex in den letzten Monaten zielgerichtet erarbeiteten Erkenntnisse beweisen erneut, dass die tatsächlichen Handlungsmotive zum Verlassen der DDR sowohl bei Antragstellungen auf ständige Ausreise als auch für das ungesetzliche Verlassen im Wesentlichen identisch sind. […] Im Wesentlichen handelt es sich um ein ganzes Bündel im Komplex wirkender Faktoren. Es zeigt sich, dass diese Faktoren unter dem Einfluss der ideologischen Diversion des Gegners, insbesondere über die Massenmedien, und durch andere westliche Einflüsse – zunehmend vor allem über Rückverbindungen von ehemaligen Bürgern der DDR, Besuchsaufenthalte von DDR-Bürgern im westlichen Ausland bzw. von Personen des nicht sozialistischen Auslandes in der DDR usw. – bei einer nicht unerheblichen Anzahl von Bürgern der DDR als Gründe/Anlässe sowohl für Bestrebungen zur ständigen Ausreise als auch des ungesetzlichen Verlassens der DDR genommen werden. Die überwiegende Anzahl dieser Personen wertet Probleme und Mängel in der gesellschaftlichen Entwicklung, vor allem im persönlichen Umfeld, in den persönlichen Lebensbedingungen und bezogen auf die sogenannten täglichen Unzulänglichkeiten, im Wesentlichen negativ und kommt, davon ausgehend, insbesondere durch Vergleiche mit den Verhältnissen in der BRD und in Westberlin, zu einer negativen Bewertung der Entwicklung in der DDR. Die Vorzüge des Sozialismus, wie z. B. soziale Sicherheit und Geborgenheit, werden zwar anerkannt, im Vergleich mit aufgetretenen Problemen und Mängeln jedoch als nicht mehr entscheidende Faktoren angesehen. Teilweise werden sie auch als Selbstverständlichkeiten betrachtet und deshalb in die Beurteilung überhaupt nicht mehr einbezogen oder gänzlich negiert. Es kommt zu Zweifeln bzw. zu Unglauben hinsichtlich der Realisierbarkeit der Ziele und der Richtigkeit der Politik von Partei und Regierung, insbesondere bezogen auf die innenpolitische Entwicklung, die Gewährleistung entsprechender Lebensbedingungen und die Befriedigung der persönlichen Bedürfnisse. Das geht einher mit Auffassungen, dass die Entwicklung keine spürbaren Verbesserungen für die Bürger bringt, sondern es auf den verschiedensten Gebieten in der DDR schon einmal besser gewesen sei. Derartige Auffassungen zeigen sich besonders auch bei solchen Personen, die bisher gesellschaftlich aktiv waren, aus vorgenannten Gründen jedoch „müde" geworden seien, resigniert und schließlich kapituliert hätten. Es zeigt sich ein ungenügendes Verständnis für die Kompliziertheit des sozialistischen Aufbaus in seiner objektiven Widersprüchlichkeit, wobei aus ihrer Sicht nicht erreichte Ziele und Ergebnisse sowie vorhandene Probleme, Mängel und Missstände dann als fehlerhafte Politik interpretiert und gewertet werden. Diese Personen gelangen in einem längeren Prozess zu der Auffassung, dass eine spürbare, schnelle und dauerhafte Veränderung ihrer Lebensbedingungen, vor allem bezogen auf die Befriedigung ihrer persönlichen Bedürfnisse, nur in der BRD oder Westberlin realisierbar sei. Obwohl in jedem Einzelfall ganz konkrete, individuelle Fakten […] im Komplex auf die Motivbildung zum Verlassen der DDR einwirken, wird im Folgenden eine Zusammenfassung wesentlicher, diesbezüglicher zur Motivation führender Faktoren vorgenommen. Als wesentliche Gründe/Anlässe für Bestrebungen zur ständigen Ausreise bzw. das ungesetzliche Verlassen der DDR – die auch in Übereinstimmung mit einer Vielzahl Eingaben an zentrale und örtliche Organe/Einrichtungen stehen – werden angeführt:

- Unzufriedenheit über die Versorgungslage;
- Verärgerung über unzureichende Dienstleistungen;
- Unverständnis für Mängel in der medizinischen Betreuung und Versorgung;
- eingeschränkte Reisemöglichkeiten innerhalb der DDR und nach dem Ausland;
- unbefriedigende Arbeitsbedingungen und Diskontinuität im Produktionsablauf;

- Unzulänglichkeiten/Inkonsequenz bei der Anwendung/Durchsetzung des Leistungsprinzips sowie Unzufriedenheit über die Entwicklung der Löhne und Gehälter;
- Verärgerung über bürokratisches Verhalten von Leitern und Mitarbeitern staatlicher Organe, Betriebe und Einrichtungen sowie über Herzlosigkeit im Umgang mit den Bürgern;
- Unverständnis über die Medienpolitik der DDR.

*Zit. nach: Dieter Grosser u. a. (Hg.), Deutsche Geschichte in Quellen und Darstellung, Bd. 11, Reclam, Stuttgart 1996, S. 320–323.**

M9 Akten der Stasi im ehemaligen Ministerium der Staatssicherheit in Berlin-Lichtenberg, Fotografie, 1995.

Das ehemalige Ministerium für Staatssicherheit mit seinen Aktenbeständen ist seit 1990 Forschungs- und Gedenkstätte.

M10 Aus einem Interview mit einer ehemaligen „IM" (1990)

Monika H. war seit 1981 Inoffizielle Mitarbeiterin (IM) der Stasi. In deren Auftrag ging sie 1983 in die Oppositionsgruppe „Frauen für den Frieden" und später in die „Initiative Frieden und Menschenrechte". Ende Mai 1989 offenbarte sie selbst ihre Stasi-Mitarbeit. Im Frühjahr 1990 führten Irena Kukutz und Katja Havemann, über deren oppositionelle Aktivitäten Monika H. jahrelang der Stasi berichtet hatte, mehrere Gespräche mit ihr.

Redaktion: Also, wie hast du dich eigentlich anfangs der Stasi verpflichtet?

Monika H.: Ich habe ganz zu Anfang eine Erklärung geschrieben. Die haben sie mir diktiert. Es stand darin, dass ich für sie arbeite, dass ich das freiwillig tue und dass ich mit niemandem darüber rede […].

Ich stelle mir vor, dass sie dir auch gesagt haben, was auf dich zukommt.

Nein, die wollten nur, dass ich ihnen berichte, was ich höre.

Hast du zu dieser Zeit Zweifel gehabt, ob du das Richtige tust?

Offen gestanden, nein. Ich habe mich im Gegenteil gewundert, dass die Stasi nicht schon viel früher auf mich gekommen ist. Weil ich doch wirklich eine absolut zuverlässige Genossin war. […]

Bist du später in Zweifel gekommen?

Na, und ob.

Wie kam das?

Ihr wart nicht die Feinde, wie ich mir Feinde vorgestellt hatte. Ich musste mir das immer wieder kräftig einreden, dass ihr was ganz Schlimmes gegen den Staat tut. […]

Bei den „Frauen für den Frieden" und dann in der „Initiative Frieden und Menschenrechte", welche speziellen Aufgaben hattest du da?

Ich bin nie auf jemanden angesetzt worden. […] Natürlich habe ich von der „Initiative" erzählt, natürlich habe ich erzählt, was die „Frauen" vorhaben. Meine Aufgabe bestand darin, Gerüchte zu streuen und dies und jenes zu stören. […] Berichte schreiben musste ich nicht. […]

Du hast uns für deine Feinde gehalten. War da Verachtung oder Überlegenheit? Ich kann mir nicht vorstellen, mit welchen Gefühlen du uns gesehen hast.

Ihr wart Feinde, obwohl ich wusste, dass ihr nicht den Staat stürzen wolltet. […] Ich habe doch viele Dinge, die wir gemeinsam gemacht haben, wirklich ehrlich mitgetragen. Das war ja auch die fiese Praxis, wie ich es heute sehe: Genossen, die innerhalb der Partei kritisch, aufmüpfig waren, zur Stasi zu bringen. Dann konnten die in den „feindlichen" Gruppen voll agieren, unter der schützenden Hand der Stasi ihr kritisches Potenzial verwirklichen. Das ist ja der Wahnsinn, diese Schizophrenie. […]

Fühlst du dich heute mehr als Täter oder als Opfer?

Das ist wirklich eine schwierige Frage. Ich bin Opfer meiner Erziehung, meines ganzen bisherigen Lebens. Und auf diesem Hintergrund war das eigentlich nur möglich. Zugleich fühle ich mich auch sehr als Täter. Ich empfinde mich immer stärker als Täter. Heute habe ich eine riesengroße Scham, die Schuld, Vertrauen benutzt zu haben. […]

Es waren ja nicht nur unsere politischen Aktivitäten, an denen du beteiligt warst. Auch persönlich hast du uns gut kennengelernt. Welche Bedeutung hatte das für deine Auftraggeber?

Soweit ich über persönliche Dinge was erzählt habe, war das schon interessant für die. Aber ich habe mich da immer zurückgehalten. [...] Es ging denen immer darum, in der Intimsphäre Zwiste zu säen, zu zerstören, wo man konnte.
Also war dieser Bereich für die Stasi sehr wohl interessant?
Er war äußerst interessant, wenn nicht interessanter als andere. Denn dort wart ihr ja zu treffen. [...] Aber ich habe da nicht mitgemacht. [...]
Hast du nicht selbst bemerkt, wie man entwurzelt wird, wenn man in diese Stasi-Arbeit einsteigt?
Ich war vorher entwurzelt. Und die Stasi hat mir die Wurzeln gegeben. [...] Für mich war das damals keine scheinbare Geborgenheit, sondern eine ganz reale Geborgenheit. Ich war ja wirklich mit Leib und Seele dabei: Ich war ja auch bei euch ganz dabei, aber renne gleichzeitig dahin und erzähle alles. [...] Wenn ich mit euch spreche, schäme ich mich so. Ihr sitzt mir gegenüber, ich habe euch im Grunde genommen ständig missbraucht. [...]
Ich habe einen schönen Satz gehört, der zu dem passt, worüber wir die ganze Zeit reden, und zwar: Geschichte kann man nicht bewältigen, weil Geschichte Erfahrung ist, mit der man täglich leben muss. Was sagt dir dieser Satz?
Das ist eine Aussage, die ich nicht teilen kann. Wenn ich aus der Geschichte, die ich erlebt habe, gewisse Erfahrungen ziehe, schlussfolgere, dann bewältige ich sie doch auch. [...] Bewältigen würde für mich heißen, dass ich damit umgehen kann.
Was meinst du mit diesem Umgehenkönnen?
Dass ich jedem sagen kann, wer ich bin und was ich getan habe. Und auch welche Schlussfolgerungen ich aus meinen Erfahrungen gezogen habe, damit ich wieder ein normales Leben führen kann. Ich will offen sagen: Ich bin Monika H., ich habe für die Stasi gespitzelt, aus guten Gründen und bestem Gewissen heraus. Nun habe ich erkannt, dass es das Schlimmste war, was ich tun konnte. Eine ganz üble Geschichte. Mir hilft es, dass gerade du mit mir redest, der ich das angetan habe. Das ist der Versuch, dies gemeinsam zu bewältigen, denn es ist auch zugleich deine Erfahrung.
Jedoch wenn einer unter Bewältigung versteht, dass dann alles wieder gut ist und er genauso ein feiner Kerl ist wie vorher, dann ist das falsch. Mich bestraft ja nun keiner, ich kann mich nur selber bestrafen. Das kann mitunter quälender sein, als wenn du bestraft wirst. Dieses Schuldgefühl, ich weiß nicht, wie man das loswerden kann. Ich denke schon, ich muss an die Öffentlichkeit gehen, ich denke das wirklich. [...] Mir helfen ja keine Ausflüchte. Ich habe ja auch mit dazu beigetragen, dass Leute in den Knast gekommen sind, egal, ob direkt oder nicht. Das ist so fürchterlich. Damit kann ich nur schlecht leben. Ich werde damit nicht fertig. Ich habe ja nicht im Affekt irgendjemandem geschadet, ich habe doch viel Schlimmeres gemacht. Das kann man nicht entschuldigen.

*Zit. nach: Irena Kukutz/Katja Havemann, Geschützte Quelle. Gespräche mit Monika H. alias Karin Lenz, Basisdruck, Berlin 1990, S. 35 ff.**

1 Erarbeiten Sie aus M 8 die Motive, die aus Sicht des MfS Bürger zum Verlassen der DDR bewogen haben.
2 **Wahlaufgabe:** Bearbeiten Sie Aufgabe a) oder b).
  a) Analysieren Sie den Bericht des MfS (M 8) hinsichtlich der Textsprache.
  b) Untersuchen Sie, ob und inwiefern M 8 die in der Darstellung, S. 548, diagnostizierte „Systemkrise" widerspiegelt.
3 Untersuchen Sie die Praxis der Stasi-Arbeit (M 10).
4 **Zeitungsartikel:** Versetzen Sie sich in die Rolle eines ausländischen Journalisten. Schreiben Sie einen Artikel über die Folgen der Aufdeckung privater Bespitzelungen durch „IMs" in der DDR (M 10).
  Tipp: Nutzen Sie auch den Webcode auf S. 547.
5 **Vertiefung:** Untersuchen Sie ausgehend von M 9 sowie eigener Recherchen, wie die Akten des Ministeriums für Staatssicherheit in Berlin-Lichtenberg im Zuge der Friedlichen Revolution 1989 (s. S. 563 ff.) kurz- und langfristig für die Öffentlichkeit gesichert wurden.

Geschichte kontrovers: Das Scheitern der DDR-Diktatur

M 11 Der Historiker Stefan Wolle (1999)

Es wäre falsch, die innere Festigkeit des SED-Regimes bestreiten zu wollen, auch wenn es am Ende wie ein Kartenhaus zusammenstürzte. Stabilität und Instabilität stellten eine dialektische Einheit dar. Der DDR-Sozialismus ist nicht an seinen Fehlern, sondern an seiner Vollendung gescheitert. Wie könnte man sonst erklären, dass ein derartig geschlossenes, militärisch durchorganisiertes und bis in den letzten Winkel der Gesellschaft kontrolliertes Staatswesen innerhalb weniger Wochen fast widerstandslos auseinanderbrach? Wo blieben die mehreren hunderttausend hauptamtlichen und inoffiziellen Mitarbeiter der Staatssicherheit, die Kampfgruppen der Arbeiterklasse, die Funktionäre der SED und der Massenorganisationen? Jahrzehntelang hatten sie den „Ernstfall" geprobt, atomsichere Führungsbunker und Lager für 85 000 Oppositionelle standen be-

reit, jetzt mussten sie nur noch die jedes Detail berücksichtigenden Alarmpläne aus der Schublade ziehen. Eines hatten sie jedoch nicht vorgesehen – die Möglichkeit selbstständiger Entscheidungen. Zu lange hatte man den Menschen Eigeninitiative, Verantwortungsbewusstsein und Risikobereitschaft ausgetrieben und ihnen so den Willen genommen, den Sozialismus zu verteidigen. Weit eher wirkten der noch bestehende Privatsektor, die geduldete Feierabendarbeit und der gänzlich illegale Handel mit knappen Gütern dem Untergang entgegen.
Noch deutlicher trat die eigenartige Dialektik von Stabilisierung und Destabilisierung in der Außen- und Deutschlandpolitik zutage. Mit jedem Abkommen verlor der Kalte Krieg an Schärfe. Die völkerrechtliche Anerkennung, die Aufnahme diplomatischer Beziehungen zu vielen Staaten der Welt, der Eintritt in die UNO, die Gleichberechtigung mit der Bundesrepublik stärkten die Souveränität der DDR. Die entsprechend gefeierten Erfolge untergruben aber gleichzeitig ihre Existenzgrundlage. Die SED-Führung erstrebte die Normalisierung der Lage in Europa und hatte doch nichts mehr zu fürchten als ihre Verwirklichung. Der deutsche Halbstaat mit dem Unruheherd West-Berlin in der Mitte war historisch absurd und konnte nur in einer auf Konfrontation beruhenden internationalen Situation überleben. Mit dem Ost-West-Gegensatz musste auch er von der politischen Bühne verschwinden. Deshalb betrieb er eine Schaukelpolitik, indem er die Entspannung begrüßte und gleichzeitig die ideologische Koexistenz bekämpfte. Auf die Dauer konnte dies nicht gelingen. Als schließlich die Feindbilder und Bedrohungsängste verblassten, lockerte sich langsam, aber unaufhaltsam die Klammer, die den Staat zusammenhielt. Obwohl in der DDR keine Öffentlichkeit, kein gesellschaftlicher Diskurs, keine allgemein zugänglichen Meinungsumfragen existierten, war ihre Führung gezwungen, die in der Bevölkerung vorherrschenden Stimmungen und Ansichten zur Kenntnis zu nehmen und nach Möglichkeit zu berücksichtigen. Dem dienten die entsprechenden Berichte des MfS, sozusagen als Spiegelbilder täglicher Plebiszite. Ein wesentlicher Wunsch musste jedoch unerfüllt bleiben, nämlich der nach Aufgabe der Macht. Insofern handelte es sich immer um eine heimliche Abstimmung ohne jegliche Chance der Abwahl. Trotz des allgemeinen Stillstands fand durchaus vielfältige Bewegung statt. Seit 1971 gab es eine kulturpolitische Lockerung, mehr Toleranz, größere Freiheit im Alltag, vor allem mehr materiellen Wohlstand. Bezahlt wurde dies alles mit erhöhter Kontrolle, stärkerer Disziplinierung und mit dem Ausbau des gesamten Sicherheitsapparats. Auch innerhalb der DDR wirkte eine Art „Wandel durch Annäherung". Der Kalte Krieg zwischen Obrigkeit und Untertanen machte einer mehr oder weniger friedlichen Koexistenz Platz, die durch erfolgreiche Schritte der Stabilisierung zu längerfristiger Destabilisierung führte. Je entspannter beispielsweise das Verhältnis zur Kirche wurde, desto mehr verringerte sich der Bewegungsspielraum gegenüber den oppositionellen Gruppen, die unter ihrem Schutzmantel agierten. Angesichts dieses Widerspruchs blieb auch hier nur die Option der [...] letztlich für die Staatsmacht tödlichen systematischen Unterwanderung.
Der Untergang der DDR war Teil eines welthistorischen Vorgangs. Die sozialistische Diktatur hat sich als schwach und hilflos erwiesen. Keines der Probleme der modernen Gesellschaft hat der Sozialismus besser gelöst als Marktwirtschaft und Demokratie. Nach sieben Jahrzehnten Terror, Lüge und wirtschaftlicher Katastrophen stahlen sich die Protagonisten davon wie kleine Ganoven. Zurückgeblieben ist eine Landschaft seelischer, ökonomischer und ökologischer Verwüstungen sowie ein Heer greinender Mitläufer. Die seltsame Hilflosigkeit des furchteinflößenden Monstrums staatlicher Allmacht bestimmte auch den Gang der Ereignisse in der DDR. So wie die Sphinx der griechischen Sage verlor es seine Kraft, als sein Rätsel gelöst war. [...]
Die Moral des Stücks jedenfalls war einfach und für jedermann leicht verständlich. Sie lautet, dass die Doktrin der Freiheit nicht wichtiger sein kann als die konkrete Freiheit des Individuums, dass die Gleichheit keinesfalls das Recht auf Ungleichheit beseitigen und die Brüderlichkeit sich niemals gegen den Bruder richten darf.

*Stefan Wolle, Die heile Welt der Diktatur. Alltag und Herrschaft in der DDR 1971–1989, Econ/List, München 1999, S. 574–577.**

M 12 Der Historiker Hans-Ulrich Wehler (2008)

Wegen der Wirtschaftskrise in den frühen 70er-Jahren [...] kletterten auch die Schulden im Tempo einer galoppierenden Schwindsucht weiter in die Höhe [...]. Zwei von dem CSU-Chef Strauß 1983/84 vermittelte Kredite von je einer Mrd. DM retteten die Kreditwürdigkeit der DDR, wirkten aber nur wie der Tropfen auf den heißen Stein. Im Inneren des Landes hatte die SED, die sich seit jeher mit der Verfechtung der wahren Volksinteressen gebrüstet hatte, in einem beispiellosen Maße von der Substanz gezehrt. Der Kern der Städte war bis zum Ende der 80er-Jahre verfallen, da die eingefrorenen Mieten den privaten Hausbesitzern keine angemessene Reparatur ermöglichten, während die staatlich beschlagnahmten Gebäude genauso wenig modernisiert wurden. Mehr als die Hälfte aller Straßen litt an schweren Schäden, 18 % dieses Verkehrsnetzes waren nach Expertenmeinung kaum mehr befahrbar. [...]. Diese Mängel der Infrastruktur verblassten aber vor den Dimensionen der immer schmerzhafter spürbaren Umweltkatastrophe. Die SED hatte durch ihre ungeschützte Industrialisierung und rücksichtslose Braunkohleverwendung, mit ihrer Vergiftung der Luft und der Gewässer den Ruin ganzer Landstriche, Dörfer und Städte herbeigeführt, vor allem aber die Gesundheit und das Alltagsleben von Millionen Menschen schwersten Belastungen ausgesetzt. Zahllose Krankheiten wurden durch die ökologischen Probleme verursacht [...]. Diesen menschenfeindlichen Folgen ihrer eigenen Politik wollte sich die Parteidiktatur aber nicht stellen, da die Alternative einer aktiven Umweltpolitik eine Kürzung der Finanzierung der inzwischen umfänglichen sozialpolitischen Leistungen bedeutet hätte, die für die Legitimierung des Regimes und seine verbissene Machtbehauptung als unabdingbar galten. Dieser Parteiegoismus lief im Kern auf eine unaufhaltsame Selbstzerstörung des Landes hinaus.

Unter diesen Bedingungen kann es nicht überraschen, dass zum einen die Anzahl der Ausreiseanträge, erleichtert durch die KSZE-Akte, weiterhin stetig anwuchs. [...] Zum anderen dehnte sich das Milieu der Systemkritiker aus, das wegen der unübersehbaren Risiken zwar nicht zu einer offenen Dissidentenbewegung wie in Polen oder der ČSSR führte, aber doch Reformprobleme und Umweltfragen, Friedens- und Frauenpolitik im kleinen Kreis erörterte. Namentlich die Friedensbewegung des Westens fand eine erhebliche Resonanz. Diesen Kleingruppen boten mutige protestantische Pfarrer häufig einen Schutzraum in den Gemeindehäusern. Im Juli 1989 glaubte die Stasi jedoch, nicht mehr als 2500 Dissidenten identifizieren zu können. Diese Zirkel besaßen, wie es ihr schien, noch kein bedrohliches Ausmaß. Doch fast ebenso viele junge Männer (2300) verweigerten in dieser Zeit, ein Musterbeispiel von Zivilcourage, den Dienst in der NVA. [...] Die Loyalitätserosion erfasste alsbald auch die SED: 1988 verließen sie 11000 Mitglieder. Gegen 23000 Mitglieder wurde eine Gesinnungsüberprüfung eingeleitet, die zum Ausschluss von 13000 Parteiangehörigen führte. 1989 setzte sich der Zerfall trotzdem in erhöhtem Tempo fort. Ob Ausreisewillige, Systemkritiker, Wehrdienstverweigerer oder Parteimüde – die in der DDR vibrierende Unruhe veranlasste die Parteispitze, das Personal der Stasi kontinuierlich weiter aufzustocken. [...]

War es für die Staatsorgane schon schwierig genug, die offenbar unterschätzte Einflusszone des Dissidententums effektiv einzuschränken, stellten sich ihnen ganz neuartige Probleme, als Michail Gorbatschow, seit 1985 neuer Generalsekretär der KPdSU, in der Zentrale des Sowjetimperiums Reformvorstellungen öffentlich verfocht, die bald auch auf die DDR ausstrahlten. Die „überalterte Herrenriege“ der Gerontokratie [= Herrschaft der Alten] um Honecker riskierte einen Blockadekurs gegen den existenzgarantierenden Hegemon. Die mit „Glasnost“ und „Perestroika“ sympathisierende russische Zeitschrift „Sputnik“ wurde im November 1988 in der DDR verboten. Ein ZK-Mitglied spottete: Wenn der Nachbar seine Wohnung neu tapeziere, brauche man, wenn doch das eigene Haus in Ordnung sei, ihn nicht nachzuahmen. Die Gerontokratie hielt den neuen mächtigen Mann der Sowjetunion für einen Konterrevolutionär, den eigenen paranoiden Krakenstaat aber für den Spitzenreiter des Staatskommunismus. Dagegen empfanden die Dissidenten [...] auch der DDR, dass Gorbatschow ihren Veränderungsdruck unterstützte. Das löste Wellen der Sympathie, ja erstmals der genuinen Zuneigung zu einem russischen Spitzenpolitiker aus. Im Herbst 1989 sollte die Mobilisierungskraft, die Gorbatschows Programmatik auch in der DDR entfaltete, unmissverständlich zutage treten. Der Moskauer Kurswechsel kulminierte darin, dass die sowjetische Protektoratsherrschaft der DDR unmittelbar nach dem bombastischen Feierlichkeiten zu ihrem 40-jährigen Bestehen die Existenzgrundlage in Gestalt der russischen Truppenunterstützung entzog. Was der Schriftsteller Stefan Heym als bange Frage aufgeworfen hatte, erwies sich seither als Faktum: Die kurzlebige DDR, sie war nur „eine Fußnote der Weltgeschichte“.

*Zit. nach: Hans-Ulrich Wehler, Deutsche Gesellschaftsgeschichte, Bd. 5, C. H. Beck, München 2008, S. 359–361.***

1 **Arbeitsteilige Partnerarbeit:**
   a) Analysieren Sie M 11 bzw. M 12 hinsichtlich des Untergangs der DDR.
   b) Vergleichen Sie Ihre Ergebnisse.
   c) Nehmen Sie Stellung, indem Sie eine begründete Gewichtung der Ursachen vornehmen.

2 **Wahlaufgabe:** Bearbeiten Sie Aufgabe a) oder b).
   a) Erläutern Sie Wolles These, das Ende der DDR sei „Teil eines welthistorischen Vorgangs“ (M 11, Z. 84 f.).
   b) Diskutieren Sie Wehlers Fazit, die kurzlebige DDR sei „eine Fußnote der Weltgeschichte“ (M 12, Z. 102 f.).

Geschlechterverhältnisse in Ost und West

In dieser Themeneinheit geht es um
die soziale und rechtliche Stellung von Frauen in beiden deutschen Staaten, eingebettet in die Frage nach den Strukturen „sozialer Ungleichheit".

Soziale Ungleichheit in der Bundesrepublik

In der Bundesrepublik hat das „Wirtschaftswunder", in Verbindung mit der staatlichen Sozialpolitik, nicht nur zu einer allgemeinen Wohlstandssteigerung geführt. Es hat auch die mit der Industrialisierung im 19. Jahrhundert entstandenen Klassengegensätze abgeschwächt. Von der allgemeinen Verbesserung des Lebensstandards und der stärkeren sozialen Absicherung profitierte besonders die Arbeiterschaft, deren Selbstwertgefühl zunahm. Immer mehr Menschen interpretierten die Verbesserung ihres Realeinkommens* als sozialen Aufstieg und fühlten sich den Mittelschichten zugehörig. Der Soziologe Helmut Schelsky hat die westdeutsche Gesellschaft 1953 daher als **„nivellierte Mittelstandsgesellschaft"** bezeichnet. Doch müssen bei einer Analyse auch objektive Daten wie Einkommens- und Vermögensunterschiede berücksichtigt werden. In einer modernen Markt- und Industriegesellschaft hängen Lebenschancen und Lebensrisiken unter anderem von den Marktchancen des Einzelnen oder gesellschaftlicher Gruppen ab, so der Gründer der modernen Soziologie, Max Weber (1864–1920). Aus dieser Perspektive gibt es in der Gesellschaft der Bundesrepublik nach wie vor soziale Ungleichheit bzw. abgrenzbare Schichten und marktbedingte Klassen*.

Soziale Ungleichheit in der DDR

Nach ihrer Verfassung von 1974 war die DDR ein „sozialistischer Staat der Arbeiter und Bauern". Zuvor hatte die SED vom Staat als „Arbeiter- und Bauernmacht" gesprochen. Diese Formulierungen sollten verdeutlichen, dass die bisher im Kapitalismus* herrschenden Klassen, Wirtschaftsbürgertum und Adel, entmachtet worden seien. Die Herrschaft in Staat und Gesellschaft liege in den Händen der Arbeiterklasse*. Ihre parteipolitische Vertretung, die SED als führende Partei der Arbeiterklasse, kontrollierte nach der marxistisch-leninistischen Ideologie* alle Produktionsmittel. Diese Propagandathese diente der SED zur Legitimierung ihrer Macht und sollte die Illusion weitgehender sozialer Gleichheit erzeugen. Die DDR verstand sich als eine Gesellschaft, die gesellschaftliche Unterschiede einebnen wollte. Ziel war die kommunistische, klassenlose Gesellschaft. Aber auch in der DDR gab es soziale Ungleichheit. Jedoch war sie nicht wie im Westen das Ergebnis marktwirtschaftlicher Strukturen und Prozesse, sondern ergab sich aus den politischen Herrschaftsverhältnissen. An der Spitze stand die SED-Parteielite, die alle Führungspositionen in Politik, Gesellschaft, Wirtschaft und Kultur übernahm. Es folgten verschiedene „Dienstklassen" sowie die industrielle „Arbeiterklasse" und die ländliche „Arbeiterklasse" der „Genossenschaftsbauern".

M1 Trümmerfrauen in Dresden, Behringstraße, Fotografie, 1953

Geschlechterverhältnisse in Deutschland in den späten 1940er-Jahren

In der unmittelbaren Nachkriegszeit galt es in Ost und West, vor allem das Überleben der Familien zu sichern. Diese Aufgabe oblag* überwiegend den Frauen. Nahezu vier Millionen Männer waren im Krieg gefallen und Hunderttausende durch Kriegsverletzungen arbeitsunfähig. Rund zwölf Millionen Männer befanden sich noch in Gefangenschaft, etwa 2,5 Millionen Frauen waren Kriegswitwen. Im Nachkriegsdeutschland gab

M2 **Elisabeth Selbert (1896 bis 1986), Fotografie, 1952**

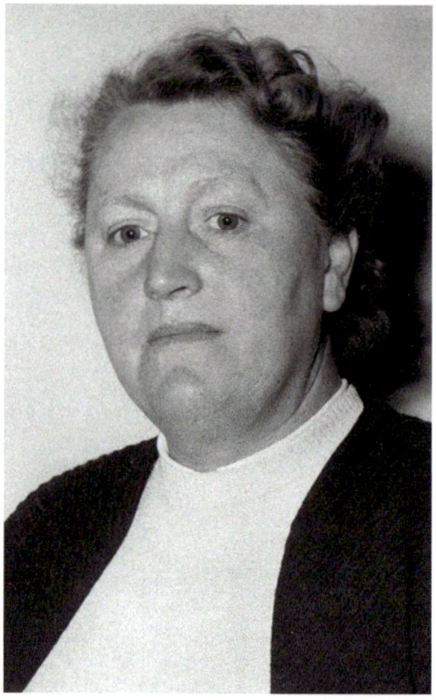

M3 **Betriebskindergarten „Bummi“ des DDR-Betriebes VEB Zemag in Zeitz, Fotogafie, 1967**

► M 6, M 7: Ehe- und Familienrecht in der Bundesrepublik

es einen „Frauenüberschuss“ von sieben Millionen. Überall verrichteten Frauen Schwerstarbeit, so bei der Schuttbeseitigung (**„Trümmerfrauen“**), in Fabriken und auf dem Bau. Das hatte zur Folge, dass sich überkommene geschlechtsspezifische Verhaltensmuster auflösten. Die Berufstätigkeit, mit der viele Frauen in der Wiederaufbauphase ihre Familien allein finanzierten, stärkte ihr Selbstbewusstsein. Doch setzten sich mit der Rückkehr der Männer aus Krieg und Kriegsgefangenschaft besonders im Westen die alten Rollenmuster zunächst noch einmal durch: Der Mann sorgte mit seinem Beruf für den Lebensunterhalt, die Frau betreute Haus und Familie. Aber langfristig veränderten Kriegs- und Nachkriegserfahrungen die Geschlechterverhältnisse.

Rechtliche Gleichstellung

Das Grundgesetz der **Bundesrepublik** verfügt in Artikel 3 die volle Gleichberechtigung von Mann und Frau. Ursprünglich wollte die Mehrheit im Parlamentarischen Rat nur die politische Gleichberechtigung wie in der Weimarer Verfassung verankern. Damit hätten Frauen das Wahlrecht besessen, wären aber im Wirtschafts- und Familienleben nicht gleichberechtigt gewesen. Der Gleichheitsgrundsatz „Männer und Frauen sind gleichberechtigt“ kam erst nach massiven Protesten der vier „Mütter“ des Grundgesetzes – **Elisabeth Selbert*** (SPD), **Helene Wessel** (Zentrum), **Helene Weber** (CDU) und **Friederike Nadig** (SPD) – in die Schlussfassung und ist seither für die gesamte Rechtsprechung verbindlich. Besonders das Bundesverfassungsgericht hat die Anpassung des Rechts an den Gleichheitsgrundsatz erzwungen. Die **Reformen des Ehe- und Familienrechts 1957 und 1959** entzogen dem Patriarchat in der Familie die Rechtsgrundlage, aber erst die **Ehe- und Familienrechtsreform 1977** gab die Hausfrauenehe als Leitbild auf. Gleichzeitig sorgte diese Reform durch die Neuregelung des Scheidungsrechts für eine größere Unabhängigkeit des sozial Schwächeren – in der Regel der Frau. Das Zerrüttungsprinzip ersetzte das Verschuldungsprinzip, Unterhalt und Versorgung wurden nach sozialen Kriterien geregelt.
Auch die Verfassung der **DDR** von 1949 schrieb in Artikel 7 die volle rechtliche, ökonomische und politische Gleichberechtigung von Mann und Frau fest. Dieses Verfassungsgebot beruhte auf der sozialistischen Theorie, nach der die Emanzipation* der Frau nur in einer sozialistischen Gesellschaft möglich sei. Grundlage wirklicher Gleichberechtigung war danach die Emanzipation der Arbeit vom Kapital und auch die wirtschaftliche Unabhängigkeit der Frau vom Mann, die durch die Teilnahme der Frauen am Produktionsprozess garantiert werde. Auf der Grundlage dieser Doktrin organisierte die SED bereits in den 1950er-Jahren eine Gleichstellungskampagne, die sich auch in Gesetzen niederschlug. So forderte das Familiengesetzbuch 1966 von den Ehegatten, ihre Beziehung so zu gestalten, „dass die Frau ihre berufliche und gesellschaftliche Tätigkeit mit der Mutterschaft vereinbaren kann“. Mit der Aufforderung, Frauen in die Produktion zu integrieren, verfolgte die SED zwei Ziele. Die durch Krieg und Massenflucht in den Westen entstandenen Arbeitskraftverluste sollten ausgeglichen sowie die Frauen und deren Kinder im sozialistischen Sinne erzogen bzw. kontrolliert werden.

Frauenerwerbstätigkeit

Seit der Gründung der **Bundesrepublik** hat sich die Erwerbstätigkeit der Frauen kontinuierlich erhöht. Dies resultierte weniger aus finanziellen Zwängen, sondern entsprach dem Wunsch der Frauen nach größerer Selbstständigkeit und Unabhängigkeit. Die öffentliche Einstellung zu berufstätigen Frauen hat sich dabei stark gewandelt. In den 1950er-/1960er-Jahren waren erwerbstätige Mütter zum Teil scharfer Kritik ausgesetzt, weil sie als vermeintliche „Rabenmütter“ ihre Interessen über das Kindeswohl stellten. Erst seit den 1970er-Jahren veränderte sich die Einstellung. Frauen, die Familie und Beruf miteinander verbinden wollen, werden heute von der Gesellschaft akzeptiert.

Dagegen war in der **DDR** mütterliche Erwerbstätigkeit selbstverständlich verbreitet. Sie wurde durch die Einrichtung von Kinderkrippen und Horten sowie durch sogenannte familienergänzende Dienstleistungen wie Wäschereien oder Reinigungsdienste unterstützt. Eine Folge des Arbeitskräftemangels in der DDR bestand darin, Frauen eher als im westlichen Teil Deutschlands den Zugang zu typischen „Männerberufen“ zu ermöglichen: Sie arbeiteten z. B. als Kranführerinnen, Ingenieurinnen oder Architektinnen. Da sich das Rollenverständnis von Männern und Frauen jedoch nur langsam änderte, mussten berufstätige Frauen die Doppelbelastung von Beruf und Haushalt bewältigen.

▶ **M 4, M 8, M 9: Frauenerwerbstätigkeit in Ost und West**

M 4 Qualifikationsniveau von Frauen in Ost und West, 1980er-Jahre

Frauenanteil in Bildung, Beruf, Politik (%)	Bundesrepublik	DDR
Hochschulstudierende (1989)	41	59
Promotionen (1988)	26	38
Habilitationen (1988)	9	15
Richterinnen (1989)	18	50
Schuldirektorinnen (1988/1982)	20	32
Gewerkschaftsmitglieder (1989/1988)	25	53
Betriebsrat/BGL-Vorsitz (1986/1987)	21	53

Zusammenstellt nach: Rainer Geißler, Die ostdeutsche Sozialstruktur unter Modernisierungsdruck, in: Aus Politik und Zeitgeschichte 19–30/1992, S. 18.

Frauenpolitik und Frauenbewegung

Obwohl Frauen gleichberechtigten Zugang zu allen politischen Positionen haben, waren und sind sie auf allen Ebenen stark unterrepräsentiert, besonders in höheren Entscheidungsgremien. In der **DDR** war die einzige offiziell zugelassene Interessenorganisation von Frauen der **Demokratische Frauenbund Deutschlands (DFD).** Er durfte jedoch keine eigene Politik betreiben, sondern war eine Vermittlungsinstanz zwischen SED und Frauen. Der DFD hatte die marxistisch-leninistische Ideologie und die Beschlüsse der SED zu propagieren und sollte dabei vor allem die Frauen für den Einsatz in der Produktion mobilisieren.

In der **Bundesrepublik** entwickelte sich dagegen Ende 1960er-Jahre eine eigenständige und immer selbstbewusster auftretende Frauenbewegung. Sie entstand während der Studentenbewegung und trat in den frühen 1970er-Jahren hervor mit spektakulären Aktionen gegen den **Paragrafen 218,** der den Schwangerschaftsabbruch unter Strafe stellte. Frauen forderten Chancengleichheit in Beruf und Politik sowie die Vereinbarkeit von Familie und Beruf für Frauen und Männer. Der Erfolg dieser Frauenbewegung in den 1970er- und 1980er-Jahren lag in der Erzeugung eines neuen gesellschaftlichen Problembewusstseins. Trotz rechtlicher Gleichstellung werden Frauen nach wie vor in vielen gesellschaftlichen Bereichen benachteiligt. Aber die sozialen Ungleichheiten zwischen den Geschlechtern erscheinen heute nicht mehr als naturgegeben, sondern als begründungs- und korrekturbedürftig.

M 5 „Aktion 218“ in Hamburg, Fotografie, 4. März 1972

Etwa 30 Frauen, die sich öffentlich zu einer Abtreibung oder Hilfeleistung dazu bekannt hatten, steckten die ihnen von der Hamburger Staatsanwaltschaft zugeschickten Ermittlungsformulare öffentlich in Brand.

1 **Gruppenarbeit:** Vergleichen Sie die Geschlechterverhältnisse in der Bundesrepublik Deutschland und in der DDR anhand von Beispielen aus der Darstellung. Unterscheiden Sie Aspekte der Gleich*berechtigung* und der tatsächlichen Gleich*stellung*.

Hinweis zur Arbeit mit den Materialien:
M 6, M 7 thematisieren die Entwicklung der rechtlichen Stellung von Frauen in der Bundesrepublik, M 4 (s. S. 556 f.), M 8, M 9 Frauenerwerbstätigkeit in Ost und West.

Ehe- und Familienrecht in der Bundesrepublik

M 6 Auszug aus dem Ehegesetz von 1957 (BGB)

§ 1356. (1) Die Frau führt den Haushalt in eigener Verantwortung. Sie ist berechtigt, erwerbstätig zu sein, soweit dies mit ihren Pflichten in Ehe und Familie vereinbar ist. […]
§ 1360. Die Ehegatten sind einander verpflichtet, durch ihre Arbeit und mit ihrem Vermögen die Familie angemessen zu unterhalten. Die Frau erfüllt ihre Verpflichtung, durch Arbeit zum Unterhalt der Familie beizutragen, in der Regel durch die Führung des Haushalts; zu einer Erwerbsarbeit ist sie nur verpflichtet, soweit die Arbeitskraft des Mannes und die Einkünfte der Ehegatten zum Unterhalt der Familie nicht ausreichen.

*Zit. nach: Susanne Asche/Anne Huschens, Frauen – Gleichberechtigung, Gleichstellung, Emanzipation?, Diesterweg, Frankfurt/M. 1990, S. 125.**

M 7 Auszug aus dem Ehegesetz von 1977 (BGB)

§ 1356. Die Ehegatten regeln die Haushaltsführung in gegenseitigem Einvernehmen. Ist die Haushaltsführung einem der Ehegatten überlassen, so leitet dieser den Haushalt in eigener Verantwortung. Beide Ehegatten sind berechtigt, erwerbstätig zu sein. Bei der Wahl und Ausübung einer Erwerbstätigkeit haben sie auf die Belange des anderen Ehegatten und der Familie die gebotene Rücksicht zu nehmen. […]
§ 1360. Die Ehegatten sind einander verpflichtet, durch ihre Arbeit und mit ihrem Vermögen die Familie angemessen zu unterhalten. Ist einem Ehegatten die Haushaltsführung überlassen, so erfüllt er seine Verpflichtung […] in der Regel durch die Führung des Haushaltes.

*Zit. nach: Susanne Asche/Anne Huschens, Frauen – Gleichberechtigung, Gleichstellung, Emanzipation?, Diesterweg, Frankfurt/M. 1990, S. 125.**

1 Vergleichen Sie die eherechtliche Stellung von Frauen in der Bundesrepublik 1957 und 1977 (M 6, M 7).
2 Bewerten Sie Ihre Befunde aus Aufgabe 1 im historischen Kontext.
Tipp: Zum Bewerten siehe Methodenseite 330.

Frauenerwerbstätigkeit in Ost und West

M 8 Strukturen weiblicher Erwerbsarbeit in der Bundesrepublik Deutschland 1950–1980

Jahr	1950	1961	1970	1980
Anteil weibl. Erwerbstätiger an der weibl. Bevölkerung (%)	31,3	33,4	30,2	32,6
Mithelfende Familienangehörige (%[1])	32,0	22,1	14,5	7,9
Dienstmädchen, Hausangestellte (%[1])	9,0	3,4	1,4	?
Arbeiterinnen in Industrie, Handel, Landwirtschaft (%[1])	51,4	32,0	34,8	31,4
Angestellte, Beamtinnen (%[1])		29,8	44,4	55,9
Selbstständige (%[1])	7,6	7,3	5,0	4,8

Zusammengestellt nach: Ute Frevert, Frauen-Geschichte, edition suhrkamp, Frankfurt/M. 1986, S. 290 f.

1 in Prozent aller weiblichen Erwerbspersonen

M 9 Frauen im arbeitsfähigen Alter und erwerbstätige Frauen in der DDR 1955–1988

Jahr	Weibl. Bevölkerung im arbeitsfä. Alter (in 1000)	Weibl. Erwerbstätige (in 1000)	Anteil weibl. Erwerbstätiger an der weibl. Bevölkerung
1955	6 182	3 244	52,5 %
1970	5 011	3 312	66,1 %
1980	5 257	3 848	73,2 %
1989	5 074	3 962	78,1 %

Zusammengestellt nach: Matthias Judt (Hg.), DDR-Geschichte in Dokumenten. Ch. Links Verlag, Berlin 1997, S. 214.

1 **Arbeitsteilige Partnerarbeit:** Vergleichen Sie
 a) die weibliche Erwerbstätigkeit in beiden deutschen Staaten (M 8, M 9),
 b) die beruflichen Aufstiegschancen in beiden deutschen Staaten (M 4, S. 557, und M 8).
2 Bewerten Sie Ihre Ergebnisse aus Aufgabe 1 im historischen Kontext.
Tipp: Berücksichtigen Sie bei Ihrer Bewertung Faktoren wie z. B. Frauenbewegung, technologischen Wandel, Veränderungen in der Bildung.

Innerdeutsche Beziehungen 1949–1989

In dieser Themeneinheit geht es um
die Geschichte der staatlichen Beziehungen zwischen der Bundesrepublik Deutschland und der DDR in den vier Jahrzehnten der deutschen Teilung.

Die 1950er-Jahre

Grundlage der Deutschlandpolitik der Bundesregierung Adenauer war die **Westbindung der Bundesrepublik.** Sie sollte politisch, militärisch und wirtschaftlich in die westeuropäische und atlantische Staatengemeinschaft integriert werden. Diese Politik wirkte sich auch auf das Verhältnis zur DDR aus. Überzeugt von der politisch-ökonomischen Überlegenheit und Anziehungskraft der westlichen Gesellschaft, betrieb die Bonner Regierung eine selbstbewusste Deutschlandpolitik, die sich als **„Politik der Stärke“** charakterisieren lässt. Sie beruhte auf der Erwartung, ein starker und attraktiver Weststaat könne das von der Sowjetunion gestützte System der DDR destabilisieren*. Entweder werde das kommunistische Herrschafts- und Wirtschaftssystem von alleine zusammenbrechen oder die Sowjets würden unter dem Druck des Westens ihr Satellitenregime* in Deutschland aufgeben. Mit dieser Politik eng verbunden war die Ablehnung des DDR-Regierung, weil ihr die demokratische Legitimation* durch freie und geheime Wahlen fehlte. Die demokratische Bundesrepublik beanspruchte völkerrechtlich und politisch den **Alleinvertretungsanspruch für Gesamtdeutschland,** dessen außenpolitischer Ausdruck die **Hallstein-Doktrin*** war. Der Anspruch der Bundesregierung, alle Deutschen zu vertreten, verbot jeden formellen Kontakt zwischen den Regierungen in Bonn und Ostberlin. Die Regierung Adenauer lehnte es strikt ab, mit der DDR-Führung zu sprechen, die gesamtdeutsche freie Wahlen verweigerte und ihre diktatorische Herrschaft nur mit Gewalt aufrechterhalten konnte. Nur eine aus freien Wahlen hervorgegangene gesamtdeutsche Regierung, die völlige außen- und innenpolitische Handlungsfreiheit besäße, durfte nach Auffassung Adenauers und des Westens einen Friedensvertrag für ganz Deutschland aushandeln.
Die **DDR-Deutschlandpolitik** war durch einen Widerspruch geprägt: Einerseits bekannte sich die SED zur Wiedervereinigung. Die DDR galt dabei als „deutsches Kerngebiet“ in einem „einheitlichen demokratischen Deutschland“, das in den Augen der SED kommunistisch sein sollte. In der ersten Hälfte der 1950er-Jahre forderte die DDR gesamtdeutsche Beratungen auf Regierungsebene. Dies lehnte die Regierung Adenauer ab, weil es die politische Anerkennung der DDR durch die Bundesregierung bedeutet hätte. Andererseits vertiefte das SED-Regime die deutsche Spaltung, indem es das eigene Herrschaftssystem festigte. Die **Wiedervereinigungs-Rhetorik der SED** darf nicht übersehen lassen, dass sie vorrangig die Stabilisierung der DDR – mit oder ohne Anerkennung durch den Westen – vorantrieb. Denn seit dem Aufstand vom 17. Juni 1953 wussten die Führungen der DDR und der UdSSR, dass die SED keine Massenbasis hatte. Der Bau der Berliner Mauer 1961 hat die Teilung zementiert.

Hallstein-Doktrin
Die nach dem Staatssekretär im Auswärtigen Amt, Walter Hallstein, benannte außenpolitische Maxime erklärte 1955 die Aufnahme diplomatischer Beziehungen mit der DDR durch dritte Staaten als „unfreundlichen Akt“ gegenüber der Bundesrepublik, der den Abbruch diplomatischer Beziehungen nach sich ziehe. Bereits im Oktober 1957 wurde die Doktrin gegenüber Jugoslawien angewandt. Die Sowjetunion war als Siegermacht des Zweiten Weltkriegs von ihr ausgenommen. Mit der neuen Ostpolitik (s. S. 540) wurde sie aufgegeben.

Die 1960er-Jahre

Nach dem Mauerbau verzichtete das SED-Regime zunehmend auf Schuldvorwürfe an den Westen. Es legitimierte die DDR nun als historisch gesetzmäßiges Ergebnis der deutschen Geschichte. 1967 erklärte Ulbricht die Vereinigung als „nicht real“, sie werde „es erst im Sozialismus geben“. Die DDR-Regierung konzentrierte sich darauf, ihre diplomatische Isolierung zu durchbrechen und ihre **völkerrechtliche Aufwertung** voranzu-

Maßnahmen der DDR zur Erschwerung innerdeutscher Kontakte

Nov. 1964 Zwangsweiser Devisenumtausches für Besuchsreisen in die DDR

Jan. 1967 Einstellung der Mitarbeit im alliierten Abrechnungsbüro für den innerdeutschen Post- und Fernmeldeverkehr zum Jahresende 1967

Febr. 1967 „Gesetz über die Staatsbürgerschaft der DDR“: Es hebt die seit 1913 bestehende einheitliche deutsche Staatsbürgerschaft auf.

Juni 1968 Reisepasszwang sowie Ein- und Ausreisevisa für die DDR-Ein- und -Durchreise; Tagesaufenthaltsgenehmigungen für Ostberlin-Besuche

treiben. **Maßnahmen der DDR zur Erschwerung innerdeutscher Kontakte*** sollten der Bundesregierung verdeutlichen, dass allein die völkerrechtliche Anerkennung der DDR die Folgen der Teilung mindern könnte. 1969 forderte die DDR offiziell die Aufnahme diplomatischer Beziehungen mit Botschafteraustausch. Zwar machte die SED im Verlauf der 1960er-Jahre Zugeständnisse bei Reisemöglichkeiten zwischen Ost und West. Doch betrachtete sie die Teilung als endgültig und wollte die in Aussicht gestellten Erleichterungen zum Hebel ihrer Anerkennungsforderungen machen.

Die **Regierung der Bundesrepublik** hielt auch während der 1960er-Jahre am Alleinvertretungsanspruch fest. Allerdings überdachten Regierung, Parlament und Parteien seit dem Mauerbau 1961 ihre deutschlandpolitischen Prinzipien. Die Diskussionen kreisten um die Frage, ob der nationale Zusammenhalt der beiden deutschen Teilstaaten nicht besser durch eine Intensivierung innerdeutscher Kontakte garantiert werden könne. Die Große Koalition (1966–1969) unter Bundeskanzler Kurt Georg Kiesinger (CDU) leitete einen vorsichtigen Wandel ein, der sich als **„Alleinvertretung ohne Bevormundung“** charakterisieren lässt. Verwirklichen wollte die Große Koalition ihre Ziele durch eine größere Freizügigkeit **(„menschliche Erleichterungen“)** zwischen beiden deutschen Staaten, die Kontakte vermehren sollte. Gedacht war an eine verstärkte wirtschaftliche und verkehrspolitische Zusammenarbeit wie auch an Vereinbarungen zum wissenschaftlichen, technischen und kulturellen Austausch. Dies erschien als Voraussetzung für spätere Verhandlungen auf Verwaltungs- und Regierungsebene.

Die 1970er-Jahre

Anfang der 1970er-Jahre profitierten die innerdeutschen Beziehungen von der Entspannung im Verhältnis zwischen den USA und der Sowjetunion (s. S. 482 ff.).

Die sozial-liberale Koalition (1969–1974) unter Willy Brandt (SPD) rückte von der starren Abgrenzungspolitik der vergangenen Jahrzehnte ab. Ihre **neue Ost- und Deutschlandpolitik** (s. S. 540) unterstützte und initiierte* Entspannungsbemühungen. Einen tiefen Einschnitt in den innerdeutschen Beziehungen bewirkte der **Grundlagenvertrag 1972.** Mit diesem Vertrag akzeptierte die Bundesrepublik die DDR als zweiten deutschen Staat, vermied aber deren völkerrechtliche Anerkennung. Der Vertrag markierte den Übergang vom Alleinvertretungsanspruch zum Status der Gleichberechtigung zwischen beiden deutschen Staaten. Diese Politik war verbunden mit der Hoffnung auf normale, gutnachbarliche Beziehungen zwischen der Bundesrepublik und der DDR. Das Viermächteabkommen vom September 1971 und das Transitabkommen zwischen Bundesrepublik und DDR vom Dezember 1971 garantierten die von der Sowjetunion und der DDR bisher immer bestrittenen Bindungen Westberlins an die Bundesrepublik. Das schloss die Sicherung der Zugangswege nach Westberlin ein. Auch die **DDR** passte ihre Deutschlandpolitik der internationalen Lage an und ging auf die Entspannungspolitik der Regierung Brandt/Scheel ein.

▶ **M 3–M 5: Geschichte kontrovers: Der Grundlagenvertrag – ein historischer Fehler?**

M 1 „Kraft seiner starken Wurzeln wird er alle Mauern sprengen!“, Karikatur von Wolfgang Hicks, erschienen 1972 in der Tageszeitung „Die Welt“, 1973

Die Beziehungen zwischen DDR und Bundesrepublik blieben auch nach Unterzeichnung des Grundlagenvertrages „besondere", d.h. nicht völkerrechtliche Beziehungen. Das schlug sich in der Errichtung **„Ständiger Vertretungen"** im jeweils anderen deutschen Teilstaat nieder anstelle der von der DDR gewünschten Botschaften. Insgesamt kam die SED-Regierung ihrem Ziel näher, die DDR aufzuwerten. Gemeinsam mit der Bundesrepublik wurde sie 1973 in die UNO aufgenommen und konnte dadurch gleichberechtigt an internationalen Konferenzen teilnehmen, z.B. an der Konferenz über Sicherheit und Zusammenarbeit in Europa (KSZE) in Helsinki (1973–1975).
Bis 1988 erkannten 135 Staaten die DDR völkerrechtlich an. Damit war sie Mitglied der internationalen Staatenwelt geworden. Die Entspannungspolitik besaß jedoch für die DDR eine gefährliche Kehrseite: Die Zunahme der innerdeutschen Kontakte sowie die Unterzeichnung der **Helsinki-Schlussakte 1975** stärkten oppositionelle Kräfte. Diese forderten eine Liberalisierung der SED-Herrschaft und größere Freizügigkeit, etwa bei den Reisemöglichkeiten zwischen Ost und West. Zahlreiche DDR-Bürger verlangten außerdem die Übersiedlung in die Bundesrepublik Deutschland. Die Machthaber in Ostberlin reagierten darauf mit Maßnahmen, die die deutsch-deutschen Beziehungen belasteten. So erschwerten sie z.B. 1979 die Berichterstattung westlicher Korrespondenten in der DDR und erhöhten im Oktober 1980 den **Devisen-Zwangsumtausch*** für westliche Besucher. Das richtete sich gegen ein zentrales Ziel der Bundesregierung, die Erleichterung des individuellen Reise- und Besuchsverkehrs. Die Einschränkungen bewirkten auf westdeutscher Seite eine Ernüchterung, die während der zweiten sozial-liberalen Koalition (1974–1982) zur Stagnation der deutsch-deutschen Beziehungen führte. Nicht davon betroffen waren die Handelsbeziehungen zwischen der Bundesrepublik Deutschland und den Ostblockstaaten*, die sich positiv entwickelten.

Abkommen zwischen Bundesrepublik und DDR

1971	Transitabkommen: erleichtert den Personen- und Güterverkehr zwischen der Bundesrepublik und Westberlin.
1972	Verkehrsvertrag: ermöglicht unter Auflagen gegenseitige Reisen.
1972	Grundlagenvertrag
1974	Abkommen über Gesundheits- und Finanzprobleme
1975–1980	Div. Abkommen zum verbesserten Transitverkehr nach Westberlin
1978	Festlegung des genauen Grenzverlaufs (mit Ausnahme an der Elbe)
1979	Abkommen über die Erweiterung des „kleinen Grenzverkehrs"
1983	Abkommen über die Übernahme der West-Berliner S-Bahn von der Deutschen Reichsbahn der DDR
1986	Kulturabkommen

Devisen-Zwangsumtausch
Bezeichnung für den seit 1964 verbindlichen Mindestumtausch (1:1) von Mark der DDR für einreisende Bundesbürger, Westberliner und Besucher aus dem „nicht sozialistischen Ausland".

Die 1980er-Jahre

Die **Deutschlandpolitik der christlich-liberalen Koalition** (seit 1982) unter Bundeskanzler Helmut Kohl (CDU) garantierte Vertragstreue, warnte aber die DDR-Regierung davor, bisher ungeklärte Fragen wieder aufzurollen, insbesondere die völkerrechtliche Anerkennung der DDR. Die deutsche Frage sei, so Kohl, „rechtlich offen". Die Regierung Kohl/Genscher intensivierte die deutsch-deutschen Beziehungen mit einem Kulturabkommen 1986 und mit vertrauensbildenden Maßnahmen wie einer Bürgschaft für **Milliardenkredite westlicher Banken an die DDR** 1983 und 1984. Diese finanzielle Großzügigkeit trug zur Stabilisierung der DDR-Wirtschaft bei und kam damit auch der Bevölkerung zugute. Das Geflecht zwischen beiden deutschen Staaten wurde enger. Ungeachtet der **pragmatischen Weiterentwicklung** der innerdeutschen Beziehungen betonte die Bundesregierung jedoch die grundlegenden Unterschiede: Freiheit und Verwirklichung der Menschenrechte im Westen, Unfreiheit und fehlende Umsetzung der Menschenrechte im Osten. Die deutsche Einheit war für Kohl nur in Freiheit denkbar, wobei Deutschland fest in der Staatengemeinschaft Europas verankert sein sollte.

M2 Bundeskanzler Helmut Kohl empfängt am 7. September 1987 Erich Honecker als erstes DDR-Staatsoberhaupt offiziell mit militärischem Zeremoniell, Fotografie

1 **Schaubild:** Stellen Sie anhand der Darstellung die innerdeutschen Beziehungen in einem Schaubild dar.
2 Erläutern Sie mithilfe der Darstellung die Entwicklung der deutsch-deutschen Beziehungen im Kontext des Kalten Krieges.
Tipp: Zum Kalten Krieg siehe Darstellungen S. 469 ff. und 482 ff.

Hinweise zur Arbeit mit den Materialien:
Der Materialteil bietet eine zeitgenössische Kontroverse zum Grundlagenvertrag von 1972 (M 3–M 5).

Geschichte kontrovers: Der Grundlagenvertrag – Ein historischer Fehler?

M 3 Regierung: Bundesaußenminister Walter Scheel, FDP (November 1972)

Der Grundvertrag ist kein Schlussstein im Verhältnis zwischen den beiden Teilen Deutschlands. Er ist das für uns wichtigste Stück einer Entspannungspolitik, die in die Zukunft weist. Der Vertrag ist nur möglich geworden, weil wir vorher unsere Politik der Entspannung gegenüber Osteuropa auf breiter Front betrieben haben und mit den Verträgen von Moskau und Warschau zu einem konkreten Ergebnis kommen konnten. Der Vertrag enthält zwei Elemente, die auch unsere Deutschlandpolitik kennzeichnen. Er ändert nichts an der rechtlichen Lage in Deutschland. Dazu gehört:
1. Beide Staaten sind Teil einer Nation mit gemeinsamer Sprache, gemeinsamer Geschichte und einem engen Geflecht von Bindungen. 2. Es gibt für Deutschland noch keinen Friedensvertrag; deshalb bestehen die Rechte und Verantwortlichkeiten der vier Mächte fort. Diese Rechtspositionen haben wir im Vertrag aufrechterhalten. – Unsere Politik bleibt, auf einen Zustand des Friedens in Europa hinzuwirken, in dem das deutsche Volk in freier Selbstbestimmung seine Einheit wiedererlangt.

*Zit. nach: Weltgeschehen Nr. IV, 1972.**

M 4 Opposition: Karl Carstens, CDU (1973)

Sie [beide deutsche Staaten] bekräftigen einander die Unverletzlichkeit ihrer Grenzen, sie erklären, dass keiner den anderen international vertreten kann. [...] Die Begriffe „Deutsche Nation", „Deutsche Einheit" suchen Sie in diesem Vertrag vergebens. Ja, da, wo offenbar dem Sinne nach von Deutschland als Ganzem die Rede ist, wenn nämlich von den Verantwortlichkeiten und Rechten der vier Mächte gesprochen wird, wird sorgfältig vermieden zu sagen, um welche Verantwortlichkeiten und Rechte es sich handelt, nur damit das Wort „Deutschland" in diesem Vertrag nicht erscheint. Darin, in der Nichterwähnung unseres politischen Zieles der deutschen Einheit in diesem Vertrag, liegt ein schweres, möglicherweise nicht wiedergutzumachendes historisches Versäumnis.

*Zit. nach: Weltgeschehen Nr. II, 1973.***

M 5 Aus dem Urteil des Bundesverfassungsgerichts über die Rechtsgültigkeit des Grundlagenvertrags (31. Juli 1973)

[Die DDR] ist im Sinne des Völkerrechts ein Staat und als solcher Völkerrechtssubjekt. Diese Feststellung ist unabhängig von einer völkerrechtlichen Anerkennung der DDR durch die Bundesrepublik Deutschland. Eine solche Anerkennung hat die Bundesrepublik Deutschland [...] nie förmlich ausgesprochen. [...] Das Besondere dieses Vertrags ist, dass er [...] ein bilateraler Vertrag zwischen [...] zwei Staaten ist [...], die Teile eines noch immer existierenden, wenn auch handlungsunfähigen, weil noch nicht reorganisierten umfassenden Staates Gesamtdeutschland mit einem einheitlichen Staatsvolk sind. [...] Die Bundesregierung verliert durch den Vertrag nicht den Rechtstitel, überall im internationalen Verkehr, auch gegenüber der DDR, nach wie vor die staatliche Einheit des deutschen Volkes im Wege seiner freien Selbstbestimmung fordern zu können und in ihrer Politik dieses Ziel mit friedliebenden Mitteln und in Übereinstimmung mit den allgemeinen Grundsätzen des Völkerrechts anzustreben. Für die Frage, ob die Anerkennung der Grenze zwischen den beiden Staaten als Staatsgrenze mit dem Grundgesetz vereinbar ist, ist entscheidend die Qualifizierung als staatsrechtliche Grenze zwischen zwei Staaten, deren „Besonderheit" ist, dass sie auf dem Fundament des noch existierenden Staates „Deutschland als Ganzes" existieren, dass es sich also um eine staatsrechtliche Grenze handelt ähnlich denen, die zwischen den Ländern der Bundesrepublik Deutschland verlaufen. [...] Sie ist in dieser Qualifizierung (und nur in dieser Qualifizierung) mit dem Grundgesetz vereinbar.

*Zit. nach: Bundesministerium für innerdeutsche Beziehungen (Hg.), DDR-Handbuch, Bd. 1, Verlag Wissenschaft und Politik, Köln 1985, S. 192 ff.***

1 Vergleichen Sie die Positionen zum Grundlagenvertrag in M 3 und M 4.
Tipp: Berücksichtigen Sie insbesondere die Frage nach der „Einheit der Nation".
2 Fassen Sie das Urteil zum Grundlagenvertrag in M 5 mit eigenen Worten zusammen.
3 **Wahlaufgabe:** Bearbeiten Sie Aufgabe a) oder b).
  a) Erklären Sie, welchen Rechtsstatus die DDR aufgrund des Urteils M 5 hatte.
  b) Untersuchen Sie, inwieweit die Kritik der Opposition in dem Urteil berücksichtigt wurde (M 4, M 5).
4 **Vertiefung:** Beschreiben und deuten Sie die Haltung des Karikaturisten von M 1, S. 560, zum Grundlagenvertrag.
Tipp: Siehe Hilfen S. 619.

11.5 Friedliche Revolution und Wiedervereinigung

In dieser Themeneinheit geht es um
- *die Ereignisse in der DDR im Herbst 1989 und die Frage, ob es sich dabei um eine Revolution oder einen Zusammenbruch handelte,*
- *den Prozess bis zur deutschen Wiedervereinigung 1990 und seine Folgen.*

Wende – Revolution – Zusammenbruch?

Die Jahre 1989/1990 gelten in der deutschen Geschichte als Epochenjahre. Nach 40 Jahren wurde die Teilung Deutschlands in zwei Staaten überwunden. Symbolhaft zeigt sich diese historische Zäsur im Fall der Berliner Mauer am 9. November 1989 und im Beitritt der DDR zur Bundesrepublik Deutschland am 3. Oktober 1990. Ermöglicht wurde die deutsche Wiedervereinigung durch die Ereignisse im Herbst 1989, für die unterschiedliche Termini* verwendet werden. In der ostdeutschen Bevölkerung ist der Begriff „Wende" bis heute weit verbreitet. Er geht zurück auf Egon Krenz, der als Nachfolger von SED- und Staatschef Erich Honecker in seiner Antrittsrede am 18. Oktober 1989 ankündigte, die SED werde nun eine „Wende" einleiten. Er meinte damit jedoch keinen Systemwechsel und schon gar nicht die Wiedervereinigung. In der wissenschaftlichen Literatur hat sich dagegen der Begriff **„Friedliche Revolution"** durchgesetzt. Damit werden zum einen der friedliche Verlauf und zum anderen die Rolle des Volkes in dem Umbruchprozess betont. Das Attribut „friedlich" deutet jedoch auf eine Relativierung des Revolutionsbegriffes hin. Daher sprechen einige Historiker von einem „Zusammenbruch". Der Begriff der „Friedlichen Revolution" sei eine geschichtspolitische Konstruktion von Bürgerrechtlern. Denn die mangelnde Gegenwehr des SED-Staates gegenüber den immer weitergehenden Forderungen der Demonstranten lasse eher auf eine Aushöhlung der bestehenden politischen Verhältnisse schließen, die die Herrschaft der SED am Ende wie ein Kartenhaus zusammenfallen ließ.

M 1 **Militärparade zum 40. Jahrestag der DDR in Ostberlin am 7. Oktober 1989, Fotografie**

▶ M 16, M 17: Vertiefung: Revolution oder Zusammenbruch?

Reaktion des Staates auf die Systemkrise

Die **Systemkrise** in der DDR (s. S. 548) verschärfte sich durch Reformunwilligkeit der SED-Führung, die sich in der ideologischen Erstarrung als Reaktion auf den Wandlungsprozess in Osteuropa, insbesondere in der Sowjetunion, zeigte. Die SED-Führung begrüßte zwar die vom sowjetischen Staats- und Parteichef Michail Gorbatschow eingeleitete Phase der Entspannungspolitik (s. S. 483), weigerte sich aber, die innenpolitischen Reformen auf die DDR zu übertragen. Stattdessen propagierte sie den „Sozialismus in den Farben der DDR", obwohl über Jahrzehnte die Parole „Von der Sowjetunion lernen heißt siegen lernen" galt. Ein besonders offensichtliches Indiz war 1988 das Verbot der deutschsprachigen sowjetischen Zeitschrift „Sputnik", weil sie kritische Beiträge zur Geschichte des Stalinismus in der Sowjetunion veröffentlicht hatte. Damit isolierte sich die DDR außenpolitisch und begab sich in einen ideologischen Zweifrontenkrieg. Der SED-Führung fiel es immer schwerer, ihren Bürgern zu erklären, dass nicht nur der „imperialistische Westen", sondern auch die „brüderliche Schutzmacht" Sowjetunion eine Gefahr für die DDR darstellte. Die prinzipielle **Reformunwilligkeit** steigerten den Willen vieler Bürger, sich für Reformen auszusprechen, auch innerhalb der Staatspartei SED, zumal in Ungarn und Polen infolge von Gorbatschows Kurswechsel schon 1988 erste Reformen initiiert wurden.

▶ M 9, M 10: Reaktionen auf die Systemkrise der DDR

Der zunehmende Unmut und das wachsende Selbstbewusstsein der Opposition zeigten sich erstmals bei den **Kommunalwahlen am 7. Mai 1989**. Bürgerrechtsgruppen hat-

M2 Am Zaun der Botschaft der Bundesrepublik in Prag füllen flüchtende DDR-Bürger nach Aufhebung der Visumspflicht für die Tschechoslowakei durch die DDR Visumsanträge aus, Fotografie, 1. November 1989.

ten von dem Recht Gebrauch gemacht, die Auszählungen zu beobachten, und konnten Wahlmanipulationen nachweisen. Es war jedoch nicht vorauszusehen, ob und wie sich das SED-Regime gegen offene Proteste zur Wehr setzen würde. Zwar drohte aufgrund der Rücknahme der Breschnew-Doktrin durch Gorbatschow 1988 kein Einsatz sowjetischer Truppen, aber die gewaltsame Niederschlagung der Studentenproteste in China durch die kommunistische Führung im Juni 1989 hatte gezeigt, dass auch in der DDR eine „chinesische Lösung" drohen könnte. Diese Befürchtung war nicht unberechtigt. Denn die SED-Führung hatte angesichts ihrer Reformunwilligkeit die Niederschlagung ausdrücklich befürwortet.
Im Rahmen der **Feierlichkeiten zum 40. Jahrestag der DDR** weilte Gorbatschow zum Staatsbesuch in Ostberlin und nahm an der Militärparade teil. Bei einer Zusammenkunft mit dem SED-Politbüro am 7. Oktober 1989 im Pankower Schloss Schönhausen erklärte er, es sei „keine leichte Sache, einen Beschluss über politische Veränderungen zu fassen", und variierte damit seine Mahnung, die er einen Tag zuvor Unter den Linden in Ostberlin geäußert hatte: „Wenn die Partei nicht auf das Leben reagiert, ist sie verurteilt." Während am Abend im Palast der Republik ein Staatsempfang stattfand, gingen in Ostberlin Polizei und Staatssicherheit brutal gegen Demonstranten vor. Es war ein letztes Aufbäumen des SED-Regimes. Eine Politbüro-Mehrheit beschloss am 17./18. Oktober 1989 schließlich die Absetzung Honeckers.

Massenflucht und Massenproteste

Distanz und Opposition zum SED-Staat äußerten sich in verschiedenen Formen. Neben dem Rückzug ins Private (**„Nischengesellschaft"**) gab es die Option, die DDR durch einen **Ausreiseantrag** oder Flucht zu verlassen („Abstimmung mit den Füßen"). Im Sommer 1989 beantragten 120 000 DDR-Bürger die Ausreise in die Bundesrepublik Deutschland. Tausende Ostdeutsche flüchteten in die bundesdeutschen Botschaften in Budapest, Warschau und Prag sowie die Ständige Vertretung in Ostberlin, um ihre Ausreise in den Westen zu erzwingen. Am 10. September 1989 entschied die ungarische Regierung, dass Ostdeutsche das Land frei in Richtung Westen verlassen durften. Die Flüchtlingszahlen schwollen daraufhin lawinenartig an: Noch im September 1989 reisten über 25 000 Menschen in die Bundesrepublik Deutschland aus.
Im Sommer 1989 begannen sich die oppositionellen Kräfte politisch zu organisieren und offenen politischen Widerstand zu leisten. Es bildeten sich Bürgerrechtsbewegungen und neue Parteien, die in Aufrufen und Programmen für Reformen plädierten und eine gesellschaftliche Alternative zum SED-Staat entwarfen. Zunächst versuchte die SED-Führung ihr Macht- und Meinungsmonopol zu verteidigen. So wurde der Antrag des „Neuen Forums" auf Zulassung vom 19. September 1989 abgelehnt und die Oppositionsgruppe als „staatsfeindlich" bezeichnet. Dass die Bevölkerung sich dennoch nicht mehr einschüchtern ließ, bewiesen Tausende Unterschriften in den Mitgliederlisten.
Die größte Wirkung entfalteten jedoch die **Massenproteste** auf der Straße, die sich im Herbst 1989 zu landesweiten Demonstrationen unter der Parole „Wir sind das Volk" ausweiteten. Im Zentrum der Massenproteste standen die **Leipziger Montagsdemonstrationen**. Beteiligten sich am 2. September 1989 etwa 2 000 Menschen, so waren es am 9. Oktober ca. 70 000 – ungeachtet der Gerüchte über einen Armeeeinsatz gegen die Demonstranten. Diese Demonstration – zwei Tage nach den offiziellen Feier-

M3 Montagsdemonstration in Leipzig am 9. Oktober 1989, Fotografie

lichkeiten der SED-Führung zum 40. Jahrestag der DDR – gilt als Durchbruch für die friedlichen Proteste, die das Ende der SED-Diktatur einleiteten.

Nach dem erzwungenen Rücktritt von Partei- und Staatschef Erich Honecker am 18. Oktober 1989 übernahm das langjährige SED-Politbüro-Mitglied **Egon Krenz** dessen Ämter. Als Leiter der Wahlkommission bei den Kommunalwahlen trug der SED-Funktionär eine Mitverantwortung für die Fälschungen. Er verkündete noch am gleichen Abend in einer TV-Ansprache, man werde nun eine „Wende" einleiten. Wenn die SED-Führung sich von diesem personellen Wechsel und der Bekundung der Bereitschaft zu Dialog und Reformen durch Krenz eine Beruhigung der Lage erhofft hatte, sah sie sich getäuscht: Der Umbruchprozess hatte bereits eine erhebliche Eigendynamik entwickelt. Wie stark die SED-Führung mittlerweile in die Defensive geraten war, zeigte die Tatsache, dass eine für den 4. November geplante **Demonstration auf dem Berliner Alexanderplatz** nunmehr offiziell genehmigt und sogar im DDR-Fernsehen übertragen wurde. Mit einer halben Million Teilnehmer wurde sie zur größten Demonstration in der Geschichte der DDR, auf der zahlreiche Künstler und Intellektuelle sprachen. Der Zerfallsprozess der politischen Führung setzte sich rasch fort. Wenige Tage später traten die DDR-Regierung und das Politbüro der SED komplett zurück.

Der Fall der Berliner Mauer

Ungeachtet dessen wurden die Forderungen nach Reisefreiheit überraschend schnell Wirklichkeit: Auf einer Pressekonferenz am Abend des 9. November 1989 verkündete SED-Politbüro-Mitglied Schabowski eher beiläufig ein neues Reisegesetz mit vollständiger **Reisefreiheit** („ohne Vorliegen von Voraussetzungen") mit dem irrtümlichen Zusatz, es gelte „sofort, unverzüglich". Noch in der Nacht strömten Zehntausende von Ostberlinern zu den Grenzübergängen und erzwangen die **Öffnung der Berliner Mauer**. So kam es zu einer Öffnung der DDR-Staatsgrenze zwischen Ost- und Westberlin. Politisch trat die Friedliche Revolution damit in eine neue Phase ein.

Mit dem Mauerfall gelangte die Frage der deutschen Wiedervereinigung wieder auf die Tagesordnung. Dabei wurden unterschiedliche deutschlandpolitische Konzeptionen diskutiert: Sollte die Eigenständigkeit der DDR bewahrt werden, wie z. B. der Appell „Für unser Land" vom 26. November 1989 einer DDR-Initiativgruppe um die Schriftsteller Christa Wolf und Stefan Heym forderte? Sollten beide deutsche Staaten eine Vertragsgemeinschaft vereinbaren, wie sie der neue, reformkommunistische DDR-Ministerpräsident **Hans Modrow** (Reg. 1989/90) in seiner ersten Regierungserklärung am 17. November 1989 vorstellte? Oder sollten konföderative Strukturen zur schrittweisen Überwindung der Teilung entwickelt werden, wie Bundeskanzler **Helmut Kohl** (Reg. 1982–1998) in seinem **Zehn-Punkte-Plan** vom 28. November 1989 vorschlug?

M4 Grenzübergang Invalidenstraße in Berlin am 9. November 1989, Fotografie

Wege zur Wiedervereinigung

Eine wichtige Rolle für den weiteren Umbruchprozess in der DDR spielte der Zentrale **Runde Tisch** der DDR*. In diesem von der Kirche moderierten Forum trafen sich Vertreter von Regierung und Opposition (7. Dezember 1989–12. März 1990). Der Runde Tisch verstand sich als Kontrollinstanz der SED-Übergangsregierung Modrow und der

„Runder Tisch"
Von Dezember 1989 bis zu den ersten demokratischen Wahlen im März 1990 arbeitete der „Runde Tisch" in der DDR als eine Art Ersatzparlament und Kontrollinstanz für die Regierung Modrow und bereitete freie Wahlen vor. Auch auf regionaler und lokaler Ebene entstanden „Runde Tische"; die Mitglieder kontrollierten die Verwaltung und forcierten die Demokratisierung des politischen Lebens.

M5 Der „Runde Tisch" in der DDR 1989/90

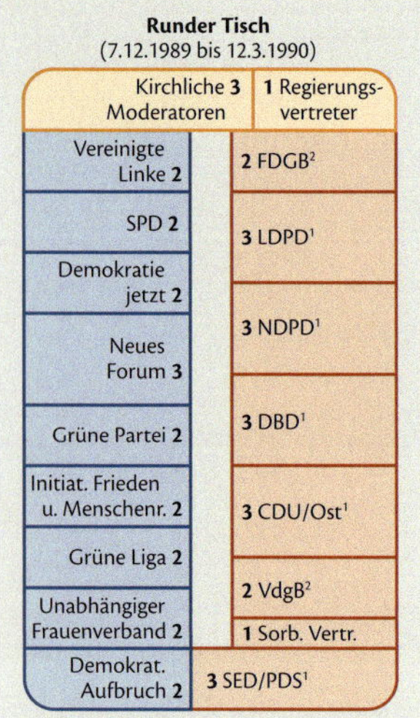

¹ehemalige Blockparteien der DDR
²ehemalige Massenorganisationen der DDR

Volkskammer. Zudem sollte er den reibungslosen Übergang zur Demokratie gewährleisten. Dazu gehörten neben der **Auflösung des Staatssicherheitsdienstes** und der Ausarbeitung einer neuen Verfassung in erster Linie die Vorbereitung von freien Wahlen. Der Verfassungsentwurf basierte auf radikaldemokratischen und sozialen Grundrechten und zielte auf die Stabilisierung der DDR-Staatlichkeit. Indirekt war der Entwurf damit eine Absage an eine schnelle Vereinigung mit der Bundesrepublik.

Der Wahlkampf für die vom Zentralen Runden Tisch auf den **18. März 1990** vorgezogene **Volkskammerwahl** wurde bestimmt von der Auseinandersetzung über den Weg zur Herstellung der deutschen Einheit. Konkret ging es um die vom Grundgesetz bestimmten verfassungsrechtlichen Alternativen: Das konservative Wahlbündnis „Allianz für Deutschland", das die Ost-CDU anführte, warb für einen sofortigen Beitritt der DDR nach Artikel 23 des Grundgesetzes. Die ostdeutsche SPD plädierte für eine gleichberechtigte Vereinigung nach Artikel 146. Und die SED/PDS trat für eine eigenständige DDR ein, die als souveräner Staat am Einigungsprozess teilnimmt. Einen „Anschluss an die BRD" lehnte sie kategorisch ab.

Die Volkskammerwahl am 18. März 1990, an der sich über 90 Prozent der Wahlberechtigten beteiligten, gewann mit 48 Prozent die „Allianz für Deutschland". Der erste frei gewählte und zugleich letzte DDR-Ministerpräsident **Lothar de Maizière** (CDU) bildete zusammen mit der SPD eine breite Koalitionsregierung und bekannte sich in seiner Regierungserklärung zur Herstellung der staatlichen Einheit Deutschlands, d. h. die Auflösung der DDR und ihren **Beitritt zur Bundesrepublik nach Artikel 23 des Grundgesetzes**.

▶ **M 13, M 14: Geschichte kontrovers: „Beitritt" oder „neue Verfassung durch das Volk"?**

Vereinigungsprozess

Der Vereinigungsprozess verlief auf zwei Ebenen: Einerseits bereiteten die beiden deutschen Regierungen die Zusammenführung der unterschiedlichen politischen und wirtschaftlichen Systeme vor. Und andererseits verhandelten sie parallel mit den Siegermächten (zwei plus vier) über einen völkerrechtlichen Vertrag zur Wiederherstellung der deutschen Einheit.

Die deutsch-deutschen Verhandlungen auf dem Weg zur **Wiedervereinigung** mündeten zunächst im **„Staatsvertrag zur Wirtschafts-, Währungs- und Sozialunion"**. Die erste konkrete Folge war die **Einführung der (westdeutschen) D-Mark** in der DDR am 1. Juli 1990. Erfüllt war damit auch eine zentrale Forderung der Demonstranten: „Kommt die D-Mark nicht zu uns, gehen wir zu ihr." In einem zweiten Schritt wurde der „Einigungsvertrag" ausgehandelt. Beide Parlamente stimmten dem Vertrag im September mit großer Mehrheit zu. Zuvor hatten die Abgeordneten der DDR-Volkskammer am 23. August nach einer turbulenten Nachtsitzung mit 294 Stimmen bei 64 Gegenstimmen, u. a. die SED/PDS (vormals SED), den Beitritt beschlossen und ihn auf den 3. Oktober 1990 festgelegt. Schwieriger gestalteten sich die Gespräche mit den vier Siegermächten über einen völkerrechtlichen Vertrag, weil sich die Positionen gegenüber einer deutschen Wiedervereinigung unterschieden. Erst nach langen Verhandlungen wurden die Bedenken aufgegeben. Zudem musste die sowjetische Führung davon überzeugt werden, dass ein vereintes Deutschland nicht neutral, sondern Mitglied der NATO bleiben werde. Dank vertrauensvoller Zusammenarbeit zwischen Bundeskanzler Kohl und dem sowjetischen Staatschef Gorbatschow akzeptierte die UdSSR diese Position. Im Gegenzug sicherte die Bundesrepublik ihr großzügige Wirtschaftshilfe zu. Am 12. September 1990 konnte in Moskau die Zwei-plus-vier-Verhandlungen mit dem Zwei-plus-vier-Vertrag zum Abschluss geführt werden. Damit war die „neue" Bundesrepublik Deutschland ein souveräner Staat. Zugleich beendete der Zwei-plus-vier-Vertrag auf völkerrechtlicher Ebene nach 45 Jahren den Zweiten Weltkrieg (1939–1945).

▶ **M 11, M 12: Geschichte kontrovers: Die Währungsunion – Der falsche Weg zur Einheit?**

Wege zur Einheit im Grundgesetz der Bundesrepublik vom 23. Mai 1949
Artikel 23: „Dieses Grundgesetz gilt zunächst im Gebiete der Länder [Aufzählung der alten Bundesländer]. In anderen Teilen Deutschlands ist es nach deren Beitritt in Kraft zu setzen."
Artikel 146: „Dieses Grundgesetz verliert seine Gültigkeit an dem Tage, an dem eine Verfassung in Kraft tritt, die von dem deutschen Volke in freier Entscheidung beschlossen worden ist."

Ergebnisse der größten Parteien/Gruppierungen bei der Volkskammerwahl in der DDR vom 18. März 1990:
CDU: 40,8 %
SPD: 21,9 %
PDS 16,4 %
DSU: 6,3 %
Bund Freier Demokraten: 5,3 %
Bündnis 90: 2,9 %

M6 Verträge zur Wiederherstellung der deutschen Einheit

Bilanz der deutschen Einheit

Die Bilanz der deutschen Einheit fällt ambivalent aus. Mit großer Freude wurde überall in Deutschland am 3. Oktober 1990 die **Wiedervereinigung** gefeiert. Bundeskanzler Kohl versprach **„blühende Landschaften“** in den neuen Bundesländern und eine rasche Angleichung an den Lebensstandard im Westen. Die Einführung der D-Mark und die mit Westprodukten gefüllten Läden steigerten diese Hoffnungen. Doch diese Menschen fanden sich praktisch „über Nacht“ in einem ganz anderen politischen, gesellschaftlichen und wirtschaftlichen System wieder. Die DDR-Wirtschaft war maroder als angenommen. Für den **Übergang von der Plan- zur Marktwirtschaft** gründete die Bundesregierung im März 1990 die **Treuhandanstalt**. Sie übernahm die Privatisierung der staatlichen Betriebe der ehemaligen DDR. Millionen von Ostdeutschen verloren ihren Arbeitsplatz. Viele Arbeitslose suchten sich Arbeit in den alten Bundesländern. Viele fühlten sich als Verlierer der Einheit. Bis heute sind Gehälter und Renten im Osten noch nicht dem Niveau im Westen angeglichen.

Für Kontroversen sorgte auch die Aufarbeitung der DDR-Geschichte. Viele Ostdeutsche wehren sich gegen den Begriff **„Unrechtsstaat“**, verweisen auf ihre nicht gewürdigte Lebensleistung und die „guten Seiten“ der DDR. Auch die Aufdeckung und Bestrafung des vom SED-Regime verübten Unrechts, insbesondere durch die Stasi, sorgte für Zündstoff. Die „Bundesbehörde für die Unterlagen des Staatssicherheitsdienstes der ehemaligen DDR" verwahrt Tausende von Akten. Dort kann jeder von der MfS-Überwachung Betroffene Einsicht in seine personenbezogenen Akten nehmen

▶ M 15: Bilanz der Einheit

M 7 Karikatur zur deutschen Einheit von Walter Hanel, 1992

M 8 Angela Merkel (geb. 1954), Fotografie, Oktober 2019

(geb. in der DDR, Physikerin); 1989/90 Engagement in der Bürgerrechtsbewegung, Eintritt in die CDU; Frauenministerin (1991–1994), Umweltministerin (1994–1998); seit 2005: Bundeskanzlerin.

Herausforderungen nach der Wiedervereinigung

Durch den Beitritt der neuen Bundesländer zur Bundesrepublik Deutschland am 3. Oktober 1990 leben die Deutschen wieder in einem Staat. Aber leben sie auch in einer Gesellschaft? Obwohl in Umfragen viele Menschen in den neuen Bundesländern ihre hohe persönliche Zufriedenheit mit den **materiellen Lebensbedingungen** nach der Wiedervereinigung bekunden, verringerte sich mit der Zeit ihre Zustimmung zum politischen und wirtschaftlichen System der Bundesrepublik Deutschland, wie beispielsweise die **Landtagswahlen in Ostdeutschland 2019** gezeigt haben. Die **sozialen, kulturellen und politischen Veränderungen** waren in Ostdeutschland unvermeidlich sehr viel größer als in Westdeutschland. So bewerten manche ehemaligen DDR-Bürger die Vereinigung als einen einseitigen Vorgang, bei dem ihnen das westdeutsche System „übergestülpt" worden sei. Während des Vereinigungsprozesses sind auch allzu hohe Erwartungen enttäuscht worden. Unterschätzt wurden auch die finanziellen Belastungen des Einigungsprozesses. Eine zusätzliche Steuer, der **Solidaritätszuschlag**, unterstützte ab 1991 mit rund zehn Milliarden Euro jährlich den Um- und Aufbau im Osten. Das meiste Geld floss in den Ausbau von Verkehrswegen, Kommunikationsnetzen und in die Sanierung der Städte. Ungeachtet bestehender wirtschaftlicher und sozialer Probleme bleibt die Schaffung einer **gemeinsamen Identität** eine der zentralen Aufgaben der Deutschen. 1998 entstand zum ersten Mal in der Geschichte der Bundesrepublik eine neue Regierung nicht durch Koalitionswechsel, sondern durch Abwahl der Regierungskoalition. Der Sozialdemokrat Gerhard Schröder, der die Bundestagswahl gewonnen hatte, übernahm das Kanzleramt und bildete eine Regierung zusammen mit Bündnis 90/Die Grünen. Gleich nach dem Amtsantritt musste sich die **rot-grüne Regierung unter Schröder (1998–2005)** neuen Herausforderungen stellen. Hierzu zählte 1999 die **Beteiligung der Bundeswehr an den NATO-Luftangriffen** auf Serbien, um im zerfallenden Jugoslawien die von Serben bedrohte albanische Bevölkerung im Kosovo zu schützen. Dieser Kampfeinsatz war nicht nur ein Einschnitt in der bundesrepublikanischen Entwicklung, sondern bedeutete auch für die pazifistisch orientierten Grünen und teilweise auch für die Sozialdemokraten eine Neuorientierung der Bundesrepublik, die sich außenpolitisch nun auch militärisch engagierte. Dagegen lehnte die rot-grüne Regierung eine Beteiligung am Irakkrieg 2003 ab – trotz der deutschen Bereitschaft, infolge der Terroranschläge in den USA am 11. September 2001 größere Verantwortung in der internationalen Politik, auch mit militärischen Mitteln zu übernehmen. Ähnlich wie die Vorgängerregierungen musste das Kabinett Schröder die Staatsfinanzen sanieren sowie Wirtschaft und Gesellschaft den Erfordernissen der **Globalisierung** anpassen. Um die Massenarbeitslosigkeit abzubauen, verabschiedete die Koalition 2004 die **Hartz-Gesetze**, die die sozialen Sicherungssysteme grundlegend veränderten. Die Modernisierung Deutschlands bleibt nach wie vor die zentrale Aufgabe deutscher Politik. Wirtschaft und Gesellschaft müssen auf die veränderten globalen Wettbewerbsbedingungen und Herausforderungen wie Finanz- und Wirtschaftskrisen, Migration sowie Klimawandel eingestellt werden. Zum ersten Mal wurde mit der CDU-Vorsitzenden **Angela Merkel*** 2005 eine Frau ins Kanzleramt gewählt.

1 Stellen Sie die Ereignisse 1989/90 in einer Zeitleiste dar.

2 Untersuchen Sie die Karikatur (M 7). Formulieren Sie einen geeigneten Titel.
Tipp: Nutzen Sie die Methodenseite S. 238 f.

3 Erläutern Sie die Probleme der deutschen Einheit.

Hinweise zur Arbeit mit den Materialien:
Der Materialteil setzt fünf Schwerpunkte: die Reaktion von SED-Führung und Opposition auf die DDR-Systemkrise (M 9, M 10); die Debatte um die Währungsunion im Sommer 1990 (M 11, M 12); die Kontroverse um den verfassungsrechtlichen Weg der Vereinigung (M 13, M 14); die Bilanz der deutschen Einheit (M 15). Als Vertiefung eine Kontroverse zur Frage, ob die Ereignisse im Herbst 1989 eine „Revolution" oder ein „Zusammenbruch" waren (M 16, M 17).

Reaktionen auf die Systemkrise der DDR

M 9 Aus dem Leitartikel der SED-Zeitung „Leipziger Volkszeitung" (25./26. Juni 1989)

Es wären eine ganze Menge ehrenwerter Gründe denkbar, warum Frau A. K. aus Wurzen am vergangenen Montagabend in der Leipziger Innenstadt anzutreffen war. Sie ist jung und hat dementsprechende Einkaufswünsche oder will sich einen neuen Film ansehen [...]. Zeit hat sie, denn sie nutzt nach der Geburt ihres zweiten Kindes das hierzulande mögliche „Babyjahr". Aber nicht solche ehrenwerte Gründe bestimmten den Weg der Frau, sondern ein höchst verurteilenswerter. Sie fuhr in eindeutig provokatorischer Absicht nach Leipzig, um gemeinsam mit Vertretern bestimmter Gruppierungen – darunter solche aus Halle, Dessau und Dresden – im Zentrum der Bezirksstadt die öffentliche Ordnung zu stören, die Ruhe und Sicherheit der Bürger anmaßend zu beeinträchtigen und auf Konfrontation mit unserem Staat DDR und mit ihrer Gesellschaft zu gehen. Das hatten Gruppen solcher Personen in den vergangenen Monaten schon einige Male versucht [...]. Jetzt war zu diesem Zweck auch Frau A. K. angereist. Welche Unverfrorenheit gehört dazu, zu Hause alle Vorzüge zu genießen, die unsere Gesellschaft den Bürgern und insbesondere den Familien zukommen lässt, und dann auf der Straße entgegen allen gesellschaftlichen Normen die Leistungen und Errungenschaften dieser sozialistischen Gesellschaft in den Straßenstaub treten zu wollen! Frau A. K. konnte sich in einer dreijährigen Lehrzeit auf den gewünschten Beruf vorbereiten. Sie bekam einen Arbeitsplatz als Facharbeiter in einem Betrieb. Sie erhielt bei der Geburt des zweiten Kindes eine bezahlte Freistellung von einem Jahr. Sie bekam bei Erkrankung der Kinder Unterstützung zu deren Pflege. Bestimmt wird der Frau gleichermaßen bekannt sein, dass sie im anderen deutschen Staat, den sie für lebenswerter hält, ein solches Umsorgtsein, eine solche Fürsorglichkeit, eine solche soziale Geborgenheit [...] für sich und ihre Kinder nie erwarten kann. Aber sie gesellte sich dennoch zu denen, die ihr Heimatland DDR auf Leipzigs Straßen verketzern und beleidigen wollen und darüber hinaus die öffentliche Ruhe und Ordnung stören. Diese Unruhestifter setzen sich mit ihrem Treiben in voller Absicht über die bei uns gültigen Normen des Zusammenlebens hinweg. Sie haben – das gilt auch für Frau A. K. – die Folgen ihrer provokatorischen Handlungen selbst zu verantworten.

*Zit. nach: Bernd Lindner, Die demokratische Revolution in der DDR 1989/90, Bundeszentrale für politische Bildung, Bonn 2001, S. 37.**

M 10 Aus einem Aufruf des „Neuen Forums" (9./10. September 1989)

In unserem Lande ist die Kommunikation zwischen Staat und Gesellschaft offensichtlich gestört. Belege dafür sind die weitverbreitete Verdrossenheit bis hin zum Rückzug in die private Nische oder zur massenhaften Auswanderung. [...] Im privaten Kreis sagt jeder leichthin, wie seine Diagnose lautet, und nennt die ihm wichtigsten Maßnahmen. [...] Auf der einen Seite wünschen wir uns eine Erweiterung des Warenangebots und bessere Versorgung, andererseits sehen wir deren soziale und ökologische Kosten und plädieren für die Abkehr von ungehemmtem Wachstum. Wir wollen Spielraum für wirtschaftliche Initiative, aber keine Entartung in eine Ellenbogengesellschaft. [...] Wir wollen geordnete Verhältnisse, aber keine Bevormundung. Wir wollen freie, selbstbewusste Menschen, die doch gemeinschaftsbewusst handeln. Wir wollen vor Gewalt geschützt sein und dabei nicht einen Staat von Bütteln und Spitzeln ertragen müssen. Faulpelze und Maulhelden sollen aus ihren Druckposten vertrieben werden, aber wir wollen keine Nachteile für sozial Schwache und Wehrlose. Wir wollen ein wirksames Gesundheitswesen für jeden; aber niemand soll auf Kosten anderer krankfeiern. Wir wollen an Export und Welthandel teilhaben, aber weder zum Schuldner und Diener der führenden Industriestaaten noch zum Ausbeuter und Gläubiger der wirtschaftlich schwachen Länder werden. Um all diese Widerstände zu erkennen, Meinungen und Argumente dazu anzuhören und zu bewerten, allgemeine von Sonderinteressen zu unterscheiden, bedarf es eines demokratischen Dialogs über die Aufgaben des Rechtsstaates, der Wirtschaft und der Kultur. [...] Von der Bereitschaft und dem Wollen dazu wird es abhängen, ob wir in absehbarer Zeit Wege aus der gegenwärtigen krisenhaften Situa-

tion finden. Es kommt in der jetzigen gesellschaftlichen Entwicklung darauf an,
- dass eine größere Anzahl von Menschen am gesellschaftlichen Reformprozess mitwirkt;
- dass die vielfältigen Einzel- und Gruppenaktivitäten zu einem Gesamthandeln führen.

Wir bilden deshalb gemeinsam eine politische Plattform für die ganze DDR, die es Menschen aus allen Berufen, Lebenskreisen, Parteien und Gruppen möglich macht, sich an der Diskussion und Bearbeitung lebenswichtiger Gesellschaftsprobleme in diesem Land zu beteiligen. Für eine solche übergreifende Initiative wählen wir den Namen NEUES FORUM.

*Zit. nach: Volker Gransow und Konrad H. Jarausch (Hg.), Die deutsche Vereinigung, Verlag Wissenschaft und Politik, Köln 1991, S. 60f.**

1 Erarbeiten Sie die wesentlichen inhaltlichen Aussagen des Leitartikels M 9.
2 **Wahlaufgabe:** Bearbeiten Sie Aufgabe a) oder b).
  a) Analysieren Sie die Sprache des Leitartikels M 9.
  b) Schreiben Sie einen Leserbrief aus der Sicht von Frau A. K. zu dem Leitartikel M 9.
3 Erarbeiten Sie die Forderungen des „Neuen Forums" (M 10) und erklären Sie, wie diese umgesetzt werden sollten.
4 Erläutern Sie, warum die SED-Führung das „Neue Forum" als „staatsfeindlich" bezeichnete (M 9, M 10).

Geschichte kontrovers: Die Währungsunion – der falsche Weg zur Einheit?

M 11 Regierungserklärung von Bundeskanzler Helmut Kohl (15. Februar 1990)

Was bedeutet unser Angebot konkret? Das Angebot besteht im Kern aus zwei Teilen: Erstens: Zu einem Stichtag wird die Mark der DDR als Währungseinheit [...] durch die D-Mark ersetzt.
Zweitens: zeitgleich müssen von der DDR die notwendigen rechtlichen Voraussetzungen für die Einführung einer sozialen Marktwirtschaft geschaffen werden. Beide Elemente, meine Damen und Herren, stehen für die Bundesregierung in einem unauflösbaren Zusammenhang. Ich füge hinzu: Politisch und ökonomisch bedeutet dieses Angebot der Bundesregierung, dass wir bereit sind, auf ungewöhnliche Ereignisse und Herausforderungen in der DDR unsererseits mit einer ungewöhnlichen Antwort zu reagieren. Ich sage dies auch im Blick auf den einen oder anderen, der – das ist aus seiner Sicht verständlich – vor allem die ökonomischen Faktoren sieht und dabei die politische Lage in unserem Land unzureichend berücksichtigt. Über eines kann kein Zweifel bestehen: In einer politisch und wirtschaftlich normalen Situation wäre der Weg ein anderer gewesen, und zwar derjenige schrittweiser Reformen und Anpassungen mit der gemeinsamen Währung erst zu einem späteren Zeitpunkt. Vor diesem Hintergrund – ich sagte es – gibt es kritische Stimmen von Experten. auch der Wirtschaftssachverständigenrat hat sich in dieser Weise geäußert. Wir nehmen die Argumente ernst. Und dennoch sage ich: Wir entscheiden uns für den eben skizzierten Weg. Die krisenhafte Zuspitzung der Lage in der DDR macht mutige Antworten erforderlich. Politische und gesellschaftliche Umwälzungen haben zu einer dramatischen Verkürzung des Zeithorizonts geführt, sodass für – wie auch immer definierte und auch ökonomisch begründete – Stufenpläne aus meiner Sicht die Voraussetzungen entfallen sind. In einer solchen Situation geht es um mehr als um Ökonomie, so wichtig Ökonomie ist. Es geht jetzt darum, ein klares Signal der Hoffnung und der Ermutigung für die Menschen in der DDR zu setzen. Deswegen und nur deswegen haben wir in dieser konkreten Situation die in der Tat historisch zu nennende Entscheidung getroffen, der DDR jetzt das Angebot einer Währungsunion und Wirtschaftsgemeinschaft zu machen – ein Angebot, für das es kein vergleichbares Beispiel gibt.

*Zit. nach: Presse- und Informationsamt der Bundesregierung, Bulletin vom 16. Februar 1990.**

M 12 Interview mit dem SPD-Kanzlerkandidaten Oskar Lafontaine (28. Mai 1990)

SPIEGEL: Sie haben ein vorläufiges Nein zum Vertrag [zur Währungsunion] in der jetzt vorliegenden Form durchgesetzt [in der SPD]. Reicht das, um den Wählern klarzumachen, Kandidat und SPD tragen keine Verantwortung für die Folgen?

LAFONTAINE: Die Diskussion der nächsten Wochen muss deutlich machen, dass wir keine Verantwortung für jene Teile des Vertrages tragen, die ich für nicht verantwortbar halte. Ich halte die Ausdehnung des Geltungsbereichs der D-Mark zum 1. Juli in der DDR nach wie vor für einen schweren Fehler, weil sie Massenarbeitslosigkeit zur Folge hat. Das habe ich schon vor der Volkskammerwahl in der DDR gesagt, obwohl es damals nicht populär war. [...]

Man kann sich des Eindrucks nicht erwehren, dass Ihnen nach wie vor die Einheit suspekt ist, nicht nur das Tempo, mit dem Kohl sie anstrebt. Sie haben stets gesagt, die europäische Integration solle Priorität haben.

Es gibt Leute, die unter Einheit nur die staatliche Einheit verstehen. Die Sozialdemokraten verstehen darunter aber auch die Herstellung der Einheitlichkeit der Lebensverhältnisse. Die abrupte Einführung der D-Mark ist der teuerste Weg für beide Teile Deutschlands. Den richtigen Weg haben Sachverständigenrat, Bundesbank, Bundeswirtschafts- und Bundesfinanzministerium vor dem 7. Februar gewiesen: Konvertibilität der Ost-Mark herstellen und einen festen Wechselkurs anpeilen, um sich des marktwirtschaftlichen Instruments [...] der außenwirtschaftlichen Anpassung nicht zu begeben. Was machen die ganzen Helden in Bonn, die den falschen Weg befürworten, wenn die Produktivität und die Löhne auseinanderdriften? Dann haben sie keine Antwort außer der, den deutschen Steuerzahler ständig zur Kasse zu bitten.

Das Modell des behutsamen Angleichens der Währungen ist durch den Druck aus der DDR-Bevölkerung überrollt worden.

Was ökonomisch falsch ist, kann politisch nicht richtig sein. Der Bundeskanzler hat gegen die eigenen Ministerien und gegen den Rat der Sachverständigen und der Bundesbank entschieden. Auf welcher Grundlage, frage ich. [...]

In der DDR sind alle Parteien, auch die SPD, für die Radikalkur.

Ich kann eine Radikalkur nicht akzeptieren. Sie kann jemand vorschlagen, der hier in sicheren Verhältnissen lebt und keinerlei Sorge hat, einen Arbeitsplatz oder eine Wohnung zu finden. Sicherlich gibt es in der DDR große Erwartungen in die Einführung der D-Mark, die im Wahlkampf leichtfertig geschürt wurden. Man kann einer Bevölkerung, die jahrzehntelang nicht im marktwirtschaftlichen System gelebt hat, nicht abverlangen, dass sie die Auswirkungen auf die Wettbewerbsfähigkeit ihrer eigenen Wirtschaft und damit ihrer Arbeitsplätze überblickt. Das wäre Aufgabe der verantwortlichen Politiker gewesen, die hier eklatant versagt haben.

*Zit. nach: Der Spiegel 22/1990, S. 26 ff.**

1 **Arbeitsteilige Partnerarbeit:** Analysieren Sie arbeitsteilig die Positionen von Regierung (CDU) und Opposition (SPD) in der Bundesrepublik gegenüber der Einführung der D-Mark in der DDR (M 11, M 12).

2 **Vertiefung:** Schreiben Sie eine Rede aus der Sicht eines DDR-Bürgers/einer DDR-Bürgerin, der/die eine schnelle Währungsunion befürwortet oder ablehnt.

Geschichte kontrovers: „Beitritt" oder „neue Verfassung durch das Volk"?

M 13 Der Bürgerrechtler Gerd Poppe auf einer Tagung des „Runden Tisches" (5. Februar 1990)

Niemand darf dem Volk, das in einer friedlichen Revolution seine Fesseln selbst gesprengt hat, dieses Recht bestreiten. Diejenigen, die die Voraussetzung für eine neue Ordnung geschaffen haben, dürfen ihres Rechts nicht beraubt werden. Deshalb legt der Runde Tisch als der legitime Sachwalter derjenigen Kräfte, die die Erneuerung bewirkten, einen Entwurf für eine neue Verfassung vor, über deren Annahme nach öffentlicher Diskussion ein Volksentscheid befinden soll. Dabei handelt es sich um eine Verfassung für die DDR, mit deren Annahme wir eine gegenüber der durch das Grundgesetz für die Bundesrepublik gegebenen gleichrangige und damit gleichberechtigte Ordnung schaffen. Mit diesem Entwurf einer neuen Verfassung tritt der Runde Tisch Bestrebungen entgegen, sich durch die Abgabe von Beitrittserklärungen einer anderen Verfassungsordnung, dem Grundgesetz der BRD, nach Artikel 23 zu unterwerfen. Wer auf einen solchen Weg der Einheit Deutschlands zustrebt, verletzt [...] das Selbstwertgefühl und damit die Würde dieses Volkes.

*Zit. nach:. Uwe Thaysen, Der Runde Tisch, Westdeutscher Verlag, Opladen 1990, S. 146.**

M 14 Josef Isensee, Professor für Öffentliches Recht in der Bundesrepublik (8. Juni 1990)

Da sich [...] keine ernsthafte Alternative zum Grundgesetz zeigt, beschränkt sich manche Forderung nach einem Verfassungsreferendum darauf, dieses solle das Grundgesetz nur bestätigen und ihm neue Legitimation zuführen. Die weit hergeholte Begründung für einen Legitimationsbedarf lautet dann: Das Grundgesetz sei im Jahre 1949 in Unfreiheit unter der Besatzungsmacht zustande gekommen. Doch was immer an anfänglicher Entscheidungsfreiheit gefehlt haben mag – das Grundgesetz hat in den vier Jahrzehnten seiner Geltung ein Maß an Zustimmung des Volkes erreicht wie keine deutsche Verfassung zuvor. [...] Was dem Grundgesetz in vier Jahrzehnten an demokratischer Akzeptanz zugewachsen ist, lässt sich nicht mit einer Volksabstimmung aufwiegen, die nicht mehr ist als Momentaufnahme einer bestimmten politischen Stimmungslage. Ein Volksentscheid aber, der nichts entscheiden, sondern nur einlösen soll, was die führenden Kräfte im Lande vorgeben, kann nicht Integration fördern [...]. Ein Volksentscheid, der nichts zu entscheiden hat, ist nicht Demokratie, sondern demokratisches Placebo. Die Deutschen der DDR, demnächst um ihrer demokratischen Integration willen zum gesamtdeutschen Volksentscheid vergattert, könnten böse erinnert werden an die Akklamationsprozedur des weiland real existierenden Sozialismus.

*Zit. nach: Josef Isensee: „Abstimmen, ohne zu entscheiden?", DIE ZEIT, 8. Juni 1990.**

1 **Gruppenarbeit:** Erarbeiten Sie aus M 13 und 14 die Argumente für einen Beitritt (nach Artikel 23) bzw. eine Volksabstimmung (nach Artikel 146).
2 Diskutieren Sie die These des ehemaligen Verfassungsrichters Gottfried Mahrenholz (*1929): Wer die Einheit nach Artikel 23 anstrebe, verletze „das Selbstwertgefühl und damit die Würde dieses Volkes"

Bilanz der deutschen Einheit in Karikaturen

M 15 Karikatur von dieKLEINERT, 2006

1 Analysieren Sie M 15 und formulieren Sie einen Titel, der die zentrale Botschaft zusammenfasst.
Tipp: Nutzen Sie auch die Darstellung, S. 566 f. und die Methodenseite 238.
2 **Vertiefung:** Recherchieren Sie nach der Analyse von M 15 eigenständig im Internet Karikaturen, die die Vereinigung aus der Perspektive des Auslands thematisieren.
Tipp: Tipp: Suchen Sie z. B. nach Karikaturen aus Polen, den USA, Russland, Großbritannien und Frankreich. Achten Sie dabei jeweils auf die Entstehungszeit der Karikatur.

Vertiefung: Die Ereignisse in der DDR 1989 – Revolution oder Zusammenbruch?

M 16 Charles S. Maier, Historiker (1999)

Manche Beobachter aus der Bundesrepublik behaupteten, es habe gar keine Revolution stattgefunden. Die DDR sei [...] in der Folge ihrer innenpolitischen Schwierigkeiten kollabiert, habe an „Systemversagen" gelitten [...]. Solche Urteile haben gelegentlich etwas Herablassendes. [...] Eine Volksbewegung steigerte sich zu einer Leidenschaft, zu einer Explosion der Massen, wie sie die Bundesrepublik bis dahin niemals erlebt hatte, mit Ausnahme vielleicht der Studentenunruhen Ende der Sechzigerjahre. [...] Tatsächlich hat das Regime Symptome von „Systemversagen" gezeigt, doch schmälert dies die Bedeutung der Volksbewegung keineswegs. Jedes Regime, das einer Revolution unterliegt, durchläuft zuvor eine Phase des Drucks auf seine Institutionen, ja deren Zusammenbruch. Zu direkten Aktionen kommt es, wenn Finanzkrisen und administrative Verkrustung bereits eingesetzt haben. Selbst wenn gewalttätige Aktionen ausbleiben – auch das hat man gegen die Vorstellung angeführt, 1989 sei eine Revolution gewesen –, schmälert diese nicht die Authentizität eines revolutionären Aufstandes. Sterbende Regierungssysteme greifen oft nicht mehr zu gewaltsamer Unterdrückung. Die Mobilisierung des Volkes, nicht das Blutvergießen, ist das Kriterium. [...] In einem entscheidenden Moment in der Geschichte des kommunistischen Regimes spaltete sich die Führungselite und schreckte vor einer Eskalation der Gewalt zurück. Die Macht ging an die Straße über, wo sich Demonstranten in anhaltendem Protest versammelten. Wie in den seltenen revolutionären Augenblicken der deutschen Geschichte – März 1848 oder November 1918 – ging die Macht von der zur Masse gewordenen Öffentlichkeit aus, nicht mehr von der noch amtierenden Regierung. Dass der Sieg so rasch kam, sollte das Ergebnis nicht disqualifizieren.

*Zit. nach: Charles S. Maier, Das Verschwinden der DDR und der Untergang des Kommunismus, Frankfurt a. M., Fischer 1999, S. 205 f.**

M 17 Claus Offe, Politikwissenschaftler (1993)

Welches waren die Gründe, die den Repressionsapparat der DDR im Herbst 1989 außer Funktion setzten? Sie waren sämtlich außenpolitischer Natur [...]. Unmittelbar ausschlaggebend war [...] die Unfähigkeit und Unwilligkeit der ungarischen Regierung, diejenigen DDR-Bürger, die (zunächst) als Urlauber in diesem Land weilten, an der Ausreise in die Bundesrepublik zu hindern. Ein zweiter Faktor war die klar voraussehbare Weigerung der von der Politik der Perestroika erfassten Sowjetunion, eine Repressionspolitik, wie sie zuletzt 1968 im Namen der Breshnew-Doktrin gegen die tschechoslowakische Bevölkerung verübt worden war, durch „brüderliche Hilfe" militärisch oder auch nur politisch zu unterstützen. Die Undenkbarkeit einer solchen Gewalt-Eskalation war (außer in Rumänien) drittens durch das erschreckende und weltweit verurteilte Negativ-Vorbild des Massakers mitbedingt, das die chinesische Führung im Juni 1989 an der Demokratie-Bewegung in Peking verübt hatte. Eine solche Demokratie-Bewegung trat in der DDR erst zutage, als der Zusammenbruch der Repressionsfähigkeit des Regimes bereits in vollem Gange war und sich die Bürgerbewegung mithin relativ gefahrlos entfalten konnte. Nicht sie besiegte den Staatsapparat, sondern umgekehrt ermutigte die sichtbare Schwächung des Staatsapparates ihr Entstehen. [...] Nicht der demokratische Protest und viertens das Verlangen des Volkes nach Freiheit und Demokratie besiegelten das Ende der DDR, sondern der Wunsch nach wirtschaftlichem Wohlstand und, auf dessen Spuren, die massenhafte Abwanderung der Menschen durch die seit dem 9. November 1989 nicht mehr wirksamen Sperranlagen. [...] Nicht siegreicher kollektiver Kampf um eine neue politische Ordnung führte zum Ende des Staates der DDR, sondern die massenhafte und plötzlich nicht mehr aufhaltbare individuelle Abwanderung zerstörte seine ökonomische Basis.

*Zit. nach: Claus Offe, Wohlstand – Nation – Republik; in: Hans Joas/Martin Kohli (Hg.), Der Zusammenbruch der DDR, Suhrkamp, Frankfurt/M. 1993, S. 290 ff.**

1 **Arbeitsteilige Partnerarbeit:**
   a) Analysieren Sie arbeitsteilig M 16 bzw. M 17.
   b) Vergleichen Sie die Texte unter der Frage: Revolution oder Zusammenbruch?
2 Nehmen Sie nach Aufgabe 1 selbst Stellung.
   Tipp: Beziehen Sie den Begriff „Revolution" (s. S. 182) mit ein.

Historische Spielfilme untersuchen

„Historische Spielfilme untersuchen"

Einstellungsgröße/Kameraausschnitt
weit, total, halbtotal, nah, Großaufnahme, Detailaufnahme

Kameraperspektive
Horizontalwinkel: Normal-, Unter,- Obersicht
Vertikalwinkel: Profil, Frontalsicht

Kamerabewegung
Kameraschwenk: rechts-links, oben-unten, schnell, langsam
Kamerafahrt: Parallel-, Ran-, Wegfahrt, Zoom

Ton
Sprache, Geräusche, Musik
on-off, Ton-Bild-Verhältnis

Historische Spielfilme erfreuen sich im Fernsehen und im Kino großer Beliebtheit und erzielen hohe Zuschauerquoten. Beispiele sind die Fernsehserie „Holocaust" (1978) oder die TV-Dokumentation „Die Deutschen" (2008), Filme wie „Schindlers Liste" (1994), „Der Name der Rose" (1986) oder „Troja" (2004). Zwei Gattungen sind zu unterscheiden: **Dokumentarfilme** versuchen, historische Themen anhand originaler Filmaufnahmen – zum Teil ergänzt durch Standfotos, aktuelle Aufnahmen, nachgespielte Szenen, Trickaufnahmen oder Interviews mit Zeitzeugen oder Experten – authentisch aufzuarbeiten. Historische **Spielfilme** erzählen, personalisieren und dramatisieren Geschichte. Dabei verbreiten sie Geschichtsbilder und können zur Legendenbildung beitragen. Obwohl Spielfilme eine hohe Realitätsnähe vermitteln, darf der Zuschauer die zum Teil suggestiven Bilder nicht mit der geschichtlichen Wirklichkeit verwechseln. Historische Spielfilme liefern häufig mehr Erkenntnisse über die Zeit, in der sie entstanden sind, als über die Zeit der Filmhandlung. So spiegeln deutsche Spielfilme aus den 1930er-Jahren über den preußischen König Friedrich II. oder Reichskanzler Otto von Bismarck das Weltmachtstreben der Nationalsozialisten wider. Hollywood-Produktionen aus den 1950er-Jahren geben Auskunft über den Zeitgeist im Kalten Krieg. Daher müssen Spielfilme – wie jede Quelle – kritisch analysiert und gedeutet werden.

Arbeitsschritte für die Untersuchung

1. Analyse

Formale Aspekte
- Wer ist der Regisseur? Gab es Auftraggeber, die den Film finanzierten?
- Wer ist der Autor des Drehbuchs?
- Wann ist der Film entstanden und aufgeführt worden?
- Aus welchem Anlass wurde der Film gedreht?
- Mit welchem historischen Thema setzt sich der Film auseinander?

Inhaltliche Aspekte
- Wie lässt sich die Handlung kurz zusammenfassen?
- Wer sind die Hauptfiguren?
- Welche szenischen Gestaltungsmittel (Großaufnahmen, Kameraposition und -bewegungen, Steuerung der Blickrichtung des Zuschauers, Schnitte, Verhältnis von kurzen und langen Einstellungen) sind verwendet worden?
- Wie werden Ton (Geräusche, Musik, Sprache und Dialoge, Kommentare) und Beleuchtung (Hell-Dunkel bzw. Farbkontraste) eingesetzt?
- Welche Sequenzen des Films kann man als Schlüsselszenen bezeichnen?

2. Interpretation

Authentizität der Handlung
- Ist die Handlung logisch und glaubhaft?
- Halten sich der Regisseur bzw. der Autor an die historische Realität? Was ist fiktiv?

Deutung der Handlung und Figuren
- Wie werden die Hauptfiguren charakterisiert? Wie stehen sie zueinander?
- Nimmt der Film die Perspektive der Hauptfigur ein oder werden auch andere Sichtweisen dargestellt?

Intention
- Welche Intentionen verfolgt der Film?
- Wie wirkt der Film auf den Betrachter?
- Welche öffentlichen Reaktionen rief der Film nach der Uraufführung hervor?

3. Fazit

Welche Gesamtaussage lässt sich formulieren?

Übungsbeispiel „Good Bye, Lenin!“ (2003)

Der Spielfilm „Good Bye, Lenin!“ von Regisseur Wolfgang Becker aus dem Jahr 2003 erzählt die fiktive Geschichte der Familie Kerner: Kurz vor dem Fall der Mauer fällt die Mutter, eine überzeugte Bürgerin der DDR, nach einem Herzinfarkt ins Koma. Als sie nach acht Monaten wieder ihr Bewusstsein erlangt, erwacht sie in einem neuen Land – dem wiedervereinten Deutschland. Da jede Aufregung für ihr schwaches Herz tödlich enden könnte, beschließt Sohn Alex, ihr die neue politische Situation zu verheimlichen und lässt auf 79 Quadratmetern Plattenbau die DDR wieder auferstehen. Der Film beschäftigt sich mit den komplexen Veränderungen, die die deutsche Vereinigung im Leben einer DDR-Familie auslöst, und thematisiert mit dem Verschwinden der DDR-Alltagskultur auch das Vergessen individueller Werte und Biografien.

M1 Szenenbilder aus „Good Bye, Lenin!“, 2003

a) Alex’ Freund Denis (Florian Lukas) als Nachrichtensprecher in einer selbst gedrehten Sendung der „Aktuellen Kamera“

b) Alex (Daniel Brühl) beobachtet seine Mutter (Katrin Sass) während der „Aktuellen Kamera“-Sendung

1 Interpretieren Sie den Spielfilm „Good Bye, Lenin!“ mithilfe der Arbeitsschritte von S. 574.

2 **Vertiefung:** Schreiben Sie eine Rezension über den Film. Erläutern Sie dabei, wie sich der Film mit der jüngsten deutsch-deutschen Geschichte auseinandersetzt, und bewerten Sie, ob ihm diese Auseinandersetzung gelungen ist.

Ein Denkmal für die deutsche Einheit

Wie kann an die Friedliche Revolution in der DDR und die deutsche Einheit erinnert werden? Die Abgeordneten des Bundestages haben entschieden: mit einem Denkmal. Entsprechend dem Parlamentsbeschluss vom 7. November 2007 soll das neue „Freiheits- und Einheitsdenkmal" jedoch nicht nur „an die friedliche Revolution im Herbst 1989 und an die Wiedergewinnung der staatlichen Einheit Deutschlands", sondern auch an „die freiheitlichen Bewegungen und die Einheitsbestrebungen der vergangenen Jahrhunderte" erinnern. Die Idee eines **Einheitsdenkmals*** hat eine lange Tradition. Ein Wettbewerb kürte 2011 den Siegerentwurf. Zunächst wurden mehrere Standorte für das Denkmal favorisiert. Der Kulturausschuss des Bundestages entschied sich letztlich für den Sockel des ehemaligen Kaiser-Wilhelm-Denkmals auf der „Schlossfreiheit" vor dem rekonstruierten Stadtschloss (Humboldt-Forum) in der Mitte Berlins. Dieser Standort ist umstritten: Während die Bundesregierung ihn „unter Abwägung historischer, inhaltlicher und bautechnischer Aspekte [für] am besten geeignet" hält, lehnten Kritiker ihn ab, vor allem aufgrund seiner Bezüge zur Hohenzollern-Dynastie. Der für 2013 geplante Baubeginn verzögerte sich aufgrund von Einwänden des Denkmalschutzes, der Umweltbehörde sowie von ungeklärten Grundstücks- und Finanzierungsfragen. Nun ist die Einweihung für Herbst 2021 geplant.

Deutsches Einheits- oder Nationaldenkmal
Die Idee geht zurück auf den Beginn der deutschen Einheitsbewegungen nach den napoleonischen Kriegen Anfang des 19. Jahrhunderts (s. S. 225 ff.). Der Architekt Friedrich Schinkel entwarf beispielsweise einen gewaltigen Freiheitsdom für den Leipziger Platz in Berlin, als dessen Minimalversion 1821 die gotische Turmspitze des Kreuzbergdenkmals eingeweiht wurde. Nach der Reichseinigung 1871 entstanden zahlreiche Nationaldenkmäler, z. B. die Siegessäule in Berlin (1873), das Niederwald-Denkmal bei Rüdesheim am Rhein (1883; s. S. 319), das Kyffhäuser-Denkmal in Thüringen (1896; s. S. 96 f.) oder das Völkerschlacht- Denkmal in Leipzig (1913).

M1 Siegerentwurf für das „Freiheits- und Einheitsdenkmal" in Berlin, Computergrafik, 2011.

Der Entwurf „Bürger in Bewegung" des Stuttgarter Büros Milla & Partner wurde bei einem Architekturwettbewerb 2011 zum Sieger gekürt. Es handelt sich um eine begehbare Schale, die sich durch Interaktion der Besucher langsam neigt. Wie bei der Friedlichen Revolution von 1989 müssen sich die Besucher verständigen und zu gemeinsamem Handeln entschließen, um etwas zu bewegen: Wenn sich auf einer Schalenhälfte mindestens 20 Personen mehr zusammenfinden als auf der anderen, beginnt diese, sich langsam zu neigen. Neue Perspektiven öffnen sich. Der veränderliche Charakter des Denkmals wird erlebbar.

M2 Der Theologe und Publizist Richard Schröder (2006)

Im Jahr 2000 wurden Franzosen nach den wichtigsten Ereignissen des 20. Jahrhunderts befragt. An erster Stelle nannten sie den Mondflug, an zweiter Stelle den Fall der Mauer. Zur selben Zeit wurden Deutsche nach dem prägenden Ereignis der deutschen Geschichte des 20. Jahrhunderts gefragt. Westdeutsche nannten die Nazizeit, Ostdeutsche mehrheitlich die deutsche Teilung. [...] Aber weder in Ost noch in West wurde der Fall der Mauer als prägendes Ereignis genannt. [...] Wir haben diese Zeit [seit 1989] gemeinsam erlebt, aber noch nicht eine gemeinsam erzählbare Geschichte daraus gemacht, jedenfalls keine, die uns erfreut und ermuntert. Was wollen wir eigentlich unseren Kindern und Jugendlichen erzählen, die die Jahre 1989 und 1990 nicht erlebt haben? [...]

Ein Denkmal für Freiheit und Einheit oder für die Einheit in Freiheit wäre auch der Art nach etwas Neues in Deutschland. Das Kaiserreich war sehr denkmalsfreudig und hat vor allem Siegerdenkmäler und Heldendenkmäler hinterlassen. Wenn es um Opfer ging, waren damit diejenigen gemeint, die ihr Leben für das Vaterland geopfert haben, wie man sagte. Auch die Gedenkkultur der DDR war ausschließlich Heldengedenken. In der Bundesrepublik ist eine Gedenkkultur entstanden, die einer anderen Art von Opfern gilt, den Opfern von Staatsverbrechen. Mahnmale sind das, und das ist so in Ordnung. Aber kein Mensch und kein Volk kann allein aus seinem Versagen Orientierung gewinnen und schon gar nicht Ermunterung. Deshalb könnte ein Denkmal für Freiheit und Einheit helfen. Nach zwei Kriegen und zwei deutschen Diktaturen hat uns das letzte Jahrzehnt des 20. Jahrhunderts die Einheit in Freiheit geschenkt.

*Zit. nach: www.zeit.de/2006/48/Wir_sind_zum_Truebsinn_nicht_verpflichtet (Download vom 8. September 2008).**

M3 Der Journalist Harald Jähner (14. April 2011)

Über Denkmäler muss gestritten werden. Das gilt zumindest für solche, die uns alle zum Ausdruck bringen sollen, im Guten wie im Bösen. [...] Die begehbare, riesige Waagschale des Designers Johannes Milla und der Choreografin Sasha Waltz, gestern im Bundestag als Entwurf vorgestellt, bedarf, um zu wirken, des Mitmachens. Sie kann von den Benutzern in sachtes Schaukeln versetzt werden, vorausgesetzt, es finden sich genügend Leute, die sich zusammenschließen, um das Ding aus der Balance zu bringen. Diese Bürgerbewegungsschale mag manche Aspekte der friedlichen Revolution zum sinnlichen Ausdruck bringen, ihr großer Makel aber ist, dass keine Bewegung von Bürgern sich bislang für diesen Entwurf entzündet hat. Noch bleibt er ein bloßes Designobjekt, ein gigantisches Spielgerät, das den Benutzern körperliche Erfahrungen mit Zeitgenossen erlauben könnte. Mit diesem interaktiven, spielerischen Element haben sich die Schalen-Erfinder deutlich das Holocaust-Mahnmal von Peter Eisenman zum Vorbild genommen. Der Vergleich mit dem Denkmal für die ermordeten Juden Europas zeigt aber auch den entscheidenden Unterschied. Über dessen Gestaltung wurde ein Jahrzehnt lang mit großem Ernst gestritten, bis der Bundestag endlich den Bau des Stelenfeldes mit großer Mehrheit beschloss. [...] Dieser Ort macht den Besucher im Hindurchspazieren nachdenklich, gerade weil er sich unweigerlich fragt, ob dieses Schlendern zwischen den düsteren Erinnerungsstelen und seinen Mitbürgern, die er in jähen Begegnungen zu Gesicht bekommt, wirklich ein angemessenes Mittel ist, der Millionen Opfer zu gedenken. Ob das Erklimmen der Freiheits- und Einheits-Waagschale eine auch nur annähernde Erfahrungstiefe erreicht, ist fraglich. Das kann man vielleicht von einem Gebilde, das an ein eher freudiges Ereignis erinnern soll, auch nicht erwarten. Bei der bewegten Schale dominiert der Spaßfaktor die Geschichte. [...] Mehr als zwei Richtungen hat das Volk dabei allerdings nicht; immer auf und ab um die eigene Achse geht es – ein vermutlich unbeabsichtigtes, aber schönes Symbol für die beschränkten Alternativen, die sich der neugewonnenen Freiheit boten. [...]

[Man] kann man davon ausgehen, dass es niemals mit dem Brandenburger Tor wird mithalten können, das längst zum unangefochtenen Symbol für Trennung und Wiedervereinigung geworden ist. Wozu dann überhaupt ein weiteres Denkmal?

*Zit. nach: http://www.berliner-zeitung.de/archiv/der-buerger-in-der-waagschale,10810590,10782054.html (Download vom 10.5.2014).***

1 Beschreiben und diskutieren Sie den Siegerentwurf (M 1).
2 **Partnerarbeit:** Analysieren Sie arbeitsteilig die Positionen und Argumente zum Einheitsdenkmal (M 2, M 3).
3 Vergleichen Sie Ihre Ergebnisse aus Aufgabe 2. Welcher Autor überzeugt Sie?
4 **Zusatzaufgabe:** Siehe Seite 619.

Anwenden

M 1 Der Historiker Fritz Stern (1926–2016) geb. in Breslau, emigrierte 1938 in die USA, über Deutschland nach 1945 (2007)

Ein neuer deutscher Staat

Am 8. Mai 1945, dem Tag der bedingungslosen Kapitulation Deutschlands, hörte der deutsche Staat auf zu bestehen. [...] In der Bundesrepublik [sah ich] damals eine kühne amerikanische Konstruktion, und ich hatte nach wie vor tiefe Zweifel an der politischen Reife und Verlässlichkeit der Deutschen. [...] Man staunte allmählich über den wirtschaftlichen Fortschritt Westdeutschlands, der natürlich durch den Marshallplan unterstützt und durch den Zustrom von Millionen Flüchtlingen aus dem Osten weiter gefördert wurde. [...] Und natürlich florierte auch die Demokratie bei wirtschaftlicher Hoffnung und Zufriedenheit, eine Verbindung, die der Weimarer Republik weitgehend versagt geblieben war. Noch mehr war ich beeindruckt von dem, was ich als ein politisches Wunder betrachtete. Die neue Bonner Republik hatte ein ungewöhnliches Glück mit ihrem neuen Führungspersonal, denn auf allen staatlichen Ebenen übernahmen anständige und tüchtige Bürger politische Verantwortung. Gewiss gab es neben ihnen auch Leute mit Nazivergangenheit und die unvermeidlichen Opportunisten, aber insgesamt erwarb die politische Klasse das Vertrauen des Auslands. Bonns erster Präsident war Theodor Heuss, ein umgänglicher, unprätentiöser Schwabe mit einem Hang zur Ironie, eine rare Tugend in der deutschen Politik [...] [Konrad Adenauer] hatte wenig Vertrauen zu seinem Volk und große, berechtigte Angst vor Ultranationalisten, besonders unter den Vertriebenen, von denen etliche sich auf dem rechten Flügel seiner Partei versammelten. [...] Wichtiger vielleicht als die Paragrafen des Grundgesetzes oder die Vorzüge der Führung war, dass der Staat das hatte, was den meisten seiner Vorgänger gefehlt hatte, nämlich das, was die Alten fortuna nannten: das Glück, das ihm die historische Situation und die Weisheit seiner Schutzmächte bot. [...] Die Vereinigten Staaten, das mächtigste Land des Westens, das zudem beruhigend weit von Deutschland entfernt war, verfolgte einen Kurs der wohlwollenden Ermutigung. [...]

Auf der anderen Seite der Mauer

Ich wusste ein wenig über das Leben auf der anderen Seite dieser scheußlichen Mauer. [...] Die DDR hatte den Reiz des Verbotenen und Vertrauten: verboten, weil sie ein kommunistischer Staat war, den westliche Länder bis in die frühen Siebzigerjahre nicht einmal anerkannten, und weil sie programmatisch antiamerikanisch war; vertraut, weil sie deutsch war, besonders vertraut, weil sie ein deutscher Polizeistaat war. Ich fühlte mich dort auf seltsame Weise zuhause, gerade weil ich es nicht war, erneut als ein Feind im Land meiner Sprache. Es erinnerte mich in vieler Hinsicht an die erste Diktatur, die ich als Kind erlebt hatte. Mit demselben Gepräge wurden Macht und Errungenschaften gepriesen, es gab dieselben unablässigen Beschwörungen hehrer Ideale (diesmal Frieden und Demokratie) und dieselbe unablässige Kampagne gegen einen dämonisierten Feind (diesmal die faschistisch-kapitalistisch-imperialistischen „Ausbeuter“). Und ich spürte dieselbe allgegenwärtige Atmosphäre der Furcht, in der die Partei, sichtbar und unsichtbar, allmächtig gegen ihre angeblich durch und durch rücksichtslosen Feinde vorging. Die Deutsche Demokratische Republik, oft und mit Recht die zweite deutsche Diktatur genannt, bestand fast viermal so lange wie das Dritte Reich. Aber es gab bedeutsame Unterschiede: Die Bürger der DDR konnten sich nie in einer freien Wahl entscheiden; die Rote Armee und ihre Lakaien zwangen dem Volk das Regime auf; und der Terror ihrer repressiven Tyrannei sowjetischen Typs wurde überwiegend im Inneren ausgeübt und richtete keine weltweite Zerstörung an. [...] Die Wiedervereinigung [1990] [...] stellte eine zweite Chance für Deutschland dar, ein seltenes Geschenk für Völker wie für Einzelne. Seine erste Chance hatte Deutschland vor 1914 gehabt, als es ganz nah daran war, zur herausragenden Macht Europas zu werden, aber der Ausbruch des Ersten Weltkriegs, der von den Mängeln der politischen Struktur Deutschlands und seinem wachsenden chauvinistischen Wahn nicht zu trennen war, hatte diese Chance zunichte gemacht. Seine zweite Chance bestand darin, auf dem Erfolg der Bundesrepublik aufzubauen – diesmal in Frieden und Vernunft.

*Zit. nach: Fritz Stern, Fünf Deutschland und ein Leben. Erinnerungen, Übers. v. Friedrich Greise, C. H. Beck, München 2007, S. 113–601.***

1 **Partnerarbeit:** Analysieren Sie arbeitsteilig M 1 hinsichtlich der Position des Autor gegenüber der Bundesrepublik bzw. der DDR.
2 Diskutieren Sie das Fazit Sterns, die Wiedervereinigung stellte für Deutschland eine „zweite Chance“ dar.

Wiederholen

M2 „Metamorphosen des aufrechten Ganges", Karikatur von Peter Dittrich, 1990

1 Beschreiben Sie den Weg in die deutsche Teilung.
2 Vergleichen Sie das politische und wirtschaftliche System der Bundesrepublik Deutschland und der DDR.
3 Erläutern Sie die Entwicklung der innerdeutschen Beziehungen im Kontext des Ost-West-Konfliktes.
4 Nennen Sie die Ursachen für die Systemkrise in der DDR.
5 **Gruppenarbeit:** Erläutern Sie arbeitsteilig die Reaktion des SED-Regimes, der Mehrheit der Bürger sowie der Opposition auf die Systemkrise in der DDR.
6 **Schaubild:** Beschreiben Sie die unterschiedlichen verfassungsrechtlichen Wege zur deutschen Einheit in einem Schaubild.
7 **Vertiefung:** Diskutieren Sie mögliche Alternativen zum Vereinigungsprozess.
8 Untersuchen Sie die Karikatur (M 2) mithilfe der Methodenseite S. 238 f.
9 **Wahlaufgabe:** Bearbeiten Sie Aufgabe a) oder b).
   a) Formulieren Sie für jedes Teilbild der Karikatur (M 2) einen Titel.
   b) Zeichnen Sie auf der Grundlage Ihrer Kenntnisse eine alternative Karikatur bzw. einen alternativen Comic zum in M 2 dargestellten Einigungsprozess.

Zentrale Begriffe

Besatzung
Bundesrepublik Deutschland
DDR
Demokratie
Deutsche Teilung
Diktatur
Entnazifizieren
Flüchtlinge und Vertriebene
Friedliche Revolution
Grundgesetz
soziale Marktwirtschaft
Marschallplan
Mauerbau
Menschen- und Grundrechte
Neue Ostpolitik
Planwirtschaft
Systemintegration
Systemkonkurrenz
Währungsunion
West- bzw. Ostintegration
Wiedervereinigung
Zusammenbruchsgesellschaft
Zwei-plus-vier-Vertrag

Testen Sie Ihr Vorwissen zu den internationalen Transformationsprozessen im 20./21. Jahrhundert.

1 Welche Abkürzung für die „Vereinten Nationen" gehört nicht in diese Reihe?

a) UNO
b) UN
c) AC
c) VN

2 Welche zwei Staaten gehören nicht zu den ständigen Mitgliedern des UN-Sicherheitsrates?

a) Frankreich
b) Großbritannien
c) Deutschland
d) Russland
e) VR China
f) Japan
g) USA

3 Von wem stammt die folgende Aussage?

„Wenn wir die Vereinigten Staaten von Europa gründen wollen, so müssen wir es jetzt tun."

a) Winston Churchill
b) Konrad Adenauer
c) Robert Schuman

4 Welcher Begriff vereint diese vier Freiheiten?

Freier Personenverkehr Wegfall von Grenzkontrollen, Harmonisierung der Einreise-, Asyl-, Waffen-, Drogengesetze, Niederlassungs- und Beschäftigungsfreiheit für EG-Bürger, verstärkte Außenkontrollen	**Freier Dienstleistungsverkehr** Liberalisierung der Finanzdienste, Harmonisierung der Banken- und Versicherungsaufsicht, Öffnung der Transport- und Telekommunikationsmärkte
Freier Warenverkehr Wegfall von Grenzkontrollen, Harmonisierung oder gegenseitige Anerkennung von Normen und Vorschriften, Steuerharmonisierung	**Freier Kapitalverkehr** Größere Freizügigkeit für Geld- und Kapitalbewegungen, Schritte zu einem gemeinsamen Markt für Finanzleistungen, Liberalisierung des Wertpapierverkehrs

a) die vier Freiheiten Europas
b) der europäische Innenverkehr
c) der europäische Binnenmarkt

5 Wann wurde die Charta der Vereinten Nationen verabschiedet?

a) 1919
b) 1945
c) 1948

6 Wann wurde der Euro als einheitliche Währung in der EU eingeführt?

a) 1990
b) 2002
c) 2012

7 Bringen Sie die Ereignisse des europäischen Einigungsprozesses in die richtige Reihenfolge.

a) Gründung der Montanunion
b) Gründung des Europarats
c) Vertrag von Lissabon
d) Gründung der Europäischen Gemeinschaft
e) Maastrichter Vertrag

8 Wann wurde die VR China gegründet?

a) 1919
b) 1945
c) 1949

9 Welcher führende Politiker ist für die Kulturrevolution in China verantwortlich?

a) Deng Xiaoping
b) Jiang Zemin
c) Mao Zedong

10 Staatswappen der VR China

Der große Stern symbolisiert die kommunistische Partei Chinas. Wen symbolisieren die vier kleinen Sterne nicht?

a) Arbeiter
b) Bauern
c) Kleinbürger
d) nationale Bourgeoisie
e) Intellektuelle

▶ Lösungshinweise finden Sie auf S. 641.

12 Internationale Transformationsprozesse im 20./21. Jahrhundert

M 1 Der Flaggenhof vor dem *Palais des Nations* in Genf. Fotografie, 2009.
Seit 1966 Sitz des United Nations Office at Geneva (UNOG). Das Büro der Vereinten Nationen stellt neben dem UN-Hauptquartier in New York den zweiten Hauptsitz der Vereinten Nationen dar.

1945 | Gründung der UNO

1949 | Mao Zedong proklamiert die Volksrepublik China

1951 | Entstehung der europäischen Montanunion

1955 | Bandung-Konferenz: Verurteilung von Kolonialismus durch Bewegung der Blockfreien

1956/1957 | „100-Blumen-Bewegung" in China

1966–1976 | Kulturrevolution in China mit ca. 3 Mio. Toten

1967 | Gründung der Europäischen Gemeinschaft

1978 | Wirtschaftliche Modernisierung in China, Beibehal- tung des Macht- monopols der KP

1945 1950 1955 1960 1965 1970 1975 1980

Im Jahr 1945, nach den verheerenden Erfahrungen zweier Weltkriege, wollten die Gründungsstaaten der UNO ein System kollektiver Sicherheit aufbauen, das eine friedlichere Welt garantiert. Die Abschaffung des Krieges als legitimes Mittel der Politik bzw. die Herstellung eines dauerhaften Friedens bestimmten seitdem alle Überlegungen zur Neuordnung der internationalen Beziehungen und des Völkerrechts. Gemeinsam mit den beteiligten Staaten und Völkern suchen die Vereinten Nationen bis heute nach Möglichkeiten friedlicher Konfliktlösung. Um die Wiederkehr derart blutiger Katastrophen wie der beiden Weltkriege zu verhindern und den Menschen ein Leben in Frieden und Wohlstand zu ermöglichen, trieben die europäischen Staaten nach 1945 ihre Zusammenarbeit stärker voran. Von der europäischen Integration profitierten bis zum Ende des Ost-West-Konfliktes 1989/90 zunächst die west-, danach die osteuropäischen Staaten. Die Bürger der Europäischen Union sind nicht nur als abendliche Fernsehzuschauer, sondern auch unmittelbar von Krieg, Armut und Naturkatastrophen in der Welt betroffen. Zum Beispiel müssen sie bzw. ihre Regierungen entscheiden, wie die Aufnahme und Integration von Flüchtlingen aus den Entwicklungsländern, die der Not in ihrer Heimat entkommen und in Europa ein besseres Leben führen wollen, geregelt werden sollen. Auch verändert der Aufstieg außereuropäischer Staaten wie z. B. China zu modernen Industrie- bzw. Weltmächten das Leben der Europäer im Zeitalter der Globalisierung. Dieser Wandel betrifft nicht allein die Lebensbedingungen der wohlhabenden Industriestaaten des Westens, sondern auch die weltpolitischen Konstellationen.

M2 Ein chinesisches Containerschiff vor San Francisco, Fotografie, 2008

1 Beschreiben Sie M 1 und recherchieren Sie die aktuellen Mitglieder der UNO. Erläutern Sie, warum einige Staaten bisher nicht dazu gehören.
2 Diskutieren Sie auf Grundlage Ihrer Vorkenntnisse, welche Bedeutung die Zusammenarbeit vieler unterschiedlicher Nationen innerhalb einer Organisation nach 1945 hatte.
Tipp: Nutzen Sie dazu auch die Darstellung.
3 Informieren Sie sich über einen aktuellen europäischen Konflikt und erläutern Sie die Rolle der EU.
4 Untersuchen Sie, wie viele chinesische bzw. in China gefertigte Produkte Sie im Alltag nutzen. Stellen Sie einen Zusammenhang zu Chinas internationaler wirtschaftlicher Bedeutung her.
5 Entwickeln Sie jeweils zwei Fragen, die Sie zur Rolle a) der UNO, b) der EU und c) Chinas in der internationalen Staatenwelt der Zukunft haben.

1989 Blutiges Ende der Demonstration für politische Freiheitsrechte auf dem chinesischen Tian'anmen-Platz
1990 Schengener Abkommen
1992 Vertrag von Maastricht
1997 Rückgabe der britischen Kronkolonie Hongkong an China
2002 Einführung des Euro als einheitliche Währung innerhalb der teilnehmenden EU-Staaten
2009 Vertrag von Lissabon
2020 Austritt Großbritanniens aus der EU

1985 | 1990 | 1995 | 2000 | 2005 | 2010 | 2015 | 2020

12.1 Internationale Friedenssicherung im 20./21. Jahrhundert

In dieser Themeneinheit geht es um
- *die Ziele und Institutionen der UNO,*
- *die Optionen der UNO für die Friedensicherung,*
- *Motive und Vorschläge zur Reform der UNO.*

M1 Der Vertreter Chiles unterzeichnet die Charta der Vereinten Nationen am 26. Juni 1945 in San Francisco, Fotografie

▶ M 3: Die Grundsätze der UNO

Die Vereinten Nationen

Während des Zweiten Weltkrieges beschlossen die Hauptmächte der Anti-Hitler-Koalition, Großbritannien, die USA und die UdSSR, die Schaffung einer internationalen Organisation, die künftig Frieden und Sicherheit gewährleisten sollte. Der Beschluss ging auf eine Initiative des US-Präsidenten Roosevelt zurück. Zusammen mit dem britischen Premier Winston Churchill veröffentlichte er 1941 die Atlantik-Charta mit Grundsätzen für die internationale Politik. Dazu zählten u. a. der Verzicht auf territoriale Expansion und Gewaltanwendung sowie das Selbstbestimmungsrecht der Völker. Auf diese Prinzipien beriefen sich am 1. Januar 1942 26 Staaten in ihrer „Deklaration der Vereinten Nationen". Nach dem Ende des Zweiten Weltkrieges in Europa wurden schließlich am 26. Juni 1945 die Vereinten Nationen (auch **UNO** = ***United Nations Organization***) in San Francisco von 51 Nationen gegründet. Inzwischen gehören dem multinationalen Zusammenschluss 193 Staaten an (Stand: 2018). Bereits 1944 hatten Experten der drei Hauptmächte sowie Chinas die **Charta* der Vereinten Nationen** erarbeitet, in der die kollektive Sicherung des Weltfriedens als Hauptziel festgeschrieben wurde. Gegenüber dem Völkerbund brachte die UNO zwei entscheidende Fortschritte: Sie verankerte in ihrer Charta das zwischenstaatliche Gewaltverbot, und sie verabschiedete 1948 mit der **„Allgemeinen Erklärung der Menschenrechte"** die erste internationale Kodifizierung der Menschenrechte.

M2 Die Institutionen der Vereinten Nationen (Stand: 2014)

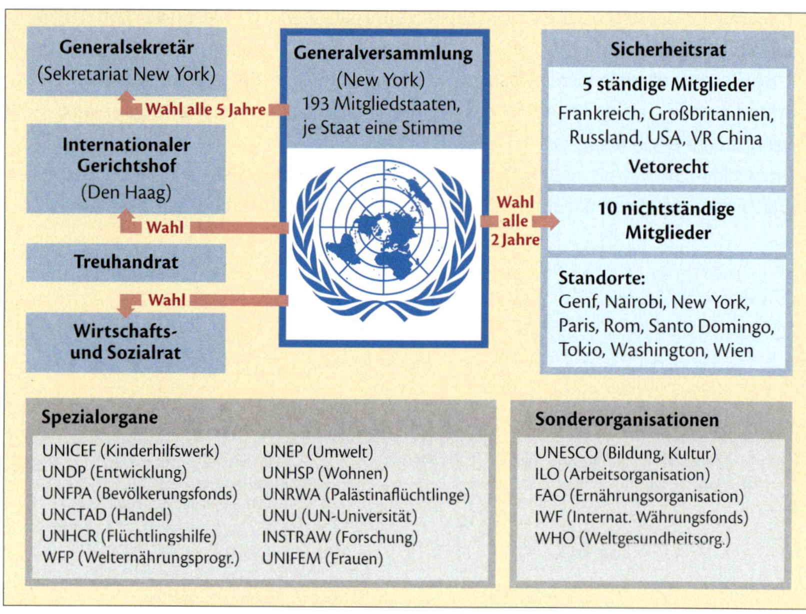

Der UN-Sicherheitsrat

Neben der Generalversammlung und dem Generalsekretär gehört der **UN-Sicherheitsrat** zu den wichtigsten Institutionen* der Vereinten Nationen. Alle Beschlüsse der UNO bedürfen seiner Zustimmung. Er setzt sich zusammen aus fünf ständigen Mitgliedern mit **Vetorecht*** (USA, Frankreich, Großbritannien, China und Russland/bis 1990: UdSSR) sowie zehn nichtständigen Mitgliedern, die alle zwei Jahre mit Zweidrittelmehrheit der Vollversammlung gewählt werden: fünf aus Afrika und Asien, zwei aus Lateinamerika, zwei aus den westeuropäischen Industriestaaten und ein osteuropäisches Land. In der Zeit des Kalten Krieges (s. S. 471 ff.) blockierten die Supermächte durch ihr Vetorecht, das häufig von eigenen Interessen bestimmt war, die Handlungsfähigkeit des Sicherheitsrates.

Friedenssicherung und Friedenserzwingung

Für die Sicherung des Weltfriedens, das Hauptziel der UNO, stehen der Organisation drei Optionen zur Verfügung: friedliche Mittel, z. B. Friedensgespräche auf Vermittlung der UNO, politische und wirtschaftliche Sanktionen, z. B. Abbruch der diplomatischen Beziehungen oder Handelsembargo, sowie der Einsatz von Streitkräften der Mitgliedsstaaten. Die Anwendung militärischer Mittel ist eine weitere Neuerung gegenüber dem Völkerbund. Beim Einsatz von Streitkräften wird zwischen dem Instrument der Friedenssicherung (*peace keeping*) durch Friedenstruppen, den **„Blauhelmen"**, und dem der Friedenserzwingung (*peace enforcement*) durch Kampftruppen unterschieden. Die „Blauhelme" werden nicht nur in zwischenstaatlichen, sondern auch in innerstaatlichen Auseinandersetzungen eingesetzt. War lange Zeit die Verletzung der Menschenrechte in autoritären* oder totalitären* Staaten kein Interventionsgrund, so hat seit dem zweiten Golfkrieg (1990/91), in dem der Irak Kuwait überfiel und die Kurden im Norden seines Landes brutal bekämpfte, ein Umdenken eingesetzt: Der UN-Sicherheitsrat hat 1991 mit der Errichtung von **Schutzzonen** für die vom Völkermord bedrohten Kurden in die „inneren Angelegenheiten" des Irak eingegriffen. Diese Ausweitung von UN-Missionen auf innerstaatliche Konflikte zeigt die Weiterentwicklung des allgemeinen Völkerrechts: Die Durchsetzung und Bewahrung der Menschenrechte werden nun dem **Souveränitätsprinzip*** des Staates ansatzweise übergeordnet. In diesem Kontext steht auch die 2005 verabschiedete „Schutzverantwortung" (engl. *Responsibility to Protect*), ein **Völkerrechtskonzept*** zum Schutz vor schweren Menschenrechtsverletzungen wie beispielsweise Völkermord. Allerdings wird von Völkerrechtsexperten kritisiert, dass mit der Schutzverantwortung das Prinzip der Nichteinmischung in die inneren Angelegenheiten eines Staates, das in der UN-Charta als Rechtsprinzip verankert ist, endgültig ausgehebelt werde.

Reform der UNO

Seit Beginn des 21. Jahrhunderts wird über eine Reform der UNO verstärkt und kontrovers diskutiert. Weitgehend einig sind sich die Nationen über die Grundsätze einer Reform: eine effektivere Sicherung der Menschenrechte und eine stärkere Bekämpfung der Armut in der Dritten Welt. Zu den Reformvorschlägen gehört beispielsweise, die Zahl der ständigen Mitglieder des UN-Sicherheitsrates auf bis zu 25 Staaten zu erhöhen, um Staaten aus Lateinamerika oder Afrika zu beteiligen. Damit soll das Gremium die heutige geopolitische Wirklichkeit in stärkerem Maße repräsentieren.

▶ **M 4, M 5: Die UNO heute**

1 Erklären Sie anhand der Darstellung die Institutionen der UNO.
2 Nennen Sie die drei Optionen zur Friedenserzwingung durch die UNO.

> ***Hinweise zur Arbeit mit den Materialien:***
> *M 3 erläutert Ziele und Grundsätze der UN-Charta.*
> *M 4 und M 5 diskutieren eine Reform der UNO.*

Die Grundsätze der UNO

M3 Charta der Vereinten Nationen (1945)

a) Ziele der UNO in Artikel 1

Die Vereinten Nationen setzen sich folgende Ziele:

1. Den Weltfrieden und die internationale Sicherheit zu wahren und zu diesem Zweck wirksame Kollektivmaßnahmen zu treffen, um Bedrohungen des Friedens zu verhüten und zu beseitigen, Angriffshandlungen und andere Friedensbrüche zu unterdrücken und internationale Streitigkeiten oder Situationen, die zu einem Friedensbruch führen könnten, durch friedliche Mittel nach den Grundsätzen der Gerechtigkeit und des Völkerrechts zu bereinigen und beizulegen.
2. Freundschaftliche, auf der Achtung vor dem Grundsatz der Gleichberechtigung und Selbstbestimmung der Völker beruhende Beziehungen zwischen den Nationen zu entwickeln und andere geeignete Maßnahmen zur Festigung des Weltfriedens zu treffen.
3. Eine internationale Zusammenarbeit herbeizuführen, um internationale Probleme wirtschaftlicher, sozialer, kultureller und humanitärer Art zu lösen und die Achtung vor den Menschenrechten und Grundfreiheiten für alle ohne Unterschied der Rasse, des Geschlechts, der Sprache oder der Religion zu fördern und zu festigen.

b) Grundsätze der Organisation und die Aktivitäten der UNO in Artikel 2

[...] 1. Die Organisation beruht auf dem Grundsatz der souveränen Gleichheit aller ihrer Mitglieder.

2. Alle Mitglieder erfüllen, um ihnen allen die aus der Mitgliedschaft erwachsenen Rechte und Vorteile zu sichern, nach Treu und Glauben die Verpflichtungen, die sie mit dieser Charta übernehmen.

3. Alle Mitglieder legen ihre internationalen Streitigkeiten durch friedliche Mittel so bei, dass der Weltfrieden, die internationale Sicherheit und die Gerechtigkeit nicht gefährdet werden.

4. Alle Mitglieder unterlassen in ihren internationalen Beziehungen jede gegen die territoriale Unversehrtheit oder die politische Unabhängigkeit eines Staates gerichtete oder sonst mit den Zielen der Vereinten Nationen unvereinbare Androhung oder Anwendung von Gewalt. [...]

c) „Maßnahmen bei Bedrohung oder Bruch des Friedens und bei Angriffshandlungen", Kap. VII

Artikel 39: Der Sicherheitsrat stellt fest, ob eine Bedrohung oder ein Bruch des Friedens oder eine Angriffshandlung vorliegt; er gibt Empfehlungen ab oder beschließt, welche Maßnahmen aufgrund der Artikel 41 und 42 zu treffen sind, um den Weltfrieden und die internationale Sicherheit zu wahren oder wiederherzustellen. Artikel 40: Um einer Verschärfung der Lage vorzubeugen, kann der Sicherheitsrat, bevor er [...] Empfehlungen abgibt oder Maßnahmen beschließt, die beteiligten Parteien auffordern, den von ihm für notwendig oder erwünscht erachteten vorläufigen Maßnahmen Folge zu leisten. Diese vorläufigen Maßnahmen lassen die Rechte, die Ansprüche oder die Stellung der beteiligten Parteien unberührt. Wird den vorläufigen Maßnahmen nicht Folge geleistet, so trägt der Sicherheitsrat diesem Versagen gebührend Rechnung.

Artikel 41: Der Sicherheitsrat kann beschließen, welche Maßnahmen – unter Ausschluss von Waffengewalt – zu ergreifen sind, um seinen Beschlüssen Wirksamkeit zu verleihen; [...] Sie können die [...] Unterbrechung der Wirtschaftsbeziehungen, des Eisenbahn-, See- und Luftverkehrs, der Post-, Telegrafen- und Funkverbindungen sowie sonstiger Verkehrsmöglichkeiten und den Abbruch der diplomatischen Beziehungen einschließen.

Artikel 42: Ist der Sicherheitsrat der Auffassung, dass die in Artikel 41 vorgesehenen Maßnahmen unzulänglich sein würden oder sich als unzulänglich erwiesen haben, so kann er mit Luft-, See- oder Landstreitkräften die für die Wahrung oder Wiederherstellung des Weltfriedens und der internationalen Sicherheit erforderlichen Maßnahmen durchführen. Sie können Demonstrationen, Blockaden und sonstige Einsätze der Luft-, See- oder Landstreitkräfte von Mitgliedern der Vereinten Nationen einschließen.

Artikel 43: Alle Mitglieder der Vereinten Nationen verpflichten sich, zur Wahrung des Weltfriedens und der internationalen Sicherheit dadurch beizutragen, dass sie nach Maßgabe eines oder mehrerer Sonderabkommen dem Sicherheitsrat auf sein Ersuchen Streitkräfte zur Verfügung stellen, Beistand leisten und Erleichterungen einschließlich des Durchmarschrechtes gewähren, soweit dies zur Wahrung des Weltfriedens und der internationalen Sicherheit erforderlich ist.

*M 3 a–c zit. nach: http://www.un.org/depts/german/un_charta/charta.pdf (Download vom 13. November 2014).**

1 Fassen Sie Ziele und Grundsätze der UN-Charta zusammen (M 3).

2 **Wahlaufgabe:** Bearbeiten Sie Aufgabe a) oder b).
a) Entwickeln Sie ein Ablaufschema für die Maßnahmen bei Bedrohung oder Bruch des Friedens (M 3 c).
b) Vergleichen Sie die UNO mit dem Völkerbund. Nutzen Sie auch S. 325 und 588.

Die UNO heute

M 4 UN-Charta *versus politische Realität**

UN-Ziele und -Grundsätze	Politische Realität
Souveräne Gleichheit aller Mitgliedsstaaten	Machtgefälle zwischen Staaten und Regionen
Erfüllung der mit der UN-Charta übernommenen Verpflichtungen	Verweigerungen von Leistungen je nach nationaler Interessenlage
Verpflichtung zur friedlichen Streitbeilegung	Häufige Gewalt im internationalen System
Allgemeines Gewaltverbot	Praktiziertes Recht einzelner Staaten auf unilaterale Gewaltanwendung
Weltfrieden und internationale Sicherheit als kollektive Aufgabe aller Mitgliedsstaaten	Interessendominanz der Industriestaaten und vergessene Konflikte in Entwicklungsländern
Verbot der Einmischung in innere Angelegenheiten der Mitgliedsstaaten	globale Probleme erzwingen Erosion staatlicher Souveränität

Zusammengestellt nach: Sven Bernhard Gareis, Johannes Varwick, Die Vereinten Nationen. Aufgaben, Instrumente und Reformen, UTB, Opladen, 2006, S. 314.

M 5 Ignacio Ramonet (span. Journalist) und Hermann Scheer (dt. Politiker, SPD) über die Gründe für eine Reform der UNO (2012)

In der UN-Vollversammlung gilt das Prinzip „Ein Land, eine Stimme". Doch in wichtigen Belangen – wie internationale Sanktionen oder militärische Interventionen – darf die Vollversammlung nur Empfehlungen geben. Beschlüsse fassen kann allein der Sicherheitsrat, in dem die fünf ständigen Mitglieder ein Vetorecht haben. […] Diese ungleiche Machtverteilung entsprach den Kräfteverhältnissen am Ende des Zweiten Weltkriegs. Heute hat die Realität die UN-Charta von 1945 längst überholt. Internationale Institutionen, die völlig unabhängig von der UNO sind, haben an Einfluss gewonnen und bestimmte UN-Organe (zum Beispiel regionale Wirtschaftskommissionen) entwertet. Das gilt für die Weltbank und den Internationalen Währungsfonds (IWF), aber auch für Gremien wie die G 8 (oder neuerdings die G 20), mittels derer die führenden Industriestaaten ihre Interessen und Strategien koordinieren. In diesem selbsternannten Direktorium der Weltwirtschaft werden Beschlüsse gefasst, die weitaus verbindlicher sind als die der zuständigen UN-Gremien. […] Seitdem sind wirtschaftliche Entscheidungen zunehmend von jeder Form der sozialen Verpflichtung abgekoppelt. Auch in ihrem Kernbereich – der Sicherheitspolitik – wird die UNO mehr und mehr an den Rand gedrängt. Ihre Charta von 1945 sollte die Schwächen des Völkerbunds von 1920 korrigieren. Das erklärt die detaillierten Regelungen zur Wahrung von Frieden und Sicherheit. Allerdings liegt das Mandat zur Friedenssicherung beim Sicherheitsrat, während der Generalstab für die UNO-Einsatztruppen dem Generalsekretär untersteht. In der Praxis zeigte sich freilich, dass das Eingreifen der Internationalen Gemeinschaft häufig am Veto der fünf Großen im Sicherheitsrat scheitert. Der UN-Generalstab dagegen bleibt völlig machtlos. Deshalb können die Großmächte ihre jeweiligen verteidigungspolitischen Ziele unbehelligt weiterverfolgen. Ein neuer Faktor sind die aufstrebenden Schwellenländer Brasilien, Russland, Indien, China und Südafrika, die sich zu den Brics-Staaten zusammengeschlossen haben und eine strukturelle Anpassung der internationalen Organisationen (UNO, IWF, Weltbank) an die neuen globalen Kräfteverhältnisse fordern. […] Eine UN-Reform wird seit langem diskutiert. 2005 setzte Generalsekretär Kofi Annan das Thema offiziell auf die Tagesordnung. Es war auch die Antwort auf eine tiefe finanzielle und moralische Krise der Weltorganisation (schwere Rechtsverstoße von Blauhelmsoldaten in Liberia und im Kongo, Korruptionsfälle). Obwohl die Reformbemühungen stagnieren, bleibt die UNO der einzige Rahmen, in dem sich ein Kanon internationaler Werte herausbilden konnte, der die Hoffnung auf eine friedliche Weltordnung am Leben hält. Und mit ihren umfassenden Hilfsleistungen, die tagtäglich das Überleben von vielen Millionen Menschen sichern, trägt die UNO nach wie vor dazu bei, humanitäre Katastrophen einzudämmen und Konflikte zu lösen.

*Zit. nach: Le Monde diplomatique, Atlas der Globalisierung: Die Welt von morgen, TAZ-Verlag, Berlin 2012, S. 156.**

1 Erarbeiten Sie die benannten Gründe für eine Reform der UNO (M 4, M 5).
2 Entwickeln Sie Reformvorschläge für die UNO.
Tipp: Konzentrieren Sie sich vor allem auf eine Reform des UN-Sicherheitsrates.

12.2 Die europäische Integration

In dieser Themeneinheit geht es um
- *Wurzeln der europäischen Einigung und die Europa-Bewegung der Nachkriegszeit,*
- *Europäische Vertragswerke nach 1945,*
- *Europas Rolle in der internationalen Friedenssicherung,*
- *Europa-Skepsis und -Feindlichkeit.*

Wurzeln des Einigungsprozesses

▶ **M 6: Europa-Visionen**

„Der Frieden in Europa stellt den Schlüssel zum Frieden in der Welt dar", formulierten Widerstandskämpfer aus acht Ländern in ihrer Deklaration ein Jahr vor dem Ende des Zweiten Weltkrieges. Sie begründeten ihre These damit, dass Europa „im Zeitraum einer einzigen Generation das Auslösezentrum zweier Weltkriege geworden" sei, wofür die Existenz 30 souveräner Staaten maßgeblich verantwortlich gewesen sei. Daher forderten sie eine „Bundesordnung für die europäischen Völker". Ein geeintes Europa, in dem die Völker friedlich zusammen leben, war jedoch keine Idee des 20. Jahrhunderts, sondern wurde im Verlauf der Geschichte immer dann aktuell, wenn der Kontinent durch einen Krieg verwüstet worden war. Bereits vor dem Hintergrund der **Kriege im 16. und 17. Jahrhundert**, insbesondere des Dreißigjährigen Krieges (s. S. 157), entwarfen Wissenschaftler Pläne für die Schaffung übernationaler, friedensbewahrender Institutionen. So sah beispielsweise der Völkerrechtler **Hugo Grotius** in seiner Schrift „Vom Recht des Krieges und des Friedens" (1625) als entscheidende Voraussetzung für Frieden in Europa den Gedanken eines Völkerrechts, das die Anwendung von Gewalt zwischen Konfessionen* ausschließen sollte. Und der Philosoph **Immanuel Kant** plädierte mit seinem Entwurf „Zum ewigen Frieden" (1795) für einen europäischen Friedensbund. Die politische Umsetzung der Europa-Ideen nahm jedoch erst in Folge der beiden katastrophalen Weltkriege im 20. Jahrhundert Gestalt an. Zu den ältesten europäischen Einigungsbewegungen gehört die 1922 gegründete **„Paneuropa-Union"***. Auch Politiker wie der französische und der deutsche Außenminister **Aristide Briand** und **Gustav Stresemann**, setzten sich in der Zwischenkriegszeit für eine stärkere Zusammenarbeit der Europäer im Rahmen kollektiver Sicherheitssysteme ein. Briand entwarf mit seinen Plänen zur Einrichtung einer parlamentarischen Beratungsgruppe innerhalb des Völkerbunds sowie der Schaffung einer Zollunion Vorformen des Europarates und der Europäischen Wirtschaftsgemeinschaft. Die europäischen Einigungsbemühungen scheiterten jedoch an der politischen Radikalisierung infolge der Weltwirtschaftskrise ab 1929 (s. S. 386 f.)

Paneuropa-Union
1922 vom österreichischen Grafen Coudenhove-Kalergi (1894–1972), gegründet; tritt im Sinne des europäischen Föderalismus für ein politisch und wirtschaftlich geeintes, demokratisches und friedliches Europa auf Grundlage des christlich-abendländischen Wertefundaments ein. Seine Union wurde von namhaften Wissenschaftlern, Schriftstellern und Politikern unterstützt. Coudenhoves Vision klammerte allerdings England und Russland aus. In Deutschland wurde die Bewegung ab 1933 von den Nationalsozialisten verboten und nach 1945 wieder begründet.

M 1 „Europäischer Völkerfrühling", Lithografie, 1896.
Zu sehen ist der Erzengel Michael, der die Allegorien der europäischen Völker (Germania, Britannia, Marianne u. a.) vor der Gefahr warnt, die durch die sogenannte Reaktion für den Frieden entsteht.*

Europäische Verträge nach 1945

Erst die gewaltigen Verluste und Zerstörungen des Zweiten Weltkrieges (1939–1945) und der Wunsch nach einem dauerhaften Frieden brachten den Durchbruch für einen europäischen Zusammenschluss. Die Idee der **„Vereinigten Staaten von Europa"** vertrat als erster namhafter Politiker der britische Premierminister **Winston Churchill** (Reg. 1940–1945, 1951–1955). Er rief 1946 zu einer Union aller beitrittswilligen europäischen Länder auf. 1949 wurde als erste Institution der **Europarat** gegründet. Voraussetzung für eine Mitgliedschaft war die Beachtung rechtsstaatlicher und demokratischer Prinzipien sowie die Anerkennung der Menschen- und Bürgerrechte. Weitergehende Pläne wie die Gründung einer föderalistisch organisierten „Europa-Union" scheiterten 1950/51 jedoch am Widerstand Großbritanniens. Daraufhin schlug der französische Außenminister **Robert Schuman** (Reg. 1948–1952) vor, die Integration zunächst auf wirtschaftliche Ziele – ohne Großbritannien – zu beschränken. Unterstützt wurde er dabei vom deutschen Bundeskanzler **Konrad Adenauer** (Reg. 1949–1963), der die Bundesrepublik angesichts des Kalten Krieges in die westliche Staatengemeinschaft integrieren wollte.

M2 **Bundeskanzler Konrad Adenauer (l.) und Robert Schuman, Fotografie, 1952**

Die deutsch-französischen Bemühungen führten 1951 zur Entstehung der Montanunion, der **Europäischen Gemeinschaft für Kohle und Stahl (EGKS)**, und begründeten den ersten gemeinsamen Markt für die damaligen Schlüsselindustrien. 1957 unterzeichnete die „Gemeinschaft der Sechs" – Frankreich, Bundesrepublik Deutschland, Italien und die drei Benelux-Staaten (Belgien, Niederlande, Luxemburg) – die „Römischen Verträge". Das Vertragswerk regelte die Nutzung der Atomenergie (Europäische Atomgemeinschaft/EURATOM) und rief die **Europäische Wirtschaftsgemeinschaft (EWG)** ins Leben. Großbritannien, Dänemark, Norwegen, Schweden, Portugal, Österreich und die Schweiz, die sich aus nationalpolitischen Vorbehalten nicht an der EWG beteiligten, schlossen sich aber zu einer „Europäischen Freihandelszone" (EFTA) zusammen. Sie sollte den Rückgang ihres Handels mit der EWG teilweise ausgleichen. 1967 beschlossen die „Sechs", EWG, EGKS und EURATOM zur **Europäischen Gemeinschaft (EG)** zusammenzufassen. Aufgrund des wirtschaftlichen Erfolges wurde die EWG auch für andere europäische Länder attraktiv: Der EG traten in den 1970er-Jahren zunächst Irland, Großbritannien sowie Dänemark und in den 1980er-Jahren Griechenland, Spanien und Portugal bei. 1995 schlossen sich schließlich Schweden, Finnland und Österreich an. Mit der Unterzeichnung des **Vertrags von Maastricht** am 7. Februar 1992 wurde die **Europäische Union** in ihrer heutigen Form ins Leben gerufen. Die Mitgliedsstaaten einigten sich auf die Abtretung nationaler Souveränitätsrechte durch die Einführung einer gemeinsamen Wirtschafts-, Währungs- sowie Außen- und Sicherheitspolitik.

▶ **M 7–M 10: Die Europa-Bewegung der Nachkriegszeit**

▶ **M 11, M 12: EU-Verträge: Der Maastrichter Vertrag**

Erweiterung der EU

Nach dem Ende des Kalten Krieges (s. S. 485 f.) stellte sich die Frage der Ausdehnung der EU auf Osteuropa und andere Staaten. Daher wurden auf dem EU-Gipfel von Kopenhagen 1993 Kriterien für einen EU-Beitritt formuliert (Kopenhagener EU-Beitrittskriterien*). Und im Rahmen der **EU-Osterweiterung** wurden schließlich 2004 Estland, Lettland, Litauen, Polen, Tschechien, die Slowakei, Ungarn, Slowenien, Malta und Zypern, 2007 Rumänien und Bulgarien sowie 2013 auch Kroatien Mitglieder der EU. Unter den aktuellen fünf Beitragskandidaten befinden sich u. a. die Türkei und Serbien. Die **Beitrittsverhandlungen mit der Türkei**, die seit den 1960er-Jahren die Mitgliedschaft in der EG bzw. EU anstrebt, haben zwar 2005 offiziell begonnen, gestalten sich aufgrund der kontrovers und zum Teil leidenschaftlich geführten Debatte innerhalb der EU sowie des schleppenden Reformprozesses in der Türkei kompliziert.

Kopenhagener EU-Beitrittskriterien:
- institutionelle Stabilität als Garantie für eine demokratische und rechtsstaatliche Ordnung, für die Wahrung der Menschenrechte sowie die Achtung und den Schutz von Minderheiten
- eine funktionsfähige Marktwirtschaft sowie die Fähigkeit, dem Wettbewerbsdruck und den Marktkräften der Europäischen Union standzuhalten
- die Übernahme der Verpflichtungen und Ziele der EU

Vertrag von Lissabon

Die Erweiterung der EU machte eine innere Reform notwendig, damit die Institutionen der Gemeinschaft mit nun 28 Mitgliedsstaaten (Stand: 2018) handlungsfähig bleiben. Die Reform im Rahmen einer EU-Verfassung scheiterte jedoch, weil der mühsam ausgearbeitete Verfassungsentwurf 2005 durch Volksabstimmungen in den Niederlanden und in Frankreich abgelehnt wurde. Daraufhin wurde ein Reformvertrag ausgearbeitet, der wesentliche Elemente der europäischen Verfassung übernahm. Mit dem **Vertrag von Lissabon**, der 2007 verabschiedet wurde und 2009 in Kraft trat, wurde zudem erstmals eine **Charta der Grundrechte** zum Bestandteil eines Vertragswerks der EU. Die Charta umfasst neben den traditionellen Grundrechten auch Rechte, die in der europäischen Menschenrechtskonvention fehlen, z. B. das Recht auf Datenschutz. Allerdings gilt die Grundrechtecharta in Großbritannien, Polen und der Tschechischen Republik nicht uneingeschränkt.

Europas Rolle in der internationalen Friedenspolitik

„Sicherheit heißt, nicht Zäune errichten, sondern Tore aufmachen." Mit dieser Aussage eröffnete der finnische Staatspräsident Kekkonen 1973 die erste Konferenz der KSZE-Staaten in Helsinki. Sie läutete den **KSZE-Prozess** ein, d. h. die Arbeit der „Konferenz für Sicherheit und Zusammenarbeit in Europa". Die KSZE war im Rahmen der Entspannungspolitik im Kalten Krieg (S. 485) ein Versuch, sich blockübergreifend im Interesse des internationalen Friedens zu verständigen. Nach monatelangen Verhandlungen un-

M3 Die Europäische Union (November 2019)

M4 **Die Institutionen der EU nach dem Vertrag von Lissabon (Stand 2012)**

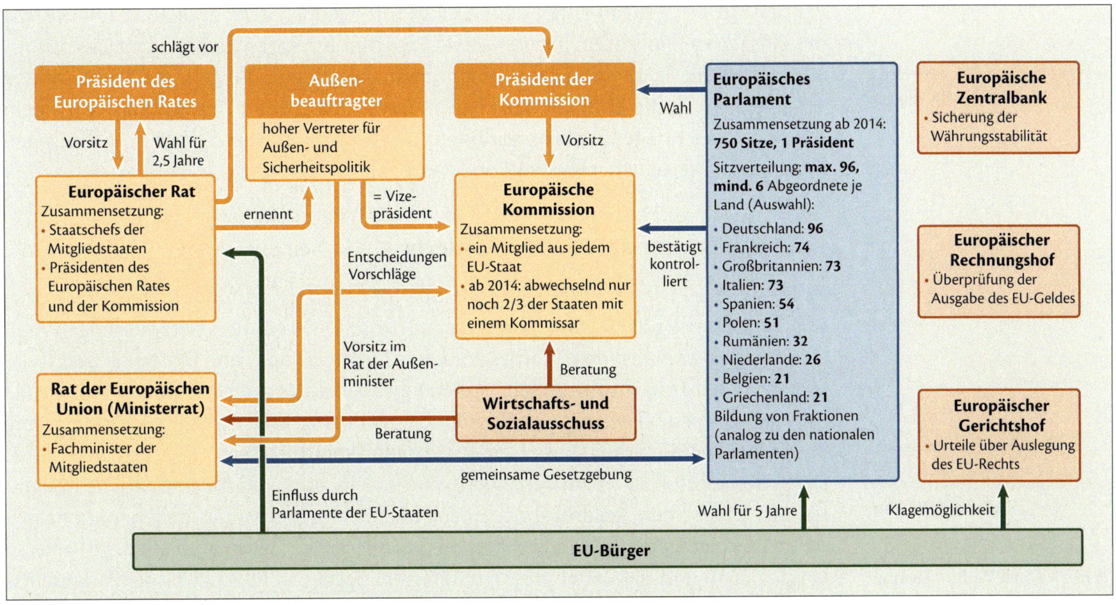

terzeichneten sieben Staaten des Warschauer Paktes, 13 neutrale Staaten und 15 NATO-Staaten 1975 die **KSZE-Schlussakte**. Sie definierte die Beziehungen im Kalten Krieg neu, indem sie den Gedanken der Sicherheit ins Zentrum rückte. Während die Ostblockstaaten* hervorhoben, dass die westlichen Staaten die nach dem Zweiten Weltkrieg entstandenen Grenzen in Europa akzeptierten, verknüpfte der Westen Sicherheit mit der Achtung der Menschenrechte und drängte auf die praktische Umsetzung im Osten. Nach zahlreichen Folgekonferenzen, dem Ende des Kalten Krieges sowie der Auflösung des Warschauer Paktes* (1991) wurde 1994 aus der Konferenz eine feste Institution, die sich seit 1995 **OSZE** nennt.

Neben der OSZE ist die EU die zweite Institution für europäische Sicherheit. Denn im Maastrichter Vertrag (1992) verpflichtete sich die EU auch zu einer **Gemeinamen Außen- und Sicherheitspolitik (GASP)***. Dass die europäische Integration in der Außenpolitik an ihre Grenzen stößt, zeigte sich erstmals bei den Nationalitätenkonflikten im ehemaligen Jugoslawien in den 1990er-Jahren. Schließlich konnte der Jugoslawienkrieg erst durch militärisches Eingreifen der im NATO-Auftrag operierenden USA beendet werden. Die Balance zwischen nationalen Interessen und einer gemeinsamen Außenpolitik bleibt eine der zentralen Herausforderungen im europäischen Einigungsprozess.

Die fünf Ziele der GASP (EU-Vertrag von 1999):
- Wahrung der gemeinsamen Werte, der grundlegenden Interessen und der Unabhängigkeit der EU
- Stärkung der Sicherheit der EU
- Wahrung des Weltfriedens und Stärkung der internationalen Sicherheit entsprechend der UN-Charta (1948) und der KSZE-Schlussakte von Helsinki (1975)
- Förderung der internationalen Zusammenarbeit
- Entwicklung und Stärkung von Demokratie und Rechtsstaatlichkeit sowie Achtung der Menschen- und Grundrechte

Militarisierung der EU?

Um die Handlungsfähigkeit der EU bei der internationalen Konfliktbewältigung zu stärken, wurde 1999 eine eigenständige Sicherheits- und Verteidigungspolitik (ESVP, seit 2007: GSVP) vereinbart. Bereits seit 1992 (Petersberger Aufgaben*) ist es den EU-Mitgliedstaaten erlaubt, militärische Einsätze zu beschließen. Und seit 2004 kommen sogenannte „Battle Groups", zeitlich befristete Kampfgruppen der EU, zum Einsatz. Bisher gab es mehr als 20 Operationen, u. a. auf dem Balkan, im Nahen Osten und in Afrika. Bei der Planung und Leitung militärischer Einsätze ist die GSVP allerdings weitgehend auf nationale militärische bzw. NATO-Hauptquartiere angewiesen. In Friedensgutachten unabhängiger Institute wird seit 2004 immer wieder vor einer Militarisierung der EU gewarnt. So seien die Einsätze der Battle Groups nicht ausreichend definiert und von den nationalen Parlamenten legitimiert. Außerdem wird kritisiert, dass militärische In-

Petersberger Aufgaben (1992):
- humanitäre Aufgaben und Rettungseinsätze
- friedenserhaltende Aufgaben
- Kampfeinsätze bei der Krisenbewältigung, inkl. Maßnahmen zur Friedenserzwingung

terventionen von außen nicht nachhaltig zur Demokratisierung eines Landes beitragen würden. Zu den Instrumenten der GSVP gehören jedoch auch zivile Instrumente, wie der Einsatz von Polizisten, Juristen sowie Experten für Katastrophen- und Zivilschutz. 2012 erhielt die EU den **Friedensnobelpreis**. In ihrer Begründung für die Auszeichnung erklärte die Jury, die EU habe dazu beigetragen, „den größten Teil Europas von einem Kontinent des Krieges in einen Kontinent des Friedens zu verwandeln". Die Auszeichnung löste unterschiedliche Reaktionen aus.

▶ M 13, M 14: Den Friedensnobelpreis für die EU?

Krisen zu Beginn des 21. Jahrhunderts

Zu Beginn des 21. Jahrhunderts steht Europa vor neuen Herausforderungen: Die Finanz- und Bankenkrise (2007–2009) sowie die Eurokrise (2009–2010) verstärkten das Wohlstandsgefälle zwischen dem Norden und dem Süden Europas und führten in den südlichen Mitgliedstaaten zu einer sehr hohen Jugendarbeitslosigkeit. Während sich die EU auf Maßnahmenpakete zur Bewältigung der **Währungskrisen** einigen konnte, gelang ihr das bei der **Flüchtlingskrise** (seit 2015) nicht (Stand: 2020).
Die Krisen führten zu einem Vertrauensverlust vieler Bürger in die europäische Integration. Er fand seinen Ausdruck in den erstarkenden rechtspopulistischen, nationalistischen Bewegungen in vielen europäischen Ländern. So gewannen die Fidesz-Partei in Ungarn 2010 und die Partei „Recht und Gerechtigkeit" in Polen 2015 die Parlamentswahlen und übernahmen die Regierung. In Deutschland zog 2017 mit der Alternative für Deutschland (AfD) erstmals eine rechtspopulistische Partei in den Bundestag ein. Rechtspopulisten in Europa verbinden ihre Ablehnung der EU mit Forderungen nach einer Rückbesinnung auf nationale Werte. Während Experten den Erfolg dieser Bewegungen vor allem mit Ängsten vor **Globalisierung*** und sozialem Abstieg erklären, nehmen andere stärker die ideologischen Grundlagen des Rechtspopulismus in den Blick.
In der Bevölkerung Großbritanniens war die Skepsis gegenüber der europäischen Integration traditionell stärker ausgeprägt als in anderen europäischen Staaten. Die Arbeitsmigration aus Osteuropa nach der EU-Osterweiterung und die Finanz- und Währungskrise verstärkten diese Tendenzen. In einem Referendum stimmte 2016 eine knappe Mehrheit der Briten für den Austritt aus der EU (**Brexit**). Damit verließ im Januar 2020 erstmals in der Geschichte ein Mitglied die Union.

▶ M 15, M 16: Geschichte kontrovers: Rechtspopulismus

▶ M 17, M 18: Wohin, Europa?

1 Erläutern Sie die Motive für die Umsetzung der Europa-Idee nach 1945.
2 **Zeitstrahl:** Stellen Sie den Prozess der europäischen Einigung in einer Zeitleiste dar.
3 Diskutieren Sie, ob sich die EU zu Beginn des 21. Jahrhunderts in einer Krise befindet.
Tipp: Orientieren Sie sich dabei an konkreten Fällen bzw. Ereignissen.

M5 „Anstieg des Populismus", Karikatur, 2016

Hinweise zur Arbeit mit den Materialien:
Folgende Schwerpunkte werden thematisiert:
M 6 die Europa-Vision am Beispiel der „Paneuropa-Union". M 7–M 10 die Europa-Bewegung der Nachkriegszeit. M 11 und M 12 Bestimmungen des und Kritik am Maastrichter Vertrag. M 13 und M 14: Kontroverse um die Verleihung des Friedensnobelpreises an die EU. M 15 und M 16: Kontroverse um den Rechtspopulismus in Europa. M 17–M 18: Zukunft Europas

Europa-Visionen

M 6 Graf Coudenhove-Kalergi in seinem Buch „Paneuropa" (1923)

Europa als politischer Begriff besteht nicht. Der Weltteil, der diesen Namen trägt, birgt ein Chaos von Völkern und Staaten, eine Pulverkammer internationaler Konflikte, eine Retorte künftiger Weltkriege. Die europäische Frage und der europäische Hass verseuchen die internationale Atmosphäre und beunruhigen ständig auch die friedlichsten Teile der Welt. Deshalb ist die europäische Frage kein lokales, sondern ein internationales Problem; bevor es nicht gelöst ist, kann auch eine friedliche Entwicklung der Welt nicht gedacht werden. Die europäische Frage bedeutet heute für die Welt ungefähr das, was durch ein Jahrhundert die Balkanfrage für Europa bedeutet hat: eine Quelle der Unsicherheit und Beunruhigung. Die europäische Frage wird erst gelöst werden durch einen Zusammenschluss seiner Völker. Dieser Zusammenschluss wird entweder freiwillig erfolgen durch Bildung eines paneuropäischen Staatenbundes – oder aber gewaltsam durch eine russische Eroberung. Ob die europäische Frage durch Europa beantwortet werden wird oder durch Russland – auf keinen Fall ist es möglich, dass sich die „europäische Kleinstaaterei" dauernd neben den vier großen Weltreichen der Zukunft behauptet: neben dem britischen und russischen, dem amerikanischen und ostasiatischen. Europas Weltstellung ist unwiederbringlich verloren – aber noch nicht seine Selbstständigkeit, noch nicht sein Kolonialreich, noch nicht seine Kultur, noch nicht seine Zukunft.

*Zit. nach: Richard N. Graf Coudenhove-Kalergi, Paneuropa (1923), Paneuropa Verlag, Wien 1926, S. 22 f.**

1 Erläutern Sie das Europa-Verständnis des Autors vor dem Hintergrund der Zwischenkriegszeit (M 6).
Tipp: Nutzen Sie hierzu auch die Darstellung, S. 588.
2 Setzen Sie sich mit seiner Vision „der vier großen Weltreiche der Zukunft" auseinander (M 6).

Die Europa-Bewegung der Nachkriegszeit

M 7 Rede des britischen Premierministers Winston Churchill an der Universität in Zürich am 19. September 1946

In ausgedehnten Gebieten Europas starrt eine Menge gequälter, hungriger, sorgenerfüllter und verwirrter Menschen die Ruinen ihrer Städte und Heime an und sucht den dunklen Horizont nach den Zeichen irgendeiner neuen kommenden Gefahr, einer Tyrannei oder eines neuerlichen Terrors ab. [...] Wenn die große Republik jenseits des Atlantischen Ozeans nicht endlich erkannt hätte, dass der Zusammenbruch oder die Versklavung Europas auch ihr eigenes Geschick mit sich in den Abgrund reißen würde, und nicht eine helfende und führende Hand Europa entgegengestreckt hätte, so würden die dunklen Zeiten mit all ihrer Grausamkeit wiedergekehrt sein. Und sie könnten noch immer wiederkehren. Trotzdem gibt es ein Heilmittel [...]. Dieses Mittel besteht in der Erneuerung der europäischen Völkerfamilie oder doch einer so großen Zahl ihrer Mitglieder, als es im Rahmen des Möglichen liegt, und ihrem Neuaufbau unter einer Ordnung, unter der sie Freiheit, Sicherheit und Frieden leben kann. Wir müssen eine Art Vereinigte Staaten von Europa errichten. [...] Eine regionale Organisation Europas würde keineswegs der Weltorganisation der Vereinten Nationen widersprechen; vielmehr kann diese weitere Synthese nur dann von Bestand sein, wenn sie auf zusammenhängenden natürlichen Staatengruppen fußt.
Wir alle müssen dem Schrecken der Vergangenheit den Rücken kehren und uns der Zukunft zuwenden. Wir können es uns einfach nicht leisten, durch all die kommenden Jahre den Hass und die Rache mit uns fortzuschleppen, die den Ungerechtigkeiten der Vergangenheit entsprossen sind. Sollte das die einzige Lehre der Geschichte sein, die die Menschheit zu erlernen unfähig ist? Lasst Gerechtigkeit, Barmherzigkeit und Freiheit walten! Ich will jetzt etwas sagen, was Sie vielleicht in Erstaunen setzen wird: Der erste Schritt bei der Neubildung der europäischen Familie muss ein Zusammengehen zwischen Frankreich und Deutschland sein. [...] Es gibt kein Wiedererstehen Europas ohne ein geistig großes Frankreich und ein geistig großes Deutschland. Die Struktur der Vereinigten Staaten von Europa wird, wenn sie richtig und dauerhaft errichtet werden soll, so geartet sein müssen, dass die materielle Stärke einzelner Staaten an Bedeutung einbüßt. Kleine Nationen werden so viel wie große gelten und sich durch ihren Beitrag für die gemeinsame Sache Ruhm erringen können. [...] Der erste Schritt hierzu wäre es, einen Europäischen Rat

ins Leben zu rufen. Wenn alle Staaten Europas dieser Union fürs erste nicht beitreten wollen oder können, so müssen wir doch alle jene sammeln, die willens und imstande sind, es zu tun. [...].
Bei diesem dringend notwendigen Werk müssen Frankreich und Deutschland zusammen die Führung übernehmen. [...] Ich muss aber hier eine Warnung aussprechen. Es ist möglich, dass unsere Zeit zu kurz bemessen ist. Gegenwärtig genießen wir eine Atempause. Der Kampf ist eingestellt, aber die Gefahren sind noch nicht vorüber. Wenn wir die Vereinigten Staaten von Europa bilden wollen, so müssen wir es jetzt tun.

*Zit. nach: Anton Schäfer (Hg.), Die Verfassungsentwürfe zur Gründung einr europäischen Union von 1923 bis 2000, BSA-Verlag, Dornbirn 2001, S. 64f. (übers. v. Heinrich Siegler).**

1 Analysieren Sie die Rede (M 7) im Hinblick auf die Notwendigkeit und die Konzeption der „Vereinigten Staaten von Europa".
2 **Wahlaufgabe:** Bearbeiten Sie Aufgabe a) ober b).
 a) Erläutern Sie die Aussage „Wenn wir die Vereinigten Staaten von Europa bilden wollen, so müssen wir es jetzt tun" vor dem historischen Kontext.
 b) Setzen Sie sich mit der Meinung des Autors auseinander, bei der europäischen Integration „müssen Frankreich und Deutschland zusammen die Führung übernehmen".

M 8 Erklärung des französischen Außenministers Robert Schuman (9. Mai 1950)

Europa lässt sich nicht mit einem Schlage herstellen und auch nicht durch eine einfache Zusammenfassung: Es wird durch konkrete Tatsachen entstehen, die zunächst eine Solidarität der Tat schaffen. Die Vereinigung der europäischen Nationen erfordert, dass der jahrhundertealte Gegensatz zwischen Frankreich und Deutschland ausgelöscht wird.
[...] Zu diesem Zweck schlägt die französische Regierung vor, in einem begrenzten, doch entscheidenden Punkt sofort zur Tat zu schreiten. Die französische Regierung schlägt vor, die Gesamtheit der französisch-deutschen Kohle- und Stahlproduktion unter eine Gemeinsame Oberste Aufsichtsbehörde (Haute Autorité) zu stellen, in einer Organisation, die den anderen europäischen Ländern zum Beitritt offensteht. Die Zusammenlegung der Kohle- und Stahlproduktion wird sofort die Schaffung gemeinsamer Grundlagen für die wirtschaftliche Entwicklung sichern – die erste Etappe der europäischen Föderation – und die Bestimmung der Gebiete ändern, die lange Zeit der Herstellung von Waffen gewidmet waren, deren sicherste Opfer sie gewesen sind. Die Solidarität der Produktion, die so geschaffen wird, wird bekunden, dass jeder Krieg zwischen Frankreich und Deutschland nicht nur undenkbar, sondern materiell unmöglich ist.

*Zit. nach: Hans Teske, Europa zwischen gestern und morgen, Bundesanzeiger, Köln 1988, S. 32f.**

M 9 Rede des deutschen Bundeskanzlers Konrad Adenauer vor dem Deutschen Bundestag (1951)

Wir müssen uns darüber klar sein, dass französische Bevölkerungskreise vielfach noch immer in dem Gedanken leben, dass Deutschland ein eventueller zukünftiger Gegner sein würde. Die psychologische Bedeutung, die Frage der Beruhigung solcher Befürchtungen im eigenen Lande und die Erweckung des Gefühls der Zusammengehörigkeit zwischen Deutschland und Frankreich waren die politischen Gründe, die Herrn Schuman damals geleitet haben. Aber wie bei wirklich konstruktiven Gedanken hat sich im Laufe der Entwicklung gezeigt, dass in diesem Vorschlag eine solche lebendige Kraft lag, dass man über den ursprünglichen Zweck jetzt schon weit hinausgekommen ist.
Man hat seit dem Mai 1950 erkannt, dass die Integration Europas für alle europäischen Länder eine absolute Notwendigkeit ist, wenn sie überhaupt am Leben bleiben wollen. Man hat weiter erkannt, dass man die Integration Europas nicht mit Reden, mit Erklärungen herbeiführen kann, sondern dass man sie nur herbeiführen kann durch gemeinsame Interessen und durch gemeinsames Handeln. Etwas weiteres hat sich im Laufe der Verhandlungen ergeben. Ich glaube, dass wohl zum ersten Mal in der Geschichte, sicher der Geschichte der letzten Jahrhunderte, Länder freiwillig und ohne Zwang auf einen Teil ihrer Souveränität verzichten wollen, um die Souveränität einem supranationalen Gebilde zu übertragen. Das ist – ich betone das nachdrücklich –, wie mir scheint, ein Vorgang von welthistorischer Bedeutung, ein Vorgang, der das Ende des Nationalismus in all diesen Ländern bedeutet.

*Zit. nach: Verhandlungen des Deutschen Bundestages, 1. Wahlperiode, Band 8, S. 650.**

1 Erläutern Sie den Vorschlag Schumans (M 8) und die Reaktion Adenauers (M 9).
2 **Vertiefung:** Diskutieren Sie Adenauers Einschätzung (M 9), die Entwicklung sei „ein Vorgang von welthistorischer Bedeutung".

M 10 Britische Karikatur zum Schuman-Plan, Mai 1950.

Hinweis: Die Pont de la Concorde ist eine Brücke über die Seine in Paris.

PONT DE LA CONCORDE

1 Untersuchen Sie die Karikatur (M 10).
Tipp: Nutzen Sie die Methodenseite, S. 238 f.

EU-Verträge: Der Maastrichter Vertrag

M 11 Der Vertrag von Maastricht (1992)

Durch diesen Vertrag gründen die hohen Vertragsparteien untereinander eine Europäische Union, im Folgenden als „Union" bezeichnet. [...] Aufgabe der Union ist es, die Beziehungen zwischen den Mitgliedsstaaten sowie zwischen ihren Völkern kohärent und solidarisch zu gestalten. [...] Die Union setzt sich folgende Ziele:
– die Förderung eines ausgewogenen und dauerhaften wirtschaftlichen und sozialen Fortschritts, insbesondere durch Schaffung eines Raumes ohne Binnengrenzen, durch Stärkung des wirtschaftlichen und sozialen Zusammenhalts und durch die Errichtung einer Wirtschafts- und Währungsunion, die auf längere Sicht auch eine einheitliche Währung nach Maßgabe dieses Vertrags umfasst;
– die Behauptung ihrer Identität auf internationaler Ebene, insbesondere durch eine gemeinsame Außen- und Sicherheitspolitik, wozu auf längere Sicht auch
– die Festlegung einer gemeinsamen Verteidigungspolitik gehört, die zu gegebener Zeit zu einer gemeinsamen Verteidigung führen könnte;
– die Stärkung des Schutzes der Rechte und Interessen der Angehörigen ihrer Mitgliedsstaaten durch Einführung einer Unionsbürgerschaft;
– die Entwicklung einer engen Zusammenarbeit in den Bereichen Justiz und Inneres. [...]
Der Europäische Rat erstattet dem Europäischen Parlament nach jeder Tagung Bericht und legt ihm alljährlich einen schriftlichen Bericht über die Fortschritte in der Union vor.

*Zit. nach: Curt Gasteyger, Europa von der Spaltung zur Einigung, Neuauflage, Bundeszentrale für politische Bildung, Bonn 2001, S. 427 f.**

1 Fassen Sie die wesentlichen Bestimmungen von M 11 in einem Schaubild zusammen.
Tipp: Nutzen Sie die Methodenseite, S. 392 f.
2 Diskutieren Sie die These: „Die Wirtschaft ist der Motor des europäischen Einigungsprozesses."

M 12 Kommentar zum Maastrichter Vertrag (1993)

[Der französische Staatspräsident François] Mitterrand und sein Referendum-Manager [Jacques] Lang kämpfen gegen ein Gemisch aus irrationalen Ängsten und mangelnden Informationen. Einerseits sind es Bedenken, die auch schon die Dänen zum Nein trieben: Ein zentralistisches Europa könnte Frankreich die Identität kosten, könnte zur Fremdherrschaft eines anonymen Apparats führen. Andererseits beklagen die Franzosen etwa Europas Hilflosigkeit gegenüber dem Morden im ehemaligen Jugoslawien. Verbreitet ist die Furcht, dass Maastricht das Gewicht Deutschlands auf Kosten Frankreichs stärken werde. Mitterrand und auch bürgerliche Vertragsbefürworter versuchen das Gegenteil glaubhaft zu machen: Nur durch eine Wirtschafts- und Währungsunion könne Deutschland im Zaum gehalten, die Macht der Deutschen Bundesbank gebrochen werden.

*Zit. nach: Der Spiegel, Nr. 36, 1993, S. 148 f.***

1 Erläutern Sie die Kritik am Maastrichter Vertrag (M 12).
2 Schreiben Sie einen Kommentar, in dem Sie sich mit der Kritik aus heutiger Sicht auseinandersetzen.

Der Friedensnobelpreis für die EU?

M 13 Kommentar des Journalisten Matthias Krupa in der ZEIT vom 12. Oktober 2012

Kaum war die Nachricht bekannt, dass in diesem Jahr die EU ausgezeichnet wird, wurde in Brüssel bereits gespottet, wer von den vielen EU-Vertretern den Preis im Dezember wohl entgegennehmen würde. [...] Der Spott ist verständlich. Trotzdem wird niemand ernsthaft bestreiten, dass die Europäische Union – früher die Europäische Gemeinschaft – seit ihrer Gründung vor mehr als 60 Jahren ein Garant für den Frieden auf einem lange Zeit wenig friedlichen Kontinent ist. Dass sie die demokratische Entwicklung in vielen Ländern befördert hat [...]. Dass sie im weltweiten Vergleich auch heute ein Hort der Rechtsstaatlichkeit und Menschenrechte ist. [...] Ausgerechnet in dem Moment, in dem der Zusammenhalt in der EU zu schwinden scheint, erinnert das Nobelpreiskomitee die Europäer an ihre eigenen Tugenden. Und daran, was neben der gemeinsamen Währung auf dem Spiel steht. Insofern ist die Auszeichnung mehr als nur eine Medaille für historische Verdienste. Das gilt zumal, wenn man sich die Begründung der norwegischen Jury genauer anschaut. Darin ist eben nicht nur von der Versöhnung zwischen Frankreich und Deutschland nach dem Zweiten Weltkrieg die Rede und vom Fall der Mauer, der die Teilung zwischen Ost- und Westeuropa beendete. Die Jury erwähnt ausdrücklich die bevorstehende Aufnahme Kroatiens, die Beitrittsverhandlung mit Montenegro und die Aussichten auf einen Beitritt für Serbien. [...] Denn die Zweifel an der Erweiterungspolitik der vergangenen Jahre sind ja nicht kleiner geworden, im Gegenteil. Je länger die Krise dauert, desto attraktiver erscheint vielen die Idee eines kleinen, aber feinen Kerneuropas. Das Nobelpreiskomitee würdigt nun ausdrücklich die umstrittene Erweiterungspolitik. Sie zeichnet die EU dafür aus, dass sie bislang eben keine neuen Grenzen gezogen hat. Nicht auf dem Balkan und auch nicht gegenüber der Türkei. [...] Auch die sozialen Unruhen, die sich in manchen Ländern ausbreiten, sind kein Einwand. Zum einen erinnert der Preis die Europäer in der Krise an den Fortschritt, den es bedeutet, dass die Länder ihre Konflikte heute am Verhandlungstisch und nicht mehr auf dem Schlachtfeld austragen. [...] Zum anderen mahnt der Preis die Verantwortlichen, den inneren Frieden in den Ländern Europas nicht zu riskieren. Ohne ihn ist [...] die EU ein Traum von gestern.

*Zit. nach: Matthias Krupa: „Ja, das macht Sinn", ZEIT Online 12. Oktober 2012, http://www.zeit.de/politik/ausland/2012-10/eu-friedensnobelpreis-kommentar (Download vom 19. 10. 2012)**

M 14 Kommentar der Journalistin Danuta Szarek bei FocusOnline vom 12. Oktober 2012

In diesem Jahr geht der Friedensnobelpreis nun also an die EU. Eine unverständliche Entscheidung. Nicht etwa, weil die Europäische Gemeinschaft nicht Großes für Frieden und Versöhnung in Europa geleistet hätte. Das hat sie zweifelsohne. Aber wem soll man applaudieren? Die Europäische Union hat kein Gesicht. Die meisten ihrer Institutionen haben noch nicht einmal eine direkte demokratische Legitimation. [...] Wollte man wirklich den Europäischen Einigungsprozess honorieren, so müsste der Preis an jene gehen, die ihn maßgeblich vorangetrieben haben: etwa Helmut Kohl, Helmut Schmidt, Hans-Dietrich Genscher oder, posthum, François Mitterand. Doch die wurden nicht ausgezeichnet. Stattdessen: die EU. Wenn die Menschen an sie denken, erscheint vor ihren Augen oft ein realitätsentrückter Club von überbezahlten Beamten; ein bürokratisches Monster, dessen Tagesgeschäft es ist, die Krümmung von Gurken zu normieren. Ein Vorbild? Hinzu kommt: Die Nobelpreis-Entscheidung wirkt wie ein verzweifelter Versuch, die europäische Gemeinschaft in Krisenzeiten wieder in ein besseres Licht zu rücken. Wann immer Europas Spitzenpolitiker vom Euro-Desaster ablenken wollen, fangen sie an, von den Anfängen, von der gemeinsamen historischen Verantwortung, vom Friedensprojekt Europa zu sprechen. Doch das Projekt EU ist nun mal auch das Projekt einer gemeinsamen Währung. Und die droht den Europäern gerade um die Ohren zu fliegen. Wie kann man es den Bürgern verübeln, dass sie nicht jeden Tag die historischen Errungenschaften der EU feiern, wenn sie gleichzeitig um ihren Job oder ihr mühsam Erspartes bangen müssen? [...] Mit Verlaub: Es liegt nicht an den Bürgern, die Würde des Gemeinschaftsprojektes EU zu retten. Es liegt auch nicht am Nobelpreis-Komitee. Es liegt an der Politik. Bis ihr das gelingt, kann die EU ihren Preis getrost behalten.

*Zit. nach: http://www.focus.de/politik/ausland/contra-kommentar-zur-ehrung-fuer-die-eu-die-eu-hat-den-nobelpreis-nicht-verdient_aid_837601.html (Download vom 19. 10. 2012).**

1 **Partnerarbeit:** Analysieren Sie arbeitsteilig M 13 und M 14 hinsichtlich der Position und Argumente des Autoren.

2 Stellen Sie Ihre Ergebnisse im Plenum vor und diskutieren Sie Positionen der Autoren: Ist der Friedensnobelpreis an die EU gerechtfertigt? Berücksichtigen Sie die Begründung der Jury.

Friedensnobelpreis für die EU
cornelsen.de/Webcodes
Code: rinohi

Geschichte kontrovers: Rechtspopulismus

M 15 Der Politologe Frank Decker (2012)

Sozialwissenschaftler betrachten den Zulauf der neuen Rechtsparteien als ein Protestphänomen, das auf die desintegrativen Wirkungen der heutigen Modernisierungsprozesse zurückzuführen sei. Anders als der Begriff des „Modernisierungsverlierers" suggeriert, liegen dem Protest dabei nicht primär materielle Entbehrungen zugrunde. Die rechten Wähler mögen objektiv noch etwas zu verlieren haben, befinden sich aber wirtschaftlich keineswegs am untersten Rand der Gesellschaft. [...] Im Kern geht es also um ein tiefer liegendes, sozialkulturelles Problem, das mit den Folgen der gesellschaftlichen Individualisierung zu tun hat. Der ökonomische Wandel spielt hier natürlich eine zentrale Rolle. Die fortschreitende Flexibilisierung der Produktions- und Arbeitsabläufe beschleunigt die Auflösung jener kollektiven Einheiten – Familie, soziale Klasse, Nation –, auf denen der Zusammenhalt der alten Industriegesellschaft beruhte. Die Modernisierungs-Verlierer-Formel knüpft an dieser Stelle an; sie besagt, dass ein Teil der Menschen die Bindungsverluste nicht verkraftet, sich von den neuartigen Einflüssen verängstigt und überfordert fühlt. Weil sie die Möglichkeiten einer stärker individualisierten Lebensführung nicht nutzen können oder wollen, flüchten sich diese Personen in antiliberale Ressentiments und „Wir-Gefühle", die von den populistischen Parteien ausgebeutet werden können. Zum Hauptkristallisationspunkt ihrer Angst werden dabei die Fremden.

*Zit. nach: Frank Decker, Wenn die Populisten kommen: Beiträge zum Zustand der Demokratie und des Parteiensystems, Springer VS, Berlin 2013, S. 14 f.**

M 16 Der Politologe Jan-Werner Müller (2016)

Vor allem liberale Beobachter machen es sich zu einfach, wenn sie Populismus anhand scheinbar eindeutiger soziologischer Kriterien dingfest machen wollen. Besonders beliebt ist die Vorstellung, Populisten ließen sich ohne Weiteres an ihren Wählern erkennen:

Diese fänden sich vor allem in der unteren, abstiegsbedrohten Mittelschicht oder, wie es früher etwas unverblümter hieß, im Kleinbürgertum. [...] Die Unterstützer populistischer Parteien [...] seien von „Wut", „Ressentiment" und „Ängsten" vor sozialem Abstieg getrieben. [...] Für Politiker ist es viel bequemer, auf die Argumente von einmal als Populisten oder als „Anti-Europäer" abgestempelten Akteuren erst gar nicht einzugehen. Eine besondere Versuchung besteht darin, die politische Herausforderung durch vermeintliche Populisten sofort als eine Art kollektiven Therapiefall zu behandeln: Natürlich müsse man die Ängste „der Leute" ernst nehmen – was sie sagen, wird dann aber immer nur als Symptom irgendwelcher Sozialpathologien interpretiert, nicht als eventuell doch bedenkenswerte Systemkritik. [...] Was genau ist nun Populismus [...]?

Populismus, so meine These, ist eine ganz bestimmte Politikvorstellung, laut der einem moralisch reinen, homogenen Volk stets unmoralische, korrupte und parasitäre Eliten gegenüberstehen. [...] Hinzukommen muss noch der dezidiert moralische Anspruch, dass einzig die Populisten das wahre Volk vertreten; alle anderen vermeintlichen Repräsentanten der Bürger seien auf die eine oder andere Art illegitim. Insofern reklamieren Populisten nicht so sehr den Satz „Wir sind das Volk" für sich, ihre Botschaft lautet vielmehr: „Nur wir vertreten das Volk". Populismus ist also nicht nur antielitär, er ist auch antipluralistisch. [...] Populisten sind damit kein, wie es oft heißt, nützliches „Korrektiv" in einer Demokratie, die einen zu großen Abstand zum gemeinen Volk hält. [...] Diese fromme demokratische Hoffnung beruht jedoch auf einem grundlegenden Missverständnis: Populisten interessieren sich gar nicht für die Partizipation der Bürger an sich [...]. Denn man muss das wahre Volk ja gar nicht vorher fragen, um zu wissen, was es wirklich will.

*Zit. nach: Jan-Werner Müller, Was ist Populismus? Ein Essay, Suhrkamp Verlag, Berlin 2016, S. 29–47.**

1 **Partnerarbeit:** Analysieren Sie arbeitsteilig M 15 und M 16 zu den Kennzeichen rechtspopulistischer Bewegungen. Vergleichen Sie Ihre Ergebnisse.

2 **Wahlaufgabe:** Bearbeiten Sie Aufgabe a) oder b).
   - **a)** Bewerten Sie Deckers Ausführungen über die „Schwäche des neuen Rechtspopulismus in Deutschland" aus heutiger Sicht.
   - **b)** Diskutieren Sie die These Müllers (M 16), Populisten seien kein nützliches „Korrektiv" in einer Demokratie.

3 **Zusatzaufgabe:** Siehe S. 619.

Vertiefung: Wohin, Europa?

M 17 „Europas Traumschiff – ohne Kapitän, aber mit zu vielen Steuermännern", Karikatur von Oliver Schopf, 2011

M 18 Die Historikerin Ute Frevert (2005)

Der Zukunftsentwurf Europas, in der Unionsverfassung festgeschrieben, begeistert die Bürger Europas nicht. Das haben die Referenden in Frankreich und den Niederlanden gezeigt. Aber wie steht es mit der Vergangenheit? Kann man in der Geschichte Europas Anknüpfungspunkte finden für positive Gefühle, für mehr Identifikation mit dem Kontinent? [...] Lassen sich nationale und europäische Identitäten aus historischer Sicht überhaupt vereinbaren? Geschichtsbewusstsein ist ein zentraler Baustein individueller und kollektiver Identität. [...] Nationale Identität im Europa des 19. und 20. Jahrhunderts beruhte [...] auf einem Geschichtsbewusstsein, das den heroischen Kampf um Einheit, Macht und Ehre in den Mittelpunkt stellte. Es ging stets darum, die eigene Nation gegen andere benachbarte europäische Nationen zu profilieren, die eigene kulturelle, politische, militärische Überlegenheit zu betonen und zu behaupten. Nationalstolz und Patriotismus wirkten in der Vergangenheit vor allem ausschließend, abgrenzend und abwertend. [...] Nun gut, könnte man einwenden, das war bis in die Epoche der Weltkriege so, hat sich aber doch nach 1945 grundlegend geändert. Stimmt das wirklich? Schauen wir uns um: Die nationalen Denkmäler stehen immer noch, viele neue sind hinzugekommen. Gerade in den osteuropäischen Staaten hat nach dem Ende der sowjetischen Blockpolitik die Sehnsucht nach nationaler Orientierung um sich gegriffen. [...] Aber auch in den alten EU-Staaten wird Geschichte nach wie vor ausschließlich in der und für die eigene Nation konzipiert, und die Absicht ist fast immer eine apologetische[1]. [...] Während Stolz an Hochmut grenzt und den Blick nach außen verengt, lädt ein Geschichtsbild, das die eigenen Brüche und Fehlleistungen offen benennt, zur Demut ein. Demut aber erleichtert Mitgefühl und Wissen um die Leiden anderer Völker. Die Selbstkritik sollte nicht beim Zweiten Weltkrieg stehen bleiben. Vielen europäischen Ländern liefert ihre koloniale Vergangenheit einen weiteren Stein des Anstoßes. [...] Ähnlich steht es um die Geschichte nationaler Minderheiten, die von den Mehrheiten oft nicht gerade pfleglich behandelt wurden. [...] Mehr nationale Bescheidenheit und Selbstreflexion also tun not, wenn tatsächlich so etwas wie ein europäisches Geschichtsbewusstsein entstehen soll. Ohne dieses kann ein europäisches Zusammengehörigkeitsgefühl nicht wachsen.

*Zit. nach: Ute Frevert, „Was ist das bloß – ein Europäer?" In: Die Zeit, 23. Juni 2005, http://www.zeit.de/2005/26/Essay_Frevert (Download vom 11.10.2017).**

1 *apologetisch:* rechtfertigend

1 Beschreiben und deuten Sie die Karikatur M 17 hinsichtlich der zentralen Botschaft.
2 Erläutern Sie an Beispielen die Probleme bei der Zusammenarbeit in der EU.
3 Diskutieren Sie Lösungsmöglichkeiten.
4 Erörtern Sie Freverts Thesen zur Bedeutung des Geschichtsbewusstseins für die Herausbildung einer europäischen Identität (M 18).

12.3 China – neues Machtzentrum in Asien

In dieser Themeneinheit geht es um
- *die Politik der Kommunistischen Partei nach Gründung der Volksrepublik China 1949,*
- *die Entwicklung Chinas zur Weltmacht nach dem Tod Mao Zedongs.*

Aufbau des Kommunismus

▶ M 6, M 7: Die Volksrepublik China unter Mao Zedong

Nach der Gründung der sozialistischen **Volksrepublik China** 1949 (s. S. 354) gestalteten die Kommunisten das Land von Grund auf um. China war seitdem eine kommunistische Diktatur, in der weder Menschen- und Bürgerrechte respektiert wurden noch die Gewaltenteilung zwischen Legislative*, Exekutive* und Judikative* galt. So tagte der Volkskongress zeitweise jahrelang nicht, und wenn diese Volksvertretung zusammenkam, hatte sie lediglich die Parteitagsbeschlüsse abzusegnen. Die Macht lag beim Politbüro mit 26 Vollmitgliedern und dem Parteivorsitzenden **Mao Zedong** (s. S. 353). Dieser Politiker prägte wie kein anderer die Politik Chinas bis zu seinem Tod 1976. Von seinen und den Weisungen der obersten Führungsspitze waren alle regionalen und lokalen Parteiorganisationen abhängig. Die Massenorganisationen vom Gewerkschaftsbund über die Berufsverbände bis hin zu Sicherheitsdiensten und Jugend- wie Frauenverbänden dienten lediglich zur Übermittlung der Parteibeschlüsse. Eine Opposition wurde nicht zugelassen.

Modernisierungspolitik

Nach dem Tod Mao Zedongs 1976 wandte sich die neue politische Führung rasch von dessen Kurs ab und leitete 1978 das **Programm der vier Modernisierungen** ein. Treibende Kraft dieser Politik, die China immer stärker gegenüber dem Westen öffnete, war Deng Xiaoping*, der die Volksrepublik von 1979–1997 faktisch regierte. Die „vier Modernisierungen" betrafen:

1. *Die Landwirtschaft:* Um die landwirtschaftliche Produktion zu steigern, erhielten die Bauern in den Kommunen kleinere Anteile des Ackerlandes zur privaten Nutzung.
2. *Die Industrie:* Besonders die Konsumgüterindustrie wurde gefördert. Beim Aufbau der Schwerindustrie sollten in Zukunft auch Firmen aus dem kapitalistischen Ausland ihr „Know-how" zur Verfügung stellen und in China investieren dürfen.
3. *Die Landesverteidigung:* Armee und Luftwaffe sollten mit modernsten technischen Geräten und Waffen ausgerüstet werden, notfalls auch aus dem Ausland.
4. *Die Wissenschaft:* In den Schulen und Hochschulen sollten nicht mehr die Schriften Maos im Mittelpunkt stehen und die Partei den Ton angeben. Begabung und Leistung wurden aufgewertet, damit China Anschluss an den Stand der Wissenschaft und der Technologie in der übrigen Welt finden könne.

M 1 Deng Xiaoping (1904–1997), Fotografie, 1980

Dieses Programm zielte auf eine marktorientierte sozialistische Wirtschaft. Anstatt des bisher streng angewandten Prinzips zentraler Lenkung sollten Produktionsentscheidungen auch auf unteren Ebenen getroffen werden können (Dezentralisierung*). Deshalb wurden etwa die Volkskommunen in kleinere Einheiten aufgeteilt, die eigenverantwortlich arbeiten und nach Erfüllung des Plans Gewinne aus zusätzlicher Produktion behalten durften. In der Industrie setzte man ebenfalls auf materielle Anreize. Nach Erfüllung des Plansolls standen den Produzenten zusätzliche Mengen zur eigenen Verwertung frei. Das bisherige System vollständiger Gewinnabführung an den Staat wurde nun durch ein Besteuerungssystem ersetzt, das den Betrieben einen Teil des Nettoge-

M2 Studentenproteste auf dem Tian'anmen-Platz in Peking, Fotografie, 1989

Am 29. Mai 1989 errichten Kunststudenten das Denkmal einer „Göttin der Demokratie"; eine dem New Yorker Vorbild nachempfundene riesige Freiheitsstatue. Das Monument gegenüber dem Regierungssitz stellte eine klare Provokation dar.

winns überließ. Beim Übergang von der staatlichen Industrie zur Marktwirtschaft kam den Sonderwirtschaftszonen große Bedeutung zu, in denen die Regierung günstige Bedingungen für die exportorientierte Produktion schuf. Ausländischen Kapitalanlegern wurde der Zugang zum chinesischen Markt erleichtert. Die wirtschaftliche Modernisierung ging jedoch nicht mit einer Demokratisierung des politischen Lebens einher. Im Gegenteil: Die absolute Macht der Kommunistischen Partei durfte nicht angetastet werden. Doch zeigte sich schon bald, dass sich die Erneuerung nicht auf Wirtschaft, Technik und Wissenschaft eingrenzen ließ. **Forderungen nach einer „fünften Modernisierung"**, d. h. nach Freiheit und Demokratie, wurden laut. Sie mündeten im Frühjahr 1989 in **Studentenproteste**, in denen mehr politische Rechte verlangt wurden. Dafür demonstrierten am 4. Mai in Peking etwa 500 000 Menschen. Prominente Mitglieder der KPCh, darunter Deng Xiaoping, mussten sich öffentliche Kritik anhören. Daraufhin entbrannte in der chinesischen Führung ein heftiger Streit, wie die Partei reagieren sollte. Viele ältere Führungsmitglieder sahen in den Demonstrationen eine Bedrohung der Herrschaft der Kommunistischen Partei. Am **3./4. Juni 1989** schlug das Militär brutal zu. Mit Panzern und Waffen ging es – unter anderem in Peking auf dem Platz des Himmlischen Friedens (Tian'anmen) – gegen die Demonstranten vor. Über 1 400 Zivilisten starben. Mit Gewalt wollten die chinesischen Machthaber verhindern, dass im Zuge des Wandels in der Sowjetunion und Osteuropa nun auch in China demokratische Bewegungen an Einfluss gewannen. Seither steckt die chinesische Führung in einem Dilemma: Sie kann und will den wirtschaftlichen Reformkurs nicht aufgeben, aber ihre politische Macht behalten.

Außenpolitik

Nachdem Mao Zedong 1949 die Volksrepublik China ausgerufen hatte, floh sein politischer Gegner **Chiang Kaishek** mit dem Rest seiner Armee und dem chinesischen Staatsschatz auf die Insel Formosa (**Taiwan**). Seitdem beanspruchen sowohl das kommunistische Regime in Peking als auch die nationalchinesische Regierung auf Taiwan, das chinesische Volk zu vertreten. Die westlichen Staaten versagten nach dem Zweiten Weltkrieg der kommunistischen Volksrepublik die politische Anerkennung und sprachen Chinas ständigen Sitz im UN-Sicherheitsrat dem Inselstaat Taiwan zu. Auf diese Weise hofften die USA, Peking international isolieren und das Ende der kommunistischen Herrschaft herbeiführen zu können. Darauf reagierte die Volksrepublik, indem sie sich in das von der Sowjetunion beherrschte „sozialistische Lager" einordnete. Moskau unterstützte mit Geldern und Fachkräften den Aufbau des Sozialismus in China, das sich damals noch am sowjetischen Gesellschaftsmodell orientierte. Zwischen 1958 und 1966 löste sich China allmählich von der Sowjetunion. Die Gruppe um Mao Zedong befürchtete die Entmündigung Chinas durch die Sowjetunion und forderte eine eigenständige Politik. Trotz mancher Differenzen zu Stalin sah Mao in der sowjetischen „Entstalinisierung" eine Abkehr vom sozialistischen Weg, was zur Abwendung vom sowjetischen Modell bzw. zur Propagierung eigener Sozialismusvorstellungen führte. Nach dem endgültigen Bruch mit Moskau Anfang der 1960er-Jahre eskalierte außerdem ein Grenzkonflikt zwischen beiden Staaten bis zum militärischen Zusammenstoß. Diese Ereignisse sowie der Einmarsch der UdSSR in die Tschechoslowakei 1968 leiteten zwischen Moskau und Peking eine „Eiszeit" ein. Die Sowjetunion galt bei den chinesischen Kommunisten seitdem als Hegemonialmacht, die nach Weltherrschaft strebe und zu diesem Zweck China einkreisen wolle. Bereits in den ersten Jahren der Volksrepublik fühlte sich China nicht nur dem „sozialistischen Lager", sondern auch der Dritten Welt zugehörig. Während der **Kulturrevolution** sorgte Ministerpräsident Zhou Enlai (1898–1976, Ministerpräsident von 1949 bis 1976) insofern für außenpolitische Kontinuität, als er die Zusammenarbeit mit den anderen Entwicklungsländern weiter vorantrieb. Mit großem progagandistischen Aufwand wurden sozialistische und nationale Erhebungen unterstützt, an erster Stelle der „Volkskrieg" in Vietnam (s. S. 477). Nach dem Bruch mit Moskau erweiterte China schrittweise seine internationalen Beziehungen bis zur Aufnahme in die UNO (1971), die mit dem gleichzeitigen Ausschluss Taiwans gekoppelt war. Die **USA** stimmten zwar dagegen und unterstützten Taiwan militärisch und politisch, doch nach dem Rückzug aus Vietnam zeigten sie sich zunehmend an einer Normalisierung der Beziehungen zu China interessiert. Mit dem Besuch des amerikanischen Präsidenten Richard Nixon in Peking im Februar 1972 war China endgültig zu einem weltpolitischen Faktor geworden. Grundlage für die Annäherung war das gemeinsame Interesse an der Eindämmung des sowjetischen Einflusses. Mit **Japan** schloss China 1978 ein Friedens- und Freundschaftsabkommen, das einen Ausgleich in den historisch belasteten Beziehungen herbeiführte und eine gegen die UdSSR gerichtete Antihegemonieklausel enthält. Seitdem fällt Japan für die Modernisierung der chinesischen Wirtschaft eine entscheidende Rolle zu. Nach der außenpolitischen Öffnung bemühte sich Peking auch um intensivere Beziehungen zu Europa. China unterstützte die westeuropäische Integration, um langfristig die Einflussmöglichkeiten beider Supermächte zu beschneiden, wobei zunächst die antisowjetische Perspektive Vorrang hatte. Seit der Modernisierungspolitik **Deng Xiaopings** in den 1970er-Jahren verschwanden zunehmend die revolutionären Töne in der außenpolitischen Rhetorik. Ausschlaggebend blieb das chinesische Interesse, durch vielfältige politische und wirtschaftliche Beziehungen die eigene Unabhängigkeit zu sichern und sich einen großen Handlungsspielraum zu erhalten. Die brutale Niederschlagung der Demokratiebewegung 1989 bedeutete einen Rückschlag für die außenpolitischen Bemühungen. Die westlichen Staaten reagierten vorübergehend mit Distanzierung, ohne aber mit China zu brechen. Zu groß ist die Faszination, die vom riesigen Marktpotenzial der Volksrepublik ausgeht.

Zukünftige Weltmacht?

Die in den 1970er-Jahren unter Deng Xiaoping eingeleiteten Reformen brachten China ein hohes Wirtschaftswachstum, steigenden Wohlstand und den Aufstieg zu einer Weltwirtschaftsmacht. Auch auf wissenschaftlich-technischem Gebiet gehört China teilweise bereits zur Weltspitze, sichtbar etwa in der erfolgreichen Etablierung eines eigenen Raumfahrtprogramms. Seit 2004 ist der „chinesische Drachen" die **drittgrößte Handelsnation der Welt** hinter den USA und Deutschland, aber vor Japan, Frankreich, Italien und Großbritannien. Die erstarkende Wirtschaft ist wiederum eine entscheidende Voraussetzung für die begonnene Modernisierung der Volksbefreiungsarmee, sodass Chinas Gewicht sowohl außen- wie sicherheitspolitisch zugenommen hat. Die immer selbstbewusster auftretende politische Führung sieht sich auf dem natürlichen Weg zu einer Groß- und auch Weltmacht und damit in einer wachsenden **Rivalität besonders mit den USA**, die sich vor allem in Handelskonflikten äußert. Peking unterstellt den USA zudem, dass sie Chinas Machtzuwachs verhindern wollen. Ein zentraler Streitpunkt zwischen beiden Staaten ist Taiwan, das von amerikanischer Seite militärisch unterstützt wird. Für die Volksrepublik bleibt die Wiedervereinigung mit dem Inselstaat, den sie als Provinz betrachtet, eines der Hauptziele. Unter der Präsidentschaft von Donald Trump (ab 2017) haben sich insbesondere die Handelskonflikte zunehmend verschärft. Gleichzeitig kam es in Hongkong zu Protesten gegen die zunehmende Einflussnahme Pekings in der Sonderverwaltungszone.

1 Erarbeiten Sie die Grundlinien der innenpolitischen und wirtschaftlichen Entwicklung Chinas von 1949 bis heute. Ziehen Sie dazu auch M 6 und M 7 heran.
2 **Zeitstrahl:** Stellen Sie die wichtigsten Etappen der chinesischen Außenpolitik von 1949 bis heute dar. Erläutern Sie, mit welchen Ländern China in seiner neueren Geschichte eng zusammengearbeitet hat bzw. zu welchen Staaten es Abstand hielt.

M 3 Eine 93-jährige Chinesin erntet Reis in traditioneller Handarbeit, Fotografie, 2015

M 4 Die chinesische Astronautin Wang Yaping gibt eine Unterrichtsstunde von der Raumstation Tiangong-1 aus, Fotografie, 2018

M 5 Anti-Regierungs-Demonstration in Hongkong, Fotografie, 2019

▶ M 8, M 9: Jugend in China

Hinweise zur Arbeit mit den Materialien:
Die Auswahl beschäftigt sich mit der Volksrepublik unter Mao Zedong (M 6, M 7), der Jugend in China (M 8–9).

Die Volksrepublik China unter Mao Zedong

M6 Der Chinaforscher Hans van Ess (2008)

Natürlich war Mao Zedong ein skrupelloser Machtpolitiker, dem seine eigene Stellung über das Wohl der Partei ging. Schon der Lange Marsch, auf dem Mao seine Getreuen 1933/34 ins nordchinesische Yan'an führte, konnte nur deshalb zum Erfolg werden, weil er keinerlei Rücksicht auf seine Anhänger nahm. Der Tod zehntausender Gefolgsleute bedeutete ihm offenbar nichts. [...] Der 1958 begonnene, aber schlecht organisierte sogenannte „Große Sprung nach vorn" endete mit einer Hungersnot von gigantischen Ausmaßen, die wahrscheinlich zwanzig Millionen Menschen das Leben kostete. Mao und seine Berater hatten die „Volkshochofenkampagne" entfacht und die schon damals für ein Land, das sich entwickeln wollte, zu zahlreiche Landbevölkerung dazu angeregt, ihr Werkzeug einzuschmelzen und zu Stahlerzeugern zu werden. Bis heute wird dieses Desaster in der chinesischen Geschichtsschreibung kaum erwähnt. Mao verlor das Amt des Staatspräsidenten und behielt nur den Parteivorsitz. Doch seine Fraktion in der Partei blieb stark. Er wartete auf eine Gelegenheit, um die Führung des Landes zurückzuerobern. 1966 war es so weit: Der Historiker und stellvertretende Bürgermeister von Peking, Wu Han, hatte ein Theaterstück verfasst, in dem es um die Entlassung eines loyalen Beamten durch einen Kaiser der Dynastie Ming geht. Dieses Drama wurde sofort als direkte Kritik an Mao Zedong aufgefasst. [...] In den Parteimedien begann alsbald ein Gegenschlag, der dazu führte, dass Wu Han entlassen wurde. Dies löste einen Dominoeffekt aus, bei dem schnell die gesamte Staatsführung kippte. Mao konnte seine eigenen Getreuen in die höchsten Ämter einsetzen. Gestützt auf die ihm aus Kriegstagen loyale Armee, aber auch auf in Gardeuniformen gesteckte junge Schüler, die ihre Lehrer und Vorgesetzten angreifen durften, entfesselte er die „Große Kulturrevolution". [...] Unter dem Vorwand, dass Intellektuelle das Landleben kennenlernen müssten, um zu verstehen, wie das einfache Volk lebte, entsandte Mao große Teile der städtischen Jugend, deren bloße Herkunft sie verdächtig machte, ebenfalls aufs Land. [...] Ziel war nicht nur, den Städtern das Landleben nahezubringen, sondern auch, das in zahlreiche Lokalkulturen zersplitterte Land zu vereinheitlichen: eine einheitliche, multikulturelle Gesellschaft zu schaffen, in der es möglichst wenig völlig selbstständige Enklaven gab. Die Städter hatten also auch eine zivilisatorische Aufgabe. Durchaus nicht alle Chinesen, die diese Erfahrung mitmachen mussten, sind heute deshalb gegen Mao eingestellt. [...] Doch gibt es eine große Zahl von chinesischen Intellektuellen, die in jenen Jahren als vermeintliche oder echte Anhänger der 1966 von Mao beseitigten Staatsführung unvorstellbar gelitten haben. Obwohl viele von ihnen rehabilitiert wurden, hat es nie eine echte Bewältigung dieser Vergangenheit gegeben, bei der die Verantwortlichen, die zum Teil viele Menschenleben auf dem Gewissen hatten und haben, zur Rechenschaft gezogen worden wären. Daher finden wir in China heute einen nicht ausgefochtenen Gegensatz zwischen Opfern auf der einen Seite und Mitläufern und Nutznießern der Kulturrevolution auf der anderen Seite.

*Zit. nach: Hans van Ess, Die 101 wichtigsten Fragen. China, C. H. Beck, München 2008, S. 33ff.**

M7 Chronologie der revolutionären Kampagnen Maos

1949/50
- Kampagne zur Niederwerfung der Gegenrevolutionäre: Massenprozesse gegen Großgrundbesitzer, öffentl. Hinrichtungen (geschätzt 1–5 Mio.)
- Reform der Gedanken: Bewegung gegen die Intellektuellen; ideologische Umerziehung
- Bodenreform: Agrarreform in ganz China

1950–1953
- Erfolgreiche Unterstützung der nordkoreanischen Kommunisten im Koreakrieg

1955
- Kollektivierung der Landwirtschaft. Kampagne zum freiwilligen Zusammenschluss der Bauern (Kooperation), „Säuberungen" an Schulen, Universitäten, kulturellen Institutionen

1956
- „Lasst 100 Blumen blühen": Ermunterung zur freien Meinungsäußerung und Kritik. Sie fördert viel Unzufriedenheit zutage und wird abgebrochen. Zahlreiche Bestrafungen

1958
- „Großer Sprung nach vorn". Gründung der Volkskommunen. Versuch, durch gewaltige Anstrengungen den Rückstand Chinas aufzuholen; dezentralisierte Industrialisierung und gleichzeitige Entwicklung der Landwirtschaft; nach schweren Rückschlägen abgebrochen

1966–1969
- Große proletarische Kulturrevolution: Teils gelenkte, teils spontane Massenbewegung zum Aufbrechen von Erstarrungen in Partei, Wirtschaft und Bildung und zur „radikalen Umgestaltung des Bewusstseins". Rotgardisten (junge Maoisten) erzwingen den Rücktritt zahlreicher Funktionäre.

1976
- Der Mao-Kritiker Deng Xiaoping wird der Rechtsabweichung beschuldigt und verliert alle Ämter.

1977
- Deng Xiaoping wird wieder in seine Ämter eingesetzt. Nach dem Tod Maos wird die Politik der vorsichtigen Öffnung nach Westen fortgesetzt.

1 Erarbeiten Sie die wichtigsten Maßnahmen, mit denen China in eine kommunistische Gesellschaft umgestaltet wurde (M 6, M 7).
2 **Wahlaufgabe:** Bearbeiten Sie entweder a) oder b).
   a) Erläutern Sie, mit welchen Mitteln die KPCh zur Durchsetzung ihrer Politik vorging.
   b) Beschreiben Sie die Rolle Mao Zedongs in der Volksrepublik China.

Jugend in China

M 8 Der Journalist Georg Blume (2000)

Das macht die dritte Jugendbewegung in 51 Jahren Volksrepublik so spannend: Die roten Garden der Kulturrevolution gehorchten noch dem großen Steuermann [d. h. Mao Zedong], der sie jederzeit zurückpfeifen konnte. Die Studenten der Demokratiebewegung von 1989 besetzten den Platz des Himmlischen Friedens noch im Kollektiv, das die Partei mit ihren Panzern jederzeit zerschlagen konnte. Die Jugend 2000 aber kann kein Parteiappell und kein Panzerverband mehr stoppen. „Wir werden nie vergessen", schreit das Punk-Mädchen Yi mit gefletschten Zähnen ins Mikrofon, „dass chinesische Mädchen keine braven Puppen sind." Mode, Musik und Mätzchen begründen eine neue Lebensweise. Der „Tanz ums goldene Selbst" [...] hat mit dem neuen Jahrhundert auch in China begonnen. Denn wo ist die Ego-Gesellschaft verlockender als im Land der größten Volksmassen? Wo sind Individualisierung und Selbstentfaltung attraktiver als nach 51 Jahren Propaganda und Einparteiendiktatur? Die Jugend sucht ihre Freiheit dort, wo die Aufsicht der Partei versagt: in der sexuellen Emanzipation, in den Moden und Trends der aufblühenden Marktwirtschaft und im Internet.

*Zit. nach: Die Zeit Nr. 50 vom 7. Dezember 2000, S. 12.***

M 9 „Nicht, dass ich nichts verstehe", Lied des bekannten chinesischen Rocksängers Cui Jian aus den 1990er-Jahren (Auszug)

Früher wusste ich nicht, was es heißt, offen-
[herzig zu sein,
früher wusste ich nicht, dass es auf der Welt
[so viel Merkwürdiges gibt,
früher hatte ich Illusionen von der Zukunft,
die jetzt nicht der Gegenwart entsprechen,
jetzt scheint alles klar zu werden, was die
[Zukunft ist.
Oho, oho ...
In dem, was ich früher tat,
konnte ich nicht zwischen Gut und Böse
[unterscheiden,
ich kann mich nicht klar erinnern,
wie die bereits verflossene Zeit vergangen ist,
Dinge, die ich einstmals für einfach hielt,
verstehe ich heute nicht mehr,
plötzlich fühle ich, dass die Welt, die ich
[sehe, nicht die meine ist.
Es scheint, als hätte ich in mehr als zwanzig
Jahren nur gelernt, geduldig zu sein,
ein Wunder, dass die Mädchen immer sagen,
[ich sei unrealistisch.
Ich reiße mich zusammen, erwache aus
[einem Traum,
aber durch das Erwachen weiß ich nur,
dass die Welt sich sehr schnell ändert.
In die Ferne blickend sehe ich viele Hoch-
[häuser, wie Reis- und Getreidefelder,
vor mir sehe ich ein Meer von Menschen
[und einen Verkehrsstau.
Ich blicke nach links und rechts, nach vorne
[und nach hinten,
aber kapieren kann ich es dennoch nicht.
Dieses hier und jenes dort, je mehr ich sehe,
desto mehr wundere ich mich.

*Zit. nach: Else Schmidt/Klaus Edel, China im Spiegel der Rockmusik, in: Beiträge zur historischen Sozialkunde Nr. 4, 1998, S. 8–10.**

1 **Wahlaufgabe:** Beschreiben Sie das Lebensgefühl der Jugendlichen entweder anhand
   a) von M 8 oder
   b) von M 9.
2 Erklären Sie die Aussage: „Die Jugend sucht ihre Freiheit dort, wo die Aufsicht der Partei versagt" (M 8).
3 **Zusatzaufgabe:** Siehe S. 619.

12.4 Der Nahost-Konflikt

In dieser Themeneinheit geht es um
Ursachen, Streitpunkte, Akteure und Entwicklung des Nahost-Konfliktes.

Ursachen

Der Begriff „Nahost-Konflikt" bezeichnet die politischen und kriegerischen Auseinandersetzungen zwischen **Israel** und seinen arabischen Nachbarn sowie den Palästinensern. Der Konflikt begann nicht erst mit der Ausrufung des Staates Israel durch den späteren israelischen Ministerpräsidenten David Ben-Gurion im Jahr 1948, sondern spätestens mit der Entstehung des **Zionismus*** am Ende des 19. Jahrhunderts. Die Zionisten, wie sich die nationaljüdische Bewegung nannte, wollten wieder „zurück" in das Land ihres historisch-religiösen Ursprungs: „Israel". Dort hatte das jüdische Volk bereits vor über 3 000 Jahren gelebt, bevor das Land zunächst unter römische, später unter arabische Herrschaft geriet. Die Zionisten leiteten aus der Geschichte das moralische Recht der Juden ab, nach jahrhundertelanger Unterdrückung und Verfolgung in **Palästina** einen eigenen Staat mit der Hauptstadt **Jerusalem** zu gründen. Dagegen betrachteten die Araber Palästina als arabisches Land, das nur unter osmanischer, nach dem Ersten Weltkrieg unter britischer Fremdherrschaft gestanden habe. Immer wieder kam es daher zu gewalttätigen Konflikten zwischen den arabischen Bewohnern und den neuen jüdischen Siedlern. Nach dem Ende des Zweiten Weltkrieges gab Großbritannien die Verantwortung über das zunehmend unruhige Palästina an die UNO ab. Zur Befriedung der Konflikte wurden zwei Lösungsmöglichkeiten in Erwägung gezogen: Die Teilung Palästinas in einen arabischen und einen jüdischen Staat bzw. die Gründung eines binationalen Föderativstaats aus beiden Volksgruppen. Nach monatelangen Diskussionen verabschiedete die UN-Vollversammlung am 29. November 1947 mit 33 Ja- und 13 Gegenstimmen bei zehn Enthaltungen die sogenannte Resolution 181 und entschied sich damit für die Gründung zweier getrennter Staaten auf dem umkämpften Gebiet. Während des Kalten Krieges gehörte die Region zu den weltgrößten Konfliktherden. Israel und seine arabischen Nachbarstaaten führten fünf Kriege, die die Historiker als Nahostkriege bezeichnen.

Zionismus
Moderne jüdische Nationalbewegung, die Ende des 19. Jahrhunderts in Mittel- und Osteuropa entstand. Sie wollte durch kulturelle Wiederbelebung, politische Organisation und Ansiedelung von Juden in Palästina die Basis für die Gründung des Staates Israel legen. Geistiger Führer war Theodor Herzl.

M 1 Klagemauer und Felsendom in Jerusalem, Fotografie, 1996.
Jerusalem war und ist für Christen, Muslime und Juden ein Heiliger Ort, weshalb die Stadt seit Jahrhunderten umkämpft ist. Die Juden betrachten Jerusalem als Stätte ihres Tempels, wo die Bundeslade aufbewahrt wurde, und als Hauptstadt ihres Königreichs vor der Zerstörung durch die Römer (70 n. Chr.). Für die Christen beruht die Heiligkeit der Stadt auf dem Geschehen um die Auferstehung von Jesus an diesem Ort. Hier befindet sich die Grabeskirche. Für die Muslime ist Jerusalem die Stadt, von der aus der Prophet in den siebten Himmel aufstieg. An dieser Stelle wurde auf den Grundmauern des alten jüdischen Tempels, von dem heute nur noch die sogenannte Klagemauer existiert, der Felsendom erbaut.

Konfliktpunkte und Verhandlungen

Weder **Kriege** oder **terroristische Gewalt** noch **diplomatische Verhandlungen** haben bis heute die Nahost-Region dauerhaft befrieden können. Im Kern geht es nach wie vor um die politisch-staatliche Organisation im früheren **britischen Mandatsgebiet** Palästina, d. h. um das **Existenzrecht Israels** einerseits sowie einen möglichen **staatlichen Zusammenschluss der palästinensisch-arabischen Bevölke-**

rung andererseits. Neben der Frage nach dem Grenzverlauf bestehen jedoch zahlreiche weitere Konfliktpunkte. Die Wasserversorgung war von Anfang an ein zentrales Problem für Israel, da die wichtigsten Wasserquellen außerhalb des Staatsgebietes von 1949 lagen. Dieses Problem spielte etwa bei der Eroberung des von Jordanien annektierten West-Jordanlandes 1967 eine Rolle; nach dessen Besetzung teilte Israel die dortigen Wasservorräte auf. Ein weiterer Streitpunkt ist der ungeklärte Status Jerusalems, das beide Seiten als Hauptstadt ihres Staates betrachten. Auch die israelische Siedlungspolitik auf palästinensischem Gebiet erschwert die Friedensverhandlungen. Hinzu kommen innere Konflikte in beiden Volksgruppen. In Israel entwickelt sich eine deutliche Abgrenzung der orthodox-jüdischen Bevölkerung zum Staat Israel sowie eine gesellschaftliche Distanz zwischen religiösen, wenig religiösen und nicht religiösen Juden, was einen der zentralen Gründe für politisch-soziale Konflikte in der israelischen Politik darstellt.

Auf der anderen Seite sorgten die Gründungen rivalisierender palästinensischer Organisationen für zusätzliche Brisanz. Insbesondere die islamisch-fundamentalistische *Hamas*-Bewegung, die seit den 1980er-/1990er-Jahren mit der gemäßigteren Palästinensischen Befreiungsorganisation **(PLO)*** konkurriert und bereits zahlreiche terroristische Anschläge verübt hat und seit 2007 den Gazastreifen kontrolliert, verschärft immer wieder den Konflikt und hemmt gleichzeitig die Friedensbemühungen.

PLO (*Palestine Liberation Organization* = Palästinensische Befreiungsorganisation) Dachorganisation der Palästinensischen Befreiungsbewegung. Sie wurde 1964 gegründet und hatte ursprünglich das Ziel, den Staat Israel zu beseitigen und einen arabischen, ganz Palästina umfassenden Staat zu errichten. 1994 erkannte sie das Existenzrecht Israels an. Zentrale Führungspersönlichkeit war von 1968 bis zu seinem Tod 2005 Yassir Arafat.

Akteure

Am Nahost-Konflikt sind auch international **mehrere Akteure** beteiligt. Hierzu gehört der demokratisch organisierte Staat Israel, der wegen seines hohen Niveaus in Wissenschaft und Technik eine wirtschaftlich blühende Industriegesellschaft geschaffen hat. Seine äußere Sicherheit wird durch starke und moderne Streitkräfte gewährleistet, die auch mit Atomwaffen ausgerüstet sind. Mit den **USA** pflegt Israel besonders intensive politische, militärische und wirtschaftliche Beziehungen. Im Gegensatz zu den Israelis besitzen die Palästinenser bisher keinen allgemein anerkannten eigenen Staat. Im Westjordanland oder im Gazastreifen leben sie teilweise unter israelischer Besatzung und verfügen lediglich über eine Autonomiebehörde. Bestrebungen, Palästina zu einem völkerrechtlich anerkannten Staat und einem Vollmitglied der Vereinten Nationen zu machen, waren bislang erfolglos.

Die internationale Verhandlungsposition der Palästinenser hängt wesentlich von ihrem jeweiligen Verhältnis zu den arabischen Staaten, der **UNO** sowie den **Groß- und Weltmächten** ab, die im Nahost-Konflikt eine herausragende Rolle spielen. Beeinflussten bis in die 1950er-Jahre Großbritannien und Frankreich maßgeblich die Entwicklung dieser Region, bestimmten während des Ost-West-Konfliktes die – Israel nahestehenden – USA und die – die Palästinenser und einige arabische Staaten unterstützende – Sowjetunion maßgeblich die politische Konstellation im Nahen Osten. Seit dem Zusammenbruch der Sowjetunion 1990/91 sind die USA zur stärksten Macht im israelisch-arabischen Konflikt geworden.

▶ M 3 und M 4: Die Entwicklung des Nahost-Konfliktes

M2 Palästinensische Jugendliche werfen während einer Protestveranstaltung Steine auf israelische Soldaten, Fotografie, 2008

▶ M 5: Erfolgsaussichten der Friedensbemühungen

1 Erarbeiten Sie mithilfe der Darstellung die Ursachen des Nahost-Konfliktes.
2 Erklären Sie die Konfliktpunkte.
3 **Gruppenarbeit:** Stellen Sie die Akteure mithilfe geeigneter Aspekte in einem Steckbrief dar.
4 Begründen Sie, welcher Konfliktpunkt Ihrer Ansicht nach am schwerwiegendsten ist.
Tipp: Stellen Sie zunächst weitere inhaltliche Recherchen an.

> ***Hinweise zur Arbeit mit den Materialien:***
> *M 3 bietet eine chronologischen Zusammenfassung des Konfliktverlaufs seit 1916. M 4 zeigt zwei Kartenausschnitte, die die geopolitische Situation im Nahen Osten verdeutlichen. M 5 spiegelt die Probleme des Friedensprozesses im Nahost-Konflikt wider.*

Die Entwicklung des Nahost-Konfliktes

M 3 Chronik des Nahost-Konfliktes

1916 Sykes-Picot-Abkommen: geheimer Aufteilungsplan zwischen Großbritannien und Frankreich für die osmanischen Gebiete im Nahen Osten nach dem Ersten Weltkrieg – besonders betroffen war Palästina.

1917 Balfour-Deklaration: Zusage Großbritanniens für eine jüdische „nationale Heimstätte" in Palästina

1920 Errichtung eines britischen Völkerbundmandats (im Auftrag des Völkerbunds verwaltete ehemalige Kolonien) über Palästina; arabische Unruhen in Jerusalem

1947 Beschluss der britischen Regierung, das Mandat zu beenden und das Palästinaproblem der UNO zu übergeben; UN-Vollversammlung beschließt Teilung Palästinas in einen jüdischen und einen palästinensischen Staat

1948/49 Gründung des Staates Israel (14. 5. 1948); löst den 1. Nahostkrieg aus; Flucht und Vertreibung der arabischen Bevölkerung

1956 2. Nahostkrieg: Britisch/französisch-ägyptischer Konflikt um die Verstaatlichung des Suezkanals durch Ägypten; Israel besetzt den Gazastreifen und die Sinai-Halbinsel

1957 Rückzug Israels aus dem Sinai und dem Gazastreifen

1959 Yassir Arafat (1929–2005), späterer Führer der Palästinenser, übernimmt die Führung der *Fatah* (palästinensische Kampforganisation)

1964 Gründung der Palästinensischen Befreiungsorganisation (PLO), deren Kern die *Fatah* bildet

1967 3. Nahostkrieg (Sechs-Tage-Krieg); Israel siegt über Ägypten, Syrien und Jordanien; Besetzung Westjordaniens, der Sinai-Halbinsel, des Gazastreifens und der Golan-Höhen durch

M 4 Der Nahe Osten 1949–1990

israelische Truppen, Beginn der israelischen Siedlungspolitik

1968 Die PLO spricht Israel das Existenzrecht ab und fordert die Rückgewinnung Palästinas durch bewaffneten Kampf

1973 Jom-Kippur-Krieg: Sieg Israels über Ägypten und Syrien

1979 Unterzeichnung des israelisch-ägyptischen Friedensvertrages (26.3): Räumung des Sinai (1982 abgeschlossen), Aufnahme diplomatischer Beziehungen

1982 Einmarsch Israels in den Libanon, von wo aus die PLO Israel immer wieder angegriffen hat; die PLO muss den Libanon verlassen

1988 PLO-Chef Arafat erkennt das Existenzrecht Israels an und schwört dem Terrorismus ab

1993 Eine Prinzipienerklärung zwischen Israel und PLO („Oslo I") sieht die gegenseitige Anerkennung und für die Palästinenser im Gazastreifen und im Jericho-Gebiet eine Selbstverwaltung vor

1994 Gaza-Jericho-Abkommen: Gazastreifen und Jericho werden den Palästinensern erstmals zur eigenen Kontrolle zugesprochen; Vereinbarung palästinensischer Autonomie; Unterzeichnung des Friedensvertrages zwischen Israel und Jordanien

2000 Scheitern der israelisch-palästinensischen Friedenskonferenz in Camp David (USA) und Ausbruch der zweiten „*Intifada*"

2003 USA, UNO, EU und Russland legen Friedensplan („*Roadmap*") vor; Ziel: Errichtung eines palästinensischen Staates im Jahr 2005; Israel beginnt mit dem Bau von Sperranlagen zur räumlichen Trennung von Israelis und Palästinensern

2005 Israel beendet mit dem vollständigen Abzug die 38-jährige Besatzung des Gazastreifens; die jüdischen Siedler werden in Israel angesiedelt

2006 Israelische Militäroffensive im Gazastreifen und im Libanon (33-Tage-Krieg)

2008/09 sowie **2012** Erneute Offensiven Israels im Gazastreifen nach Raketenbeschuss durch die Hamas

2014 Luft- und Bodenoffensive Israels im Gazastreifen aufgrund weiterer Raketenangriffe der Hamas

1 **Wahlaufgabe:** Bearbeiten Sie Aufgabe a) oder b). Charakterisieren Sie anhand von M 3 und M 4 den Verlauf des Nahost-Konfliktes, indem Sie
   a) die Entwicklung in Phasen (mit geeigneten Überschriften) gliedern oder
   b) eine Fieberkurve (z. B. Konfrontation/Entspannung) zeichnen.
2 **Vertiefung:** Recherchieren Sie die politische Entwicklung im Nahost-Konflikt seit 2014 und ergänzen Sie anhand Ihrer Ergebnisse die Tabelle (M 4).

Nahost-Konflikt
cornelsen.de/Webcodes
Code: puhemo

Erfolgsaussichten der Friedensbemühungen

M 5 „Verständigung", Karikatur aus dem Göttinger Tageblatt, 11. September 1993

1 Interpretieren Sie die Karikatur (M 5).
   Tipp: Nutzen Sie die Methodenseite 238.
2 Diskutieren Sie auf der Grundlage Ihrer bisherigen Ergebnisse, ob ein stabiler und dauerhafter Frieden im Nahen Osten möglich ist.
   a) **Partner-/ Gruppenarbeit:** Stellen Sie die unterschiedlichen Ziele der Akteure gegenüber. Nehmen Sie dazu arbeitsteilig jeweils deren unterschiedliche Perspektiven ein und erarbeiten Sie eine Liste mit Forderungen.
   b) Präsentieren und diskutieren Sie anschließend Ihre Forderungen im Plenum.
3 **Zusatzaufgabe:** Siehe S. 619.

Konfliktstoff Wasser: Friedenspotenzial* oder Kriegsauslöser?

In dieser Themeneinheit geht es um
den Rohstoff Wasser als möglichen Konfliktherd im Rahmen globaler Transformationsprozesse des 21. Jahrhunderts.*

Fakten zum Thema Wasser
- Asien, wo knapp 60 % der Weltbevölkerung leben, muss mit 30 % des weltweiten Wasservorkommens auskommen.
- Nach UN-Schätzungen werden bei gleichbleibendem Verbrauch im Jahre 2025 1,8 Mrd. Menschen in Gegenden mit absolutem Wassermangel leben. Für weitere 5 Mrd. Menschen wird sich der Bedarf nicht vollständig decken lassen.
- Nur 55 % des entnommenen Wassers werden wirklich verbraucht. Die übrigen 45 % sind Verluste, verursacht durch undichte Leitungen, Versickern oder Verdunsten.
- 70 % des weltweiten Wasserverbrauchs entfallen auf landwirtschaftliche Bewässerungen (2006).
- Bislang sind 5 % der Wasservorräte privatisiert.

Zit. nach: Atlas der Globalisierung, Berlin 2006, S. 14 f.

▶ **M 2–M 4: Ursachen von Wasserkonflikten**

▶ **M 1, M 5: Wasser als Konfliktstoff in Nahost**

„Die nächsten Kriege werden nicht aus politischen Gründen geführt, sondern um das Wasser", prognostizierte bereits 1988 der damalige UN-Generalsekretär Boutros Boutros-Ghali. Inzwischen gehen Experten davon aus, dass im 21. Jahrhundert der Kampf um das Wasser eine der zentralen Konfliktursachen in der Welt wird. Bereits heute zeichnen sich Konfliktpotenziale in grenzüberschreitenden Flussgebieten wie Nil, Indus, Ganges, Mekong oder Jordan ab. Eine entscheidende Ursache für die Verschärfung der Auseinandersetzungen ist neben Wassermangel, -umleitungen, -stau und -verschmutzung das explosionsartige Wachstum der Bevölkerung. Um die Menschen zu ernähren, müssen Agrarproduktion und damit auch Wasserverbrauch massiv gesteigert werden. Zwar ist die Oberfläche der Erde zu 70 % von Wasser bedeckt, doch der größte Teil davon ist salzig. Nur etwa 3 % ist Süßwasser und davon ist der überwiegende Teil für den Menschen nicht nutzbar, weil er in den Polargebieten und Hochgebirgen als Gletscher, Eis oder Schnee gebunden ist. Das tatsächlich nutzbare Trinkwasser, ca. 0,3 % des weltweit vorhandenen Wassers, würde allerdings ausreichen, um den Durst der Menschheit zu stillen – wäre das Wasser nur gleichmäßig verteilt. Zugespitzt wird diese Situation durch den globalen Klimawandel: Die Erwärmung der Erdatmosphäre verstärkt in dramatischem Ausmaß die Wasserknappheit. In einigen Regionen der Welt sind politische Konflikte bereits heute auf den Kampf um Wasser zurückzuführen. Wird der Konflikt um das Wasser jedoch Kriege auslösen? Weil Wasser lebensnotwendig ist, gehen Wissenschaftler davon aus, dass sich die Menschen zunehmend mit Gewalt Zugang zu dieser Ressource verschaffen werden, sollten friedliche Lösungsstrategien scheitern. Ob Staaten mit grenzüberschreitenden Gewässern, wie z. B. im Nahen Osten, Wege finden, die Wasservorräte gemeinsam zu nutzen, kann ausschlaggebend sein für die Beantwortung der Frage, ob der Wassermangel „eher ein Anlass für Frieden als ein Auslöser für Krieg" (Patrick Goldfein) sein wird.

1 Stellen Sie mithilfe der Darstellung Hypothesen zur Leitfrage auf.

M1 Palästinensische Kinder befüllen Kanister an einer öffentlichen Wasserstelle, Rafah/Gazastreifen, Fotografie, 2012.
Von den ca. 1,6 Mio. Menschen, die derzeit im Gazastreifen leben, hat ein Großteil keinen Zugang zur regulären Wasserversorgung. Das Leitungssystem ist veraltet und in großen Teilen durch die militärischen Auseinandersetzungen zwischen Hamas und der israelischen Armee zerstört.

Hinweise zur Arbeit mit den Materialien:
M 2 bis M 4 thematisieren die Ursachen von Wassermangel und daraus resultierende Konflikte. M 1 und M 5 befassen sich mit der Wahrscheinlichkeit eines drohenden Wasserkonflikts im Nahen Osten.

Ursachen von Wasserkonflikten

M2 Der Geograf Martin Reiss (2008)

Ursache für Wasserkonflikte sind natürlicher Wassermangel, Wasserumleitungen, Wasserstau, Wasserverschmutzung und fehlende oder schlechte Infrastruktur zur Wasserversorgung und Wasseraufbereitung. [...] Betroffen sind hauptsächlich Länder, die sich in den Trockengebieten der Erde befinden. [...] Die Territorien von 145 Staaten der Erde liegen in grenzüberschreitenden Flusseinzugsgebieten. Hierbei tritt das „Oberlieger-Unterlieger-Problem" hinzu[.] [...] Der Oberlieger kann als Erster Wasser nutzen, aufstauen, umleiten oder verschmutzen. Hier entstehen Konflikte, wenn es um die nachhaltige Nutzung geht, d.h. wenn auch den Unterliegern genügend Wasser zur Verfügung stehen soll. Eine weitere Ursache für Wasserkonflikte ist der fehlende bzw. nicht gewährleistete Zugang zu sauberem Trinkwasser. 1,2 Milliarden Menschen können nicht frei an hygienisch unbedenkliches Wasser gelangen. 100 bis 200 Liter Trinkwasser pro Person und Tag werden als optimal angesehen, wenn sich mehrere Wasserhähne in einem Haus befinden. In Afrika und im Nahen Osten müssen die Menschen (meist Frauen) häufig mehr als einen Kilometer zurücklegen und können oft nur 5 Liter pro Person und Tag nutzen. Die Zahl der Menschen, die keinen Zugang zum Trinkwasser haben, wird im Jahr 2025 auf 2,5 Milliarden Menschen (= 40 Prozent der Weltbevölkerung) ansteigen (UN-Projektion).

*Zit. nach: www.vdl.de/Journal_Digital/Schwerpunkt/2007/02/reiss.php (Download vom 4. Juli 2008).***

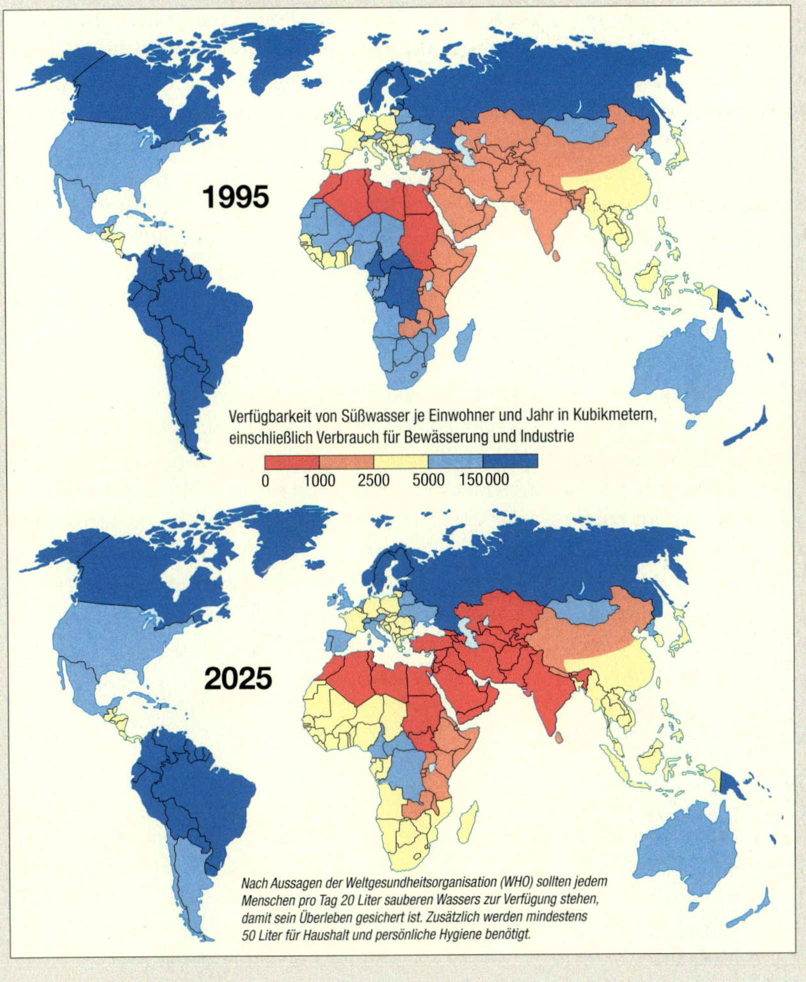

M3 Von Wasserknappheit betroffene Regionen, 1995 und 2025 (Prognose)

M4 Wasser als Konfliktursache und Kriegsgrund – ein Überblick (2006)

Wie die Trends bei der Wasserverfügbarkeit verdeutlichen, wird sich die Konkurrenz um nutzbares Süßwasser noch verstärken. [...] Derartige Konfliktkonstellationen führen bereits heute zu gewaltsamen Auseinandersetzungen, so etwa im Sommer 2000 in der chinesischen Provinz Shandong zwischen Bauern und der Polizei. Tausende Bauern, die das Wasser für die Bewässerung ihrer Felder reklamierten, protestierten gegen die Wasserentnahme aus Reservoirs für die städtische und industrielle Nutzung. Bei der Niederschlagung der Proteste kamen mehrere Bauern ums Leben. [...] Im Januar 2005 kam es am Fluss Ewaso Kedong in Kenia zu gewaltsamen Zusammenstößen zwischen Massai und Kikuyu. Die nomadisch lebenden Hirten der Massai warfen den sesshaften Kikuyu-Bauern vor, dem Fluss zu große Wassermengen zu entnehmen. Auch infolge dieser Auseinandersetzung waren Todesopfer zu beklagen, ferner kam es zur Massenflucht aus dem Gebiet. Konfliktträchtig ist schließlich die Frage, ob die Wasserversorgung in öffentlicher oder privater Hand liegen soll. Der öffentliche Versorgungsauftrag wird mit der zentralen Stellung des Gutes im menschlichen Alltag begründet – ein Gedanke, der sich auch in der Debatte um ein Menschenrecht auf Wasser widerspiegelt. Die Befürworter einer Privatisierung der Wasserversorgung argumentieren, mit der Einführung von Gebühren könne eine effizientere Nutzung erreicht werden. Die Privatisierung hat bisher jedoch vielerorts zur weiteren Marginalisierung[1] armer Bevölkerungsgruppen geführt: Da das Trinkwasser unerschwinglich wurde, mussten sie oftmals auf schmutziges Trinkwasser ausweichen [...]. Die Folge war die Verbreitung von Cholera und anderen Krankheiten. Auch zu gewaltsamen Ausschreitungen ist es bereits infolge von Privatisierungen gekommen. [...] Bei grenzüberschreitenden Gewässern wird die sicherheitspolitische Dimension von Ressourcenknappheit besonders augenfällig. Die Art und Weise der Nutzung durch Oberanrainer beeinflusst unmittelbar die Bedingungen für die Unteranrainer – fließt das Wasser über Grenzen, wird es zum Gegenstand internationaler Politik [...] Vor diesem Hintergrund erscheint die These von Wasserkriegen plausibel, die Erfahrungen sprechen jedoch dagegen [...]. Bislang haben Konflikte um Wasser in einem der weltweit 263 grenzüberschreitenden Flussgebiete noch zu keinem internationalen Krieg geführt [...]. Dies ist das Ergebnis von Forschungen an der Oregon State University, die in einer Datenbank grenzüberschreitende Flussgebietsstreitigkeiten zusammengestellt hat. Zwischen 1948 und 1999 hat es demnach lediglich 37 Fälle von gewaltsamen Streitigkeiten gegeben. Der letzte Wasserkrieg zwischen Staaten wird gar auf einen Disput zwischen den Stadtstaaten von Lagasg und Ummas im Euphrat- und Tigrisbecken vor 4500 Jahren datiert. Beispiele am Euphrat oder am Nil belegen, dass Staaten zwar immer wieder mit militärischer Gewalt drohen, aber selbst in politischen Spannungsgebieten Lösungen gefunden und Kooperationsabkommen geschlossen werden. [...] Verschiedene Flussgebietskommissionen zeigen, dass ein institutioneller Rahmen die Zusammenarbeit stabilisieren und dadurch Konflikte entschärfen oder verhindern kann. Die Flusskommission am Indus (Pakistan, Indien) hat zwei Kriege überstanden und auch das Mekong Committee, mit Vertretern aus Kambodscha, Laos, Thailand und Vietnam, wurde während des Vietnamkriegs fortgeführt. Besonders komplex erweisen sich die Verhandlungen am Nil, zählen doch zehn Staaten zu den Anrainern des Flusses. Analysen der Konfliktkonstellation in diesem Gebiet verdeutlichen, dass Wasser als strategisches und konfliktträchtiges Gut wahrgenommen wird. Dennoch konnten bislang die Interessendivergenzen zwischen Ober- und Unteranrainern zumindest partiell überwunden und eine Zusammenarbeit im Rahmen der Nile Basin Initiative erreicht werden.

*Zit. nach: Stiftung Entwicklung und Frieden/Institut für Entwicklung und Frieden, Globale Trends 2007. Frieden, Entwicklung, Umwelt, hg. v. Tobias Debiel, Dirk Messner, Franz Nuscheler, Fischer, Frankfurt/M. 2006, S. 368–371.**

1 Vorgang, bei der eine Einzelperson oder Gruppe ins politische Abseits geschoben wird

1 Erarbeiten Sie anhand der Karten (M 3), in welchen Regionen der Welt sich in den nächsten Jahren die Wasserknappheit verschärfen wird.
2 Nennen Sie anhand von M 2 und M 4 die Ursachen für Wasserkonflikte und nehmen Sie eine begründete Gewichtung vor.
3 Analysieren Sie M 4 im Hinblick auf die Position und die Argumente des Autors zu der Frage, ob Kriege um die Ressource Wasser realistisch sind.
Tipp: Siehe Methodenseiten 257 f.

Wasser als Konfliktstoff in Nahost

M5 Der Autor Patrick Goldfein (2002)

Alle Jahre im Sommer ist es wieder so weit. Wer im See Genezareth baden will, muss erst einmal einige Meter auf dem vertrockneten Seegrund entlangwandern, bevor er endlich ins kühle Nass springen kann. Der israelische Wasserkommissar spricht angesichts leerer Grundwasservorräte von einer Katastrophe. [...] Heute liefern sich Israel und die Palästinensische Autonomiebehörde einen heftigen Streit um die Nutzung des Grundwassers im Westjordanland. Israel weigert sich, die Kontrolle über die unterirdischen Reserven aufzugeben. Zu groß ist die Angst davor, dass die Palästinenser zu viel Wasser auf einmal abpumpen würden und dadurch, wie im Gaza-Streifen geschehen, der Salzgehalt im Trinkwasser drastisch ansteigen würde. Deshalb kontrolliert die israelische Wassergesellschaft „Mekorot" weiterhin die dortige Wasserverteilung mit der Folge, dass von den 450 Millionen Kubikmetern Wasser, die jährlich aus dem Westjordanland abgeschöpft werden, den Palästinensern nur 150 Millionen zukommen. [...] Oft steht die politische Lage einer vernünftigen Lösung des Wasserproblems im Wege. [...] Dabei könne auf so kleinem Raum gar nicht ohne einander gedacht werden, meint der israelische Wasserexperte Professor Arie Issar: „In dem Wohlbefinden der Palästinenser liegt unser eigenes, während wiederum ihr wirtschaftlicher Notstand den Keim des religiösen Fundamentalismus und die Macht des Terrors in sich trägt." Issar [...] sieht die Wassernot nicht als einen möglichen Grund für einen weiteren Krieg. Ganz im Gegenteil: Er hofft auf eine gemeinsame wissenschaftliche Entwicklung. Während in Israel durch moderne Bewässerungsmethoden bereits viel Wasser eingespart werde, litten die arabischen Länder unter der technologischen Rückständigkeit. [...] „Deshalb müssen wir unsere Technologien an unsere Nachbarn liefern und dort Schulen für Wassererziehung und Landwirtschaft gründen." [...] Wassermangel könnte demnach eher ein Anlass für Frieden werden als ein Auslöser für Krieg. Bereits heute liefert Israel im Rahmen des Friedensvertrags von 1994 jährlich 50 Millionen Kubikmeter Trinkwasser nach Jordanien, die dort dringend benötigt werden, um die Bevölkerung zu versorgen. Auch im Hinblick auf einen zukünftigen Frieden mit Syrien spielt das nasse Element eine große Rolle: Sollte es durch einen echten Frieden möglich werden, Wasser aus der Türkei per Pipeline durch Syrien nach Israel zu leiten, würde dies den israelischen Verzicht auf die Golanhöhen spürbar erleichtern. Die Golanhöhen sind heute Quelle für 30 Prozent des israelischen Wasserhaushalts. Mit dem Regenwasser, welches in der Türkei bisher noch ungenutzt ins Meer fließt, könnte man, laut Issar, den gesamten Nahen Osten mit Wasser versorgen. Bis dieses Szenario Wirklichkeit wird, muss man jedoch auch in Israel umdenken. In den vergangenen Jahren hat es im Winter viel zu wenig geregnet. Daraufhin wurde aus dem See Genezareth, dem Hauptwasserreservoir Israels, sehr viel Wasser abgepumpt. Schon jetzt ist der Seepegel auf Rekordtief – in den heißen Sommermonaten sinkt er durch die Verdunstung jeden Tag um einen weiteren Zentimeter. Auch der Meeresspiegel des Toten Meeres ist innerhalb von dreißig Jahren um 17 Metern gesunken, weil das Wasser, bevor es in das Meer fließt, abgezapft wird. Es gibt bereits Pläne, einen Kanal vom Mittelmeer ins Tote Meer zu bauen – ansonsten wird in 20 Jahren nur noch eine Salzwüste an das Tote Meer erinnern. Dabei gibt es Wege, ein Austrocknen Israels zu verhindern: Noch immer werden 70 Prozent des israelischen Wassers in der Landwirtschaft verbraucht. Oft werden die Felder mit Trinkwasser bewässert, weil es an Aufbereitungsmöglichkeiten fehlt. [...] An das Wasserbewusstsein der israelischen Bevölkerung zu appellieren, erscheint als Sparmaßnahme jedoch aussichtslos. Die meisten haben sich längst daran gewöhnt, zwei Mal am Tag zu duschen – trotz aller Schreckensmeldungen könnten hier wohl nur drastische Preiserhöhungen eine Wirkung erzielen. Das Umweltbewusstsein der Israelis ist angesichts der ständigen Kriegssituation äußerst unterentwickelt. Wer kann sich schließlich den Luxus erlauben, 20 Jahre im Voraus zu planen? Angesichts der tagtäglichen Bedrohung ist die israelische Gesellschaft allzu sehr auf die Gegenwart fixiert.

*Zit. nach: Patrick Goldfein, Das kostbare Nass, in: Aufbau Nr. 15 vom 25. Juli 2002.**

1 Erklären Sie anhand des Nahost-Konfliktes den Zusammenhang zwischen Wasserknappheit und Frieden (M 1, M 5).
Tipp: Nutzen Sie auch die Karte zum Nahost-Konflikt (s. S. 606, M 4).

2 **Podiumsdiskussion:** Erörtern Sie – z. B. im Rahmen einer fiktiven, von der UNO organisierten Podiumsdiskussion – die Frage: Weltweiter Wassermangel – Anlass für Frieden oder Auslöser für Krieg?

Weltwasserbericht der UNESCO von 2018
cornelsen.de/Webcodes
Code: jamoha

Anwenden

M 1 Die ehemalige Präsidentin des Bundesverfassungsgerichts Jutta Limbach über die Zukunft der Europäischen Union (2012)

Die Illusion der europäischen Identität

Der vermisste europäische Gemeinsinn stellt sich auch nicht automatisch ein, wenn der Prozess der Integration von heute auf morgen bis zum Bundesstaat vorangetrieben wird. Wer die Bürger dort abholen will, wo sie sich in ihrem europäischen Bewusstsein befinden, muss zunächst auf ihr Unbehagen und ihr fehlendes Verständnis der Funktionsmechanismen der EU eingehen. Bei dem Bedarf nach Aufklärung ist [...] die Verlässlichkeit des Rechts von vorrangiger Bedeutung. Wie will ich von den Bürgern erwarten, dass sie sich auf das Projekt Europa einlassen, wenn sie nicht darauf vertrauen dürfen, dass sich die Politiker an die vereinbarten Verträge und deren Normen halten?

Vor leichtfertigen Analogien mit den Vereinigten Staaten von Amerika sei darum gewarnt. Zur Vorsicht mahnt bereits die Einsicht von Jürgen Kocka[1], dass Europa auf dem Weg zu seiner Einheit mit erheblich mehr eingeschliffener und institutionalisierter Vielfalt von Nationen und Traditionen zurechtkommen müsse. Daher ist es eine Illusion, darauf zu hoffen, dass die nationale Identität nach und nach durch eine europäische Identität abgelöst werden könnte. [...]

„Mehr Europa" ist nicht die Lösung

Der heutige Mensch muss sich sowohl als Franzose oder Deutscher als auch zugleich als Unionsbürger begreifen können. Gewiss erfreuen die offenen Grenzen und, bis vor kurzem auch, die gemeinsame Währung die Bürger. Sowohl die europäische Flagge als auch die gemeinsame Hymne sprechen die Sinne und das Gemüt an. Doch schaffen sie nicht das gleiche Gefühl der Verbundenheit wie in der staatlichen Gemeinschaft. Statt auf das Gefühl sollte auf die Vernunft vertraut werden. Weniger der Nationalstaat mit seinem inzwischen fragwürdigen Rekurs auf die gemeinsame ethnische Herkunft ist Basis der Verbundenheit. Quelle der Legitimation sind vielmehr die Errungenschaften des modernen Verfassungsstaats. Das im Jahre 1992 fortgeschriebene Grundgesetz hat als Zukunftsbild eine Europäische Union vor Augen, die demokratischen, rechtsstaatlichen und sozialen Grundsätzen, wie dem Prinzip der Subsidiarität und den Grundrechten verpflichtet ist. Wir brauchen nicht „mehr Europa". Den Bürgern sollte nicht vorgegaukelt werden, dass die Vereinigten Staaten von Europa ein Mittel wären, die Krise alsbald zu meistern. Der Schritt würde nicht nur die europäischen Völker, einschließlich ihrer Eliten, gegenwärtig überfordern. [...] In der Diskussion um die künftige Gestalt der Europäischen Union offenbart sich, dass das politische Denken nach wie vor in den überkommenen Formen von Staatlichkeit befangen ist. Hier gilt es [...], die Form eines europapolitischen Gemeinwesens zu entwerfen, das sich nicht um die bisherigen Modelle von Staatlichkeit schert. Das heißt, sich nicht an der Trias von Staatsvolk, Staatsgewalt und Staatsgebiet abarbeitet.

Ein „kollektives Abenteuer"

Eine solche Kopfgeburt eines supranational organisierten Gebildes setzt auch auf der Seite der Mitgliedstaaten Abstriche an Hoheitsrechten voraus. Denn der Fortbestand der gemeinsamen Währung lässt sich ohne den Willen und die Fähigkeit, das Finanz- und Wirtschaftsgebaren zu koordinieren, nicht gewährleisten.

Wer die Bürger für die Europäische Union gewinnen will, muss vor allem das Subsidiaritätsprinzip ernst nehmen. Die überbordende Regelungswut gilt es zu bremsen. Der Vertrag von Lissabon hat die nationalen Parlamente zu Hütern des Subsidiaritätsprinzips gemacht. Die Abgeordneten der nationalen Parlamente sind damit verantwortlich für eine der Gretchenfragen der europäischen Integration, ob nämlich grenzüberschreitende Lebenssachverhalte zu koordinieren sind oder nicht. [...]

Jacques Delors hat die europäische Integration als ein „kollektives Abenteuer" bezeichnet. Das Beiwort „kollektiv" zielt nicht nur auf die Eliten, sondern schließt die Bürger mit ein. Der Begriff „Abenteuer" hat weniger das Spielerische als vielmehr das Experimentelle im Sinn und weist auf die Ungewissheit des Ausgangs hin.

*Zit. nach: „Es gibt keine europäische Identität" (FAZ.NET vom 26.08.2012 von Jutta Limbach)/ © Alle Rechte vorbehalten. Frankfurter Allgemeine Zeitung GmbH, Frankfurt. Zur Verfügung gestellt vom Frankfurter Allgemeine Archiv. (Download vom 12.09.2016)**

1 deutscher Historiker

1 Analysieren Sie M 1 hinsichtlich der Thesen über die zukünftige Gestaltung der Europäischen Union.
2 Nehmen Sie Stellung.

Wiederholen

M2 Szenarien zur Zukunft der UNO

	‚Titanic'	‚Weltregierung'	‚Muddling Through'
Im Bereich der Friedens-sicherung	spielen die UN keine Rolle, das Gewaltverbot erodiert und die Kriegshäufigkeit nimmt zu	Zentrale Rolle der UN, Gewaltmonopol; es entsteht ein funktionierendes kollektives Sicherheitssystem	werden die UN fallweise übergangen oder gelegentlich einbezogen, wenn sie ihre Handlungsfähigkeit beweisen
Im Bereich des Menschen-rechtsschutzes	bleiben zwar die einzelnen Konventionen bestehen, es gibt aber kein globales Forum mehr für Debatte, Normenentwicklung und Kontrolle	werden die zahlreichen kodifizierten Abkommen nicht nur weiterentwickelt, sondern auch mit wirksamen Durchsetzungsmechanismen versehen	muss weiterhin hingenommen werden, dass eine Lücke zwischen Kodifizierung und Durchsetzung der Normen besteht; Menschenrechtspolitik bleibt Einzelinteressen unterworfen
In den Bereichen Wirtschaft, Entwicklung, Umwelt	entstehen jenseits der UN problemspezifische Organisationen ohne zentrale Steuerungsinstanz	sind die UN das institutionelle Zentrum der globalen Strukturpolitik mit direkter Regelungskompetenz für vormals nationale Aufgabenfelder	sind die UN ein Akteur unter vielen und nur sehr unzureichend in der Lage, die ambitionierten Ziele zu erreichen
Die UN spielen in der internationalen Politik	keine Rolle	die Rolle als zentraler Akteur	mal die Rolle als Akteur, mal als Instrument und mal als Arena

Zusammengestellt aus: Sven Bernhard Gareis, Johannes Varwick, Die Vereinten Nationen. Aufgaben, Instrumente und Reformen, UTB, Opladen 2006, S. 314 f.

1 Erstellen Sie einen Steckbrief über die UNO.

2 **Podiumsdiskussion:** Organisieren Sie eine Podiumsdiskussion zum Thema „Welche UNO wollen wir? Anspruch und Wirklichkeit der Vereinten Nationen" (M 2). Bestimmen Sie zwei Vertreter für folgende kontroverse Positionen:
1. Die UNO ist von Grund auf reformbedürftig.
2. Die UNO bedarf keiner grundlegenden Reform.
Alle anderen formulieren Fragen an die beiden Diskutanten, mit deren Hilfe die unterschiedlichen Positionen überprüft werden können. Zum Beispiel: Inwieweit erfüllt die UNO die Ansprüche ihrer Charta? In welche Richtung soll sich die UNO in Zukunft entwickeln? Hier sind vor allem die Werturteile offenzulegen, die das historisch-politische Urteil mitprägen. Oder es kann nach den Fakten, die bestimmte Interpretationen über die UNO stützen oder widerlegen, gefragt werden.

3 **Zeitstrahl:** Stellen Sie die wichtigsten Etappen der europäischen Einigung dar.

4 Erläutern Sie an einem selbst gewählten Beispiel die aktuellen Probleme der EU.

5 Beschreiben Sie Anspruch und Wirklichkeit des Modernisierungsprozesses in China.

6 **Vertiefung:** Diskutieren Sie Chinas Rolle in der Weltpolitik.

7 Beantworten Sie Ihre Fragen vom Beginn des Kapitels.

Zentrale Begriffe

EU-Osterweiterung
Europäische Gemeinschaft (EG)
Europäische Integration
Europäische Union
Globalisierung
Kulturrevolution
Nahost-Konflikt
Paneuropäische Union
Programm der „vier Modernisierungen"
Vereinte Nationen (UNO)
Vertrag von Lissabon
Verträge von Maastricht
Volksrepublik China

Abiturvorbereitung und Anhang

Aufgabenhilfen und Zusatzaufgaben zu den Kapiteln

Kapitel 1, S. 10–57: Antike

S. 43: Zusatzaufgabe zu M 3

In einem Nebenraum des Fundortes wurde eine weitere (vermutlich jüngere) Einritzung in anderer Handschrift gefunden. Sie lautet: *Alexamenos fidelis* (Alexamenos ist gläubig/fromm). Diskutieren Sie den Zweck dieser Inschrift.

S. 47: Zusatzaufgabe zu M 2

Interpretieren Sie Demandts Schlussfolgerung: *„So ist das Imperium Romanum für uns eine Warnung und eine Hoffnung zugleich."* (Z. 25 ff.)

S. 55: Zusatzaufgabe zu M 5

Die Regierung Chinas hat Ende der 2010er-Jahre das Projekt „Neue Seidenstraße" aufgelegt.

a) Informieren Sie sich
- über die Bauten, die China in diesem Zusammenhang plant,
- die Motive und Ziele, die das Land mit der Initiative verbindet,
- die Reaktionen anderer Staaten auf dieses Projekt.

b) Vergleichen Sie die Funktion der antiken Seidenstraße mit der Funktion der „Neuen Seidenstraße" Chinas.

Kapitel 2, S. 58–99: Mittelalter

S. 67: Hilfen zu Aufgabe 3 b

Hinweise zur Auswertung einer szenischen Nachstellung

1 Achten Sie besonders auf die Wirkung von ...
2 Untersuchten Sie die Zusammenhänge von ... und ...
3 Wie wirkt sich die Darstellung der Rolle auf ... aus?
4 Welche Emotionen sind in welchen Momenten ins Spiel gekommen?

S. 67: Zusatzaufgabe zu M 7

Amtseinführungen im Mittelalter und in der Gegenwart vergleichen:

a) Schauen Sie sich die Amtseinführung eines heutigen Staatsoberhauptes an, z. B. die Vereidigung des ehemaligen deutschen Bundespräsidenten Christian Wulf, und analysieren Sie den Ablauf der Zeremonie (s. Webcode).

Vereidigung eines Bundespräsidenten
cornelsen.de/Webcodes
Code: sitoki

b) Vergleichen Sie die Abläufe von Bundespräsidentenvereidigung und Königskrönung im Heiligen Römischen Reich unter folgenden Geschichtspunkten: Ort, Ablauf, Beteiligte, Wirkung, Resultat.

S. 70: Hilfen zu Aufgabe 2

Vorteile für ...		Nachteile für ...	
weltliche Macht	geistliche Macht	weltliche Macht	geistliche Macht
-	-	-	-
-	-	-	-

S. 72: Zusatzaufgabe zu M 3 und M 4

Religion und Staat in der Bundesrepublik heute – In der Bundesrepublik Deutschland muss laut Bundesverfassungsgericht der Staat „Heimstatt aller Bürger" sein – unabhängig davon, welcher Religion oder welcher Weltanschauung jemand angehört bzw. ob jemand überhaupt einer Religion oder Weltanschauung anhängt. Der Staat darf sich daher selbst nicht mit einem bestimmten religiösen oder weltanschaulichen Bekenntnis identifizieren. Er muss vielmehr allen Religions- und Weltanschauungsgemeinschaften neutral und tolerant gegenüberstehen. Anders als in anderen Staaten trennt das Grundgesetz Staat und Religion aber nicht ganz strikt voneinander. Der Staat wirkt mit Religionsgemeinschaften zusammen, etwa um religiösen Bekenntnisunterricht in den staatlichen Schulen zu organisieren. – Begründen Sie, inwieweit dieser Ansatz zum Verhältnis von Religion und Staat geeignet ist, das friedliche Miteinander in einer modernen Gesellschaft zu befördern.

Kapitel 3, S. 100–131: Islamische Welt

S. 114: Zusatzaufgabe zu M 3
Vergleichen Sie das durch Robert geschilderte Konzept des Heiligen Krieges mit dem Dschihad-Konzept im Islam (S. 106, M 3 und M 4).

S. 127: Zusatzaufgabe zu M 5 und M 6
Recherchieren Sie Wechselwirkungen zwischen der heutigen politischen Situation in der Türkei und dem aktuellen Stand der Beitrittsverhandlungen zur EU.

Kapitel 4, S. 132–177: Frühe Neuzeit

S. 138: Hilfen zu Aufgabe 1
Lösungshilfen zur Auswertung eines Schaubildes:
1. Was steht im Zentrum des Schaubildes?
2. Welche Elemente/Informationen enthält das Schaubild außerdem?
3. Welche Bedeutung haben die jeweiligen Elemente des Schaubildes? (z. B. Pfeile)
4. Evtl. Kritik: Was lässt das Schaubild offen? Welche Darstellung ist möglicherweise missverständlich?
5. Schlussfolgerung: Welche Zusammenhänge macht das Schaubild deutlich?

S. 143: Zusatzaufgabe zu M 3
Kurzreferate: Stellen Sie bedeutende Naturforscher und wissenschaftliche Entdeckungen der Frühen Neuzeit in Kurzreferaten vor.

S. 143: Hilfen zu Aufgabe 5

Erster Eindruck	M 2	M 4
Was fällt beim ersten Betrachten des Bildes auf?		
Formale Analyse		
Künstler und Auftraggeber Zeit und Anlass Adressaten		
Inhaltliche Analyse		
Gestaltungsmittel: Schrift, Personen, Gegenstände, Symbole, Farbgebung, Perspektive, Proportionen Was steht im Mittelpunkt?		
Vergleich		
Gemeinsamkeiten und Unterschiede: Welche Vergleichsaspekte sind geeignet?		
Einordnung		
Einordnung in den historischen Kontext: Epoche, Ereignis, Konflikt?		
Gesamtaussage und Urteil		
Wie lässt sich die zentrale Aussage der Bilder zusammenfassen? Welche Intention verfolgte der Künstler/Auftraggeber? Welche Wirkung wird erzielt?		

S. 149: Hilfen zu Aufgabe 3
Maler: Recherchieren Sie selbstständig zum Maler.
Methodische Hilfe: Teilen Sie das Bild in Bereiche (Vordergrund, Hintergrund; rechte/linke Hälfte des Gemäldes; oberer/unterer Bildrand).
Bildinhalte: Auf dem Gemälde sind u. a. zu sehen:
- Cortez empfängt die Tribute der Azteken
- ein Kreuz
- gepanzerte Reiter
- Folterszenen
- Arbeiten auf Plantagen, in Bergwerken, bei der Rodung von Wäldern, Transportdienste
- verschiedene Waffenarten
- Cortez und ein Spanier bei einem Geschäft, dabei ein Notar

S. 159: Zusatzaufgabe zu M 6
Nehmen Sie Stellung zur Reaktion des Kaisers (M 5) auf Luthers Antwort.

S. 159: Hilfen zu Aufgabe 4
M 6: Luther vor dem Reichstag in Worms, Gemälde von Anton von Werner, 1877
Im Zentrum des Bildes steht Luther in schwarzer Mönchskutte (Augustiner-Orden). Kaiser Karl V. sitzt erhöht am linken Bildrand unter einem Baldachin. Ergänzt wird die Szene durch weitere historische Persönlichkeiten: Links neben dem Thron haben sich verschiedene Geistliche versammelt, darunter die päpstlichen Nuntien Kardinal Colonna und Kardinal Hieronymus Aleander (stehend). Dieser hat maßgeblichen Anteil an der Verfolgung Luthers und der Bekämpfung seiner Lehren. Der Offizial des Erzbischofs von Trier, Johann von der Eck, der die Befragung Luthers durchführte, steht, ein Bein auf die Stufen des Throns gestützt, auf der linken Seite des Kaisers. Im Hintergrund haben die weltlichen Herrscher Platz genommen, etwa Herzog Georg der Bärtige von Sachsen (rechts). Am rechten Bildrand scheinen weitere Zuhörer in den Saal zu drängen, darunter auch Luthers Rechtsbeistand Hieronymus Schurf, die jedoch vom Reichsherold Caspar Sturm zurückgehalten werden.

S. 161: Hilfen zu Aufgabe 3

Definition des Staates nach Thomas Hobbes:
Dies macht das Wesen eines Staates aus, dessen Definition folgende ist: Staat ist eine Person, deren Handlungen eine große Menge Menschen, kraft der gegenseitigen Verträge eines jeden mit einem jeden, als ihre eigenen ansehen, damit dieselbe nach ihrem Gutdünken die Macht aller zum Frieden und zur gemeinschaftlichen Verteidigung anwenden.

S. 164: Hilfen zu Aufgabe 1

Untersuchungsbereich	Teil-Definition des Begriffes Absolutismus (vgl. S. 160, Randspalte)	Kennzeichen der Regierungszeit Ludwigs XIV.	Ist der Begriff Absolutismus gerechtfertigt? ja oder nein

Kapitel 5, S. 178–242: Revolutionen

S. 181: Hilfen zu Aufgabe 2

Umschrift der Begriffe auf den Spielkarten mit Übersetzungen (von oben nach unten und von links nach rechts).
Reihe 1: *Génie des arts* = Kunstgeist; *Génie de la paix* = Friedensgeist; *Génie de commerce* = Handelsglück; *Génie de la guerre* = Kriegsgeschick
Reihe 2: *Liberté de la presse* = Pressefreiheit; *Liberté de mariage* = Freiheit der Eheschließung; *Liberté des Professions* = Freiheit der Berufe; *Liberté des cultes* = Konfessionsfreiheit
Reihe 3: *Egalité de devoirs* = Gleichheit der Pflichten; *Egalité de couleurs* = Gleichheit (der Menschen) aller Hautfarben; *Egalité de rangs* = Standesgleichheit; *Egalité de droits* = Rechtsgleichheit

S. 188: Hilfen zu M 4 und Aufgabe 4

Umschrift Text oben:
The lords spirituall and temporall and commons being now assembled in a full and free representative of this nation doe for the vindicating an asserting their auntient rights and liberties declare: That the pretended power of suspending of laws by regall authority without consent of parliament is illegall … That leuying money without grant of parliament is illegall … The election of members of parlyament ought to be free – The bill of rights –
Umschrift Text Mitte, links und rechts:
Le 13 février 1689, Guillaume Prince d'Orange et Marie son épouse, fille ainée de Jacques II., appelés au trône d'Angleterre, acceptèrent la couronne et la déclaration des droits fondement de la monarchie constitutionnelle.
Umschrift Text unten:
Les lords et les communes présentent à Guillaume et à Marie la déclaration des droits des anglais.

S. 202/203: Zusatzaufgabe zu M 3 und M 4

Deuten Sie die zentrale Botschaft der Karikatur M 3. Erstellen Sie eine Fotokopie der Karikatur und formulieren Sie Sprechblasen für die Personen. Vergleichen Sie anschließend die Aussagen der Karikaturen M 3 und M 4.

S. 224: Zusatzaufgabe zu M 5, Aufgabe 1 b

Vergleichen Sie die Napoleon-Darstellung zum Jahr 1814 in der Karikatur M 5 mit der Darstellung in Gemälde M 3, S. 223.

S. 241: Hilfen zu M 2

Personen (von links nach rechts):

- Napoleon Franz Bonaparte (Sohn Napoleons, im Juni/Juli 1815 kurzzeitig als Napoleon II. titularischer französischer Kaiser);
- Napoleon I., Joseph Bonaparte (ältester Bruder Napoleons I.);
- Fürst von Metternich (österreichischer Außenminister);
- Zar Alexander I. aus Russland;
- ein Delegierter Preußens;
- König Georg III. von England;
- unter dem Tisch: Charles Maurice de Talleyrand (kurzzeitig Außenminister des französischen Königs Ludwigs XVIII., dem er nach dem endgültigen Sturz Napoleons zum Thron verholfen hatte).

Kapitel 6, S. 243–273: Industrialisierung

S. 266: Zusatzaufgabe zu M 12–M 13:

1

2

Die noch im 19. Jahrhundert regelmäßig besonders in den großen Städten auftretenden Cholera-Epidemien führten zu umfangreichen Bemühungen der Forschung, die Ursachen der gefährlichen Seuche zu finden. Besonders spektakulär war hierbei der wissenschaftliche Streit zwischen dem Chemiker **Max von Pettenkofer** (1) und dem Mikrobiologen **Robert Koch** (2), der in einem spektakulären Selbstversuch Pettenkofers mündete.

Präsentation: Erarbeiten Sie Hintergründe, Verlauf und Folgen der wissenschaftlichen Auseinandersetzung um die Ursachen der Cholera und stellen Sie diese in einer Präsentation vor. Arbeiten Sie neben den naturwissenschaftlichen Hintergründen vor allem die gesellschaftliche Bedeutung des Konfliktes heraus.

Filmtipp zur Medizingeschichte des 19. Jahrhunderts: „Charité" (Staffel 1, 2017) – deutsche Fernsehserie; Regie: Sönke Wortmann

Kapitel 7, S. 274–319: Nationalismus

S. 276: Hilfen zu Aufgabe 1

Methodische Hilfe:
Es bietet sich an, zunächst die Länder zu benennen und dann die den Ländern zugeordneten Personen, Gegenstände, Handbewegungen usw. zu beschreiben.
Bildinhalte: Zu sehen sind u. a.:

- Deutschland – Kopf von Wilhelm I., linke Hand, die nach Russland weist, hinter ihm Kanonen
- Russland – Zar, auf einem Fass Dynamit
- Frankreich – Kriegsminister Boulanger, Fahrrad, Text „Revanche"
- Österreich – mit den Füßen auf dem Balkan, die Arme um Bosnien, Serbien und Bulgarien geschlungen
- Bosnien und Serbien – Ferkel
- Bulgarien – Widder
- Türkei – drückt Griechenland unter Wasser
- Spanien – der Infant in den Armen seiner Mutter
- Dänemark – auf der Pickelhaube von Kaiser Wilhelm I.
- Norwegen und Schweden – zwei Robben, die zusammen schwimmen

S. 281: Zusatzaufgabe zu M 2–M 4

Gruppenarbeit (Wahlaufgabe): Vergleichen Sie arbeitsteilig die Auswirkungen des Nationalismus auf die „alten übernationalen Großreiche" (Habsburgerreich, Osmanisches Reich, Russisches Reich), indem Sie anhand Ihrer Recherchen eines der folgenden Produkte erstellen. Bearbeiten Sie Aufgabe a), b) oder c).

a) ein Plakat,
b) eine Wandzeitung,
c) ein Referat.

S. 293: Hilfen zu Aufgabe 1 (links)

Methodische Hilfe: Sie können sich z. B. an folgenden Fragen orientieren:

- Was ist zu sehen (Landschaften, Personen, Räume usw.)?
- Was steht im Hintergrund/Vordergrund?
- Welche Gestaltungsmittel werden verwendet (Figuren: achten Sie auf Mimik, Gestik, Körperhaltung, Kleidung; Gegenstände und Symbole; Farbgebung; Perspektive; Licht und Schatten)?

Bildinhalte: Auf dem Gemälde sind u. a. folgende Personen zu sehen:

- Kaiser Wilhelm I.,
- Kronprinz Friedrich Wilhelm (auf dem Podium, an der rechten Seite von Wilhelm I.),
- Bismarck,
- Helmuth von Moltke (im Vordergrund),
- Kriegsminister Albrecht Graf von Roon (rechts von Bismarck, an der zweiten Stufe zum Podium);
- der Großherzog von Baden (auf dem Podium, mit erhobenem Arm);
- weitere Mitglieder aus den Fürstenhäusern der Bundesstaaten.

S. 297/299: Zusatzaufgabe zu M 1

Weisen Sie anhand eines ausgewählten Beispiels nach, welche Folgen imperialistische Herrschaft für die Kolonien haben konnte (und bis heute hat). Präsentieren Sie Ihre Ergebnisse in einem Referat.

S. 307: Zusatzaufgabe zu M 10

Vergleichen Sie an ausgewählten Beispielen die heutige Kommunikation mit der um 1900. Stellen Sie Ihre Ergebnisse in einer digitalen Präsentation vor.

S. 319: Hilfen zu Aufgabe 2

Methodische Hilfe: Berücksichtigen Sie u. a.

- Aussehen,
- Größe und Lage des Denkmals,
- Auftraggeber,
- Funktion und Entstehungsanlass,
- Darstellung,
- Gestaltungsmittel,
- Wirkung.

Legen Sie sich für den Vergleich am besten eine Tabelle an, in die Sie die Ergebnisse von Beschreibung und Analyse eintragen.
Bildinhalte zum Niederwald-Denkmal bei Rüdesheim. Zusehen sind u. a.:

- Ein großes Denkmal; Höhe der Gesamtanlage: rd. 38 m.
- Figur der Germania

- Text auf dem Sockel, auf dem die Germania steht: „Zum Andenken an die einmuehtige siegreiche Erhebung des deutschen Volkes und an die Wiederaufrichtung des Deutschen Reiches 1870–1871."
- Hauptrelief mit insgesamt 133 Personendarstellungen in Lebensgröße; im Zentrum: Wilhelm I.
- Unter dem Hauptrelief: Ein Text mit fünf der sechs Strophen des Liedes „Die Wacht am Rhein".
- Zwei geflügelte Steinfiguren: ein Genius, der Richtung Frankreich deutet, mit gesenktem Schwert (Zeichen des Friedens). Ein Engel (Friedenssymbol) mit Füllhorn und Ölzweig.

Kapitel 8, S. 320–357: Ideologien in der Zwischenkriegszeit

S. 355: Zusatzaufgabe zu M 6

Japan in der Zwischenkriegszeit: Untersuchen Sie ausgehend von M 6 und eigenen Recherchen, wie sich Japan in der ersten Hälfte des 20. Jahrhunderts gegenüber dem Westen positionierte.

S. 356: Hilfen zu Aufgabe 2

Mögliche Kriterien: Straßenverläufe/Sichtachsen, Größe der Bauten, Materialien der Bauten, Dachgestaltung, Bepflanzungen/Gärten u. a.

Kapitel 9, S. 358–461: Weimar und Nationalsozialismus

S. 382: Hilfen zu M 2

Umschrift der Begriffe auf den Geldscheinen (von links nach rechts): Goldwährung, Kommunismus, Zölle, Arbeitslosigkeit, Völkerbund, Abrüstung, Kriegsschulden, Weltwirtschaft.

S. 391: Zusatzaufgabe zu M 3–M 5

a) Untersuchen Sie die Sicht des Karikaturisten von M 2, S. 388, auf das Ende der Weimarer Republik. Welche Ursachen sind für ihn ausschlaggebend?

b) Beurteilen Sie die Sichtweise von M 2, S. 388, aus Ihrer Kenntnis des Scheiterns der Weimarer Republik.

S. 415: Zusatzaufgabe zu M 5–M 7

Präsentation: Untersuchen Sie die Geschichte der „Swingjugend" in der NS-Zeit. Gehen Sie dabei auch auf die Frage ein, ob die Swingjungend als eine „Oppositionsgruppe" gegen das NS-Regime bezeichnet werden kann. Überlegen Sie sich eine geeignete Präsentationsform.

Tipp: Zum methodischen Vorgehen bei einer Präsentation siehe die Arbeitshilfen, S. 633 ff.

S. 417: Zusatzaufgabe zu M 10–M 12

Referat: Recherchieren Sie eigenständig zur Geschichte und Rolle des „Rassehygiene-Instituts" in Berlin-Dahlem und erarbeiten Sie ein Referat zu dieser Einrichtung im Kontext der „Volksgemeinschafts"-Ideologie. (Vor dem Gebäude in Berlin-Dahlem, Unter den Eichen 82, wo das Institut untergebracht war, erinnert eine ausführliche Gedenktafel an die NS-Einrichtung.)

S. 433: Zusatzaufgabe zu M 7

Untersuchen Sie die Sichtweise des amerikanischen Karikaturisten Berryman in M 3, S. 430, auf den Hitler-Stalin-Pakt.

S. 461: Hilfen zu Aufgabe 2

Zu sehen sind u. a.:

- eine Figur, die die SPD symbolisiert;
- eine Figur, die die Zentrumspartei symbolisiert;
- ein Zettel mit der Aufschrift „Notverordnung";
- ein Zettel mit der Aufschrift „Jauchen-Propaganda".

Zum methodischen Vorgehen siehe die systematischen Arbeitsschritte auf der Methodenseite 384.

Kapitel 10, S. 462–493: Bipolare Welt nach 1945

S. 468: Zusatzaufgabe zu M 4

Erstellen Sie zu einem von Ihnen ausgewählten Ereignis der „Fieberkurve" M 4 anhand eigener Recherchen ein Referat zu einem Ereignis und ordnen Sie es in den Ost-West-Konflikt ein.

S. 479: Zusatzaufgabe zu M 7–M 10

Zeitungsbericht: Verfassen Sie einen Zeitungsbericht zur Entwicklung Vietnams nach dem Vietnamkrieg bis zur Gegenwart. Gehen Sie auch auf die Folgen des Krieges ein. Berücksichtigen Sie Wirtschaft, Gesellschaft, Innenpolitik, Außenpolitik.

Kapitel 11, S. 494–579: Deutschland nach 1945

S. 498/499: Hilfen zu M 2 und Aufgabe 3

- Das Ehrenmal wurde am 8. Mai 1949 eingeweiht.
- Standort: Berlin-Treptow (Bezirk im Osten Berlins).
- Das Ehrenmal hat mehrere Bestandteile: einen Ehrenfriedhof, auf dem rund 7 000 gefallene sowjetische Soldaten beigesetzt sind; ein Mausoleum mit einer 11,6 m hohen Soldaten-Figur.
- Zur Soldaten-Figur: Material: Bronze; dargestellt ist ein Sowjetsoldat; in seiner rechten Hand: ein Schwert; am Boden liegend: ein zerschlagenes Hakenkreuz; auf seinem linken Arm: ein Kind.

S. 515: Zusatzaufgabe zu M 10, M 11

Referat: In Artikel 3, Absatz 2 des Grundgesetzes heißt es: „Männer und Frauen sind gleichberechtigt". Untersuchen Sie auf Grundlage eigener Recherchen, wie es im Laufe der Arbeitszeit des Parlamentarischen Rates 1948/49 gelang, die anfänglichen großen Widerstände gegen die oben genannte vollständige rechtliche Gleichstellung von Mann und Frau im Grundgesetz zu überwinden.

Filmtipp: „Sternstunde ihres Lebens": Der historische Spielfilm von 2014 thematisiert das Engagement von Elisabeth Selbert im Jahre 1948/49 für die Gleichberechtigung von Mann und Frau im Grundgesetz.

S. 560: Hilfen zu Karikatur M 1 bzw.
S. 562: Hilfen zu Aufgabe 4

Personen in M 1: Willy Brandt, SPD, Bundeskanzler; Egon Bahr, SPD, Vertragsunterhändler auf Seiten der Bundesregierung.

S. 577: Zusatzaufgabe zu M 3

Diskutieren Sie den Vergleich zwischen Einheitsdenkmal und dem Holocaust-Mahnmal (M 3).

Kapitel 12, S. 580–613: Welt im 20./21. Jh.

S. 597: Zusatzaufgabe zu M 15, M 16

Eine Karikatur neu zeichnen:

a) Interpretieren Sie zunächst die Karikatur M 5, S. 592, im Kontext des ansteigenden Populismus in Europa seit Ende der 2010er-Jahre.

b) Zeichnen Sie anschließend auf der Basis Ihrer eigenen Recherchen zum Populismus in Europa eine neue, „aktualisierte" Karikatur, in der Sie z. B. „Dominosteine" einzelner Länder begründet ergänzen oder entfernen.

S. 603: Zusatzaufgabe zu M 9

Referat: 2019 hat es in der chinesischen Sonderverwaltungszone Hongkong, die von 1843 bis 1997 eine britische Kronkolonie war, vor allem von Jugendlichen getragene Proteste gegeben. Untersuchen Sie in einem Referat die Hintergründe, die Ziele und den Ausgang der Proteste und berücksichtigen Sie auch die Stellung Hongkongs als ehemalige britische Kronkolonie.

S. 607: Zusatzaufgabe zu M 5

Erarbeiten Sie ein eigenes Konzept für eine friedliche Lösung des Konfliktes.

Tipp: Gehen Sie dabei ggf. auf die von Ihren Mitschülern formulierten Forderungen (siehe Aufgabe 2 b) ein.

Operatoren – Erläuterungen und Formulierungshilfen

Operatoren sind Verben in Aufgabenstellungen, die Ihnen signalisieren, welche Tätigkeiten beim Lösen dieser Aufgaben von Ihnen erwartet werden. Schwerpunktmäßig sind sie einem der **drei Anforderungsbereiche (AFB I, II, III)** zugeordnet.
Die folgenden Hinweise sollen Ihnen helfen, die Operatoren zu verstehen und erfolgreich zu bearbeiten. Beachten Sie bitte: Operatoren werden durch die Formulierung bzw. Gestaltung der jeweiligen Aufgabe und durch Bezug zu begleitenden Materialien und Problemstellungen präzisiert. Lesen Sie sich also jede Aufgabenstellung genau durch.

Operatoren	Definition	Beispielaufgabe	Tipps und Formulierungshilfen
Anforderungsbereich (AFB) I			
nennen, aufzählen	zielgerichtet Informationen zusammentragen, ohne diese zu kommentieren	*Nennen Sie mithilfe der Karte M 1 die Nationalstaatsgründen in Europa.*	**Tipp:** Sie sollten bei Nennungen und Aufzählungen auch an eine sinnvolle Gruppierung und Reihenfolge denken.
bezeichnen, schildern, skizzieren	historische Sachverhalte, Probleme oder Aussagen erkennen und zutreffend formulieren	*Skizzieren Sie anhand von M 2 das Kaiserkrönungsritual im Heiligen Römischen Reich.*	**Tipp:** Die Operatoren „bezeichnen" und „skizzieren" verbinden sich mit eher kurzen Darlegungen, der Operator „schildern" mit etwas längeren Formulierungen.
aufzeigen, beschreiben,	strukturiert und fachsprachlich angemessen Materialien vorstellen oder Sachverhalte darlegen	*Beschreiben Sie das Plakat M 3.*	**Tipp:** Sie sollten sich eine sinnvolle Reihenfolge für die Beschreibung der Bildelemente überlegen. **Formulierungshilfen:** – Das Plakat zeigt ... – Der Blick des Betrachters wird auf ... gelenkt. – Im Vordergrund/Im Hintergrund/In der Bildmitte – Am oberen/unteren/rechten/linken Bildrand ... – Die Figur/Person schaut in Richtung/macht ... – Die Begriffe/Slogans sind ... – Die Farben sind kräftig/blass/dominant – etwas beherrscht die Darstellung/ist versteckt – Personen sind einzeln/in Gruppen zu sehen – Auffällig positioniert/dargestellt ist ...

zusammenfassen, wiedergeben	historische Sachverhalte unter Beibehaltung des Sinnes auf Wesentliches reduziert und mit eigenen Worten darlegen, sprachlich distanziert, unkommentiert und strukturiert	*Geben Sie die zentralen Aussagen des Historikertextes zum Ersten Weltkrieg in M 4 wieder.*	**Formulierungshilfen:**
			– In dem Text geht es um ...
			– Der Autor/die Autorin
			  – formuliert in seinem/ihrem Text ...
			  – stellt zunächst ...
			  – beschreibt/fasst zusammen/verdeutlicht ...
			  – entwickelt darauf/behauptet/stellt die These auf
			  – führt als zentrale/s Argument/e an ...
			  – widerspricht den Thesen von/der Auffassung ...
			  – zieht den Schluss, ...

Operatoren	Definition	Beispielaufgabe	Tipps und Formulierungshilfen
Anforderungsbereich (AFB) II			
analysieren, untersuchen	Materialien oder historische Sachverhalte kriterienorientiert bzw. aspektgeleitet erschließen	*Analysieren Sie Philipp Jakob Siebenpfeiffers Verständnis von Nation und Nationalismus in der Textquelle M 5.*	**Tipp:** Zum Arbeitsschritt „Analyse einer Textquelle" finden Sie eine detaillierte Anleitung auf der Methodenseite 48 f. **Tipp:** Zum Arbeitsschritt „Analyse einer Darstellung" finden Sie eine detaillierte Anleitung auf der Methodenseite 257.
begründen, nachweisen	Aussagen (z. B. Urteil, These, Wertung) durch Argumente stützen, die auf historischen Beispielen und anderen Belegen gründen	*Begründen Sie, inwieweit der Zeitungstext M 6 antisemitisch ist.*	**Formulierungshilfen:** – Die Aussage von … zeigt/lässt sich widerfinden bei …/belegt/widerlegt … – Ein Beleg für … ist … – Der Satz „…" ist ein Befund dafür, dass …/belegt/zeigt/stützt die Ansicht/These von … – Es lässt sich zeigen/nachweisen, dass … – Der Text ist an dieser Stelle zweideutig/eindeutig/unklar/unbestimmt/deutlich …
charakterisieren	historische Sachverhalte in ihren Eigenarten beschreiben und diese dann unter einem bestimmten Gesichtspunkt zusammenfassen	*Charakterisieren Sie anhand von M 7 die unterschiedlichen Versionen der „Sonderwegs"-These.*	**Formulierungshilfen:** – Allgemeine Merkmale sind … – Ein typisches Kennzeichen für … ist, … – Übereinstimmend ist die Auffassung, dass … – Unterschiede gibt es in der Gewichtung der … – Es lässt sich beobachten, dass in allen Versionen … – Ein typisches Kennzeichen für … ist, …
einordnen	einen oder mehrere historische Sachverhalte in einen historischen Zusammenhang stellen	*Ordnen Sie die Rede des amerikanischen Präsidenten Franklin D. Roosevelt vom Oktober 1937 (M 8) in den historischen Kontext ein.*	**Tipp:** Einordnen meint, zu welchem historischen Prozess, zu welcher Epoche, zu welchem Ereignis, zu welchem Konflikt, zu welchem Wandel oder zu welcher langfristigen Entwicklung sagt eine Quelle oder ein Sachverhalt etwas aus. **Formulierungshilfen:** – Der Text stammt aus der Zeit …/lässt sich einordnen in … – Der Text entstand im Zusammenhang mit/ist vor dem Hintergrund … entstanden/zu betrachten – Diese Aussage … bedeutete in jener Zeit … – Eine Person wandte sich damit gegen …/unterstützte damit … – etwas war eine Gegenposition zu/eine Neuausrichtung/eine Unterstützung von/eine Abkehr von … – Das Land/eine Gesellschaft/die Wirtschaft/die Politik war in dieser Zeit geprägt von …
erklären	historische Sachverhalte durch Wissen und Einsichten in einen Zusammenhang (Theorie, Modell, Regel, Gesetz, Funktionszusammenhang) einordnen und begründen	*Erklären Sie anhand von M 9, warum es zwischen dem Römischen Reich und dem alten chinesischen Kaiserreich zu keinen Begegnungen kam.*	**Formulierungshilfen:** – Besonders … bewirkte, dass … – Deshalb spricht man von … – In diesem Kontext lässt sich feststellen, dass … – etwas war noch nicht so ausgeprägt/besonders ausgeprägt/hemmte/förderte …

Operatoren	Definition	Beispielaufgabe	Tipps und Formulierungshilfen
erläutern	wie erklären, aber durch zusätzliche Informationen und Beispiele verdeutlichen	*Erläutern Sie anhand von M 10 die Rolle des Christentums im Denken und Handeln der Menschen im mittelalterlichen Europa.*	**Tipp:** Vorgehen wie beim Operator „erklären", allerdings verdeutlicht mit Beispielen. **Formulierungshilfen:** – An dieser Stelle (Z. xx) wird deutlich, dass ... – Wie der letzte Satz zeigt, ...
herausarbeiten	aus Materialien bestimmte historische Sachverhalte herausfinden, die nicht explizit genannt werden, und Zusammenhänge zwischen ihnen herstellen	*Arbeiten Sie aus M 11 Merkmale der nationalsozialistischen „Volksgemeinschafts"-Ideologie heraus.*	**Tipp:** Erarbeiten Sie sich zunächst die wesentlichen Aussagen des Materials. Achten Sie dabei auf Zusammenhänge, auch auf solche, die nicht explizit im Material benannt werden. **Formulierungshilfen:** – Zu den zentralen Merkmalen gehörte ... – Die Hauptaussage lässt sich so wiedergeben: ... – Allem übergeordnet/untergeordnet war ... – In der Praxis/im Alltag bedeutet dies ...
gegenüberstellen	wie skizzieren, aber zusätzlich argumentierend gewichten	*Stellen Sie die Analysen der beiden Historiker zu den Ursachen des Ersten Weltkriegs (M 12, M 13) gegenüber.*	**Tipp:** Achten Sie wie beim Vergleich darauf, nicht nur Gemeinsames, sondern auch Unterschiede zu vergleichbaren Sachverhalten darzulegen. Am Ende wird von Ihnen eine Gewichtung der gemeinsamen bzw. unterschiedlichen Sachverhalte erwartet. **Formulierungshilfen:** – Beide Texte/Bilder ... handeln von/stammen aus ... – Beide Materialien thematisieren ... – Während der Autor von M 12 jedoch ... betont, legt die Autorin von M 13 den Schwerpunkt auf ... – Schlüssig/nachvollziehbar ist die Argumentation ... – Der Autor von M 12 vernachlässigt dagegen ...
widerlegen	Argumente dafür anführen, dass eine Behauptung zu Unrecht aufgestellt wird	*Widerlegen Sie die Thesen des Autors in M 14.*	**Tipp:** Achten Sie darauf, dass Sie Aussagen in einem Text korrekt wiedergeben, bevor Sie Gegenargumente aufführen.
Anforderungsbereich (AFB) III			
beurteilen	den Stellenwert historischer Sachverhalte in einem Zusammenhang bestimmen, um ohne persönlichen Wertebezug zu einem begründeten Sachurteil zu gelangen	*Beurteilen Sie die Rolle des Marshallplans beim Neuaufbau in Deutschland nach 1945.*	**Tipp:** Beachten Sie bei Ihrem Sachurteil auch die Ergebnisse der zuvor bearbeiteten Aufgaben zu diesem Thema. Vergessen Sie nicht, die Ihrem Sachurteil zugrunde gelegten Kriterien zu verdeutlichen. **Formulierungshilfen:** – Der Sachverhalt war darauf gerichtet/zielte darauf – Eine Person beabsichtigt/intendiert/will/strebt an/fordert/plädiert für ... – verfolgt das Ziel/wurde mit der Absicht erstellt ... – Die Argumentation ist (nicht) nachvollziehbar/überzeugend/stichhaltig/schlüssig, weil ... – Eine Person argumentiert einseitig/widersprüchlich/sie beschränkt sich auf ... – Der Verfasser/die Verfasserin wägt ab/betrachtet differenziert/urteilt abgewogen/vorsichtig.

Operatoren	Definition	Beispielaufgabe	Tipps und Formulierungshilfen
bewerten, Stellung nehmen	wie Operator „beurteilen", aber zusätzlich mit Offenlegen und Begründen eigener Wertmaßstäbe, die Pluralität einschließen und zu einem Werturteil führen, das auf den Wertvorstellungen des Grundgesetzes basiert	*Nehmen Sie Stellung zur Verfolgung der Sozialdemokraten im Kaiserreich.*	**Tipp:** Wie beim Operator „beurteilen", aber zusätzlich haben Sie ein Werturteil zur Problemfrage zu fällen, dessen Maßstäbe bzw. Kriterien Sie nachvollziehbar offenlegen müssen. **Formulierungshilfen:** – Nach den Maßstäben des Grundgesetzes ... – Aus meiner Sicht als ... – Vor dem Hintergrund des Grundsatzes der Gleichheit und Gleichstellung der Geschlechter ... – Aus heutiger Sicht/Perspektive/nach heutigen Maßstäben einer freiheitlichen Gesellschaft/moderner Gesellschaften ... – Der Position/Meinung/Auffassung/Ansicht von ... stimme ich (nicht) zu, weil ... – Die Position ... teile ich (nicht), weil ... – Der Verfasser/die Verfasserin argumentiert einseitig/widersprüchlich – Der Historiker/die Historikerin beschränkt sich auf ... – Meiner Meinung/Auffassung/Ansicht zufolge/nach
entwickeln	gewonnene Analyseergebnisse synthetisieren, um zu einer eigenen Darstellung zu gelangen	*Entwickeln Sie einen Ansatz zur Lösung der deutsch-polnischen Probleme im Hinblick auf Oberschlesien nach dem Ersten Weltkrieg.*	**Formulierungshilfen:** – Nach Abwägung der Positionen/der Analyse/der Argumente von ... – Meiner Meinung nach ..., weil ...
sich auseinandersetzen, diskutieren	zu einer historischen Problemstellung oder These eine Argumentation entwickeln, die zu einer begründeten Bewertung führt	*Setzen Sie sich kritisch mit dem Begriff „Ostkolonisation" auseinander, der früher für den Landesausbau in Osteuropa verwendet wurde.*	**Tipp:** Beziehen Sie (ggf. laut Aufgabenstellung) Materialien in Ihre Argumentation ein. An deren Ende kann ein Sach- oder Werturteil stehen. **Formulierungshilfen:** Siehe „erörtern".
prüfen, überprüfen	Aussagen (Hypothesen, Behauptungen, Urteile) an historischen Sachverhalten auf ihre Angemessenheit hin untersuchen	*Überprüfen Sie anhand von M 15, M 16 und der Darstellung, inwieweit der Erste Weltkrieg als „moderner Krieg" bezeichnet werden kann.*	**Formulierungshilfen:** – Die Behauptung/These/der Sachverhalt passt (nicht) zum Begriff ..., weil der Begriff ... – Die Aussagen stimmen mit den Informationen aus der Darstellung/den Untersuchungsergebnissen des Historikers/der Historikerin ...überein/nicht überein.

Operatoren	Definition	Beispielaufgabe	Tipps und Formulierungshilfen
vergleichen	auf der Grundlage von Kriterien historische Sachverhalte problembezogen gegenüberstellen, um Gemeinsamkeiten, Unterschiede, Teil-Identitäten, Ähnlichkeiten, Abweichungen oder Gegensätze zu beurteilen	*Vergleich Sie die kurzfristigen und langfristigen Folgen der Amerikanischen und der Französischen Revolution.*	**Tipp:** Achten Sie darauf, nicht nur Gemeinsamkeiten, sondern auch Unterschiede der zu vergleichenden Sachverhalte darzulegen. **Formulierungshilfen:** – Im Vergleich mit … – Die Entwicklung/der Wandel verlief ähnlich wie/ anders als in …
Operatoren, die Leistungen aus allen drei Anforderungsbereichen (AFB I bis III) verlangen			
interpretieren	Sinnzusammenhänge aus Quellen und Materialien erschließen und eine begründete Stellungnahme abgeben, die auf einer Analyse, Erläuterung und Bewertung beruht	*Interpretieren Sie die Quelle M 17 im Kontext der Geschichte Deutschlands in der Nachkriegszeit.*	**Tipp:** Nutzen Sie die Arbeitsschritte auf den Methodenseiten in diesem *Kursbuch* zu den Fachmethoden: – Schriftliche Quelle, S. 48 f.; Geschichtskarte, S. 144; – Karikatur, S. 238; Darstellung, S. 257; – Statistik, S. 270; Verfassungsschaubild, S. 294; – Plakat, S. 384; Schaubild, S. 392; Spielfilm, S. 574. Siehe auch die Hinweise zu den Operatoren „analysieren", „erläutern", „beurteilen", „bewerten".
erörtern	Eine These oder Problemstellung durch eine Kette von Für-und-Wider- bzw. Sowohl-als-auch-Argumenten auf ihren Wert und ihre Stichhaltigkeit hin abwägend prüfen und auf dieser Grundlage eine eigene Stellungnahme dazu entwickeln. Die Erörterung einer historischen Darstellung setzt deren Analyse voraus.	*Erörtern Sie die Folgen der europäischen Expansion um 1500 für die amerikanischen Völker.*	**Formulierungshilfen:** – Einerseits …, andererseits … – Im Gegensatz zu …/Ebenso wie … – Zentrale Merkmale waren … – Eine wichtige/untergeordnete Rolle spielte … – langfristige Ursachen/kurzfristige Auslöser – etwas leitet eine (positive/negative) Entwicklung ein – etwas fördert/verstärkt/hemmt einen Prozess – etwas vergrößert/verkleinert den Handlungsspielraum – etwas hat Auswirkungen auf … – kurzfristige Effekte/langfristige Folgen
darstellen	historische Entwicklungszusammenhänge und Zustände mithilfe von Quellenkenntnissen und Deutungen beschreiben, erklären und beurteilen	*Stellen Sie Voraussetzungen und Wege zur Wiedervereinigung Deutschlands im Jahr 1990 dar.*	**Tipp:** Siehe auch die Hinweise zu den Operatoren „beschreiben", „erklären" und „beurteilen".

Abiturthemenvorbereitung – Tipps und Tricks

Übung 1: Inhalte der Kapitelthemen wiederholen

1 Ein Kapitel ist in verschiedene Themeneinheiten unterteilt. Ein Darstellungstext führt zu Beginn jeder Themeneinheit in das Teilthema ein. Daran schließt sich ein Materialienteil mit Aufgaben an. Lesen Sie zur Wiederholung die Darstellungstexte durch und fertigen Sie eine Zusammenfassung an. Die Zwischenüberschriften und Fettdrucke sind eine Hilfestellung

2 Suchen Sie sich aus jedem Kapitel drei bis vier Materialien aus und bearbeiten Sie die dazugehörigen Aufgaben.

3 Halten Sie Ihre Ergebnisse auf Karteikarten fest (s. unten „Arbeitskartei").

Übung 2: Wichtige Daten merken und anwenden

Auf den Auftaktseiten der Kapitel finden Sie jeweils einen Zeitstrahl. Auf drei Arten können Sie damit für das Abitur üben:

1 Geben Sie jeden Eintrag des Zeitstrahls mit eigenen Worten wieder.

2 Schreiben Sie auf die Vorderseite einer Karteikarte ein Ereignis, auf die Rückseite das Datum (s. unten „Arbeitskartei").

3 Vertiefen Sie Ihre Kenntnisse über zentrale Daten, indem Sie noch einmal die dazugehörigen Darstellungen und Materialien aus dem Kapitel durcharbeiten. Schreiben Sie auf Ihre Karteikarten,
   a) welche Ursachen zu einem Ereignis geführt haben,
   b) wie es abgelaufen ist,
   c) welche Folgen es gehabt hat.

Übung 3: Zentrale Begriffe verstehen und erklären

Alle zentralen Begriffe eines Kapitels sind auf der Kapitelseite „Anwenden und wiederholen" aufgelistet. Alle Erläuterungen zu den Begriffen finden Sie im Lexikon des Anhangs, S. 658 ff. (Einige Begriffserläuterungen stehen auch direkt in den Randspalten der Darstellungstexte, im Lexikon finden Sie zu diesen Begriffen aber einen Seitenverweis.)

1 Lesen Sie zu jedem Begriff die Erläuterung.

2 Klären Sie Fremdwörter.

3 Erläutern Sie den Inhalt jedes Begriffs anhand von historischen Beispielen. Halten Sie Ihre Ergebnisse auf Karteikarten fest (s. unten „Arbeitskartei).
   Ergebnisse sichern – Arbeitskartei anlegen
   - Halten Sie die Ergebnisse der Übungen 1 bis 3 auf Karteikarten fest: Notieren Sie auf der Vorderseite eine Frage, einen Begriff oder ein Datum, schreiben Sie auf die Rückseite Ihre Erläuterungen.
   - Wiederholen Sie mithilfe Ihrer Arbeitskartei die Inhalte, Daten und Begriffe der Schwerpunktthemen – alleine, in Partnerarbeit oder in Gruppen.

Übung 4: Methodentraining – Interpretation schriftlicher Quellen

Die Interpretation schriftlicher Quellen ist eine der zentralen Anforderungen im Abitur:

1 Prägen Sie sich die systematischen Arbeitsschritte zur Interpretation einer schriftlichen Quelle von S. 48 f. ein.

2 Merken Sie sich die **„Faustregel"** mit den „W-Fragen" zur Analyse der formalen Merkmale schriftlicher Quellen.

3 Üben Sie die Beantwortung der „W-Fragen" anhand von fünf selbst gewählten schriftlichen Quellen aus dem *Kursbuch*.

4 Zu empfehlen ist auch eine Wiederholung der **„Formulierungshilfen für die Bearbeitung von Quellen und Darstellungen"** im Innenumschlag hinten.

„Faustregel" für die formale Analyse schriftlicher Quellen
WER sagt WO, WANN, WAS, WARUM, zu WEM und WIE?

Formulierungshilfen für die Bearbeitung von Quellen und Darstellungen
Siehe Innenumschlag hinten.

Klausurvorbereitung – Checkliste zum Abfassen einer Klausur

Prüfungsvorschlag auswählen
Lesen Sie sich in Ruhe alle gestellten Klausurthemen durch. Sie sollten sich weniger nach spontanen Interessen entscheiden, sondern das Thema wählen, bei dem Sie sich fachlich wie methodisch am sichersten fühlen.

Aufgabenstellung erschließen
Achten Sie auf den genauen Wortlaut der Aufgabenstellung bzw. der einzelnen Arbeitsanweisungen. Vergegenwärtigen Sie sich, was die einzelnen Operatoren von Ihnen verlangen.

Materialien auswerten
Lesen Sie die vorgelegten Materialien mehrmals.
Unterscheiden Sie zwischen Quellen und Darstellungen, Statistiken, Gemälden usw.
Unterstreichen bzw. markieren Sie mit farbigen Stiften zentrale Aussagen bzw. Inhalte und halten Sie Schlüsselbegriffe fest. Notieren Sie sich Stichpunkte.
Analysieren und interpretieren Sie die Materialien mithilfe der gelernten systematischen Arbeitsschritte für die Analyse von Quellen und Darstellungen (siehe die Methodenseiten im Buch bzw. zusammenfassend die Übersicht im Innenumschlag hinten) und im Hinblick auf die Aufgabenstellung.

Historische Einordnung vornehmen
Ordnen Sie die Materialien in den geschichtlichen Kontext ein und notieren Sie Stichpunkte zum historischen Hintergrund (Ereignisse, Personen, Prozesse, Strukturen, Begriffe).

Gliederung entwerfen
Entwerfen Sie eine Gliederung und ordnen Sie Ihre Notizen zur Materialauswertung und zum historischen Kontext entsprechend zu.
Vervollständigen Sie Ihre Gliederung um Argumente und Beispiele für/gegen eine These, die durch die Aufgabenstellung vorgegeben ist oder sich durch die Position des Autors/der Autoren ergibt.

Zeitplan erstellen
Ordnen Sie jeder Arbeitsanweisung einen entsprechenden Zeitumfang zu. Berücksichtigen Sie „Zeitfenster" für Pausen und die Schlusskorrektur.

Reinschrift anfertigen
Formulieren Sie entsprechend Ihrer Gliederung einen Fließtext. Achten Sie dabei auf Ihren Zeitplan.
Belegen Sie Ihre Ausführungen mit Zitaten aus den Materialien. Stützen Sie Ihre Thesen durch Argumente und Beispiele.

Schlusskorrektur durchführen
Lesen Sie Ihre Klausur möglichst zweimal durch. Achten Sie
- auf fachliche Richtigkeit,
- eine sachliche Ausdrucksweise,
- auf die korrekte Anwendung der Rechtschreibung und Zeichensetzung und
- der Zitierregeln (siehe S. 637).

Klausurbeispiele mit Lösungshinweisen

Klausurtyp 1: Interpretation einer Einzelquelle

Aufgabenart: Interpretieren von Quellen
Aufgabenform: Interpretation einer Einzelquelle
Thema: Bismarck – ein Friedenspolitiker?
Aufgabenstellung:

Setzen Sie sich mit Bismarcks Außenpolitik auseinander, indem Sie

a) das vorliegende Material (M 1) analysieren,
b) die Grundzüge der Außenpolitik Bismarcks im Deutschen Kaiserreich skizzieren und
c) ausgehend von dem Zitat der Historikerin Elke Schwarz, „Mit geistiger Brillanz und diplomatischem Feingefühl schuf Bismarck in Europa ein Bündnissystem, das ihn vom Kriegs- zum Friedenskanzler werden ließ", die Außenpolitik Bismarcks beurteilen. Beziehen Sie in Ihre Argumentation auch Bismarcks Außenpolitik als preußischer Ministerpräsident vor 1871 ein.

M 1 Aus dem Schreiben Bismarcks an Wilhelm I. vom 31. August 1879

Eure Majestät wollen sich huldreichst erinnern, dass ich innerhalb der letzten fünf Jahre in Berichten und Briefen wiederholt die Gefahren hervorgehoben habe, von welchen Deutschland durch Koalitionen anderer Großmächte bedroht sein kann. Die Kriege, welche Majestät seit 1864 zu führen genötigt waren, haben in mehr als einem Lande die Neigung hinterlassen, im Bunde mit anderen Mächten Revanche zu nehmen und den Kristallisationspunkt zu Koalitionen abzugeben, wie deren eine dem Aufstreben Preußens im Siebenjährigen Kriege gegenüberzutreten war. […] Es bedarf auch keines Beweises, dass wir, in der Mitte Europas, uns keiner Isolierung aussetzen dürfen. Meiner Überzeugung nach sind wir derselben aber ausgesetzt, wenn wir ihr nicht durch eine Defensivalliance mit Österreich vorbeugen. Die Sicherheit, welche wir in der Person des Kaisers Alexander früher zu finden glaubten, ist durch den letzten Brief seiner Majestät und durch des Kaisers drohende Äußerungen gegenüber dem Botschafter auch der Form nach zerstört; sie lässt sich in der Art, wie sie früher bestand, nicht wiederherstellen. So gut wie der Kaiser Alexander dazu gebracht werden kann, wegen bulgarischer Lappalien nicht nur dem amtlichen Botschafter gegenüber, sondern in eigenhändigem Schreiben an Eure Majestät mit Krieg zu drohen, so gut wird er auch, und noch viel leichter, unter Fortsetzung der persönlichen Freundschaftsversicherungen diesen Krieg führen. Meines alleruntertänigsten Dafürhaltens musste das Niederschreiben dieser Drohung gegen den nächsten Blutsverwandten und ältesten Freund mehr Überwindung kosten als der etwaige Befehl, noch mehr russische Regimenter an der preußischen Grenze anzusammeln, als dort bisher schon stehen. Ich muss nach Pflicht und Gewissen Euerer Majestät versichern, dass ich als Euerer Majestät amtlich berufener Rat an die Zuverlässigkeit des Kaisers Alexander für Euere Majestät nicht mehr glaube und dass ich es als meine unabweisliche Pflicht ansehe, Euerer Majestät die Herstellung einer gesicherten Anlehnung mit Österreich ehrfurchtsvoll anzutragen. Der Gedanke, dass ein Defensivbündnis mit Österreich als Ersatz der Garantien, welche früher der Deutsche Bund gewährte, den Abschluss der deutschen Politik Euerer Majestät zu bilden haben werde, ist für mich kein neuer. Ich habe schon bei den Friedenverhandlungen in Nikolsburg 1866 der tausendjährigen Gemeinsamkeit der gesamtdeutschen Geschichte gegenüber das Gefühl gehabt, dass für die Verbindung, welche damals zur Reform der deutschen Verfassung zerstört werden musste, früher oder später ein Ersatz von uns zu beschaffen sein werde.

*Zit. nach: Michael Stürmer (Hg.), Bismarck und die preußisch-deutsche Politik 1871–1890, dtv, München 1978, S. 144 f.**

Lösungshinweise zu Klausurbeispiel 1

Die Lösungen sind nur Vorschläge. Sie verweisen lediglich auf den sachlichen Gehalt, die Art und das Niveau der Beantwortung. Sie sind nicht die einzig mögliche Lösung.

Zu Aufgabe a): Sach- und fachgerechte Analyse des Materials (überwiegend AFB II)

Autor:

- Otto von Bismarck, deutscher Reichskanzler (1871 bis 1890)
- politische Laufbahn: preußischer Gesandter im Bundestag, Botschafter in Russland und Frankreich, ab 1863 preußischer Ministerpräsident
- politische Ansichten: gehörte zum rechten Flügel der Konservativen, trat für die Stärkung der Monarchie und die Vormachtstellung Preußens in Deutschland ein

Quelle:
- Zeit, Ort: 31. August 1879; Ort unbekannt, evtl. Berlin
- Textart: Brief
- Thema: Defensivallianz mit Österreich

Adressat:
Wilhelm I., deutscher Kaiser (1871–1888)

Wesentliche Textaussagen:
- Bismarck verweist auf seine wiederholte Warnung vor Koalitionen anderer Großmächte gegen Deutschland; Hauptgrund sei die Neigung zur Revanche für die Kriege „seit 1864" (Z. 1–12).
- Deutschland sei „in der Mitte Europas" einer Isolierung ausgesetzt, wenn es „nicht durch eine Defensivalliance mit Österreich" vorbeuge (Z. 12–17).
- Der Autor argumentiert, dass die bisherige „Sicherheit" gegen eine Isolation, welche man in der Person des russischen „Kaisers Alexander" zu finden glaubte, durch dessen Kriegsdrohungen und Stationierung neuer russischer Regimenter an der Grenze Preußens zerstört sei; Bismarck glaubt nicht mehr an die Zuverlässigkeit Alexanders und empfiehlt ein Bündnis mit Österreich (Z. 17–42).
- Bismarck ist der Auffassung, ein Defensivbündnis mit Österreich könne auch „als Ersatz der Garantien" gesehen werden, die „früher der Deutsche Bund gewährte"; in diesem Kontext betont der Reichskanzler, er habe bereits bei den Friedensverhandlungen 1866 auf die „tausendjährige Gemeinsamkeit der gesamtdeutschen Geschichte" hingewiesen (Z. 42–53).

Textsprache:
sachlich, zielgerichtet, appellativ, argumentativ

Kernaussage:
Bismarck appelliert in seinem Schreiben für eine Defensivallianz mit Österreich, weil sich Deutschland keiner Isolierung aussetzen dürfe, der russische Zar unzuverlässig sei und ein Bündnis zudem die Garantien ersetzen würde, die vor 1871 der Deutsche Bund gewährte.

Zu Aufgabe b):
Grundzüge der Außenpolitik Bismarcks im Kaiserreich (überwiegend AFB I)

Ausgangslage 1871:
- Befürchtung der Großmächte Europas, die Reichsgründung habe das Gleichgewicht Europas zerstört
- Angst vor neuen Expansionskriegen Deutschlands

Ziele Bismarcks:
- Anerkennung des Status quo und Bewahrung des europäischen Gleichgewichts
- Erklärung, Deutschland sei territorial „saturiert" und betreibe eine „Sicherheitspolitik", die den Frieden in Europa erhalte.

Elsass-Lothringen-Frage:
- Gefahr eines Revanchekrieges Frankreichs, der den territorialen Wandel von 1871 rückgängig machen könnte
- Isolierung Frankreichs zur Verhinderung eines Zweifrontenkrieges

Berliner Kongress (1878):
Bestreben Bismarcks („ehrlicher Makler"), einen Ausgleich zwischen den beteiligten Mächten in der Balkankrise zu erreichen; Vertrauensgewinn für das Deutsche Reich, da es auf dem Balkan keine Interessen verfolgte

Beispiele für die Bündnispolitik Bismarcks:
- Dreikaiserabkommen: Deutsches Reich, Österreich-Ungarn, Russland (1873, 1881)
- Zweibund: Deutsches Reich, Österreich-Ungarn (1879)
- Deutsch-Russischer Rückversicherungsvertrag (1887)

Zu Aufgabe c):
Beurteilung (überwiegend AFB III)

Historischer Kontext:
Allianz mit Österreich vom Oktober 1879 als Eckpfeiler im Bündnissystem Bismarcks

Auseinandersetzung mit der These im Hinblick auf Bismarcks Außenpolitik nach 1871:
- „diplomatisches Feingefühl", z. B. Bismarcks Vermittlerrolle als „ehrlicher Makler" auf dem Berliner Kongress; dennoch Verstimmung Russlands wegen der Kongressergebnisse
- Ergebnisse seiner Politik: Bewahrung des europäischen Gleichgewichts und des Friedens

Auseinandersetzung mit der These im Hinblick auf Bismarcks Außenpolitik als preußischer Ministerpräsident:
- Durchsetzung seines Ziels: Stärkung Preußens im Ringen mit Österreich um die Vormacht in Deutschland mit militärischen Mitteln („Einigungskriege" 1860er-Jahre)
- Schaffung eines Konfliktpotenzials durch die für Frankreich harten Friedensbedingungen nach dem Deutsch-französischen Krieg 1870/71, v. a. Abtretung von Elsass-Lothringen
- Alternativlosigkeit von Bismarcks Friedenspolitik (territoriale und politische Lage Deutschlands nach der Reichsgründung)

Klausurtyp 2: Erörterung verschiedener Deutungen aus unterschiedlichen Materialien

Aufgabenart: Erörtern von Erklärungen historischer Sachverhalte aus Darstellungen
Aufgabenform: Erörterung verschiedener Deutungen aus unterschiedlichen Darstellungen
Thema: Die Potsdamer Konferenz – Beschluss über die „Zerstückelung" Deutschlands?
Aufgabenstellung:

Setzen Sie sich mit der Potsdamer Konferenz auseinander, indem Sie

a) deren wesentliche Ergebnisse skizzieren,
b) die vorliegenden Materialien (M 1, M 2) analysieren und vergleichen sowie
c) auf der Grundlage Ihrer Arbeitsresultate die Ergebnisse der Potsdamer Konferenz bewerten.

M 1 Aus den Memoiren des amerikanischen Diplomaten George F. Kennan (1968)

In einem undatierten Entwurf, der zwischen anderen privaten Papieren steckte und allem Anschein nach aus dem Sommer 1945 stammt, finde ich den folgenden Abschnitt: „Die Idee, Deutschland gemeinsam mit den Russen regieren zu wollen, ist ein Wahn. Ein ebensolcher Wahn ist es zu glauben, die Russen und wir könnten uns eines schönen Tages höflich zurückziehen, und aus dem Vakuum werde ein gesundes und friedliches, stabiles und freundliches Deutschland steigen. Wir haben keine andere Wahl, als unseren Teil von Deutschland – den Teil, für den wir und die Briten die Verantwortung übernommen haben – zu einer Form von Unabhängigkeit zu führen, die so befriedigend, so gesichert, so überlegen ist, dass der Osten sie nicht gefährden kann. [...] Zugegeben, dass das Zerstückelung bedeutet. Aber die Zerstückelung ist bereits Tatsache, wegen der Oder-Neiße-Linie. Ob das Stück Sowjetzone wieder mit Deutschland verbunden wird oder nicht, ist jetzt nicht wichtig. Besser ein zerstückeltes Deutschland, von dem wenigstens der westliche Teil als Prellbock für die Kräfte des Totalitarismus wirkt, als ein geeintes Deutschland, das diese Kräfte wieder bis an die Nordsee vorlässt. [...] Im Grunde sind wir in Deutschland Konkurrenten der Russen. Wo es in unserer Zone um wirklich wichtige Dinge geht, sollten wir in der Kontrollkommission keinerlei Zugeständnisse machen." Es versteht sich – bei solchen Überzeugungen –, dass ich die Arbeit der Konferenz von Potsdam mit Skepsis und Entsetzen verfolgte. Ich kann mich an kein politisches Dokument erinnern, das mich je so deprimiert hätte [...]. Nicht nur weil ich wusste, dass die Idee einer gemeinsamen Viermächtekontrolle [...] abwegig und undurchführbar sei. Auch die unpräzise Ausdrucksweise, die Verwendung so dehnbarer Begriffe wie „demokratisch", „friedlich", „gerecht" in einem Abkommen mit den Russen lief allem direkt zuwider, was siebzehn Jahre Russlanderfahrung mich über die Technik des Verhandelns mit der sowjetischen Regierung gelehrt hatten.

*George F. Kennan, Memoiren eines Diplomaten, Goverts, Stuttgart 1968, S. 262.**

M 2 Der westdeutsche Historiker Hermann Weber über die Potsdamer Konferenz (1976)

Diese Vereinbarungen [der Potsdamer Konferenz] dienten der UdSSR in den folgenden Jahren als Legitimation, um stufenweise ihre veränderte Politik in Deutschland durchzusetzen. Die sowjetische Europapolitik nach 1945 zeigt weder die klare Absicht, ganz Europa zu sowjetisieren, noch beschränkte sie sich auf die Schaffung von Sicherheitszonen, um die Sowjetunion notfalls besser verteidigen zu können. Die verschiedenen Konzeptionen, die die Sowjetunion Stalins vermutlich besaß, boten die Möglichkeit, sich der jeweiligen konkreten Situation anzupassen, um schrittweise bestimmte strategische und taktische Ziele zu realisieren. Das bedeutet aber, dass die Außenpolitik der Sowjetunion wesentlich von der Haltung der USA abhing (und umgekehrt). Ein Fernziel der UdSSR bestand wohl darin, in Deutschland ihr eigenes System zu installieren. Nur dadurch glaubte sie letztlich, „Faschismus und Militarismus" ausrotten zu können [...]. Die aktuellen Interessen der UdSSR verlangten 1945 jedoch eine andere Taktik. Die Sowjetunion wollte eben nicht nur ihren Machtbereich erweitern und ihr internationales Gewicht verstärken, sie benötigte nach den schweren Kriegsverlusten Ruhe für den Wiederaufbau und sie brauchte Reparationen. Zunächst war also die Zusammenarbeit mit den West-Alliierten notwendig. Daher sollte jeder Anschein einer „kommunistischen Entwicklung" oder einer Übertragung des Sowjetsystems in Osteuropa und erst recht im gemeinsam besetzten Deutschland vermieden werden. [...] Mit dieser Taktik ließ sich die UdSSR verschiedene Möglichkeiten offen: Bei entsprechender Interessenlage und politischen Erfordernissen blieb der Weg für eine gesamtdeutsche und demokratische Entwicklung offen; die Alternative war der tatsächlich eingeschlagene Weg der SBZ, nämlich die erneute Umstrukturierung des Parteiensystems, die über die Stufe der „antifaschistisch-demokratischen Umwälzung" führte und den Weg zur Stalinisierung freimachte.

*Hermann Weber, DDR. Grundriss der Geschichte 1945–1976, Fackelträger, Hannover 1976, S. 19 f.***

Lösungshinweise zu Klausurbeispiel 2

Die Lösungen sind Vorschläge. Sie verweisen lediglich auf den sachlichen Gehalt, die Art und das Niveau der Beantwortung. Sie sind nicht die einzig mögliche Lösung.

Zu Aufgabe a) Ergebnisse der Potsdamer Konferenz skizzieren (überwiegend Anforderungsbereich I)

Potsdamer Konferenz:
- Zeit: Juli/August 1945, nach Beendigung des Zweiten Weltkrieges
- Ort: Potsdam, bei Berlin
- Teilnehmer: UdSSR, USA, Großbritannien

Wesentliche Ergebnisse:
- politisch: höchste Regierungsgewalt in Deutschland durch den Alliierten Kontrollrat; Gleichbehandlung der deutschen Bevölkerung; völlige Abrüstung und Entmilitarisierung; Entnazifizierung und Bestrafung der Kriegsverbrecher; Demokratisierung
- wirtschaftlich: Vernichtung des deutschen Kriegspotenzials; Dezentralisierung der Wirtschaft; Entwicklung der Landwirtschaft und Friedensindustrie; Deutschland als „wirtschaftliches Ganzes"; Reparationen
- territorial: Königsberg und nördliches Ostpreußen an die Sowjetunion; Festlegung der vorläufigen polnischen Westgrenze und Unterstellung der deutschen Gebiete östlich der Oder-Neiße-Linie unter polnische Verwaltung; „ordnungsgemäße Überführung" der deutschen Bevölkerung aus Polen, der Tschechoslowakei und Ungarn

Zu Aufgabe b) Analyse und Vergleich der Materialien M 1 und M 2 (überwiegend Anforderungsbereich II)

Zu M 1: Kennan-Memoiren

Formale Analyseaspekte:
- Autor: George F. Kennan, amerikanischer Diplomat
- Zeit: 1968; darin: Notizen aus dem Jahr 1945
- Textart: Memoiren (Auszug)

Inhaltliche Analyseaspekte:
- Kennan vertritt in seinen Notizen von 1945 die Auffassung, Deutschland mit den Russen regieren zu wollen, sei „ein Wahn" (Z. 5 f.).
- Aufgabe der Amerikaner müsse es sein, Westdeutschland „zu einer Form von Unabhängigkeit zu führen", sodass der Osten sie nicht gefährden könne (Z. 13 ff.).
- Ein „zerstückeltes Deutschland" sei besser als ein geeintes Deutschland (Z. 15 ff.).
- Die Amerikaner seien in Deutschland Konkurrenten der Russen, daher dürfe man in „wirklich wichtige(n) Dinge(n)" „keinerlei Zugeständnisse" machen (Z. 26 ff.).
- Kennan hält „die Idee einer gemeinsamen Viermächtekontrolle" für „abwegig und undurchführbar" (Z. 35).

Zu M 2: Historikertext von Weber

Formale Analyseaspekte:
- Autor: Hermann Weber, westdeutscher Historiker
- Zeit: 1976
- Textart: wissenschaftliche Monografie (Auszug)

Inhaltliche Analyseaspekte:
- Vereinbarungen böten Spielraum für unterschiedliche Auslegungen und dienten der UdSSR als „Legitimation" ihrer veränderten Politik in Deutschland (Z. 1 ff.).
- Europapolitik der UdSSR nach 1945 habe weder auf eine Sowjetisierung Europas gezielt noch sich auf die Schaffung von Sicherheitszonen beschränkt (Z. 4 ff.).
- Ungeachtet des „Fernziels" der UdSSR, in Deutschland ihr eigenes System zu installieren, verlangten die Interessen 1945 (Wiederaufbau und Reparationen) die Zusammenarbeit mit den West-Alliierten (Z. 16 ff.).
- Diese Taktik habe der UdSSR verschiedene Möglichkeiten offengelassen: die Option einer gesamtdeutschen und demokratischen Entwicklung oder der tatsächlich eingeschlagene Weg der SBZ (Z. 29 ff.).

Mögliche Vergleichsaspekte:
- Entstehungszeit der beiden Dokumente
- Standortgebundenheit der Autoren
- Textarten (Memoiren vs. wissenschaftlicher Text)
- Positionen sowjetischer Europapolitik nach 1945

Zu Aufgabe c) Ergebnisse der Potsdamer Konferenz beurteilen (überwiegend Anforderungsbereich III)

Bewertung der Positionen der Autoren:
- Kennans Haltung spiegelt die Zuspitzung des Ost-West-Gegensatzes nach 1945 wider.
- Kennans Position wird im Vergleich zur nachträglichen Analyse Webers, der die sowjetische Europapolitik differenziert untersucht, beurteilt.

Bewertung der Potsdamer Konferenz:
- Beschlüsse dokumentieren den politischen Willen für eine einheitliche alliierte Besatzungspolitik.
- Unbestimmte Formulierungen sind Ausdruck der 1945 einsetzenden Spannungen zwischen den Supermächten USA und UdSSR, die in den folgenden Jahren zum Kalten Krieg eskalierten.
- Umsetzung der Beschlüsse wird beurteilt, z. B. Scheitern einer gemeinsamen Verwaltung Deutschlands.

Semesterübergreifender Aspekt

z. B. Bezug auf den Versailler Vertrag von 1919

Arbeitstechniken (I): Von „Begriffscluster“ bis „Placemat“

Einen Kurzvortrag halten

- Vorbereitung: Sammeln und ordnen Sie alle Informationen zu Ihrem Thema (z. B. in einer Mindmap).
- Entwickeln Sie eine Ordnung für Ihren Vortrag: Legen Sie zu jedem Hauptpunkt eine Karteikarte mit den wichtigsten Informationen an und nummerieren Sie die Karteikarten in einer sinnvollen Reihenfolge.
- Überlegen Sie sich einen interessanten Einstieg und Schluss für Ihren Vortrag.
- Versuchen Sie möglichst frei vorzutragen. Sprechen Sie laut, deutlich und nicht zu schnell.
- Schauen Sie Ihr Publikum an. So sehen Sie auch, wenn es Zwischenfragen gibt.
- Unterstützen Sie Ihren Vortrag durch Anschauungsmaterial (Bilder, Grafiken, Gegenstände).

Ein Lernplakat gestalten

- Verwenden Sie für das Plakat mindestens die Größe DIN A2, besser DIN A1 (= 8 DIN-A4-Blätter).
- Beschränken Sie sich auf die wesentlichen Informationen.
- Die Informationen auf dem Plakat müssen sachlich stimmen (z. B. richtige Jahreszahlen).
- Das Thema des Plakats muss deutlich zu lesen sein.
- Formulieren Sie in Stichpunkten oder in kurzen Sätzen.
- Unterstreichen Sie Schlüsselbegriffe oder rahmen Sie sie ein.
- Verwenden Sie für die Schrift einen schwarzen oder dunkelblauen Stift. Andere Farben eignen sich für Pfeile, Linien oder Hervorhebungen.
- Achten Sie auf die Lesbarkeit der Schrift (Größe und Ordnung).
  Tipp: Sie können Hilfslinien mit Bleistift zeichnen und später wegradieren.
- Gliedern Sie Ihre Informationen durch unterschiedliche Schriftgrößen. Verwenden Sie Ordnungszahlen, wenn Sie eine bestimmte Reihenfolge darstellen möchten.

Eine Mindmap anfertigen

- Werten Sie Materialien (Bilder, Texte) zunächst aus, bevor Sie mit der Mindmap anfangen. Sammeln Sie Ihre Ergebnisse in Stichpunkten.
- Schreiben Sie das Thema in die Mitte des Blattes.

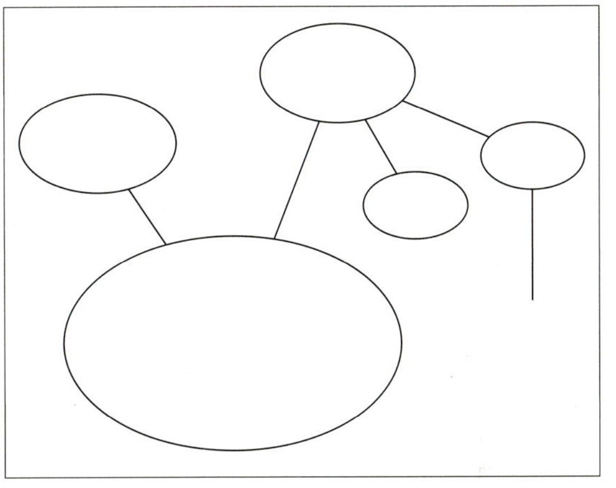

- Überlegen Sie sich eine Struktur für die Mindmap: Finden Sie zunächst Schlüsselbegriffe, die Sie auf die großen Äste schreiben.
  Tipp: Mindmaps werden meist im Uhrzeigersinn gelesen. Bedenken Sie das bei Ihrem Aufbau.
- Gruppieren Sie die zugehörigen Stichpunkte, Wörter und Namen. Gehen Sie vom Abstrakten zum Konkreten.
- Beschränken Sie sich auf 4–6 Hauptäste, um die Mindmap übersichtlich zu halten.
- Verdeutlichen Sie Verbindungen innerhalb der Mindmap mit Pfeilen.
- Arbeiten Sie mit Symbolen (z. B. Blitz für Konflikte). Geben Sie den Ästen unterschiedliche Farben.

Ein Begriffscluster erstellen

- Nehmen Sie ein DIN-A4- oder DIN-A3-Blatt, schreiben Sie einen Schlüsselbegriff darauf und kreisen Sie ihn ein.
- Schreiben Sie nun spontane Assoziationen um das Kernwort herum auf.
- Verwenden Sie diese Assoziationen als neue Schlüsselbegriffe und notieren Sie wiederum Assoziationen dazu.
- Die so entstehende Assoziationskette ergibt eine netzartige Skizze aus Ideen.

Der Unterschied zwischen Mindmapping und Clustern:
Beim Clustering liegt der Schwerpunkt auf der Ideenfindung und dabei insbesondere der assoziativen Verknüpfung von Ideen und Vorstellungen in Bildmustern. Daher eignet sich diese Methode besonders gut zur Stoff*sammlung* z. B. bei Problemerörterungen.
Das Mindmapping geht einen Schritt weiter, indem die notierten Begrifflichkeiten und Assoziationen durch die Baumstruktur bereits eine logische Ordnung erfahren. Dabei ist die Baumstruktur so offen angelegt ist, dass sie ständig mit weiteren Einfällen auf einer bestimmten Ebene ergänzt werden kann. Wegen seiner begrifflichen Hierarchisierung (= Über- und Unterordnung von Begriffen bzw. Gesichtspunkten) eignet sich das Mindmapping für die Stoff*ordnung* z. B. bei Problemerörterungen gut.

Ein Placemat gestalten (Gruppenarbeit für vier Personen)

- Finden Sie sich in Vierergruppen zusammen.
- Nehmen Sie ein DIN-A2- oder DIN-A3-Blatt und zeichnen Sie folgendes Schema darauf:

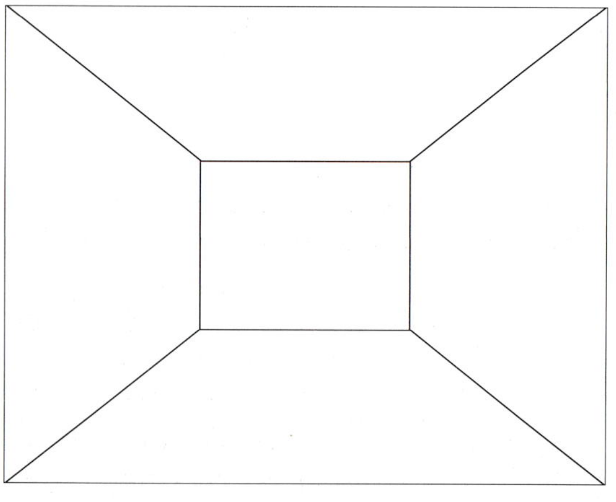

- Legen Sie das Blatt auf den Tisch. Vor jeder weißen Fläche sitzt ein Teilnehmer/eine Teilnehmerin aus Ihrer Gruppe.
- Es wird ein Thema gestellt. Jede/-r notiert in der festgelegten Zeit (ca. 5 min), was er/sie darüber weiß, wissen möchte und welche Ideen er/sie dazu hat.
- Drehen Sie das Blatt, sodass jeder lesen kann, was die anderen aufgeschrieben haben. Stellen Sie Fragen zum Verständnis (ca. 5 min).
- Entscheiden Sie am Ende als Gruppe, welche der Notizen Sie als Ergebnis in die Mitte des Blattes schreiben wollen. Einigen Sie sich auf 4–6 Stichpunkte (ca. 10 min).
- Präsentieren Sie Ihr Ergebnis dem Kurs.

Eine Concept-Map erstellen

Mit einer Concept-Map lassen sich Beziehungen zwischen Ideen visuell darstellen. Konzepte werden häufig als Kreise oder Boxen dargestellt, die mit Linien oder Pfeilen verbunden werden. Verbindungswörter zeigen zudem, wie Ideen zusammenhängen.

- Nehmen Sie ein DIN-A4- oder DIN-A3-Blatt sowie mehrere Blätter für Vorskizzen.
- Bestimmen Sie einen zentralen Gedanken oder eine Frage, der/die eine Verbindung zu allen anderen Ideen in Ihrer Map aufweist, und schreiben ihn auf das Skizzenblatt.
- Listen Sie im nächsten Schritt damit verbundene Konzepte, Begriffe oder Ideen auf das Blatt auf.
  Tipp: Beschreiben Sie jedes Konzept so knapp wie möglich; ein bis zwei Wörter reichen pro Idee aus.
- Schreiben Sie den zentralen Begriff, Gedanken oder die zentrale Frage in einen Kasten oder ein Oval oben auf das eigentliche Konzeptblatt.
- Wählen Sie die nächstwichtigen Begriffe Ihrer Liste aus und setzen Sie sie in Kasten oder Oval unter den Schlüsselbegriff. Zeichnen Sie Pfeile zur Verbindung dieser Begriffe.
- Fahren Sie darunter mit den nächstwichtigen Schlüsselwörtern fort.
- Erklären Sie die Zusammenhänge zwischen den Begriffen, indem Sie sie mit Linien verbinden und durch Beschriftung der Linien ihren Zusammenhang in ein oder zwei Wörtern erklären.
  Tipp: Der Zusammenhang kann ganz unterschiedlich sein: Ein Begriff kann Teil eines anderen sein, er kann entscheidend für einen anderen Begriff sein, er kann für die Produktion eines anderen Begriffes verwendet werden oder es kann eine Reihe anderer Verbindungen geben.

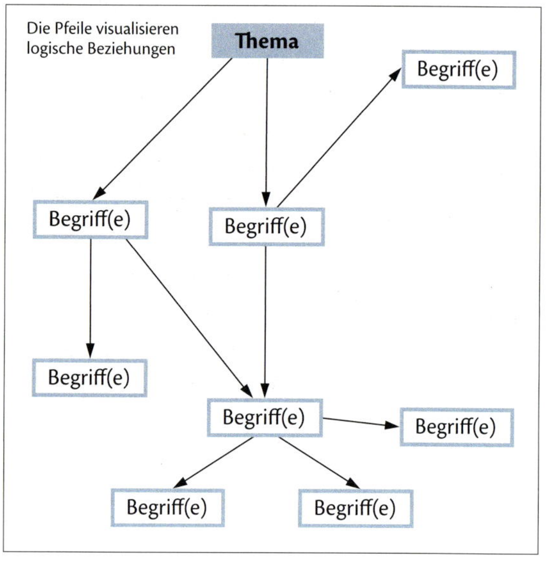

Arbeitstechniken (II): Tipps für Präsentationen

Was ist eine Präsentation?

Im Schulalltag werden Sie häufig mit dem Arbeitsauftrag konfrontiert: „Präsentieren Sie Ihre Ergebnisse." Was ist damit gemeint?

Für die einen bedeutet „Präsentation" einen etwas erweiterten Kurzvortrag, für andere ist eine Präsentation erst dann gegeben, wenn sich der Vortrag auf eine umfangreiche und ausgefeilte digitale Darstellungsmöglichkeit stützt.

Im Allgemeinen versteht man unter „Präsentation" eine gründlich vorbereitete, themen- und adressatenbezogene und vor allem mediengestützte Vorstellung von Informationen.

Im Unterschied zum traditionellen „Kurzvortrag" oder „Referat" kommt bei der Präsentation dem angemessenen Einsatz von Medien eine besondere Bedeutung zu. Man versucht, von den Zuhörern eine optimale Aufmerksamkeit zu erlangen. Daher sollte von Beginn an das Interesse des Publikums für die präsentierten Inhalte geweckt und die Zuhörerinnen und Zuhörer sinnvoll einbezogen werden.

Präsentationstypen

Unter Berücksichtigung verschiedener Kriterien lassen sich einzelne Präsentationstypen unterscheiden:

Kriterien	Präsentationstypen
Autor	– Einzelpräsentation – Partnerpräsentation – Gruppenpräsentation
Adressaten	– Mitschüler, z. B. im Kurs – Öffentlichkeit, z. B Schulveranstaltung in der Aula – Prüfungskommission, z. B. bei einer mündlichen Präsentationsprüfung
Ziele	– Informationspräsentation – Überzeugungspräsentation
Kommunikation	– „Ein-Weg-Kommunikation" – Einbezug der Adressaten
Medien	– auditive Präsentation – multimediale Präsentation – visuelle Präsentation

Präsentationsformen

Kriterien	Präsentationsformen
schriftlich	– Referat – Facharbeit – Thesenpapier
visualisiert	– Wandzeitung – Lernplakat – Strukturfeld – Zeitstrahl
auditiv	– Rede – Vortrag – Reportage – Interview
audiovisuell	– Videodokumentation – Internetpräsentation
gestalterisch	– Ausstellung – Rekonstruktion – Modell

Präsentationsaufbau

Der Aufbau der Präsentation sollte klare Phasen aufweisen und die Teilaspekte nachvollziehbar gewichten.

Kriterien	Präsentationsaufbau
Einleitung	– Zuhörer/-innen begrüßen – Thema und Gliederung vorstellen
Einstieg	– Publikum einbeziehen, z. B. durch Frage nach Erwartungen/Vorwissen – Interesse wecken, z. B. aktueller Bezug, persönliches Erlebnis, Zitat
Hauptteil	– auf nachvollziehbaren Umfang der jeweiligen Teilinhalte achten – Fachbegriffe erläutern – Statistiken, Schaubilder erläutern – Beispiele einbeziehen – bei der Gliederung bleiben
Schlussteil	– Eingangsfrage wieder aufgreifen – die Ergebnisse kurz, ggf. als Thesen zusammenfassen – Ausblick formulieren – ggf. den Arbeitsablauf reflektieren – den Zuhörer/-innen danken

Thema finden

Die Idee für ein Thema resultiert häufig aus persönlichen Interessen. Allerdings sind die ersten Ideen oft zu allgemein und weit gefasst oder weisen keine Problemorientierung auf. Daher sollten Sie bei der Themenformulierung Ihre Grundidee eingrenzen und einen klaren Schwerpunkt festlegen.

Grundsätzlich sollte das Thema:
- nicht nur Ihren Interessen, sondern auch Ihren Fähigkeiten und Vorkenntnissen entsprechen,
- einen klaren Schwerpunkt aufweisen,
- problemorientiert angelegt sein oder eine Leitfrage beinhalten,
- präzise und gut verständlich formuliert sein.

Wenn Sie eine erste Formulierung für das Thema Ihrer Präsentation gefunden haben, d.h. einen Arbeitstitel, sollten Sie sich zunächst mit der Sie betreuenden Lehrkraft verständigen.

Gliederung erstellen

Die Gliederung einer Präsentation sollte logisch sein, einen roten Faden verfolgen und inhaltlich nicht überfrachtet sein. Sie sollte drei Kernabschnitte beinhalten:
- **Einleitung**, d.h. eine Einführung in das Thema.
- **Hauptteil**, d.h. einen möglichst mehrfach gegliederten und nummerierten Themenschwerpunkt, in dem die Auseinandersetzung mit der Leitfrage erfolgt.
- **Fazit, Resümee, Ausblick**, d.h. einen zusammenfassenden Abschluss.

Dokumentation (Thesenpapier) erstellen

Die Dokumentation bei einer Präsentation ist weder ein Inhaltsverzeichnis noch eine Stichwortsammlung, sondern das Resultat der Auseinandersetzung mit einem bestimmten Thema anhand einer Leitfrage. Informationen und Auffassungen sind in Form eines Thesenpapiers verdichtet dargestellt. Grundsätzlich sollte das Thesenpapier eine Abfolge von Behauptungen sein, die
- einen Zusammenhang und eine Gliederung haben,
- als Indikativ-Sätze knapp und prägnant formuliert sind, auch ggf. provozieren,
- ggf. auch kurz begründet werden können.

Für den Aufbau einer Dokumentation gibt es keine verbindlichen Regelungen. Es gibt folgende Varianten:

1) Die Thesen sind „pur" aneinandergereiht.
Beispiel: Die Königsherrschaft Heinrichs I. (919–936) markiert den Beginn einer eigenständigen deutschen Geschichte.

2) Jeder These ist eine Begründung beigefügt.
Beispiel: Die Königsherrschaft Heinrichs I. (919–936) markiert den Beginn einer eigenständigen deutschen Geschichte, weil es Heinrich gelang, sich im Innern gegen die konkurrierenden Stammesherzöge durchzusetzen und das Reich nach außen zu sichern.

3) Jeder These wird eine Antithese gegenübergestellt.
Beispiel: Die Königsherrschaft Heinrichs I. (919–936) markiert den Beginn einer eigenständigen deutschen Geschichte. Andere Historiker sehen den Beginn der deutschen Geschichte in der Kaiserkrönung Ottos I. 962.

Thema und Gliederung einer Präsentation (Beispiel)

Fach	Geschichte
Thema	*Von der Kooperation zur Konfrontation – Wer ist schuld am Kalten Krieg?* oder: *Der Kalte Krieg – Wer trägt die Schuld?*
Gliederung	1 Einleitung 2 Definition des Kalten Krieges 2.1 Begriff 2.2 Kennzeichen 2.3 Verlauf 3 Ursachen des Kalten Krieges 3.1 Forschungspositionen während des Kalten Krieges 3.1.1 „Realisten" 3.2.2 „Revisionisten" 3.2 Positionen nach Ende des Kalten Krieges 4 Droht ein neuer Kalter Krieg? 4.1 Vergleich anhand wesentlicher Kennzeichen 4.1.1 Weltweite Rüstungsausgaben 4.1.2 Politische Strategien und Rüstungspläne in Russland und den USA 4.1.3 Neue globale Herausforderungen des 21. Jahrhunderts 5 Fazit

Thesenpapier zu einer Präsentation (Beispiel)

Thesenpapier zur Präsentation

Name: ____________________

Fach: **Geschichte**

Thema: Der Kalte Krieg – Wer trägt die Schuld?

Definition des Kalten Krieges

Der Kalte Krieg entstand ab 1947 zwischen den ehemaligen Bündnispartnern der Anti-Hitler-Koalition und bestimmte bis zum Zusammenbruch des Ostblocks 1989/90 die Weltpolitik.

Einige Historiker bevorzugen den Begriff „Ost-West-Konflikt", weil es während des Kalten Krieges auch „heiße" Kriege wie den Korea- oder Vietnamkrieg gegeben hat.

Zu den wichtigsten Kennzeichen des Kalten Krieges gehören Blockbildung, Systemkonkurrenz, militärisches Wettrüsten und sogenannte Stellvertreterkriege.

Der Verlauf des Kalten Krieges ist gekennzeichnet durch Phasen der Konfrontation und Phasen der Entspannung.

Ursachen des Kalten Krieges

Die „Realisten" gingen davon aus, dass der Ostblock für den Konflikt verantwortlich ist. Die „Revisionisten" lasteten den Konflikt in erster Linie den USA an.

Nach dem Ende des Kalten Krieges werden in der Forschung vor allem die wechselseitigen Fehlinterpretationen vor dem Hintergrund gegensätzlicher Weltanschauungen für den Konflikt verantwortlich gemacht.

Droht ein neuer Kalter Krieg?

Die Gefahr eine neuen Kalten Krieges ist gestiegen. Gründe sind u. a.:

- die seit 2000 steigenden Rüstungsausgaben weltweit,
- die neuen weltweiten Möglichkeiten „digitaler Kriegsführung" und Desinformation,
- das weltweite Vordringen populistisch-nationalistischer Regime,
- die Herausforderungen durch den islamistischen Terror,
- die Verstimmungen im russisch-amerikanischen Verhältnis aufgrund der Aufkündigung von Rüstungsbegrenzungsabkommen durch Russland, die Aufkündigung des iranischen Atomabkommens durch die USA, die auf Destabilisierung der westlichen Welt gerichtete Politik Russlands,
- die Abkehr der USA von ihrer Rolle als Vormacht der westlichen Welt.

Tipps und Checkliste für eine Präsentation

Tipps zum Redemanuskript

Sie sollten sich für Ihre Präsentation ein Redemanuskript erstellen und dabei u. a. auf Folgendes achten:

- Nutzen Sie Karteikarten, Papier raschelt.– Nummerieren Sie Ihre Karteikarten.
- Beschriftung: einseitig, nur Stichworte, leserlich schreiben.
- Wenn Sie Grafiken einsetzen oder Schaubilder an der Tafel entwickeln wollen, notieren Sie sich diese auf einer Karteikarte.

Tipps zum Medieneinsatz

- Nutzen Sie nur solche Medien, die Sie auch bedienen können.
- Prüfen Sie vor der Präsentation die Funktionstüchtigkeit der Geräte.
- Medien sollten sparsam verwendet werden.
- Der Einsatz sollte einfach sein.
- Üben Sie Ihre Präsentation. Den Ablauf sollten Sie auswendig kennen.

Tipps zur Fachliteratur und den Quellenangaben

- Achten Sie darauf, dass Sie neben Material aus dem Internet auch Fachliteratur verwenden.
- Überprüfen Sie, so gut Sie können, die Verlässlichkeit Ihrer Quellen.
- Berücksichtigen Sie die formalen Vorgaben für Quellenangaben.

Checkliste für eine gelungene Präsentation
Fachliche Aspekte
– Das Thema und die Gliederung werden vorgestellt.
– Die Präsentation geht von einer Problemstellung bzw. Leitfrage aus.
– Die Präsentation ist logisch aufgebaut und der Vortragszeit angepasst.
– Die Informationen werden strukturiert vorgetragen.
– Die Teilaspekte sind angemessen gewichtet.
– Die Ausführungen sind sachlich korrekt.
– Fachtermini werden verwendet und erklärt.
– Die Präsentation genügt dem gestellten wissenschaftlichen Anspruch.
– Die Bibliographie berücksichtigt eine angemessene Bandbreite an Fachliteratur.
Methodische Aspekte
– Die Präsentationsform ist dem Thema angemessen.
– Die verwendeten Medien sind nachvollziehbar in die Präsentation eingebunden, besitzen Aussagekraft und zeigen in ihrer ästhetischen Gestaltung Qualität.
– Die eingesetzten Medien sind funktionstüchtig und problemlos handhabbar.
– Fachmethoden, z. B. Analyse einer Statistik, werden korrekt angewendet.
Kommunikative Aspekte
– Die Präsentation erfolgt weitgehend im freien Vortrag.
– Die vortragende Person blickt alle Zuhörer an.
– Die Sprechweise ist angemessen bzw. wird den Inhalten entsprechend variiert: – Laute und deutlichen Aussprache – Bewusste Betonung – Ausgeglichene Redegeschwindigkeit – Gute Pausentechnik
– Verständliche und kurze Satzkonstruktionen
– Gestik und Mimik unterstützen das Gesprochene.
– Zwischenfragen und Zuschauerreaktionen werden aufgenommen.

Arbeitstechniken (III): Richtiges Zitieren

Funktion des Zitierens

In schriftlichen Arbeiten, deren Grundlage Textmaterial ist, sind Zitate und deren Nachweise unerlässlich. Sie dienen als Beleg und Rechtfertigung der eigenen Analyse und Interpretation. Daher müssen Zitate exakt sein, im Umfang begrenzt und kenntlich gemacht.

Bei jedem Zitat muss die Quelle angeführt werden:
- in einer Fußnote unten auf der Seite z. B. einer Facharbeit oder
- in fortlaufenden Anmerkungen am Ende z. B. einer Facharbeit oder
- in einer Klammer hinter dem Zitat bei Klausuren.

Vermieden werden sollten:
- die Aneinanderreihung von Zitaten (z. B. Dann sagte er: „[...]"),
- das Zitieren von Nebensächlichkeiten,
- die Verwendung von Anführungszeichen zur Entschuldigung eigener umgangssprachlicher Formulierungen (z. B. Darauf „kontert" Bismarck, ...).

Grundsätzlich unterscheidet man zwischen **direktem Zitieren** (d. h. wörtlichem Zitieren) und indirektem Zitieren (d. h. sinngemäßem Zitieren).

Indirektes Zitieren

Das indirekte Zitieren bietet dem Schreiber die Möglichkeit, eine Textstelle sinngemäß wiederzugeben oder darauf zu verweisen.

Regel	Beispiel
Die indirekte Wiedergabe einer Textstelle erfolgt mithilfe des Konjunktivs. (Sollten Konjunktiv I und Indikativ identisch sein, verwendet man Konjunktiv II.) Die Zeilenangabe erfolgt am Ende der Textpassage in runden Klammern und wird durch „vgl." ergänzt.	Bismarck warnt, Deutschland dürfe sich keiner Isolierung aussetzen (vgl. Z. 11 ff.).
Indirektes Zitieren kann auch durch einen Verweis auf eine bzw. mehrere Textstelle(n) erfolgen.	Bismarck betont in dem Brief mehrmals die Notwendigkeit einer Defensivallianz mit Österreich (vgl. Z. 12 ff., 35 ff., 42 ff.).

Direktes Zitieren

Direktes Zitieren bedeutet die exakte Übernahme eines Wortes, einer Wortgruppe, von Sätzen oder Textpassagen. Der Wortlaut darf dabei nicht verändert werden.

Regel	Beispiel
Zitate werden am Anfang und Ende durch Anführungszeichen kenntlich gemacht. In einer Klausur erfolgt der Beleg mittels Zeilenangabe in runden Klammern nach dem Zitat, z. B. (Z. 8 f.) oder (Z. 5 ff.) bzw. (Z. 5–8).	Bismarck argumentiert gegenüber dem Kaiser, ein Defensivbündnis mit Österreich könne gesehen werden „als Ersatz der Garantien, welche früher der Deutsche Bund gewährte" (Z. 38 ff.).
Kürzungen oder Auslassungen im Zitat werden durch eckige Klammern gekennzeichnet.	Angesichts der Verfolgungen, erklärt Wels, die „die Sozialdemokratische Partei in der letzten Zeit erfahren hat, wird [...] niemand von ihr verlangen [...] können, dass sie für das [...] Ermächtigungsgesetz stimmt" (Z. 1 ff.).
Erklärungen oder zum Verständnis notwendige Ergänzungen werden in eckige Klammern gesetzt.	Der SPD-Vorsitzende versichert, „wir [die Sozialdemokraten, Ergänzung des Verfassers] stehen zu den Grundsätzen des Rechtsstaates [...]" (Z. 24 f.).
Zitate, die in den eigenen Satzbau integriert werden, sind grammatisch anzupassen. Diese Veränderungen werden mit eckigen Klammern gekennzeichnet. Das gilt z. B., wenn in einem wörtlichen Zitat bei der Übernahme die Groß-/Kleinschreibung geändert werden muss.	In diesem Zusammenhang betont der Kanzler, er habe bereits 1866 auf die „tausendjährige[n] Gemeinsamkeit der gesamtdeutschen Geschichte" (Z. 43 f.) hingewiesen. Otto Wels argumentiert, „[d]as Sozialistengesetz hat die Sozialdemokratie nicht vernichtet" (Z. 32 f.).
Enthält eine Textstelle, die man zitiert, bereits ein Zitat, stellt man dieses Zitat in einfache Anführungszeichen.	Werner Schulz erinnert daran: „Mit ‚Wir sind das Volk' wurde eine Zeile aus dem Revolutionslied ‚Trotz alledem' von 1848 skandiert."

Lösungshinweise zu den Schauplatz-Seiten

Zu Kapitel 1, S. 10–11

Zu Aufgabe 1
a) Kalender; b) Parthenon (Akropolis); c) Stimmzettel/ Demokratie; d) Olympische Ringe; e) Philosophie; f) lateinische Sprache/Alphabet; g) Wissenschaft; h) Kolosseum.

Zu Aufgabe 2
Früher: Ziegel, Wasserkraftmaschine, Boxen. *Antike:* Beton, Losmaschine, Marathonlauf. *Später:* Plastik, Dampfmaschine, Tennis.

Zu Aufgabe 3
Griechisch: Demokratie, Olympische Spiele, Geometrie.
Römisch: Kolosseum, Jupiter, Ursprung von ca. 60 % des englischen Wortschatzes (Lateinisch).

Zu Aufgabe 4
a) Akropolis → griechisch, nicht römisch; b) Venus → römisch, nicht griechisch; c) Cicero → kein Kaiser; d) Karthago → keine griechische Polis; e) Plebejer → kein Amt.

Zu Aufgabe 5.
Antike: a, c, d, g, i, j, k, n, o, q. Moderne: b, e, f, h, l, m, p.

Zu Kapitel 2, S. 58–59

Zu Aufgabe 2
Nicht zum Thema Mittelalter passen: c) Dampfmaschine (Moderne), d) Hexenverbrennung (eher Frühe Neuzeit), g) Aquädukt (Antike).

Zu Aufgabe 4
Erläuterungen der mittelalterlichen Redewendungen (in der Reihenfolge ihres Vorkommens im Text, S. 59):
einem Irrtum unterliegen – sich beeilen – eine Hilfestellung – sofort – tadeln – ratlos sein – es geht anders – mathematisch korrekt – genau richtig liegen – ebenbürtig sein – heftig lachen – nicht durchsehen – völlig unangebracht – verstummen – verkünden – chaotisch – viel Glück/Erfolg.

Zu Aufgabe 5
A: b; B: a; C: b; D: c; E: c.

Zu Kapitel 3, S. 100–101

Zu den Aufgaben 1–5
Richtige Begriffe: a) Moschee, b) Kaaba, c) Pilger, d) Minarett e) Burka, f) Hidschab, g) Koran; Lösungswort: ISLAM.

Zu Aufgabe 6.
1 – b; 2 – c; 3 – c; 4 – d; 5 – b; 6 – d; 7 – a; 8 – c

Zu Kapitel 4, S. 132–133

Zu Aufgabe 2
Abb. 1) → Die „Entdeckung" der „Neuen Welt" durch die Europäer.
Abb. 2) → Luthers Thesenanschlag – Reformation in Deutschland
Abb. 3) → Der französische Absolutismus unter Ludwig XIV.
Abb. 4) → Ein neues Weltbild: Isaac Newton und die Entdeckung der Schwerkraft

zu Aufgabe 4
nicht in die Reihe passt Abb. 2: Johann Wolfgang von Goethe, Schriftsteller (1749–1832)
1) König Friedrich II. (1712–1786)
3) Kaiser Karl V. (1500–1558)
4) König Ludwig XIV. (1638–1715)

zu Aufgabe 5
1) → b)
2) → c)

Zu Kapitel 5, S. 178–179

Zu Aufgabe 1
a) Amerikanische Revolution 1776; b) Revolution 1848; c) Französische Revolution 1789.

Zu Aufgabe 2
a) Reform: politische Veränderung im Rahmen der bestehenden Ordnung (alle anderen: Umstürze). b) Washington: Amerikanische Revolution (alle anderen: Französische Revolution); c) 26. August 1789: Erklärung der Menschen- und Bürgerrechte; die anderen drei Ereignisse zeigen den zentralen Auftakt des politischen Umsturzes; die Menschenrechtserklärung folgte erst einige Monate nach dem Bastille-Sturm und dem Ende der Feudalherrschaft.

Zu Aufgabe 3
c), b), a), d), e)

Zu Aufgabe 4
b) Fürsten

Zu Aufgabe 5
a), c), b), d)

Zu Aufgabe 6
b) Maximilien Robespierre

Zu Kapitel 6, S. 242–243

Zu Aufgabe 1
Richtige Reihenfolge:
1 – (b) Spinnen in Handarbeit
2 – (c) erste mechanische Spinnmaschinen
3 – (a) Garn- und Textilwirtschaft in der industriellen Fertigung

Zu Aufgabe 2
Führungsbranchen der schwerindustriellen Phase: Bergbau, Eisenbahn- und Maschinenbau.
Führungsbranchen der „Zweiten Industriellen Revolution": Elektro- und Chemieindustrie.

Zu Aufgabe 3
a) Nicht passend: Labor, es gehört als Arbeitsstätte in die „Zweite Industrielle Revolution". Werkstatt, Manufaktur, Fabrik sind Arbeitsstätten der „Ersten Industriellen Revolution".
b) Nicht passend: Alfred Krupp, ein Unternehmer. Marx, Bebel und Liebknecht waren Vertreter der Arbeiterbewegung.
c) Nicht passend: das Gewehr. Telefon, Glühbirne, Elektromotor wurden in der Phase der „Zweiten Industriellen Revolution" um 1900 erfunden. Gewehre im weitesten Sinne gab es schon seit dem Spätmittelalter.

Zu Aufgabe 4
Otto von Bismarck (als Reichskanzler des deutschen Kaiserreichs in einer Rede vom 15. März 1884; die Rede stand historisch im Kontext der Einführung der ersten Sozialversicherung in Deutschland unter seiner Regierung).

Zu Aufgabe 5
Richtig: a) Voraussetzungen Industrieller Revolutionen im Wirkungszusammenhang.

Zu Aufgabe 6
Die Karikatur zeigt menschenähnliche Wesen, die mit roboterhaften Armen an Seilen hängen und darüber wie eine Maschine angetrieben werden, um arbeitsteilig Tätigkeiten zu verrichten, z. B. Dinge auszustanzen oder zu sortieren. Sie thematisiert also die Entstehung von Fabrikarbeit und steht damit im Kontext der „Industriellen Revolution". Die Kritik, dass Menschen nur noch einzelne Arbeitsschritte in massenhafter Wiederholung ausführen, ist eine Kritik an der um 1900 aufkommenden Betriebswirtschaftslehre des „Taylorismus", die diese Form des Arbeitens als betriebswirtschaftlich am effizientesten bewertete. Ein Titel der Karikatur kann also die Fabrikarbeit im Allgemeinen thematisieren oder den Menschen als rein betriebswirtschaftliches Wesen im Besonderen.

Zu Kapitel 7, S. 274–275

Zu Aufgabe 1
a) Neue Waffen im Ersten Weltkrieg: Das erste serienreife Maschinengewehr; b) Das Hambacher Fest 1832; c) Die Reichsproklamation in Versailles 1871; d) Das Attentat von Sarajevo 1914; e) Moderne Fernkommunikation um 1900.

Zu Aufgabe 3
a) Wilhelm II.; b) Paul von Hindenburg; c) Otto von Bismarck; d) Wilhelm I.

Zu Aufgabe 4
a) Falsch: Friedrich II. – richtig: Wilhelm I.
Falsch: Sanssouci – richtig Versailles.
Falsch: Preußisches Reich – richtig: Römisches Reich.
b) Falsch: 1978 – richtig: 1878.
Falsch: Bundeskanzler – richtig: Reichskanzler.
Falsch: Internetseiten – richtig: Zeitungen.
b) Falsch: serbischer Thronfolger – richtig: österreichischer Thronfolger.
Falsch: Besuch in Paris – richtig: Besuch in Sarajewo.
Falsch: österreichischer Nationalist – richtig: serbischer Nationalist.

Zu Aufgabe 7
Hilfen zu Personen und Texten in der Karikatur:
- Aufschrift auf dem Kessel: *„Balkan Troubles"*.
- Abgebildet sind: der deutsche Kaiser Wilhelm II., der österreichische Kaiser Franz Joseph I., der russische Zar Nikolaus II., der britische Kriegsminister Richard Haldane, der bulgarische Zar Ferdinand I.
- Bei der Erkennung der Personen hilft z. B. eine Orientierung an Kopfbedeckungen und Bärten. Einige Personen sind auch in den Fotos zu Aufgabe 3 abgebildet.

Zu Kapitel 8, S. 320–321

Zu Aufgabe 1
Nicht beteiligt war Deutschland.

Zu Aufgabe 2
Reihe a): Frankreich als Demokratie.
Reihe b): Sowjetunion als kommunistische Diktatur.

Zu Aufgabe 3
a) Mao Zedong: China; b) Wladimir Iljitsch Lenin: Sowjetunion, c) Neville Chamberlain: Großbritannien; d) Francisco Franco: Spanien, e) Benito Mussolini: Italien.

Zu Aufgabe 4
b) Wladimir Iljitsch Lenin.

Zu Kapitel 9, S. 358–359

Zu Aufgabe 1
a) SPD

Zu Aufgabe 2
b) parlamentarische Demokratie

Zu Aufgabe 3
b) Dolchstoßlegende

Zu Aufgabe 4
c) DNVP

Zu Aufgabe 5
d) Wirtschaftskrise

Zu Aufgabe 6
b) Mein Kampf

Zu Aufgabe 7
a) Reichskanzler

Zu Aufgabe 8
a) Franz von Papen

Zu Aufgabe 9 a)
→ 1939

Zu Aufgabe 9 b)
→ bedingungslose Kapitulation

Zu Aufgabe 9 c)
→ London

Zu Kapitel 10, S. 462–463

Zu Aufgabe 1
c)

Zu Aufgabe 2
b)

Zu Aufgabe 3
b)

Zu Aufgabe 4
c)

Zu Aufgabe 5
a) Winston Churchill

Zu Aufgabe 6
b) Allende

Zu Aufgabe 7
a) Bundesrepublik

Zu Aufgabe 8
b) Glasnost, d) Perestroika

Zu Kapitel 11, S. 494–495

Zu Aufgabe 1
c) Polen

Zu Aufgabe 2
b) Besatzungszeit 1945–1949

Zu Aufgabe 3
b) Walter Ulbricht

Zu Aufgabe 4
BRD: Bundestag, Marktwirtschaft, NATO, Bundeswehr, Demokratie, Bonn, Deutscher Gewerkschaftsbund.
DDR: Volkskammer, Planwirtschaft, Warschauer Pakt, Nationale Volksarmee, Diktatur, Ostberlin, Freier Deutscher Gewerkschaftsbund.

Zu Aufgabe 5
Begriff, der nicht passt: Kapitulation (war 1945; die anderen drei Begriffe beziehen Sie auf die Wendezeit 1989/90).
Person, die nicht passt: Erich Honecker (er war Staatsratsvorsitzender der DDR; die anderen drei Personen waren Bundeskanzler).
Datum, das nicht passt: 3. Febr. 1955 (die Tschechoslowakei erklärt den Kriegszustand mit Deutschland für beendet; die anderen drei Ereignisse beziehen sich auf Ereignisse in der DDR: Aufstand in der DDR, Mauerbau, Öffnung der Mauer).

Zu Aufgabe 6
Reihenfolge: d), a), c), e), b)

Zu Kapitel 12, S. 580–581

Zu Aufgabe 1
Nicht zur Reihe gehörend: c) AC (UNO: *United Nations Organization;* UN: *United Nations;* VN: Vereinte Nationen).

Zu Aufgabe 2
Nicht zu den ständigen Mitgliedern des UN-Sicherheitsrates gehören: c) Deutschland, f) Japan.

Zu Aufgabe 3
Das Zitat stammt von dem britischen Premierminister Winston Churchill in seiner Rede an der Universität Züricjk am 19. Sept. 1946. (Zu Konrad Adenauer: Er setzte sich insb. für die deutsch-französische Aussöhnung ein. Zu Robert Schumann: Er war ein Komponist des 19. Jh. – und ist nicht zu verwechseln mit dem französischen Außenminister Robert Schuman, der wie Adenauer nach 1945 die deutsch-französische Aussöhnung und die Europäische Einigung vorangetrieben hatte).

Zu Aufgabe 4
Richtig: c) der europäische Binnenmarkt.

Zu Aufgabe 5
Richtig: b) 1945. (1919 wurde der Völkerbund gegründet; 1948 wurde die Allgemeine Menschenrechtserklärung der Vereinten Nationen beschlossen.)

Zu Aufgabe 6
Richtig: b) 2002.

Zu Aufgabe 7
Richtige Reihenfolge:
b) Europarat (1949)
a) Montanunion (1951)
d) Europäische Gemeinschaft (1967)
e) Maastrichter Vertrag (1992)
c) Vertrag von Lissabon (2012)

Zu Aufgabe 8
Richtig: b) Gründung der Volksrepublik China 1949.

Zu Aufgabe 9
Richtig: c) Mao Zedong.

Zu Aufgabe 10
Die vier kleinen Sterne stehen für: a) Arbeiter, b) Bauern, c) Kleinbürger, d) „nationale Bourgeoisie".
(Erläuterung zu d: Mit der „nationalen Bourgeoisie" waren Unternehmer gemeint, die sich seit dem Krieg gegen Japan im Zweiten Weltkrieg auf die Seite der Kommunisten gestellt hatten – im Gegensatz zur „bürokratischen Bouegeoisie", d. h. jenen Unternehmern, die auf Seiten der Guomindang, dem politischen Gegner der Kommunisten, gestanden hatten.)
(Erläuterung zu e: Den Intellektuellen hatte Mao Zedong misstraut. Ihre Unabhängigkeit im Denken sah er als potenziell staatsgefährdend an.)

Lösungshinweise zu den Methodenseiten

Zu Kapitel 1, S. 48–49: Schriftliche Quellen

1. Leitfrage

Mögliche Fragestellung: Die Verfassung der Römischen Republik – eine demokratische Verfassung?

2. Analyse

2.1 Formale Aspekte
- Autor: Polybios, griechischer Schriftsteller und Historiker
- Textart: Textauszug aus seinem Werk „Geschichte"
- Zeit: vermutlich zwischen 200–120 v. Chr.
- Adressaten: Öffentlichkeit, Nachwelt
- Thema: römische Verfassung

2.2 Inhaltliche Aspekte

Wesentliche Aussagen anhand der Argumentationsstruktur

Fragestellung:
- drei Teile hätten im Staat Gewalt und angesichts des guten Zusammenspiels wüssten nicht einmal die Römer, ob die Verfassung aristokratisch, demokratisch oder monarchisch sei;
- Verfassung sei hinsichtlich der Konsuln monarchisch, des Senates aristokratisch und des Volkes demokratisch;

Befugnisse der Konsuln:
- Entscheidung über alle staatlichen Angelegenheiten;
- unumschränkte Gewalt bei der Vorbereitung und Organisation des Krieges;

Befugnisse des Senats:
- Finanzhoheit;
- verantwortlich für diplomatischen Verkehr mit anderen Staaten;

Volk:
- Gerichtsbarkeit: Geldstrafen und allein das Todesurteil;
- Gesetzesbefugnis;
- Entscheidung über Krieg und Frieden;
- fakultativ: Vergabe der Ämter, Entscheidung über Bündnis- und Friedensverträge.

Schlussfolgerung:
- Anteil des Volkes sei größer, daher liege eine demokratische Verfassung vor.

3. Historischer Kontext

Bezug zu den Institutionen der Römischen Verfassung:
- Senat
- Zensoren
- Magistrate (2 Konsuln, Prätoren, Ädile, Quästoren)
- Diktator
- Volkstribun
- Zenturitatskomitien
- Tributskomitien
- concilium plebis

4. Urteilen

Sachurteil

z. B. Sichtweise des Autors:
- Staatsform der Römer sei demokratisch.

z. B. Argumentation:
- argumentative Begründung der Position.

z. B. Bezug zum historischen Kontext:
- Berücksichtigung einiger Befugnisse der Verfassungsinstitutionen.

z. B. Interessen:
- Bezug zur Biografie (z. B. Vergleich mit Athen): Autor idealisiert die römische Verfassung im Hinblick auf die Stellung des Volkes.

Werturteil

z. B. Differenzierung und Argumentation:
- Entwicklung einer differenzierten Argumentation zu der Frage, ob die Römische Republik eine Demokratie oder eine Aristokratie sei;
- Gewichtung der Argumente und abschließende Stellungnahme

Zu Kapitel 2, S. 88–89: Fallanalyse „Zunftkämpfe in Braunschweig"

Gegenstand

Kampf der Zünfte um Beteiligung am Rat (an der Stadtregierung).

Ort

Braunschweig: im Herzogtum Braunschweig-Wolfenbüttel (Lande der Welfen); zweitgrößte Stadt Norddeutschlands und Mitglied der Hanse (M 1).

Zeit

1374–1380/86 (M 1, M 4, M 5); Epoche: Spätmittelalter.

Entwicklung

Ursachen: fehlende Beteiligung der Zunfthandwerker an der Stadtherrschaft; Verschuldung der Stadt (M 3).
Anlass: Streit um eine Getreidesteuererhöhung aufgrund von Geldnot „wegen Krieges und Fehde" (M 2).

Verlauf: 1374: Beginn der Unruhen; Tötung, Flucht, Vertreibung und Enteignung der Ratsmitglieder; Gründung eines neuen Rates, insb. mit Zunftmeistern (M 2–M 4).
1375: Ausschluss Braunschweigs aus der Hanse (M 4).
1380: Versöhnung zwischen den Konfliktparteien: Wiederaufnahme in die Hanse sowie Entschädigung und Rückkehr der vertriebenen Patrizier (bis 1383).
Ergebnis: neue Ratsverfassung von 1386, dem Rat gehörten nun Patrizier und Zunfthandwerker an (M 5).

Interessen/Ziele
Patrizier – vor den Unruhen: Aufrechterhaltung des Herrschaftsmonopols in der Stadt; nach den Unruhen: Rückkehr, Entschädigung und Beteiligung an der Stadtherrschaft (M 1, M 2, M 5).
Zunftmeister – vor den Unruhen: Beteiligung an der Stadtherrschaft; nach den Unruhen: Wiederaufnahme in die Hanse, neue Ratsverfassung, die ihnen eine Beteiligung an der Stadtherrschaft sichert (M 1, M 3, M 5).
Hansetag – Schutz, Verteidigung der Braunschweiger Patrizier; Verurteilung der Unruhen und Aufständischen (M 4).

Mittel
Patrizier – Verständigung: Verhandlungsangebot an Zunftmeister (M 2); Propaganda: Rechtfertigungsschreiben (M 2); Boykott bzw. Erpressung: Ausschluss aus der Hanse (M 4, M 5); Verständigung: Verhandlungen über Entschädigung und Rückkehr (M 5).
Zunftmeister, Zunfthandwerker – Verständigung: Annahme des Verhandlungsangebotes (M 2); Gewalt: Beteiligung an Tötung, Vertreibung, Enteignung der Ratsmitglieder (M 2); Propaganda: Rechtfertigungsschreiben (M 3).
Hansetag – Ausschluss Braunschweigs und Handelsboykott; Androhung einer Verurteilung (M 4).

Transfer des Falles
- Im Spätmittelalter kam es zwischen Patriziern und Zünften zu innerstädtischen Machtkämpfen.
- Die Zünfte forderten eine Beteiligung an der Stadtherrschaft.
- Die Patrizier waren zu einer Verständigung über politische Entscheidungen (z. B. Steuerfragen) bereit, verwehrten den Zunftmeistern aber die Mitgliedschaft im Rat.
- Der Konflikt, der auch mit Gewalt ausgetragen wurde, endete mit einem Ausgleich: Patrizier und Zunftmeister teilten sich nun die Stadtherrschaft.

Zu Kapitel 4, S. 144–145: Geschichtskarten

Aufgabe 1
Es handelt sich um eine Geschichtskarte, die heute die politischen Verhältnisse im Heiligen Römischen Reich Deutscher Nation verdeutlichen soll.

Aufgabe 2

1. Leitfrage
Wie wird die politische Struktur des Heiligen Römischen Reiches um 1550 dargestellt?

2. Analyse
- Dem ersten Eindruck zufolge zeigt die Karte eine große Vielfalt von politischen Gebieten unterschiedlichster Ausdehnung in vielfältigen Farbabstufungen, die den größten Teil Mitteleuropas bedecken (neben dem heutigen Deutschland und Österreich auch Teile Polens, der Niederlande, der Schweiz und Norditaliens).
- Der Maßstab ist unten rechts in der Legende angegeben.
- Die Gebiete der fünf mächtigsten Fürstengeschlechter sind in Flächenfarben gekennzeichnet, ebenso geistliche Gebiete sowie Reichsstädte.
- Nur die Wettinischen Lande sind dynamisch dargestellt, d. h., die Karte zeigt ihre Entwicklung zu verschiedenen Zeiten.
- Der Grenzverlauf des Heiligen Römischen Reiches ist durch rote Linien gekennzeichnet.
- Herrschaftsterritorien bilden z. T. keine zusammenhängenden Gebiete; größter Machtbereich: Habsburger.
- Es ist kein „Kernraum" oder Zentrum des Reiches erkennbar; Konzentration der kleinen Fürstentümer im Inneren des Reiches.
- Die Karte wurde für ein Geschichtsbuch durch den Verlag in Auftrag gegeben.
- Kartenkritik: etwas unübersichtlich, z. T. fehlen Bezeichnungen einzelner Territorien und Erläuterungen der Abkürzungen; Ausschnitt: einzelne Bestandteile des Reiches sind unvollständig abgebildet; keine Kennzeichnung des Herrschaftsgebietes des dt. Königs- bzw. Kaisers; keine Aussagen über Ursachen der Zersplitterung.

3. Beurteilung
Die Karte zeigt einen Ausschnitt der politischen Struktur des deutschen Reiches zu Beginn der Frühen Neuzeit. Das Reich war ein politisches Gebilde mit zahlreichen regionalen – weltlichen und geistlichen – Machtzentren, in dem mächtige Fürstengeschlechter ihre Herrschaft ausübten und in dem ein Zentrum bzw. Kernraum königlicher Herrschaft fehlte. Die Habsburger waren das Fürs-

tenhaus mit dem größten Machtbereich. Im Innern des Reiches konzentrieren sich die geistlichen Gebiete die Reichsstädte und kleinere Fürstentümer. Die Karte verdeutlicht die Zerstückelung des Reiches.

Zu Kapitel 5, S. 212–213: Schriftliche Quellen vergleichen

1. Leitfrage

Mögliche Fragestellung: Die Jakobinerherrschaft – Terror als legitimes Mittel der Revolutionäre?

2. Analyse

2.1 Formale Aspekte

Autoren: Verfasser beider Artikel blieben anonym.

Textart und Veröffentlichung:
- M 1: Artikel aus der französischen Zeitung *„L'Ami du Peuple"* („Freund des Volkes") vom 23. August 1793; Herausgeber der Zeitung: Jean Paul Marat
- M 2: Artikel aus der französischen Zeitung *„Le Vieux Cordelier"* („Der Alte Cordelier") vom 24. Dezember 1793; Herausgeber der Zeitung: Camille Desmoulins

Thema: Stellungnahmen zu den Maßnahmen des Wohlfahrtsausschusses unter Robespierre während der Jakobinerherrschaft

Adressaten:
- Öffentlichkeit, vor allem Leser der beiden Zeitungen
- M 1: explizit die vermeintlichen Nutznießer der Revolution (z. B. Z. 1, 8, 15, 27) und der Nationalkonvent
- M 2: explizit Nationalkonvent (z. B. Z. 19 ff.) und Robespierre (Z. 36 ff.)

2.2 Inhaltliche Aspekte

Wesentliche Textaussagen:

M 1: Der Autor unterteilt die vermeintlichen Nutznießer der Revolution in vier Gruppen: „Geldwechsler", „Verdächtige", „Egoisten" und „Gauner":
- Die „Geldwechsler" hätten durch „abscheulichen Schacher [...] Misstrauen und Ablehnung" gegen die Assignaten [Assignate = Papiergeld während der Französischen Revolution] verbreitet; sie seien daher „Verbrecher" und gehörten „zur Guillotine" (Z. 1–7).
- Bei „Verdächtigen" seien aufgrund von sorgfältiger Haussuchung „irgendwelche Dokumente" gefunden worden, die eine „Korrespondenz mit Gegenrevolutionären" belegen; auch ihnen drohe der Tod auf der Guillotine durch den Volkszorn (Z. 8–14).
- Von den „Egoisten", die sich mit Geld vom Kriegsdienst freigekauft hätten, fordert der Autor entsprechend ihrem Vermögen die „ungeheuren [Kriegs-]Kosten zu bestreiten" und „in eigner Person die Sache der Freiheit [zu] verteidigen"; er stellt sie vor die Wahl: Kriegsbeteiligung oder Guillotine (Z. 15–26).
- Die „Gauner" hätten „unter der Maske des Patriotismus das Geld der Republik verprasst" und daher das Vertrauen des Volkes missbraucht; sie seien „noch ruchloser als die Gegenrevolutionäre" und gehören daher „ohne Gnade: zur Guillotine!" (Z. 27–37).
- Der Autor beklagt, die Strafmaßnahmen könnten „ganz legal" durchgeführt werden, wenn der Nationalkonvent nicht vom „Geist der Mäßigung" beherrscht würde (Z. 36).

M 2: Der Autor setzt sich für die Erhaltung und Verteidigung der revolutionären Errungenschaften, die das Volk seit dem 14. Juli erlangt habe, ein: „Freiheit", „Erklärung der Menschenrechte", „republikanische Grundsätze", „Brüderlichkeit", „heilige Gleichheit" (Z. 5–10).

Er wendet sich
- gegen die Verhaftung von Verdächtigen (Z. 15 f.),
- gegen die Guillotine, da er schlussfolgert, dass dies zu mehr Feindschaft führt (Z. 19 ff.).

Der Verfasser plädiert für die Einsetzung eines „Vergebungsausschusses" (Z. 26). Dieser würde
- die Freiheit und Europa festigen (Z. 26),
- die Revolution vollenden, denn auch das Vergeben sei eine revolutionäre Maßnahme (Z. 28 f.), und
- den Patriotismus bewahren (Z. 33 ff.).

Im letzten Abschnitt wendet sich der anonyme Autor direkt an Robespierre, seinen „alte[n] Freund aus Studienzeiten", und appelliert, er möge sich an das erinnern, was sie im Studium gelernt hätten: „Dass die Liebe stärker und dauerhafter ist als die Furcht" (Z. 31 ff.).

3. Vergleich

Mögliche Vergleichsaspekte:

Position der Autoren gegenüber der Jakobinerherrschaft
- Die Verfasser der beiden Zeitungsartikel formulieren gegensätzliche Positionen:
- So tritt der Autor von M 1 vehement für Terror und Diktatur zur Durchsetzung der revolutionären Ziele ein.
- Dagegen lehnt der Autor von M 2 das Mittel des Terrors ab, weil er dessen Wirksamkeit bezweifelt. Stattdessen plädiert er für gemäßigtes Handeln.

Umgang mit den vermeintlichen Revolutionsgegnern durch den Nationalkonvent
- Der Autor von M 1 fordert, dass die vermeintlichen Nutznießer der Revolution verhaftet und zum Tod durch die Guillotine verurteilt werden. Er beklagt einen „Geist der Mäßigung" im Nationalkonvent, „der für das Gemeinwesen von verzweiflungsvoller Wirkung" sei (M 1, Z. 36 ff.).
- Der Verfasser von M 2 plädiert für die Freilassung der Gefangenen. Er schlägt dem Konvent die Einsetzung

eines „Vergebungsausschusses" vor, denn seiner Ansicht nach sei Vergeben die wirksamste revolutionäre Maßnahme (M 2, Z. 27 ff.).

Textsprache
Die gegensätzlichen Standpunkte korrespondieren mit der Textsprache:
- Beide Autoren nutzen die Möglichkeit der direkten Anrede, um ihre Positionen gegenüber den expliziten Adressaten deutlich zu machen. Der Verfasser von M 1 spricht die vermeintlichen Nutznießer der Revolution direkt an, und der Autor von M 2 appelliert an die Vertreter des Nationalkonvents und spricht im letzten Abschnitt seinen alten Studienfreund Robespierre persönlich an.
- Während die Textsprache von M 1 sehr polemisch gestaltet ist (z. B. Z. 1 f., 18 f.), argumentiert der Verfasser von M 2 überwiegend sachlich (z. B. Z. 1 ff.) und verwendet rhetorische Fragen (z. B. Z. 11 ff.), um ein Umdenken bei seinen Adressaten zu erreichen.

Textexterner Aspekt: Herausgeber der Zeitungen als Auftraggeber bzw. Verantwortliche der Artikel:
- M 1: Herausgeber Marat galt neben Robespierre als aggressiver Verfechter der radikalen Revolution.
- M 2: Herausgeber Desmoulins gehörte zu den Kritikern der Radikalisierung des Revolutionsprozesses, insbesondere des Terrors.

4. Historischer Kontext

Epoche:
Französische Revolution; Phase der Jakobinerherrschaft (auch Schreckens- oder Gewaltherrschaft) 1793–1794

Ereignisse:
- Zusammentritt des neuen Nationalkonvents (21. September 1792)
- Hinrichtung des Königs (21. Januar 1793)
- De-facto-Übertragung der Regierung an den Wohlfahrtsausschuss auf Antrag der Jakobiner (April 1793)
- Übernahme des Vorsitzes im Wohlfahrtsausschuss durch Robespierre (27. Juli 1793)
- Verkündung der „Diktatur des Terrors" (5. Sept. 1793)

Konflikte:
Auseinandersetzung der Jakobiner im Sommer 1793 über die Umsetzung der Maßnahmen des Wohlfahrtsausschusses und über die Frage, ob die Diktatur und der Terror „als Krieg der Freiheit gegen ihre Feinde" (Robespierre) gerechtfertigt seien.

5. Urteil

5.1 Sachurteil
Möglicher Ansatz für eine Beurteilung:
- Die Quellen spiegeln die unterschiedliche Beurteilung von Gewalt während des Revolutionsprozesses durch die Zeitgenossen wider.
- Der Autor von M 1 steht zwar stellvertretend für die Verfechter der radikalen Revolution, denen jedes Mittel (Terror und Diktatur) zur Durchsetzung der Ziele recht war, seine Position steht jedoch im Widerspruch zu den revolutionären Errungenschaften von 1789 und der Verfassung von 1791.

5.2 Werturteil
Möglicher Bewertungsansatz:
Aus heutiger Sicht und auf der Basis der Wertmaßstäbe unserer freiheitlichen, demokratischen Gesellschaftsordnung (z. B. Menschenrechte, Gewaltenteilung) ist Terror zur Durchsetzung von politischen Zielen abzulehnen.

Zu Kapitel 5, S. 238–239: Karikaturen

1. Leitfrage
Wie wird die politische Situation in Europa im Sommer 1849 in der Karikatur dargestellt?

2. Analyse

2.1 Formale Analyse
- Karikaturist: Ferdinand Schröder (1818–1857), bekannter Zeichner und Augenarzt.
- Der Karikaturist gehörte dem linken Flügel der Frankfurter Nationalversammlung an.
- Entstehungsdatum: Abschluss der Karikatur um die Jahresmitte 1849.
- Erscheinungsort: Satirische „Düsseldorfer Monatshefte".
- Titel: Rundgemälde von Europa im August 1849.

2.2 Inhaltliche Analyse

2.2.1 Personen
Im Zentrum der preußische König Friedrich Wilhelm IV. mit Pickelhaube; unter seinem Schutz König Ernst August I. von Hannover und Friedrich August II. von Sachsen; davor König Maximilian II. von Bayern als Bierkrug und der württembergische König Wilhelm I. als Kasperlefigur.
Louis Napoleon Bonaparte ist wie Friedrich Wilhelm IV. mit einem Besen ausgestattet.
Der Soldat mit Doppeladler auf der Pickelhaube repräsentiert die österreichisch-ungarische Doppelmonarchie.

Der dänische König Friedrich VII. ist als freudig hüpfender General dargestellt.
Die englische Königin Victoria sitzt im Wagen des Merkur.

2.2.2 Symbole
Erloschene Kerzen (Warschau, Licht der Freiheit); zerfetzte Fahne (Auflösung des Frankfurter Parlaments) oder durchgestrichene Fahne (Niederlage der Republik Venedig); Besen („Säuberung"); Pulverfass (angespannte Situation in Belgien und den Niederlanden), Jakobinermütze mit Aufschrift Helvetia und Liktorenbündel (Schweiz als Bundesstaat, Verweis auf die Römische Republik).

2.2.3 Komposition
Ihrer Macht im Sommer 1849 entsprechend sind Reaktionäre groß, Revolutionäre klein dargestellt.

3. Historischer Kontext
Epoche bzw. historisches Thema: Sieg der Reaktion über die Revolution in Europa im Sommer 1849.

4. Urteilen

4.1 Aussageabsicht
Antimonarchische Kritik am Sieg der Reaktion von Frankreich bis Polen, von Italien bis Dänemark. Die Niederlage der Revolution ist endgültig: Der preußische König „fegt" gut gelaunt die letzten Aufständischen in Baden zusammen, die in die Schweiz flüchten. Der ebenfalls zufriedene Louis Napoleon Bonaparte lässt die Aufständischen ins Ausland verschiffen. Der österreichische Soldat holt, unterstützt von einem russischen Kosaken, zum entscheidenden Schlag gegen den deutlich kleineren und schutzlosen Ungar aus. Königin Victoria, von revolutionären Erhebungen in England verschont geblieben, beobachtet das Geschehen auf dem europäischen Kontinent, ignoriert dabei die bettelnden Iren, deren Erhebung 1848 blutig niedergeschlagen wurde.

4.2 Fazit
Die Karikatur beschreibt die politische Situation im Sommer 1849 in Europa, nachdem die letzten revolutionären Erhebungen von den europäischen Mächten militärisch niedergeschlagen worden waren. Schröder kritisiert den Sieg der Reaktion von Frankreich bis Polen, von Italien bis Dänemark und spiegelt damit die europäische Perspektive der Zeitgenossen auf die Niederlage der Revolution wider.

Zu Kapitel 6, S. 257–258: Darstellungen

1. Leitfrage
Mögliche Fragestellung: Lassen sich Lehren aus historischen Wirtschaftskrisen für die heutige Wirtschaftspolitik ziehen?

2. Analyse

2.1 Formale Aspekte
- Darstellungsart: fachwissenschaftliche Artikel
- Autor: Rudolf Stöber, Kommunikationswissenschaftler
- Thema: Vergleich zwischen den beiden „Gründerkrisen" nach 1871 und 1990
- Veröffentlichung: in der Tageszeitung „Die Welt" vom 7. 8. 2002
- Adressaten: interessierte Öffentlichkeit

2.2 Inhaltliche Aspekte
Wesentliche Aussagen anhand der Argumentationsstruktur
Gemeinsamkeiten der beiden „Gründerkrisen":
- beiden Gründungen sei das Ende eines Krieges vorausgegangen: 1871 der Deutsch-Französische Krieg und 1990 der Kalte Krieg;
- Freisetzung großer wirtschaftlicher Kräfte unmittelbar nach den Staatsgründungen;
- Ausbruch der Krise nach wenigen Jahren: 1873 durch „Gründerkrach" und 1990er hohe Arbeitslosigkeit.

Unterschiede:
- Ankurbelung der Wirtschaft: nach 1871 durch französische Reparationszahlungen und 1994 mit dem Versuch, durch „Deficit-Spending", d. h. durch Staatsverschuldung;
- Börsenentwicklung: 1873 Börsenzusammenbruch und 1990er-Jahre aufsteigende Börsenkurse sowie steigende Arbeitslosenzahlen;
- Währungspolitik: Währungsreform von 1875 sei der „Schlussstein der inneren Reichsgründung", folglich Stabilität der neuen Währung; nach D-Mark-Einführung 1990 „kurzfristiger Inflationsschub" und nach der Euro-Einführung 1999 „dramatischer Verfall des Außenwertes", aber keine Deflation.

Ursachen dieser Entwicklung seien „allenfalls oberflächlich ähnlich":
- Auswirkungen der Globalisierung: nach 1873 Abschottung und Schutzzollpolitik durch große Macht der Agrarlobby aufgrund dramatisch sinkender Getreidepreise infolge eines globalisierten Verkehrswesens; in der Gegenwart setze die nach wie vor mächtige Lobby nicht mehr auf Abschottung, da Deutschland urbanisiert und als „Exportweltmeister" auf günstige Importe von Energieträgern angewiesen sei;

- Rolle der Schlüsselindustrien: nach 1873 Ablösung der älteren Schlüsselindustrien (Montan- und Schwerindustrie) durch die neuen (chemischen und elektrotechnischen Industrien) beendete die „große Depression"; weil heute keine neue Schlüsselindustrie zu sehen sei, sähe die Zukunft „weniger blühend aus".

3. Historischer Kontext
- 1871: Gründung des Deutschen Kaiserreiches nach dem Deutsch-Französischen Krieg (1870/71) in Versailles; der preußische König wird deutscher Kaiser und der preußische Ministerpräsident Bismarck Reichskanzler; „Große Depression": Börsenkrach 1873; Währungsreform 1875.
- 1990: deutsche Wiedervereinigung durch Beitritt der neuen Bundesländer (ehemalige DDR) nach Art. 23 GG (3. Okt. 1990); zuvor (am 1. Juli 1990) Einführung der D-Mark in den neuen Bundesländern (Währungs-, Wirtschafts- und Sozialunion); Wahl H. Kohls (CDU) zum ersten gesamtdeutschen Bundeskanzler (1991); Begriff „blühende Landschaften" wurde von H. Kohl im Kontext der D-Einführung in den neuen Bundesländern als bildhafte Vision für die ökonomische Zukunftsperspektive in den neuen Bundesländern verwendet; 1990er-Jahre: Wirtschaftskrise und hohe Arbeitslosigkeit, v.a. in den neuen Bundesländern; Einführung der europäischen Gemeinschaftswährung in mehreren Etappen: 1999 Buchgeld, 2002 Bargeld.

4. Urteilen

Sachurteil

z. B. Argumentation:
- Schlüssigkeit gegeben durch einen differenzierten Vergleich anhand relevanter Kriterien. z. B. Bezug zum historischen Kontext:
- Gemeinsamkeiten: Vergleich der beiden Kriege, die den Gründungen vorausgingen, strittig, da Deutsch-Französischer Krieg ein kurzer, begrenzter (zwei Staaten) und heißer (1870/71) und der Kalte Krieg ein langer, globaler (zwei Blocksysteme, bipolare Welt) und weitgehend kalter Krieg (1947–1989/90) war; unberücksichtigt bleiben hierbei z. B. die wirtschaftlichen Folgen des Kalten Krieges für Ostdeutschland;
- Unterschiede: unterschiedliche Rahmenbedingungen bei den Einführungen der Währung 1990 (in einem Teil des Landes) sowie 1999 (in Europa) im Vergleich zur Währungsreform von 1873 (in einem Land);
- unberücksichtigter Gesichtspunkt: die politischen Rahmenverhältnisse beider „Gründerkrisen", v.a. die unterschiedlichen Staatsformen.

Werturteil

z. B. Fazit im Hinblick auf die Leitfrage:
- Erörterung der Frage, ob durch einen Vergleich von zwei so unterschiedlichen historischen Wirtschaftskrisen (aus zwei verschiedenen Jahrhunderten) Lehren für die aktuelle Wirtschaftspolitik gezogen werden können.

Zu Kapitel 6, S. 270–271: Statistiken

1. Leitfrage

Mögliche Untersuchungsfrage: Wie entwickelte sich die Beschäftigung in den einzelnen Wirtschaftssektoren während der Industrialisierung?

2. Analyse

Formale Aspekte
- Darstellungsform: Tabelle
- Autor: Toni Pierenkemper (1944–2019), Wirtschaftshistoriker
- Erscheinungsdatum: 1996; Autor beruft sich auf andere wissenschaftliche Veröffentlichungen aus den Jahren 1973, 1982 und 1987
- Anlass und Erscheinungsort: wissenschaftliche Veröffentlichung über die Geschichte der Industrialisierung im 19. Jh.

Inhaltliche Aspekte
- Thema: Untersuchung der Beschäftigtenanteile in wirtschaftlichen und gewerblichen Sektoren der deutschen Wirtschaft 1800–1913
- Einzelthemen: Entwicklung der Beschäftigten in den volkswirtschaftlichen Hauptsektoren (M 1) und im gewerblichen Sektor (M 2)
- Zahlenwerte: Zeitangaben (Jahreszahlen) und Prozentangaben, keine absoluten Zahlen
- Kategorien, die in Beziehung gesetzt werden: Jahreszahlen zu Beschäftigtenanteilen; Beschäftigte in Landwirtschaft, Industrie und Gewerbe sowie Dienstleistungen (M 1); Beschäftigte in Verlagswesen, Handwerk und Industrie (M 2)
- Einzelinformationen: Der Anteil der Beschäftigten in der Landwirtschaft nimmt stark ab (M 1); der Anteil der Beschäftigten in Industrie und Gewerbe nimmt stark zu (M 1); der Anteil der im Dienstleistungsbereich Beschäftigten nimmt leicht zu (M 1); der Anteil der Beschäftigten im Verlagswesen nimmt dramatisch ab (M 2); der Anteil der Beschäftigten im Handwerk nimmt leicht ab (M 2); der Anteil der in Industriebetrieben Beschäftigten nimmt dramatisch zu (M 2).
- Zusammenhänge: Die relative Bedeutung des Agrarbereichs nimmt ab, die des gewerblichen Bereiches nimmt zu (M 1); innerhalb des industriellen/gewerbli-

chen Bereiches nimmt die Bedeutung der Industrie in dem Maße zu, wie die des Verlagswesens abnimmt, während das Handwerk an Gewicht verliert, aber eine starke Position behält (M 2).
- Intention: Der Autor will seine Forschungsergebnisse mit empirischem Zahlenmaterial absichern, d. h. Belege für seine These anführen; die wissenschaftliche Seriosität soll verdeutlicht werden.
- Hinweise auf Manipulationen: keine

3. Historischer Kontext
- Zeitraum/Epoche: Industrialisierung im 19. Jahrhundert
- Geografischer Raum: Deutschland

4. Urteilen
Industrialisierung bedeutet sektoralen Wandel: Die Bedeutung der Agrarproduktion ging im 19. Jahrhundert deutlich zurück; der industrielle Sektor wuchs stark an; die Dienstleistungsproduktion konnte ihren Anteil an der Gesamtproduktion leicht verbessern; die Betriebsform des Verlags spielte zu Beginn des 19. Jahrhunderts eine starke Rolle, verlor aber gegen Ende des Jahrhunderts rasch an Bedeutung, während sich das Handwerk durchaus behaupten konnte. Von dieser Gesamtentwicklung profitierte die Industrie.

Zu Kapitel 7, S. 294–295: Verfassungsschaubilder

1. Historische Einordnung
Staat: Deutsches Reich
Verabschiedung: 16. April 1871, durch den Reichstag
Inkraftsetzung: 4. Mai 1871
Gültigkeitsdauer: blieb faktisch bis zum 9. November 1918 in Kraft; formalrechtlich aufgehoben mit der Weimarer Reichsverfassung vom 14. August 1919

2. Verfassungsorgane

Verfassungsorgane:
- Deutscher Kaiser, Reichskanzler, Reichsregierung (Exekutive);
- Landesregierungen der 25 Bundesstaaten, Reichstag, Bundesrat (Legislative);
- keine Judikative.

Zusammensetzung und Aufgaben bzw. Befugnisse der Institutionen (exemplarisch):
- Deutscher Kaiser: zugleich König von Preußen; Aufgaben: Ernennung des Reichskanzlers, Oberbefehl über das Heer, Einberufung und Auflösung des Reichstages;
- Reichstag: 397 Abgeordnete; Aufgaben: Etatbewilligung, Gesetzesinitiative und -beschlüsse, „Kontrolle" des Reichskanzlers;
- Bundesrat: 58 Vertreter der Landesregierungen (17 aus Preußen); Aufgaben: Verwaltungsvorschriften für das Reich, Zustimmung zu Gesetzesbeschlüssen des Reichstages, Kontrolle der Exekutive (Reichsregierung).

3. Machtverteilung
Exekutive (Kaiser und Reichskanzler): hat die stärkste verfassungsrechtliche Stellung.
Kaiser: fehlende demokratische Legitimation als Staatsoberhaupt. Seine Macht war zwar an die Verfassung gebunden, seine Befugnisse entsprechen jedoch z. T. den Befugnissen eines vorkonstitutionellen Monarchen (vgl. Aufgaben bzw. Befugnisse).
Reichskanzler: leitet zwar Regierungsgeschäfte, eine politische Verantwortung bestand jedoch nur dem Kaiser und nicht dem demokratisch gewählten Reichstag (Legislative) gegenüber. Er war allerdings auf politische Mehrheiten angewiesen, da ohne die Zustimmung des Parlaments kein Gesetz in Kraft treten konnte.

4. Rechte des Volkes
Wahlberechtigung: Die Reichstagsabgeordneten wurden alle drei Jahre (ab 1888 alle fünf Jahre) nach dem allgemeinen, geheimen, gleichen, direkten Mehrheitswahlrecht für männliche Staatsbürger über 25 Jahre gewählt.

5. Struktur des Staates
Staatsform: konstitutionelle Monarchie
Staatsaufbau: föderaler Aufbau (Bundesstaat), da Einzelstaaten über den Bundesrat an der Gesetzgebung des Reiches beteiligt waren. Keine gleichberechtigte Stellung der Bundesstaaten; Grund: der preußische Ministerpräsident war zugleich Reichskanzler und Vorsitzender im Bundesrat, wo Preußen mit 17 von 58 Stimmen über eine Sperrminorität (Veto mit 14 Stimmen) verfügte.

6. Kritik
Fehlende Aspekte:
- Organe: Die 25 Landesparlamente sind Bestandteil der Legislative.
- Grundrechte (Hinweis: da die Verfassungen der Bundesstaatsverfassungen eigene Grundrechtskataloge hatten, wurden auf Reichsebene keine festgeschrieben).

Zu Kapitel 7, S. 316–317: Darstellungen vergleichen

1. Leitfrage
Mögliche Frage: Wer trägt die Verantwortung für den Ausbruch des Ersten Weltkriegs? (Kriegsschuldfrage)

2. Analyse
Textart: fachwissenschaftliche Darstellungen
Autoren: Christopher Clark, Annika Mombauer (s. Materialeinleitungen)
Thema: Frage nach der Schuld am Ausbruch des Ersten Weltkrieges
Veröffentlichungszeiten: 2013 und 2014
Anlass: 100. Jahrestag des Weltkriegsbeginns 1914
Adressat: interessierte Öffentlichkeit

Inhaltliche Aspekte – M 1 (Clark)
Hauptthesen zur Kriegsschuldfrage:
- Der Kriegsausbruch sei kein Verbrechen, sondern eine Tragödie, in der es keine Schuldigen gebe (Z. 1 ff.).
- Historische Akteure hätten wie „Schlafwandler" (Z. 32 f.) gehandelt, unfähig, die Realität der Kriegsgräuel zu erkennen (Z. 34 f.).

Argumentation:
- Clark wendet sich gegen ein Herangehen an die Leitfrage im Sinne der Suche nach einem unwiderlegbaren Beweis und dem Vergehen jedes einzelnen Akteurs (Z. 4 ff.); eine „Tatwaffe als unwiderlegbaren Beweis" (Z. 5) gebe es für ihn nicht.
- Clark grenzt sich dabei z. B. zum Vorgehen bei der Fischer-Kontroverse (s. S. 312) ab, ohne den Wert der Untersuchungen Fischers schmälern zu wollen.
- Clark betont einschränkend, dass auch er bei Österreich und Deutschland eine starke Verantwortung sehe (die „kriegerische und imperialistische Paranoia" beider Mächte „nicht kleinreden"; Z. 9 ff.).
- Zentral für die Beantwortung der Leitfrage ist für Clark aber die „gemeinsame [...] politische [...] Kultur" (Z. 17 f.) jener Zeit. Alle großen Mächte seien imperialistisch gewesen und hätten unter einer „Paranoia" (Z. 16) gelitten; kein Ziel, für das die Beteiligten stritten, sei ein Krieg wert gewesen (Z. 25 ff.). Der Kriegsausbruch sei „multipolar" und „wahrhaft interaktiv" gewesen (Z. 18 f.).
- Alle damaligen Verantwortlichen seien „blind" und „unfähig" (Z. 33 f.) gewesen („Schlafwandler", Z. 32 f.), die Realität der zu erwartenden „Gräuel zu erkennen" (Z. 35).

Inhaltliche Aspekte – M 2 (Mombauer)
Hauptthesen zur Kriegsschuldfrage:
- Mombauer benennt Hauptschuldige: Österreich und Deutschland („Der Krieg brach aus, weil einflussreiche Kreise in Wien und Berlin ihn herbeiführen wollten und ihn absichtlich riskierten"; Z. 33 ff.; „Entscheidung, im Sommer 1914 einen Krieg zu führen, war in Wien und Berlin getroffen worden." Z. 40 ff.); sieht aber auch eine große Mitschuld bei Frankreich und Russland, eine gewisse Mitschuld bei den Briten (Z. 36 ff.).

Argumentation:
- Die Quellen zeigten, das in Berlin und Wien „absichtlich getäuscht wurden" (Z. 3 f.), um eine friedliche Lösung „zu sabotieren" (Z. 69 f.); auch wenn die Quellen die Mitschuld der anderen Nationen ebenfalls belegen (Z. 6 ff.).
- Abgrenzung gegenüber anderen Forschungspositionen, die keine dezidierte Schuld feststellen, wie z. B. David Lloyd George („hilflos in einen Krieg geschlittert"; Z. 24), Holger Affenbach („Resultat von ‚professionellen Fehlern'"; Z. 26 f.), Clark („Schlafwandler"; Z. 31).

3. Vergleich
Mögliche Vergleichsaspekte:
- Rückgriff auf die Forschungsdiskussion zur Kriegsschuldfrage (s. S. 312)
- Position zu den beiden Kategorien „Schuld" und „Verantwortung" in der Frage nach den Ursachen für den Kriegsausbruch
- Rolle Österreich-Ungarns und Deutschlands in der Juli-Krise 1914
- Historischer Kontext (Imperialismus, aggressiver Nationalismus)

4. Beurteilung

Sachurteil:
- Schlüssigkeit: Thesen sind eindeutig formuliert, durch weitgehend differenzierte Argumentation begründet.
- Entstehungszeit/Bezug zur Forschungsdiskussion: Beide Texte entstanden aus Anlass des 100. Jahrestages des Kriegsausbruchs und beziehen sich auf die Forschungsdiskussionen. Clark widerspricht Fischer und lehnt eine klare Schuldzuweisung ab; Mombauer folgt Fischer (nicht explizit, aber vom Herangehen) und sieht Deutschland und Österreich als Hauptschuldige;
- Überzeugungskraft: Auseinandersetzung mit der Frage, welche Perspektiven und Argumente aus welchen Gründen überzeugender erscheinen.

Werturteil:
Mögliche Bewertungsansätze mit Blick auf die Leitfrage:
- Inhaltlich, z. B. Rolle Deutschlands: Das Reich hat den Krieg nicht geplant, sondern hoffte, den österreichisch-serbischen Konflikt militärisch zu lokalisieren; die Politik des „kalkulierten Risikos" scheiterte aber.
- Methodisch: Die Frage nach der „Schuld" verengt die Untersuchung der politischen und moralischen „Verantwortung" aller Großmächte Europas für den Ausbruch.

- Methodisch: Unterscheidung von „langfristigen" Ursachen und „kurzzeitigen" Auslösern. (Welcher Faktor ist wie zu gewichten?)
- Vergleich mit den Ursachen aktueller/anderer bekannter Kriege (Welche Ursachen und Auslöser spielen bei Kriegsausbrüchen häufig eine Rolle?)

Zu Kapitel 8, S. 330–333: Historisches Urteil

1. Leitfrage
Mögliche Fragestellung: Der Versailler Vertrag – ein gerechter Friedensvertrag?

2. (Grund-)Kenntnisse über den historischen Gegenstand
Versailler Vertrag: Unterzeichnung: 28. Juni 1919 im Spiegelsaal von Versailles/Frankreich. Vertragspartner: Alliierte (Frankreich, USA, Großbritannien, Italien) und Deutsches Reich (von den Verhandlungen ausgeschlossen). Wesentliche Bestimmungen: *militärisch:* Verbot der allgemeinen Wehrpflicht, Begrenzung der Heeresstärke, Verbot moderner Waffen (z. B. U-Boote), alliierte Besatzung der Gebiete links des Rheins, entmilitarisierte Zone östlich des Rheins; *territorial:* Gebietsverluste im Westen (z. B. Elsass-Lothringen an Frankreich) und im Osten (z. B. Westpreußen an Polen), Verlust der Kolonien; *ökonomisch:* Reparationen, d. h. Erstattung der Kriegskosten, Ersatz für Schäden im zivilen Bereich; *politisch:* Kriegsschuldparagraf, d. h. Deutschland und seine Verbündeten tragen die Schuld am Kriegsausbruch (Art. 231) und damit die Verantwortung für Schäden und Verluste.
Historischer Kontext: Erster Weltkrieg (1914–1918); wesentliche Ursachen: imperialistische Machtinteressen, Wettrüsten, feindliche Bündnissysteme (Mittelmächte, Alliierte); allgemeine Ziele der Krieg führenden Mächte: insb. territoriale Gewinne bzw. Erweiterung der Einflusssphären, Vergrößerung des Kolonialbesitzes; Frieden von Brest-Litowsk (1918): zwischen Deutschland und Russland; Wilsons 14 Punkte (1918): Selbstbestimmungsrecht der Völker, öffentliche Friedensverträge u. a.; politische Veränderungen in Deutschland nach Kriegsende: Novemberrevolution (1918/19) und Entstehung der Weimarer Republik (1919); fehlende Aufklärung der deutschen Bevölkerung: über Kriegsziele und Endphase des Krieges durch deutsche Regierung.

3. Auseinandersetzung mit dem historischen Gegenstand aus verschiedenen Sichtweisen (Perspektiven)

a) Vergleich von mindestens zwei Quellen anhand geeigneter Vergleichsaspekte (Auswahl)

Vergleichsaspekte	M 2 a (Brockdorff-Rantzau)	M 2 b (Clemenceau)
Autoren: – Amt – Position – Interessen	Brockdorff-Rantzau – deutscher Außenminister – vertritt die Interessen des Deutschen Reiches, das den Ersten Weltkrieg verloren hat und von den Friedensverhandlungen in Paris ausgeschlossen ist – Formulierung eines Protestes, der den Deutschen nur in schriftlicher Form gestattet war	George Clemenceau – französischer Ministerpräsident – vertritt die Interessen der Alliierten, insbesondere Frankreichs, das zu den Siegern des Ersten Weltkrieges gehörte – hat den Vorsitz bei den Friedensverhandlungen – beabsichtigte, Deutschland mit den Vertragsbestimmungen nachhaltig zu schwächen
Quelle: – territoriale Bestimmungen des Vertrages – Grundsätze – Bsp. Polen – Bsp. Saargebiet	– Zumutungen des Vertrages würden „über die Kraft des deutschen Volkes" hinausgehen (Z. 1 f.) – Verzicht auf „unbestritten deutsches Gebiet" zur Wiederherstellung des polnischen Staates (Z. 2 ff.) – das „rein deutsche Saargebiet" solle vom Deutschen Reich gelöst und „seine spätere Angliederung an Frankreich vorbereitet werden"; man schulde Frankreich jedoch keine Menschen, „nur Kohlen" (Z. 12)	– Absicht der Alliierten: Befreiung der unterdrückten Länder und Wiederherstellung der nationalen Grenzen gemäß dem Willen der Völker (Z. 1 ff.) – Wiederherstellung Polens als unabhängigen Staat; deutsche Gegenvorschläge würden nur darauf abzielen, „große Majoritäten unbestreitbar polnischer Bevölkerung unter deutscher Herrschaft zu halten" (Z. 9 ff.) – die Regelung für das Saargebiet gelte 15 Jahre und diene Frankreich der „sofortige[n] Entschädigung" für die „willkürliche Zerstörung" französischer Kohleminen; da das Gebiet unter Völkerbundkontrolle stehe, werde keine Annexion vollzogen (Z. 18 ff.)

Vergleichsaspekte	M 2 a (Brockdorff-Rantzau)	M 2 b (Clemenceau)
Quelle: Berücksichtigung der Novemberrevolution 1918	– infolge der politischen Veränderungen im Spätherbst 1918 stehe den Alliierten „nicht mehr eine unverantwortliche deutsche Regierung, sondern das seine Geschicke selbst bestimmende deutsche Volk" gegenüber (Z. 22 ff.) – Zusammensetzung der Volksregierung entspreche „den strengsten Grundsätzen der Demokratie" (Z. 26 f.) – Abkehr von „militärische[r] Gesinnung" (Z. 27 f.) → „[D]iese wie andere Tatsachen" würden in dem Vertragsentwurf „völlig unberücksichtigt" bleiben (Z. 33 f.).	– Alliierte würden die „eingetretene Veränderung" anerkennen, da sie „eine große Friedenshoffnung und eine Neuordnung für die Zukunft Europas" darstelle; sie könne jedoch nicht den Krieg ungeschehen machen (Z. 25 ff.) – die deutsche Revolution sei verzögert worden, bis das deutsche Heer geschlagen war (Z. 29) – vor und während des Krieges seien das deutsche Volk und seine Vertreter für den Krieg gewesen (Z. 32 ff.) → Das deutsche Volk könne sich nicht der Verantwortung für die Folgen des Krieges entziehen, nur weil es „seine Regierenden gewechselt" habe (Z. 35 ff.).
Bezug zur Leitfrage	= Vertrag ist aus deutscher Sicht nicht gerecht	= Vertrag ist aus französischer Sicht gerecht

b) *Vergleich von mindestens zwei Darstellungen (Sekundärtexten) anhand geeigneter Vergleichsaspekte (Auswahl)*

Vergleichsaspekte (Text)	M 3 a (Grupp)	M 3 b (Kolb)
Position zum Versailler Vertrag	Der Versailler Vertrag spiegelt sowohl die Überforderung der Siegermächte für den Entwurf einer zukunftsweisenden Friedensordnung als auch die Unfähigkeit der deutschen Regierung zu einer rechtzeitigen realistischen Lagebeurteilung wider. Damit bereitete das Vertragswerk der verhängnisvollen Entwicklung in der Endphase der Weimarer Republik den geistigen Boden.	Der Versailler Vertrag besaß ungeachtet seiner extremen Belastung für die junge deutsche Demokratie einen Kompromisscharakter zwischen mildem „Wilson-Friede" und einem „karthagischen Friede" und garantierte dem Deutschen Reich den Status einer europäischen Großmacht. Insofern sind die verfehlten Chancen, die das Vertragswerk der deutschen Politik bot, der verhängnisvollste Fehltritt der neueren deutschen Geschichte.
Verhalten der Alliierten	Überforderung der Siegermächte auf der Pariser Friedenskonferenz – primäres Interesse „an der Niederhaltung Deutschlands" (Z. 2 f.) – Überforderung mit der Aufgabe, eine zukunftsweisende, Deutschland konstruktiv einbeziehende Friedensordnung zu entwerfen (Z. 6 ff.)	Zweifel am „kluge[n]" Handeln der Sieger: – Vertragswerk sei „eine extreme Belastung für die junge Demokratie" (Z. 7 ff.) – Folgen der Niederlage seien „gerade jenen deutschen Politikern und Parteien" aufgebürdet, „die sich zu Wilsons Ideen der Völkerverständigung bekannten" (Z. 11 f.)
Verhalten der deutschen Regierung	Unfähigkeit zur realistischen Lageeinschätzung in der Zeit zwischen Waffenstillstand und Versailler Vertrag sei eine schwere Hypothek für die erste deutsche Demokratie: – starke Widerstände gegen die „Entspannungszeit der Locarno-Politik" (Z. 41 f.) – das Jahr 1919 habe der „verhängnisvollen außenpolitischen Wende in der Spätphase der Weimarer Republik den geistigen Boden bereitet" (Z. 42 ff.)	keine Nutzung der Chance, die der Vertrag bot: – Deutschland habe ungeachtet des Vertrages „den Status einer europäischen Großmacht" behalten (Z. 27) und – auf längere Sicht einen größeren außenpolitischen Handlungsspielraum „als vor 1914" gehabt (Z. 27 ff.)
Bezug zur Leitfrage	= Vertrag ist aus der Sicht Grupps nicht gerecht	= Vertrag ist aus der Sicht Kolbs gerecht

4. Formulierung des Sachurteils

a) Zu den Quellen (M 2, M 3)
Stellungnahme zu den Argumentationen der Politiker im Hinblick auf folgende Punkte:
- Grundsätzliche Position Clemenceaus: generelle Ablehnung des Protestes der deutschen Regierung durch Frankreich (keinerlei Kompromissbereitschaft der Alliierten, die sich bereits bei der Festlegung, Deutschland bei den Verhandlungen auszuschließen, zeigte).
- Regelung für das Saargebiet: z.B. Stichhaltigkeit der Begründung Clemenceaus (Möglichkeit der Annexion des Gebietes wie Elsass-Lothringen).
- Politische Veränderungen in Deutschland im Herbst 1918: z.B. Nachvollziehbarkeit für den Protest Brockdorff-Rantzaus, dass der Wechsel von der Monarchie (Verantwortliche für den Krieg) zur Demokratie keinerlei Berücksichtigung fand.

b) Zu den Darstellungen (M 4, M 5)
Stellungnahme zu den Argumentationen der Historiker im Hinblick auf folgende Punkte:
- Überzeugungskraft der Darstellung (Positionen).
- Einschätzung der deutschen Regierung: z.B. Schlüssigkeit der Begründung für das Verhalten zwischen Waffenstillstand und Vertragsunterzeichnung (M 4) und für die fehlende Einsicht, welche Chance der Vertrag der deutschen Politik bot.

5. Formulierung des Werturteils
Stellungnahme zum Versailler Vertrag aus heutiger Sicht (auf Basis des Sachurteils und mit Bezug zur Leitfrage):
- *Differenzierte Bewertung:* Einerseits wurde der Vertrag ohne deutsche Beteiligung ausgehandelt und stellte sowohl ökonomisch (insb. Reparationen) als auch politisch (insb. Instrumentalisierung des Vertrages für die Diffamierung der Weimarer Republik durch rechte Parteien) eine enorme Belastung für die junge Demokratie dar. Andererseits blieb Deutschland als europäische Großmacht bestehen und wurde von den Alliierten nicht besetzt.
- *Weiterführende Argumentation:* Vergleich mit anderen europäischen Friedensordnungen: Wiener Kongress (1815) und Potsdamer Konferenz (1945).

Zu Kapitel 9, S. 384–385: Wahlplakate

1. Leitfrage
Mögliche Fragestellung: Die Wahl zur Nationalversammlung – Ende der Revolution?

2. Analyse

Formale Aspekte
- Auftraggeber: die Deutsche Demokratische Partei (DDP)
- Erscheinungsjahr: 1919
- Anlass: Wahl zur Nationalversammlung am 19. Januar 1919
- Thema: der Beginn der Krisenjahre der Weimarer Republik
- Adressaten: Wähler, insbesondere Befürworter der Demokratie

Inhaltliche Aspekte
Gestaltungsmittel:
- Gegenstände: Waage (blau), deren Ständer ein menschlicher Arm ist;
- Figuren: drei Personen (rot), die sich auf der linken Waagschale befinden, drei Personen (weiß) auf der rechten Waagschale;
- Schriftzüge: FÜR EHRLICHE ARBEIT IN STADT UND LAND. GEGEN DIKTATUR VON LINKS UND RECHTS (oberer Bildrand); DEUTSCHE DEMOKRATISCHE PARTEI (unterer Bildrand)

Zentrale Plakataussage:
Die Deutsche Demokratische Partei (DDP) sieht sich im Kampf gegen rechte und linke Kräfte als starker Arm der Demokratie, der verhindert, dass weder die Rechten noch die Linken ein Übergewicht bekommen und in Deutschland eine Diktatur bilden.

3. Historischer Kontext
- Epoche: Weimarer Republik (1919–1933).
- Ereignis: Das Plakat ist ein Wahlkampfmittel für die Wahl zur Nationalversammlung am 19. Januar 1919. Diese Wahl war die erste demokratische Wahl in Deutschland und die erste, an der auch Frauen teilnehmen durften. Sie hatte das Ziel, eine verfassungsgebende Nationalversammlung zu bilden.
- Prozesse: Das Plakat gehört in den Beginn der Krisenjahre der Weimarer Republik (1919–1923): Es gab Aufstände und Proteste (infolge der Abschaffung der Monarchie und der doppelten Ausrufung der Republik am 9. November 1918) gegen Bestrebungen, dass in Deutschland eine parlamentarische Demokratie entsteht (z.B. der Januaraufstand 1919).

4. Urteilen
- z.B. Intention: Gewinnung von demokratisch gesinnten Bürgern für die Wahl der DDP;
- z.B. Parteinahme: die DDP ergreift ganz klar Partei für die Demokratie und gegen die Diktatur;
- z.B. Bezug zum historischen Kontext: Plakat nimmt Bezug auf die antidemokratischen Bestrebungen, z.B. den Januaraufstand linker Gruppierungen (insb. der KPD);
- z.B. Bezug zur Leitfrage: die parlamentarische Demokratie ist mit der Wahl zur Nationalversammlung noch nicht gefestigt, da sowohl rechte als auch linke Bestrebungen versuchen, die Demokratie zu bekämpfen; das Plakat nimmt die Krisenjahre der Weimarer Republik (1919–1923) vorweg.

Zu Kapitel 9, S. 392–393: Schaubild erstellen

Mögliche grafische Grundbausteine: farbige Kästen zu den Hauptbeteiligten:
- Reichspräsident (RP)
- Reichsregierung (RG)
- Reichstag (RT)

Mögliche Textbausteine, die durch Pfeile/Pfeilkette eine Verbindung/einen Ablauf zwischen den Beteiligten darstellen:
- RG legt Gesetzentwurf zur Abstimmung im RT vor
- RT lehnt Gesetzentwurf ab
- RP erlässt auf Wunsch der RG den Gesetzentwurf als Notverordnung und setzt den Reichstag darüber in Kenntnis (Art. 48)
- RT verlangt die Außerkraftsetzung der Notverordnung (Art. 48)
- RP löst den Reichstag mit Zustimmung der RG auf (Art. 25)
- RP setzt Notverordnung mit Zustimmung der RG wieder in Kraft

Zu Kapitel 11, S. 574–575: Spielfilme

1. Formale Aspekte
- Buch: Bernd Lichtenberg (*1966), Wolfgang Becker (*1954), beide Westdeutsche; Regie: Wolfgang Becker
- Produktionsland: Deutschland
- Genre: Komödie, mit dramatischen Elementen
- Länge: 121 Minuten
- Entstehungszeit: 2001–2003, also gut zehn Jahre nach Friedlicher Revolution und Vereinigung

2. Inhaltliche Aspekte

2.1 Filminhalt

Thema: Der Film spielt mit dem Untergang der DDR. Im Mittelpunkt steht die Familie Kerner, die in der DDR lebt. Die nach der Republikflucht des Vaters politisch engagierte Mutter fällt vor dem Fall der Mauer 1989 durch einen Herzinfarkt ins Koma und wacht acht Monate später nach der Friedlichen Revolution wieder auf. Da der Sohn sie angesichts ihres Gesundheitszustandes schonen will, verheimlicht er die zwischenzeitliche politische Entwicklung und spielt der Mutter mit verschiedenen Mitteln (Ostprodukten, Re-Möblierung der Wohnung mit DDR-Möbeln, Inszenierung von fiktiven DDR-TV-Sendungen, Lügen) einen Fortbestand der DDR vor, die sogar flüchtende Bundesbürger zu Tausenden aufnimmt. Mit zunehmender Dauer wird es allerdings immer schwieriger, das Bild aufrechtzuerhalten. Die Mutter gibt schließlich zu, dass die Geschichte der Republikflucht des Vaters eine Lüge gewesen war, sie eigentlich hatte folgen wollen, aber aus Angst darauf verzichtete. Am Schluss des Films stirbt sie, nach Auffassung von Alex, ohne die Wahrheit über die DDR erfahren zu haben.

Personenkonstellation: Im Mittelpunkt stehen drei Personen: Mutter, Sohn und Tochter. Die Mutter (Christiane Kerner) ist politisch engagiert für den Sozialismus und die DDR und idealistisch, setzt sich für Menschen und für Verbesserungsvorschläge ein. Sie leidet unter der Republikflucht ihres Mannes und ist im Hauptteil des Filmes eher passiv, ein Objekt der Manipulation ihrer Familie. Erst kurz vor ihrem Tod kann sie die Lebenslüge über die Flucht ihres Mannes aufklären und sieht ihn noch ein letztes Mal. Der Sohn (Alex Kerner) ist in der DDR eher passiv, demonstriert aber im Oktober 1989 für politische Reformen. Nach der „Wende" genießt er zunächst die neuen Möglichkeiten, arbeitet für eine Firma, die die DDR-Bürger mit Satellitenanlagen versorgt, und spielt seiner Mutter, an der er sehr hängt, mit vielen kreativen Tricks eine idealisierte DDR vor. Die Tochter (Ariane Kerner) ist allein erziehende Mutter und deutlich pragmatischer als ihr Bruder, passt sich nach dem Ende der DDR rasch an die neue Situation an und tauscht ihr Wirtschaftsstudium gegen eine Arbeit bei „Burger King". Sie unterstützt Alex bei seinen Manipulationen, auch wenn sie immer wieder skeptisch ist.

2.2 Filmsprachliche Mittel
Bemerkenswertestes filmsprachliches Mittel ist der Einbau von dokumentarischen Filmszenen sowie die „Neuerfindung" von angeblichen Filmdokumenten der DDR (vor allem schein-authentische Nachrichtensendungen) durch Alex Kerner und seinen Freund. Daneben treibt der meist ironische Off-Kommentar Alex Kerners die Geschichte voran, bildet einen roten Faden der Handlung. Zeitraffer und schnelle Schnitte symbolisieren das neue Zeit- und Lebensgefühl nach der Friedlichen Revolution.

3. Historischer Kontext
Die DDR und die Friedliche Revolution wurden in der Öffentlichkeit um 2000 vielfach thematisiert, allerdings stellte sich die Vereinigung wirtschaftlich, sozial, politisch und mental schwieriger heraus als gedacht; „ostalgische" Strömungen waren u.a. die Folge; mehrere Spielfilme („Sonnenallee", „Das Leben der Anderen"), Fernsehfilme und Fernsehshows thematisierten die DDR seit Ende der 1990er-Jahre, z.T. kritisch, z.T. auch verharmlosend und die politische Situation ausblendend.

4. Bewertung
Intention: „Good Bye, Lenin!" verbindet das private Schicksal der Hauptpersonen (und einiger Randfiguren) in gelungener, ironischer Weise mit den politischen und wirtschaftlichen Entwicklungen (rasche Durchsetzung der westlichen Konsumgesellschaft, Arbeitslosigkeit und Statusverlust bei Älteren). Er lädt mit der spielerischen Umkehrung der tatsächlichen Geschichte gleichzeitig dazu ein, über mögliche Alternativen zur Geschichte nachzudenken.

Rezeption: Erfolgreichster deutscher Film 2003, mehr als 6 Millionen Kinobesucher, neun deutsche Filmpreise (u.a. Bester Film), mehrere europäische Filmpreise; nach ersten wissenschaftlichen Untersuchungen war das Bild von Schülerinnen und Schülern über die DDR nach 2003 stark von dem Film „Good Bye, Lenin!" geprägt, allerdings ist unklar, wie nachhaltig dies geschah.

Fachliteratur

Antike

Bleicken, Jochen, Die Römische Republik, München 2012 (TB).

Bringmann, Klaus, Römische Geschichte. Von den Anfängen bis zur Spätantike, München [11]2019 (TB).

Meier, Christian, Athen. Ein Neubeginn der Weltgeschichte, Berlin [2]2012.

Welwei, Karl W./Meier, Mischa, Athen. Von den Anfängen bis zum Beginn des Hellenismus, Darmstadt 2015.

Mittelalter

Althoff, Gerd, u. a., Menschen im Schatten der Kathedrale. Neuigkeiten aus dem Mittelalter, Darmstadt 1998.

Borst, Arno, Lebensformen im Mittelalter, Frankfurt/M. u. a. [5]1997 (TB).

GEO-Epoche Kollektion. Das Mittelalter, Hamburg 2016.

Kluge, Arnd, Die Zünfte, Stuttgart 2009.

Knelfelkamp, Ulrich, Das Mittelalter, Stuttgart [3]2018 (TB).

Plessow, Oliver, Die Stadt im Mittelalter, Stuttgart 2013 (TB).

Schneider, Reinhard, Das Frankenreich, München [4]2001.

Islamische Welt und Europa (alle Epochen)

Robinson, Francis (Hg.), Die islamische Welt. Eine illustrierte Geschichte, Frankfurt/M. 1997.

Bossong, Georg, Das Maurische Spanien, München [3]2016 (TB).

Halm, Heinz, Der Islam. Geschichte und Gegenwart, München [11]2018 (TB).

Howard, Douglas A., Das Osmanische Reich. 1300–1924, Darmstadt 2018.

Jaspert, Nikolas, Die Kreuzzüge, Darmstadt [6]2013.

Kramer, Heinz/Reinkowski, Maurus, Die Türkei und Europa, Stuttgart 2008 (TB).

Kreiser, Klaus, Geschichte der Türkei. Von Atatürk bis zur Gegenwart, München 2012 (TB).

Schulze, Reinhard, Geschichte der Islamischen Welt. Von 1900 bis zur Gegenwart, München 2016.

Seidensticker, Tilmann, Islamismus. Geschichte, Vordenker, Organisationen, München [4]2016 (TB).

Heiliges Römisches Reich (Deutscher Nation)

Stollberg-Rilinger, Barbara, Das Heilige Römische Reich Deutscher Nation, München [6]2018 (TB).

Weinfurter, Stefan, Das Reich im Mittelalter. Kleine deutsche Geschichte von 500 bis 1500, München 2018.

Frühe Neuzeit

Maissen, Thomas, Geschichte der Frühen Neuzeit, München [2]2018 (TB).

Schorn-Schütte, Luise, Geschichte Europas in der Frühen Neuzeit, Paderborn [3]2019 (TB).

Humanismus, Renaissance, Wissenschaft um 1500

Burke, Peter, Die europäische Renaissance. Zentren und Peripherien, München [2]2011 (TB).

Freely, John, Platon in Bagdad. Wie das Wissen der Antike zurück nach Europa kam, Stuttgart [5]2016.

de Padova, Thomas, Das Weltgeheimnis. Kepler, Galilei und die Vermessung des Himmels, München [6]2010 (TB).

Pfitzer, Klaus, Reformation, Humanismus, Renaissance, Stuttgart 2015 (TB).

Roeck, Bernd, Der Morgen der Welt. Geschichte der Renaissance, München 2019.

Europäische Expansion, Globalisierung, Frühkapitalismus, Hanse, Fernhandel um 1500

Häberlein, Mark, Aufbruch ins globale Zeitalter. Die Handelswelt der Fugger und Welser, Darmstadt 2016.

Hammel-Kiesow, Rolf, Die Hanse, München [5]2014 (TB).

Osterhammel, Jürgen, Kolonialismus. Geschichte, Formen, Folgen, München [8]2017 (TB).

Rinke, Stefan, Geschichte Lateinamerikas, München [2]2014 (TB).

Reinhardt, Volker, Die Medici. Florenz im Zeitalter der Renaissance, München [5]2013 (TB).

Wendt, Reinhard, Vom Kolonialismus zur Globalisierung. Europa und die Welt seit 1500, Paderborn [2]2015 (TB).

Reformation, Dreißigjähriger Krieg

Kaufmann, Thomas, Erlöste und Verdammte. Eine Geschichte der Reformation, München [4]2017.

Blickle, Peter, Der Bauernkrieg, München [5]2017 (TB).

Münkler, Herfried, Der Dreißigjährige Krieg, Reinbek 2019 (TB).

Westphal, Siegrid, Der Westfälische Frieden, München 2015 (TB).

Absolutismus, Aufklärung

Burke, Peter, Ludwig XIV. Die Inszenierung des Sonnenkönigs, Wagenbach, Berlin 2009 (TB).

Freist, Dagmar, Absolutismus, Darmstadt 2008 (TB).

Kunisch, Johannes, Friedrich der Große. Der König und seine Zeit, München [2]2017.

Stollberg-Rillinger, Barbara, Die Aufklärung. Europa im 18. Jahrhundert, Stuttgart [3]2011 (TB).

Englische, Amerikanische, Französische Revolution

GEO-Epoche, Französische Revolution, Hamburg 2006.

Haan, Heiner/Niedhardt Gottfried, Geschichte Englands vom 16. bis zum 18. Jahrhundert, München [4]2016 (TB).

Hochgeschwender, Michael, Die Amerikanische Revolution. Geburt einer Nation 1763–1815, München [3]2018.

Lerg, Charlotte A., Die Amerikanische Revolution, Tübingen 2010 (TB).

Schulin, Ernst, Die Französische Revolution, München [5]2013.

Thamer, Hans-Ulrich, Die Französische Revolution, München [5]2019 (TB).

Wiener Kongress, Restauration, Revolution 1848/49

Duchhardt, Heinz, Der Wiener Kongress. Die Neugestaltung Europas 1814/15, München [2]2015 (TB).

Hein, Dieter, Die Revolution von 1848/49, München [5]2015 (TB).

von Hippel, Wolfgang/Stier, Bernhard, Europa zwischen Reform und Revolution 1800–1850, Stuttgart 2012 (TB).

Rapport, Mike, 1848. Revolution in Europa, Stuttgart 2012.

Süßmann, Johannes, Vom Alten Reich zum Deutschen Bund 1789–1815, Stuttgart 2015 (TB).

Industrialisierung, Kapitalismus

Bremm, Klaus-Jürgen, Das Zeitalter der Industrialisierung, Stuttgart 2014.

Condrau, Flurin, Die Industrialisierung in Deutschland, Darmstadt 2011 (TB).

Fisch, Jörg, Europa zwischen Wachstum und Gleichheit 1850–1914, Stuttgart 2002 (TB).

Kleinschmidt, Christian, Wirtschaftsgeschichte der Neuzeit. 1500–1850, München 2017 (TB).

Kocka, Jürgen, Geschichte des Kapitalismus, München [3]2017 (TB).

Liedtke, Rainer, Die Industrieller Revolution, Köln 2012 (TB).

Osterhammel, Jürgen, Die Verwandlung der Welt. Eine Geschichte des 19. Jahrhunderts, München [2]2016.

Nation, Nationalstaatsbildung (19. Jh.)

Alter, Peter, Nationalismus. Ein Essay über Europa, Kröner, Stuttgart 2016 (TB).

Althammer, Beate, Das Bismarckreich 1871–1890, Paderborn [2]2017 (TB).

Conrad, Sebastian, Globalisierung und Nation im Deutschen Kaiserreich, München 2010 (TB).

Kolb, Eberhard, Bismarck, München [2]2014 (TB).

Wehler, Hans-Ulrich, Nationalismus. Geschichte, Formen, Folgen, München [5]2019 (TB).

Nonn, Christoph, Das deutsche Kaiserreich. Von der Gründung bis zum Untergang, München 2017 (TB).

Schulze, Hagen, Staat und Nation in der europäischen Geschichte, München [2]2004 (TB).

Ullrich, Volker, Die nervöse Großmacht. Aufstieg und Untergang des deutschen Kaiserreichs, Frankfurt/M. [2]2013.

Erster Weltkrieg

Epkenhans, Michael, Der Erste Weltkrieg, Paderborn 2015 (TB).

Kolb, Eberhard, Der Frieden von Versailles, München [3]2019 (TB).

Leonhard, Jörn, Der überforderte Frieden. Versailles und die Welt 1918–1923, München 2018.

Geschichte der USA

Arens, Werner/Braun, Hans-Martin, Die Indianer Nordamerikas, München [2]2016 (TB).

Emmerich, Alexander, Geschichte der USA, Stuttgart [3]2017 (TB).

Heideking, Jürgen/Mauch, Christof, Geschichte der USA, Tübingen [6]2008 (TB).

Sautter, Udo, Sklaverei in Amerika, Stuttgart 2014.

Stöver, Bernd, Geschichte der USA. Von der ersten Kolonie bis zur Gegenwart, München [2]2018 (TB).

Russische Revolution, Geschichte der Sowjetunion

Altrichter, Helmut, Kleine Geschichte der Sowjetunion 1917–1991, München [4]2013 (TB).

Hildermeier, Manfred, Geschichte der Sowjetunion 1917–1991, München [2]2017.

GEO-Epoche. Die Russische Revolution, Hamburg 2017.

Haumann, Heiko (Hg.), Die Russische Revolution 1917, Köln [2]2017 (TB).

Zwischenkriegszeit

Bauerkämper, Arnd, Der Faschismus in Europa 1918–1945, Stuttgart 2006 (TB).

Kershaw, Ian, Höllensturz. Europa 1914 bis 1949, München [3]2017 (TB).

Pressler, Florian, Die erste Weltwirtschaftskrise, München [2]2019 (TB).

Weimarer Republik

Büttner, Ursula, Weimar. Die überforderte Republik 1918–1933, Stuttgart 2010.

Mai, Gunther, Die Weimarer Republik, München [3]2018 (TB).

Marcowitz, Reiner, Die Weimarer Republik 1929–1933, Stuttgart 2018 (TB).

Möller, Horst, Die Weimarer Republik. Demokratie in der Krise, München 2018 (TB).

Ulrich, Volker, Die Revolution 1918/19, München [7]2018 (TB).

Nationalsozialismus, Zweiter Weltkrieg

Aly, Götz, Hitlers Volksstaat. Raub, Rassenkrieg und nationaler Sozialismus, Frankfurt/M. ^{2}2011 (TB).

Benz, Wolfgang, Der deutsche Widerstand gegen Hitler, München 2014 (TB).

Echternkamp, Jörg, Das Dritte Reich. Diktatur, Volksgemeinschaft, Krieg, München 2018 (TB).

Frei, Norbert, Vergangenheitspolitik. Die Anfänge der Bundesrepublik und die NS-Vergangenheit, München 2012 (TB).

Herbert, Ulrich, Das Dritte Reich. Geschichte einer Diktatur, München ^{3}2018 (TB).

Kershaw, Ian, Der NS-Staat. Geschichtsinterpretationen und Kontroversen im Überblick, Reinbek ^{5}2015.

Klee, Ernst, „Euthanasie" im Dritten Reich, Frankfurt/M. ^{3}2010 (TB).

Longerich, Peter, „Davon haben wir nichts gewusst!" Die Deutschen und die Judenverfolgung 1933–1945, München ^{3}2007 (TB).

Schreiber, Gerhard, Der Zweite Weltkrieg, München 2013 (TB).

Süß, Dietmar/Süß, Winfried (Hg.), Das „Dritte Reich". Eine Einführung, München ^{2}2008 (TB).

Internationale Politik nach 1945, Kalter Krieg

GEO-Epoche. Der Kalte Krieg, Hamburg 2018.

Stöver, Bernd, Der Kalte Krieg. Geschichte eines radikalen Zeitalters 1947–1991, München 2017 (TB).

Brennpunkte im Kalten Krieg (Korea, Kuba, Vietnam)

GEO-Epoche. Der Vietnamkrieg, Hamburg 2016.

Greiner, Bernd, Kuba-Krise. Die Welt an der Schwelle zum Atomkrieg, München ^{2}2015.

Stöver, Bernd, Geschichte des Koreakriegs, München ^{2}2013 (TB).

Deutschland nach 1945 (Bundesrepublik, DDR)

Adamski, Peter, Die Bundesrepublik Deutschland 1949–1989, Stuttgart 2016 (TB).

Kossert, Andreas, Kalte Heimat. Die Geschichte der deutschen Vertriebenen nach 1945, Bonn 2016 (TB).

Kowalczuk, Ilko-Sascha, Endspiel. Die Revolution von 1989 in der DDR, München 2015 (TB).

Mählert, Ulrich, Kleine Geschichte der DDR, München ^{7}2009 (TB).

Plato, Alexander von/Leh, Almut, „Ein unglaublicher Frühling". Erfahrene Geschichte im Nachkriegsdeutschland 1945–1949, Bonn 2011 (TB).

Recker, Marie-Luise, Geschichte der Bundesrepublik Deutschland, München ^{3}2009 (TB).

Rödder, Andreas, Geschichte der deutschen Wiedervereinigung, München ^{2}2018 (TB).

Weinke, Annette, Die Nürnberger Prozesse, München ^{2}2015 (TB).

Wolle, Stefan, Die heile Welt der Diktatur. Alltag und Herrschaft in der DDR 1949–1989, Berlin 2013.

Internationale Transformationsprozesse 20./21. Jh.

Bösch, Frank, 1979. Als die Welt von heute begann, München 2019.

Henrich-Franke, Christian, Europäische Geschichte der Neuzeit: Globale Welt 1970–2015, Stuttgart 2019 (TB).

Karmann, Till u. a. (Hg.), Zeitenwende 9/11? Eine transatlantische Bilanz, Opladen 2016.

Vereinte Nationen

Wolf, Klaus Dieter, Die UNO. Geschichte, Aufgaben, Perspektiven, München ^{3}2016 (TB).

Europäische Einigung

Brunn, Gerhard, Die europäische Einigung. Von 1945 bis heute, Stuttgart ^{4}2017 (TB).

Gehler, Michael, Europa. Ideen, Institutionen, Vereinigung, München 2017.

Nahostkonflikt

Asseburg, Muriel/Busse, Jan, Der Nahostkonflikt. Geschichte, Positionen, Perspektiven, München ^{2}2018 (TB).

Geschichte Chinas

Schmidt-Glintzer, Helwig, Das Alte China. Von den Anfängen bis zum 19. Jahrhundert, München ^{6}2018 (TB).

Schmidt-Glintzer, Helwig, Das neue China. von den Opiumkriegen bis heute, München ^{6}2014 (TB).

Demokratiekonzepte

Nolte, Paul, Was ist Demokratie? Geschichte und Gegenwart, München 2012 (TB).

Menschenrechte

Fritzsche, Karl-Peter, Menschenrechte. Eine Einführung mit Dokumenten, Paderborn ^{3}2016 (TB).

Hoffmann, Stefan-Ludwig, Geschichte der Menschenrechte, Berlin 2019.

Frauen- und Geschlechtergeschichte

Bock, Gisela, Frauen in der europäischen Geschichte. Vom Mittelalter bis zur Gegenwart, München 2005 (TB).

Schaser, Angelika, Frauenbewegung in Deutschland 1848–1933, Darmstadt 2012 (TB)

Deutsch-jüdische Geschichte

Herzig, Arno, Jüdische Geschichte in Deutschland. Von den Anfängen bis zur Gegenwart, München ^{2}2002 (TB).

Migration

Oltmer, Jochen, Globale Migration. Geschichte und Gegenwart, München ^{3}2017 (TB).

Sprachsensibles Lexikon – historische Fachbegriffe, Fremdwörter, fachsprachliches Vokabular

*Die **zentralen historischen Fachbegriffe der Kapitel** (die jeweils auf der letzten Kapitelseite aufgelistet sind), sind hier im Lexikon **blau** gekennzeichnet.*

Abkürzungen:
Adj. = *Adjektiv;* **arab.** = *arabisch;* **Bez./bez.** = *Bezeichnung/bezeichnen;* **dt.** = *deutsch;* **europ.** = *europäisch;* **frz.** = *französisch* **Ggs.** = *Gegensatz;* **insb.** = *insbesondere;* **islam.** = *islamisch;* **Jh.** = *Jahrhundert;* **jmd.** = *jemand;* **kirchl.** = *kirchlich;* **Pl.** = *Plural;* **röm.** = *römisch;* **Sg.** = *Singular;* **Subst.** = *Substantiv;* **weibl.** = *weiblich;* **Syn.** = *Synonym (sinngleiches Wort);* **z. B.** = *zum Beispiel.*

A

Abdecker *(der):* Entsorger von Tierkadavern.

Abendland *(das):* das lateinisch-röm. Westeuropa (Okzident); heute auch Europa insg. *(Ggs.* Morgenland/Orient).

Ablass *(der):* siehe S. 154.

Abschreibung *(die):* Begriff aus dem betriebswirtschaftlichen Rechnungswesen. Er bez. planmäßige oder außerplanmäßige Wertminderungen von Vermögensgegenständen.

Absolutismus *(der; Adj.* **absolutistisch***):* siehe S. 160.

abstrakt: sich im Gedanklichen oder Theoretischen bewegend, auf wenige Grundlinien reduziert *(Ggs.* gegenständlich).

Abt *(der; Pl. die* **Äbte;** *weibl. Sg. die* **Äbtissin***):* Klostervorsteher/-in.

Ächtung *(die):* Verdammung.

Adel *(der):* höhergestellte Gesellschaftsgruppe, zu der jmd. aufgrund von Geburt gehört, z. B. im antiken Griechenland und Rom. Adlige Macht basiert auf Reichtum, Bildung, Lebensstil. Im Mittelalter und in der Frühen Neuzeit war der Adel in Europa die mächtigste Führungsschicht. Er hatte erbliche Vorrechte, politische und militärische Pflichten; er pflegte ein Standesbewusstsein und einen eigenen Lebensstil; er war mit Grundbesitz und daraus abgeleiteten Herrschaftsrechten verbunden (Grundherrschaft, Gutsherrschaft). Es gab den Hofadel, den Landadel und den Amtsadel; in den Amtsadel gelangte jmd. per Ernennung. Übt der Adel in einem Staat die Macht aus, spricht man von Aristokratie. Der Absolutismus (17./18. Jh.) minderte die Macht des Adels, die bürgerliche Gesellschaft (19. Jh.) beseitigte sie schrittweise.

Agitation *(die):* aggressive politische Tätigkeit, um andere zu beeinflussen.

Akropolis *(die):* siehe S. 15.

aktives Wahlrecht *(das):* Möglichkeit, selbst zu wählen.

Al-Andalus: siehe S. 116.

Al-Qaida: siehe S. 128.

Allgemeines Landrecht für die preußischen Staaten *(das):* siehe S. 170.

Alliierter Kontrollrat *(der):* siehe S. 504.

alter Mittelstand *(der):* siehe S. 378.

Altes Reich *(das):* anderer Begriff für das Heilige Römische Reich (Deutscher Nation).

ambivalent: zwiespältig, sowohl positiv wie negativ.

Ancien Régime *(das):* siehe S. 197.

Analogie *(die; z. B. in Analogie zu):* Ähnlichkeit.

Anglikanische Staatskirche *(die):* siehe S. 184.

Annexion *(die; Verb* **annektieren***):* erzwungene, gewaltsame Aneignung eines Gebietes.

Annuität *(die):* siehe S. 31.

antiimperialistisch: gegen den Imperialismus gerichtet.

Antike *(die):* Epoche für den von Griechenland und Rom geprägten Mittelmeerraum (ca. 3000 v. Chr.–500 n. Chr.).

Antiklerikalismus *(der):* Gegnerschaft zum kirchlichen Klerus (aber nicht zu den kirchlichen Laien).

Antikominternpakt *(der):* siehe S. 428.

Antiliberalismus *(der):* Gegnerschaft zum Liberalismus.

Antimarxismus *(der):* Gegnerschaft zum Marxismus.

antimonarchisch: gegen das Königtum als Staatsform.

Antisemitismus *(der; Adj.* **antisemitisch***):* Ablehnung und Bekämpfung von Juden aus rassischen, religiösen, sozialen Gründen. Der Begriff wurde 1879 geprägt. Judenfeindschaft gab es auch in Antike und Mittelalter. Seit Mitte des 19. Jh. entwickelte sich ein rassisch begründeter Antisemitismus, in dem gesellschaftliche Konflikte auf Juden als Feindbilder übertragen wurden. Das dt. NS-Regime (1933–1945) setzte seinen Antisemitismus systematisch von der Feindbildpropaganda über die Ausgrenzung bis zum Völkermord an rd. 6 Mio. getöteten Juden um. Siehe auch S. 397 f.

Antizyklische Wirtschaftspolitik *(die):* siehe S. 538.

Appeasement *(das):* siehe S. 349.

appellativ: nachdrücklich zu etwas aufrufend.

Arbeiter *(der)*/**Arbeiterschaft** *(die):* siehe S. 261.

Arbeiterbewegung *(die):* Zusammenschlüsse von Arbeitern als Gewerkschaften, Genossenschaften oder Parteien seit dem zweiten Drittel des 19. Jh. Ziel ist es, die politische und soziale Lage der Arbeiter zu verbessern.

Arbeiterklasse *(die):* siehe Proletariat.

Archont *(der; Pl. die* **Archonten***):* siehe S. 15.

Areopag *(der):* siehe S. 15.

„Arisierung“ *(die):* siehe S. 420.

Aristokratie *(die)*: Adelsherrschaft; auch: die Summe aller Adligen.
Artillerie *(die)*: großkalibrige Geschütze einer Armee.
Atlantik-Charta *(die)*: siehe S. 469.
Aufgeklärter Absolutismus *(der)*: siehe S. 169 ff.
Aufklärung *(die)*: siehe S. 166 ff.
Assignaten *(Pl. die)*: siehe S. 206.
Assimilation *(die; Verb* **assimilieren***)*: „Ähnlichmachung", Angleichung.
Autarkie *(die)*: wirtschaftliche Unabhängigkeit.
Autonomie *(die; Adj.* **autonom***)*: Selbstbestimmung; im besonderen Sinne auch staatliche Unabhängigkeit.
autoritäres Regime *(das)*: unbedingten Gehorsam fordernde politische Herrschaft.
Autorität *(die)*: maßgeblicher Einfluss einer Person oder Einrichtung, der auf Leistung oder Tradition beruht.
Ayyubiden *(Pl. die)*: sunnitische Dynastie kurdischer Herkunft.

B

Bann (der): Ausschluss aus einer (kirchl.) Gemeinschaft.
Barbarossa-Sage *(die)*: siehe S. 96.
Barock *(der; Adj.* **barock***)*: Kunststil ca. 1600–1750. Kennzeichen sind z. B.: symmetrische Anordnungen und viele Fassadenornamente bei Bauwerken; Prunk, Bewegungsreichtum und Lichtkontraste in der Malerei.
Bauernaufstände *(Pl. die)*: siehe S. 155.
Beamtentum *(das)*: Personen, denen der Staat auf Zeit oder auf Dauer Aufgaben verantwortlich zuweist.
Belehnung: Übertragung eines Lehens an eine Person.
Bergpartei *(die)*: siehe S. 208 und 210.
Besatzungsherrschaft *(die)*: siehe S. 504 ff.
Besitzbürgertum *(das)*: die besitzende Gruppe innerhalb des Bürgertums.
bilateral: zweiseitig; z. B. ist ein bilaterales Abkommen ein Vertrag zweier Länder.
Bill of Rights *(die)*: siehe S. 187 und 189.
Billigung *(die; Verb* **billigen***)*: Einverständnis.
bipolare Ordnung *(die; Adj.* **bipolar** *= mit zwei Polen versehen)*: siehe S. 466.
Bischof *(der; weibl. die* **Bischöfin***)*: kirchl. Amtsträger; leitet die kirchl. Gemeinden eines bestimmten Gebietes.
„Blauhelme" *(die)*: siehe S. 585.
Blitzkrieg *(der)*: siehe S. 434.
Bolschewiki *(Pl. die; weiteres Subst. der* **Bolschewismus***)*: radikaler Parteiflügel der russischen Sozialdemokraten um Lenin. Sie strebten ein kommunistisches System in Form einer Diktatur des Proletariats auf der Basis von Arbeiterräten an. Nach Auffassung Lenins erfordert die Revolution eine straffe Kaderpartei mit Berufsrevolutionären, die in allen gesellschaftlichen Bereichen die politische Führung innehaben.
Boston Tea Party *(die)*: siehe S. 192.
Bourgeoisie *(die)*: in der kapitalistischen Gesellschaft die herrschende Klasse, die die Produktionsmittel besitzt.
„Boxer"-Aufstand *(der)*: siehe S. 297.
Boykott *(der; z. B. einen Boykott verhängen)*: jmd. politisch, wirtschaftlich oder sozial ächten bzw. ausschließen.
Breschnew-Doktrin *(die)*: Die Doktrin wurde nach dem sowjetischen Partei- und Staatschef Leonid Breschnew (Reg. 1964–1982) benannt. Sie besagte, dass alle Staaten des sozialistischen Ostblocks nur eine begrenzte Souveränität in Anspruch nehmen können, wenn die Gefahr einer Loslösung aus der sozialistischen Gemeinschaft bestehe. Truppen der UdSSR hatten z. B. den Volksaufstand in der DDR am 17. Juni 1953 und den Prager Frühling in der ČSSR 1968 gewaltsam niedergeschlagen.
Bundesrepublik Deutschland *(die)*: siehe S. 509 ff.
Bundesstaat *(der)*: Gesamtstaat, der aus einzelnen Bundesstaaten zusammengesetzt ist, die einen relativ großen Teil ihrer souveränen Rechte an den Gesamtstaat übertragen haben, z. B. die Außen-, Verteidigungs-, Finanzpolitik, andere Rechte aber (z. B. in der Bundesrepublik die Bildungs- und Kulturangelegenheiten) behalten. Dieses Gestaltungsprinzip wird auch als Föderalismus bez.
Bundesverfassungsgericht *(das)*: siehe S. 513.
Bürger *(der)*/**Bürgertum** *(das)*: In Mittelalter und Früher Neuzeit insb. die freien, vollberechtigten Stadtbewohner (Kaufleute, Handwerker u. a.). Seit dem 18. Jh. eine durch Besitz, Bildung und spezifische Einstellungen gekennzeichnete Schicht (Unternehmer, Kaufleute, Bankiers, Manager; Freiberufler, höhere Beamte und Angestellte; kleinere Handwerker, Krämer, Wirte). Staatsbürger meint alle Einwohner ungeachtet der sozialen Stellung.
Bürgerkrieg *(der)*: bewaffnete Auseinandersetzung innerhalb des Territoriums eines Staates zwischen verschiedenen (politischen) Gruppen.
Bürgerliche Gesellschaft *(die)*: seit dem 18./19. Jh. von Europa ausgehend eine Gesellschaft, die aus freien, mündigen Staatsbürgern innerhalb eines Verfassungsstaates besteht und in der das Bürgertum eine führende Rolle spielt (Ggs. Feudalgesellschaft).
Bürokratie *(die)*: bez. seit dem Absolutismus des 17./18. Jh. die Verwaltung des Staates durch Beamte im Rahmen von Gesetzen und Verordnungen auf der Grundlage von Akten. Sie löste die Verwaltung durch Lehnsträger ab. Bürokratie ist fachlich und hierarchisch aufgebaut, nicht vererbbar und verpflichtet zur Sachlichkeit und Unbestechlichkeit. Beamte haben Vorrechte, aber auch eine bestimmte Gehorsamspflicht gegenüber dem Staat.
Burschenschaft *(die)*: siehe S. 227.
„Bußgang nach Canossa" *(der)*: siehe S. 70.
Byzantinisches Kaiserreich *(das; Adj.* **byzantinisch***)*: siehe S. 62.

C

Charta *(die):* Urkunde, häufig auch Bez. für Selbstverpflichtungserklärung.

checks and balances *(die):* siehe S. 194 und 196.

Chiliasmus *(der):* siehe S. 186.

Christentum *(das):* die auf Jesus Christus, sein Leben und seine Lehre zu Beginn des 1. Jh. begründete monotheistische Religion. Seine heilige Schrift ist die Bibel (bestehend aus Altem und Neuem Testament); siehe auch S. 41 ff.

Code Civil *(der)* = **Code Napoléon** *(der):* siehe S. 220.

Common Sense (der): siehe S. 193.

Containment-Politik *(die):* siehe S. 471.

Convention Parliament *(das):* siehe S. 187.

Cordeliers *(Pl. die):* siehe S. 206.

D

Darlehen *(das; z. B. ein Darlehen aufnehmen):* geliehene größere Geldsumme.

datieren: mit einer Zeitangabe versehen.

Deutsche Demokratische Republik (DDR) *(die):* siehe S. 516 ff.

de facto: tatsächlich.

Defätismus *(der):* Haltung, die mangels Aussicht auf Erfolg oder Sieg durch eine starke Neigung zum Aufgeben gekennzeichnet ist

deflationäre Wirtschafts- und Sozialpolitik *(die):* siehe S. 389.

degradieren: in eine niedrigere Position zurücksetzen.

Dekartellierung *(die):* Auflösung von Kartellen.

deklarieren: erklären.

Dekolonisation *(die):* siehe S. 466.

Dekret *(das):* Verordnung, Verfügung.

Delegierter *(der):* Abgesandter.

Delisch-Attischer Seebund *(der):* siehe S. 23.

Demagoge *(der):* siehe S. 17 und 227.

Demilitarisierung *(die; Syn. die* **Entmilitarisierung***):* Abbau von militärischen Truppen und Anlagen.

Demokratie *(die; weiteres Subst. die* **Demokratisierung***):* Herrschaftsform, in der der Wille des Volkes *(griech. demos)* ausschlaggebend ist. Die moderne Demokratie entwickelte sich in den europäischen Nationalstaaten als repräsentative Demokratie, d. h., die Herrschaft wird nicht direkt vom Volk ausgeübt, sondern über gewählte Abgeordnete. Merkmale sind: Garantie der Menschenrechte, allgemeines, gleiches, geheimes, freies Wahlrecht, Gewaltenteilung, Parlamente, Mehrparteiensystem, Minderheitenschutz *(Ggs.* Diktatur).

demontieren *(Subst. die* **Demontage***):* (insb. Industrieanlagen) auseinandernehmen, abbauen.

Denazifizierung *(die; Syn. die* **Entnazifizierung***):* von den vier Besatzungsmächten für Deutschland 1945 beschlossene und durchgeführte Maßnahmen, die nationalsozialistische Einflüsse in Staat, Wirtschaft und Kultur ausschalten sollten.

Deportation *(die; Verb* **deportieren***):* zwangsweise Verschleppung von Menschengruppen, häufig in Lager und unter Verlust aller Rechte und des Eigentums.

destabilisieren *(Subst. die* **Destabilisierung***):* aus dem Gleichgewicht bringen.

Deutsch-britisches Flottenabkommen *(das):* siehe S. 427.

Deutscher Bund *(der):* siehe S. 287.

Deutscher Orden *(der):* siehe S. 66.

Deutscher Zollverein *(der):* siehe S. 287.

Devisen *(Pl. die):* ausländische Währungen, Zahlungsmittel.

Devisenbewirtschaftung *(die):* Lenkung und Begrenzung des gesamten Zahlungs-, Kredit- und Kapitalverkehrs mit dem Ausland.

Devisen-Zwangsumtausch *(der):* siehe S. 561.

Dezentralisierung *(die):* Übertragung von Aufgaben von einer zentralen Stelle an untergeordnete Stellen.

Dezimierung *(die; Verb* **dezimieren***):* Beibringen großer Verluste.

Dhimmi *(der):* siehe S. 112.

Dienstleistungssektor *(der):* Wirtschaftsbereich, der nicht-materielle Güter umfasst, z. B. Handel, Verkehr, öffentliche Verwaltung, Banken, Versicherungen, Gastronomie, Wissenschaft, Kunst, Gesundheitswesen, Sport.

Dienstmann *(der; Pl. die* **Dienstmannen;** *Syn.* **Ministeriale):** siehe S. 78.

diffamieren: jemanden in seinem Ansehen herabsetzen.

differenziert *(Subst. die* **Differenzierung***):* vielfach abgestuft, ins Einzelne gehend *(Ggs.* eindeutig, pauschal).

Diggers *(Pl. die):* siehe S. 185.

Diktatur *(die; weiteres Subst. der* **Diktator***):* auf Gewalt beruhende Herrschaft eines Einzelnen, einer Gruppe oder Partei. Es gibt je nach Ausprägung autoritäre, faschistische, kommunistische oder Militär-Diktaturen. Merkmale: keine/mangelnde Gewaltenteilung, staatliche Überwachung der Menschen, Unterdrückung von Opposition, Propaganda und Feindbilder, keine Meinungs- und Pressefreiheit *(Ggs.* Demokratie).

Dionysien *(Pl. die):* siehe S. 28.

Diplomatie *(die):* in der Politik das Verhandeln von Interessen durch offizielle Vertreter eines Staates.

diskriminieren: benachteiligen, verächtlich machen.

Displaced Persons *(Pl. die):* Der Begriff wurde am Ende des Zweiten Weltkriegs geprägt. Er meint die Millionen Zivilpersonen, die sich nach Verschleppung oder Deportation außerhalb ihrer Heimatländer befanden.

Dissenters *(Pl. die):* siehe S. 187.

Dissident *(der):* Person, die mit den offiziellen (politischen) Ansichten eines (autoritären oder diktatorischen) Landes nicht übereinstimmt.

Distanz *(die)*: Entfernung.
Division *(die)*: größere militärische Einheit.
Dogmatik *(die; Adj.* **dogmatisch***)*: Vorgabe verbindlicher, normativer Glaubensaussagen.
Doktrin *(die; Pl. die* **Doktrinen***)*: politischer Standpunkt oder Leitlinie mit dem Anspruch, allgemeingültig zu sein.
dokumentarisch: durch Urkunden zeitgenössischer Berichte belegt.
Dominotheorie *(die)*: siehe S. 477.
Dreieckshandel *(der)*: siehe S. 147 f.
Dreißigjähriger Krieg *(der)*: siehe S. 157.
Dritter Stand *(der)*: siehe S. 198.
„Drittes Reich" *(das)*: siehe S. 401.
Dschihad *(der)*: siehe S. 106.
Dualismus *(der; Pl. die* **Dualismen***)*: Nebeneinander oder Rivalität zweier Mächte oder Auffassungen.
Dynamik *(die; Adj.* **dynamisch***)*: Wirkung von Kräften.
Dynastie *(die)*: Herrscherfamilie, die durch Erbfolge und Heirat entstanden ist und viele Generationen umfasst.

E

„Edelweißpiraten" *(Pl. die)*: siehe S. 452.
Egoismus *(der; Adj.* **egoistisch***)*: Ichsucht, Selbstsucht.
Einheitsdenkmal *(das)*: siehe S. 576.
Einheitsliste *(die)*: siehe S. 518.
Elite *(die)*: Gruppe überdurchschnittlich qualifizierter Personen oder herrschender bzw. einflussreicher Kreis.
Emanzipation *(die)*: siehe S. 236.
emanzipatorisch: auf einen Zugewinn von Freiheit und Gleichheit gerichtet, meist durch Kritik an autoritären, bevormundenden oder diskriminierenden Verhältnissen.
Embargo *(das)*: staatliches Verbot, mit bestimmten Ländern Handel zu treiben.
Emigration *(die; weiteres Subst. der* **Emigrant;** *Verb* **emigrieren***)*: aus politischen oder religiösen Gründen auswandern.
Emir *(der; Pl. die* **Emire***)*: siehe S. 108.
Empirismus *(der)*: siehe S. 166.
Encomienda *(die)*: siehe S. 147.
Engagement *(das)*: Einsatz, Verpflichtung für etwas.
Entente-Mächte *(die)*: siehe S. 308.
Entmilitarisierung *(die)*: siehe *Syn.* Demilitarisierung.
Entnazifizierung *(die)*: siehe *Syn.* Denazifizierung.
Entspannungspolitik *(die)*: siehe S. 482 f.
„Ermächtigungsgesetz" *(das)*: siehe S. 403.
Erster Weltkrieg *(der)*: siehe S. 308 ff.
Erzbischof *(der)*: kirchl. Amtsperson über dem Bischof.
eskalieren *(Subst. die* **Eskalation***)*: sich rasch verschärfen.
etabliert *(Verb* **etablieren***)*: einen sicheren Platz innerhalb einer Gruppe innehaben.
ethnisch: auf die Kultur einer Volksgruppe bezogen.
EU-Osterweiterung *(die)*: siehe S. 589.
Europäische Gemeinschaft (EG) *(die)*: siehe S. 589.
Europäische Integration *(die)*: siehe S. 589.
Europäische Union (EU) *(die)*: siehe S. 589 f.
Europäisches Gleichgewicht *(das; engl. balance of power)*: siehe S. 174.
eurozentrisch: Texte, Karten, Betrachtungweisen, die Europa in den Mittelpunkt stellen.
„Euthanasie" *(die)*: siehe S. 414.
Evolutionstheorie *(die)*: Theorie von Charles Darwin (1859) zur Entwicklung = Evolution der Tierarten. Die Evolution ist im Tierreich demnach ein Resultat des Überlebenskampfes, in dem nur die angepasstesten und stärksten Tierarten Überlebenschancen haben.
Exekutive *(die)*: eine der drei unabhängigen staatlichen Gewalten im Rahmen der Gewaltenteilung (neben Legislative, Judikative). Sie führt die Gesetze aus, die die Legislative beschlossen hat; im Rahmen der Gesetze kann sie Verordnungen und Erlasse verfügen. Zu ihr gehören Regierung und Verwaltung.
exemplarisch: beispielhaft.
Exil *(das; z. B. jmd. muss ins Exil gehen)*: unfreiwilliger langfristiger Aufenthalt außerhalb des Heimatlandes aufgrund von Verbannung, Ausbürgerung, Verfolgung.
Exkommunikation *(die)*: siehe S. 70.
Expansion *(die)*: starke räumliche, oft kriegerische Ausdehnung.
Exponent *(der)*: herausgehobener Vertreter einer Richtung oder einer Partei.
exportieren *(Subst. der* **Export***)*: Güter ins Ausland ausführen.

F

Fabrik *(die)*: siehe S. 247 und 252.
Fahnenlehen *(das)*: siehe S. 91.
Faschismus *(der)*: siehe S. 344.
Fatimiden *(Pl. die)*: siehe S. 107.
Feudalismus *(der)*/**Feudalgesellschaft** *(die)*: siehe S. 74.
Feuillants *(Pl. die)*: siehe S. 206 und 210.
Flächenbombardierungen *(Pl. die)*: siehe S. 446.
Flottenpolitik *(die)*: siehe S. 298 f.
Flüchtlinge und Vertriebene *(Pl. die)*: siehe 498 f.
Föderalismus *(der)*: staatliche Organisationsform, in der die Gliedstaaten gegenüber dem Gesamtstaat in begrenztem Maße eigenständig sind (*Ggs.* Zentralismus).
Föderierte *(Pl. die)*: siehe S. 207.
fokussieren: Hauptaugenmerk auf etwas richten.
forcieren: etwas mit Nachdruck vorantreiben.
Fraktion *(die)*: Partei, Gruppe.
Frankenreich *(das)*: siehe S. 62 ff.
Frauenrechtserklärung *(die)*: siehe S. 216 ff.
Frauenwahlrecht *(das)*: siehe S. 366.
Freiberufler *(der; Pl. die)*: Selbstständige, die freie Berufe ausüben und eigenverantwortlich tätig sind, z. B. Ärzte, Anwälte, Architekten.

Freikorps *(Pl. die)*: bewaffnete Freiwilligenverbände außerhalb des Heeres.
Freischärler *(der; weiteres Subst. die* **Freischar***)*: Angehöriger eines militärischen Freiwilligenverbandes, der sich nur auf Veranlassung einer Person oder einer Partei an einem Krieg beteiligt.
Freizügigkeit *(die)*: Recht einer Person zur freien Wahl des Wohn- und Aufenthaltsortes.
frevelhaft: verwerflich.
Frieden von Brest-Litowsk *(der)*: siehe S. 340.
Friedliche Koexistenz *(die)*: politische Auffassung, derzufolge eine Entscheidung zwischen Kapitalismus und Sozialismus im friedlichen Wettbewerb beider Systeme, also unter Ausschluss von Krieg, fallen solle.
Friedliche Revolution *(die)*: siehe S. 563 ff.
Frondienst *(der)*: unbezahlte Pflichttätigkeit, die in der Ständegesellschaft ein Höriger dem Grund- oder Gutsherren leisten musste (z. B. Säen, Ernten, Wegebau).
Fronhof *(der)*: siehe S. 73.
Frontier *(die)*: siehe S. 191.
Frühe Neuzeit *(die)*: europ. Epoche 16.–18. Jh.
Frühindustrialisierung *(die)*: siehe S. 246.
Frühkapitalismus *(der; Syn.* **Handelskapitalismus***)*: volkswirtschaftlicher Begriff für die Zeit 13.–17. Jh. in Europa. In der noch vom Feudalismus geprägten Wirtschaftswelt, in der Besitz an Grund und Boden wichtig ist, gewinnen Geld, Privateigentum und überregionaler Handel an Bedeutung.
Fugger *(die)*: siehe S. 137.
Führerprinzip *(das)*: siehe S. 398.
Funktion *(die)*: Aufgaben oder Wirkweisen einer Sache.

G

gären: sich schäumend zersetzen.
Gegenreformation *(die)*: siehe S. 157.
Geistliche Gewalt/Macht *(die)*: siehe S. 69 f.
Generalstände *(Pl. die)*: siehe S. 198 und 200.
genetisch-chronologisch: Analyse historischer Ereignisse/Themen im zeitlichen Ablauf und mit dem Blick darauf, wie Ursachen und Wirkungen zusammenhängen.
Genossenschaft *(die; Adj.* **genossenschaftlich***)*: Form eines Zusammenschlusses von Personen zu Zwecken der Erwerbstätigkeit unter sozialen Aspekten.
Genozid *(der; Pl. die* **Genozide***)*: Völkermord.
Gesellschaftsvertrag *(der)*: siehe S. 160.
Gewaltenteilung *(die)*: Trennung der staatlichen Gewalt in drei unabhängige Bereiche: gesetzgebende Gewalt (Legislative), ausführende Gewalt (Exekutive), rechtsprechende Gewalt (Judikative).
Gewerbe *(das; mit Adj. z. B.* **gewerbliches Produkt***)*: Industrie, Handwerk, Dienstleistungsbetriebe (in Abgrenzung zu Landwirtschaft und freiberuflichen Tätigkeiten).
Gewerbefreiheit *(die)*: die grundsätzliche Freiheit für jeden, ein Gewerbe zu betreiben. Sie ist ein Grundanliegen des Liberalismus. Sie steht im *Ggs.* zu den Zwängen von Zünften und Ständegesellschaften.
Gewerkschaft *(die)*: Interessenvertretung von Arbeitnehmern.
Ghetto *(das; Pl. die* **Ghettos***)*: siehe S. 236.
Gilde *(die; Pl. die* **Gilden***)*: im Mittelalter Zusammenschluss von Kaufleuten einer Stadt oder von einer Gruppe fahrender Händler als Schutz- und Interessenverbund.
Girondisten *(Pl. die)*: siehe S. 207 und 210.
Glasnost *(die)*: siehe S. 486.
Gleichgewicht der Mächte *(das)*: siehe S. 298.
„Gleichschaltung" *(die)*: siehe S. 402.
Globalisierung *(die)*: Prozess der Zunahme und Verdichtung weltweiter Beziehungen in allen Lebensbereichen. In der Geschichte gab es drei große „Globalisierungsschübe": um 1500, um 1900 und um 2000.
Glorious Revolution *(die)*: siehe S. 187.
„Goldene Bulle" *(die)*: siehe S. 92 ff.
„Goldene Zwanziger" *(die)*: siehe S. 377.
Goldhagen-Debatte *(die)*: siehe S. 457.
Gotik *(die; Adj.* **gotisch***)*: Kunstepoche des europäischen Mittelalters (Mitte 12. Jh.–um 1500). Kennzeichen sind Spitzbögen, Rippengewölbe und große, teils farbenfrohe Glasfenster (insb. in Kirchen, Rathäusern).
großdeutsche Lösung *(die)*: Ziel eines Teils der dt. Nationalbewegung im 19. Jh., den dt. Nationalstaat inklusive des Vielvölkerreiches Österreich zu gründen.
„Große Depression" *(die)*: siehe s. 253.
Gründerkrise *(die)*: siehe S. 253.
Grundgesetz *(das)*: siehe S. 511 f. und 515.
Grundherrschaft *(die)*: siehe S. 73 f.
Grundrechte *(Pl. die)*: siehe S. 367.
Gulag *(der)*: siehe S. 340 f.
Guomindang *(die)*: siehe S. 352.

H

Haager Friedenskonferenzen *(Pl. die)*: siehe S. 324.
Habsburger *(die)* / **Habsburgermonarchie** *(die)*: siehe S. 93.
Hallstein-Doktrin *(die)*: siehe S. 559.
Hambacher Fest *(das)*: siehe S. 288.
Handelskapitalismus *(der)*: siehe *Syn.* Frühkapitalismus.
Hanse *(die)*: siehe S. 137.
Hausgut *(das; Pl. die* **Hausgüter***)*: im Mittelalter Eigentum (Immobilien, Ländereien, finanzielle Privilegien) einer Adelsfamilie, das vererbbar war (*Ggs.* Reichsgut).
Hausmacht *(die)*: auf Personen/Familien basierende Macht (auch in Form von Territorien), mit der politische oder wirtschaftliche Ziele durchgesetzt werden können.

Hegemonie *(die):* politische Vormachtstellung eines Staates gegenüber anderen, meist aus militärischer, manchmal aus wirtschaftlicher Überlegenheit.
Heiliger Krieg *(der):* siehe S. 106 und 111.
Heiliges Römisches Reich (Deutscher Nation) *(das):* Das dt. Kaiserreich erhob im Mittelalter den Anspruch, den Königreichen übergeordnet zu sein („heilig"). Der Kaiser sah sich als Nachfolger der röm. Kaiser („römisch"). Es ging über die heutigen Grenzen Deutschlands hinaus. Die Bez. „Deutscher Nation" kam im 15. Jh. dazu. 1806 wurde es im Zuge der Kriege Napoleons aufgelöst.
Hellenismus *(der):* kulturgeschichtlicher Begriff für die Zeit von Alexander dem Großen (4. Jh. v. Chr.) bis Kaiser Augustus (1. Jh.), in der alles Griechische dominierte.
Hemisphäre *(die):* Erdhälfte, auch: Einflussbereich.
Hidschra *(die):* Auswanderung Mohammeds 622 von Mekka nach Medina; Beginn der islam. Zeitrechnung.
hierarchisch: nach einer Rangfolge von oben nach unten geordnet.
Hitler-Stalin-Pakt *(der):* siehe S. 430.
Hochindustrialisierung *(die):* siehe S. 267 f.
Hochkultur *(die):* Hauptmerkmal ist die Schrift, weitere sind: Arbeitsteilung, Städte, Handel, zentrale Verwaltung.
Holocaust *(der):* siehe S. 441.
Höriger *(der; Pl. die* **Hörigen***):* siehe S. 73 f.
Hufenland *(das):* siehe S. 73.
Hugenotten *(Pl. die):* siehe S. 157.
Humanismus *(der):* siehe S. 141.

I

iberisch: das Gebiet der heutigen spanisch-portugiesischen Halbinsel betreffend.
identifizieren: sich mit etwas gleichsetzen, darin wiederfinden.
Identität *(die):* das, was einen Menschen nach eigenem Erleben ausmacht; die Werte und Gruppen, denen er sich verbunden fühlt. Identitäten sind nie starr, sie sind wandelbar, vielfach und sind von Umständen beeinflusst.
Ideologie *(die; Adj.* **ideologisch***):* Deutung gesellschaftlich-politischer Verhältnisse oder historischer Entwicklungen, die aus bestimmten Interessen einseitig und verzerrend ist. Sie soll bestimmte Verhältnisse rechtfertigen.
Ikonografie *(die):* Deutung von Bildwerken.
Illegalität *(die):* Gesetzeswidrigkeit (*Ggs.* Legalität).
Imam *(der; Pl. die* **Imame***):* islam. Führer, insb. beim Gebet.
Imperialismus *(der; Adj.* **imperialistisch***):* siehe S. 296.
Imperium *(das; Pl. die* **Imperien;** *Adj.* **imperial***):* im antiken Rom ursprünglich die militärische und zivile Befehlsgewalt; im Mittelalter Bez. für das Heilige Römische Reich; allgemein für Kaiserreich, Großreich, Weltreich.
Importzoll *(der; Pl. die* **Importzölle***):* Abgabe auf Waren, die aus dem Ausland eingeführt werden.
impulsiv: sprunghaft, unberechenbar.
Independenten *(Pl. die):* siehe S. 185.
Indianer *(der):* Menschen, die schon vor der Ankunft von Kolumbus in Nordamerika lebten und bis heute dort leben. Die Europäer verdrängten und ermordeten viele von ihnen und vernichteten ihre Kulturen.
indigene Völker *(Pl. die; Syn. die* **autochthonen Völker***):* siehe S. 147.
Indoktrination *(die):* vehemente (psychologische) Beeinflussung, die keinen Widerspruch duldet.
induktive Methode *(die)*/**Induktion** *(die):* Methode der Erkenntnisgewinnung, wobei der Weg von beobachtbaren Phänomenen zu Schlüssen/Erkenntnissen (z. B. allgemeiner Begriff oder Naturgesetz) führt (*Ggs.* deduktive Methode/Deduktion).
Industrialisierter Krieg *(der):* siehe S. 311.
Industrialisierung *(die):* siehe S. 246.
Industrie *(die)*/**Industriewirtschaft** *(die):* siehe S. 252.
Industrielle Revolution *(die):* siehe S. 246.
Inflation *(die):* Aufschwellen der Geldmenge im Vergleich zur Produktion und dadurch Entwertung des Geldes.
Infrastruktur *(die):* wirtschaftlicher und organisatorischer Unterbau, der Voraussetzung für die Versorgung und Nutzung der Wirtschaft oder eines Gebietes ist.
initiieren: einleiten, in Gang bringen.
Insignie *(die; Pl. die* **Insignien***):* Herrschaftszeichen.
institutionalisieren *(Subst. die* **Institution***):* in eine feste, gesellschaftlich anerkannte Einrichtungsform bringen.
institutioneller Flächenstaat *(der; Syn. der* **Territorialstaat***):* in Mittelalter und Früher Neuzeit ein zusammenhängendes Territorium, das durch öffentliche Institutionen verwaltet wird (*Ggs.* Personenverbandsstaat). Siehe auch S. 139.
instrumentalisieren: jemanden als Mittel z. B. zur Durchsetzung von Interessen missbrauchen.
integraler Nationalismus *(der):* siehe Nationalismus.
Integration *(die):* in ein größeres Ganzes eingliedern.
Intendanten *(Pl. die):* siehe S. 162.
Internationaler Gerichtshof *(der):* Hauptrechtsprechungsorgan des Völkerbunds (1922–1945) bzw. der Vereinten Nationen (UNO; seit 1946) als seiner Nachfolgeorganisation.
Internierung *(die):* während eines Krieges Angehörige eines gegnerischen Staates in Gewahrsam nehmen.
Interregnum *(das):* siehe S. 92.
Intervention *(die):* Eingreifen.
Interventionsstaat *(der):* Staat, der stärker in die Belange seiner Bürger eingreift, z. B. durch Sozialgesetzgebung, Steuerung des wirtschaftlichen Wettbewerbs usw. (*Ggs.* Laissez-faire-Staat).

Interzessionsrecht *(das):* siehe S. 31.
inthronisieren: den König in seine Herrschaft einsetzen.
Invasion *(die):* militärischer Einmarsch in ein Land.
Investition *(die; Verb* **investieren***):* langfristige Anlage von Kapital in Sachgütern oder Dienstleistungen.
Investitionsgüterindustrie *(die):* Wirtschaftszweig, der die dauerhaften Produktionsmittel wie z. B. Maschinen, Fahrzeuge, Stahlbau, Elektrotechnik herstellt.
Investitur *(die)*/**Investiturstreit** *(der):* siehe S. 69 f.
Islam *(der):* vom Propheten Mohammed im 7. Jh. gegründete monotheistische Religion, deren Glaubensregeln im Koran verzeichnet sind und deren Anhänger (Muslime) zu Allah beten. Die heilige Schrift ist der Koran; siehe auch S. 104 ff.
Islamismus *(der):* siehe S. 128.
Isolationismus *(der):* selbst gewählter Rückzug eines Landes aus internationalen Verbindungen; Abschottung.
Isolierung *(die; weiteres Subst. die* **Isolation;** *Verb* **isolieren***):* Abtrennung von anderen Menschen oder Dingen.
Isonomie *(die):* siehe S. 17.

J

Jakobiner *(Pl. die):* siehe S. 206 und 210.
Janitscharen *(Pl. die):* siehe S. 118.
Jerusalem: siehe S. 111.
Jesuitenorden *(der):* im 16. Jh. gegründeter katholischer Orden. Hauptziele sind Mission, Gehorsam, Bildung.
Judentum *(das):* Bez. für die Religion und Lebensweise der Gesamtheit der Juden. Das Judentum ist mit über 3000 Jahren die älteste der monotheistischen Religionen Judentum, Christentum, Islam. Die heilige Schrift ist die Thora (= die 5 Bücher Mose des Alten Testaments).
Judenverfolgung *(die):* siehe S. 418 ff. und 441 ff.
Judikative *(die):* eine der drei unabhängigen staatlichen Gewalten im Rahmen der Gewaltenteilung (neben Legislative, Exekutive). Sie ist die rechtsprechende Gewalt. Zu ihr gehören die Gerichte.
„Julikrise“ *(die):* siehe S. 309.
Jungtürken *(Pl. die)*/**Jungtürkische Bewegung** *(die):* siehe S. 120.
Jurisprudenz *(die):* Rechtsprechung.

K

Kaaba *(die):* siehe S. 104.
Kadi *(der):* islam. Richter und zugleich hoher Verwaltungsbeamter einer islam. Stadt.
Kaiserpfalz *(die)*/**Königspfalz** *(die):* in Früh- und Hochmittelalter Wohn- und Stützpunkt des Kaisers bzw. Königs, der nicht von einem Zentralort aus regierte, sondern „vor Ort“ in direktem Kontakt zu seinen Untergebenen.
Kalif *(der)*/**Kalifat** *(das):* politisches und religiöses Oberhaupt der islam. Gemeinschaft in der Nachfolge des Propheten; ursprünglicher Titel „Stellvertreter des Gesandten Gottes“. Kalifat bez. das Reich oder das Amt des Kalifen.
Kalter Krieg *(der):* siehe S. 466 f.
Kanzelparagraf *(der):* Gesetz des dt. Strafgesetzbuches (1871–1953/BRD bzw. 1968/DDR). Es verbot Geistlichen, bei Amtsausübungen politisch Stellung zu beziehen.
Kapitalismus *(der; Adj.* **kapitalistisch***):* Wirtschaftsordnung, in der sich das Produktivkapitel in Händen von Privatpersonen bzw. -personengruppen befindet, d. h. der Kapitalisten und der Unternehmer. Der Gewinn, der durch Kapitaleinsatz und den Einsatz von Lohnarbeitern erwirtschaftet wird, geht wieder an den Unternehmer. Die wichtigsten unternehmerischen Entscheidungen werden im Hinblick auf den Markt getroffen (und z. B. nicht, wie in der Planwirtschaft, im Hinblick auf staatliche Ziele und Vorgaben).
Kapitulation *(die; Verb* **kapitulieren***):* in einer kriegerischen Handlung die Erklärung, besiegt worden zu sein.
Kardinal *(der; Pl. die* **Kardinäle***):* höchstes katholisches Amt nach dem Papst.
Karikatur *(die):* siehe S. 238.
karitativ: wohltätig.
Karlsbader Beschlüsse *(Pl. die):* siehe s. 227 ff.
Karolinger *(die):* siehe S. 63 f.
Kartell *(das; Pl. die* **Kartelle***):* siehe S. 253.
Katalysator *(der):* Stoff, der in der Chemie eine chemische Reaktion beeinflusst, ohne sich selbst zu verändern. Im übertragenen Sinn: Faktor, der etwas beschleunigt.
kausal: ursächlich, begründend.
Kavallerie *(die):* zu Pferd kämpfende Truppe.
Kemalistische Reformen *(Pl. die):* siehe S. 123 ff.
Ketzerei *(die):* Abweichung von einer (z. B. von der Kirche) allgemein als gültig erklärten Meinung.
Kirchenbann *(der):* siehe S. 70.
Kirchenstaat *(der):* weltlich-politisches Herrschaftsgebiet des Papstes, 756 durch die „Pippinische Schenkung“ aus Ländereien des Bischofs von Rom entstanden. 1870 wurde er aufgelöst und ein Teil Italiens. 1929 wurde er mit den Lateransverträgen erneut ein staatlich souveränes Gebiet (Vatikanstadt).
kirchliche Reformbewegung *(die):* siehe S. 69 f.
Klasse *(die)*/**Klassengesellschaft** *(die):* siehe S. 261.
klassifizieren: nach Merkmalen, Eigenschaften einteilen.
kleindeutsche Lösung *(die):* Ziel eines Teils der dt. Nationalbewegung im 19. Jh., den dt. Nationalstaat ohne Österreich mit Preußen als Führungsmacht zu gründen.
Klerus *(der):* Gesamtheit der Geistlichen (Priester, Nonnen, Mönche, Bischöfe usw.).
Kokarde *(die):* siehe S. 201.
Kollaboration *(die; Adj. z. B.* **kollaborationswillig***):* aktive Unterstützung einer feindlichen Besatzungsmacht gegen die eigenen Landsleute.

Kollegialität *(die)*: siehe S. 31.
kollektiv: gemeinschaftlich.
Kollektivierung *(die)*: Überführung privater Produktionsmittel (Land, Gewerbe, Industrie) in Gemeineigentum (von Genossenschaften) oder Staatseigentum.
kollidieren: zusammenstoßen.
Kolonialismus *(der; weitere Subst. die* **Kolonie,** *die* **Kolonisationspolitik***)*: siehe S. 146 ff. und 296.
Kominform *(die)*: siehe S. 471.
Komintern *(die)*: Abkürzung für „Kommunistische Internationale". Verbund aller kommunistischen Parteien, auf Anregung Lenins 1919 in Moskau gegründet; bestand bis 1943 und war ein Instrument sowjetischer Außenpolitik.
Kommunismus *(der; weiteres Subst. der* **Kommunist;** *Adj.* **kommunistisch***)*: klassenlose Gesellschaft ohne Privatbesitz an Produktionsmitteln. Nach kommunistischer Lehre wird die Aufhebung der bürgerlich-kapitalistischen Gesellschaft durch eine Revolution eingeleitet und endet nach einem Übergang mit der Diktatur des Proletariats. Der Kommunismus als politische Bewegung wurde seit der Oktoberrevolution stark von der Sowjetunion geprägt.
komplex: vielschichtig.
Konferenz von Jalta *(die)*: siehe S. 470 und 504.
Konferenz von Teheran *(die)*: siehe S. 504
Konfessionalisierung *(die)*: siehe S. 156.
Konformität *(die)*: Übereinstimmung mit etwas anderem.
Konfrontation *(die)*: Auseinandersetzung zwischen Gegnern.
Konjunktur *(die)*: siehe S. 253.
Konkordat *(das)*: Vertrag zwischen Staat und Kirche.
konservativ: bewahrend, rückwärtsgewandt.
konsolidieren: in seinem Bestand festigen.
Konstellation *(die)*: Gesamtlage, die sich aus mehreren Umständen ergibt.
konstituieren: Grund legen, begründen.
konstitutionell: verfassungsmäßig.
konstitutionelle Monarchie *(die)*: Königtum, in dem der König an eine Verfassung gebunden ist *(Ggs.* absolutistische Monarchie).
konstruktives Misstrauensvotum *(das)*: der Bundestag kann einem Bundeskanzler nur das Misstrauen aussprechen, wenn er innerhalb von 48 Stunden mit Mehrheit einen Nachfolger wählt und den Bundespräsidenten ersucht, den Kanzler zu entlassen; der Bundespräsident muss diesem Antrag entsprechen. Ziele sind die Verhinderung häufiger Koalitionswechsel und stabile Regierungsverhältnisse.
Konsul *(der; Pl. die* **Konsuln***)*: Titel der beiden obersten Beamten in der römischen Republik.
Konsumgüterindustrie *(die)*: Wirtschaftszweig, der Güter für die Endnachfrage der Haushalte produziert, z. B. Nahrungs- und Genussmittel, Kleidung, Hausgeräte, Personenwagen.
Konterrevolution *(die)*: Gegenrevolution.
kontinental: in Bezug auf Europa die Festlandsstaaten (im Gegensatz zu den Inselstaaten England, Irland).
Kontinuität *(die)*: gleichmäßiger Fortgang von etwas.
Konzentrationslager (KZ) *(das)*: siehe S. 406.
Kooperation *(die; Adj.* **kooperativ***)*: Zusammenarbeit *(Ggs.* Konfrontation, Konflikt).
Kopenhagener EU-Beitrittskriterien *(Pl. die)*: siehe S. 589.
Kopernikanische Wende *(die)*: siehe S. 142.
Koran *(der)*: heiliges Buch des Islam. Er ist die Offenbarung, die Muhammad empfangen hat, und für Muslime Gottes Wort. Er wurde Mitte des 7. Jh. schriftlich fixiert.
Koreakrieg *(der)*: siehe S. 475.
Körperschaft öffentlichen Rechts *(die)*: eine mit öffentlichen Aufgaben betraute juristische Person, deren hoheitliche Aufgaben ihr vom Gesetzgeber zugewiesen worden sind.
Korporativsystem *(das)*: meist im negativen Sinne zwangsweise Einbindung wirtschaftlicher und sozialer Gruppen in staatlich vorgegebene Entscheidungsabläufe.
„Kraft durch Freude" *(die)*: siehe S. 411.
Kreisauer Kreis *(der)*: siehe S. 451.
Kreml *(der)*: in Moskau der Sitz der russischen Zaren, später der Sowjetregierung, seit 1992 des Präsidenten; auch Synonym für russische bzw. sowjetische Führung.
Kreuzfahrerstaaten *(Pl. die)*: siehe S. 112 ff.
Kreuzzug *(der; Pl. die* **Kreuzzüge***)*: siehe S. 111 ff.
Kronvasall *(der)*: siehe S. 74 und 91.
KSZE-Prozess *(der)*: siehe S. 483.
Kubakrise *(die)*: siehe S. 476.
Kulturnation *(die)*: siehe S. 282 f.
Kulturkampf *(der)*: siehe S. 289.
Kulturrevolution *(die)*: auch die „Große Proletarische Kulturrevolution"; von Mao Zedong initiierte politische Entwicklung in China 1966–1976, in der Mao Vertreter anderer politischer Auffassungen in der Kommunistischen Partei China (KPCh) zu „Feinden" erklären ließ, die angeblich „den kapitalistischen Weg" gehen wollen. Damit wurde eine Welle von Denunziationen, Menschenverachtung, Gewalt und Terror hervorgerufen. Millionen Chinesen wurden verhaftet, deportiert, gefoltert und getötet.
Kur *(die)*: mittelhochdt. Begriff für Wahl.
Kurden *(die)*: siehe S. 123.
Kurfürst *(der; Pl. die* **Kurfürsten***)*: siehe S. 92 f.
Kurie *(die)*: Gesamtheit der Behörden des Papstes.

L

Laie *(der):* im Religiösen eine nicht-geistliche Person.
Laizismus *(der; Adj.* **laizistisch***):* weltanschauliche Richtung, die eine strikte Trennung von Staat und Kirche vorsieht; Religionen sind nicht verboten, sondern werden als „Privatsache" der Menschen betrachtet.
Landesherr *(der)*/**Landesherrschaft** *(die):* Herrschaft über ein Gebiet. Im röm.-dt. Reich übte ein Teil der Staatsgewalt (insb. die Gerichtsbarkeit) nicht der röm.-dt. König aus, sondern geistliche und weltliche Territorialherrscher.
„Langer Marsch" *(der):* siehe S. 353 f.
„Langes Parlament" *(das):* siehe S. 184 und 189.
Langobarden *(die):* germanischer Volksstamm; zog im 6. Jh. nach Oberitalien und gründete dort ein Königreich.
Lateinische Christenheit *(die):* auf das Weström. Reich und den Papst in Rom zurückgehende Christenheit *(Ggs.* östliche/orthodoxe Christenheit).
Lateinisch-röm. Kulturraum *(der):* siehe Abendland.
„Lebensraum"-Ideologie *(die):* siehe S. 398.
legal: dem Gesetz gemäß.
Legislative *(die):* eine der drei unabhängigen staatlichen Gewalten im Rahmen der Gewaltenteilung (neben Exekutive, Judikative). Sie ist die gesetzgebende Gewalt. Zu ihr gehören die Parlamente als gewählte Volksvertretungen.
Legitimation *(die):* rechtliche Anerkennung von Herrschaft (durch Gottesgnadentum oder Mehrheitswillen). Die Rechtmäßigkeit (Legitimität) einer Herrschaft sorgt für die Zustimmung der Untertanen oder Staatsbürger.
Legitimität *(die):* Rechtmäßigkeit einer Herrschaft; sie sorgt dafür, dass Untertanen bzw. Staatsbürger der Herrschaft zustimmen.
Lehen *(das; Pl. die* **Lehen***):* siehe S. 74.
Lehnswesen *(das; weiteres Subst. das* **Lehnssystem***):* siehe S. 73 f.
Leibeigener *(der; weiteres Subst. die* **Leibeigenschaft***):* Person, die durch Gewohnheit oder Gesetz verpflichtet war, für einen Herren mit oder ohne Lohn zu arbeiten und an einem festen Ort zu leben; Stellung und Ort durften nicht selbstständig verändert oder verlassen werden. Abschaffung seit ca. 1800 (Bauernbefreiung), in Russland erst 1861.
Levellers *(Pl. die):* siehe S. 185.
liberal *(Subst. die* **Liberalisierung***):* freiheitlich.
Liberalismus *(der):* siehe S. 230.
Liquidierung *(die; Verb* **liquidieren***):* Beseitigung, Hinrichtung.
Loyalität *(die, Adj.* **loyal***):* Treue, insb. gegenüber Personen, Staaten, Verträgen.
lukrativ: einträglich.
Lynchjustiz *(die):* vermeintliches Recht einer oft aufgebrachten Volksmenge, ein vermutetes Unrecht an Gerichten vorbei durch Misshandeln oder Töten zu strafen.

M

Magistrat *(der):* siehe S. 30 (zum antiken Rom).
Magnettheorie *(die):* siehe S. 521.
Mamluken *(Pl. die):* siehe S. 107.
Manufaktur *(die):* siehe S. 137 und 252.
Maoismus *(der):* siehe S. 353.
Mark *(die)*/**Markgrafschaft** *(die):* Raum im Grenzbezirk des Heiligen Römischen Reiches.
Markt *(der; Pl. die* **Märkte***):* Ort, wo zu bestimmten Zeiten Verkäufer (Anbieter) und Käufer (Nachfrager) zusammenkommen. Das Verhältnis von Angebot und Nachfrage bestimmt den Preis, wenn es keine Eingriffe in die Konkurrenz, z. B. durch staatliche Preisfestsetzungen, gibt. In der Industriegesellschaft werden Geschäfte nicht mehr auf Marktplätzen abgewickelt, dennoch wird das Zusammenspiel von Angebot und Nachfrage abstrakt als Markt bez.
„Marsch auf Rom" *(der):* siehe S. 344.
Marshallplan *(der):* siehe S. 471.
Marxismus *(der; Adj.* **marxistisch***):* die von Marx und Engels im 19. Jh. begründete Theorie des wissenschaftlichen Sozialismus. Die Theorie basiert auf zwei Grundlagen: (1) der Gesetzmäßigkeit der Entstehung einer sozialistischen Gesellschaft und (2) der Kritik an den Gesetzmäßigkeiten der kapitalistischen Produktionsweise.
Marxismus-Leninismus *(der):* von Lenin weiterentwickelter Marxismus, der u. a. den zeitgenössischen Kapitalismus als Imperialismus betrachtet.
Mauerbau *(der):* siehe S. 525.
mediatisieren *(Subst. die* **Mediatisierung***):* eine selbstständige Herrschaft/selbstständiges Gebiet seiner Hoheit berauben und einer anderen Herrschaft/einem anderen Staat einverleiben. Siehe auch S. 225.
Medici *(Pl. die):* einflussreiche Familiendynastie aus Florenz im 15.–18. Jh., aus der Großherzöge, Päpste und frz. Königinnen hervorgingen; erwarben ihren Reichtum im Textilhandel, begründeten ein modernes Bankwesen und prägten als Kunstförderer die Renaissance in Florenz.
Medrese *(die; Pl. die* **Medresen***):* Schule, Studienort; ursprünglich Zentrum islam. Wissenschaft.
Mehrheitssozialdemokratie (MSPD) *(die):* siehe S. 362.
Mehrproduktion *(die):* in der Landwirtschaft Ernten und Erträge, die nicht für den Eigenbedarf benötigt werden.
Meier *(der):* siehe S. 73.
Memoiren *(Pl. die):* schriftlich aufgezeichnete Lebenserinnerungen.
Memorandum *(das):* Denkschrift.

Menschen- und Bürgerrechtserklärung *(die):* siehe S. 204 f.
Menschen- und Grundrechte *(die):* siehe S. 513.
Merkantilismus *(der):* siehe S. 163.
Merowinger *(die):* siehe S. 63.
Metöken *(Pl. die):* siehe S. 21.
Millets *(Pl. die; weiteres Subst. Sg. die* **Milla***):* siehe S. 119.
Ministeriale *(der; Syn.* **Dienstmann***):* siehe S. 78.
Ministerium für Staatssicherheit *(das)*/**„Stasi"** *(die):* siehe S. 523.
Missionierung *(die):* eine Religion aktiv verbreiten.
Mitgift *(die):* Geld- und Sachwerte, die eine Frau von ihren Eltern mit in die Ehe bringt *(Syn.* Aussteuer).
Mittelalter *(das):* europ. Epoche ca. 500–1500.
Mittelmächte *(die):* im Ersten Weltkrieg Bez. für die Bündnispartner Dt. Reich und Österreich-Ungarn sowie deren Verbündete Osmanisches Reich und Bulgarien.
Mobilisierung *(die; Verb* **mobilisieren***):* Aktivierung von Bewegung oder Handeln.
mobilisieren: dazu bringen, sich für etwas einzusetzen.
Moderne *(die)*/**Modernisierung** *(die)*/**Modernisierungstheorie** *(die):* beschleunigter Wandel einer Gesellschaft in Richtung auf einen entwickelten Status, meist von der Agrar- zur Industriegesellschaft; oft verbunden mit dem Begriff „Fortschritt", der auf die Aufklärung (18. Jh.) zurückgeht. Kennzeichen der Modernisierung: Verstädterung, Säkularisierung, Rationalisierung, höhere Technikstandards (Güterproduktion mit Maschinen), dauerhaftes Wirtschaftswachstum, Ausbau der technischen Infrastruktur (Verkehrswege, Massenkommunikation), Bildung (Schulpflicht, Alphabetisierung, Wissenschaft), räumliche und soziale Mobilität, Parlamentarisierung, Demokratisierung, Nationalstaatsbildung.
Monarchie *(die, Pl. die* **Monarchien;** *Adj.* **monarchistisch***):* Königsherrschaft *(Ggs.* Republik).
Monokratie *(die; griech. mono = allein, einzeln; kratein = herrschen):* Allein-/Einzelherrschaft *(Ggs.* Polykratie).
Monotheismus *(der):* Religion, Glaube an nur einen Gott.
Montanindustrie *(die):* Industriezweig, der Bergbau und Hüttenwesen umfasst.
Morgenthau-Plan *(der):* siehe S. 506.
multiethnisch: viele Völker betreffend.
Münchner Abkommen *(das):* siehe S. 429.
Mythos *(der; Pl. die* **Mythen***):* siehe S. 96.

N

Nahost-Konflikt *(der):* siehe S. 604 ff.
Nation *(die):* große Gruppe von Menschen mit ihnen bewussten Gemeinsamkeiten (z. B. Sprache, Geschichte, Verfassung, innere Bindungen, wirtschaftliche, politische, kulturelle Kontakte). Die Angehörigen der Nation werten diese Bindungen positiv. Nationen haben oder wollen eine gemeinsame staatliche Organisation (Nationalstaat) und grenzen sich von anderen Nationen ab.
Nationalbewegung *(die):* siehe S. 287 ff.
Nationalismus *(der):* Ideologie zur Integration von Großgruppen. Der demokratisch-freiheitliche Nationalismus entstand in der Frz. Revolution. Er war verbunden mit den Menschen- und Bürgerrechten, dem Selbstbestimmungsrecht und der Volkssouveränität. Der integrale Nationalismus entstand Ende des 19. Jh. Er lehnte die Gleichberechtigung der Nationen ab. Die eigene Nation wurde allen anderen übergeordnet und dadurch aggressiv.
Nationalsozialismus *(der):* siehe S. 396 ff.
Nationalstaat *(der):* siehe S. 280.
Nationalversammlung *(die):* gewählte Volksvertretung, die die Grundfragen einer Nation (z. B. Verfassung) berät und beschließt; in einige Staaten Bez. für das Parlament.
NATO *(North Atlantic Treaty Organization) (die):* siehe S. 471.
Navigationsinstrument *(das):* Gerät in der Schifffahrt zur Bestimmung von Standort und Kurs (z. B. Kompass).
Neolithische Revolution *(die):* Übergang von der nomadisierenden Lebensweise des Jagens und Sammelns in der Altsteinzeit zur Sesshaftwerdung des Menschen als Ackerbauern und Viehzüchter in der Jungsteinzeit; zunächst seit ca. 8000 v. Chr. in Mesopotamien und Ägypten, danach allmähliche Ausbreitung nach Nord- und Westeuropa, in Mexiko erst um die Zeitenwende. Die Neolithische Revolution stellt einen grundlegenden Wandel in der Menschheitsgeschichte dar, dem erst mit der Industriellen Revolution im 19. Jh. ein ähnlich tiefgreifender Einschnitt folgte.
Neue Ostpolitik *(die):* siehe S. 540.
neuer Mittelstand *(der):* siehe S. 378.
Neutralität *(die):* unparteiische Haltung.
Neuzeit *(die):* Epoche in der Geschichte, die mit der Wende vom 15. zum 16. Jahrhundert beginnt und bis in die Gegenwart reicht (als Unterepochen: die Frühe Neuzeit vom 16.–18. Jh., die Moderne ab dem 19. Jh.). Zentrale Veränderungen um 1500 waren u. a.: Erfindung des Buchdrucks, die Entdeckungen und Eroberungen der Welt durch die Europäer, ein neues geozentrisches Weltbild, Renaissance und Humanismus und ihr individualisiertes Menschenbild, im christlichen Kulturkreis die Reformation, die osmanische Eroberung Konstantinopels.
New Deal *(der):* siehe S. 338 f.
New Yorker Börsenkrach *(der):* siehe S. 386.
Nichtangriffspakt Deutschland–Polen *(der):* siehe S. 427.
Nobilität *(die):* siehe S. 31.
nominieren: ernennen.

Norddeutscher Bund *(der)*: vereinte 1866–1871 alle dt. Staaten nördlich der Mainlinie unter preußischer Führung. Er war die Vorstufe zum dt. Kaiserreich von 1871.
Note *(die; Pl. die* **Noten***)*: in Politik und Diplomatie eine schriftliche Mitteilung zwischen Staaten.
Notverordnung *(die)*: siehe S. 388.
Novemberrevolution *(die)*: siehe S. 363.
nuklear: auf der Kernenergie beruhend.
„Nürnberger Gesetze" *(Pl. die)*: siehe S. 419 f.

O

obliegen: als Pflicht oder Aufgabe zufallen.
obligatorisch: verbindlich *(Ggs.* fakultativ, freiwillig*)*.
öffentlicher Haushalt *(der)*: zusammenfassende Darstellung aller Ausgaben und Einnahmen von Bund, Bundesländern, Gemeinden und anderen öffentlichen Einrichtungen.
oktroyieren: aufzwingen.
Oligarchie *(die)*: Herrschaft weniger.
„One world" *(die)*: siehe S. 469.
Open door Policy *(die)*: siehe S. 469.
opportunistisch: allzu bereitwillige Anpassung, um persönliche Vorteile zu erlangen.
Opposition *(die)*: die nicht regierende Gruppe/Partei.
Optimaten *(die)*: siehe S. 32.
Osmanisches Reich *(das)*/**Osmanen** *(Pl. die)*: siehe S. 118 ff.
Ostblockstaaten *(Pl. die)*: in der Zeit des Kalten Krieges die (insb. osteuropäischen) Staaten, die unter dem Einfluss des von der kommunistischen Sowjetunion geführten Warschauer Paktes standen.
Ostintegration *(die)*: siehe S. 524.
Ostrakismos *(der)*: siehe S. 17.
Ost-West-Konflikt *(der)*: siehe 466 f.

P

Pachtbauern *(die)*: Bauern, die ihr Land nicht besitzen, sondern nur gegen Geld (Pacht) geliehen haben.
Palästinensische Befreiungsorganisation (PLO) *(die)*: siehe S. 605.
Paneuropa-Union *(die)*: siehe S. 585.
Pariser Friedenskonferenz *(die)*: siehe S. 325.
Parlamentarismus *(der)*: Regierungsform, in der das Parlament das oberste Staatsorgan ist, das Wahlrecht ist allgemein und geheim. Häufig gibt es ein Zweikammersystem (z. B. Bundestag und Bundesrat). Das Parlament entscheidet mit Mehrheit über Gesetze und Haushalt und kontrolliert oder wählt die Regierung.
Partisan *(der)*: Person, die nicht als regulärer Soldat kämpft, sondern als freiwilliger Angehöriger bewaffneter Gruppen, die aus dem Hinterhalt gegen in das Land eingedrungene Feinde vorgehen.
passives Wahlrecht *(das)*: Möglichkeit, sich in ein Amt wählen zu lassen.
patriarchalisch: von Männern bestimmt.
Patriziat *(das)*/**Patrizier** *(die)*: Patrizier waren in der frühröm. Republik der Antike die Mitglieder des Adels; sie hatten alle Macht und stellten die Senatoren; Patrizier war man von Geburt an. Im Mittelalter waren Patrizier die Angehörigen der bürgerlichen Oberschicht in den Städten (Adlige, Ministeriale, Fernkaufleute); bis ins 14. Jh. waren nur Patrizier zum städtischen Rat und zu hohen Stadtämtern zugelassen.
Paulskirche *(die)*/**Paulskirchenparlament** *(das)*: siehe S. 233 f.
Pauperismus *(der)*: siehe S. 261 f.
Pazifist *(der; weiteres Subst. der* **Pazifismus***)*: Anhänger einer weltanschaulichen Strömung, die jeglichen Krieg als Mittel der Auseinandersetzung ablehnt.
Perestroika *(die)*: siehe S. 486.
Perserkriege *(die)*: siehe S. 17.
Personenverbandsstaat *(der)*: siehe S. 91.
Pest *(die)*: siehe S. 136.
Petition *(die)*: Bittschrift, z. B. an eine Behörde.
Petition of Rights 1628 *(die)*: siehe S. 183.
Pfalz *(die)*: burgähnlicher Wohn-, Wirtschafts- und Verwaltungsstützpunkt der reisenden Könige im Mittelalter.
Phylenordnung *(die)*: siehe S. 16 und 20.
„Pippinische Schenkung" *(die)*: siehe S. 63.
plädieren: sich für etwas aussprechen.
Planwirtschaft *(die)*: Wirtschaftsordnung sozialistischer Staaten, in der das gesamte Wirtschaftsgeschehen zentral vom Staat gelenkt wird. Angebot, Preisfestsetzung und Verteilung der Güter werden nach gesamtwirtschaftlichen Plänen vorgenommen. Siehe auch S. 531 f.
Plebejer *(die)*: siehe S. 30.
Plebiszit *(das)*: Volksbefragung, Volksbeschluss.
Pogrom *(der; Pl. die* **Pogrome***; wörtl. „Zerstörung")*: Ausschreitungen von Tätergruppen, die nationale, religiöse oder ethnische Gruppen einem Feindbild zuordnen und gegen diese mit Gewalt und Mord vorgehen.
Polemik *(die)*: scharfer, oft pauschaler Angriff in einem Meinungsstreit.
Polis *(die; Pl. die* **Poleis***)*: siehe S. 14.
Polykratie *(die; griech. poly = viele; kratein = herrschen)*: Herrschaft mehrerer Herrschaftsinstitutionen mit gleichen oder ähnlichen Kompetenzen *(Ggs.* Monokratie*)*.
Polytheismus *(der; Adj.* **polytheistisch***)*: Vielgötterei.
Popularen *(die)*: siehe S. 32.
Potenzial *(das; Pl. die* **Potenziale***)*: mögliche Kraft.
Potsdamer Konferenz *(die)*: siehe S. 470.
Prädestinationslehre *(die)*: siehe S. 157.
„Prager Frühling" *(der)*: Bestreben der Kommunisten in der Tschechoslowakei, im Frühjahr 1968 ein Liberalisierungs- und Demokratisierungsprogramm durchzusetzen; wurde durch den Einmarsch der Sowjetunion im August 1968 gewaltsam beendet.

pragmatisch: sachbezogen, ideologiefrei, lösungsorientiert.
Prärogative *(die):* siehe S. 183.
Präsidialkabinett *(das; Pl. die* **Präsidialkabinette***):* siehe S. 388.
Presbyterianer *(Pl. die):* siehe S. 184.
Prestige *(das):* Geltung einer Person oder einer Gruppe.
Preußische Reformen *(Pl. die):* siehe S. 226.
primitiv: einfach im Sinne von naiv, nicht zivilisiert.
Prinzipat *(der):* siehe S. 38.
Priorität *(die):* Vorrang.
Privileg *(das; Pl. die* **Privilegien***; Verb* **privilegieren***):* Vorrecht; in der Ständegesellschaft, z. B. aufgrund adliger Geburt.
Produktivität *(die):* Leistungsfähigkeit beim Hervorbringen von Produkten.
profilieren: sich einen Namen machen; eine besondere Prägung verleihen.
Programm der „vier Modernisierungen" *(das):* siehe S. 599.
Proletariat *(das):* Im Zuge der Industrialisierung entwickelte sich in der neu entstehenden Arbeiterschicht ein Bewusstsein, gegenüber den Unternehmern als proletarische Klasse zusammenzugehören, deren Lage durch Reformen oder Revolutionen zu verbessern sei.
Propaganda *(die):* um 1900 bis in die 1920er-Jahre allgemein für Werbung; danach insb. für einseitige, aggressive Verbreitung politischer Ideen. Siehe auch S. 408.
Protektionismus *(der):* siehe S. 253.
Protektorat *(das):* siehe S. 186.
Protestantismus *(der; Adj.* **protestantisch***):* Ausprägung des Christentums, die aus der Reformation Martin Luthers hervorgegangen ist. Sie umfasst im weiteren Sinne die christlichen Kirchen, die nicht zur katholischen Kirche oder zur Ostkirche gehören (z. B. Lutheraner, Reformierte).
Protoindustrialisierung *(die):* siehe S. 137.
Provinz *(die):* siehe S. 38 (zur römischen Antike).
Provisorium *(das):* vorläufige Lösung.
Puritaner *(der; Pl. die)/***Puritanismus** *(der):* siehe S. 184.

Q

Quäker *(der; Pl. die):* christliche Gruppe im England des 17. Jh.; Auswanderer nach Nordamerika. Eigene religiöse Erfahrung und direkter Gottesbezug spielen eine große Rolle, Klerus und Riten eine geringe; strenge Bibelgläubigkeit; strenger Gehorsam gegenüber Gott.
quantitativ: zahlenmäßig *(Ggs.* qualitativ).

R

Rassismus *(der):* Rassendenken und die daraus folgende Diskriminierung von Personen aufgrund bestimmter äußerer Merkmale. Siehe auch S. 397.
Rat der Volksbeauftragten *(der):* siehe S. 364.
Rätesystem *(das):* siehe S. 363.
Rationalismus *(der; weiteres Subst. die* **Rationalität***):* siehe S. 166.
Rationierung *(die):* Zuteilung von Gütern und Dienstleistungen, die nur beschränkt vorhanden sind.
reaktionär: politischen Rückschritt anstrebend.
Realeinkommen *(das):* Einkommen, das abzüglich der Inflation dargestellt wird und damit die reale Kaufkraft der Löhne und Gehälter widerspiegelt.
Rechtsstaat *(der):* Staat, der das (gemäß seiner Verfassung) von seiner Volksvertretung gesetzte Recht verwirklicht und die Kontrolle unabhängiger Richter akzeptiert.
Reconquista *(die):* siehe S. 116.
Reform *(die):* siehe S. 182.
Reformation *(die; weiteres Subst. der* **Reformator***):* siehe S. 154 ff.
Regalien *(die):* königliche Hoheitsrechte, z. B. Münz-, Zoll-, Markt-, Forstrechte.
Reichsdeputationshauptschluss *(der):* siehe S. 222.
Reichsfürst *(der):* Geistlicher oder weltlicher Fürst, der sein Lehen direkt vom König bzw. Kaiser erhielt.
Reichsinsignien *(die):* siehe S. 65.
Reichskammergericht *(das):* siehe S. 139.
Reichskirche *(die)/***Reichskirchensystem** *(das):* siehe S. 69.
Reichsreform *(die):* siehe S. 139.
Reichsstädte *(die):* siehe S. 79
Reichssteuer *(die):* siehe S. 139.
Reichstag *(der):* Ständevertretung oder (gewählte) Volksvertretung. Im Heiligen Römischen Reich die unregelmäßige Ständeversammlung aus Fürsten, Grafen, freien Herren, Vertretern von Reichs- und Bischofsstädten; befasste sich mit Heerfahrt, Reichskriegen, -steuern, -gesetzen, Erhebungen in den Reichsfürstenstand; seit 1663 als ständiger Gesandtenkongress in Regensburg. Im Norddt. Bund und im Dt. Reich bis 1933 übte der gewählte Reichstag die Reichsgesetzgebung aus.
Reichstagsbrand *(der):* siehe S. 402.
reichsunmittelbar: im Heiligen Römischen Reich des Spätmittelalters und der Frühen Neuzeit jene Städte, Personen und Institutionen, die direkt dem Kaiser und keiner anderen Herrschaft (Herzog, Bischof usw.) unterstanden.
Renaissance *(die):* siehe S. 141.
Rentenmark *(die):* siehe S. 374.
Rentier *(der; Pl. die* **Rentiers***):* Person, die von Einkünften aus Kapital-, Land- oder Immobilienerträgen lebt.
Reparationen *(Pl. die):* offiziell ausgehandelte Wiedergutmachungsleistungen für Schäden, die ein besiegtes Land einem anderen in einem Krieg zugefügt hat.
Repartimiento *(das):* siehe S. 147.

Repräsentant *(der)*/**Repräsentation** *(die):* Vertreter/Vertretung.
Repression *(die):* Unterdrückung der Entfaltung des Einzelnen durch staatliche oder gesellschaftliche Autoritätsverhältnisse.
Republik *(die; lat. res publica = öffentliche Sache; Adj.* **republikanisch***):* Staatsform, bei der das Volk die Regierenden auf Zeit wählt; das Staatsvolk ist oberste Quelle der Legitimität (*Ggs.* Monarchie).
Republik China *(die):* siehe S. 352.
Requerimiento *(das):* siehe S. 147.
resignieren: aufgeben.
Resonanz *(die):* Reaktion auf etwas.
Restauration *(die):* siehe S. 182.
restaurativ: Wiedererrichtung einer alten politischen und sozialen Ordnung nach einem Umsturz.
Revision *(die; weitere Subst. die* **Revisionspolitik,** *der* **Revisionismus***):* Überprüfung, Wiederansicht, Rückwärtsgewandtheit.
Revolution *(die; Adj.* **revolutionär***):* siehe S. 182.
„Revolution von oben“ *(die):* siehe S. 225.
Rezession *(die):* Rückgang der Wirtschaftskonjunktur.
Rheinbund *(der):* siehe S. 222 und 225.
Ritter *(der)*/**Ritterorden** *(der):* Ritter waren im Mittelalter adlige Reiterkrieger. Seit dem 12. Jh. bildeten Ritter einen Stand mit eigenen Idealen (Treue, Gefolgschaft). Ihr Niedergang begann im 14. Jh.
Romanik *(die; Adj.* **romanisch**): Kunstepoche des europäischen Mittelalters (um 1000–Mitte 12. Jh.). Kennzeichen sind Rundbögen, Rundbogenfenster, wuchtige Wände und Säulen.
Royalist *(der; Adj.* **royal, royalistisch***):* Anhänger der Monarchie, d. h. der Königsherrschaft.
„Runder Tisch“ *(der; Pl. die* **„Runden Tische“***):* siehe S. 565.
Russische Revolution *(die):* siehe S. 340 ff.

S

Sabotage *(die):* planmäßige Störung, Behinderung oder Zerstörung von Einrichtungen oder Abläufen im Hinblick auf bestimmte (politische) Ziele.
Sakrament *(das):* im Christentum ein sichtbares Zeichen, in dem sinnlich wahrnehmbar die Gnade Gottes übermittelt wird (z. B. Taufe, Abendmahl; bei Katholiken zusätzlich: Firmung, Ehe, Buße, Weihe, Krankensalbung).
Säkularisierung *(die)*/**Säkularisation** *(die):* Lösung aus religiösen Bindungen und Aufwertung der menschlichen Vernunft als handlungsleitender Größe (auch: Trennung von Kirche und Staat oder Verweltlichung von Kirchenbesitz). Siehe auch S. 225.
Salbung *(die):* religiöses Ritual, mit dem politische Macht als von Gott bestimmt übertragen und legitimiert wird.
Salland *(das):* siehe S. 73.
Sanierung *(die):* Instandsetzung.
Sanktion *(die):* Maßnahme, mit der jmd. ein bestimmtes Verhalten erzwingen will.
Sansculotte *(der; Pl. die* **Sansculotten***):* siehe S. 208.
Satellitenstaaten/-regime *(Pl. die):* Staaten oder Regime (meist kleinere), die politisch oder wirtschaftlich von einer Großmacht abhängen und deren Einfluss ausgesetzt sind.
saturiert: gesättigt.
Scharia *(die):* siehe S. 107.
Schiiten *(Pl. die):* im Islam Gruppe der Anhänger Alis, des Vetters und Schwiegersohnes des Propheten Muhammad; sie forderten das Kalifenamt zunächst für Ali in der direkten Nachfolge des Propheten, dann für seine Nachfahren. In Bürgerkriegen des 7. Jh. bildeten sich aufgrund dieser Auffassungen die zwei größten unterschiedlichen religiösen Gruppen im Islam heraus: Sunniten (siehe unten) und Schiiten (heute ca. 10 % der Muslime).
Schleswig-Holstein-Frage *(die):* siehe S. 234.
Schuldknechtschaft *(die):* Konnte im antiken Griechenland ein verschuldeter Bauer seine Schuld nicht begleichen, durfte der Gläubiger auch auf die Person zugreifen.
Sektion *(die; Pl. die* **Sektionen**): siehe S. 207.
Schwerindustrie *(die; Adj.* **schwerindustriell***):* umfasst Eisenindustrie und Bergbau.
Selbstbestimmungsrecht der Völker *(das):* Grundrecht des Völkerrechts, entstanden mit der Aufklärung. Demnach hat ein Volk das Recht, frei von Fremdherrschaft zu sein. Es kann über die Staats- und Regierungsform, seine wirtschaftliche, soziale und kulturelle Entwicklung selbst entscheiden. Es kann einen eigenen Nationalstaat bilden, sich aber auch frei einem anderen Staat anschließen.
Seldschuke *(der; Pl. die):* siehe S. 111.
Senat *(der):* siehe S. 30 (zum antiken Rom).
Shoa *(die):* siehe S. 441.
Sinti und Roma *(Pl. die):* siehe S. 414.
Skepsis *(die):* durch Zweifel bedingte Zurückhaltung.
Sklave *(der)*/**Sklaverei** *(die):* In allen antiken Hochkulturen hat es Sklaverei gegeben. Nach griechischem, röm., später islamischem Recht waren Sklaven unbeschränktes Sacheigentum eines Besitzers; sie wurden in Bergbau und Landwirtschaft eingesetzt, aber auch im Haushalt, als Lehrer, Ärzte, in Verwaltung, Handwerk; Sklave wurde man durch Kriegsgefangenschaft, Raub, Handel, Verschuldung, Vererbung. Im Röm. Reich konnten Herren ihre Sklaven freilassen. Das Ende der Sklaverei wurzelt in der Aufklärung (18. Jh.); die Abschaffung begann Ende des 18. Jh. (z. B. britischen Kolonien 1833, frz. Kolonien 1848, USA 1863, Saudi-Arabien 1963). Sklavenähnliche Abhängigkeiten und Arbeitsverhältnisse gibt es bis heute.
Sold *(der, Pl. die* **Solde***):* Entgelt für Dienste als Soldat.
Sons of Liberty *(die):* siehe S. 192.

Souveränität *(die; Adj.* **souverän***)*: Unabhängigkeit (z. B. eines Staates).
Sozialdarwinismus *(der)*: Theorie des 19. Jh., die in unzutreffender Weise die aus dem Tierreich stammende Evolutionstheorie von Charles Darwin (siehe oben) auf menschliches und staatliches Zusammenleben übertragen hat. Humanität, Mitgefühl, Hilfe für Schwache, auf Ausgleich und Kompromiss gerichtetes Handeln von Menschen und Staaten seien, so die unzutreffende Annahme, unnatürlich.
„soziale Frage" *(die)*: siehe S. 261 f.
soziale Marktwirtschaft *(die)*: kapitalistische Wirtschaftsordnung, die durch Freiheit und soziale Gerechtigkeit zum Wohlstand aller führen soll. Siehe auch S. 532.
Sozialimperialismus *(der)*: siehe S. 296 f.
Sozialisierung *(die)*: Überführung der Privatwirtschaft in staatliche oder genossenschaftliche Einrichtungen *(Ggs.* Privatisierung).
Sozialismus *(der)*: bis ins 20. Jh. synonym mit Kommunismus. Ziel ist die Schaffung gesellschaftlicher Gleichheit und Gerechtigkeit durch Aufhebung des Privateigentums und Planwirtschaft. Umstritten ist, ob der Weg über Reformen oder Revolutionen geht. Im Marxismus-Leninismus ist der Sozialismus Vorstufe zum Kommunismus.
Sozialistengesetz *(das)*: siehe S. 289 f.
Sozialprodukt *(das)*: wirtschaftliche Gesamtleistung (Güter, Dienstleistungen) einer Volkswirtschaft in einem bestimmten Zeitraum, ausgedrückt in einer Summe Geld.
Spanischer Bürgerkrieg *(der)*: siehe S. 345.
spätgotisch: siehe Gotik.
Sperrklausel *(die)*: im Wahlrecht eine Mindestprozentzahl, die eine Partei erreichen muss (z. B. in der Bundesrepublik: 5 Prozent), um in ein Parlament einzuziehen. Ziel ist die Verhinderung einer Parteienzersplitterung.
„Speziallager" *(Pl. die)*: siehe S. 516.
„Spiegel-Affäre" *(die)*: siehe S. 537.
Staat *(der)*: politische Organisation einer Personengemeinschaft mit drei Merkmalen: (1) abgegrenztes Staatsgebiet; (2) Staatsvolk als Summe der Staatsangehörigen; (3) Staatsgewalt als stabile Regierung, die effektiv ihre hoheitliche Gewalt ausübt.
Staatenbund *(der)*: Zusammenschluss von weiterhin völlig souveränen Staaten zu gemeinsamen politischen Zwecken (z. B. Verteidigungsbündnis).
Staatsform *(die)*: charakterisiert Organisationsform, Verfassung und äußere Herrschaftsordnung eines Staates.
Staatskult *(der)*: siehe S. 41 (zum antiken Rom).
Staatsnation *(die)*: siehe S. 282 f.
Staatstheorie *(die; Pl. die* **Staatstheorien***)*: wissenschaftliche Lehre, die sich mit Entstehung, Bedingungen, Formen, Einrichtungen, Aufgaben, Zielen und Grenzen des Staates beschäftigt.
Stalingrad: siehe S. 426.
Stalinismus *(der)*: siehe S. 340 ff.
Stalin-Note *(die)*: siehe S. 525.
Stammesherzogtum *(das)*: im Frühmittelalter Amts- und Herrschaftsbereich eines Herzogs, der seine Macht auf die Loyalität seines Stammes stützte; die Intensität der Herrschaft war schwankend, sie hing von Ansehen, Gefolgschaft, Besitz, Lehen oder Rechten ab.
Stand *(der; Pl. die* **Stände***)*: Gruppe in einer Gesellschaft, die durch rechtliche Bestimmungen umgrenzt ist, die Vorrechte hat bzw. von Rechten ausgeschlossen ist; in der Antike z. B. Patrizier und Plebejer im frühen Rom, auch Senatoren und Ritter der röm. Kaiserzeit. In Mittelalter und Früher Neuzeit: Großgruppen, die sich durch eigenes Recht, Einkommensart, politische Stellung, Lebensführung und Ansehen unterschieden, insb. Geistlichkeit (Klerus), Adel, Bürger, Bauern sowie unterständische Schichten; in der Regel gehörte ein Mensch seinem Stand per Geburt an (Ständegesellschaft). Stände waren auch Körperschaften zur Wahrnehmung politischer Rechte (z. B. Steuerbewilligung) in den Vertretungsorganen (Landtagen, Reichstagen) des frühneuzeitlichen Ständestaates. Adel, Klerus, Städtevertreter, manchmal auch Bauernvertreter traten als „Stände" gegenüber dem Landesherrn auf. Der Absolutismus höhlte die Rechte der Stände aus. Mit den Revolutionen und Reformen seit Ende des 18. Jh. 1800 hörten die Stände auf, vorherrschendes Prinzip in Gesellschaft und Politik zu sein.
Ständegesellschaft *(die)*: siehe S. 73.
Ständekämpfe *(die)*: siehe S. 31.
Status quo *(der)*: bestehender, aktueller Zustand.
Staufer *(die)*: siehe S. 90 ff.
stehendes Heer *(das)*: siehe S. 164.
Stele *(die; griech. stele = Säule)*: freistehender Pfeiler.
Stellungskrieg *(der)*: siehe S. 311.
Stempelsteuer *(die)*: siehe S. 191.
Stratege *(der)*: siehe S. 17.
Struktur *(die)*: Aufbau oder Gliederung, z. B. einer Gesellschaft, eines Staates; auch Regeln und Vorstellungen, die Menschen einer Kultur beeinflussen oder bestimmen.
Sunniten *(Pl. die)*: Hauptrichtung des Islam, die ihre Selbstbezeichnung von der Sunna herleitet. Im Koran und in den Überlieferungen bezeichnet „Sunna" die Worte und Taten Muhammads. Sunniten verstehen sich als diejenigen, die den Worten und Taten Muhammads folgen. Sie umfassen heute ca. 90 % der Muslisme.
Sure *(die; Pl. die* **Suren***)*: Kapitel des Korans.
Suspendierung *(die)*: Aufhebung.
Symptom *(das)*: Anzeichen, aus dem etwas (häufig auch Negatives) erkennbar wird.

synchron: gleichzeitig.
Synode *(die):* kirchliche Versammlung.
Systemintegration *(die):* siehe S. 521 ff.
Systemkonkurrenz *(die):* siehe S. 521 ff.

T

Tanzimat *(Pl. die):* siehe S. 120.
Technologie *(die; Adj.* **technologisch***):* Verfahren der technischen Produktion und Verarbeitung.
Termini *(Pl. die; Sg. der* **Terminus***):* Begriffe.
Terreur *(die):* siehe S. 208 f.
Territorialstaat *(der):* siehe S. 91.
Territorium *(das; Pl. die* **Territorien***):* fest umrissenes Herrschaftsgebiet.
Theologie *(die; Pl. die* **Theologien***):* wissenschaftliche Lehre einer Religion, ihrer Offenbarung, Überlieferung und Geschichte.
Thermidorianer *(Pl. die):* siehe S. 219.
Timar *(der; Pl. die* **Timare***):* siehe S. 118.
Timokratie *(die):* Herrschaft der Reichen.
„totaler Krieg" *(der):* siehe S. 446.
totalitäres Regime *(das):* politische Herrschaft, die die Bürger vollkommen unterwerfen und alle Bereiche des Lebens (Beruf, Familie, Erziehung, Freizeit usw.) kontrollieren will. Andere Meinungen und Parteien sind nicht zugelassen, Oppositionelle werden oft grausam verfolgt.
Transformation *(die):* tiefgehender Wandel von Dauer.
Trikolore *(die):* die dreifarbige Fahne Frankreichs (blau, weiß, rot).
Truman-Doktrin *(die):* siehe S. 471 f.
Typologie *(die):* Gruppeneinteilung nach Merkmalen.
Tyrannis *(die; kein Plural):* siehe S. 16.

U

überkonfessionell: nicht von Konfessionen oder Religionen abhängig, über sie hinausgreifend.
Ukraine-Konflikt *(der):* siehe S. 489.
Ultimatum *(das; Adj.* **ultimativ***):* Fristsetzung unter Androhung von Gegenmaßnahmen.
Umma *(die):* arab. Bez. für Muhammads Gemeinde in Medina, später die religiös-politische Gemeinschaft aller Muslime.
„Umweltblaetter" *(Pl. die):* siehe S. 548.
„unehrlicher Beruf" *(der):* siehe S. 78.
„Ungleiche Verträge" *(die):* siehe S. 352.
Unternehmer *(der):* Person, die einen Gewerbebetrieb leitet. In der Zeit der Industriellen Revolution waren Unternehmer und Kapitalist, d. h. der Eigentümer der Fabrik, der Maschinen usw., meist noch dieselbe Person. Später wurden die Rollen des Kapitalbesitzers und die des Unternehmers von verschiedenen Personen- oder Personengruppen wahrgenommen; so z. B. in der Aktiengesellschaft, die von „Managern" geleitet wird.
Urchristentum *(das):* siehe S. 41.

V

Vasall *(der):* im mittelalterlichen Lehnswesen jene Adligen, die vom König oder einem höhergestellten Adligen (Lehnsherr) für Kriegs- und Verwaltungsaufgaben nutzbare Rechte (Lehen) erhielten (z. B. Zolleinnahmen, Ländereien). Lehnsherr und Vasall waren zu gegenseitiger Treue verpflichtet, der Vasall zur Gefolgschaft.
verbal: sprachlich.
Vereinte Nationen (UNO) *(die):* siehe S. 584 f.
Verfassung *(die):* siehe S. 294.
Verhältniswahlrecht *(das):* Wahlrecht, bei dem jede Partei Abgeordnetenmandate im Verhältnis zu ihrer Stimmenzahl erhält. In der Weimarer Republik z. B. erhielt jede Partei für 60 000 gültige Stimmen ein Mandat *(Ggs.* Mehrheitswahlrecht: nur der Wahlkreissieger erhält ein Mandat).
Verlag *(der)*/**Verlagssystem** *(das):* siehe S. 137 und 252.
Vernichtungskrieg *(der):* siehe S. 437.
Versailler Vertrag *(der):* siehe S. 326 f.
versus: *lat.* gegenüber, im Gegensatz zu.
Vertrag von Lissabon *(der):* siehe S. 590.
Vertrag von Maastricht *(der):* siehe S. 589.
Vertrag von Tordesillas *(der):* siehe S. 147.
Vetorecht *(das; lat. veto = ich verbiete):* Recht, einen Einspruch einzulegen.
14-Punkte-Programm *(das):* siehe S. 336.
Vietnamkrieg *(der):* siehe S. 477.
Vision *(die):* in Bezug auf die Zukunft entworfenes Bild von einer Gesellschaft, einem Staat usw.
Völkerbund *(der):* siehe S. 325.
Völkermord *(der; Syn.* **Genozid***):* siehe S. 441.
Völkerrecht *(das):* international verbindliches Recht zwischen Staaten.
Völkerwanderung *(die):* siehe S. 44 ff.
völkisch: auf einem rassistischen Menschenbild basierender Volks-Begriff (z. B. in der NS-Ideologie).
„Volksempfänger" *(der):* siehe S. 408.
Volksfront *(die):* insb in den 1920er/30er-Jahren (z. B. China, Spanien, Frankreich) Regierungsbündnisse aus linksbürgerlichen Parteien, Sozialdemokraten, Sozialisten und Kommunisten zur Abwehr faschistischer oder anderer rechter Machtübernahmen.
„Volksgemeinschaft" *(die):* siehe S. 398.
Volksrepublik China *(die):* siehe S. 354 und 599 f.
Volkssouveränität *(die):* Grundprinzip, das eine demokratische Herrschaft legitimiert. Demnach geht alle Staatsgewalt vom Volk aus. Die Ausübung von Herrschaft ist an die Zustimmung des Volkes durch direkte Mitwirkung/Volksbefragung (= Plebiszit) oder durch Wahlen gebunden. Das Prinzip setzte sich seit der Amerikanischen und Französischen Revolution Ende des 18. Jh. gegen das absolutistische Königtum durch. Einge-

schränkt ist die Volkssouveränität durch Menschen- und Bürgerrechte.
Volkstribun *(der; Pl. die* **Volkstribune***)*: siehe S. 31.
„Vormärz" *(der)*: vorrevolutionäre Epoche der dt. Geschichte zwischen frz. Julirevolution 1830 und den Revolutionen 1848.
votieren: wählen, stimmen für.

W

Währungsreform *(die)*: siehe S. 506.
Wannsee-Konferenz *(die)*: siehe S. 442.
Warschauer Pakt *(der)*: siehe S. 467.
Wechselgeschäfte *(Pl. die; weiteres Subst. der* **Wechsel***)*: Handel mit Wertpapieren, die die Zahlungsanweisung einer festgelegten Summe zu einem genau festgelegten Zeitpunkt vorsehen (also unabhängig davon, wie hoch der Wert des Papiers beim Auszahlungstag tatsächlich am Markt ist).
Wehrerfassung *(die)*: Festlegung des Personenkreises, der zum Wehrdienst herangezogen wird.
Weimarer Reichsverfassung *(die)*: siehe S. 366.
„Weiße Rose" *(die)*: siehe S. 452.
Welfen *(die)*: siehe S. 90 f.
weltliche Gewalt/Macht *(die)*: siehe S. 69 f.
Weltmachtpolitik *(die)*: siehe S. 298 f.
Weltwirtschaftskrise *(die)*: siehe S. 327 und 386.
Wesir *(der; Pl. die Wesire)*: siehe S. 108.
Westintegration *(die)*: siehe S. 524.
Wettrüsten *(das)*: wechselseitige Steigerung der militärischen Rüstung mehrerer Staaten.
Widerstand *(der)*: siehe S. 450 f.
Wiedervereinigung *(die)*: siehe S. 566.
Wiener Kongress *(der)*: siehe S. 226 f.
Wirtschaftssanktionen *(Pl. die)*: wirtschaftliche Maßnahmen von Staaten oder Staatengemeinschaften (z. B. UNO) gegen einen anderen, der z. B. gegen das Völkerrecht verstoßen hat (Handelsbeschränkungen, Einfrieren von Kapital u. a. gegenüber Einzelnen, Unternehmen oder bestimmten Waren- und Wirtschaftsbereichen).
Wohlfahrtsausschuss *(der)*: siehe S. 208.
Wormser Konkordat *(das)*: siehe S. 70, 72.

Z

Zäsur *(die)*: markanter Einschnitt in der Geschichte.
Zehnt *(der)*: bis ins 19. Jh. regelmäßige Abgabe an die Kirche (ursprünglich ein Zehntel des Ernteertrages).
Zensur *(die)*: insb. von staatlichen Stellen angeordnete Überprüfung von Druckwerken, Filmen usw. im Hinblick auf Unerwünschtes oder Unerlaubtes und ggf. Verbote.
Zensuswahlrecht *(das)*: siehe S. 204.
zentralistisch: politische Ordnung, in der die Macht (oft auch räumlich konzentriert) bei einer bzw. wenigen staatlichen Stellen liegt (Ggs. regionalistisch, föderal).
Zentrumspartei *(die)*: dt. Partei bis 1933, die insb. katholische Interessen vertrat.
Zepterlehen *(das)*: siehe S. 91.
Zins *(der; weiteres Subst. die* **Zinsnahme** *= Einnahme von Zinsen)*: Preis für die befristete Verleihung von Geld. Im christlichen mittelalterlichen Europa galt seit um 1200 ein Zinsverbot. Obwohl Christentum und Judentum mit Bezug auf das Alte Testament (2., 3. und 5. Buch Mose) das Zinsverbot kennen, erlaubte die jüdische Tradition Zinsgeschäfte mit Angehörigen anderer Religion. In der Frühen Neuzeit wurde das Zinsverbot im christlichen Europa nach und nach geschwächt bzw. abgeschafft.
Zionismus *(der)*: siehe S. 604.
Zisterzienser *(Pl. die)*: siehe S. 111.
Zivilehe *(die)*: staatlich geregelte Ehe (Ggs. *durch Glaubensgemeinschaften geregelte Ehe*).
Zivilisation *(die)*: ursprünglich verfeinerte Lebensweise der Städte gegenüber dem bäuerlichen Landleben; allgemein: Entwicklungsstand von insb. Wirtschaft, Technik, Politik, Kunst, Religion, Wissenschaft, Umgangsformen.
Zölibat *(das)*: Standespflicht insb. für katholische Priester, sexuell enthaltsam und ehelos zu leben.
Zoroastrier *(der; Pl. die)*: siehe S. 107.
Zunft *(die; Pl. die* **Zünfte***)*: siehe S. 75.
Zunftzwang *(der)*: Zwang, als Gewerbetreibender einer Zunft anzugehören (Ggs. Gewerbefreiheit).
„Zusammenbruchsgesellschaft" *(die)*: siehe S. 498.
Zwangsarbeiter *(der)*: siehe S. 437.
Zwei-Lager-Theorie *(die)*: siehe S. 471 f.
Zwei-plus-vier-Vertrag *(der)*: siehe S. 566 f.
„Zweite Industrielle Revolution" *(die)*: siehe S. 267 f.
Zweiter Weltkrieg *(der)*: siehe S. 434 ff.

Sachregister

Personenregister

Bildquellen

Titelbild: akg-images/Electa/(c) Tamara De Lempicka Estate, LLC/VG Bild-Kunst, Bonn 2021; Tamara de Lempicka: Mein Porträt, 1929
Abbildungen: S. 10 (a): Imago Stock & People GmbH/blickwinkel, **(b):** Shutterstock.com/PNIK, **(c):** ClipDealer GmbH/Rebmann, **(d):** interfoto e.k./Bjarne Geiges, **(e):** akg-images/E. Viader/Album/Prisma, **(f):** Shutterstock.com/Stefano Pellicciari, **(g):** Shutterstock.com/Matej Kastelic; **S. 11 (h):** Shutterstock.com/David Wayne Buck; **S. 12 M 1:** bpk/DeA Picture Library/G. Nimatallah; **S. 13 M 2:** dpa Picture-Alliance/Oliver Berg; **S. 15 M 2:** akg-images/Laurent Lecat; **S. 16 M 3:** ©Martin von Wagner Museum der Universität Würzburg/(Foto: P. Neckermann); **S. 17 M 4:** akg-images; **S. 20 M 9:** akg-images/Erich Lessing; **S. 22 M 2:** akg-images/jh-Lightbox_Ltd./John Hios; **S. 23 M 3:** bpk/Münzkabinett, SMB/Lutz-Jürgen Lübke, **M 4:** akg-images/Nimatallah; **S. 28 M 1:** Bridgeman Images/G. Dagli Orti/De Agostini Picture Library, **M 2:** © Salzburger Festspiele/Bernd Uhlig; **S. 30 M 1:** bpk/Scala; **S. 31 M 2:** dpa Picture-Alliance/Ralf Braum; **S. 32 M 3:** akg-images; **S. 33 M 4:** bpk/RMN - Grand Palais/Hervé Lewandowski; **S. 36 M 9:** akg-images; **S. 38 M 1:** bpk/Scala; **S. 42 M 2:** akg-images; **S. 43 M 3:** akg-images; **S. 45 M 1:** akg-images/De Agostini/M. Borchi; **S. 50 M 1:** bpk/DeA Picture Library/G. Dagli Orti; **S. 54 M 4:** akg-images/Suzanne Held; **S. 58 (a):** akg-images/Bildarchiv Monheim, **(b):** stock.adobe.com/ermess, **(c):** bpk/DeA Picture Library, **(d):** akg-images, **(e):** akg-images, **(f):** bpk/Staatsbibliothek zu Berlin, **(g):** stock.adobe.com/Stephen Finn, **(h):** akg-images, **(i):** Shutterstock.com/Yuri Megel; **S. 60 M 1:** akg-images/De Agostini Picture Lib./G. Dagli Orti; **S. 61 M 2:** Panther Media GmbH/Christoph Lischetzki/CL-Medien; **S. 63 M 2:** bpk /Lutz Braun; **S. 64 M 3:** bpk/Staatsbibliothek zu Berlin; **S. 65 M 5:** akg-images; **S. 69 M 1:** akg-images; **S. 73 M 1:** akg-images; **S. 78 M 2:** Bridgeman Images/Lebrecht History; **S. 79 M 3 (li.):** Bridgeman Images/Ecole Nationale Superieure des Beaux-Arts, Paris, France, **M 3 (mi.):** Bibliotheque de l'Ecole des Beaux-Arts, Paris, France/Bridgeman Images, **M 3 (re.):** Bridgeman Images/Ecole Nationale Superieure des Beaux-Arts, Paris, France; **S. 80 M 4:** akg-images/Bildarchiv Monheim; **S. 81 M 5:** bpk; **S. 85 M 1:** bpk/Bayerische Staatsgemäldesammlungen; **S. 87 M 1:** bpk/Lutz Braun; **S. 93 M 2:** bpk; **S. 96 M 1 (li.):** akg-images/euroluftbild.de/Robert Grahn, **M 1 (re.):** akg-images/Bildarchiv Monheim; **S. 97 M 4:** Universitätsbibliothek Heidelberg; **S. 100 (a):** dpa Picture-Alliance/West-end61, **(b):** Shutterstock.com/Sufi, **(c):** interfoto e.k./Sifi, **(d):** Panther Media GmbH/Gabriele Sitnik-Schmach, **(e):** akg-images/Horizons, **(f):** Panther Media GmbH/Leo Lintang; **S. 101 (g):** ClipDealer GmbH/Simone Voigt; **S. 102 M 1:** akg-images; **S. 103 M 2:** akg-images; **S. 104 M 1:** akg-images/Roland and Sabrina Michaud; **S. 111 M 1:** akg-images/British Library; **S. 118 M 1:** akg-images/Roland and Sabrina Michaud; **S. 122 M 5:** akg-images/Album/Oronoz; **S. 123 M 1:** akg-images; **S. 126 M 3:** Bridgeman Images/Granger; **S. 128 M 1:** dpa Picture-Alliance/REUTERS/Sean Adair; **S. 131 M 2:** akg-images/Bildarchiv Monheim, **M 3:** akg-images/Günter Schneider; **S. 132 (1):** bpk, **(2):** akg-images, **(3):** Bridgeman Images/Photo © CCI, **(4):** akg-images/Johann Brandstetter; **S. 133 (1):** bpk/Stiftung Preussische Schlösser und Gärten Berlin-Brandenburg/Jörg P. Anders, **(2):** bpk, **(3):** Bridgeman Images, **(4):** bpk/RMN - Grand Palais/Stéphane Maréchalle; **S. 134 M 1:** akg-images; **S. 136 M 1:** akg-images; **S. 137 M 2:** akg-images; **S. 140 M 2:** akg-images; **S. 141 M 1:** bpk/Scala; **S. 142 M 2:** bpk/RMN - Grand Palais/René-Gabriel Ojéda; **S. 143 M 4:** Bridgeman Images; **S. 146 M 1:** bpk/Hermann Buresch/(c) Banco de México Diego Rivera Frida Kahlo Museums Trust/VG Bild-Kunst, Bonn 2021; Diego Rivera: Die Ankunft der Spanier unter Cortez in Veracruz 1519, 1951 **S. 149 M 3 (li.):** akg-images/Metropolitan Museum of Art, New York, **M 3 (re.):** dpa Picture-Alliance/REUTERS; **S. 150 M 1:** akg-images/B., N. Saunders, Heller; **S. 154 M 1:** akg-images; **S. 158 M 3:** akg-images; **S. 159 M 6:** bpk/Staatsgalerie Stuttgart; **S. 161 M 3:** akg-images/De Agostini Picture Lib.; **S. 162 M 1:** Bridgeman Art Library /Château de Versailles, France; **S. 163 M 2:** bpk/Scala; **S. 166 M 1:** bpk; **S. 167 M 2:** Bridgeman Images; **S. 169 M 1:** akg-images; **S. 170 M 2:** akg-images; **S. 171 M 3:** bpk/Deutsches Historisches Museum/Arne Psille; **S. 172 M 5:** bpk/Dietmar Katz; **S. 177 M 2:** bpk/Kupferstichkabinett, SMB/Jörg P. Anders; **S. 178 (a):** bpk, **(b):** bpk, **(c):** akg-images/François Guénet; **S. 179 M 1:** akg-images; **S. 180 M 1:** Bridgeman Images/Archives Charmet; **S. 182 M 1:** akg-images; **S. 185 M 2:** akg-images; **S. 186 M 3:** akg-images/British Library; **S. 188 M 4:** akg-images; **S. 192 M 2:** bpk, **M 3:** bpk/Jochen Remmer; **S. 197 M 1:** bpk; **S. 200 M 1:** akg-images/Erich Lessing; **S. 201 M 2:** akg-images/Erich Lessing; **S. 202 M 3:** akg-images; **S. 203 M 4:** bpk; **S. 206 M 1:** bpk; **S. 207 M 2:** akg-images/Fototeca Gilardi; **S. 208 M 3 (beide):** akg-images; **S. 209 M 4:** akg-images; **S. 214 M 2:** akg-images; **S. 214 M 1:** dpa Picture-Alliance/AP Images/Thomas Samson; **S. 216 M 1:** akg-images/Heritage Images/Fine Art Images; **S. 217 M 2:** bpk, **M 3:** Bridgeman Images/Paris, musee du Louvre/Photo © Photo Josse; **S. 219 M 1:** akg-images; **S. 220 M 2:** Bridgeman Images/David, Jacques Louis (1748-1825); **S. 222 M 1:** akg-images; **S. 223 M 3:** bpk/RMN - Grand Palais; **S. 224 M 5:** akg-images/Pictures From History; **S. 227 M 2:** akg-images; **S. 228 M 3:** bpk; **S. 231 M 1:** akg-images, **M 2:** akg-images; **S. 233 M 1:** bpk/Dietmar Katz; **S. 235 M 3:** bpk; **S. 237 M 1:** akg-images; **S. 239 M 1:** bpk; **S. 241 M 2:** Bridgeman Images/Granger; **S. 242 (a):** interfoto e.k./Sammlung Rauch, **(b):** dpa Picture-Alliance/imageBROKER, **(c):** dpa Picture-Alliance/united archives; **S. 243 (6):** bpk/Dietmar Katz; **S. 244 M 1:** akg-images; **S. 246 M 1:** akg-images, **M 2:** akg-images; **S. 248 M 4:** akg-images/Heritage Images/The Print Collector; **S. 250 M 7:** akg-images; **S. 251 M 9:** akg-images/De Agostini Picture Library; **S. 254 M 2:** Bridgeman Images; **S. 255 M 3:** akg-images; **S. 259 M 1:** bpk/Georg Büxenstein Co.; **S. 260 M 2:** interfoto e.k./Archiv Friedrich/Interfoto/Archiv Friedrich, **M 3:** akg-images/historic-maps; **S. 261 M 4:** akg-images; **S. 262 M 5:** mauritius images/Gibon Art/Alamy, **M 6:** akg-images, **M 7:** akg-images; **S. 265 M 10:** akg-images/Sammlung Berliner Verlag/Archiv; **S. 266 M 13:** Bridgeman Images/Private Collection; **S. 267 M 1:** bpk; **S. 268 M 3:** dpa Picture-Alliance/Helga Lade/Alfred Schauhuber; **S. 272 M 2:** akg-images/Album/Prisma; **S. 273 M 3 (a):** Stadtarchv Nürnberg A 41 Nr. KS-41-10, **M 3 (b):** Stadtarchiv Nürnberg A 41 Nr. KS-42-2 und Nr. KS-42-3; **S. 274 (a):** Bridgeman Images/Universal History Archive//UIG, **(b):** bpk/Deutsches Historisches Museum, **(c):** Bridgeman Images/Schloss Friedrichsruhe, Germany, **(d):** akg-images/De Agostini Picture Lib./A. Dagli Orti, **(e):** Bridgeman Images/Granger; **S. 275 li. (1):** dpa Picture-Alliance/WZ-Bilddienst, **li. (2):** bpk/Atelier Kühlewindt, **li. (3):** akg-images, **(4):** akg-images; **M 1:** akg-images; **S. 276 M 1:** Bridgeman Images; **S. 277 M 2:** imago/Pressefoto Baumann; **S. 279 M 1:** Gerhard Mester; **S. 283 M 1:** Bridgeman Images/Archives Charmet; **S. 284 M 2:** interfoto e.k./Austrian National Library; **S. 289 M 2:** bpk; **S. 290 M 3:** bpk; **S. 292 M 6:** Bridgeman Images/Schloss Friedrichsruhe, Germany; **S. 298 M 2:** bpk/Geheimes Staatsarchiv, SPK/Bildstelle GStA PK; **S. 300 M 4:** bpk/Geheimes Staatsarchiv, SPK; **S. 304 M 1:** Bridgeman Images/Granger; **S. 305 M 4:** akg-images/Erik Bohr; **S. 307 M 9:** akg-images; **S. 311 M 3:** bpk/Deutsches Historisches Museum/Sebastian Ahlers; **S. 313 M 4:** interfoto e.k./Mary Evans; **S. 314 M 5:** Bridgeman Images/The John R. Van Derlip Fund and Gift of funds from Alfred and Ingrid Lenz Harrison and the Regis Foundation/(c) VG Bild-Kunst, Bonn 2021; Otto Dix: Lens wird mit Bomben belegt, 1924; **S. 319 M 2:** akg-images; **S. 320 M 1:** bpk/Staatsbibliothek zu Berlin, **un.re. (a):** akg-images/TT News Agency/TT NYHETSBYRÅN; **S. 321 (b):** dpa Picture-Alliance/Picture Lux, **(c):** bpk, **(d):** bpk/Bayerische Staatsbibliothek/Archiv Heinrich Hoffmann, **(e):** akg-images; **S. 322 M 1:** bpk/Alfredo Dagli Orti/(c) Succession Picasso/VG Bild-Kunst, Bonn 2021; Pablo Picasso: Guernica, 1937 **S. 323 M 2:** bpk/Heinrich Hoffmann; **S. 325 M 2:** interfoto e.k./Mary Evans; **S. 327 M 4:** akg-images; **S. 329 M 7:** akg-images/© VG Bild-Kunst, Bonn 2021/Richard Müller: Frei von Versailles, Plakat, 1924, **M 8:** akg-images; **S. 334 M 1:** interfoto e.k./SuperStock/Fine Art Images; **S. 335 M 2:** akg-images/Jean-Pierre Verney; **S. 336 M 1:** Bridgeman Images; **S. 338 M 3:** Bridgeman Images/SZ Photo/Scherl, **M 4:** Bridgeman Images/Perlin, Bernard (b.1918); **S. 340 M 1:** INTERFOTO / Sammlung Rauch, **M 2:** dpa Picture-Alliance/RIA Nowosti; **S. 341 M 3:** akg-images, **M 4:** bpk; **S. 343 M 7:** Bridgeman Images/Granger; **S. 345 M 1:** akg-images/WHA/World History Archive; **S. 348 M 1:** bpk; **S. 352 M 1:** akg-images/Pictures From History; **S. 353 M 2:** akg-images; **S. 354 M 4:** Bridgeman Images/Archives Charmet; **S. 356 M 1:** dpa Picture-Alliance/CPA Media/CPA Media Co., **M 2:** dpa Picture-Alliance/Hendrik Schmidt; **S. 358 M 1:**

Bridgeman Images/Universal History Archive/UIG, **M 2:** bpk/Staatsbibliothek zu Berlin/Carola Seifert; **S. 359 M 3:** dpa Picture-Alliance/dpa - Bildarchiv; **S. 360 M 1:** akg-images/Robert Sennecke, **M 2:** bpk; **S. 362 M 1:** dpa Picture-Alliance/Berliner Verlag/Archiv; **S. 363 M 2:** akg-images; **S. 364 M 3:** akg-images; **S. 367 M 2:** akg-images; **S. 368 M 3:** interfoto e.k./IFPAD, **M 4:** bpk/Deutsches Historisches Museum; **S. 371 M 7:** bpk/Dietmar Katz, **M 8:** bpk/Kunstbibliothek, SMB/(c) VG Bild-Kunst, Bonn 2021; César Klein: Plakat „Arbeiter, Bürger, Bauern, Soldaten aller Stämme Deutschlands, vereinigt Euch zur Nationalversammlung!", 1919; **M 9:** bpk/Deutsches Historisches Museum/Arne Psille, **M 10:** bpk/Gwose/Herling/Sprengel Museum Hannover/Werner, **M 11:** bpk/Deutsches Historisches Museum; **S. 372 M 1:** akg-images; **S. 373 M 2:** Imago Stock & People GmbH/United Archives International, **M 3:** bpk **S. 374 M 4:** mauritius images/alamy stock photo/Ohde/Bildagentur-online; **S. 376 M 9:** akg-images; **S. 377 M 1:** akg-images; **S. 378 M 2:** akg-images/Reimer Wulf; **S. 379 M 3:** bpk/Staatsbibliothek zu Berlin/(c) VG Bild-Kunst, Bonn 2021; Jeanne Mammen: Ballfest, 1931, **M 4:** bpk; **S. 380 M 5:** akg-images; **S. 381 M 1:** mauritius images/Alamy; **S. 382 M 2:** mauritius images/alamy stock photo/Photo 12/(c) VG Bild-Kunst, Bonn 2021; Karl Arnold: Karikatur „Europa-Probleme – Hier irrt Zeus. Die Rettung der Europa durch dieses Meer geht selbst über die Kräfte eines Stieres", 1933; **S. 383 M 3:** bpk; **S. 384 M 1:** interfoto e.k./Pulfer; **S. 385 M 2:** akg-images/(c) VG Bild-Kunst, Bonn 2021; Karl Arnold: Wahlplakat DDP, 1920; **S. 387 M 1:** akg-images/Walter Ballhause; **S. 388 M 2:** bpk/Deutsches Historisches Museum/(c) The Heartfield Community of Heirs/VG Bild-Kunst, Bonn 2021; John Heartfield: Zum 30. August 1932, Fotomontage **S. 391 M 6:** bpk, **M 7:** interfoto e.k./Mary Evans/WEIMAR ARCHIVE, **M 8:** akg-images, **M 9:** Bridgeman Images/PVDE; **S. 394 M 2:** dpa Picture-Alliance/dpa - Report/Hendrik Schmidt; **S. 396 M 1:** akg-images; **S. 397 M 2:** akg-images; **S. 398 M 3:** interfoto e.k./Friedrich; **S. 400 M 6:** interfoto e.k./Sammlung Rauch; **S. 401 M 1:** Bridgeman Images/© SZ Photo/Sammlung Megele; **S. 402 M 2:** interfoto e.k./Archiv Friedrich; **S. 403 M 3:** dpa Picture-Alliance/ZB/dpa-Zentralbild/Berliner Verlag; **S. 406 M 1:** bpk; **S. 408 M 3:** akg-images, **M 4:** Bridgeman Images/Private Collection/Look and Learn/Elgar Collection; **S. 411 M 1:** akg-images; **S. 412 M 2:** Bridgeman Images/The Stapleton Collection/Matejko, Theo (1893-1946); **S. 414 M 4:** bpk/Deutsches Historisches Museum; **S. 415 M 7:** bpk/Deutsches Historisches Museum; **S. 418 M 1:** bpk/Deutsches Historisches Museum; **S. 419 M 2:** akg-images, **M 3:** Bridgeman Images/Peter Newark Pictures; **S. 420 M 4:** bpk/Abraham Pisarek; **S. 423 M 1:** bpk/Kunstbibliothek, SMB/Dietmar Katz; **S. 424 M 2:** bpk/Deutsches Historisches Museum; **S. 427 M 1:** bpk; **S. 429 M 2:** imago images/Photo12; **S. 430 M 3:** akg-images/De Agostini Picture Lib.; **S. 432 M 6:** Imago Stock & People GmbH/United Archives International; **S. 434 M 1:** mauritius images/SZ Photo; **S. 436 M 3:** mauritius images/alamy stock photo/FL Historical 1F; **S. 438 M 4:** bpk, **M 6:** akg-images/Universal Images Group/Sovfoto; **S. 439 M 8:** interfoto e.k./interfoto e.k./WORON; **S. 441 M 1:** dpa Picture-Alliance; **S. 442 M 2:** Bridgeman Images/SZ Photo/Scherl; **S. 446 M 1:** interfoto e.k./interfoto e.k./Sammlung Rauch; **S. 447 M 2:** akg-images/Universal Images Gr, **M 3:** akg-images; **S. 448 M 4:** dpa Picture-Alliance/dpa – Bildarchiv, **M 5:** dpa Picture-Alliance/ZB/Jewgeni Chaldej, **M 6:** picture alliance/dpa-Zentralbild; **S. 450 M 1:** Bridgeman Images/SZ Photo/Sammlung Megele; **S. 452 M 2:** akg-images/George (Jürgen) Wittenstein; **S. 453 M 3:** bpk/Bayerische Staatsbibliothek/Heinrich Hoffmann, **M 4:** dpa Picture-Alliance/dpa – Bildarchiv, **M 5:** dpa Picture-Alliance/A0009_dpa_Königsbronn/picture-alliance/A0009_dpa_Königsbronn; **S. 456 M 1:** akg-images/Jürgen Raible; **S. 459 M 5:** Imago Stock & People GmbH/BildFunkMV; **S. 460 M 1:** Bridgeman Images/SZ Photo / Scherl; **S. 461 M 3:** akg-images; **S. 462 (a):** akg-images/AP, **(b):** akg-images/Pictures From History, **(c):** Bridgeman Images/Sputnik, **(d):** interfoto e.k./Friedrich; **S. 463 M 1:** interfoto e.k./Pulfer, **M 2:** interfoto e.k./Wolfgang Maria Weber; **S. 464 M 1:** Bridgeman Images; **S. 465 M 2:** bpk/Will McBride; **S. 469 M 1:** mauritius images/alamy stock photo/David Cole; **S. 470 M 2:** picture alliance/AP Images, **M 3:** interfoto e.k./Argam; **S. 476 M 2:** akg-images/AP; **S. 477 M 3:** bpk; **S. 480 M 1:** dpa Picture-Alliance/ASSOCIATED PRESS/AP Photo/Pablo Martinez Monsivais, **M 2:** mauritius images/robertharding/Robert Harding Productions; **S. 481 M 3:** akg-images/Mel Longhurst, **M 4:** Shutterstock.com/K Link Photography, **M 5:** dpa Picture-Alliance/imageBROKER; **S. 482 M 1:** Bridgeman Images/Granger; **S. 483 M 2:** (c) dpa; **S. 485 M 1:** Imago Stock & People GmbH/Werner Schulze; **S. 486 M 2:** mauritius images/alamy stock photo/Nikolai Ignatiev; **S. 487 M 3:** dpa Picture-Alliance/ AFP; **S. 489 M 1:** dpa Picture-Alliance/dieKLEINERT.de/Kostas Koufogiorgos; **S. 493 M 2:** bpk/Dietmar Katz; **S. 494 M 1:** interfoto e.k./Granger, NYC; **S. 495 (a):** dpa Picture-Alliance/AP/ASSOCIATED PR, **(b):** akg-images/Pansegrau, **(c):** akg-images/AP, **(d):** akg-images/AP, **(e):** dpa Picture-Alliance; **S. 496 M 1:** dpa Picture-Alliance/dpa-Picture-Alliance/dpa-Zentralbild/Jens Wolf; **S. 498 M 1:** bpk/Hildegard Dreyer, **M 2:** akg-images/Dieter E. Hoppe; **S. 501 M 7:** bpk/Voller Ernst - Fotoagentur/Jewgeni Chaldej, **M 8:** bpk/Herbert Hensky; **S. 502 M 1:** akg-images; **S. 503 M 2:** dpa Picture-Alliance; **S. 504 M 1:** akg-images/TT News Agency/SVT; **S. 505 M 2:** dpa Picture-Alliance/UPI, **M 3:** akg-images; **S. 506 M 4:** Bridgeman Images/© DHM; **S. 509 M 1:** Bridgeman Images/© Galerie Bilderwelt/British Photographer, (20th century); **S. 510 M 2:** akg-images; **S. 511 M 3:** interfoto e.k./Pulfer, **M 4:** interfoto e.k./Pulfer, **M 5:** dpa Picture-Alliance/Ulrich Baumgarten/Ulrich Baumga; **S. 512 M 6:** akg-images; **S. 513 M 7:** bpk; **S. 516 M 1:** akg-images; **S. 517 M 2:** akg-images/UIG/SeM; **S. 521 M 1:** bpk/Dietmar Katz; **S. 522 M 2:** akg-images/AP; **S. 525 M 3:** akg-images; **S. 527 M 7:** interfoto e.k./Archiv Friedrich; **S. 530 M 1:** bpk/Hanns Hubmann; **S. 531 M 2:** akg-images; **S. 532 M 3:** akg-images; **S. 537 M 1:** dpa Picture-Alliance/Wolfgang Weih; **S. 539 M 3:** dpa Picture-Alliance/Joachim Barfk; **S. 540 M 4:** dpa Picture-Alliance/Egon Steiner; **S. 541 M 5:** dpa Picture-Alliance/Egon Steiner, **M 6:** dpa Picture-Alliance/Photoreporter; **S. 542 M 7:** akg-images; **S. 543 M 8:** Imago Stock & People GmbH/Sven Simon; **S. 545 M 1:** bpk/Bundesstiftung Aufarbeitung/Klaus Mehner; **S. 546 M 2:** akg-images/IAM; **S. 547 M 3:** akg-images/IMAGNO/Votava; **S. 548 M 4:** bpk/Bundesstiftung Aufarbeitung/Klaus Mehner; **S. 549 M 5:** akg-images; **S. 551 M 9:** akg-images/Dieter E. Hoppe; **S. 555 M 1:** dpa Picture-Alliance; **S. 556 M 2:** dpa Picture-Alliance/dpa – Bildarchiv, **M 3:** dpa Picture-Alliance/ZB/dpa - Report/Georg Zimmer; **S. 557 M 5:** dpa Picture-Alliance/dpa - Report/Lothar Heidtmann; **S. 560 M 1:** Wolfgang Hicks (Künstler), Haus der Geschichte, Bonn; **S. 561 M 2:** dpa Picture-Alliance; **S. 563 M 1:** dpa Picture-Alliance/dpa - Bildarchiv; **S. 564 M 2:** akg-images/Henning Langenheim, **M 3:** dpa Picture-Alliance/dpa-Zentralbi; **S. 565 M 4:** Bridgeman Images/Imagebroker; **S. 568 M 7:** Walter Hanel, **M 8:** mauritius images/alamy stock photo/360b; **S. 572 M 15:** dpa Picture-Alliance/dieKLEINERT.de/dieKLEINERT.d; **S. 575 M 1 (beide):** © GOOD BYE, LENIN!, X Filme Creative Pool Gmbh/X Verleih AG.; **S. 576 M 1:** © Milla & Partner; **S. 579 M 2:** Peter Dittrich; **S. 581 mi.:** interfoto e.k./Wissen Media Verlag; **S. 582 M 1:** mauritius images/alamy stock photo/GFC Collection; **S. 583 M 2:** mauritius images/alamy stock photo/Mark Sayer; **S. 584 M 1:** akg-images; **S. 588 M 1:** Bridgeman Images/Archives Charmet; **S. 589 M 2:** dpa Picture-Alliance/Georg Brock; **S. 592 M 5:** akg-images/Science Photo Library/SMETEK; **S. 595 M 10:** © Punch Limited; **S. 598 M 17:** Oliver Schopf; **S. 599 M 1:** interfoto e.k./UIG/Sovfoto; **S. 600 M 2:** bpk/Bundesstiftung Aufarbeitung/Harald Schmitt; **S. 601 M 3:** sciencephotolibrary/Davis, David, **M 4:** Imago Stock & People GmbH/Xinhua, **M 5:** imago images/AAP; **S. 604 M 1:** akg-images/C. Ursillo/ClassicStock; **S. 605 M 2:** dpa Picture-Alliance/dpa - Report; **S. 607 M 5:** Gerhard Mester; **S. 608 M 1:** (c) dpa/yousef Deeb/Wostok Press; **S. 616 un.re. (1):** akg-images/Bildagentur Online/Science Photo Library/tschanz, **un.re. (2):** mauritius images/United Archives;

Illustrationen und Karten:

Cornelsen/Carlos Borrell Eiköter: Innenum. vo.; S. 14 M 1; S. 42 M 1; S. 53 M 3; S. 57 M 2; S. 62 M 1; S. 66 M 6; S. 92 M 1; S. 99 M 2; S. 108 M 1; S. 113 M 2; S. 116 M 1; S. 145 M 1; S. 148 M 2; S. 156 M 2; S. 190 M 1; S. 223 M 2; S. 224 M 6; S. 224 M 4; S. 226 M 1; S. 247 M 3; S. 268 M 2; S. 297 M 1; S. 309 M 1; S. 324 M 1 (beide); S. 329 M 9; S. 337 M 2; S. 346 M 2; S. 357 M 3; S. 443 M 3; S. 474 M 9; S. 475 M 1; S. 590 M 3; S. 606 M 4 (beide); S. 609 M 3; **Cornelsen/Elisabeth Galas:** S. 269 M 7; S. 424 M 3; **Cornelsen/Erfurth Kluger Infografik:** S. 46 M 3; S. 83 M 10; S. 234 M 2; S. 326 M 3; S. 412 M 3; S. 467 M 2; S. 468 M 4; S. 515 M 11; S. 520 M 6; S. 566 M 5; S. 567 M 6; S. 580 un.; S. 591 M 4; **Cornelsen/Klaus Becker:** S. 77 M 1; S. 175 M 2; S. 303 M 8; S. 303 M 9; **Cornelsen/Uwe Rogal:** S. 275 li. (a); S. 275 re. (b); S. 275 re. (c); S. 584 M 2; S. 631; S. 632(beide); **Cornelsen/Volhard Binder, bearbeitet von Carlos Borrell Eiköter:** S. 105 M 2; S. 286 M 5; **Cornelsen/Volkhard Binder:** S. 20 M 7; S. 21 M 1; S. 52 M 1; S. 64 M 4; S. 74 M 2; S. 82 M 7; S. 82 M 6; S. 83 M 9 (a); S. 83 M 9 (b); S. 109 M 3; S. 119 M 2; S. 124 M 2; S. 138 M 4; S. 194 M 4; S. 199 M 2; S. 204 M 1; S. 210 M 6; S. 243 (5); S. 288 M 1; S. 295 M 1; S. 306 M 5; S. 330 M 1; S. 353 M 3; S. 367 M 1; S. 407 M 2; S. 409 M 6; S. 435 M 2; S. 460 M 2; S. 466 M 1; S. 499 M 3.

Längsschnitte, Querschnitte, Fallanalysen – Themenbeispiele mit dem *Kursbuch Geschichte*

Längsschnitte

Themen für Längsschnitte	Inhalte im *Kursbuch*	Seiten
	Methode: Längsschnitt	502
Demokratiekonzepte	– Demokratie im antiken Athen – Demokratie in der Amerikanischen Revolution – Demokratie in der Französischen Revolution – Demokratieversuche in der Revolution 1848/49 in Deutschland – Demokratien in der Zwischenkriegszeit: England, Frankreich – Die Weimarer Republik – erste deutsche Demokratie – Demokratie in der Bundesrepublik	14–27 190–196 200–213 232–235 348–351 362–395 509–515, 521–544
Menschen- und Bürgerrechte	– Antike: Attische Demokratie; Sklaverei; Frauen-/Männerrechte – Wandel des Menschenbildes in Renaissance und Humanismus – Herrschaftssysteme im Kolonialismus – Aufklärungsbewegung in Europa – Die *Declaration of Rights* in der englischen Revolution 1689 – Menschen- und Bürgerrechte in der Amerikanischen Revolution – Menschen- und Bürgerrechte in der Französischen Revolution – Grundrechte in der deutschen Paulskirchenverfassung 1848/49 – Herrschaftssysteme im Imperialismus – Grundrechte in der Weimarer Verfassung – Entrechtung und Ermordung der Juden und anderer Gruppen in der NS-Zeit – Grundrechte in der Bundesrepublik Deutschland – Parteien, Staat und Verfassung in der DDR – UNO und Menschenrechte nach 1945	24, 39, 50–51 141 147 166–168 187–189 193–196 204–205, 218 233–235 299–300 366–369 413–422, 436–445 509–515, 556 516–520 584–587
Ökonomie und Gesellschaft seit dem Mittelalter	– Städte im Mittelalter als Wirtschaftszentren – Beginn des Handelskapitalismus in Europa um 1500 – Kap. 6: Ökonomie und Gesellschaft in der Industrialisierung – Die USA in der Weltwirtschaft nach 1918 und der *New Deal* – New Yorker Börsenkrach 1929 und Weltwirtschaftskrise – Wirtschaftspolitik in der NS-Zeit: Aufrüstung und Krieg – Wirtschaftspolitik nach 1945: Marktwirtschaft und Planwirtschaft	77–82 136–138 242–273 336–339 386 423–426 530–536
Freiheit und Partizipation: Politische Revolutionen seit dem 17. Jahrhundert	– Revolutionen in England im 17. Jahrhundert – Amerikanische Revolution – Französische Revolution – Revolutionen in Europa 1848/49 – Russische Revolution 1917 – Novemberrevolution in Deutschland 1918 – Friedliche Revolution in der DDR 1989	182–189 190–196 197–224 225–239 340–343 362–365 563–575
Friedensschlüsse	– Friedensschlüsse in der Neuzeit	508

Themen für Längsschnitte	Inhalte im *Kursbuch*	Seiten
Propaganda und Medien: Politische Plakate	– Politische Plakate in der Weimarer Republik – Politische Plakate in der NS-Zeit – Politische Plakate in der Bundesrepublik – Politische Plakate in der DDR	371, 376, 384, 391 396, 398, 400, 411–413, 415, 446, 461 511, 542 516, 517
Globalisierung	– Die Welt um 1500: Entdeckungen, Eroberungen – Kap. 6: Ökonomie und Gesellschaft in der Industrialisierung des 19. Jahrhundert – Die Welt um 1900: Imperialismus, Kommunikation – Konfliktstoff Wasser im 20./21. Jahrhundert	146–153 296–307 296–307 608–611
Internationale Transformationsprozesse seit dem 20. Jh.	– Neuordnung der Welt nach dem Ersten Weltkrieg – Kap. 10: Internationale Transformationsprozesse nach 1945 – die bipolare Welt – Kap. 12: Internationale Transformationsprozesse im 20./21. Jahrhundert	324–333 462–493 580–613
Europäische Integration	– Die europäische Integration	588–598
Migrationen	– Deutsche Ostsiedlung im Mittelalter – Kreuzzüge – Leben in Al-Andalus, Reconquista im Mittelalter – Weltwirtschaft, Dreieckshandel in der Frühen Neuzeit – Amerikaauswanderung in der Frühen Neuzeit	65–66 111–115 116–117 147–148 191
China – zwischen Öffnung und Abschottung	– Antike Weltreiche im Vergleich – China und Rom – China: Vom Ende des Kaiserreichs bis zur Volksrepublik 1949 – China – die kommende Groß- und Weltmacht?	52–55 352–355 599–603
Frauen- und Geschlechtergeschichte	– Frauenrechte – Männerrechte in der Antike – Frauen in den mittelalterlichen Städten – Frauen in der Französischen Revolution – Frauen in den Revolutionen 1848/49 – Frauenarbeit, Frauenbewegung in der Industrialisierung – Frauen in der Weimarer Republik – Frauen in der NS-Zeit – Geschlechterverhältnisse in der Bundesrepublik und in der DDR	50–51 85–86 216–218 232 262 378–379 412 555–558
Familie, Haushalt, Lebensformen	– Familie und Oikos in der Antike – Die mittelalterliche Gesellschaft – Wandel der Gesellschaft in der Industrialisierung – Gesellschaft in der Weimarer Republik – Leben in der NS-„Volksgemeinschaft" – Leben in der Planwirtschaft, Leben in der Marktwirtschaft – „1968er-Bewegung" und alternative Bewegungen in der Bundesrepublik	50 73–76 259–265 377–380 411–417 530–536 539, 542
Deutsch-jüdische Geschichte	– Rückblick: Römischer Staat und Anfänge des Christentums – Jüdische und christliche Bevölkerung in mittelalterlichen Städten – Revolution 1848/49 und Emanzipation der Juden in Europa – Antisemitismus im deutschen Kaiserreich – Entrechtung und Ermordung der Juden in der NS-Zeit	41–43 78 236–237 290 418–422 441–445

Querschnitte

Themen für Querschnitte	Inhalte im *Kursbuch*	Seiten
	Methode: Querschnitt	334
Beharrung und Wandel im Mittelalter	Kap. 2: Das europäische Mittelalter – Beharrung und Wandel	58–99
Nationen und Identitäten im „langen" 19. Jh.	Kap. 7: Nationen und Nationalismus in Europa im 19. Jahrhundert	274–319
Ideologien und Herrschaft in der Zwischenkriegszeit	Kap. 8: Ideologien und Herrschaft in der Zwischenkriegszeit	320–357
Erinnerung und Aufarbeitung von NS-Verbrechen	– Ausstellung „Verbrechen der Wehrmacht" – Weltkriegserinnerung im Denkmal – Erinnerung an den NS-Widerstand – An die Opfer erinnern – mit „Stolpersteinen"?	440 449 455 459
Politische Brennpunkte in der Zeit des Kalten Krieges	Brennpunkte im Kalten Krieg: Koreakrieg, Kubakrise, Vietnamkrieg (Stationenlernen)	475–481

Fallanalysen

Themen für Fallanalysen	Inhalte im *Kursbuch*	Seiten
	Methode: Fallanalyse	87
Religionen und Macht	– Geistliche und weltliche Macht im christlichen Mittelalter – Kap. 3: Religionen und Macht: Die islamische Welt und Europa vom Mittelalter bis zur Gegenwart	62–72, 90–98 100–131
Identität und Ausgrenzung	Identität durch Ausgrenzung: NS-„Volksgemeinschafts"-Ideologie	411–417
Widerstand und Opposition	Widerstand gegen den Nationalsozialismus	450–455
Herrschaft und Architektur	Architektur in totalitären und demokratischen Staaten – Beispiel Berlin	356
Personalisierung und Inszenierung von Herrschaft	Ludwig XIV. und Napoleon in zeitgenössischen Gemälden	164, 220
Konflikte und Konfliktlösungen	– Zunftkämpfe in mittelalterlichen Städten – Beispiel Braunschweig – Der Erste Weltkrieg – erster kriegerischer Weltkonflikt – Droht ein neuer Kalter Krieg? – Der Nahost-Konflikt – Konfliktstoff Wasser – Friedenspotenzial oder Konfliktauslöser?	88–89 308–317 489–491 604–607 608–611

Arbeitsschritte	Strukturierungsfunktion	Formulierungsmöglichkeiten
Analyse		
formale Aspekte	Einleitung	– Der Verfasser thematisiert/behandelt/greift (auf) … – Er beschäftigt sich/setzt sich auseinander mit der Frage/mit dem Thema … – Die Autorin legt dar/führt aus/äußert sich zu … – Das zentrale Problem/Die zentrale Frage des Textes/Briefes/der Rede ist …
inhaltliche Aspekte	Wiedergabe der Position/ Kernaussage	– Die Autorin vertritt die These/Position/Meinung/Auffassung … – Er behauptet …
	Wiedergabe der Begründung/Argumentation/ wesentlichen Aussagen	– Sie belegt ihre These … – Als Begründung/Beleg seiner These/Behauptung führt der Autor an … – Der Reichskanzler legt dar/führt aus … – Die Historikerin argumentiert/kritisiert/bemängelt … – Der Verfasser weist darauf hin/betont/unterstreicht/hebt hervor/berücksichtigt … – Weiterhin/Außerdem/Darüber hinaus/Zudem argumentiert er …
	Abschließende Ausführungen	– Am Ende unterstreicht/betont der Autor noch einmal … – Der Autor schließt seine Ausführungen mit … – Sie kommt am Ende ihrer Argumentation zu dem Schluss, dass … – Zum Abschluss seiner Rede … – Abschließend/Zusammenfassend führt die Abgeordnete aus …
Vergleich von Texten	Übereinstimmung	– Der Historiker ist derselben Meinung/Auffassung/Position … – Sie teilt dieselbe Meinung/Auffassung/Position … – Die Autoren stimmen darin überein …
	Gegensatz	– Im Gegensatz zu … – Die Positionen widersprechen sich/weichen voneinander ab/sind unvereinbar/konträr …
Historischer Kontext		– Die Quelle(n) lassen sich/sind in … ein(zu)ordnen. – Die Texte sind im Zusammenhang mit … zu sehen. – Die Rede stammt aus der Zeit des/der …
Urteil		
Sachurteil	Intention des Autors	– Der Autor beabsichtigt/intendiert/will/strebt an/fordert/plädiert für … – Die Politikerin verfolgt die Absicht/das Ziel … – Der Außenminister appelliert/ruft auf …
	Beurteilung des Textes	– Die Argumentation ist (nicht) nachvollziehbar/überzeugend/stichhaltig/ schlüssig … – Der Verfasser argumentiert einseitig/widersprüchlich … – In seiner Darstellung beschränkt sich der Historiker nur auf …
Werturteil	Bewertung des Textes	– Aus heutiger Sicht/Perspektive kann gesagt werden/lässt sich sagen … – Der Position/Meinung/Auffassung/Ansicht des Autors stimme ich (nicht) zu … – Ich stimme der Position/… des Autors (nicht) zu … – Die Position/… der Verfasserin teile ich (nicht) … – Ich teile die Position/… des Historikers (nicht) … – Meiner Meinung/Auffassung/Ansicht zufolge/nach …